SOFTIMAGE

FACE
ROBOT

SOFTIMAGE

FACE
ROBOT

페이스로봇과 소프트이미지 XSI

혜지원

세계최초로 공부하는

페이스로봇과 소프트이미지 XSI 실전활용

초판 인쇄일 _ 2008년 3월 17일

초판 발행일 _ 2008년 3월 21일

발행인 _ 박정모

등록번호 _ 제9-295호

발행처 _ 도서출판 혜지원

주 소 _ (130-844) 서울시 동대문구 장안 1동 420-3호

전 화 _ 02)2212-1227, 2213-1227 / **팩스** _ 02)2247-1227

홈페이지 _ www.hyejiwon.co.kr

ISBN _ 978-89-8379-543-4

정 가 _ 28,000원

기획진행 _ 강준구

글쓴이 _ 송재학

디자인 · 본문편집 _ 황이순

표지디자인 _ 김경미

영업마케팅 _ 김승헌, 김남권, 서지영, 고광수

페이스로봇과 소프트이미지 XSI

송 재 학 지음

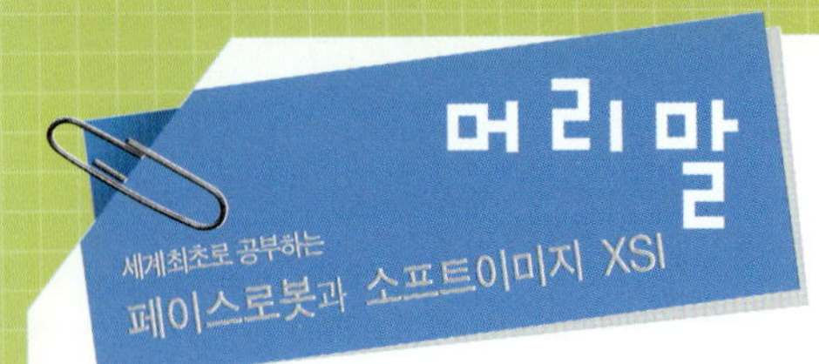

무작정 컴퓨터그래픽이 좋아서 이 분야에 뛰어든지 10여년이 지난 지금 다시 회상해 보면 한편으론 부끄러움도 없지 않나 싶습니다. 하지만 즐거웠던 일도 있고 나름대로 보람찬 일도 있었습니다.

본 저자는 맥스 10년, 마야 3년 사용 후 소프트이미지를 사용한 지는 2년이라는 짧은 시간이 지났습니다. 물론 작업자에게 있어서는 공구를 탓하지 않는 법입니다만 여러 가지 소프트웨어를 사용해 본 결과 소프트이미지 툴은 매우 탁월한 툴 중의 하나라고 생각됩니다.

이 책은 소프트이미지 XSI를 기본으로 최신 페이셜 전문프로그램인 페이스로봇을 중심으로 기술한 책입니다. 세계 최초로 페이셜 전문 소프트웨어인 페이스로봇을 접하실 수 있으며 그 기술의 탁월한 능력을 볼 수 있습니다.

세상에 한권의 책이 나온다는 것이 이렇게 어려운 것인 줄 몰랐습니다.
책을 써서 타인에게 가르친다는 것은 오래 강의 경력에도 불구하고 여전히 어려운 것임에는 틀림없습니다.

최대한 어느 내용으로 학생들에게 가르쳐야 할지 나름대로 구성하여 정리해 보았습니다. 고급 기술서적 보다는 쉽고 빠르게 친숙해지기 위해 기초적인 툴에 대한 사용 방법을 중심으로 기술하였습니다. 3D 기술에 대해 모두 담기에는 부족한 양이지만 강의 경험을 토대로 최대한 학습자가 쉽게 학습할 수 있도록 풀어서 기술하였습니다.

소프트이미지와 친해지고 싶은 분들께 권장해 드립니다 !

많은 분들이 질문합니다. "어떻게 하면 소프트웨어를 잘 사용할 수 있나요?" 이러한 질문에 대한 답변은 의외로 간단합니다. 하나의 소프트웨어를 능숙하게 사용하려면 그 소프트웨어와 친숙해져야 합니다.

소프트웨어를 애인처럼 다뤄야 한다는 저자의 3D 초기 시절에 말씀해주셨던 선배의 말이 기억납니다.
그만큼 학습하기 어려운 분야 중에 하나인 3D 소프트웨어를 단지 남이 한다고 공부하기 보다는 애정을 가지고 깊은 학습 의욕을 가지는 것은 매우 중요한 점이 아닐 수 없습니다.

끊임없는 노력과 인내와 열정이 필요합니다 !

필자도 3D 학습 초기시절 인터페이스의 몇몇 기능들을 잘 아는 것처럼 행동할 때가 있었습니다.
하지만 3D를 접한 지 10여년이 지난 지금도 끊임없이 학습을 해야 한다고 생각합니다.
학습을 지속적으로 하지 않고 3D 분야에서 살아남기는 위험요소가 너무나 많습니다. 나날이 개발되는 3D 관련 신기술을 접하려면 끊임없는 노력과 인내와 열정이 필요합니다.

마지막으로 이책이 나오기까지 도와주신 도우미 장안대학 홍준기, 신동석 학생과 소프트이미지 관계자인 (주)코어이엔더의 최진성 사장님, 최재식, 이성문 과장님과 최인재, 강병철씨 및 (주)쇼스토리 정재원 사장님 및 김태균 실장과 팀원들에게 깊은 감사를 드립니다.

더불어 책을 집필할 수 있도록 도와주신 혜지원 박정모 사장님과 강준구 부장님께 깊은 감사의 뜻을 전합니다. 마지막으로 필자를 믿고 묵묵히 지켜봐 준 가족과 연희에게 고마움과 사랑을 전합니다.

인생은 많은 노력이 필요하다는 것을 다시 한번 깨닫게 되었습니다. 그 힘든 어려움을 넘고 넘어 하나의 길만 헤쳐 나아간다면 분명 좋은 결과가 있을 것이라 믿어 의심치 않습니다.

2008년 봄날 송재학

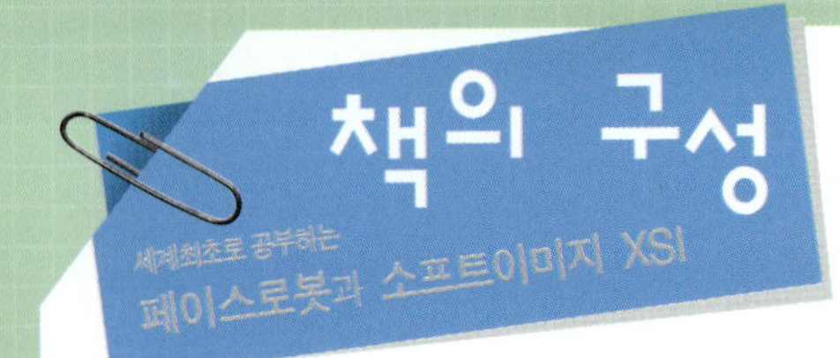

책의 구성

세계최초로 공부하는
페이스로봇과 소프트이미지 XSI

"페이스로봇 & 소프트이미지 XSI 실전활용"을 더욱 효율적으로 학습하기 위해 이 책이 어떻게 구성되어 있는지 살펴 봅니다. 이 책은 독자의 입장에서 쉽게 이해할 수 있도록 구성되었으며 실무작업시 직면하게 되는 문제점과 어려움을 체계적으로 구성하였습니다.

꼭지
파트를 장으로 나누어 주제를 세분화하였습니다.

들어가는 말
해당 장에서 배우게 될 내용의 개요를 풀어 놓았습니다.

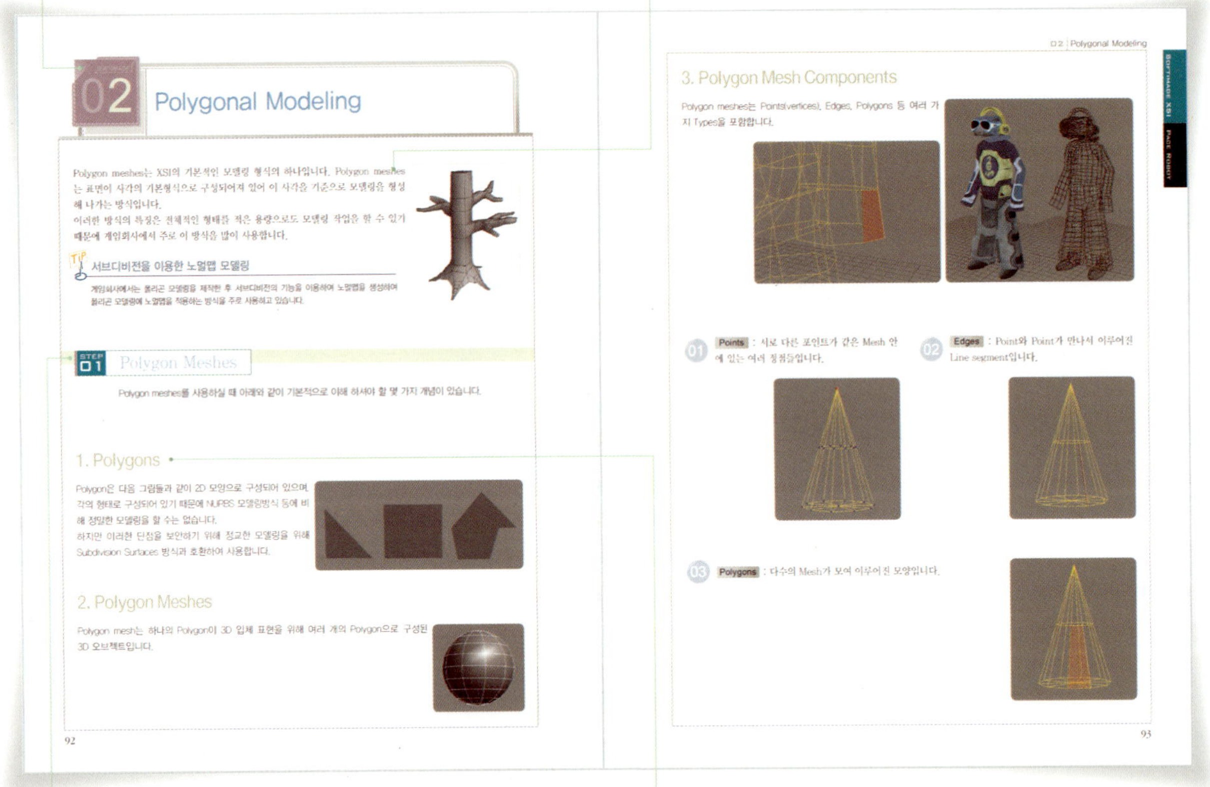

Step
장 안에서 구체적인 학습단계나 핵심적인 작업을 나타냅니다.

서브
Step의 내용을 풀어놓은 단계로 독자들이 지치거나 헤매지 않도록 대표하는 작업을 나타냈습니다.

처음으로 소프트이미지 XSI를 배우는 독자들과 이미 실무현장에서 전문가로 작업하고 있는 모든 분이
만족할 수 있는 책입니다. 메뉴에 대한 쉬운 설명과 따라하기를 통한 실습 위주의 구성으로 확실한
가이드 역할을 해줍니다.

현재 파트의 제목을 나타냅니다.

현재 파트의 꼭지를 나타내어 쉽게 찾을 수 있도록
합니다.

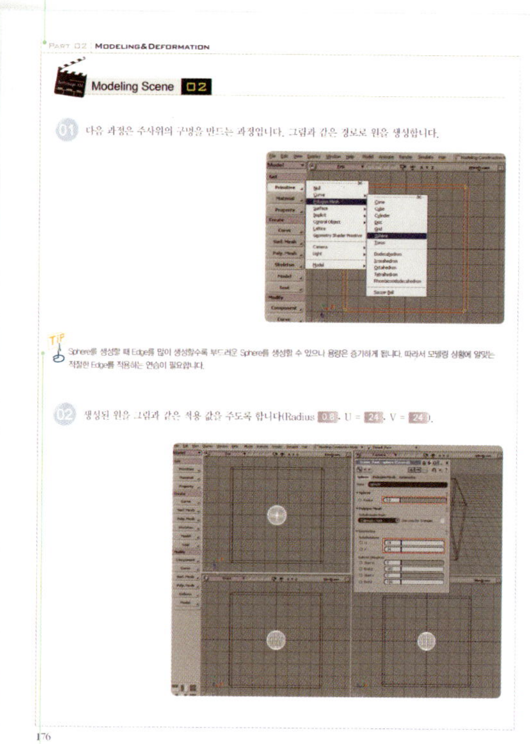

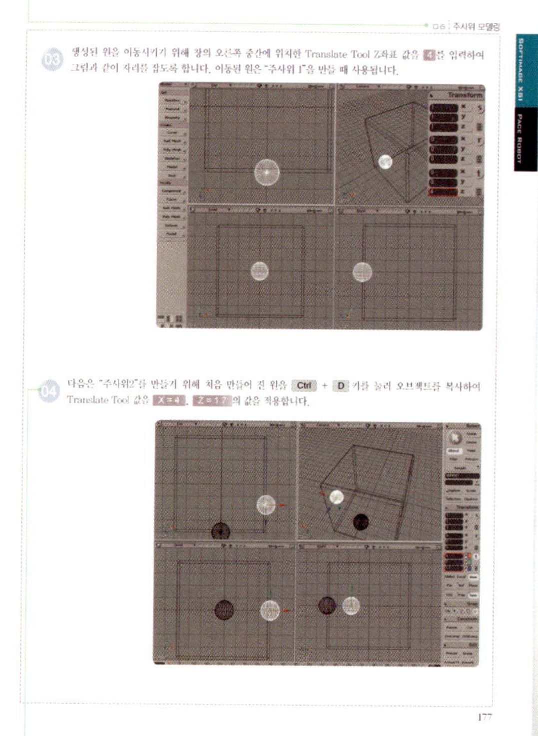

팁

본문 작업 도중 짚고 넘어가야 하는 부분에 대한 개념의
정리 및 실무 노하우 등의 유용한 정보를 담았습니다.

따라하기

작업 단계를 화면 이미지와 함께 쉽게 따라할 수 있도록
풀어 놓았습니다.

부록 DVD 사용하기 _ 부록 DVD에는 기능 익히기와 실무에서 사용하는 예제 파일들을 모두 담아 두었습니다. 아래
내용을 참조해 예제 파일로 먼저 저장한 다음 시작합니다.

01 DVD에서 FaceRobot Modeling 파일, XSI
Modeling 파일, XSI TRAINING 파일과
맵파일 폴더를 사용하는 컴퓨터에 원하는
위치에 복사하여 사용합니다.

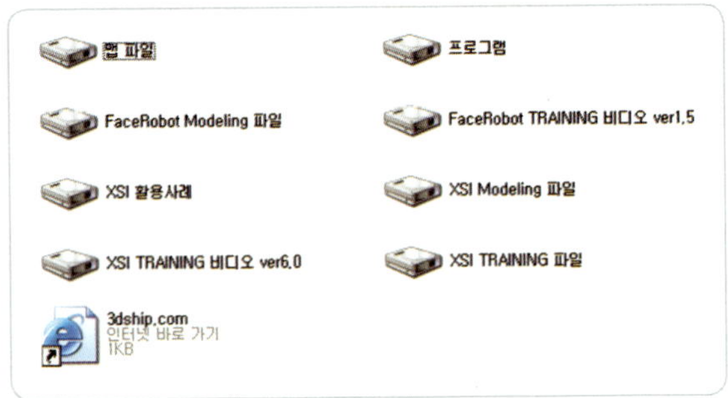

02 FaceRobot Modeling 파일에는 FaceRobot을 활용하기 위한 모델링이 Step별로 구성되어 있으며 XSI
Modeling 파일에는 교재에서 진행되는 XSI 모델링 파일이 수록되어 있으며 맵파일 폴더의 맵소스와
함께 사용합니다. 맵소스는 무료로 다운 받을 수 있는 http://www.3dship.com 홈페이지를 이용
합니다.

부록 DVD의 구성 _ 이 책의 DVD에는 본문에 사용된 고급 예제 파일과 학습 후 결과를 확인할 수 있도록 별도의
폴더에 마련된 완성 작품들이 수록되어 있습니다.

01 DVD구성 | 1. 소프트이미지 XSI 30일 버전 소프트웨어 및 응용 프로그램
2. 페이스로봇용 모델링 파일
3. 페이스로봇 트레이닝 비디오(1.5ver)
4. XSI 활용사례
5. XSI 모델링 파일
6. XSI 트레이닝 비디오(6.0ver)
7. XSI 트레이닝 파일
8. 맵 파일
9. 3dship.com 사이트 단축아이콘

02 DVD안에는 세 가지 형태로 구분되어져 있습니다. 하나는 본 교재 안에서 사용되는 파일 구성이며 다른 하나는 Softimage XSI와 Face Robot에 관련된 교육 동영상과 예제 파일입니다. 기타 소프트 이미지 XSI와 FaceRobot를 활용하여 제작된 Animal logic의 작품과 Blur studio의 작품 및 관련 프로 그램이 함께 수록되어 있습니다.

1. 교재내용

FaceRobot Modeling 파일, XSI Modeling 파일, 본 교재에서 사용된 소프트이미지 및 페이스로봇 모델링 파일 및 맵 파일입니다.

2. 교육 동영상 및 파일

FaceRobot TRAINING 비디오 ver1.5, XSI TRAINING 비디오 ver6.0, XSI TRAINING 파일

1 FaceRobot TRAINING 비디오

페이스로봇 교육 관련 동영상입니다. 버전은 1.5 버전으로 구성되어 있으며 페이스로봇 설정 및 제작 응용과정에 대해 상세히 설명되어 있습니다. 총 23개의 교육 동영상으로 세부 구성되어 있으며 각 파트별로 설명합니다.

2 XSI TRAINING 비디오 ver6.0

XSI 6.0 버전을 기준으로 응용 모델링 제작과정에 대해 설명하고 있습니다. 총 30개 항목으로 구성 되어 있으며 각 파트별로 설명 합니다.

3 XSI TRAINING 파일

XSI에서 실제 제작된 고급 모델링 데이터를 수록하고 있습니다. 이 파일로 XSI에서 실제 제작된 고급모델링을 참고로 학습할 수 있습니다. 본 파일은 미국 소프트이미지 본사에서 제작된 교육용 모델링 데이터입니다.

3. 응용프로그램

프로그램 폴더 안에 들어있는 프로그램은 모두 세 가지입니다.

먼저 Softimage XSI 프로그램이 있으며 맥스, 마야와 파일을 호환하기 위한 Crosswalk 및 맥스 캐릭터 리깅 프로그램인 Cat이 포함되어 있습니다. 이중 소프트이미지와 Cat 프로그램은 30일 동안 사용할 수 있는 버전이며 Crosswalk는 무료 사용할 수 있는 소프트웨어입니다.

관련 최신 프로그램은 http://www.softimage.com 사이트에 방문하시면 무료로 다운 받을 수 있습니다.

Softimage XSI _ Hot Key Reference

01 General and Viewing Keys

Key	Action	Key	Action
1	Model Toolbar	Alt+6	Image Clip Viewer
2	Animate Toolbar	7	Render Tree
3	Render Toolbar	Alt+7	Texture Editor
4	Simulate Toolbar	8	Explorer
Ctrl+2	Hair Toolbar	Alt+8	XSI Explorer
Ctrl+3	Weight Panel Toolbar	9	Schematic View
Ctrl+4	Palette Toolbar	0	Animation Editor
O	Orbit-mode (L=free, M=horizontal, R=vertical)	Alt+0	Animation Mixer
		A	Frame all
Z	Zoom and Pan-mode (L=pan, M=zoom in, R=zoom out)	F	Frame selection
		H	Hide or Unhide selection
Shift+z	Rectangular Zoom Tool	Shift+H	Unhide all Objects
S	Multi-mode view navigator (L=pan, M=dolly, R=orbit)	Ctrl+H	Unhide all Polygons
		Shift+Spacebar	Multi-select(add objects to selection)
P	Dolly-mode (L=slow, M=medium, R=fast)	Spacebar	Selection mode (L=node, M=branch, R=tree)
Ctrl+S	Save scene	R	Reset Camera
5	Browser	Q	Render Region
Alt+5	Net View	G	Show/hide Grid
6	Layer Control		

02 General and Viewing Keys(cont)

Key	Action
Pad +	Increase Shdbivision level of polygons
Pad -	Decrease Shdbivision level of polygons
Ctrl+Pad +	Toggle hull display for subdivisions
Alt+Pad +	Toggle wireframe display for subdivisions
Shift+Enter	Info selection
Enter	Open General property page for current selection
Alt+Enter	Open property page with all properties for current selection

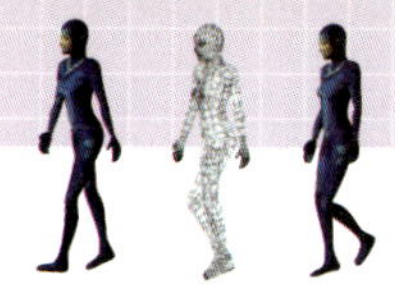

03 Selection and Editing Tools

C	Rotate object(L=X, M=Y, R=Z)		Ctrl-W	Brush property page
V	Translate object (L=X, M=Y, R=Z)		Esc	End mode / Terminate Tool
X	Scale object(L=X, M=Y, R=Z)		K	Save keyframe on marked parameters
Q	Render regon tool (L=draw, M=toggle on/off, R=refresh)		U	Raycast Polygon selection
			Y	Rectangle Polygon selection
T	Tag point(also enters Point Selection mode)		I	Edge selection
D	Duplication tool		E	Rectangle Edge selection
Ctrl+D	Duplication selected (Object, polygon, vertex, or edge)		Ctrl+Alt+A	Select all objects
			Ctrl+Shift+A	Deselect all objects
M	Move point tool		Ctrl-Z	Undo
R	Resize Proportional Modeling Tool (after Prop is activated)		Ctrl-Y	Redo
			Delete	Delete selection
W	Weight-map paint tool		Shift-Delete	Delete all

04 Selection and Editing Tools

Space bar	Toggles object selection		X	Scale(resize) tool
Ctrl+Shift+A	Deselects all objects		C	Scale(resize) tool
T+drag	Select points		V	Translate(move) tool
Y+drag	Select polygons		Ctrl+Shift+R	Resets all transform values(to neutral pose)
U	Raycast select polygons		K	Sets a keyframe
G	Toggles grid display		0(zero)	Opens animation(fcurve) editor
H	Toggles hiding/redisplaying objects		Alt+0(zero)	Opens animation mixer
F	Frames selected object in viewport		M	Tweak tool (move points, edges, and polygons)
A	Frames all objects in viewport			
O	Orbit camera tool		W	Weight paint tool
P	Dolly camera tool		Ctrl+W	Paint and brush options
S	Navigation tool - pans, dollies, and orbits camera		8	Opens explorer
Z	Zoom and pan tool		F2	Toggles display of floating Stage 5: Act panel

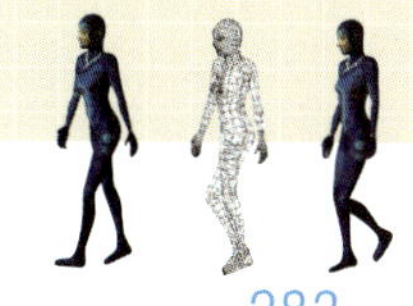

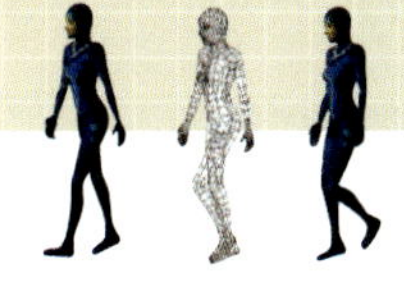

PART 04 | Light — 401

PART 05 | Cameras 455

PART 06 | Animation — 489

PART 07   Rendering   547

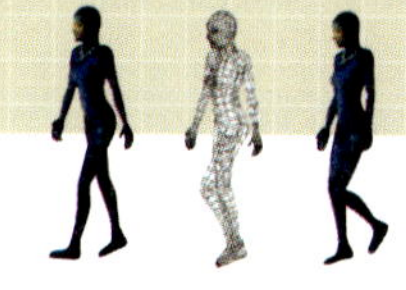

새로워진 Softimage XSI 6.X

01 Softimage XSI

차세대 게임 및 필름 위한 최고의 기능을 선사할 가장 적합한 툴입니다. 3D 캐릭터의 산업의 최고의
결과물을 만들 수 있는 강력한 툴(Tool)입니다.

02 XSI를 선택한 업체들의 활용사례

01 게임 회사 리스트

메탈기어 솔리드 4 – Konami

데블 메이 크라이 4 – Capcom

프로젝트 고텀 레이싱 3 – Bizarre

데드 오어 어라이브 4 – Tecmo

스타 워즈 배틀프런트 2 – Pandemic

하프 라이프2 & HL2 에프터메스 – Valve

레지던트 이블 5 – Capcom

태견 5 – Namcom

모토 GP – Namcom

파잇 나이트 – EA

멀세날리스 – Pandemic

파이널 판타지 XI – Square-Enix

바이오 해저드 4 등

02 영화와 회사

해피 피트 – Animalogic

스낵스 온더 플랜 – CafeFX

칼로테스 웹 판타스틱 4 – Stan Winston

8 빌로우 – Stan Winston

씬 시티 – Troublemaker

홀스 무빙 캐슬

아플레스드 – Digital Frontier

스카이 캡틴 – Stan Winston

고질라 "El Mananan"

반야드 – Omation

매직 라운드 어바웃

반헬싱 – ILM

해리포터 1~3 – ILM

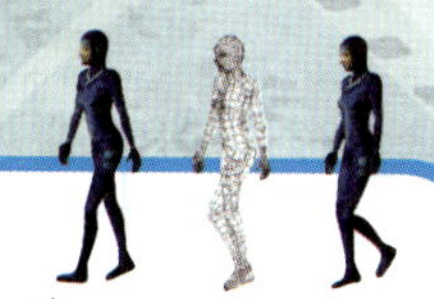

03 '차세대'를 위한 노력(The Challenge of 'Next Generation')

다량의 캐릭터

수준 높은 정밀성

프로덕션 제작시간의 절략

제작예산의 감소

04 '차세대'를 위한 작업방식(The 'Next Generation' Workflow)

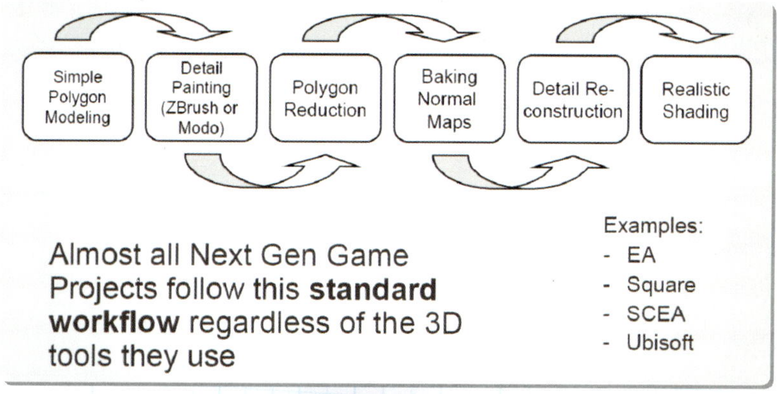

간단한 폴리곤 모델링 → 지브러시와 모도에서 작업물 → XSI의 폴리곤 리덕션 → 노멀맵 생성 → 세밀한 노멀맵 보정 → 실감나는 쉐이딩(포토샵작업)

05 Softimage XSI의 장점(The XSI Advantage)

게임업계들에서 검증된 세계 최상의 빠른 차세대 작업방식을 XSI에서는 제공합니다.

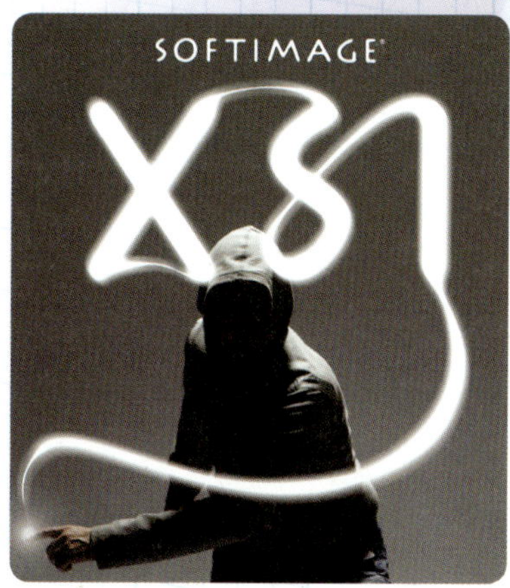

Recent XSI Adoptions:
- Lionhead Studios
- Pandemic
- Caviar
- SEGA
- Capcom

06 Softimage XSI의 작업과정(The XSI Soulution)

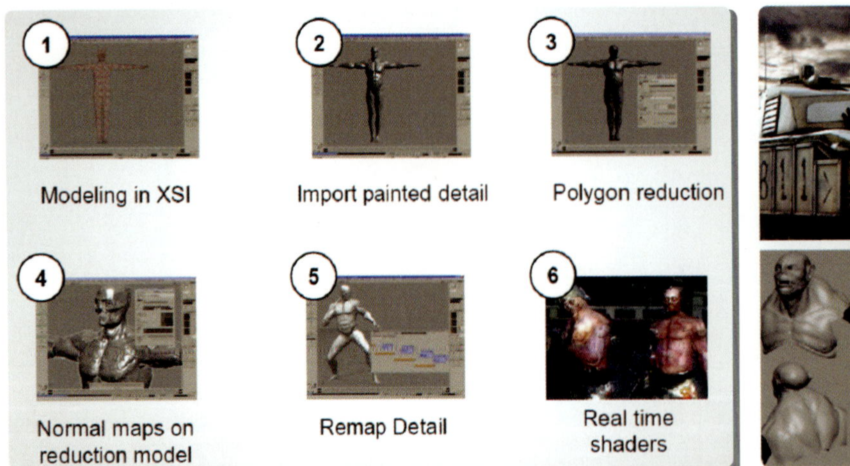

Modeling in XSI | Import painted detail | Polygon reduction

Normal maps on reduction model | Remap Detail | Real time shaders

1 XSI에서의 모델링
2 페인트 된 세밀한 작업물을 불러옵니다.
3 폴리곤 수치를 축소하는 작업
4 로우폴리곤에 노멀맵 적용
5 세밀한 맵핑을 재적용
6 리얼타임 쉐이더

Part 1 | 모델링(Modeling)

XSI의 Non-destructive Modeling 기능을 이유로 메탈기어 솔리드의 4개의 팀들은 그들의 전체 파이프라인을 XSI로 변경하였습니다.
XSI는 가장 빠른 Sub-D's 기능을 시장에 제공하는데 모든 모델링을 바꾸어도 UV's를 유지해 줍니다.
Gigapolygon Core는 100만개 이상의 서브디비전 폴리곤에도 수월히 작업할 수 있게 도와줍니다.

Part 2 | 세밀한 작업의 임포팅(Importing Detail)

XSI는 다른 어떤 3D툴 보다 좋고 안정성 있게 100만개 이상의 수많은 폴리곤들을 불러들여 작업할 수 있습니다.

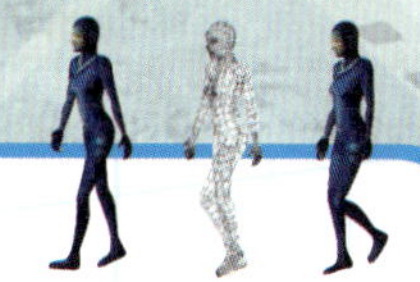

Part 3 | 폴리곤 수치를 축소하는 작업(Polygon Reduction)

XSI는 세계에서 가장 쉽고 빠른 폴리건 리덕션 엔진을 가지고 있으며 100만개 이상의 폴리곤도 무난하게 작업할 수 있습니다. 사각형으로 이루어지는 모델링 메쉬를 용량과 디테일의 손상 없이 축소하는 기능입니다.

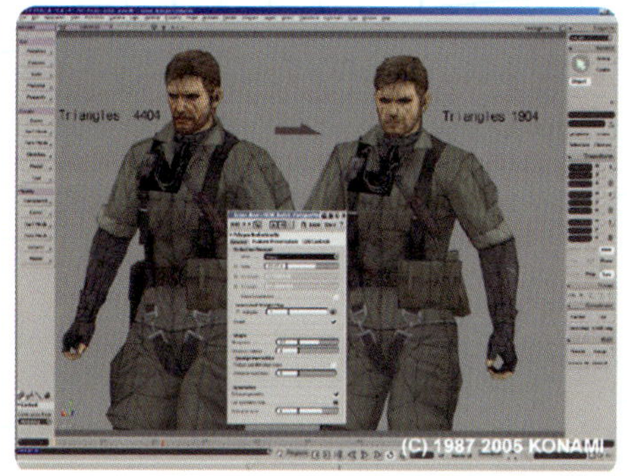

Part 4 | 노멀 맵핑(Normal Mapping)

단 한 번의 클릭으로 XSI는 차세대 게임을 만드는데 필요한 높은 퀄리티의 노멀맵을 생성을 할 수 있습니다. 노멀, 엠비언트 오클루젼, 뎁스, 라이트와 컬러/알파 등을 포함한 맵을 지원합니다.

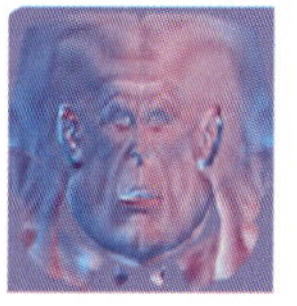

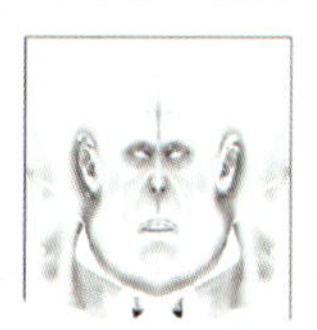

Part 5 | 세밀한 맵핑 재적용(Remap Detail)

뷰포트와 멘탈레이 렌더링에서 세밀한 표현을 볼 수 있게 자동화 되어 있으며 DirectX, CGFX, OpenGL을 지원합니다. 실시간 이미지 확인과 이미지 교정을 통해 아티스트들의 작업 시간을 줄여줍니다.

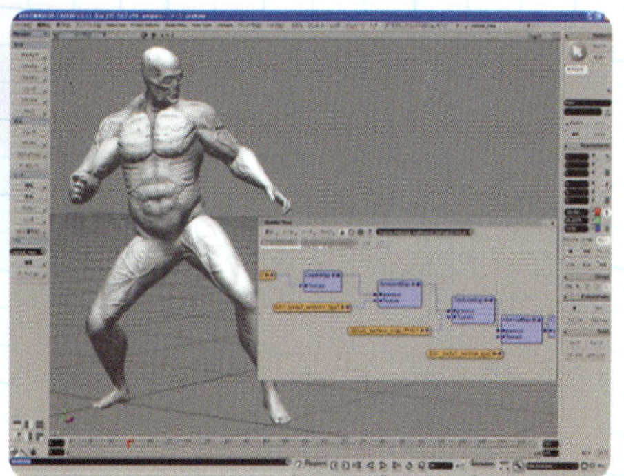

Part 6 | 리얼타임 쉐이더(Realtime Shaders)

XSI는 아티스트와 쉐이더 프로그래머들이 함께 정보 교류를 할 수 있는 최상의 환경을 제공합니다. 개발자들이 뷰포트에서 비주얼 담당과 아티스 담당 그리고 개발자가 동시에 코드가 바뀌는 것을 제한 없이 즉각 볼 수 있습니다.

07 고객들의 파이프 라인을 XSI로 바꾸는 이유?

1 최소한의 시간소요로 최대 결과물 창출
2 게임, 애니메이션과 비쥬얼 이펙트에 가장 효과적인 툴입니다.
3 넌디스트럭티브화된 작업환경을 통해 전단계로 돌아가지 않고 언제든지 변경할 수 있는 기능입니다.
4 XSI에서 가장 강력한 기능으로 모델링, 리지드 바디 다이나믹스와 렌터링 등을 포함한 모든 형태를 작업 생산하는 산업의 아티스트들에게 XSI는 가장 적합한 솔루션을 가지고 있습니다.

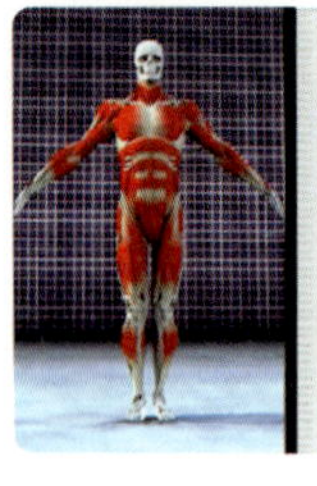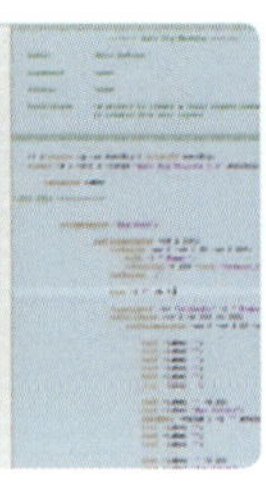

01 리깅(Rigging)

리깅(Rigging), 컨스트레이닝(Constraining)과 익스프레션(Expressions)은 타 툴인 마야나 맥스보다 다루기 쉽게 되어있습니다. 바이패드(Biped), 바이패드 도그레그(Biped Dogleg)와 쿼드로패드(Quadruped)를 자동으로 생성 템플리트화 되어있습니다. 스파인 솔버(Spine Solver), 테일 다이나믹(Tail Dynamics)과 상급의 리깅의 구성하는데 많은 시간을 단축해 줍니다. 3D 시장 최고의 스키닝 툴을 가지고 있습니다.

02 디포메이션(Deformation)

Scriptable Custom Deformers는 스킨 디자인과 움직임을 빠르게 해줄 수 있는 기능입니다. 매우 효율적인 디포메이션 레이어 시스템은 마야와 맥스 보다 다루기 쉽고 빠르게 해줍니다. 마야보다 큰 디포멀 라이브러리를 가지고 있습니다.

03 애니메이션(Animation)

　↘ 아주 뛰어난 커브 에디터와 캐릭터의 아주 빠른 플레이백 기능
　↘ 아주 쉽게 애니메이션을 라이브러리에 저장할 수 있는 기능
노멀라이즈 커브는 Rotation과 Translation을 똑 같은 비율로 조정 할 수 있습니다.

04 세계 최고의 리지드 바디 다이나믹스(The world's best Rigid Body Dynamics)

　↘ Ageia PhyX를 접목한 코어-레벨 통합체계
　↘ 업계를 선도하는 리지드 바디 시뮬레이터 하드웨어 악셀레이션 서포트
　↘ 천 가지 이상의 충돌하는 오브젝트를 뷰포트에서 호환 가능한 기능
　↘ 완벽한스크립트 활용 기능
　↘ 빠른 프리뷰 기능으로 현재 진행되는 애니메이션을 확인할 수 있는 고스팅 기능

05 택스쳐링(Texturing)

XSI의 택스쳐 에디터 기능으로 인해 마야에서 XSI로 툴을 변환하게 된 계기가 된 이유 중에 하나입니다. 빠르고 뛰어난 택스쳐 기능으로 Maya 보다 빠른 결과물을 만들 수 있습니다.

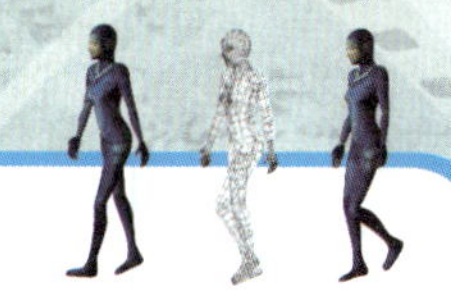

\ 일반적인 게임 시나리오에서 사용할 수 있는
  언랩 패스와 로드의 기능
\ UV 아일렌드 힐링 툴
\ 간편한 멀티플 UV's 에디팅 기능
\ 하이퀄러티 릴렉스 툴 등

06 툰 쉐이딩(Toon Shading)

\ 일본 애니메이션인 하울의 움직이는 성에
  사용된 세계 최초의 풍부한 툰쉐이딩 기능
\ 스튜디오 지브리와 사이옵, 애니프레스를 위
  한 개발지원
\ 정밀한 선 작업을 위한 탁월한 조정기능

07 더욱 빨라진 수행능력(Faster Workflow)

이미 모델링과 택스쳐 작업을 마치고 리깅된
캐릭터에 대해 수정이 가능합니다.
게이터의 스키닝 이동 기능으로 UV, 쉐입 그리고
에니매이션을 다른 Mesh에 적용가능하며 모델링
히스토리 삭제 후에도 사용 가능한 리깅 기능이
탁월합니다.

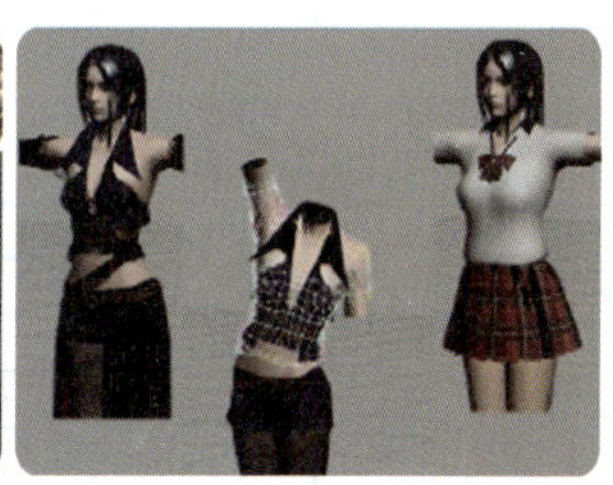

08 현실(Realism)

높은 품질의 피부와 헤어쉐이더를 만들수 있으
며 엠비언트 오클루션과, 파이널게더링, 글로벌
루미네이션을 위한 서포트가 가능합니다.
ZBrush와 Mudbox에서 불러드린 2백만개 이상
의 폴리 카운트를 갖은 캐릭터를 수용할 수 있
습니다.
단 한 번의 클릭으로 실제와 같은 쉐이딩을 게임 엔진으로 전달하는 기능이 있습니다.

09 코어 아키텍쳐(Core Architecture)

\ 가장 새로운 모던 3D 코어 아키텍쳐
\ CPU와 멀티코어를 위한 최적화 기술
\ 신기의 시험을 위한 안정성
\ 여러 언어를 사용할 수 있는 다이나믹 엔진

최근의 64bit, DirectX10, Python, Aegia PhyX, Microsoft. NET(C#)과 멘탈레이
기술을 모두 지원합니다.

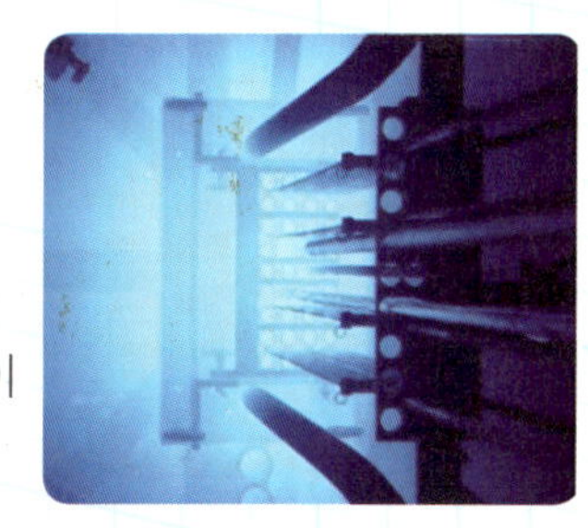

10 렌더링(Rendering)

- 큰 장면들을 보다 빠르게 렌더링할 수 있는 분활된 메모리 아키텍쳐
- MI 파일 제너레이션의 지체없는 작업 능력
- XSI Core에 통합된 멘탈레이 3.5.6.1
- Maya/Max 사용자들이 XSI로 전환하는 가장 큰 이유 중의 하나인 XSI Renderpass

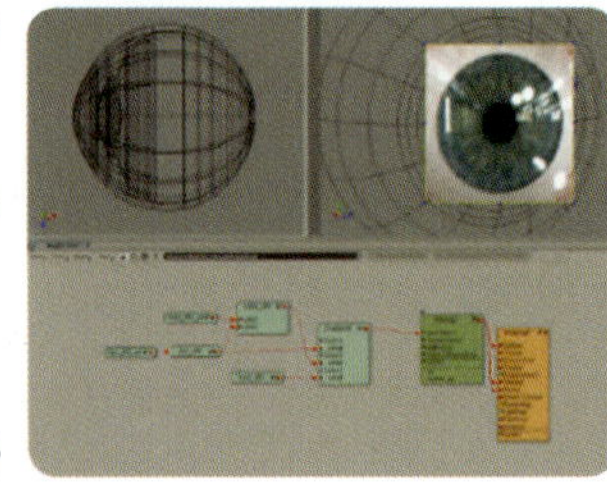  

11 잔디와 식물(Grass and Vegetation)

- 프로덕션에서 원하는 잔디와 식물들 제작에 PaintFX보다 뛰어난 XSI 헤어 이스턴싱
- 최적화된 장면을 위한 3D 다이나믹과 리깅 프로세스
- 3d 그림자와 에어리어 라이트, 파이널 게더링, 모션블러와 글로벌 일루미네이션 어드벤스 렌더링 테크닉

 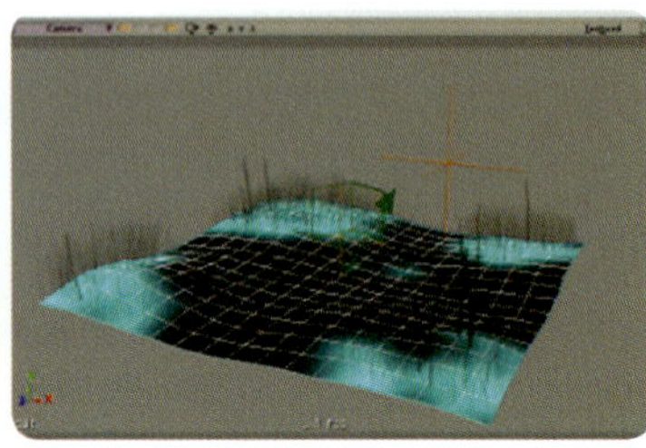

12 헤어와 털(Hair and Fur)

- 어드벤스 헤어 모델링 툴
- 메모리 활용에 탁월한 렌더링
- 모션블러어 헤어

 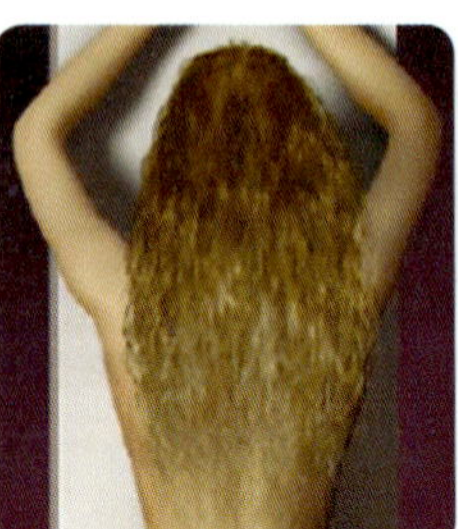 

13 지오메트리 캐싱(Geometry Caching)

- **차별화된 포인트 오븐 지오메트리 캐싱**

지오메트리에서 변형된 물체를 Maya, Max, Lghtwave와 XSI로 이동 할 수 있습니다. 모션 커브를 지원합니다.

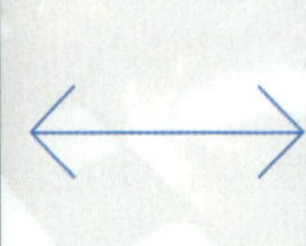

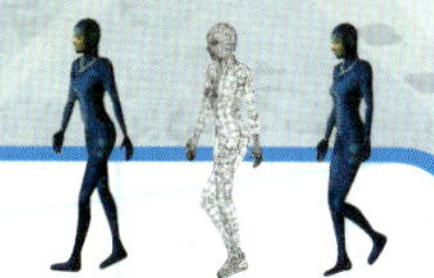

⑭ 컴포지팅(Compositing)

> ↘ 3d 툴로 유일한 Full-fledged(바람에 날리는 물체) 컴포지팅 기능과 페인팅 시스템
> ↘ 인더스트리의 신기술을 기반으로 하는 마타도어와 일루션. 컴포지 3D 택스처와 페시스

⑮ 옷감과 피부 시뮬레이션(Cloth and Flesh Simulation)

> ↘ 빠른 시플렉스 옷감과 소프트 바디 시뮬레이션
> ↘ 뉴-지버-Zip 3d 옷감과 주름

⑯ 간단명료한 믹스 파이프라인(Mixed Pipelines made Simple)

> ↘ 컨버터와 & 파일 I/O 라이브러리
> ↘ 커스텀 데이터 마크업을 위한 오픈 아키텍쳐
> ↘ 심도있는 다양한 커스터마이제이션
> ↘ SDK& 다량의 코드 예제
> ↘ C++ 위한 API & 스크립팅
> ↘ 커스텀디스플레이 호스트
> ↘ 윈도우와 환상적인 조화
> ↘ 활발한 스크립팅 호스트, 넷뷰 기능
> ↘ 툴의 배치조정 서비스

⑰ 커스터마이제이션(Customization)

> ↘ 총망라된 SDK
> ↘ 커멘드 레벨
> ↘ 오부젝트 오델 API
> ↘ 플러그인 호스트
> ↘ 커멘드, 오퍼레이터
> ↘ 쉐이더, 컴포지팅 FX
> ↘ 그래픽 시퀀서, 커스텀 디스플레이

01 새로워진 Face Robot 1.8

Face Robot 1.8의 가장 새로운 특징은 어느 툴보다 더 빠르고 쉽게 고품질의 얼굴 애니메이션을 만들 수 있다는 것입니다.

02 Shape Export System

Face Robot 1.8의 새로운 Shape export 시스템은 SOFTIMAGE|XSI 혹은 Autodesk® Maya®에서 리그된 얼굴을 바로 애니메이션할 수 있게 해줍니다.

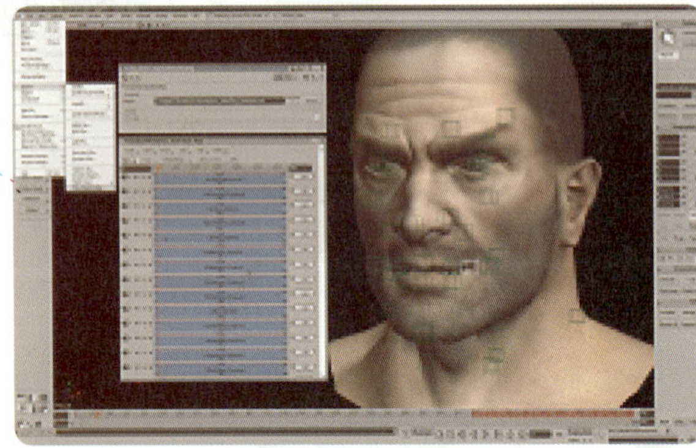
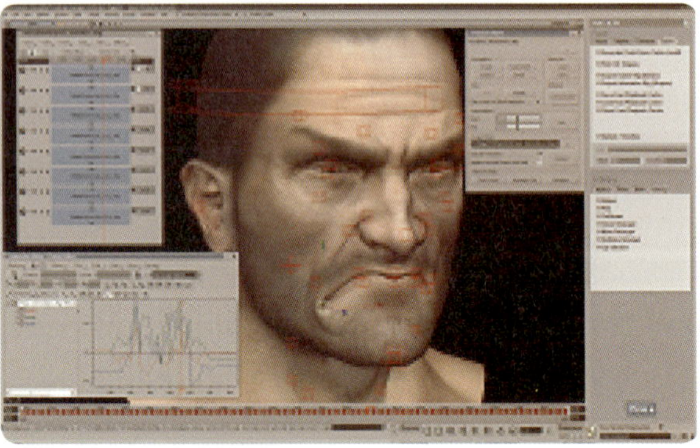

앞으로 Technical Director는 최첨단의 얼굴 리그를 빠르게 생성할 수 있으며 애니메터들은 셋팅되어 있는 얼굴을 받아 마음에 드는 3D애니메이션 툴에서 작업할 수 있게 되었습니다.

03 Improved game export pipeline

Face Robot 1.5에서는 게임 익스포터 파이프라인으로 스키닝과 노멀 맵핑이 포함된 실사 얼굴 애니메이션을 게임엔진에서 사용할 수 있게 되었고 Face Robot 1.8에서는 게임익스포터 툴을 강화시키고, 특별한 부분을 좀 더 정확하게 Envelop 할 수 있게 업그레이드 되었습니다.

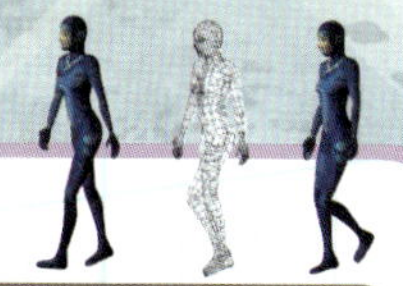

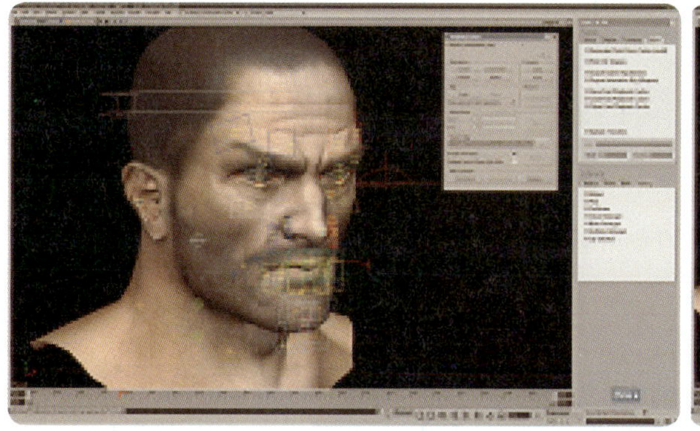

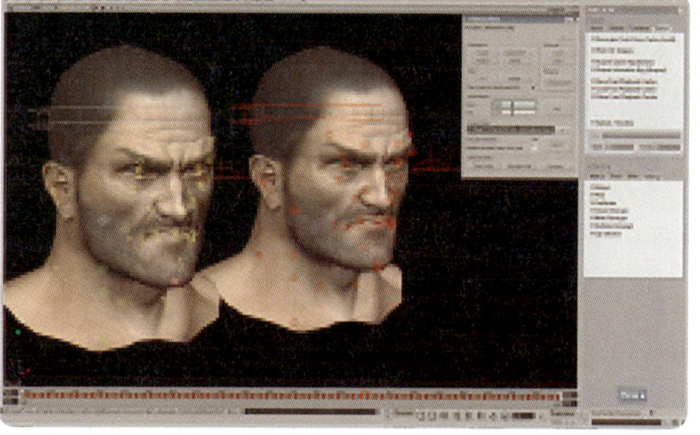

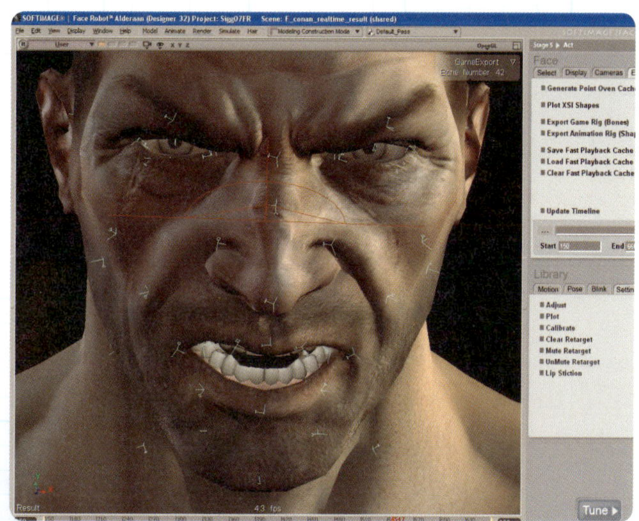

04 Built on XSI6 Core Architecture

Face Robot 1.8은 SOFTIMAGE|XSI6를 중심으로 설계되었습니다. MOTOR 모션 리타게팅, 애니메이션 레이어와 같은 뛰어난 기능을 사용할 수 있게 Softimage XSI 6.x 플랫폼을 적용했으며 그 외에도 Delta Referencing, Crosswalk 등 여러 가지 XSI6.x의 좋은 점들을 많이 적용시켰습니다.

애니메이터는 Softimage XSI 6.x 애니메이션 레이어 테크놀로지로 모션캡쳐 애니메이션을 손쉽게 수정할 수 있게 되었습니다.

05 New Head Presets

Face Robot 1.8 Package에는 즉시 사용할 수 있는 7개의 새로운 얼굴프리셋이 들어있습니다.

06 23-Part Video Tutorial

Face Robot 1.8 Package에는 23개의 부분으로 나누어진 투토리얼 영상이 들어있어서 작업자들의 작업을 쉽고 빠르게 해줍니다.

투토리얼 영상에는 Face Robot의 얼굴 세팅과 애니메이션 적용방법 등 6단계인 Creating, Animating 그리고 Tuning을 세밀하게 설명하였습니다.

새로워진 Softimage XSI 6.X

01 New Features; New Packages; New Price;

Softimage사는 SOFTIMAGEXSI6.5에서 모든 장점들을 새롭게 교체 하였습니다. 이를 통해 3D유저와 스튜디오는 기술과 예술의 한계를 최대한으로 확장시킬 수 있을 것입니다.

02 Over 30 Feature Enhancements

XSI6.5에서는 30개에 달하는 기능을 개선했습니다.

추가로 강화 된 부분

HDR(High Dynamic Range) rendermap support

Additional APIs for the robust XSI SDK

UV editing enhancements

Enhanced audio support

And more...

03 New Renderers

3rd-party 개발자들의 강한 요구로 인해 Softimage는 XSI6와 함께 XSI Rendering API를 개방했으며 6.5 버전에서는 렌더링 부분에서 가장 많은 변화가 일어났습니다.

소프트이미지를 활용한 제작 사례 ❶

블러스튜디오 작품 "신사들의 결투" [미국]

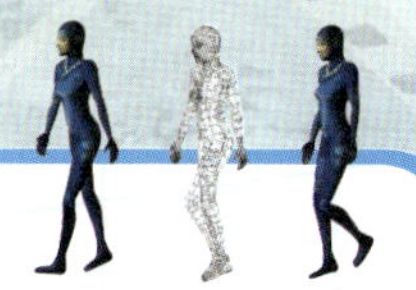

소프트이미지를 활용한 제작 사례 2

애니멀로직 작품 "해피피트" [호주]

소프트이미지를 활용한 제작 사례 3

블러스튜디오 "트렌스포머" [미국]

이외 많은 회사들이 소프트이미지 XSI를 이용해 좋은 작품들을 개발하고 있습니다.

PART 01

Softimage XSI Basic

Softimag XSI를 사용할 때 가장 기본적인 것은 Softimag XSI의 기본 인터페이스 및 각 구성 요소들의 설정사항과 활용입니다. 3D 작업을 진행시 하나의 요소로만 제작는 것이 아니므로 각각의 세부 오브젝트 및 그 오브젝트를 활용할 수 있는 인터페이스에 대한 학습이야 말로 기본적이면서도 중요한 것이라 할 수 있습니다.

이 장에서는 Softimag XSI의 인터페이스, 기본적인 구성요소, 환경설정 및 장면의 전체적인 요소를 관리할 수 있는 Explorer 등의 기능과 화면상의 관점 구성 및 활용에 대해 학습합니다.

01 Softimage XSI 인터페이스 살펴보기

XSI 인터페이스는 뷰포트(Viewport) 중심으로 그 주위를 둘러싸는 여러 개의 툴바(Tool Bar)와 패널(Pannel)로 구성됩니다. 모든 명령은 그룹(Group) 단위로 관리되며 장면(Scene)은 프로젝트(Project) 단위로 관리됩니다.

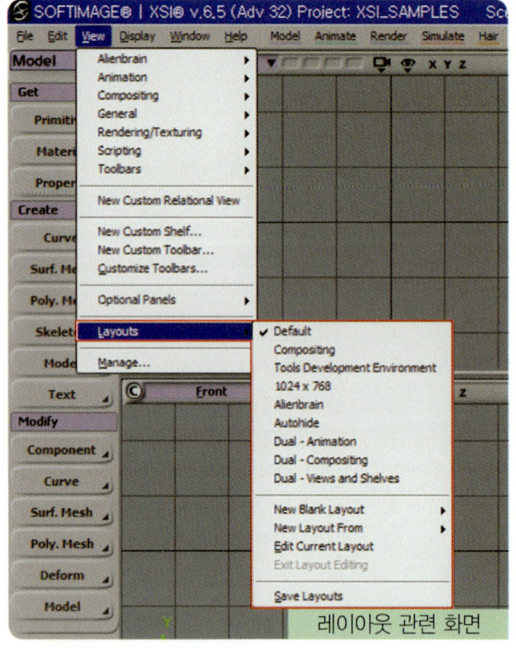
레이아웃 관련 화면

인터페이스에서 가장 기본적으로 View 〉 Optional Panels에서 표준이 되는 기본 인터페이스 레이아웃을 관리할 수 있으며 다른 레이아웃은 View 〉 Layout 메뉴에서 사용이 가능합니다.

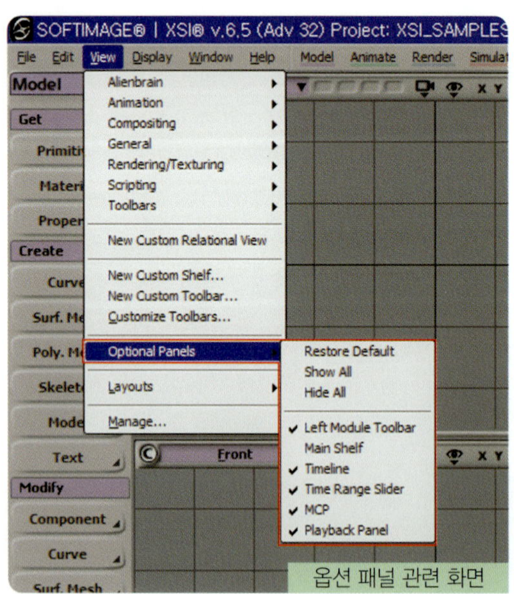
옵션 패널 관련 화면

또한, XSI는 여러 도구들과 편집자들의 환경설정을 위해 File 〉 Preferences에서 여러 가지 원하는 작업을 위해 기본 설정을 할 수 있습니다.

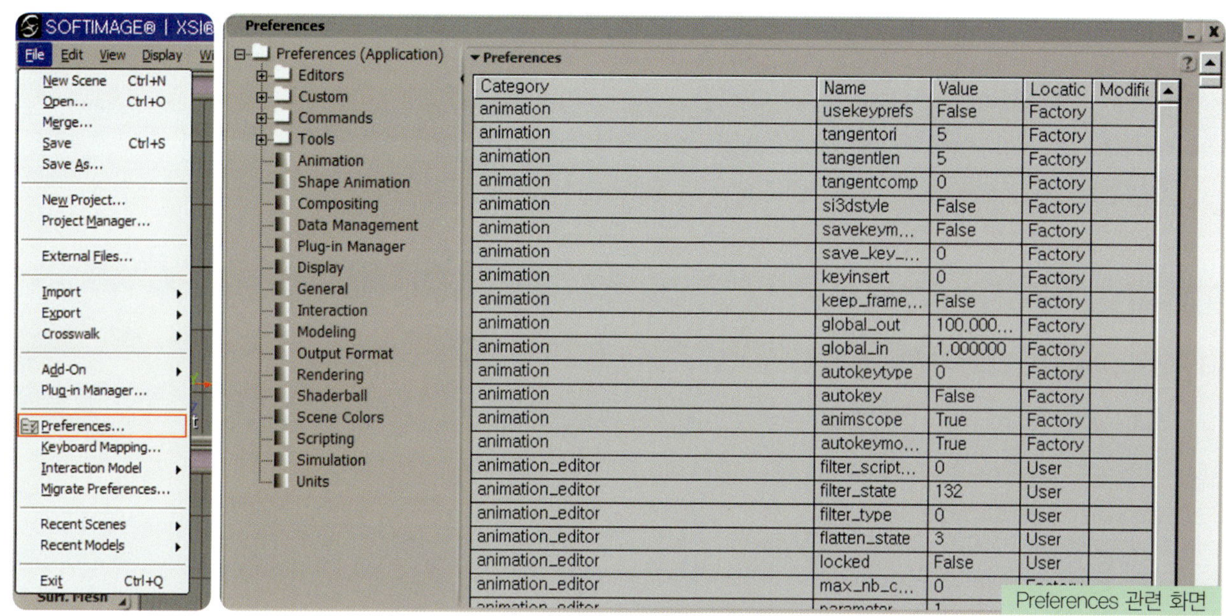

Preferences 관련 화면

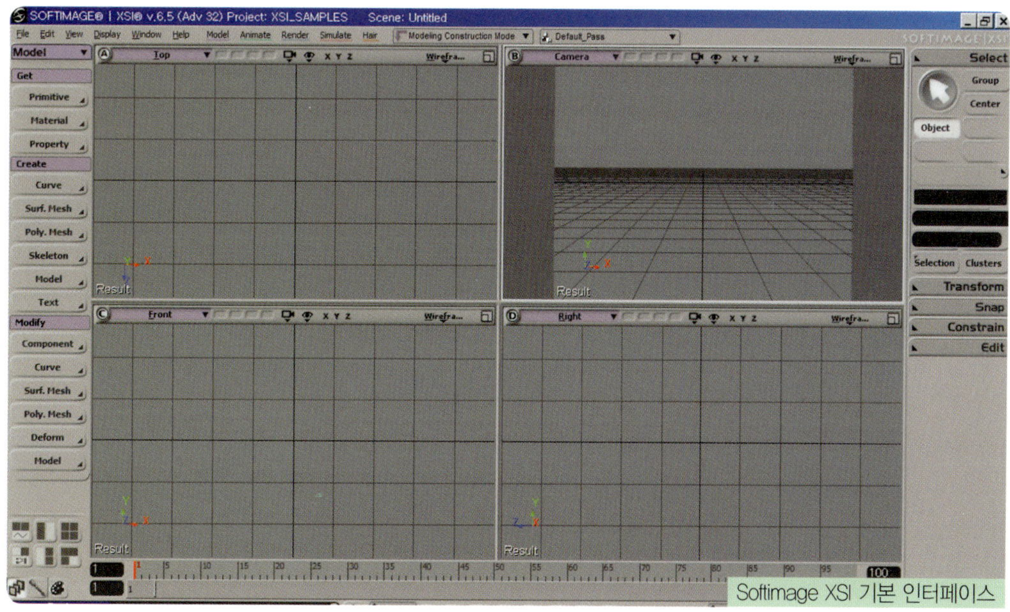

Softimage XSI 기본 인터페이스

STEP 01 Title bar

타이틀 바에서는 여러분이 작업하는 작업물의 이름과 프로젝트 장면(Scene)에 대한 기본적인 정보를 가지고 있습니다.

SOFTIMAGE® | XSI® v.6.5 (Adv 32) Project: XSI_SAMPLES   Scene: Untitled

STEP 02 Viewports

Viewports는 작업시 다른 여러 가지 장면의 내용을 볼 수 있습니다.

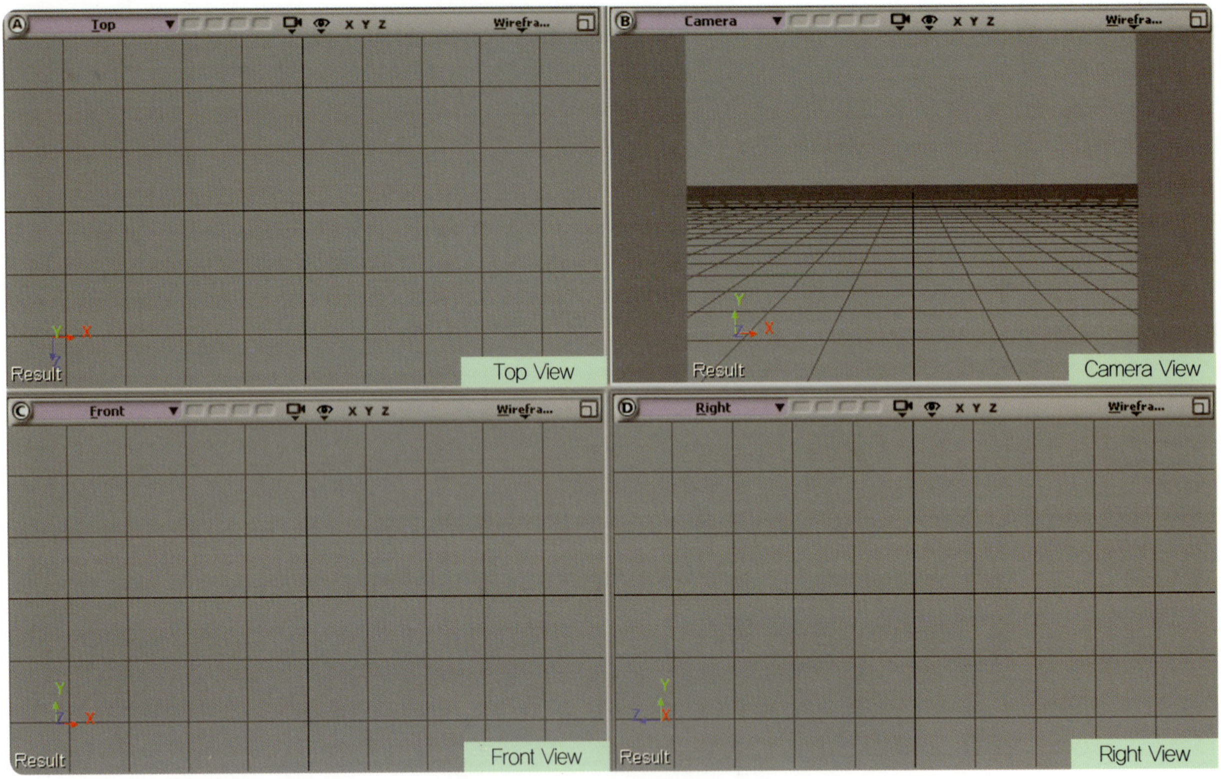

또한, 움직일 수 있는 창을 떠오르게 하는 데 있어서 디스플레이하는 View 메뉴로부터 사용 가능한 Tools과 Editors가 있습니다. View 〉 Layouts menu로부터 다른 Readymade 레이아웃을 선택할 수 있으며 조정된 작업 순서에 대해 자신의 레이아웃을 새롭게 만들 수 있습니다.

STEP 03 Main menu bar

Main menu bar는 XSI의 수평선 모양으로 상단에 위치한 메뉴들입니다.

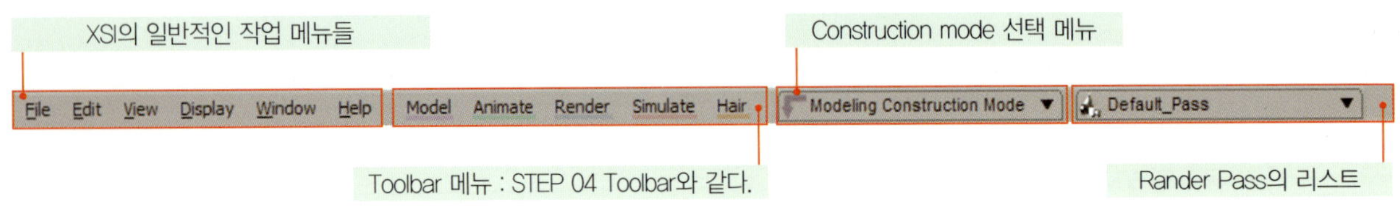

SOFTIMAGE XSI

STEP 04 Toolbar

모델링, 애니메이션, 렌더링, 시뮬레이션 그리고 헤어의 다섯 가지 기능과 관련된 툴바나 단축키를 이용하여 간편하게 이동할 수 있습니다.

예를 들어 단축키 1, 2, 3, 4번(숫자)과 Ctrl + 2 키를 누르면 쉽고 빠르게 메뉴를 이동시킬 수 있습니다.

Toolbar에서 원하는 기능을 클릭하여 메뉴를 선택할 수 있습니다.

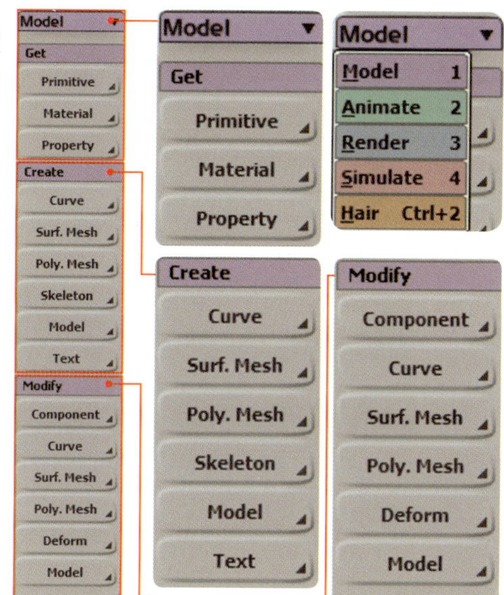

STEP 05 Icons

XSI 메인 인터페이스 왼쪽 아래에 위치한 그림과 같은 아이콘을 누르면 관련된 툴바나 다른 패널 그리고 레이아웃 등을 쉽고 빠르게 변경할 수 있습니다.

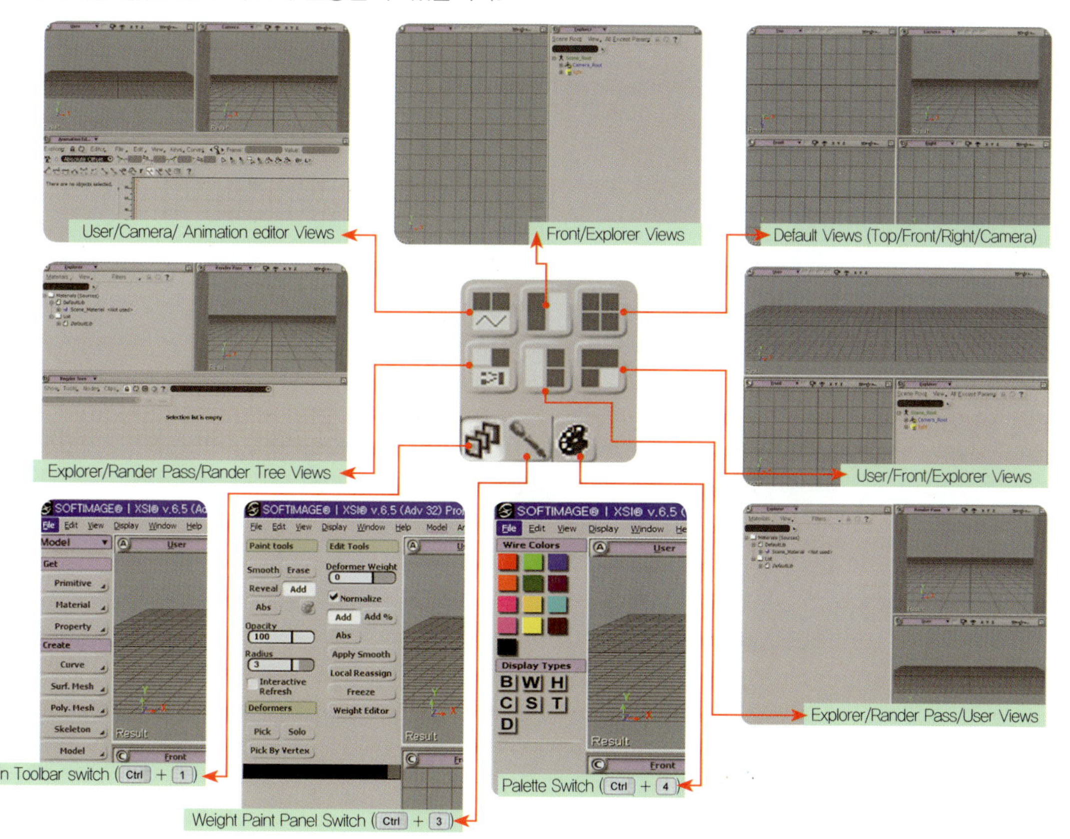

STEP 06 Lower Interface Controls

Command box에 포함되어 있는 컨트롤 부분에서 Script editor icon, Mouse/status line, Timeline, Playback panel 그리고 Animation panel를 제어할 수 있습니다.

Timeline and rime range
애니메이션이 이루어지는 순간을 프레임에 보여주며, 키를 편집할 수 있습니다.

Playback panel
Playback 제어를 통하여 생기 있는 움직임을 관리할 수 있습니다.

Animation panel
마크 매개변수, 설정된 Keyframes, retime 애니메이션 등을 제어할 수 있습니다.

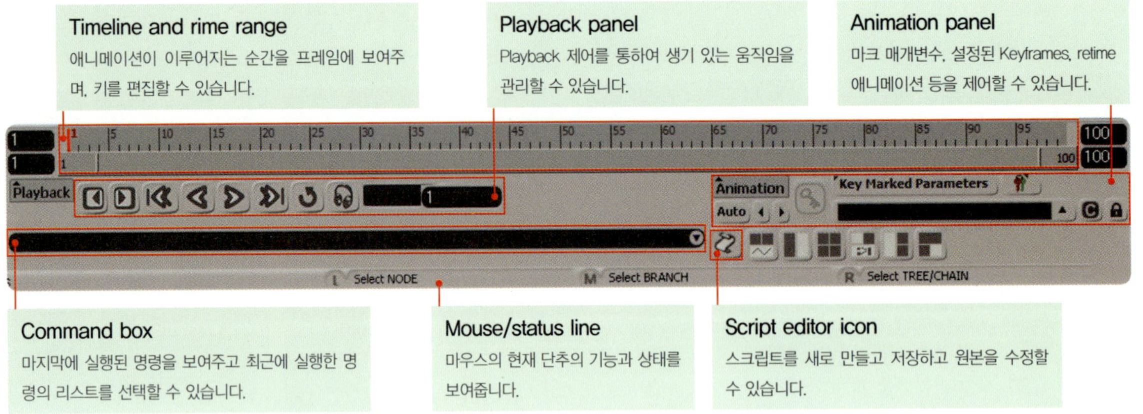

Command box
마지막에 실행된 명령을 보여주고 최근에 실행한 명령의 리스트를 선택할 수 있습니다.

Mouse/status line
마우스의 현재 단추의 기능과 상태를 보여줍니다.

Script editor icon
스크립트를 새로 만들고 저장하고 원본을 수정할 수 있습니다.

STEP 07 Main command panel

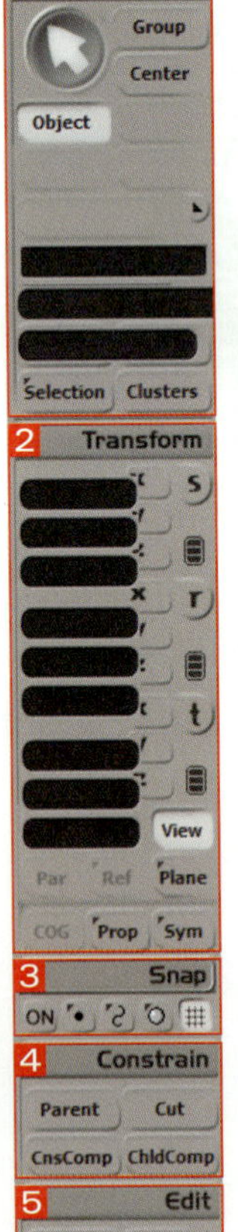

XSI 인터페이스 오른쪽에 위치한 메인 Command 패널에서는 가장 자주 사용하는 툴이나 도구들의 아이콘을 넣어 사용할 수 있는 기능입니다.

비슷한 명령어끼리 있는 도구들은 하나의 패널로 정리되어 있으며 마우스 Right-click을 하면 패널이 숨겨졌다 나타났다 합니다.

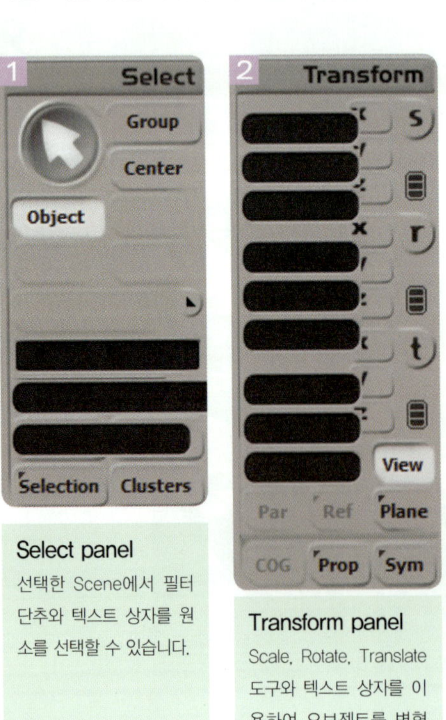

Select panel
선택한 Scene에서 필터 단추와 텍스트 상자를 원소를 선택할 수 있습니다.

Transform panel
Scale, Rotate, Translate 도구와 텍스트 상자를 이용하여 오브젝트를 변형시킬 수 있습니다.

Snap panel
Grid나 Object Snap의 타입을 설정하여 사용하면 모델링이나 위치변경을 쉽게 할 수 있습니다.

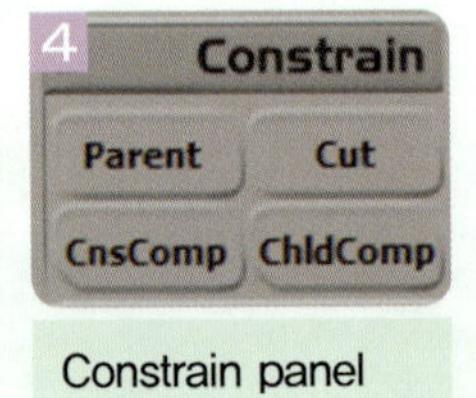

Constrain panel
오브젝트를 다른 형태로 바꿔 줄 수 있습니다.

Edit panel
오브젝트를 그룹, 프리즈, 설명, 삭제 할 수 있습니다.

Panel 타입을 바꿔 주는 버튼
Main Command Panel, Keying Panel, Material Panel

STEP 08 MCP, KP/L, MAT 패널 변경하기

인퍼페이스 오른쪽에 MCP, KP/L, MAT panels 세 가지 탭들이 있는 것을 볼 수 있습니다.

01 MCP는 Main command 패널이며 Selection, Transformation, Constraints, Snapping, Editing 제어이며 Sub-panels로 분할되며 위 사진과 동일합니다.

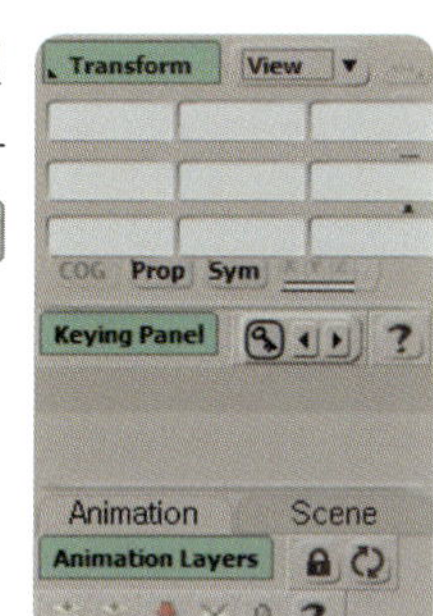

02 KP/L은 애니메이션 관련 패널입니다. Animation과 Scene layers 작업을 위한 Ctrl 키 패널을 사용할 수 있습니다.

03 MAT는 Material 패널입니다. Similar controls는 Texture layer editor와 비슷한 제어를 할 수 있는 기능입니다.

STEP 09 MCP Panels 열고 닫기

MCP 화면에서 마우스 오른쪽 버튼을 클릭하면 화면을 열고 닫을 수 있습니다. 이러한 기능은 모니터 사용에 있어 공간이 부족할 경우 자주 사용할 수 있는 기능입니다.

TiP 3D란 3차원(Three Dimensional)의 약자입니다.

사전적 의미로는 3차원의 형태, 입체감, 입체 사진 등을 말하는데 현실 세계에서 우리가 보고 느끼고 경험하는 모든 환경들은 3차원의 공간상에서 일어난다고 볼 수 있습니다.

02 실행명령어와 Tools 살펴보기

XSI는 효과적인 작업공간의 활용을 위해 많은 명령어들이 숨겨져 있습니다. XSI 메뉴안에 있는 숨겨져 있는 메뉴에 대해 자세히 살펴보겠습니다.

STEP 01 메인 메뉴 살펴보기

각각의 메뉴들은 일반적으로 여러 가지 명령과 도구들을 포함하고 있습니다. 다음의 그림을 참고로 하여 숨겨진 메뉴들에 대해 알아보겠습니다.

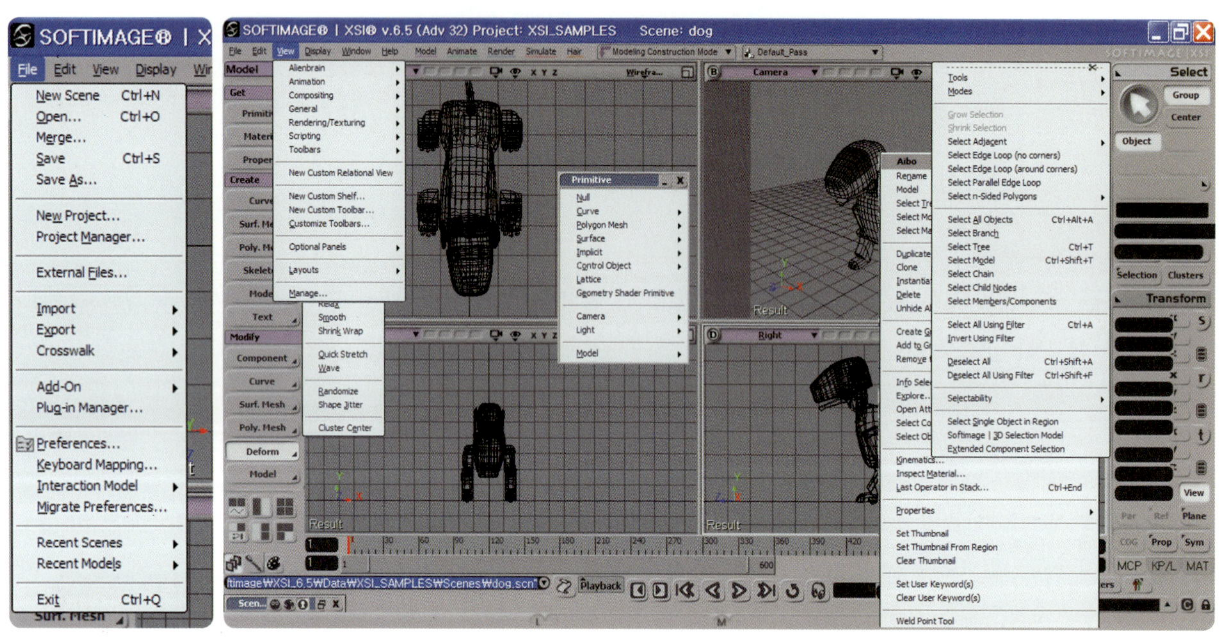

서브메뉴 활성화하기

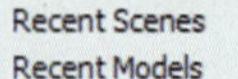

메뉴 옆을 보면 삼각형모양의 에로우(arrow) 아이콘이 있습니다. 이 아이콘을 클릭하면 메인 메뉴의 숨겨진 서브 메뉴가 활성화 됩니다. 아이콘 모양이 화살모양을 하고 있다고 하여 arrow 아이콘이라고 부르고 있습니다.

01 Drop bar menu는 메인 메뉴를 선택하면 나타납니다.

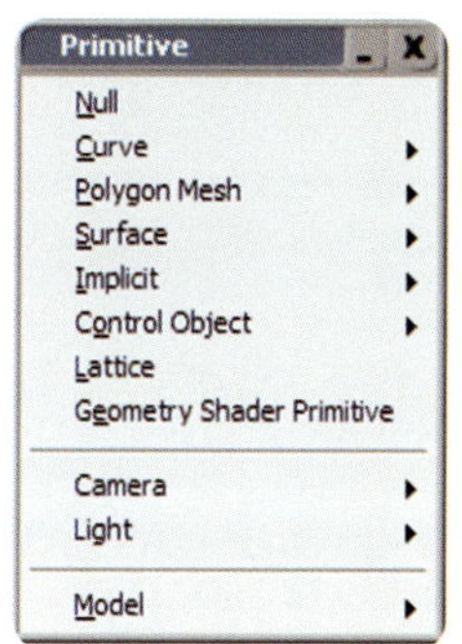

02 Tear-off menu는 Tool bar에서 잘라낸 메뉴입니다.

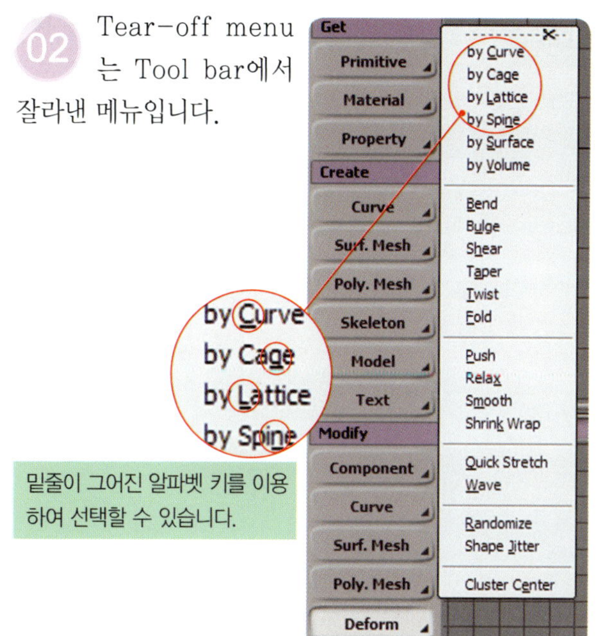

밑줄이 그어진 알파벳 키를 이용하여 선택할 수 있습니다.

03 Tool bar 메뉴들 중 하나를 선택하면 나타납니다.

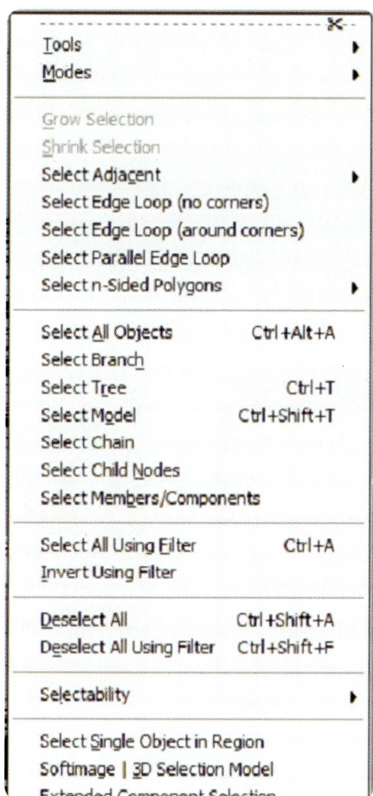

04 Select 패널의 이름을 클릭하면 나타납니다.

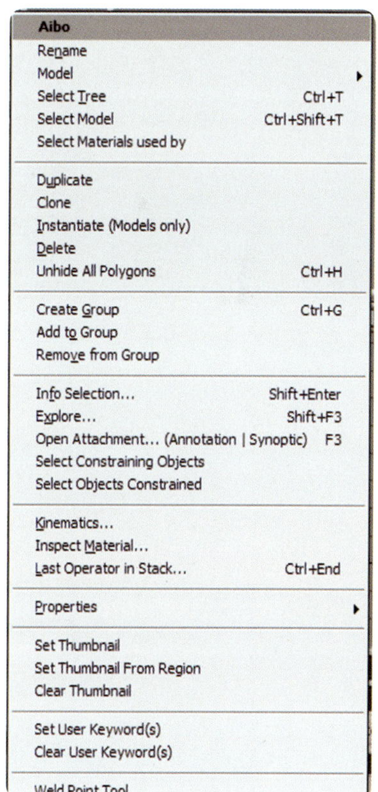

05 Alt + 마우스 오른쪽 버튼으로 선택하면 나타나는 메뉴입니다.

STEP 02 Access와 Shortcut Keys

01 Access keys는 마우스를 이용하여 사용하는 메뉴들 중 일반적인 메뉴입니다. 대부분 `Alt` + [밑줄이 있는 글씨(Underlined letter)] 를 눌러서 사용합니다.

02 Shortcut keys는 키보드를 이용하여 사용하는 핫키(Hot key)의 기능입니다. 대부분 `Ctrl` + [key]를 눌러 사용합니다.

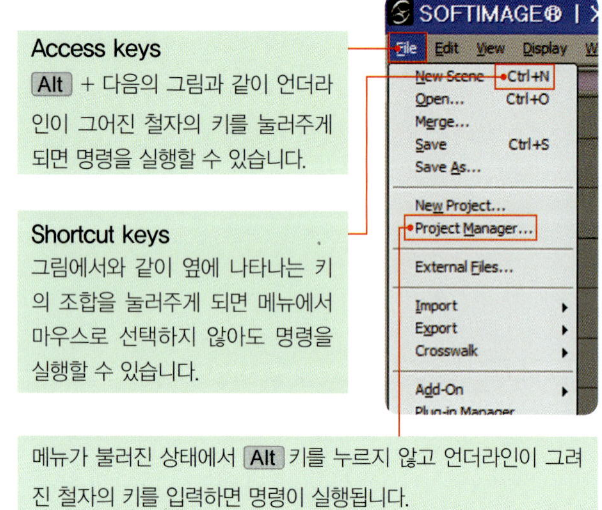

Access keys
`Alt` + 다음의 그림과 같이 언더라인이 그어진 철자의 키를 눌러주게 되면 명령을 실행할 수 있습니다.

Shortcut keys
그림에서와 같이 옆에 나타나는 키의 조합을 눌러주게 되면 메뉴에서 마우스로 선택하지 않아도 명령을 실행할 수 있습니다.

메뉴가 불러진 상태에서 `Alt` 키를 누르지 않고 언더라인이 그려진 철자의 키를 입력하면 명령이 실행됩니다.

03 Foating 윈도우 안에 Tear-off 메뉴는 윈도우에 명령어를 별도로 분리할 수 있습니다. 세부 명령어 상단에 가위모양을 누르면 명령어를 윈도우 형식으로 따로 분리되는데 자주 사용하는 메뉴들은 이러한 방법으로 따로 분리하여 사용하면 편리합니다.

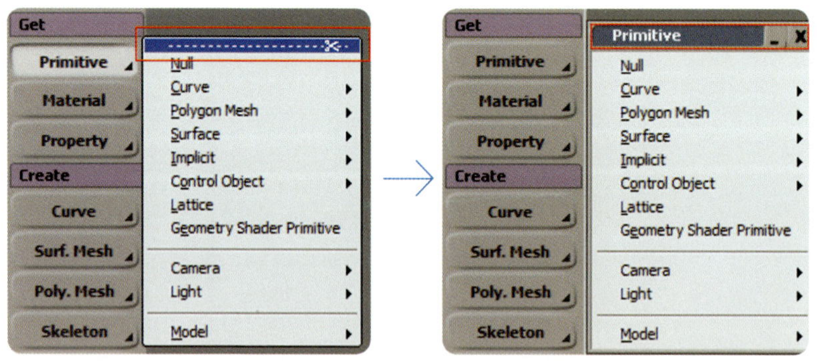

서브 메뉴 윈도우가 분리되기 전에는 메인 메뉴를 기준으로 나타내는 형식이지만 서브메뉴가 윈도우 상태로 분리되면 모니터의 어느 공간이나 원하는 위치로의 이동이 가능합니다.

04 Main menu bar에 있는 Drop-down 메뉴는 Toolbar에서 Menu 버튼을 클릭, 세부 메뉴를 활성화 합니다. 메뉴 구석에 있는 삼각형 모양을 클릭하여 세부 메뉴를 열 수 있습니다.

마지막으로 실행한 명령어를 반복하는 경우 마우스 가운데 버튼을 클릭하여 사용하면 되고 마우스 혹은 프레스 키를 이용하여 Command 명령어를 선택하여 사용할 수도 있습니다.

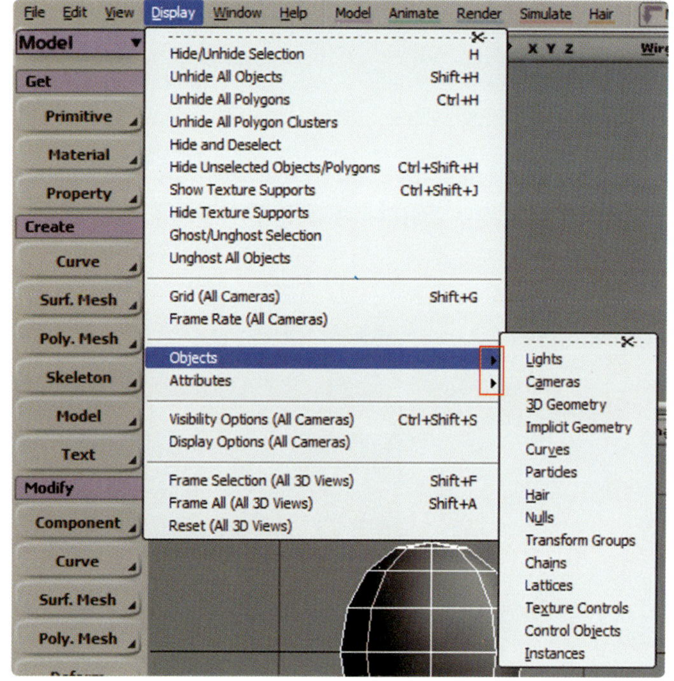

05 Main Toolbar를 다른 Tools로 바꿀 때에는 Main toolbar 아래에 위치한 단축 아이콘을 주로 활용합니다. Main toolbar와 Weight paint panel, Palette& Script tool bar 아이콘 버튼을 클릭하여 해당 명령어를 사용할 수 있는데 대부분의 XSI에서 사용되는 작업 명령어들을 포함하고 있습니다.

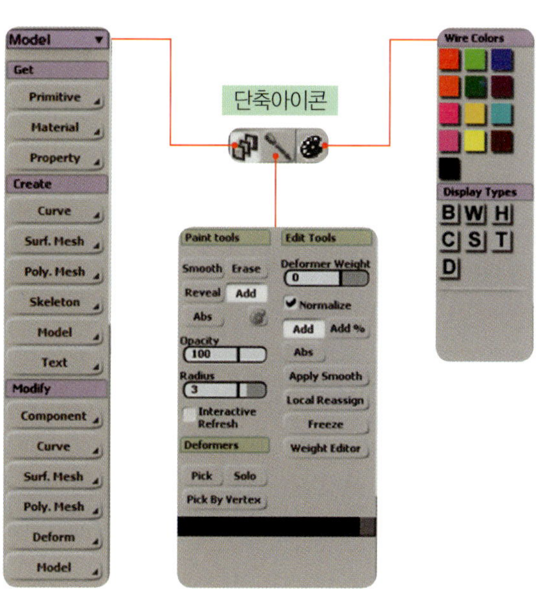

03 Property Editors

Property editors는 XSI의 기본적인 환경설정을 하는 부분입니다. 각각의 기능들에 관련된 기본적인 환경설정을 미리 설정한 후 사용하면 작업시 매우 편리합니다.

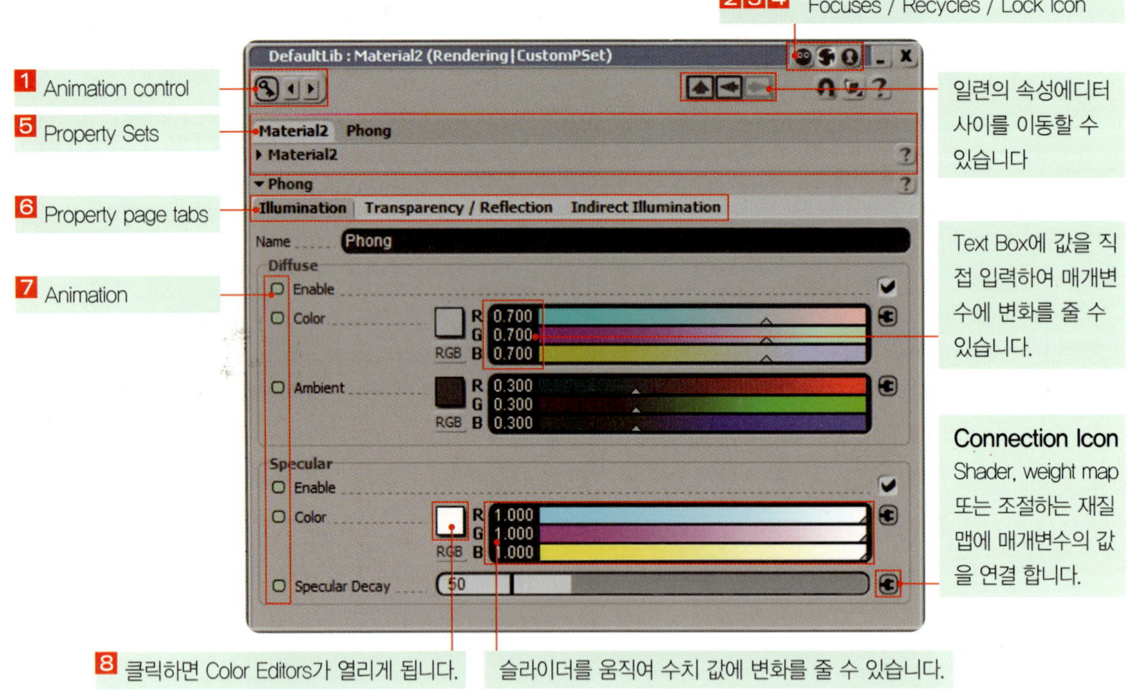

Property editors를 살펴보겠습니다.

01 Animation controls은 Property editor에 있는 Parameters에서 Set keys 및 Auto key, Move between keys들을 설정 할 수 있으며, 특정 에디터 Up a level, Previous와 Next로 이동이 가능합니다.

02 Focuses property editor 아이콘은 같은 유형의 특성에 특성 에디터를 편집합니다.

03 Recycles property editor 아이콘은 환경설정을 초기화 합니다.

04 Locks property editor 아이콘은 환경설정을 고정시키는 기능을 합니다.

05 Property Sets은 창을 확장하거나 닫을 수 있습니다.

06 Property Page 탭은 Property set안에 있는 Grouped parameters 사이의 스위치입니다.

07 Animation 아이콘을 활성화하기 위해서 박스를 체크 해줍니다.
마우스 오른쪽 클릭하면 Animation commands를 Single parameter에서 액세스 합니다.
단축키로 마우스 Right-click을 사용하면 됩니다. 색상 상자를 클릭, 원하는 칼라를 선택하여 사용할 수도 있으며 숫자 입력키에서 칼라에 해당하는 고유 숫자를 입력하여 사용할 수 있습니다.
이 숫자는 2D 그래픽 프로그램(포토샵, 일러스트 등)들의 Color Picker와 사용하는 숫자가 동일합니다. On 또는 Off 상태로 돌아가기 위해서는 Check box에 체크합니다.

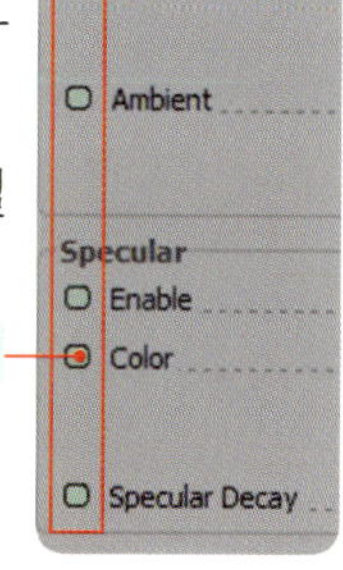

08 Color Editors으로 RGB color sliders를 사용하는 대신 다른 색 편집자를 열기 위해 색 상자를 클릭할 수 있습니다.

1 Revert 아이콘은 Property editor 초기상태로 돌려주는 기능을 합니다.
2 Preset 아이콘은 Parameter values의 Preset를 저장하거나 적용시킵니다.
3 Help 아이콘은 도움 설명 기능입니다.

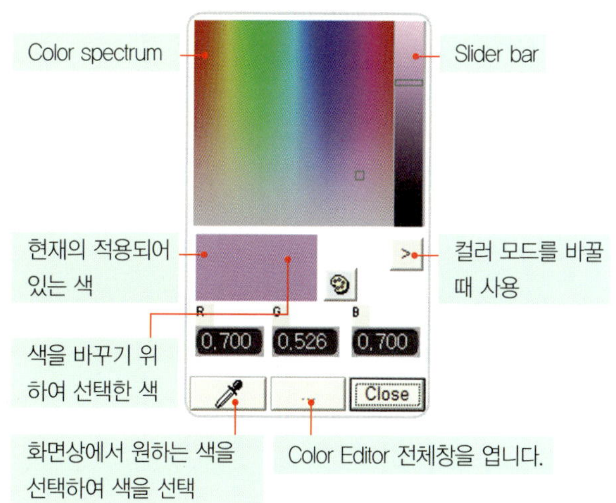

09 Polymorphic Sliders는 창의 사이즈에 따라서 슬라이드 바를 움직여서 값을 변경할 수 있고, 직접 값을 입력하여 변경할 수 있습니다.

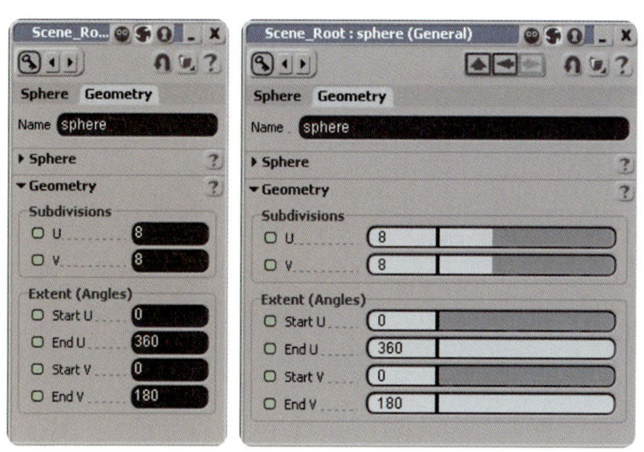

04 XSI Views

XSI를 처음 실행시키면 XSI 레이아웃(Layout)은 4가지의 뷰포트(Viewport)로 구성되어 있습니다.

각각의 Viewport는 letter로 식별이 되는데 Viewport A(Top left)는 Top orthographic view, Viewport B(Top right)는 Camera perspective view, Viewport C(Bottom left)는 Front orthographic view, Viewport D(Bottom right)는 Right orthographic view를 보여줍니다.

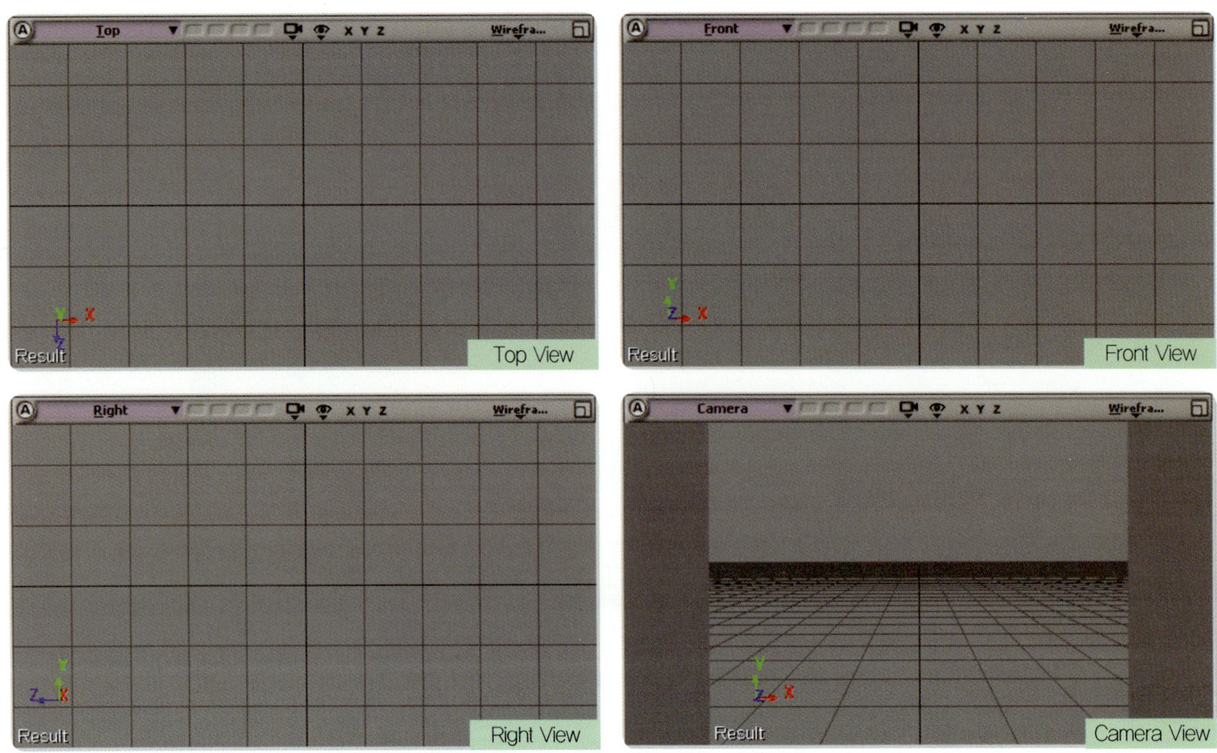

이러한 기본 레이아웃은 유저(User)가 원하는 작업환경에 따라 Viewports를 변경할 수 있습니다. Views menu 로부터 Viewport에 디스플레이하기 위해 원하는 Viewport를 선택합니다.

다시 이전의 Viewport로 돌아가려면 Views menu에서 이전 View menu를 선택하거나 마우스 휠 버튼을 클릭합니다.

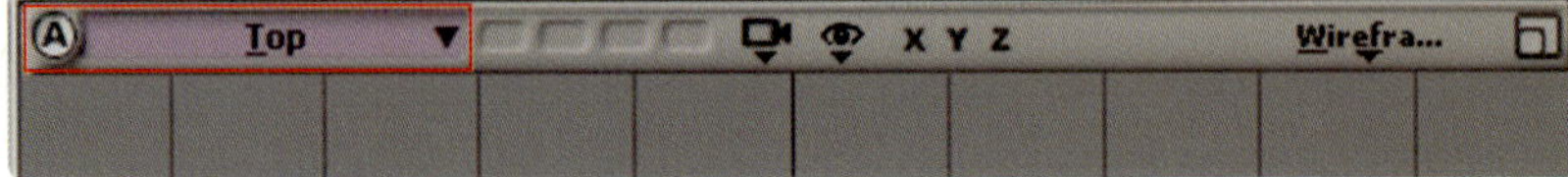

맨 오른쪽 끝 사각형 아이콘을 클릭하면 하나의
화면을 Viewport 상에서 크게 하거나 작게 할 수
있습니다.

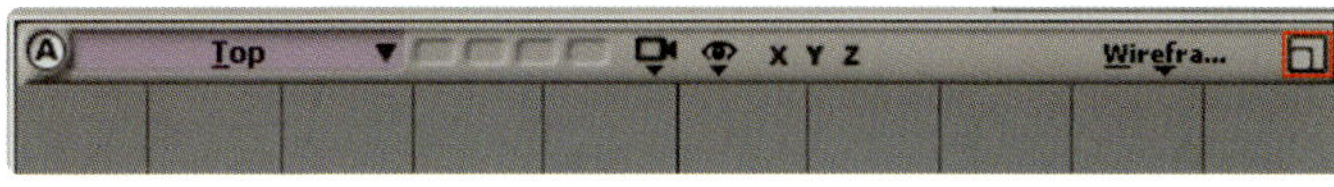

XSI에서 작업중인 장면을 보는데 가장 중요한 관점 세 가지는 Explorer, Schematic, Spreadsheet입니다. 이 기
능들은 기본적인 View가 아닌 오브젝트들의 자세한 정보를 얻거나 선택, 편집에 사용되는 명령어입니다.

STEP 01 | Explorer

Explorer 기능은 자주 사용되는 명령어 입니다. Explorer 기능
을 활용하면 쉽게 오브젝트나 속성 값들에 대해 선택하거나
편집할 수 있습니다.

Explorer를 사용하려면 단축키 키보드 숫자 8 키를 누르거나
메인 메뉴 바에서 View › General › Explorer을 선택하면 됩니다.
Explorer view는 나무(Tree) 형식으로 된 계층적인 구조에 장
면의 내용을 화면 출력하는데 이 나무구조는 Top root로부터
확장하는 노드(Node)의 리스트로 물체와 그들의 속성을 보여
줄 수 있습니다.

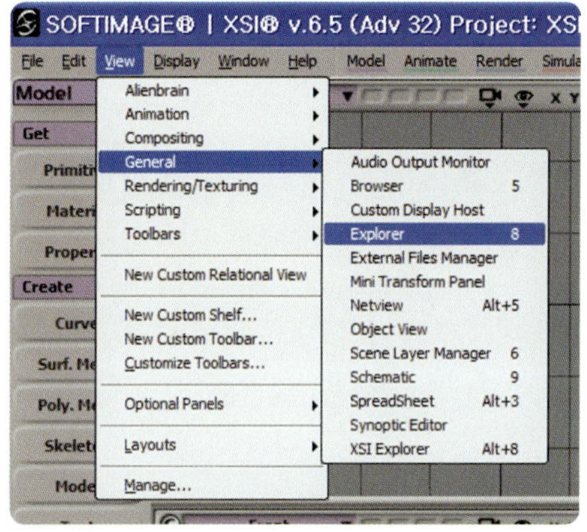

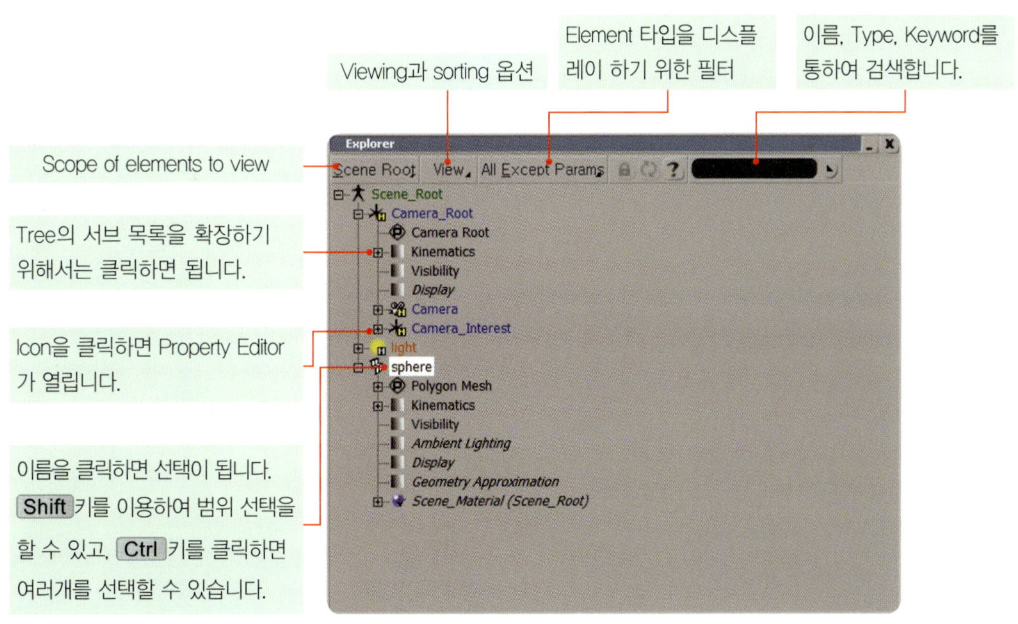

STEP 02 Explorer view 기능

1. 다양한 속성이나 기능들을 Display 또는 Navigate
2. Scene 기능 선택
3. 보여진 정보의 범위를 설정
4. 보여진 정보의 형태를 결정하기 위해 Filters 설정
5. 오브젝트 찾기
6. 이름 다시 정하기
7. Parent/child 관계를 다시 설정
8. 추가된 오브젝트는 마우스 드래그(Drag) 사용으로 groups, layers, Partitions를 정리합니다.
9. `Ctrl` + dragging 기능으로 복사

대상을 선택하면 밝은 하얀색 Bar로 보여집니다.
만일 보이지 않는다면 View 〉 Find Next Selected Node 를 선택하면 되며, View 〉 Track Selection을 선택하면 선택된 오브젝트의 노드가 항상 눈에 보이도록 자동 설정됩니다.

만일 Explorer view를 새로운 창이 아닌 고정 View에서 보이려면 View 선택창에서 Explorer를 선택하면 다음 그림과 같이 창 내부에서 Explorer를 볼 수 있습니다.

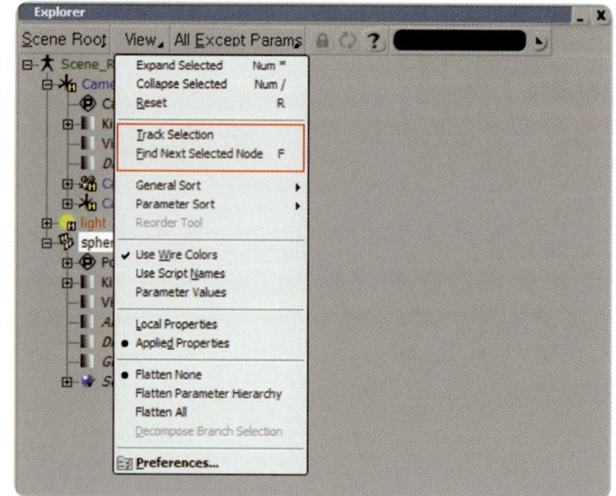

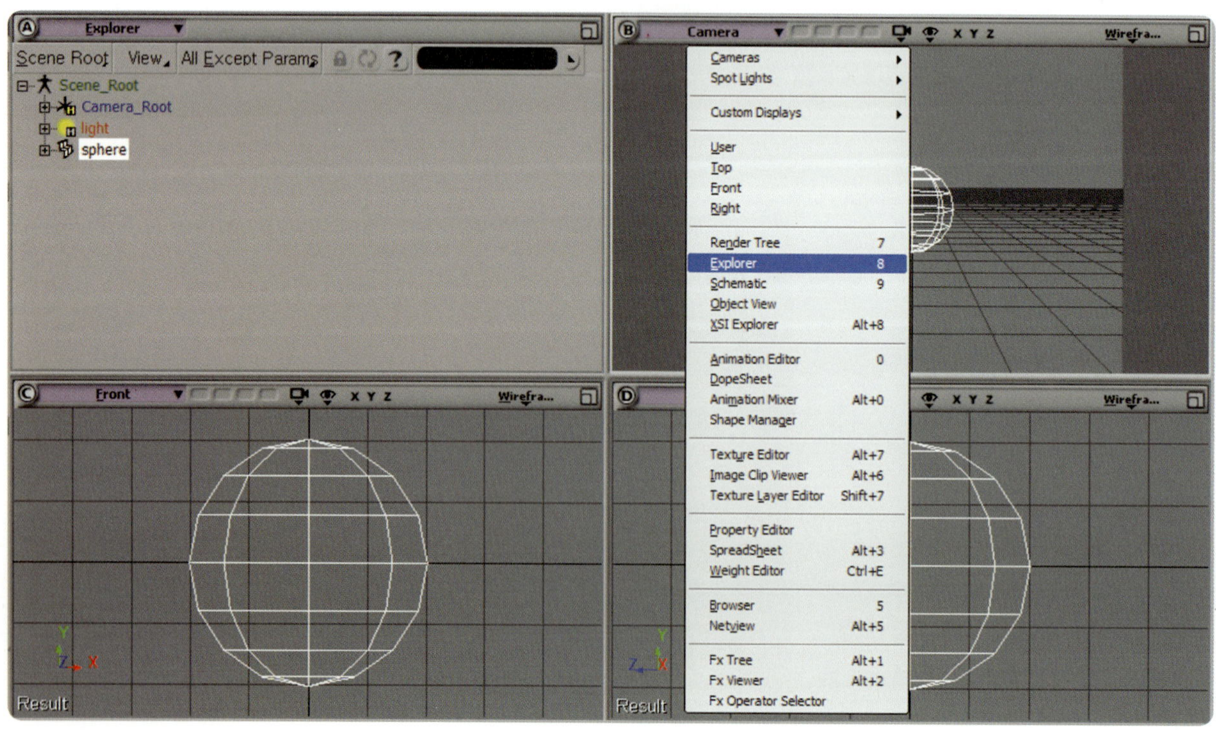

STEP 03 Schematic view

장면이 구성되는 방법을 분석할 수 있도록 Schematic view는 계층적인 구조에서 그 장면을 보여줍니다.

Explorer와 기능이 유사하지만 그래픽적인 요소로써 유저들이 쉽게 사용할 수 있도록 합니다.

Schematic view를 사용하려면 단축키인 키보드 숫자 9 키를 누르거나 메인 매뉴 바에서 View 〉 General 〉 Schematic을 클릭합니다.

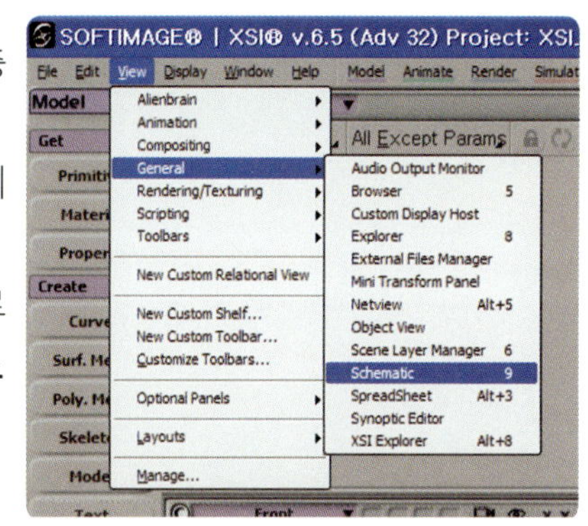

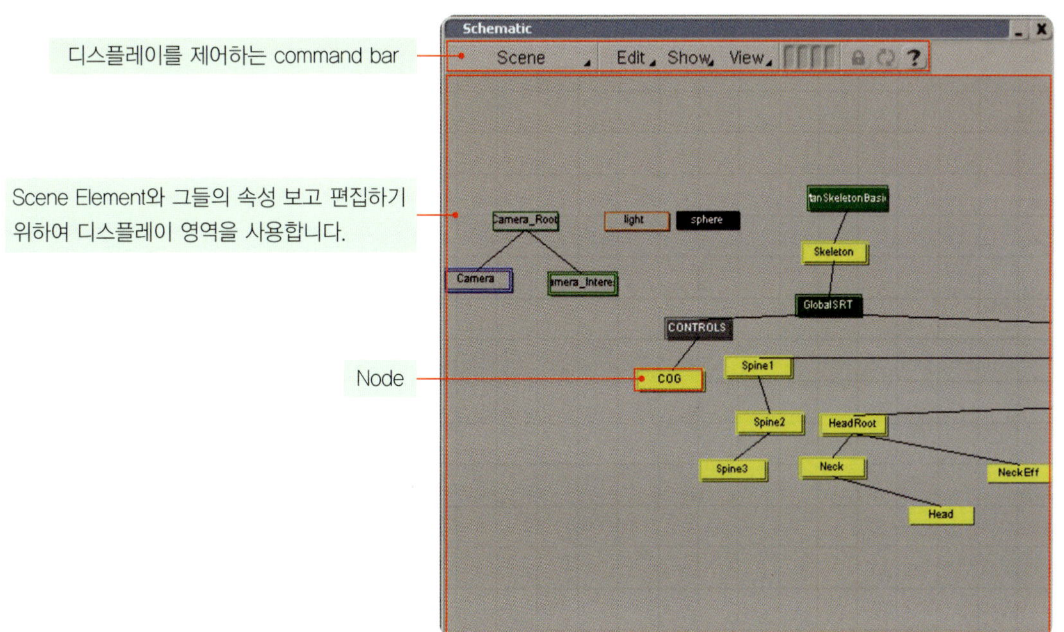

■ 노드를 선택하기 위해 왼쪽 마우스 버튼을 사용하고 나무(Tree) 구조를 선택하기 위해서는 오른쪽 마우스 버튼을 사용합니다.

■ 키보드에서 M 키를 클릭하면 새로운 위치로 노드를 움직일 수 있습니다.

■ Schematic은 Nodes의 위치를 기억하고 배열할 수 있습니다.

■ Pan이나 Zoom이 나오기 위해 S나 Z를 누릅니다.

■ 노드를 활성화하는 것은 Property editor입니다. 관련 아이콘을 클릭하거나 라벨을 더블클릭합니다.

■ Alt + right-click(Linux에서는 Ctrl + Alt + right-click)을 하면 노드의 Context menu를 열수 있습니다.

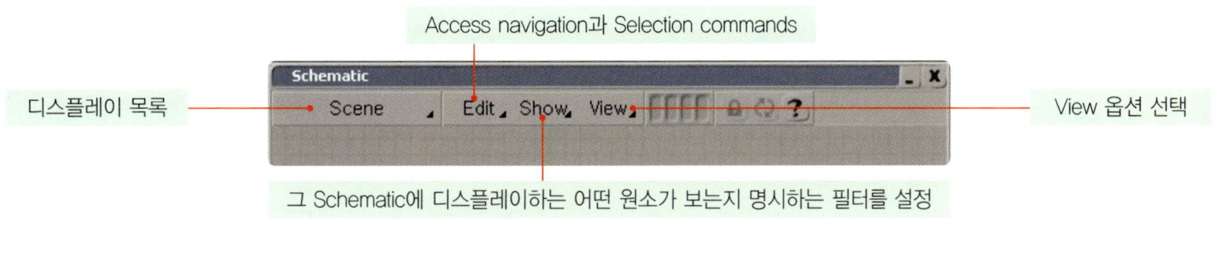

Spreadsheet

이 정보는 객체 데이터를 정렬시키면서 필터링 되고 장면의 특정한 정보를 보여주기 위해 형성 됩니다. 이것으로 많은 요소나 매개변수에 대해 연산을 수행할 수 있습니다. Spreadsheet를 사용하려면 Alt + 3 키 또는 View 〉 General 〉 Spreadsheet를 선택하여 이용합니다.

각각의 열은 Scene의 원소들을 나타냅니다.

각각의 세로 열은 매개변수를 나타냅니다.

	Name	Type	Triangles	Points	Segments	Facets	Particles	Disp Subdiv	Ren. Subdiv
__SBMODEL_PRIV__Apple	__SBMODEL_PRIV_	#model	0	0	0	0	0		
__SBMODEL_PRIV__Checkerboard	__SBMODEL_PRIV_	#model	0	0	0	0	0		
__SBMODEL_PRIV__Grey_Lines	__SBMODEL_PRIV_	#model	0	0	0	0	0		
__SBMODEL_PRIV__Grid	__SBMODEL_PRIV_	#model	0	0	0	0	0		
Camera	Camera	camera	0	0	0	0	0	0	0
Camera_Interest	Camera_Interest	CameraInterest	0	0	0	0	0	0	0
Camera_Root	Camera_Root	CameraRoot	0	0	0	0	0	0	0
light	light	light	0	0	0	0	0	0	0
ManSkeletonBasic	ManSkeletonBasic	#model	0	0	0	0	0	0	0
sphere	sphere	polymsh	112	58	120	64	0	0	0
ManSkeletonBasic.COG	COG	null	0	0	0	0	0	0	0
ManSkeletonBasic.CONTROLS	CONTROLS	null	0	0	0	0	0	0	0
ManSkeletonBasic.GlobalSRT	GlobalSRT	null	0	0	0	0	0	0	0
ManSkeletonBasic.Head	Head	bone	0	0	0	0	0	0	0
ManSkeletonBasic.HeadRoot	HeadRoot	root	0	0	0	0	0	0	0
ManSkeletonBasic.LArmEff	LArmEff	eff	0	0	0	0	0	0	0
ManSkeletonBasic.LArmRoot	LArmRoot	root	0	0	0	0	0	0	0
ManSkeletonBasic.LBicept	LBicept	bone	0	0	0	0	0	0	0
ManSkeletonBasic.LFoot	LFoot	bone	0	0	0	0	0	0	0

열과 열의 교차 지점을 Cell이라고 하고, 값을 가지고 있습니다. 여러 개의 셀을 선택할 수 있고 값을 수정할 수 있습니다.

국내 소프트이미지 XSI와 페이스로봇을 총괄하는 곳은 (주)코어이엔티입니다.
관련사이트 주소는 http://xsiuser.com 이며 소프트이미지 교육 및 관련 기술지원을 하고 있습니다. 사이트에 방문하면 소프트이미지 관련 자료 및 기술 지원을 받을 수 있습니다.

주소 : 서울특별시 강남구 역삼2동 726-10 Retro 빌딩 1F
대표전화 : 02-561-5335

SOFTIMAGE XSI

STEP 05 XSI Explorer 열기

Viewport에서 또는 Floating window 상태에서 XSI Explorer를 열 수 있습니다. XSI Explorer를 사용하려면
Alt + 8 키 또는 View 〉 General 〉 XSI Explorer를 선택합니다.

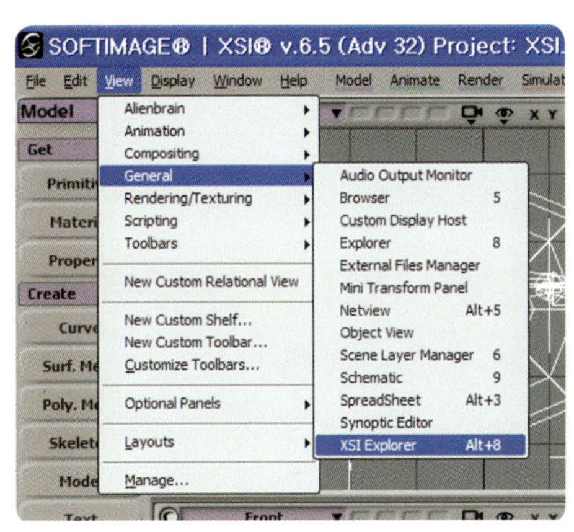

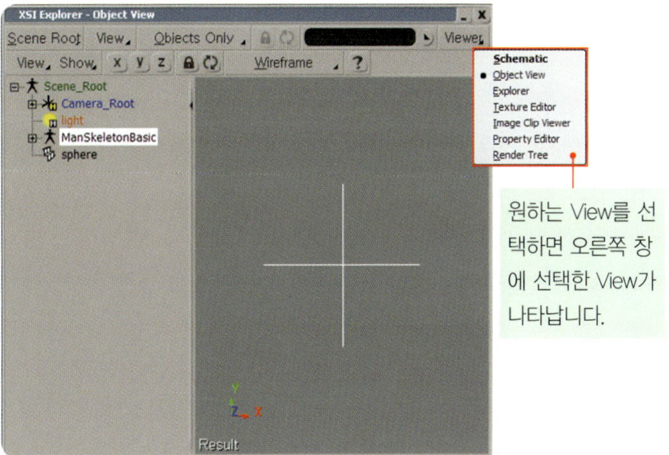

원하는 View를 선택하면 오른쪽 창에 선택한 View가 나타납니다.

STEP 06 XSI file browser 기능 살펴보기

XSI file browser를 사용하려면 숫자 5 키 또는 View 〉 General 〉 Browser를 선택합니다.

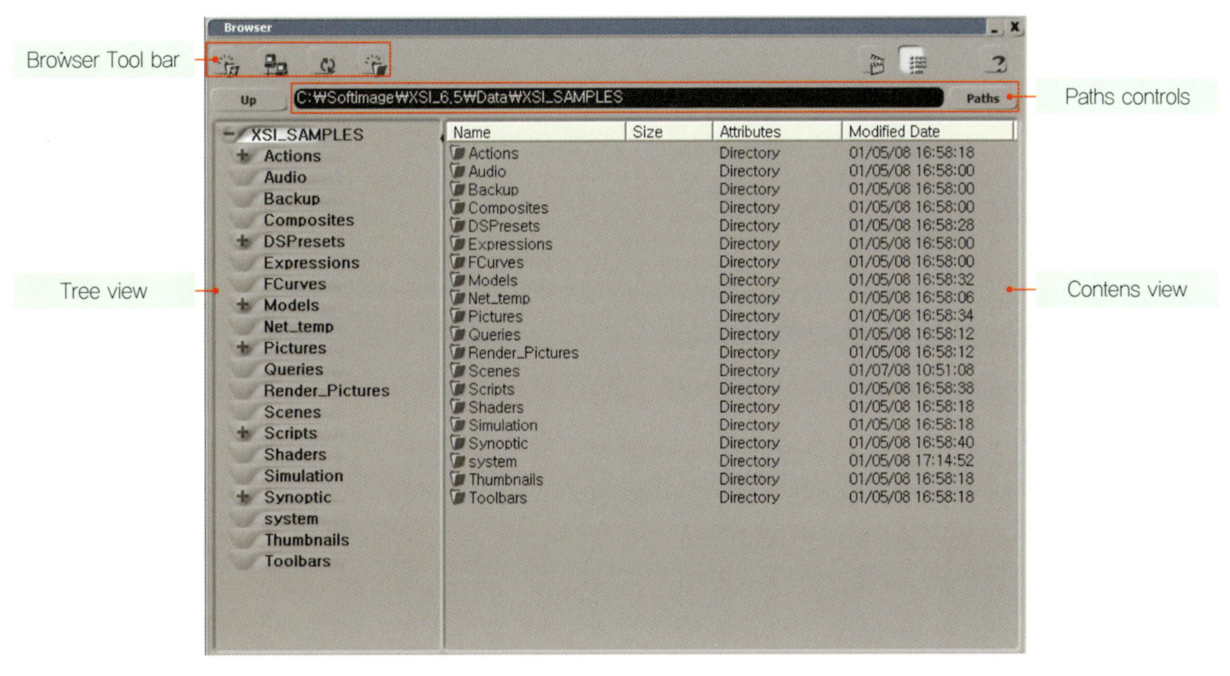

1 진행하는 프로젝트의 Scene databases, Project directories, Preset libraries와 기타 Repositories들을 검색합니다.

2 Databases에서 Scene files을 Import 하거나 Project files, Scene 등을 불러옵니다.

3 Perform file을 Moving, Copying, Renaming, Deleting 파일들로 관리할 수 있습니다.

STEP 07 Net View

Net View는 XSI 안에서 Internet을 사용하는 기능입니다. 3D 작업시 웹에서 작업에 관련된 자료나 정보를 이용하고자 할 때 유용한 기능입니다. Net View를 사용하려면 **Alt** + **5** 키 또는 View 〉 General 〉 Net View를 선택하여 사용합니다.

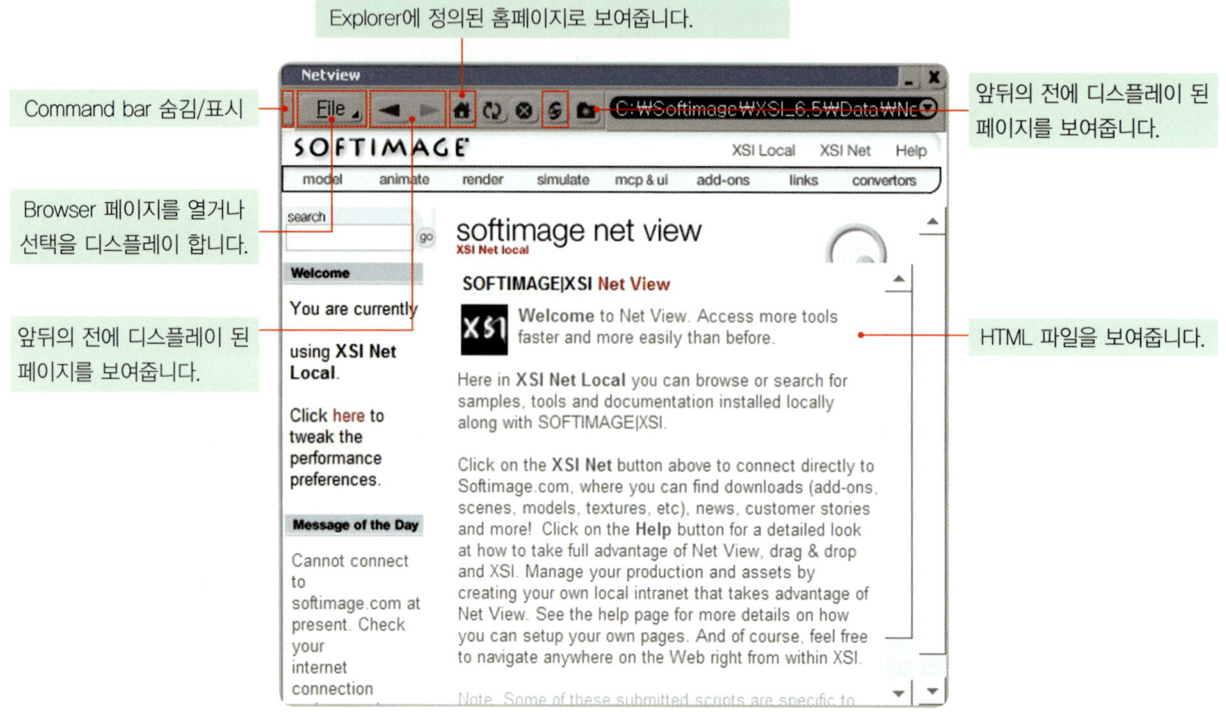

자주 사용되는 기능은 아니지만 웹이나 XSI안에서 빠른 정보검색 및 활용이 가능한 기능입니다.

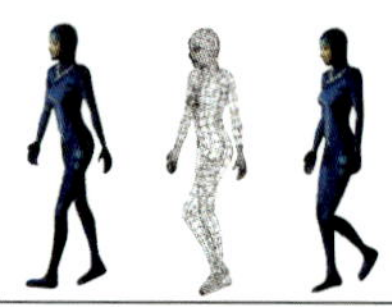

05 3D Views 메뉴 살펴보기

XSI viewport는 기본적으로 서로 다른 네 가지의 Viewports 관점을 가지고 있습니다.
기본 View로 Top, Front, Right, Camera view로 구성되어져 있으며 Display types으로는 Shade, Wireframe, Texture, Hidden Line, Animation editor, Browser, Explorer 등으로 구성되어져 있습니다.

사용자의 컴퓨터나 비디오 사양에 따라 view의 Display types을 선택하여 사용합니다.
예를들면 Texture 타입의 경우 컴퓨터 비디오카드 성능에 무리를 줄 수 있지만 view 상태에서 고품질의 그래픽을 볼 수 있으며 반대로 wireframe 타입의 경우 저용량에 데이터를 사용하기 때문에 view 상태에서 저품질의 그래픽으로 보여집니다.

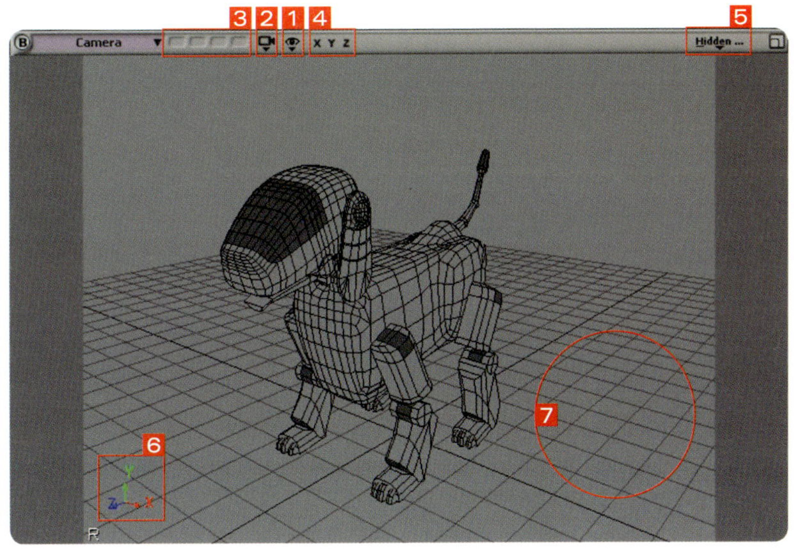

Viewport에서 또는 Floating window 상태에서 XSI Explorer를 열 수 있습니다. XSI Explorer를 사용하려면
Alt + 8 키 또는 View 〉 General 〉 XSI Explorer를 선택합니다.

01 Eye icon menu는 Viewport에서 구성 요소가 Viewport면에서 눈에 보이게 할 지 안할지를 결정합니다. 

02 Camera icon menu는 오브젝트를 보여 주는데 사용합니다.

03 Memo cams는 빠른 카메라 설정을 위한 Memorize 기능입니다. 

04 XYZ Buttons은 Viewport에서 top/bottom/ front/back/left/right까지 보는 X, Y, Z 단축 키입니다. 

05 Display Type menu는 Viewport에서 어떻게 보이게 될지 디스플레이하는 메뉴입니다. Viewport에서 눈에 보이게 되는 항목이 디스플레이 되는 Type menu Specifies를 디스플레이합니다.

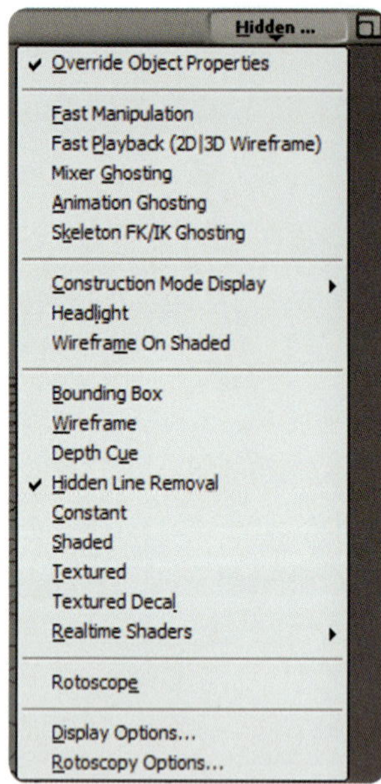

06 Axes는 Global X, Y, Z 방향을 나타냅니다. 3D 오브젝트의 위치표시에 사용되는 기본적인 축의 표시입니다.

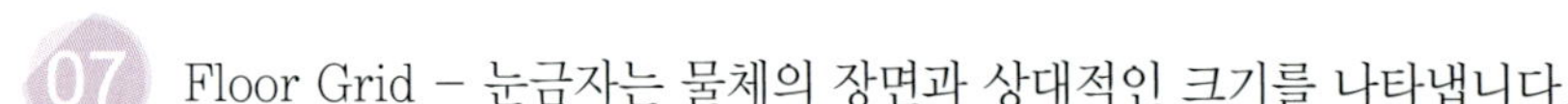

07 Floor Grid – 눈금자는 물체의 장면과 상대적인 크기를 나타냅니다.

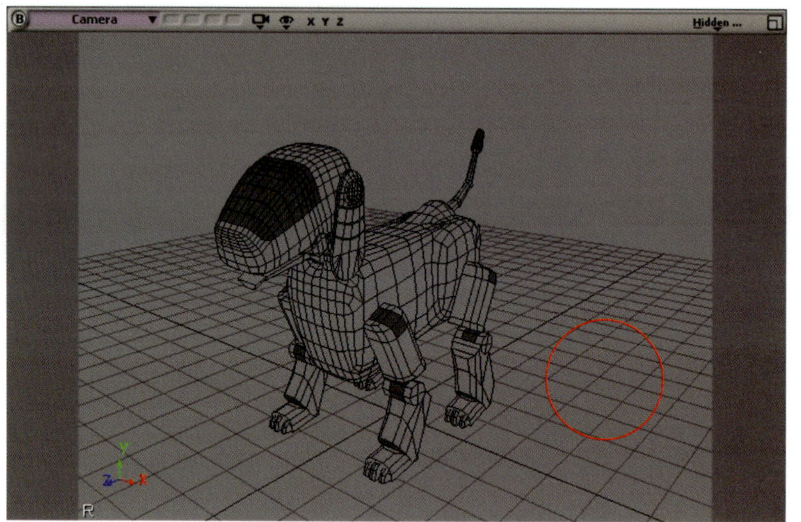

06 3D Views의 종류

유저(User)는 언제든지 3D 관점에서 원하는 장면을 다양한 관점에서 볼 수 있습니다. 유저의 컴퓨터 사양이나 작업의 상태에 따라 다양하게 선택하여 활용할 수 있습니다.

3D View 종류에 대해 살펴보겠습니다.

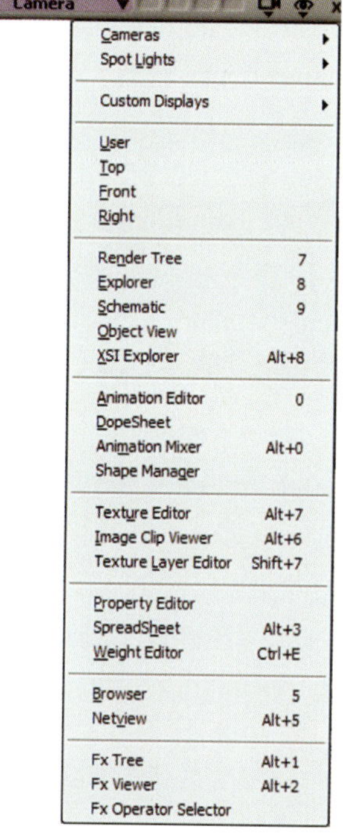

01 Camera Views는 Camera의 관점으로 장면을 디스플레이 할 수 있으며 기본 Top, Left, Right view 이외에 가장 많이 사용되는 View 중에 하나입니다. Render Pass view 또한 Camera 관점입니다.

02 Spotlight Views는 선택된 Spotlight로 3D 관점을 볼 수 있는 기능입니다.

03 Top, Front 그리고 Right Views는 3D 그래픽에서 가장 기본적인 관점으로 3D 장면에서 여러 가지 각도로 볼 수 있는 관점입니다.

04 User View(Viewports Only)는 사용자의 관점에서 편하게 장면을 돌려보며 사용할 수 있는 View입니다.

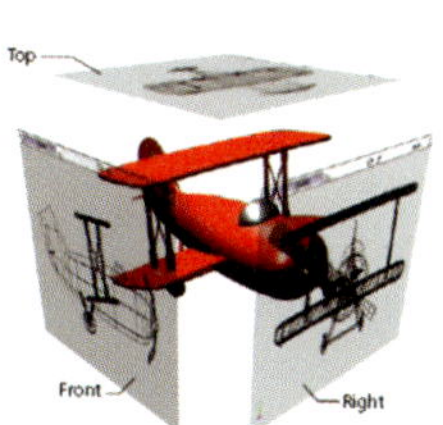

05 Object View는 물체를 기준으로 선택된 물체를 디스플레이하는 3D 관점입니다. Main menu에서 View 〉 General 〉 Object View를 선택해도 됩니다.

Show menu – 장면의 원소와 그들의 구성요소가 Viewport 상에서 어떻게 보일지에 대한 명령 메뉴 입니다.

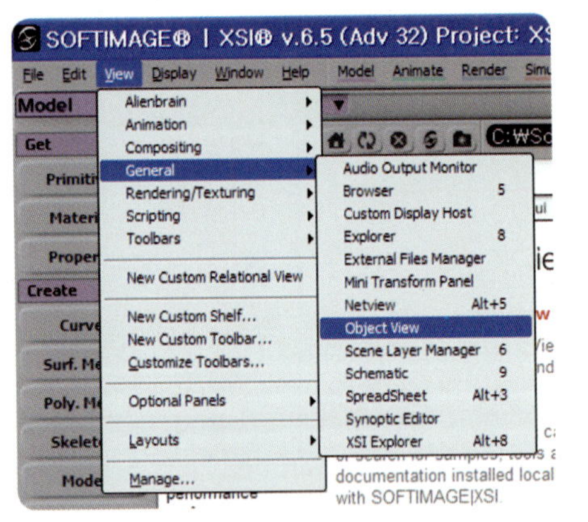

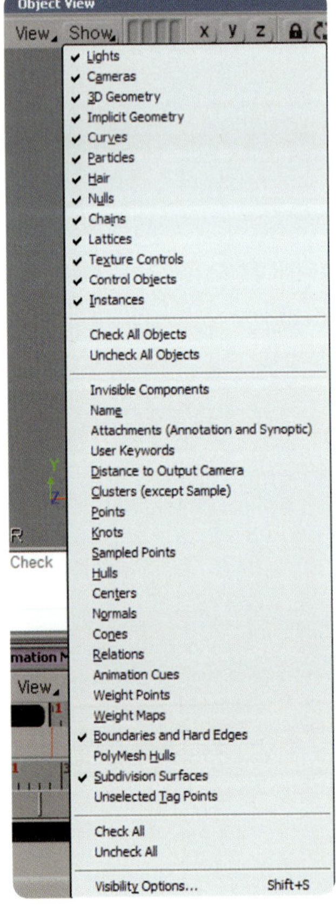

View menu – Viewport의 View menu와 같고 물체 관점에 대한 제어를 보는 특별한 View를 제공합니다.

06 View menu는 Viewports Views menu와 비슷하다고 생각하면 됩니다. 그러나 좀 더 세부적인 오브젝트에 관한 Views가 있으며 Viewports views menu에서 물체 Viewports 제어를 보는 여러 가지 기능을 포함합니다.

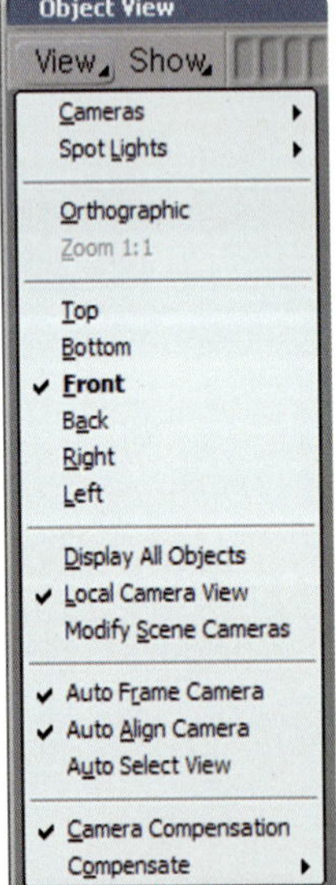

07 Show menu는 장면 구성요소 Viewports 면에서 Menu Includes 명령을 보여 줍니다.

 08 Lock/Update 버튼은 현재 선택된 물체 관점을 고정시키고 정보를 갱신하기도 합니다.

 09 XYZ Viewpoint 버튼은 Viewport 안에서 오브젝트 View와 Menu bar를 디스플레이 합니다.

Viewports에 있는 X / Y / Z 관점

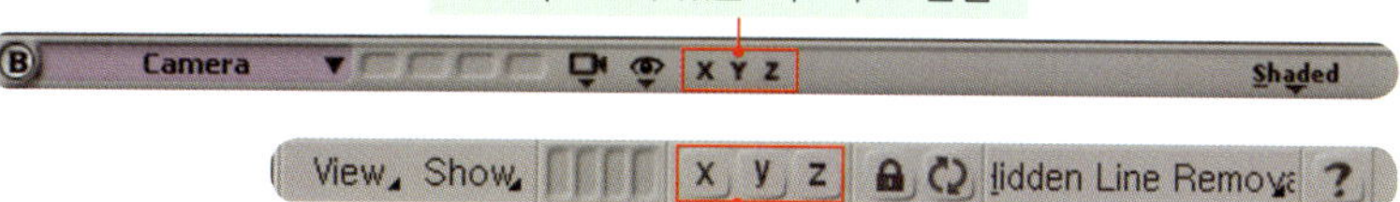

Object View에 있는 X / Y / Z 관점

단축키

단축키	X Button	Y Button	Z Button
Left-click	Right View (+ X)	Top View (+ Y)	Front View (+ Z)
Middle-click	Left View (− X)	Bottom View (− Y)	Back View (− Z)

 TIP http://www.3dship.com

필자가 운영하고 있는 전문 3D 그래픽 관련 사이트입니다.
소프트이미지 및 페이스로봇 전문 튜토리얼 동영상 및 기타 맥스, 마야에 관한 정보도 함께 수록되어 있습니다.
이곳에 방문하면 최신 정보 및 맵 소스 및 사진 이미지 등의 관련 소스를 다운받을 수 있습니다.

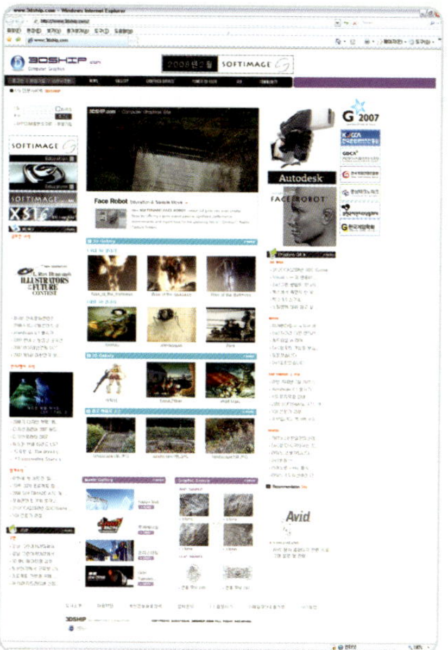
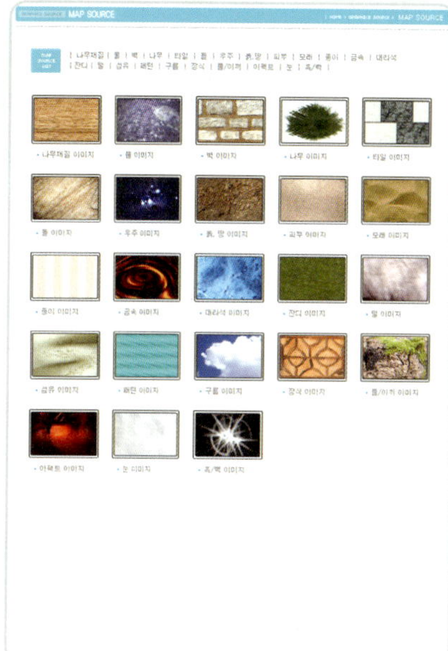

3D Views에서 Navigating하기

3D views에서 Navigation controls과 Shortcut keys로 Viewpoint를 관리하며 Zoom In 또는 Out하기 위해 Controls과 Keys를 사용할 수 있습니다. 이 단축기능을 잘 사용하면 빠른 3D 작업을 진행할 수 있습니다. Navigation에 대하여 살펴보겠습니다.

01 Navigation Tools 활성화하기

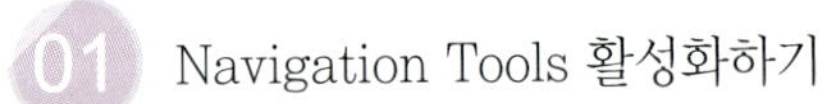

모든 3D 관점을 위해 사진기상의 메뉴를 활성화 시키고 Navigation tool을 선택하여 줍니다.

02 메모캠(Memo Cams) 사용하려면 서로 다른 Viewport에는 4개의 "Memo cams(Memory cameras)"이 있습니다. 메모캠은 여러 Viewport 빠른 Access 설정을 할 수 있는데 이는 카메라를 다른 위치에서 작업 하더라도 언제든지 메모캠에 저장된 카메라 위치로 돌아올 수 있게 하는 기능입니다.

1 마우스 Middle-click은 현재의 카메라 관점을 저장하는 기능입니다. `Ctrl` + middle-click을 하면 기존에 저장된 카메라 관점을 지우면서 새로운 관점으로 저장합니다.

2 마우스 Left-click을 하면 저장된 관점을 보여주게 됩니다.

3 마우스 Right-click을 하면 저장된 설정이 지워집니다.

08 Display 옵션

3D view's Display Type menu로부터 다양한 표시 모드를 선택함으로써 다른 장면, 오브젝트 등을 화면에 출력할 수 있습니다.

01 Wireframe는 기하학적인 선 모양의 와이어프레임 상태로 디스플레이 됩니다.

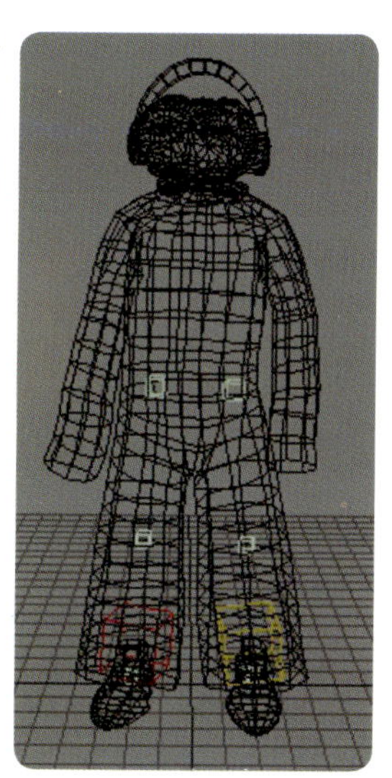

02 Bounding Box는 대상 오브젝트의 모양과 상관없이 박스 형태로 디스플레이 됩니다.
Bounding Box 형태는 디스플레이 상태에서 저용량을 사용하기 때문에 다른 View에 세밀한 면을 볼 때 사용합니다.
이러한 기능은 비디오카드의 성능에 대해 유연성을 가지는 기능으로 낮은 컴퓨터 사양으로 작업시 유용한 기능 중에 하나입니다.

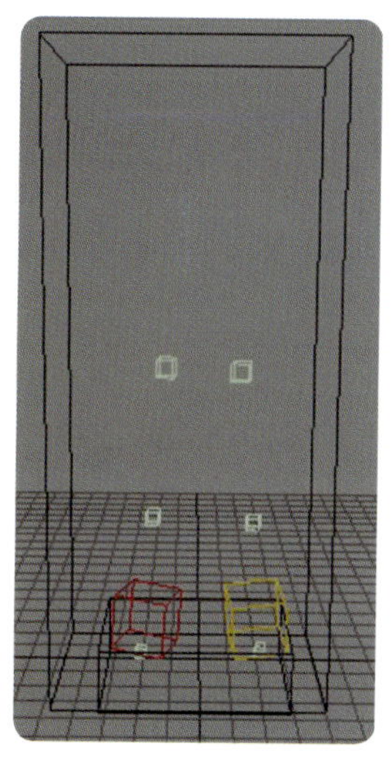

03 Depth Cue는 카메라 시점을 기준으로 눈에 보이는 오브젝트의 Fade를 적용합니다.

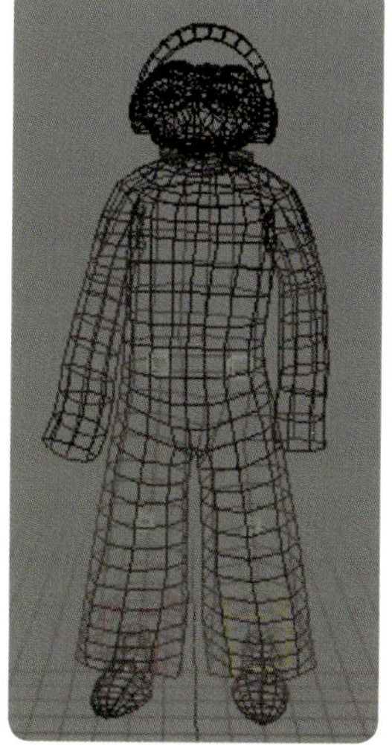

04 Hidden Line Removal은 보이는 시선을 기준으로 Edges를 보여줍니다. 이러한 기능 때문에 뒷부분의 Edges를 보여주지 않지만 대신 디스플레이 용량은 가볍게 할 수 있습니다.

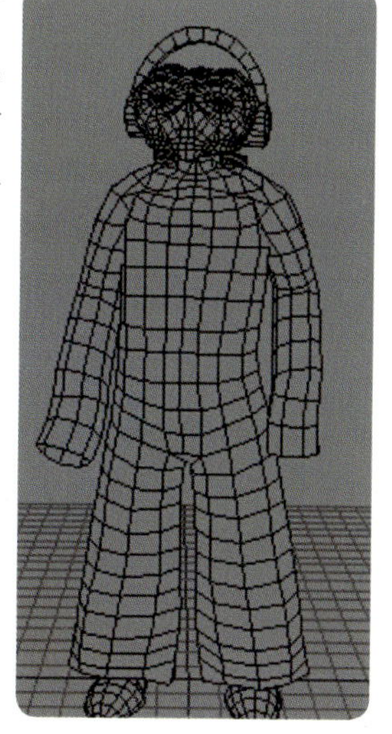

05 Constant는 단면 칼라로 디스플레이 되는 모드입니다.

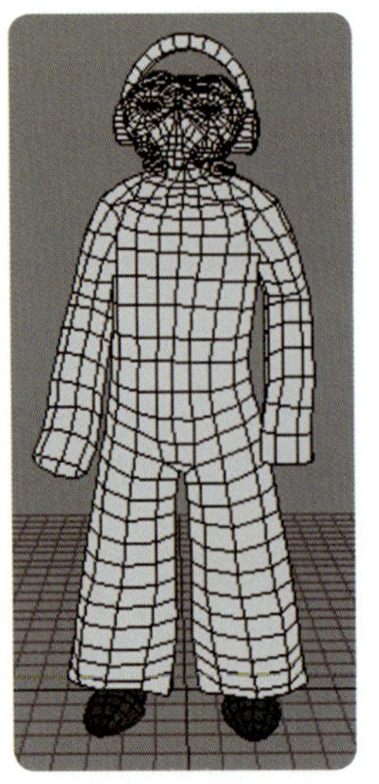

06 Shaded는 기본적인 명암으로만 표현하는 디스플레이입니다.
맵핑(Mapping)이 되어있다 하더라도 Shaded 상태에서는 명암만 표현됩니다.

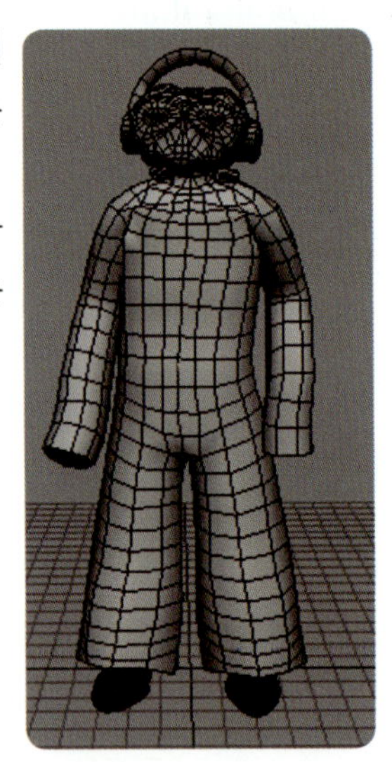

07 Textured는 맵핑되어져 있는 모습으로 디스플레이 합니다.
작업진행시 보기에는 편할 수 있지만 그래픽카드에 부담을 줄 수 있으므로 가급적 사용하지 않는 것이 좋습니다.
단, 컴퓨터 사양이 매우 좋다면 필요에 따라 사용하는 것도 좋습니다.

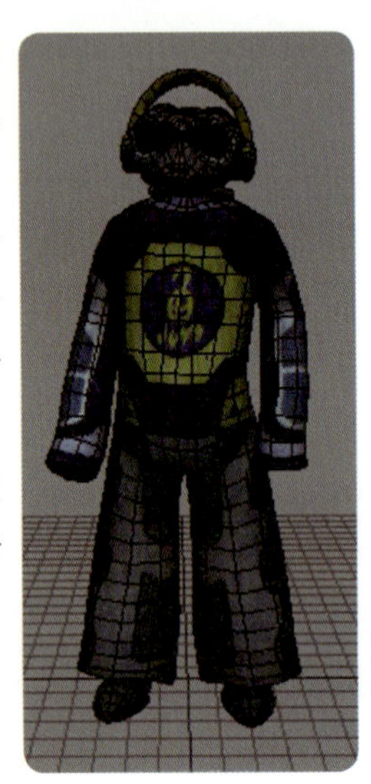

08 Textured Decal는 디스플레이 모드에서는 맵핑한 모습이 보이기는 하나 일정한 조명값에 의존한 단조로운 디스플레이 모드를 지원하며 그림자는 나타나지 않습니다.

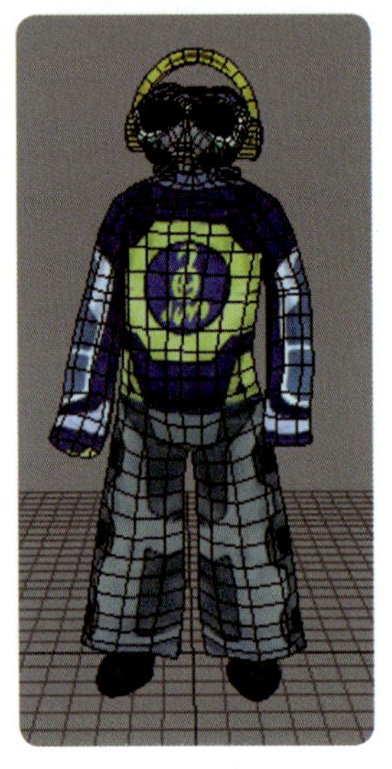

09 Realtime Shaders의 기능은 Realtime shader가 Textured 할 때마다 물체를 신속하게 재 디스플레이 되는 모드입니다.
컴퓨터 사양에 따라 약간의 속력 차이가 있을 수 있으며 OpenGL realtime 기능을 사용합니다.

10 XYZ Viewpoint Buttons은 Viewports와 View's menu bars를 디스플레이 합니다.
Right, Top 또는 Front viewpoints로 바꾸기 위해 이 버튼을 사용하는 데 Middle-click을 사용하면 Left, Bottom 또는 Back viewpoint로 바꿀 수 있습니다.
다시 클릭하면 원래의 Viewpoint 상태로 돌아갑니다.

Rotoscopy 살펴보기

Rotoscopy는 3D views에서 배경에 이미지를 사용할 수 있는 기능이며 다른 3D 관점(Front, Top, Right, User, Camera 등)과 어떤 Display type (Wireframe, Shaded 등)에 Rotoscopy를 사용할 수 있습니다.

Rotoscoped 이미지에는 두 가지 형태가 있습니다. 기본적으로는 Rotoscoped images인데 이는 카메라 설정에 있는 원근법에 의한 위치 Perspective views 모양입니다.

이 기능은 오른쪽의 그림과 같이 애니메이션과 배경의 이미지가 일치 할 수 있도록 도와주는 기능을 합니다.

또한, 한 가지 Rotoscop iedmages는 디스플레이 Views(Front, Top, and Right)에서 이미지 옵션을 기본으로 사용하는 경우입니다. 이것은 이미지 자체를 고정된 이미지로 사용하는 방법입니다.

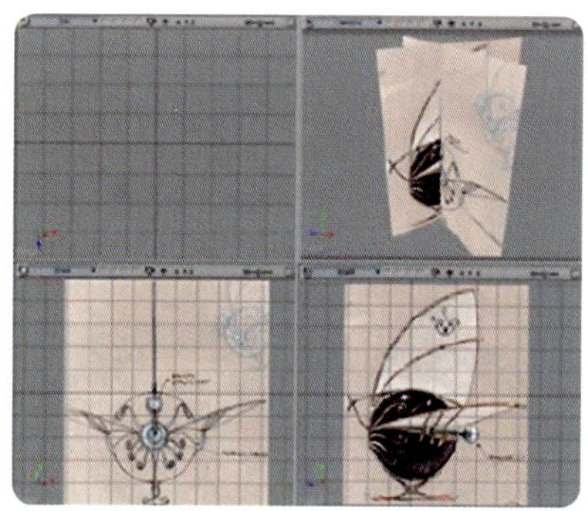

상기와 같이 하나의 사각형 오브젝트 위에 비트맵 이미지를 삽입하여 캐릭터나 기타 모델링 작업시 유용하게 사용하는 방법입니다. 장면과 배경에 객체[목표] 사이에 정렬을 유지할 필요가 있다면 Pixel Zoom 방법을 이용하면 되며 Pixel Zoom 모드에서 작업이 가능합니다.

1 Zoom(`Z` + middle 또는 right mouse 버튼, `S` + middle mouse 버튼)

2 Pan(`Z` + left mouse 버튼, `S` + left mouse 버튼)

3 Frame(`F` for selection, `A` for all)

Viewing 옵션과 Preferences

Viewing 옵션과 Preferences 설정에 대해 살펴보겠습니다.

01 Colors 창은 어떤 Viewport로부터 Camera 아이콘 메뉴를 선택, Scene Colors에서 구성요소 색깔을 수정할 수 있습니다. 예를 들어 선택된 오브젝트는 흰색에 디스플레이 되고 선택되지 않은 물체는 검정색으로 디스플레이 되며 Point는 파란색에서 디스플레이 될 수 있습니다.

02 Display options에서 Cameras와 Views display scene objects를 설정 할 수 있습니다.
Camera display options은 각각의 3D views를 설정 할 수 있으며, 모든 3D views를 한 번에 볼 수도 있습니다.
3D view 상태에서 Camera Display property editor에서 다른 Viewport 또는 Object view's Display Type menu의 Display Options를 선택합니다. 모든 3D views의 Camera Display property editor를 열어 놓은 상태에서 Main menu – Display 〉 Display Options을 선택하여 사용합니다.

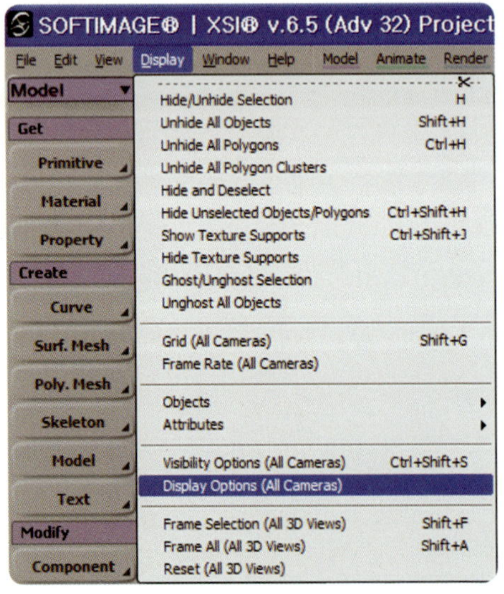

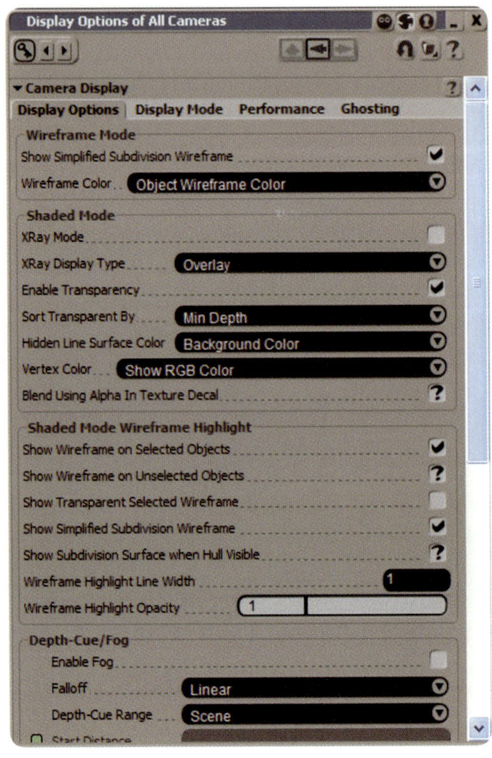

03 3D view 안에서 각각의 오브젝트를 관리 할 수 있으며 디스플레이 됩니다. 물체나 물체에게 다른 디스플레이 특성을 보여주는 것은 Heavily-animated 장면에 대해서 특히 유용하며 Display property editor 를 열어 Hierarchy에서 Display 아이콘을 관리할 수 있습니다.

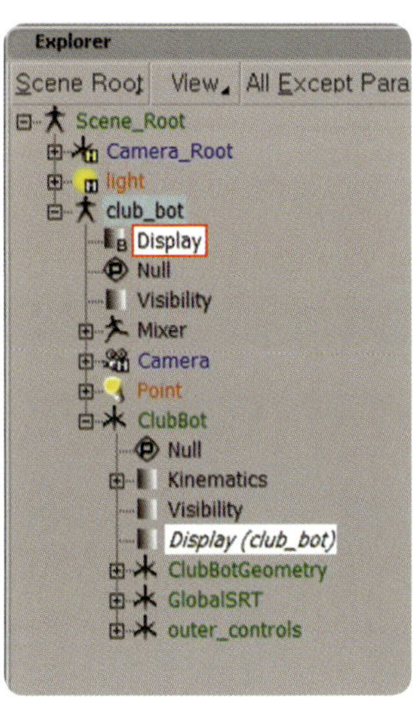
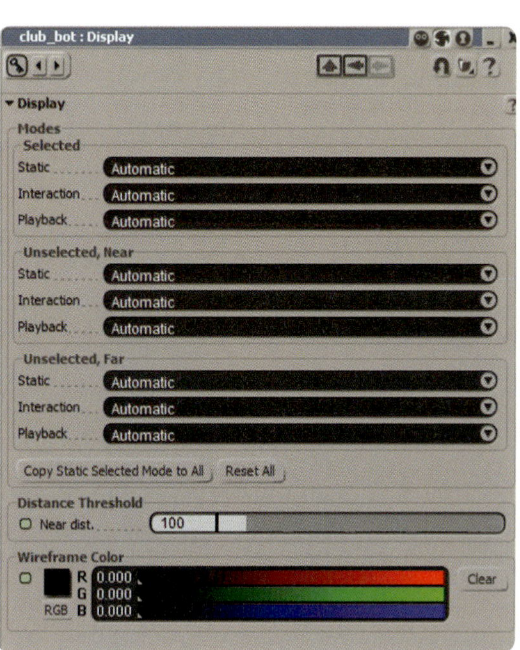

04 View에서 Fast Manipulation과 Fast Playback을 살펴보겠습니다. 3D 작업 중에서 오브젝트 및 라이팅 (Lighting) 등의 많은 작업 변화가 있으며 이러한 변화에 장면들을 다시 디스플레이 하는 경우가 많이 있습니다.

Constant, Shaded, Textured, Rotoscope 형태는 일반 디스플레이 모드에 비해 다시 Redraw 하는데 많은 시간이 걸립니다.

이러한 문제 때문에 3D 작업시 일반적으로 Wireframe 같은 디스플레이 모드에서 작업을 진행하나 때때로 Textured, Rotoscope 형태 혹은 그 이상의 모드로 디스플레이 할 경우가 생깁니다. 이러한 경우를 위해 디스플레이 재생을 좀 더 빠르게 Redrawing 하기 위해 XSI에서는 Fast Manipulation과 Fast Playback 기능을 제공합니다.

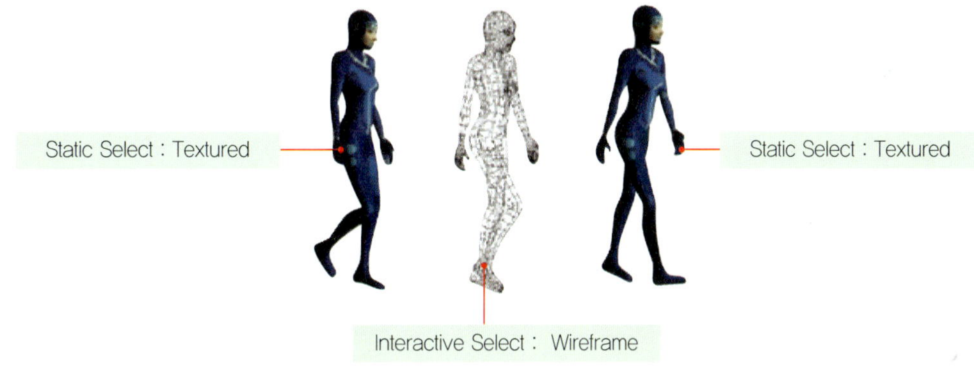

11 장면(Scene) 구성요소 살펴보기

01 오브젝트는 작업진행시 장면에 넣는 하나의 요소입니다. 이 오브젝트는 공간에서 위치를 가지고 있으며, 회전 스케일하며 형태를 변형시킬 수 있습니다.

현재 XSI에서는 기하학적인 기본 오브젝트인 Points, Polygon meshes, Surfaces, Curves, Particles, Hair, Lattices 등이 있습니다.

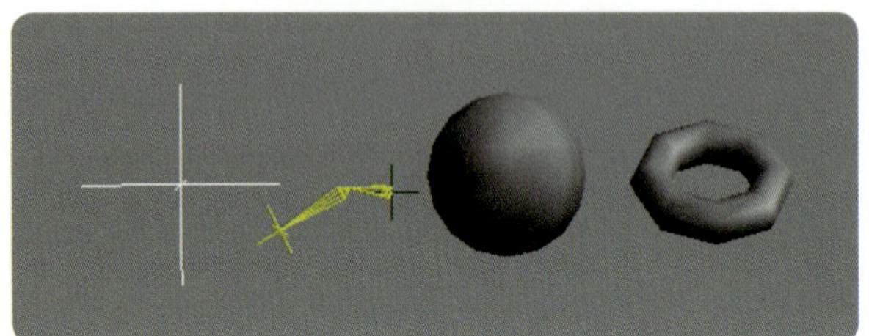

02 Components은 기하학적인 물체의 모양을 정의하는 Subelements입니다.

예를 들어 Points, Edges, Polygons 등이며 이러한 기능들을 활용하여 오브젝트의 물체를 변형시킬 수 있습니다.

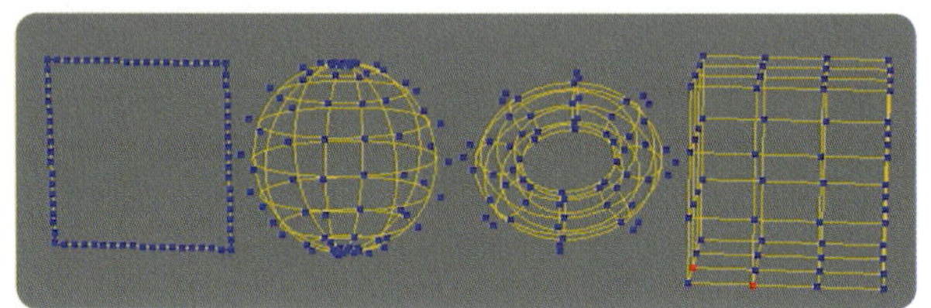

03 Properties control은 오브젝트의 속성을 제어할 수 있습니다. 예를 들면 색깔 위치 등을 제어할 수 있는 것입니다. 각각의 오브젝트의 Properties에서 오브젝트에 맞는 환경설정을 할 수 있습니다.

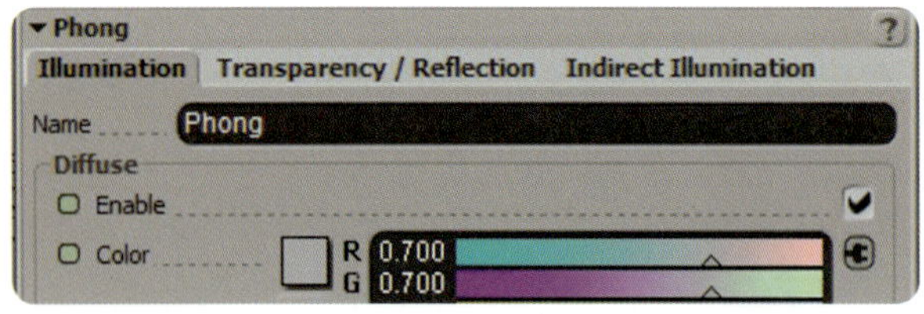

04 Element Names는 오브젝트를 새로 만들거나 아니면 작업 진행중인 오브젝트라도 작업자의 식별을 용이하게 하기 위해 새로운 이름을 지을 수 있습니다. 예를들어 작업시 수백개의 오브젝트 생성 후에도 오브젝트 이름이 생성되어 있다면 검색 및 선택기능을 활용하여 쉽게 사용할 수 있습니다.

05 Selecting Elements의 선택 기능은 모든 3D 소프트웨어에서 작업할 수 있는 가장 기본적인 기능중의 하나라고 볼 수 있습니다. Select menu를 선택하면 다양한 선택 도구와 명령들을 볼 수 있습니다.

1 Select icon을 선택하면 최신 Tool과 filter 기능을 선택하여 사용할 수 있습니다.

2 Group/Cluster는 Selects groups과 클러스터 버튼입니다.

3 Filter buttons은 Select 오브젝트나 구성요소, 포인트와 커브 등의 기능이 있습니다.

4 Object Selection 그리고 Sub-object Selection은 텍스트 박스안에 오브젝트의 이름을 넣을 수 있으며, 다중의 물체와 Properties을 선택하기 위해서는 "*"를 사용할 수 있습니다.

5 Hierarchy navigation 기능을 사용할 수 있는 아이콘입니다.

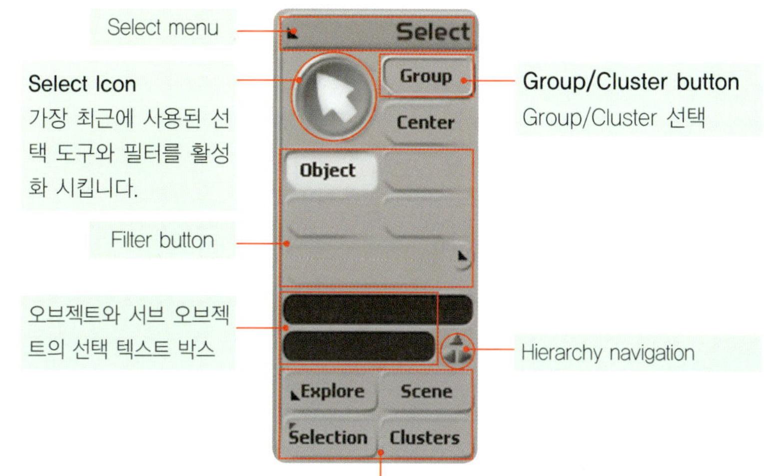

TiP

소프트이미지에서 작업하는 모습입니다.
이와 같이 정교한 3D 그래픽 작업을 위해서는 매우 다양하고 복잡한 요소들이 결합하여 최종결과물을 생성하게 됩니다.

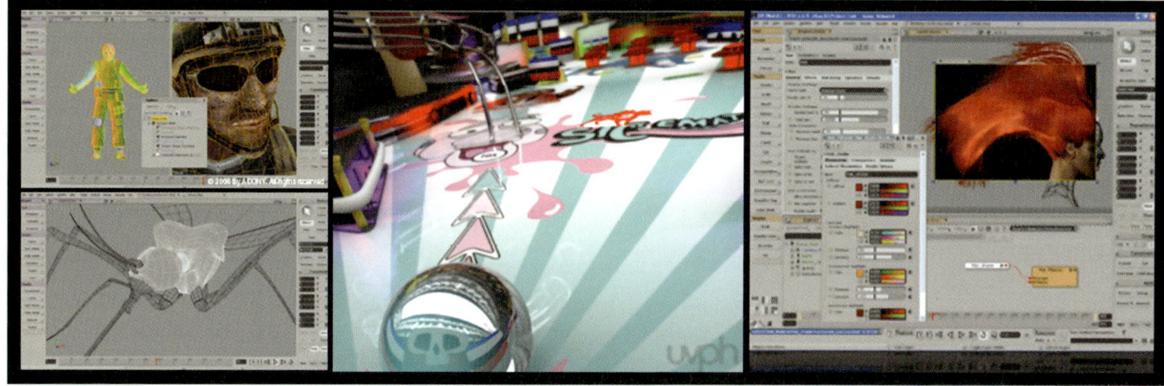

Selection 살펴보기

Selection 기능은 오브젝트를 응용활용함에 있어서 기본적이며 중요한 기능을 하고 있습니다.
3D나 Schematic view에서 오브젝트를 선택하기 위해서 **Space bar** 를 누른 상태에서 클릭합니다.
다른 방법으로 Tree 구조에서 오브젝트를 선택할 수 있습니다. 하나의 물체(Nodes), Tree 선택시 가운데 마우스
버튼을 이용하며 Tree와 Chains 선택은 왼쪽 마우스 버튼을 사용하면 됩니다.
Clusters를 사용하려면 가운데 마우스 버튼을 이용하면 됩니다.

↘ **Shift** + click을 사용하면 다중 선택이 가능합니다.
↘ **Ctrl** + click toggle 선택
↘ **Ctrl** + **Shift** +click deselects 선택
↘ Alt 키를 사용하면 loops와 ranges를 선택할 수 있습니다.

Selection 단축키(Hotkeys)

단 축 키	X Button
Space bar	Rectangle selection tool로 Object를 선택합니다
E	Rectangle selection tool로 Edges를 선택합니다
T	Rectangle selection tool로 Points를 선택합니다
Y	Rectangle selection tool로 Polygons을 선택합니다
U	Raycast selection tool로 Polygons을 선택합니다
I	Raycast selection tool로 Edges를 선택합니다
' (Apostrophe)	Rectangle selection tool로 Hair tips를 선택합니다
F7	현재 Filter를 활성화 하여 Rectangle selection tool을 사용합니다
F8	현재 Filter를 활성화 하여 Lasso selection tool을 사용합니다
F9	현재 Filter를 활성화 하여 Freeform selection tool을 사용합니다
F10	현재 Filter를 활성화 하여 Raycast selection tool을 사용합니다
Shift + F10	현재 Filter를 활성화 하여 Rectangle-Raycast selection tool을 사용합니다
Ctrl + F7	Current selection Tool로 Object filter 사용합니다
Ctrl + F8	Current selection Tool로 Point filter 사용합니다
Ctrl + F9	Current selection Tool로 Edge filter 사용합니다
Ctrl + F10	Current selection Tool로 Polygon filter 사용-Right View(+ X)
Alt + Space bar	Selection filter 혹은 Tool의 마지막 사용한 기능을 사용-Left View(– X)

* 단축키를 사용하면 작업시 매우 편리합니다.

13 Selection Tools

3D 작업중에 어떠한 것을 선택하기 위해서 반드시 선택 도구는 필요한 기능입니다.
XSI에서도 여러 가지의 선택 도구를 활용할 수 있으며 개인적인 작업 스타일에 따라 사용하는 툴은 다를 수 있습니다. 이러한 선택 기능은 Select 〉 Tools 메뉴 또는 단축키 C 키를 사용합니다.

STEP 01 Selection Tools 살펴보기

Selecting 오브젝트 부분은 3D에 물체를 대화식으로 선택하는 방법과 Schematic한 방법으로 사용할 수 있습니다. Explorer를 사용하여 선택할 수도 있습니다.

Explorer 선택은 단축키 숫자 8 키 혹은 View 〉 General 〉 Explorer 를 선택하면 됩니다.

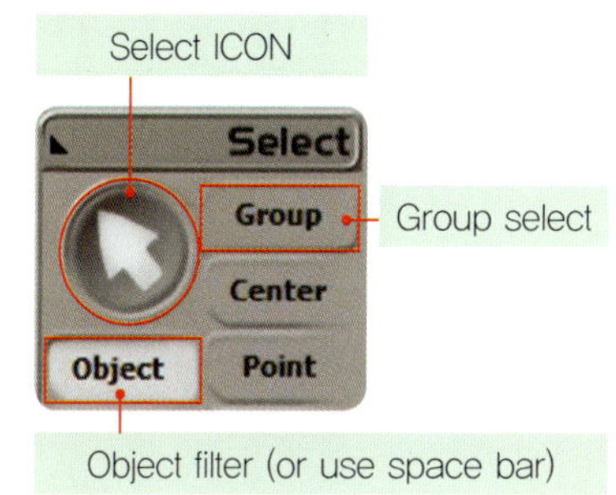

STEP 02 Selection Tools 단축키(Hotkeys)

1 F7 : Rectangle selection tool

2 F8 : Lasso selection tool

3 F9 : Freeform selection tool

4 F10 : Raycast selection tool

5 Shift + F10 : Rectangle–Raycast tool

6 F11 : Paint selection tool (points, edges, and polygons only)

01 Rectangle Selection Tool은 직사각형 모양으로 선택하는 Tool로써 단축키는 F7 입니다.
선택방법 중 기본적인 선택방법이며 가장 많이 사용되는 선택기능 입니다.

02 Lasso Selection Tool은 자유 곡선으로 오브 젝트를 선택하는 툴이며 불규칙적으로 모양 지어진 구성 요소에서 선택하는 데 유용하며 단축키는 F8 입니다.

03 Freeform Selection Tool은 자유 형태로 가 로지른 선을 그리면서 선택하는 툴이며 특히 오 브젝트의 모서리 부분을 선택할 때 유용하며 단축키는 F9 입니다.

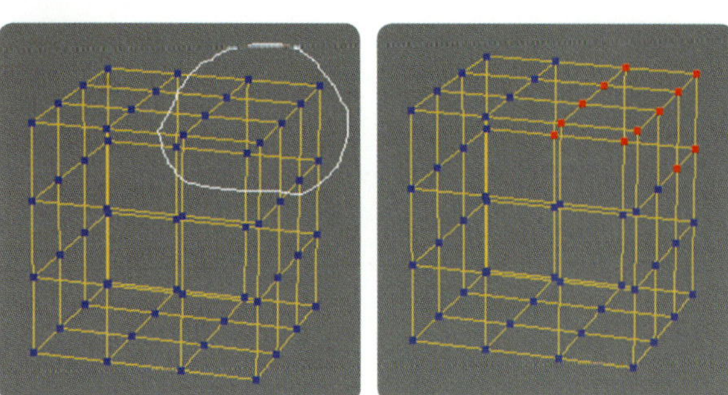
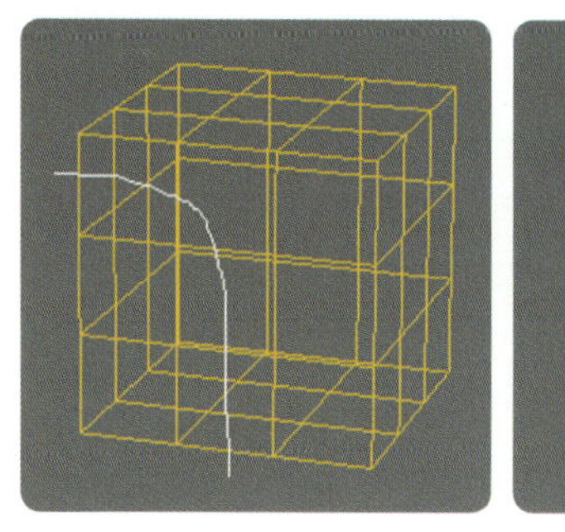
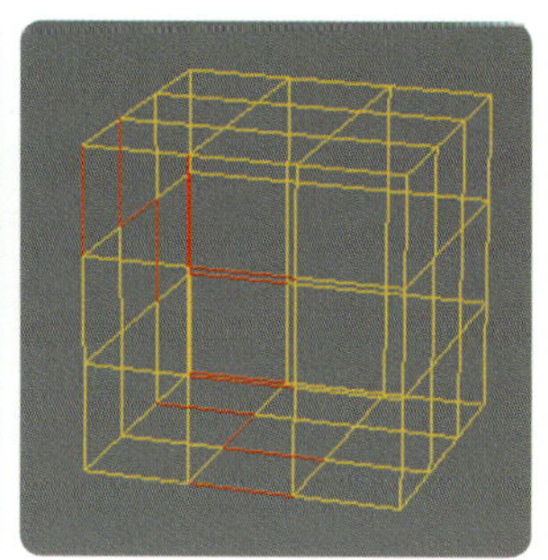

04 Rectangle-Raycast 선택 툴은 Rectangle와 Raycast 툴의 혼합형으로 단축키는 Shift + F10 입니다.

05 Paint Selection Tool은 브러시 형태의 모양으 로 선택하는 툴이며 색을 칠하듯 선택을 할 수 있으며 단축키는 F11 입니다.

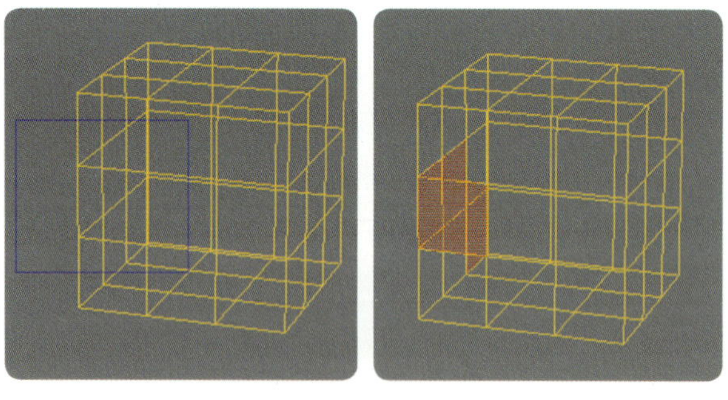
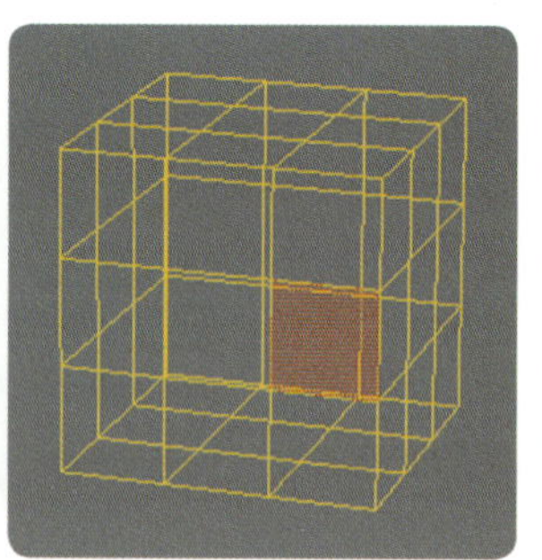

06 Selection Filters는 3D와 Schematic views 에서 선택할 수 있는 것을 결정합니다.

07 Selection과 Hierarchies는 여러 가지 방법으 로 Hierarchies에서 오브젝트를 선택할 수 있 습니다.

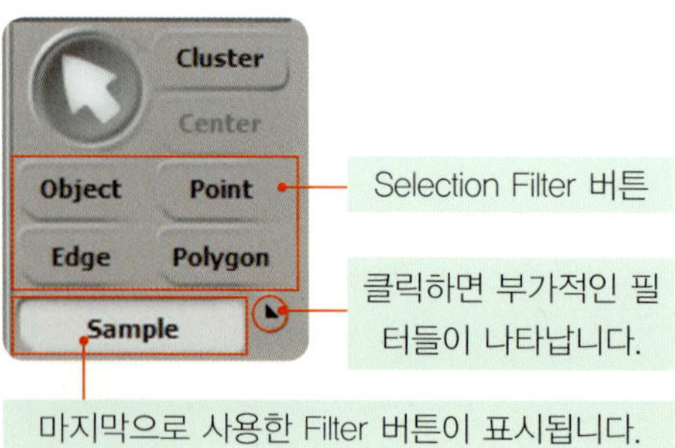

08 Node Selection은 오브젝트에서 마우스 Left-click한 후 노드를 선택합니다. Node 선택은 물체가 선택될 수 있는 가장 간단한 방법입니다.

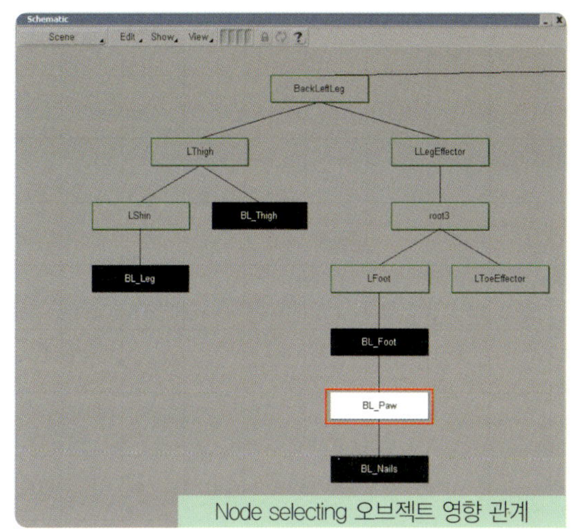
Node selecting 오브젝트 영향 관계

09 **Branch Selection** : 마우스 Middle-click하면 Branch-select(Middle-click) 모드로 들어갑니다.

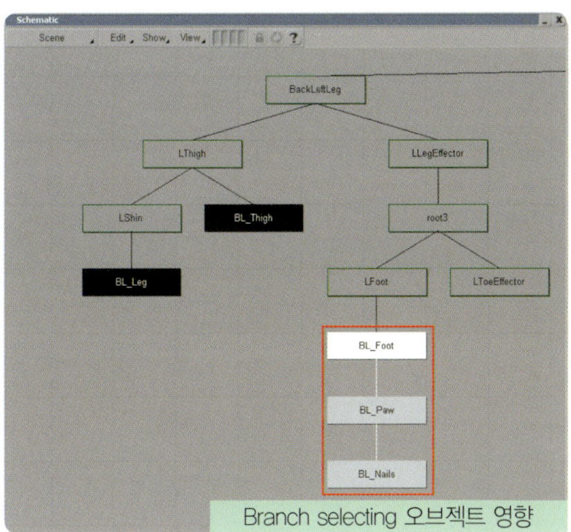
Branch selecting 오브젝트 영향

10 **Tree Selection** : 마우스 Right-click하면 Tree-select 모드로 들어갑니다.

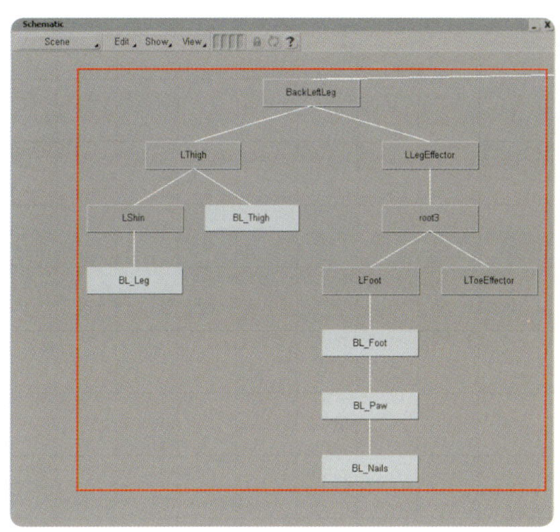

11 **Range Selection** : **Alt** + click하면 어떤 선택 Tool에서도 다중 선택이 가능해 집니다.

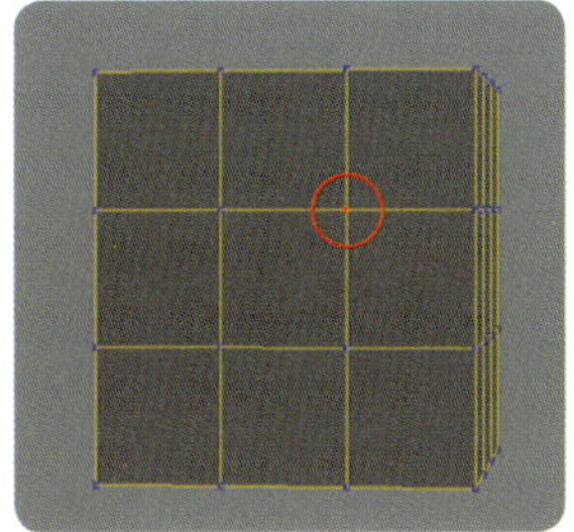
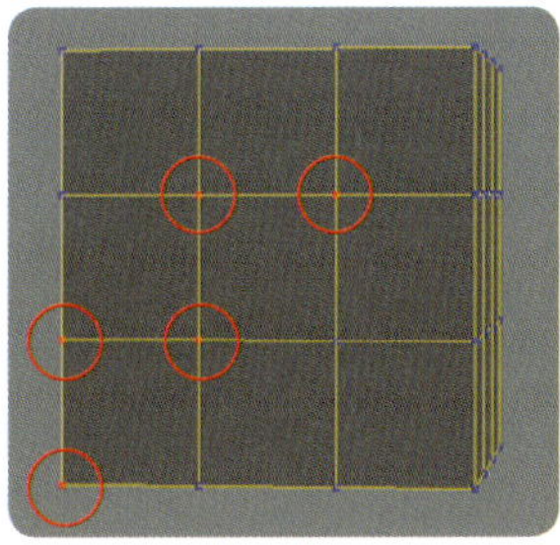

12 **Loop Selection** : **Alt** + middle-click하면 연결된 Loop를 중심으로 다중 선택이 가능해 집니다.

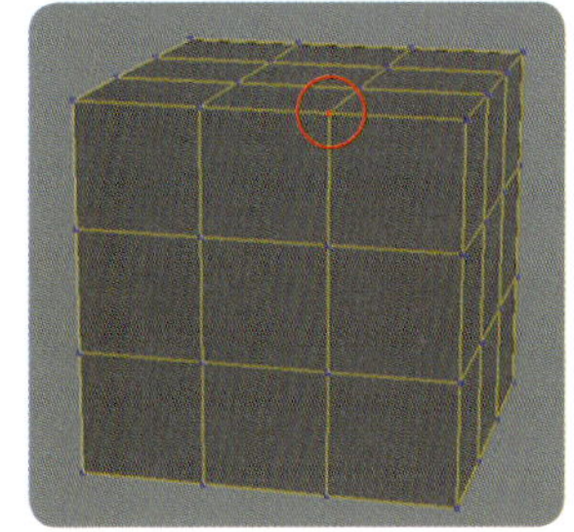
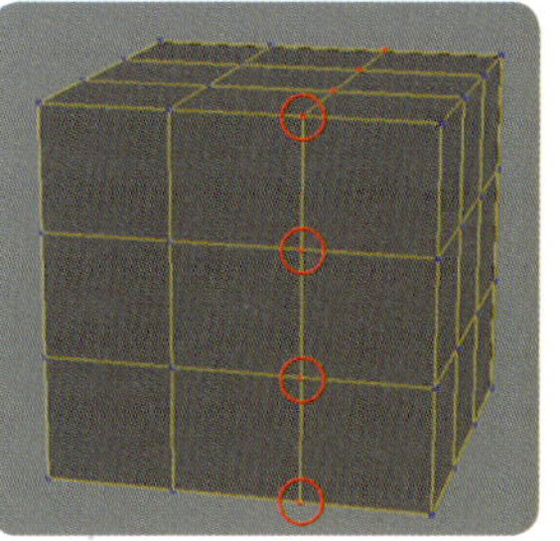

14 오브젝트(Objects) 살펴보기

3D 그래픽 작업은 기본적인 오브젝트를 활용하여 편집, 복제, 변형 등의 기능을 적용하며 이루어집니다.
오브젝트는 복제나 변형 될 수 있으며 Hierarchies, Groups, Layers 등으로 구성됩니다.

STEP 01 Duplicating과 Cloning Objects

오브젝트를 복제하는 것은 새로운 오브젝트를 만드는 것입니다. 복제하며 새로운 오브젝트를 만들면서 원래 있던 오브젝트의 원형을 수정하는 것은 일반적으로 복제된 오브젝트에 아무런 영향을 미치지 않습니다.

하지만 복제된 오브젝트를 원래의 오브젝트 수정시 동일한 형태 수정이 가능하다면 대칭인 오브젝트일 경우 모델링에 있어서 매우 효율적인 방법이 될 것입니다.

Edit 〉 Duplicate/Instantiate는 이러한 원본 오브젝트의 속성 값이 복제된 오브젝트의 속성 값으로 이어지므로 원본 오브젝트 수정시 복제된 오브젝트도 동시에 수정 값이 적용될 수 있습니다.

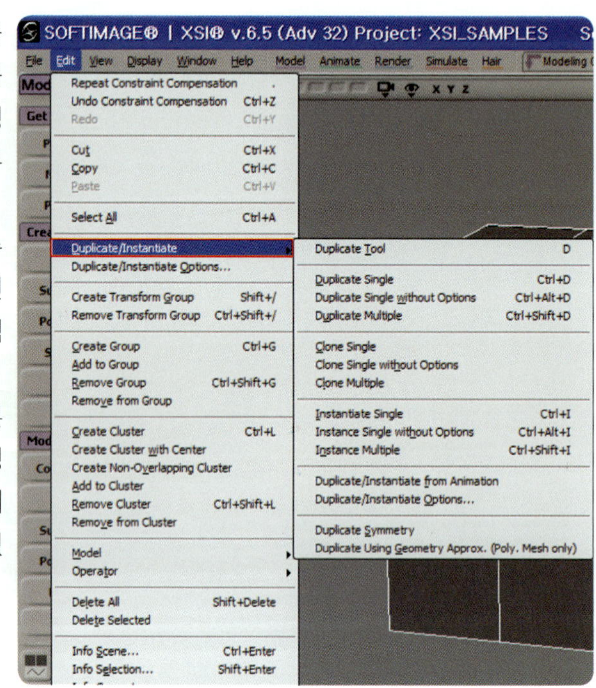

이러한 방법은 대칭 모델링 제작시 매우 유용한 방법 중에 하나입니다.
오브젝트가 복제 될 때 원래의 오브젝트와 그것의 사본들은 서로에 대한 어떤 영향으로도 독립적으로 수정될 수 없습니다.

원래의 오브젝트를 편집하게 되면 사본에게도 영향을 미치게 됩니다.
그러나 사본을 편집하게 되면 다른 오브젝트들에게는 영향을 미치지 않습니다.

01 **Duplicating Objects** : 물체를 복제하기 위해 복제할 오브젝트를 선택하고 Edit 〉 Duplicate/ Instantiate 〉 Duplicate Single이나 단축키 **Ctrl** + **D** 키를 선택합니다. 다중 오브젝트를 복제할 경우 Edit 〉 Duplicate/Instantiate 〉 Duplicate Multiple 또는 **Ctrl** + **Shift** + **D** 키를 선택합니다. 여러개의 오브젝트 복제를 실행할 경우 이 기능은 매우 유용하게 사용됩니다.

02 Duplicating Objects로 복제된 오브젝트에 다중의 변형을 적용하여 보겠습니다.

01 복사할 오브젝트를 선택합니다.

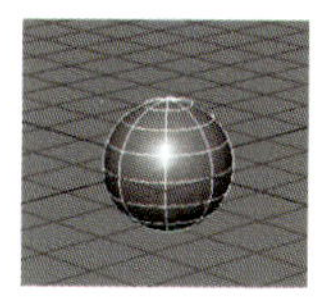

02 **Ctrl** + **Shift** + **D** 키를 눌러 다른 오브젝트를 만듭니다. 원하는 수의 오브젝트를 만들기 위해 숫자를 입력창에 입력하며 변형과 움직임 등을 주기위해 스케일, 회전, 변형 값 X, Y, Z에 각각의 수치를 입력합니다.

03 결과적으로 원하는 수만큼의 오브젝트가 복사 되면서 오브젝트 마다 물체의 변형이 이루어 졌음을 볼 수 있습니다.

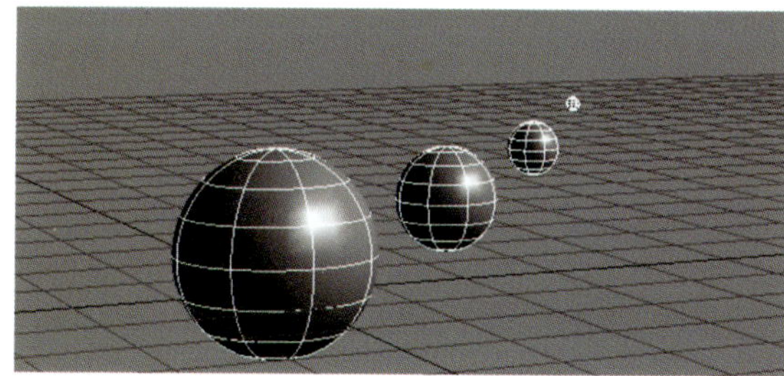

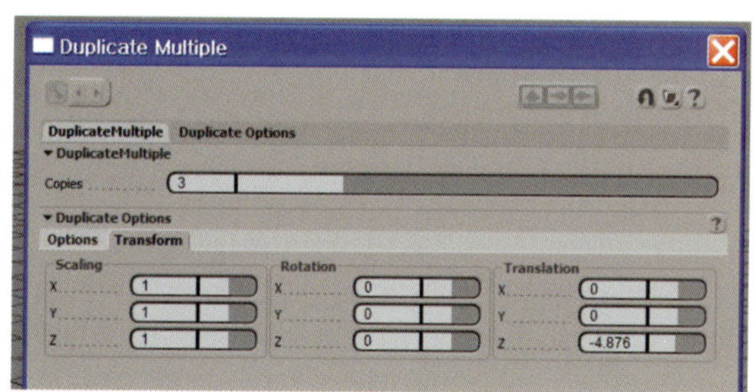

03 **Hierarchies** : Hierarchies는 기본적으로 Tree 구조를 제공함으로써 각각의 오브젝트에 대한 각각의 관계 및 세부 정보를 유저에게 제공합니다.

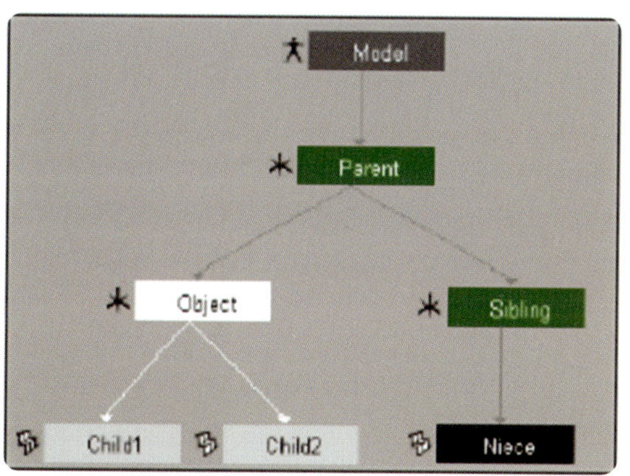

04 Hierarchies 만들려면 먼저 오브젝트를 선택하고 Constrain panel에서 Parent tool을 활성화시켜 만들 수 있습니다. Schematic에 새로운 Parent node를 드래그(Drag)하는 동안 Alt 키를 누름으로써 새로운 Hierarchy를 만들 수 있습니다.

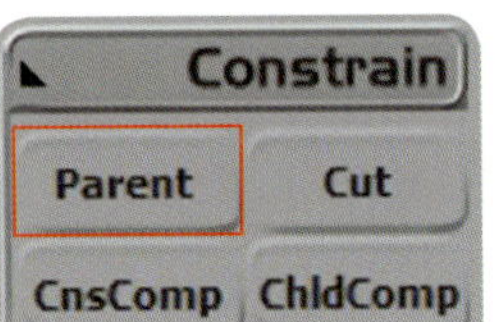

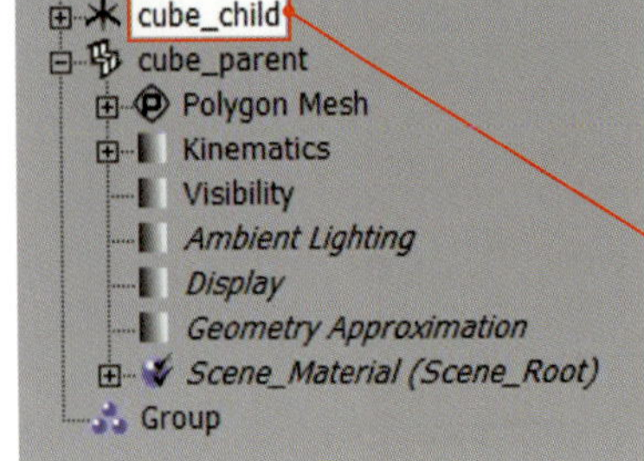

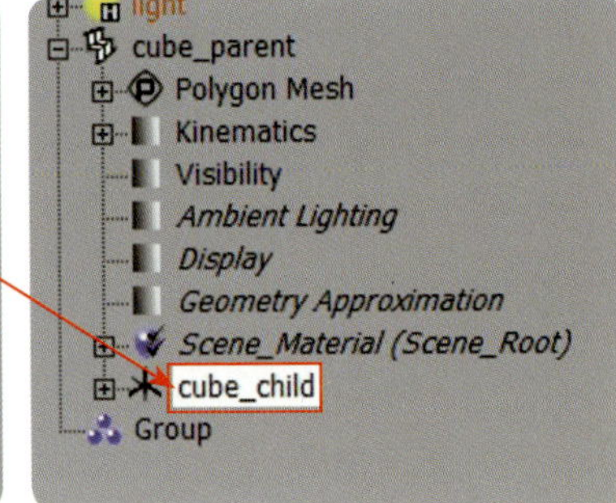

05 작업시 종종 Hierarchical links에서 Parent 와 Child 사이 Hierarchy을 끊을 필요가 있습니다.

일반적인 Hierarchy는 Parent가 Child에게 영향을 미칩니다. 이 영향을 미치지 않게하기 위해서는 Child 를 선택하고 Constrain 패널 혹은 Ctrl + / 키를 클릭하면 됩니다.

06 Hierarchy 삭제를 원한다면 Children을 먼저 자르거나 Children에서 Remove된 오브젝트 를 Branch-select하면 됩니다.

STEP 02 Groups

01 Groups을 새로 만들기 위해 여러 개의 오브젝트를 선택하고 Edit pannel에서 Group을 클릭하거나 Ctrl + G 키를 누르세요. Group property editor에서 이름을 입력하고 다른 View와 Render Visibility, Selectability, Animation Ghosting에 대해 정보 값을 입력합니다.

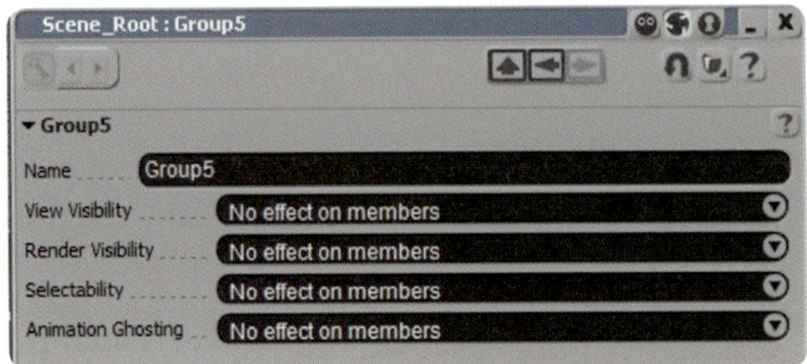

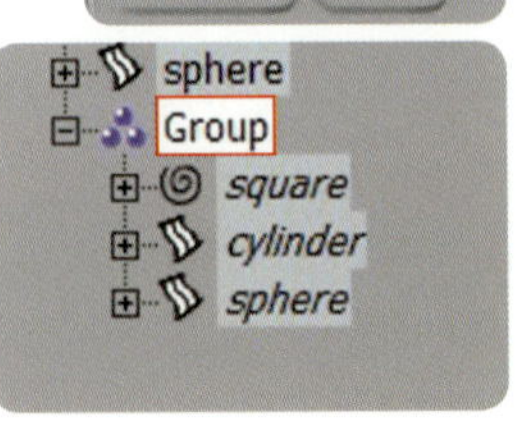

02 3D에서 Group과 Group 선택 버튼이나 혹은 = key 를 사용하는 Schematic한 View를 선택할 수 있으며 장면에 모든 그룹을 기록하기 위해 Select 패널에 있는 Explore 버튼을 사용할 수 있습니다.

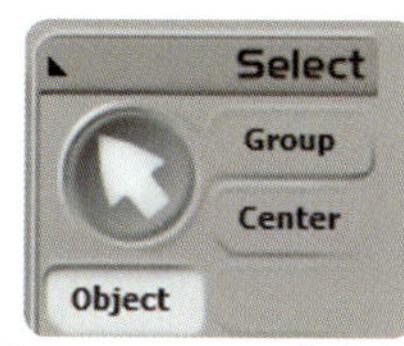

그룹 선택 후 Select 〉 Select Members/Components 를 사용하여 그룹 등록 후 필요시 선택하여 사용할 수 있습니다. 그룹의 회원은 다중 오브젝트로 인식되며 선택됩니다.

04 Groups을 선택하고 Delete 키를 누름으로써 그룹을 제거할 수 있습니다.

03 Groups을 더하거나 혹은 필요가 없을시 그룹을 해제할 수 있습니다. 그룹을 더하기 위해 Edit panel에서 Group 글씨 옆 "+" 버튼을 클릭합니다. 그룹을 해제 하려면 "−" 버튼을 이용하면 해제됩니다. Hierarchy를 이용하여 그룹을 추가하거나 해제할 수도 있습니다.

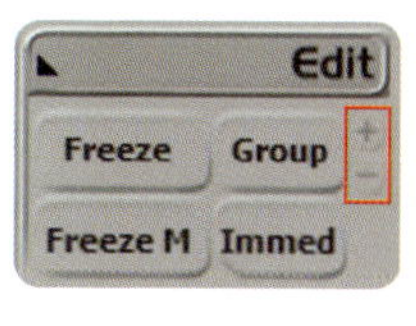
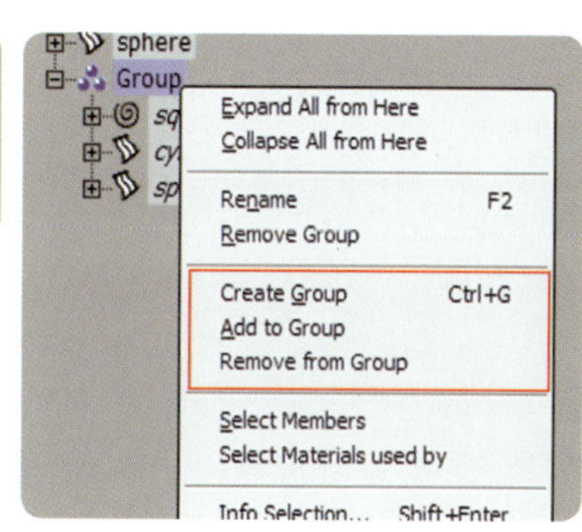

STEP 03 · Scene Layers

3D 그래픽 작업중 장면의 계층(Layer)을 구성하여 데이터를 관리할 수 있습니다.
이미 포토샵에서 Layer 기능을 많이 사용하신 분이라면 이 부분에서 설명하는 Scene Layers에 대해 이해가 빠르실 겁니다. 유저(User) 혹은 장면(Scene)마다 Layer 사용법은 다를 수 있습니다.

01 각각의 장면 Layer는 네 가지의 주가 된 속성을 가지고 있는데 Viewport visibility, Rendering visibility, Selectability, Animation ghosting 입니다. 장면에 있는 모든 Layer에서 이 각각의 속성을 활성화 시키거나 비활성화 할 수 있습니다.

02 Explorer에서 Scene Layers는 Explorer에 있는 장면 계층을 볼 수 있고 편집할 수 있습니다.

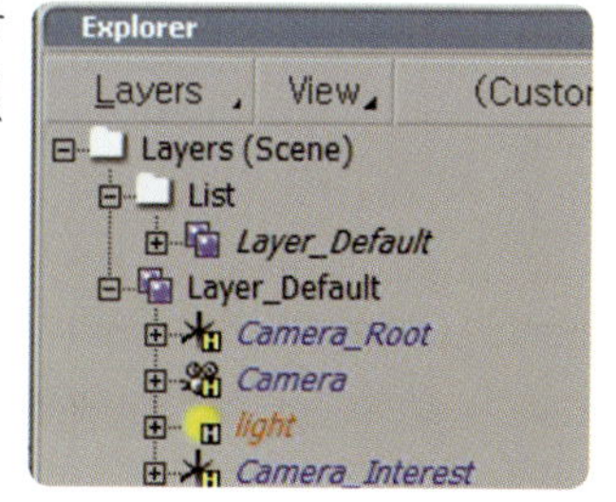

03 Layer control은 쉽게 볼 수 있고 계층 전부를 편집할 수 있는 Grid-style로 구성되어 있어 사용이 편리합니다. 기본 레이어는 Green색의 밝은 칼라로 보이며 체크 표시는 속성들이 작용 여부를 볼 수 있습니다.

Layer control menu

Layer attributes

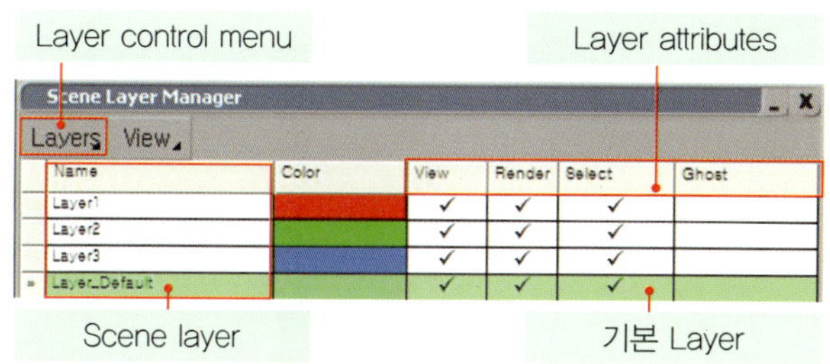

Scene layer

기본 Layer

15 Properties 살펴보기

속성(Properties)은 장면에 있는 오브젝트를 관리하는 매개변수의 집합입니다.

1 Scene Default – 가장 기본적인 것으로 특별한 적용이 없다면 기본 값을 사용합니다.

2 Branch – Branch-selected일 때 Parent에 속성을 적용되면 Children은 모든 속성이 적용됩니다.

3 Local – Child이 Parent로부터 노드 속성을 받습니다.

4 Cluster – Materials, Textures 그리고 클러스터에 적용되어진 다른 속성이 객체에 적용 되어진 것 위에 선행되어 집니다.

5 Group – 오브젝트가 그룹으로 되어 있다면 속성 값도 그룹에 선행되어 적용됩니다. 마찬가지로, 클러스터가 그룹이라면 그 그룹에 적용되어진 어떤 속성도 그 클러스터에 직접적으로 적용되어진 것 위에 선행을 잡습니다.

6 Layer – 속성이 오브젝트에 적용된 어떠한 것이든지 over group, local과 branch properties에서 선행됩니다.

7 Partition – 적용되어진 속성은 여러 속성 값 중에서 가장 높은 우선권을 가지고 있습니다.

01 Properties 적용하려면 Toolbar의 Get 〉 Property menu를 사용하여 많은 속성을 적용할 수 있습니다.

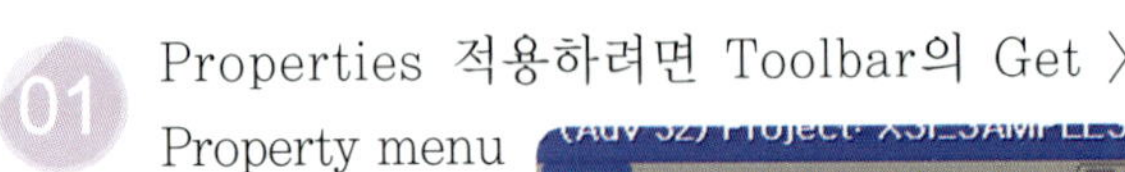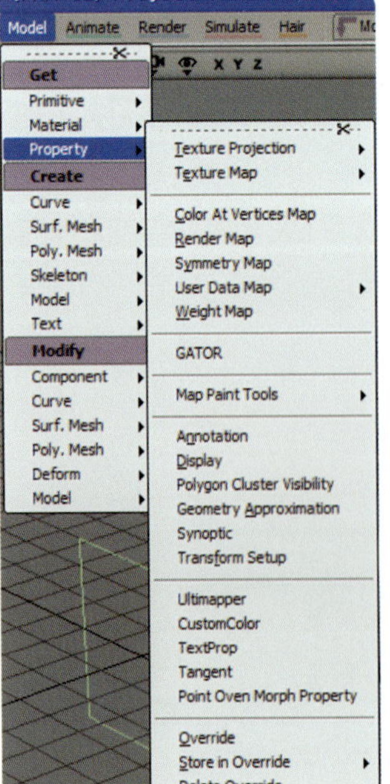

02 Properties 편집하려면 Explorer에서 Property node를 클릭하여 현존하는 Property 환경을 편집합니다.

Selectio에 Display properties 유형에 따라 디스플레이할 수 있게 마우스 "Right-click"을 사용할 수 있습니다.

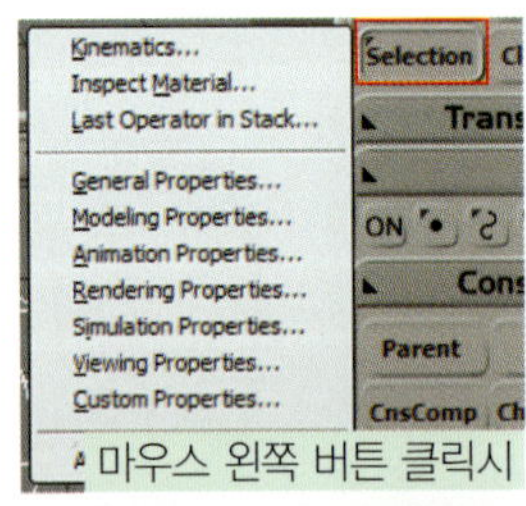

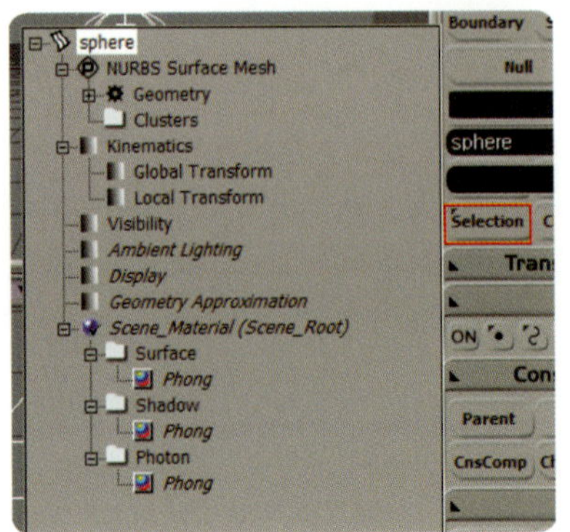

16 Coordinate Systems 살펴보기

SOFTIMAGE|XSI 사용할 때 시스템을 조정하고 3D 공간에서 유저에게 물체의 위치를 설명하기 위해서 참고할 프레임을 사용하는데 이는 유저가 2차원의 사용자 인터페이스를 사용하는 3차원의 가상의 공간을 이해해야 하고 그 공간에서 일하는 한 필수적인 개념이라 생각하면 됩니다.

STEP 01 Cartesian Coordinates

XSI는 공간의 수학적인 고전의 Euclidean/Cartesian 표현을 사용합니다. 한 포인트에서 교차하면서 데카르트 학도 Coordinate 시스템은 세 수직 좌표의 복수형, X, Y, Z를 기본으로 합니다. 3D에서 가장 기본적인 좌표 구성입니다.

STEP 02 Transformations

변형은 또 다른 이름으로 "SRT"라고도 불립니다. 사용자는 물체나 구성요소를 선택하고 변형시키는 작업이 필요한데 변환 도구를 활성화하여 작업을 진행하게 됩니다.

01 Transforming Interactively는 Toolbar의 Get 〉 Property menu를 사용하여 많은 속성을 적용할 수 있습니다.

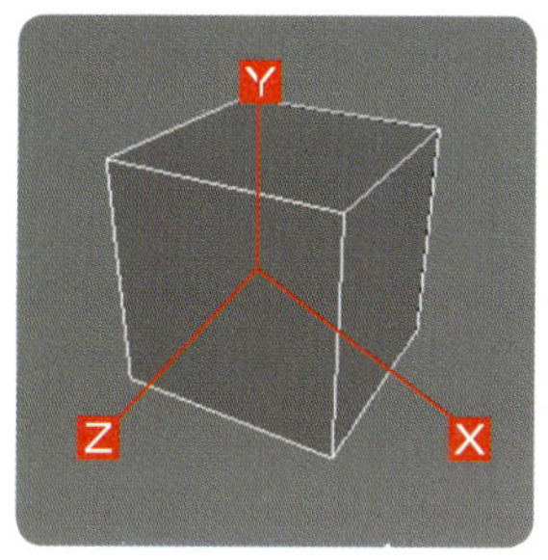

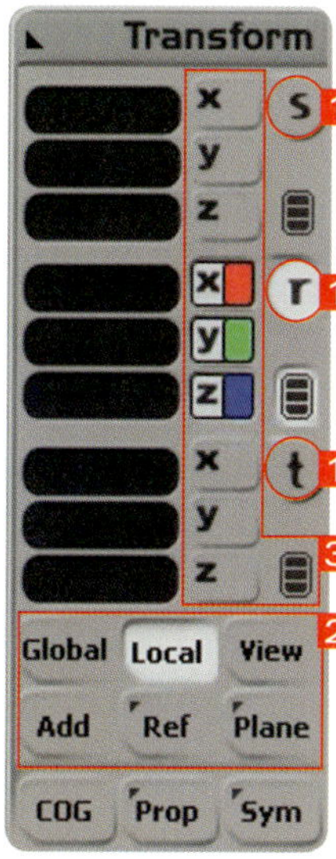

1 오브젝트를 선택하거나 Transform과 Activate tool을 활성화 할 수 있습니다.
   Scale(단축키 X), Rotate(단축키 C), Translate(단축키 V)
2 Manipulation mode를 설정합니다.
3 X, Y, Z 좌표를 활성화 할 수 있습니다.
4 Pivot을 설정합니다.
5 Manipulator를 사용하여 클릭하거나 움직입니다.

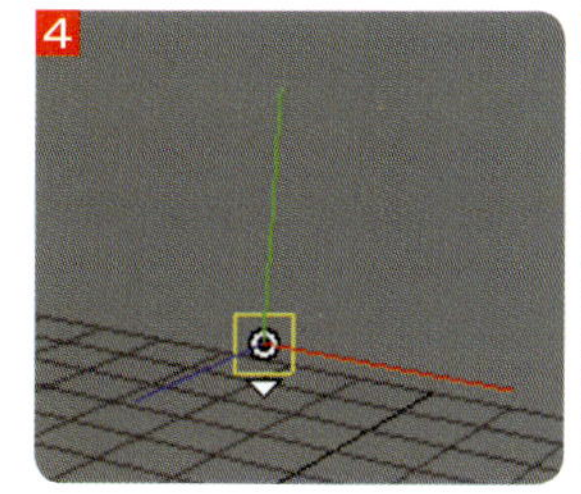

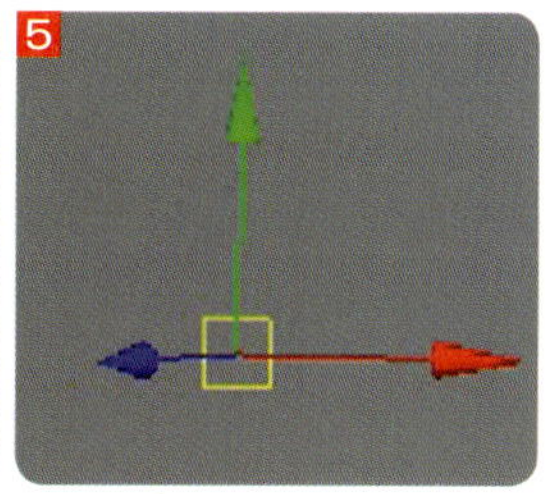

<table><tr><td>**STEP 03**</td><td># Pivot 설정하기</td></tr></table>

키보드의 [Alt] 키를 누른 상태에서 Pivot 위치 변경 및 설정이 가능합니다.
Pivot을 이용하여 여러가지 오브젝트의 움직임에 기준을 설정할 수 있으며 애
니메이션 작업시 자주 사용되는 기능입니다.

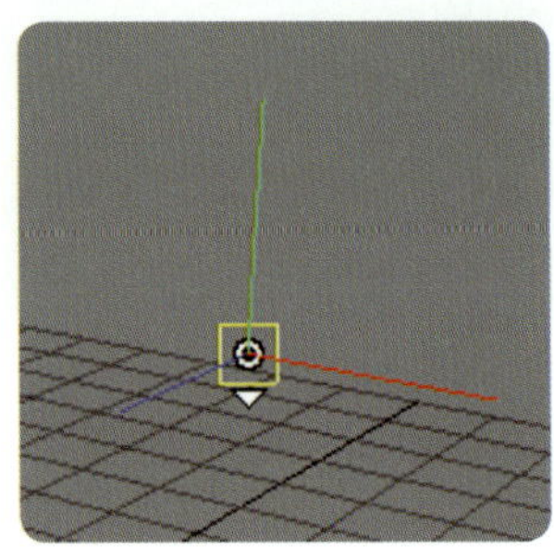

<table><tr><td>**STEP 04**</td><td># Transform Manipulators 사용하기</td></tr></table>

01 Translate Manipulator는 하나의 축을 선택한 다음 마우스 클릭(Click)과 드래그(Drag)를 사용하여 축
을 기준으로 드래그 하면서 움직일 수 있
습니다.
X, Y, Z 축 중 하나를 선택하여 이동합니다.

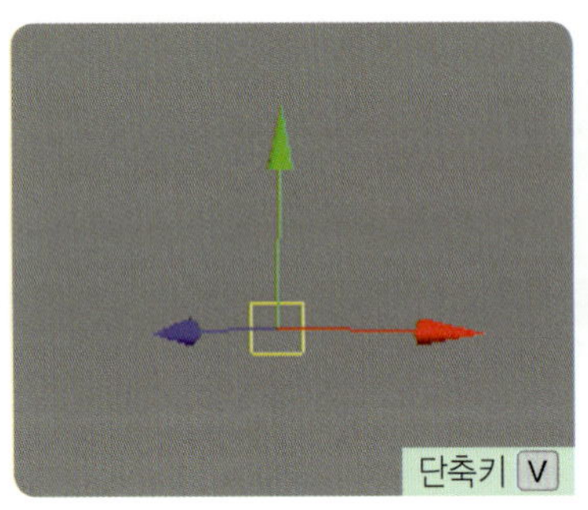

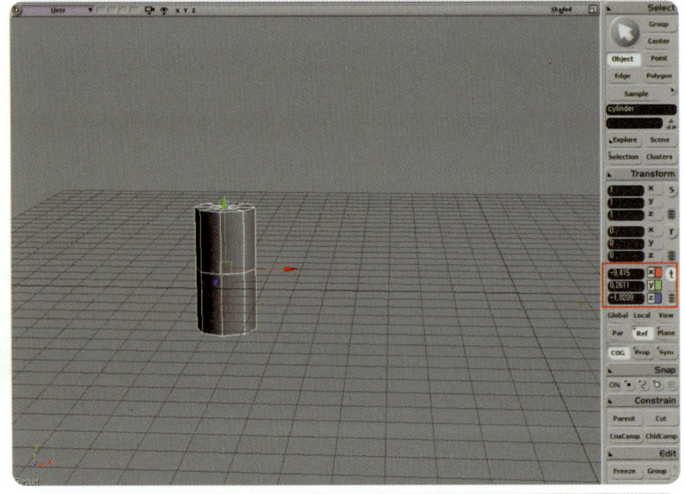

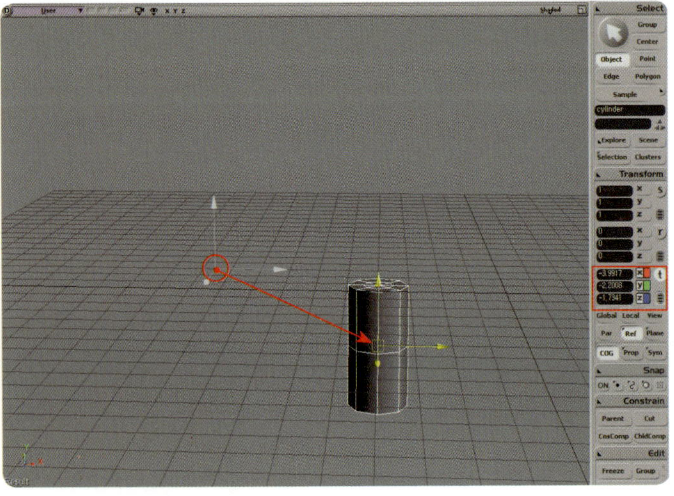

02 Rotate Manipulator는 축을 기준으로 회전하기 위해서는 여러 개의 축 중 회전시키고자 하는 축을 하나 선택하여 드래그(Drag)하며 움직여 줍니다.

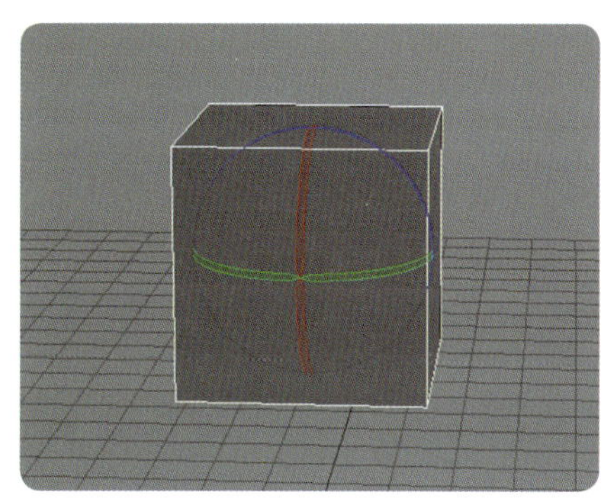

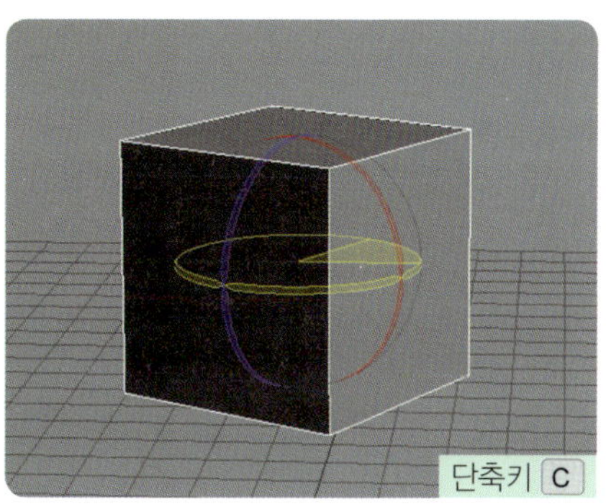

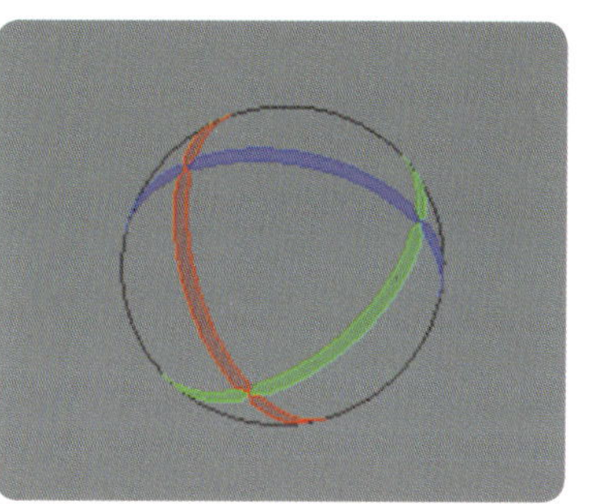

03 Scale Manipulator는 하나의 오브젝트에 스케일 조정을 원할 경우 X, Y, Z 축 중 하나를 선택하여 드래그(Drag)하며 스케일 조정을 합니다.

X, Y, Z 축 중 하나를 선택하여 스케일을 조정합니다.

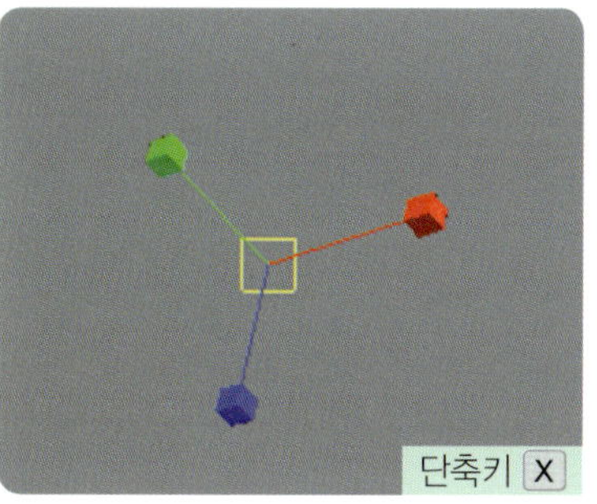

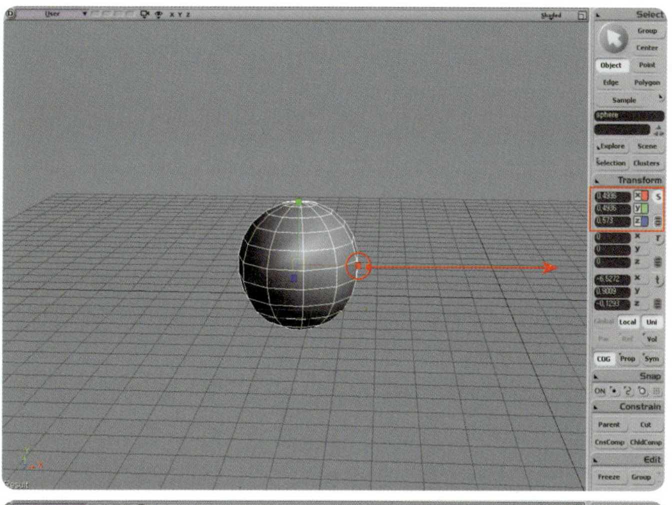

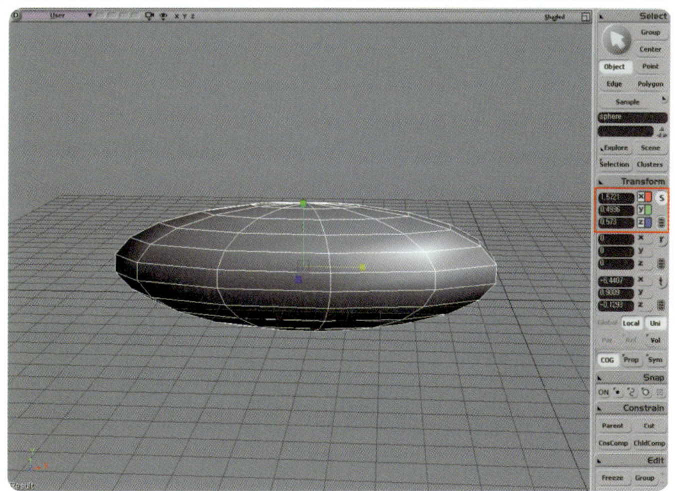

기본 오브젝트에서 X 축으로 스케일을 조절한 모습

STEP 05 — Center Manipulation

Center manipulation은 오브젝트의 포인트를 움직이지 않고
오브젝트의 센터(중심)를 움직일 수 있습니다.
Command 이용하여 사용하거나 또는
Transform menu(Move Center to Vertices
and Move Center to Bounding Box)를
이용하여 센터를 조절할 수 있습니다.

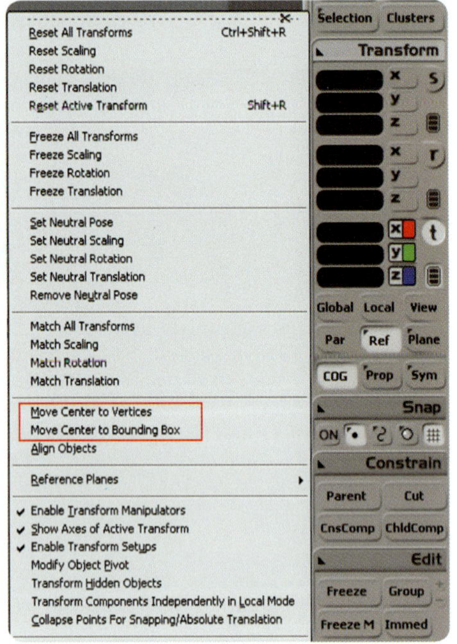

STEP 06 — Transform

01 Freezing Transformations의 기능은 오브젝트를 움직이
지 않는 상태에서 선택되지 않고 보이기만 하는 상태를 말합
니다. 이는 일부 혹은 전체 작업 완료 후 다른 기능이나 작업 진행시
보이기는 하나 불편한 선택을 하지 않게 하기 위한 기능입니다.

02 Resetting Transformations의 기능은 오브젝트의 Local
scaling, rotation 그리고 translation 값을 기본 값으로 다
시 돌려주는 기능입니다. 작업진행시 잘못되어 되돌아가기 원할 때
사용합니다.

03 Setting Neutral Poses Transformations에서 "zero out"은
오브젝트 Transformations을 원래의 상태로 돌아가게 해줍
니다.

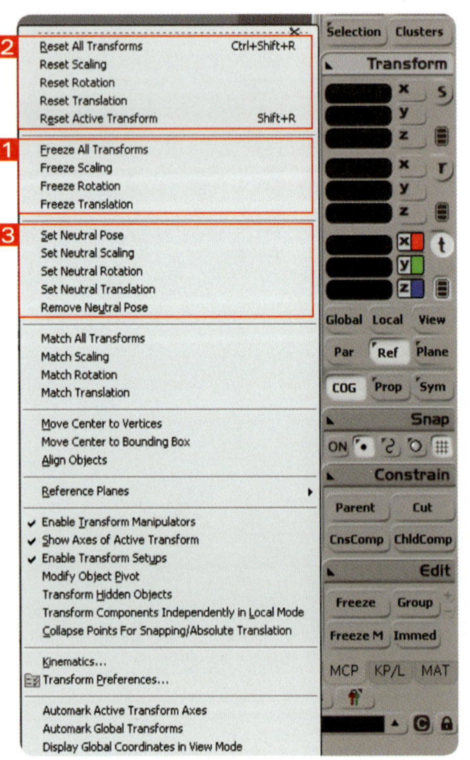

STEP 07 Snapping

Snapping은 여러 개의 오브젝트 들이 있을 경우 그것을 정렬하기 위해 주로 사용됩니다.

Snapping to Targets은 원하는 Snapping을 하기위해 Snap panel을 사용하면 됩니다.

1 Snapping을 활성화 시키거나 비활성화 시킵니다.

2 일시적으로 Toggle 사용을 멈추려면 `Ctrl` 키를 사용합니다.

3 Points, Curves/edges, Facets, 또는 Grid 형태중 원하는 기능을 선택하여 사용합니다.

4 Right-click을 하면 Sub-types을 선택할 수 있습니다.

5 Local, Par, Object, Ref는 Transform 〉 Transform Preferences에 설정된 Snap Increments를 사용합니다.

Alienbrain

Alienbrain은 Digital enterainment와 프로젝트를 위한 Asset management system입니다.
개발자, 아티스트, 프로젝트 메니저를 지원하기 위하여 고완된 이 제품은 계획된 시간과 예산 내에서 수행해내야 하는 오늘날의 복잡한 프로젝트의 모든 기능을 지원하고 있습니다.

1. Manager Client를 이용한 프로젝트 관리 Client

프로젝트 관리자는 Manager Client를 이용함으로써 프로젝트 전체의 진행사항을 살펴보고 프로젝트의 진행 상황을 확인할 수 있습니다.
Manager Client에는 Digital asset, 마감 기일 할당기능, 업무 할당, 검토 기능 및 파일의 Sign-off, 워크플로우 운용, 진행 보고서 뿐만 아니라 진행 상황 회의를 위한 File list 익스포트 기능 등이 포함됩니다.

2. 안전한 Art file 생성 / 관리를 해주는 Designer Client

Alienbrain을 이용함으로써 디자이너와 아티스트는 파일 손실 및 파일 버전 관리의 고민을 할 필요가 없어집니다. Alienbrain은 안전하게 모든 프로젝트 파일을 관리하고, Thumbnail을 통하여 매우 빠르게 모든 파일 리스팅 할 수 있으며 preview 기능에서 한 눈으로 파일의 작업상태를 파악할 수 있도록 지원하고 있습니다.
모든 주요 2D 및 3D art tool을 위한 통합 기능 역시 포함되어 있습니다.

3. Developer Client를 이용한 Software Configuration 관리 및 Source Code Control

Alienbrain Developer Client는 복잡한 Configuration 관리 및 Version control기능을 완벽하게 갖추고 있는 제품입니다. Developer Client는 Branching, Merging, 메모기능, 공유 기능과 Multiple check out과 코드 화일을 제품 내에 포함되어 있는 Araxis Mergea tool에 통합시키는 기능 등이 포함되어 있습니다.
물론 Alienbrain은 표준 Source code tool과도 통합되어 있습니다.

17 장면에서의 기타 기능들

Files에 대해 살펴보겠습니다. SOFTIMAGE|XSI에서 파일은 두 형태가 있습니다. 하나는 Project files이며 다른 하나는 Application data files입니다. Project files은 계획하여 작업 진행하는 일반적인 Scenes 관리이며 Texture images, Referenced models, Cached simulations, Rendered pictures 등의 연관된 데이터를 관리, Main project folder에 저장됩니다.

하지만 Application data files 같은 데이터는 하나의 특정한 프로젝트에 적용되지 않는 방법이기 때문에 사용자의 판단에 따라 사용(저장위치나 방법 등...)하는 것이 일반적입니다. Project files은 기본적으로 XSI 프로그램 파일이 설치되는 디렉토리에 위치하게 됩니다.

하지만 변경을 원할 경우 메뉴의 Customizations에서 원하는 정보를 수정할 수 있습니다.

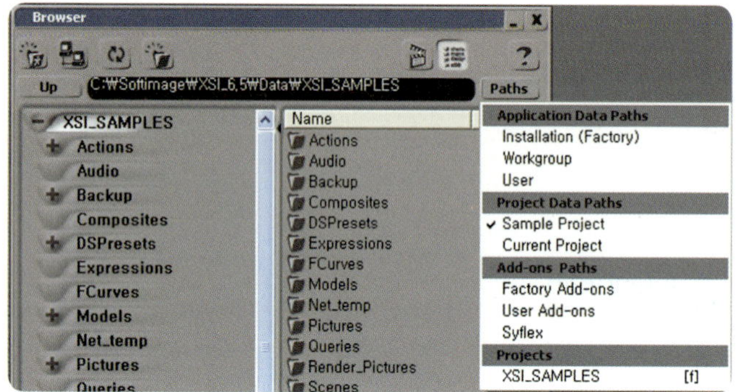

01 Workgroup 설정하려면 File 〉 Plug-in Manager를 선택 후 Workgroups 탭 선택, Connect 클릭하여 위치를 명시합니다.

02 Managing Project은 별도의 Alienbrain 프로그램에서 관리할 수 있으며 XSI와 연동되나 별도의 "Alienbrain" 프로그램 구매가 필요합니다. DB 관리에 매우 뛰어난 프로그램이며 XSI에 기본적으로 설치되어 있지 않습니다.

03 Scene file은 모든 Models이나 Animation, Lights, Cameras, Textures, Rendering 등의 정보를 관리하게 되며 .scn 확장명으로 사용됩니다.

Title bar는 현재의 Scene과 이름 등과 같은 정보를 가지고 있습니다.

File Menu는 새로 만들거나 열고 장면을 관리하는 데 대한 대부분의 명령을 포함합니다. Merging Scenes은 여러 개의 Scene을 하나의 Scene으로 합치는 기능입니다. Ctrl 키를 누른 상태에서 외부 화면에서 드래그(Drag)하여 XSI 화면으로 옮기면 Scene이 합쳐집니다. 확장명은 ∗.scn을 사용합니다.

XSI 이외에 다른 3D 프로그램들과의 호환을 위해 다른 3D file 포맷으로 Export 할 수 있습니다. dotXSI™, DirectX, IGES, OBJ, 그리고 3DS formats 등이 기능 이외에 XSI 사이트 www.softimage.com 다운로드 부분을 보시면 Crosswork 기능이 있는데 이 기능을 사용하면 마야나 맥스와의 호환이 매우 용이하게 이루어 집니다. XSI를 시작하거나 새로 만들 때 New Scene는 자동적으로 생성되며 언제든지 새로 만들 수 있습니다.

Edit 패널에서 Edit 〉 Delete All을 이용하여 장면에 있는 데이터를 지운 후 새로운 장면을 만들 수도 있습니다.

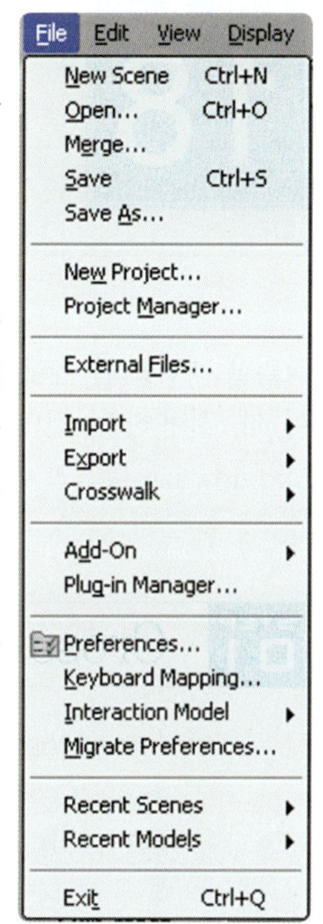

04 Scenes에서 External 파일을 관리하려면 Refresh 버튼은 파일의 리스트 정보를 갱신하며 선택된 파일은 Green 칼라의 밝은 색으로 표시되고 Scenes에서 Models, Texture images, Action sources 그리고 Audio clips 등에 대한 정보를 볼 수 있습니다.
외부 파일 관리 프로그램을 열기 위해서는 File 〉 External Files를 선택합니다.

05 Project Manager를 사용하면 쉽고 빠르게 프로젝트를 관리할 수 있습니다.
Project list에서 하나의 Project를 선택합니다.
Project list에서 새로운 Project나 경로 값 등에 대해 관리할 수 있으며 Name, Origin(factory [F], user [U], and workgroup [W])으로 프로젝트를 정렬할 수 있습니다.

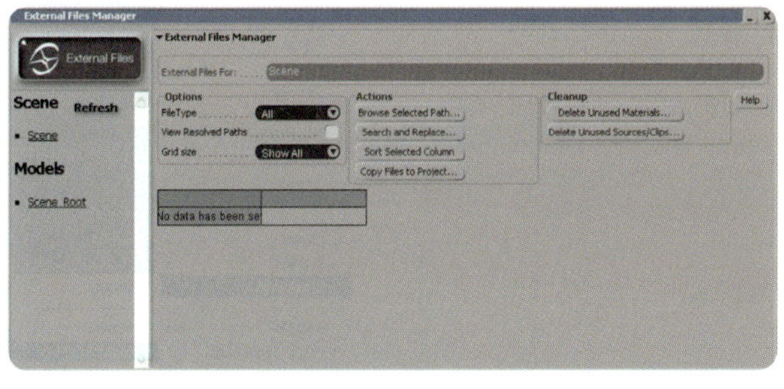

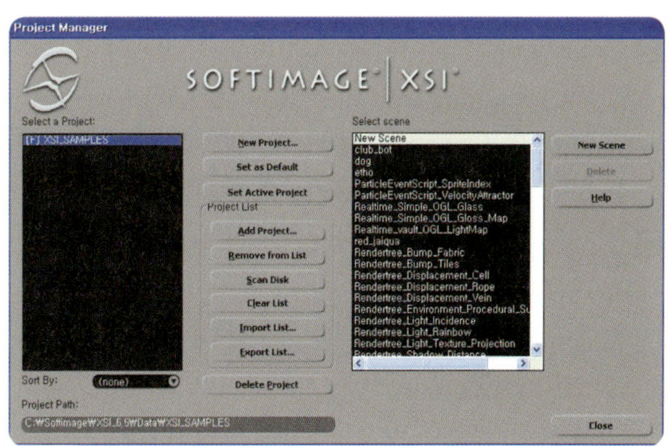

18 Importing과 Exporting

작업을 하다보면 때때로 다른 장면이나 타 소프트웨어에서 데이터를 가져오고 내보낼 필요가 있을 것입니다.
이 때 사용하는 것이 바로 Import와 Export 기능입니다. XSI는 오디오, 비디오 또는 다양한 그래픽과
Middleware 형식과 같은 많은 다른 파일 유형을 지원합니다.

STEP 01 Crosswalk를 활용한 Import와 Export

File 〉 Crosswalk에서 XSI에서의 Crosswalk로 맥스나 마야와 같은 다른 3D 소프트웨어와 파일 변환이 가
능합니다. dotXSI, 3ds Max, Maya, Obj Files 형식 등을 지원합니다. http://www.softimage.com/downloads/
로 가시면 최신 버전을 무료로 다운받아 사용할 수 있습니다.

STEP 02 3Ds Max와 소프트이미지 데이터 호환

Crosswalk 활용에 앞서 소프트 이미지 사이트에서 미리 다운받아 설치해야 합니다.

01 Crosswalk 설치해 보겠습니다.

1 Crosswalk 파일을 사이트에서 최신 버전을 다운받
아 설치합니다.

2 Crosswalk가 설치된 폴더의 하위 디렉토리
(C:\Softimage\Crosswalk2.5\Plugins\
MAXConverter\Max8\) 안의 dle 파일인
dotXSIConverter4Max.dle 을 복사합니다.

3 3ds Max가 설치되어 있는 폴더의 하위 디렉
토리(C:\Program Files\Autodesk\3ds
Max 8\plugins)로 찾아들어가 복사한
dotXSIConverter4Max.dle 파일을 plugins 폴더
안에 붙여 넣으면 사용할 준비가 끝납니다.

> **주의** | 정상적으로 Crosswalk가 설치되지만 맥스의 File 〉 Import
> 에서 Softimage|Crosswalk(*.XSI) 메뉴가 생성됩니다.

02 Crosswalk 활용방법을 알아보겠습니다.

1 XSI에서 Crosswalk 작
업할 모델을 열고, File 〉
Crosswalk 〉 Export to
Max를 선택합니다.

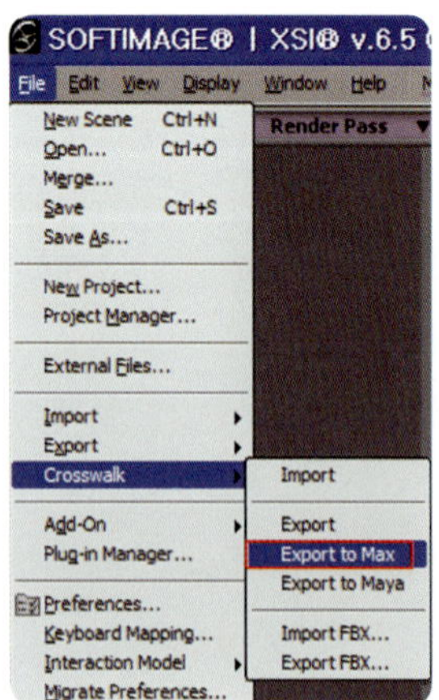

2 Crosswalk 옵션창이 뜨면 표시된 곳에 경로를 지정
해주고 Export 버튼을 클릭합니다(Convert하는데
약간의 시간이 소요될 수 있습니다).

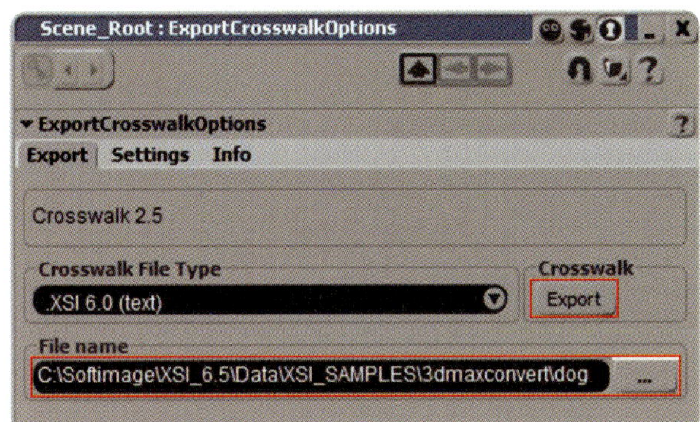

4 창이 열리면 Crosswalk한 파일의 경로를 선택하고,
파일 형식에서 Softimage|Crosswalk(*.XSI)을 선
택한 후 파일을 선택하여 열기 버튼을 클릭합니다.

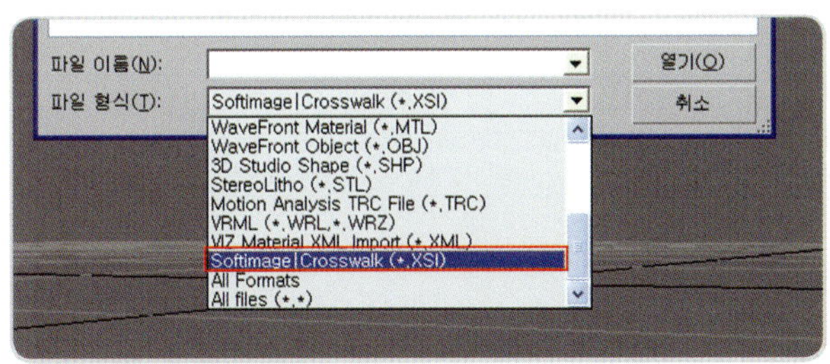

3 이제 3ds Max를 실
행하여 Crosswalk
한 파일을 확인하기
위하여 Max를 실행시
켜주고 File 〉 Import
를 선택합니다.

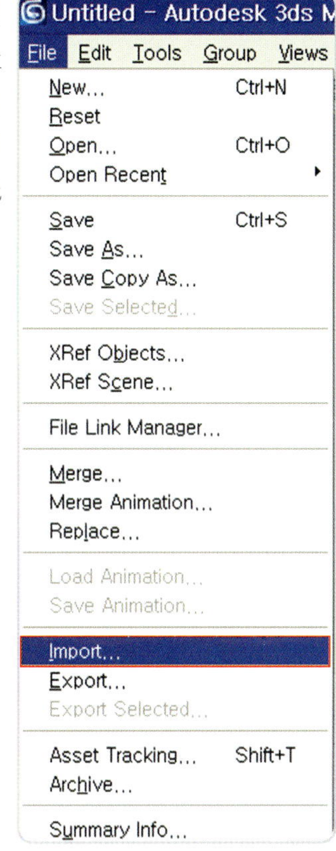

5 Softimage|Crosswalk 옵션/정보 창이 나타납니다.
원하는 체크 박스를 체크하고 [OK] 버튼을 누르면 파
일을 확인할 수 있습니다.

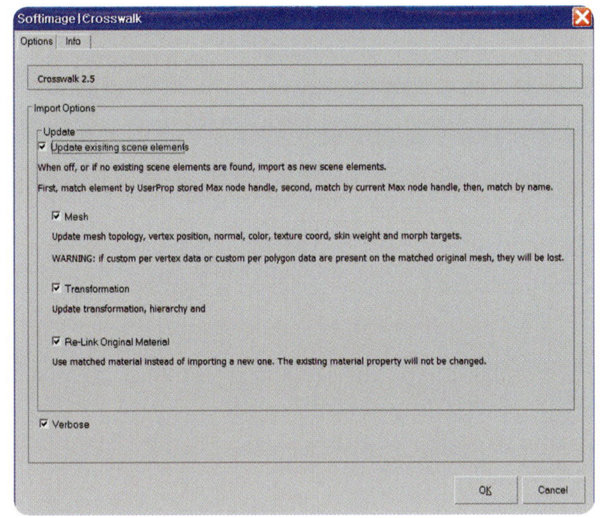

6 Max에서 다시 XSI 파일로 Crosswalk하려
면 File 〉 Export를 선택하여 파일형식을
Softimage|Crosswalk(*.XSI)로 선택하고 파일명
을 입력한 후 경로를 설정하여 저장 버튼을 클릭하
면 됩니다.
Softimage|Crosswalk 옵션/정보 창이 나타나게
되는데 Export할 옵션을 체크한 후 [OK] 버튼을 클
릭하면 됩니다.

19 Null을 이용한 Explorer창 정리하기

Explorer 창의 목록들은 하나의 캐릭터를 구성하고 있습니다. 1번의 그림처럼 하나의 캐릭터만 작업을 할 경우에는 Explorer창에 목록이 많지 않을 것입니다.

하지만 다수의 캐릭터나 작업을 할 경우, 2번의 그림처럼 Explorer창의 목록은 많아지고 관리하기도 힘들게 됩니다. 이 때 Null을 사용하여 Explorer창을 정리할 수 있습니다.

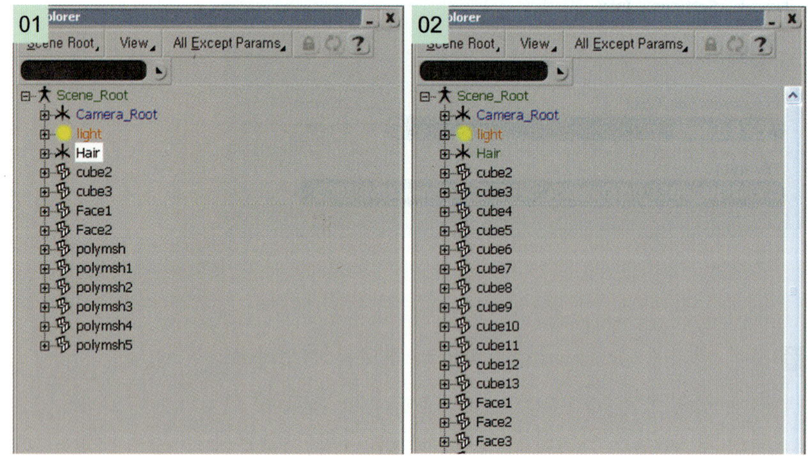

01 Primitive 〉 Null을 선택하여 새로운 Null을 생성합니다.

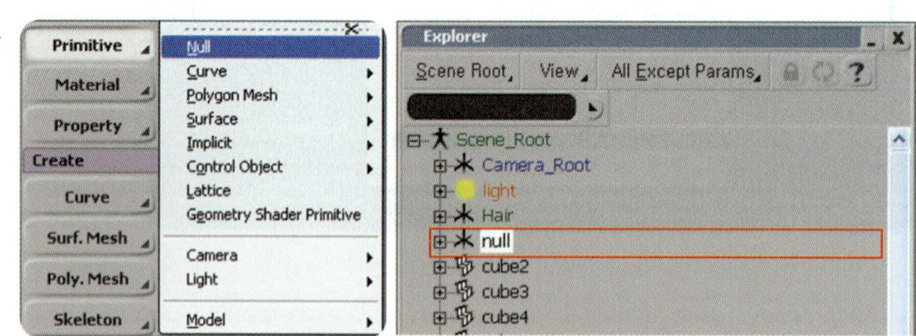

02 Explorer창이나 Viewport에서 연관이 되는 구성요소들을 선택하고 Ctrl + X 를 이용하여 잘라냅니다 (잘라내게 되면 오브젝트와 Explorer창의 목록은 사라지게 됩니다).

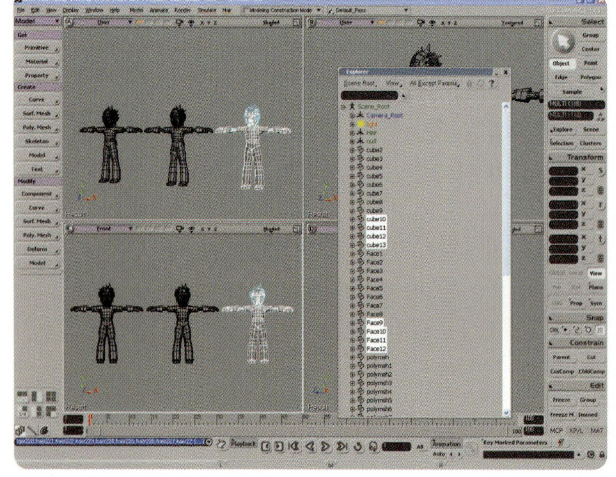

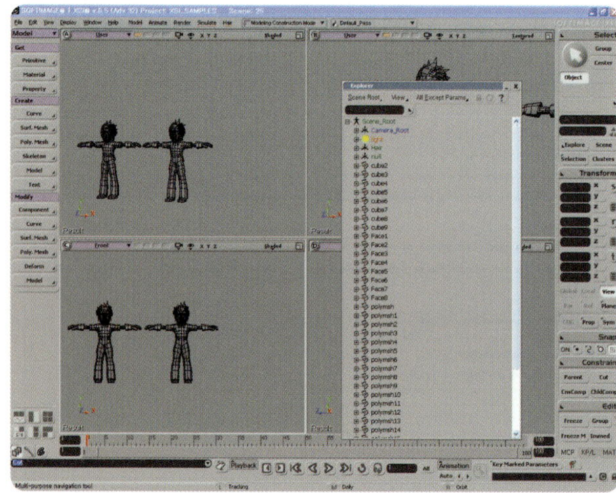

03 Explorer창에서 미리 만들어 둔 Null을 선택하고 `Ctrl` + `V` 를 이용하여 잘라낸 목록을 붙여 넣습니다. 그렇게 되면 잘라내어서 보이지 않던 오브젝트가 다시 보이게 되고 Explorer에서는 잘랐던 구성요소들의 목록이 Null의 하위 메뉴에 추가되어 붙여지게 됩니다.

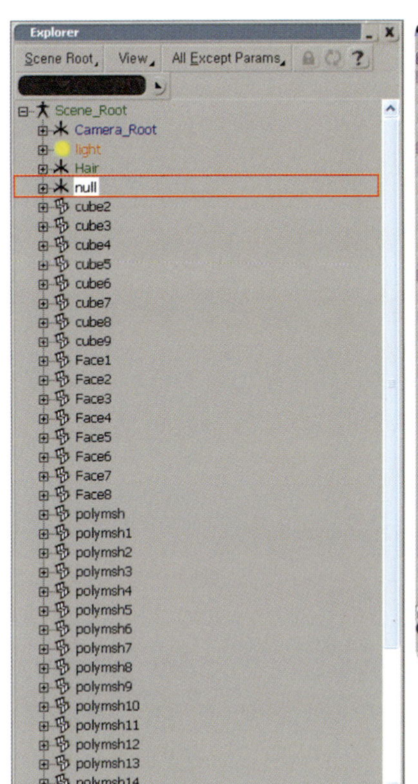

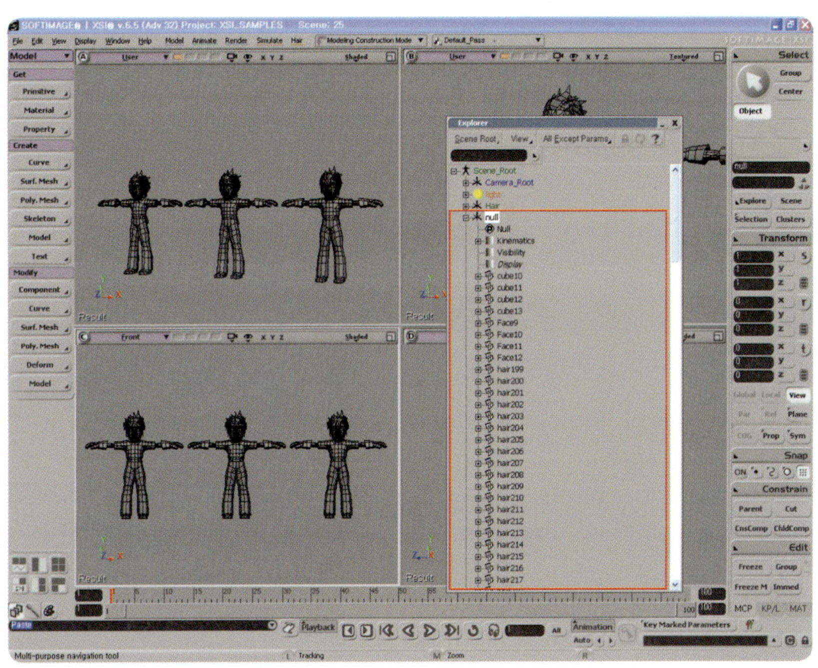

04 그 뒤 Null의 이름을 선택하고 키보드에서 `F2` 버튼을 눌러 관리하기 용이한 이름으로 변경하면 됩니다.

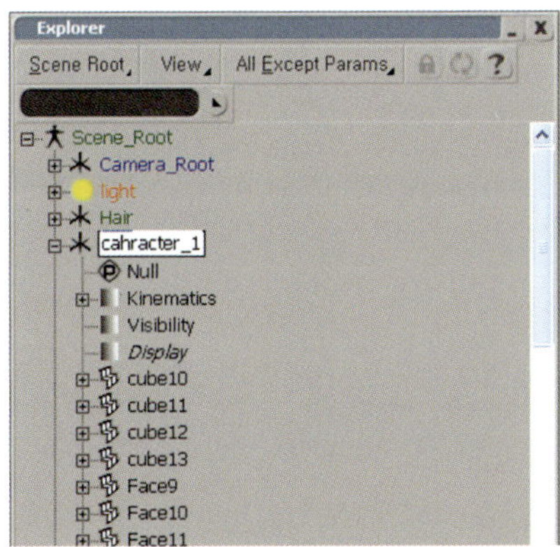

05 나머지의 구성요소들도 새로운 Null을 추가 생성하고 잘라낸 구성요소들을 하위목록으로 붙여준 뒤 Null의 이름을 바꿔 주면 아래의 그림처럼 Explorer창처럼 목록관리가 용이해집니다.

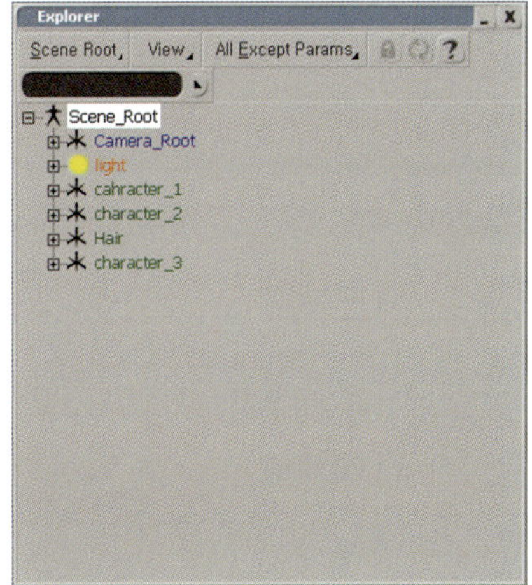

02 Modeling&Deformation

3D 그래픽에서 가장 기본적이면서 중요한 부분 중 하나인 모델링 부분으로 Softimag XSI는 다양한 방법을 제공하고 있습니다. 그 중에서도 최근 가장 많이 사용하고 있는 방법의 하나가 바로 폴리곤 모델링을 이용하여 제작 후 서브디비전을 적용하는 모델링 방식입니다. 이 방식 이외의 Softimag XSI는 그 어떤 3D 툴보다 빠른 모델링 방식을 제공하고 있으며, 모델링 제작 방법에 대해 세부적으로 기술 하였습니다.

이 장에서는 Softimag XSI의 기본 모델링을 제작하는 기초 명령어 및 방법과 응용 제작을 통해 Softimag XSI에서 제작할 수 있는 모든 모델링 방법에 대해 살펴보겠습니다.

오브젝트의 기본

오브젝트는 사전적 의미로는 물건, 물체, 대상 등을 말하고 있습니다.
컴퓨터 그래픽에서 논리적으로 해석하자면 컴퓨터 도형 처리에서 처리의 대상이 되는 어떤 실체 예를 들어 튀는 공을 화면에 표현하고자 하면 그것은 도형 처리 프로그램의 대상 또는 대상 물체이다 라고 말하고 있습니다.

주로 3D에서는 뷰포트 안에서 작업되어지는 형태나 빛 맵핑 등의 모든 요소들을 말하기도 합니다.

STEP 01 Polygon Meshes

Polygon meshes는 Edges와 Vertices 등으로 구성된 다각형 오브젝트입니다. 기본적으로 각의 형태로 구성되기 때문에 모델링 제작시 각진 형태로 구성되어 있습니다. 이러한 문제점을 보완하기 위해 Subdivide 방식과 연동하여 사용할 수 있습니다.

STEP 02 Subdivision Surfaces

Subdivision surfaces는 Low-resolution polygon과 Higher-resolution polygon mesh object로 구성되며 폴리곤 모델링의 각의 형태를 매끄러운 곡선형 표면으로 변화시켜 주기 때문에 곡선의 빠른 모델링이 가능합니다.

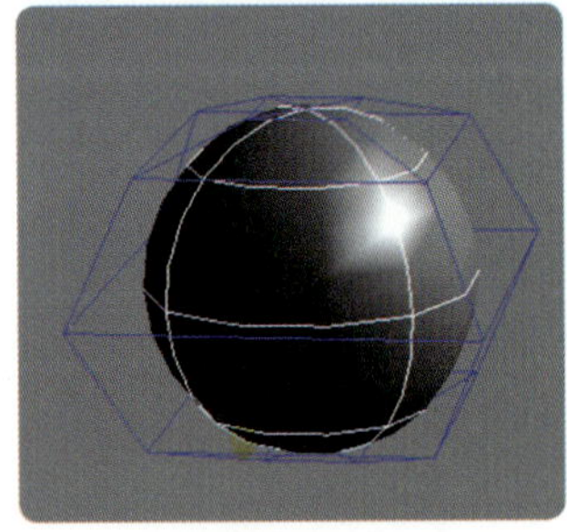

STEP 03 Curves

Curves는 1차원의 NURBS이며 라인의 형식으로 표현됩니다. Curves는 선형적이거나 포인트를 가지고 있지만 어떠한 두께도 가지고 있지 않기 때문에 라인형식으로 표현되며 렌더링 시 눈에 보이지는 않습니다.

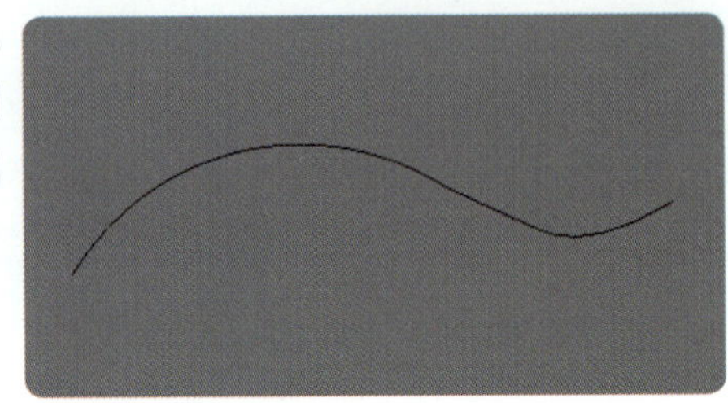

STEP 04 Surfaces

Surfaces는 "U"와 "V" 방향으로 구성되어진 2차원의 NURBS patches 형태이며 3차원의 NURBS 표면에 제어 포인트를 가진 매끄러운 모양이 되면서 그 표면은 그 제어 포인트 사이에 수학적으로 형태 변화가 가능합니다.

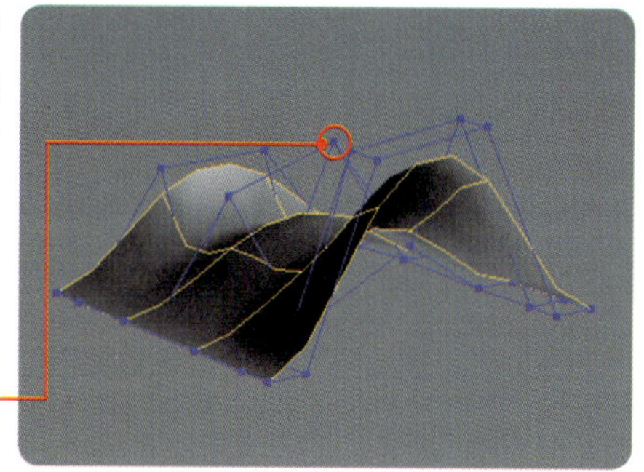

Viewport의 Eye 아이콘을 클릭하면 나오는 메뉴에서 NURBS Hulls를 선택하면 나타납니다.

STEP 05 Surface Meshes

Surface meshes는 하나의 오브젝트 NURBS subsurfaces 형식의 Quilts이며 사각형 모양을 기본으로 하고 있습니다. 이 사각의 기본형의 형태를 기준으로 오브젝트 Subsurface 사이에 붙여 새로운 형태를 만들 수 있습니다.

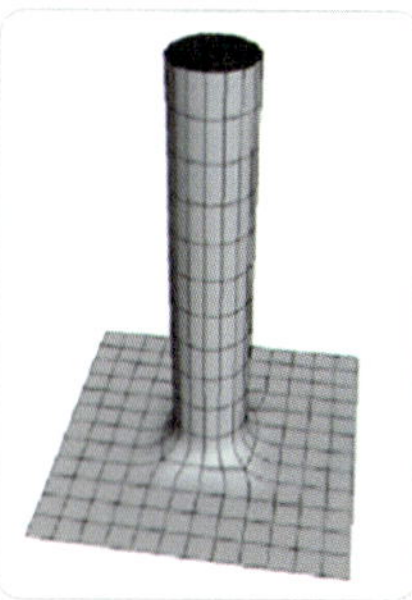

STEP 06 Lattices

Lattices는 Geometric 오브젝트와 Control 오브젝트 사이에 있습니다.
오브젝트 외부에 있는 그물 형식의 Lattices를 이용에 오브젝트 형태를 변형시킬 수 있습니다.

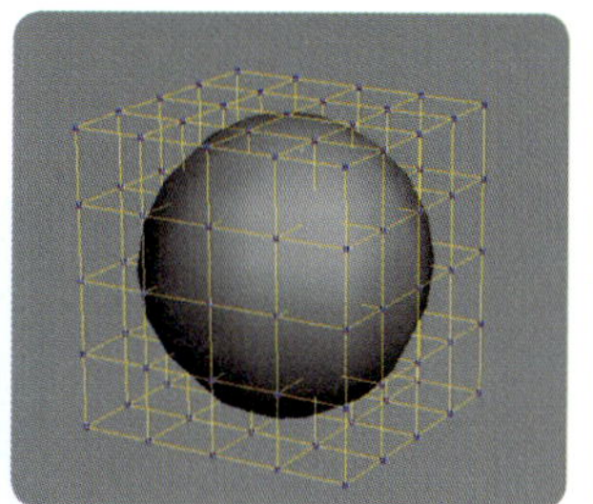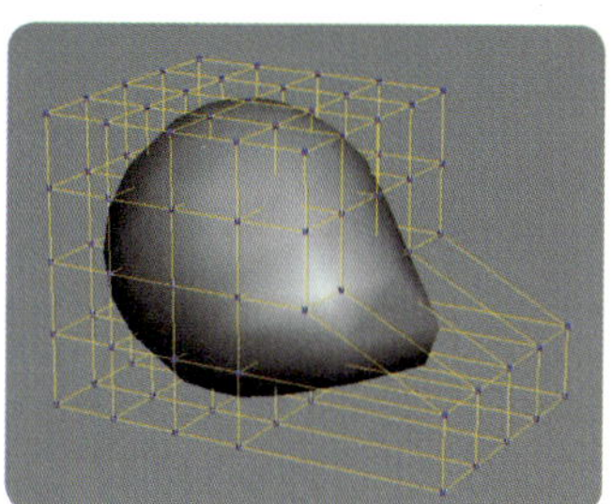

STEP 07 그 밖의 Geometry 형식

이외 XSI 안에는 몇 개의 다른 타입의 여러 가지 Geometry가 있습니다.

1 Particles : Particle–based Simulations를 위해 다양한 Particle 입자를 사용할 수 있습니다.

2 Hair : Hair와 Fur를 만들 수 있으며, Dynamic simulations에 적용할 수 있습니다.

3 Geometry Shaders : Render time에 기하학을 새로 만들기 위해 Shader를 사용할 수 있습니다.

Polygonal Modeling

Polygon meshes는 XSI의 기본적인 모델링 형식의 하나입니다. Polygon meshes
는 표면이 사각의 기본형식으로 구성되어져 있어 이 사각을 기준으로 모델링을 형성
해 나가는 방식입니다.

이러한 방식의 특징은 전체적인 형태를 적은 용량으로도 모델링 작업을 할 수 있기
때문에 게임회사에서 주로 이 방식을 많이 사용합니다.

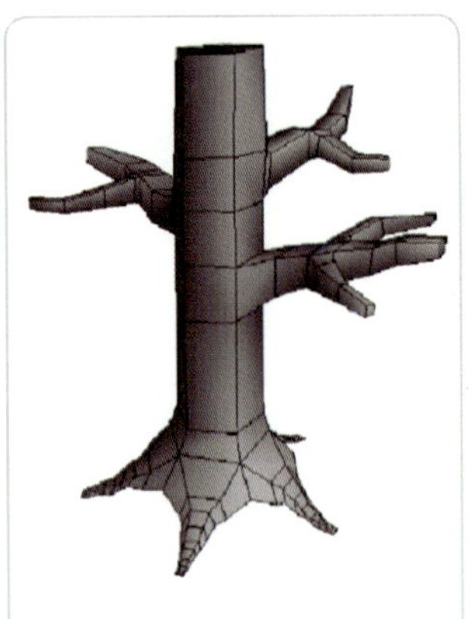

TIP 서브디비전을 이용한 노멀맵 모델링

게임회사에서는 폴리곤 모델링을 제작한 후 서브디비전의 기능을 이용하여 노멀맵을 생성하여
폴리곤 모델링에 노멀맵을 적용하는 방식을 주로 사용하고 있습니다.

STEP 01 Polygon Meshes

Polygon meshes를 사용하실 때 아래와 같이 기본적으로 이해 하셔야 할 몇 가지 개념이 있습니다.

1. Polygons

Polygon은 다음 그림들과 같이 2D 모양으로 구성되어 있으며,
각의 형태로 구성되어 있기 때문에 NURBS 모델링방식 등에 비
해 정밀한 모델링을 할 수는 없습니다.

하지만 이러한 단점을 보안하기 위해 정교한 모델링을 위해
Subdivision Surfaces 방식과 호환하여 사용합니다.

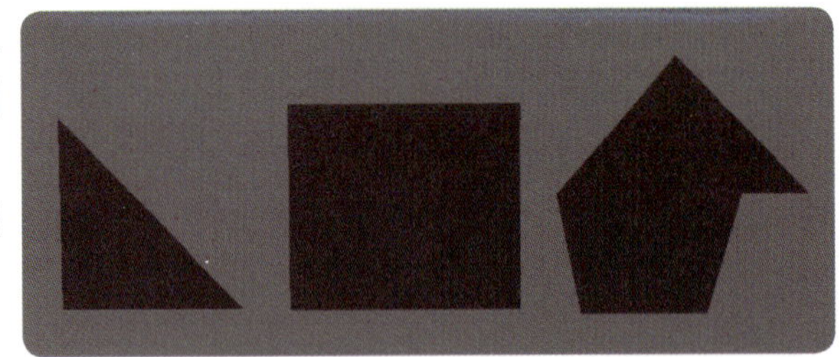

2. Polygon Meshes

Polygon mesh는 하나의 Polygon이 3D 입체 표현을 위해 여러 개의 Polygon으로 구성된
3D 오브젝트입니다.

3. Polygon Mesh Components

Polygon meshes는 Points(vertices), Edges, Polygons 등 여러 가지 Types을 포함합니다.

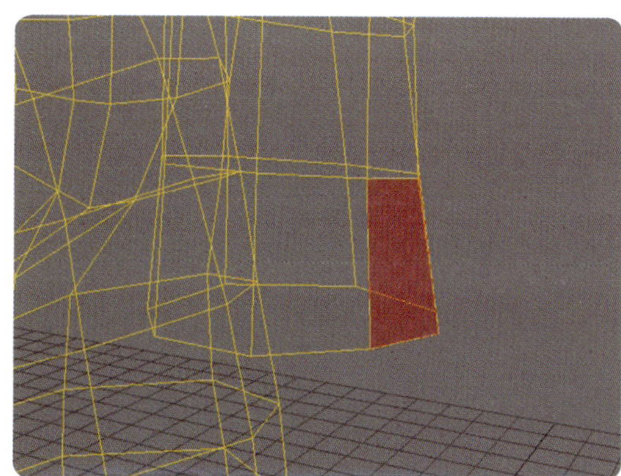

01 Points : 서로 다른 포인트가 같은 Mesh 안에 있는 여러 정점들입니다.

02 Edges : Point와 Point가 만나서 이루어진 Line segment입니다.

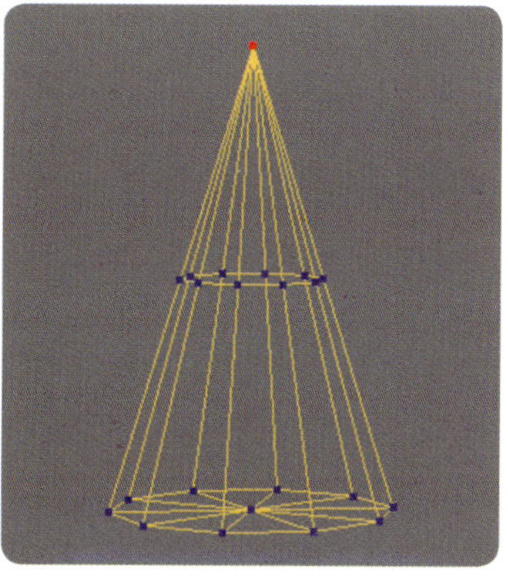

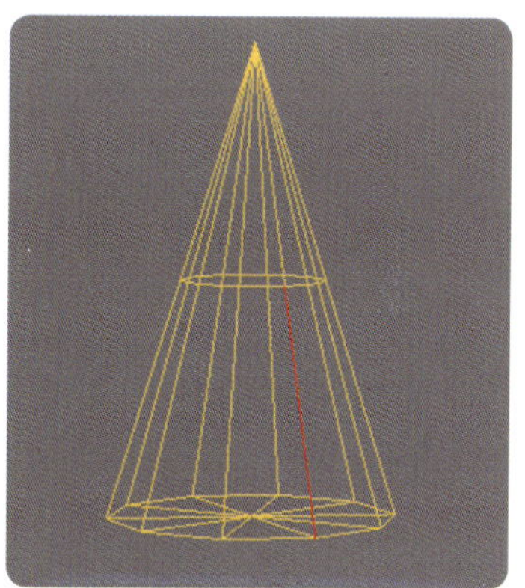

03 Polygons : 다수의 Mesh가 모여 이루어진 모양입니다.

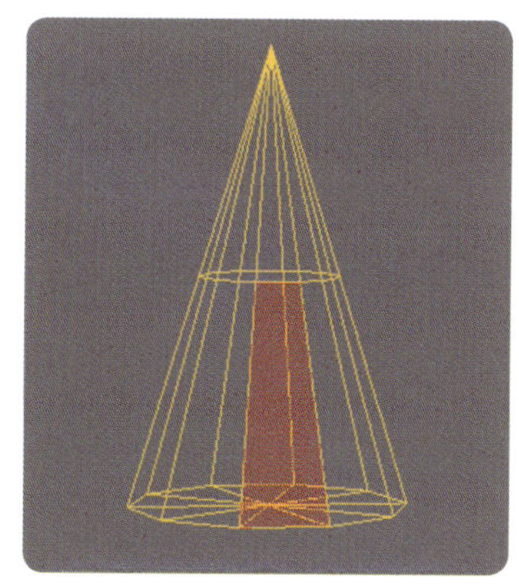

STEP 02 Polygon Mesh Components 선택하기

01 Select 〉 Grow Selection은 선택한 것의 주변지역까지 선택영역을 증가시킵니다.

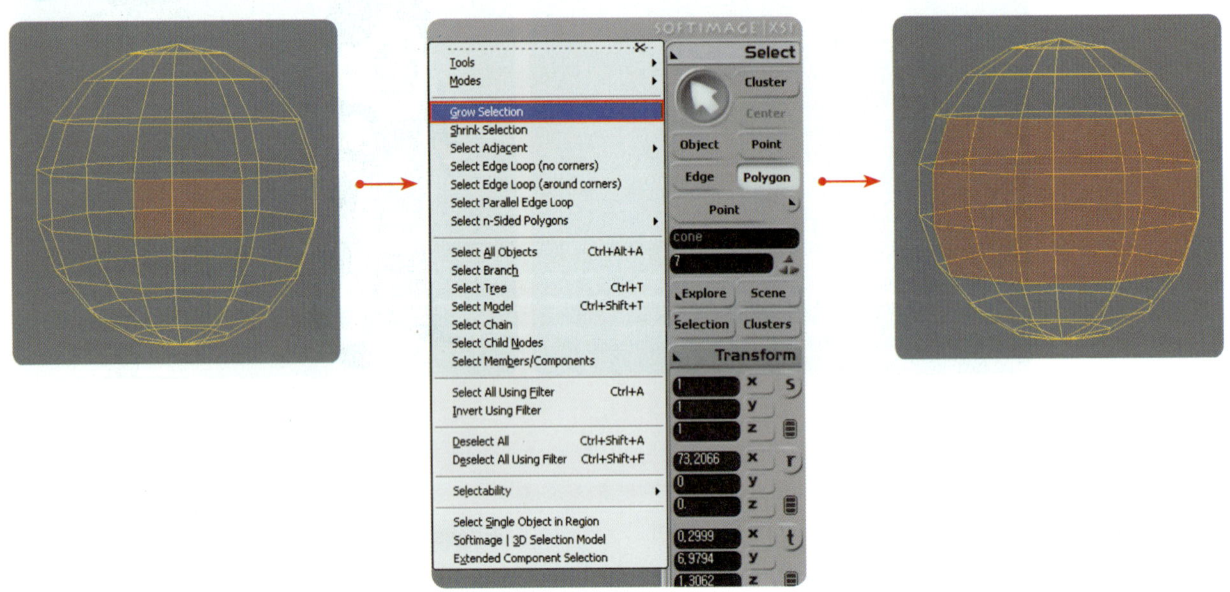

02 Select 〉 Select Adjacent submenu는 그 현재의 선택에 근접해 있는 구성요소를 선택합니다.

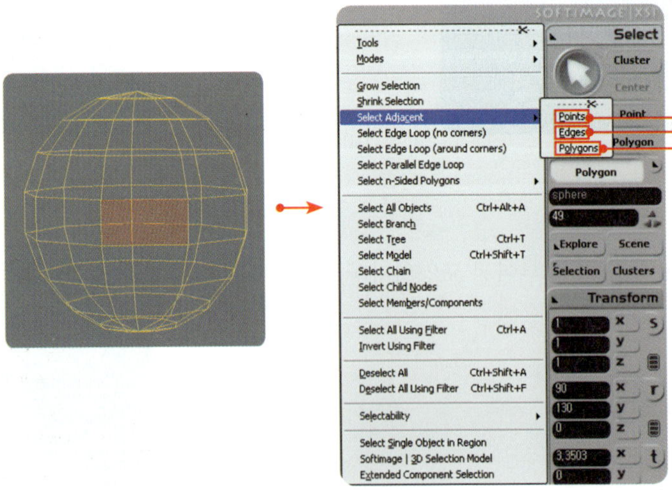

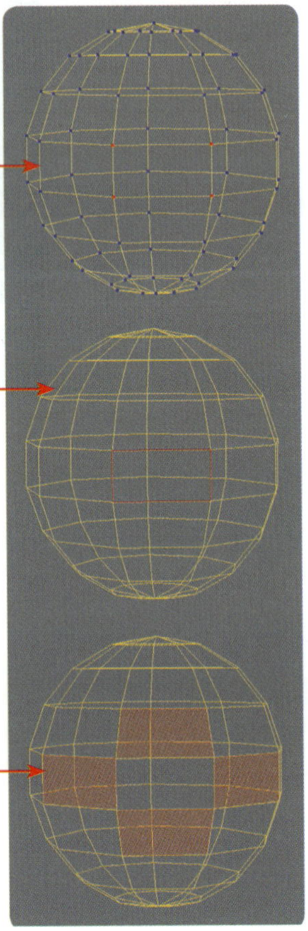

03 Select 〉 Select Edge Loop는 네 개의 Edges
가 만나는 Vertices를 통과하는 연결된 가장
자리를 선택합니다.

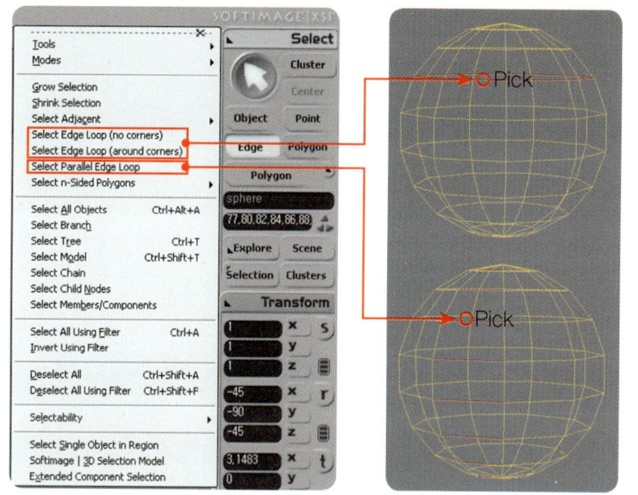

04 Select 〉 Select n-Sided Polygons는 선택된 주변의 Polygon을 기준으로 선택합니다.

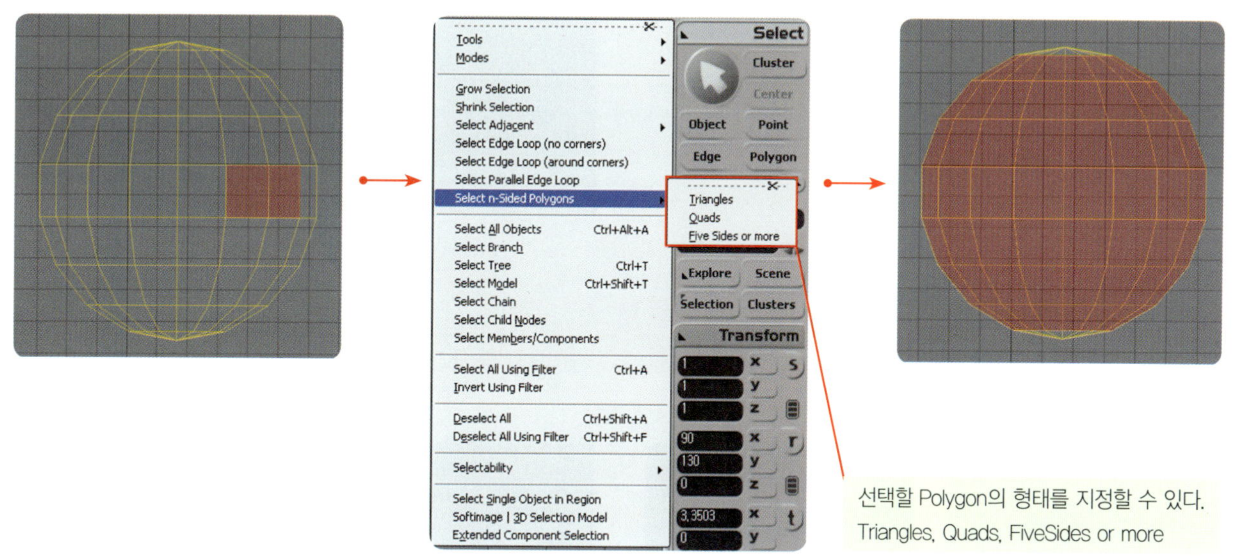

폴리곤 메시(Polygon mesh)

3차원 컴퓨터 그래픽스에서 다면체의 형태를 구성하는 폴리곤과 정점들의 집합을 의미합니다.
3D 초기 기술에서는 삼각형의 메시를 구성하며 사용했으며 기술의 진보로 사각형의 메시가 추가됩니다. 현재는 삼각형의 메시와 사각
형의 메시를 공유하며 사용되지만 주로 사각형의 메시가 사용되며 현재 모델링 방법에서 가장 많이 사용되는 기술입니다.

 **Selection 영역**

Polygon mesh로 선택할 때 다중 선택이 가능합니다.

1. Selection 영역 넓혀가기

Polygon mesh는 하나의 Polygon이 3D 입체 표현을 위해 여러 개의 Polygon으로 구성된 3D 오브젝트입니다.

01 Polygon mesh 오브젝트에서 Edges나 Points를 선택한 후 Select panel에서 Select 〉 Grow Selection을 선택하거나 `Shift` + `=` 를 누릅니다.

02 Point를 선택하면 폴리곤 안에 Point들을 다중선택할 수 있습니다.

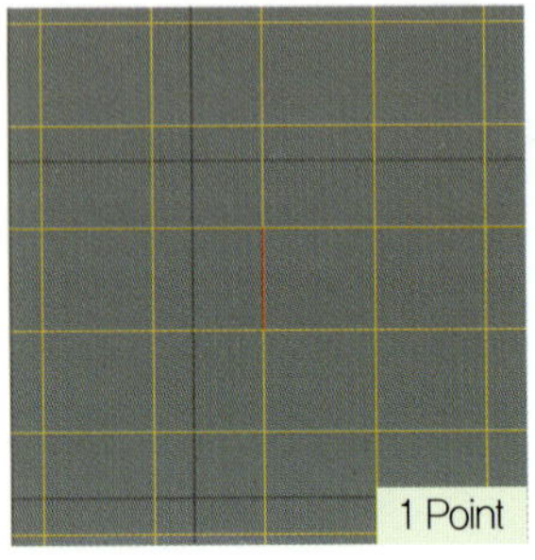

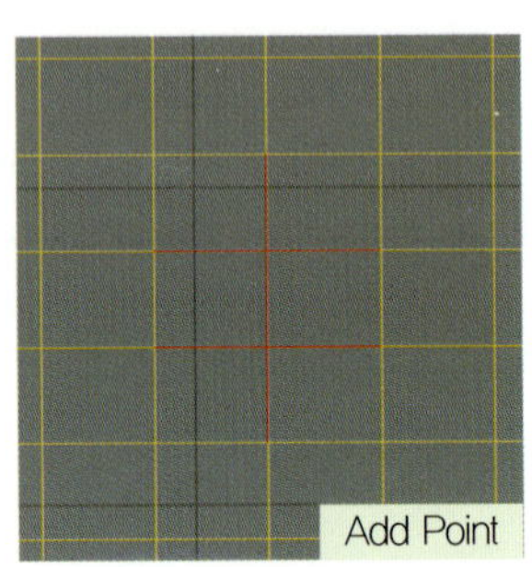

03 Edges 선택시에도 Edges를 다중선택할 수 있습니다.

04 Polygons 선택시 마찬가지로 다중선택할 수 있습니다.

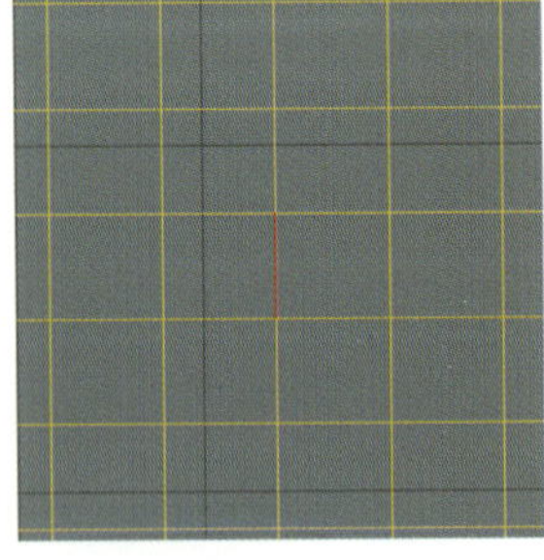
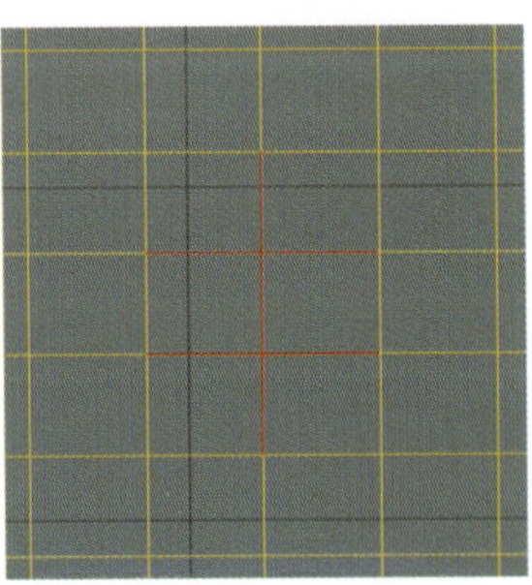

2. Edge Loops

Selecting Edge Loops에는 Select Edge Loop(no corners)과 Select Edge Loop(around corners) 두 가지의 메뉴가 있습니다.

3. Edge 비교

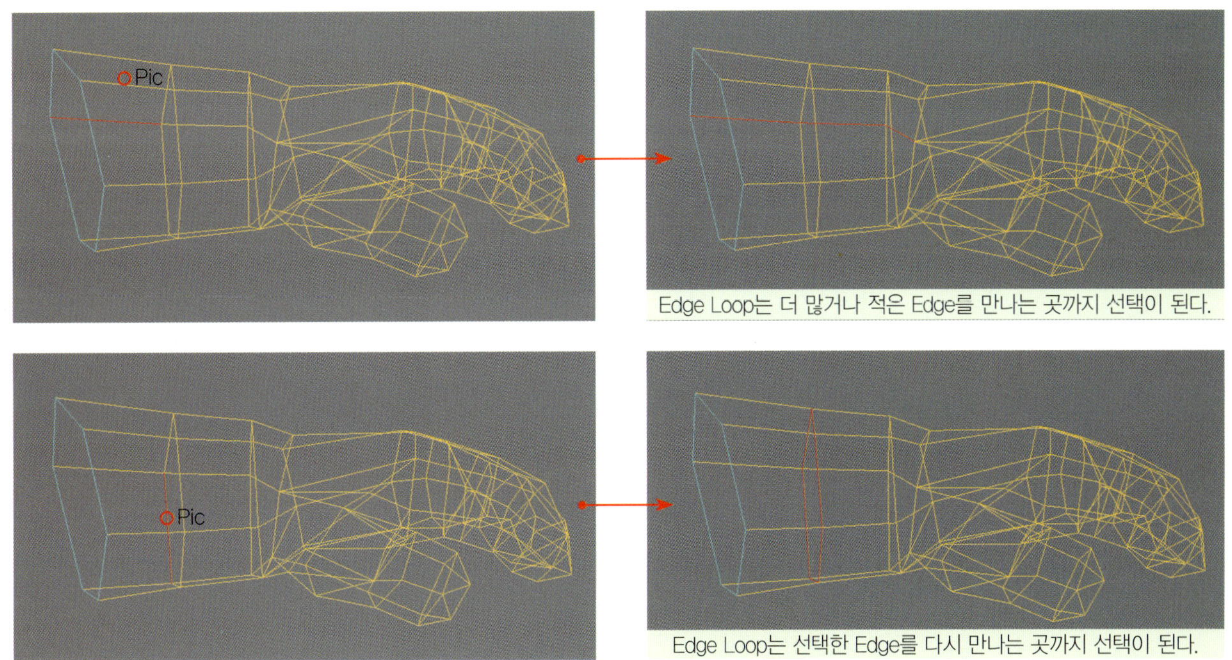

Edge Loop는 더 많거나 적은 Edge를 만나는 곳까지 선택이 된다.

Edge Loop는 선택한 Edge를 다시 만나는 곳까지 선택이 된다.

01 Edge Loop(no corners)는 "T"와 "Y" 접합의 꼭대기를 따라 선택을 확장합니다.

02 Edge Loop (around corners)는 연속된 전체의 경계를 선택합니다.

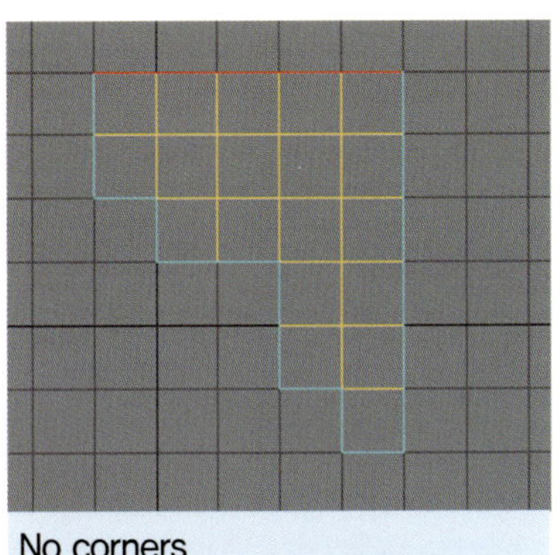

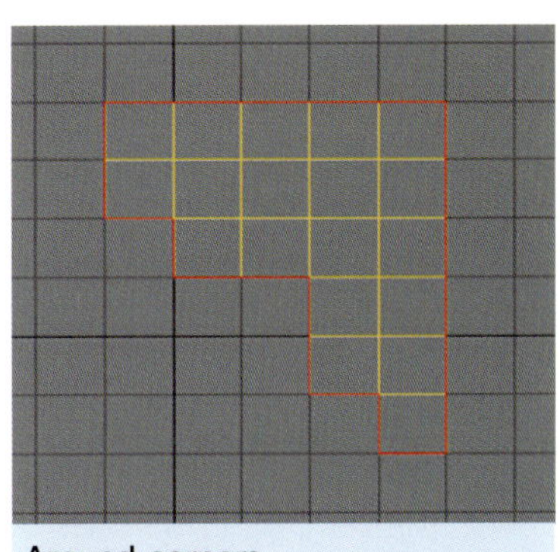

No corners
경계선의 하나의 Eege를 선택하면 접합한 한쪽의 경계선이 모두 선택된다.

Around corners
경계선의 하나의 Edge를 선택하였을 때 접합한 모든 경계선이 선택된다.

Boundary Edge loop "No corners"와 "Around corners"의 선택의 차이

오브젝트 선택시 Edge 선택 방법이 가장 많이 사용됩니다.

4. Edge loops로 선택하기

01 Select 〉 Select Edge Loop(no corners)를 선택하거나 Select 〉 Select Edge Loop (around corners)를 선택합니다.

02 Polygon mesh 오브젝트를 선택합니다. 선택한 Edge Loop Selection이 활성화됩니다.

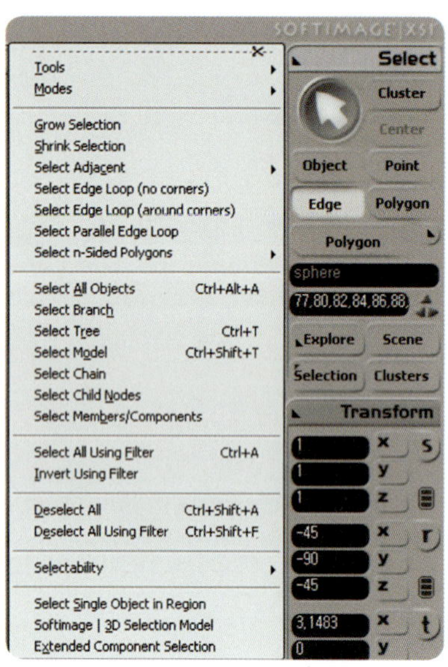

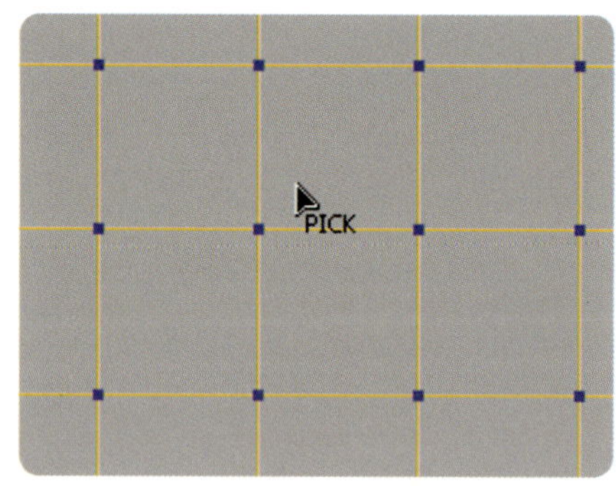

03 하나를 선택하거나 또는 여러 Edge loops를 선택합니다(Pick).

\ Edge에서 Click 또는 마우스 Middle-click을 하면 Corresponding edge loop.

\ Edge에서 **Shift** + click을 하면 Corresponding loop to the selection으로 Edge loop를 추가 선택할 수 있습니다.

\ Edge에서 **Ctrl** + click을 하면 Toggle the corresponding loop로 선택한 Edge loop를 취소 및 다시 선택할 수 있습니다.

\ Edge에서 **Ctrl** + **Shift** + click을 하면 Remove the corresponding loop로 선택한 Edge loop의 선택을 취소할 수 있습니다.

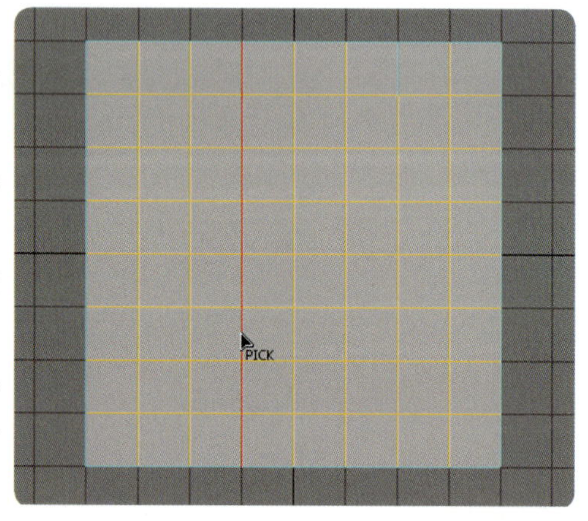

04 작업이 완료되시면 마우스 Right-click 또는 **Esc** 키를 누릅니다.

STEP 04 Polygon Meshes 보거나 Rendering 하기

Geometry Approximation은 Polygon meshes와 NURBS curves와 Surfaces, Hair를 관리하는 Multipurpose property입니다. Polygon Mesh property에서 자세히 설정할 수 있습니다.

01 Discontinuity – Faceted와 Smooth Polygons은 Geometry Approximation property editor의 Polygon Mesh page에 있는 Discontinuity parameters는 아래의 그림과 같이 오브젝트 Edges 가장자리를 부드럽게 해주는 기능입니다.

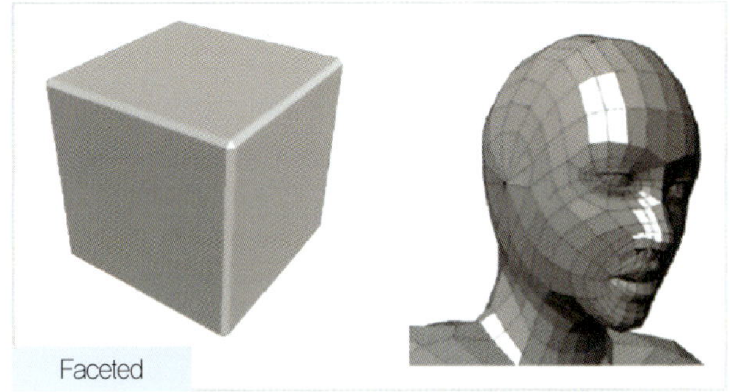

Faceted polygon은 주사위처럼 기하학적인 모양 표현에 적절하다. 게임에서 많이 사용되는 방식이다.

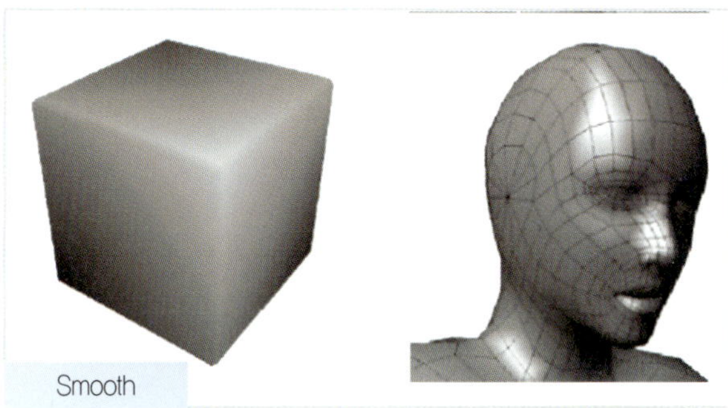

Smooth polygon은 얼굴과 같은 유기체 모양 표현에 적절하며 3D 애니메이션에서 많이 사용되는 방식이다.

02 Selected Edges의 Discontinuity은 Edge Flag 〉 Discontinuity를 선택하면 아래와 같습니다.

STEP 05 Polygons 숨기거나 활성화시키기

3D 작업을 진행할 때 상황에 따라 틀리겠지만 폴리곤 모델링 중 일부를 숨기거나 다시 활성화 시켜야 할 때가 종종 있습니다.

오른쪽의 그림처럼 지붕의 Polygon은 창문의 Polygon의 선택이나 편집을 방해합니다.

이때, 지붕의 폴리곤을 숨기면 작업이 수월해집니다. 폴리곤을 Unhide 하는데 두 가지의 기본적인 방법이 있습니다.

첫 번째로 Display menu에서 "Hide/Unhide" 명령어를 사용하는 방법입니다. 두 번째 방법으로 Polygon cluster에서 Visibility property를 적용하면서 세트할 수 있고 독립적으로 눈에 보일 수 있도록 만들기 때문에 이 방법이 더 강력하다고 볼 수 있습니다.

Polygon mesh object가 Hidden polygons 상태일 때 Explorer displays에서 붉은색 "H" 아이콘으로 표기됩니다.

1. 폴리곤을 숨기거나 다시 보이게 하기

Main menu에 있는 View 명령어를 이용하여 쉽고 빠르게 폴리곤을 숨기거나 다시 보이게할 수 있습니다.

01 몇 개의 Polygons나 Polygon Cluster를 선택합니다.

02 H 키를 누르거나 Display 〉 Hide / Unhide 선택합니다. 이 명령어는 폴리곤을 Hide 혹은 Unhide 시키고 Polygon이 선택되어 있습니다.

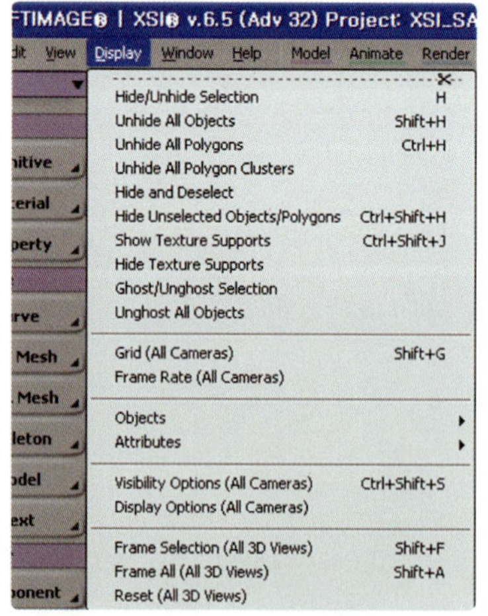

Select 〉 Deselect All(Ctrl + Shift + A)이나 Deselect All Using Filter(Ctrl + Shift + F)와 같은 다른 명령을 사용하면서 폴리곤을 선택할 수 있습니다.

03 다른 방법으로는 Display 〉 Hide and Deselect를 선택합니다. 폴리곤은 Hide되며 더 이상 선택되어지지 않습니다.

STEP 06 Hidden Polygons에서 작업하기

Hidden polygons에서 작업을 진행하는 몇 가지의 방법이 있습니다.

1. 숨겨진 Polygons 선택하기

일반적으로 숨겨진 Polygons은 3D views 상태에서 선택될 수 없습니다. 그러나 Hide된 Polygons이 선택 되지 않는 것은 아닙니다.

01 Scripts를 사용하거나 또는 Selection Name boxs에 있는 이름을 입력하여 선택할 수 있습니다.

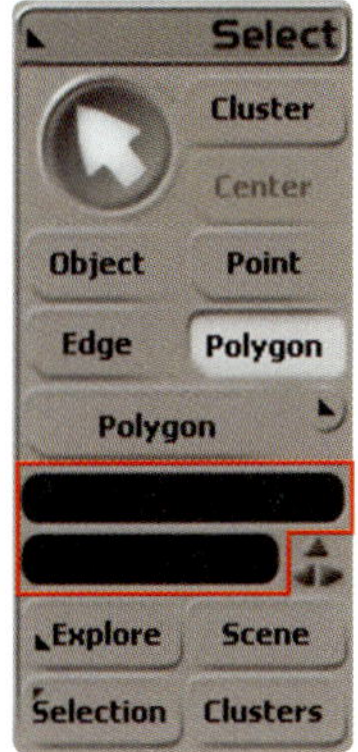

02 Hide된 Polygons를 선택하기 위해 Navigation keys를 사용할 수 있습니다.

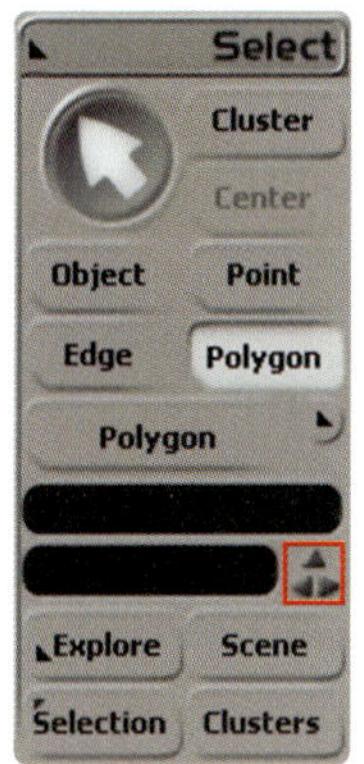

03 Hide된 Polygons를 보기 위해 3D view를 설정할 수 있습니다.

04 Grow Selection, Select Adjacent 〉 Polygons 그리고 Select menu에 있는 Select n-Sided Polygon 명령은 Hide된 Polygons와 연동되므로 선택할 수 있습니다.

다른 명령어로는 Hide된 Polygons를 선택할 수 없으며 선택될 때, Hide된 Polygons는 항상 3D view 설정에 관계없이 밝은 색으로 표기됩니다.

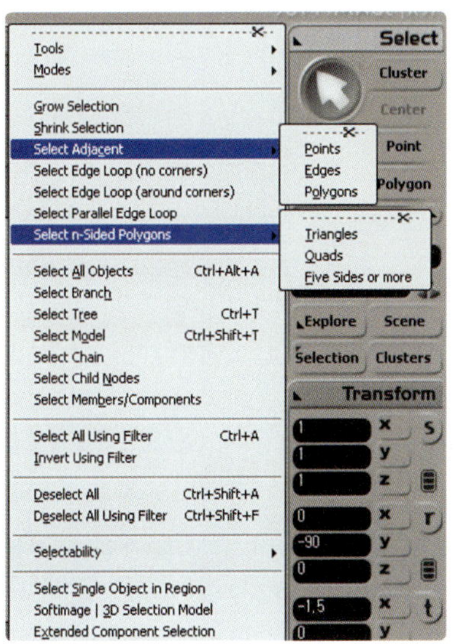

2. Subdivision Surfaces에서 Hiding Polygons 사용하기

Get 〉 Property 〉 Geometry Approximation을 이용하여 새로운 Subdivision surface를 사용할 때 Hide 되었던 Polygon은 Polygon mesh hull에서 Subdivision surface와 연관되어 집니다.
그러나 However, Model toolbar에서 Create 〉 Poly. Mesh 〉 Subdivision을 사용할 때는 Hide 되었던 Polygon은 사용되지 않습니다.

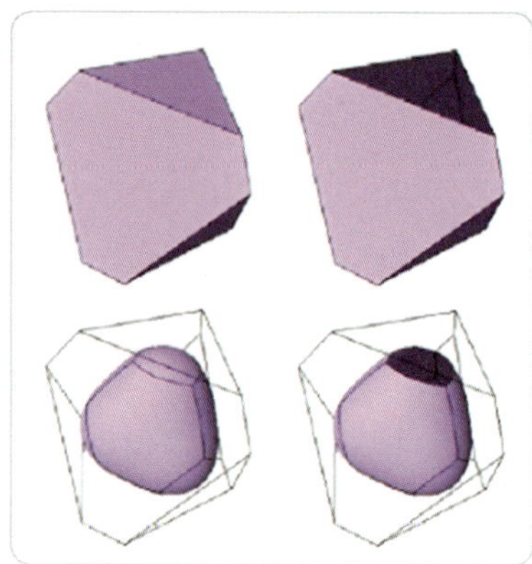

3. 보이지 않는 폴리곤 관리하기

작업을 진행하다 보면 때때로 숨겨져 있는 폴리곤을 보여줘야 할 때가 있습니다. 이때 폴리곤을 보기 위해 3D view를 설정할 수 있습니다.
모든 오브젝트에 있는 Eye icon menu(Show menu)를 이용하거나 Camera Visibility property editor에서 Select 혹은 Unselect를 설정합니다. 그러면 숨겨진 폴리곤은 반투명으로 보이게 됩니다.

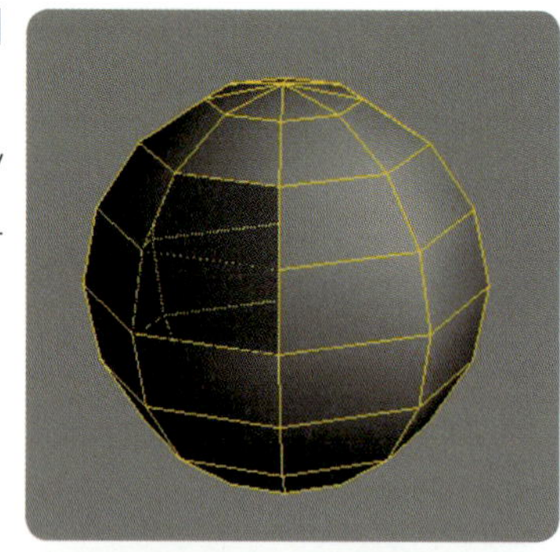

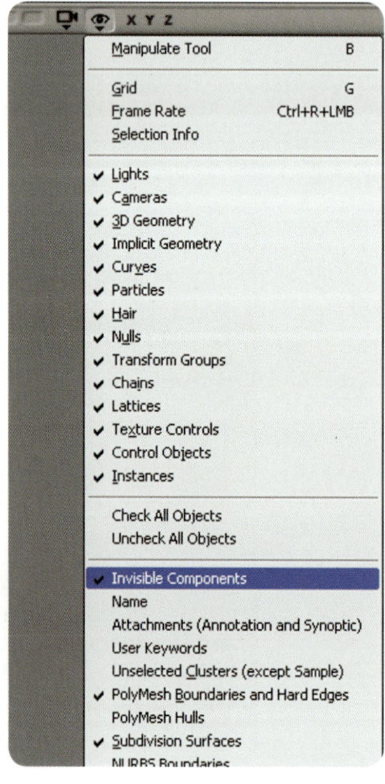

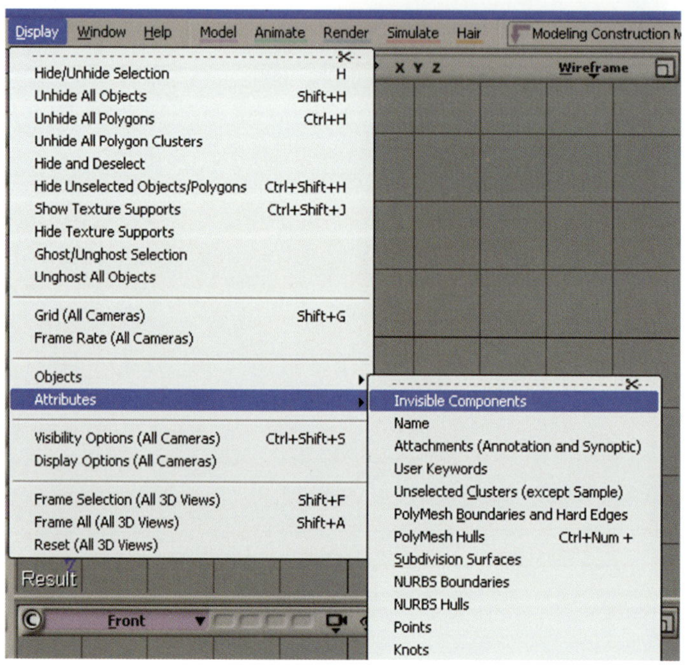

Polygon 모델링 응용하기

3D 작업 진행시 가장 많은 작업이 이루어지는 것은 바로 Edges 혹은 Points 들을 붙이거나 띄어내어
원하는 작업의 형태를 만들어 내는데 있습니다. Polygons 모델링에서도 마찬가지이며 본 내용에서는 이
러한 기능들에 대해 설명합니다.

1. Points, Edges 또는 Polygon 끊어내기 : Disconnect Components

Disconnect Components 명령은 Model toolbar에서 Modify 〉 Poly. Mesh에
있습니다.

Point나 Edge를 끊어 내었을 때 아래의 예시 그림들과 같이 새로 만들어진
Point나 Edge는 서로 다른 Point나 Edge로 구분 됩니다. 이러한 작업
의 행위는 새로운 모델링을 만들 때 매우 중요한 작업 방법 중에 하나
입니다.

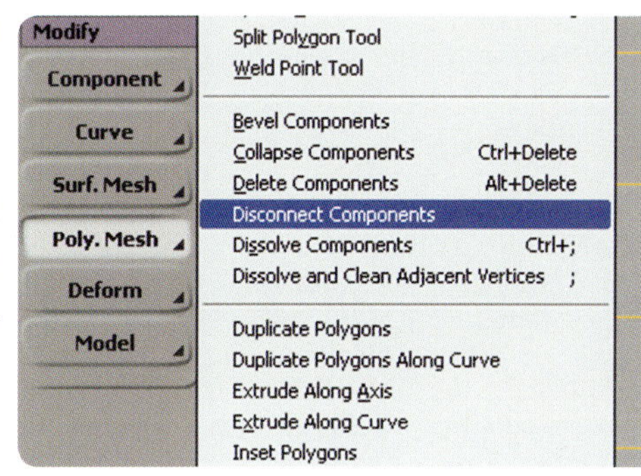

01 다음의 그림과 같이 포인트를 끊어내어 새로운 포인트로 모델을 만들 수 있습니다.

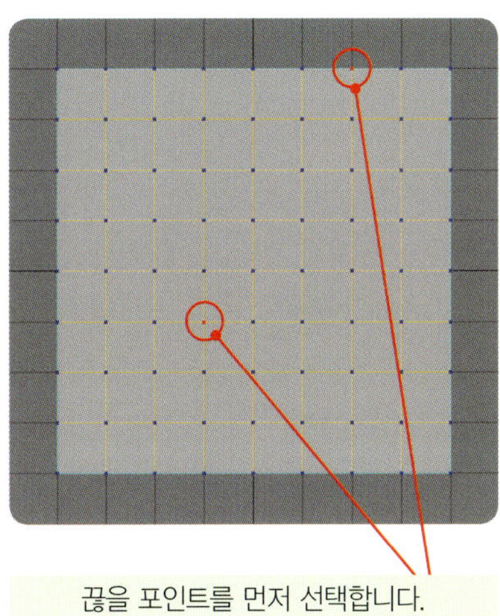

끊을 포인트를 먼저 선택합니다.

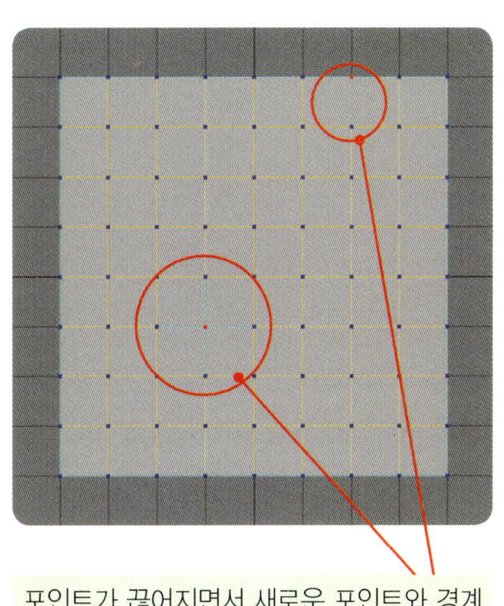

포인트가 끊어지면서 새로운 포인트와 경계
선이 생깁니다.

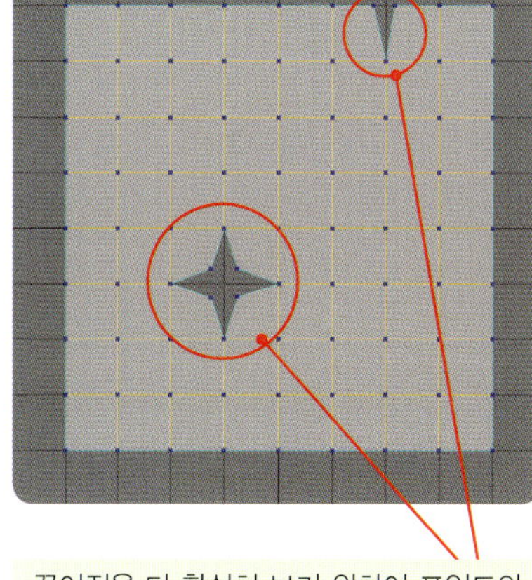

끊어짐을 더 확실히 보기 위하여 포인트와
Edge를 움직였습니다.

02 마찬가지로 Edge를 끊어 내어 새로운 Edge로 모델을 만들 수 있습니다.

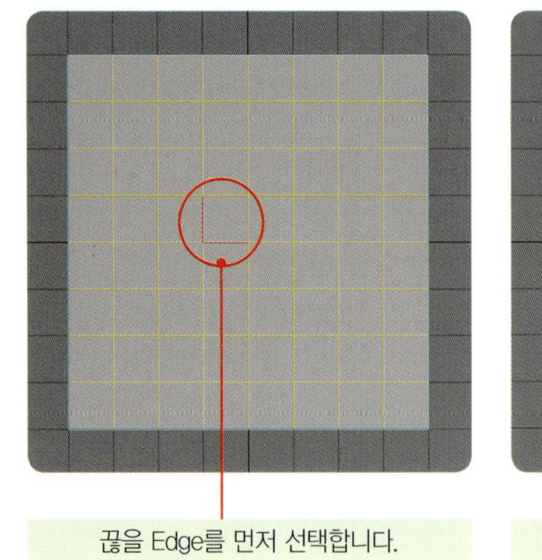

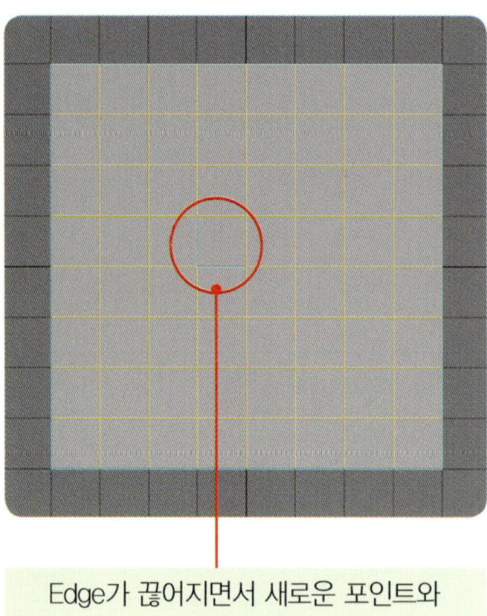

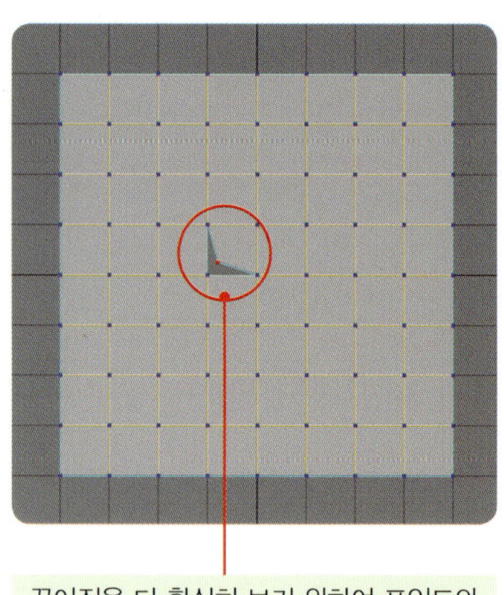

끊을 Edge를 먼저 선택합니다.

Edge가 끊어지면서 새로운 포인트와 경계선이 생깁니다.

끊어짐을 더 확실히 보기 위하여 포인트와 Edge를 움직였습니다.

03 폴리곤을 사용하실 때에도 다음 그림과 같이 별도의 새로운 모델링을 만들어 낼 수 있습니다.

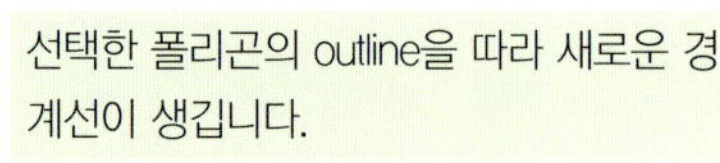

끊어낼 폴리곤을 미리 선택합니다.

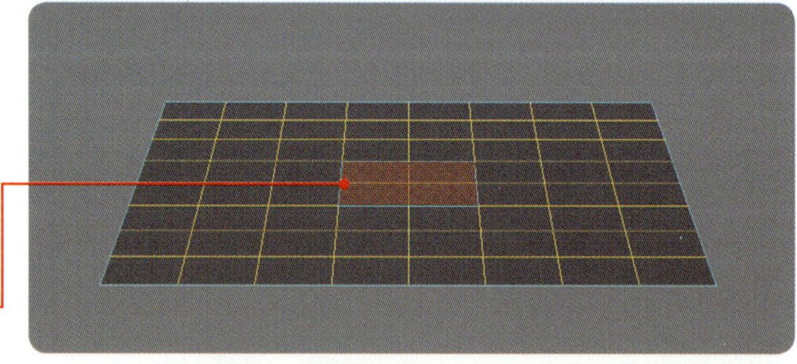

선택한 폴리곤의 outline을 따라 새로운 경계선이 생깁니다.

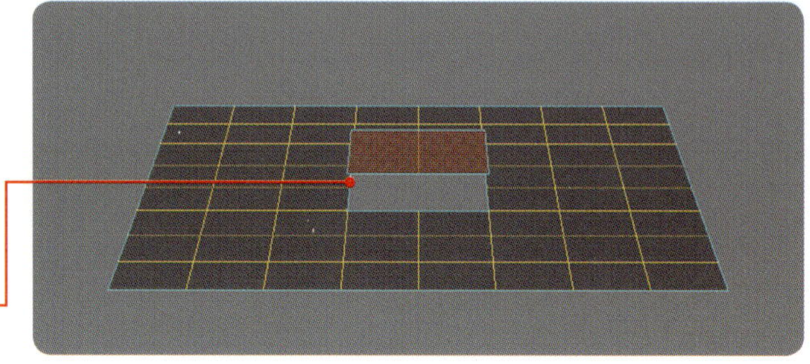

좀 더 확실하게 보기 위하여 폴리곤을 움직였습니다.

 분리된 폴리곤을 다시 분리하여 새로운 모델로 만들 수 있습니다.

끊어진 폴리곤들에 다시 한번 Disconnect Components 명령을 주게 되면 Disconnec Components Op 창이 뜨게 됩니다. 거기서 Explode Polygons을 체크해주면 폴리곤들은 다시 끊어지게 됩니다.

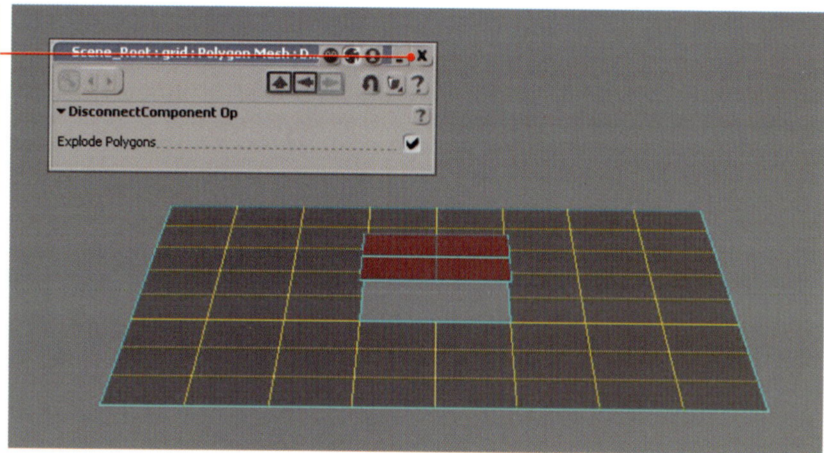

2. Extruding Components : Extrude Along Axis / Curve

Extrude Along Axis / Curve 명령은 Model toolbar에서 Modify 〉 Poly. Mesh에 있습니다.

Extruding 기능은 3D 작업시 매우 자주 사용되는 명령어 중에 하나입니다. 또한 폴리곤 모델링에서는 빼놓을 수 없는 매우 중요한 명령어입니다. Extruding은 선택된 오브젝트를 복사하여 새로운 구성요소를 만들어 내는데 한 방향으로 새로운 오브젝트를 만들어 내는 기능입니다. 이 기능으로 모델링 형태를 잡아가며 Subdivision Surfaces과 연동하는데 Subdivision Surfaces 모델의 기초 모형이 되는 작업을 진행합니다.

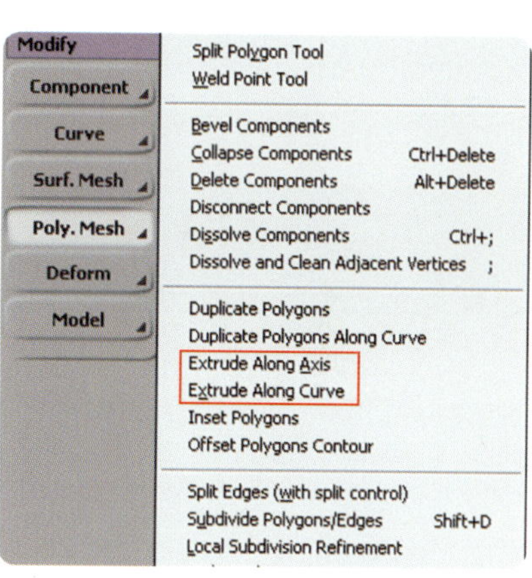

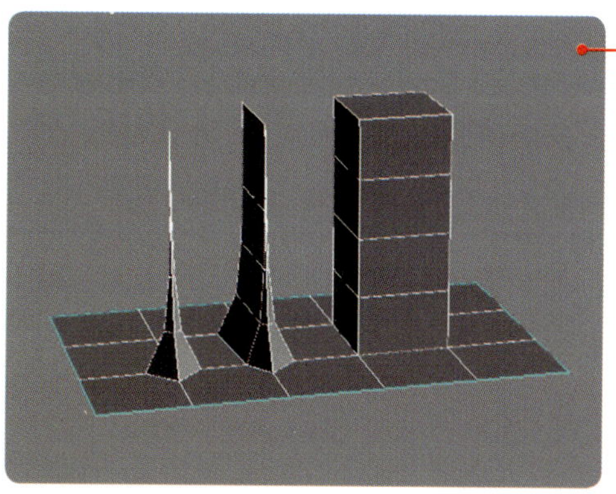

Extrude Along Axis
왼쪽에서부터 Pint , Edge, Polygon을 Extrude 한 모습입니다.

Extrude Along Axis
왼쪽에서부터 Pint , Edge, Polygon을 Extrude 한 모습입니다.

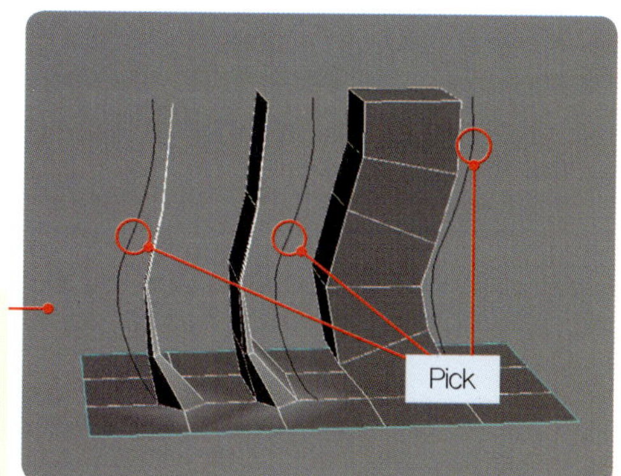

Extrude Along Curve는 Extrude Along Axis와 다르게 Pick한 Curve의 모양대로 Extrude를 시킬 수 있습니다.

3. Duplicating Polygons : Duplicate Polygons / Polygons Along Curve

Duplicate Polygons / Polygons Along Curve 명령은 Model toolbar에서 Modify 〉 Poly. Mesh에 있습니다.

Extruding 기능과 비슷하게 선택된 오브젝트를 복사하고 새로운 오브젝트를 선택적으로 변형합니다.

하지만 Extruding와의 차이점은 새로운 오브젝트는 Extruding 기능과 같이 연결되어 오브젝트가 만들어지지 않으며 이 기능을 이용할 시 Point나 Edge 에는 적용되지 않고 Polygon에만 적용됩니다.

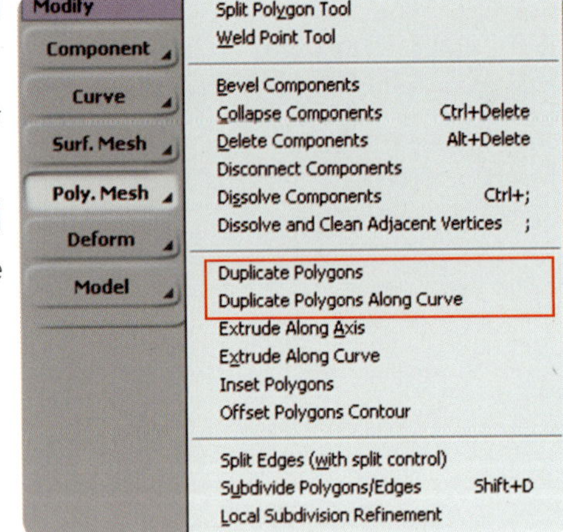

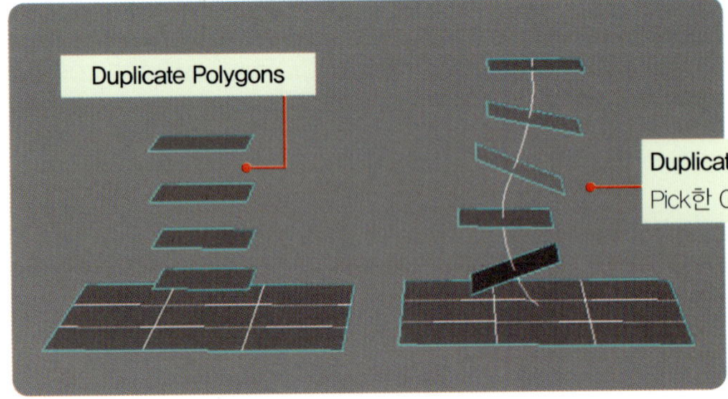

4. Insetting Polygons : Inset Polygons

Inset Plygons 명령은 Model toolbar에서 Modify 〉 Poly. Mesh에 있습니다.

Insetting copies 기능은 선택된 폴리곤을 복사하고 나서 새롭게 만들어진 폴리곤의 윤곽을 줄이는 기능입니다. 폴리곤 경계 가장자리는 아래의 그림과 같이 원형의 형태를 보입니다. Duplication 기능처럼 Insetting 기능은 Polygons에만 적용됩니다.

Inset option은 새로운 Polygons의 경계를 안쪽으로 줄이는 기능을 하며, Extruding처럼 오브젝트를 밀어내며 오브젝트가 생성됩니다.

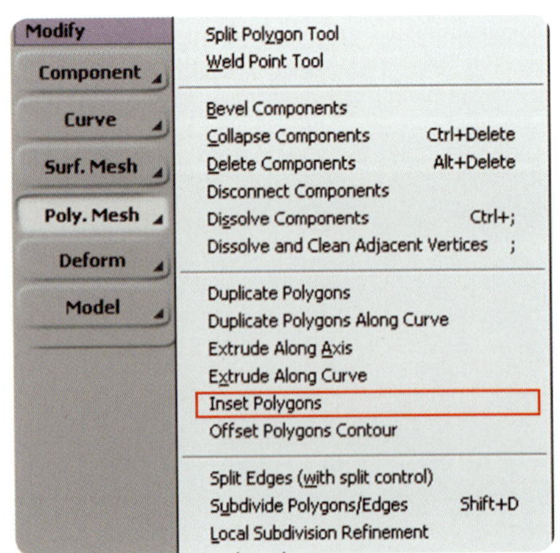

01 Inset 기능은 Extrude Op property editor에서 Inset Amount를 조정합니다.
Length가 숫자 "0"일 경우 면이 평평할 것이고 숫자 "0"보다 높으면 솟아오르는 것을 볼 수 있습니다.

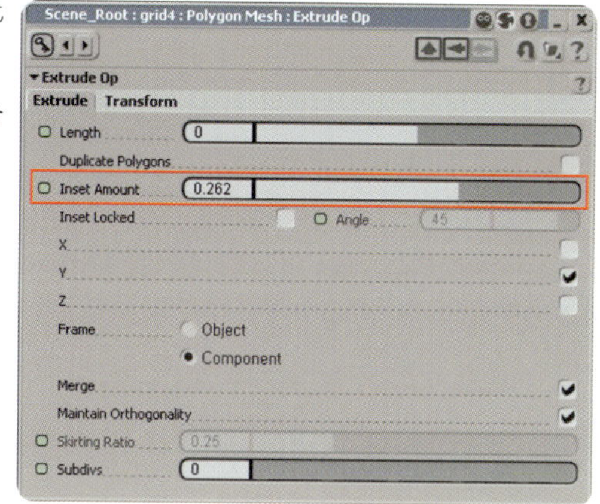

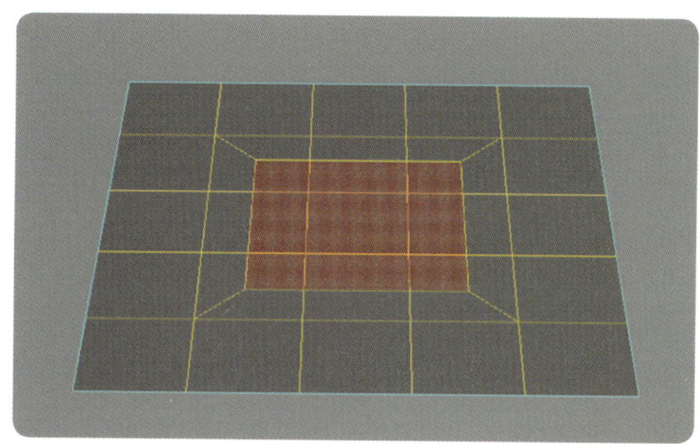

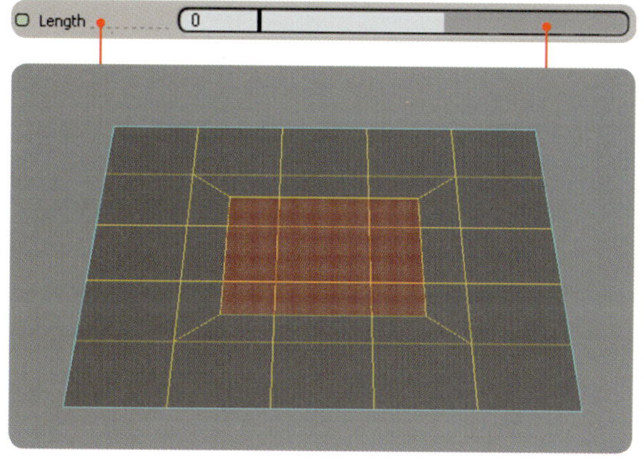

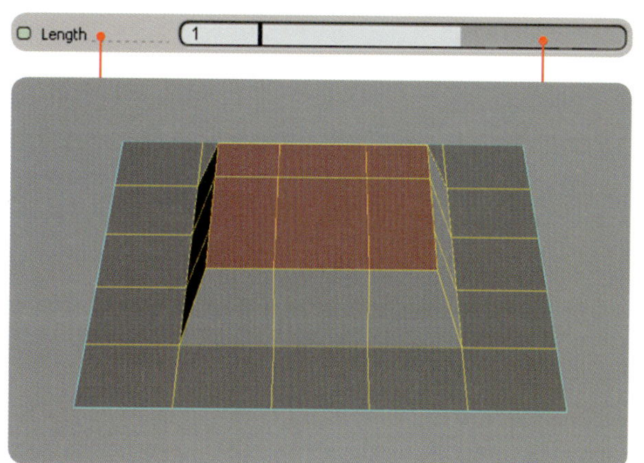

5. Merge

Merge는 합쳐진다는 의미로서 Polygon과 Polygon 사이를 붙이는 기능을 제공합니다.

Extrude 기능을 이용하여 새로운 오브젝트를 생성해 낼 때 Op property editor에서 Merge option을 선택하면 아래의 그림과 같이 새로 생성되는 폴리곤들이 하나의 면으로 합쳐지는 기능입니다.

아래 그림은 Extruding 또는 Duplicating 기능을 이용하실 때 "On" 또는 "Off" 상황입니다.

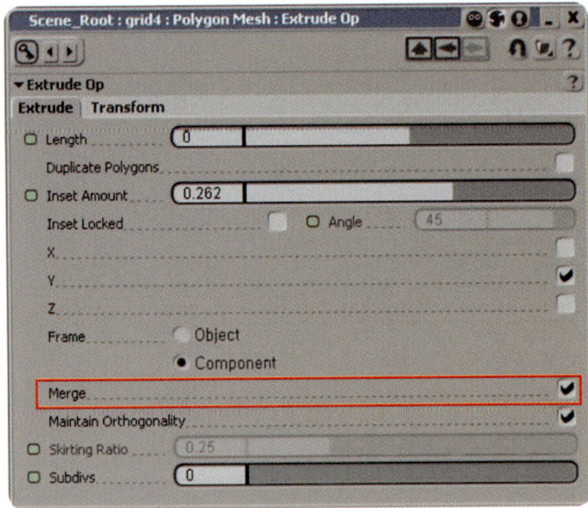

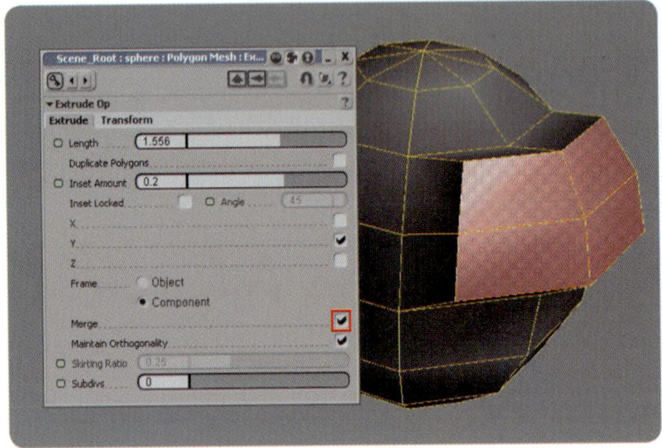

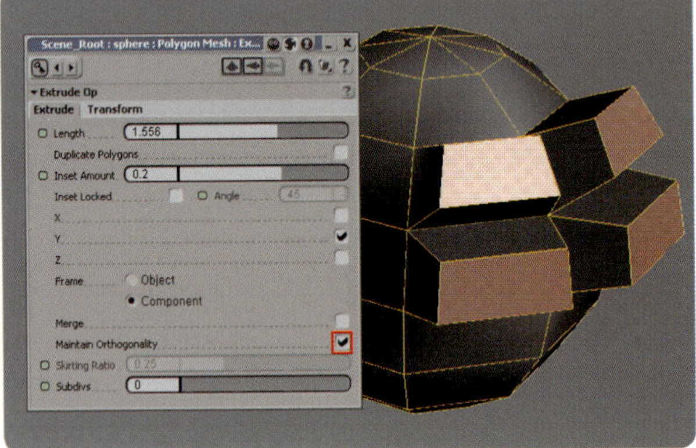

6. Skirting RatioSkirting Ratio

Edges나 Points를 Extrude 시킬 때 Extrude Op property editor에서 Skirting Ratio 변수를 조절하면 새로 생성되는 오브젝트의 크기를 조절할 수 있습니다.

Multiple subdivisions 적용시 Skirting Ratio는 각각의 Subdivision에 적용됩니다.

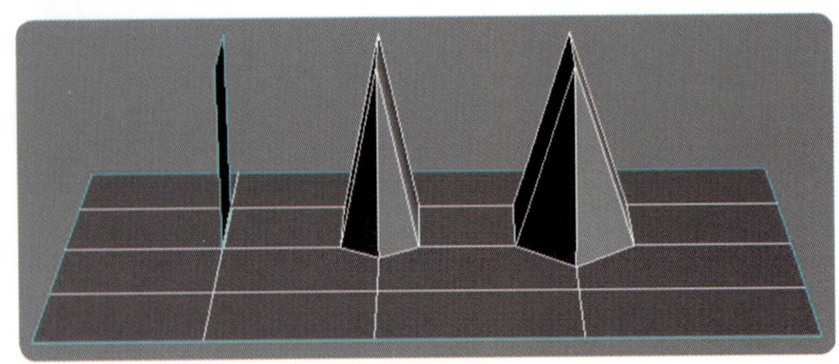

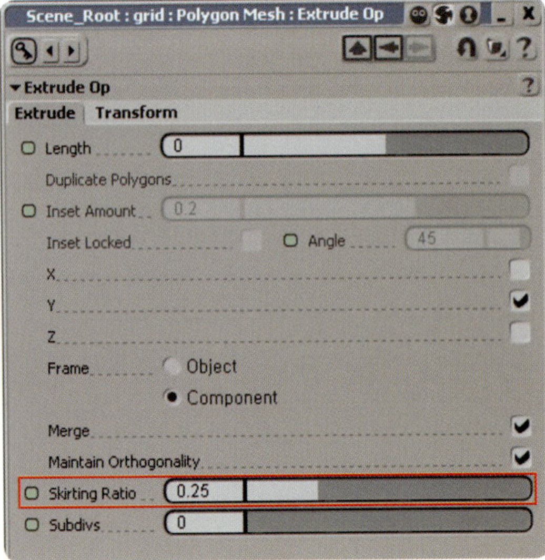

Skirting Ratio가 0.05나 Less일 경우 경계 가장자리를 확장합니다.

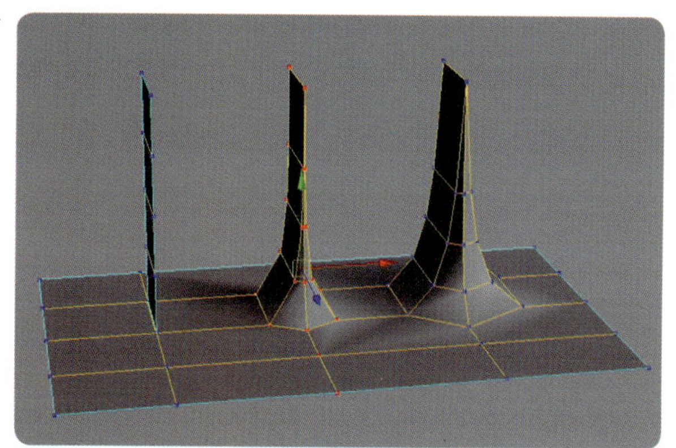

7. Subdivs

Extrude Op property editor에 Subdivs parameter는 Subdivisions 나누어지는 기능을 담당합니다. 이 옵션의 기능으로 더하거나 다시 이동하고 또는 그 곡선에서의 Point를 움직임 등을 조절할 수 있습니다.

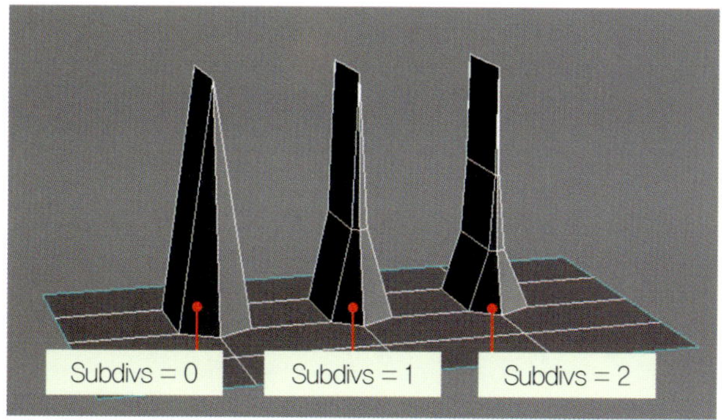

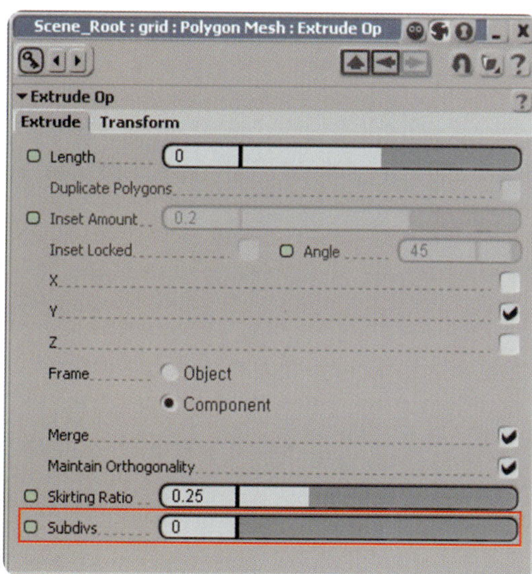

8. Subdivs

Extrude Op property editor에 Subdivs parameter는 Subdivisions 나누어지는 기능을 담당합니다. 이 옵션의 기능으로 더하거나 다시 이동하고 또는 그 곡선에서 Point의 움직임 등을 조절할 수 있습니다.

Transform Per Subdivision option은 서로 다른 Subdivision들을 밀어내면서 변형시킵니다.

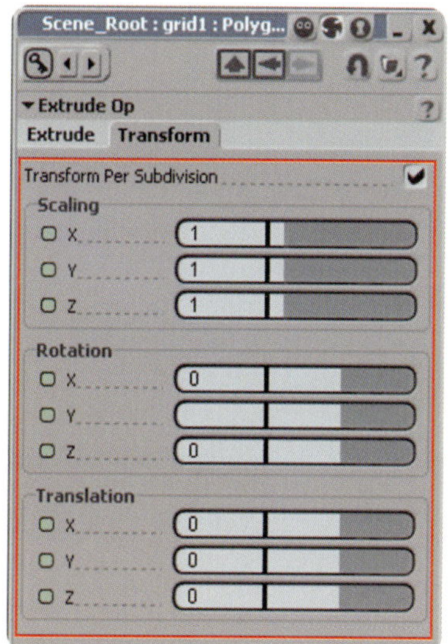

9. Offsetting Polygon Contours
: Modify 〉 Poly. Mesh 〉 Offset Polygons Contour

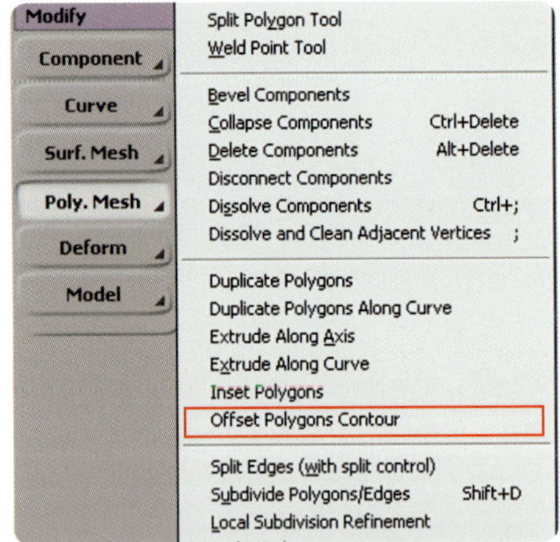

Offsetting contours는 선택된 Polygons의 Outline을 확장하거나 줄일 수 있습니다.

이 기능을 이용하면 각각의 Edge가 적용된 수치에 의해 이동하는데 Polygon과 같은 평면과 같은 새로운 방향의 평행 모양으로 적용됩니다.

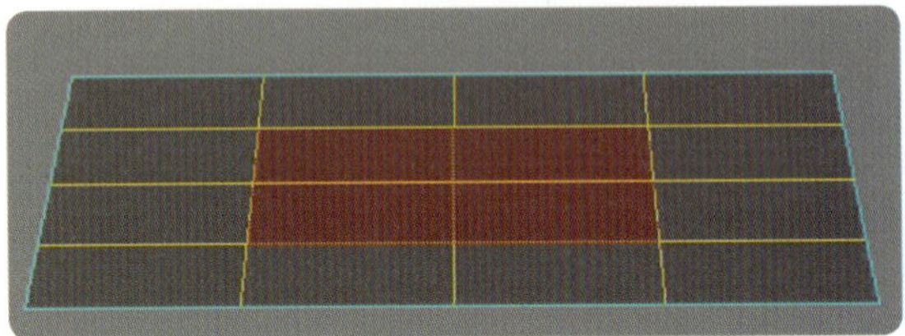
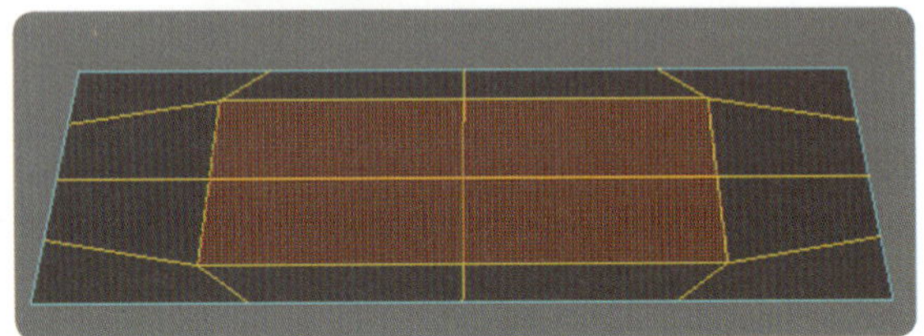

10. Knifing and Slicing Polygons : Modify 〉 Poly. Mesh 〉 Slice Polygons

Knifing과 slicing 기능은 폴리곤의 면을 나누는 기능을 하는데 두 가지 기능 모두 폴리곤에 Edge를 더하여 나누는 것은 같으나 작업 순서는 다릅니다.

01 먼저 Modify 〉 Poly. Mesh 〉 Slice Polygons를 선택하여 Property editor를 엽니다.

이 명령어의 사용으로 많은 세팅할 수 있는데 Plane, Offset, Number of slices, Spacing 등을 사용할 수 있으며, 적용시 다음의 그림과 같이 나누어진 폴리곤의 면을 확인할 수 있습니다.

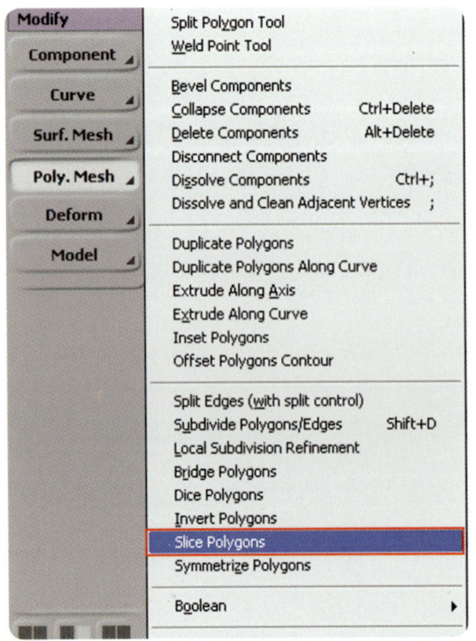

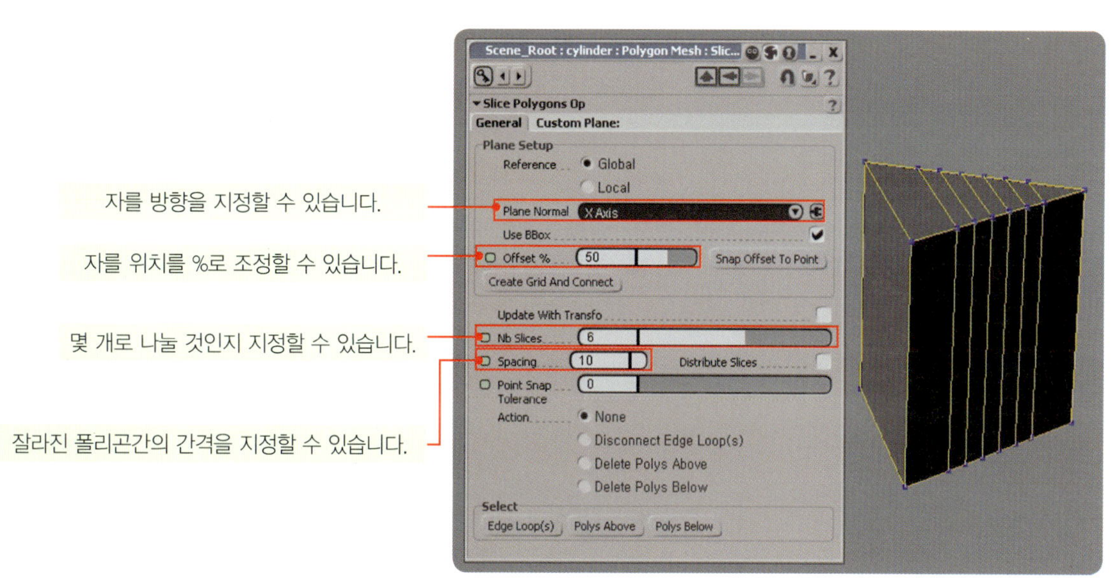

02 두 번째로 Modify 〉 Poly. Mesh 〉 Knife Tool(단축키 [ )은 3D view 안에 드로잉 라인으로 Polygons을 나눌 수 있으며, 하나 또는 다중으로 나눌 수도 있습니다.

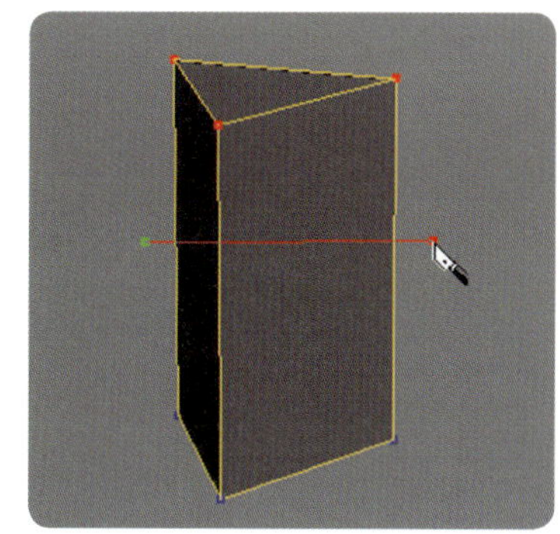 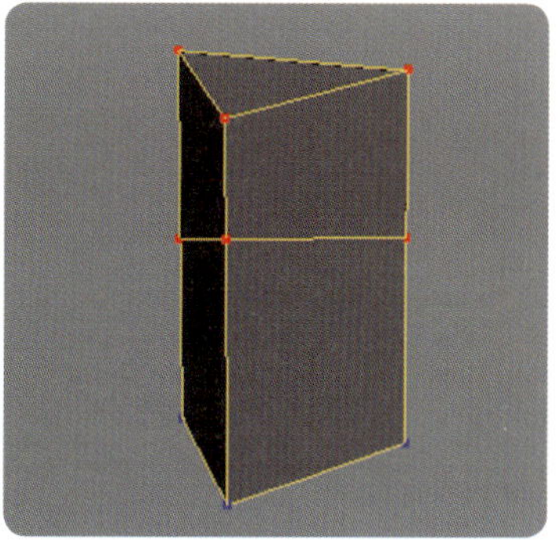 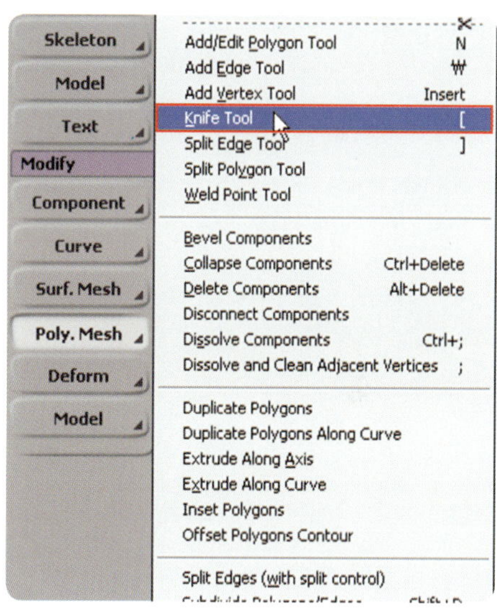

이 기능을 사용하면 Polygons을 쉽고 빠르게 나눌 수 있다는 장점이 있습니다.

공학용 3D 소프트웨어

공학용 3D 소프트웨어인 라이노나 프로엔지니어링, 오토캐드 같은 프로그램은 정교한 수치 모델링 제작이 가능합니다. 하지만 이러한 공학용 소프트웨어는 디자인적인 측면이 매우 떨어지기 때문에 맥스의 브이레이 등의 타 렌더링 프로그램이나 맵핑 기술을 이용해야 하는 단점이 있습니다.

기본적으로 XSI는 애니메이션제작용 소프트웨어이기 때문에 정교한 공학적 3D 모델링을 지원하지는 않습니다. 캐드의 트림이나 옵셋 기능들을 이용하고자 하는데 이러한 기능들은 직접적으로 지원하지는 않지만 Offsetting Polygon Contours 기능과 같이 공학용 프로그램에서 지원하는 유사 기능들을 지원하고 있습니다. 하지만 정확한 수치에 의한 모델링은 지원되지 않습니다.

11. Offsetting the Cut

Offset 기능을 이용해서 폴리곤 모델링에서 일정한 방향으로
여러 개의 Slice를 나눌 수 있습니다.
Slice Polygons Op property editor의 General tab에서 Offset
slider를 조정합니다. Slice slides는 평면을 따라 순차적으로
나누어집니다.

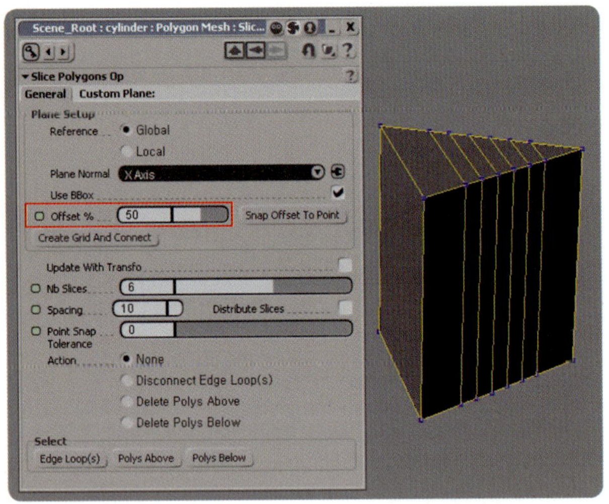

12. Multiple Slices 만들기

새로운 Multiple parallel slices를 만들기 위해 Polygons Op
property editor의 General tab에 Nb Slices를 설정합니다.
원하는 개수만큼 자를 수 있습니다.

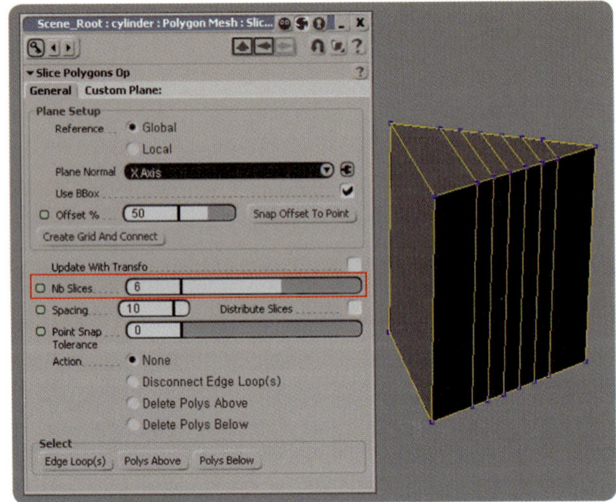

TiP XSI에서 폴리곤에 서브디비전(Subdivision) 적용하기

폴리곤 모델링 작업이후 서브디비전을 적용하여 고급 모델링으로 제작하는 것이 일반적인 모델링 방법입니다.
마야의 경우 컨버팅 작업을 거쳐서 작업을 진행하기 때문에 불편하지만 XSI에서는 단순히 폴리곤 모델링 작업 후 키보드의 + (플러스),
− (마이너스)키만 눌러주면 간편하게 Edge를 추가하거나 뺄 수 있습니다. 매우 간편하게 폴리곤 상태를 조절할 수 있다는 것이 XSI의
매력중 하나입니다.

13. 불필요한 Edges와 Polygons 되돌리기

Slicing 작업을 진행하다 보면 때때로 원치 않는 Edge가 생성될 수 있습니다. 작업을 진행할 때 필요 없는 부분은 지워주는 것이 필요합니다.

Slice Polygons Op property editor의 General tab에서 "Point Snap Tolerance"를 사용하면 Remove시킬 수 있습니다. 새로 만들어진 포인트는 기존에 있던 포인트 하나로 합쳐집니다.

하지만 이러한 과정 중에 기존의 오브젝트의 형태가 변형될 수도 있습니다.

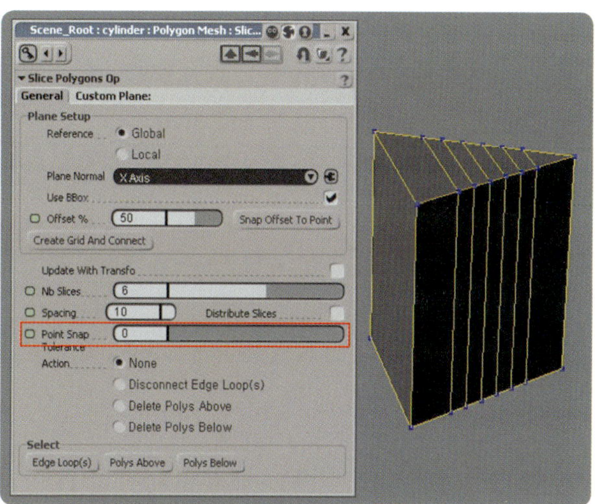

14. Dicing Polygons : Modify 〉 Poly. Mesh 〉 Dice Polygons

Dicing subdivides polygons는 Edge를 더하거나 뺌으로써 Polygon을 다시 나눌 수 있습니다.

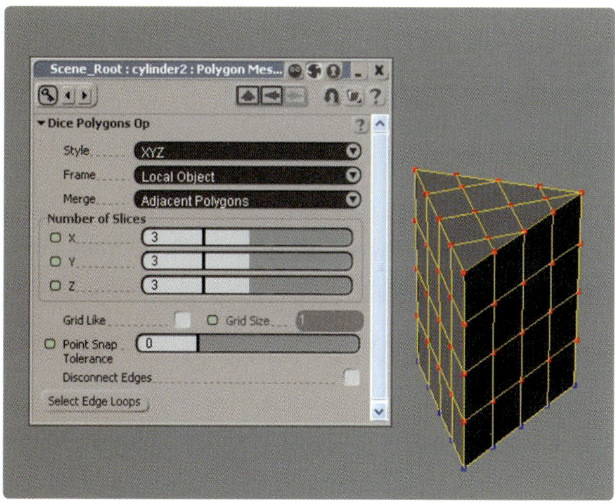
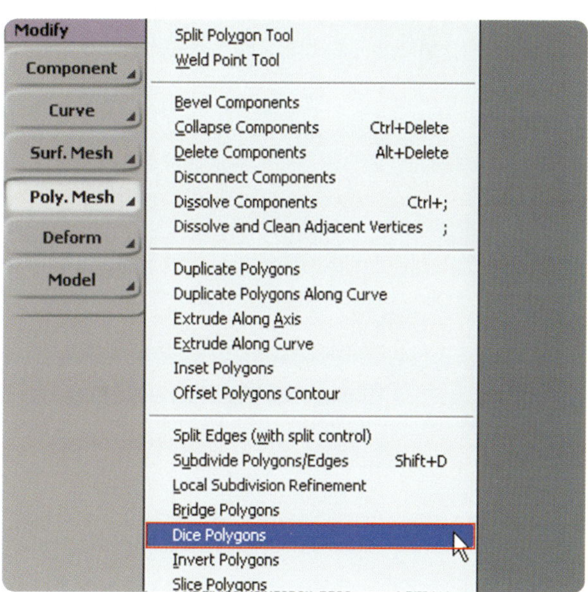

15. Dice polygons 따라하기

1 Object를 선택합니다.

2 Model toolbar에 있는 Modify 〉 Poly. Mesh 〉 Dice Polygons 선택합니다.

3 Dice Polygons Op property editor로 폴리곤 면을 조절할 수 있습니다.

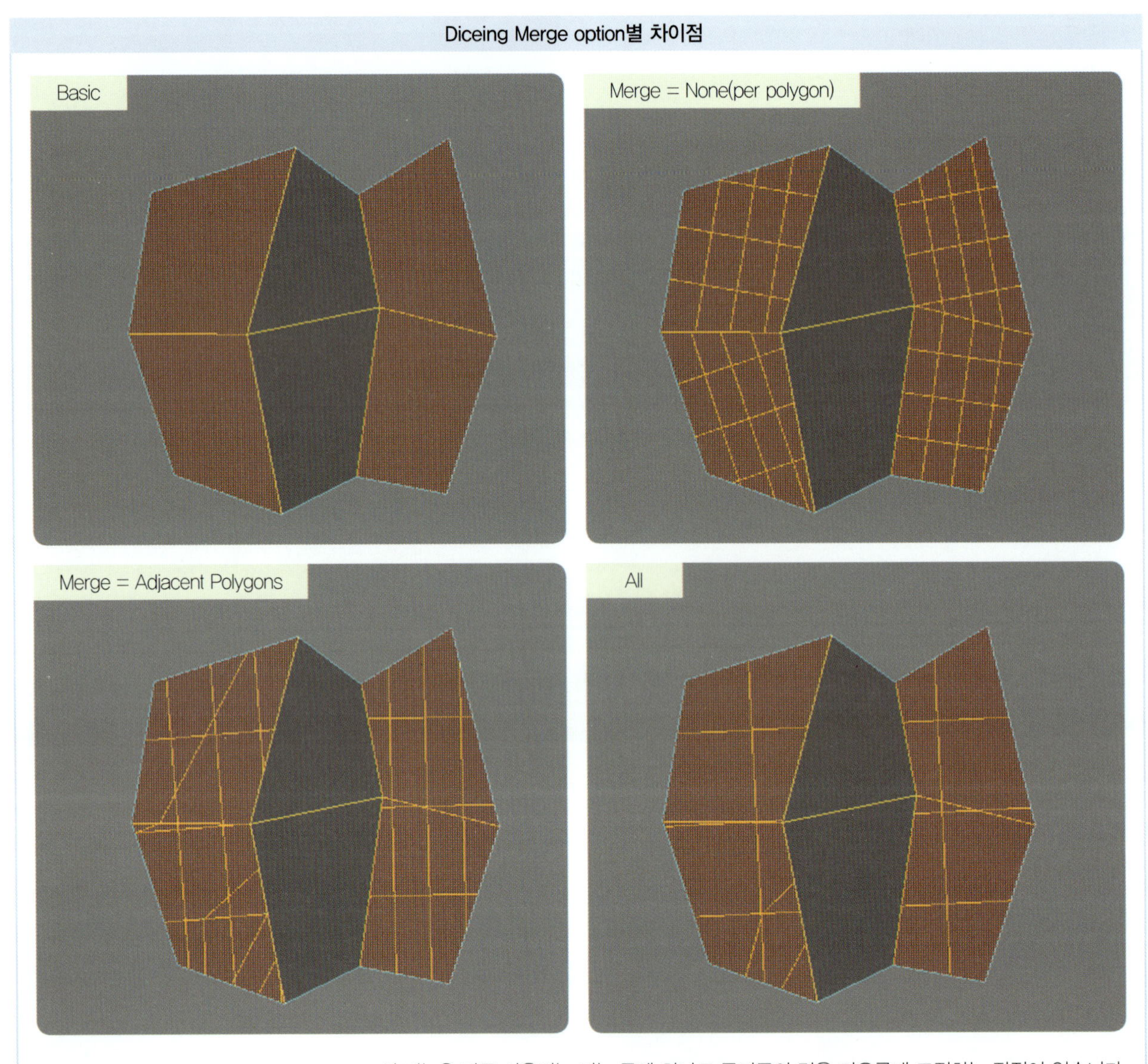

이 기능은 자주 사용되는 기능 중에 하나로 폴리곤의 면을 자유롭게 조절하는 장점이 있습니다.

16. Symmetrizing Polygons
: Modify 〉 Poly. Mesh 〉 Symmetrize Polygons

3D 작업을 진행하다보면 모델링의 반쪽부분만 모델링하여 작업 후 나머지 반쪽은 카피해서 사용하는 경우가 있습니다.
이 방법은 Mirror copy를 이용하여 새로운 Polygon을 만드는 방법입니다.

이러한 방법을 이용하면 대칭 모델링 제작시 쉽고 빠르게 모델링을 제작할 수 있습니다. Mirror copy를 이용해도 같은 Clusters를 이용할 수도 있고 Materials, Textures 그리고 다른 Cluster properties에도 적용됩니다.

만일 만들고자 하는 작업물이 대칭이라면 이러한 방법을 사용하는 것이 좋으며, 대칭적이지 않다고 해도 Mirror copy 후 수정하며 제작하는 것이 편리할 수도 있습니다.

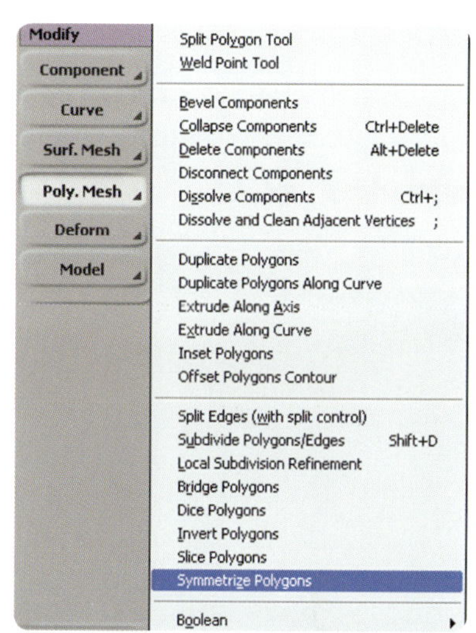

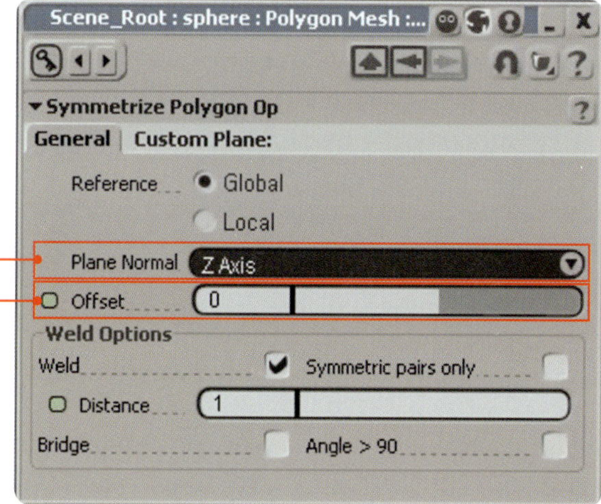

로우폴리곤이란 ?

로우폴리곤이란 말 그대로 폴리곤의 수를 적게 만든 폴리곤입니다. 주로 온라인 게임회사에서 많이 사용되는데 데이터의 용량과 관계되기 때문입니다. 주로 Point나 Edge가 많이 생성된 모델링일수록 비례적으로 용량도 커지게 됩니다. 용량이 커지면 온라인 데이터 전송상 트레픽이나 기타 다른 문제가 발생할 수 있으므로 적은 용량의 로우폴리곤을 사용하는 것입니다.

과거 초창기 온라인게임에서는 200~300개 정도의 폴리곤을 주로 사용했으며 현재는 온라인 환경의 변화로 주로 2,000~3,000개 정도의 상향된 폴리곤을 주로 사용하고 있습니다.

폴리곤 모델링에 서브디비전을 적용할 경우 이는 로우폴리곤으로 볼 수 없으며, 서브디비전은 하이폴리곤 모델링 작업을 위해 사용되는 기술입니다. 주로 하이폴리곤은 3D 에니메이션 분야에서 사용되며 현재 PS3나 XBOX360 같은 경우에는 하드웨어 기술이 좋아서 하이폴리곤을 사용하여 게임을 제작하고 있습니다.

17. Welding 또는 Bridging Edges

Weld Options parameters 또는 Bridging Edges 기능은 근접해 있는 Edges 나 Point들을 연결하여 사용할 수 있게 하는 기능입니다.

예를 들어 근접해 있는 두 개의 Point 중에서 둘 다 사용하는 Point라면 그 대로 사용하면 되지만 어느 한 개의 Point라도 불필요한 Point라면 합치거나 지워야 하는 것이 작업진행상 좋은 결과물을 만들 수 있습니다.
이러할 때 "Weld" 기능 혹은 "Bridging Edges" 기능을 사용하면 유용합니다.

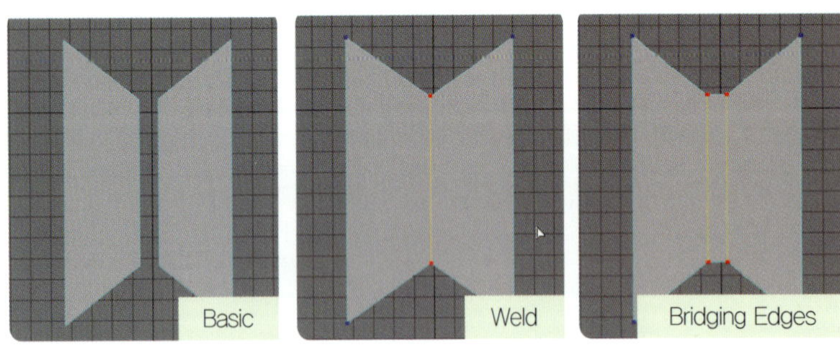

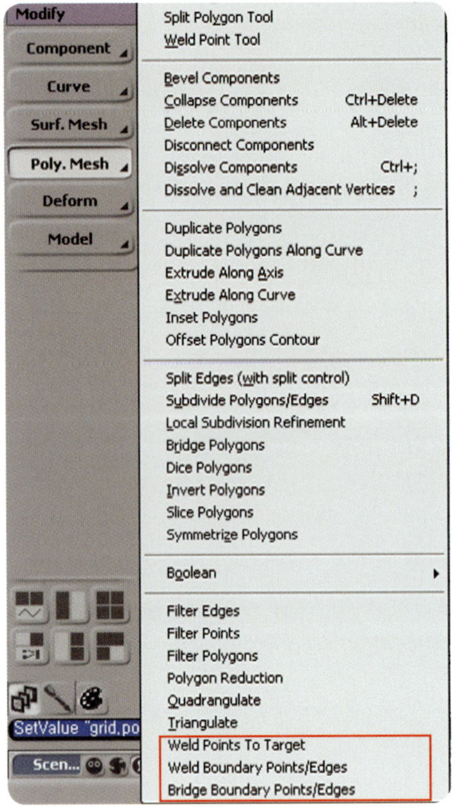

18. Beveling Polygon Mesh Components
: Modify 〉 Poly. Mesh 〉 Bevel Components

Model toolbar에 있는 Modify 〉 Poly. Mesh 〉 Bevel 명령어는 폴리곤을 추가 하거나 코너 부분을 부드럽게 해주는 등의 기능을 하고 있습니다.

Bevel 기능은 Polygons, Points 그리고 Edges 모두에 적용시킬 수 있습니다.

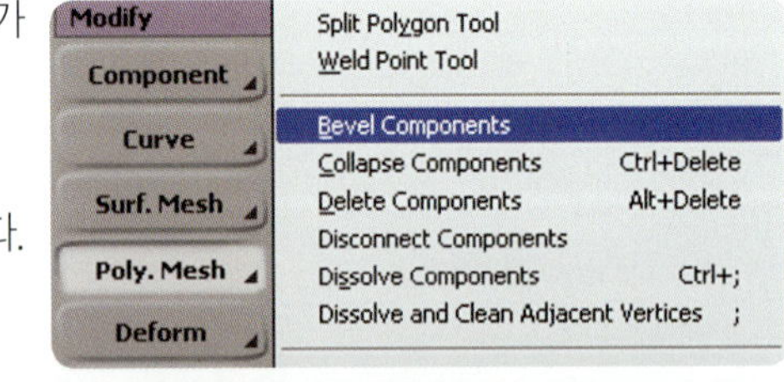

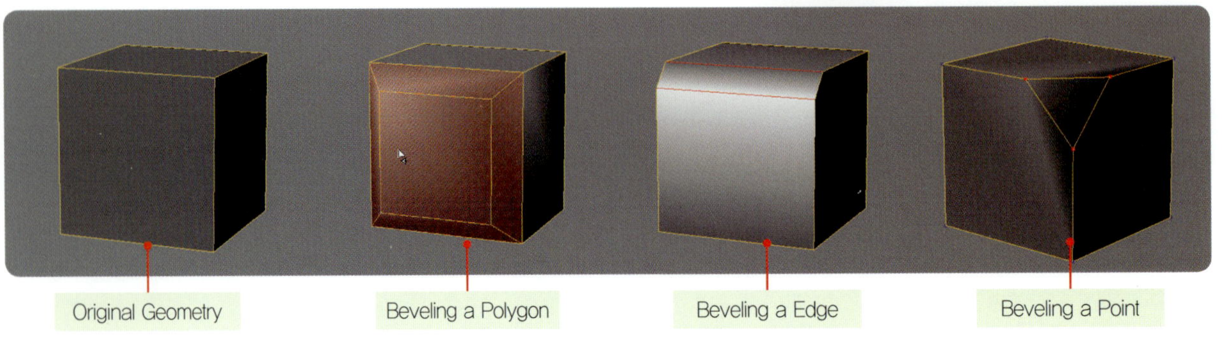

19. Joints에서 Behavior 조절하기

Joint options은 General tab에 Bevel Op property editor에서 joints와 Edges 조절하며 사용할 수 있습니다.

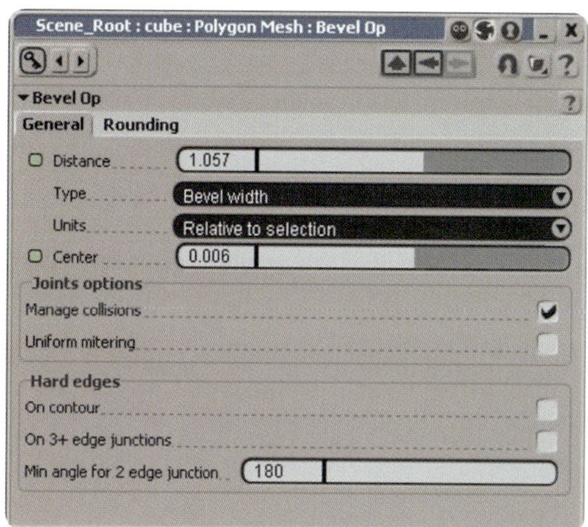

01 Managing Collisions은 폴리곤 모델링의 경사각 부분에서 폴리곤을 증가 시키는 모델링 작업시 겹쳐지는 폴리곤이 많아지며 다른 구성요소들과 충돌할 수 있습니다.

Bevel operator는 이러한 문제점에 대해서 서로 충돌하는 포인트들을 자동적으로 수정해 줍니다.

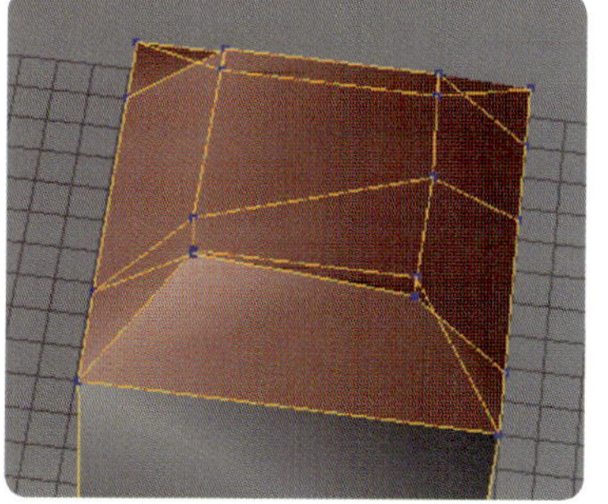
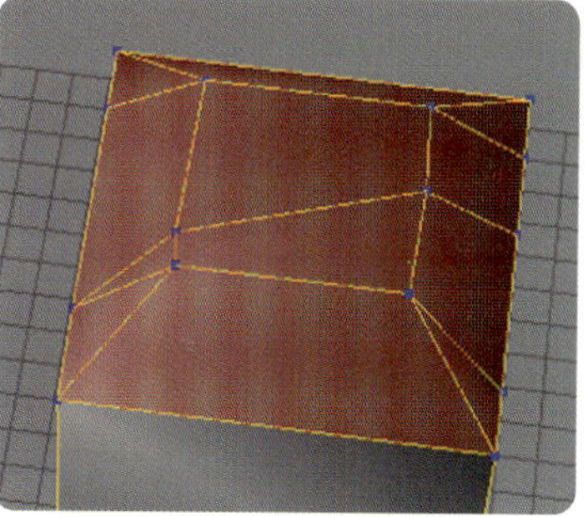

02 Mitering Uniformly은 Bevel Op property editor의 General tab에 있는 Uniform miter option은 폴리곤에 만들어진 두 edges 사이에 Tesselation을 관리합니다.

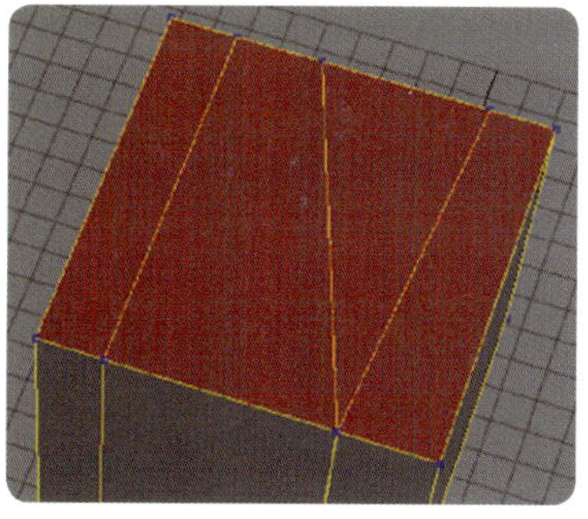

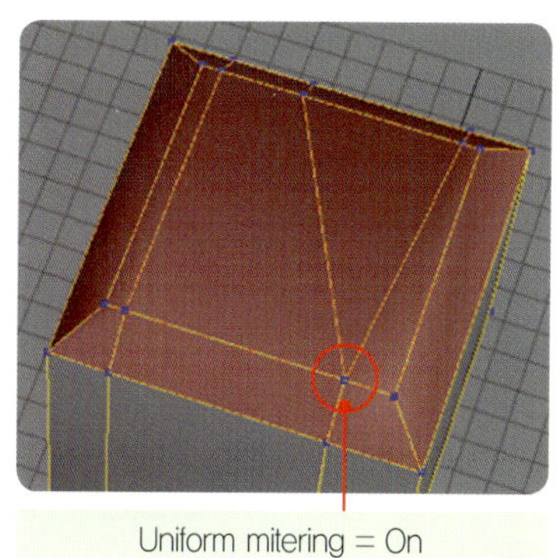

Uniform mitering = Off

Uniform mitering = On

20. Marking Hard Edges

01 Bevel operator로 바깥쪽 가장자리에 새로운 형태를 만들 수 있습니다.

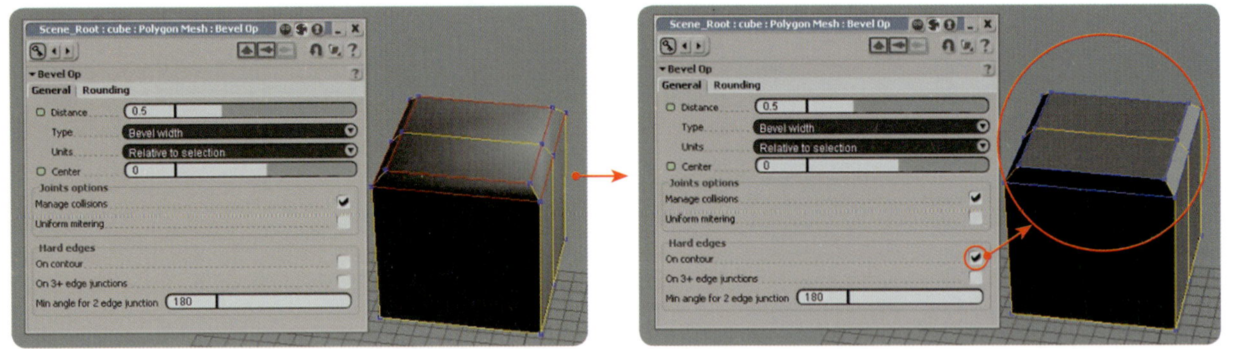

02 "3 + Edge junctions"에서 세면이 모인 곳이나 사각이 만들어지기 어려운 부분을 새롭게 만듭니다.

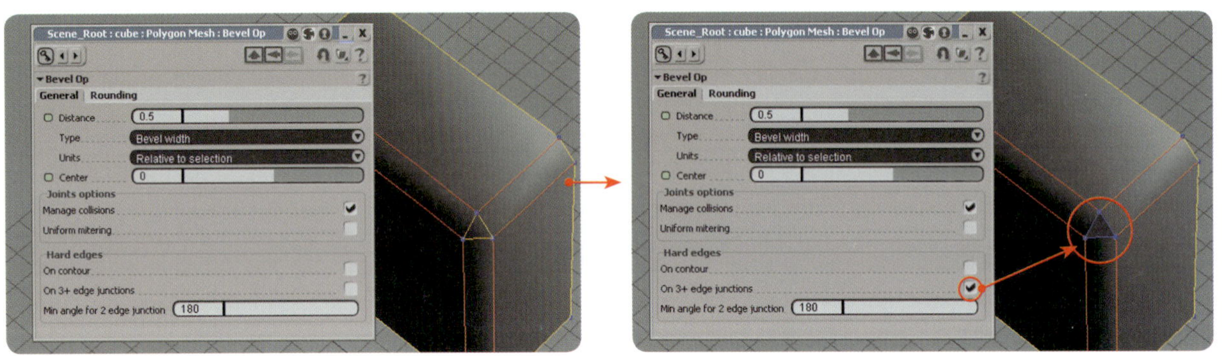

03 "2 – edge junctions"는 새로 생성시 만들어지는 각도를 최소 각도로 유지하며 만들어 집니다.

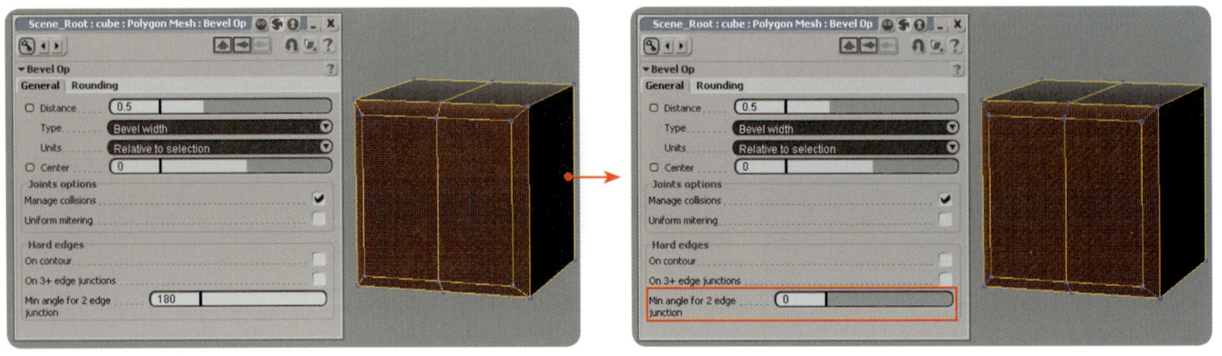

21. Rounding

Bevel Op property editor 〉Rounding tab에 있는 Options은 다중 Bevels을 적용시킴으로서 경사부분을 둥글게 만드는 기능입니다. 일반적인 Bevels는 각을 기준으로 하지만 Rounding는 이러한 각을 많이 이용하여 부드럽게 보이게 하는 것입니다.

01 Make rounded bevels 만들겠습니다. Bevel Op property editor 〉Rounding tab에 있는 Sharpness를 조정하여 프로파일의 모양을 관리합니다.

아래의 그림과 같이 Sharpness 값을 이용하여 조절해 보십시오.
숫자 "0"은 평면의 Profile 값을 주며 "1"일 경우 둥그런 모양의 Profile 값을 갖습니다.

다른 방법으로 Extrapolation slider에서 Rounding Displacement 기능을 이용하여 같은 Profile을 만들어 낼 수 있습니다.

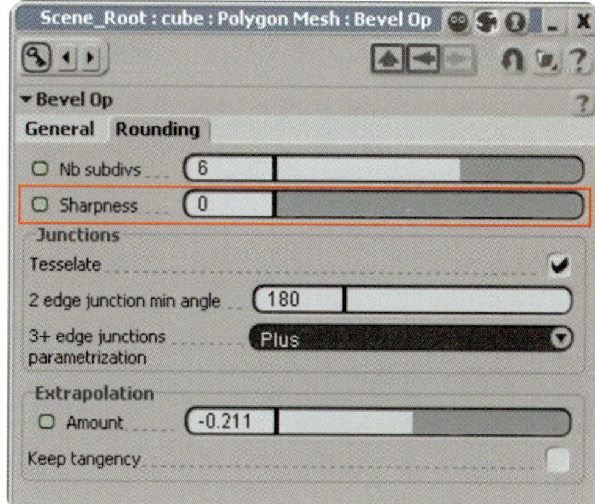

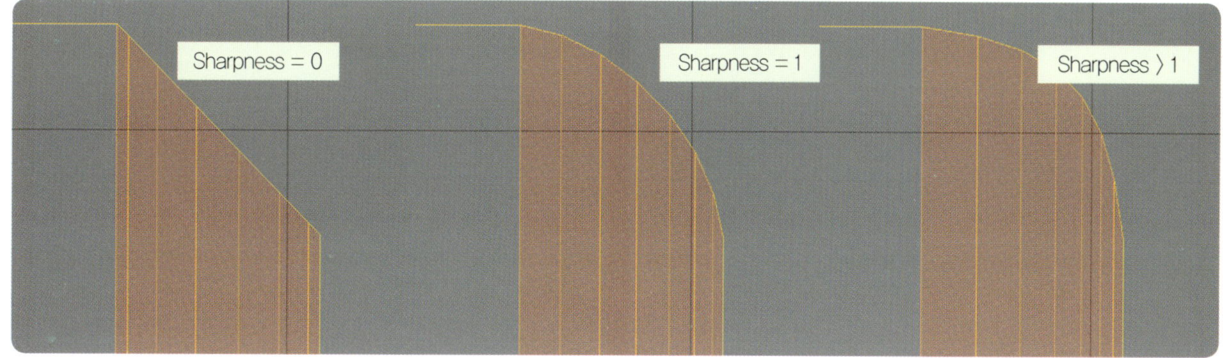

 **TiP** 폴리곤을 기존에 있던 Cluster에 추가하는 방법

만일 Cluster가 만들어져 있고 Cluster에 포함되지 않은 폴리곤을 Cluster에 추가시키기 위해서는 추가할 폴리곤을 선택한 다음 오른쪽 툴 박스의 Select 툴 밑에 있는 Cluster 버튼을 클릭한 후 추가하고자 하는 Cluster를 선택해서 팝업 메뉴의 Add to cluster를 적용하면 됩니다.

02 Junctions options은 사각이 만들어진 가장자리를 조절할 수 있습니다. 이 기능으로 접합 부위에서 모양과 명암을 부드럽게 하는 Tesselation을 관리합니다.

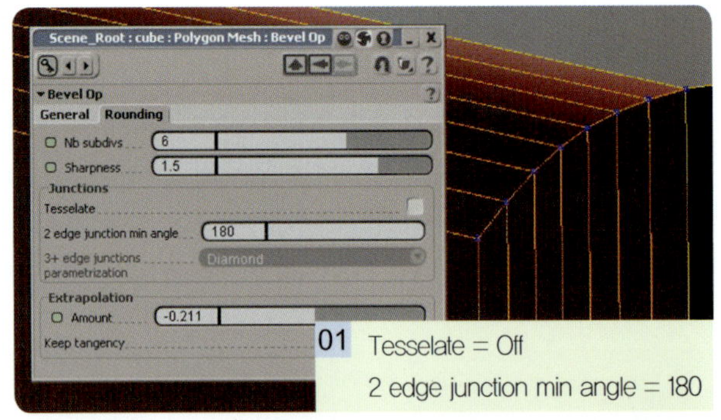

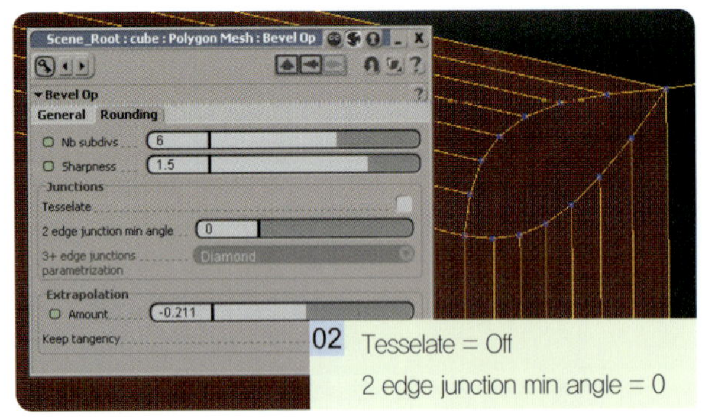

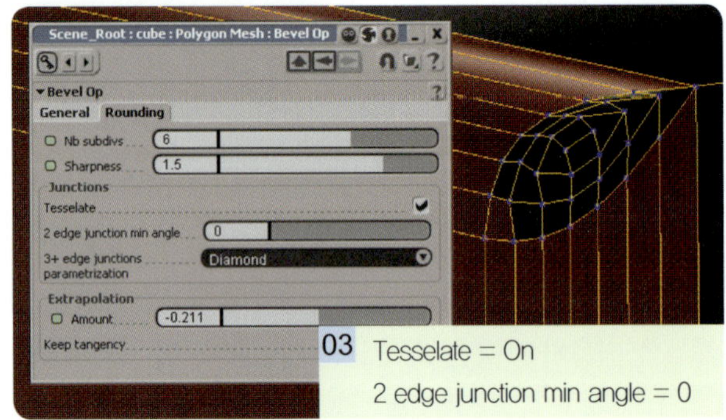

숫자 "3" + Edge junctions parameterization은 부드러운 방향과 셋방향의 가장자리가 만나는 부분에 흐르는 선을 관리합니다.

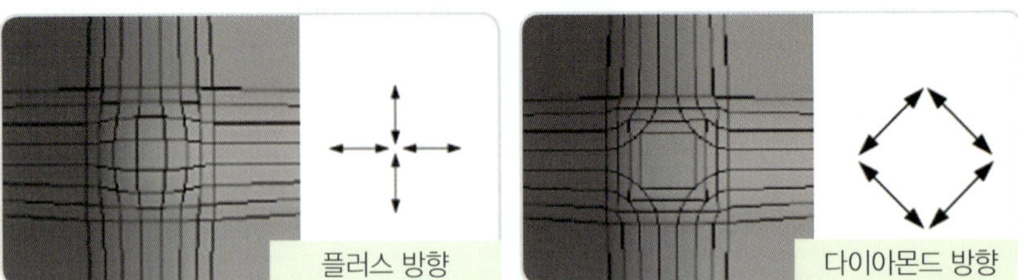

03 Extrapolating the Rounding Displacement는 Bevel Op property editor의 Rounding tab에 있는 Extrapolation Amount는 경사 부분의 위로 둥글게 되는 영향을 증가시킵니다. 아래와 같이 Amount 값을 조절하여 보면 "0"보다 클 경우 밖으로 라운드 값이 조절되며 숫자 "0"보다 작을 경우 안쪽으로 라운드가 적용됩니다.

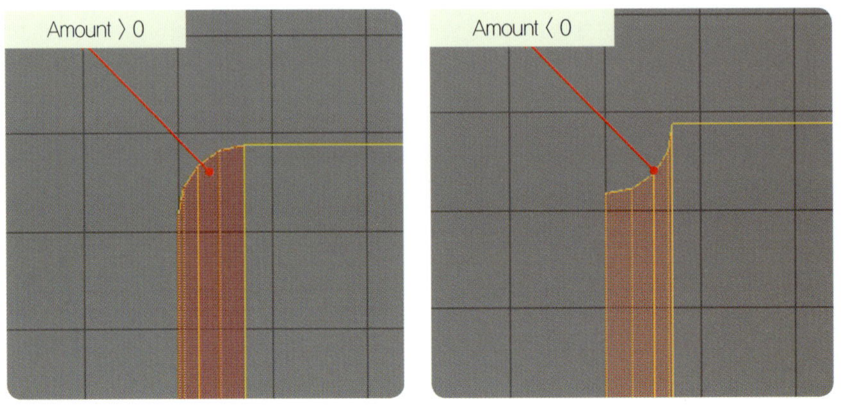

22. Polygons과 Polygon Meshes를 Inverting 하기
: Modify ⟩ Poly. Mesh ⟩ Invert Polygons

Model toolbar에 있는 Modify ⟩ Poly. Mesh ⟩ Invert Polygons 명령어는 기본
Polygon mesh 오브젝트 표준 방향을 바꿔주는 역할을 합니다. 또한 선택된
Polygons의 표준을 Invert 시킬 수 있습니다.

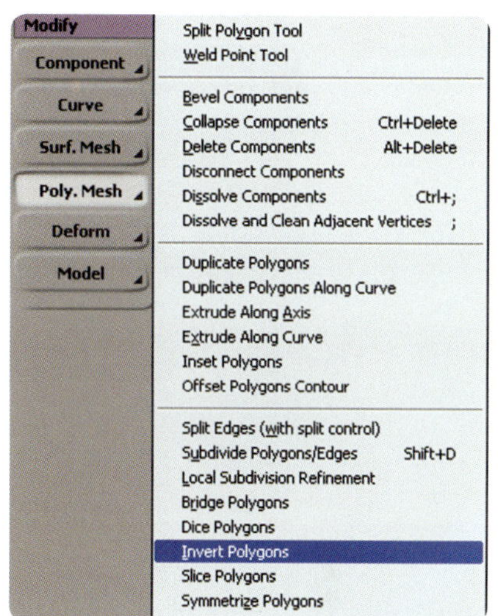

01 Polygons의 기본은 Polygon surface "수선(perpendicular)의 벡터"입니다.
오브젝트의 Shading이나 Textures등의 사용용도에 따라 "Outside" 방향을 제시합니다.
3D view's menu bar에서 Eye icon(Show menu)을 클릭하여 다음 Nomals과 Point를 체크하
면 폴리곤의 방향이 얇은 파란색으로 표시됩니다.

표준 방향은 Polygons의 Vertices를 그리는 방향에 의해 결정됩니다.

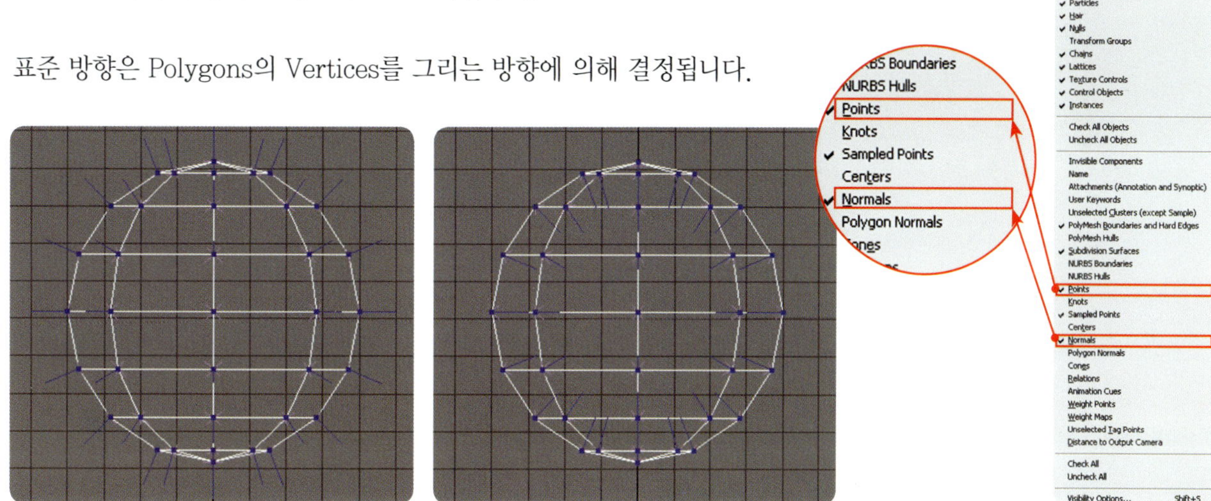

02 Inverting Polygon Normals는 nvert 기능을 이용하여 선택된 폴리곤을 Inverting하거나 다시 Invert할
수 있습니다.

예를 들면　**1** Polygon mesh object를 선택합니다.
　　　　　　2 Modify ⟩ Poly. Mesh ⟩ Invert Polygons를 선택합니다.

23. Bridging Polygons : Modify 〉 Poly. Mesh 〉 Bridge Polygons

Model toolbar에 있는 Modify 〉 Poly. Mesh 〉 Bridge Polygons 명령어는 같은 오브젝트 위에 Polygons의 두 집합 사이 다리나 터널을 새로 만드는 기능입니다.

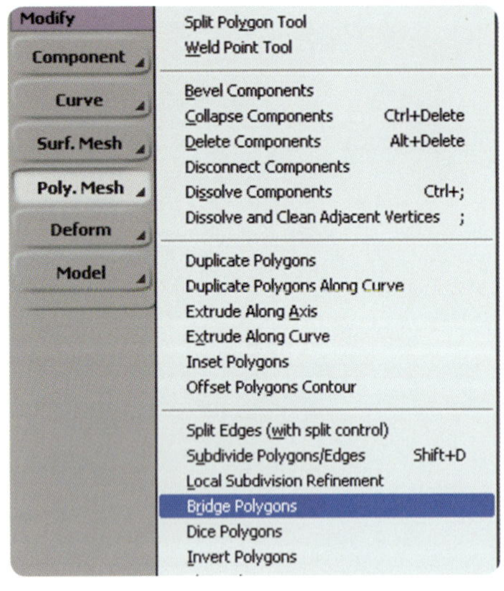

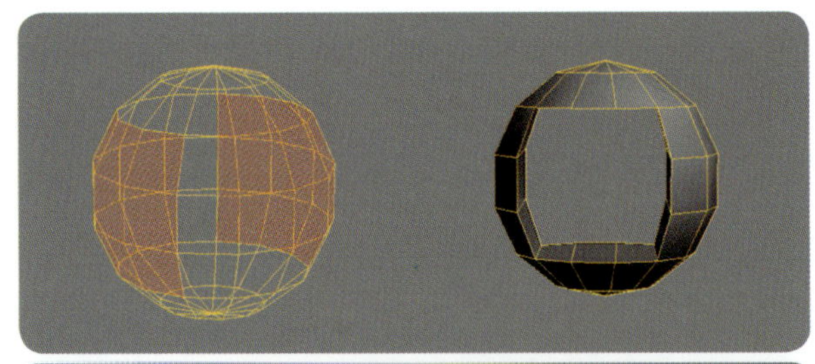

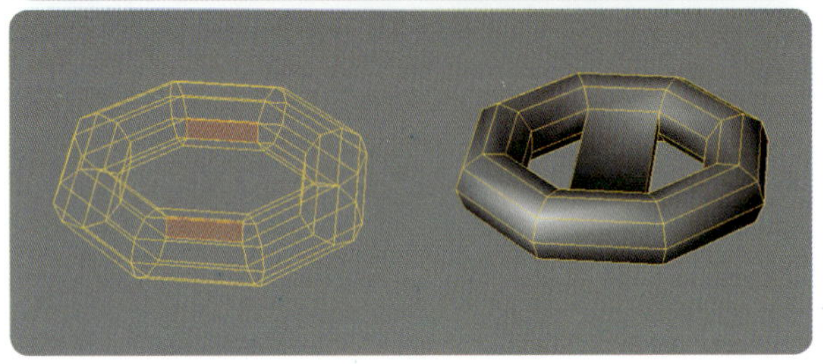

01 한 개 또는 여러 개의 Polygon mesh 오브젝트를 선택합니다.

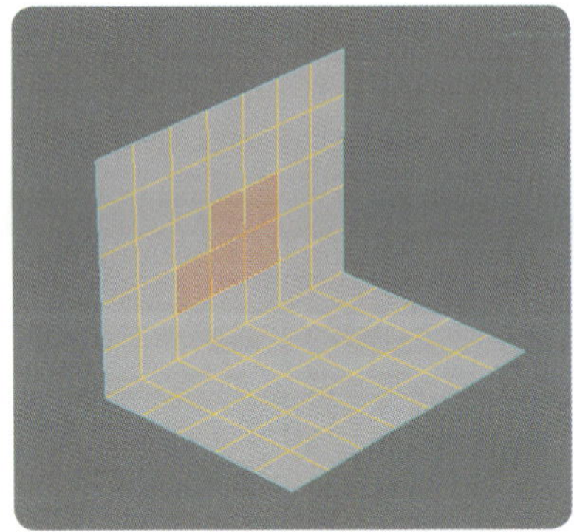

02 다른 방향에 한 개 또는 여러 개의 같은 Polygon mesh 오브젝트를 선택합니다. 이때 처음 선택한 폴리곤과 다른 개수의 폴리곤을 선택합니다.

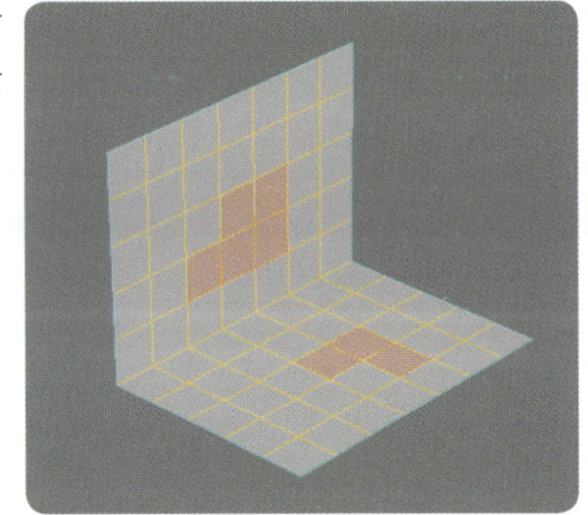

03 Modify 〉 Poly. Mesh 〉 Bridge Polygons 명령어를 선택하면 그림과 같이 연결되는 것을 볼 수 있습니다.

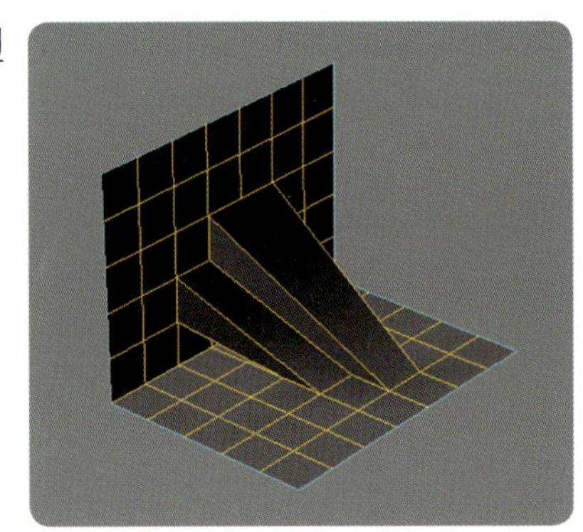

SOFTIMAGE XSI

24. Polygon Meshes에서 Blending이나 Merging 하기
: Create 〉 Poly. Mesh menu

Model toolbar에 있는 Create 〉 Poly. Mesh menu에 "Blend and Merge"는 오브젝트를
섞거나 붙이는 기능을 합니다. 이 명령은 하나의 새로운 오브젝트를 새로 만들기 위해
두 오브젝트 사이에서 Bridge 기능처럼 사용합니다.
하지만 이 두 명령어는 다른 기능을 하고 있습니다.

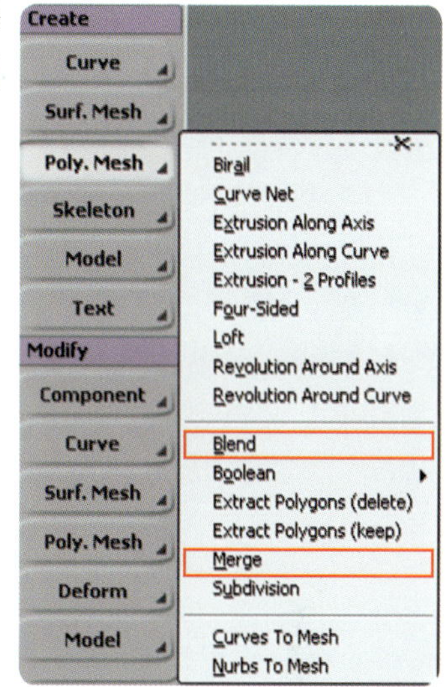

01 **Blend** : Create 〉 Poly. Mesh 〉 Blend는 다른 오브젝트에 대해 가까이에 있는 경계는 새로운
Polygons에 의해 결합됩니다.

02 **Merge** : Create 〉 Poly. Mesh 〉 Merge는 서로 다른 오브젝트에 대해 가까이에 있는 Edge가 하나의
가장자리로 붙이는 기능입니다.

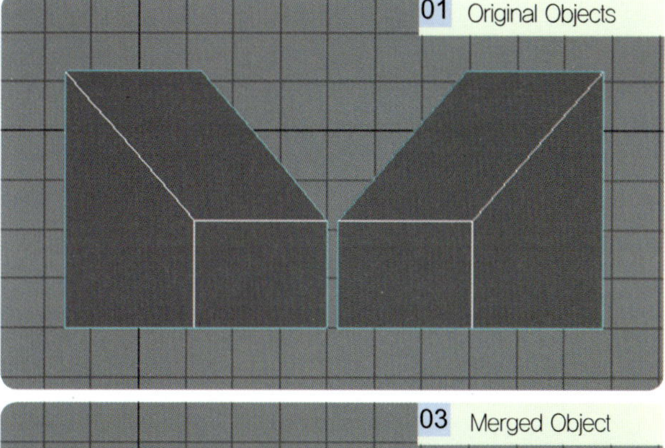
01 Original Objects

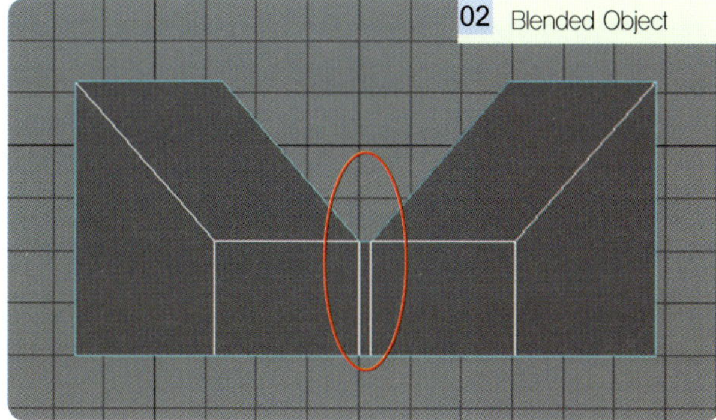
02 Blended Object

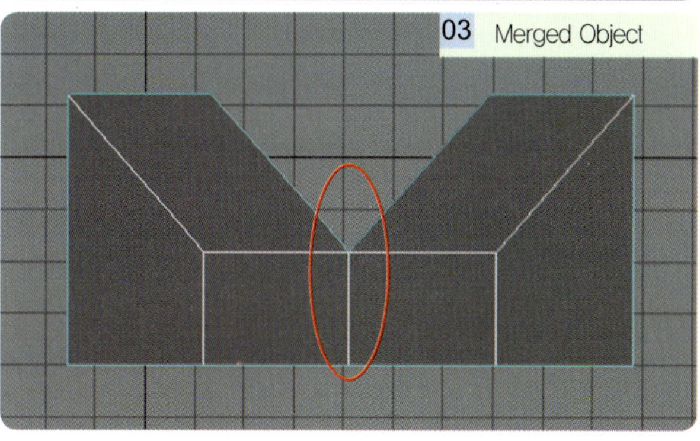
03 Merged Object

25. Polygon Meshes에서 Performing Boolean Operations 하기

Boolean 기능은 3D 그래픽 작업에서 가장 자주 사용되는 명령어 중에 하나 입니다.

필자도 3D 작업 초창기 시절에 이 기능 하나로 거의 모든 모델링을 만들어 본적도 있을 정도입니다. Boolean만 정확히 알면 3D 초보자라도 기본적인 작업을 진행할 수 있을 것입니다. Boolean은 오브젝트들의 차이(difference), 교차(intersection) 또는 결합(union) 등의 기능으로 Polygon meshes를 새로 운 형태로 만들 수 있습니다.

Boolean을 사용하는 방법에는 두 가지의 방법이 있습니다. 첫 번째는 Create 〉 Poly. Mesh 〉Boolean을 이용하여 새로운 오브젝트를 만들어 내는 방법입니다. 두 번째는 Modify 〉 Poly. Mesh 〉Boolean를 이용해 오브젝트를 수정하는 방법입니다.

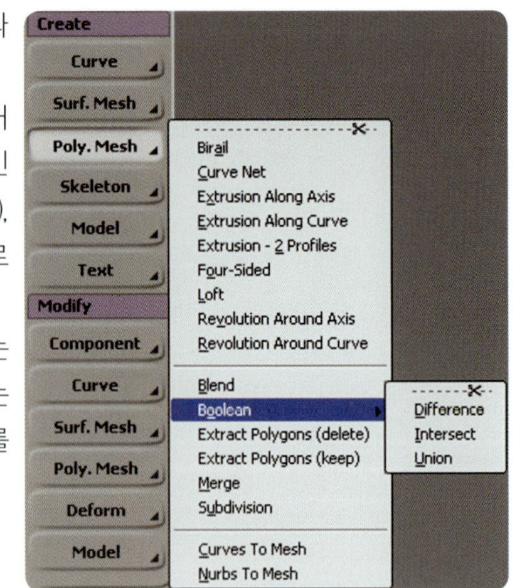

01 Boolean Operation에는 세 가지(difference, intersection, union) 기능이 있습니다.

02 **Difference** : Difference는 첫 번째 오브젝트 에서 두 번째 오브젝트의 Volume을 빼냅니다.

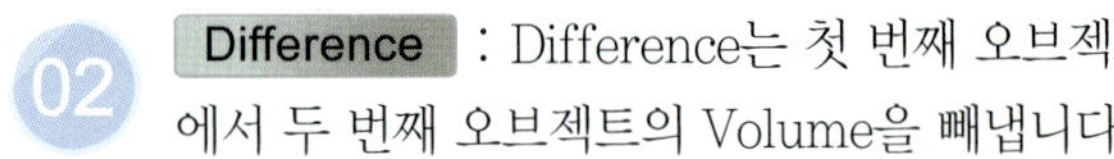

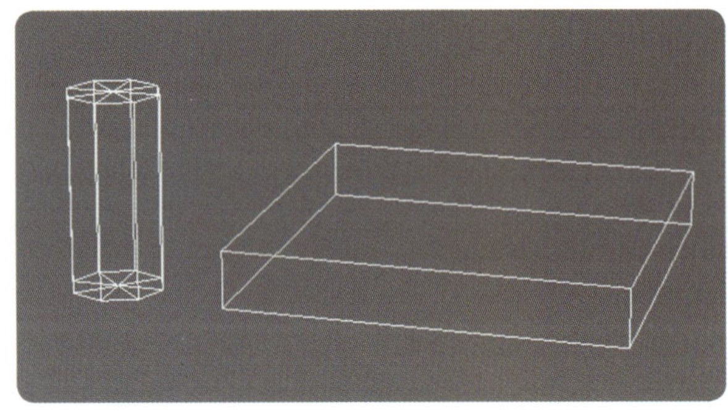

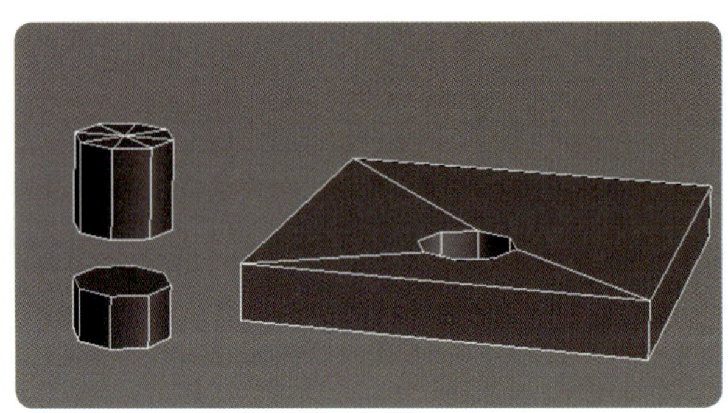

03 **Intersection** : Intersection은 첫 번째 오브 젝트와 두 번째 오브젝트의 교차하는 공통의 Volume으로 구성됩니다.

04 **Union** : Union은 첫 번째 오브젝트와 두 번째 오브젝트를 합치게 합니다.

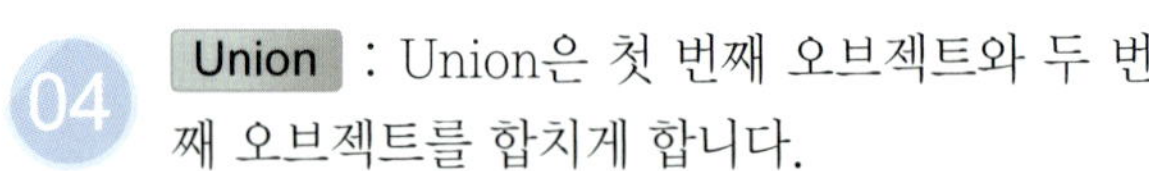

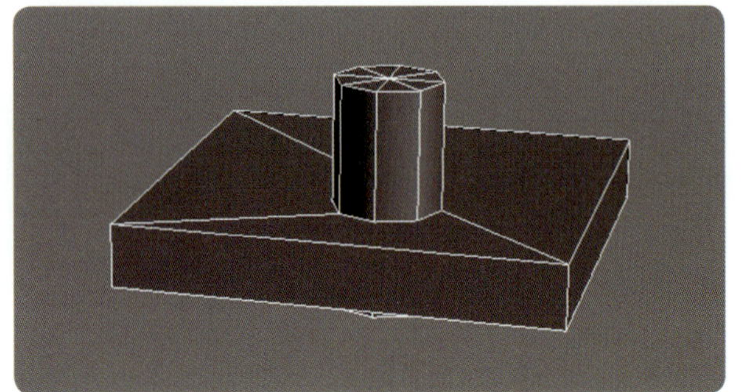

26. Filtering Polygon Mesh Components

Modify 〉 Poly. Mesh 〉 Filter Edges는 작업진행시 발생되는 불필요한 Point, Edges, Polygon 등을 정리해주는 기능입니다.

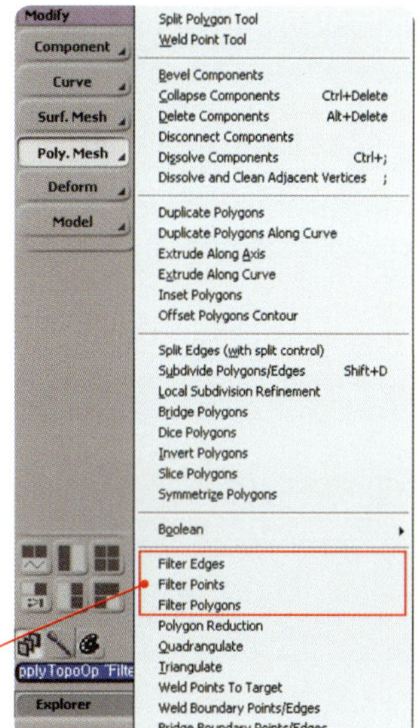

01 Length로 Filtering Edges하려면 먼저 Polygon mesh object 또는 Multiple edges를 선택합니다.
Modify 〉 Poly. Mesh 〉 Filter Edges 명령어를 선택하면 Edge Filter Op property editor 가 열립니다. Filter Type을 "Edge Length"로 선택합니다. Edge Length value을 조절하여 사용합니다.

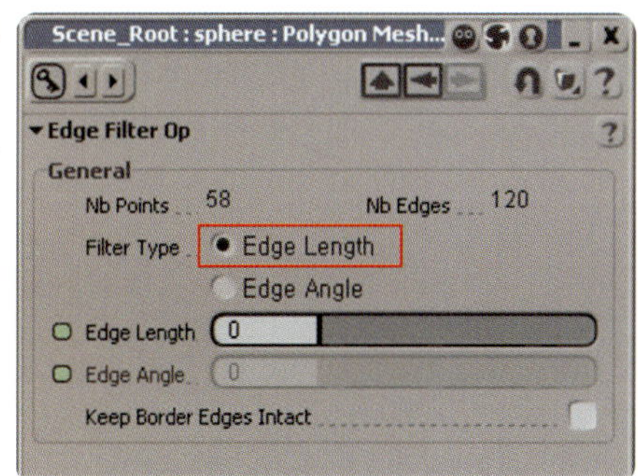

02 Angle로 Filtering Edges해 보겠습니다.
Polygon mesh object나 Multiple edges를 선택합니다.
Modify 〉 Poly. Mesh 〉 Filter Edges 이 명령어를 선택하면 Edge Filter Op property editor 가 열립니다.
Filter Type을 "Edge Angle"로 선택합니다. Edge Angle value을 조절하며 사용합니다.

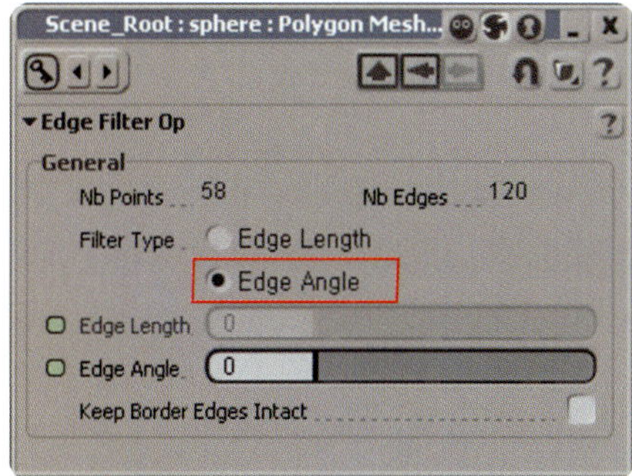

03 Filtering points는 Polygon mesh 오브젝트에 근접해 있는 불필요
한 Vertices 들을 정리하여 주는 기능입니다.

Points 또는 Point clusters를 이용하여 Filtering할 Polygon mesh 오브
젝트를 선택합니다.

Model toolbar에서 Modify 〉 Poly. Mesh 〉 Filter Points를 선택하면
Distance Op property editor가 열립니다.

Distance를 조절하여 사용합니다.

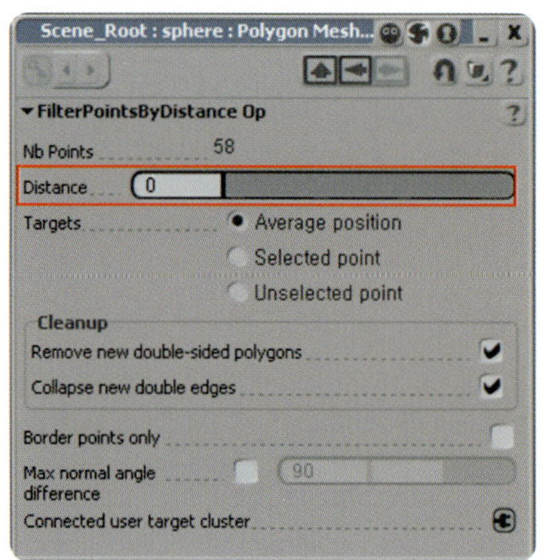

04 Angle로 Filtering Polygons하려면 Polygon mesh 오브젝트 또는
Multiple polygons 선택합니다.

Modify 〉 Poly. Mesh 〉 Filter Polygons을 선택하면 Polygon Filter Op
property editor가 열립니다. Filter Type을 Incidence Angles로 이용하여
사용합니다.

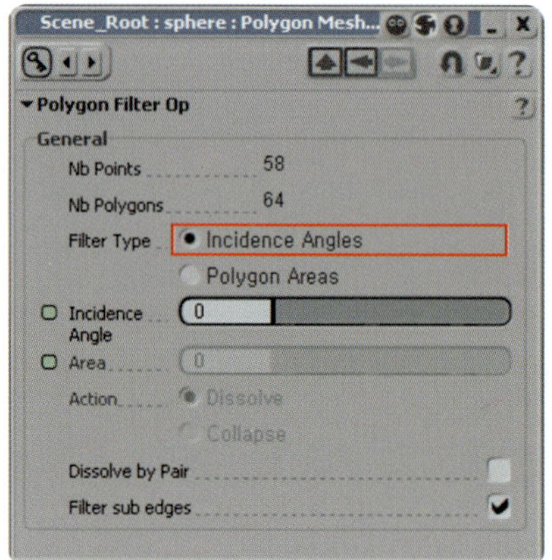

05 Area로 filter polygons하려면 Polygon mesh 오브젝트 또는
Multiple polygons 선택합니다.

Modify 〉 Poly. Mesh 〉 Filter Polygons을 선택합니다. 이 명령어를 선택
하면 Polygon Filter Op property editor가 열립니다.

Filter Type을 Polygon Areas로 이용하여 사용합니다.

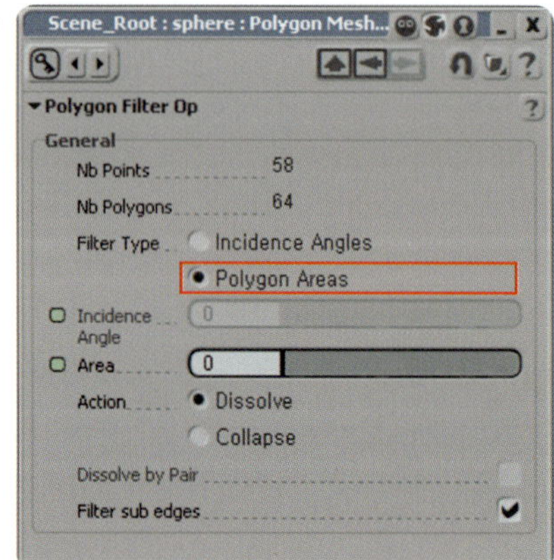

Geometry Approximation 레벨이 올라간 상태를 Subdivision처럼 라인이 추가된 상태에서 복사하는 명령을 살펴보겠습니다.

XSI화면 우측 하단에 있는 EDIT를 눌러보면 그 안에 Duplicate/Instantiate〉Duplicate Using Geometry Approx(Poly. Mesh only)이라
는 명령이 있습니다.

이 명령을 실행하면 선택된 Plygon Mesh의 Geometry Approximation 레벨만큼의 라인이 생성된 Mesh가 하나 복사됩니다. 복사
된 오브젝트는 Subdivision으로 생성된 Mesh와는 다르게 연결된 부분이 없기 때문에 Freeze를 시키지 않고 원본을 지워도 영향을
받지 않습니다.

27. Polygon Reduction

Polygon reduction 기능은 기존의 Polygon 수를 줄임으로써 용량을 가볍게 하는 기능입니다.
이러한 기능은 특히 게임 분야에서 많이 사용되는데 용량과 밀접한 관계가 있기 때문에 때때로 제작된 모델링의 폴리곤 수를 줄여야 할 때가 있습니다.

01 Polygon reduction을 적용하려면 먼저 적용될 오브젝트를 선택합니다.

02 Model toolbar에 있는 Modify 〉 Poly. Mesh 〉 Polygon Reduction 을 선택합니다.
이 명령어를 선택하면 Polygon Reduction Op property editor가 열리며 이를 조절하여 원하는 작업물을 만들어 냅니다.

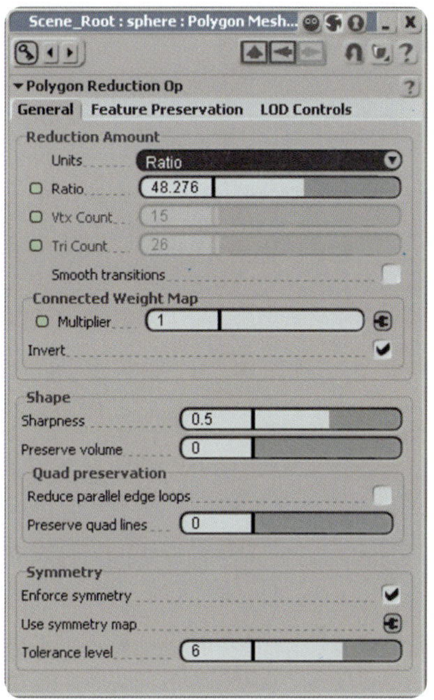

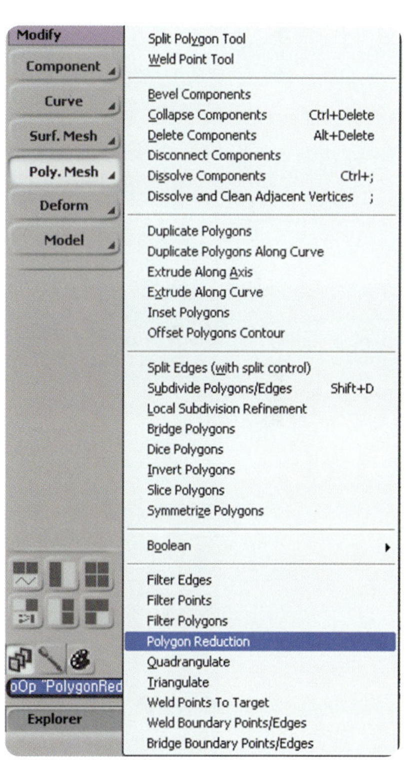

TiP 이 기능은 Max의 릴리즈 기능과 유사하며 서브디비전 기능을 이용하여 부드러운 모델링을 제작하는 방식에 반대되는 기능입니다.
데이터의 용량을 감소시키는 장점이 있으나 간혹 오브젝트의 형태가 깨질 수 있습니다.

28. Quadrangulating와 Triangulating Polygons

Quadrangulation 기능은 기본 삼각형 모양의 Polygon을 사각형 모양의 Polygon으로 변환 해주는 기능입니다.

Quadrangulation는 두 삼각형의 기본 모양을 합쳐 하나의 사각모양의 폴리곤을 형성합니다.
Triangulation는 사각의 폴리곤을 Quadrangulation 기능과 반대로 삼각형의 Polygon으로 변환 해주는 기능입니다.

이러한 기능은 게임엔진에서 사용하기 위해 변환하거나 다른 3D 소프트웨어와의 데이터 호환시 유용하게 사용될 수 있는 명령어입니다.

01 **Quadrangulating Polygons** : Modify 〉 Poly. Mesh 〉 Quadrangulate은 삼각형의 폴리곤을 사각형으로 만들어 줍니다.
일반적으로 3Ds max의 3Ds 파일 같은 경우 삼각형의 형태를 기본으로 하는데 이러한 모델링을 XSI에 Import 한 후 사각형의 폴리곤 모델링을 제작시 매우 유용한 방법입니다.

02 **Triangulating Polygons** : Modify 〉 Poly. Mesh 〉 Triangulate는 Quadrangulating Polygons의 반대되는 기능입니다.

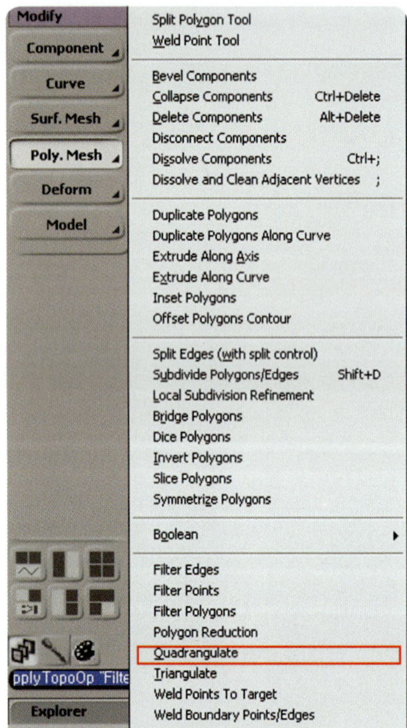

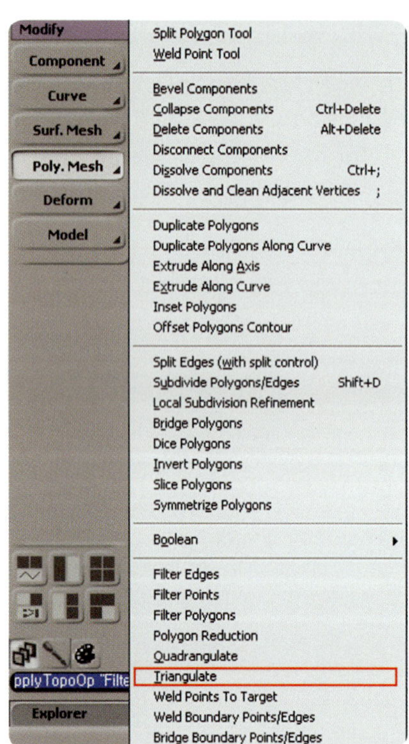

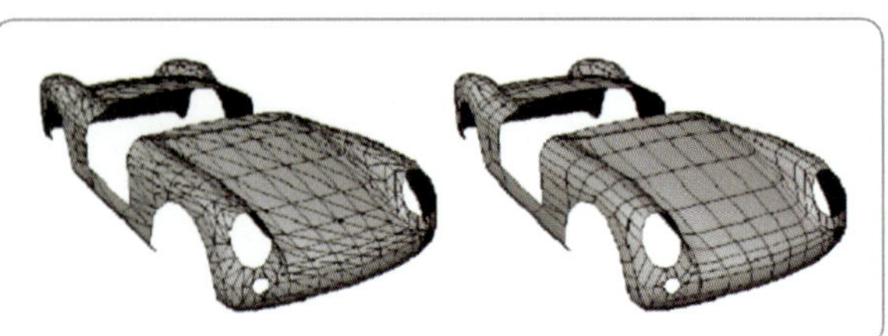

29. Polygon Meshes에서 Converting Curves

기본적으로 Curves 기능을 이용하여 새로운 Polygon Meshes를 제작할 수 있는데 Curves는 Polygon Meshes의 형태와 연결되어 Curves 모양 수정시 Polygon의 형태 변화를 일으킬 수 있습니다.

01 Curves 기능으로 새로운 Polygon Meshes 만들기가 있습니다.
: Create 〉 Poly. Mesh 〉 Curves to Mesh

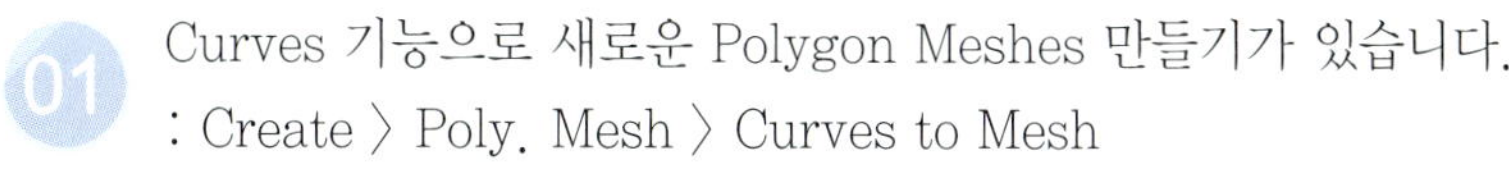
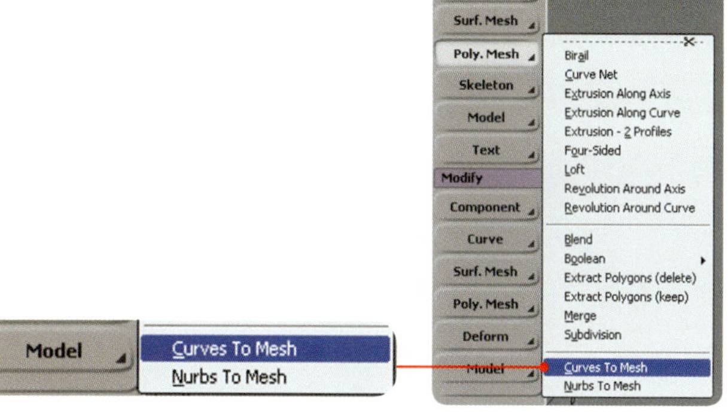

01 Curves를 이용하여 새로운 라인을 그리거나 어도비 일러스트레이터와 같은 2D 벡터 프로그램에서 라인 파일을 제작. ai 파일로 저장 후 XSI에 Import 기능을 이용하여 새로운 Curves를 생성합니다.

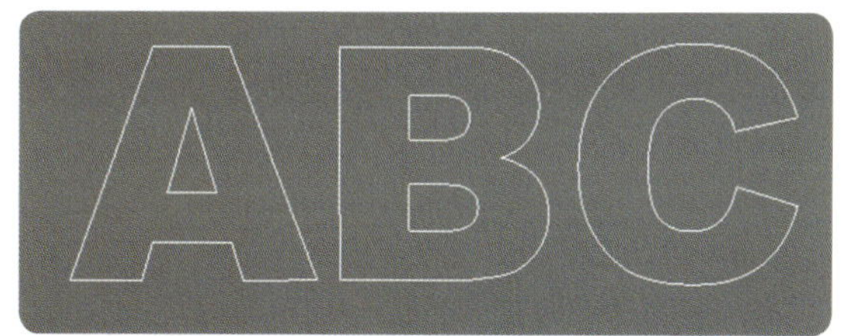

02 Curves를 선택한 후 Model toolbar에 있는 Create 〉 Poly. Mesh 〉 Curves to Mesh를 선택합니다. Curve to Mesh Converter property editor가 열리며 작업을 진행할 수 있습니다.

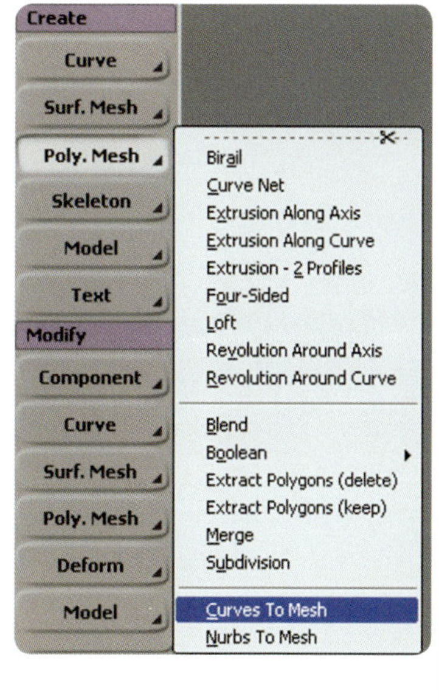
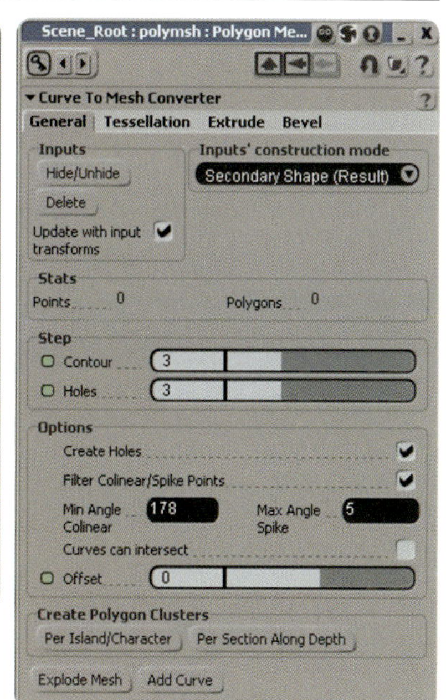

02 General Option 설정하기는 Curves의 다양한 Options 기능들을 이용하여 Curves를 편집하며 사용할 수 있습니다.

01 Step은 아래의 그림과 같이 선택된 Step options에서 생성되는 Vertices의 수로 Step을 조절할 수 있습니다.

02 Holes 만들기는 Create Holes option은 curves의 안쪽 모델링에서 구멍을 열거나 닫거나 할 때 사용되어지는 Option입니다.

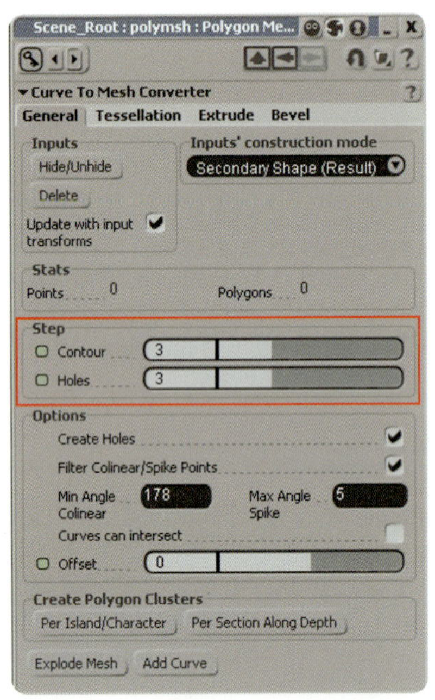

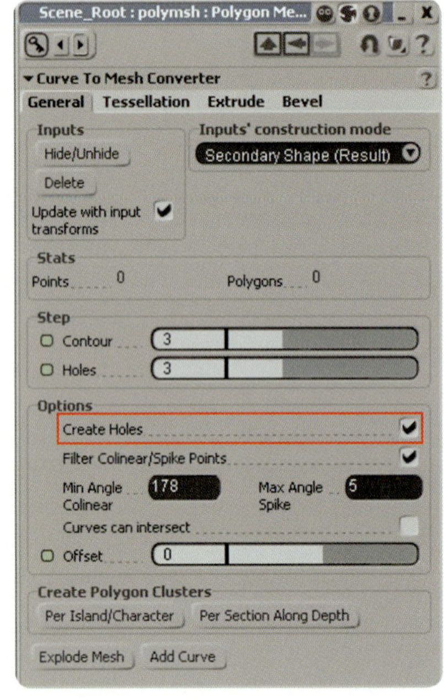

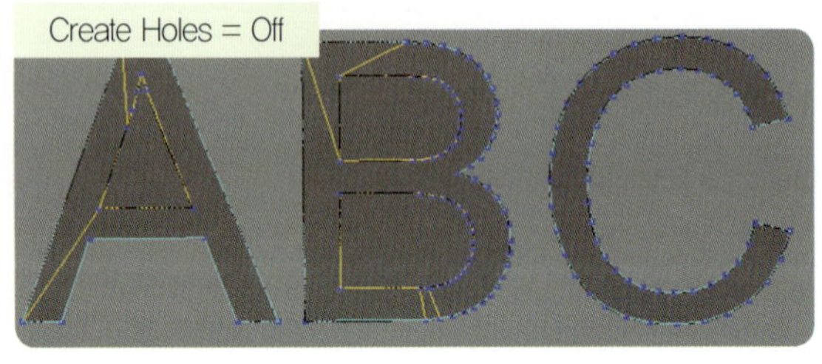

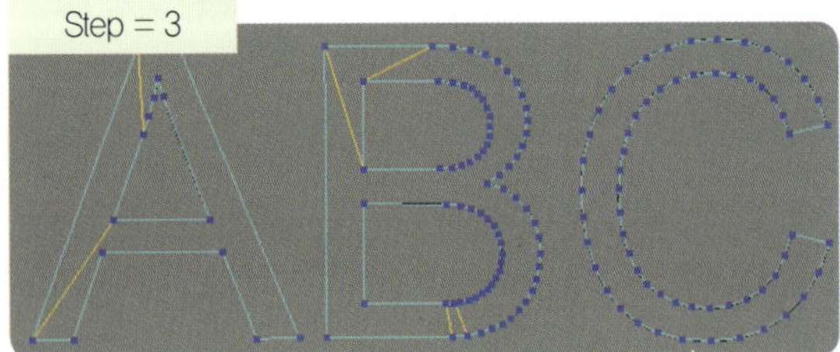

이 방법은 3D에서 Curves를 생성하는 것보다 편리합니다. 오토캐드와 같이 정확한 치수 기입이 가능한 프로그램을 이용하려면 정확한 3D 모델링도 가능하며 캐드 파일이나 ai 파일로 XSI에서 Import가 가능합니다.

03 Filter Colinear/Spike Points는 오브젝트의 가장자리에서 복잡하게 생성된 Points를 정리해 주는 기능입니다. 하지만 옵션 적용시 오브젝트 별로 형태가 깨지는 경우가 있으니 오브젝트 상황에 맞춰 이용하면 됩니다.

04 Curves Can Intersect는 Curves Can Intersect option은 두 개의 오브젝트 교차지점을 빼주는 기능을 합니다.

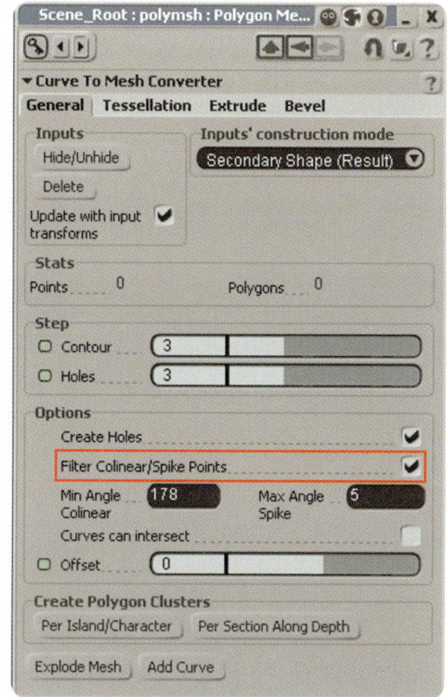

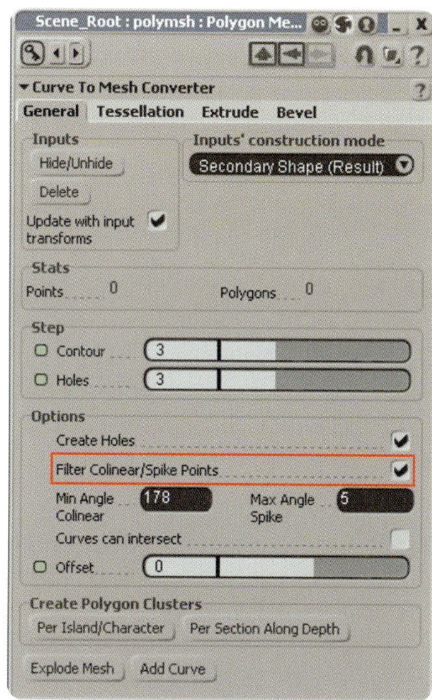

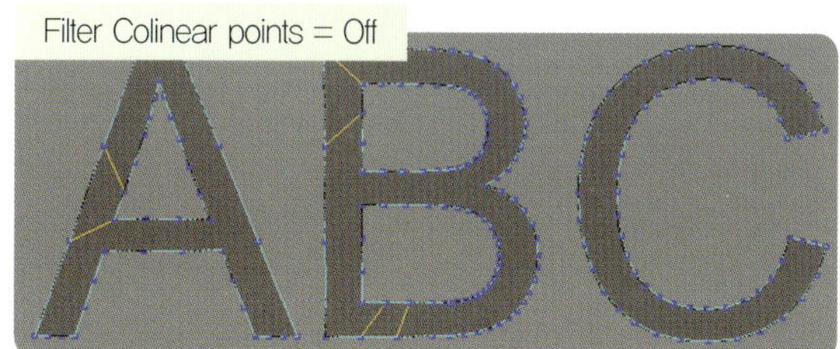

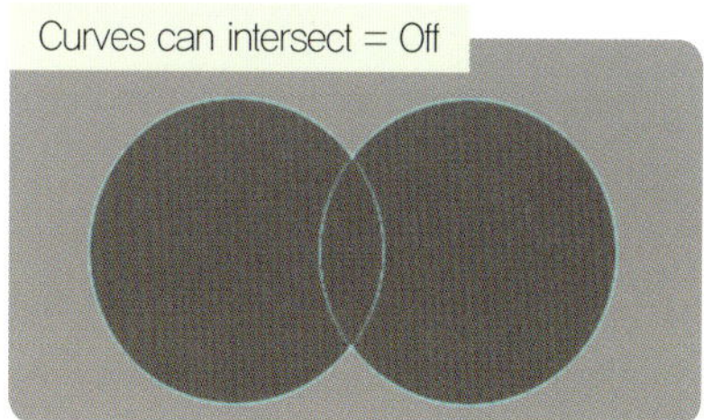

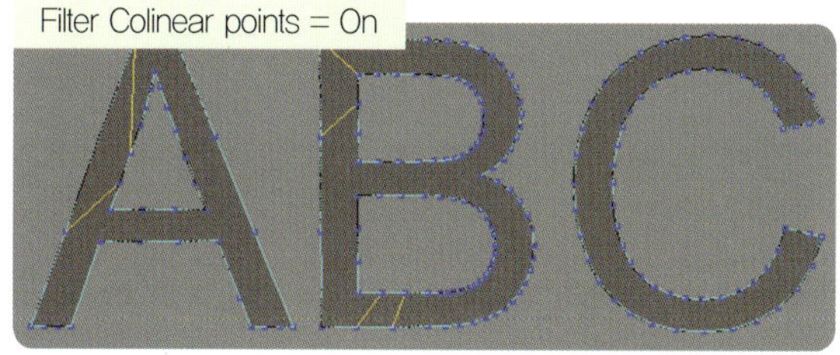

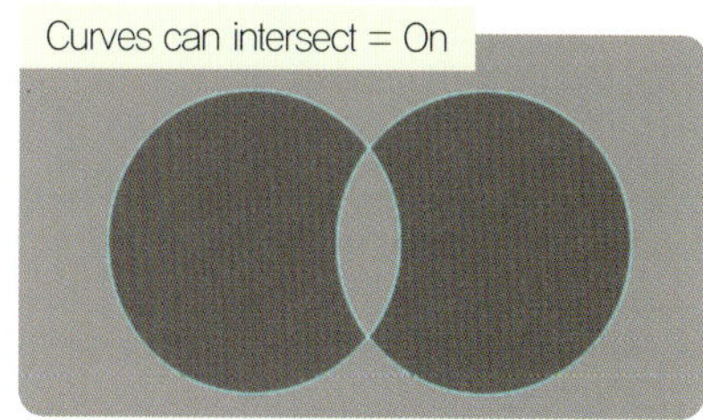

05 Offset slider를 이용하여 Curves를 사용할 수 있습니다.

03 Tesselation은 Polygons과 Curves' shapes의 Tiling 과정입니다. Curve to Mesh Convert의 Tessellation탭을 선택합니다.

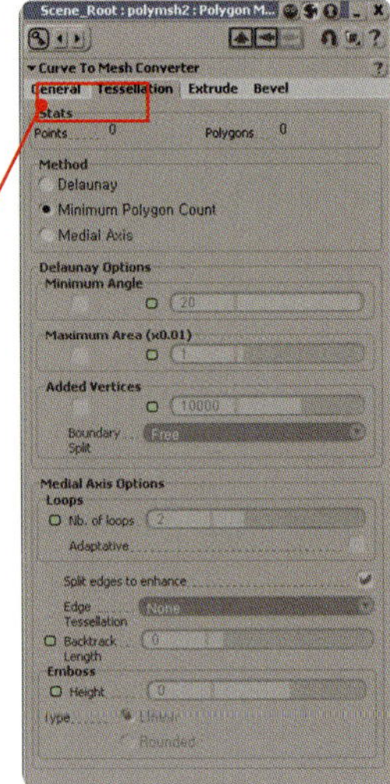

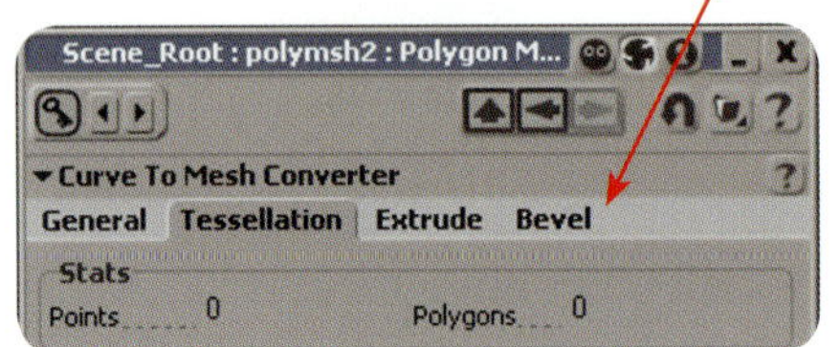

01 Minimum Polygon Count tesselation 방법은 가능한 다각형의 가장 작은 수를 사용합니다.

02 Delaunay tesselation method(또는 precisely, constrained Delaunay tesselation)는 triangular polygons 중에서 전체적으로 구성된 Mesh를 생성시킵니다.

04 Emboss에 대해 알아보겠습니다.

01 Emboss Height 설정할 시에는 축을 기준으로 Emboss가 적용되어지며 Value이 "0"일 경우 Embossing이 적용되지 않으며 수치 입력 값에 따라 Embossing이 적용됩니다.

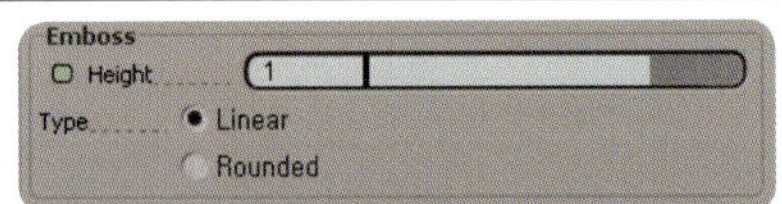

02 오른쪽의 그림은 Emboss Type에서 Rounded 또는 Linear를 선택했을 때의 모습입니다.

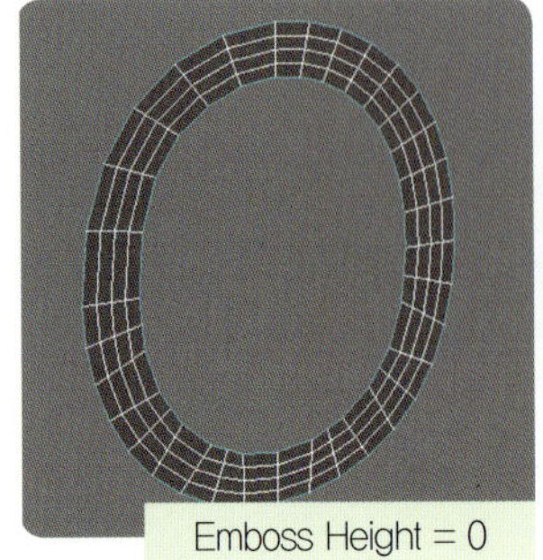

Emboss Height = 0

Emboss Height = Linear

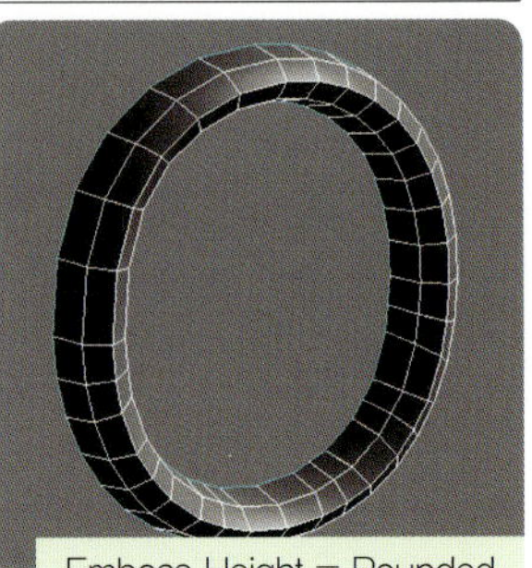

Emboss Height = Rounded

05 Extrude 기능은 폴리곤 모델링 작업시 가장 많이 이용되는 기능중 하나 일 것입니다. Create 〉 Text 〉 Planar Mesh와 Create 〉 Text 〉 Solid Mesh 기능을 이용하여 Curve to Mesh Converter property editor로 깊이 값을 조절할 수 있습니다.

Create 〉 Text 〉 Planar Mesh와 Create 〉 Text 〉 Solid Mesh의 차이점은 Default value 차이입니다.

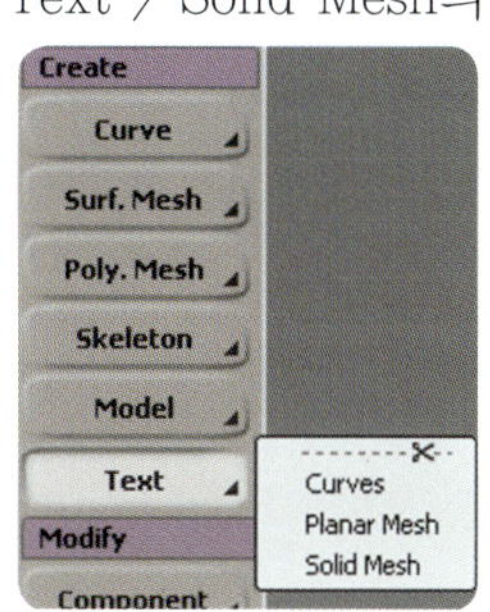

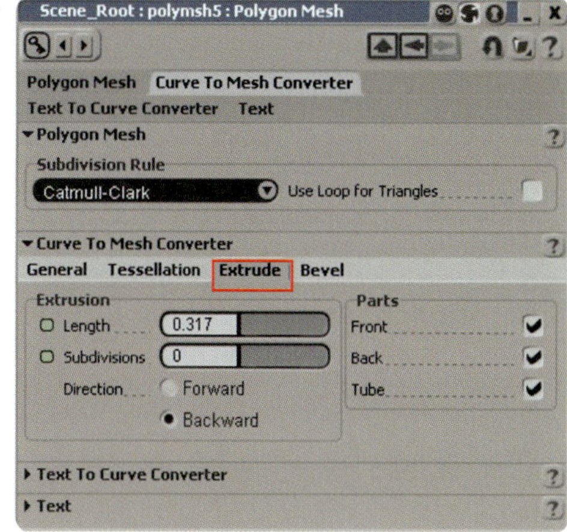

06 Bevel은 Extrude 기능과 유사하긴 하나 솟아오르는 부분의 코너 부분에 윤곽을 만들어 준다는 점이 차이입니다.

Bevel 사이즈와 방향을 조절하려면 Curve to Mesh Converter property editor control에서 Bevel tab에 Options을 조절하여 사용합니다.

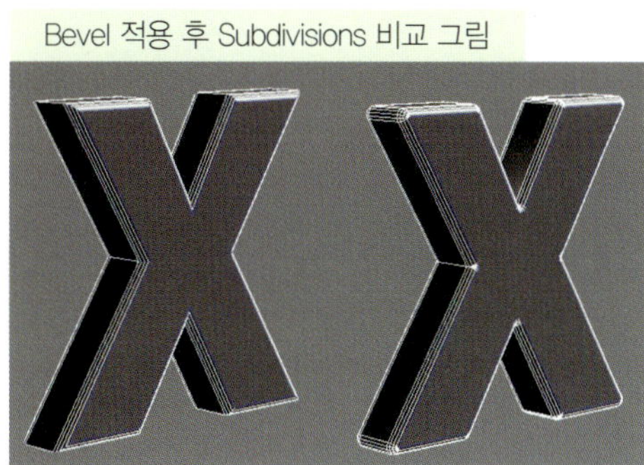

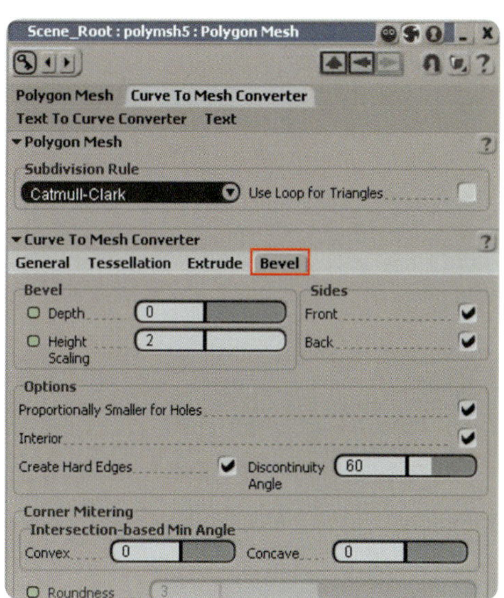

30. Converting NURBS Surfaces to Polygon Meshes
: Create 〉 Poly. Mesh 〉 NURBS to Mesh

NURBS surface나 Surface mesh를 Converting하여 Polygon mesh를 만들어 낼 수 있습니다.

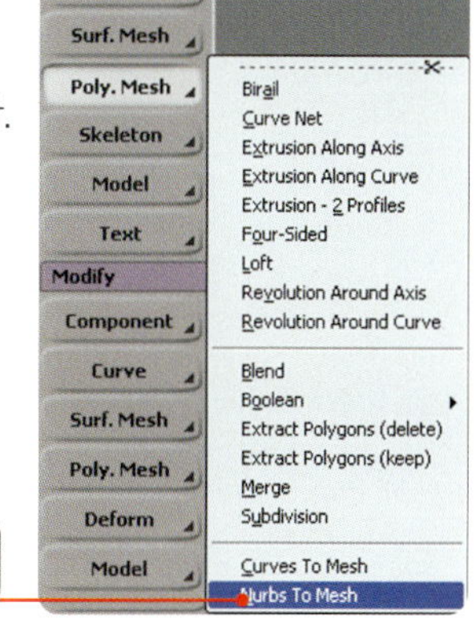

31. NURBS surface를 Polygon mesh로 Convert하기

01 Convert할 NURBS surface 또는 Surface mesh를 선택합니다.

02 Model tool bar에서 Create 〉 Poly. Mesh 〉 NURBS to Mesh를 선택합니다.

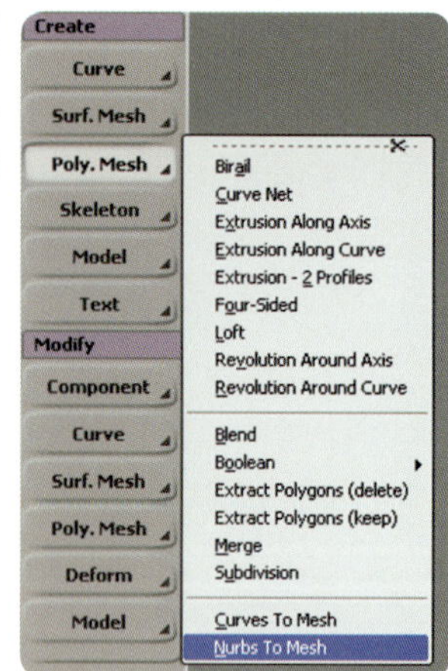

03 NURBS to Mesh property editor가 열리면 원하는 오브젝트를 만들기 위해 Option을 조절합니다.

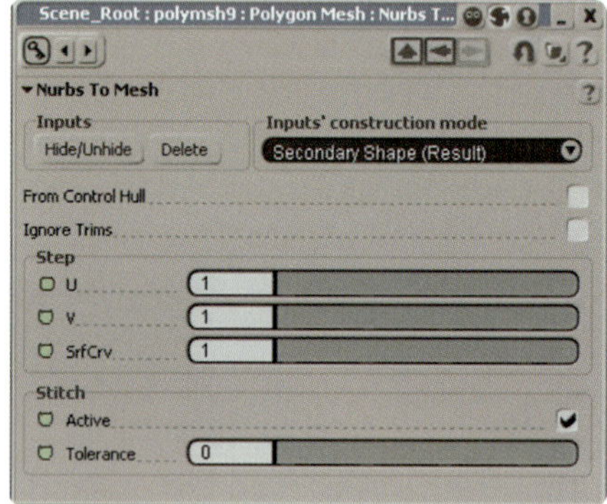

32. Extracting Polygons

Create 〉 Poly. Mesh 〉 Extract Polygons(delete) / (keep)를 사용하면 기존의 Polygons에서 새로운 오브젝트를 만들기 위해 같은 모양의 Polygons을 추출해 낼 수 있습니다.

Extract Polygons 기능은 아래의 그림과 같이 기존의 오브젝트를 분리할 수도 있고 기존의 오브젝트는 그대로인 상태에서 새로운 같은 모양의 오브젝트를 만들어 낼 수도 있습니다.

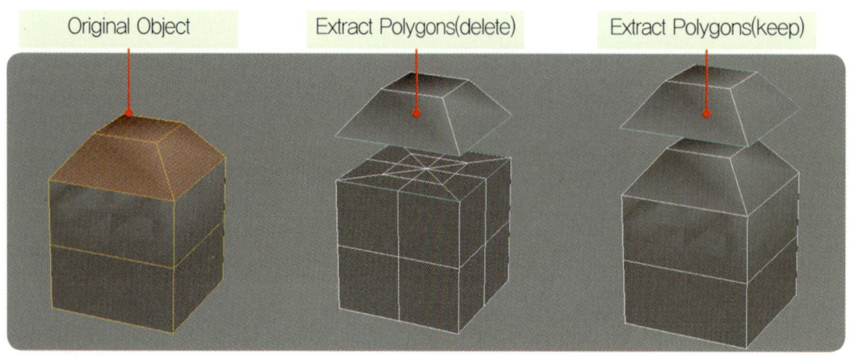

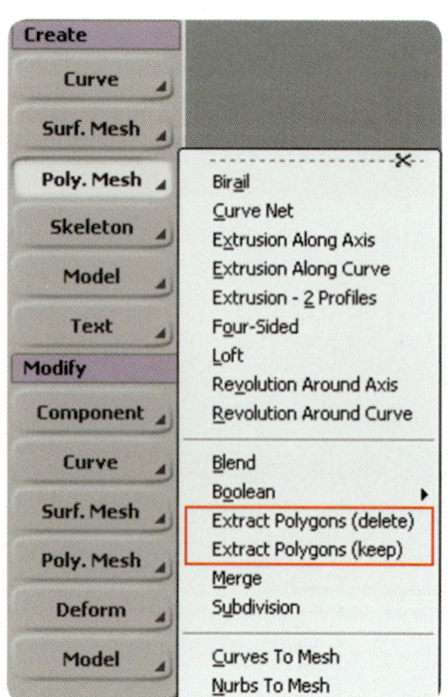

33. Extract polygons 따라하기

01 하나의 폴리곤 또는 여러 개의 폴리곤을 선택 합니다.

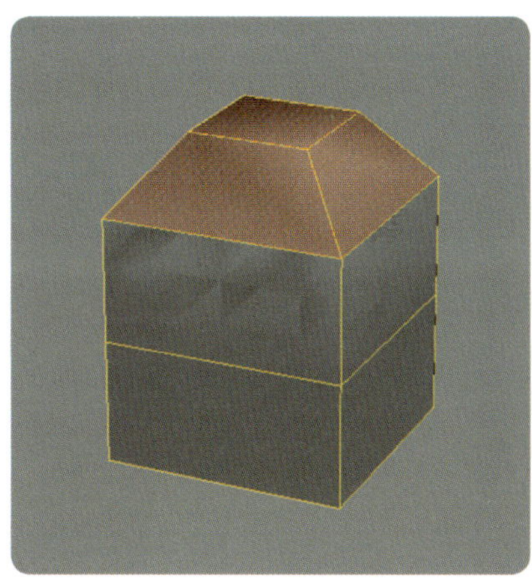

02 다음 두 가지 방법 중 하 나를 선택합니다.

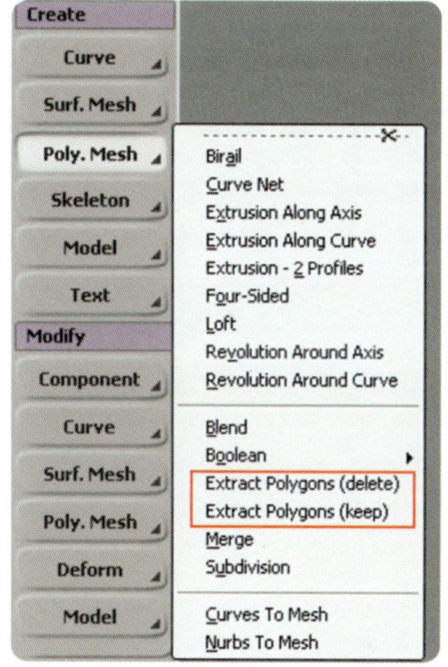

03 첫 번째로 원래의 오브젝트에서 Polygons 을 지우면서 만들려면 Model toolbar에서 Create 〉 Poly. Mesh 〉 Extract Polygons(delete) 를 선택합니다.

04 두 번째로 원래의 오브젝트는 그대로인 상태 에서 새로운 Polygons을 만들려면 Model toolbar에서 Create 〉 Poly. Mesh 〉 Extract Polygons(keep)를 선택합니다.

03 Subdivision Surfaces

STEP 01 Subdivision Surfaces 살펴보기

Subdivision surfaces 때때로 "Subdees"라고도 불립니다.
이 기능은 Low-resolution 오브젝트를 High-resolution 오브젝트로 변환시켜 주는 기능입니다. 또한 오른쪽의 그림과 같이 High-resolution mesh로 작업하기 위해 Low-resolution mesh의 Hull을 이용할 수 있습니다.

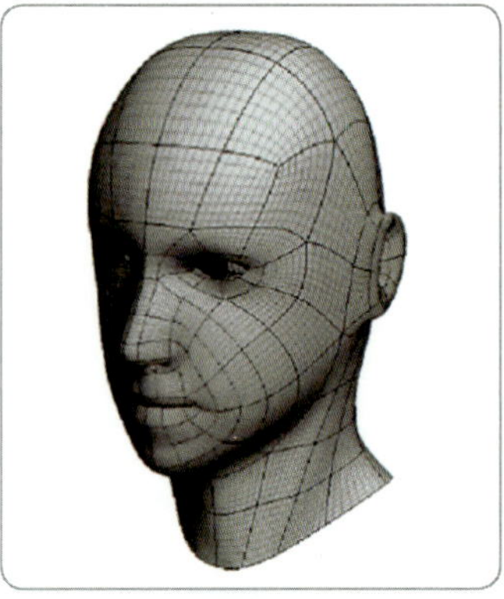

Subdivision surfaces는 여러 가지의 장점을 가지고 있습니다.

Polygonal meshes에 정교한 오브젝트와 맵핑(Mapping)할 수 있게 NURBS surfaces를 부드럽게 하며 Transform, Deform, Envelope와 Shape-animate 등을 적용시키며 관리할 수 있고 Point나 edge등을 더하거나 빼며 Surface 데이터를 업데이트할 수 있습니다.

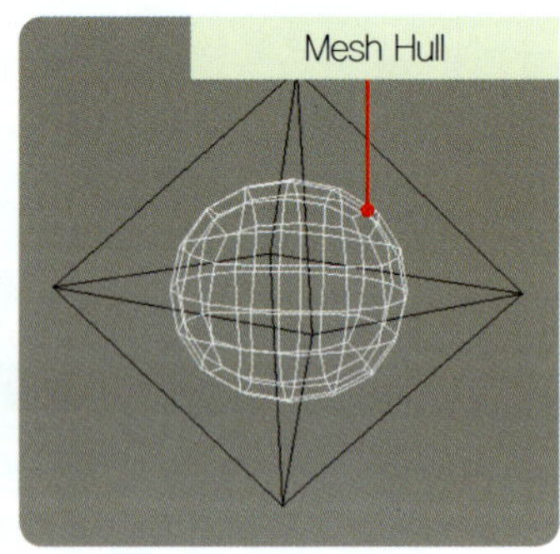

STEP 02 Subdivision Surface Object 만들기

새로운 Subdivision surfaces 작업시 새로운 오브젝트에 적용되는 표면을 원하는 작업에 맞게 새로 만들 수 있습니다.

01 Polygon mesh 오브젝트를 선택합니다.

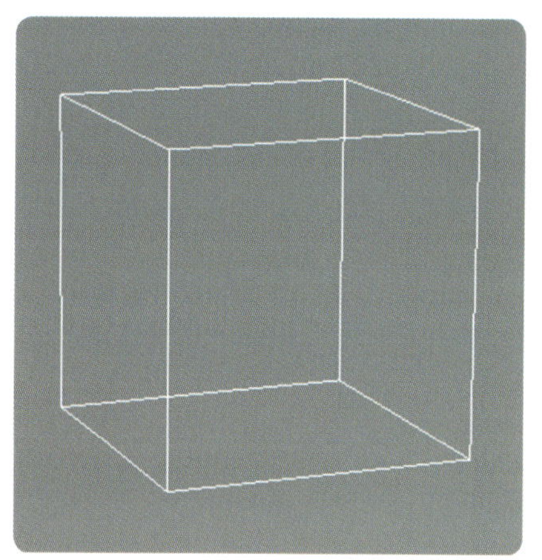

02 Model toolbar에 있는 Create 〉 Poly. Mesh 〉 Subdivision을 선택합니다. Mesh Subdivide With Center property editor가 활성화되면 Option을 조절하며 사용합니다.

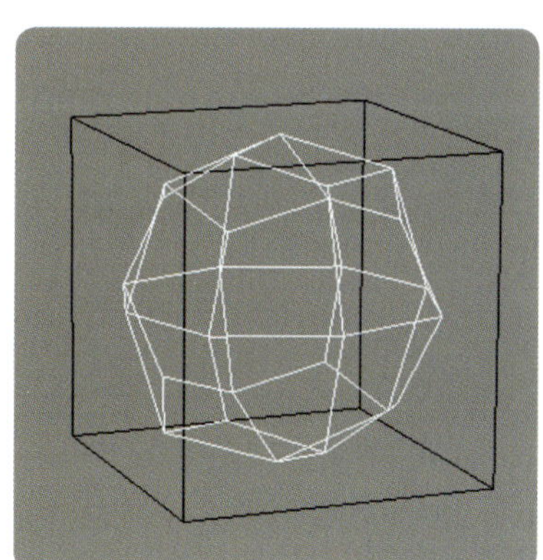

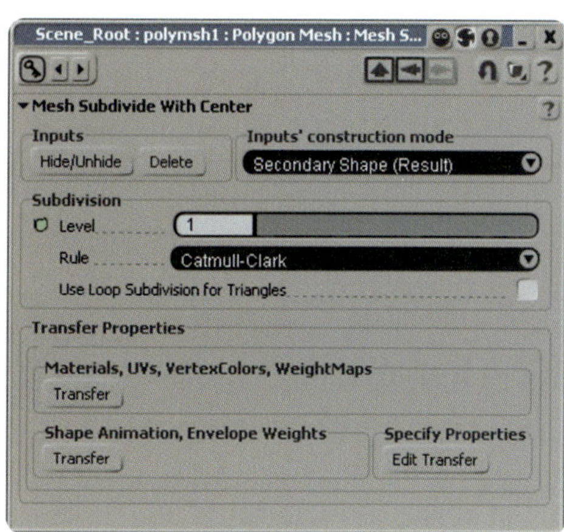

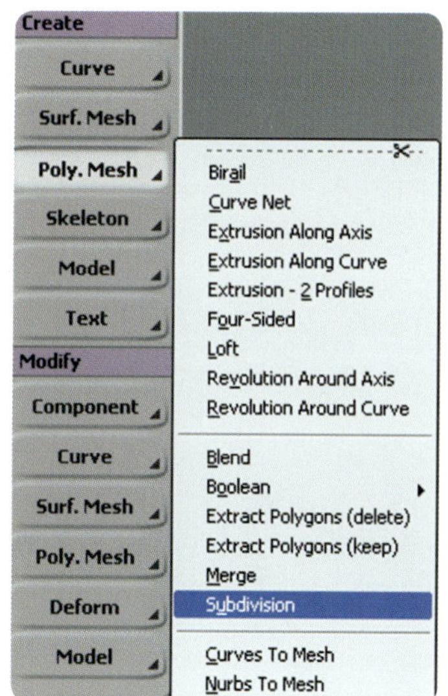

STEP 03 | Creases와 Spikes 만들기

기본적으로 Subdivision surfaces 작업은 부드러움을 제공하는 기능입니다. 하지만 Subdivision surfaces 상태에서도 날카로움이나 각을 줄 수 있습니다. 이러한 기능을 하는 것이 Creases와 Spikes 기능입니다.

Subdivision surfaces에서 Creases나 Spikes를 생성시킬 때 선택해야 하는 것이 있습니다.
Hull에서 points나 edges를 선택한 후 Modify 〉 Component 〉 Mark Hard Edge/Vertex to apply full hardness 또는 Modify 〉 Component 〉 Set Edge/Vertex Crease Value을 조절하여 사용합니다.

1. Creases 기능

Points나 Edges에 적용된 수치에 의해 다른 모양의 형태를 만들 수 있습니다.

01 Points 적용시 Creases

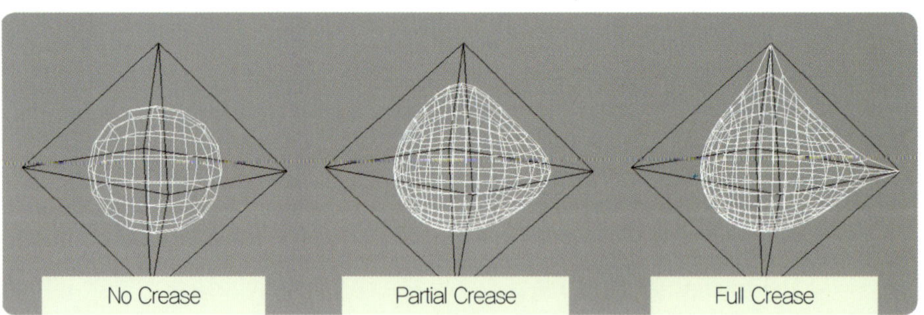

02 Edges 적용시 Creases

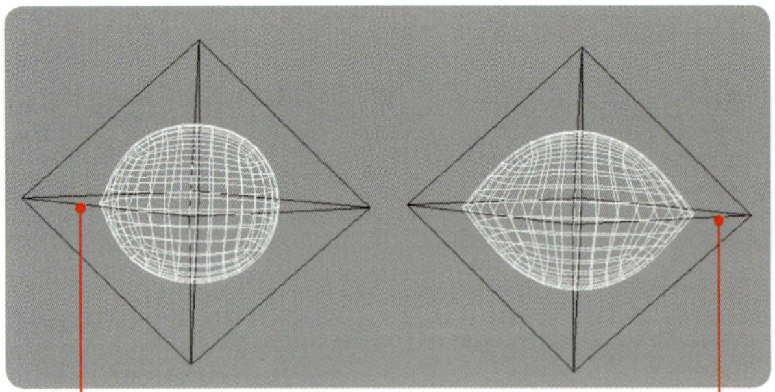

하나의 Edge에 Creases 값을 최고로 준 경우

4개의 Edge에 Creases 값을 최고로 준 경우

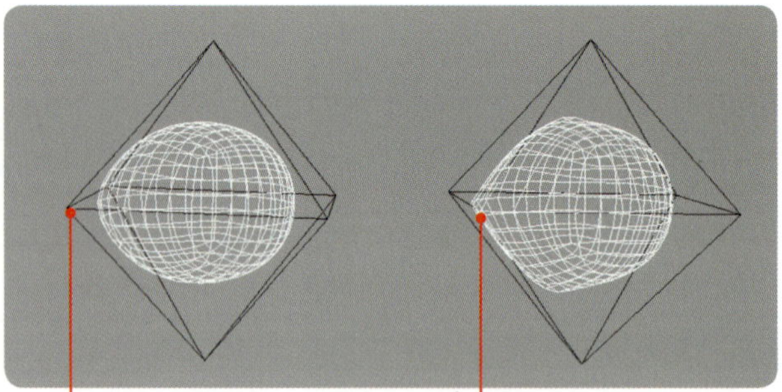

하나의 Point를 기준으로 4개의 Edge에 Creases 값을 조금 준 경우

하나의 Point를 기준으로 4개의 Edge에 Creases 값을 최고로 준 경우

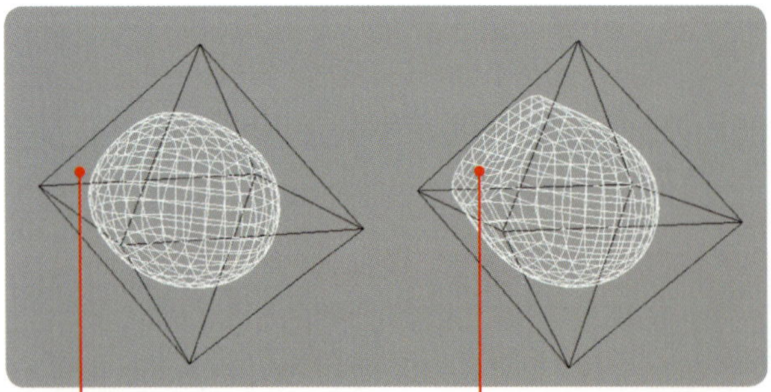

하나의 Polygon을 구성하는 3개의 Edge에 Creases 값을 조금 준 경우

하나의 Polygon을 구성하는 3개의 Edge에 Creases 값을 최고로 준 경우

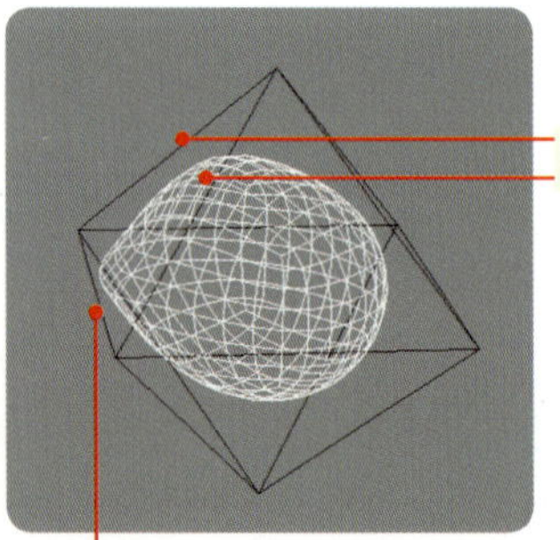

Edge에 Creases 값을 조금만 줌

Edge에 Creases 값을 최고로 줌

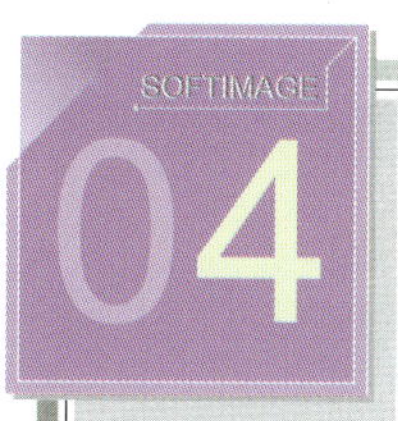

04 NURBS와 Curves Modeling

STEP 01 NURBS 살펴보기

NURBS는 **N**on-**U**niform **R**ational **B**-**S**plines의 약자입니다.

여러 가지 모델링 방법중 NURBS는 초기 3D 프로그램에서 부드러운 유기체 모델링에 있어서 매우 유용한 방법중에 하나였습니다. 지금은 Polygon modeling에서 Subdivision 방식을 더 많이 사용이 되지만 NURBS 모델링 방식은 지금도 강력한 모델링 방식중에 하나라할 수 있을 것입니다.

NURBS curves 자체는 렌더링 되지는 않지만 Surfaces를 만드는데 있어서 기본적인 Curves를 제공하기 때문에 모델링 컨트롤하기 쉬우며 용량 또한 적은 것이 특징입니다. 저 사양 컴퓨터에서도 무리없이 사용할 수 있습니다.

1. Degree와 Continuity

XSI에서 NURBS는 아래와 같이 두 가지 방법이 있습니다.

01 Linear NURBS는 아래의 그림과 같이 Segments가 각을 이루며 Points 부분에서 만나게 되며 주로 각형태의 모델링을 만들때 사용되는 방법입니다.

02 Linear NURBS가 직선의 방식이라면 이와 반대로 Cubic NURBS는 Control points를 조절하여 부드러운 곡선을 만들어주는 방식입니다.

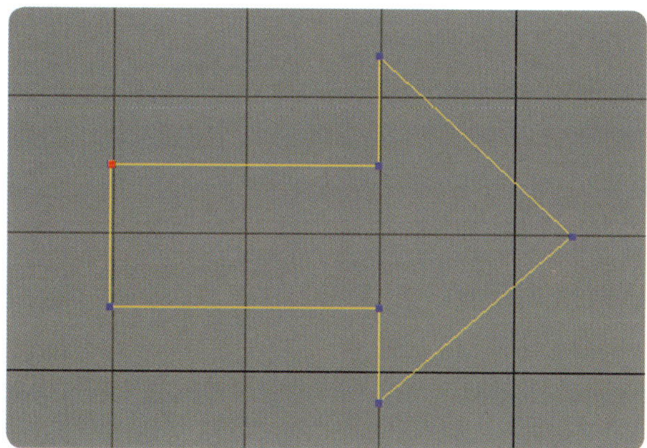

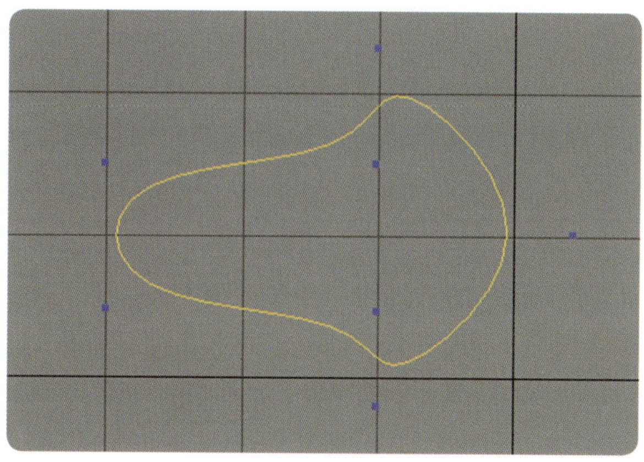

2. Points, Knots 그리고 Segments

NURBS는 기본적으로 Points에 의해 제어 됩니다. 그리고 그 Points는 "CVs" 라고도 하며 각각의 Segments를 정의하고 "Knot"s에 의해 형성됩니다.

01 Linear curve는 Control points와 그 사이에 직선의 선으로 표시됩니다.

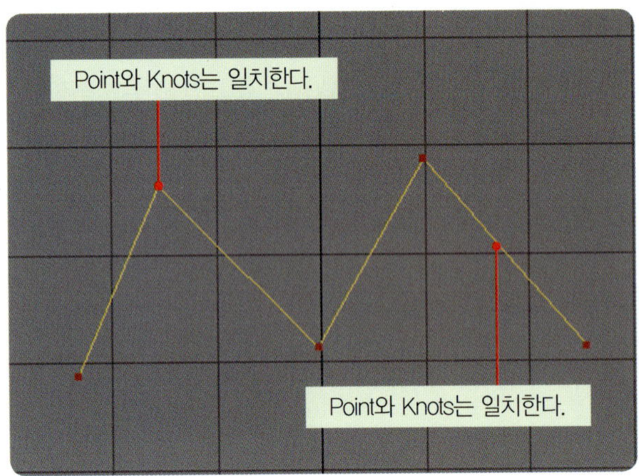

02 Ubic curve는 Control points사이의 Knots 위에 곡선 모양으로 표시됩니다.

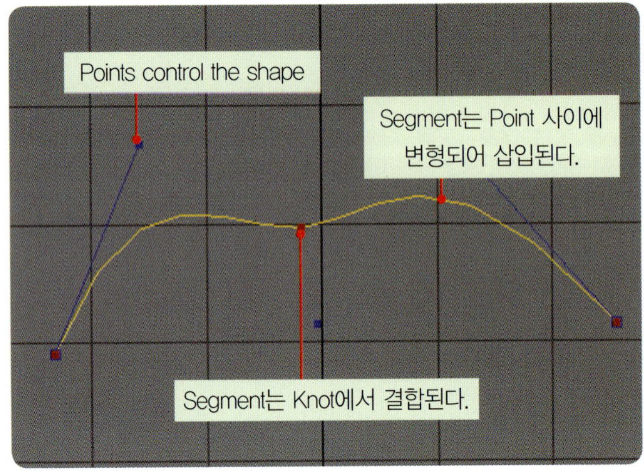

Surface에서는 두 방향(Knot curves는 Isoparams이라고도 불립니다)에 있는 새로운 Knot curves를 형성합니다.

3. Multiplicity

Multiplicity는 Knots 제어 포인트의 수를 조절하는 Knot의 속성입니다. Surface에서 Multiplicity 값이 1, 2 혹은 3일 경우 생성되는 Knot의 수치는 변하는데 이러한 제어 포인트를 이용하여 알맞은 모델링을 만들 수 있습니다.

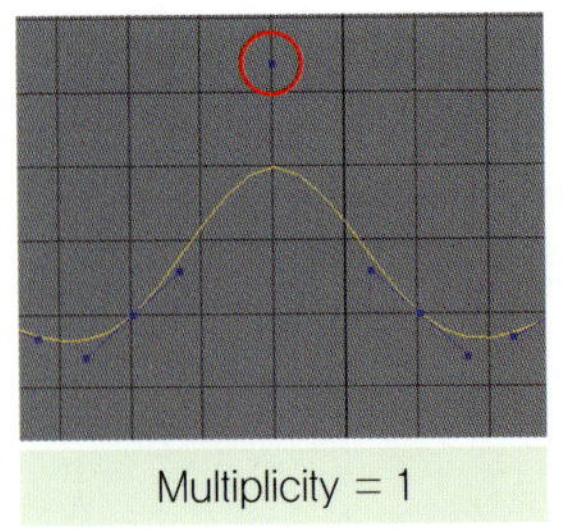

Multiplicity = 1

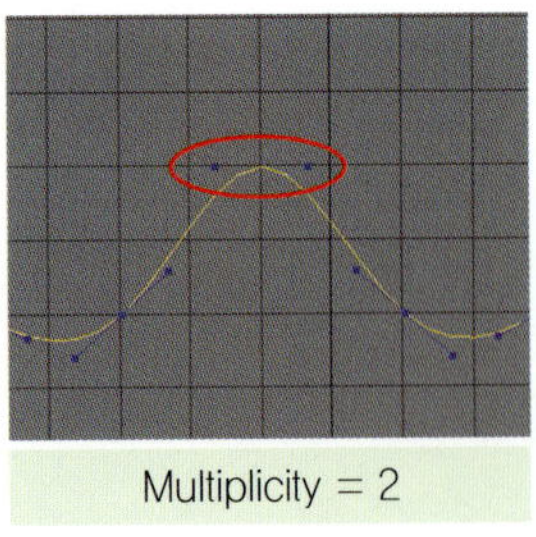

Multiplicity = 2

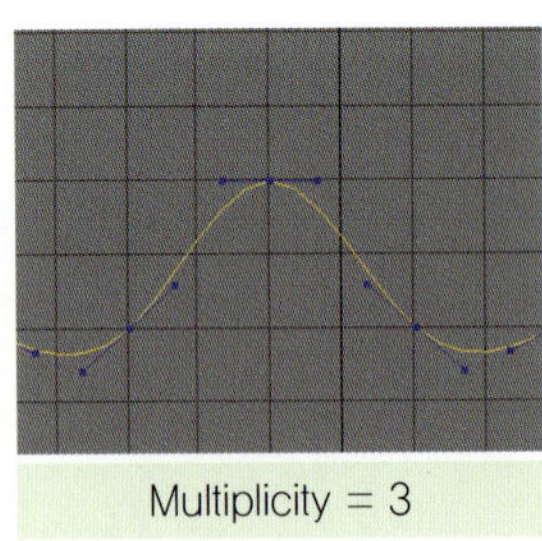

Multiplicity = 3

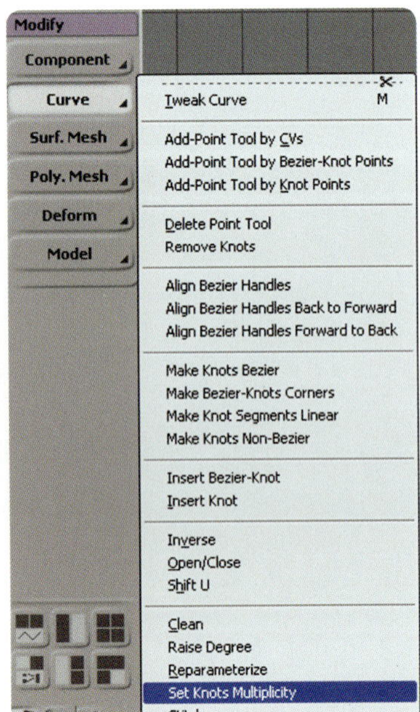

4. NURBS 열거나 닫기

NURBS 모델링 제작시 NURBS의 끝부분이 열리거나 혹은 닫힐 수도 있습니다. 닫힌
모습일 때는 Segments와 Patches를 결합시켜 하나의 새로운 모델링을 만들어 낼 수
있습니다.

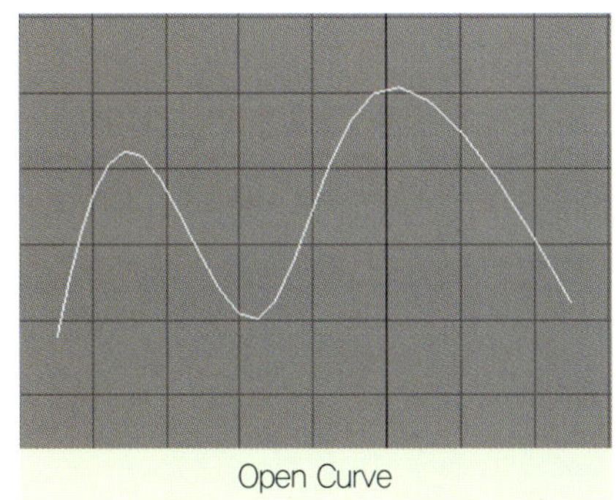

Open Curve

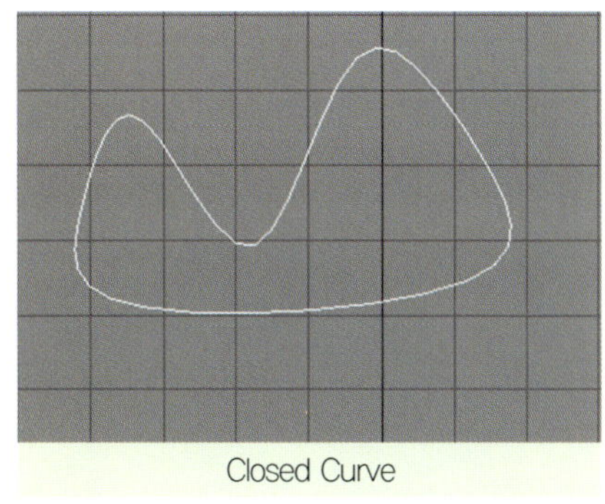

Closed Curve

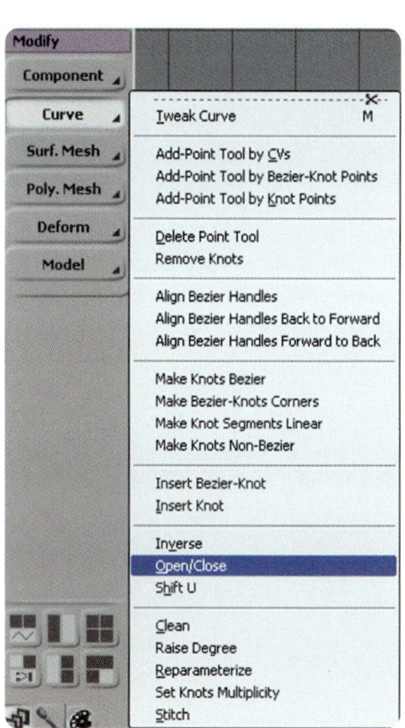

Surface 상태에서 "U"나 "V" 좌표를 이용하여 각각의 옵션별 형태를 아래의 그림과 같이 조절할 수 있습니다.

Open in U and V

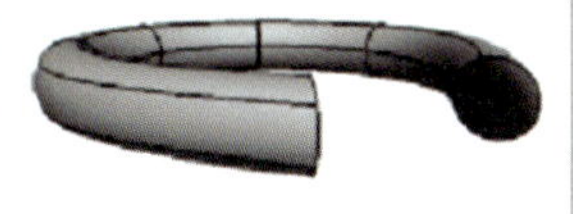

Open in U, closed in v

Closed in U, open in V

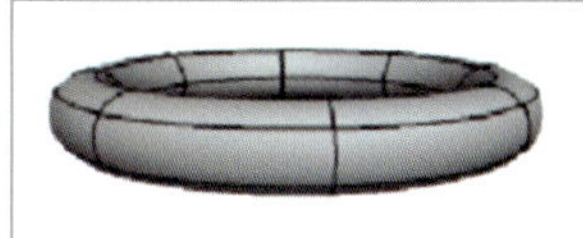

closed in U and V

STEP 02 — Curves 살펴보기

1. Curve Components, Attributes

Curves 아래와 같이 많은 구성요소와 속성을 가지고 있습니다.

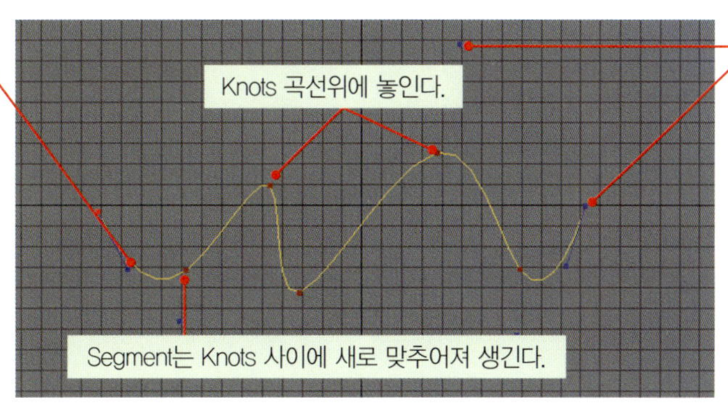

2. Curve Components 그리고 Attributes 살펴보기

3D view에서 Curve를 Display시 보이거나 숨기게할 수 있습니다. 그 방법으로 Eye icon 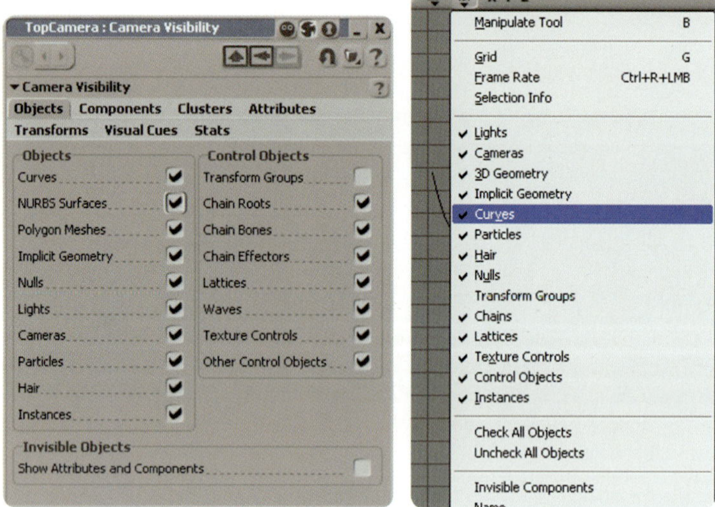 을 클릭한 다음 Corresponding component option을 선택합니다.

또는 Shift + S 키를 누르면 나타나는 Camera Visibility의 Object 탭의 항목들을 조정하면 됩니다.

Curve 이외에 다른 것도 숨기거나 보여줄 수 있으며 단지 화면상에서만 보이지 않을 뿐이며 실제로 데이터가 사라지는 것은 아닙니다.

Drawing과 Manipulating Curves

SOFTIMAGE|XSI에서는 Tools과 Commands를 이용한 여러 가지 Draw 기능이 있습니다.

1. Drawing과 Manipulating Curves 알아보기

XSI에서 curve를 이용하여 Draw와 Manipulate를 사용할 수 있습니다. Manipulate는 curve의 Linear와 Cubic의 두 가지 방식이 있습니다. Linear curves는 강한 Curves를 보여주며 Cubic은 부드러운 Curve의 형식을 보여줍니다.

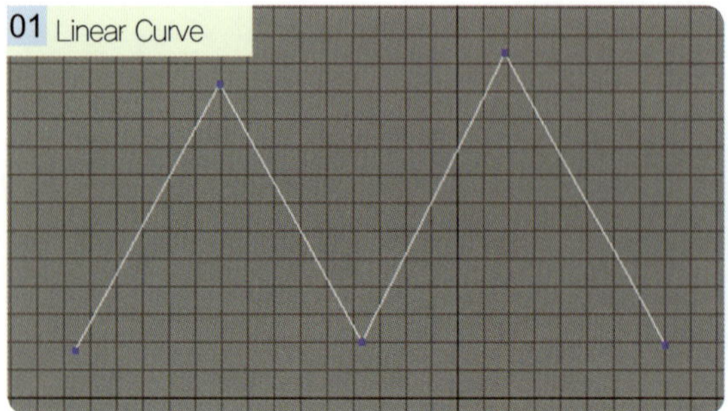

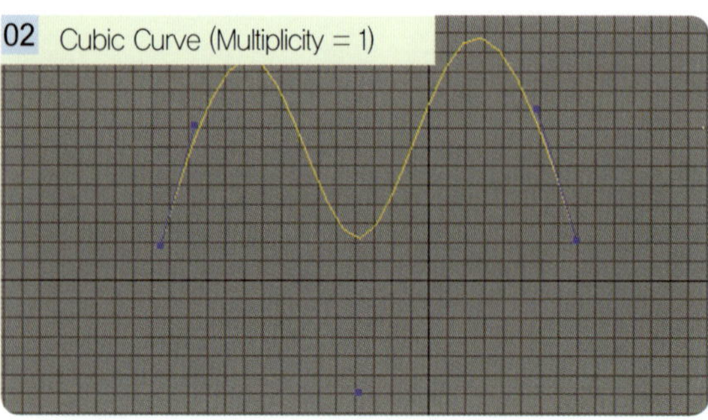

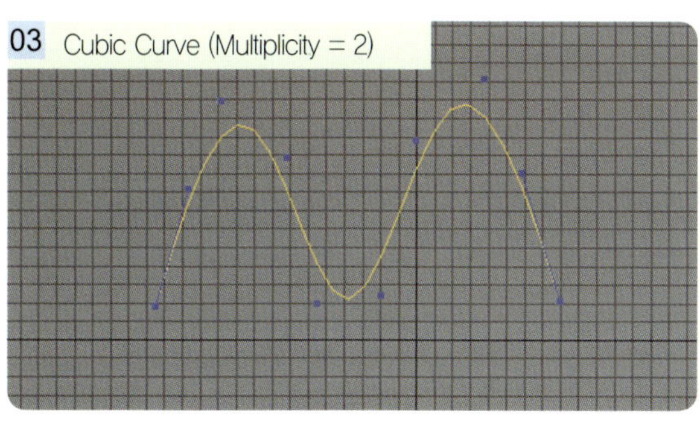

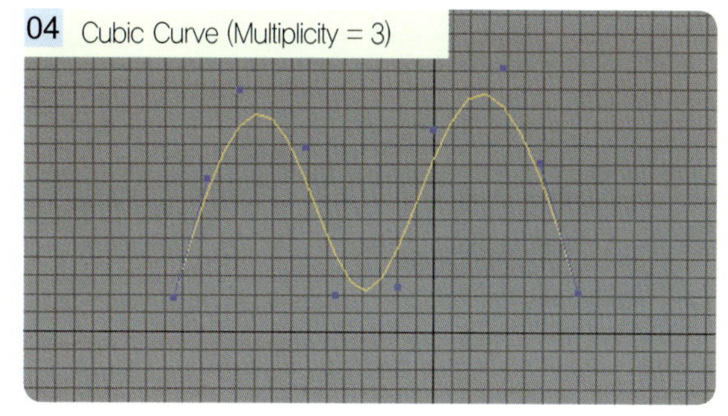

커브의 포인트는 Knot의 Multiplicity를 이용하여 포인트 수를 조절하며 모델링을 진행합니다.
일반적으로 포인트의 수가 증가할수록 부드러운 곡선을 얻을 수 있지만 더 많은 제어를 제공하기 때문에 용량의 증가와 편집시 불편함을 줄 수 있습니다. 따라서 적절한 포인트 사용이 중요합니다.

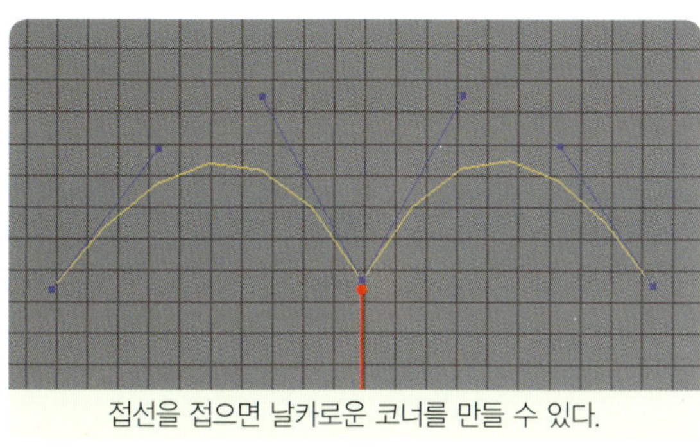

접선을 접으면 날카로운 코너를 만들 수 있다.

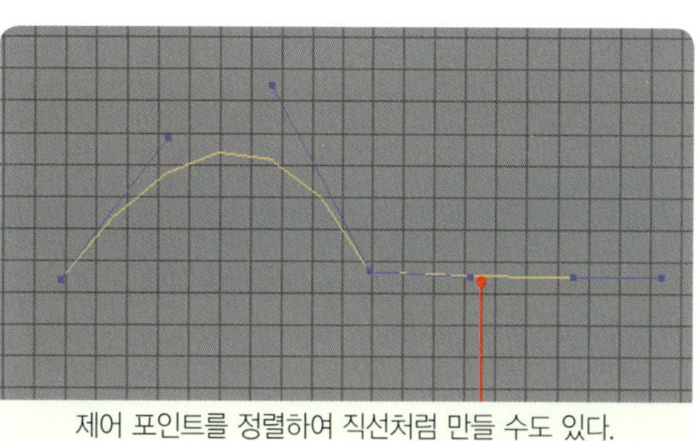

제어 포인트를 정렬하여 직선처럼 만들 수도 있다.

2. Drawing Curves

Curves 활용을 위해서는 여러 가지 방법이 있는데 가장 기본적인 방법으로는 마우스를 Drag하여 포인트를 생성해 나가며 Curve를 그릴 수 있습니다. Control points 또는 knots를 클릭하면 Cubic 또는 linear curves를 그릴 수 있습니다.

01 Model 또는 Animate toolbar에 있는 Create 〉 Curve menu를 선택하여 아래의 방법 중 한 가지를 선택합니다. Mouse pointer가 연필 모양으로 변합니다.

1 Draw Cubic by CVs
2 Draw Cubic by Bézier-Knot Points
3 Draw Cubic by Knot Points
4 Draw Linear

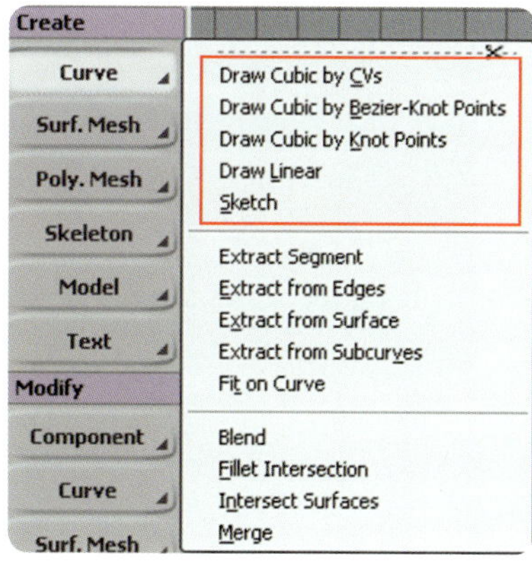

02 첫 번째 포인트를 마우스 클릭하여 만든 후 더 많은 포인트를 생성하기 위해 계속하여 마우스 클릭하며 만들어 나갑니다.

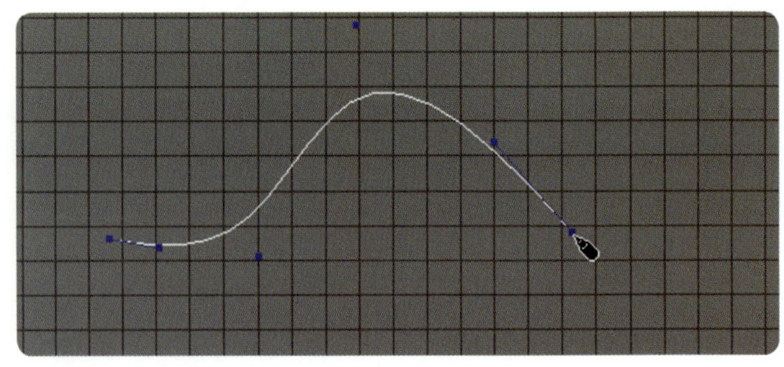

01 포인터를 다 만드신 후에 다시 원점으로 이동하시려면 Esc 키를 누르거나 마우스 오른쪽 버튼을 누르면 대화창이 생성됩니다. 활성화된 대화창에서 Exit tool을 누르면 됩니다.

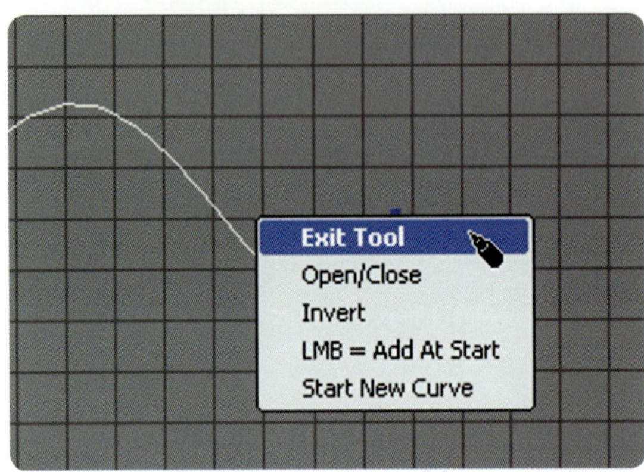

02 Curve에 Point를 추가하시려면 왼쪽 마우스 버튼을 클릭히면 됩니다. 생성되어져 있는 두 포인트 사이에 포인트를 추가하려면 마우스 가운데 버튼을 클릭하면 됩니다.

03 첫 번째 포인트 이전에 포인트를 생성하는 방법은 먼저 마우스 오른쪽 클릭 후 "LMB = Add at Start"를 선택하여 왼쪽 마우스 버튼을 이용하면 됩니다. 다시 돌아가시려면 오른쪽 마우스 클릭한 후 "LMB = Add at End"를 클릭하면 됩니다.

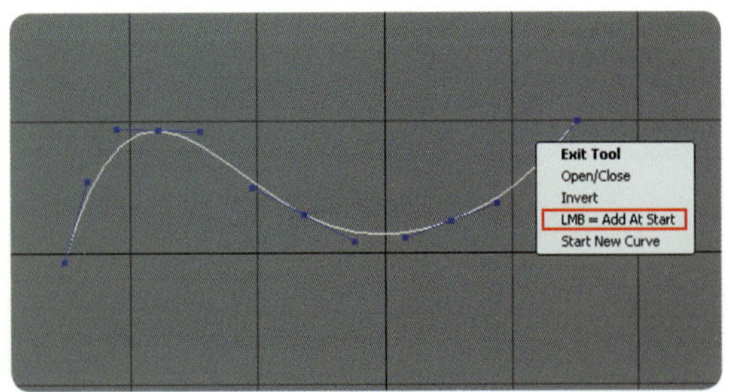

04 다른 명령어를 이용하시려면 오른쪽 마우스 버튼을 클릭 후 Open/Close, Invert, Start New Curve와 Exit 툴을 사용할 수 있습니다.

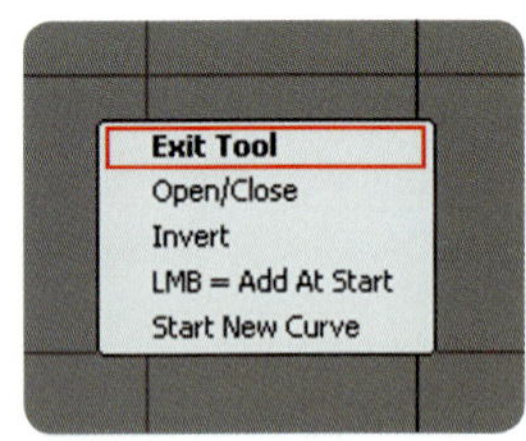

STEP 04 Curves 수정하기

생성된 Curves를 수정하기 위해서는 Model toolbar에서 Modify 〉 Curve 명령어를 이용하면 됩니다.

01 **Inverting Curves** : Model toolbar에서 Modify 〉 Curve 〉 Inverse

Inverting curve는 말 그대로 curve를 반대로 한다는 뜻입니다. 현재 상태에서 정반대의 형태를 만들어 낼 수 있습니다.

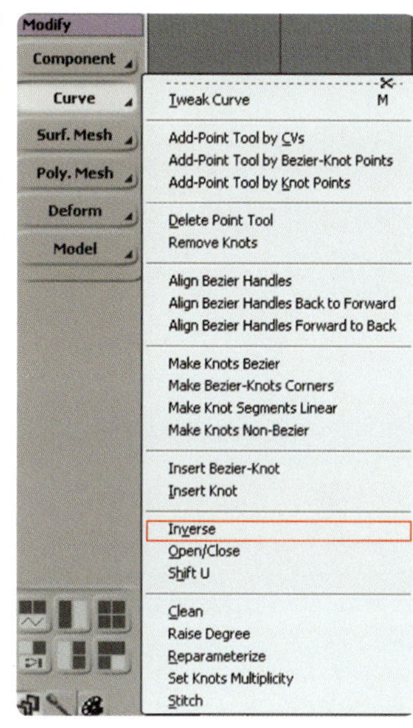

02 **Curves** 열거나 닫기 : Modify 〉 Curve 〉 Open/Close

Curve의 모양을 열거나 닫을 수 있습니다. Curves는 항상 "U = 0" 위치에서 열립니다.

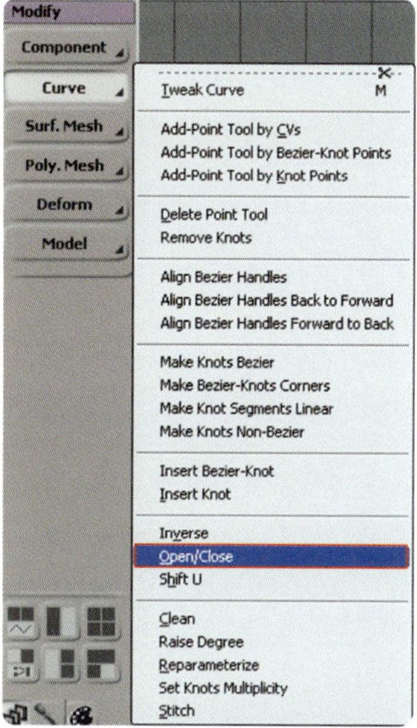

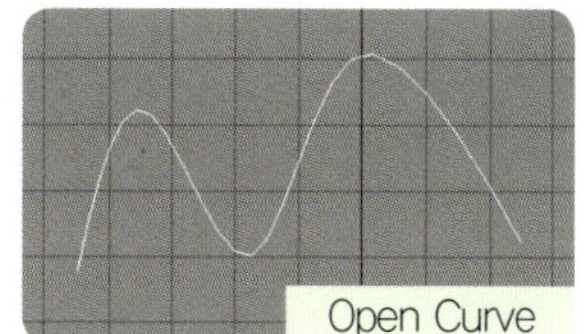
Open Curve

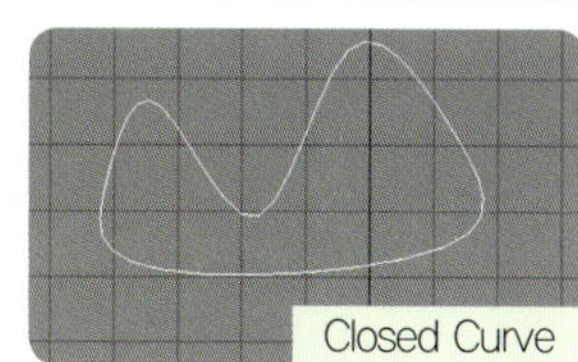
Closed Curve

03 **Shifting U on Curves** : Modify 〉 Curve 〉 Shift U를 사용하여 닫혀진 Curves에서 그 곡선의 길이를 따라 Start point를 이동할 수 있습니다(Start point : U = 0 position).

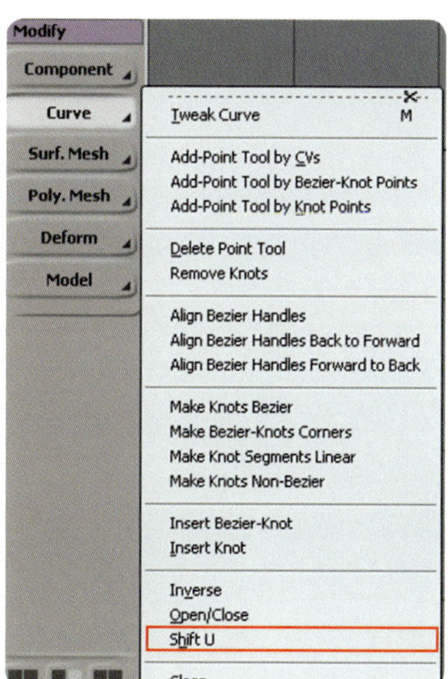

04 `Cleaning Curves` ： Model toolbar에서 Modify 〉 Curve 〉 Clean은 Curve에 있는 불필요한 Control points를 정리해 주는 역할을 합니다.

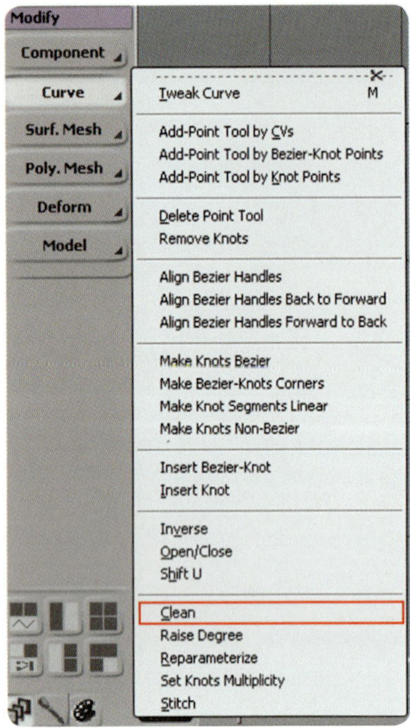

05 `Raising the Degree of Curves` ： Model toolbar에서 Modify 〉 Curve 〉 Raise Degree Curves를 Raising할 수 있습니다.
예를 들면 Curved에 Segment를 더해서 선형적인 곡선을 변형시킬 수 있습니다.

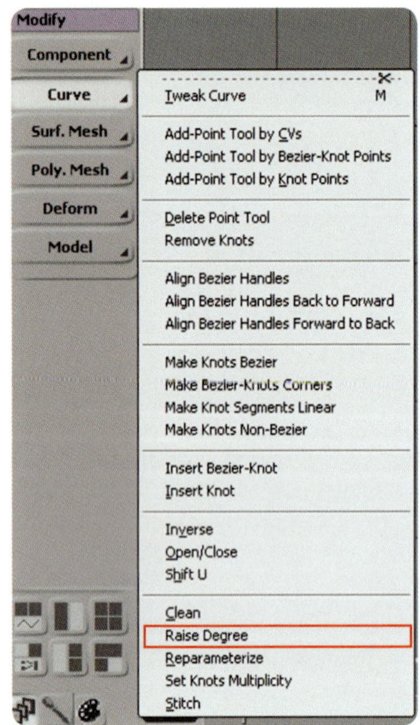

06 `Stitching Curves` ： Model toolbar에서 Modify 〉 Curve 〉 Stitch
Stitching은 두 개의 Curves를 붙일 때 사용되는 명령어입니다.
하지만 이 기능은 Blending Curves나 Merging Curves와는 다르게 새로운 Curves를 만들어 내지는 않으며 원래의 Curves 모양이 변형이 되는 것입니다.
붙일 Curve를 선택하고 stitch 명령을 주고 두 개의 Curve에 붙을 포인트를 선택하면 두 개의 Curve가 연결됩니다.

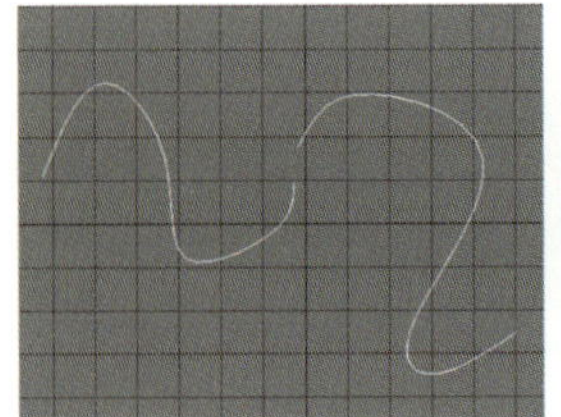

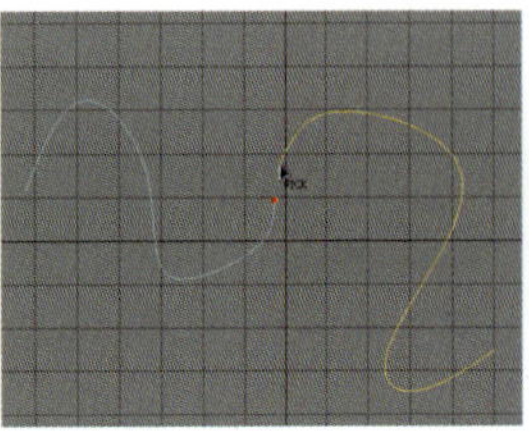

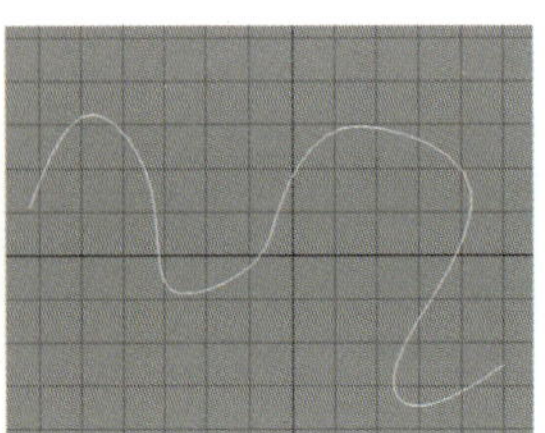

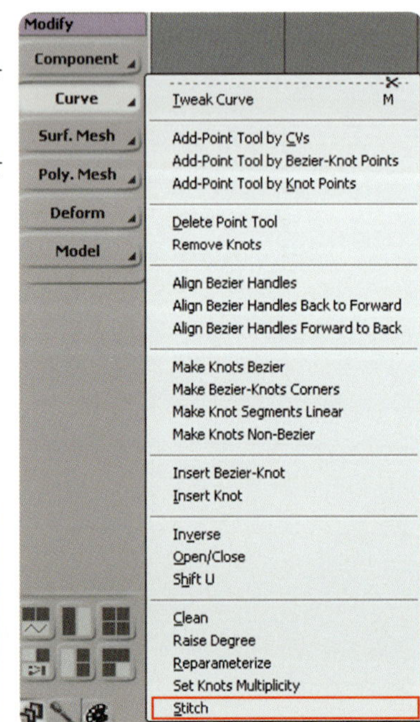

STEP 05 다른 Objects로부터 Curves 생성하기

다른 오브젝트로부터 새로운 Curve를 만들 때 모델링 관계는 새로운 곡선 사이에서 존재하고 그 입력 물체를 정의합니다. 또한 어떤 방법으로도 그 원형 모델을 수정하는 것은 새로 생성된 Curve를 수정하게 됩니다.

1. Extracting Curve Segments
: Model toolbar에서 Create 〉 Curve 〉 Extract Segment

01 Curve Object를 선택한 후 Model toolbar에서 Create 〉 Curve 〉 Extract Segment를 선택합니다.

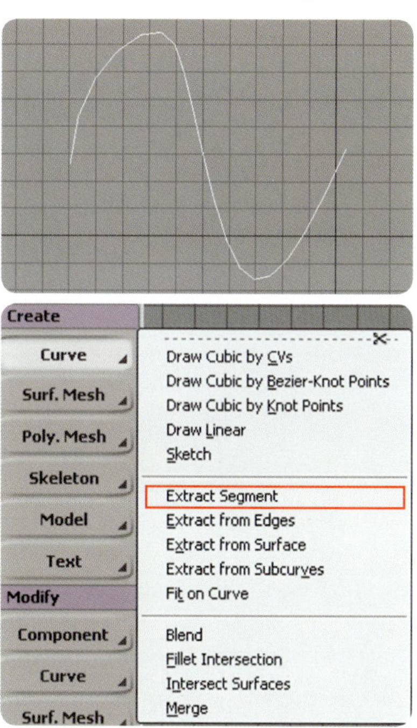

02 Curve에서 시작하고 끝나는 Isopoint를 선택합니다.

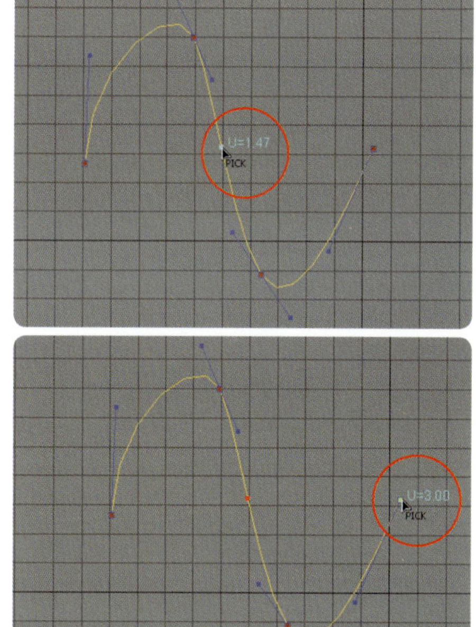

03 새로운 곡선이 만들어 지면서 Curve Segment property editor가 열립니다.

04 Curve Point Adaptor를 이용하여 작업을 마무리할 수 있습니다.

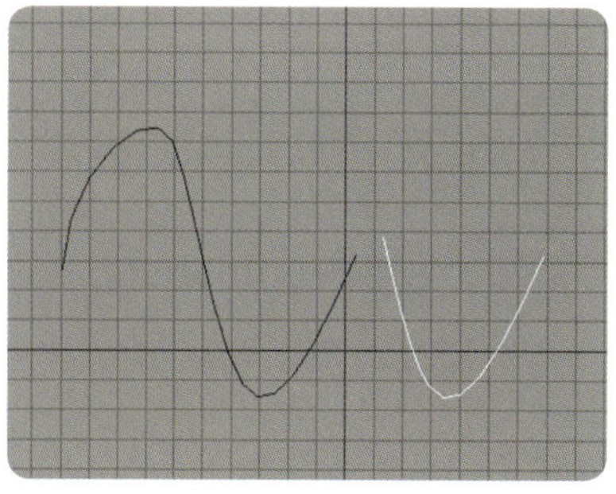

2. Edges에서 Extracting Curves 하기

Polygon mesh object가 사용된 Edges에서 Linear curve를 추출할 수 있습니다.

01 Polygon mesh 오브젝트에 있는 Edges를 선택합니다.

02 Create 〉 Curve 〉 Extract from Edges를 선택합니다.

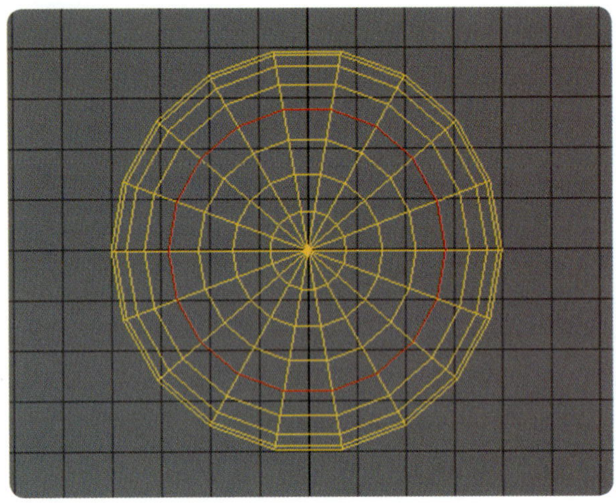

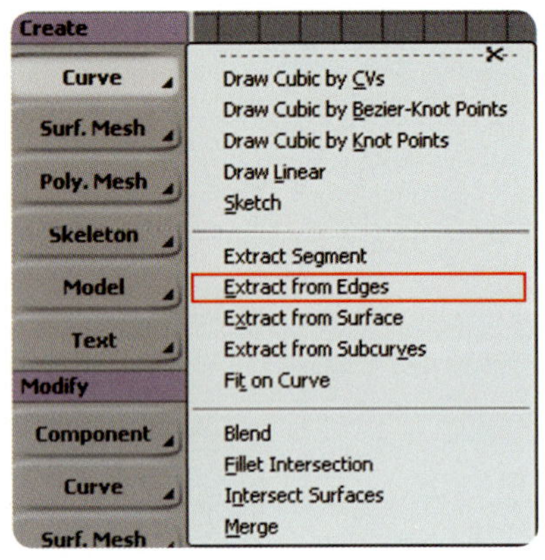

03 Extract Edge Loop property editor가 활성화되면서 새로운 Curve가 생성됩니다.

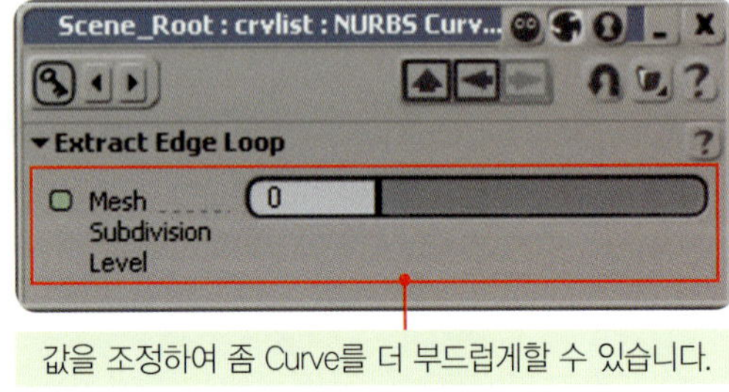

값을 조정하여 좀 Curve를 더 부드럽게할 수 있습니다.

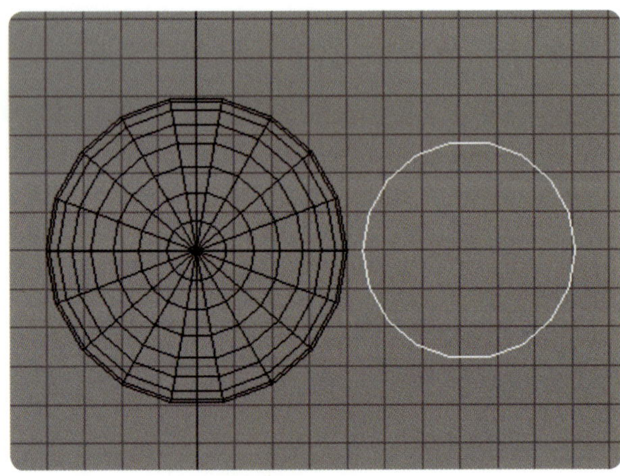

 **Edge란 ?**

사전적 의미로는 가장자리, 끝, 가, 언저리라는 뜻이 있으며 3D 그래픽에서 다면체를 이루고 있는 평면다각형을 다면체의 면(面), 두 면에 공통인 다각형의 변을 다면체의 모서리, 다각형의 꼭지점을 다면체의 꼭지점이라 하는데 주로 Edge는 라인의 형상으로 표현되어 구별할 수 있으며 포인트와 폴리곤 사이의 중간 개념입니다.

3. Extracting Curves 이용한 Surfaces modeling

01 Surfaces Modeling 오브젝트를 선택합니다.

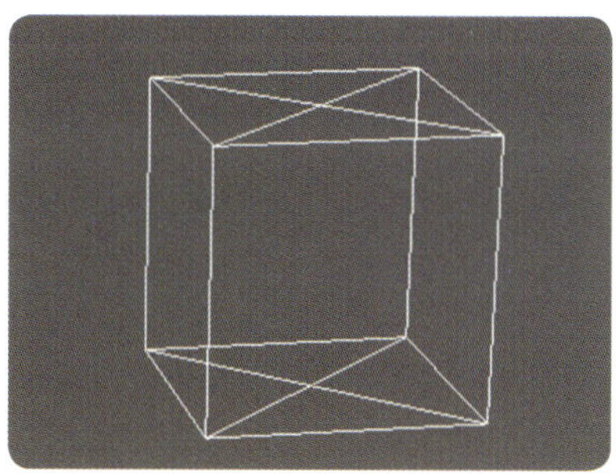

02 Model toolbar에서 Create 〉 Curve 〉 Extract from Surface를 선택하고 추출할 Edge를 Pick 합니다.

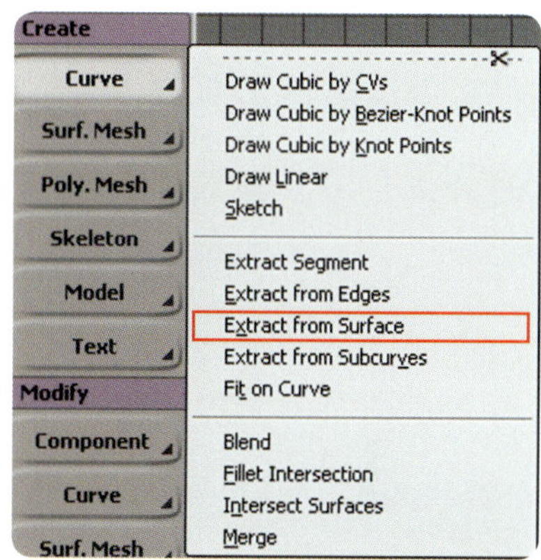

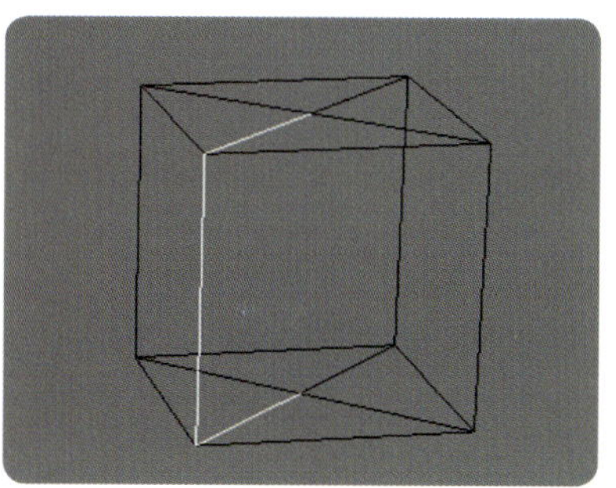

03 Curve를 조절하려면 Surface Curve Adaptor page에 Extracted curve를 사용합니다.

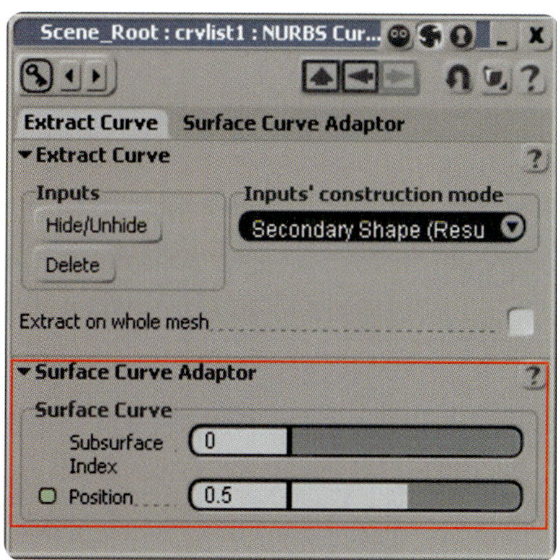

SOFTIMAGE XSI

4. Subcurves에서 Extracting Curves하기

EPS curves를 Import 할 때 Multiple subcurves를 포함하며, 새로운 Curve 오브젝트를 만들기 위해 Subcurves로 추출할 수 있습니다.

01 Subcurves 추출할 시에는 하나 또는 여러 개의 Subcurves를 선택합니다.

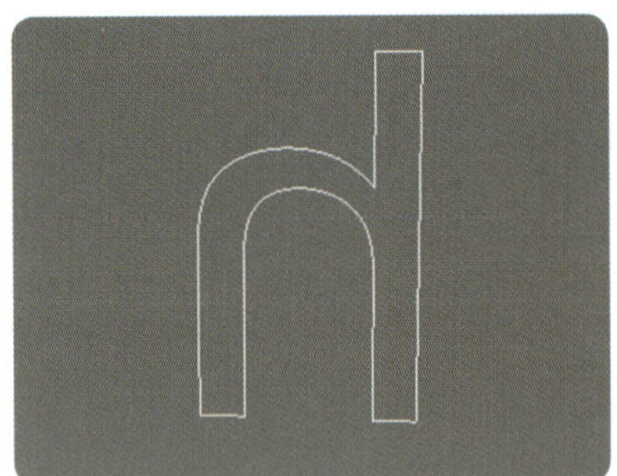

02 Model toolbar에서 Create 〉 Curve 〉 Extract from Subcurves를 선택하여 추출합니다.

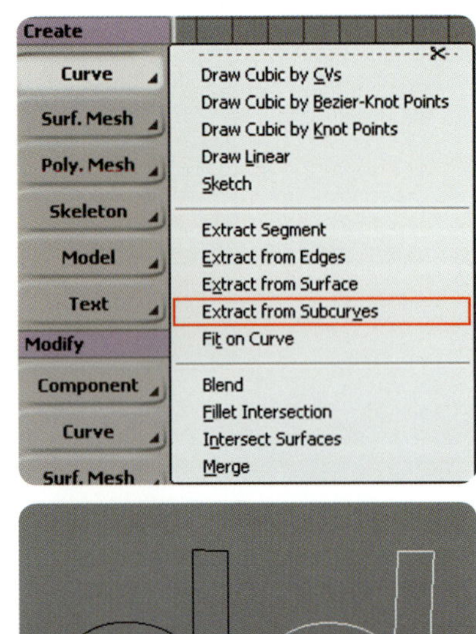

5. Fitting Curves onto Curves

각각의 다른 Curves를 하나의 Curves로 만들 수 있으며 이 과정에서 포인트나 Curves를 정리할 수도 있습니다.

01 Curve를 선택합니다.

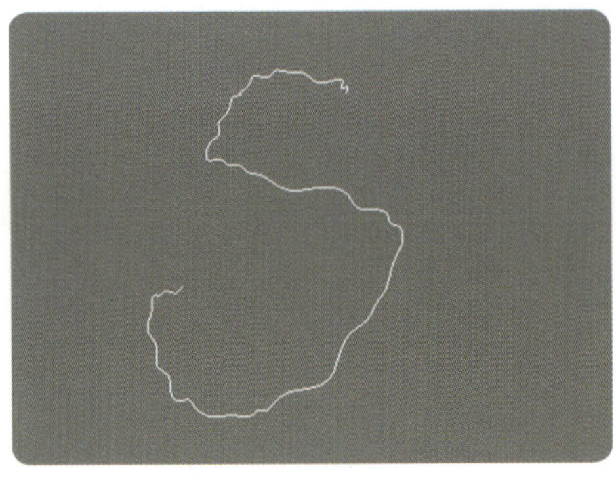

02 Model toolbar에서 Create 〉 Curve 〉 Fit on Curve를 선택합니다.

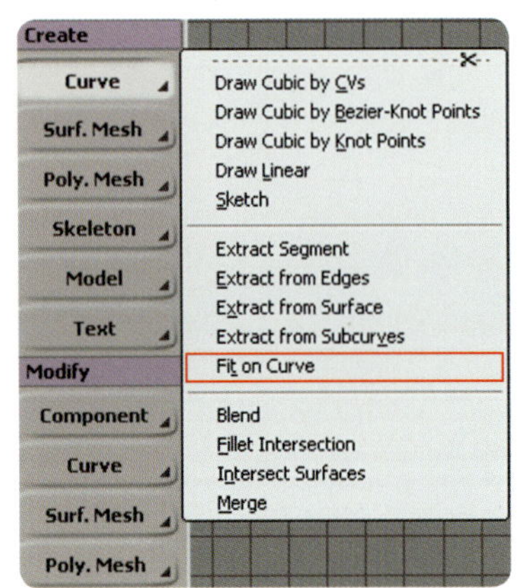

03 새로운 Curve가 생성되면서 Fit Curve property editor가 열립니다.

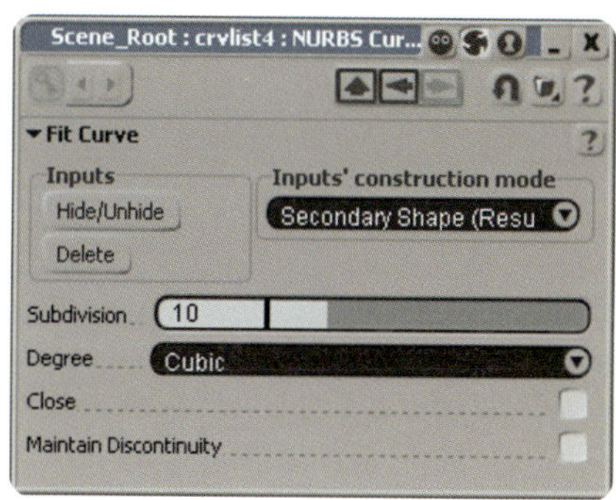

6. Intersecting Surfaces에서 새로운 Curves 생성하기

두 개의 Surfaces가 교차하는 부분에서 새로운 Curves를 생성할 수 있습니다.

01 두 개의 Intersecting surface Object를 선택 합니다.

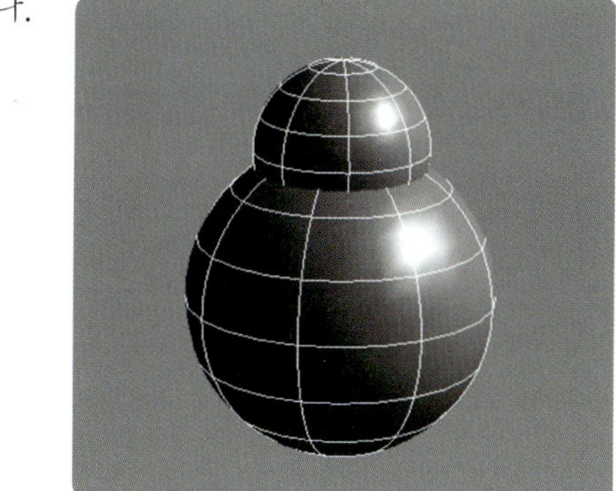

02 Model toolbar에서 Create 〉 Curve 〉 Intersect Surfaces를 선택 합니다.

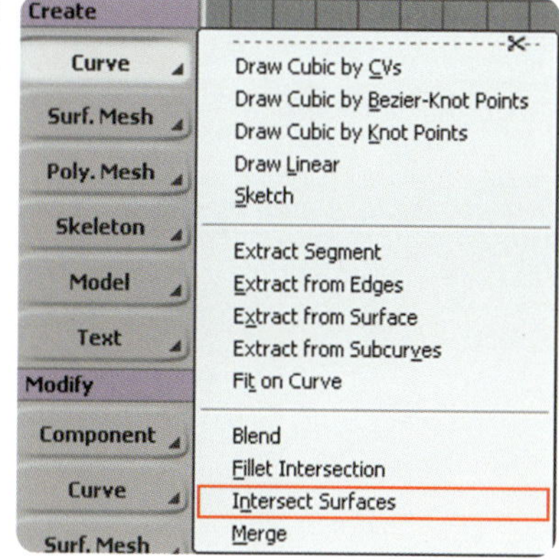

03 Intersect Surfaces property editor가 열리면서 새로운 Curve가 생성됩니다.

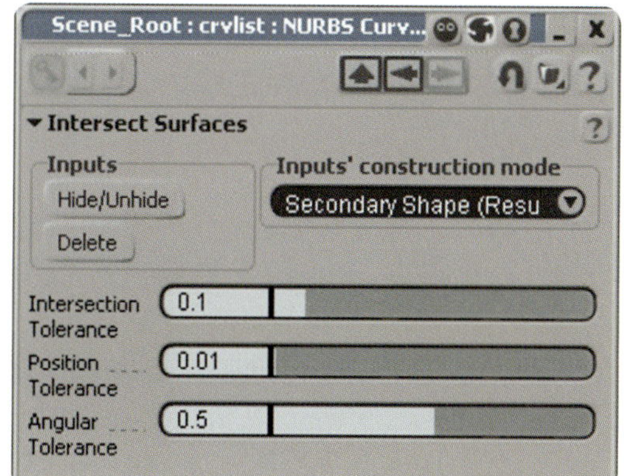

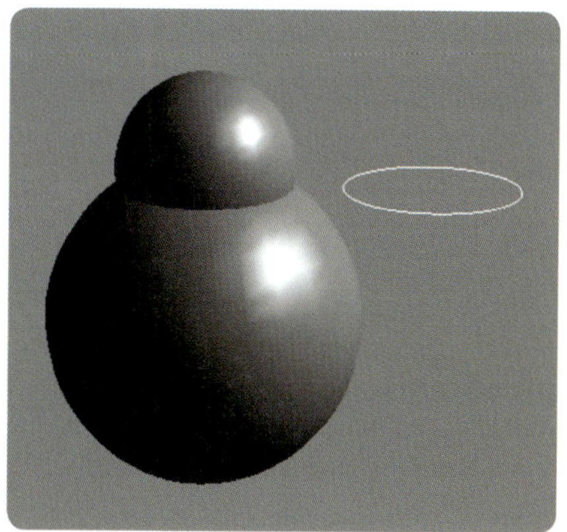

7. Blending Curves : Model toolbar에서 Create 〉 Curve 〉 Blend

두 개의 Curves를 Blending하여 새로운 Curve를 만들 수
있습니다. Merging 기능과는 다르게 두 개의 Curve를 섞어서
하나의 새로운 Curve로 만들어 주는 기능입니다. 오른쪽의 그
림과 같이 중간부위의 끊어진 부분의 Curves 형태를 무시하
며 새로운 형태를 만들면서 연결합니다.

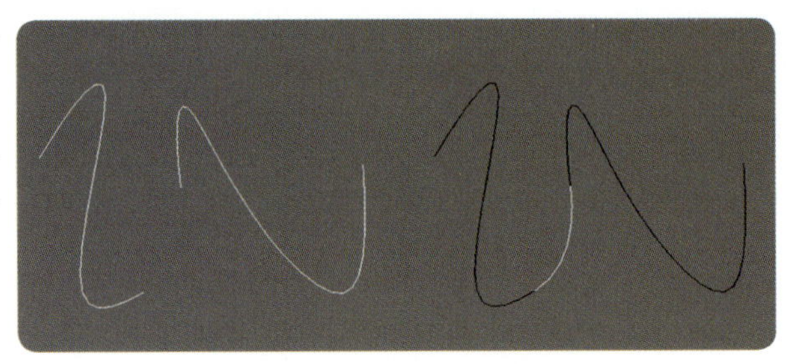

01 두 개의 Curve boundaries를 선택합니다.

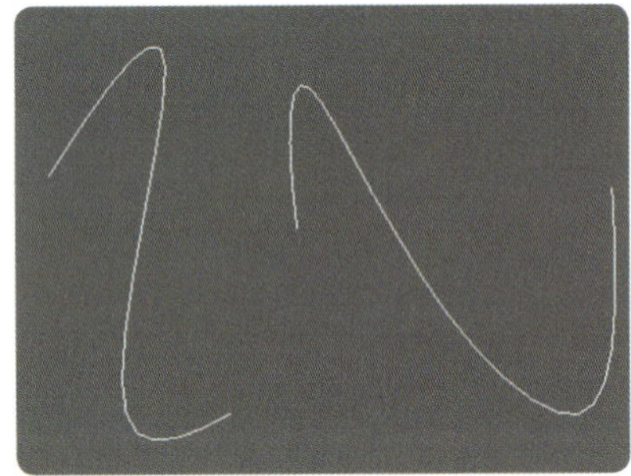

02 Model toolbar에서 Create 〉 Curve 〉 Blend를
선택합니다.

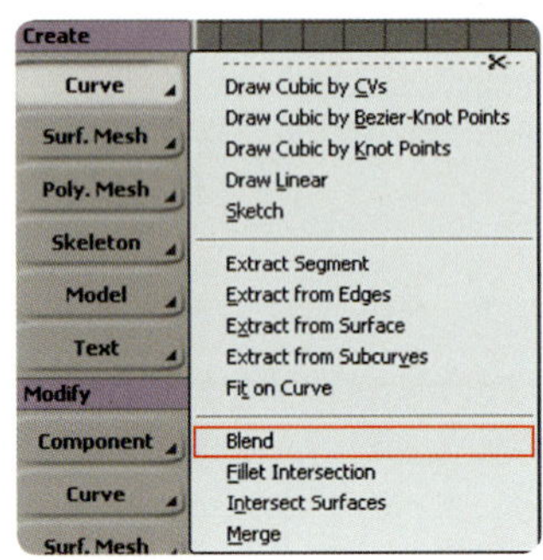

03 두 Curve의 연결될 Point를 Pick합니다.

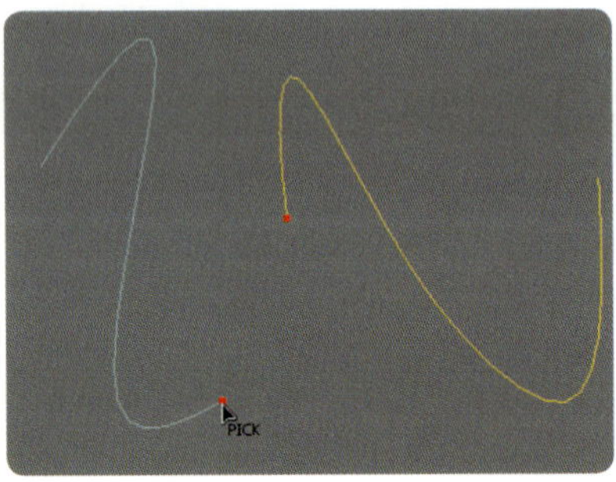

04 Blend Curves property editor가 열리면서
새로운 Curves가 생성됩니다.

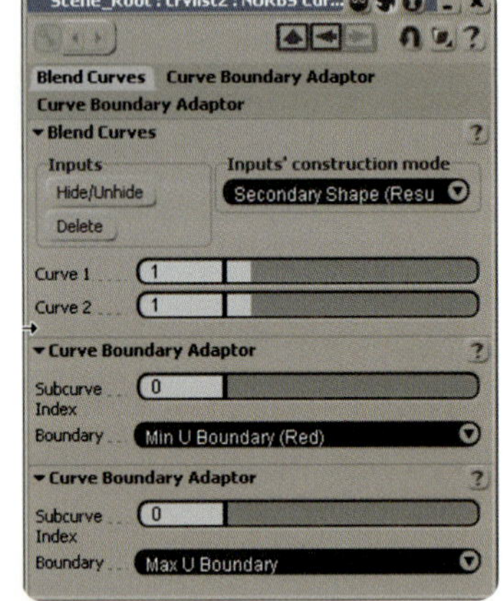

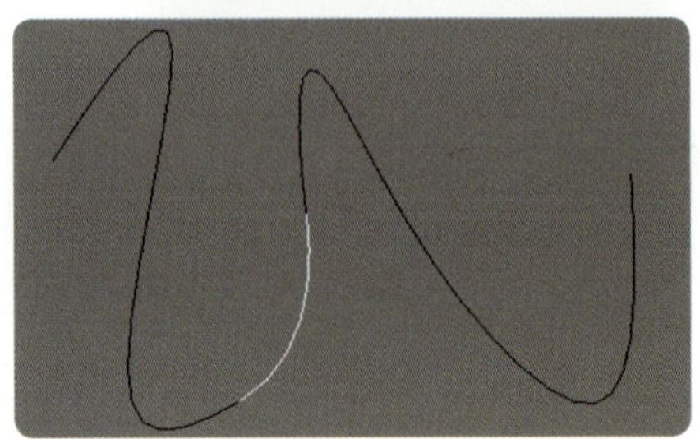

8. Filleting Curves

직선의 두 개의 Curves에서 코너 부분에 라운드 형식의 Fillet 혹은 Smooth blending arc를 생성할 수 있습니다.

01 교차하는 두 개의 직선 Curves를 선택합니다.

02 Model toolbar에서 Create > Curve > Fillet Intersection을 선택합니다.

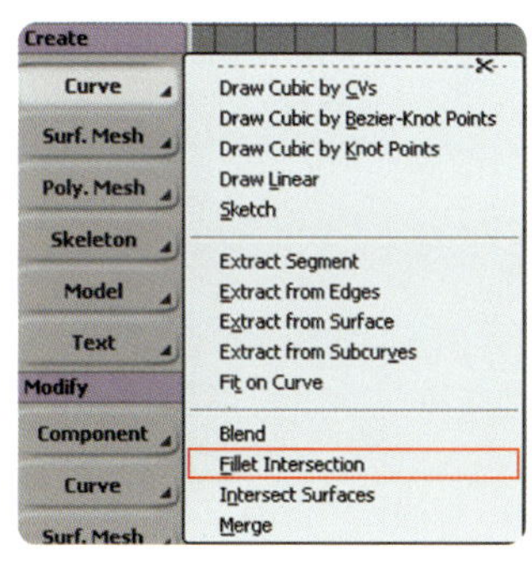

03 Fillet Curves property editor가 열리며 다음 그림과 같이 양 직선의 코너 부분에 곡선 모양이 생성됩니다.

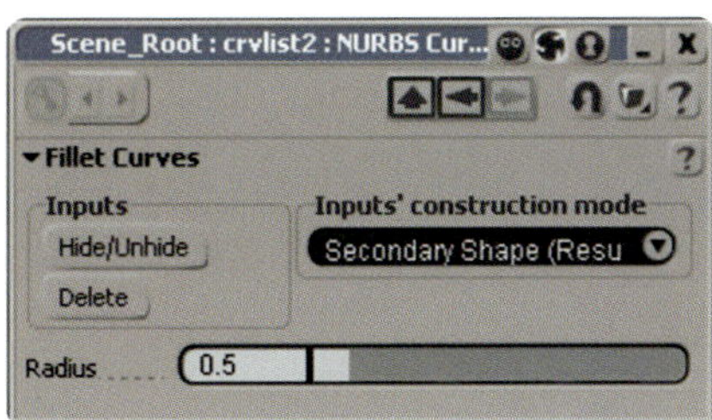

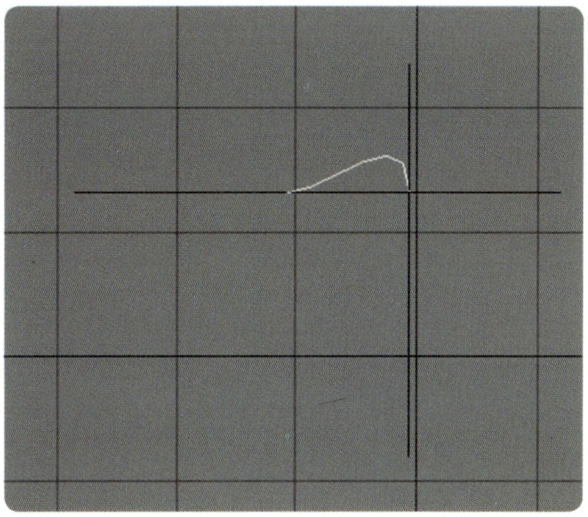

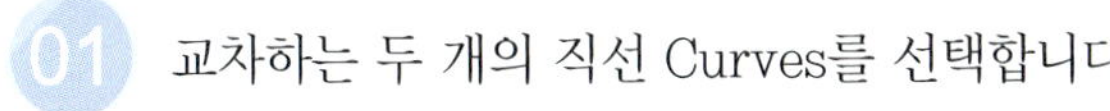

Curve란 ?

사전적 의미로는 곡선, 곡면이란 뜻이며 평면 위 또는 공간 안에서 실제수로 인한 연속함수에 의해 점의 좌표가 정해지는 일차원적인 공간이며 일반적으로 연속곡선을 뜻합니다.

3D 그래픽에서 모델링, 애니메이션 제작시 주로 보조적 역할을 담당하고 있으며 렌더링시 표현되지 않습니다.

9. Merging Curves : Model toolbar에서 Create 〉 Curve 〉 Merge

두 개의 Curves를 Merging하여 새로운 Curve를 생성합니다. Blending 기능과는 달리 사이 간격에 모자라는 부분에 새로운 Curves를 생성하며 연결합니다.

01 두 개의 Curve boundaries를 선택합니다.

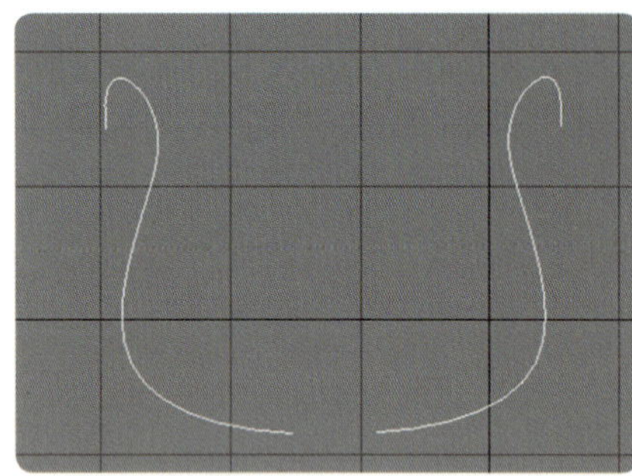

02 Model toolbar에서 Create 〉 Curve 〉 Merge를 선택합니다.

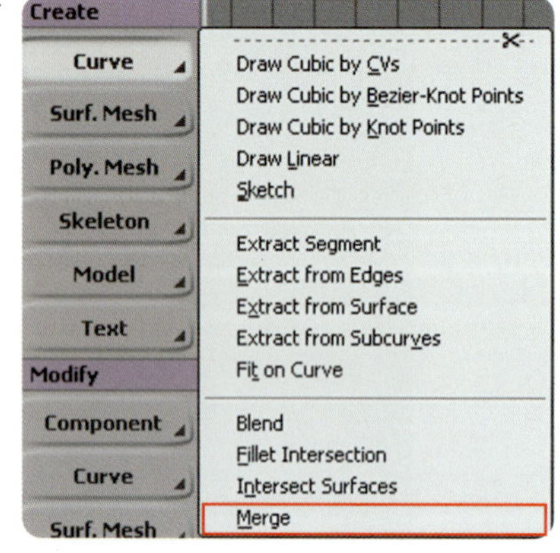

03 두 Curve의 연결 될 포인트를 Pick합니다.

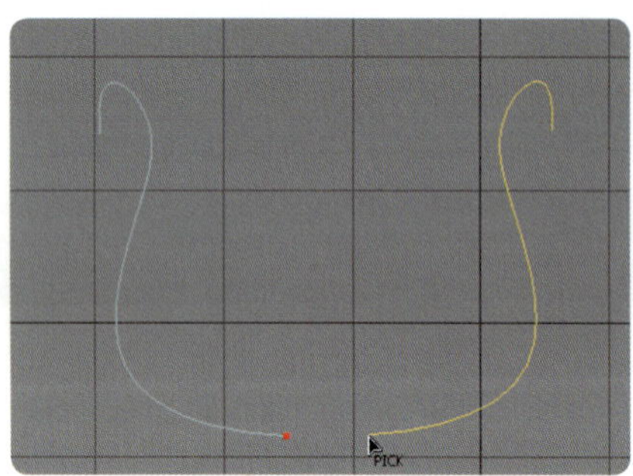

04 Merge Curves property editor가 열리면서 새로운 Curve가 생성됩니다.

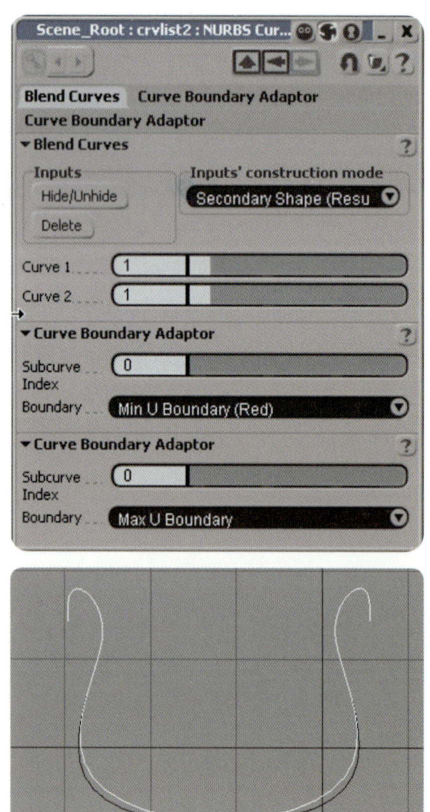

10. Importing EPS Files : File 〉 Import 〉 EPS File

때때로 Adobe 일러스트레이터와 같은 2D 프로그램에서 생성된 파일을 Import 하는 경우가 있습니다. 이는 상황에 따라 3D 상에서 Curves를 그리는 것 보다는 2D 상에서 그리는 것이 더 편할 때가 종종 있습니다.

이러한 경우 벡터방식의 프로그램인 Adobe 일러스트레이터와 같은 프로그램을 이용하게 되는데 이는 기본적으로 3D 프로그램들이 벡터방식을 지원하기 때문에 호환이 가능한 것입니다. 이때 일러스트레이터에서 생성된 Curves를 가져오기 위해 File 〉 Import 〉 EPS File을 선택하여 가져옵니다.

가져온 Curves 오브젝트를 이용하여 다양한 모델링 제작으로 이용할 수 있습니다.

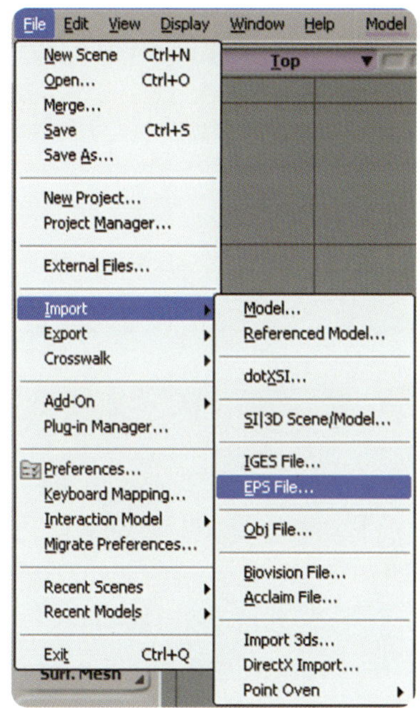

TiP

SOFTIMAGE | CAT

SOFTIMAGE|CAT은 Autodesk 3ds Max용 캐릭터 애니메이션 플러그인 입니다. CAT은 애니메이터들에 의해서 디자인되어 기술적이고 힘든 작업 없이 쉽게 사용할 수 있습니다. CAT은 캐릭터 리깅, 비선형 애니메이션, 애니메이션 레이어링, 모션캡쳐 임포팅, 근육 시뮬레이션 등의 모든 것을 할 수 있는 완전한 툴입니다. CAT은 빠르며 안정적이고 최첨단의 기능을 맥스에서 사용하도록 해줍니다.

1. 편리한 리그 만들기

CAT을 사용하면 어떤 종류의 캐릭터 리그라고 할지라도 쉽게 제작할 수 있습니다. 쉽고 빠르게 리그를 만들거나 CAT에 기본적으로 포함되어 있는 사람, 말, 도마뱀, 용, 거미, 게, 지네 등을 사용해 볼 수 있습니다. CAT으로는 3D 맥스 기본 툴로는 만드는 것이 불가능한 굉장히 복잡한 구조의 지네조차 만들 수 있습니다.

2. 하이 퀄리티, 최고의 유연성

CAT은 하이퀄리티 애니메이션을 빠르고 정교하게 만들 수 있습니다.
애니메이션 레이어링과 클립 에디팅 기능은 비 파괴적으로 클립을 만들고 다시 사용할 수 있으며 기본 애니메이션을 지우지 않고 다른 애니메이션 클립과 섞어보거나 동작을 추가할 수 있습니다.

Surfaces

Surfaces 살펴보기

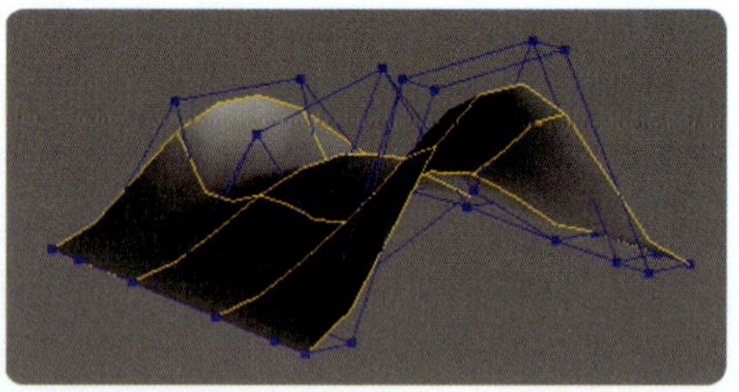

Surfaces는 SOFTIMAGE|XSI에서 기본적으로 제공하는 모델
링 방법 중에 하나이며, 이 모델링 방법으로 자동차나 인체
등의 정교한 모델링이 가능합니다. 특히 유기체 모델링의
경우 모델링하기에 매우 편리하며 정교한 모델링을 쉽고 빠르
게 제작할 수 있습니다. SOFTIMAGE|XSI surfaces는 NURBS
patches 형태를 가지고 있습니다.

여러 가지 NURBS curves를 연결하여 만들어진 작은 Surfaces들이 서로 연결된 Patchwork이며 이러한
방법으로 형태를 만들어 나아가는 방식입니다. 예를 들어 여러 개의 헝겊들이 모여 하나의 이불이 만들어
지듯이 여러 개의 표면들로 서로 연결하여 하나의 모델을 만들어 나아가는 것입니다.

1. Surfaces 구성요소

Surfaces는 여러 가지 구성요소들로 이루어져 있습니다.

01 Points는 Surface를 정의하는 곡선의 제어 포인트입니다. Surface에서 직접적으로 포인트를 제거하거나 더할 수는 없으나 다른 방법으로 Adding Knot Curves나 Removing Knot Curves에서 제어할 수 있습니다.

02 NURBS Hulls은 제어 포인트에 나타나는 파란색 선으로써 이를 이용하여 모델링을 조절할 수 있습니다. Curves와 surfaces를 상태에서 모델링 작업할 때 사용하면 매우 유용합니다.

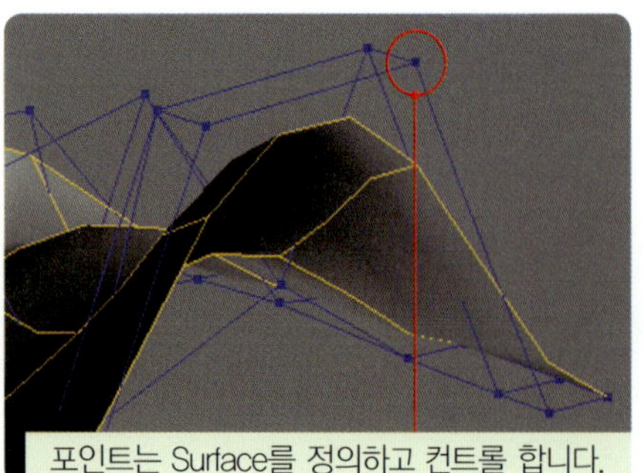

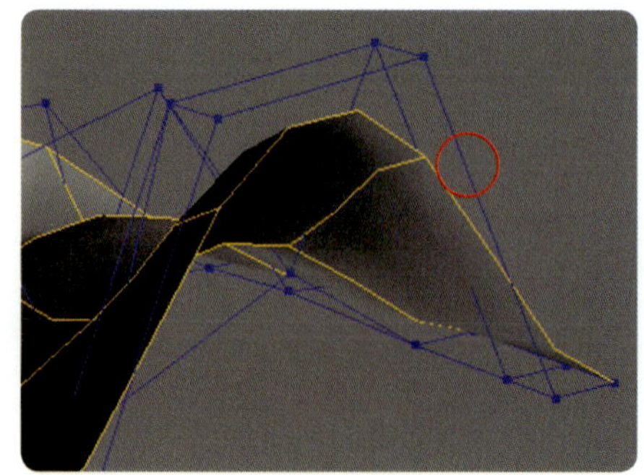

03 Isolines은 모델링에 있어 사실적인 구성 요소는 아닙니다.
모델링 제작시 보조적인 역할을 담당하는 기능이며 "U"와 "Visoline"을 이용하여 Filter를 이용할 수 있습니다. 이외

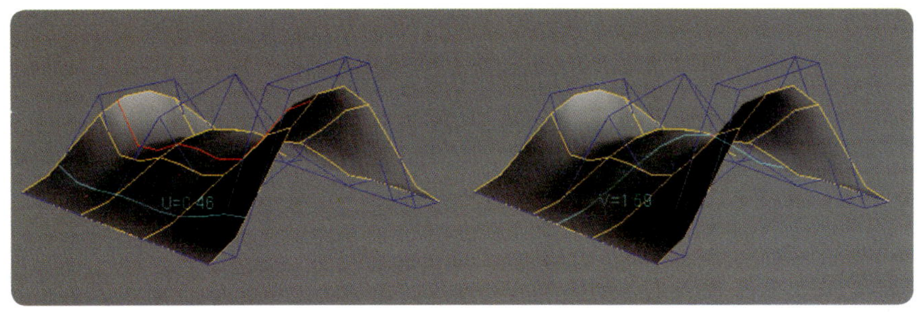

NURBS Boundaries와 Surface Curves, Trim Curves, Subsurfaces 등의 구성요소로 이루어져 있습니다.

STEP 02 Surfaces 만들기

1. Subdivisions 조절하기

대부분 Surfaces를 생성시키는 사용자는 작업의 결과에 대해 제어로 설정된 표준 부분을 사용합니다. 만일 Subdivision Type이 "Per Span"으로 설정되어져 있다면 기본적인 Subdivisions은 "Natural" subdivisions을 기본으로 설정됩니다.
그러나 Subdivision Type이 "Absolute"로 설정되어 있다면 "U"와 "V abs sliders"를 이용하여 물체의 정확한 Subdivisions을 설정할 수 있습니다.

2. Fitting Surfaces

Surface를 Fitting 시킴으로써 새로운 Surface를 생성할 수 있습니다. 이 기능을 이용하여 새로운 Surface에서 다시 조절하며 사용할 수 있습니다.

01 Fit시킬 Surface를 선택합니다.

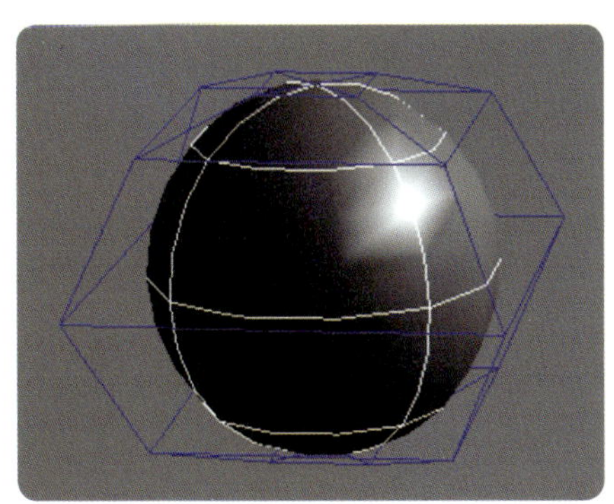

02 Create 〉 Surf. Mesh 〉 Fit를 선택합니다. Fit Surface property editor 열리면서 Fit가 적용됩니다.

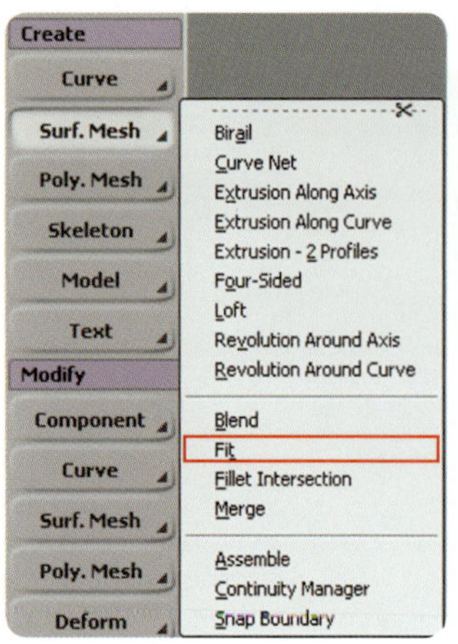
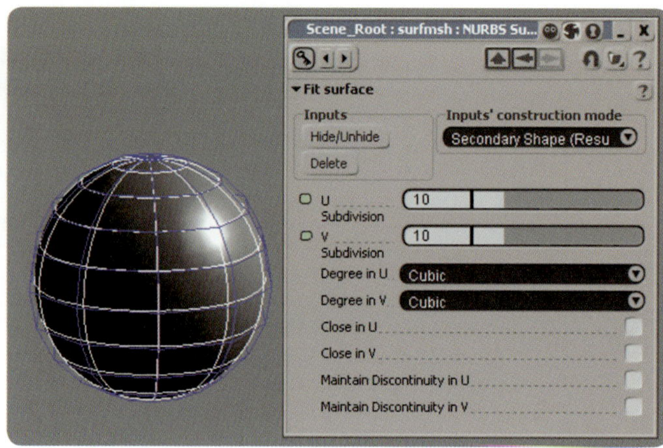

3. Blending Surfaces 적용하기

Blending 기능은 두 개의 서로 다른 Surfaces를 하나의 Surfaces로 만들며 새로운 형태의 Surfaces를 생성하는 기능입니다.
만일 새로 생성된 Surfaces에서 새로운 Surfaces를 다시 만들기 위해 Fit 기능을 사용할 수도 있습니다.

01 서로 다른 두 개의 Surfaces를 선택합니다.

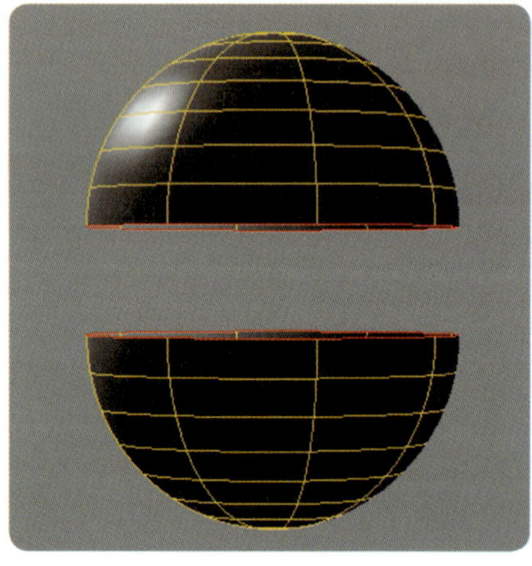

02 Model toolbar 에서 Create 〉 Surf. Mesh 〉 Blend from을 선택합니다.

Blend Surfaces property editor가 열리면서 Blend 가 적용됩니다.

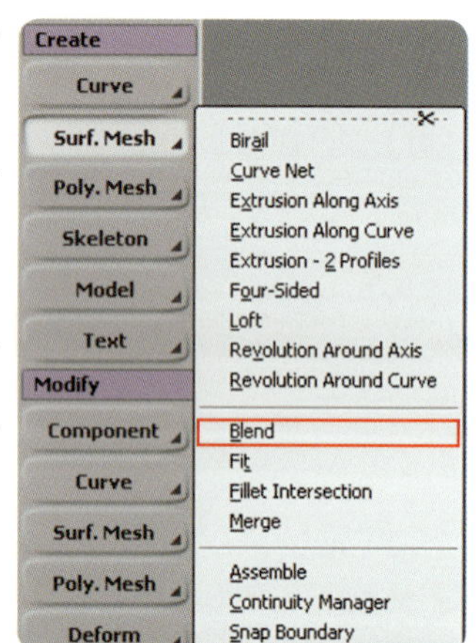

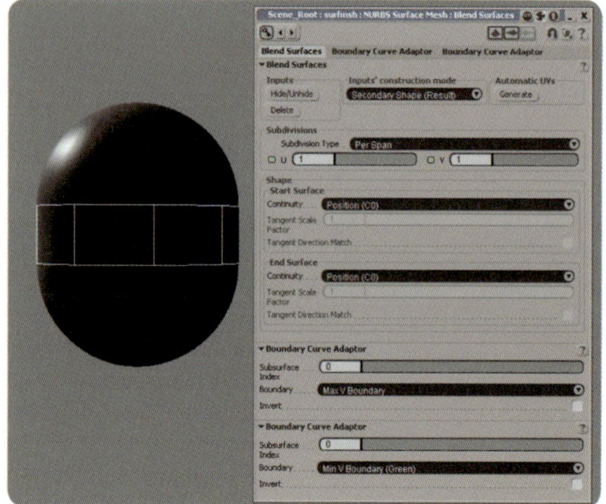

4. Fillet intersection 적용하기

이 기능은 서로 다른 두 개의 Surface 연결부위를 부드럽게 연결해 주는 기능입니다.

 두 개의 교차하는 Surfaces를 선택합니다.

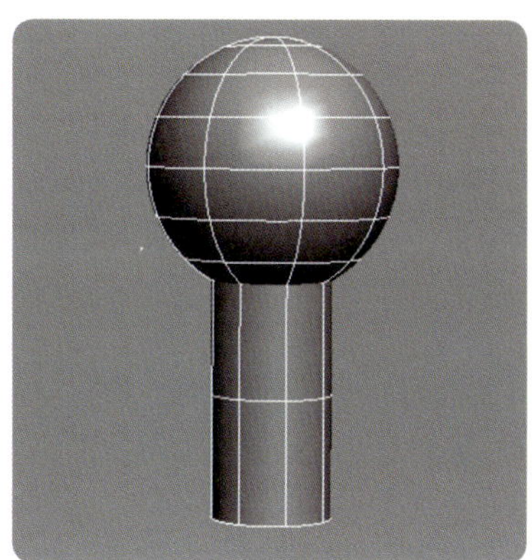

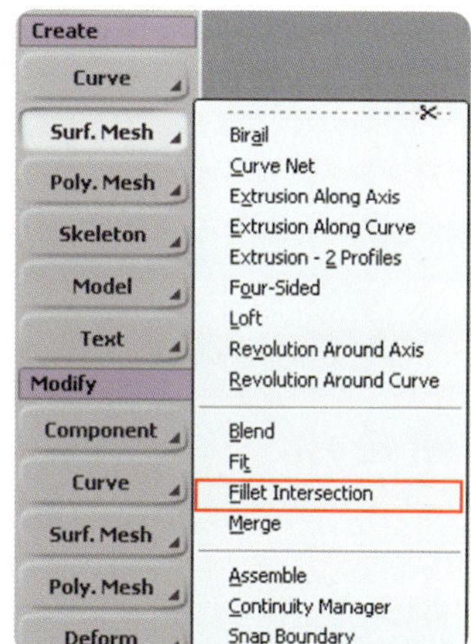 Model toolbar 에서 Create 〉 Surf. Mesh 〉 Fillet Intersection를 선택합 니다.

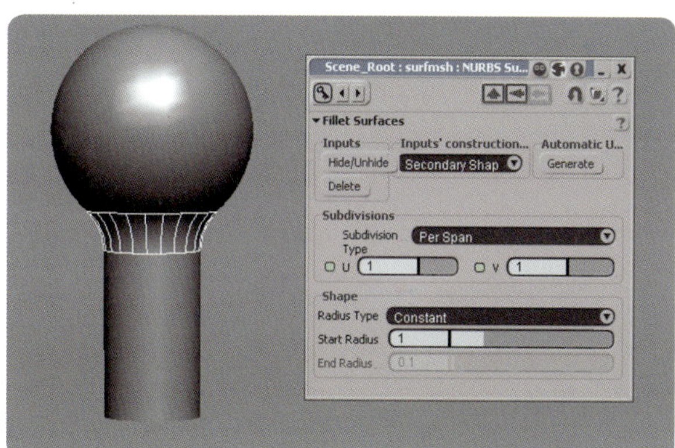

5. 두 개의 Surfaces를 Merge 하기

두 개의 Surfaces를 합치는 것은 새로운 세 번째 표면을 생성하게 됩니다.

 Merge시킬 두 개의 Surfaces를 선택합니다.

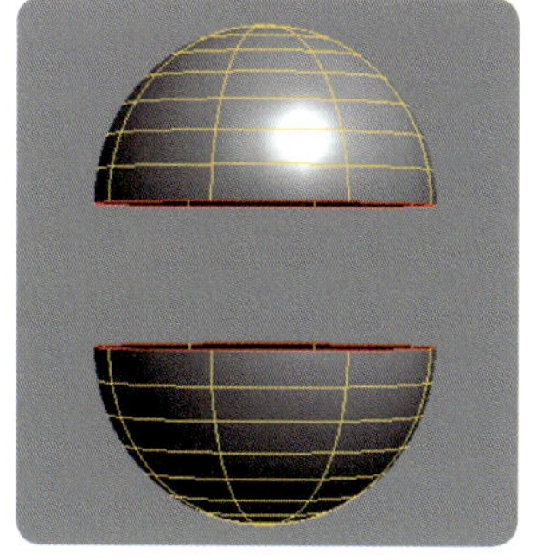

02 Model toolbar에서 Create 〉 Surf. Mesh 〉 Merge를 선택합니다. Merge Surfaces property editor가 활성화 되면서 Merge 기능이 적용됩니다.

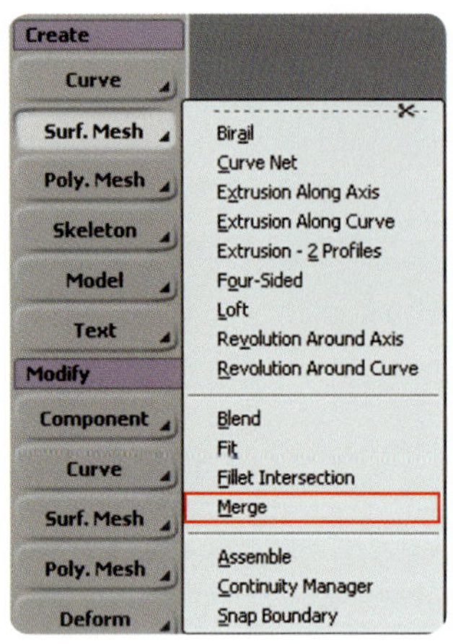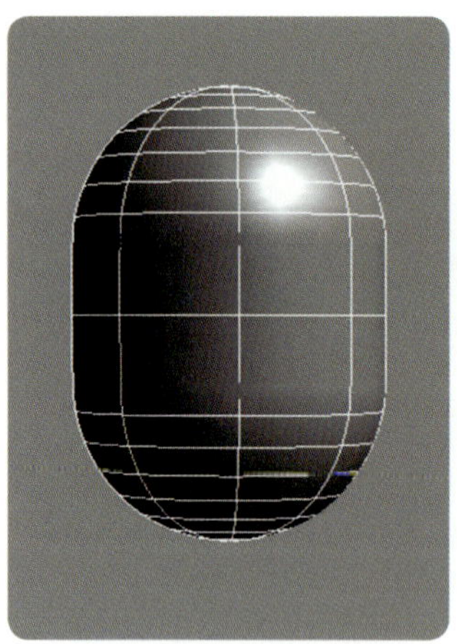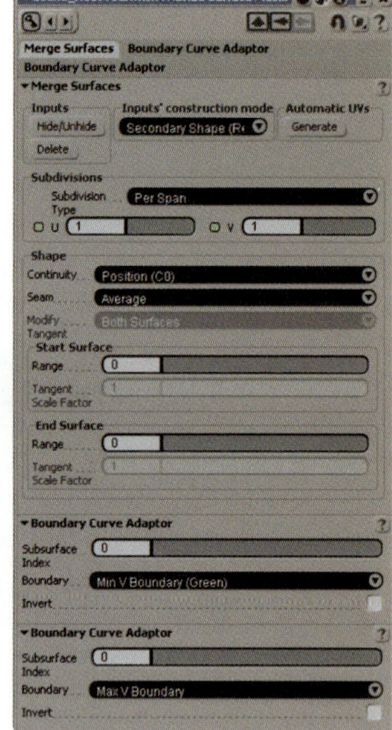

Modifying Surfaces

Model toolbar에 Modify 〉 Surface 메뉴들을 사용하여 만들어진 Surfaces를 수정할 수 있습니다.

1. Knot Curves 더하기

Surface에 새 곡선을 증가시켜 수정작업을 진행할 수 있습니다.

01 "U" 또는 "V isoline"을 선택하거나 Surface에 "U" 또는 "V knot curve"를 선택합니다.

02 Modify 〉 Surface 〉 Insert Knot를 선택합니다.
Insert Surface Knot property editor가 활성화 되면서 새로운 Knot curve
가 적용됩니다.

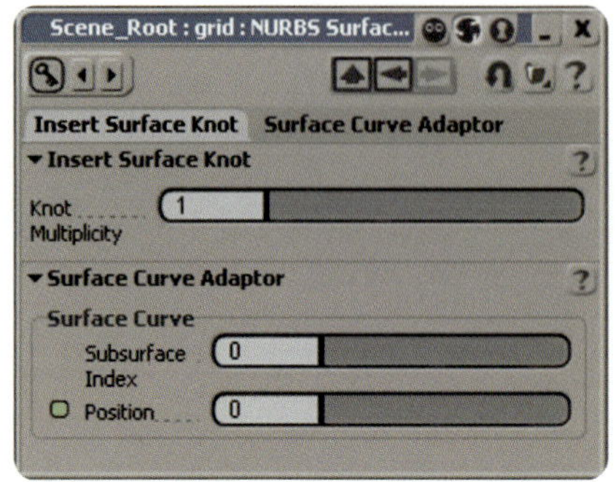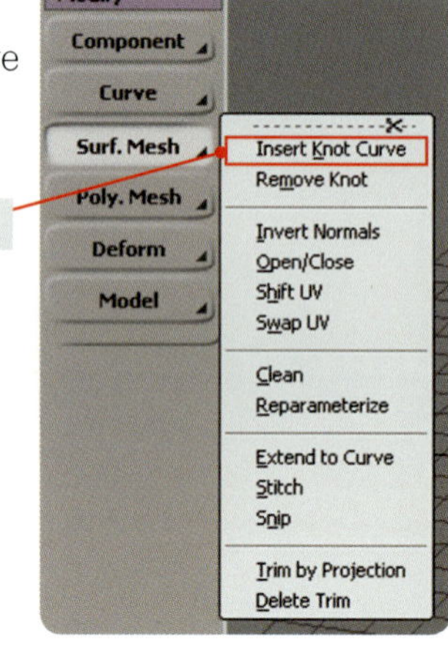

2. Knot Curves 제거하기

Surfaces에서 Knot curves를 Remove 시킬 수 있습니다.

01 Surface에서 "U"나 "V knot curve"를 선택합니다.

02 키보드에서 `Delete` 키를 누르거나 Modify 〉 Surface 〉 Remove Knot 를 선택합니다. Remove Surface Knot property editor가 활성화 되면서 Remove Knot가 적용됩니다.

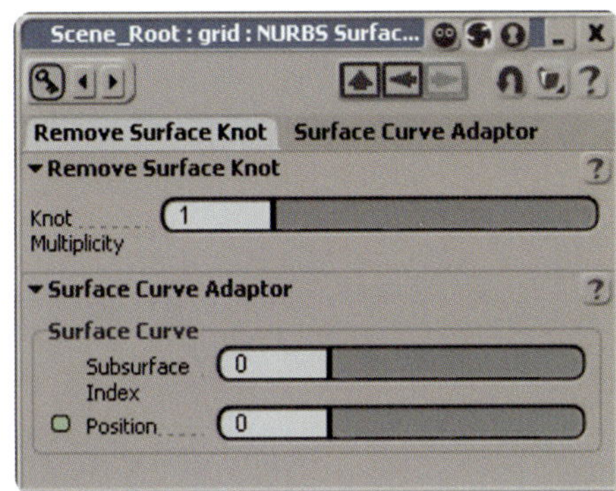

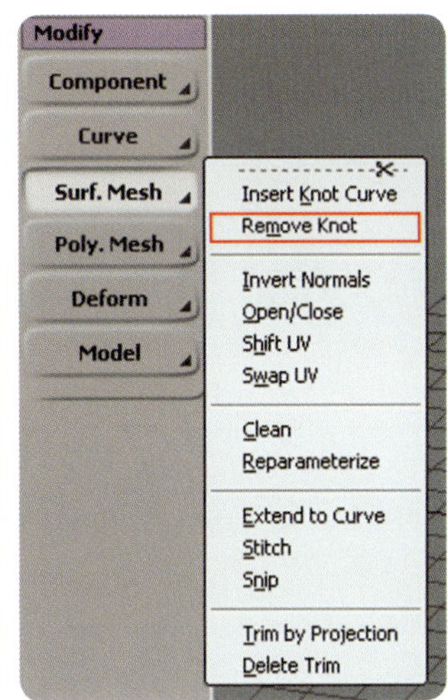

3. Inverting Normals

기본적인 표준 방향에서 Inverting하여 거꾸로할 수 있습니다.

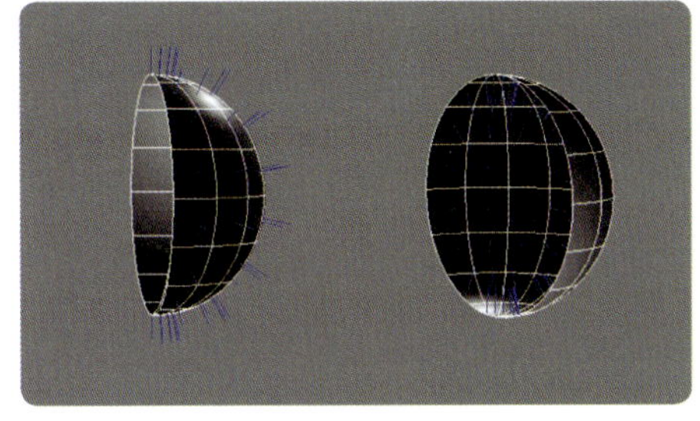

01 Surfaces를 선택합니다.

02 Model toolbar에서 Modify 〉 Surface 〉 Invert Normals를 선택합니다.

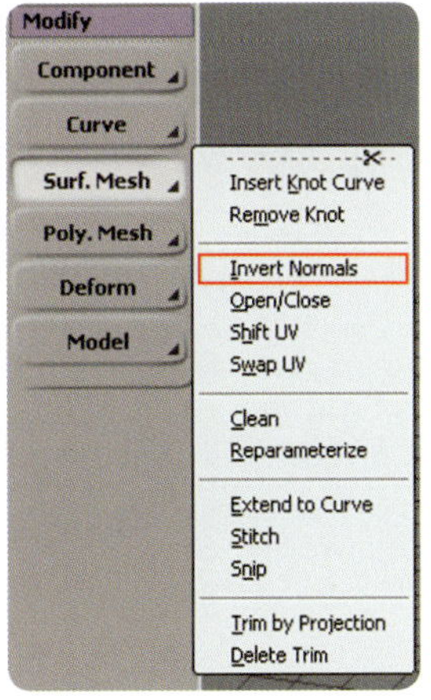

4. Opening과 Closing Surfaces

01 아래의 그림과 같이 열거나 닫을 수 있습니다. Surfaces를 선택합니다.

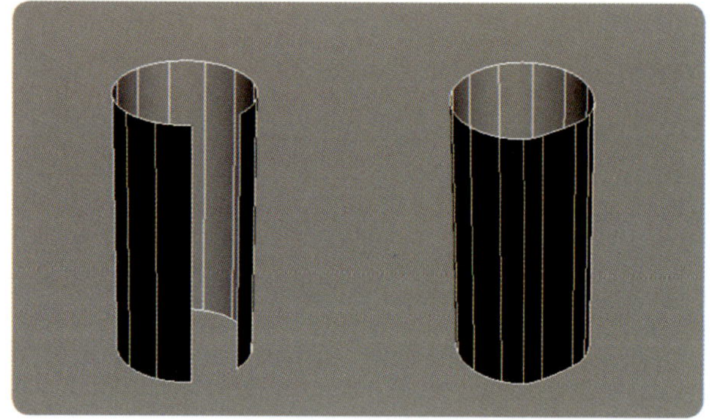

02 Model toolbar 에서 Modify 〉 Surface 〉 Open/ Close를 선택합니다.

Open/Close Surface property editor가 열리면서 열거나 닫을 수 있습니다.

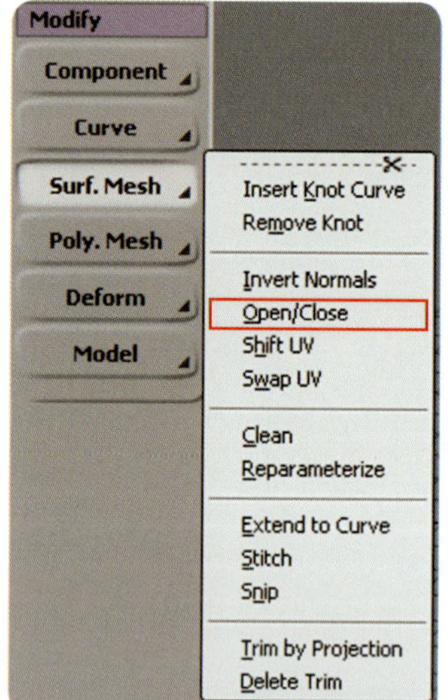

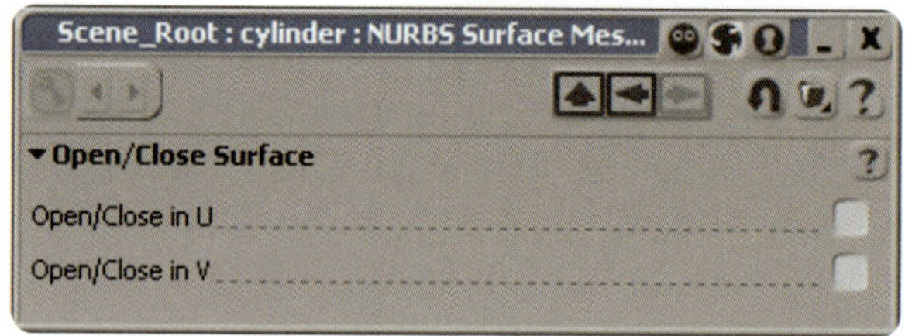

5. Cleaning Surfaces

Surface에서 불필요한 Points 등을 정리하기 위해 Cleaning 기능을 이용하는 것이 좋습니다.

01 Surfaces 를 선택한 후 Model toolbar에서 Modify 〉 Surface 〉 Clean을 선택합니다.

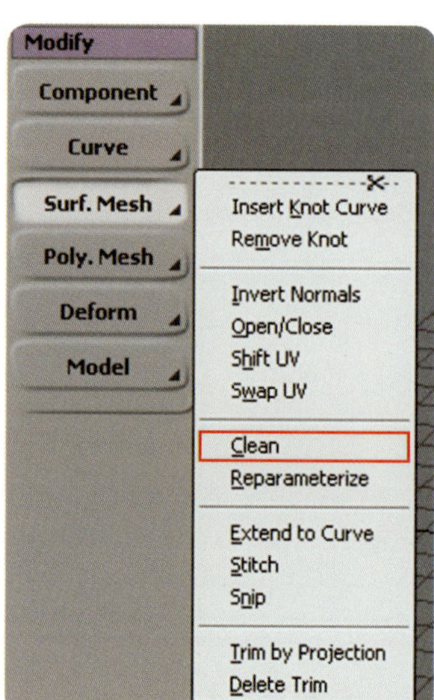

02 Clean Surface property editor가 활성화 되면서 Cleaning이 적용됩니다.

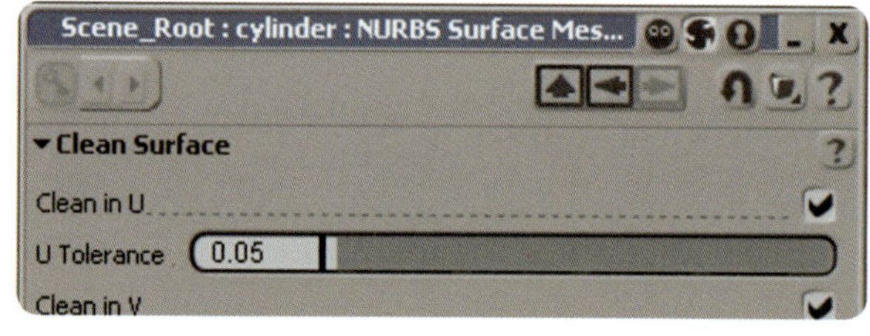

6. Extending Surfaces

Surface와 Curve 사이를 연장하여 새로운 모델을 만들 수 있습니다.

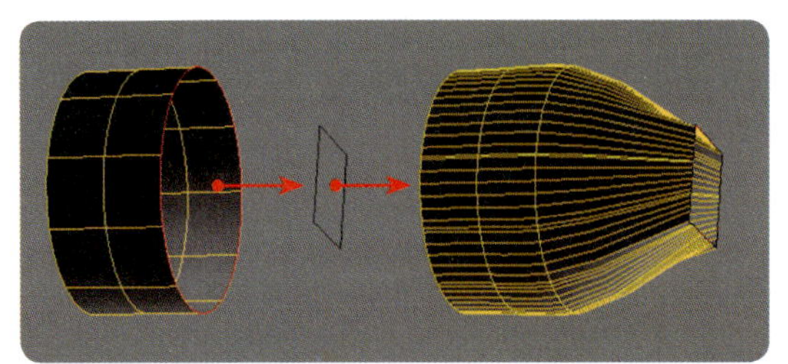

01 Surface를 선택한 후 Curve를 선택합니다. Model toolbar에서 Modify 〉 Surface 〉 Extend to Curve를 선택합니다.

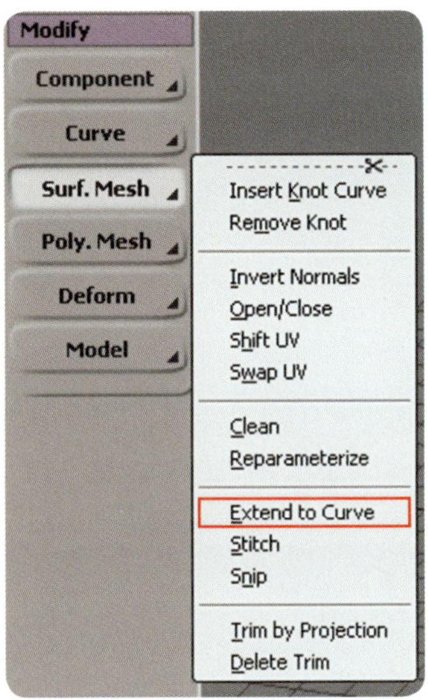

02 Extend to Curve property editor가 열리면서 Surface와 Curve가 연결된 새로운 모양이 형성됩니다.

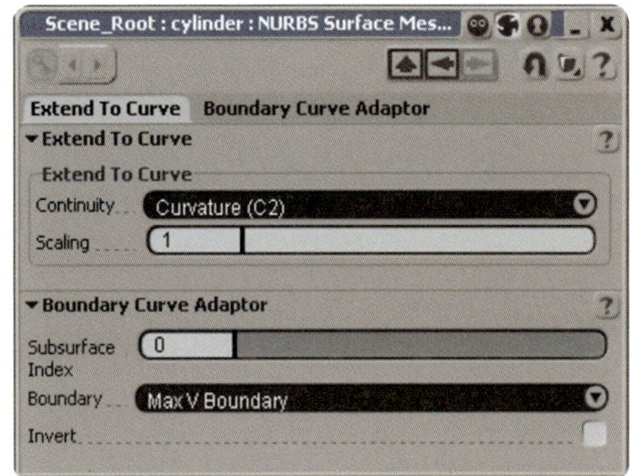

7. Curves에서 Projecting, Trimming 하기

Project 기능을 활용하면 Surface 모델에 매우 쉽고 빠르게 새로운 모델링의 형태를 만들 수 있습니다.
다음의 그림처럼 기존의 Surface 모델에 원형의 구멍라인을 형성시킬 수도 있으며 상황에 따라 매우 빠르게 다른 Curve를 생성시키는 방법입니다.

01 Surface와 Trim Curves는 NURBS surface에서 Curve를 Projecting하여 만들어 내는 기술입니다. 자유로운 유기체 라인을 구성할 때 많이 사용되는 방법으로 기본적인 Curve에서 교차하는 곡선을 생성할 때 주로 사용됩니다.

01 Surface Curves 아래의 그림은 Surface curve와 NURBS surface 그리고 Curve object의 구조를 설명하고 있습니다. 각각의 구성요소들을 이용하여 Projecting 적용시 생성되는 모양을 보여줍니다.

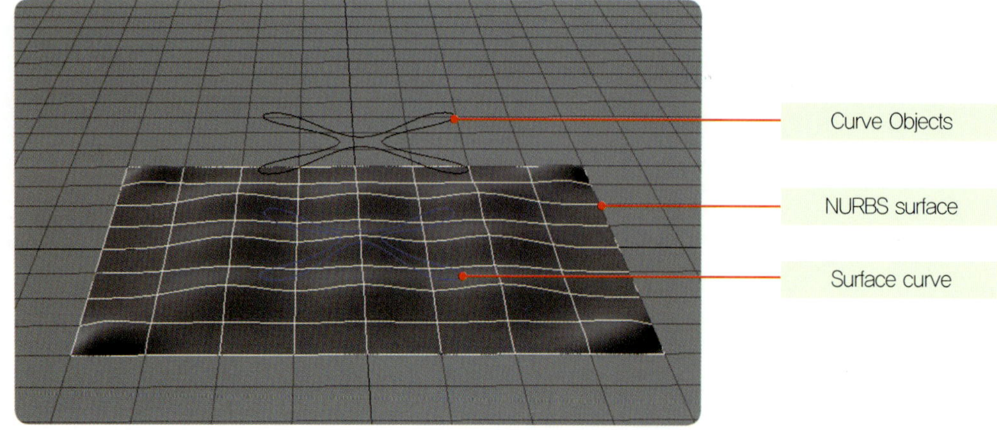

Curve object를 NURBS surface에 Projecting 적용하면 Curve object 모양이 그대로 NURBS surface에 적용되어지는 모습을 볼 수 있습니다.

02 Trim curve 기능과 Surface curve에 Projecting 적용한 것은 기본적으로 Curve object가 NURBS surface에 적용되어 진다는 면에서는 비슷한 기능입니다. 하지만 Trim curve 기능과 Surface curve에 Projecting 적용한 것의 차이점은 Projecting 적용 후 적용된 부위가 아래의 그림과 같이 Trim되어 나온다는 것입니다.

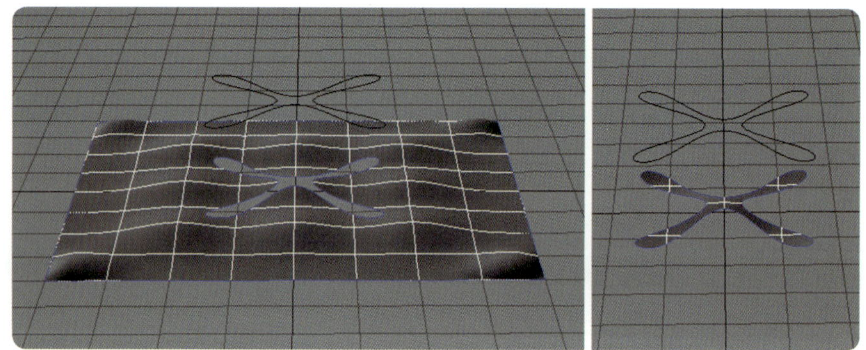

Trim curve 작업 후 아래의 그림과 같이 Point나 Edge를 움직이시면 형태 변화가 이루어 집니다.

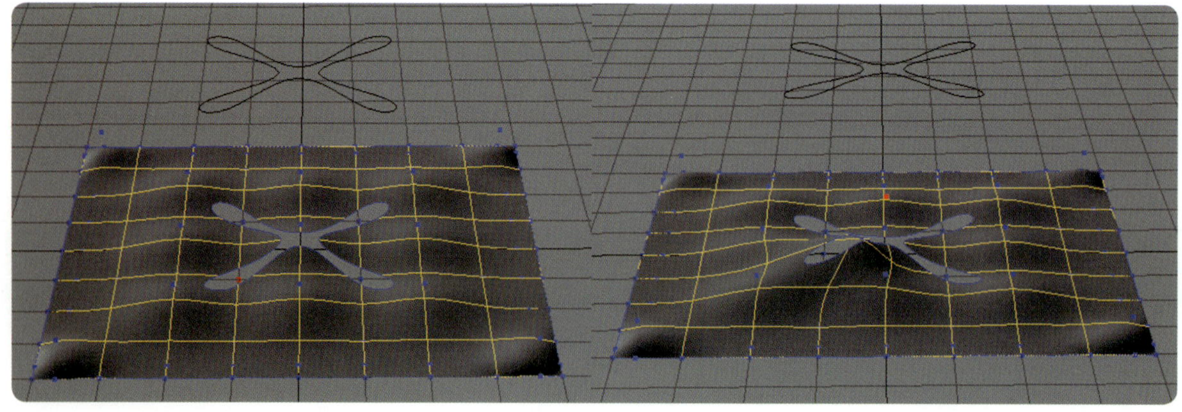

02 Projected 적용 방법으로 curve objects는 Projecting 작업 진행시 평행의 투시를 이용하여 Surfaces에 적용되어 집니다. 아래의 그림처럼 평행으로 Projecting시 적용되어지는 각의 모습을 보여줍니다.

아래의 그림과 같이 울퉁불퉁한 불규칙한 Surfaces에서 일정한 모양의 원이 생성되는 것이 아니라 Curve의 수평 선상의 모양으로 새로운 형태가 생성됩니다.

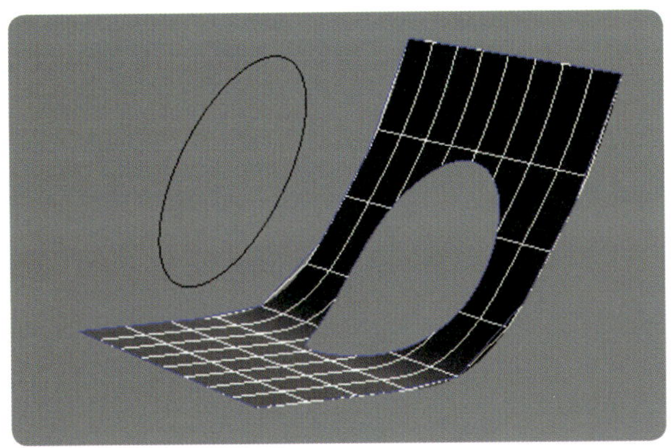
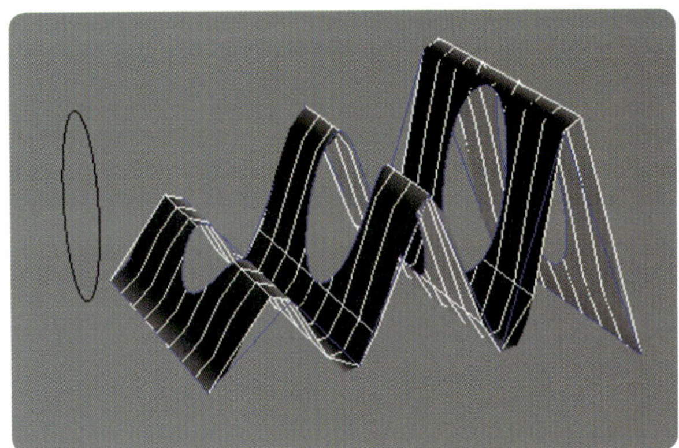

STEP 04 Surfaces Meshes 살펴보기

Surface meshes는 한 개의 Surface가 모여 여러 개의 Surface가 결합되어 만들어진 모양을 하고 있습니다.

1. Subsurfaces

Surface에서 각각의 Surfaces 구성요소를 Subsurfaces라고 부릅니다. Subsurfaces는 Clusters 에서 Materials과 Textures의 값을 가질 수 있으며, Select panel에 Subsurface filter를 이용하여 Subsurfaces를 선택할 수도 있습니다.

2. Junctions

Subsurfaces와 Subsurfaces가 만나는 경계선을 말합니다. 이 Junctions를 사용하여 좀 더 세밀한 모델링을 만들때 유용 하게 사용될 수 있습니다. Junction Types에 대해 살펴보도록 하겠습니다.

01 SCM(Surface Continuity Manager)은 Junctions 부분에 부드러움을 조절해주는 등 관리를 하는 부분 입니다. Explorer views에서 보면 Operator stack 윗부분에 있으며 SCM Fixer Op2로 불리어지기도 하 며 Surface mesh를 포함할 때 자동적으로 SCM이 적용됩니다.

02 때때로 각각의 Subsurfaces를 붙여 새로운 모델링을 제작하려 할 때 그 모델링을 합치거나 구멍을 내는 등의 모델링 변형작업을 해야 할 때가 있습니다.

이러한 경우 Surface continuity management를 통해 Point를 배제하는 두 가지 방법이 있습니다.

첫 번째로 서로 다른 Subsurfaces에서 각각의 경계선상 Point의 한 쌍이 명시된 값보다 떨어져 있다면 그 전체 의 경계는 배제됩니다.

두 번째로 Continuity management에서 특정한 포인트를 배제할 수 있습니다. 이러한 기능을 활용하여 입, 눈 그리고 그 밖의 모델링을 제작하기 위해 구멍을 새로 만들 수 있습니다.

STEP 05 Surface Meshes 만들기

01 분리된 Surfaces를 새로 만들 수 있습니다.
예를 들면 High-resolution polygon mesh를 만들기 위해 Curves나 Surfaces를 이용하거나 혹은 Isolines을 사용할 수 있습 니다.

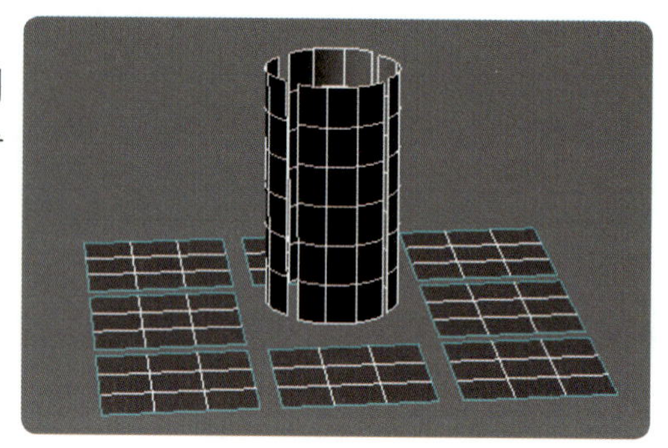

02 선택적으로 Surfaces 경계부분을 따라 Control points를 정렬시키려 면 Snap Boundary operator를 이용합니다.

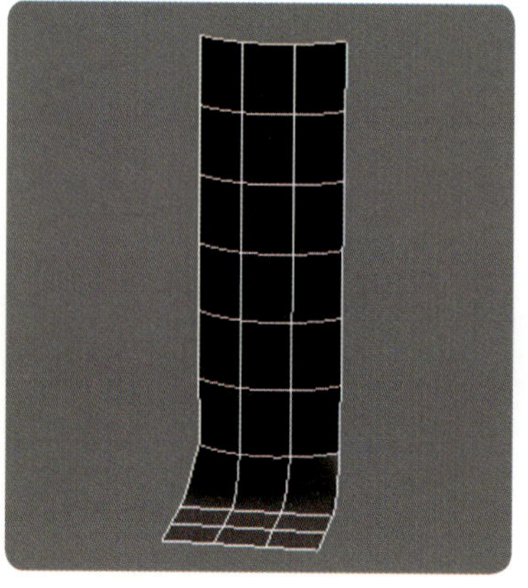

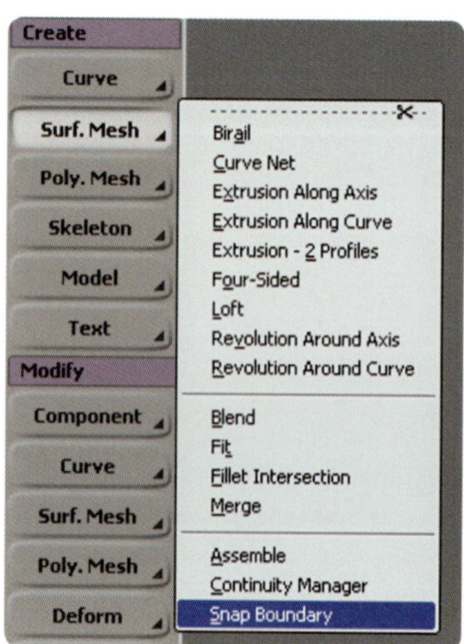

STEP 06 — Modeling Component Surfaces 작업시 고려사항

다음과 같이 Surface mesh로 모델링을 만들시 여러 가지의 고려할 사항들이 있습니다. 모든 Surface는 U에서 3차원의 NURBS와 "V"방향 또는 "U"와 "V" 모두 면에서 선형적인 NURBS입니다. SCM(Surface Continuity Manager)는 2차원적인 NURBS에 적용되지 않습니다.

1. Junction Types

Surfaces는 Edge(I Junction)의 T junction, Star junction으로 만날 수 있습니다.

01 I Junctions은 두 개의 Surfaces가 공통의 경계를 따라 결합하며 모양은 "I" 형을 이루고 있습니다. 이 방법은 모든 Junctions 방법 중 가장 간단한 방법입니다.

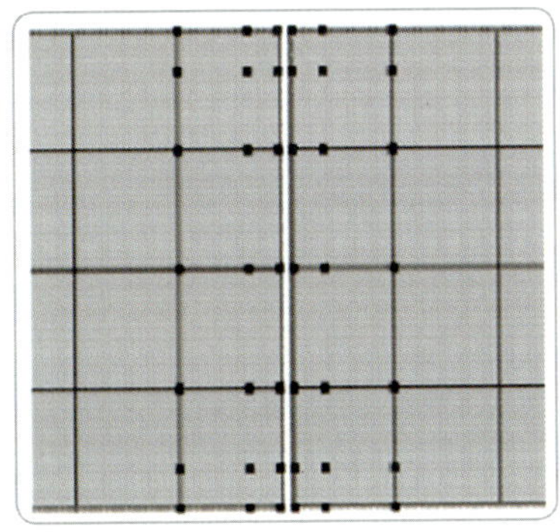

02 T Junctions은 세 개의 Surfaces에서 결합되어지며 모양은 "T"자 형을 이루고 있습니다. 한 Surface의 경계는 다른 둘의 경계에 결합되어지면 다른 두 표면은 경계부분을 공유하게 됩니다.

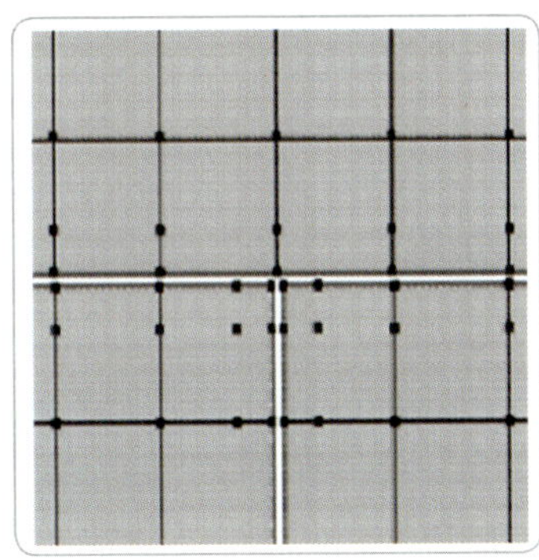

03 Star Junctions은 다중 Surfaces에서 포인트를 가지고 옵니다. 세 개(Y junction)나 네 개(X junction)의 Surfaces를 가지고 있을 수도 있으며 또는 더 많은 Surfaces에서 접합을 시도할 수 있습니다.

04 닫히지 않은 Junction에서 Surface의 한 경계는 포인트를 분리하며 경계 반대편의 둘은 원추모양에 Join 됩니다.

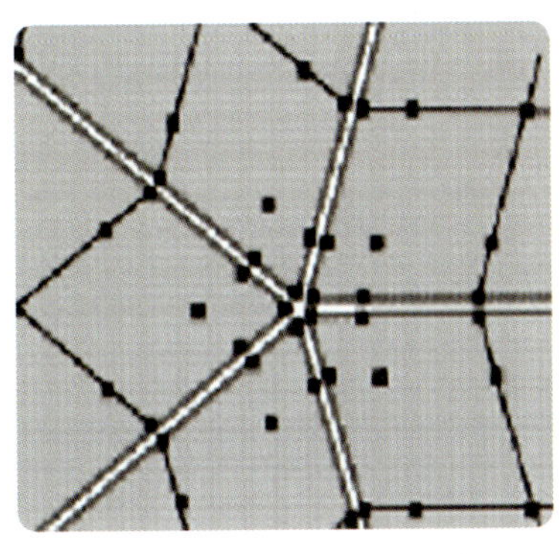

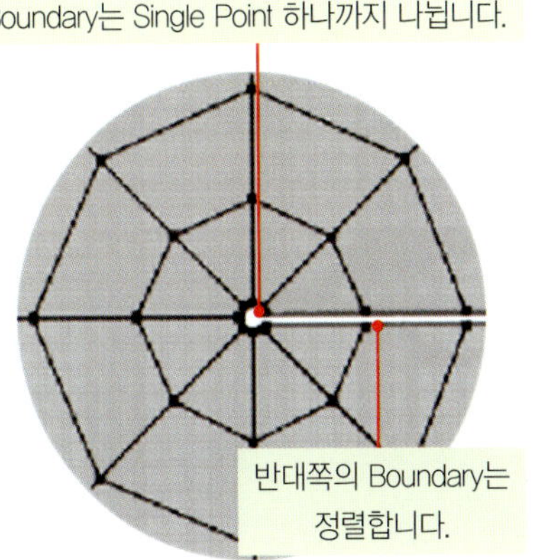

2. Multiknots

Surfaces를 정리하기 위해 Multiknots를 사용할 수 있습니다. 이 기능은 더 많은 Surfaces가 복잡한 방법으로 연결되어 생성되는 구멍을 제거하기 위해 사용됩니다.

예를 들어 1번의 그림과 같이 세 개의 Surfaces가 만나 생성되는 복잡한 형태를 정리할 수 있습니다.

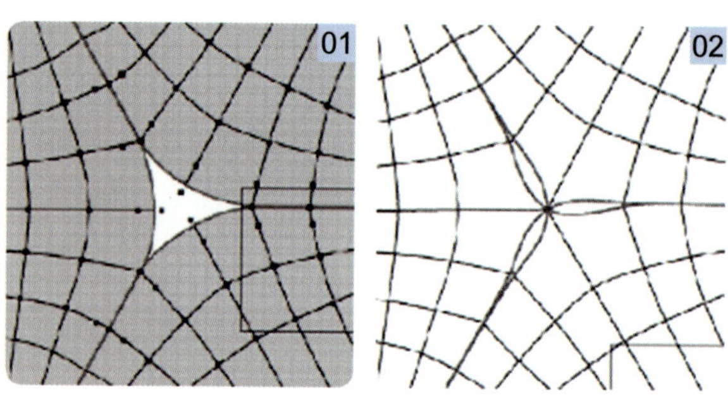

하지만 그 중심 포인트에 여러 면들을 합치는 것은 간혹 가장자리의 Edges를 겹치게 합니다. 이러한 문제점을 해결하기 위해 다수의 새로운 Curves를 만듭니다.

Multiknots는 Surfaces의 정렬을 도와줍니다.

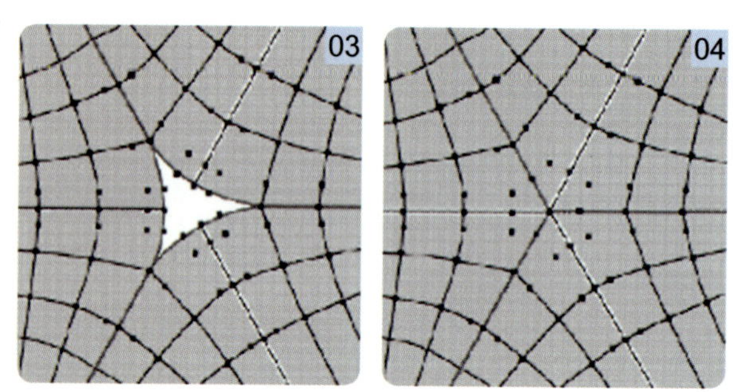

<table>
<tr><td>STEP 07</td><td>Snapping Boundaries : Create > Surf Mesh > Snap Boundary</td></tr>
</table>

각각의 Surface 경계를 하나의 경계로 연결하는 것(Snapping boundaries)은 동일한 제어 포인트로 구성되는 것을 의미합니다.

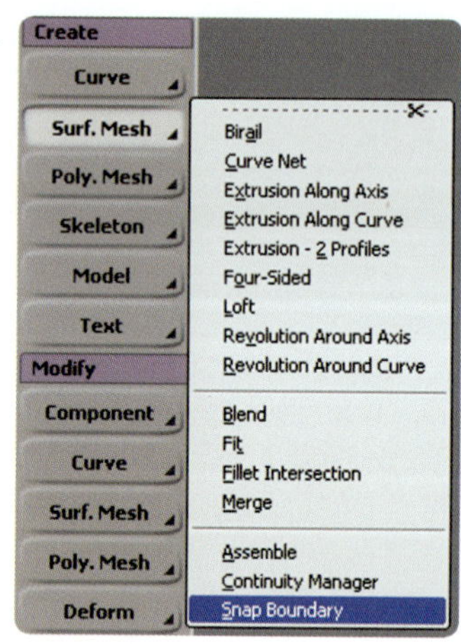

1. 서로 다른 수의 Points를 Snapping Boundaries 하기

만일 두 개의 Boundaries가 같은 포인트 수를 가지고 있다면 하나의 Boundaries로 쉽게 만들 수 있습니다.

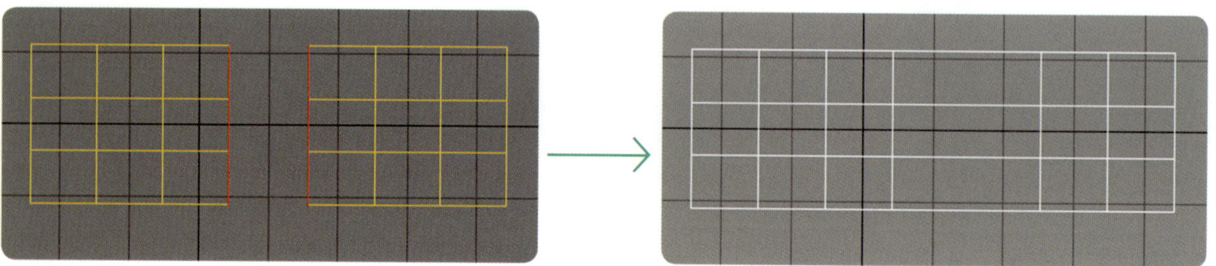

만일 다른 수의 Point를 가지고 Boundaries 해야 할 때에는 다음과 같이 실행합니다.

01 첫 번째 선택을 더 적은 포인트와 Boundaries를 선택한 후 더 많은 포인트를 가지고 있는 Boundaries를 선택합니다.

02 Model toolbar에 있는 Create 〉 Surf Mesh 〉 Snap Boundary를 선택합니다. 그러면 더 많은 포인트를 가지고 있는 Boundaries에서 남아 있는 Point를 선택할 수 있습니다.

03 첫 번째 경계 포인트는 두 번째 Boundary와 Snap Boundary property editor가 여는 속성의 포인트로 정렬됩니다.

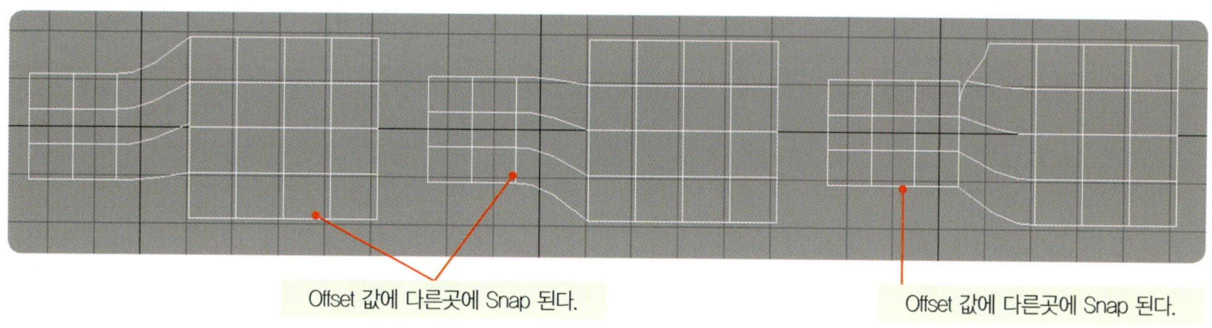

04 Snap Boundary property editor에서 Offset slider를 이용하여 조절합니다.

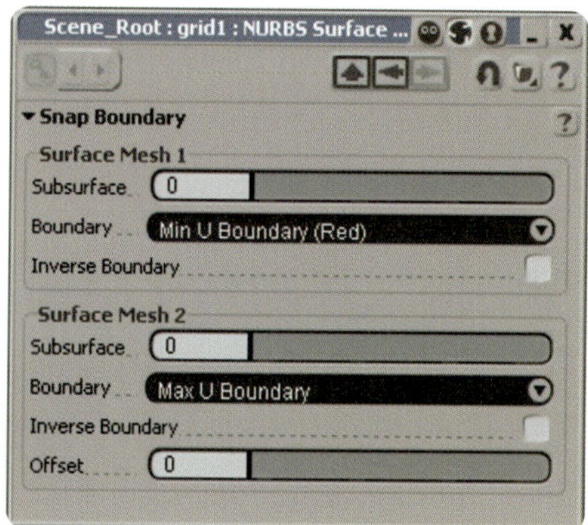

STEP 08 · Surface Meshes 모으기 : Create 〉 Surf Mesh 〉 Assemble

새로운 Surfaces를 만들고 정렬한 후에 하나의 Surface mesh로 모을 수 있습니다.

01 모든 Surfaces를 선택한 후 Model toolbar에서 Create 〉 Surf Mesh 〉 Assemble를 선택합니다.

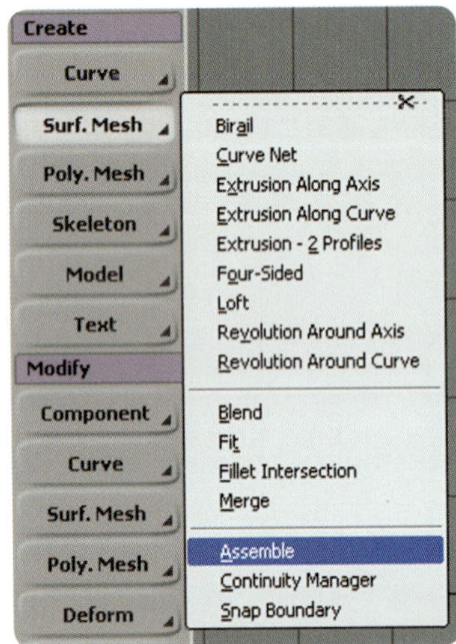

02 Assemble NurbsMesh(SCM) dialog box가 열립니다.

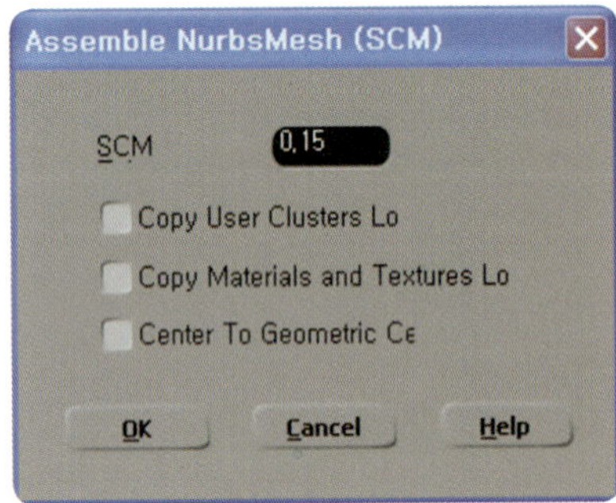

03 Parameters를 설정하여 원하는 옵션 값을 입력합니다.

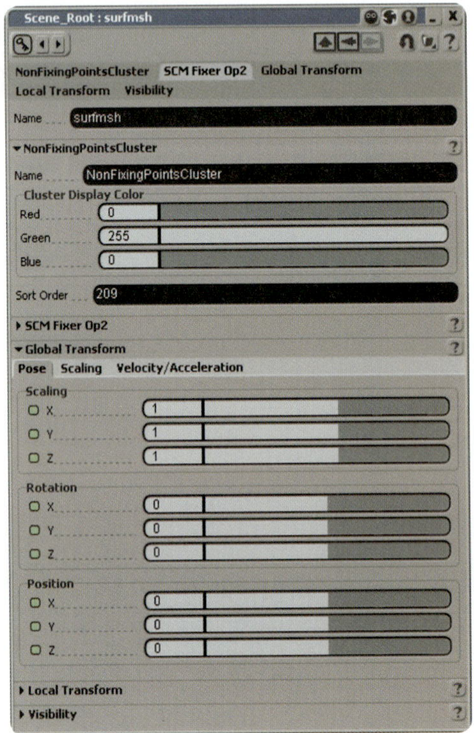

STEP 09 Surface Meshes 수정하기

Subsurfaces와 subsurface clusters에 대해 수정 작업이 가능합니다.

1. SCM Options 디스플레이하기

설정된 Surface mesh는 surface continuity manager options에서 조절이 가능합니다.

01 모여진 Surface mesh를 선택합니다.

02 Select panel에서 Selection 버튼을 선택하면 Pop-up explorer가 열립니다.

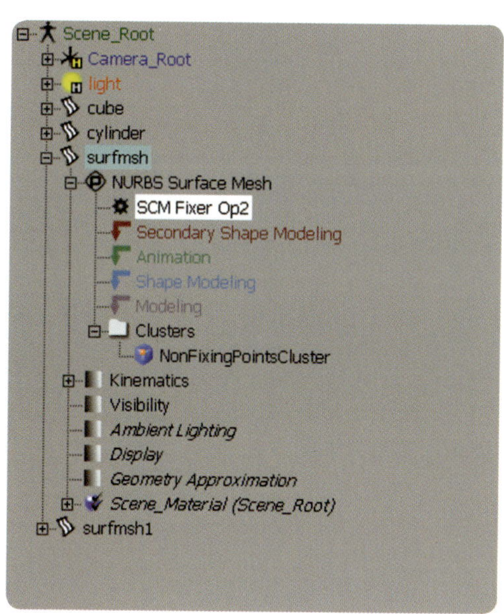

03 SCM Fixer Op2 아이콘을 선택하면 Property editor가 열리며 원하는 값을 조절합니다.

2. Boundary Points 움직이기

SCM Fixer Op2 property editor에서 Boundary Points option의 Allow Modification에서 조절합니다.

SCM Fixer Op2 property editor에 있는 Boundary Points option의 Allow Modification을 사용하며 Subsurfaces 사이에 있는 Point를 움직이는 두 가지의 방법이 있습니다.

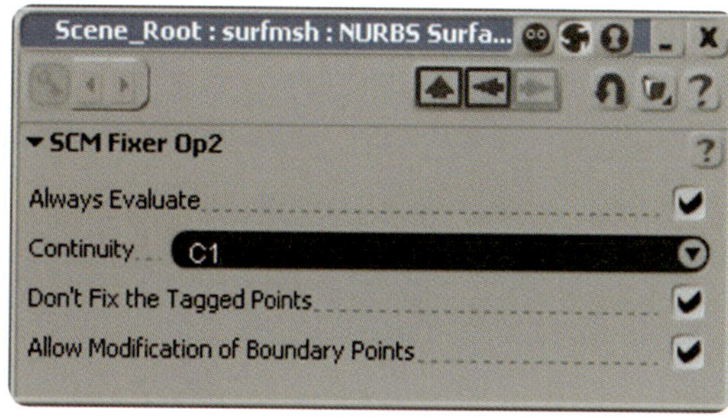

첫 번째는 Boundary point를 직접 움직이는 방법입니다.

두 번째로 서로 다른 위치에 있는 Boundary point에서 두 개의 "Ghost" points를 선택하고 그것을 활용하는 방법입니다. 아래의 그림을 참조합니다.

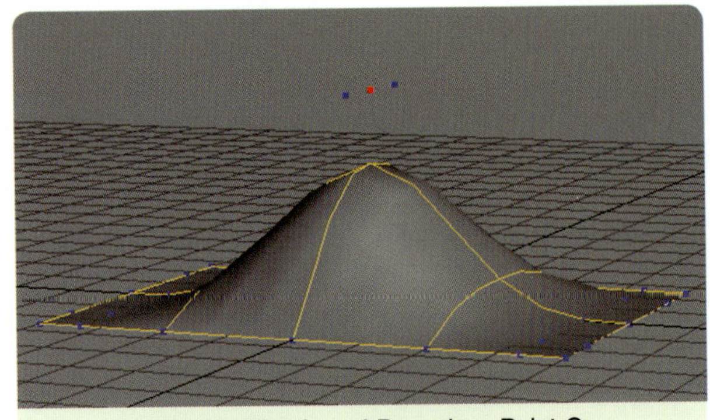

Allow Modification of Boundary Point On
접합하는 센터 포인트를 직접 변형합니다.

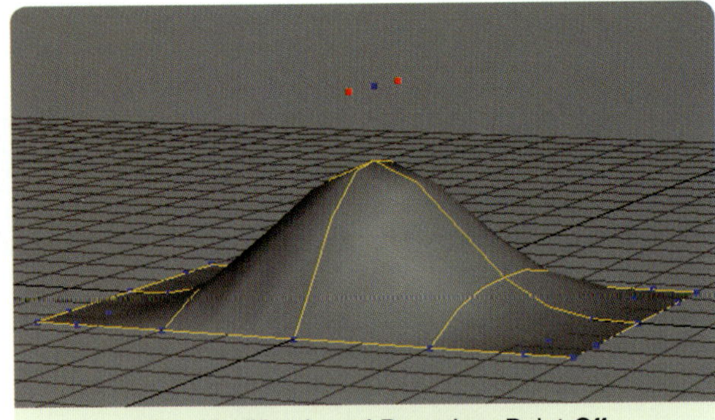

Allow Modification of Boundary Point Off
두 개의 Ghost Point를 변형합니다.

3. Continuity Management에서 Excluding Points 살펴보기

모든 Surface meshes는 특별한 Cluster 가지고 있는데 이를 NonFixingPointsCluster 라고 부릅니다.

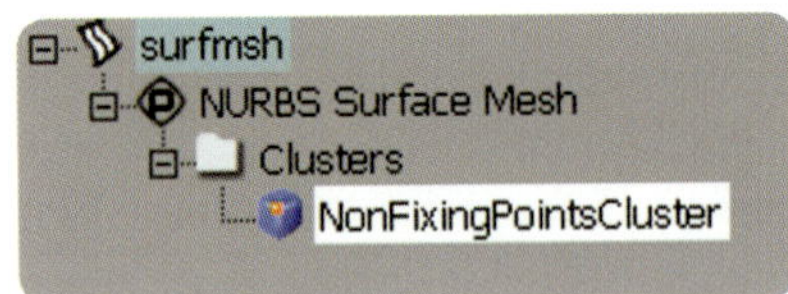

Subsurface boundary에 있는 Point가 이 클러스터에 있다면 언제나 "SCM"에 의해 관리되지 않으며 결합부위의 다른 포인트는 영향을 받지 않습니다. 이 기능은 입, 눈, 그리고 그 밖의 것들을 위한 Surface mesh에 있는 구멍을 새로 만들 수 있습니다.

SOFTIMAGE | BEHAVIOR – 군중시뮬레이션 프로그램

Technical Artist와 Director는 전체 캐릭터 애니메이션의 1/100을 제작한 후 SOFTIMAGE|BEHAVIOR를 이용하면 짧은 애니메이션만으로도 매우 복잡한 군중 시뮬레이션을 생성할 수 있습니다.

각 캐릭터의 "Brain"은 움직임을 조합함으로써 새로운 움직임을 생성할 수 있습니다.
결과적으로 캐릭터는 장애물을 피하고 배경의 변화에 즉각 반응하면서 자동으로 Path를 따라 가게 됩니다. 캐릭터에 별다른 설정이 필요 없으며 단지 캐릭터에게 기본적인 움직임만 부여하면 됩니다.

4. NonFixingPointsCluster에서 Point를 더하거나 이동하기

01 NonFixingPointsCluster를 선택합니다. 이 작업을 쉽게 하기 위해서는 모아진 Surface mesh를 선택합니다.

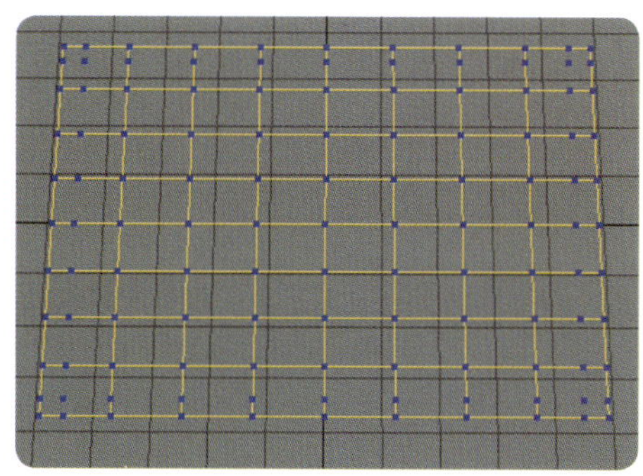

02 Select panel에 있는 Clusters 버튼을 선택합니다.

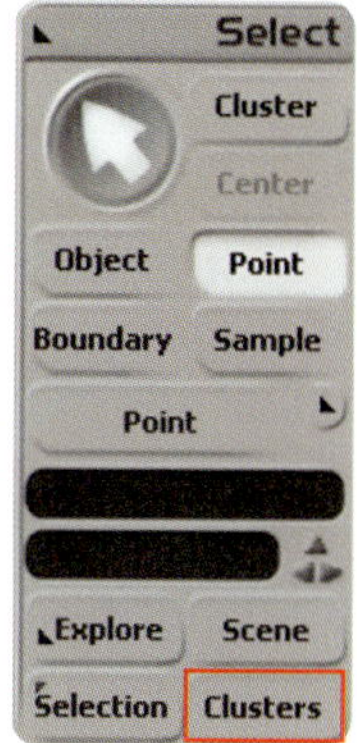

03 Name NonFixingPointsCluster를 선택합니다(아이콘이 아닙니다).

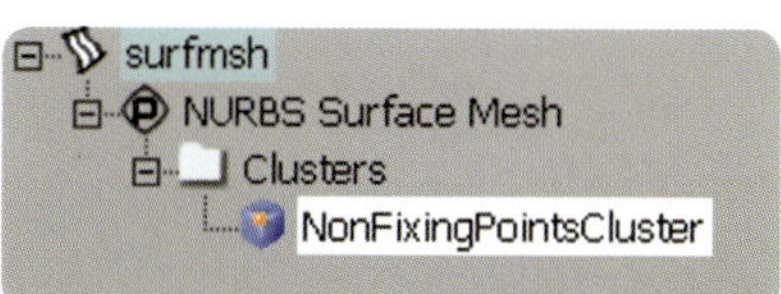

04 그 선택으로 필요한 만큼 Point를 더합니다. 이 방법은 Shift 키를 누른 상태에서 진행합니다.

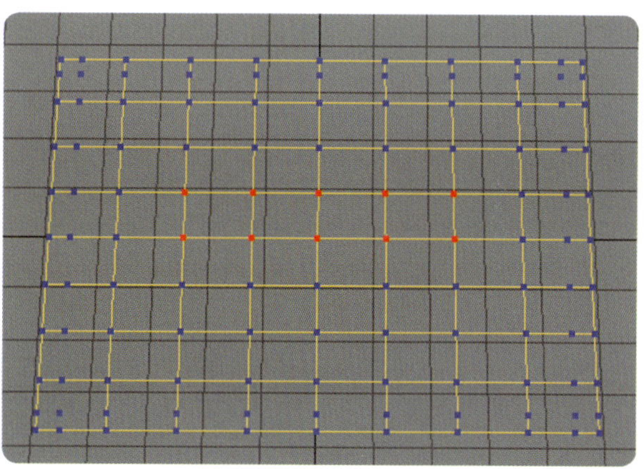

05 그 Cluster와 선택된 Points와 함께 다음 작업을 진행합니다. Cluster에서 Point를 더하기 위해 Edit 패널에 있는 Edit 〉 Add to Cluster를 선택하거나 "+"를 클릭하여 사용합니다.
반대로 클러스터에서 Point를 제거하기 위해서는 Edit panel에 있는 Edit 〉 Remove from Cluster를 선택 또는 " − "를 클릭하여 사용합니다.

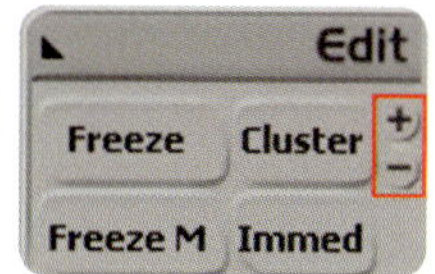

06 주사위 모델링

앞서 설명된 모델링의 기본 기능을 이용하여 기초적인 모델링을 제작해 보겠습니다. 먼저 가장 기본적인 주사위 모델링을 제작하겠습니다.

 **Modeling Scene 01**

01 다음과 같은 경로로 Cube를 하나 생성합니다.

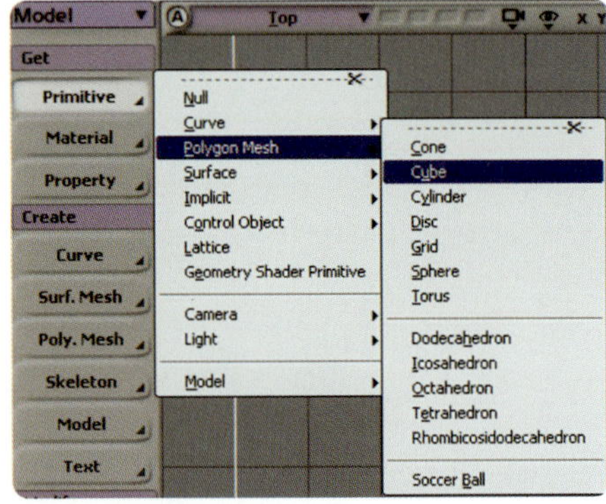

02 생성된 Cube에 아래 그림과 같이 적용 값을 주면 오른쪽 그림과 같이 생성됩니다.

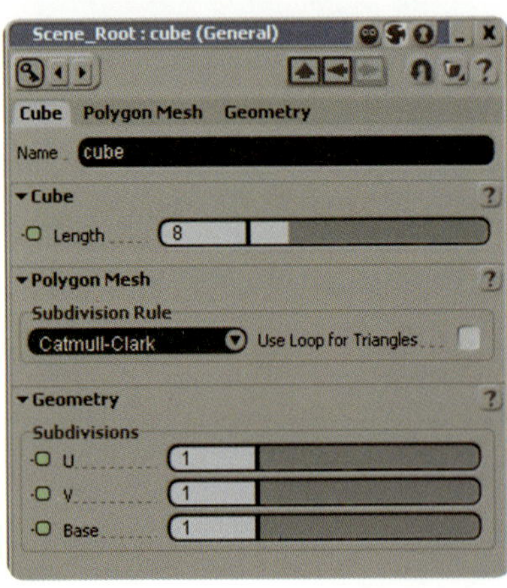

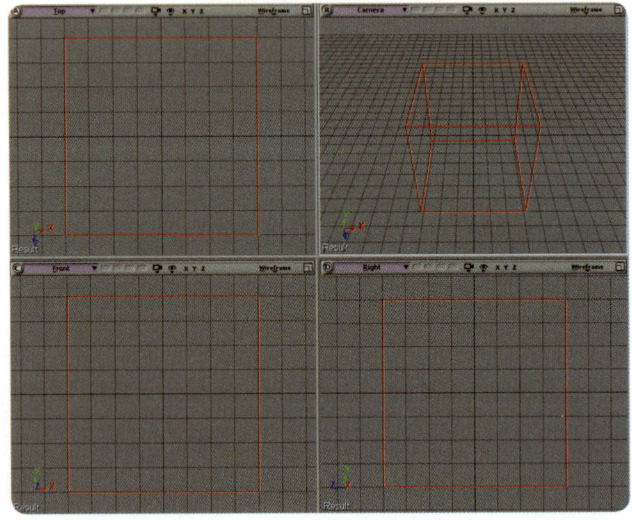

 모델링을 진행할 때 그리드의 중심(굵은 그리드 라인)을 기준으로 진행하는 것이 좋습니다. 모델링 진행과정에 미러카피나 기타 기능을 사용할 시 유용합니다.

03 생성된 Cube에 창의 오른쪽 상단위에 있는 Edge를(단축키 [I]) 적용시켜 그림과 같이 Cube 전체 영역을 잡아 주면 그림과 같이 붉은색으로 표시됩니다.

Edge로 잡아준 Cube에 오른쪽 마우스 버튼은 클릭하면 그림과 같이 메뉴가 생기는 것을 알 수 있습니다. 생성된 메뉴에서 Bevel Components를 클릭합니다.

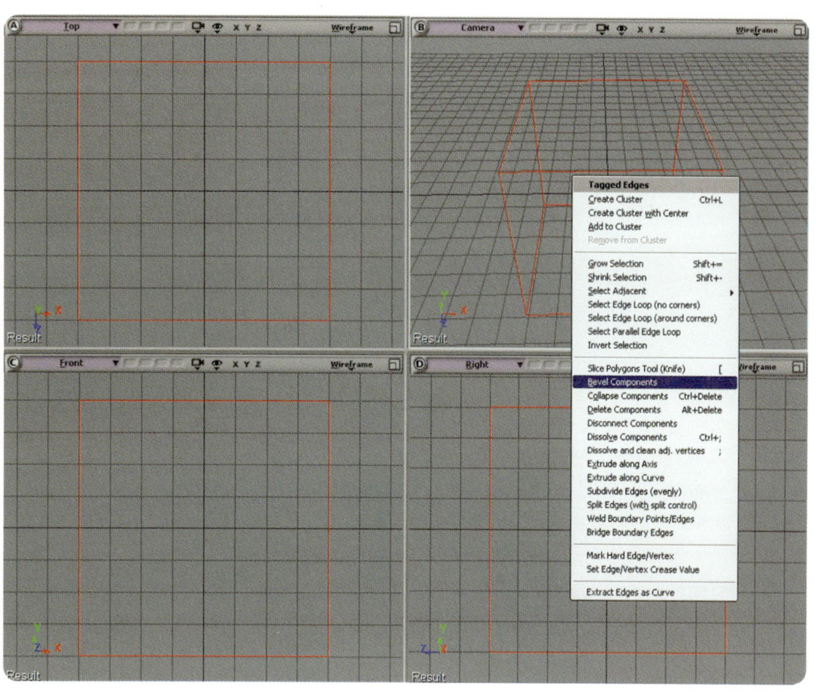

04 지금 과정은 Bevel Components를 사용하여 정육면체에 면을 깎아 주어 디테일 하게 보이는 작업을 진행 시킵니다. 생성된 적용 값은 그림과 같이 진행합니다.

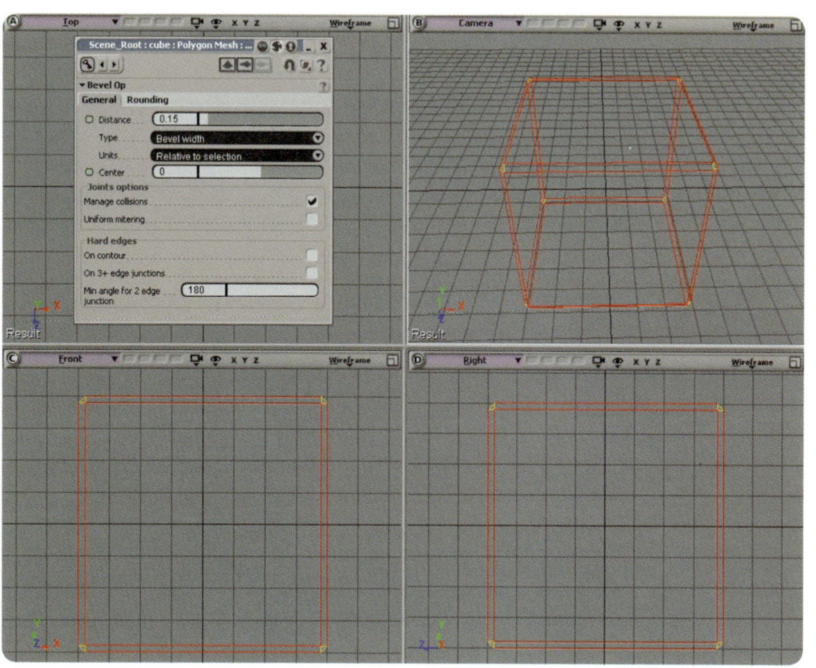

Modeling Scene **02**

01 다음 과정은 주사위의 구멍을 만드는 과정입니다. 그림과 같은 경로로 원을 생성합니다.

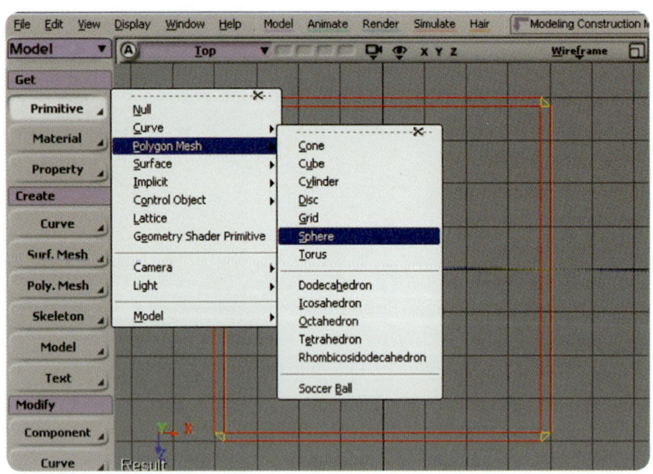

TIP Sphere를 생성할 때 Edge를 많이 생성할수록 부드러운 Sphere를 생성할 수 있으나 용량은 증가하게 됩니다. 따라서 모델링 상황에 알맞는 적절한 Edge를 적용하는 연습이 필요합니다.

02 생성된 원을 그림과 같은 적용 값을 주도록 합니다(Radius 0.8 , U = 24 , V = 24).

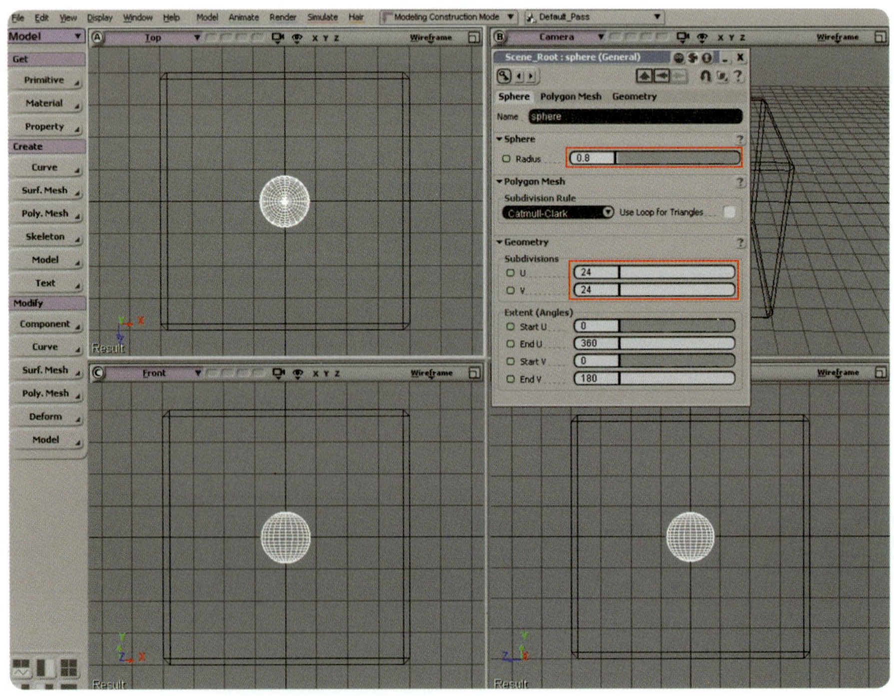

03 생성된 원을 이동시키기 위해 창의 오른쪽 중간에 위치한 Translate Tool Z좌표 값을 `4`를 입력하여 그림과 같이 자리를 잡도록 합니다. 이동된 원은 "주사위 1"을 만들 때 사용됩니다.

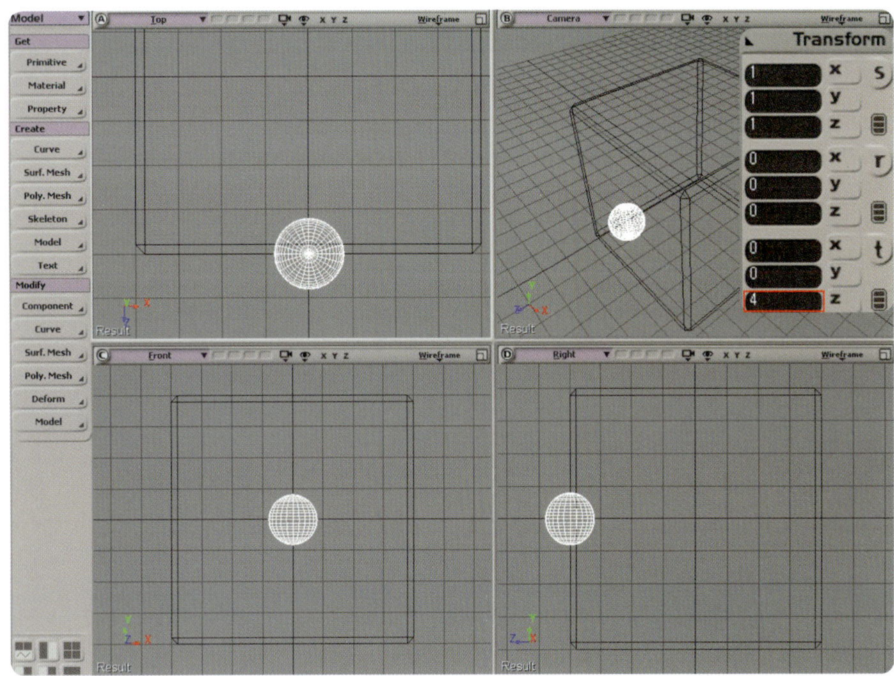

04 다음은 "주사위2"를 만들기 위해 처음 만들어 진 원을 `Ctrl` + `D` 키를 눌러 오브젝트를 복사하여 Translate Tool 값을 `X = 4` , `Z = 1.7` 의 값을 적용합니다.

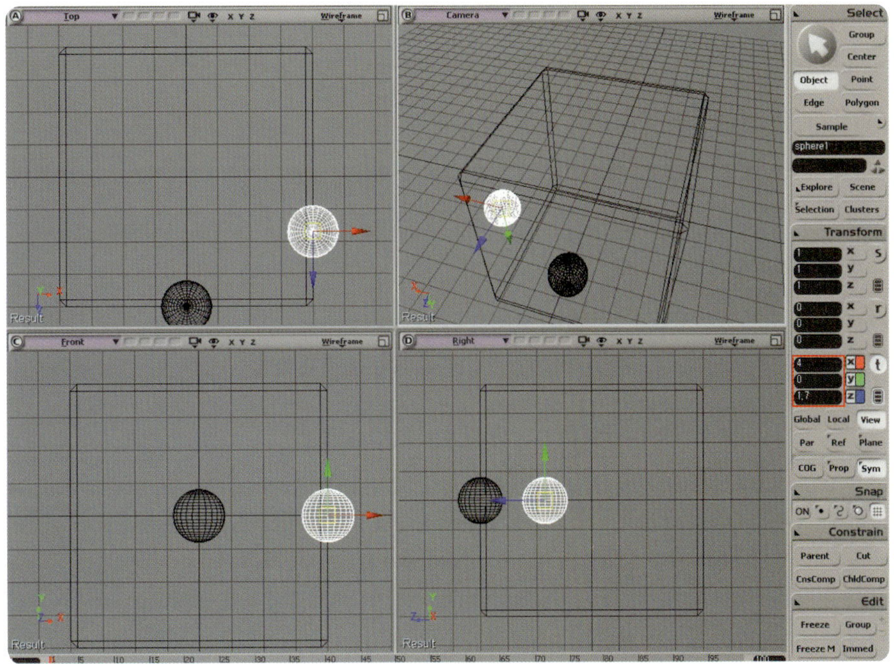

05 전과 동일한 방법으로 이동된 원을 `Ctrl` + `D` 키를 눌러 오브젝트를 복사하여 Translate Tool 값을 `X = 4` , `Z = -1.7` 의 값을 적용시켜 "주사위 2"를 만듭니다.

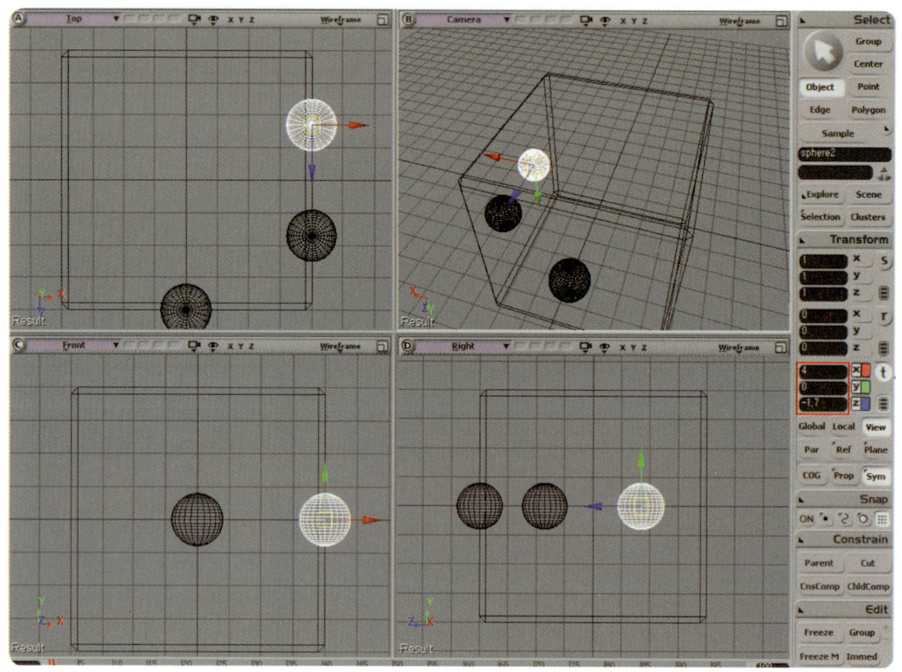

06 다음은 "주사위 3"을 만드는 과정의 그림입니다. "주사위 1" 오브젝트를 선택하고 `Ctrl` + `D` 키를 눌러 오브젝트를 복사하여 Translate Tool 값을 `Z = -4` 의 값을 적용시켜 "주사위 3"에 중심 원을 생성합니다.

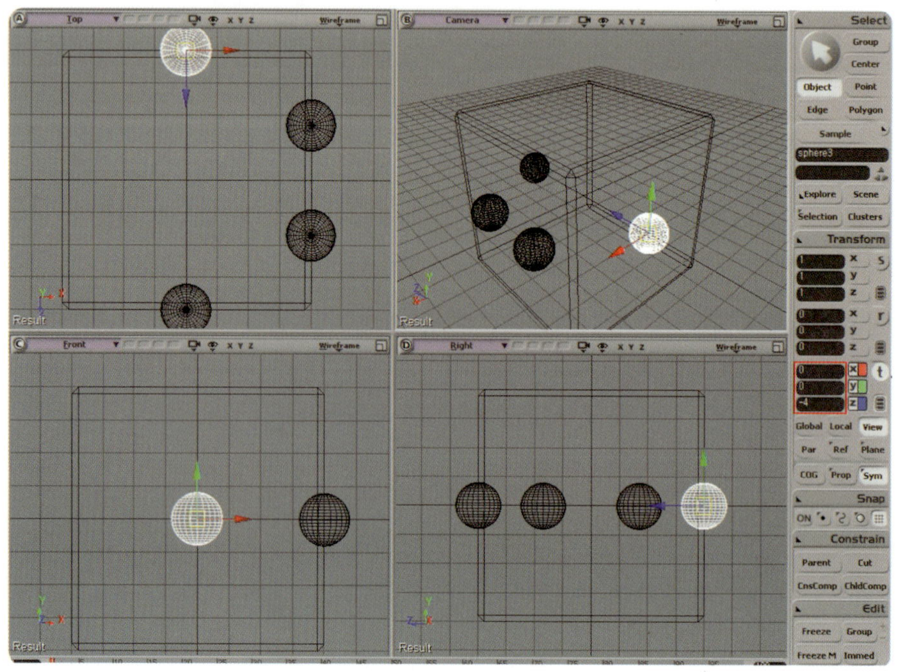

07 생성된 중심 원을 Ctrl + D 키를 눌러 오브젝트를 복사하여 Translate Tool 값을 X = 2 , Y = 2 , Z = -4 의 값을 적용하여 그림과 같이 만듭니다.

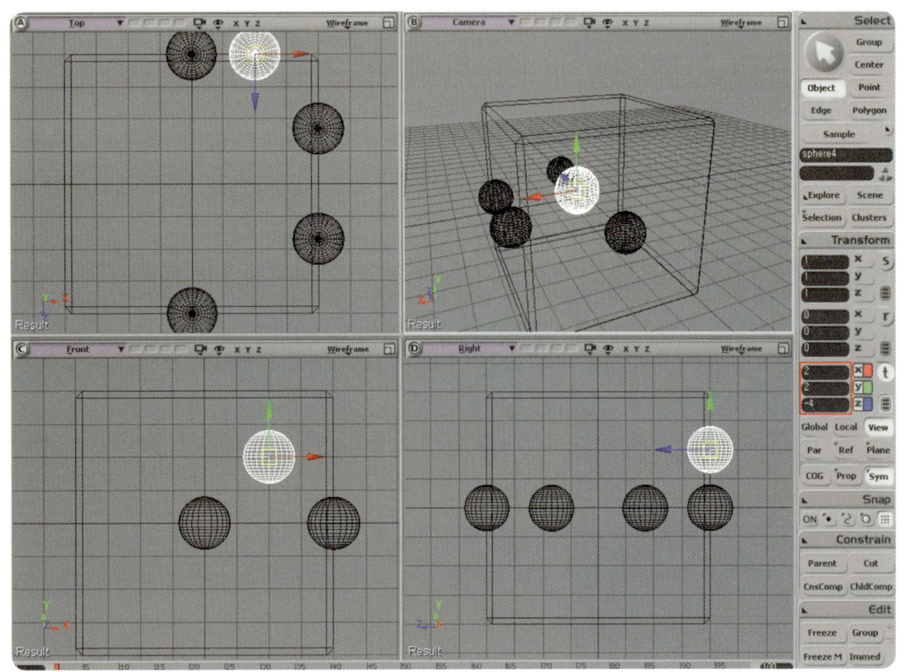

08 생성된 원을 이용하여 반대쪽 값도 X = -2 , Y = -2 , Z = -4 의 값을 적용시켜 그림과 같이 만들어 "주사위 3"을 완성합니다.

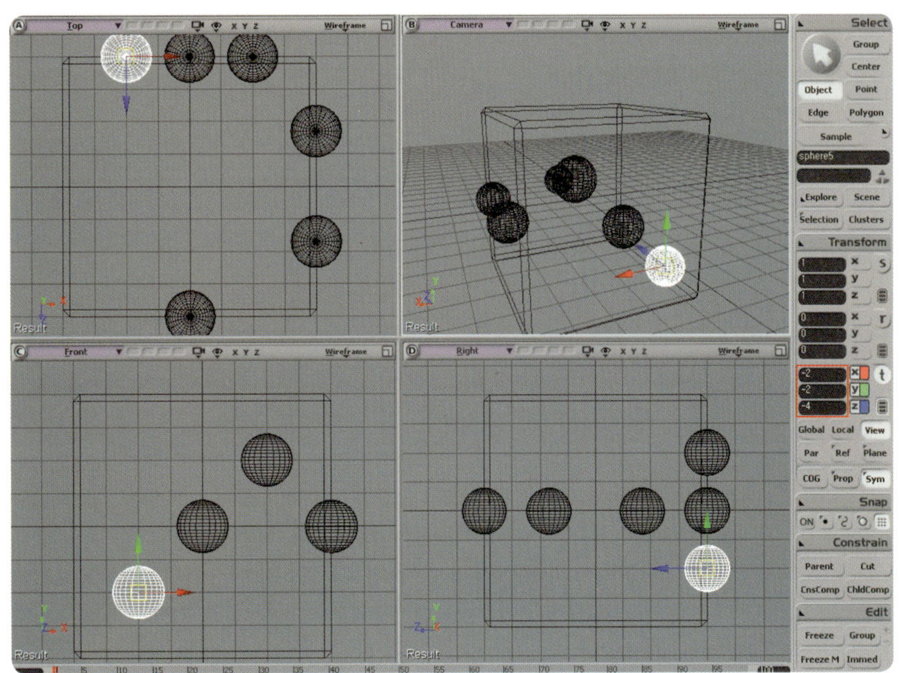

09 "주사위 4"를 만들겠습니다. 우선 만들어진 "주사위 2" 오브젝트 2개를 선택합니다. Sphere의 위치가 정확한지 복사하기 전에 확인합니다.

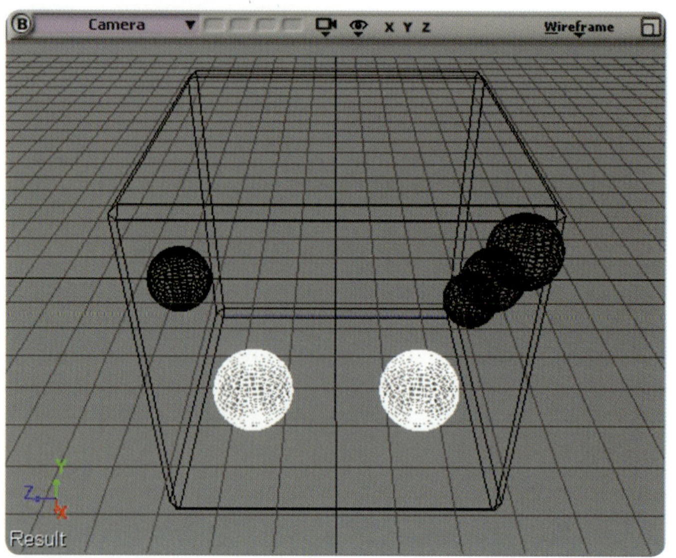

10 잡아 준 오브젝트를 Ctrl + D 키를 눌러 복사하여 Translate Tool 값을 X = -4 , Y = 2 의 값을 적용하여 그림과 같이 만듭니다.

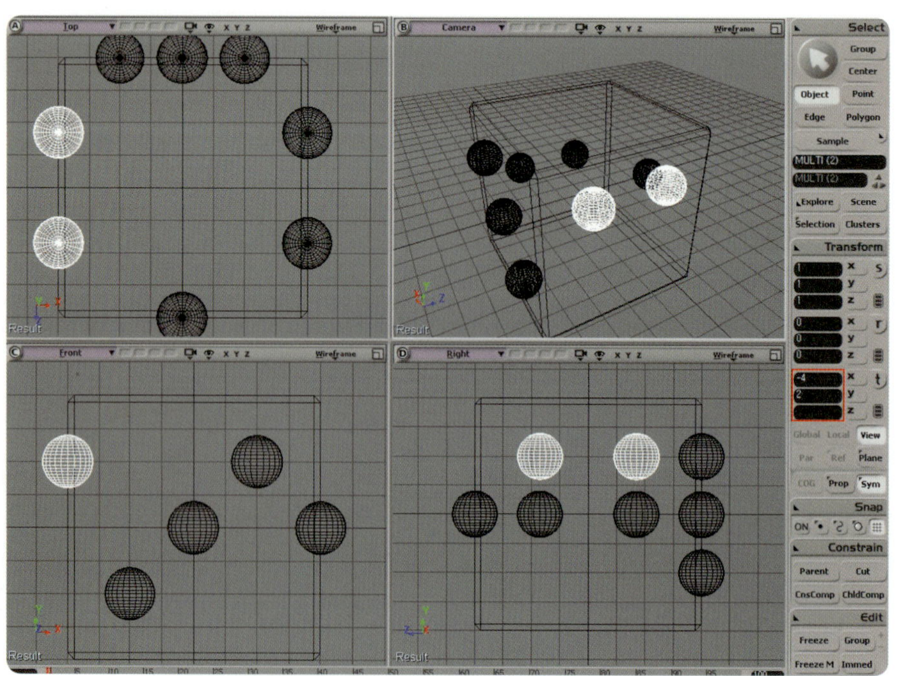

11 반대쪽도 마찬가지 방법으로 Translate Tool 값을 X = -4 , Y = -2 을 적용시키면 "주사위 4"가 완성됩니다. 복사된 위치가 원하는 위치인지 확인합니다. 만일 위치가 부정확할 경우 오브젝트 이동 기능인 Transform(단축키 V)을 이용하여 정확한 위치로 이동합니다.

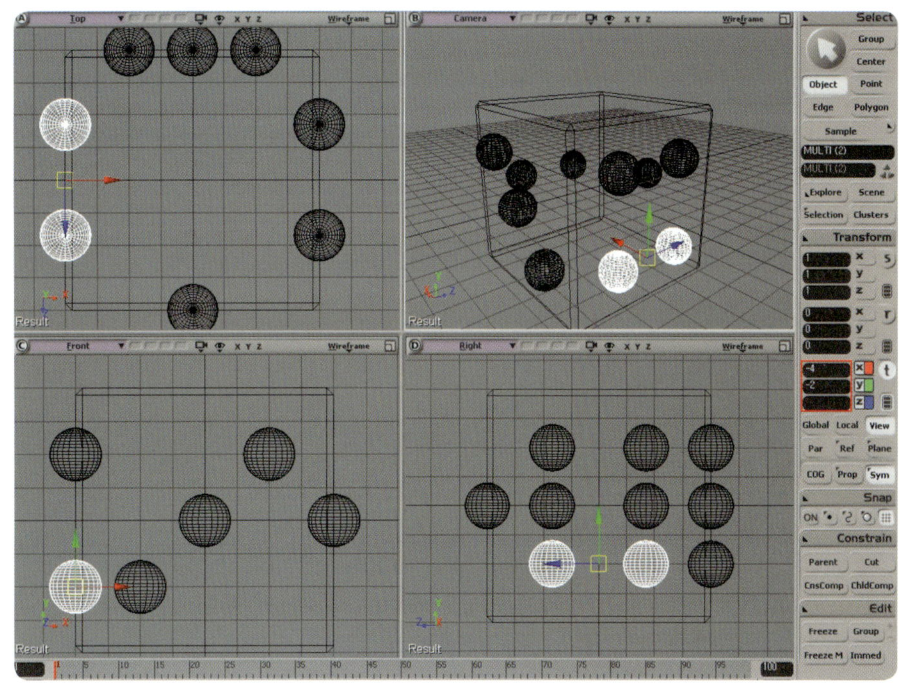

12 "주사위 5"를 만들겠습니다. 우선 만들어진 "주사위 3" 오브젝트 3개의 선택합니다.

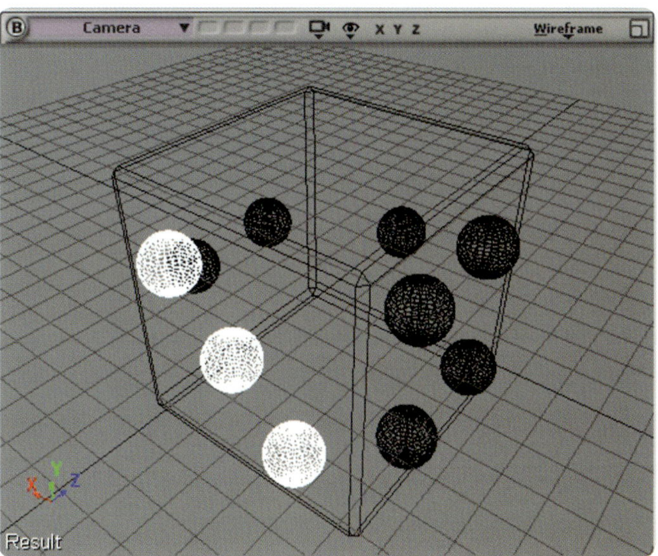

13 Ctrl + D 키를 눌러 복사한 후 Translate Tool 값을 X = 0 , Y = 4 , Z = 0 적용시켜 그림과 같이 나열되도록 합니다.

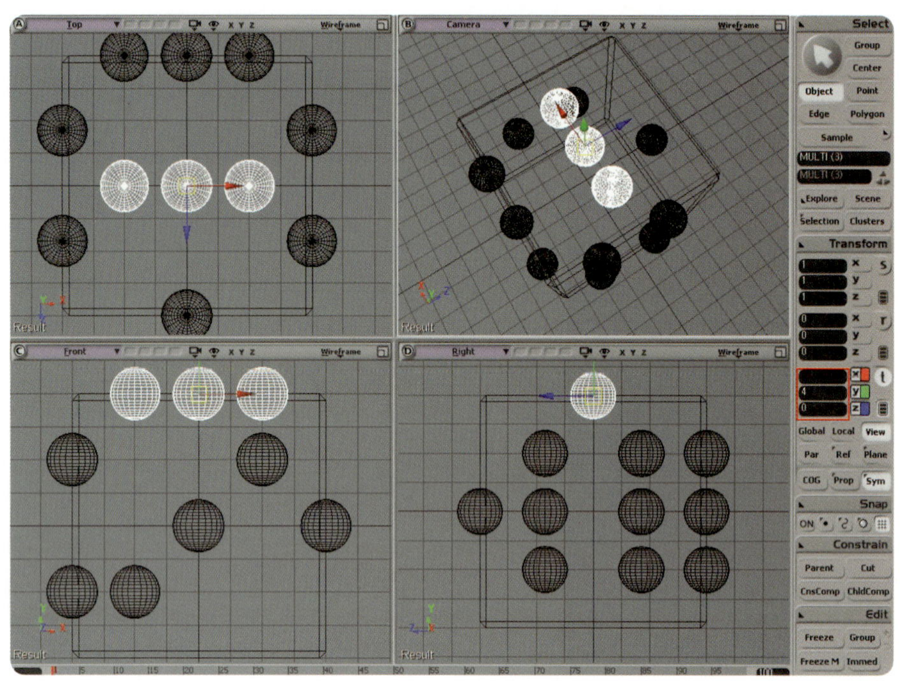

14 다음은 주사위 5의 모양이 만들어 지도록 원을 배열합니다. 그림과 같이 각각 Translate Tool의 좌표 값을 설정합니다.

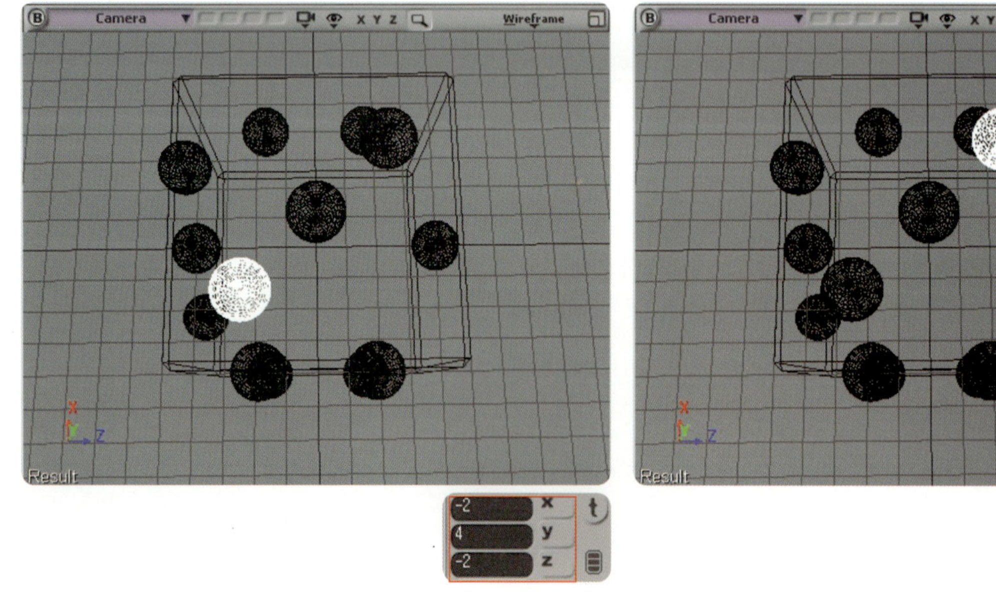

15 Ctrl + D 키를 눌러 오브젝트를 복사한 후 다음 그림과 같이 각각의 좌표 값을 입력하여 "주사위 5"를 완성합니다.

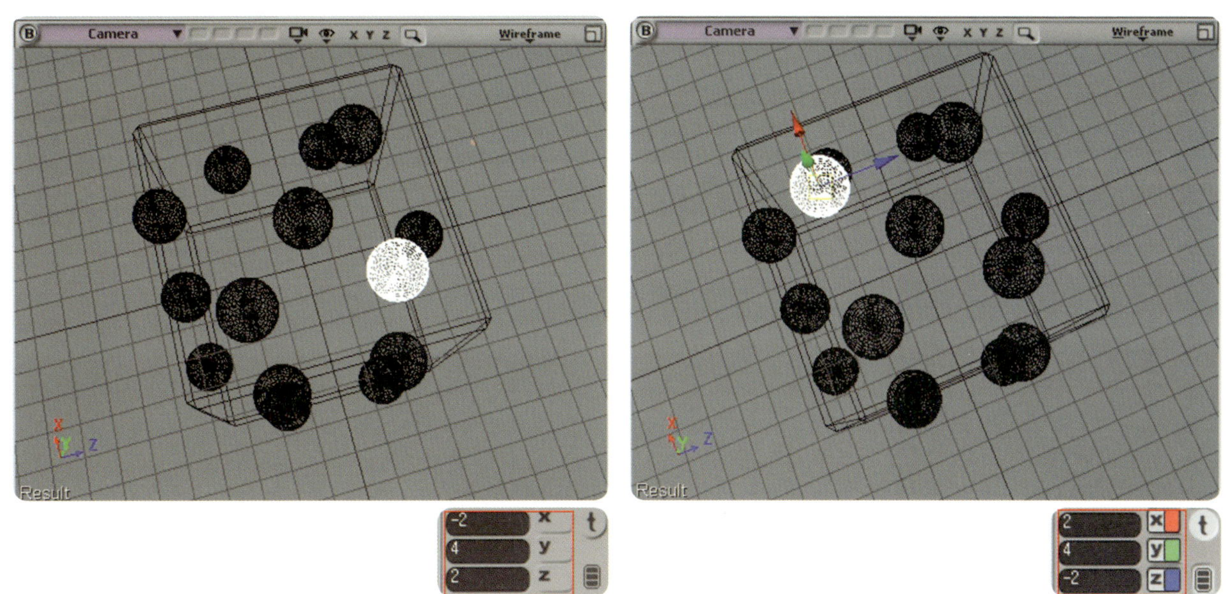

16 마지막으로 "주사위 6"을 진행 하겠습니다. 우선 "주사위 2" 오브젝트를 선택합니다.

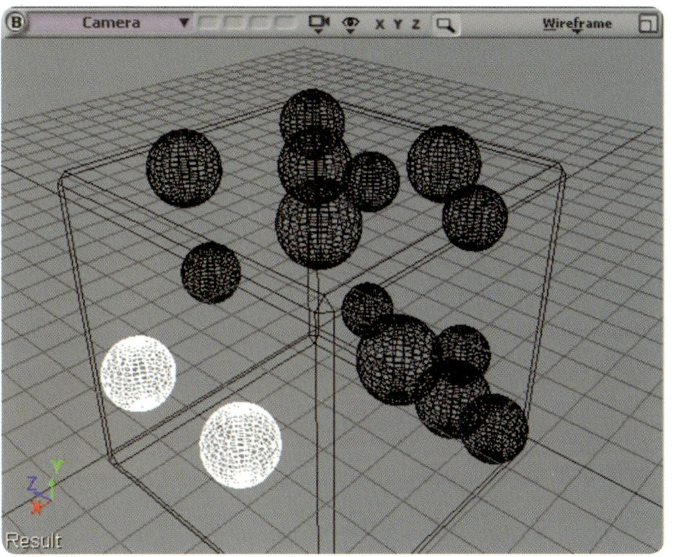

17 지금까지 진행된 과정과 같이 Translate Tool 값을 Y = -4 로 적용시켜 "주사위 6"의 중심점을 맞춥니다.

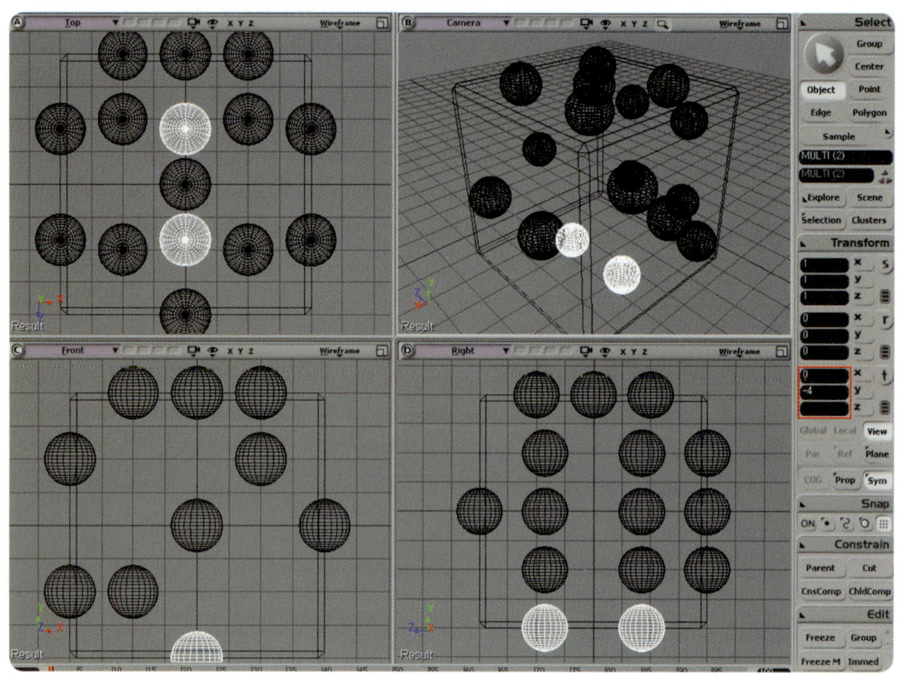

18 "주사위 6"의 가운데 중심점 역할을 하는 오브젝트 2개를 Ctrl + D 키를 눌러 오브젝트를 복사하여 X = -2.5 , Y = -4 적용합니다.

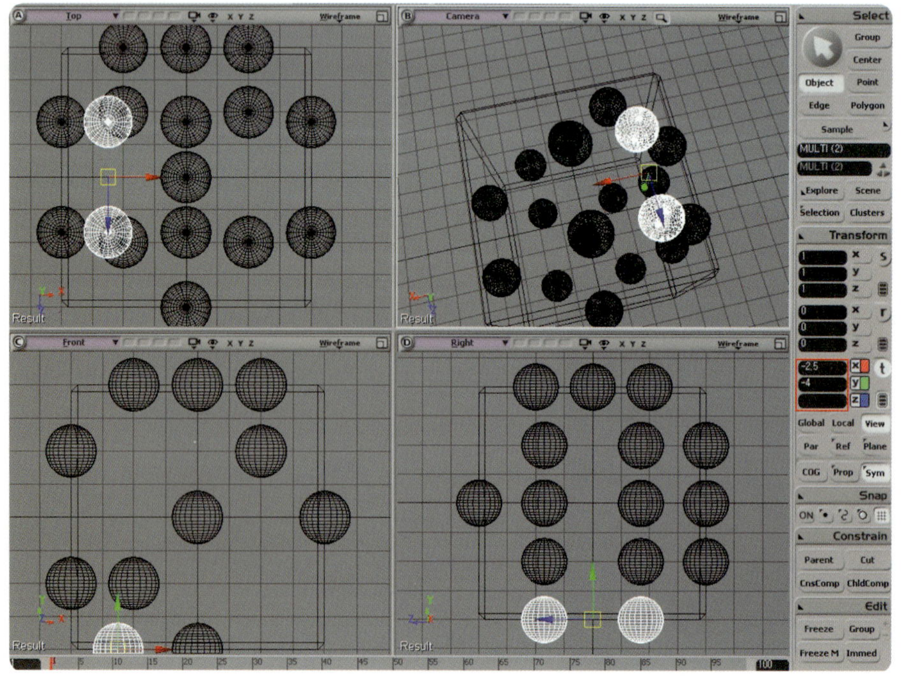

19 전과 같은 방법으로 X = 2.5 , Y = -4 적용 값을 주면 "주사위 6"을 완성할 수 있습니다.

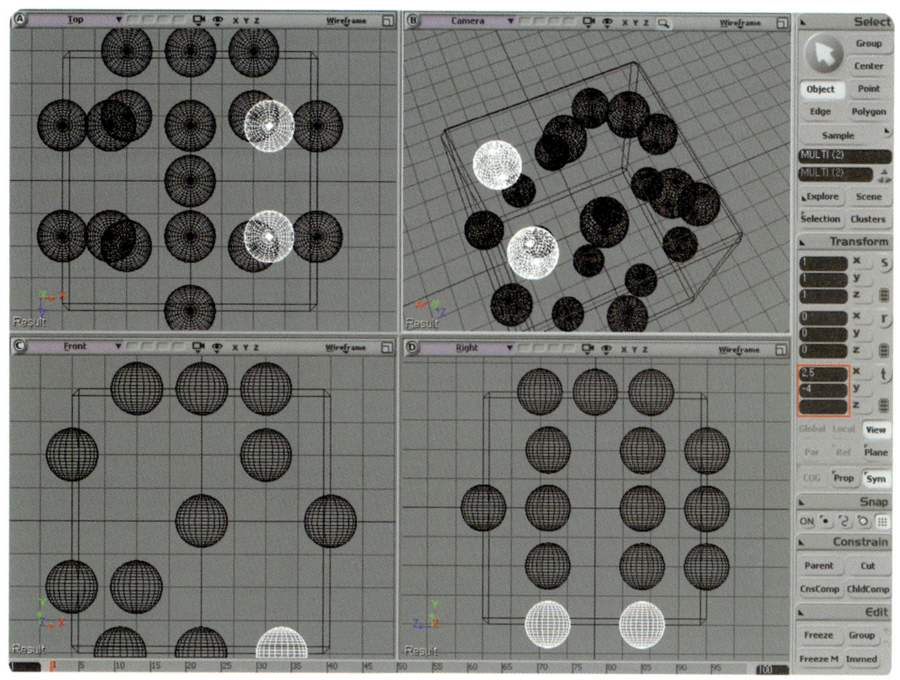

20 이번 과정부터는 만들어둔 오브젝트 원을 이용하여 주사위의 구멍을 뚫는 작업을 진행하겠습니다. 다음 그림과 같은 경로로 Modify 〉Poly Mesh 〉 Boolean의 상단에 있는 가위모양을 클릭하여 Boolean 창을 따로 꺼내어 놓습니다.

꺼내어 놓은 Boolean 창은 오른쪽 그림과 같습니다.

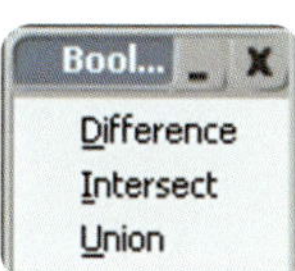

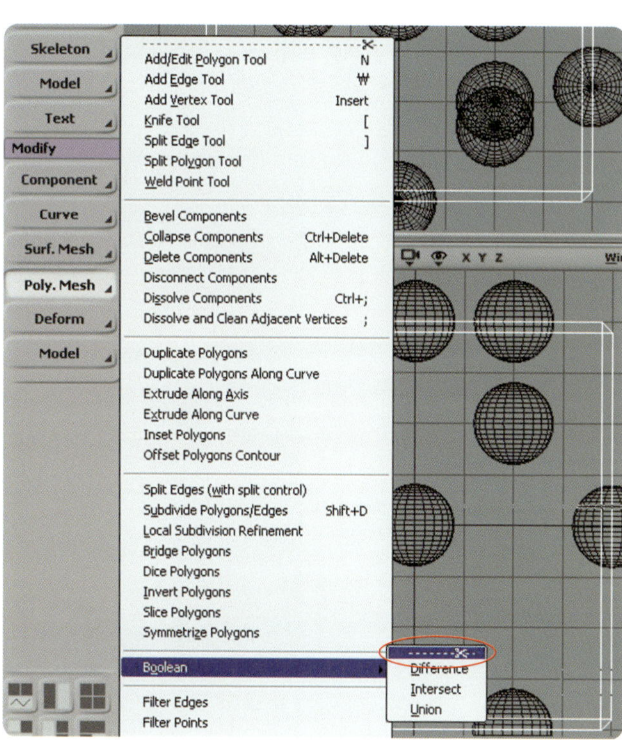

21 Boolean 창의 최상단의 위치한 Difference를 이용하여 지금까지 만들어둔 원 오브젝트를 이용하여 구멍을 뚫는 작업을 진행하겠습니다. 처음으로 Cube 오브젝트를 선택한 후 창의 오른쪽 하단부에 위치한 Freeze 명령어를 실행시킵니다(Freeze 명령을 실행되지 않으면 나중에 구멍을 뚫고, 불필요한 오브젝트를 지울 때 뚫어 둔 구멍이 같이 지워지기 때문에 꼭 Freeze를 실행한 후에 작업합니다).

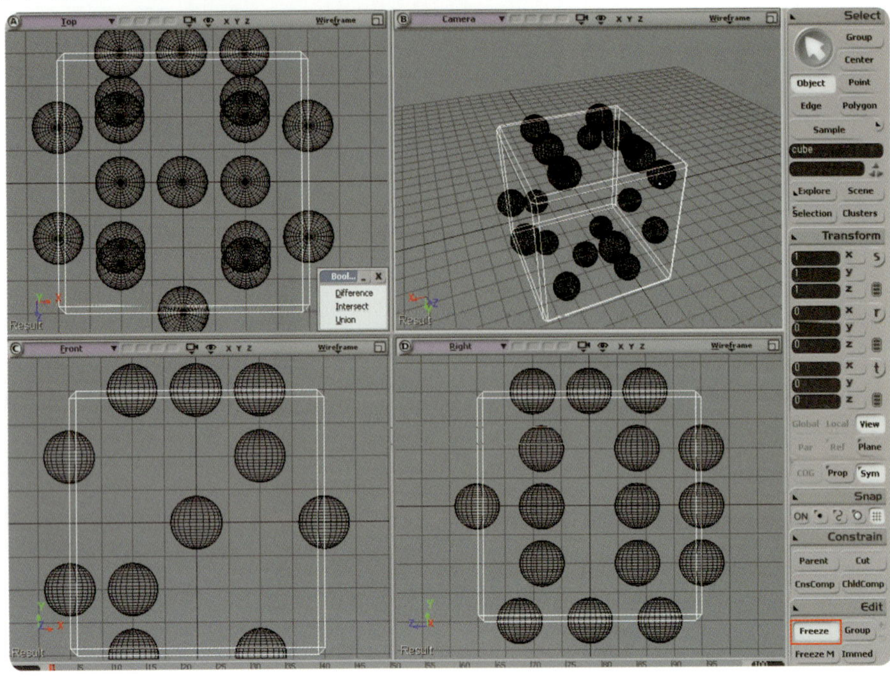

22 다음 과정은 "주사위 1"의 구멍을 뚫는 작업입니다. Freeze 명령 실행된 Cube 선택된 후에 꺼내놓은 Boolean 창의 Difference 클릭하면 Pick 마우스 커서가 생성됩니다. 마우스 커서를 구멍을 뚫기 원하는 오브젝트("주사위 1")를 클릭하면 그림과 같이 "주사위 1"의 구멍이 뚫리는 것을 확인할 수 있습니다.

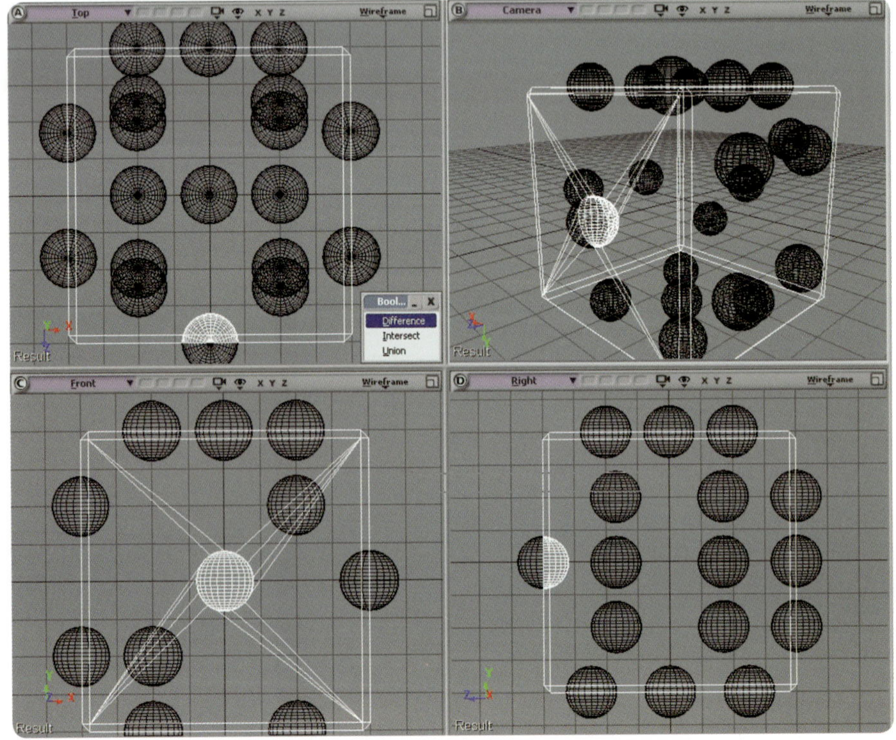

 같은 방법으로, 만들어둔 주사위 원 오브젝트의 구멍을 뚫는 작업을 진행하도록 하겠습니다. 전와 같은 방법으로 구멍을 뚫고 난 후에 Cube에 Freeze 명령을 실행시킨 후에 작업을 진행시킵니다.

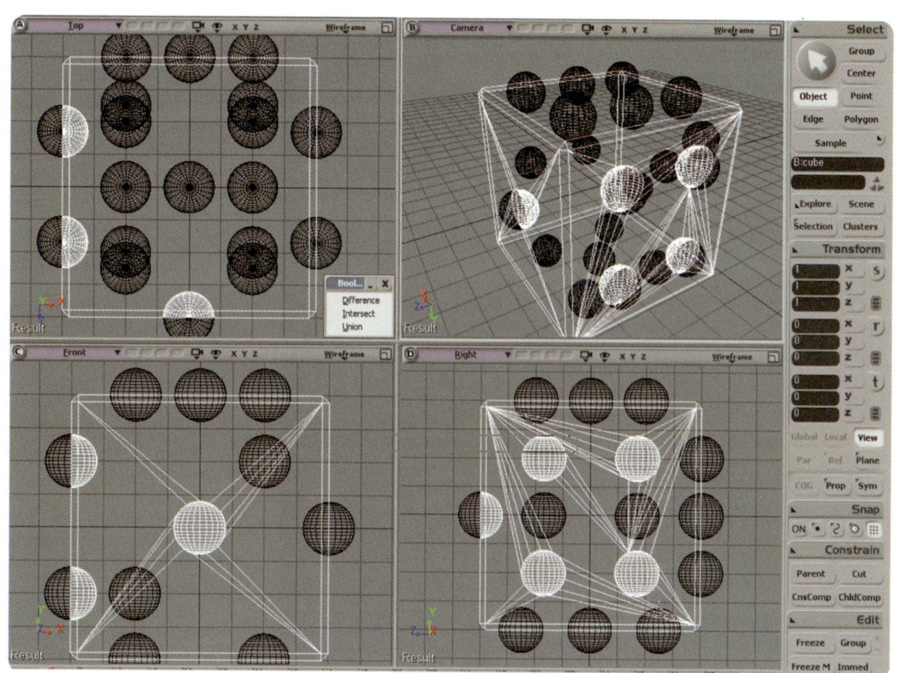

Cube의 구멍을 뚫고, 불필요한 오브젝트를 선택하여 지워줍니다.

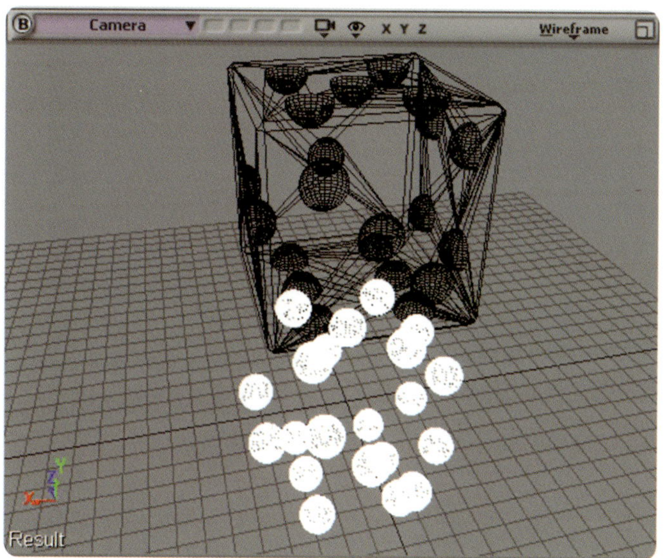

25 마지막 작업인 불필요한 선을 제거하는 작업을 진행 하겠습니다. Boolean 창의 Difference으로 구멍이 생성된 후의 불필요한 선들이 생성 되었습니다. 이러한 선들은 창의 오른쪽 상단에 위치한 Edge 명령(단축키 I)을 실행시킨 후 선을 선택하여 Delete 키로 깔끔하게 지워주면 최종적으로 주사위가 완성됩니다.

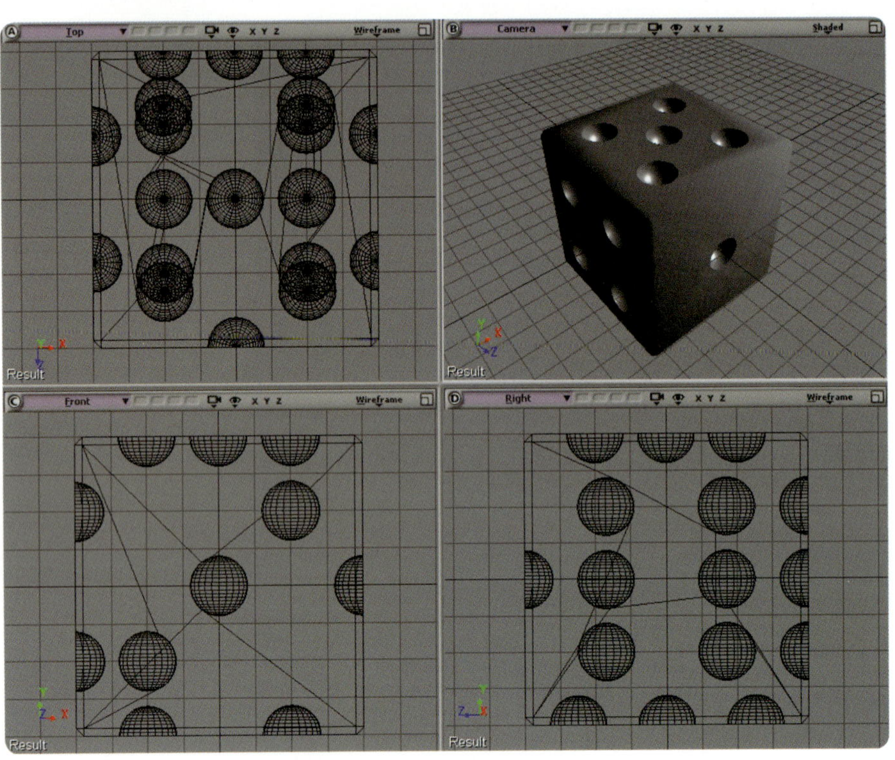

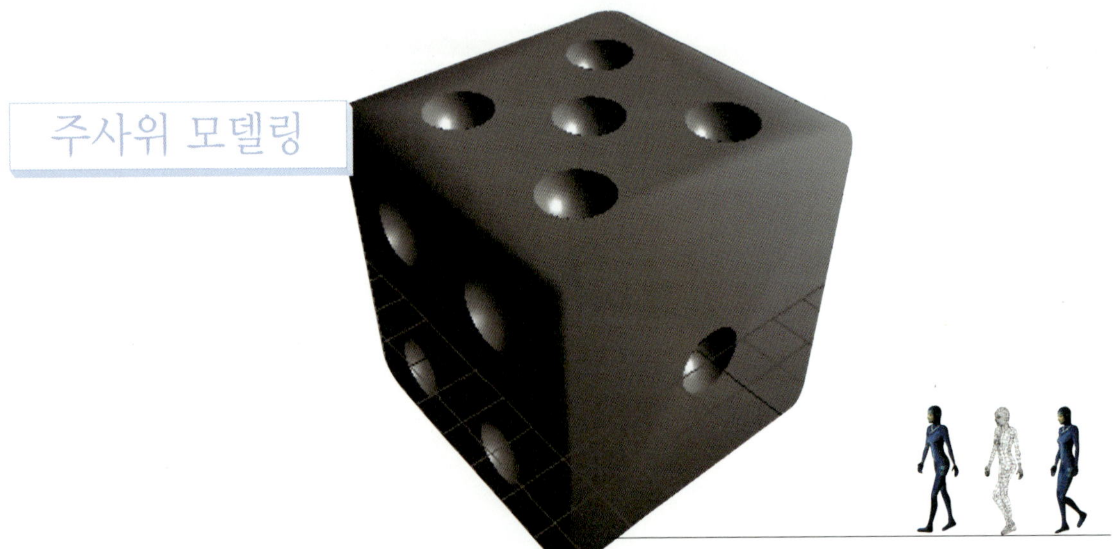

07 유리잔 모델링

이번 예제는 Curve를 사용하여 간단한 유리잔을 만들어 보겠습니다. Curve를 이용하면 360도, 회전축을 가진 대칭의 오브젝트를 쉽게 제작할 수 있습니다.

Modeling Scene　01

01 우선 다음과 같은 경로로 Create 〉 Curve 〉Draw Cubic by Cvs를 선택합니다.

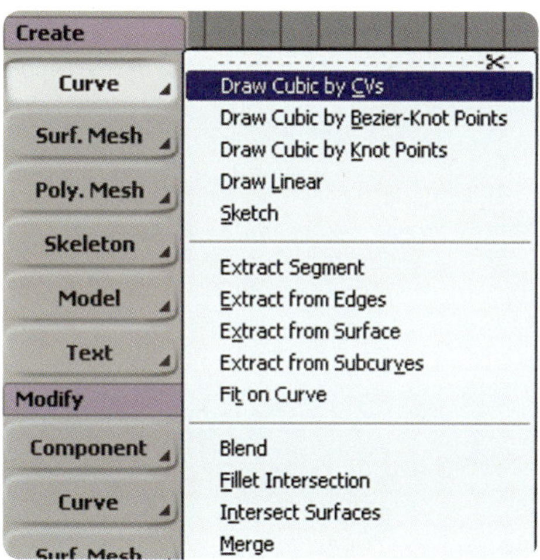

02 Draw Cubic by Cvs선택한 후 Front View로 이동하여 가운데 검정선 라인을 가상 기준선으로 잡고 그림과 같이 선을 그려 나갑니다.

선을 완성한 후 잘못 그어진 선은 T 를 눌러 Point화 시켜 수정하면 쉽게 작업할 수 있습니다.

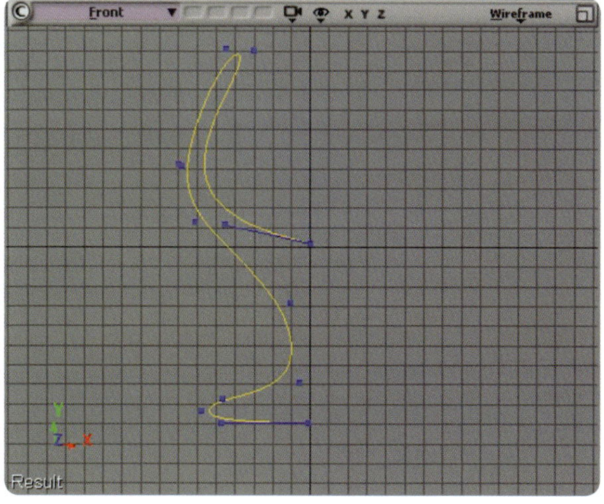

03 선을 완성시킨 후 다음 경로로 Create 〉 Surf Mesh 〉 Revolution Around Axis 명령어를 실행시킵니다.

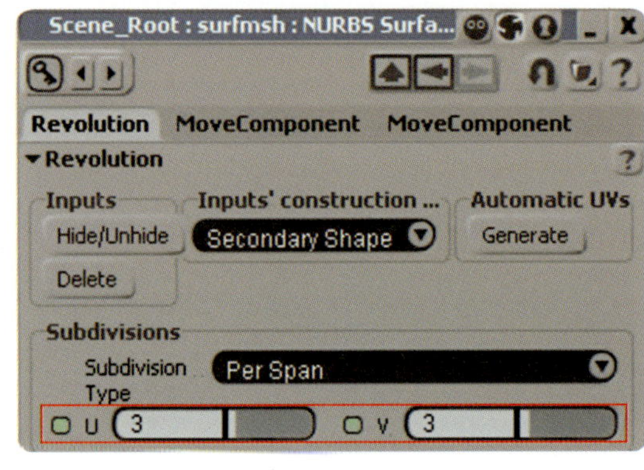

04 Revolution Around Axis 명령어를 실행 시킨 후 그림과 같이 U = 3 , V = 3 을 설정합니다.

05 설정된 값은 다음 그림과 같이 적용된 것을 볼 수 있습니다. U, V 값을 높게 적용할수록 많은 선들이 생성되어 정교한 물체를 만들 수 있습니다.
하지만 너무 많은 값을 적용할 경우 데이터 용량이 증가되므로 최적의 값을 찾아 사용하는 연습이 필요합니다.
U, V 값을 각각 5로 적용 시켰을 때 다음과 같은 그림과 같습니다.

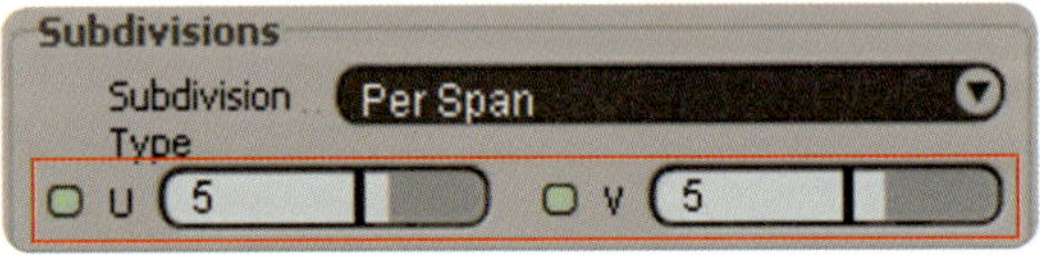

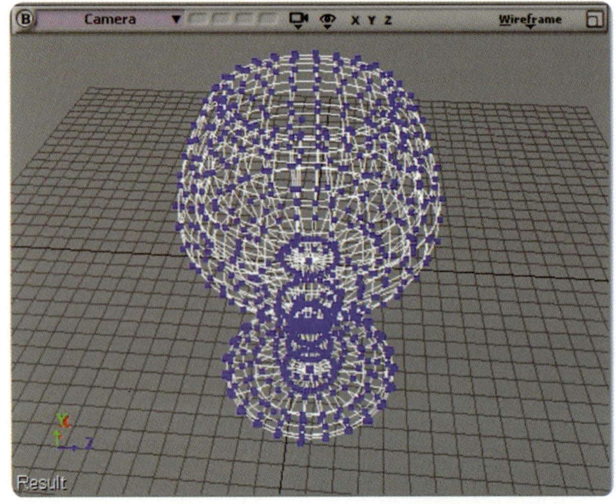

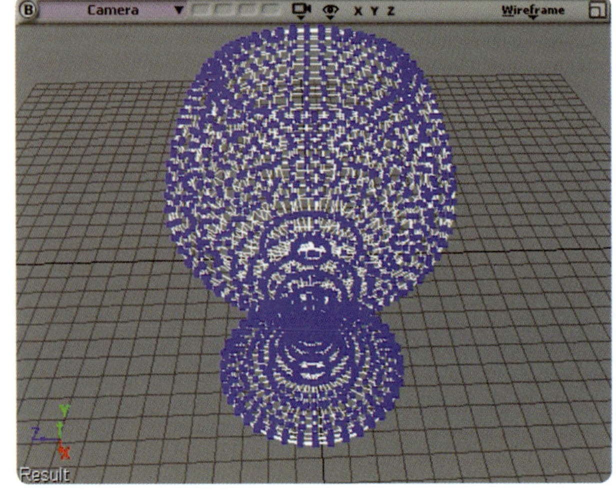

Modeling Scene 02

01 다음 과정은 생성 된 물체를 수정합니다. 컵 안을 넓히기 위해 [T] 키를 눌러 Point화 시킨 후 Front View 에서 그림과 같이 영역을 잡아줍니다. 정확한 형태를 만들기 위한 수정 작업 과정입니다. 적용된 모델링을 원하는 형태로 수정하여 진행합니다.

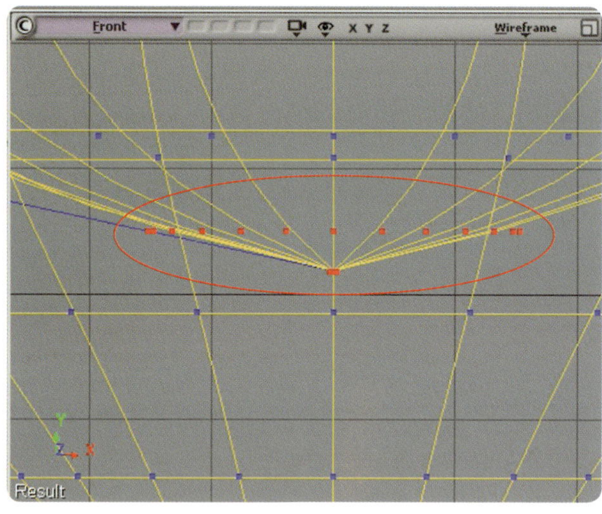
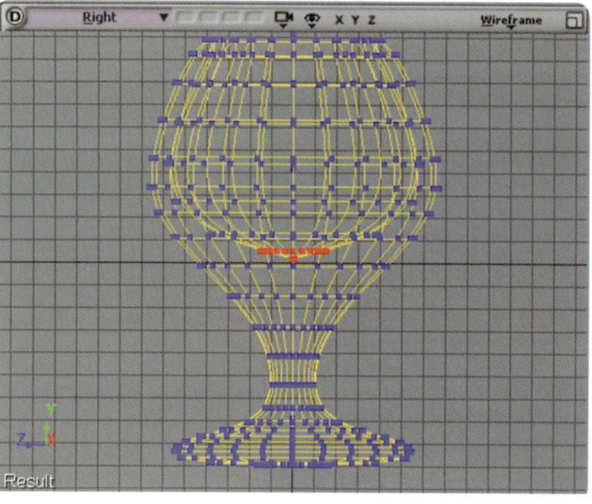

02 영역이 잡힌 포인트는 V를 눌러 포인트가 이동 할 수 있도록 Translate Tool를 활성화하여 그림과 같이 영역을 넓혀줍니다.

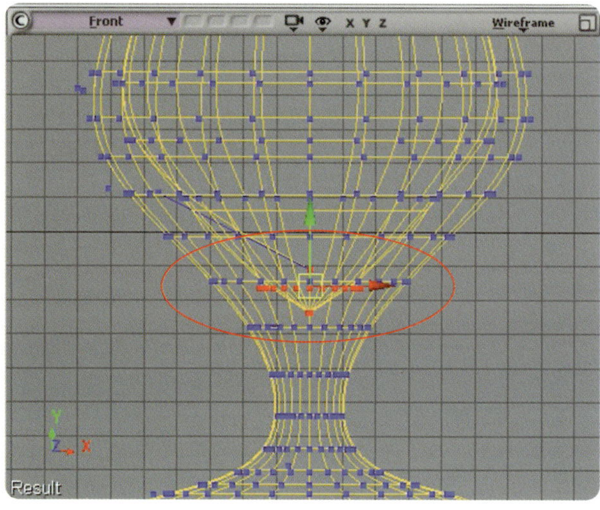
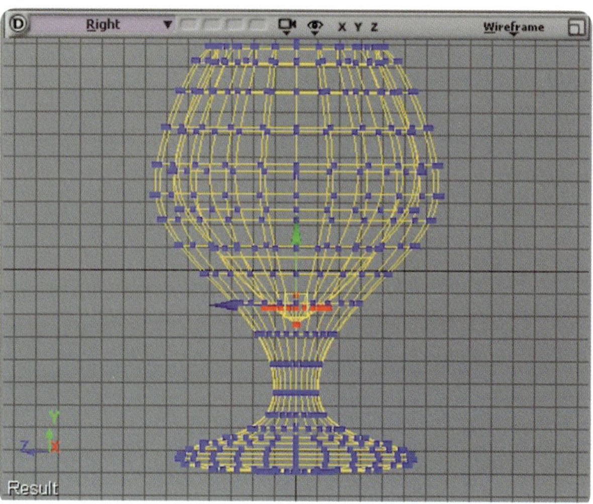

03 다음은 유리잔의 받침대를 얇게 수정하기 위해 전과 같은 방법으로 그림을 참고하여 진행합니다.

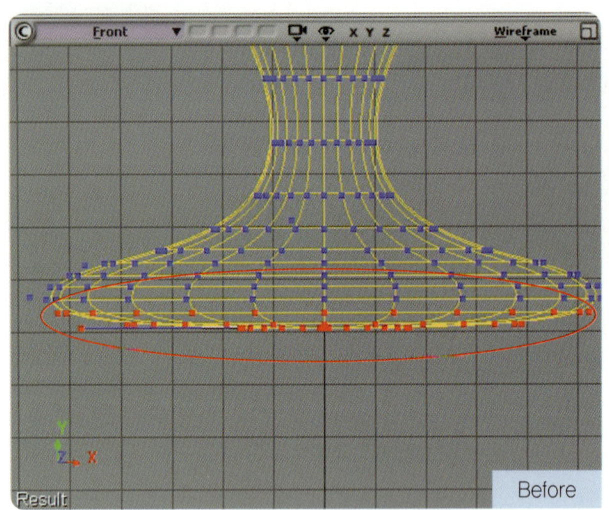

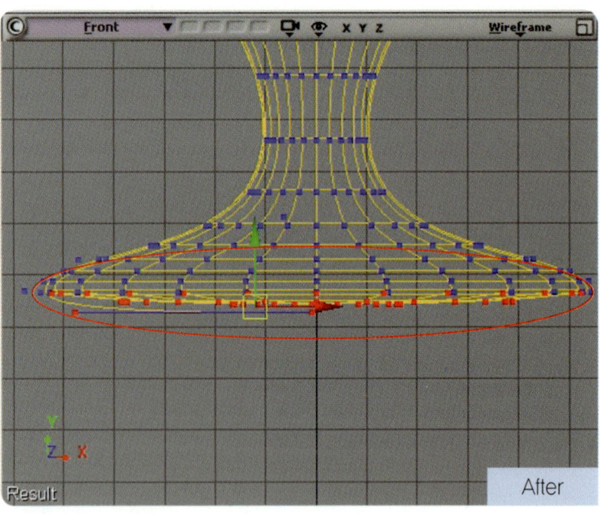

04 마지막으로 그림과 같이 컵 안의 중심 Point를 수정한 후 완성합니다. 여기까지 기본 모델링 적용 후 Point를 수정하는 기초적인 모델링 방법에 대해 살펴 보았습니다.

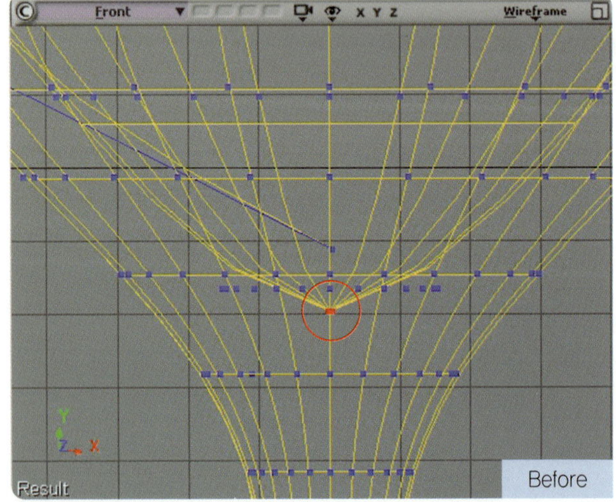

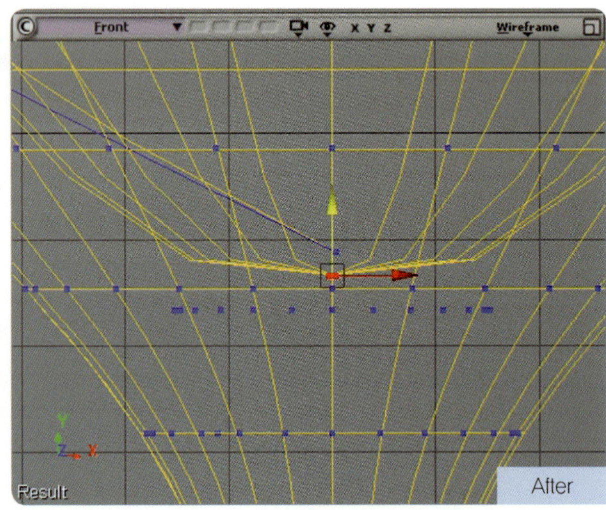

05 수정 후 최종 완성된 유리잔입니다.

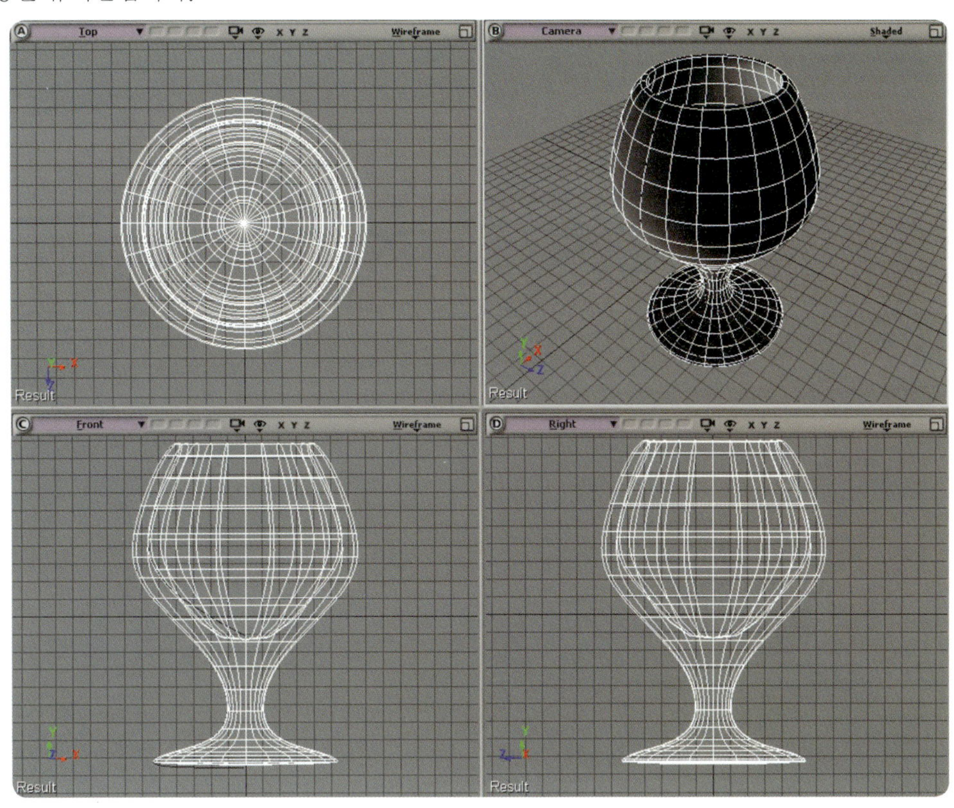

08 모니터 모델링

간단한 모니터를 만들어 보고 모델링을 통해 폴리곤의 기초적인 모델링에 대해 살펴보겠습니다. 여기서 진행하는 모델링 방법은 주로 게임회사에서 많이 사용되는 방법입니다. 본 장에서는 모니터를 기준으로 설명하지만 게임캐릭터 등의 모델링도 같은 방법으로 제작이 가능합니다.

Modeling Scene 01

01 모니터 모델링을 위해 풀다운 메뉴 〉 모델링에서 Primitive 〉 Polygon Mesh 〉 Cube를 선택합니다. 새로운 Cube가 생성됩니다.

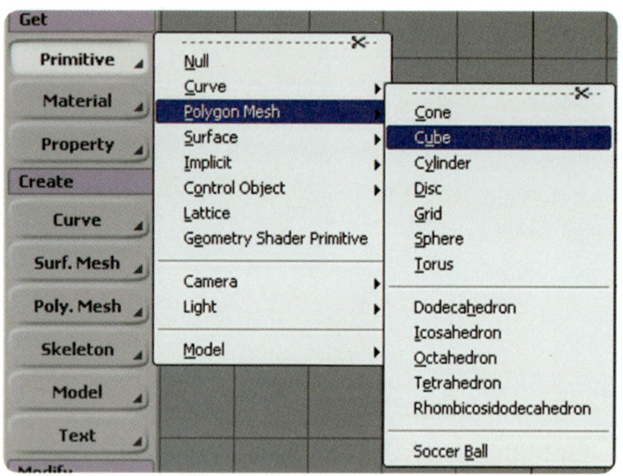

02 경로로 이동된 후 만들어진 Cube(name)옵션을 그림과 같이 U = 2 , V = 2 , Base = 2 로 설정합니다.

오브젝트의 이름을 생성합니다.

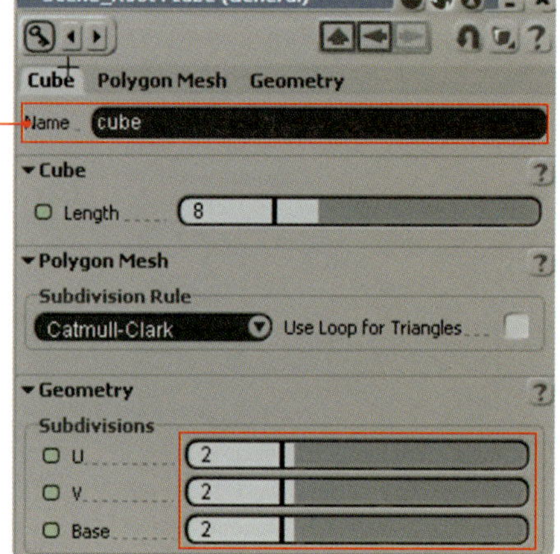

03 Cube를 선택한 후 오른쪽 상단위에 위치한 Point(단축키 T)를 눌러 포인트 선택모드로 변환한 후 화면 오른쪽 중간에 Transform 〉 Translate Tool(단축키 V)을 활성화합니다.

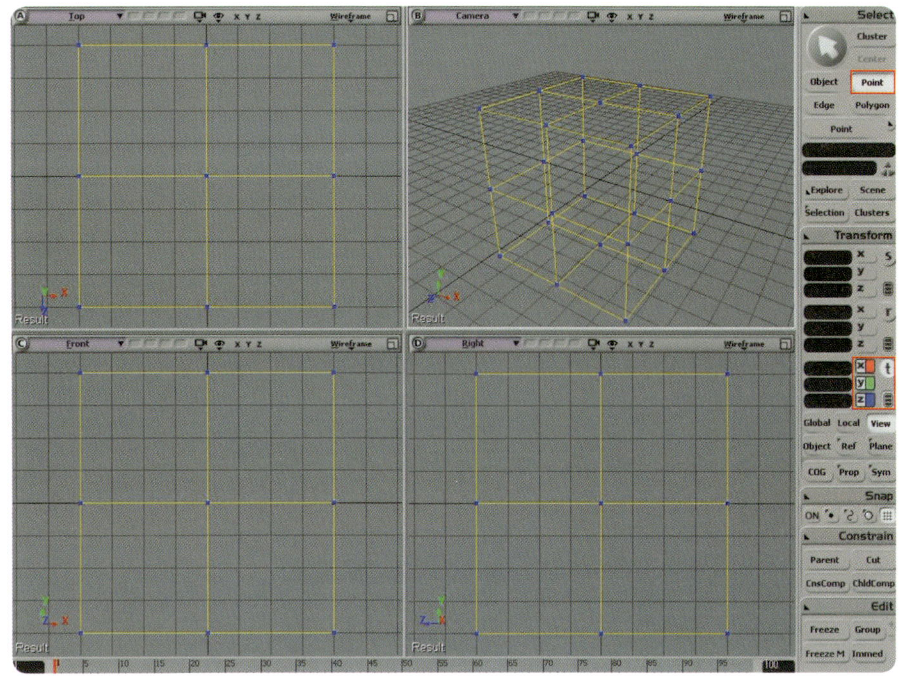

04 활성화된 Translate Tool을 이용해 Top View에서 Z 축 방향을 이동시켜 그림과 같이 모니터의 형태를 잡아줍니다. 기본 축을 중심으로 세밀하게 교정합니다.

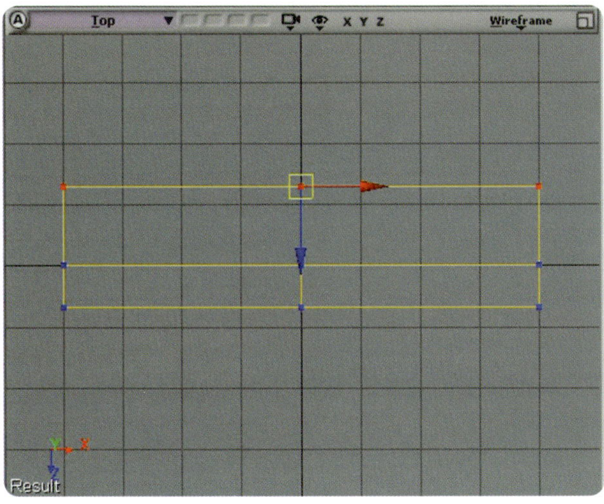
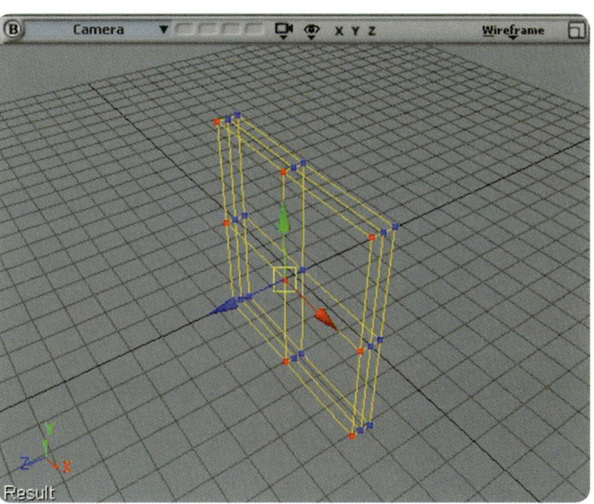

05 전과 동일한 방법으로 모니터의 모서리 모양을 만들어주기 위해 그림과 같이 Top View에서 Z 축 방향을 이동시켜 Point에 움직임을 줍니다.

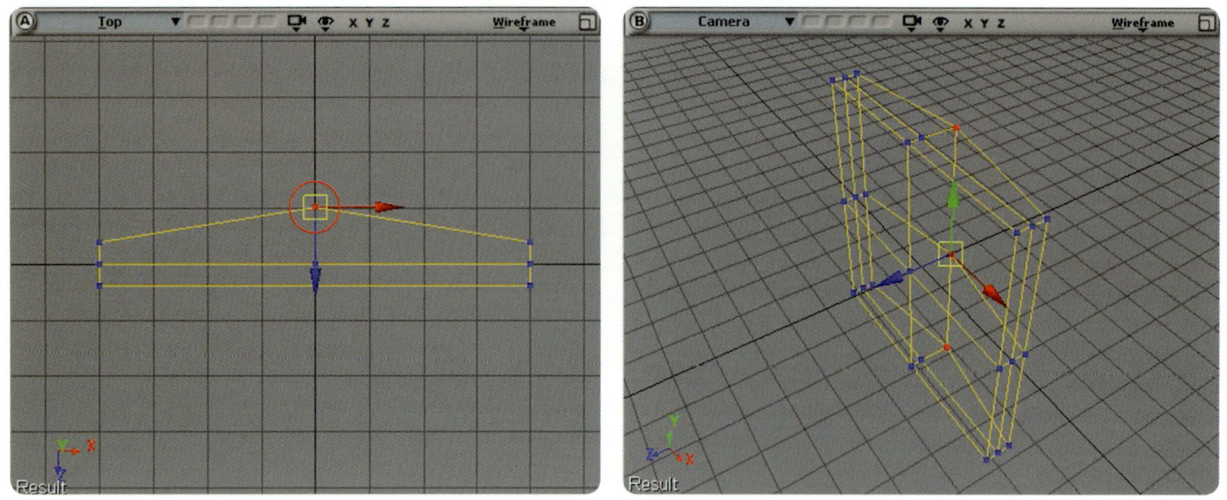

06 다음은 늘어진 모니터의 밑쪽 부분의 모양을 잡아주기 위해 Front View의 화면에서 Point 영역을 잡아 그림과 같이 모양으로 만듭니다.

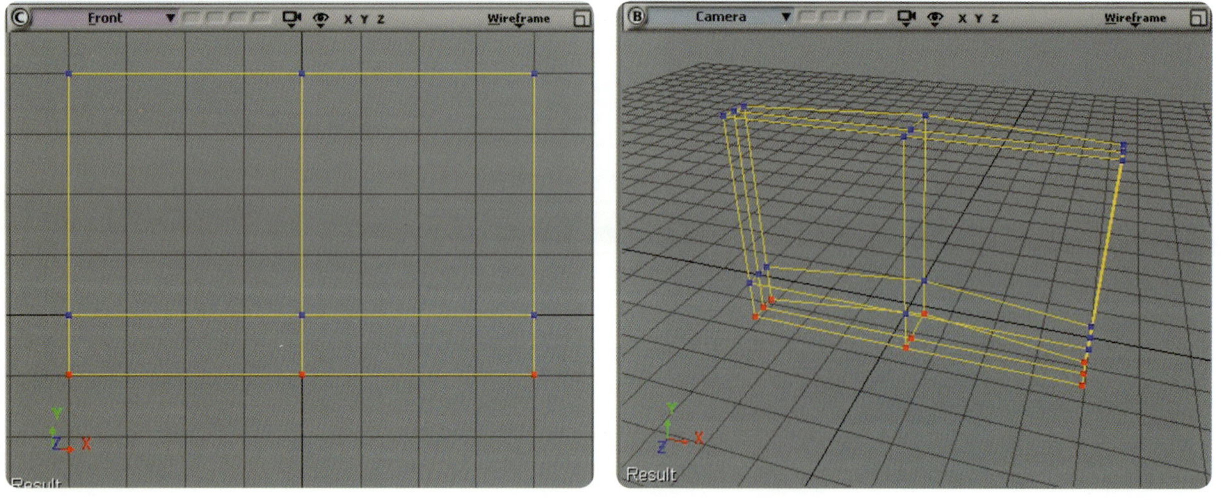

07 모니터 모양의 Cube를 완성시킨 후 불필요한 선을 제거하기 위해 오른쪽 상단부분에 위치한 Edge를(단축키 I) 활성화합니다. Edge의 활성화된 아이콘의 모양은 오른쪽 그림과 같습니다.

08 정면에 위치한 십자가 모양의 Edge를 Edge 선택기능으로 선택한 후 [Delete] 키로 지워줍니다.

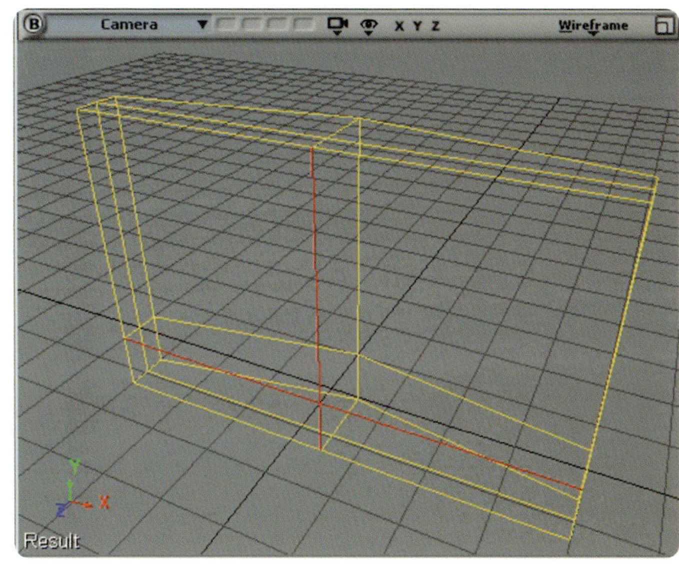

09 다음 작업은 Polygon을 이용하여 모니터 중앙에 각을 줌으로써 세밀하게 표현하겠습니다. 우선 Polygon(단축키 [U])을 활성화합니다. Polygon의 활성화된 아이콘의 모양은 오른쪽 그림과 같습니다.

10 활성화 시킨 Polygon을 Camera View에 가운데 정면에 위치한 면 하나를 마우스 버튼으로 클릭하면 그림과 같이 붉은색 영역이 지정되는 것을 볼 수 있습니다. 붉은색 표시는 Polygon이 선택되었다는 표시 입니다.

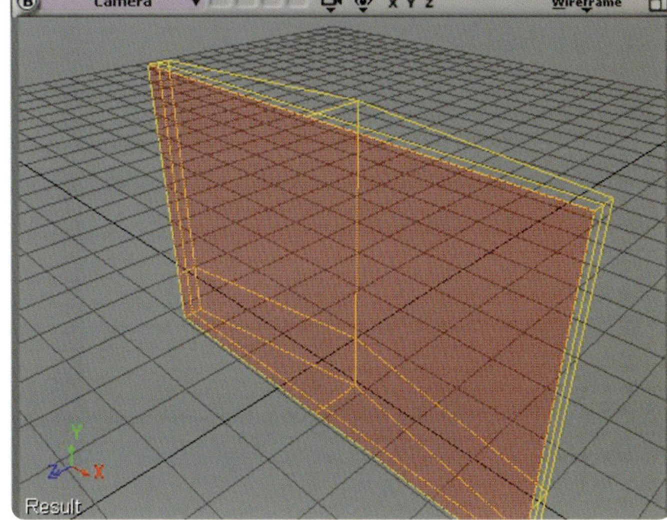

11 다음은 Bevel의 값을 주는 작업을 진행하겠습니다. Bevel의 위치한 곳은 Modify 〉 Poly Mesh 〉Bevel Components 또는 선택된 영역에 마우스 오른쪽 버튼을 클릭하여 그림을 그림과 같이 Bevel Components 선택합니다.

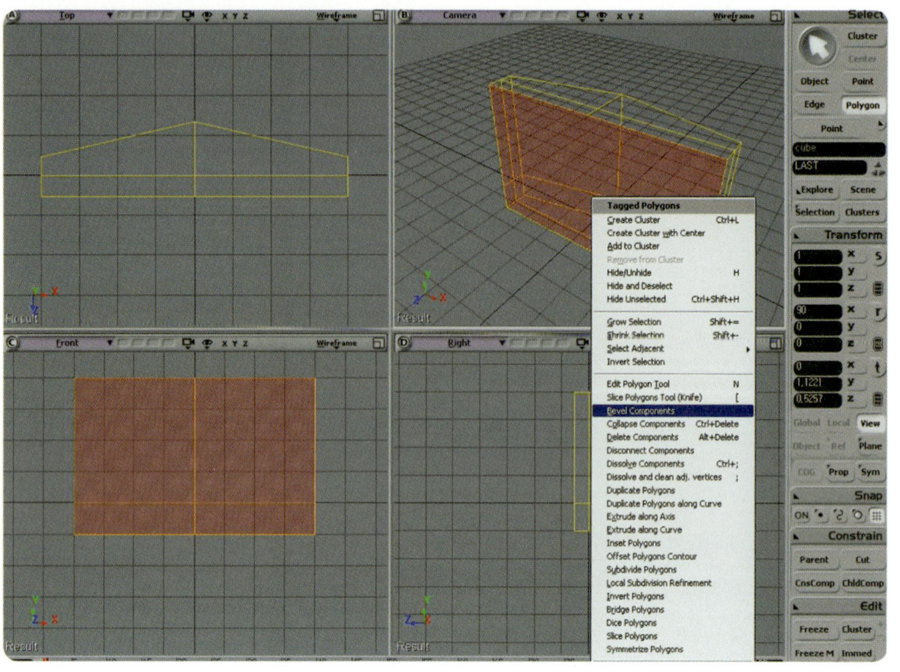

12 선택된 Bevel 메뉴의 Distance 값에 0.5 를 입력 후 창을 닫아 주면 설정 값이 적용됩니다. 작업을 진행할 때 원하는 수치를 사용해도 무방합니다. 수치를 변경하며 모델링의 변화를 살펴보는 것도 좋습니다.

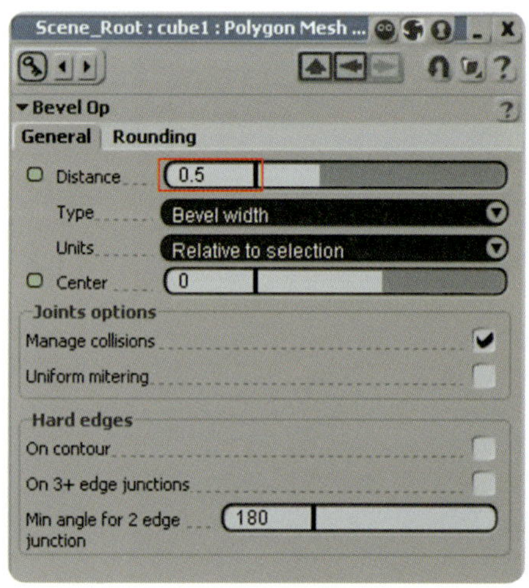

13 설정된 Distance 값은 다음 그림과 같이 적용되었음을 볼 수 있습니다. 원하는 위치에 적용되었는지 확인합니다.

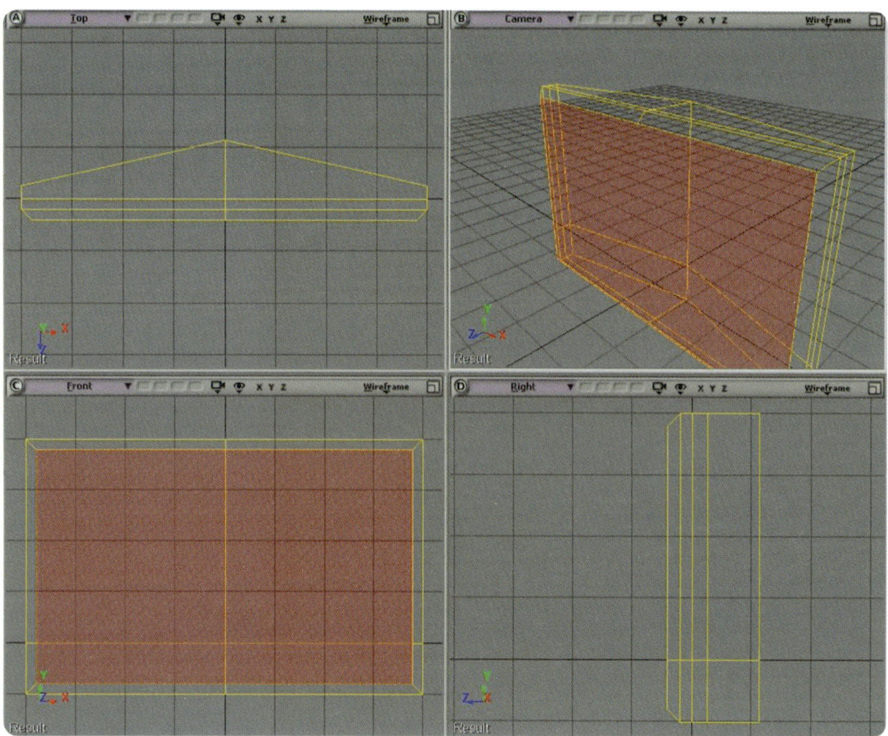

14 다음 과정은 모니터의 액정을 만들기 위한 과정입니다. Camera View에 위치한 가운데 Polygon 1개만 선택 툴을 사용하여 선택합니다. 폴리곤이 선택되면 붉은색으로 표시됩니다.

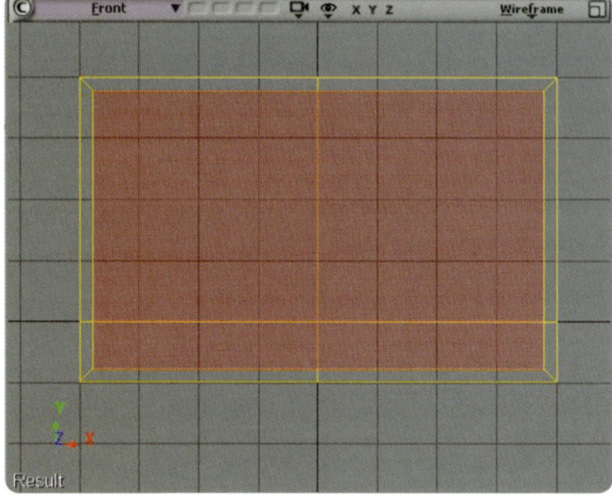
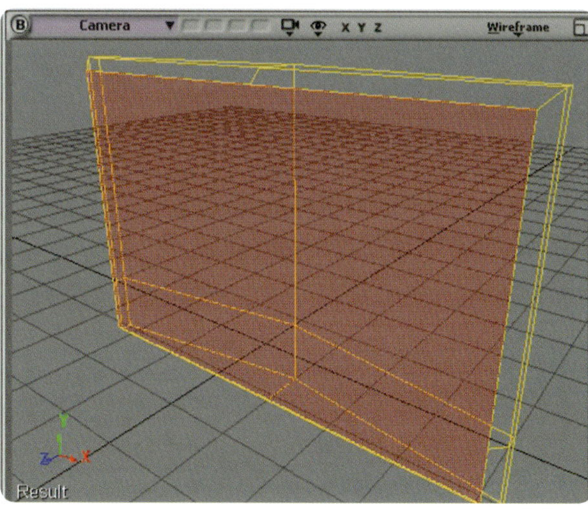

15 선택한 면을 Modify〉Poly Mesh〉Extrude Extrude Along Axis 메뉴 또는 마우스 오른쪽 버튼을 클릭하여 Extrude Along Axis를 실행합니다.

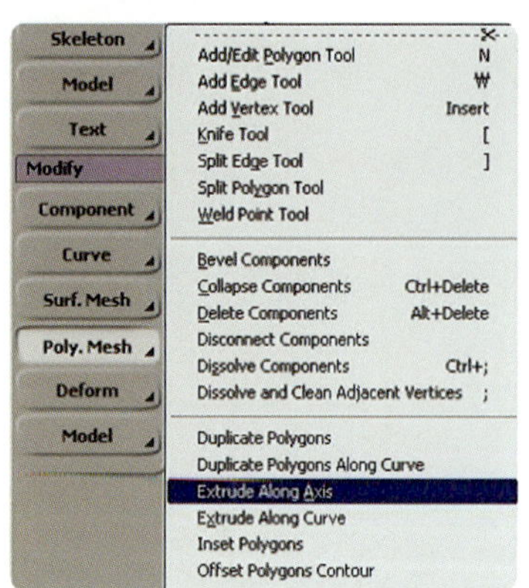

16 선택된 메뉴의 설정 값을 Length = -0.15 값을 적용합니다.

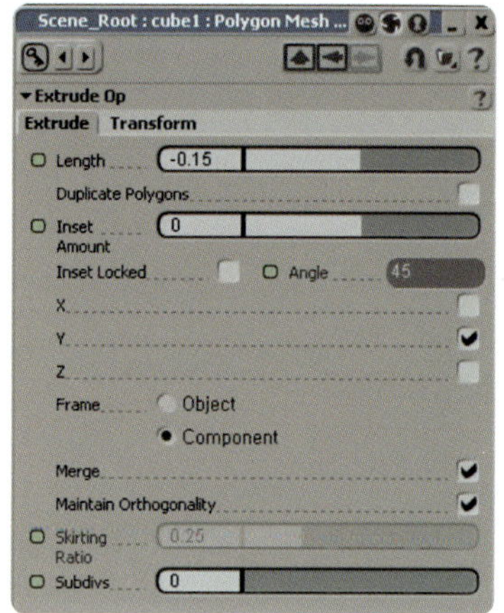

17 이것으로 모니터의 액정부분이 완성 되었습니다. 형태에 이상이 없는지 다시 한번 확인합니다.

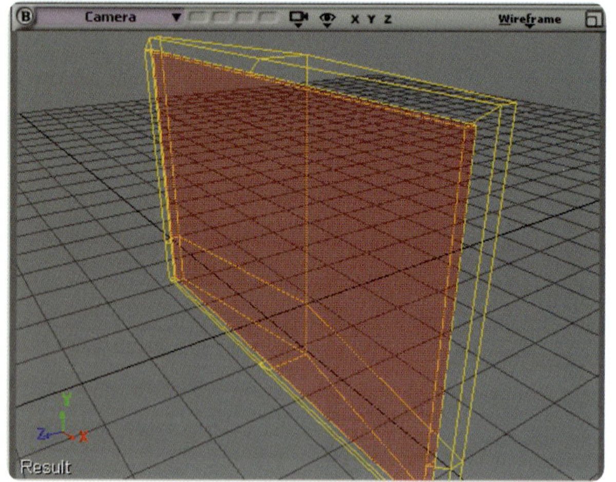

Modeling Scene 02

01 다음 과정은 모니터의 받침대를 만들도록 하겠습니다. 우선 필요한 Edge를 추가시키기 위해 Add Edge Tool을 이용합니다. 그림과 같은 경로로 Modify 〉 Poly Mesh 〉 Add Edge Tool을 선택합니다.

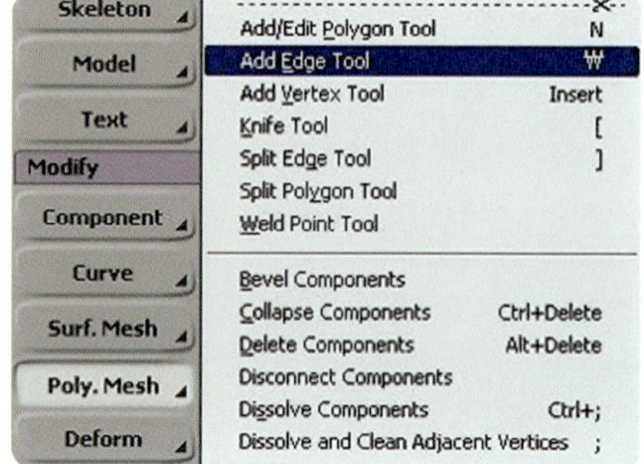

02 Add Edge Tool을 이용하여 그림과 같이 Edge를 추가합니다. Edge의 위치를 그림과 같은 위치로 조절합니다.

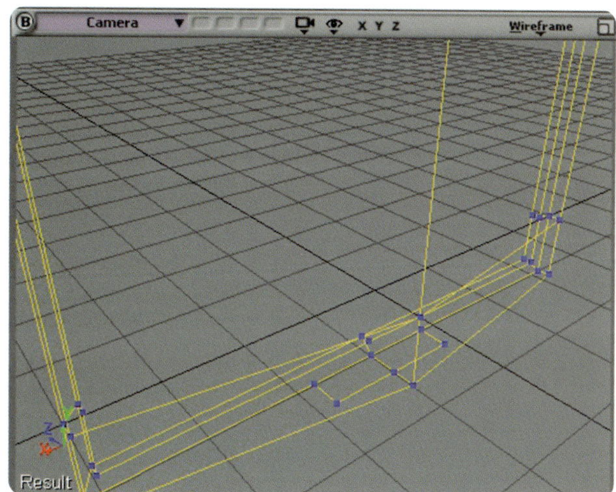

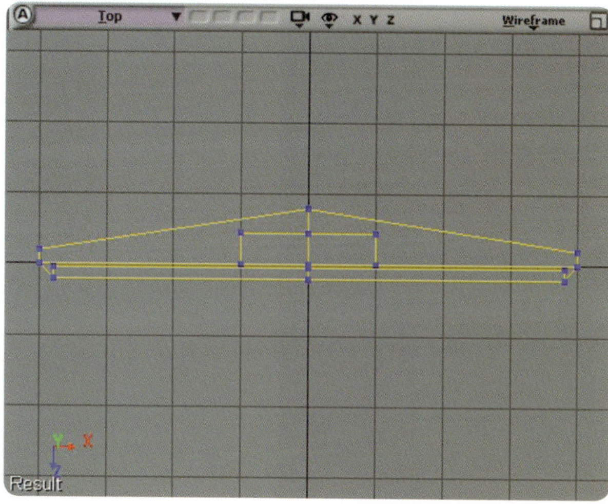

03 받침대의 필요한 Edge를 생성시킨 후, 불필요한 Edge를 삭제하기 위해 Edge선택툴을 활성화합니다. Edge선택툴의 아이콘은 다음 그림과 같습니다.

04 활성화된 Edge선택툴을 이용하여 그림과 같이 Edge를 선택한 후 **Delete** 키로 삭제합니다. 불필요한 Edge를 삭제하는 이유는 용량을 줄이기 위해서입니다. 만일 삭제를 원하지 않을 경우 삭제하지 않아도 무방합니다.

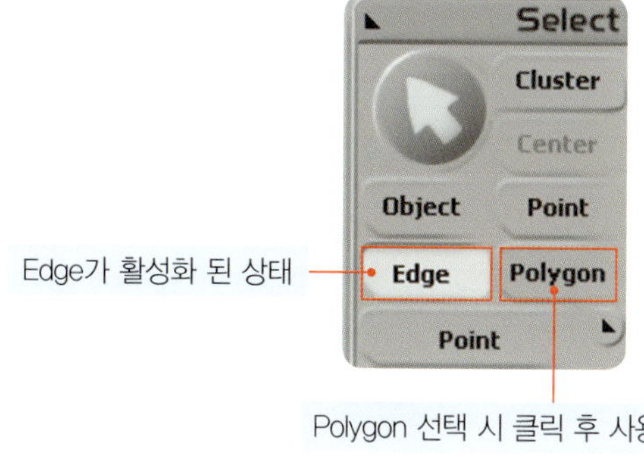

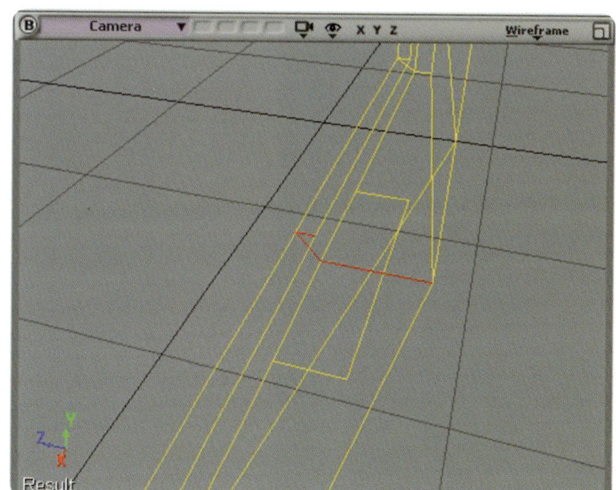

05 모니터 상단의 위치한 Edge를 그림과 같이 삭제합니다.

06 마지막으로 모니터의 좌측에 위치한 Edge와 우측 Edge를 삭제합니다. 불필요한 Edge는 삭제하는 것이 좋습니다.

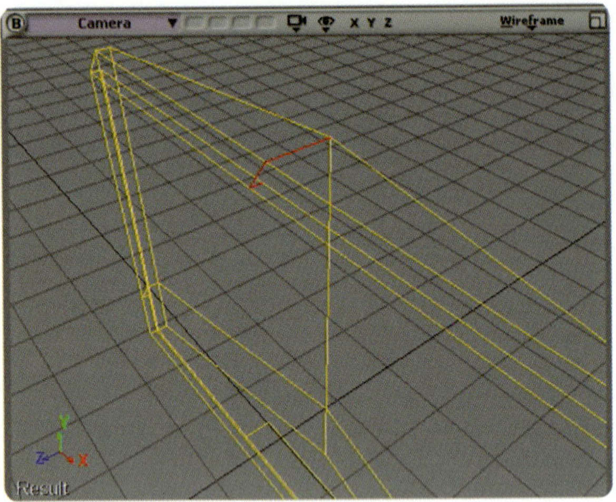

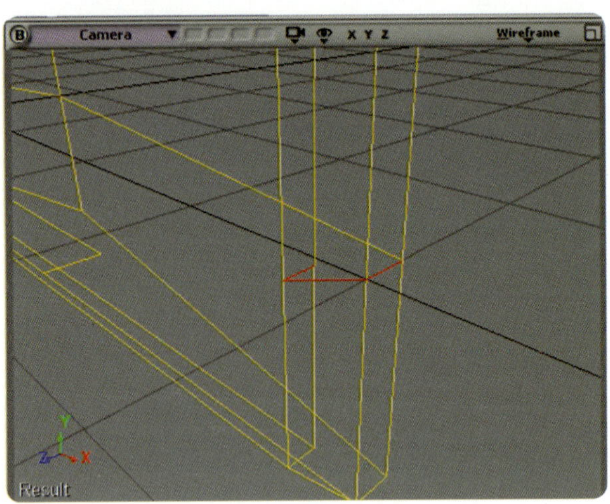

07 불필요한 Edge를 삭제한 후 모니터의 받침대의 만드는 과정을 진행하겠습니다. U 키를 눌러 Polygon Selection으로 변환하여 그림과 같이 한개의 폴리곤을 선택합니다.

08 모니터의 받침대를 만들기 위해 Modify〉Poly Mesh〉Extrude Along Axis 또는 마우스 오른쪽 버튼을 눌러 Extrude Along Axis 선택합니다. Extrude 명령어는 폴리곤 모델링 제작시 가장 많이 사용되는 명령어입니다. 이 방식을 이용하여 제작하는 것이 폴리곤 모델링의 일반적인 방식입니다.

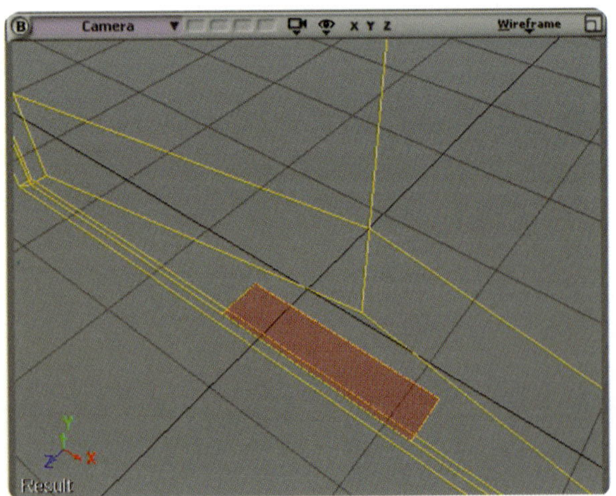

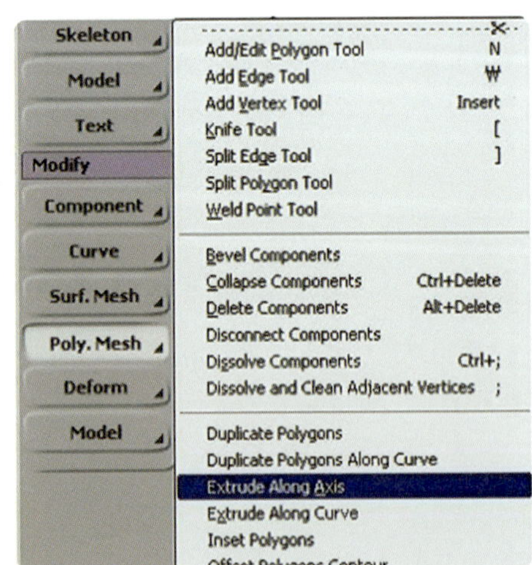

09 Extrude Along Axis 설정 값을 그림과 같이 각각 적용한 후 창을 닫습니다.

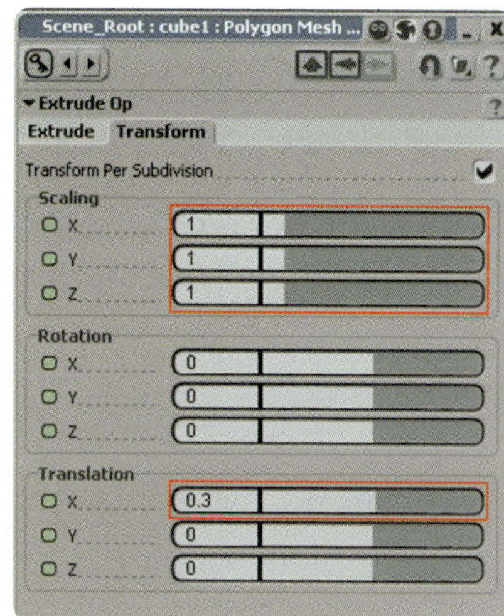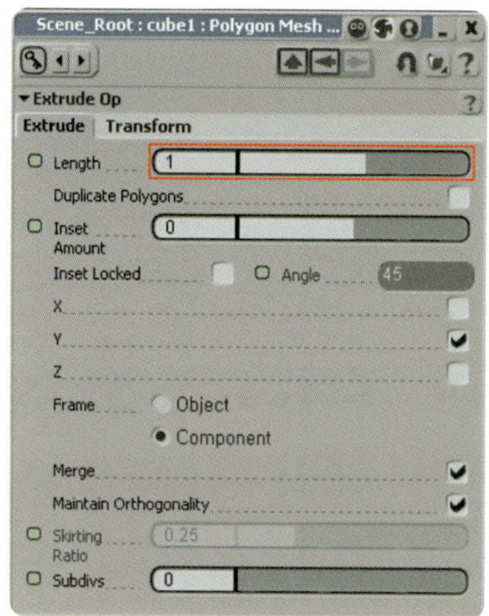

10 설정된 값이 적용된 그림은 다음과 같이 생성되었음을 확인할 수 있습니다.

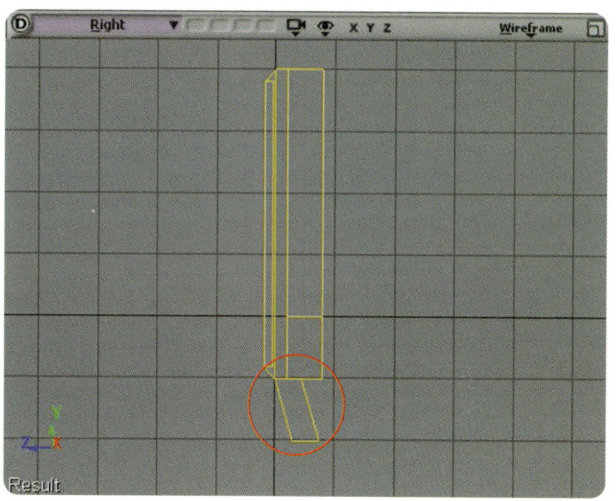

11 다시 Extrude Along Axis 메뉴를 불러와 Length값을 0.5 설정 후 창은 닫지 않습니다. 우선 Length 값이 적용된 그림입니다.

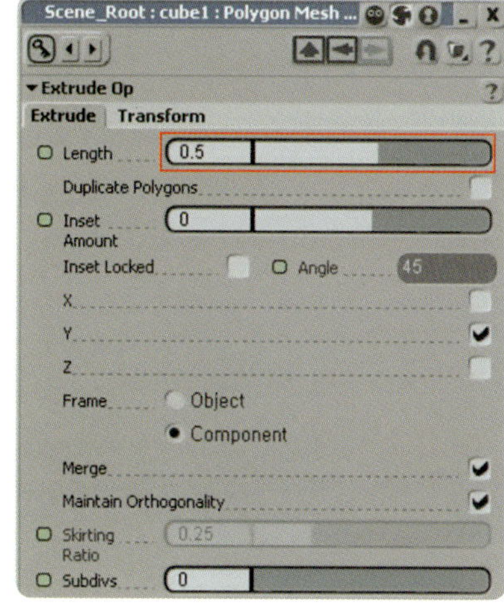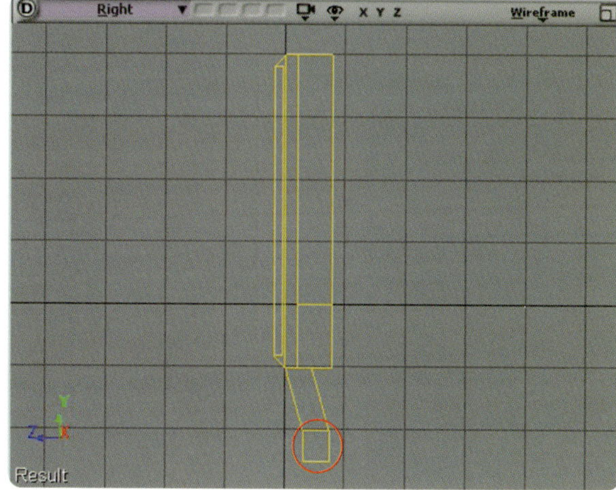

12 원하는 형태의 받침대를 만들기 위해 Transform 설정 값을 적용 후 창을 닫습니다.

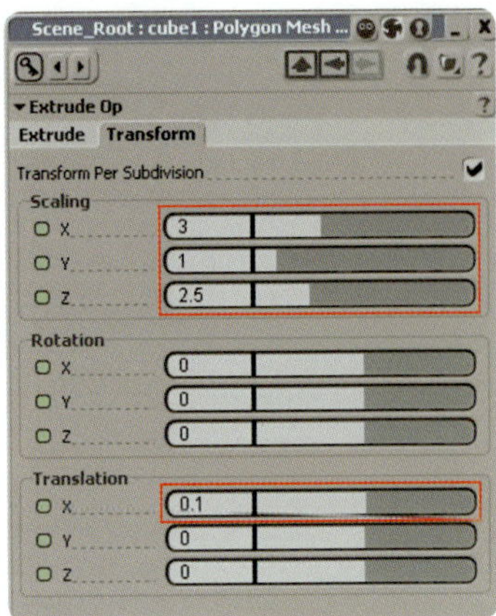

13 설정 값이 적용되어 만들어진 받침대의 그림입니다.

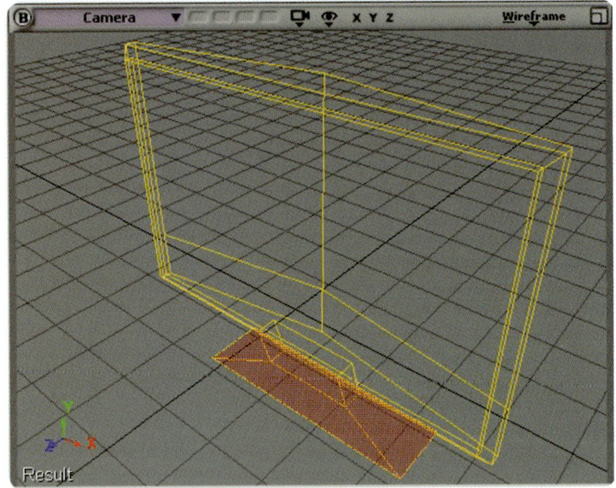

14 최종 완성된 모습입니다.

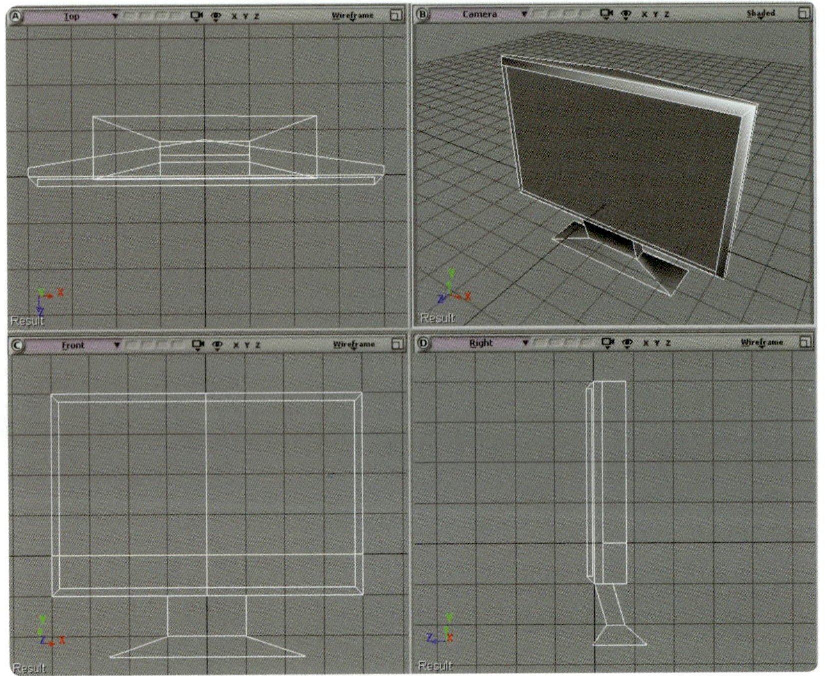

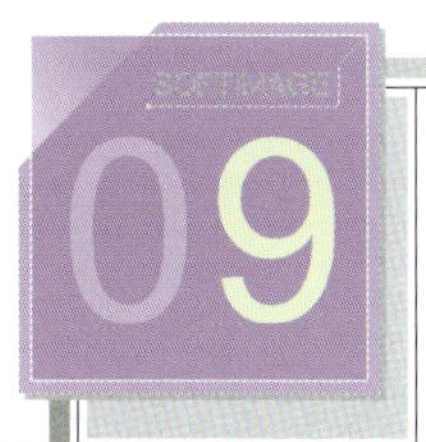

09 랜턴 모델링

모델에는 직선의 형태만 존재하는 것은 아닙니다. 이번 과정에서는 Curve와 Polygon을 사용하여 랜턴을 만들어 보겠습니다. Curve로 만들고자 하는 형태의 평면도를 그리고 그것을 입체적으로 변화시키는 과정과 Polygon을 이용한 응용을 배우는 과정입니다.

곡선 모델링을 제작할 때는 Curve 모델링을 주로 사용하여 부드러운 모델링을 제작합니다.

Modeling Scene 01

01 Curve 명령어를 사용하여 랜턴 상단 모델링제작에 사용될 Curve를 그리도록 하겠습니다. Create > Curve > Draw Cubic by Cvs를 선택합니다.

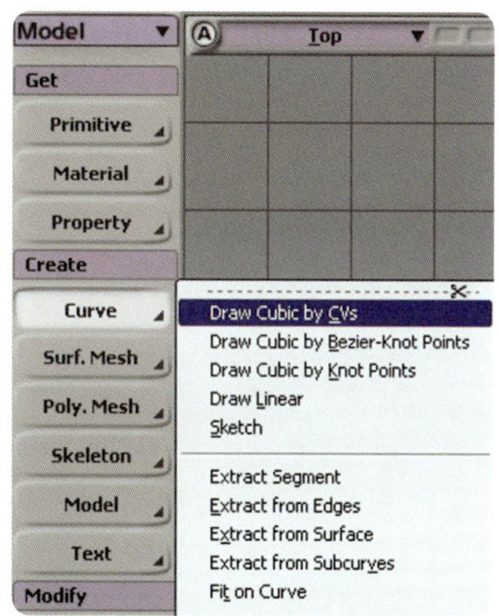

02 Front View에서 그림과 같이 랜턴 상단 모델링의 평면도를 그립니다. 이 커브라인은 일종의 3차원 형태를 2차원의 형태인 도면 형태라고 생각하면 됩니다. 기본 도면이 되는 라인을 생성한 후 입체적으로 표현하겠습니다.

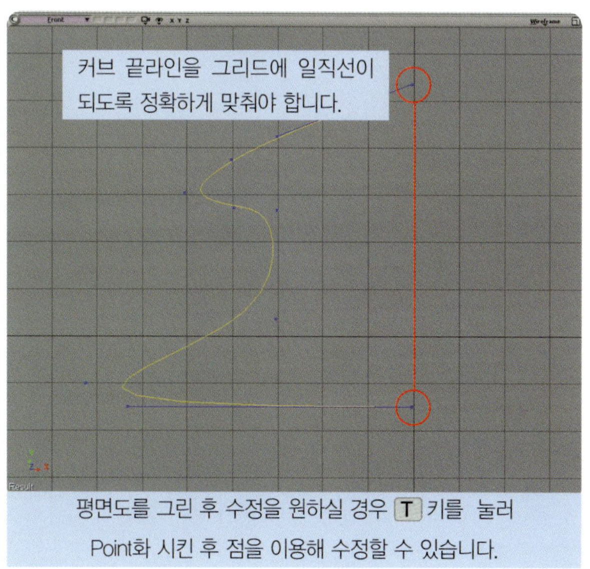

평면도를 그린 후 수정을 원하실 경우 T 키를 눌러
Point화 시킨 후 점을 이용해 수정할 수 있습니다.

03 평면도를 완성시킨 후 Create 〉 Poly Mesh 〉 Revolution Around Axis 선택합니다.

04 선택된 적용 메뉴에서 Subdivisions 값에 U = 4, V = 5 의 값을 적용 후 창을 닫습니다.

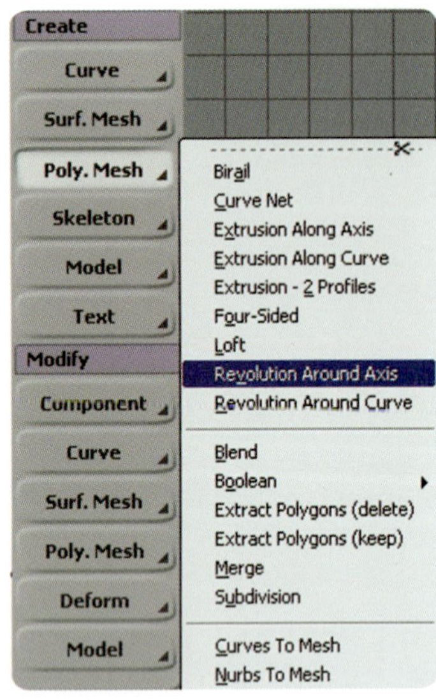

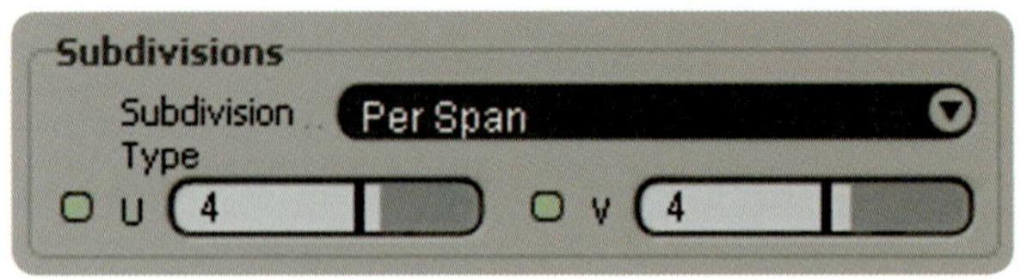

05 평면 Curve를 입체로 표현하는 과정입니다. 적용된 값은 다음 그림과 같이 생성됩니다. 정확한 모델링이 제작되었는지 살펴봅니다. 간혹 옵션축이 정확한 그리드(Grid)에 위치하지 않을 경우 형태가 일그러져 나올 수 있습니다. 이럴 때는 커브라인을 그리드라인에 정확하게 다시 위치한 후 Revolution Around Axis 명령을 다시 적용시켜 원하는 형태를 만들어야 합니다.

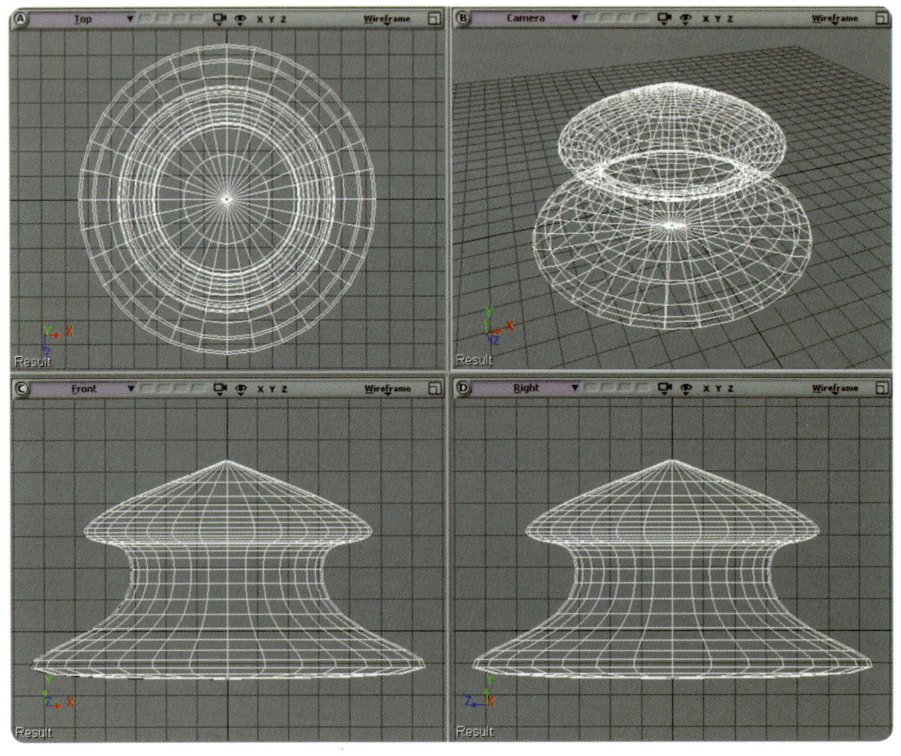

06 만들어진 오브젝트를 키보드 V 를 눌러 약간 이동시킨 다음 처음 그려진 Curve을 선택 후 H 를 눌러 Hide합니다.

07 만들어진 랜턴 상단 모델링의 크기를 수정하겠 습니다. 키보드 X 를 눌러 Scale의 크기를 X , Y , Z 의 값을 각각 0.4 를 주도록 합니다. 이 것으로 랜턴의 상단 모델링을 완성합니다.

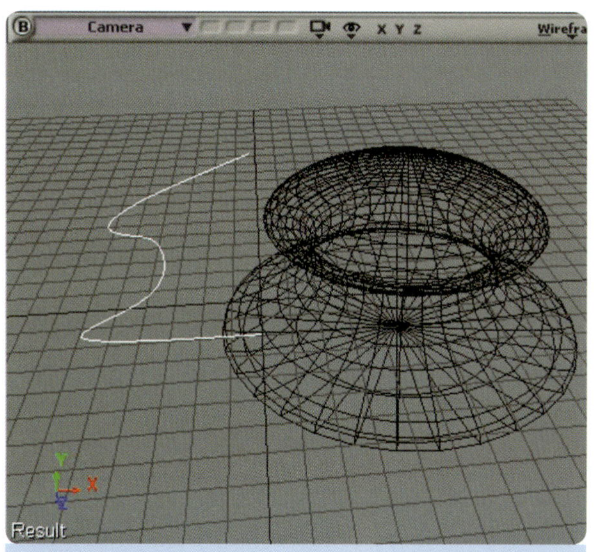

Curve를 이용하여 만들어진 오브젝트의 수정이 필요할 경우 처음 그린 Curve를 이용하면 수정이 가능합니다.
수정이 필요 없을시 hide합니다.

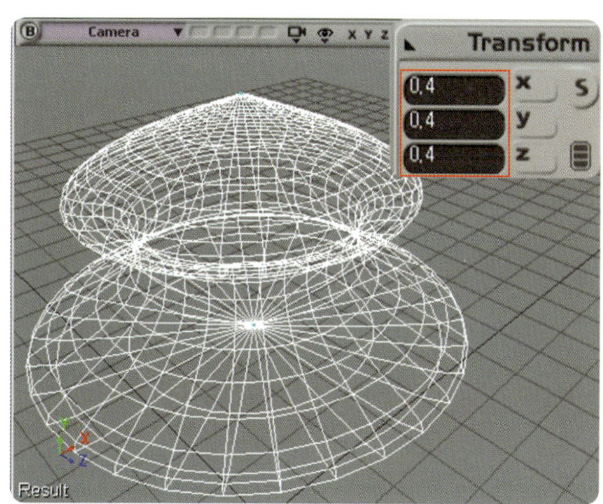

Modeling Scene 02

01 다음과정은 랜턴의 중간 모델링을 만들도록 하겠습니다. Primitive > Polygon Mesh > Cylinder를 선택합니다. 새로운 Cylinder가 생성됩니다.

02 Cylinder의 설정 값을 Radius 4 , Height 4 의 값과 Subdivisions의 U = 12 , V = 1 , Base = 2 값을 적용한 후 창을 닫습니다.

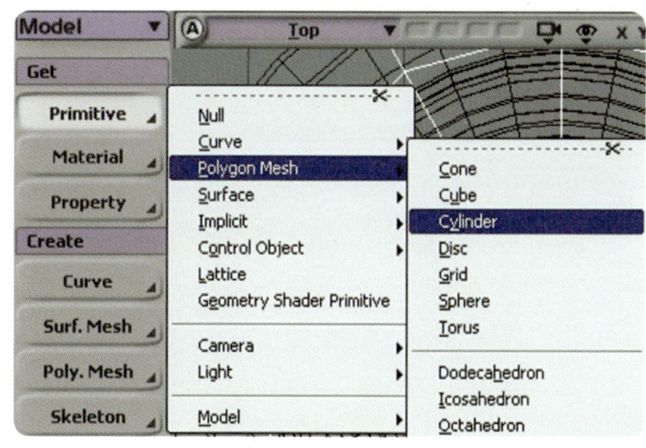

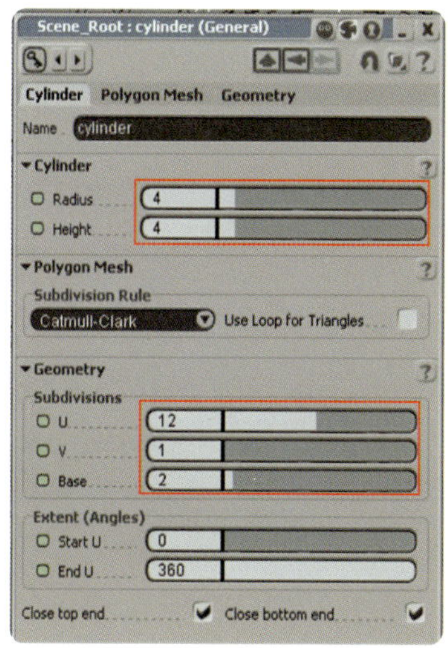

207

03 적용된 값은 다음 그림과 같이 생성됩니다.

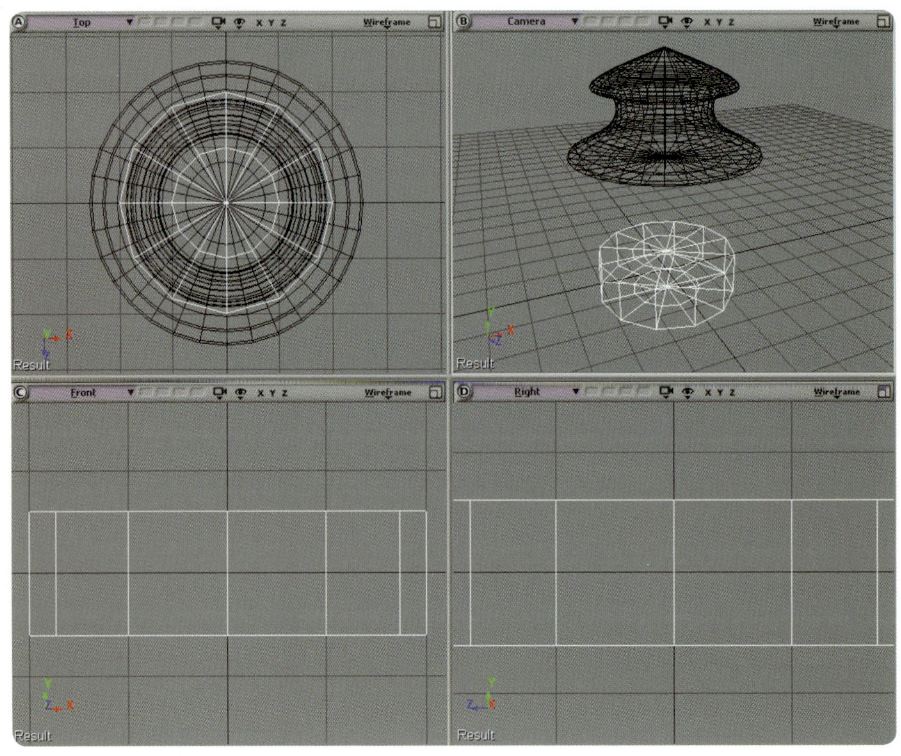

04 생성된 Cylinder를 U 키를 눌러 Polygon을 활성화 시킨 후 그림과 같이 위쪽 원 부분의 영역을 잡아 S 키를 눌러 Scale 기능을 이용하여 원의 크기를 확대합니다. 랜턴 윗 모델링의 비례에 맞춰 크기를 설정합니다.

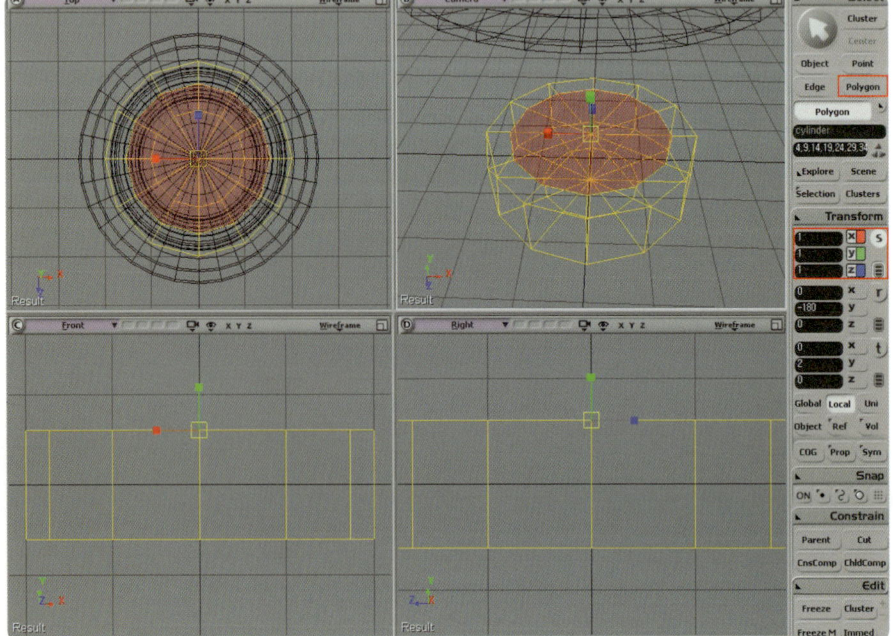

05 다음은 영역이 선택된 Polygon에서 `Ctrl` + `D` 키를 눌러 면을 복사한 후 `V` 키를 눌러 이동툴을 이용하여 선택된 면을 위로 돌출시킵니다.

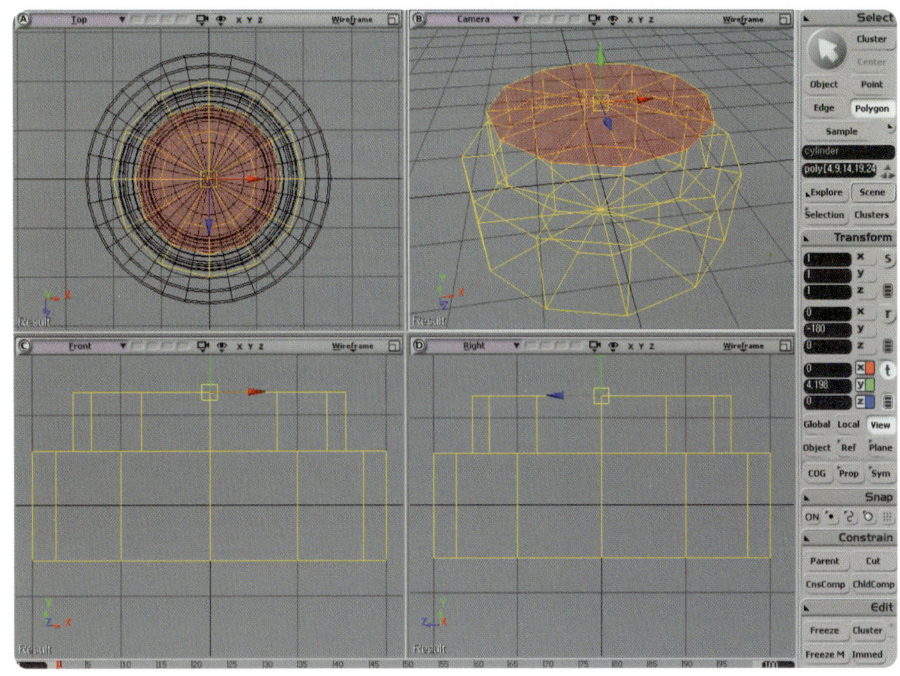

06 한번 더 Polygon에서 `Ctrl` + `D` 키를 눌러 면을 돌출시킨 후, `X` 키를 눌러 Scale 툴을 사용하여 그림과 같이 면을 넓혀 주는 작업을 진행합니다. 크기 비례를 원하는 스케일로 정확하게 조절합니다.

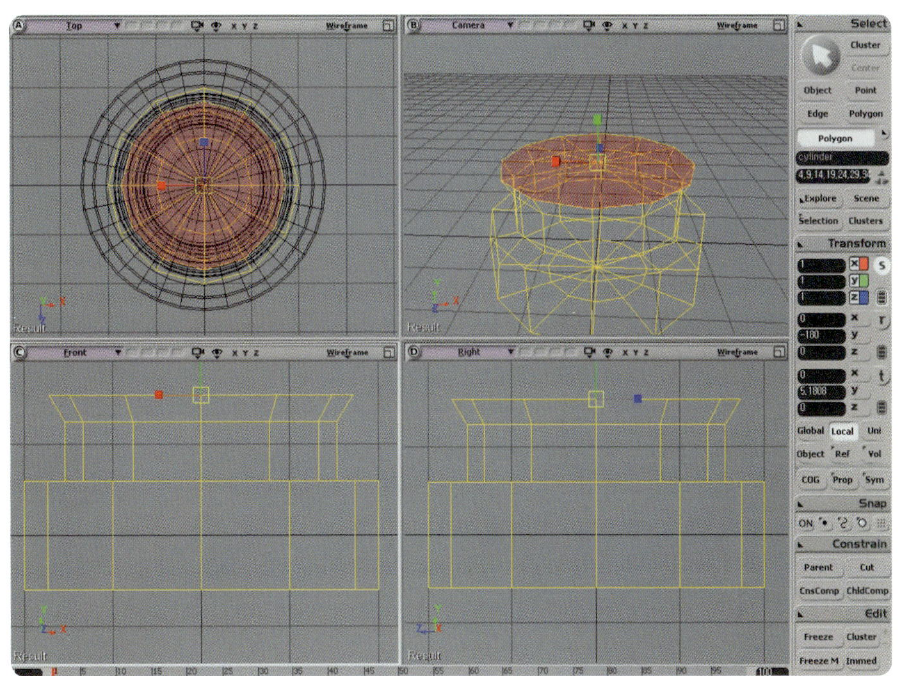

07 **I** 키를 눌러 Edge를 활성화 시킨 후 그림과 같이 위쪽 Edge를 선택하여 **Delete** 키로 불필요한 Edge를 제거합니다.

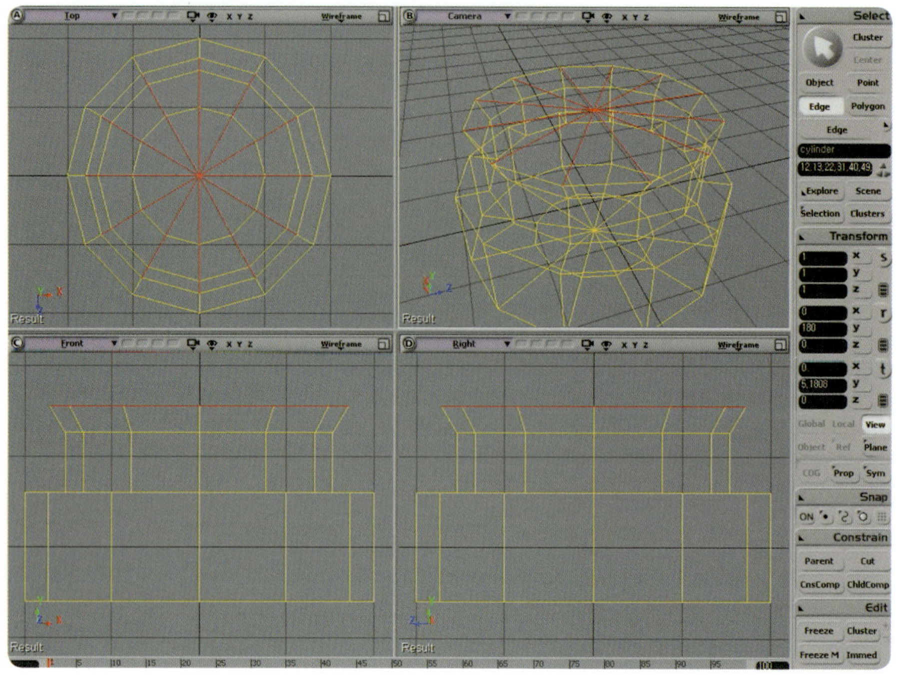

08 키보드 **U** 키를 눌러 Polygon화 시킨 후 그림과 같이 위쪽 한 면만 영역을 선택합니다. Edge 선택보다 Polygobn 선택이 편리합니다.

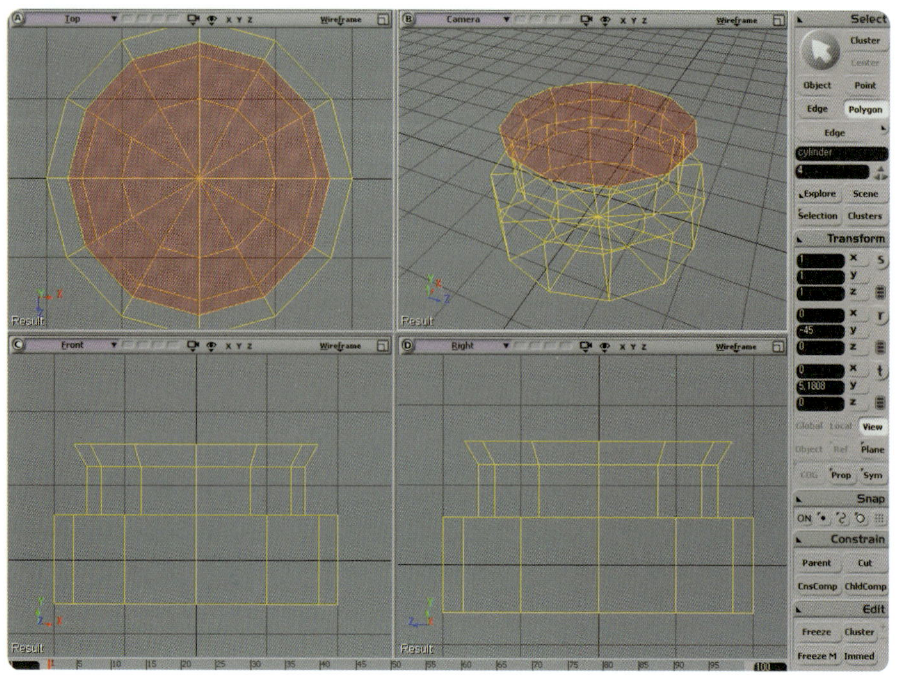

09 선택된 면에서 Ctrl + D 키를 눌러 돌출시킨 후, 키보드 X 키를 눌러 Scale Tool를 사용하여 그림과 같이 면을 넓혀 주며 랜턴의 중간 모델링 중간제작 과정까지 완성시킵니다.

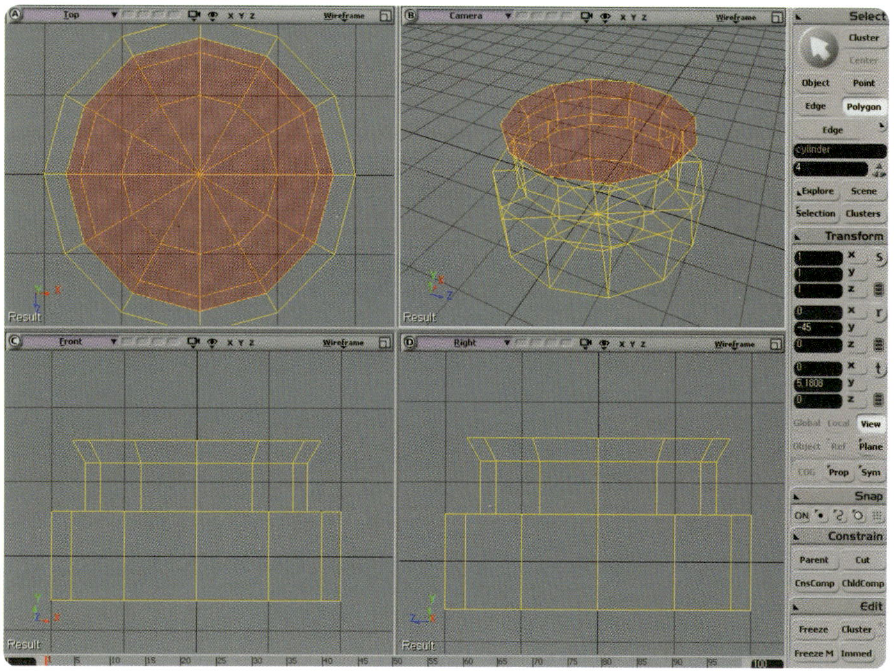

Modeling Scene 03

01 다음은 랜턴의 중간에 들어갈 전구를 기본 오브젝트인 Cylinder를 사용하여 만들도록 하겠습니다. Primitive > Polygon Mesh > Cylinder를 선택하면 새로운 Cylinder가 생성됩니다.

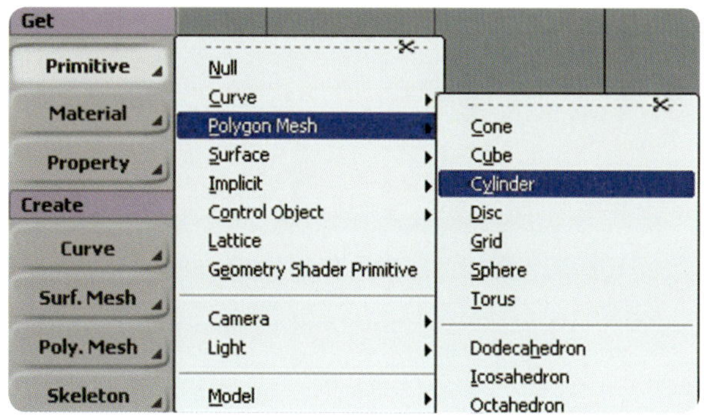

02 Cylinder의 설정 값을 Radius 1, Height 4 의 값과 Subdivisions의 U = 8, V = 1, Base = 1 로 값을 적용하여 창을 닫습니다.

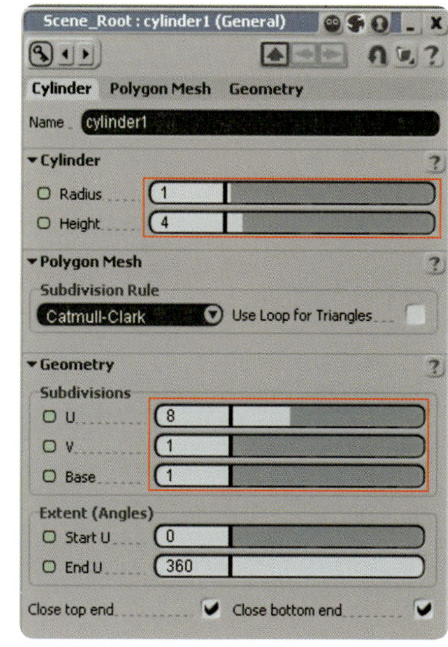

03 만들어진 Cylinder를 키보드 ⊞ 키를 두번 눌러 주면 그림과 같이 서브디비전이 되며 Edge가 추가됩니다.

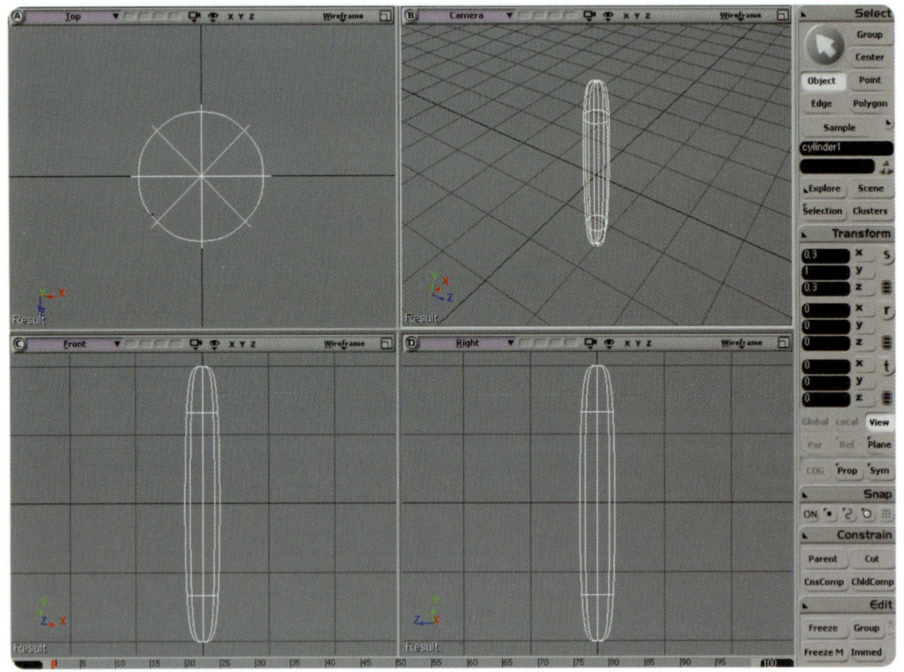

너무 많은 서브디비전을 적용시키면 데이터 용량이 증가되기 때문에 적절하게 사용하는 것이 좋습니다.

04 Cylinder를 선택하고 Ctrl + D 키를 눌러 복사한 후 단축키 V 키를 눌러 이동시켜 같은 전구를 2개 만듭니다.

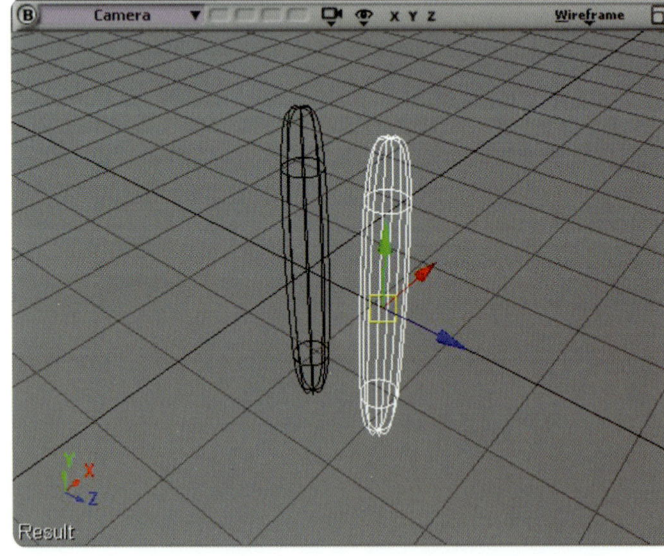

만들어진 전구 모델링은 차후에 이펙트 기능인 Glow 효과를 적용하면 사실적인 전구 표현이 가능합니다.

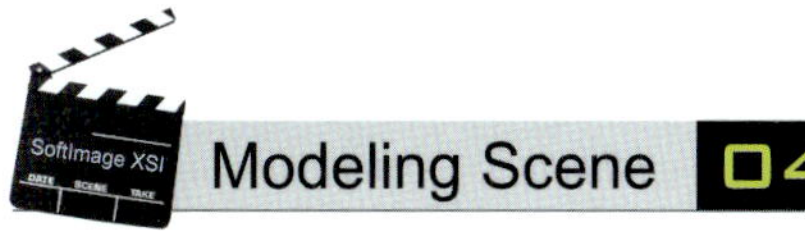

Modeling Scene 04

01 다음은 전구 받침대를 만들어 보겠습니다. Primitive 〉 Polygon Mesh 〉 Cube를 선택합니다. 새로운 Cube가 생성됩니다.

02 Cube의 Subdivisions 설정 값을 U = 1, V = 1, Base = 1 적용한 후 창을 닫습니다.

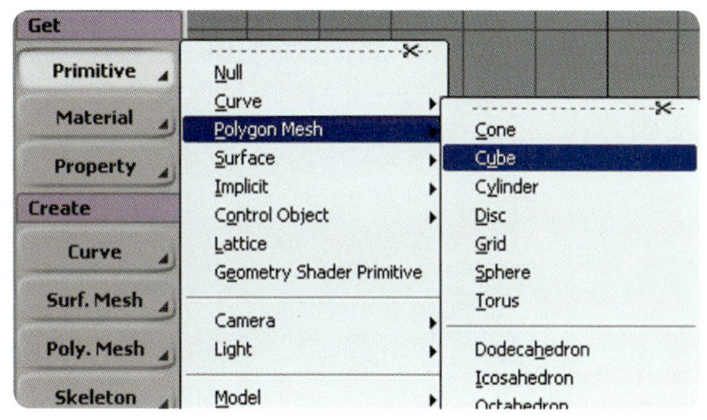

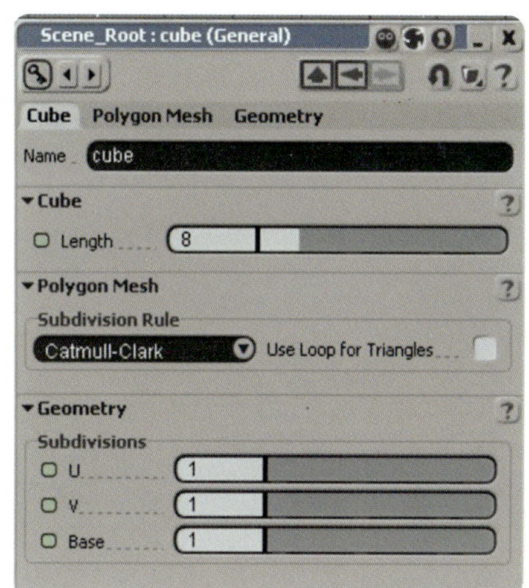

03 전구 받침대의 위치를 각화면의 View를 활용하여 정확한 위치로 이동합니다.

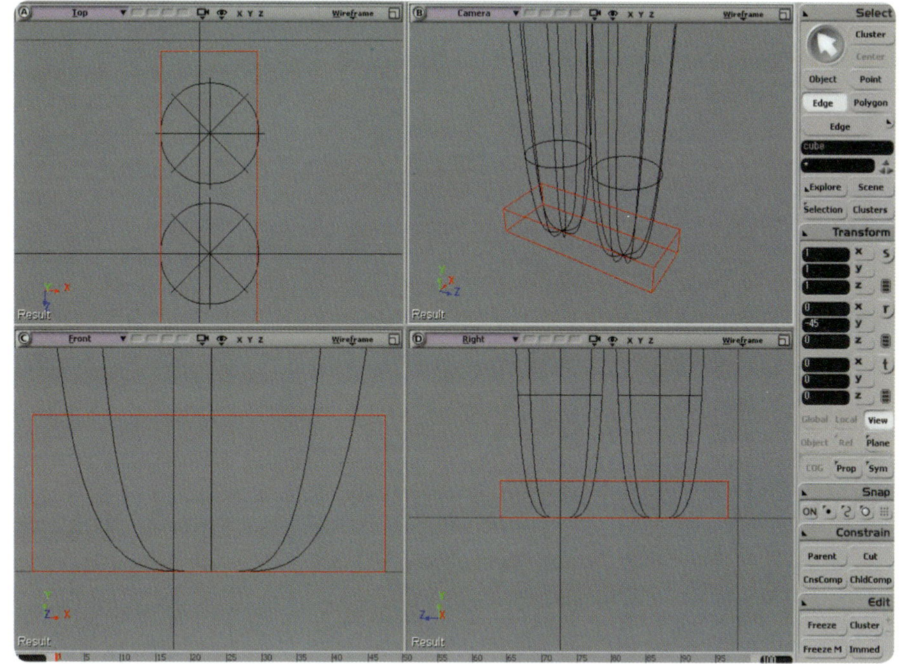

04 맞추어진 전구의 받침대를 Bevel기능을 사용하여 모양을 꾸미도록 합니다. 키보드 I 키를 눌러 Edge를 활성화 시킨 후 Cube Edge를 선택한 다음 Modify 〉 Poly Mesh 〉 Bevel Component를 선택합니다.

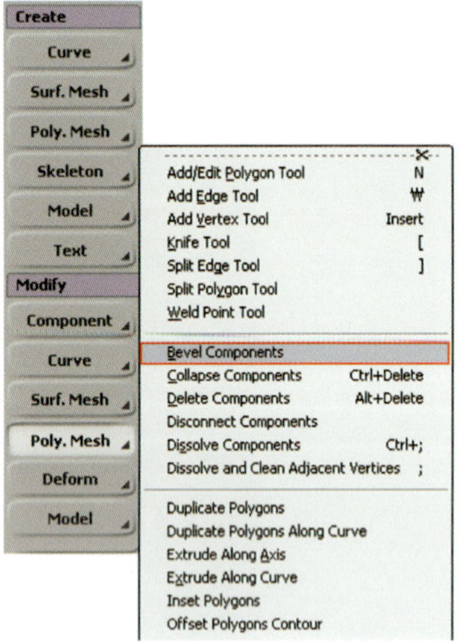

05 Bevel Component의 설정 값 Distance = 1 을 입력한 후 창을 닫습니다.

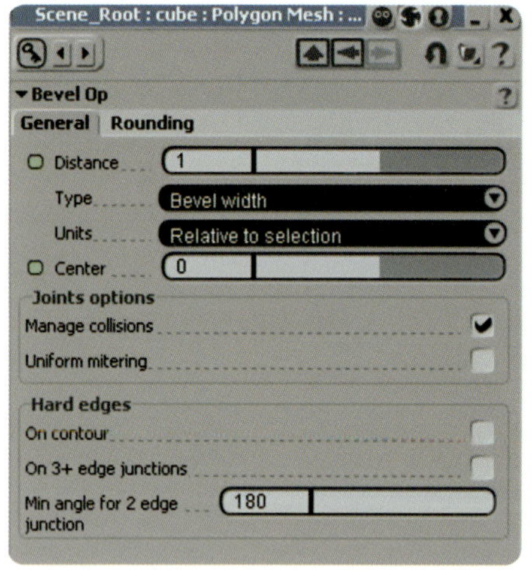

06 Bevel이 적용된 전구의 받침대를 각 화면의 View를 활용하여 적당한 크기로 조정시켜 주면 받침대가 완성됩니다.

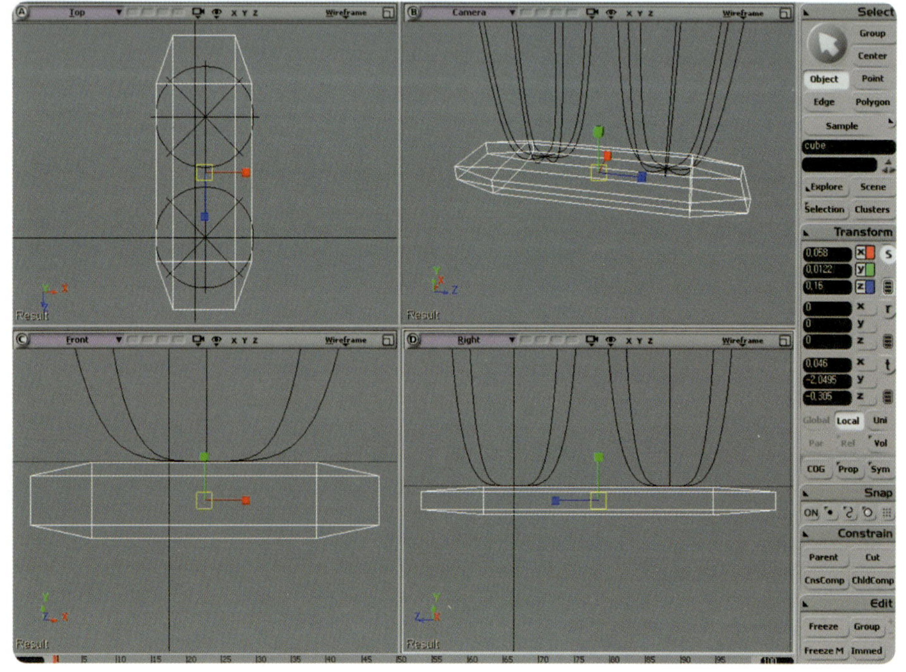

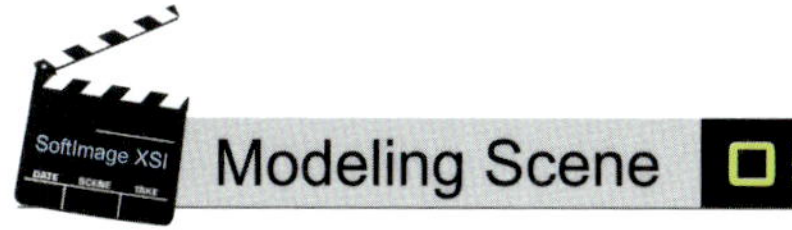

01 다음은 랜턴의 중간 모델링 부분 오브젝트를 선택한 후, U 키를 눌러 Polygon을 활성화 시킨 후 그림과 같이 한 면의 영역을 잡은 후에 Delete 키를 눌러 면을 제거합니다.

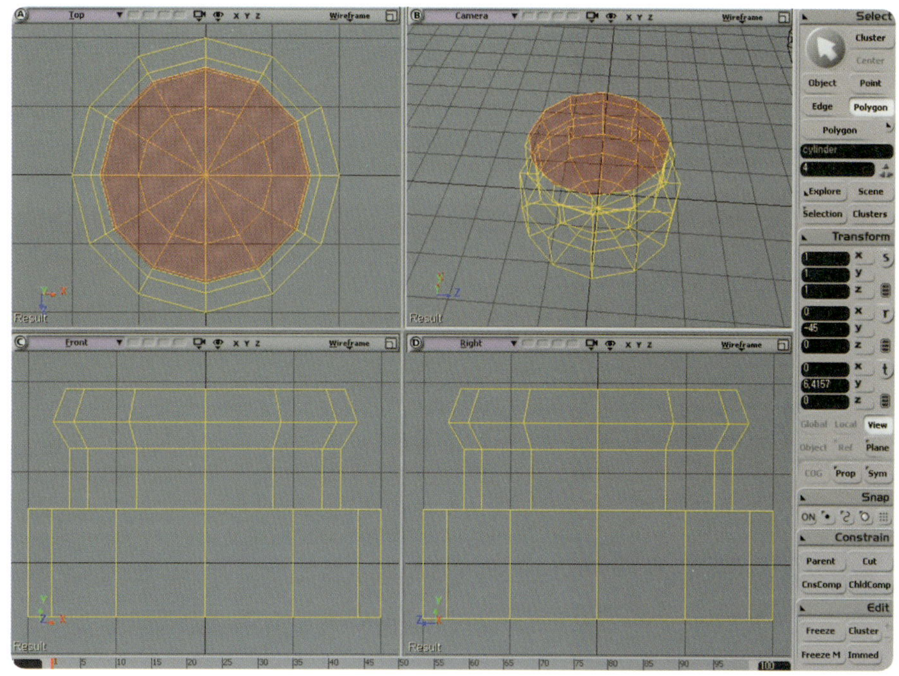

02 다음은 전구와 전구의 받침대의 오브젝트를 선택한 후 View 화면을 이용하여 랜턴의 중간 모델링 부분 으로 이동합니다. 전구의 받침대의 크기를 Scale 명령을 통해 그림과 같이 맞춰주는 작업을 진행합니다.

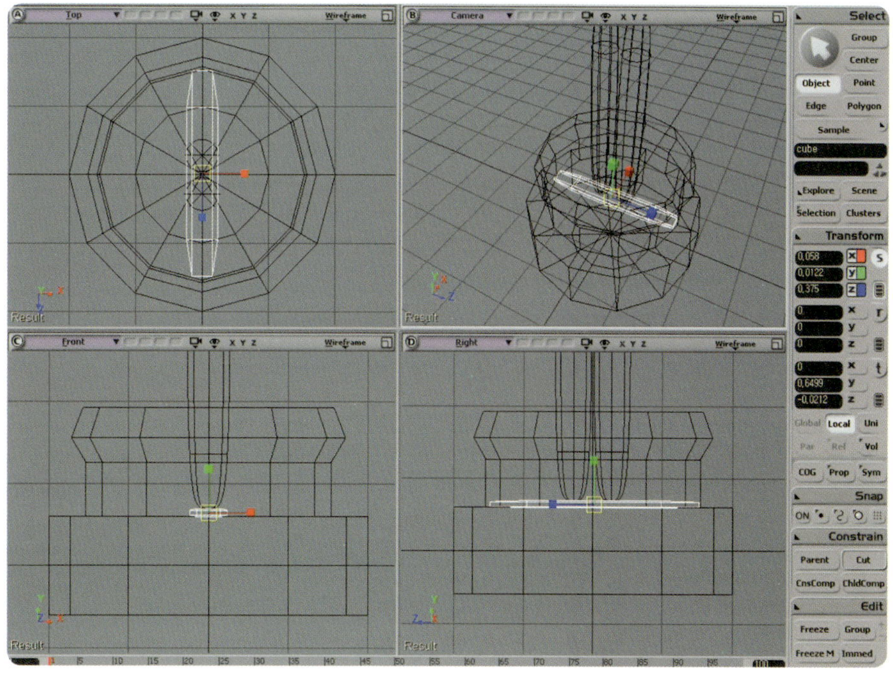

03 다음 작업은 랜턴 중간 모델링을 올리는 작업을 진행하도록 하겠습니다. 랜턴의 중간 모델링 오브젝트를 선택한 후 **I** 키를 눌러 Edge를 활성화 시킨 후 그림과 같이 상단에 위치한 면을 잡아줍니다.

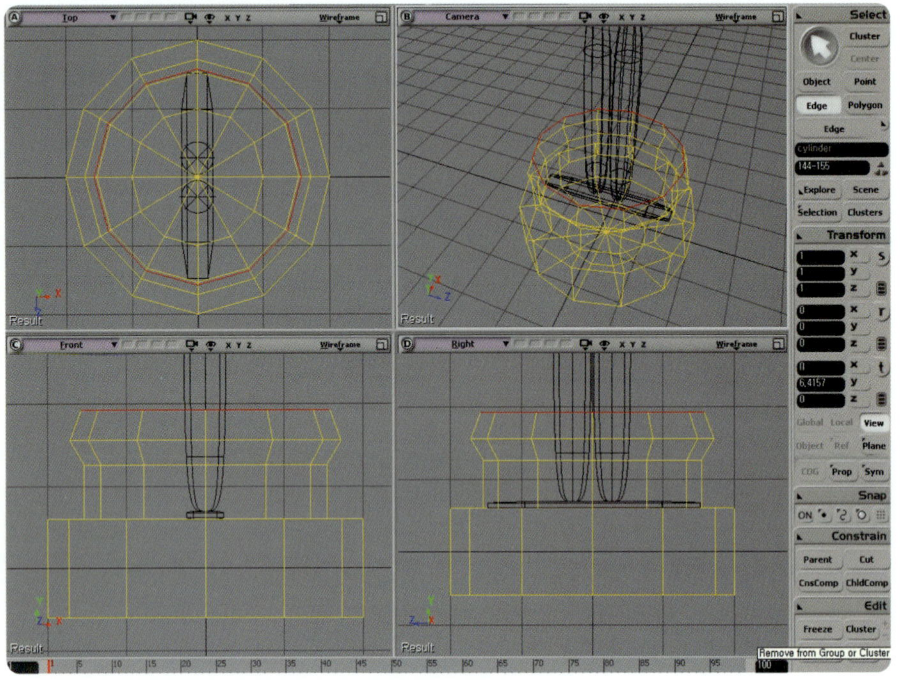

04 잡아준 면을 **Ctrl** + **D** 키를 눌러 복사 한 후 **V** 키를 눌러 Translate Tool을 활성화 시킨 후 Y 값을 Front View 화면을 이용하여, 적당한 크기로 올려주어 오브젝트를 돌출시키는 작업을 진행합니다.

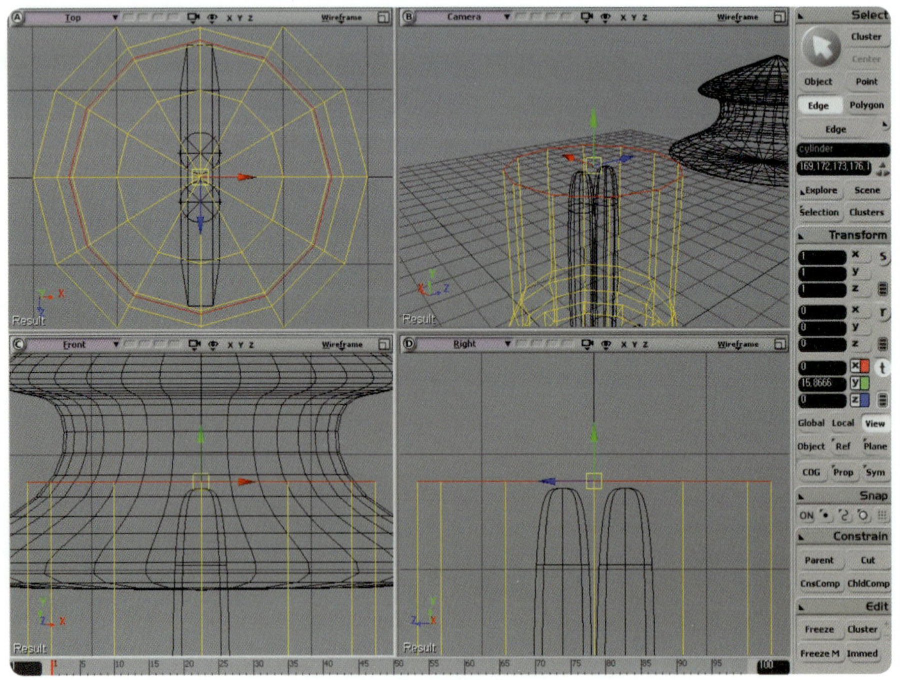

05 다음은 랜턴 중간 모델링을 선택한 후, ☐U☐ 키를 눌러 랜턴의 밑 부분에 위치한 1개 면의 영역을 선택하여 ☐Delete☐ 키로 면을 지운 다음, 랜턴 상단 모델링을 View를 활용하여 랜턴 중간 모델링방향의 적절한 위치로 이동합니다.

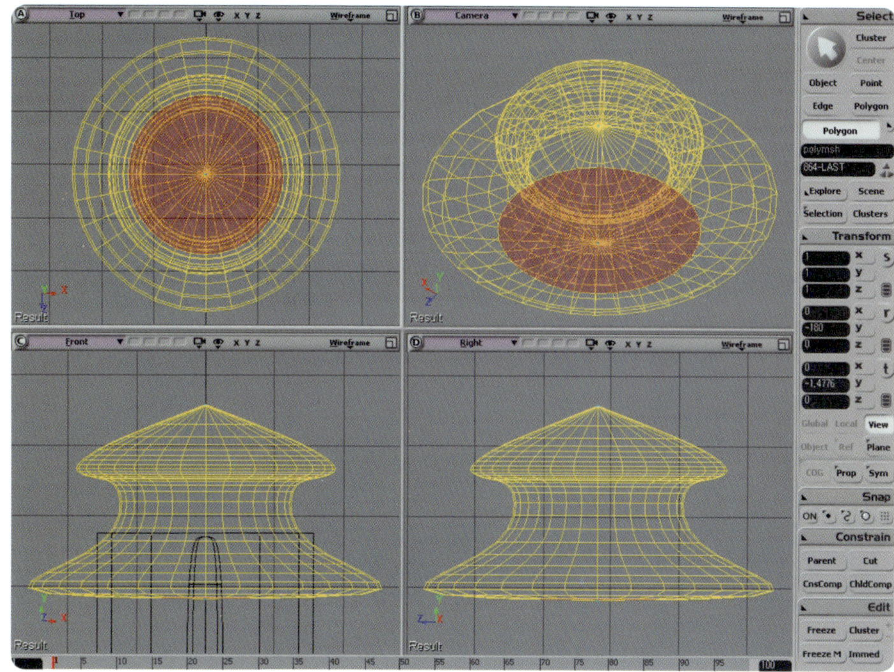

06 이동시킨 랜턴 상단 모델링을 Edge화 시킨 후 그림과 같이 선의 영역을 Scale Tool을 사용하여 랜턴 중간 모델링에 맞춥니다.

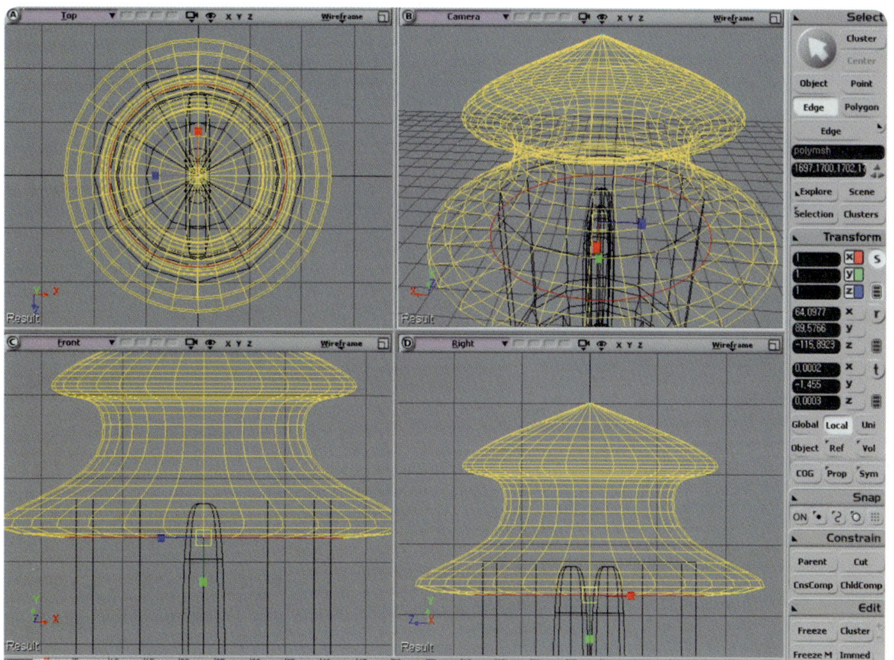

07 다음은 랜턴 상단 모델링을 수정하는 작업입니다. 선택된 상단 모델링을 [T] 키를 눌러 Point 시킨 후에 그림과 같이 최상단에 위치한 포인트의 영역을 선택한 후 이동하며 원하는 모양으로 수정합니다.

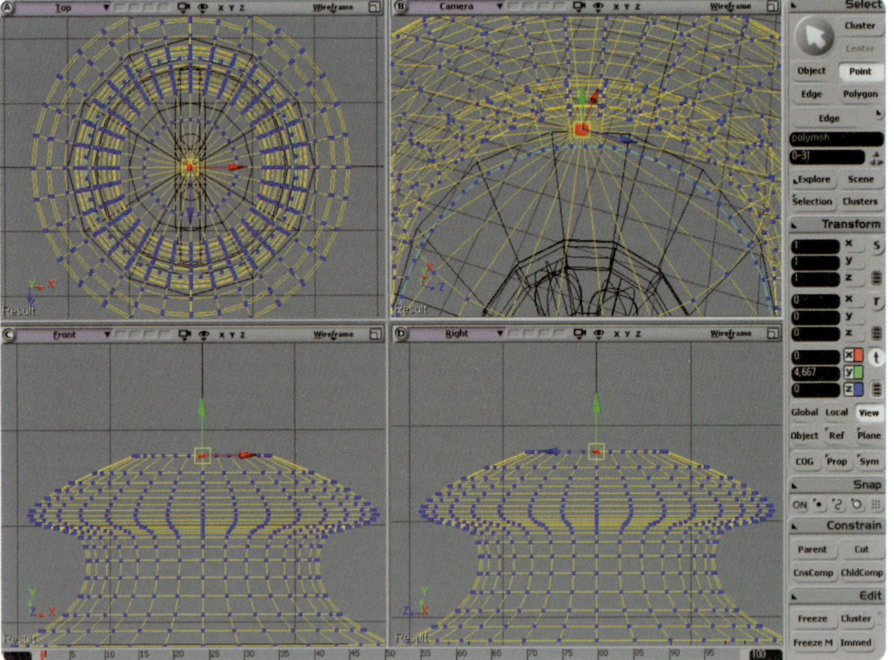

Modeling Scene 06

01 랜턴 상단 모델링 옆에 위치한 손잡이를 만들도록 하겠습니다. Primitive 〉 Polygon Mesh 〉 Cylinder를 선택합니다. 새로운 Cylinder가 생성됩니다.

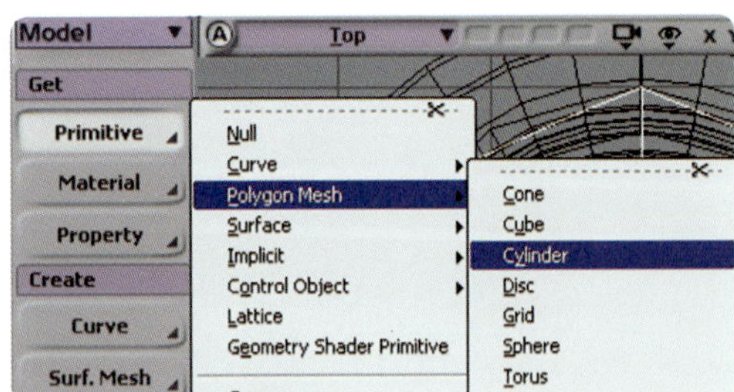

02 설정 값을 Height = 1, Subdivisions의 U = 8, V = 1, Base = 2 의 값을 적용 후 창을 닫습니다.

03 만들어진 랜턴 상단 모델링 손잡이를 그림과 같이 크기와 위치를 맞춰줍니다.

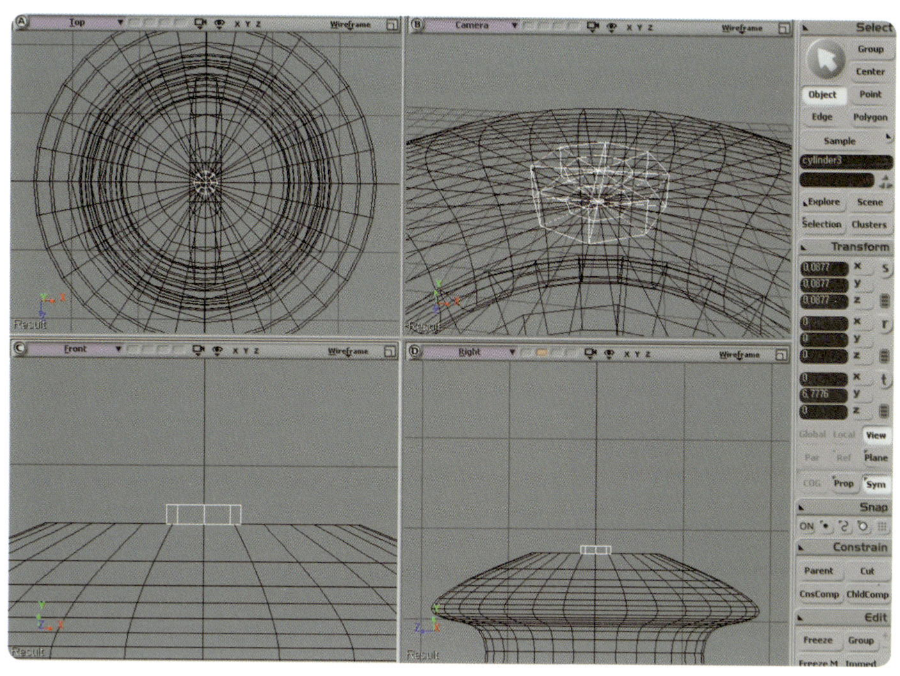

04 랜턴 상단 모델링 손잡이를 U 키를 눌러 가운데 면을 선택한 후, X 키를 눌러 Scale Tool를 사용하여 그림과 같이 면을 넓혀주는 작업을 진행합니다.

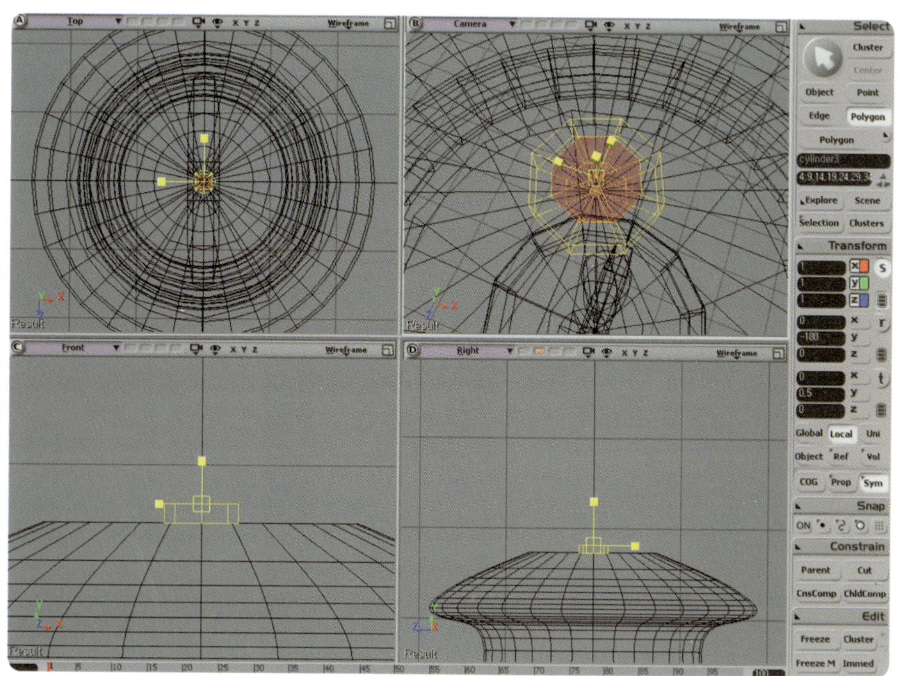

05 넓혀진 면을 눌러 복사 한 후 `V` 키를 눌러 Translate Tool을 활성화합니다. Y 축으로 이동하여 면을 돌출시키는 작업을 진행합니다.

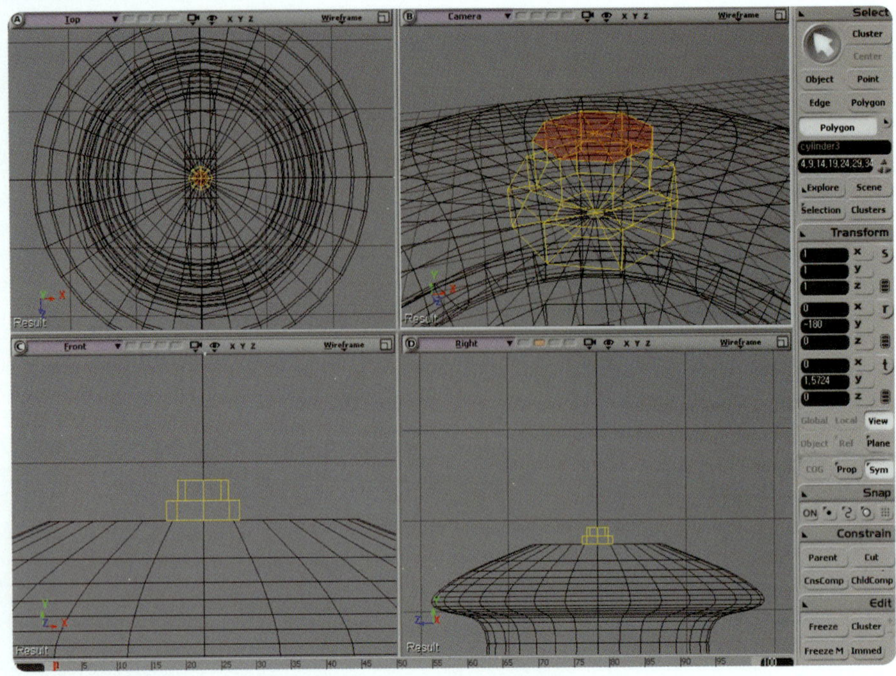

06 위와 같은 방법으로 면을 한번 더 면을 돌출시킨 후, `X` 키를 눌러 Scale Tool를 사용하여 그림과 같이 면을 넓혀 주는 작업을 진행합니다.

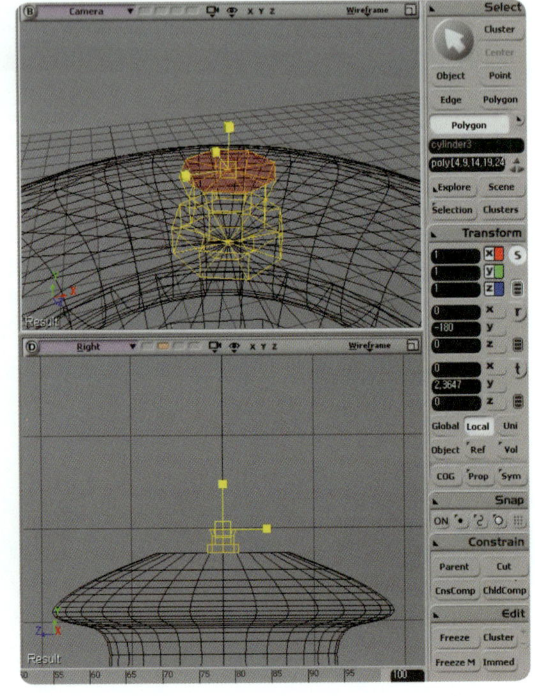

07 마지막으로 **T** 키를 눌러 Point 모드로 변환한 다음, 그림과 같이 중간 Point영역을 Translate Tool의 Y 축으로 이동시켜 상단 모델링 손잡이를 완성합니다.

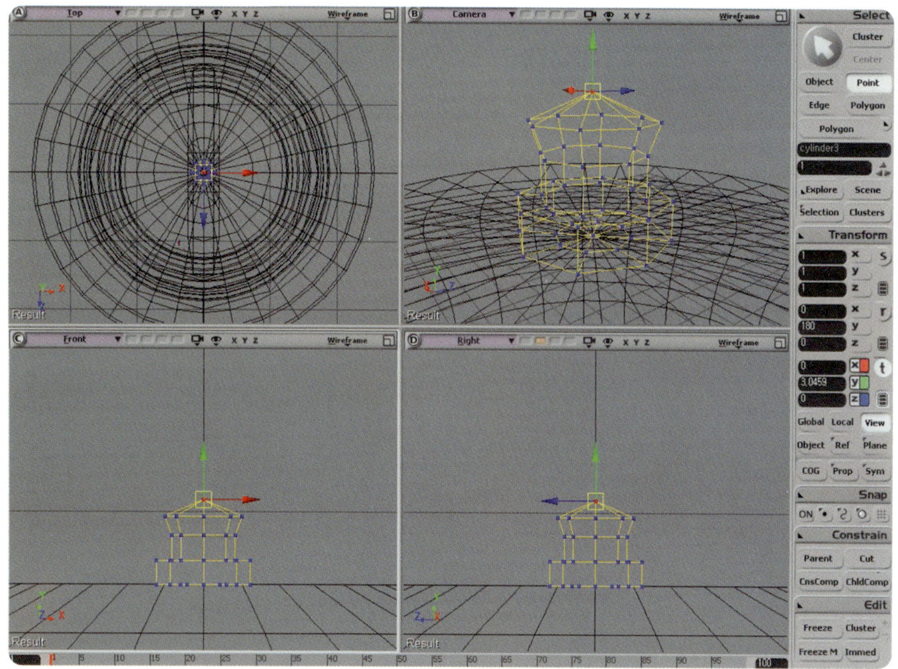

 Modeling Scene **07**

01 다음은 랜턴 손잡이를 만들도록 하겠습니다. 랜턴 손잡이의 평면도를 만들기 위해 Create 〉 Curve 〉 Draw Cubic by Cvs 선택 후, 그림과 같이 Front View에서 랜턴 손잡이의 평면도를 그립니다. 이때 사용되는 Point는 최소로 작업해야 수정이 편리합니다. 주로 Point는 형태의 Round되는 부분에 많이 사용됩니다.

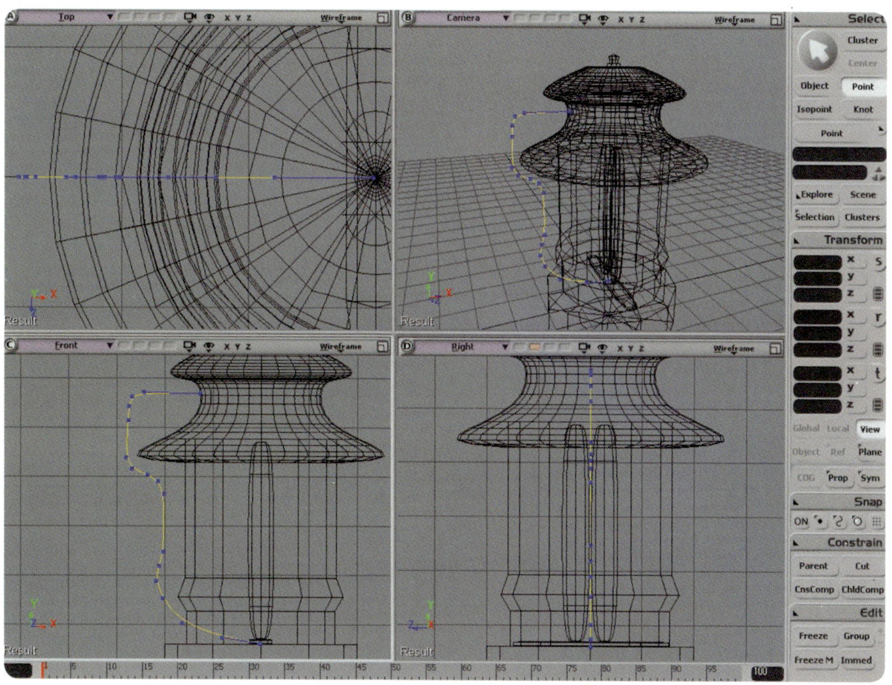

221

02 한쪽부분에 완성시킨 손잡이를 반대쪽 부분에 복사하는 작업을 진행하도록 하겠습니다. 그림과 같은 경로인 Edit 〉 Duplicate/Instantiate 〉 Duplicate Symmetry 선택합니다.

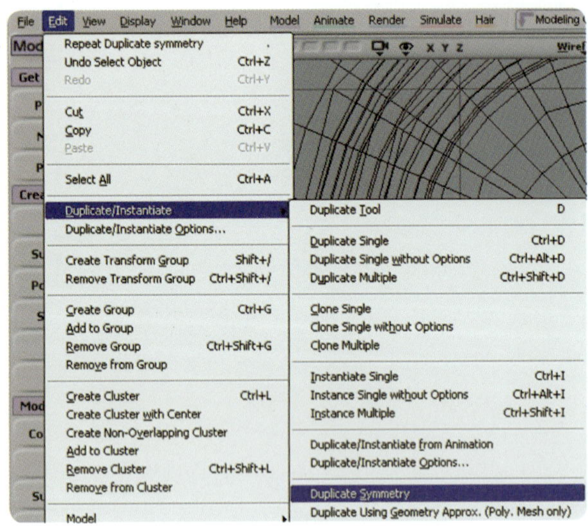

03 다음과 같이 설정한 후 [OK]를 눌러 줍니다.

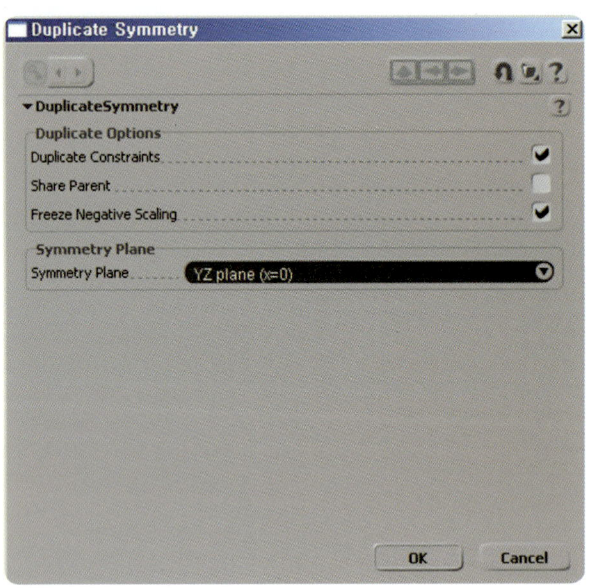

04 다음과 같이 Duplicate Symmetry 설정 값이 적용되어 복사된 것을 볼 수 있습니다.

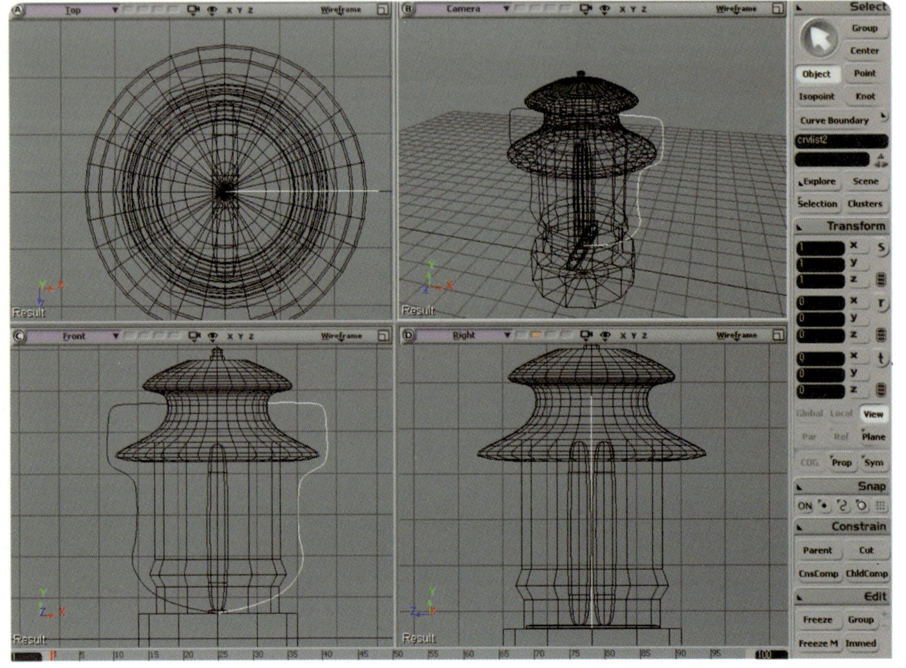

222

05 이제는 두 개의 랜턴 손잡이를 한 개의 오브젝트가 되도록 진행 하겠습니다. 2개의 랜턴 손잡이 Curve를 선택한 후 **T** 키를 눌러 Point 시킨 후 Create 〉 Curve 〉 Merge를 선택합니다. Merge 기능은 두 개의 오브젝트를 하나의 오브젝트로 합칠 때 사용되는 기능입니다.

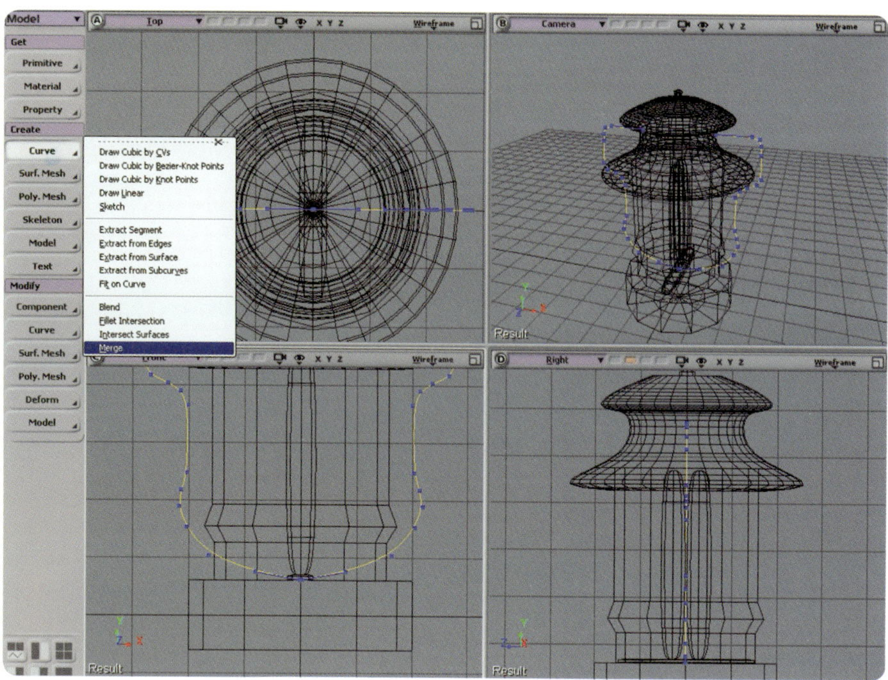

06 두 개의 Curve를 Merge시킬 부분을 2개의 점이 끝나는 영역을 지정하면 새로운 하나의 Curve가 만들어 집니다.

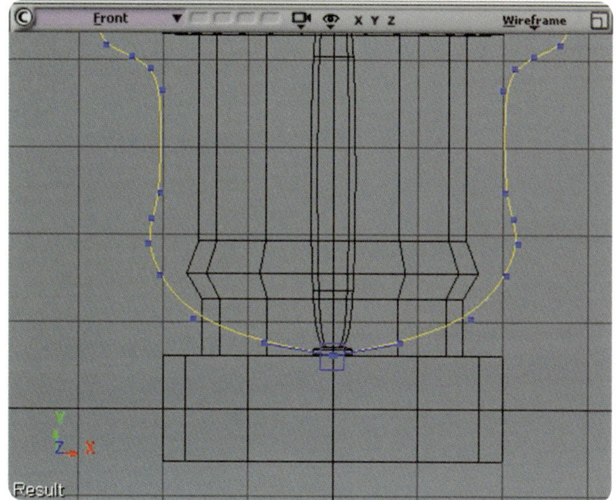

07 Merge 다음 설정 값을 Shape 메뉴에서 Start Curve 〉 **Range = 0.05** , End Curve 〉 **Range = 0.05** 적용합니다.

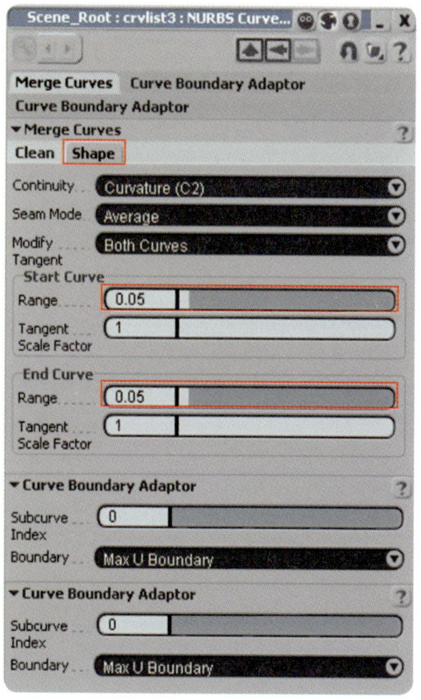

08 새로운 Curve를 V 키를 눌러 살짝 이동시킨 후, 기존에 있는 Curve를 H 키를 눌러 hide 합니다. 새로운 Curve를 다시 원상태로 이동합니다.

09 다음은 Curve를 따라 만들어질 단면도의 모양을 설정합니다. Primitive 〉 Curve 〉 Circle을 선택합니다.

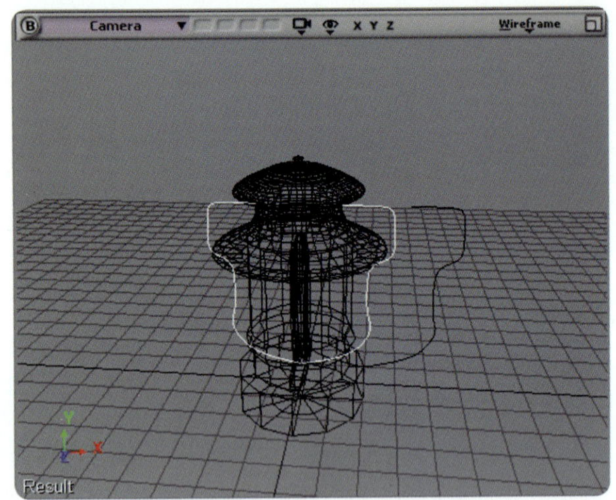

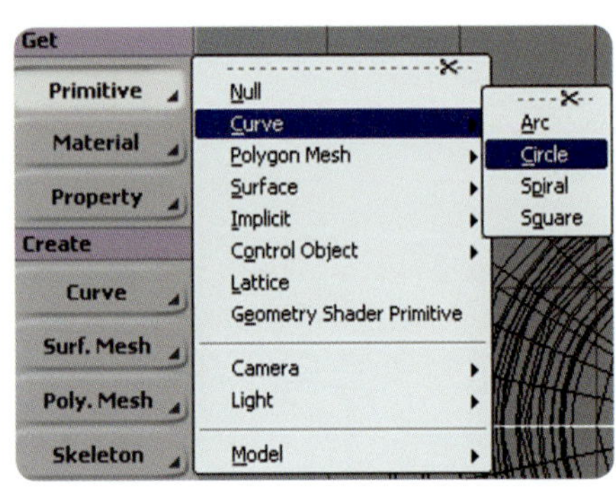

10 만들어질 Circle 설정 값을 Radius = 0.5, Subdivisions = 4 로 설정 후 창을 닫습니다.

11 그림과 같이 손잡이 모양의 Curve와 Circle를 선택합니다.

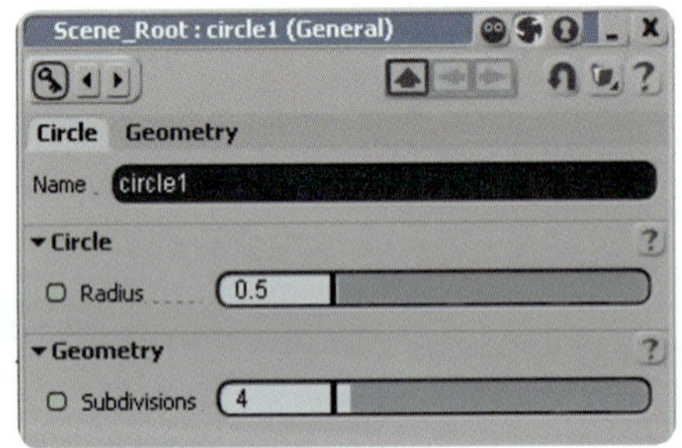

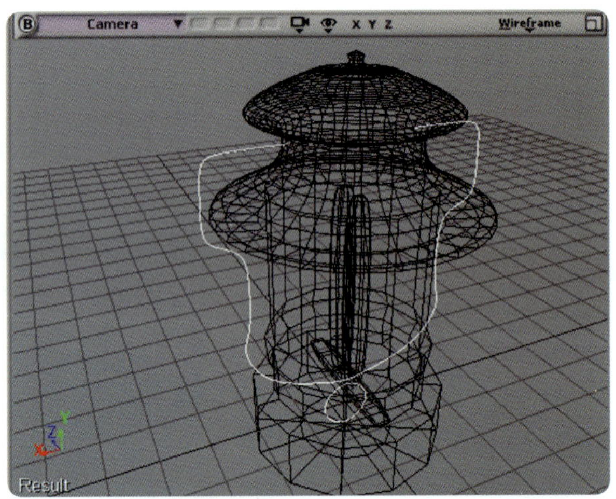

12 선택된 오브젝트를 다음과 같은 경로로 Create 〉 Surf Mesh 〉 Extrusion Along Curve를 실행합니다.

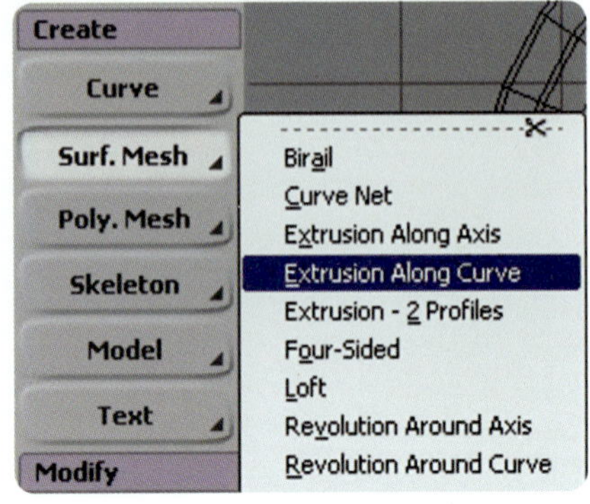

13 다음 설정 값을 Geometry 〉 Subdivision = 8 , Circle 〉 Radius = 0.2 으로 적용합니다.

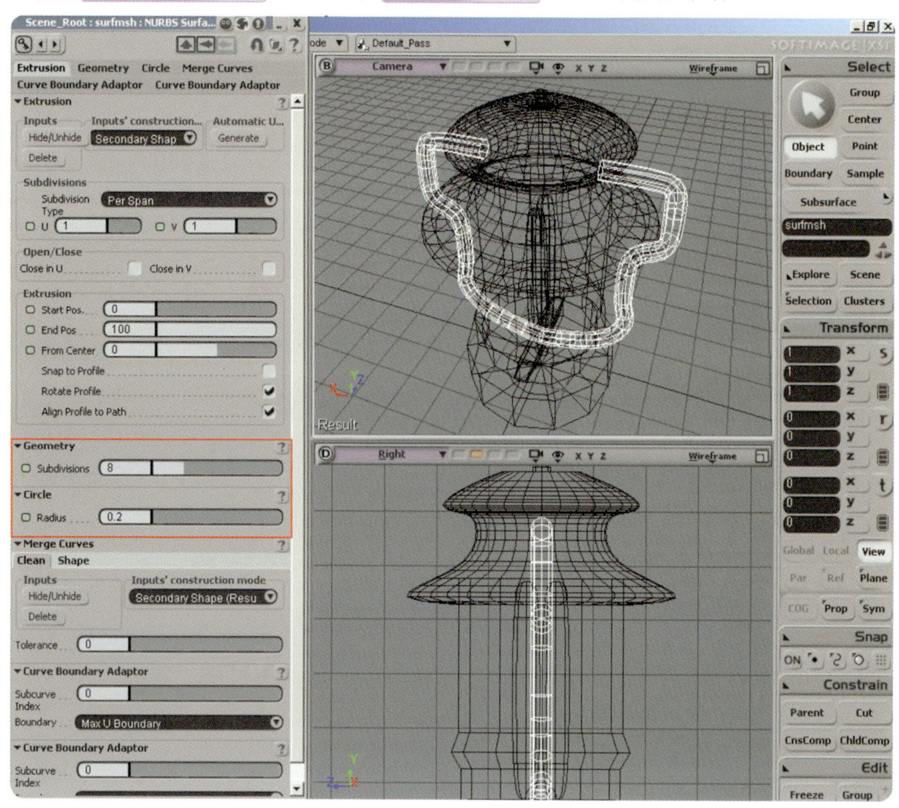

14 기존에 사용된 Curve와 Circle을 선택 후 H 를 눌러 hide합니다.

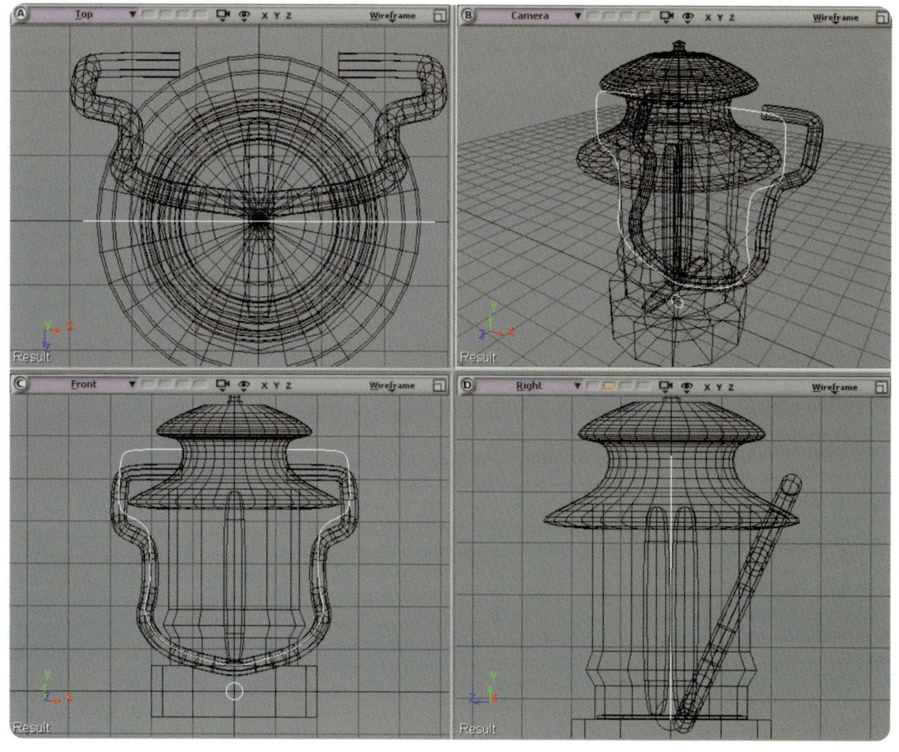

15 손잡이를 마무리 짓도록 하겠습니다. C 를 눌러 Rotate X 축 회전 값을 -25 , V 를 눌러 Translate Tool의 X = 2.4 , Y = 0.3 의 값을 각각 입력하여 손잡이의 자리를 맞춥니다. 작업진행시 위치 설정값이 정확하지 않아도 무방합니다. 임의의 위치로 Translate Tool을 사용하여 이동해도 됩니다.

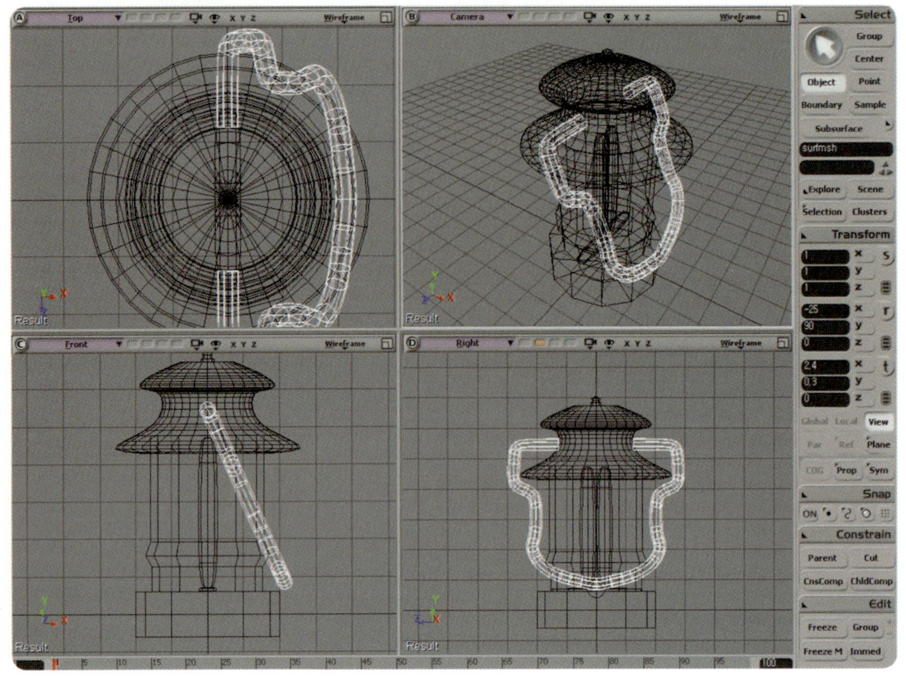

16 최종 완성된 그림은 다음과 같습니다.

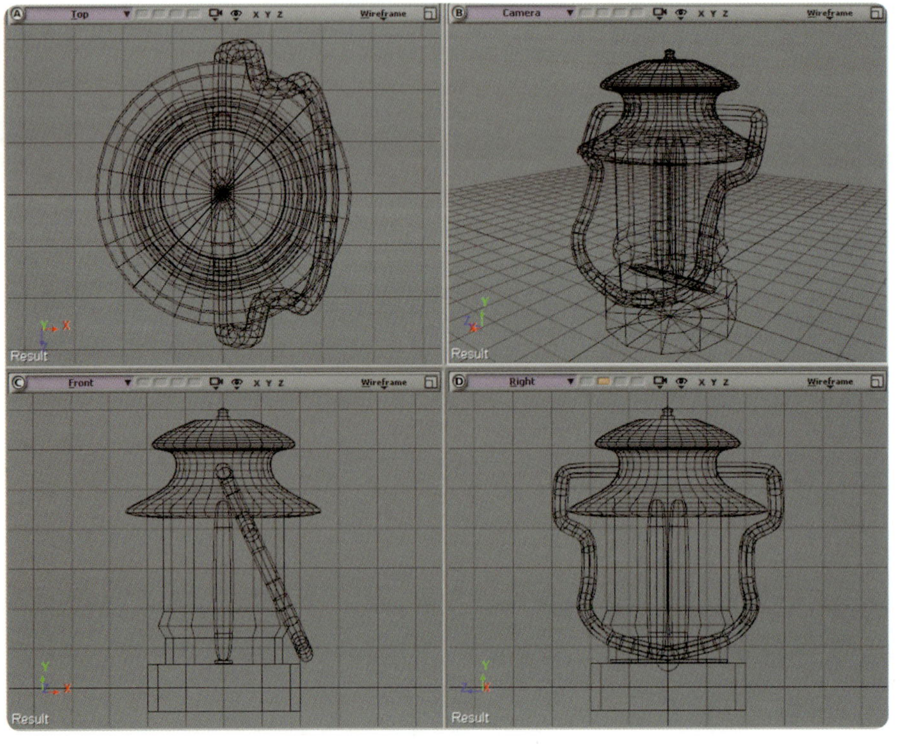

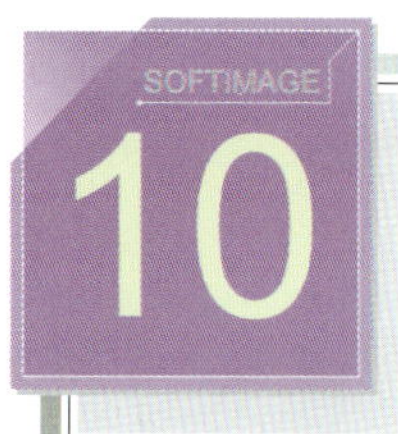

10 캐릭터 모델링

STEP 01 Modeling Basic

인체 비례설정의 가장 중요한 요소이며 캐릭터 모델링은 중급 이상의 모델링 기술이라 할 수 있습니다. 비례감각을 키우기 위해 스케치 연습을 하는 것도 좋습니다.

본 모델링을 시작하기 전 모델링을 처음 시작하는 유저 분들은 원하는 캐릭터의 앞과 옆 모습을 XSI의 Rotoscope 기능을 통해 보다 쉽게 작업할 수 있습니다.

STEP 02 Rotocope기능 활용하기

먼저 캐릭터 모델링에 앞서 꼭 알고있어야 할 기능을 설명하겠습니다. Rotoscope 기능을 활용하기 위해서는 모델링 될 스케치를 좌측, 정면, 뒷면 등으로 준비하는 것이 좋습니다. Rotoscope 기능을 아래 모델링 예제에 적용하여 작업합니다.

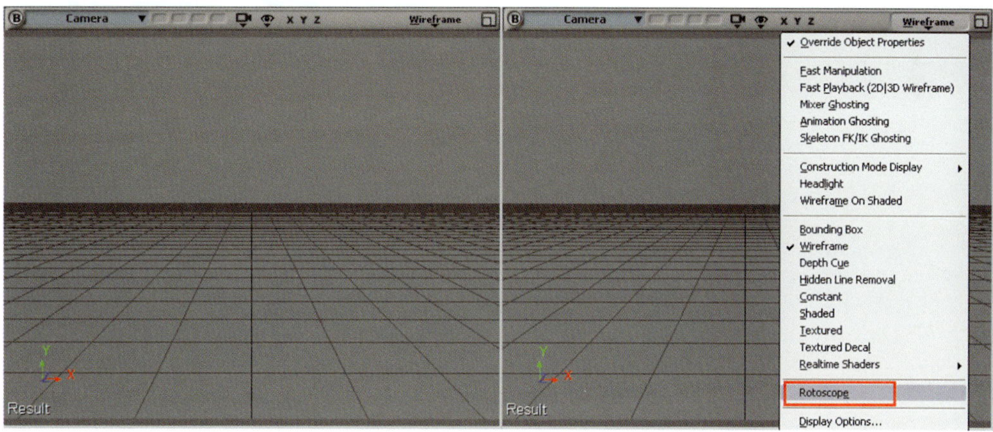

01 Step 2와 같이 View 메뉴에서 Rotoscope를 클릭합니다.

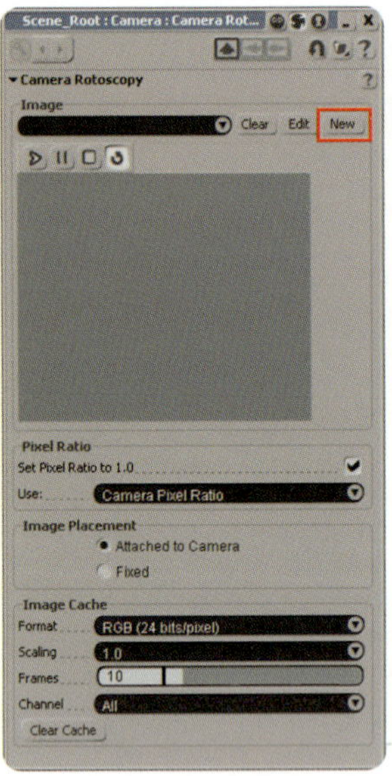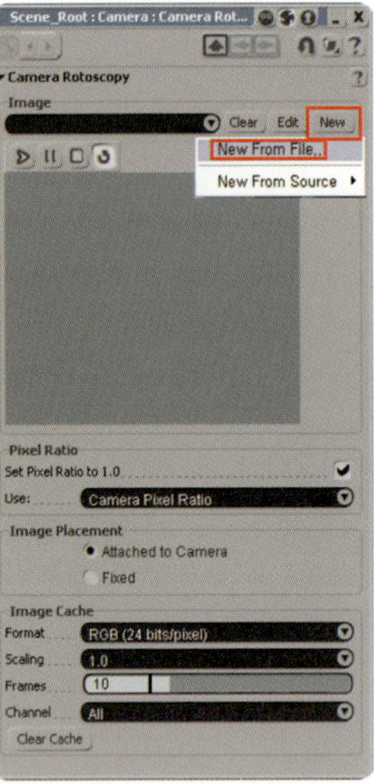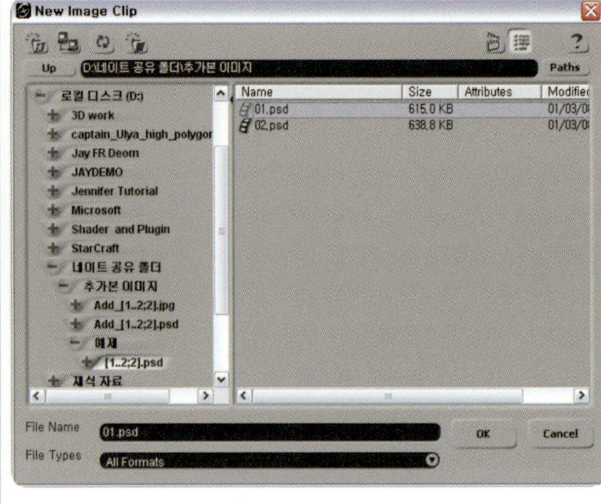

02 New From File을 이용하여 그림을 선택하면 다음과 같이 Property 창에 이미지가 나타나는 동시에 XSI Viewport에도 보여지는 것을 확인할 수 있습니다.

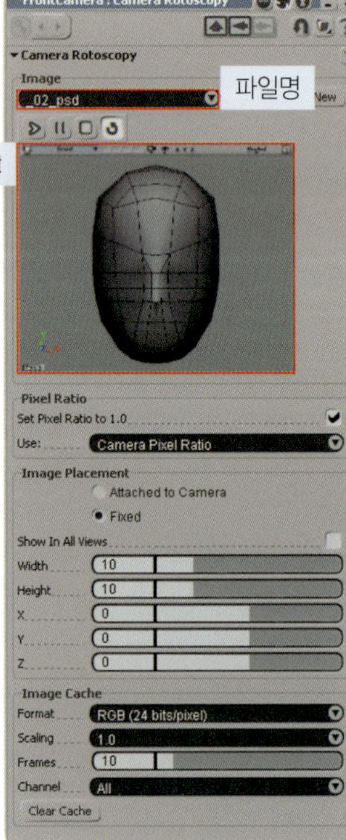

TIP 위에서 Image Placement에서 Width/Height/X/Y/Z의 슬라이더를 움직이면 유저가 원하는 위치에 설정할 수 있습니다. 어둡기 기타 정보 변경은 위에 New 옆에 Edit을 누르면 그 안에서 수정할 수 있습니다.

03 이제 Front에는 정면그림 Right에는 옆면그림을 적용하면 다음과 같이 됩니다. 그리고 Front와 Right에 적용을 한 후 Camera / User View Port에도 생성이 되게 할 경우에는 위 그리드(Grid)에서 Show In All Views를 체크합니다.

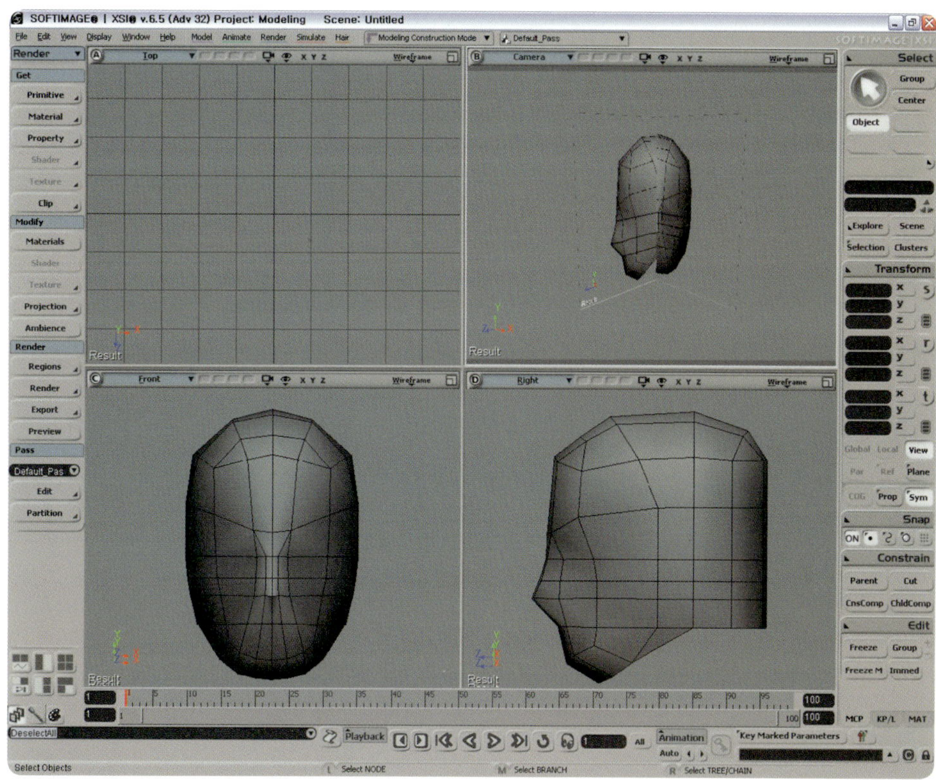

04 다음은 Model 〉 Get 〉 Primitive 〉 Polygon Mesh 〉 Cube을 생성한 후, 4×4×4를 입력합니다.

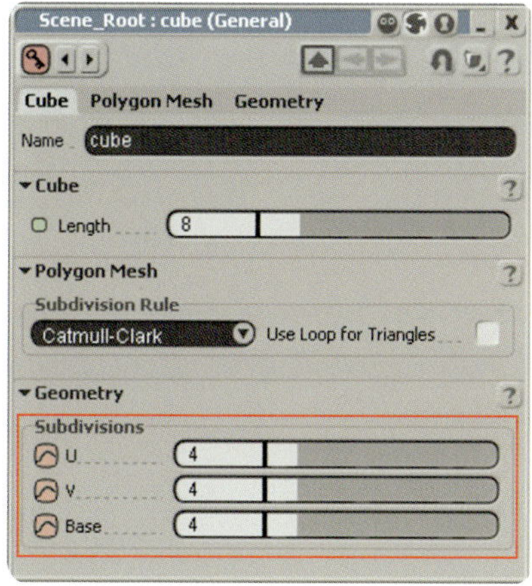

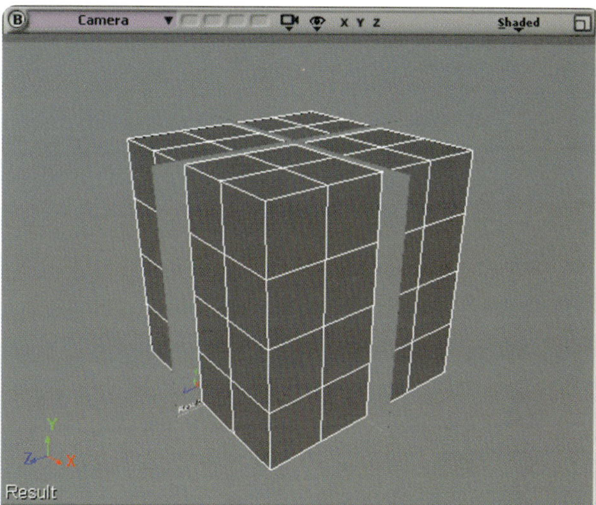

05 그럼 위의 이미지와 같이 얼굴의 옆과 앞이 보이지 않게 되는데 여기서 한 가지 추가 기능을 설명하겠습니다. 왼쪽하단의 다음과 같은 아이콘을 클릭합니다.

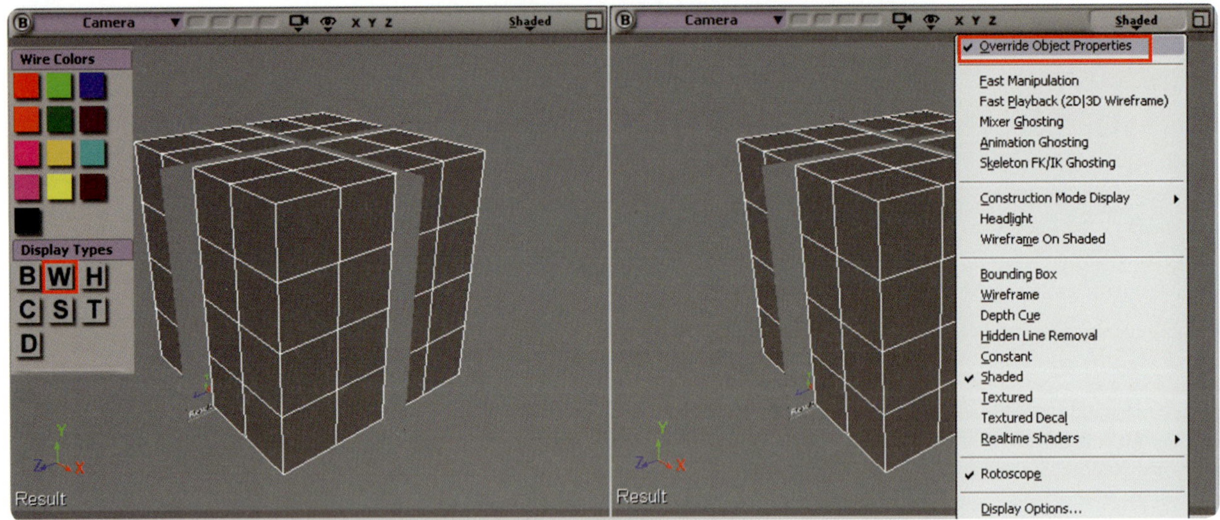

06 전의 화면에서 W를 클릭하면 마우스 아이콘이 Pick으로 바뀌게 됩니다. 원하는 오브젝트를 선택한 후 상단 오른쪽의 Override Object Properties 체크를 풀어주면 다음과 같습니다.

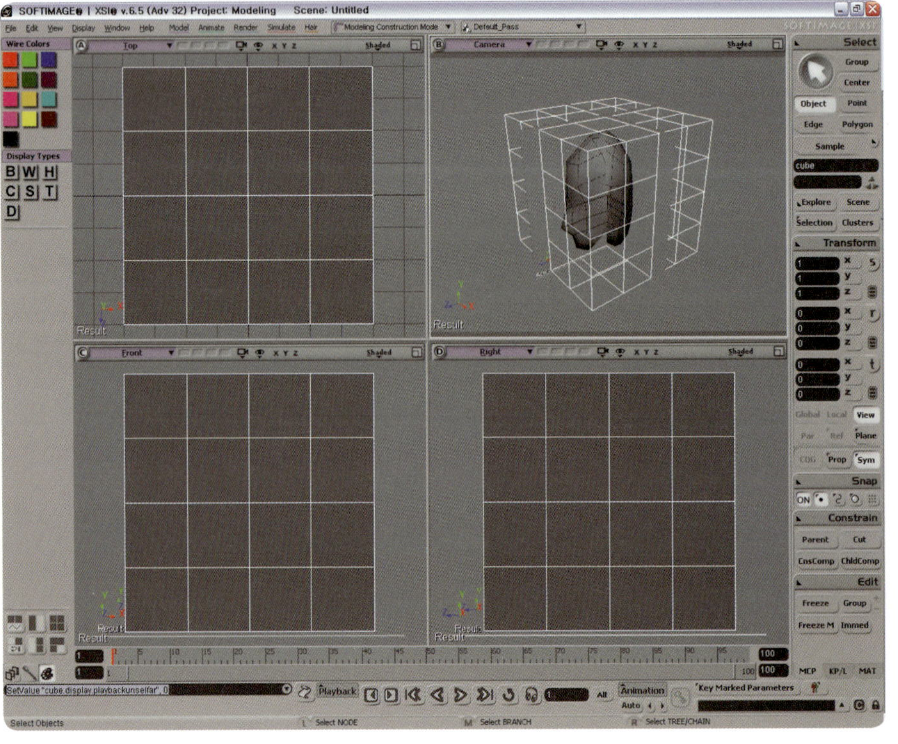

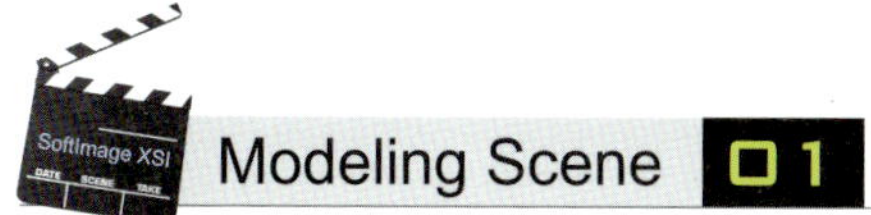

Modeling Scene 01

01 처음 얼굴 모델링을 하기 위해 Model 〉 Get 〉 Primitive 〉 Polygon Mesh 〉 Cube을 생성해 4×4×4를 입력 한 후 XSI의 간단한 인터페이스를 변경해 보겠습니다.

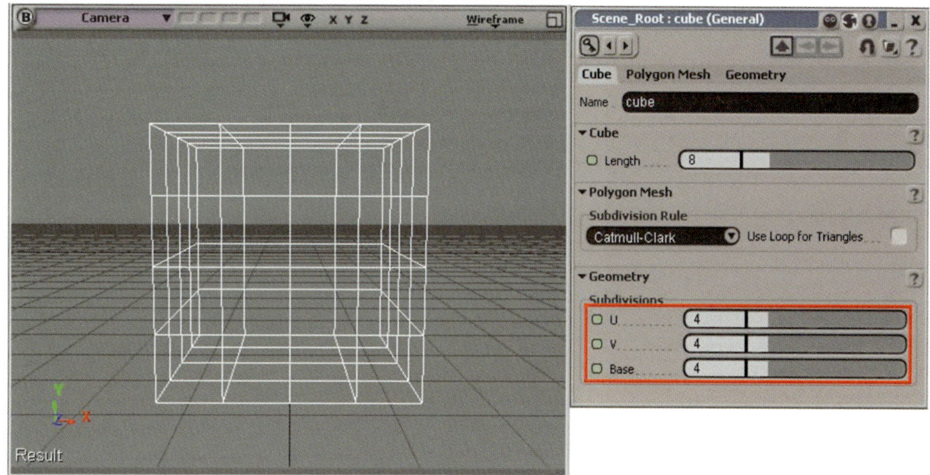

02 다음은 XSI 인터페이스를 변경합니다.

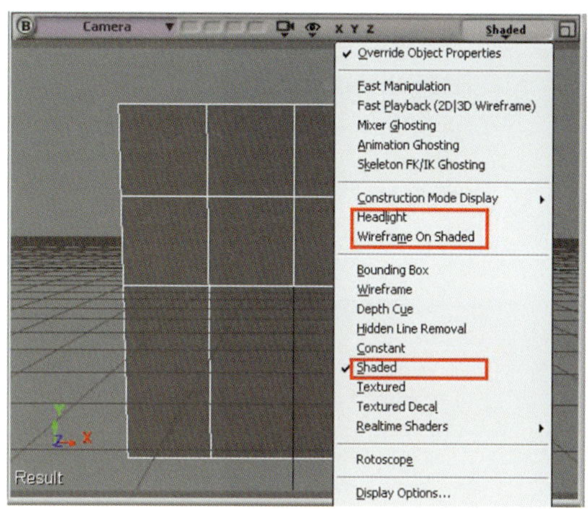

03 위와 같이 4개의 View port를 설정 하면 다음과 같이 변경된 것을 볼 수 있습니다. 단 라인, 오브젝트에 그림자가 없이 Shaded 모드를 볼 수 있습니다.

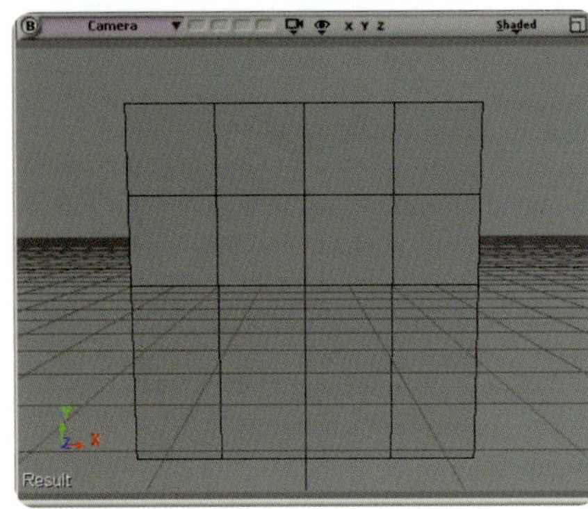

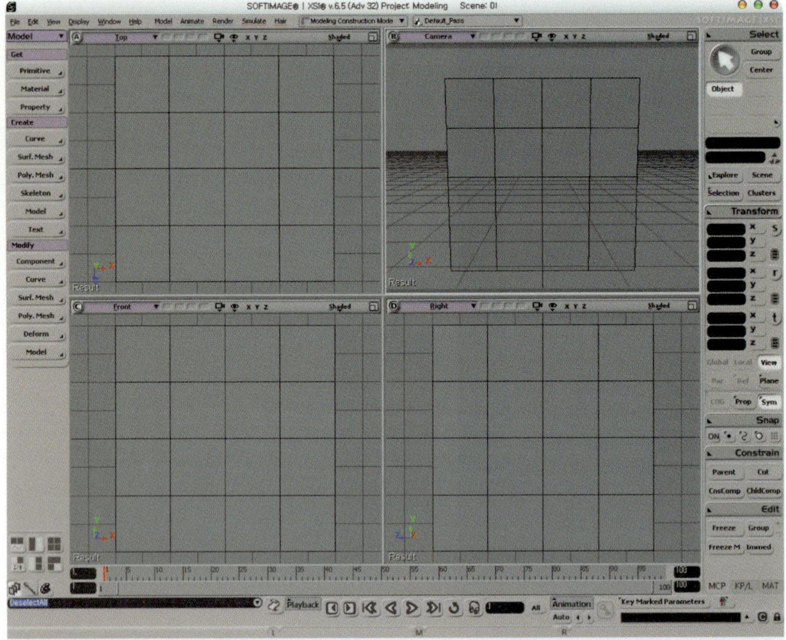

위의 화면에서 키보드 **G** 를 누르게 되면 View Port에 Grid를 안보이게 할 수 있습니다.

Modeling Scene **02**

01 처음 얼굴 모델링을 하기 위해 Model 〉 Get 〉 Primitive 〉 Polygon Mesh 〉 Cube을 생성해 4×4×4를 입력한 후 모델링을 하기 위해 XSI의 간단한 인터페이스를 변경해 보겠습니다.

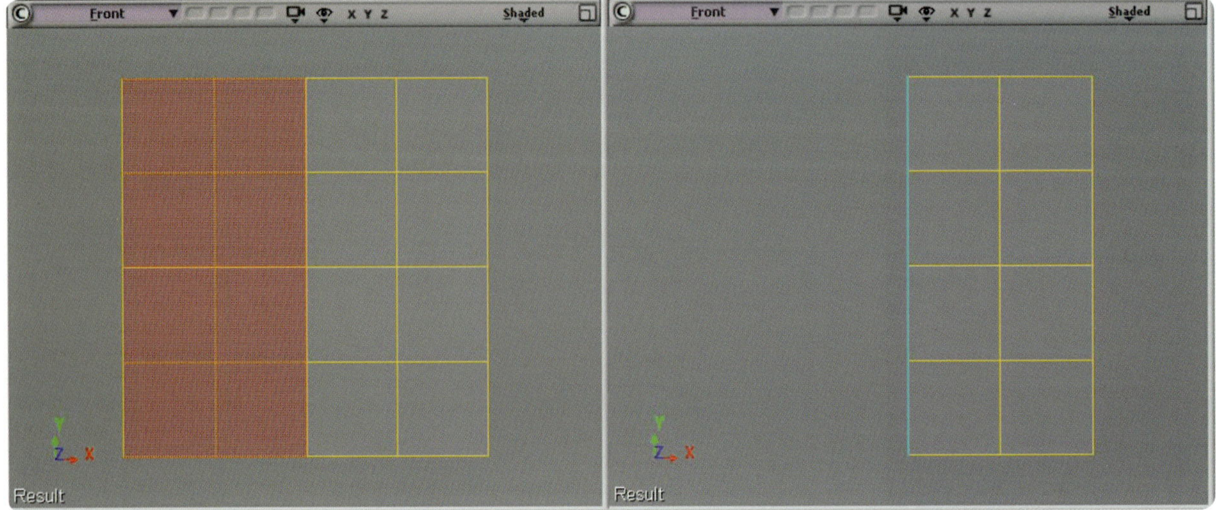

02 다음은 절반을 복사한 후 Edit 〉 Duplicate/Instantiate 〉 Clone Single로 복사, Transform에서 X축으로 −1을 입력한 후 **Enter** 키를 누릅니다.

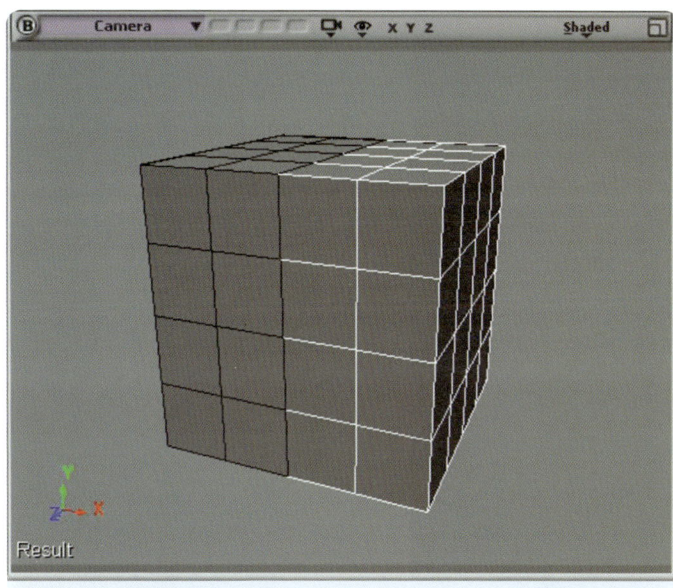

위와 같이 복사를 하면 오른쪽을 수정했을 때 모든 값이 왼쪽에도 똑같이 적용됩니다.

Modeling Scene 03

01 다음과 같이 면의 위와 아래쪽을 선택합니다.

02 다음과 같이 Scale로 Y값을 만듭니다.

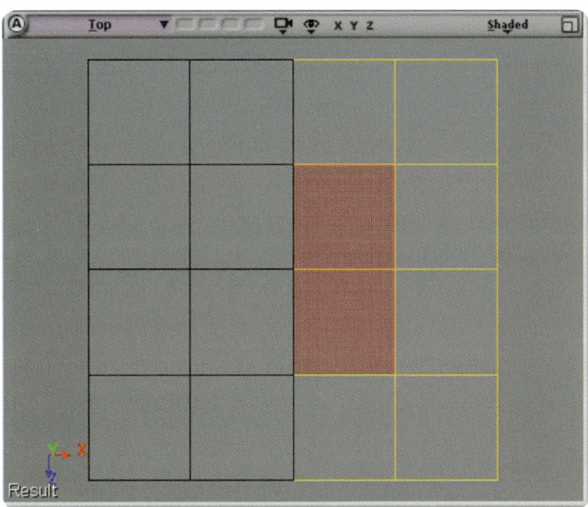

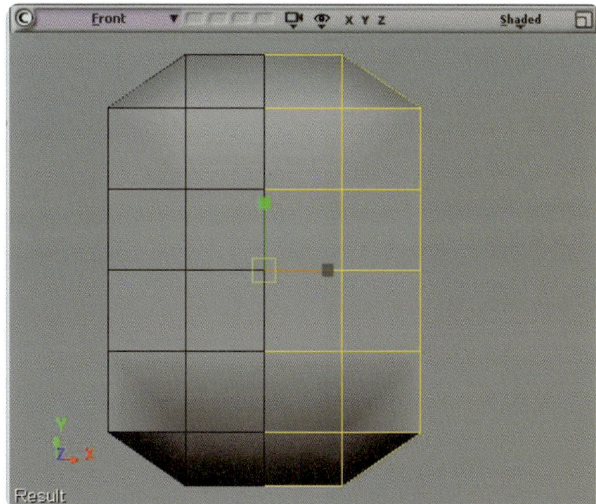

03 다음은 포인트를 움직여 다음과 같은 모양을 만듭니다.

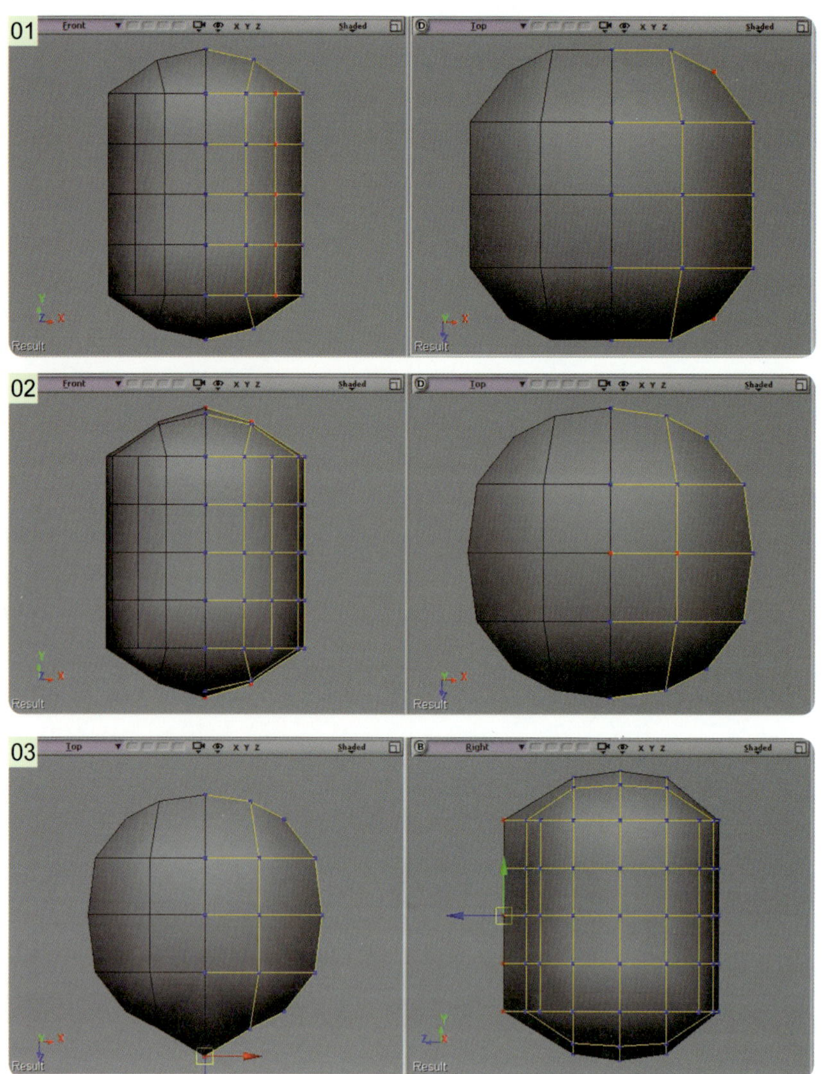

04 다음은 코에 기본적인 형태를 잡아 보겠습니다. 점진적으로 얼굴의 세부 모델링을 만들어 나가는 과정입니다.

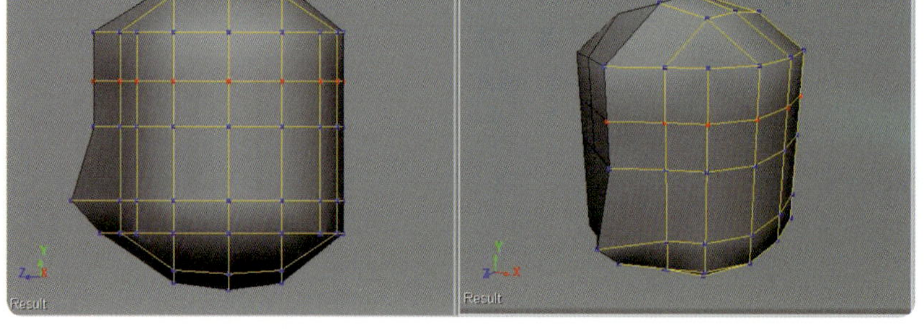

05 코 형태를 잡은 후 Select 〉 Select Edge Loop(no corners)를 사용해 다음과 같이 Edge를 선택한 후 Delete 키를 이용하여 삭제합니다.

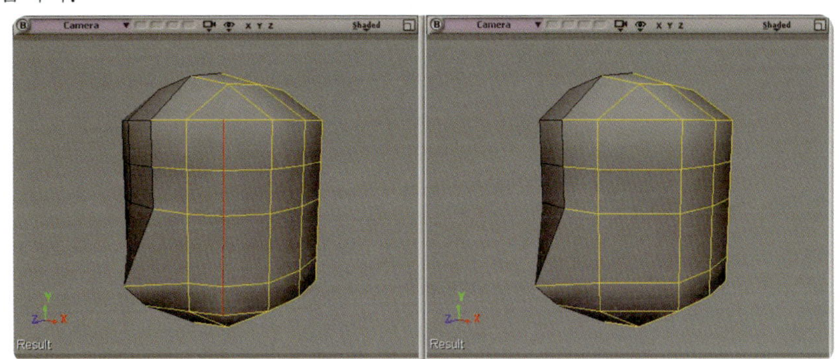

06 Model 〉 Modify 〉 Poly. Mesh 〉 Split Polygon Tool을 사용하여 아래와 같이 Edge를 추가합니다.] 키를 적용하면 마우스 커서가 펜 모양으로 바뀌는데 이때 Ctrl 키를 누른 상태에서 원하는 Edge를 선택하면 Edge가 분할되며 라인이 생성됩니다.

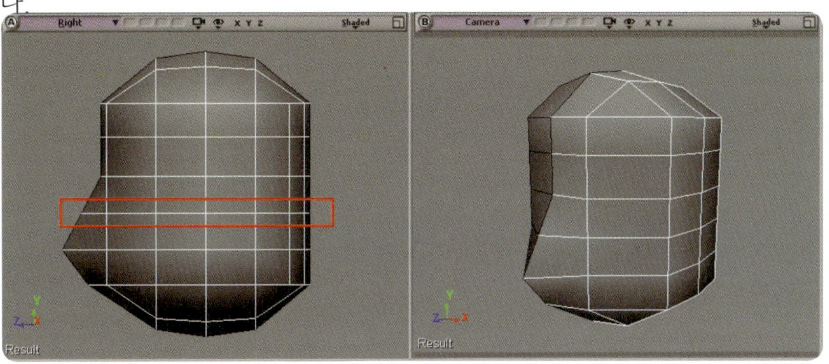

07 Model 〉 Modify 〉 Poly. Mesh 〉 Add Edge Tool을 사용하여(단축키 W 키) 다음과 같이 라인을 추가합니다. 사용자가 원하는 대로 수정한 후, 마우스 오른쪽 버튼을 누르면 작업을 끝낼 수 있습니다.

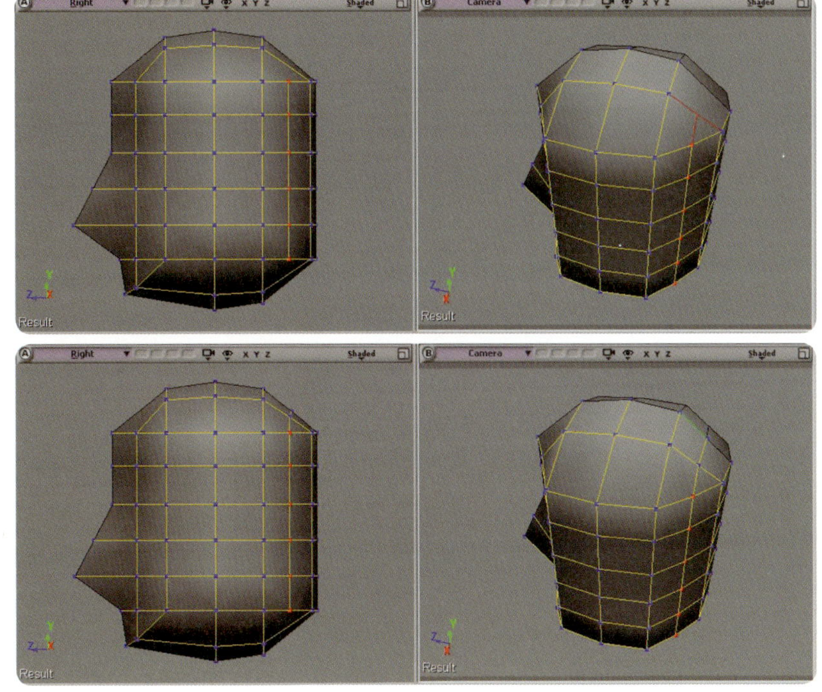

08 면 선택은 키보드에서 U + F7 키를 누른 후 사용하면 사각형 선택할 수 있습니다. U 키만 적용 후 선택하면 면이 선택됩니다.

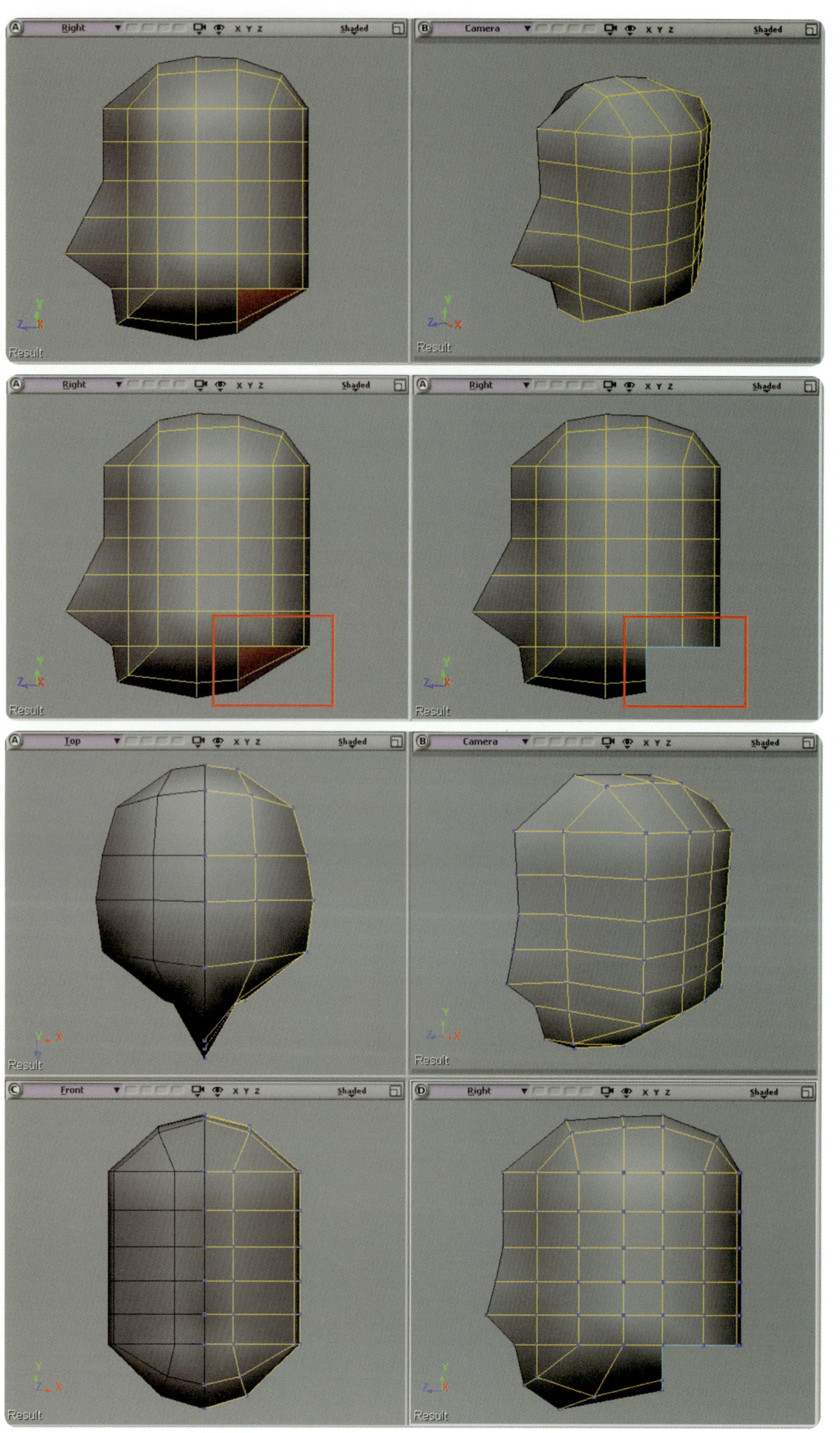

09 다음은 턱 밑부분을 수정해 보겠습니다. 여기서 다소 혼동될 수 있으니 잘 따라하시기 바랍니다.

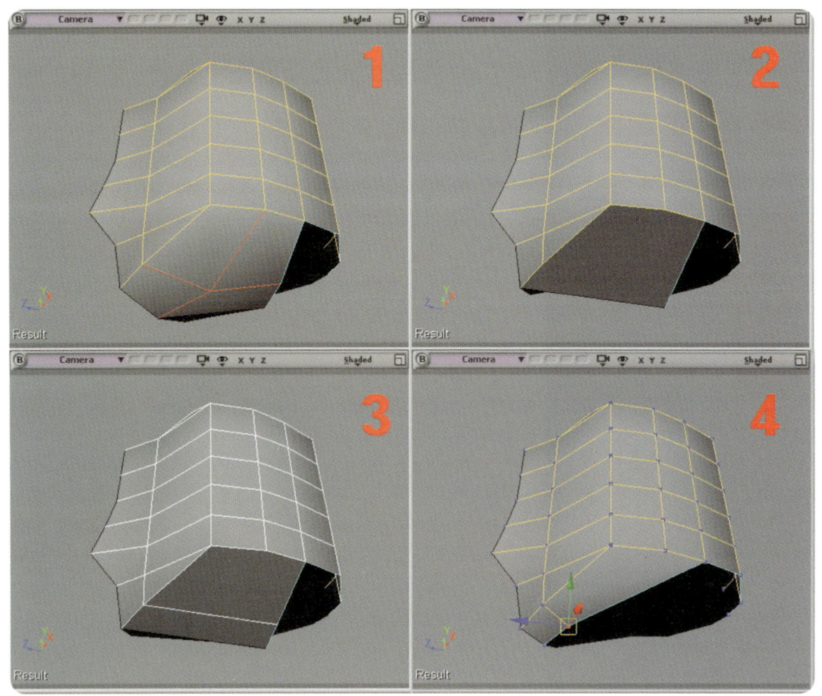

10 아래 1번과 같이 ₩ 키를 사용하여 Edge을 추가한 후 2, 3, 4번과 같이 포인트를 수정해 모양을 만들어 봅니다.

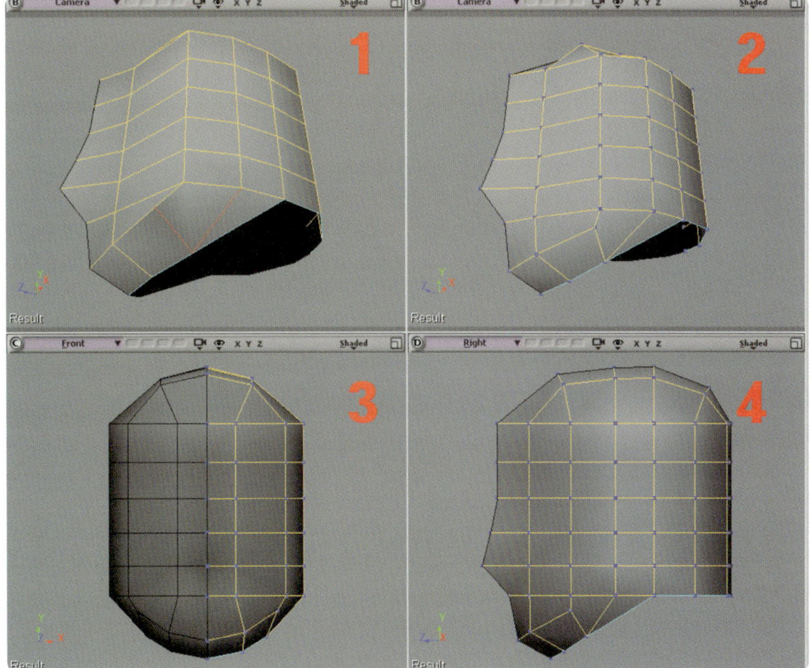

11 이쯤해서 Freeze해 지금까지 적용한 모든 History을 정리하는 것이 좋습니다.

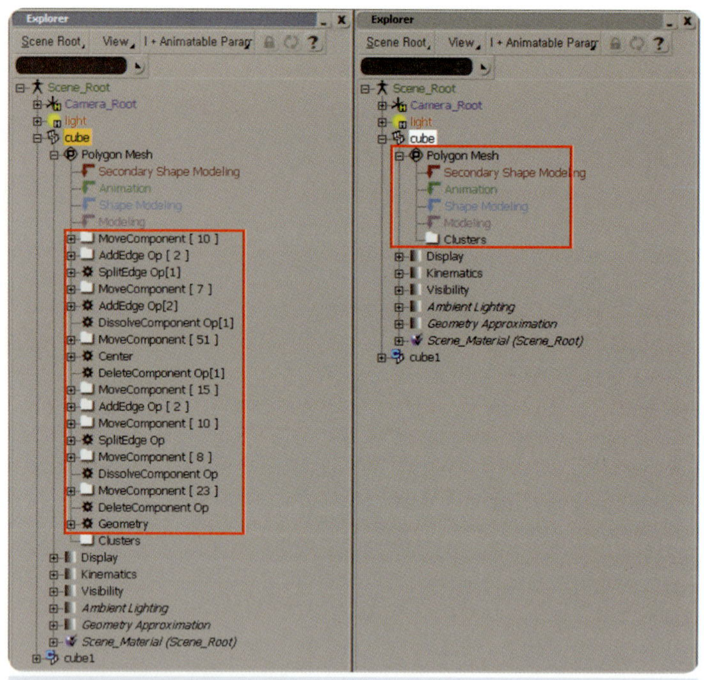

키보드에 단축키 숫자 8 을 선택하면 Explorer 창이 생성 됩니다.

TiP History를 정리하는 이유는 History에 데이터가 쌓이게 되면 데이터 용량이 증가하게 되어 컴퓨터의 반응속도가 떨어지기 때문입니다. 따라서 고용량 데이터 작업시 불필요한 History 데이터는 삭제하는 것이 좋습니다.

12 다음은 M 키를 사용해 모델링을 수정합니다. 수정한 후 코 부분에 W 키를 사용해 Edge을 추가합니다.

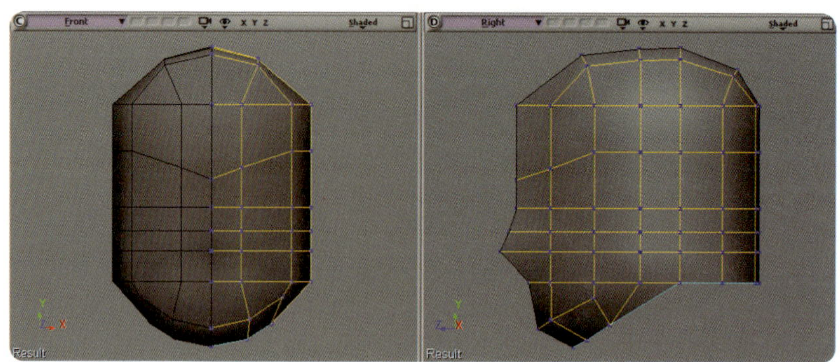

13 1번과 같이 ₩ 키를 사용해 Edge을 추가합니다. 그 후 시간을 절약하기 위해 2번에서] 키를 사용해 선을 추가합니다. 3번과 같이 ₩ 키를 사용해 마무리를 합니다. 4번과 같이 단축키 M 키를 사용해 모양을 만듭니다.

1번에서 ₩ 키를 사용한 후 2번에서] 키를 사용한 이유는 1번에서 ₩ 키를 사용해 사각형을 만들면] 키를 사용해 선을 추가했을 때 1번에서 Edge을 추가한 곳을 넘어 가지 않습니다.

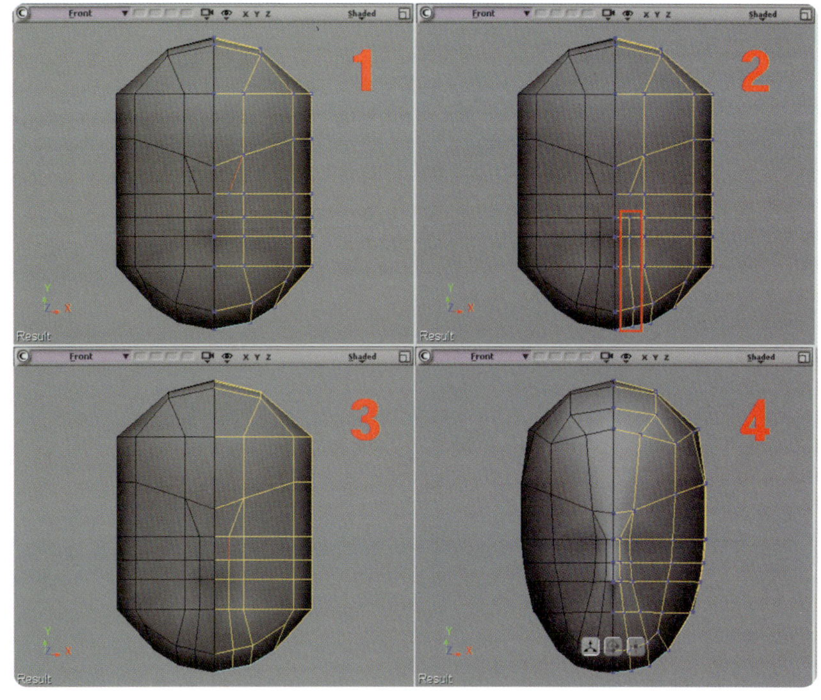

14 M 키를 사용해 다음과 같이 Front View 와 Right View를 수정합니다. 원하는 형태로 진행되는지 세부적인 Point 및 Edge 등을 계속 수정하며 비례를 조절합니다.

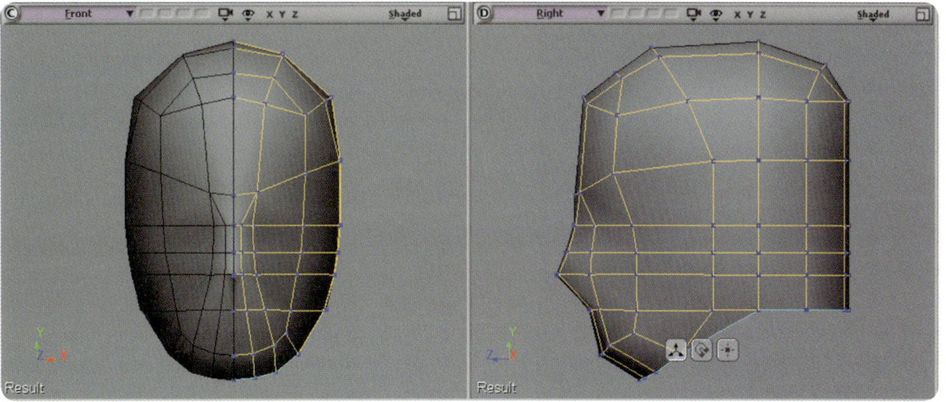

15 아래와 같이 **]** 키를 사용해 Edge를 추가해 준 후 **M** 키를 사용해 수정합니다.

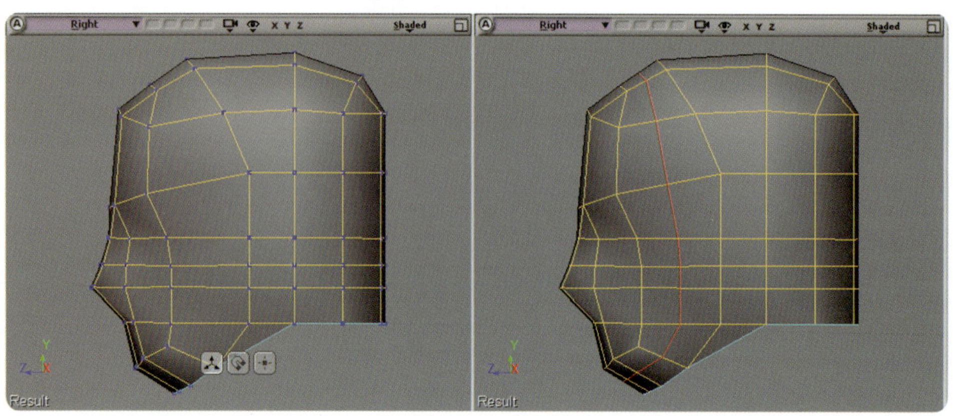

16 Edge를 추가한 후 다음과 같이 수정합니다.

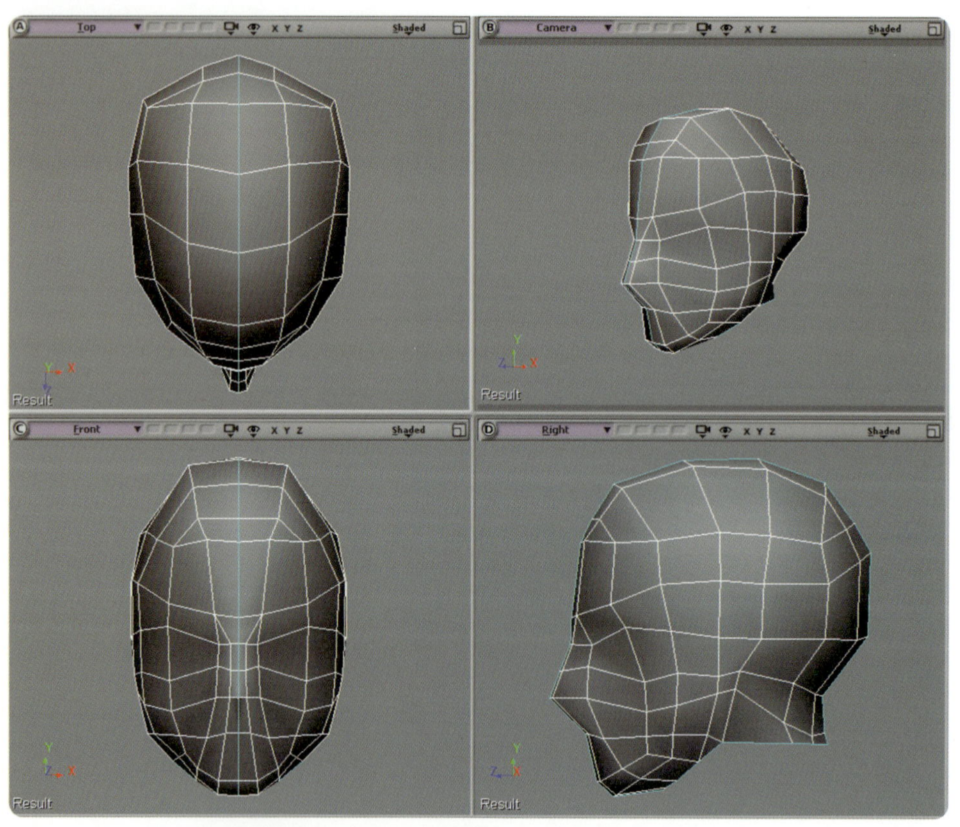

TIP 작업 진행시 여자 얼굴의 골격과 남자 얼굴의 골격 형태는 약간 다릅니다. 정확한 비례를 잡기 위해서는
캐릭터별 이미지나 사진을 보며 수정작업을 진행하는 것이 좋습니다.

17 뒷목 부분도 다음과 같이 형태를 잡아줍니다.

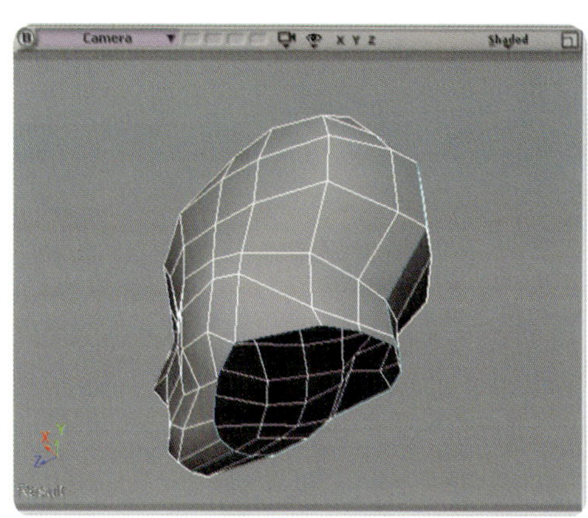

18 다음은 코 부분에 Edge를 추가해 주고 얼굴 부분에 Edge를 추가한 후 모델링을 수정합니다.

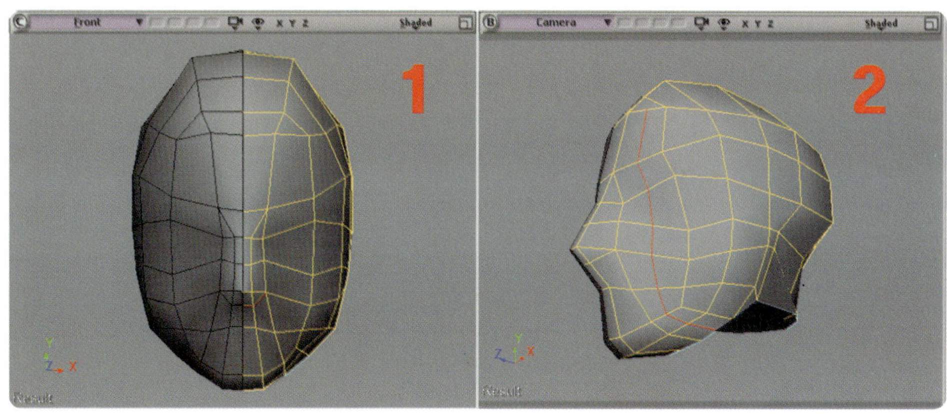

19 이쯤에서 불필요한 Edge를 없애고 Edge를 수정합니다.

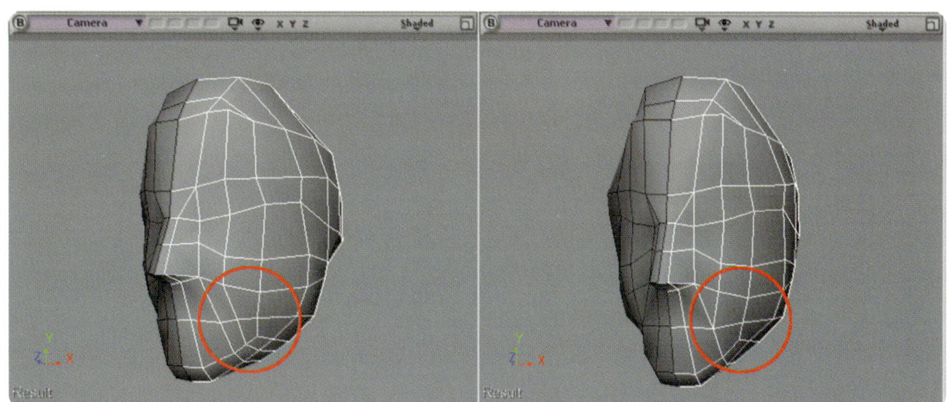

20 얼굴 앞면에 W,] 키를 사용해 Edge를 하나 더 추가한 후 불필요한 Edge를 삭제합니다. 세부적으로 정밀한 수정작업을 계속 진행합니다.

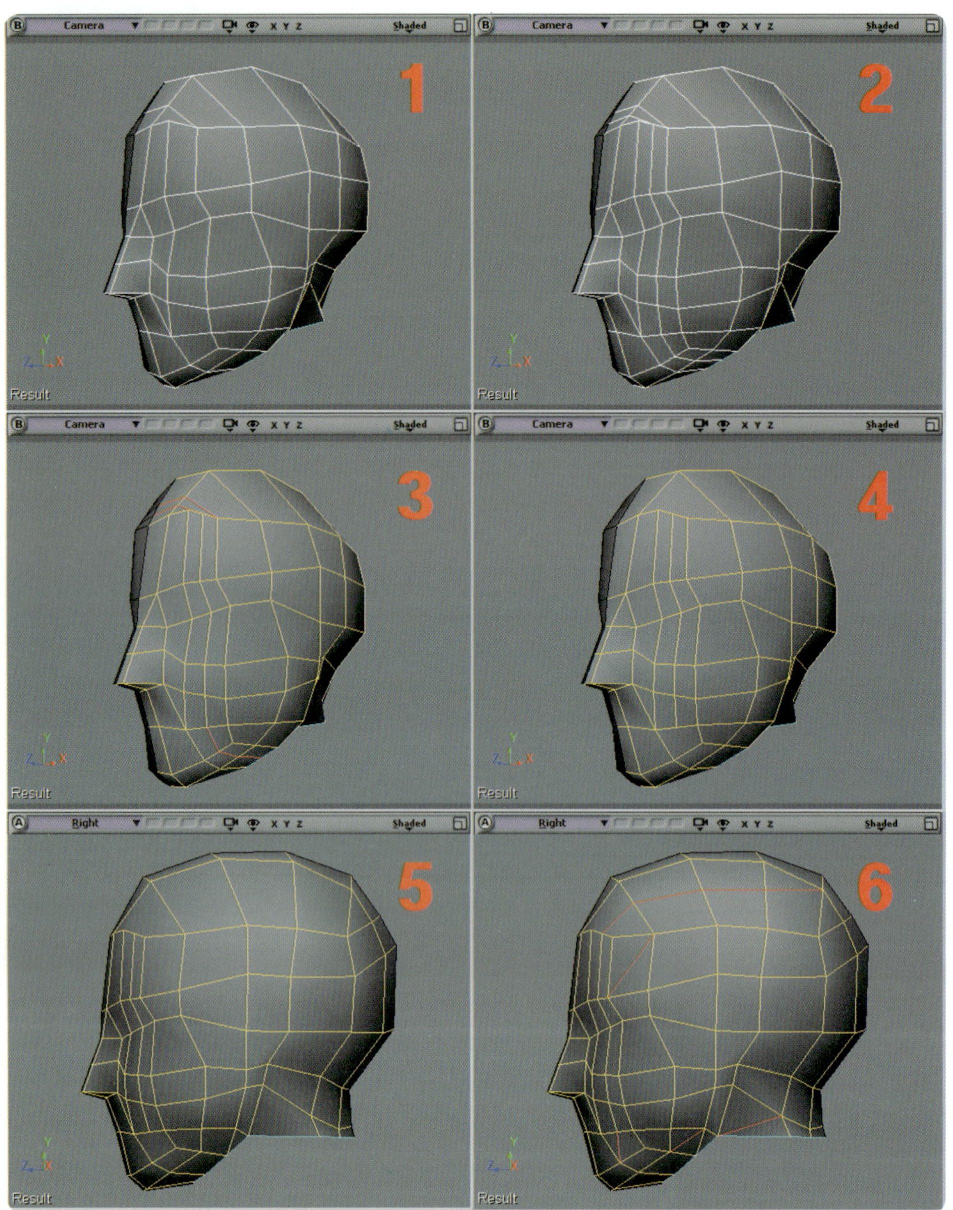

21 수정한 Edge를 M 키를 사용해 모델링을 수정합니다. 다음 Edge를 ₩,] 키를 사용해 수정합니다.

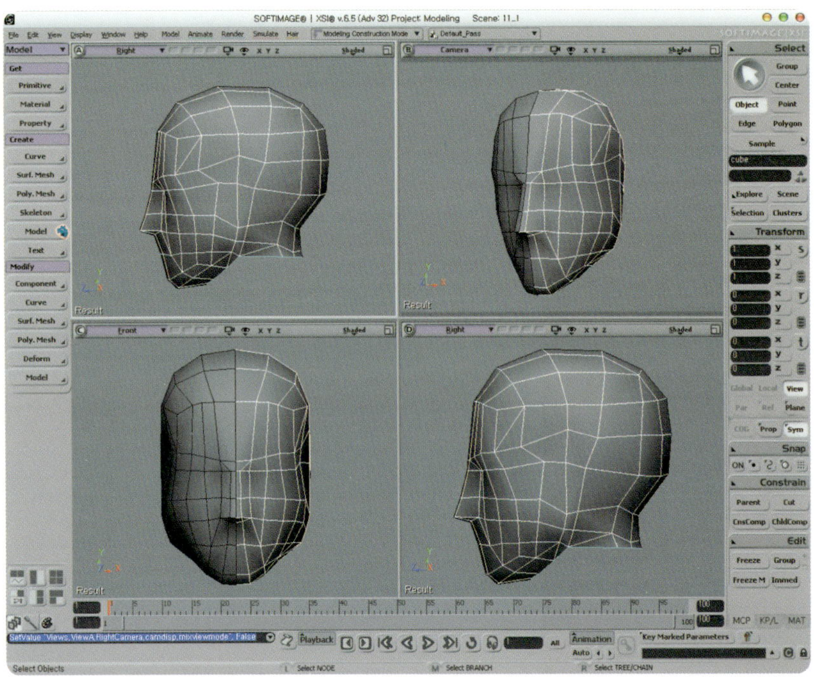

Modeling Scene 04

01 Model 〉 Modify 〉 Poly.Mesh 〉 Weld Points To Target에서 한가지 더 수정방법을 설명해 보면 포인트와 포인트를 하나로 만드는 방법이 있습니다. Weld Points To Target으로 두 개 이상의 포인트를 하나로 합칠 수 있습니다.

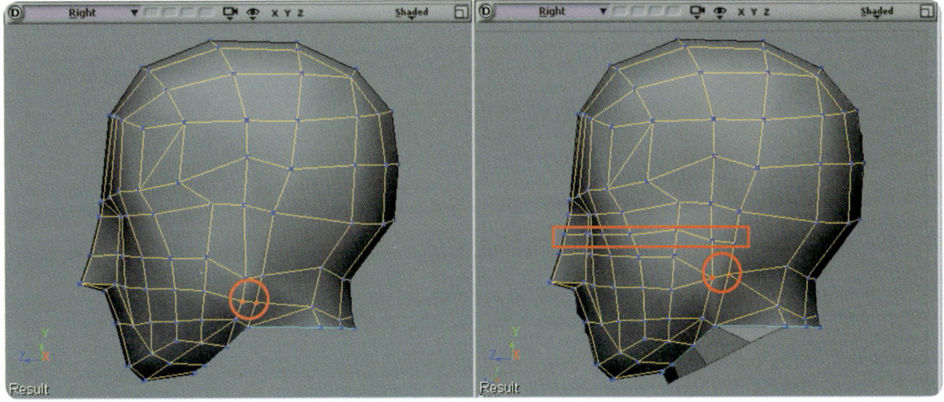

TiP Weld 기능은 기본적으로 Point와 Point를 하나로 합치는 기능입니다. Point 주위에 있는 불필요한 Point를 Weld 기능으로 합쳐 사용하는 것이 좋습니다.

02 작업을 진행하는 동안 Freeze해 적용한 History을 정리해 보다 빠르게 작업하는 것이 좋습니다.

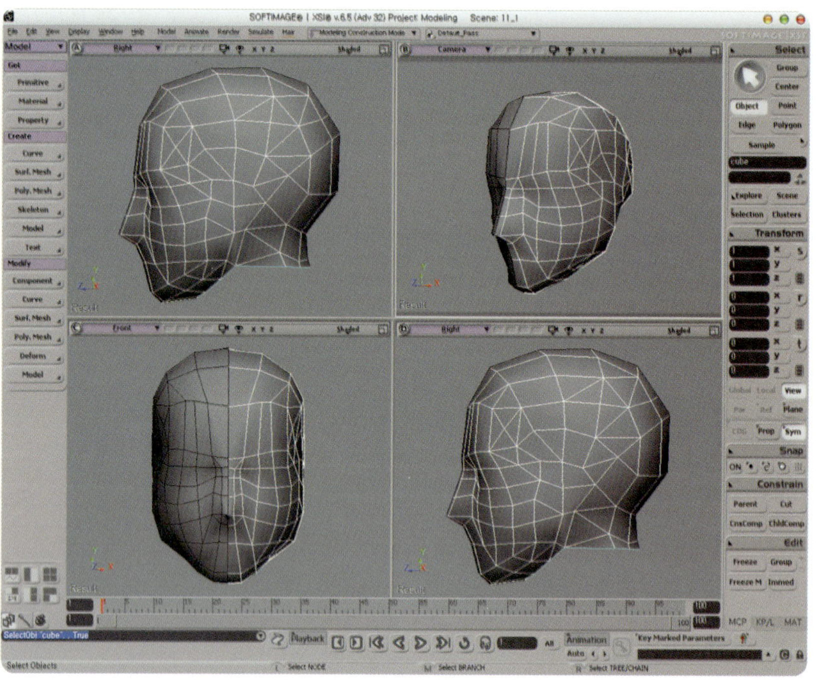

03 그럼 이제 눈과 입에 Edge를 추가해 모델링을 계속 수정합니다.

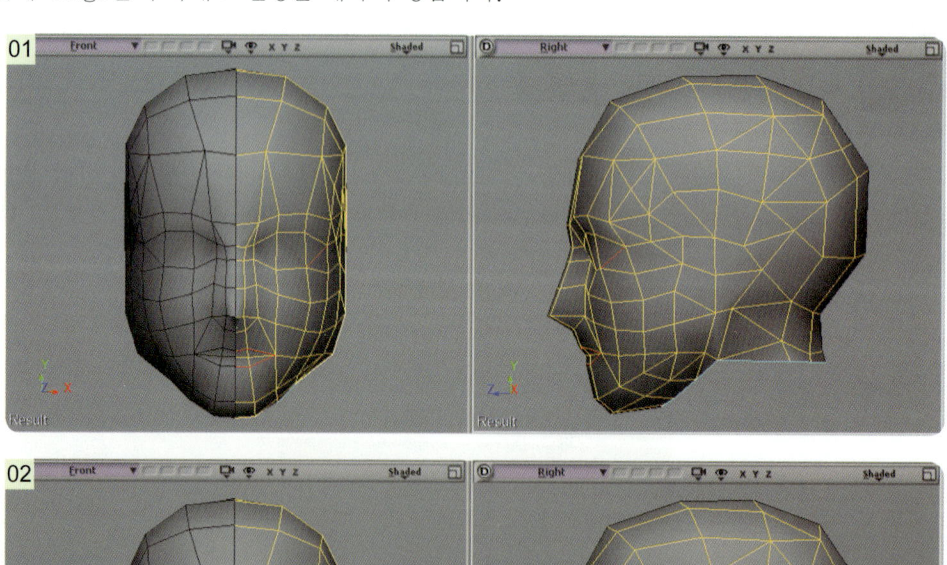

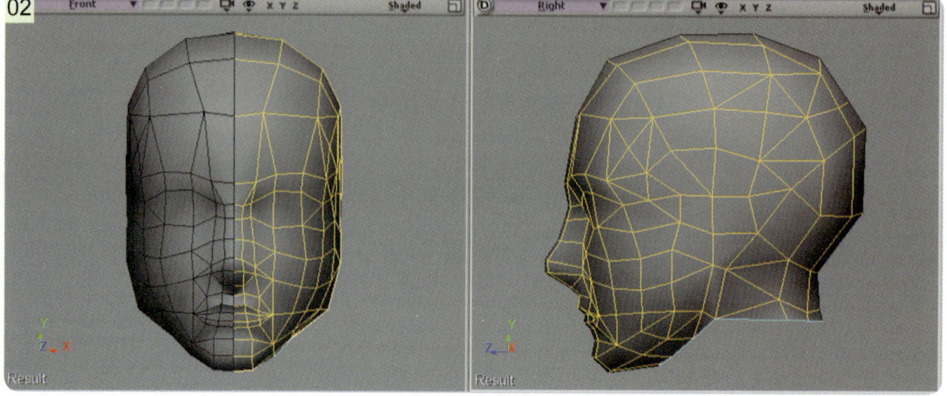

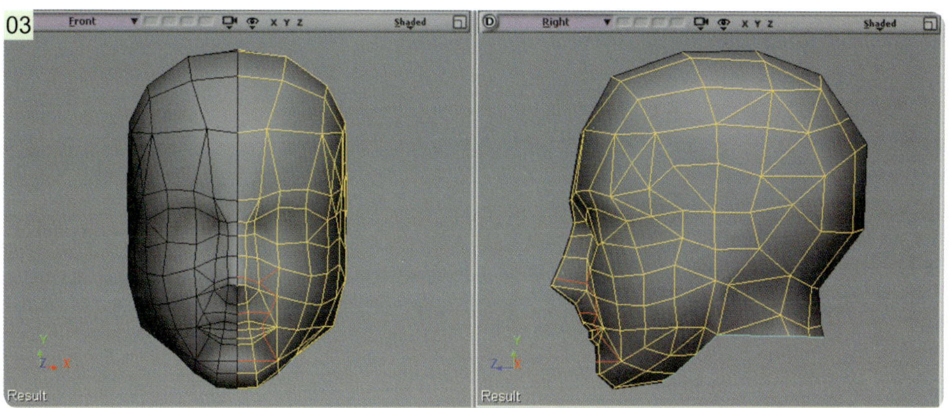

04 다음은 세부 모양을 잡아갑니다.

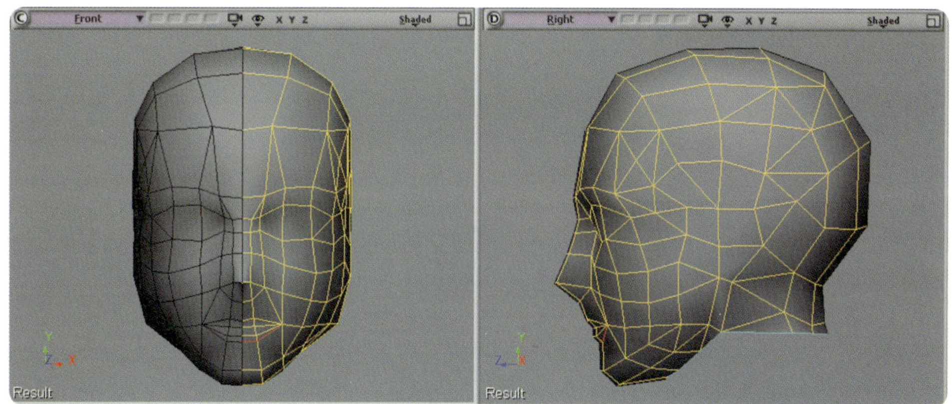

05 귀 모델링을 해보겠습니다. 1번과 같이 U 키를 사용해 면을 선택한 후 2번과 단축키 Ctrl + D 키로 복사하여 귀를 만들어 갑니다. 만드는 과정 중에 3번과 같이 포인트를 선택합니다.

여기서 주위 할 점은 포인트를 선택한 후 Delete 키를 하면 원하는 모양이 나오지를 않습니다. Ctrl + Delete 키를 사용해야 합니다.

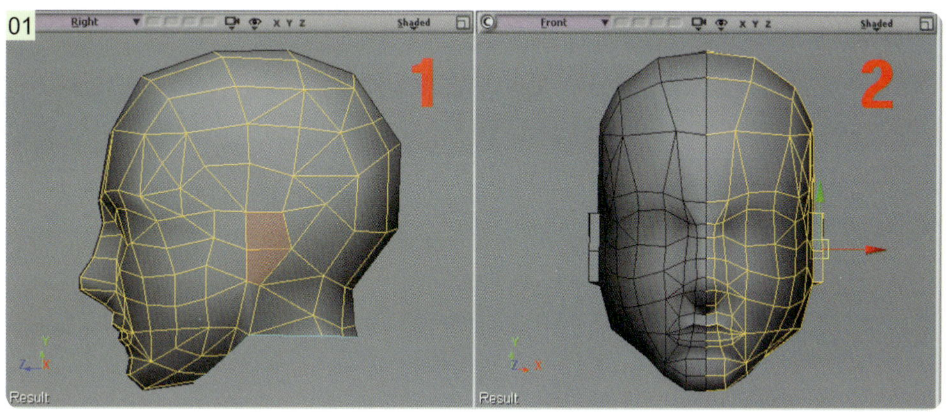

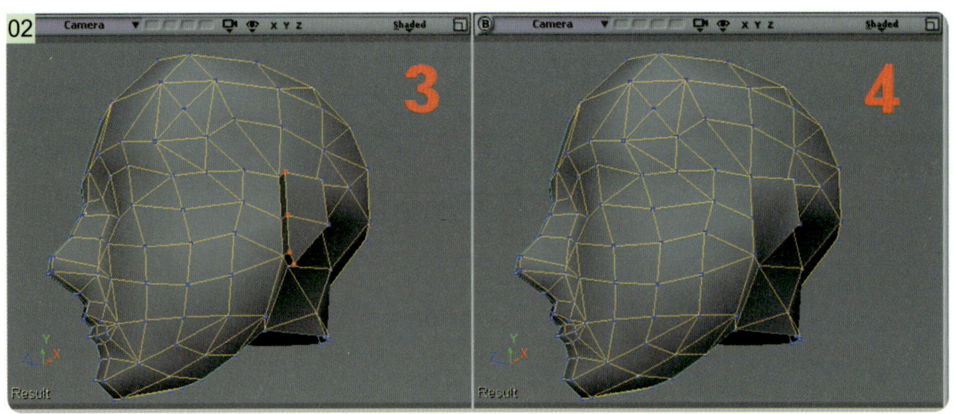

06 비어있는 곳에 Edge를 추가한 후 다음과 같이 추가하고 지워줍니다. 작업자나 작업물에 따라 Edge의 개수나 형태는 변할 수 있습니다.

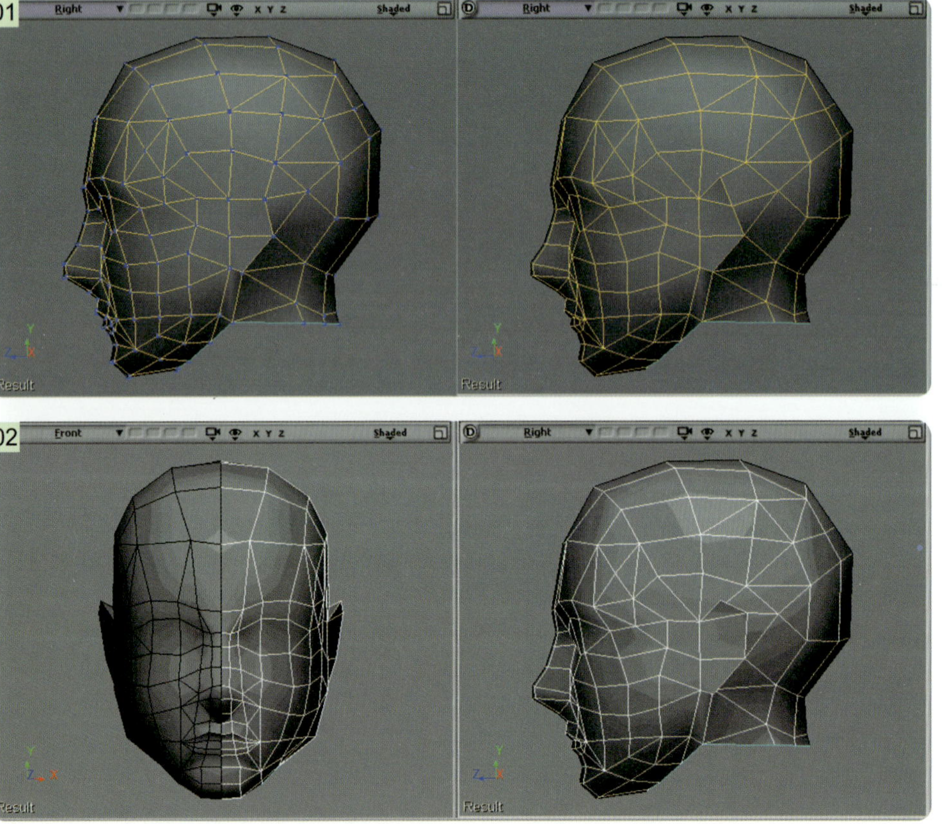

07 이제 목을 만들
어 보겠습니다.

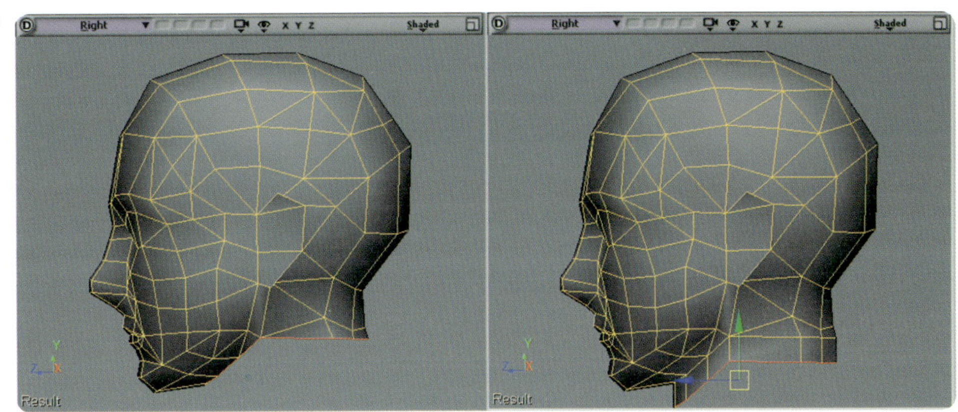

08 Edge 라인을 선택한 후 목의 형태를 갖추어 나아갑니다.

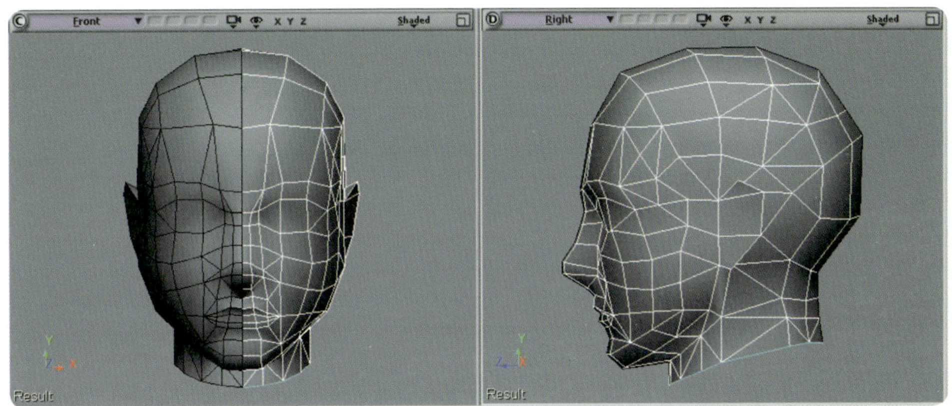

Modeling Scene 05

01 헤어 밴드를 만들어 보겠습니다. 먼저 얼굴을 복사 한 후 Model 〉 Modify 〉 Poly.Mesh 〉 Knife Tool을
사용합니다. Knife 툴을 사용한 후 선을 정리합니다. 복사한 오브젝트를 Hide할 때는 H 키를 선택합니다.

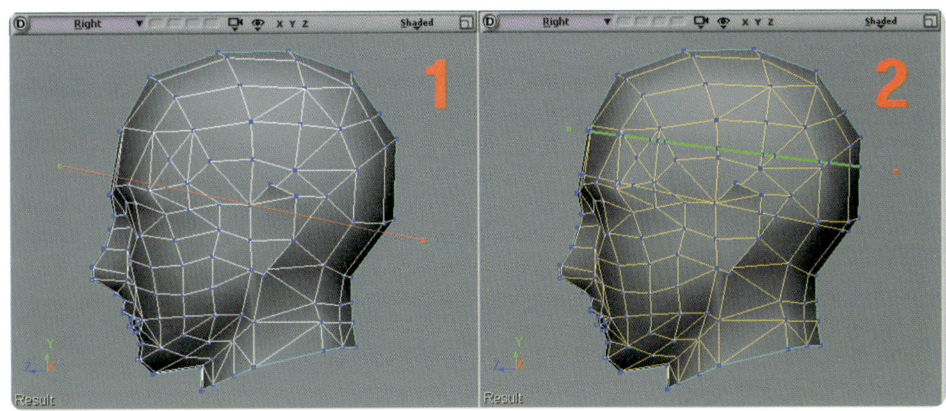

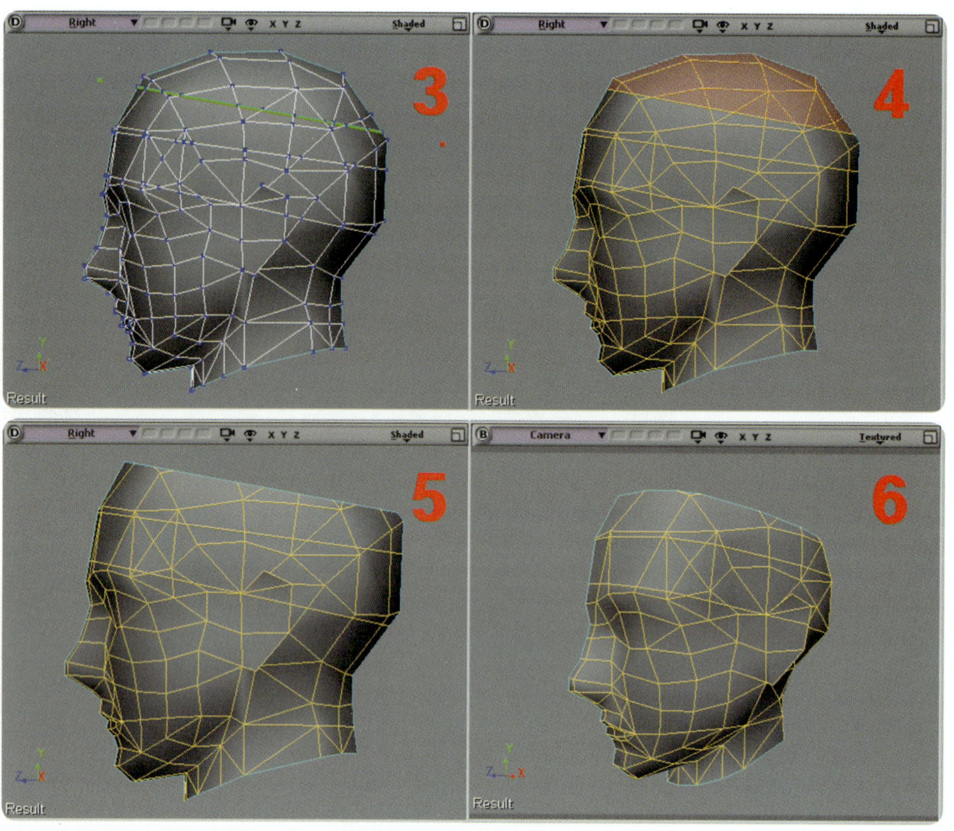

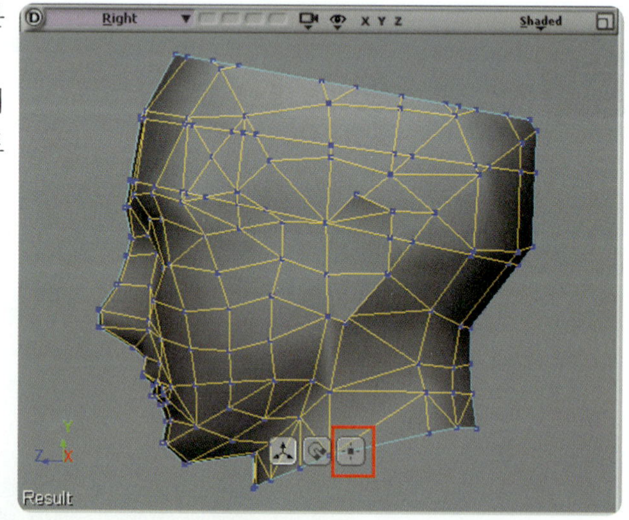

02 다음과 같이 Knife Tool을 사용해 머리 위 부분
을 지운 후 다음과 같이 선을 정리 합니다.
M 키를 선택하면 다음과 같이 아래에 3개의 아이콘이
나타납니다. 여기서 다음을 체크해주면 하나의 포인트
를 다른 포인트에 끌고 갈 때 자동으로 하나가 됩니다.

03 그럼 이제 선을 정리하겠습니다.

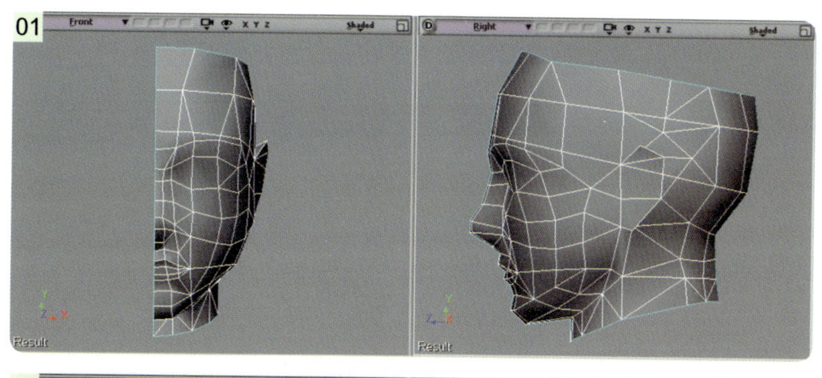

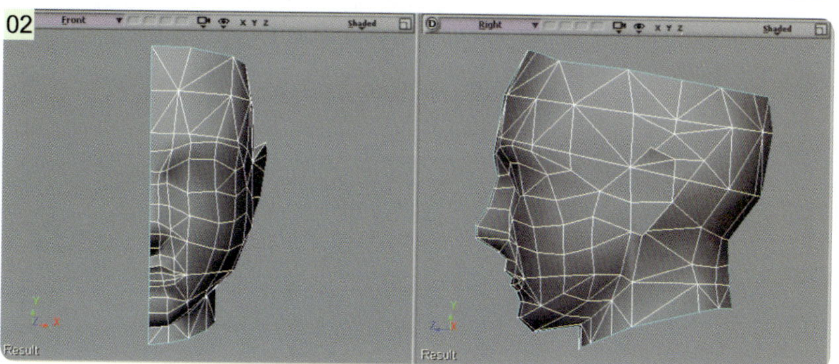

04 다음은 헤어 밴드를 만들어 보겠습니다. 먼저 1번과 같이 면을 선택합니다. 선택 후 `Ctrl` + `D` 키로 복사하여 Model 〉 Modify 〉 Deform 〉 Push를 적용해 비율에 맞는 밴드를 만듭니다.

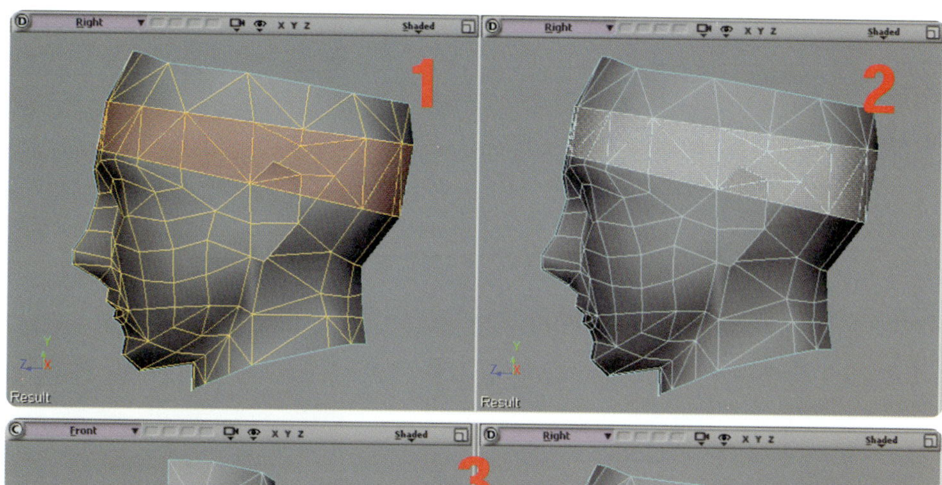

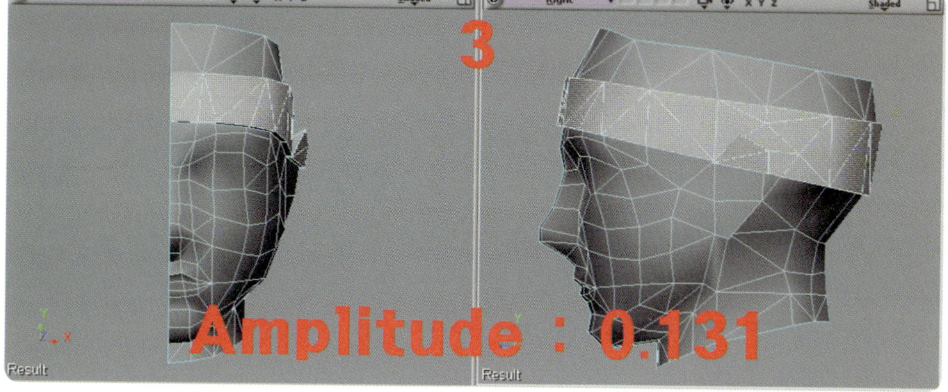

 헤어 밴드를 만든 후 선을 정리합니다.

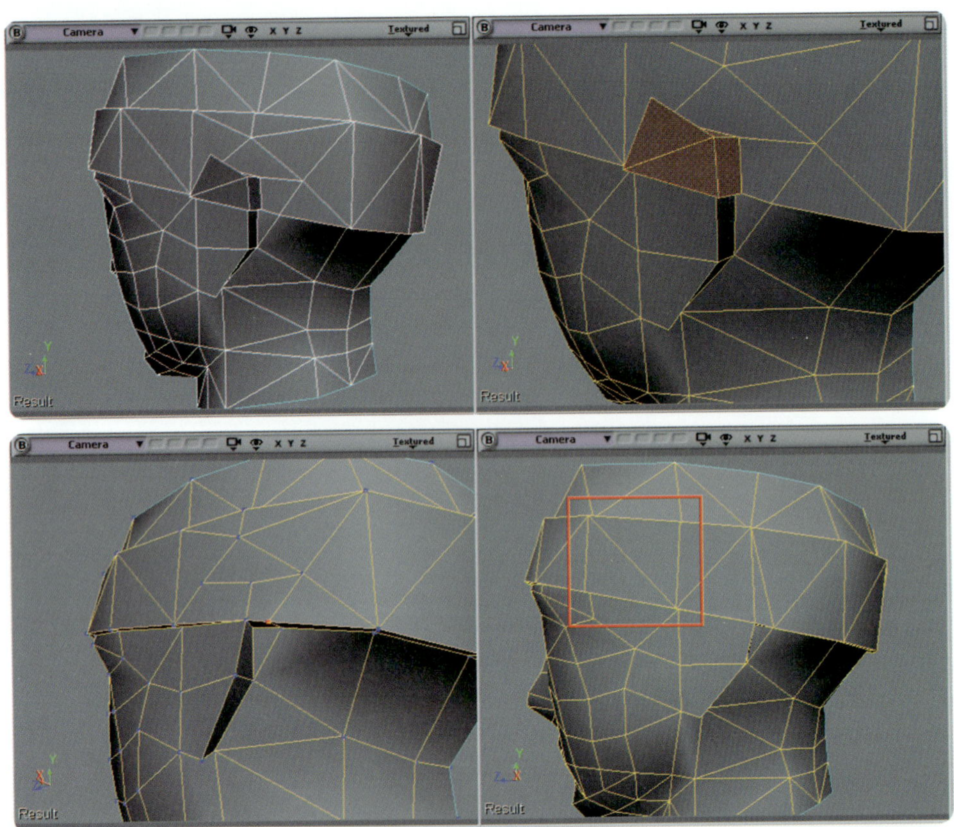

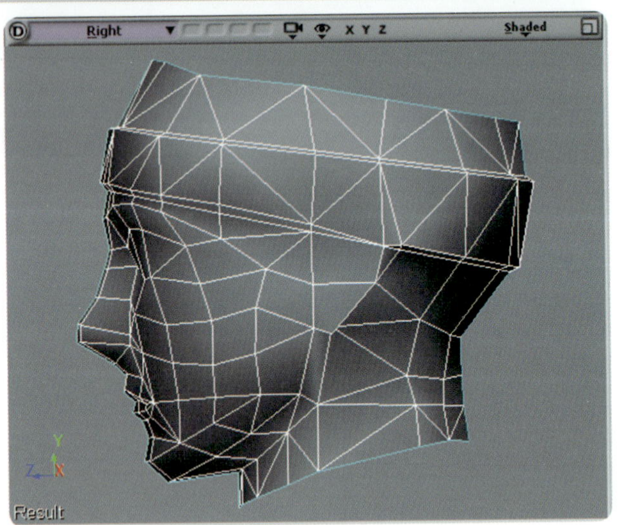

Modeling Scene 06

01 다음은 머리카락을 만들어 보겠습니다. 머리카락을 만들기 위해 Model 〉 Get 〉 Primitive 〉 Polygon Mesh 〉 Grid 를 생성하여 다음과 같이 수치를 만든 후 위 부분의 포인트를 하나로 만듭니다.

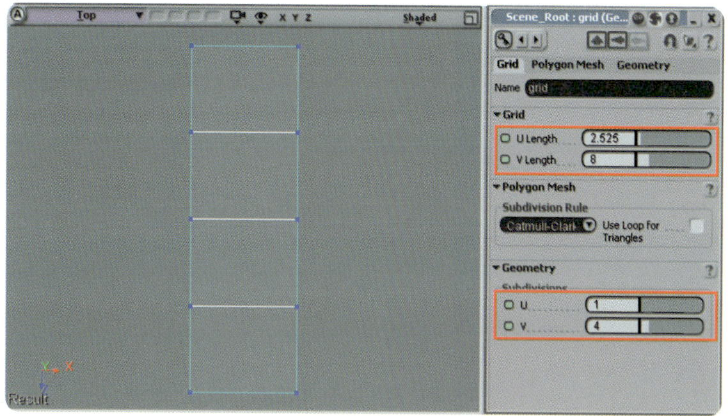

02 다음과 같이 모양을 만듭니다.
위해 포인트는 Model 〉 Modify 〉 Poly.Mesh 〉 Weld Points To Target을 사용해 하나로 만듭니다.

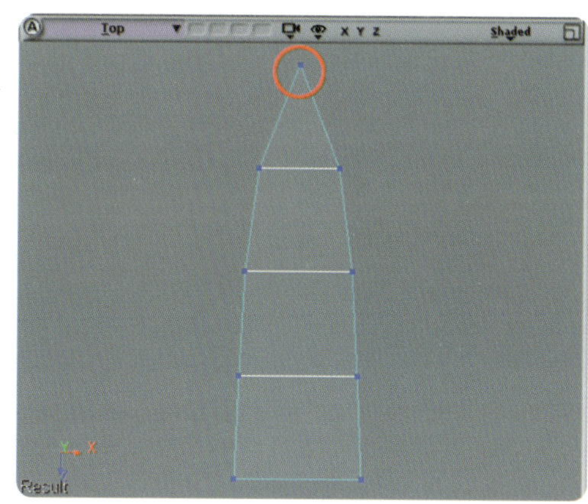

03 다음은 헤어 밴드를 만들기 전에 복사를 해둔 얼굴을 UnHide하여 머리카락을 생성합니다.

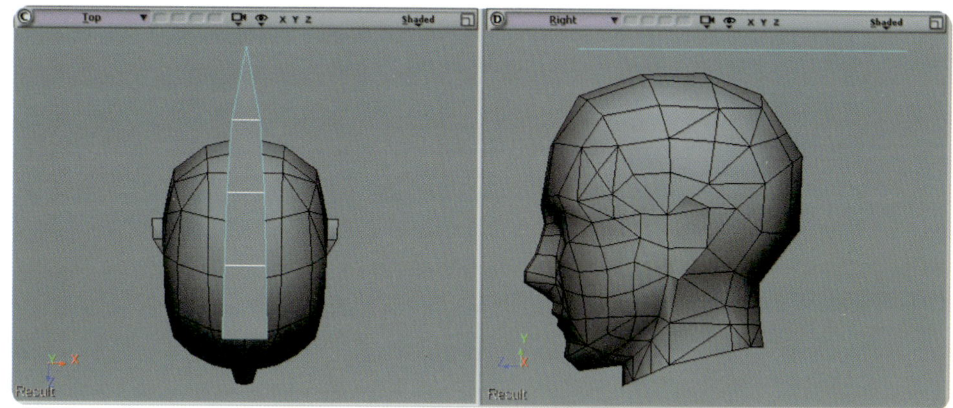

 다음과 같이 머리카락을 생성합니다.

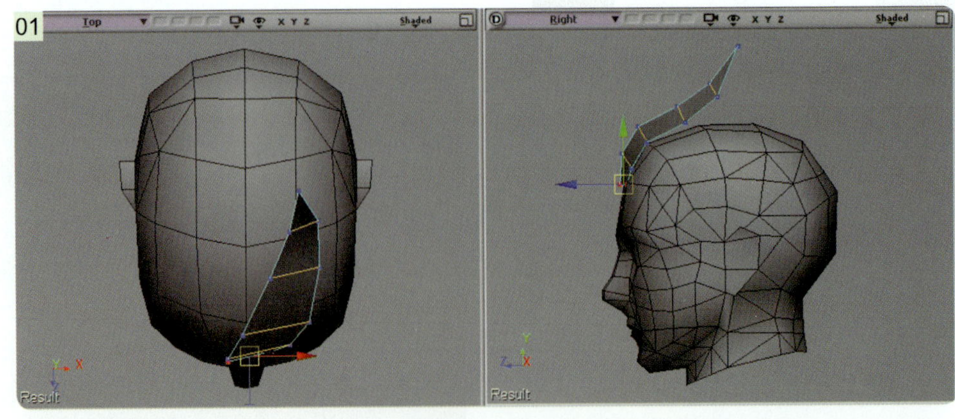

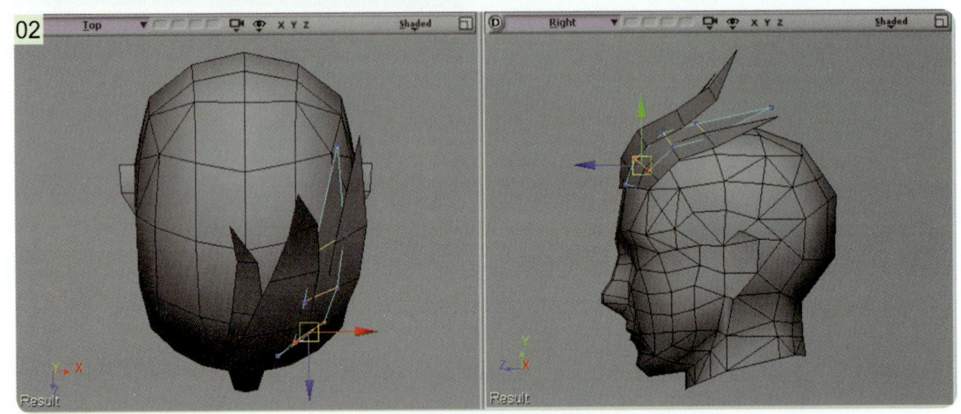

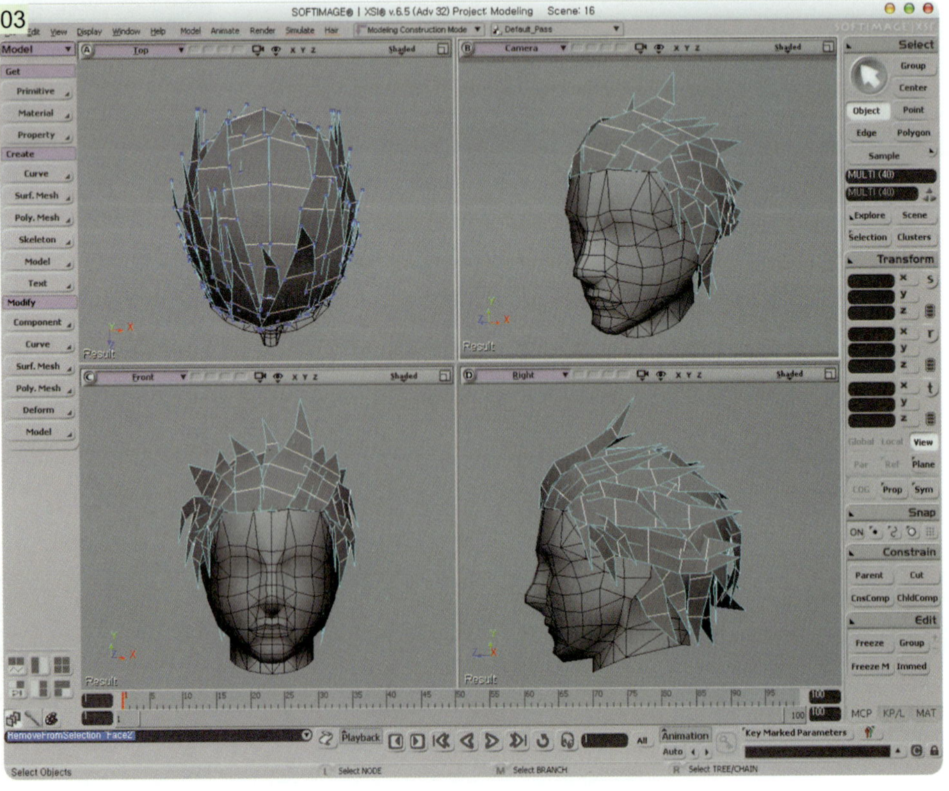

05 다음은 헤어 밴드를 만든 오브젝트를 UnHide하여 머리타락의 위치를 다시 잡아줍니다.

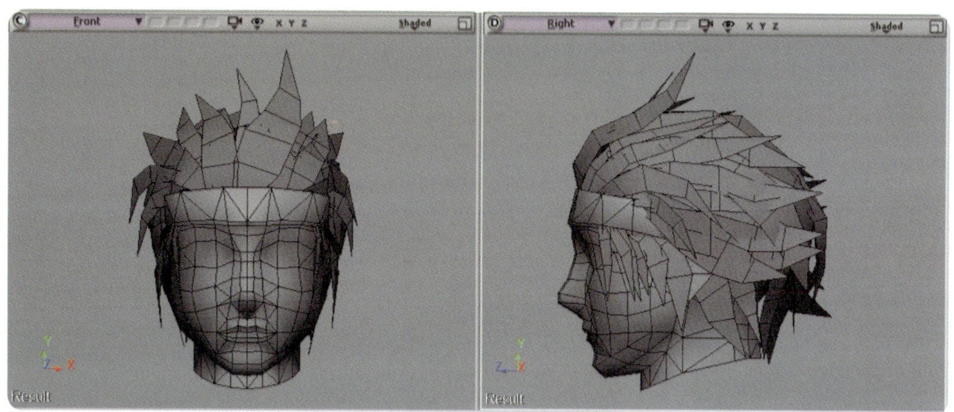

 **Modeling Scene 07**

01 이제 몸을 만들어 보겠습니다. 몸을 만들기 전에 먼저 간단한 Cube을 생성합니다. Model 〉 Get 〉 Primitive 〉 Polygon Mesh 〉 Cube 생성해 4×4×2로 만든 후 캐릭터의 프로포션을 잡아줍니다.

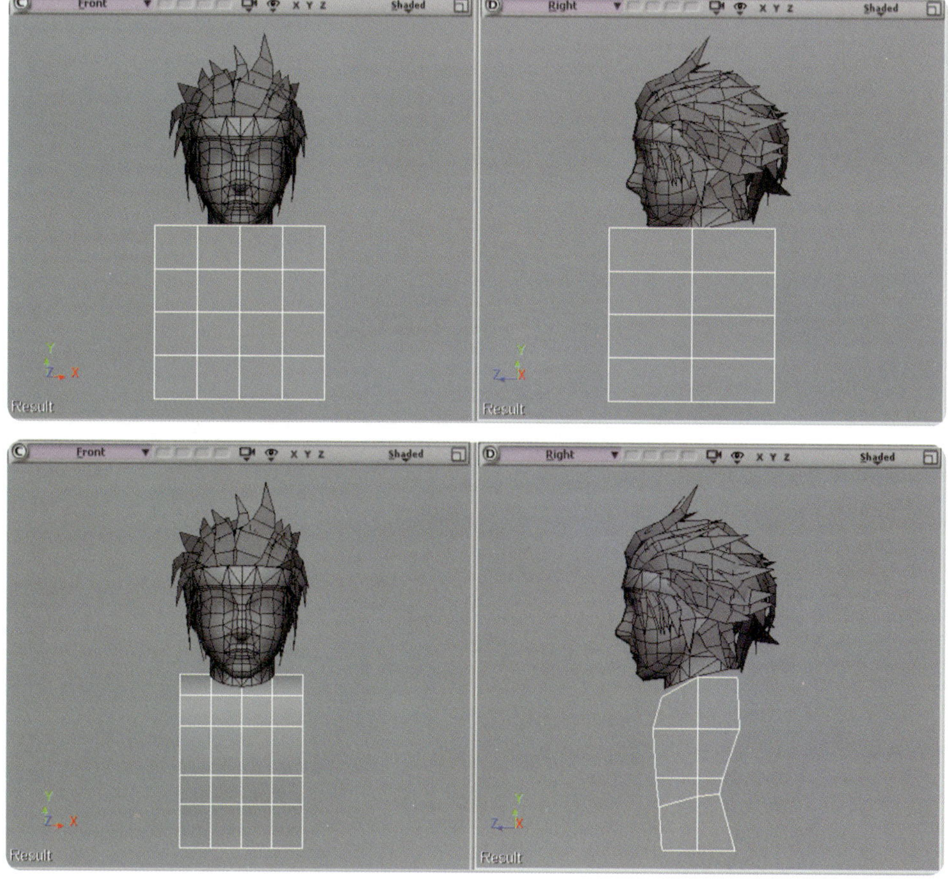

02 이제 얼굴 모델링을 하듯 절반을 지우고 Edit 〉 Duplicate/Instantiate 〉 Clone Single을 해 모델링을 합니다.

여기서 한가지 추가해야 할 것은 현재 몸 오브젝트의 Transform의 값이 기본값이 아니므로 Clone Single해 반대로 넘기면 정확한 값으로 넘어가지 않습니다.

그러므로 Transform 〉 Freeze All Transforms을 해준 후 Clone Single을 적용합니다.

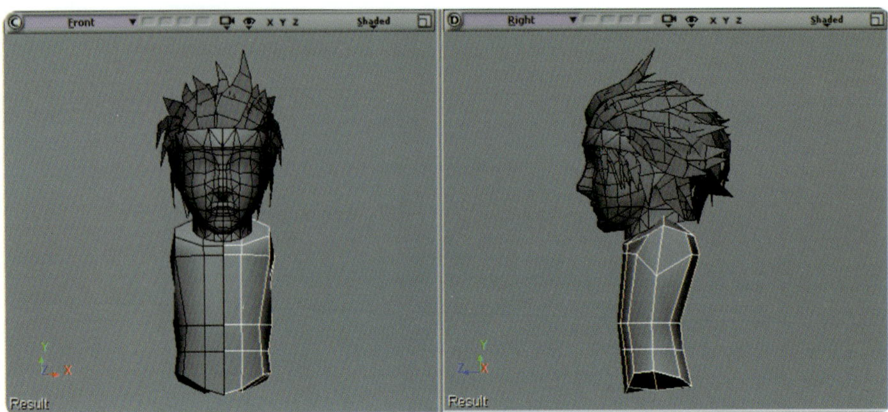

 1. 여기서 잠깐. 헤어 밴드를 만들기 전에 모델을 작업하는 동안 지장이 없게 하도록 Layers에서 고정 시킵니다.
방법은 우측하단에 보면 KP/L이 있는데 그것을 클릭하면 됩니다. 다음과 같이 클릭하면 창이 생성됩니다.

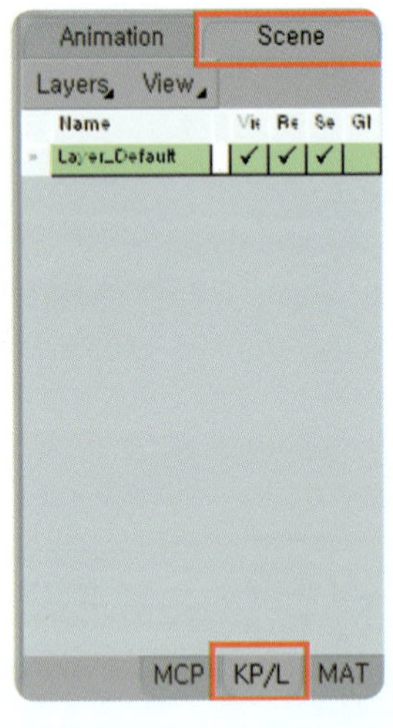

2. 그럼 새로운 Layers를 생성합니다. 위에 Layers를 클릭하면 아래와 같이 창이 생성됩니다.
여기서 New Layer를 클릭해 새로운 Layer를 생성한 후 원하는 오브젝트를 선택한 후 Move Selection to Current Layer를 적용해 원하는 Layer로 이동합니다.

View : 화면상에 보이고 안보이게 할 수 있습니다.
Render : Render에서 나타나고 안 나타나게 할 수 있습니다.
Selection : 화면상에서 선택이 되고 안되게 할 수 있습니다.

03 Edge 기능을 이용하여 팔을 만들어 보겠습니다.

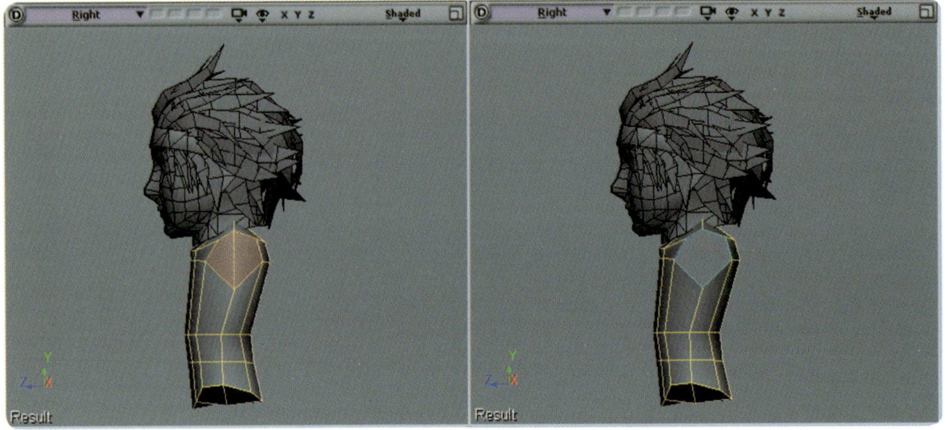

04 목 부분에 ⊞ 키로 선을 추가해 복선에 맞추어 선을 넣어봅니다. 계속적으로 Edge를 추가하며 모델링 작업을 진행합니다.

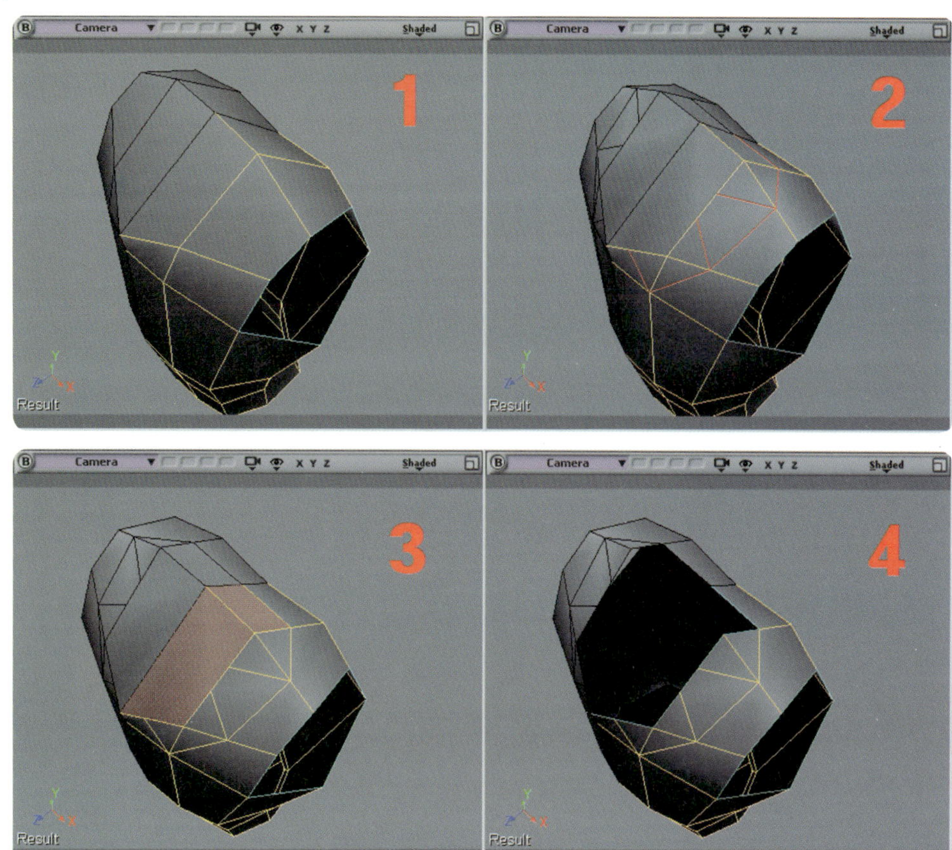

05 다음은 원하는 선을 선택해 선을 추가하는 기능을 활용합니다. 먼저 선을 아래와 같이 선택한 후 Model 〉 Modify 〉 Poly.Mesh 〉 Subdivide Polygons/Edges을 적용하면 다음과 같이 됩니다.

한가지 더 Split Edges(With split control)을 하면 Subdivide Polygons/Edges와 다르게 선의 위치를 수정할 수 있습니다.

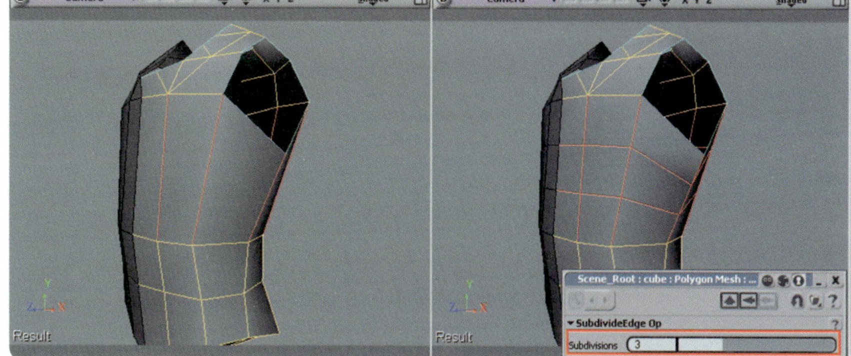

06 1번 2번과 같이 모델링 수정을 한 후 3번과 같이 Edge를 추가합니다. 그 후 4번과 같이 목뒤 면이 비어있는 것을 볼 수 있습니다.

이 비어있는 곳을 5번과 같이 N 키를 사용해서 면을 만들어 줍니다.

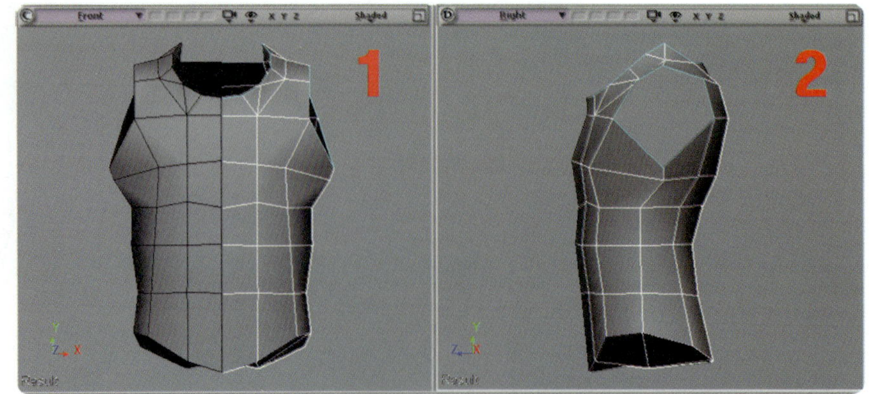

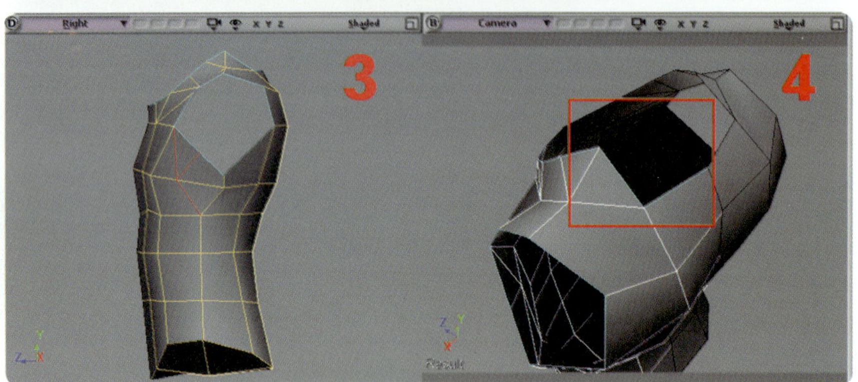

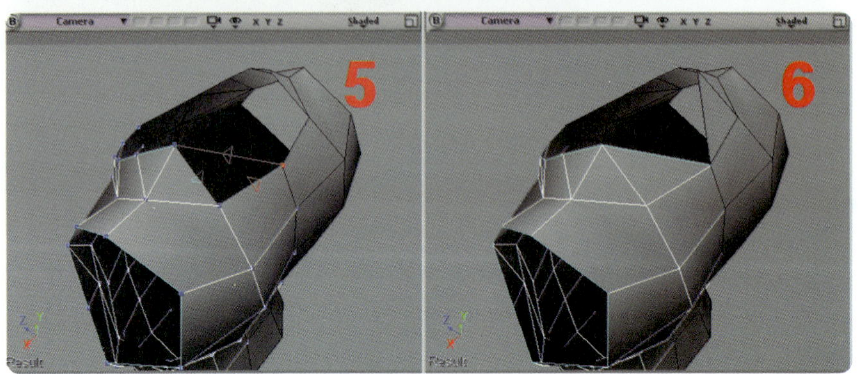

07 등쪽에도 선을 추가합니다.

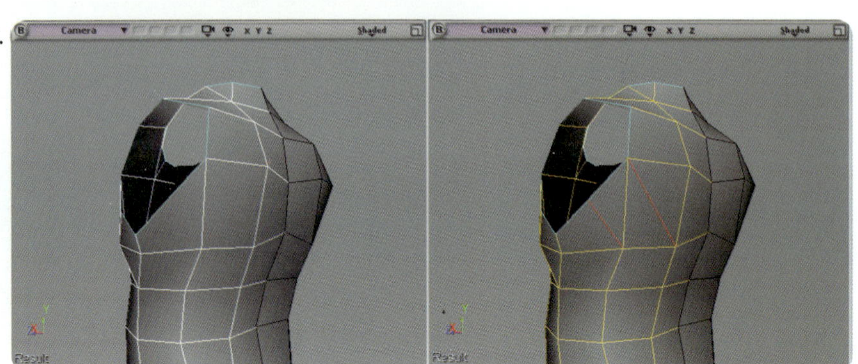

08 위에 6번과 같이 면을 채운 후 ₩ 키를 사용해서 선을 추가하고 다음과 같이 만들어 줍니다.

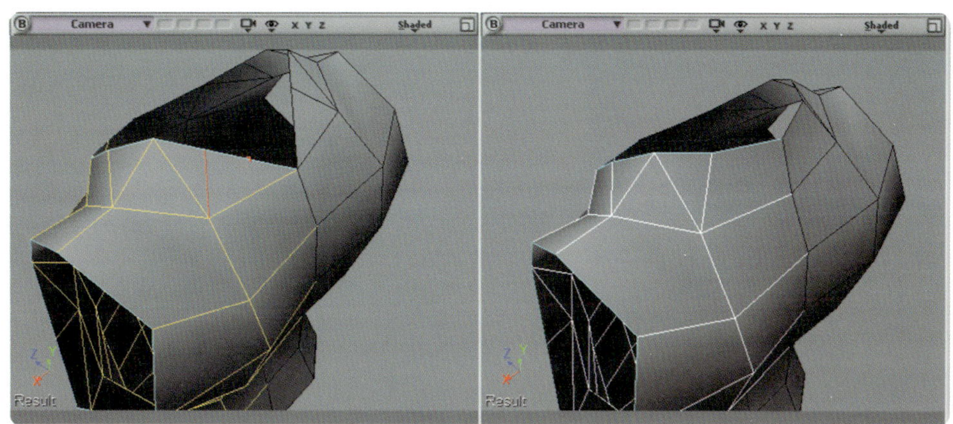

09 다음은 XSI의 Snap 기능을 사용해 다음과 같이 포인트의 위치를 맞춥니다.

10 위의 두 개를 선택한 후 포인트의 위치를 맞춥니다.

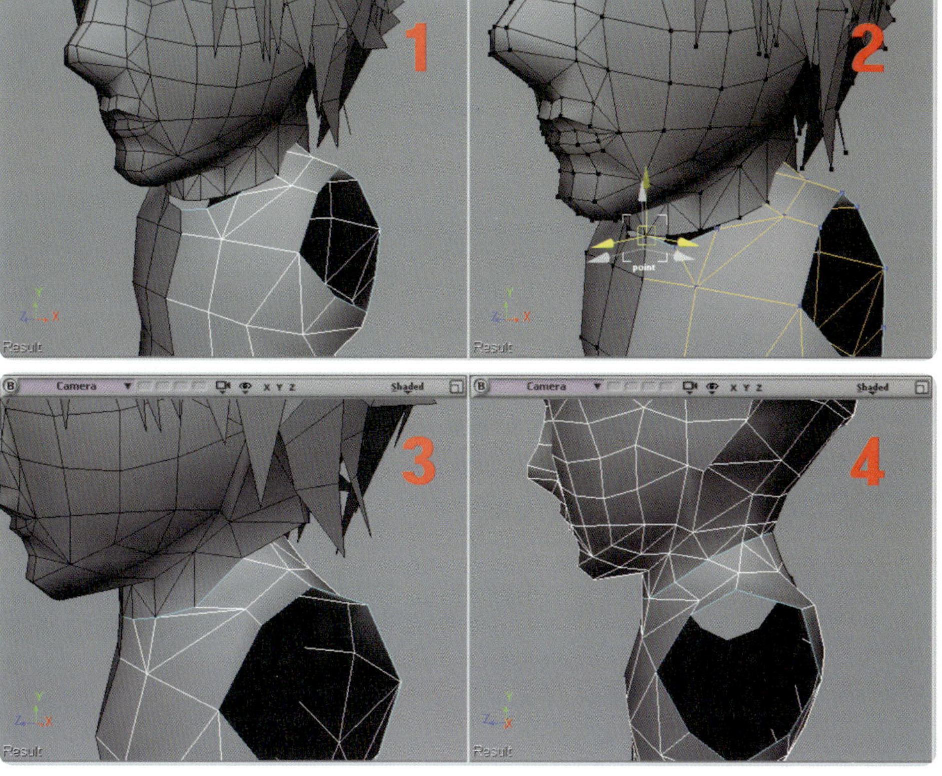

⑪ 다음은 팔을 만들어 보겠습니다.

1번과 같이 Edge를 선택 후 2번과 같이 면을 늘려줍니다. 다음 3번과 같이 포인트가 똑바르지 안은 것을 볼 수 있는데 4번과 같이 선을 정리합니다. 원하는 포인트를 선택 후 Transform에 Global+Uni+COG를 클릭, 원하는 축의 Scale에 수치 0을 입력 후 Enter 키를 누르면 4번과 같이 선이 정리됩니다.

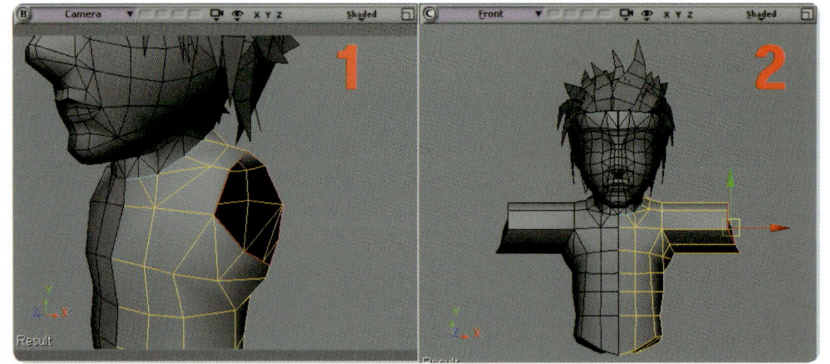

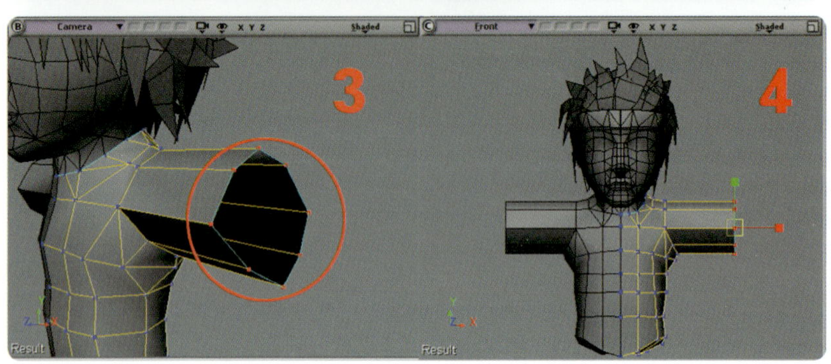

⑫ 팔에 선을 추가해 좀더 정밀하게 만들어 보겠습니다.

W 키를 사용해 선을 추가합니다. 2번과 같이 Edge를 추가 후 3번과 같이 포인트 위에 사용한 Transform에 Global+Uni+COG를 클릭한 후 원하는 축의 Scale에 수치 0을 입력, Enter 키를 사용해 정리한 후 모양을 잡아줍니다.

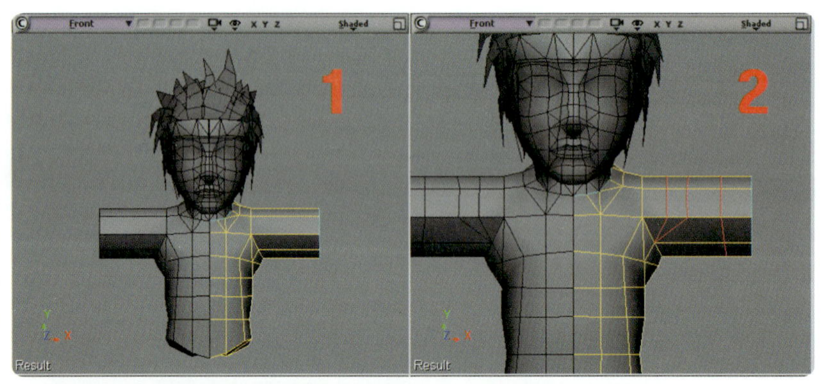

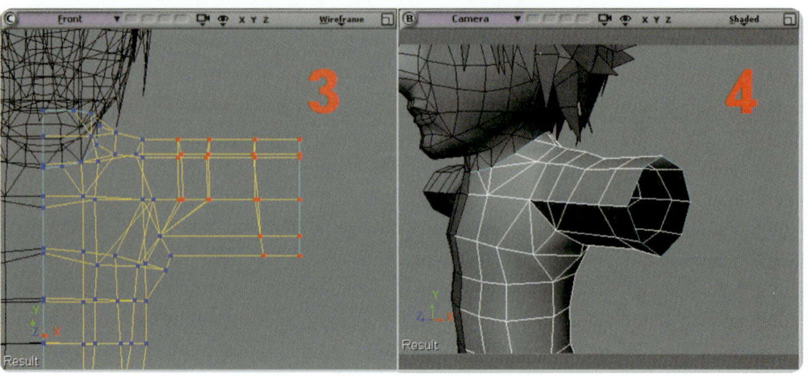

13 다음은 다리를 만들어 보겠습니다. 1번과 같이 면을 선택합니다.

선택한 후 2번과 같이 면을 `Ctrl` + `D` 키로 복사한 면을 추출합니다. 사용자가 원하는 길에 맞게 추출한 후 다리에 Edge를 추가하기 위해 `]` 키를 사용해 좀 더 쉽게 추가합니다.

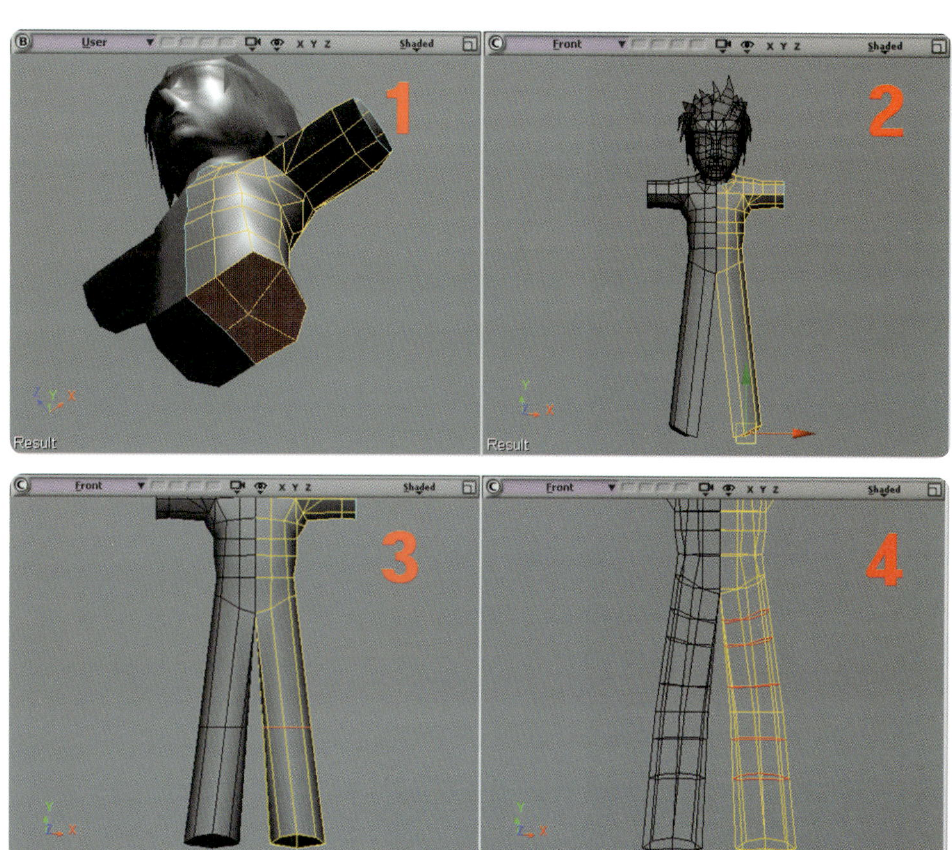

참고로 다리의 Edge을 선택해 추출 전 미리 형태를 만들고 추출하는 것이 모델링 하는 시간을 단축할 수 있습니다.

14 다음은 다리의 모양을 `M` 키를 사용해 모양을 만들어 보겠습니다.

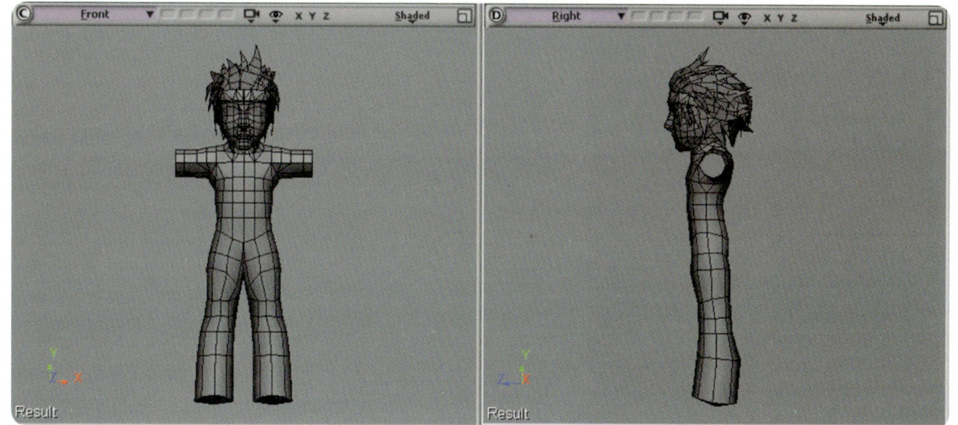

15 다음은 다리와 다리 사이의 앞과 뒤를 작업해 보겠습니다.

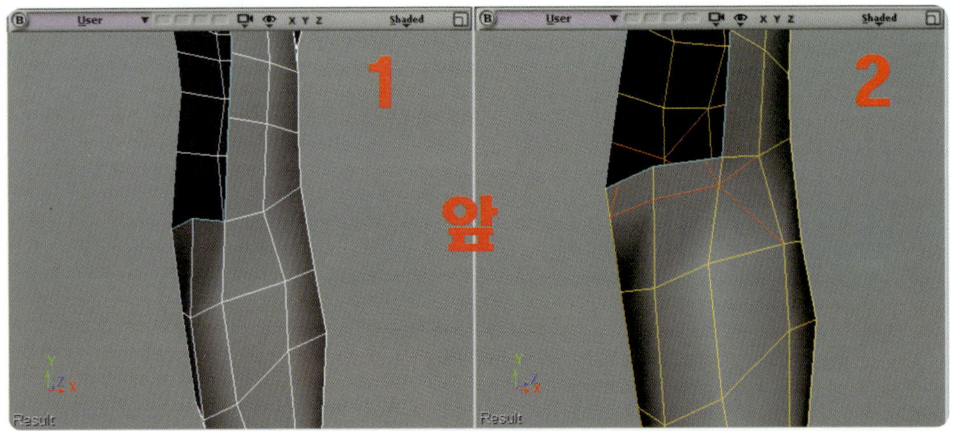

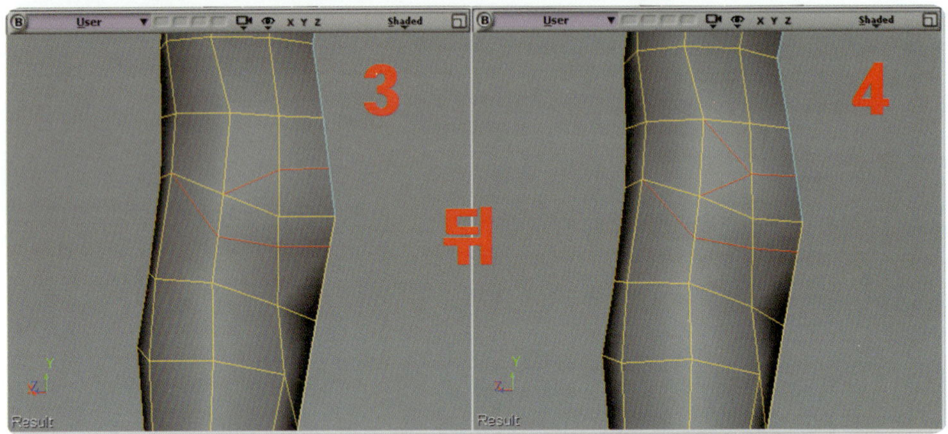

16 다음은 세부 형태를 조절하며 마무리 합니다.

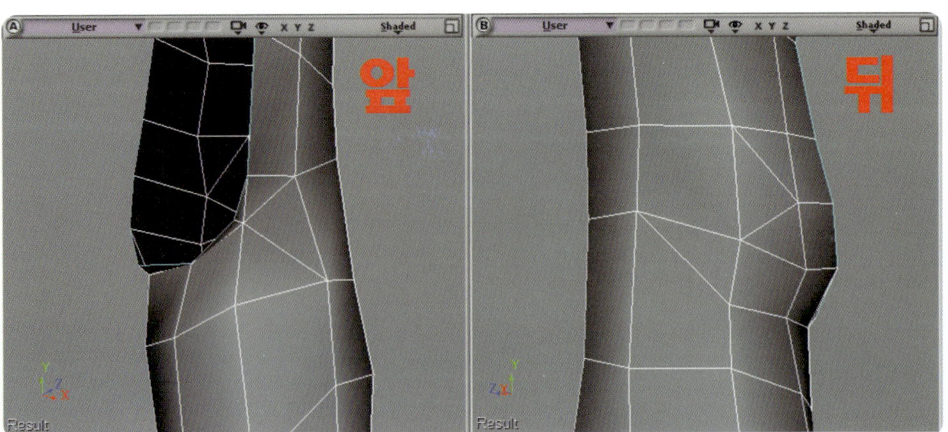

17 다음은 세부 팔을 만들어 보겠습니다.

먼저 Model 〉 Get 〉 Primitive 〉 Polygon Mesh 〉 Cylinder를 생성한 후, Cylinder를 캐릭터의 팔 위치에 맞춰 모델링을 진행합니다.

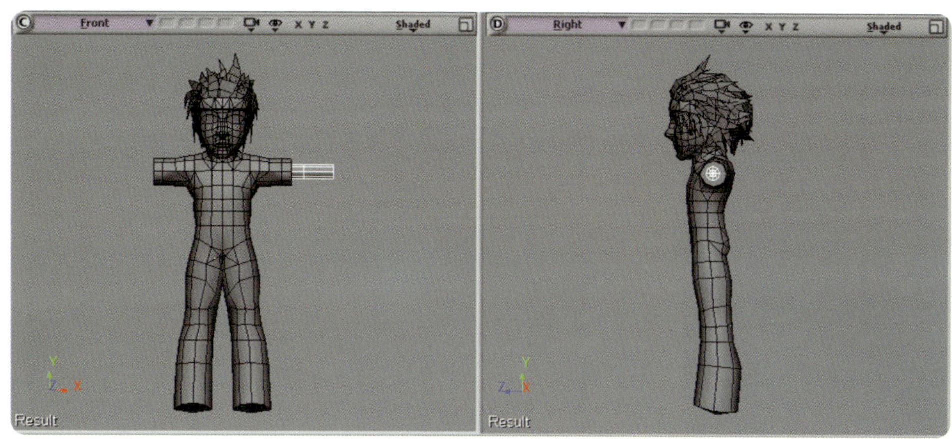

> **TIP** 모델링을 위해 기본 오브젝트를 생성할 경우 항상 적절한 Point나 Edge 개수를 생각하여 생성해야 합니다. Point나 Edge를 너무 많이 사용하거나 적게 생성하여도 편집시 문제가 발생할 수 있습니다. 이 부분은 많은 시행 착오를 경험한 후에 쌓인 노하우가 필요합니다.

18 Cylinder를 위 그림과 같이 위치를 잡은 후 Cylinder의 면을 아래와 같이 지워줍니다. 그 이유는 옷과 장갑에 가려 보이지 않기 때문에 지워야 합니다.

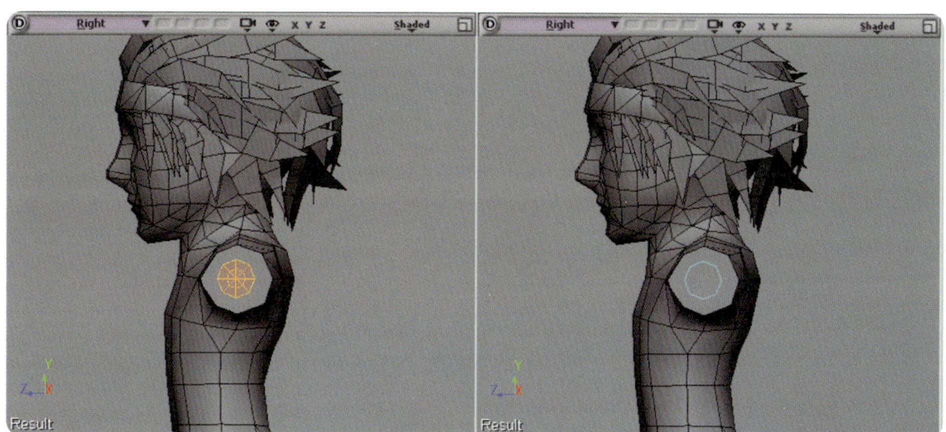

19 위와 같이 위치를 잡은 후 다음과 같이 팔을 모델링을 해보겠습니다. 먼저 선을 [ ]] 키로 추가한 후 세부 형태를 만들어갑니다.

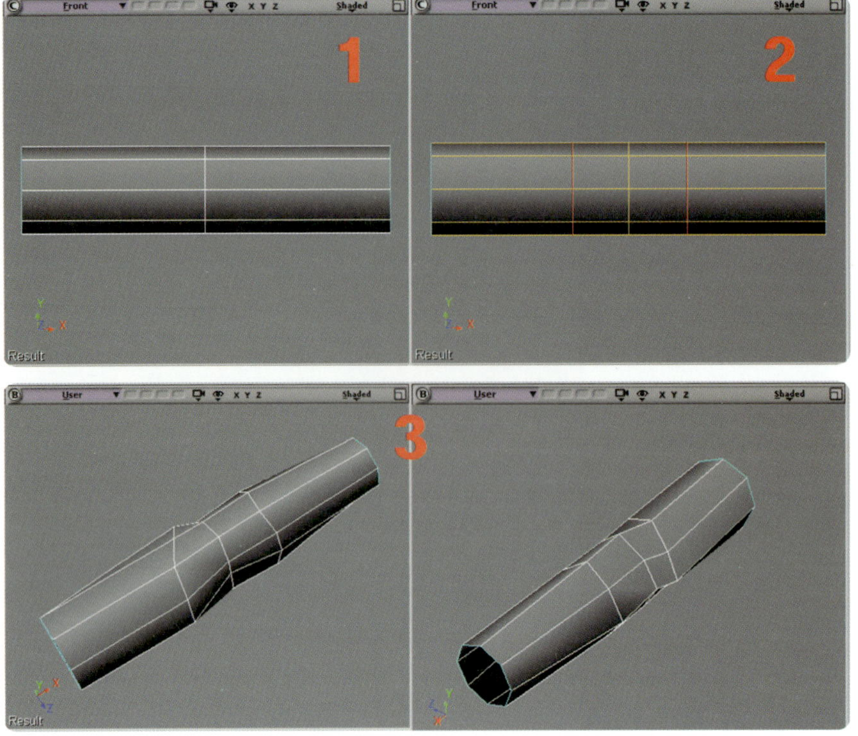

20 다음은 팔의 앞부분과 팔꿈치에 라인을 넣습니다. 인체 곡선을 생각하면서 작업을 진행합니다.

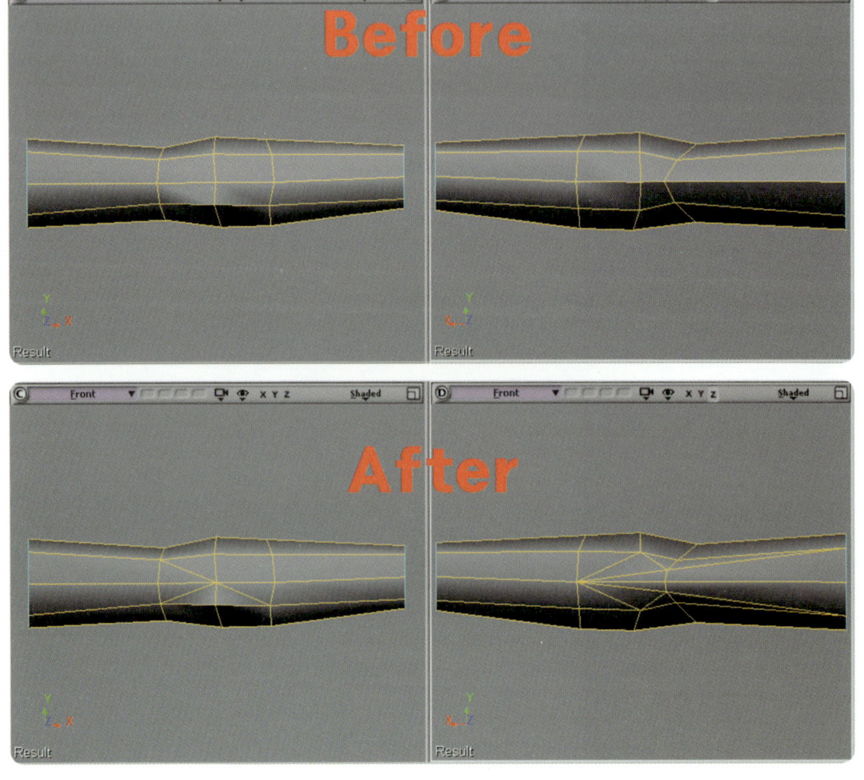

21 다음은 장갑을 만들어 보겠습니다.
먼저 Model 〉 Get 〉 Primitive 〉 Polygon Mesh 〉 Cube을 생성해 다음과 같이 수치를 지정합니다. 2×
1×2를 입력합니다.

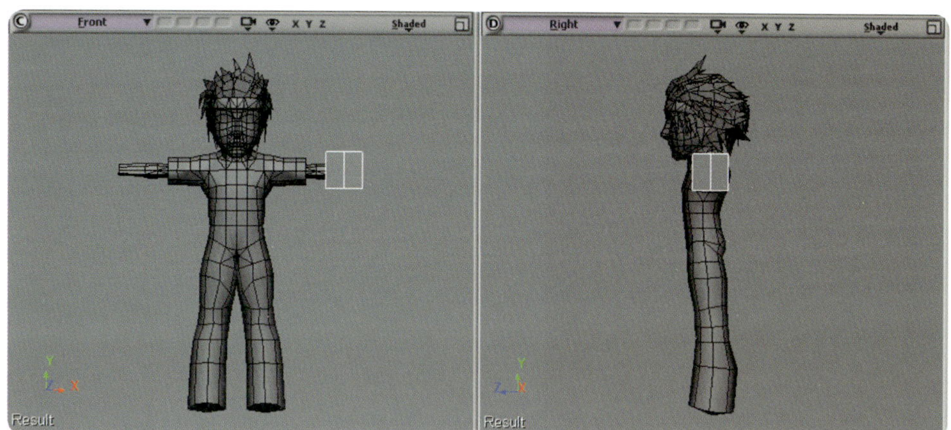

22 다음과 같이 형태를 맞춘 후 장갑의 모델링을 조금 더 세밀하게 만듭니다.

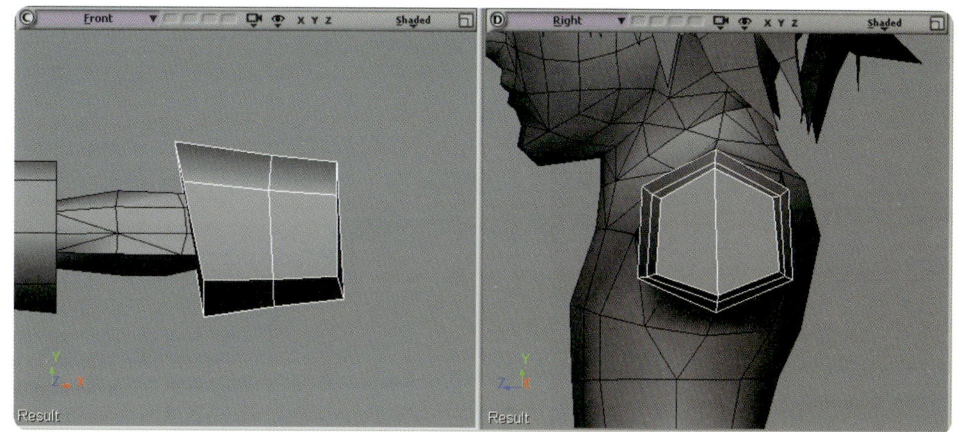

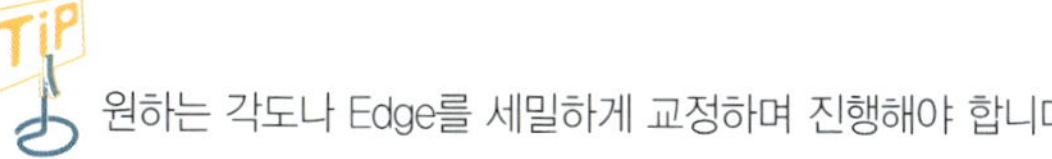
원하는 각도나 Edge를 세밀하게 교정하며 진행해야 합니다.

23. 1번에서 면을 선택해 2번과 같이 두 번 생성하여 3번과 같이 모양을 만든 후 4번과 같이 면을 한번 더 생성합니다.

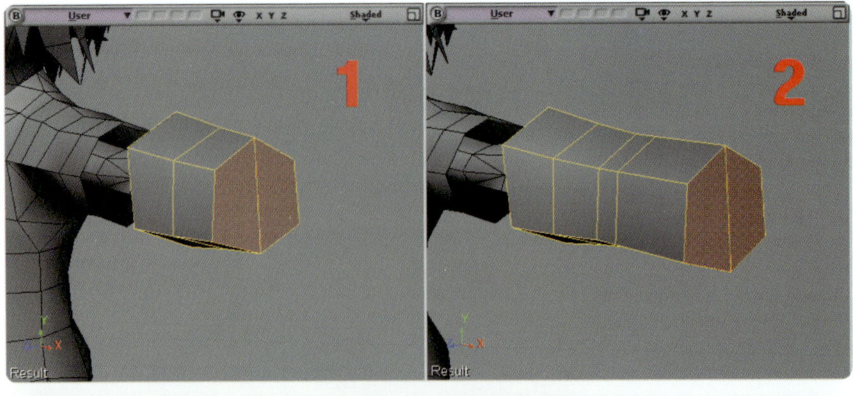

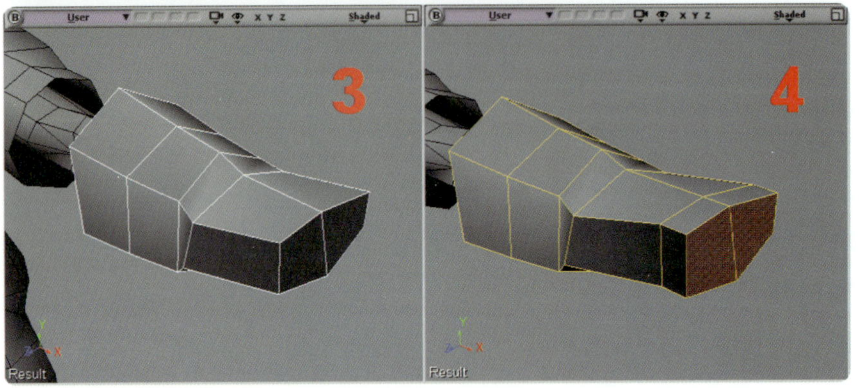

24. 아래 그림과 같이 장갑을 계속 만들면서 진행합니다. 1번과 같이 모양을 만들고 2번에서 3번과 같이 Edge를 추가합니다.

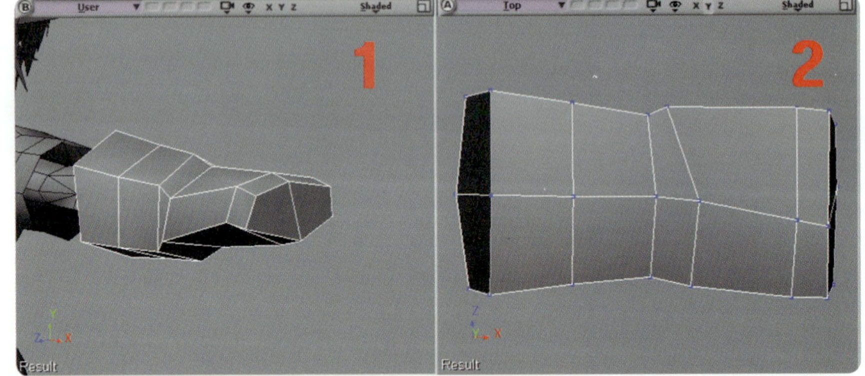

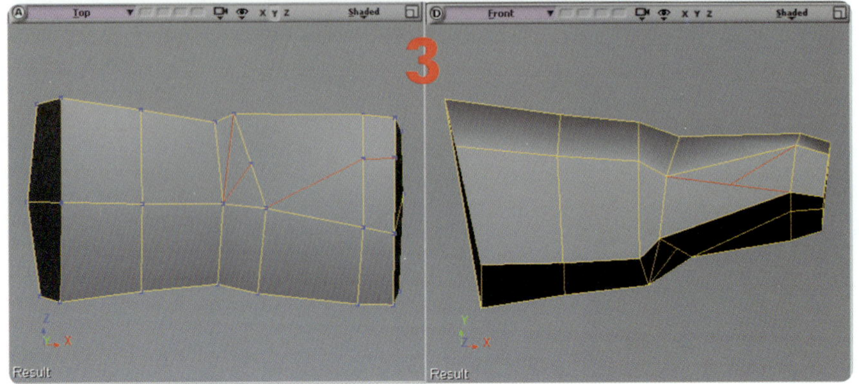

 추가한 후 모양을 잡고 엄지를 생성합니다.

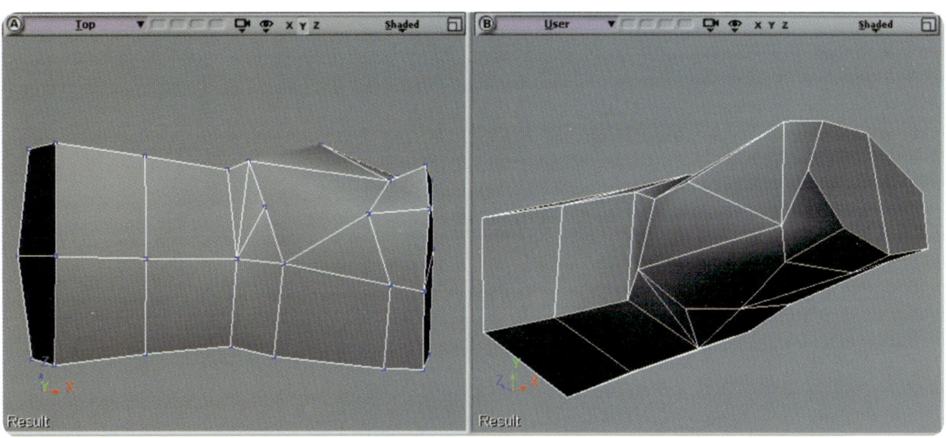

26 엄지를 뽑을 위치의 면을 선택해 엄지 손가락을 생성합니다.

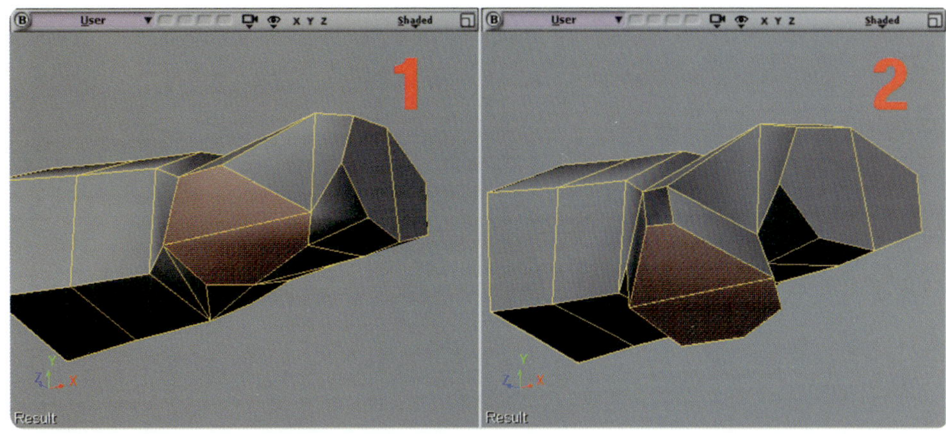

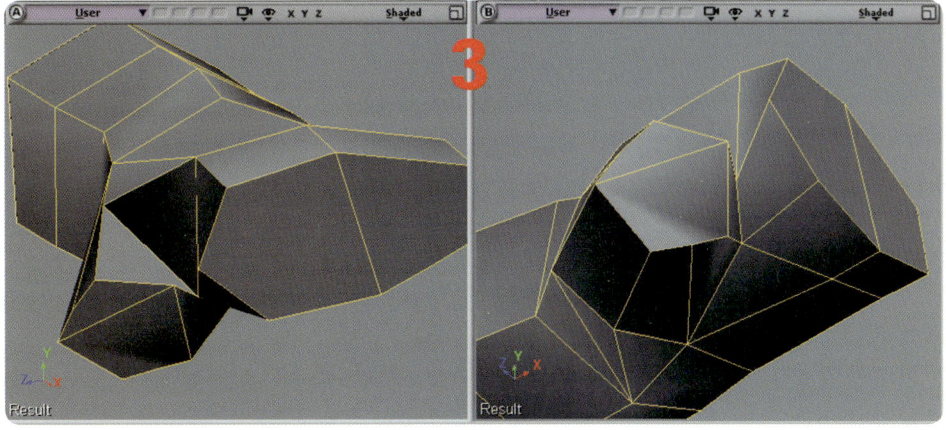

 엄지를 뽑을 위치의 면을 선택해 엄지 손가락을 생성합니다.

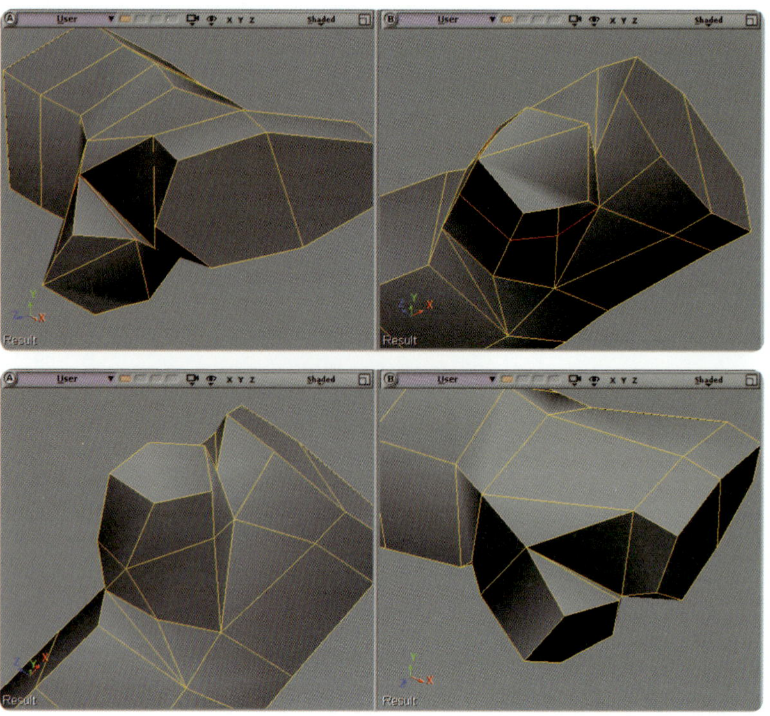

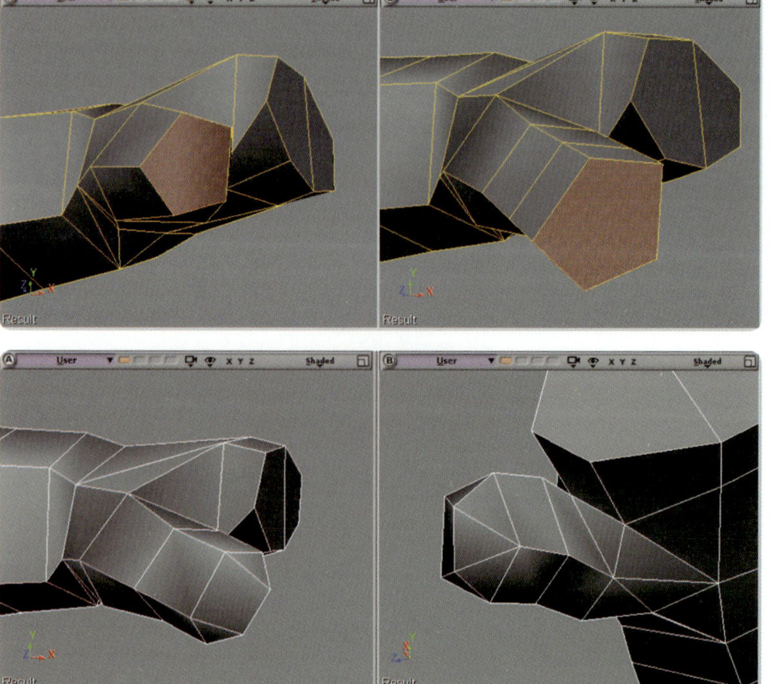

이제 엄지 손가락을 마무리합니다.

29 엄지 모델링 작업이 끝난 후 다음은 손가락들을 모델링 해보겠습니다. 1번에서 2번과 같이 선을 추가하고 3번처럼 모양을 만들어갑니다. 그 후 4번에서 5번과 같이 선을 추가한 후 모양을 잡고 6번과 같이 면을 선택해 생성하여 손가락을 만들어 갑니다.

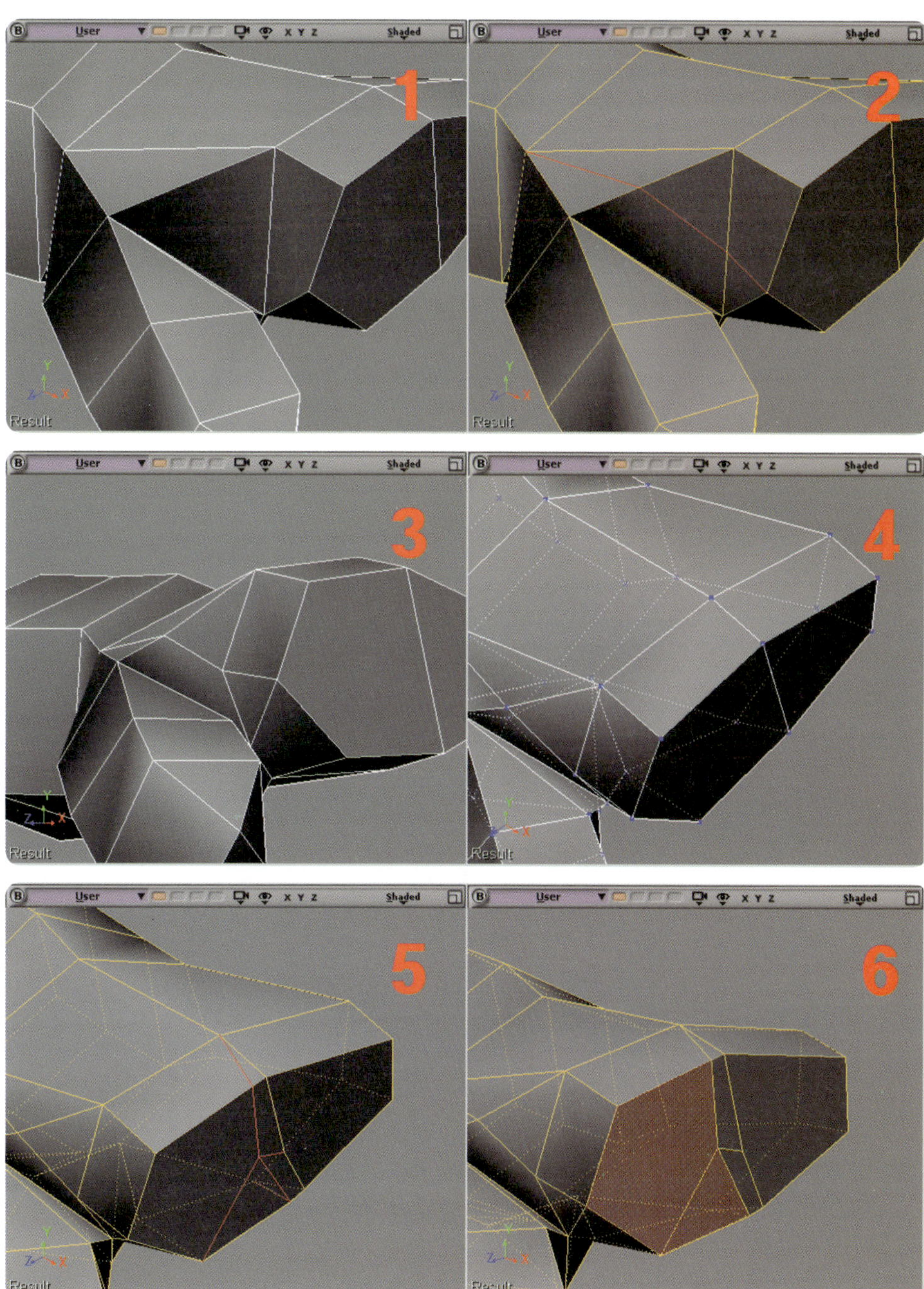

30 손가락을 생성해 선을 추가하고 모양을 만들어 갑니다.

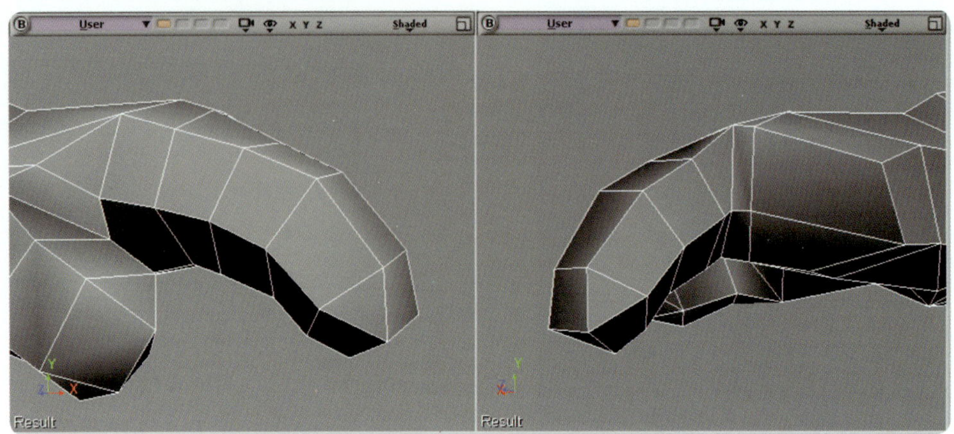

31 다음은 포인트를 안쪽으로 밀어 위에 손가락과 같이 모양을 만들어 갑니다.

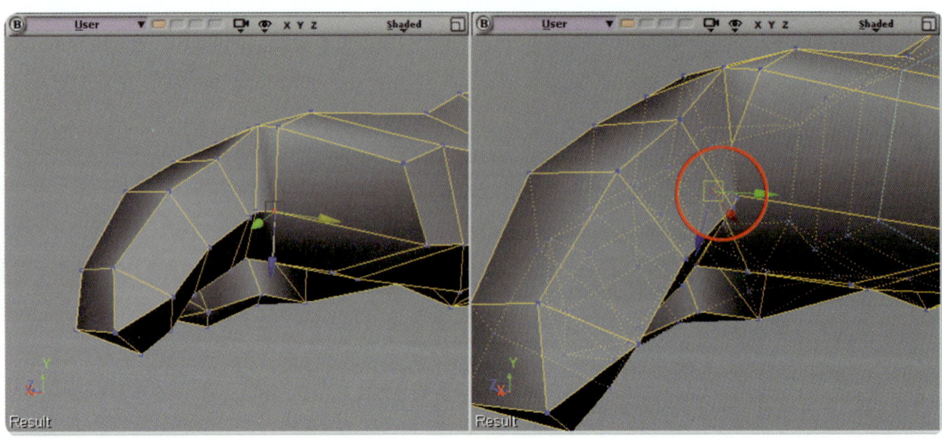

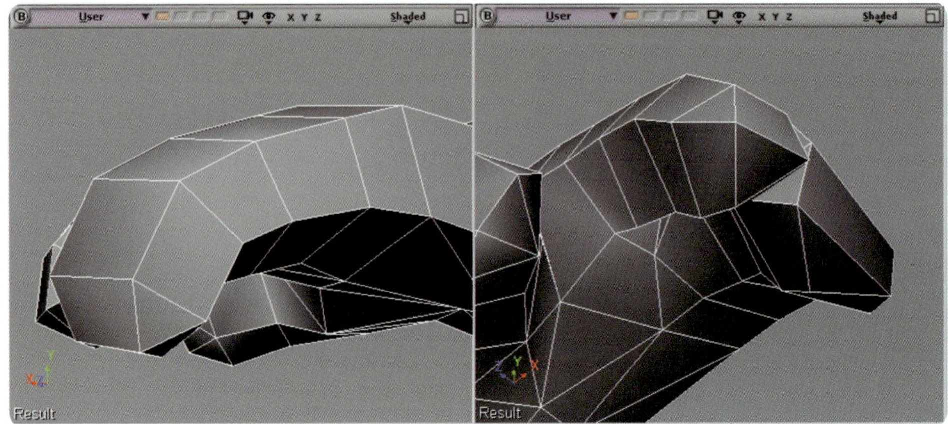

32 이제 신발을 만들어 보겠습니다. 신발을 만들기 위해 Model 〉 Get 〉 Primitive 〉 Polygon Mesh 〉 Cube을 생성합니다. 합하고 2×2×4 입력합니다.

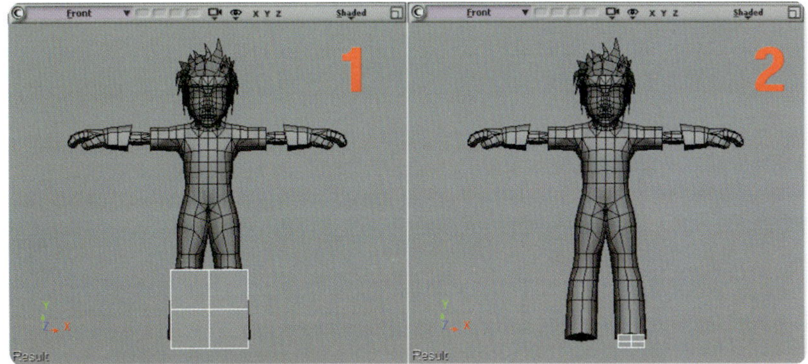

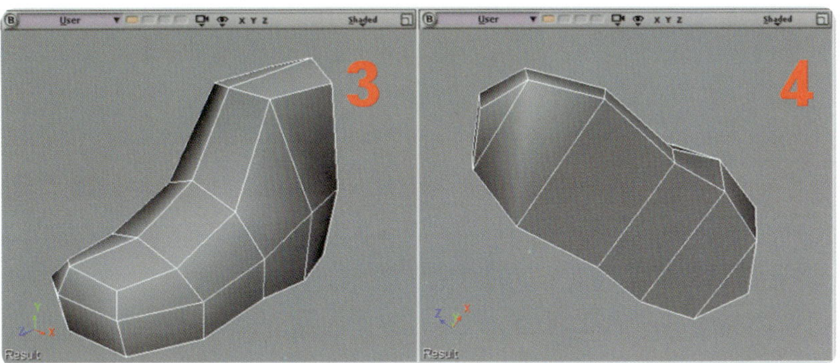

33 여기서 애니메이션을 위해 배 부분에 선을 추가합니다.

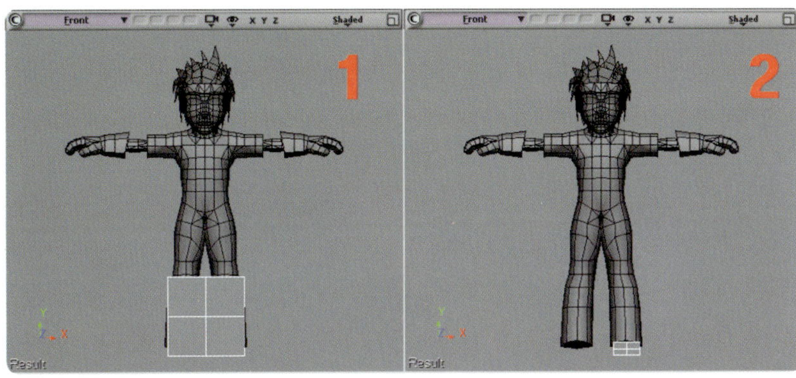

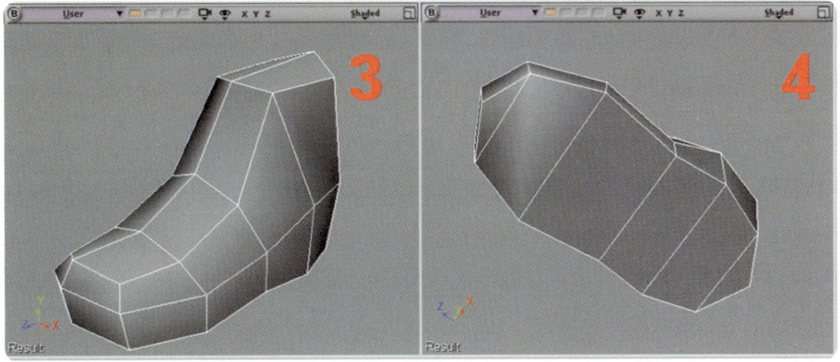

34 간단하게 박스로 캐릭터의 허리 가방을 만들어 보겠습니다. Model 〉 Get 〉 Primitive 〉 Polygon Mesh 〉 Cube을 생성하고 1×1×2를 입력합니다.

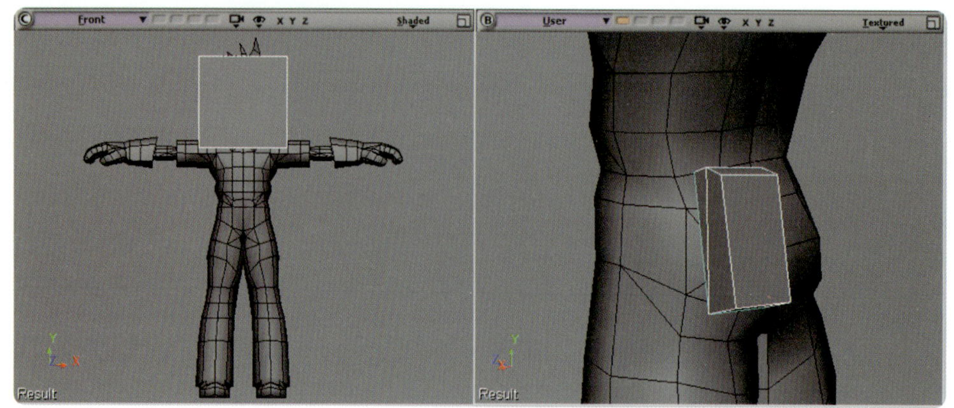

35 모델링이 다 끝난 후 두 개의 오브젝트를 하나로 Merge 합니다. Model 〉 Create 〉 Poly.Mesh 〉 Merge를 적용합니다.

아래에 보면 빨간 박스에 0.01의 수치를 준 이유는 붙여야 할 포인트 옆에 가까이에 있는 포인트도 같이 붙는 경우가 있어 수치를 낮게 해 주는 것이 좋습니다. Merge를 한 후 Delete 키를 누르면 붙은 오브젝트만 남고 지워집니다.

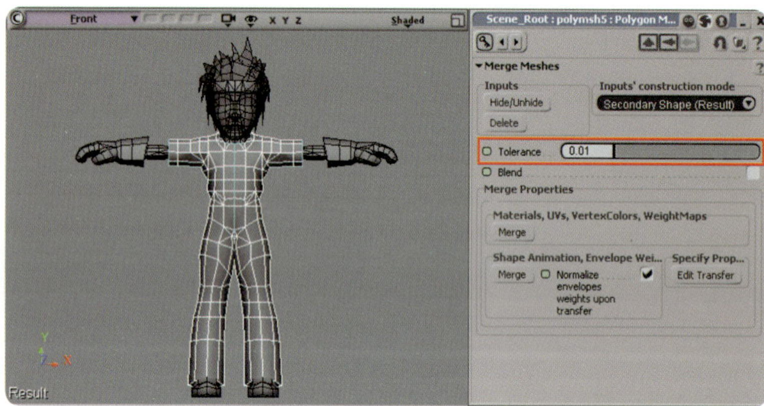

36 이제 모든 모델링 작업이 끝났습니다.

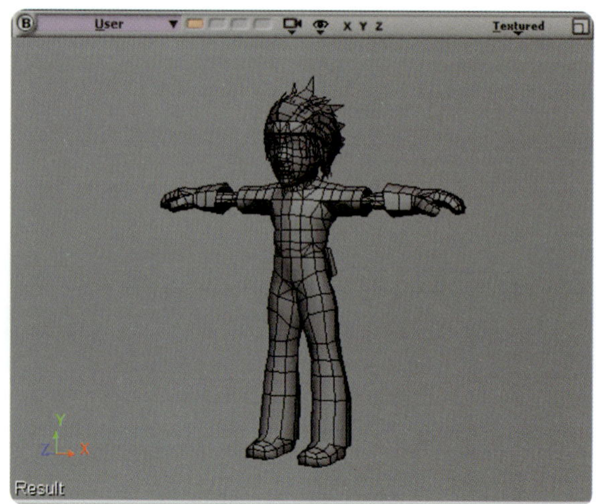

오브젝트의 정보를 보는 방법

1. **Shift** + **Enter** 키를 동시에 클릭합니다.

2. **Shift** + **S** 키를 누른 후 보면 Property창이 활성화되는데 여기서 아래와 같이 체크합니다.

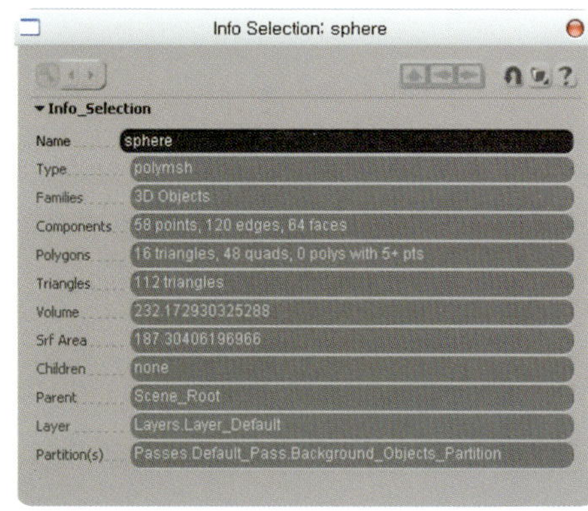

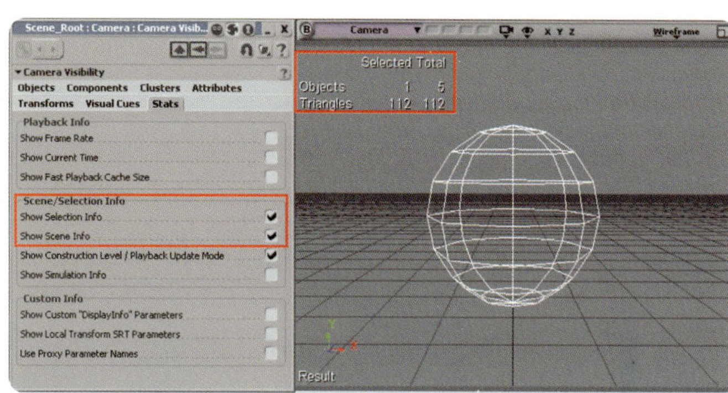

3D 컴퓨터 그래픽에서 오브젝트의 정보를 살펴보는 것은 매우 중요합니다. 특히 온라인게임 캐릭터의 경우 폴리곤 수의 제약을 받는 경우가 있으므로 최종 모델링의 폴리곤 수를 파악하여 계획적으로 모델링 작업을 진행해야 합니다.

폴리곤 로컬스케일 줄이는 방법

그리드에서 면을 나눈 후 전체 폴리곤 선택 후 스케일을 줄이면 전체적으로 같이 줄어드는데 이 때 분할 면을 따로 줄이는 방법은 modify)poly Mesh)Extude Along Axis의 merge를 체크합니다.

Softimage 관련 무료 프로그램 지원 사이트

http://www.Softimage.com 사이트를 방문하면 Downloads란 메인 메뉴가 있습니다. 이곳을 클릭하면 최신 버전의 소프트웨어를 온라인상에서 다운 받으실 수 있습니다. 일반적으로 프로그램은 트라이얼 버전을 제공하고 있으나 데이터호환 프로그램인 Crosswalk 같은 프로그램은 무료로 최신버전을 제공하고 있습니다.

Material&Shader

Softimag XSI에서 모델링한 후 옷을 제작하는 맵핑(Mapping) 작업을 진행해야 합니다.
맵핑 작업을 쉽고 빠르게 진행할 수 있는 기능이 바로 Material & Shader입니다. Softimag XSI
에서는 Material & Shader를 효율적으로 활용하기 위해 Render tree 기능을 제공하여 맵핑의 종
합적이고 체계적인 인터페이스를 제공하고 있습니다.

이 장에서는 Softimag XSI에서 제공하는 맵핑 방법인 Material & Shader와 Render tree, UV
좌표를 활용한 Texture 작업에 대해 기본적인 기능 및 활용에 대해 학습하겠습니다.

01 Shader Library

Shaders는 다른 여러 가지 범주로 구분되며 모든 Shaders는 Explorer 또는 Render tree와 Edited property editor에서 편집할 수 있습니다.

메인 메뉴에서 View 〉 Toolbars 〉 Shaders를 선택하면 Shader 창이 활성화됩니다.

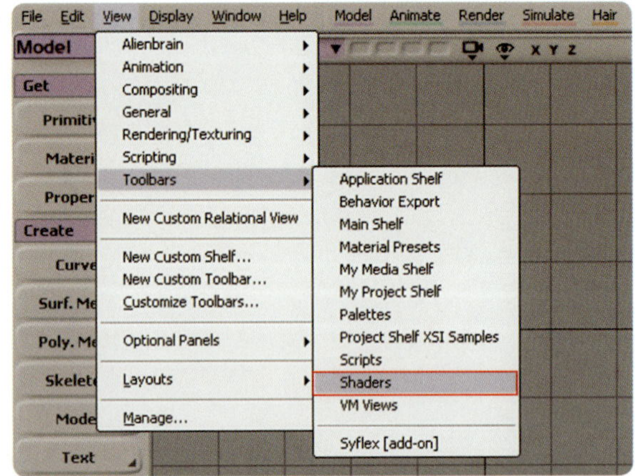

STEP 01 Shaders Basic

1. Surface Shaders

Surface shaders는 Shaders type 중에서 가장 중요한 형태입니다. 이것은 장면안에 모든 Geometric 오브젝트들은 Shaders를 이용하여 맵핑(Mapping) 작업을 진행합니다. 물론 이외 다른 방법도 있지만 3D 애니메이션 작업이나 리얼 영상 작업시 반드시 사용되게 되는 방법 중에 하나입니다.

Surface shaders는 Volume, Environment, Shadow, Texture, Displacement 그리고 Contour shaders들의 기본적인 칼라를 결정하며 Casting reflected, Refracted와 Transparency rays에도 사용될 수 있습니다.

2. Texture Shaders

2D Texture shaders는 3D texture shaders가 물체로 3차원의 Texture shaders를 구현하는 것처럼 물체에 2차원의 Texture를 적용합니다. 물체에 정의된 Texture를 이용하여 Surface shader를 사용합니다.

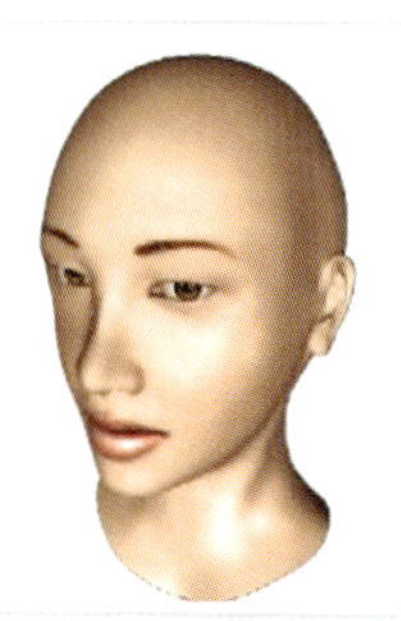

3. Realtime Shaders

XSI에서 제공되는 기능인 Render tree를 사용할 때 Realtime shaders는 Realtime rendering pipeline을 생성하게 됩니다. 복잡한 Texture blending과 기본적인 Surface shading에서 다수의 세련된 Rendering effects를 적용하기 위해 Shaders를 함께 사용할 수 있습니다.

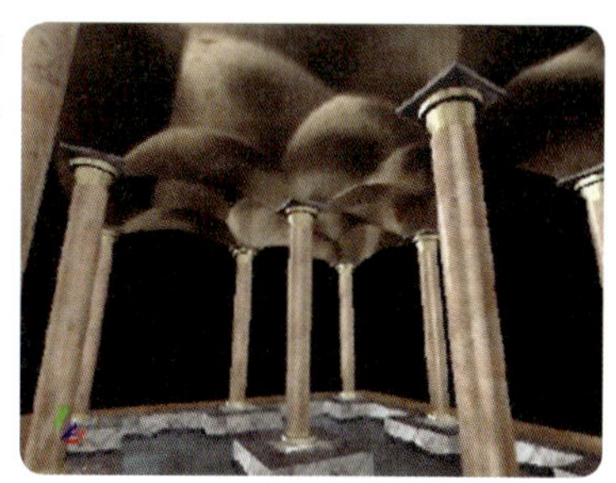

4. Light Shaders

Light shaders는 빛의 원천적 특성을 구현합니다. 예를 들면 Spotlight shader는 방출된 빛의 양을 약하게 만들기 위해 그 조명 방향을 이용하여 조절하게 됩니다. 그림자를 사용하게 된다면 보통 생성된 그림자가 그 빛의 원천과 비추어진 포인트 사이에 어둡게 하는 물체를 찾아내기 위해 방사하는 Light shaders를 이용하게 됩니다.
일반적으로 빛이 Light에서만 특성이 적용되는 것이 아니라 Shader와 함께 사용하면 고품질의 Light 및 이펙트를 생성할 수 있습니다.

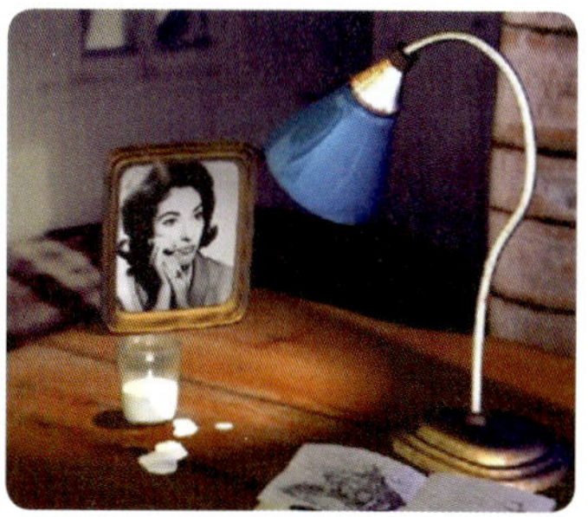

5. Lens Shaders

사용되는 빛의 광선이 카메라에 비추어질 때 사용됩니다. 이러한 방법은 카메라의 표준 사용법과는 다른 이미지를 구현하고자 할 때 Lens shaders를 이용하여 빛에 대한 원천적 방향을 수정하거나, 영향을 받는 렌즈 불빛이나 Cartoon effect와 같은 이미지를 구현하기 위해 수정하여 사용할 수 있습니다.

6. Volume Shaders

물체(Local volume shader)나 장면에 전체적으로(Global volume shader) 효과를 적용하거나 특수표현하기 위해 Volume shaders를 수정할 수 있습니다. 대표적으로 구름이나 연기 혹은 안개와 같은 표현을 할 수 있습니다.

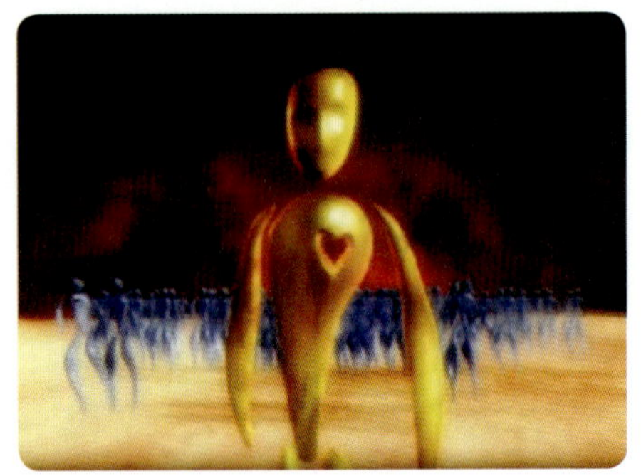

7. Toon Shaders

오브젝트에 Non-photorealistic나 Cartoon style effects를 적용할 수 있습니다. 이 기능은 Inking나 Painting들의 기술을 활용하여 Cel-animation type을 표현할 수 있습니다.

8. Output Shaders

오브젝트에 적용되어지기 전과 후의 이미지에 대해 사용되며 오브젝트가 흐릿해 지면서 적용됩니다.

9. Tool Shaders

몇몇의 Tool shaders는 여러 가지 Shaders를 이용하여 작업시 필요한 특정한 Shaders를 생성하기 위한 것입니다. 이러한 것으로 울퉁불퉁한 Bump 재질로 바위를 표현할 수도 있으며 기타 세부적인 맵핑을 위한 작업을 진행할 수 있습니다.

10. Shadow Shaders

Shadow shaders는 Light source에서 적용되어 물체에 생성되는 그림자를 변경할 수 있습니다. 이를 위해 Opacity나 Color 등의 방법이 이용됩니다.
Shadow shaders는 그림자 광선이 물체와 교차할 때 Surface shaders 대신에 사용되며 "Lightweight" Surface shaders로 적용됩니다.

11. Photon Shaders

Photon shaders는 Global illumination과 Caustics에서 사용하게 되는데 이러한 기술을 이용하여 장면에서 빛에 관계된 효과를 표현합니다.

12. Environment Shaders

Environment shaders는 가시광선이 물체를 가로지르지 않고 그 장면을 전체적으로 적용시키거나 그 최대 광선 깊이가 도달할 때 Surface shaders 대신 사용하게 됩니다.
Environment shaders는 High Dynamic Range Image를 가진 장면을 만들어 낼 수 있습니다.

13. Displacement Shaders

Displacement shaders는 포인트를 바꿈으로써 Object's surface를 변경하며 Resulting bump는 가시적으로 그림자를 생성할 수 있습니다.

14. Lightmap Shaders

Sample object surfaces를 사용하며 산발한 빛에 대해 정보를 저장하기 위해 Fast Subsurface Scattering과 Fast Skin shaders를 이용합니다.

15. Material Phenomena

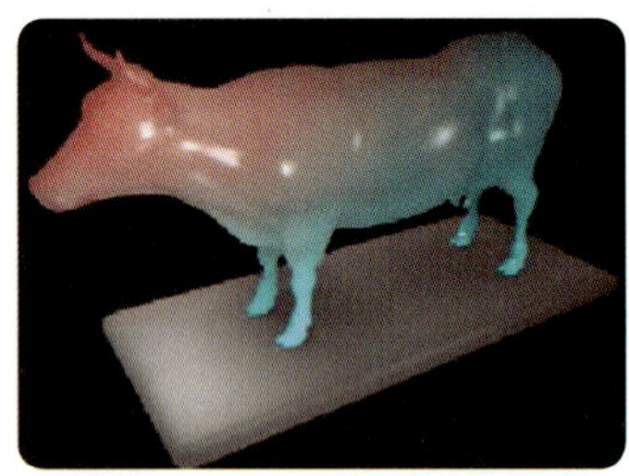

Material phenomena는 기본적으로 적용되는 Single shader nodes 두 가지를 합성하여 새로 하나의 Shader로 만들어 내기 위해 고안된 기술입니다. 하나의 오브젝트에 두 개의 shader를 합성하여 사용하게 됩니다. 예를 들면 "A"의 shader와 "B"의 shader를 혼합하여 "AB"의 shader를 만들어 냅니다.

16. Geometry Shaders

Geometry Shaders는 Rendering하기 전에 사용되는 기술입니다. 이 기술은 Shader가 장면에 있어 Procedural geometry를 순차적으로 적용되게 합니다.
예를 들어 Geometry shaders는 새가 나무를 떠날 때 새 날개에서 떨어지는 깃털과 같은 효과를 만들 때 사용되기도 합니다.

STEP 02 Shaders Toolbar Basic

Shaders toolbar는 Library 안에 있는 모든 Shader를 편하고 빠르게 사용할 수 있도록 도와주는 Tool입니다.
Shaders는 Toolbar의 탭을 이용해 사용하며 다양한 관점이나 장면에서 마우스를 Drop하는 것만으로 편리하게 사용할 수 있습니다.
Shader를 사용할 때 가장 많이 이용되는 기능입니다.

02 Shaders

STEP 01 Shader Menu(Render Toolbar) 사용하기

오브젝트에 Surface shader를 적용한 후 Material node의 어떤 Shader도 도표로 나타낼 수 있습니다.

1. Shader map

Object를 선택하고 Render 툴바에서 Get 〉 Shader 를 선택합니다. 나타나는 Menu는 Object's Material node's 입력이나 Ports를 나열합니다.

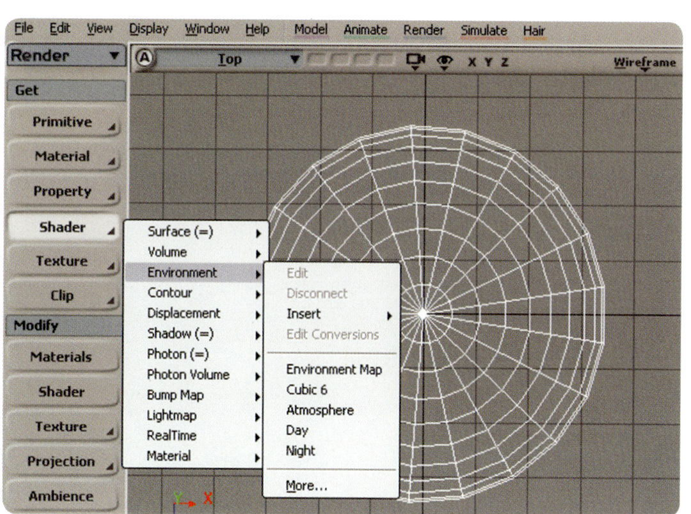

2. Connection 아이콘 사용하기

오브젝트에 Shader를 적용할 때 Shader's property editor가 활성화 됩니다. 오른쪽에 위치한 매개변수들 중 "Plug" connection 아이콘을 사용할 수 있습니다. Shaders의 세부 Menu를 열기 위해 아이콘을 클릭합니다. 이 부분에서 Shader 를 관리할 수 있습니다.

Connection 아이콘을 이용하면 세부적인 서브 메뉴들을 쉽고 빠르게 접근할 수 있습니다.

01 Shader's property editor(Render 〉 Shader 선택)에서 다른 Shader를 연결하기 위해 Connection icon을 클릭하여 사용합니다.

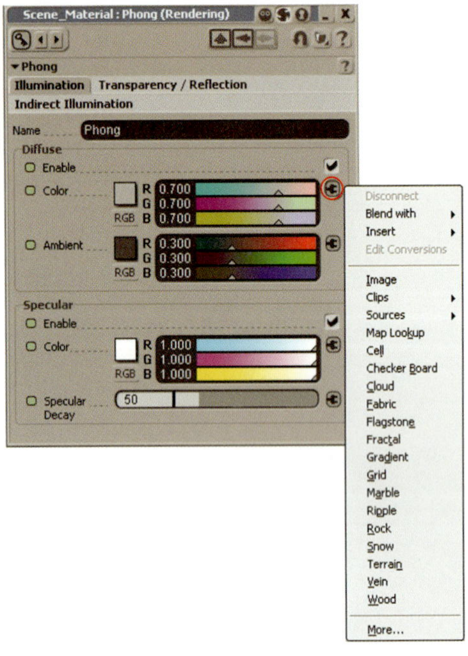

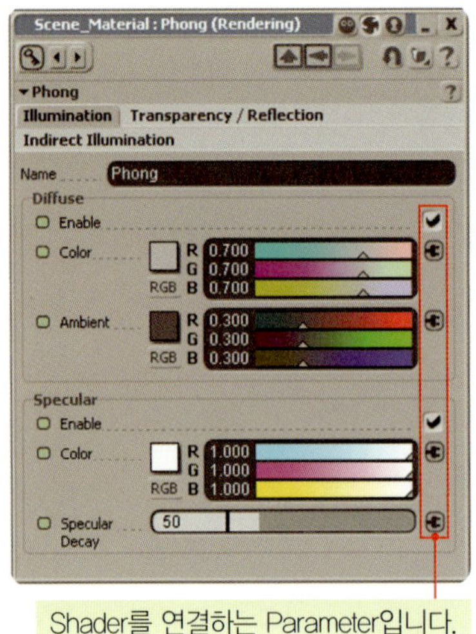

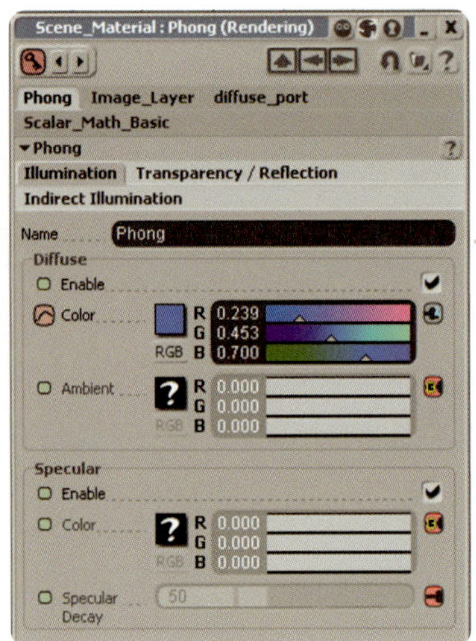

02 Render tree를 이용하여 Shaders를 적용하여 쉽고 빠르게 사용할 수 있습니다. Render 툴바에서 Materials를 선택합니다.

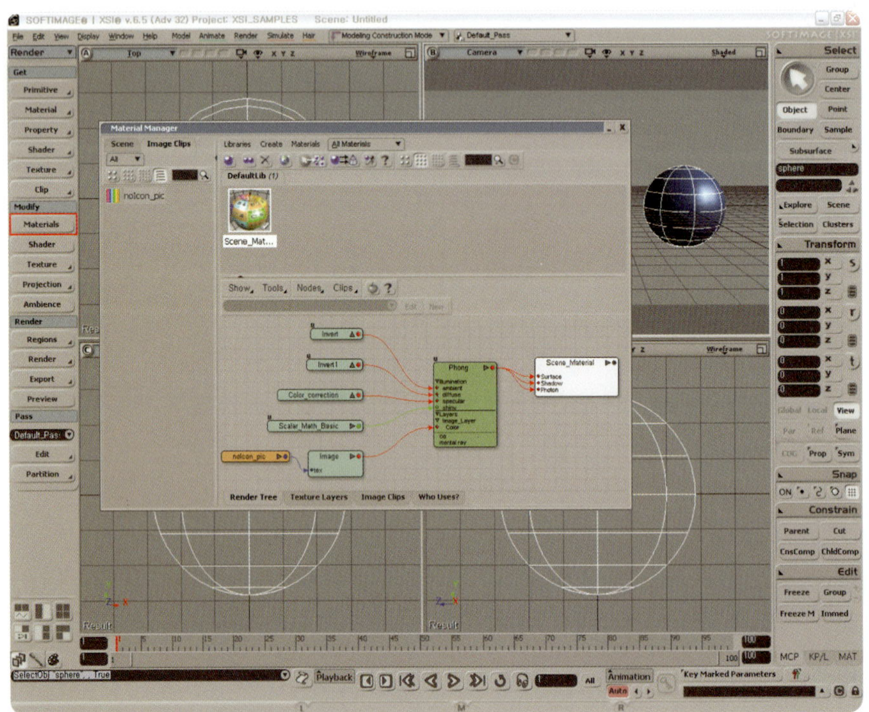

STEP 02 — Shader 저장과 불러오기

Presets 기능은 Shader를 선택하고 속성 값이나 설정한 후 하나 이상의 물체에 적용하기 위한 방법으로 매우 유용하게 사용될 수 있습니다. 이 방법은 같은 작업을 반복하지 않고 한 번의 설정으로 다른 Shader 에도 동일하게 설정할 수 있다는 장점이 있습니다.

1. Shader preset 저장하기

01 Shader's property editor 를 활성화합니다. Property editor의 오른쪽 상단에 있는 "Save Preset" 아이콘을 클릭합니다.

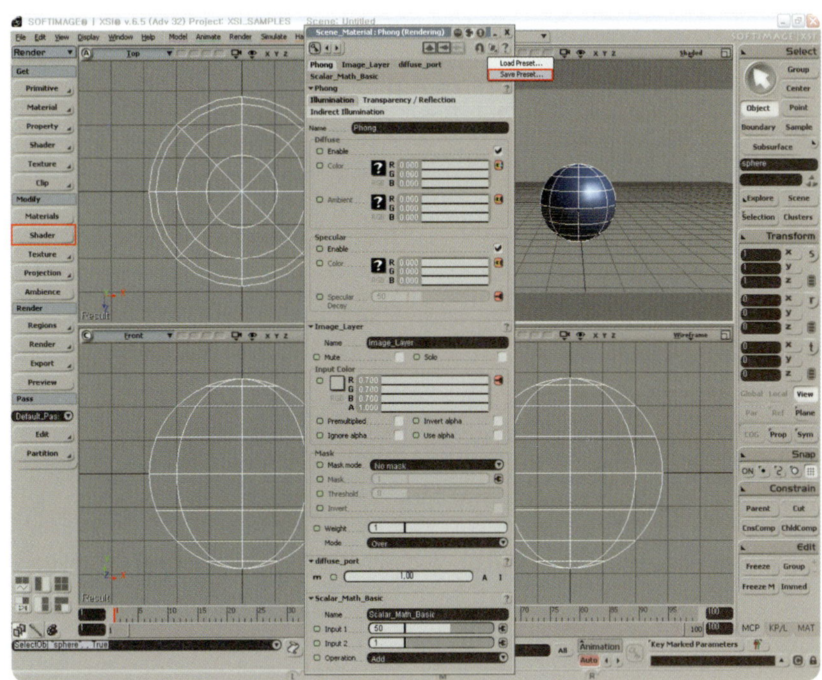

02 Browser에 있는 Preset에서 디렉토리와 파일 이름을 선택한 후 [OK]를 클릭합니다.

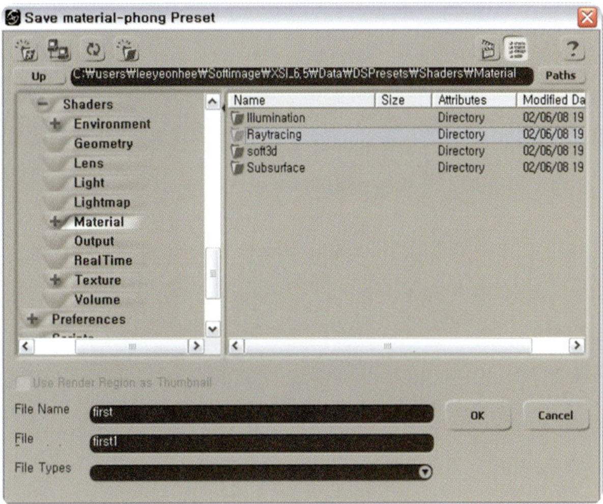

2. Preset Thumbnail Images 만들기

Shader presets으로 Thumbnail image를 생성하기 위해 Render를 사용할 수 있습니다. Thumbnails은 Browser를 통해 디스플레이 되며 Presets 구별을 도와줍니다.

3. Thumbnail preset 만들기

01 Preset으로 저장하는 것을 원하는 Shader를 디스플레이 하기위해 Q 키를 눌러 렌더링 영역을 설정합니다.

02 Shader's property editor(Modify 〉 Shader 선택)를 활성화합니다.

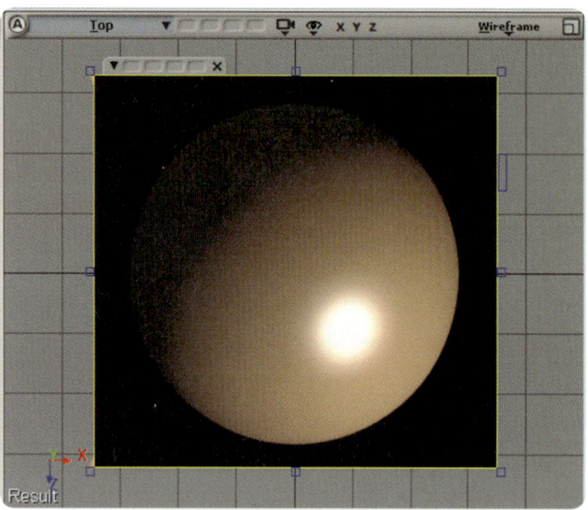

03 Property editor에서 Save 아이콘을 클릭하고 Browser에서 Preset 이름을 설정 후 저장합니다.

04 Shader preset을 저장하고 난 후에 어떤 오브 젝트나 장면에도 적용할 수 있습니다.
여러 개의 오브젝트가 선택 후 동시에 Preset을 적용 할 수 있습니다.

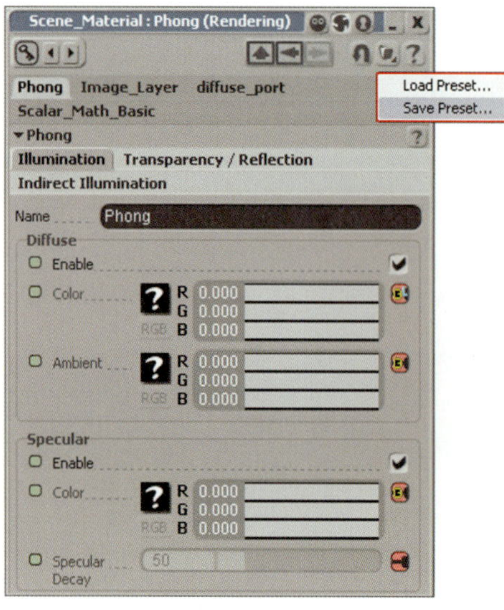

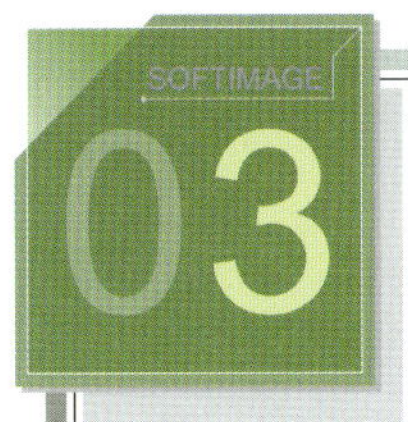

Material Manager 살펴보기

Material manager는 모든 Materials and libraries를 관리하고 편집하기에 매우 유용한 Tool입니다.

STEP 01 Material manager 살펴보기

Material manager는 여러 가지 영역으로 구분됩니다.

01 **Material Manager Command Bar** : 오른쪽 상단을 보면 Materials을 적용하고 관리하기 위해 Command bar와 툴을 제공하고 있습니다.

02 **Material Manager Shelf** : 가운데를 보면 Scene안에 Materials 사용을 위해 Shaderballs이 있습니다. Multiple libraries은 분리된 탭에 나타납니다.

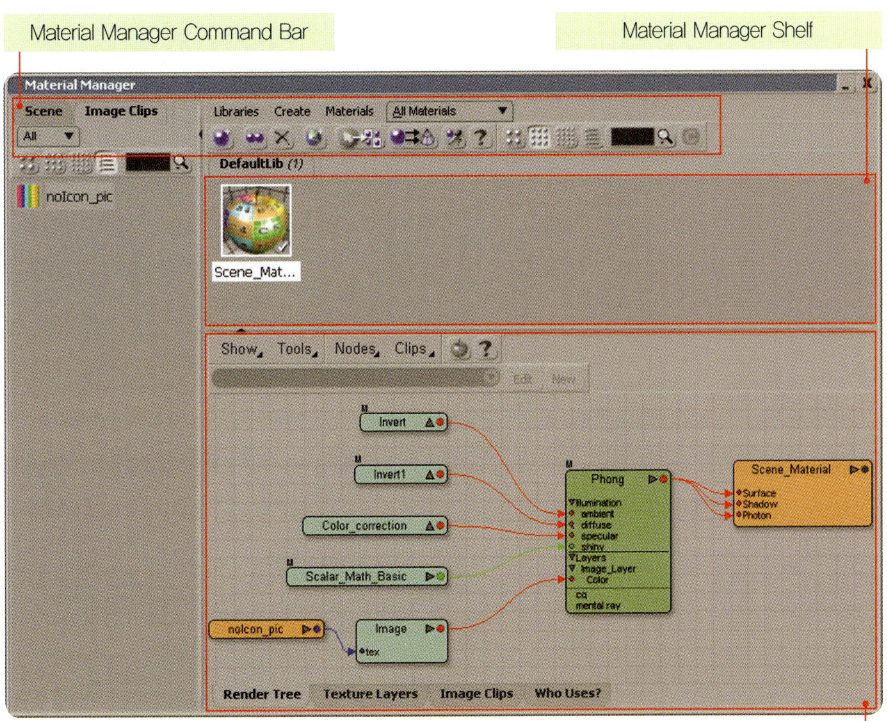

STEP 02 | Material Manager Command Bar 살펴보기

Material을 사용하기 위해 모든 물체와 클러스터를 선택할 수 있습니다.

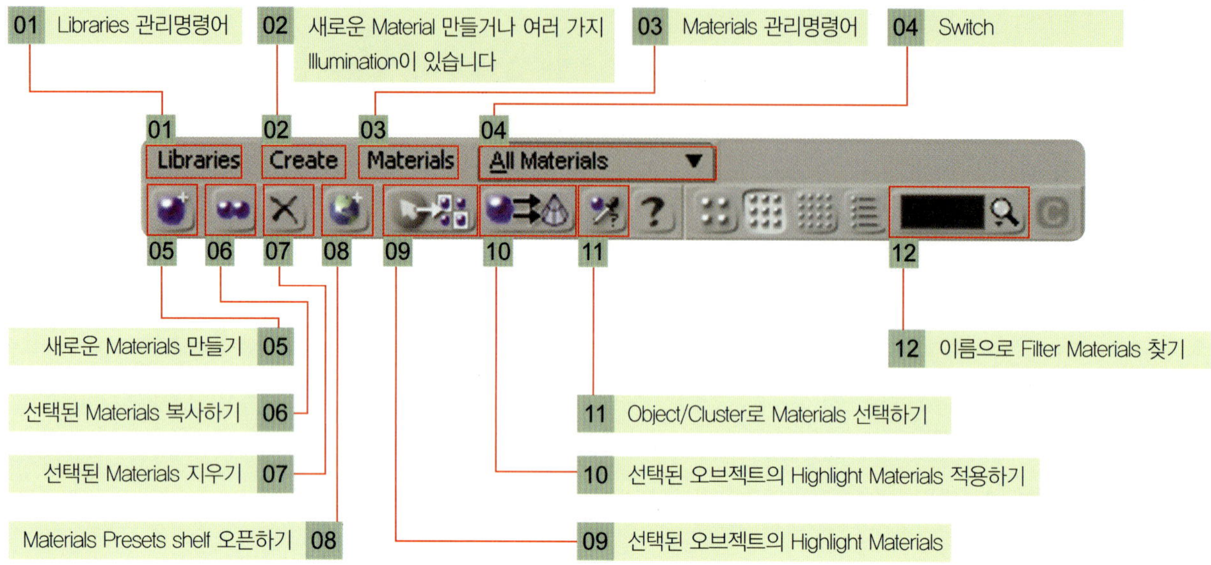

Material's shaderball에서 마우스 Right-click한 후 Material에 사용될 오브젝트를 선택합니다.

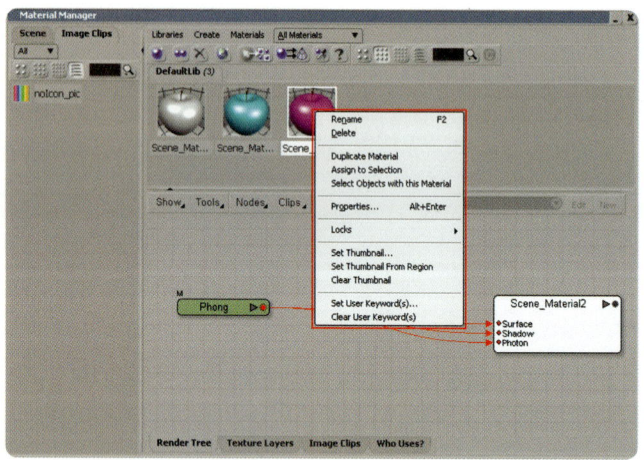

하나 또는 여러 개의 Material을 선택하기 위해 Material에서 Materials > Select Objects From Material을 선택합니다.

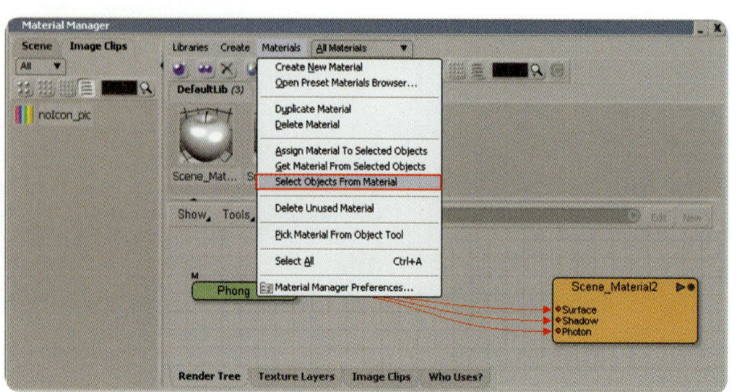

Material Manager Shelf

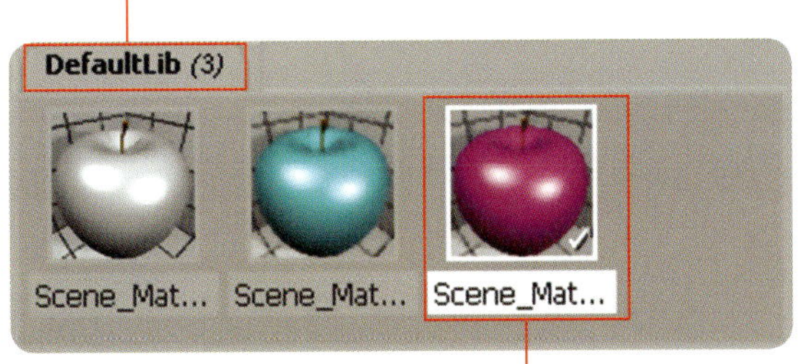

TiP **카메라 뷰에서 Back 이미지가 보일 경우 Front에 준 이미지를 보면서 작업하는 방법**

메라 뷰에서 Texture decal 모드로 텍스처를 보면서 작업하려는데 계속적으로 Back 이미지가 보일 경우 Front에 준 이미지를 보면서
작업하는 방법은 키보드의 숫자 7 키를 눌러 Render Tree를 활성화한 후 Material를 두번 클릭합니다.
그러면 Property 창이 생성되는데 Property 창에서 OpenGl Display 〉Texture Selection에서 Mode를 Track shader로 바꾸어 주고
아래 Shader에서 원하는 이미지를 선택합니다.

Mix2color를 적용 했을 때 하얗게 나오는 이유는 키보드 숫자 7 키를 누르고 Render Tree에서 Mix2colors를 두 번 클릭하면 Property
창이 생성이 됩니다. 여기서 Weight 값을 0과 1 사이로 변경하여 보면 두개의 이미지가 번갈아 보이게 되는데 하얗게 나오는 것은
Weight 값이 0.5라 두 개의 이미지가 섞여 표현되기 때문입니다.

04 Materials 편집과 적용하기

Materials 〉 Assign Materials To Selected Objects에서 오브젝트에 새로운 Material을 적용할 수 있습니다.

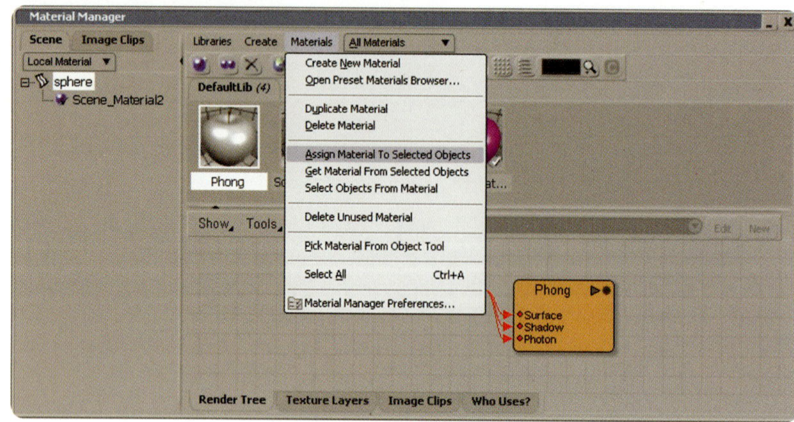

다른 방법으로는 Render 툴바에서 Material 〉 Assign Material을 선택해도 됩니다. 오브젝트에 적용된 Material을 다른 오브젝트로 옮길 수 있으며 여러 개의 Material 복사가 가능합니다.

STEP 01 Hierarchies에서 Materials 사용하기

사용자는 Hierarchy를 사용하여 Material을 적용할 수 있습니다. 기본적으로 Hierarchy에서는 Parent's에 적용된 Material이 Children에게도 적용되어집니다.

예를 들면 테이블 같은 경우 일반적으로 다리와 윗부분의 재질이나 칼라가 같은 것을 원할 수 있는데 이럴 경우 Parent's(table top)에 Material을 적용시키면 자동으로 Children(table legs)에게도 작용됩니다.

1. Hierarchy에서 Material 적용하기

Branch-select에서 마우스 "Middle-click"하면 선택된 오브젝트에 Material이 적용됩니다.

2. Hierarchies에서 Materials 만들기

Make Local Material 명령을 사용하는 Hierarchy's materials를 전부 만들 수 있습니다.

01 어떤 Materials을 만들어 사용할지를 결정한 다음 Hierarchy의 Parent 오브젝트를 선택합니다.

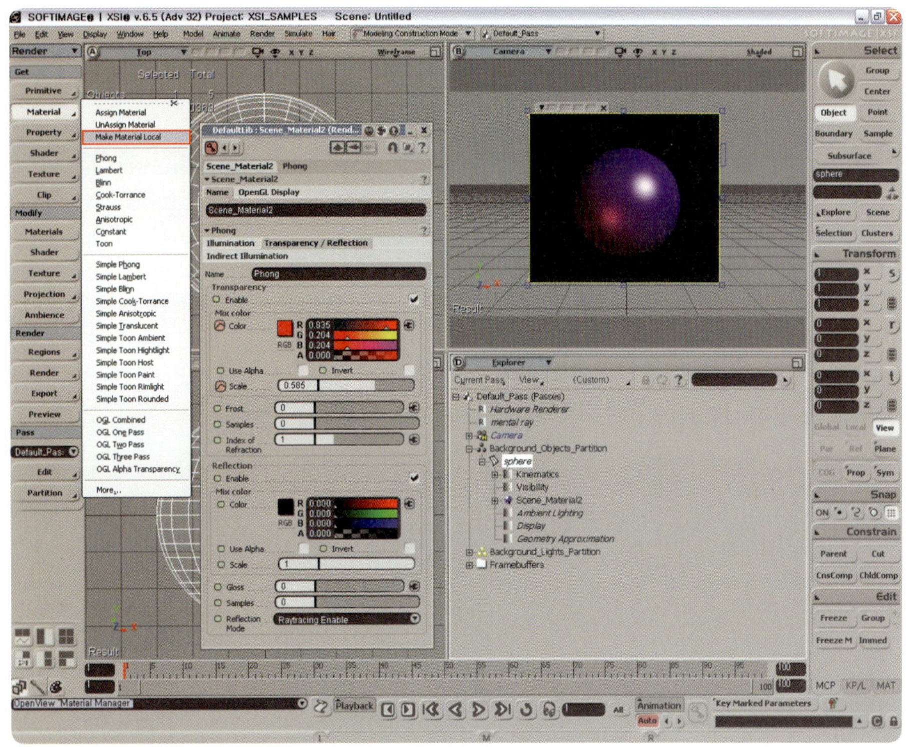

02 Render toolbar에서 Get 〉 Material 〉 MakeLocal Material을 선택합니다. 여기에서 원하는 Material을 만들어 사용합니다.

STEP 02 Objects에 새로운 Materials 적용하기

1. 새로운 Material을 적용하는 세가지 방법

01 오브젝트에 마우스 드래그(Dragging and dropping)로 간편하게 적용할 수 있으며 Explorer를 이용하여도 됩니다.

02 Render toolbar에서 Get 〉 Material 〉 Assign Material 명령어를 사용할 수 있습니다.

03 Material Manager에서 Material manager를 이용해도 됩니다. Objects, Clusters, Hierarchies, Groups, Partitions 등 어느 곳이든 Material 적용이 가능합니다.

TiP Material이란?

사전적 의미로는 재료, 물질, 원료의 뜻을 가지고 있습니다. 3D 그래픽에서 사용되는 Material은 각각의 오브젝트나 구성요소에 그 특성에 맞는 재료나 재질감을 표현하는 기술로 표현됩니다.

2. 새로운 Material을 만들고 오브젝트에 적용하기

01 하나 또는 여러 개의 오브젝트를 선택합니다. Explorer나 Viewport를 통해 선택할 수도 있습니다.

02 Render toolbar에서 Get > Material을 선택합니다.

03 메뉴가 나타나면, 새로운 Material을 적용할 Surface shaders 중에 하나를 선택합니다. 여기서는 Pong을 선택해 보겠습니다.

04 Pong shader 창에서 Diffuse, Specular 값 등을 조절하여 원하는 Shader를 하나 생성합니다. Q 키를 눌러 Region Tool을 이용하여 확인해 보시면 오브젝트에 Pong Shader 값이 적용된 것을 볼 수 있습니다.

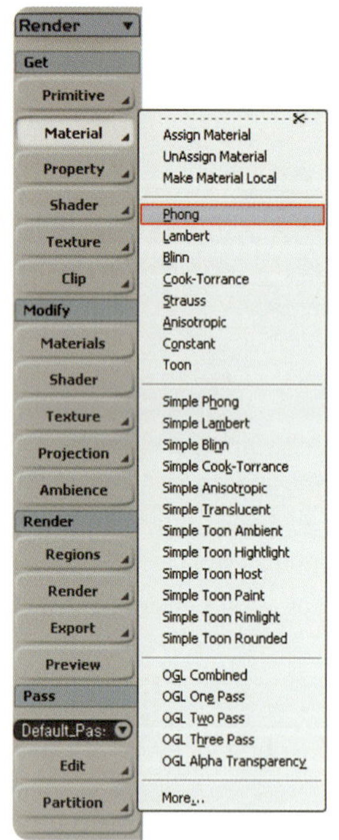

Material 기본 종류 관련 세부메뉴

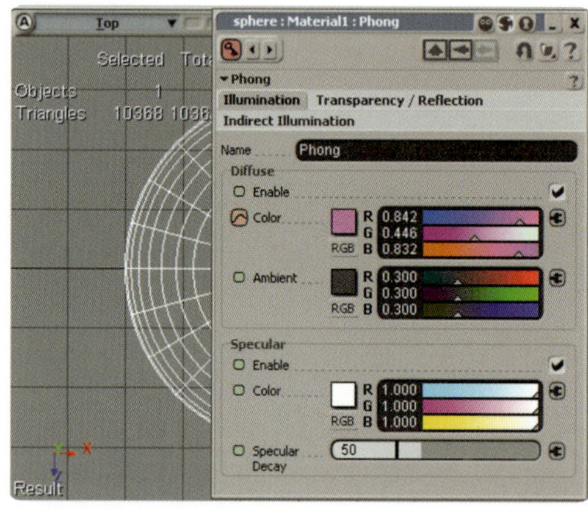

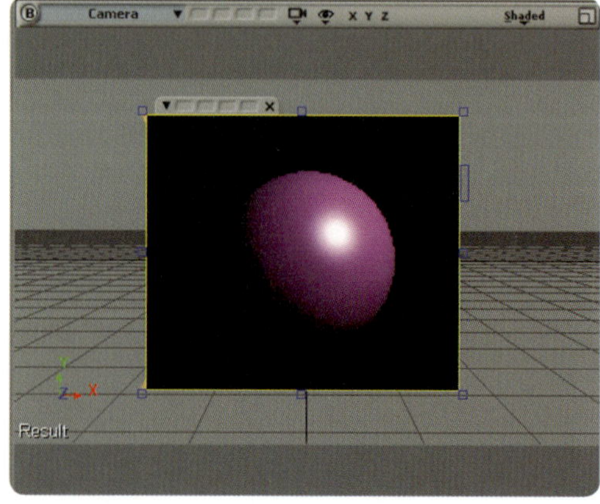

STEP 03 — Materials 복사하기

작업을 진행하다 보면 Material을 복사해 사용해야 할 경우가 있습니다. 이러한 경우를 위해 Material을 복사해 사용하는 법을 살펴보겠습니다.

01 Explorer를 활성화한 다음 복사할 Material을 선택합니다. `Ctrl` + `C` 키를 눌러 Material을 카피한 다음 `Ctrl` + `V` 키를 누르면 복사된 Material이 생성됩니다.

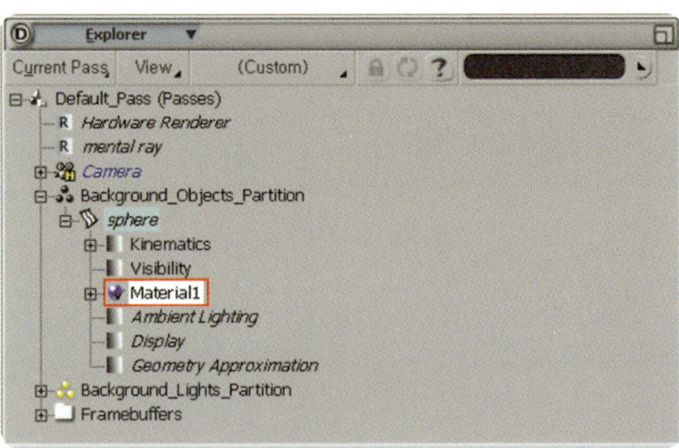

02 하나의 오브젝트에서 Material 복사 후 다른 Material 만들 때에는 Explorer를 활성화한 다음 복사할 Material을 선택합니다.
오브젝트에서 복사할 Material를 선택한 후 `Ctrl` + 마우스 Drag를 이용하여 Object's node에서 원하는 위치로 이동합니다.
Material이 복사되면서 Material library에 추가되며 오브젝트에 적용됩니다.

STEP 04 — 오브젝트에서 Materials 삭제하기

Material은 Material library에 의해서 다중의 물체에 동시에 할당할 수 있기 때문에 Material 자체를 삭제하지 않고 오브젝트에서 Material만 삭제할 수 있습니다.
만일 Object's material을 삭제할 때 그것은 다음에 적용된 Material이 적용되어집니다.

오브젝트에서 Material 삭제할 시 오브젝트를 선택한 후 Render toolbar에서 Get 〉 Material 〉 UnAssign Material을 사용하면 됩니다.

만일 Branch mode에서 적용된 Material이라면 반드시 Branch-select를 이용하여 Material을 삭제해야 합니다.

다른 방법으로는 Render toolbar에서 Start a pick session에서 Get 〉 Material 〉 UnAssign Material를 선택하여 사용하는 방법입니다.

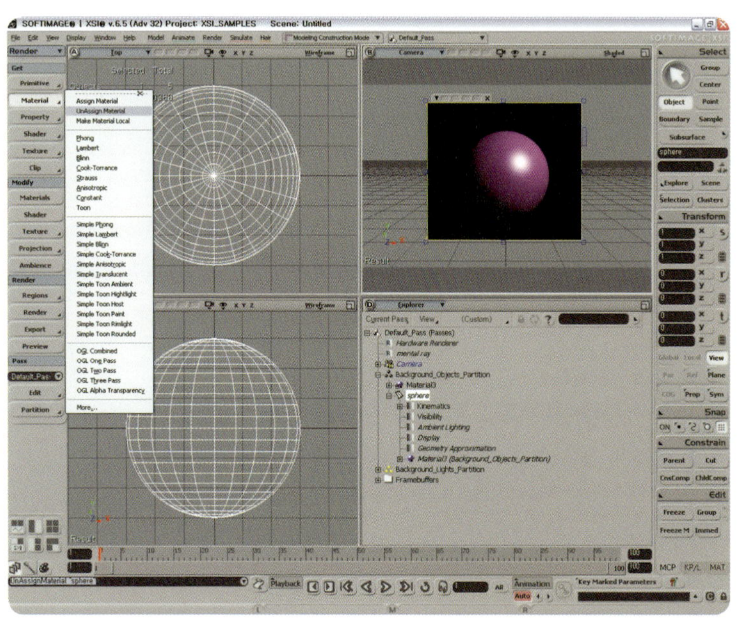

Explorer 또는 3D view 상태에 End the pick session에서 마우스 Right-click시 Material을 다시 원하는 위치로 이동시킬 수 있습니다.

만일 오브젝트에 적용된 Material이 Branch mode에서 적용된 것이라면 마우스 "Middle-click"을 이용하여 오브젝트에서 Material을 삭제해야 합니다.

또 다른 방법으로는 Explorer에서 Material을 이동하는 방법입니다.

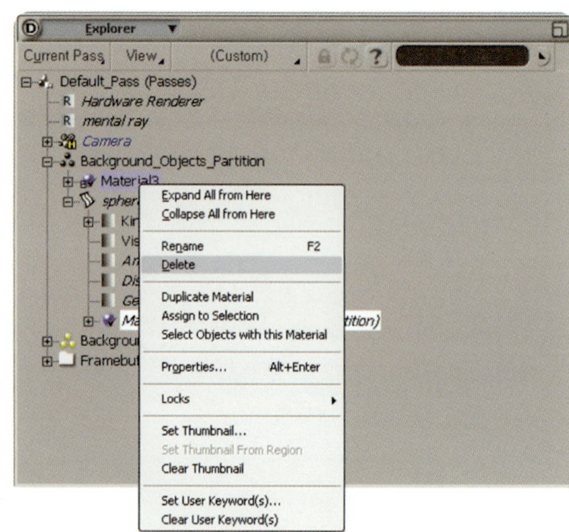

Material을 선택하여 **Delete** 키를 눌러 삭제할 수 있으며 Material에서 마우스 Right-click 클릭하여 나타나는 메뉴에서 Delete를 선택합니다.

STEP 05 Material 이름 재설정하기

Explorer에서 이름을 다시 설정할 Material을 선택한 후 Material에서 마우스 Right-click하여 나타나는 메뉴에서 "Rename"을 선택하거나 **F2** 키를 눌러 새로운 이름을 생성합니다.

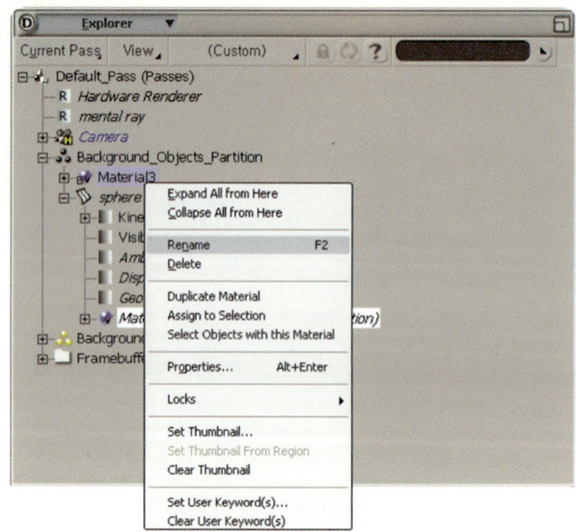

노멀맵(NormalsMap)이란?

정식명칭은 노멀범프맵(NormalsBumpMap) 입니다. 노멀범프맵핑은 보통 하나의 면이 가지는 방향 값을 가지고 있습니다. 이것을 노멀이라고 합니다.

하이폴리곤이 가지고 있는 각 면의 노멀 값을 맵핑의 한 형태로 추출하여 로우 폴리곤에 범프맵 형태로 적용하면 마치 로우폴리곤이 하이폴리곤처럼 보여지게 하는 기술입니다.

주로 게임회사에서 용량 문제로 이 기술을 사용하여 제작하지만 로우폴리곤과 하이폴리곤을 별도로 제작해야 하기 때문에 시간과 제작비용이 증가됩니다. 하지만 저용량의 고품질 모델을 표현하기에는 좋은 기술입니다.

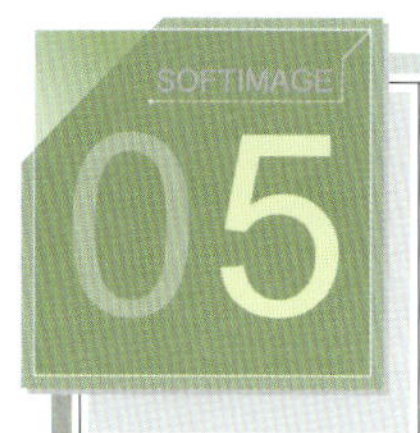

05 Surface Shader Properties

모든 Shader는 Property editor에서 편집이 가능합니다. Property editors는 각각의 물체나 라이트, 카메라 등의 속성들을 포함하여 정의 할 수 있습니다.

Shader property editor를 활성화하려면 Viewport에서 오브젝트를 선택한 후 편집하고자 하는 Shader를 선택합니다.
Render toolbar에서 Modify 〉 Shader를 선택하여 편집합니다.

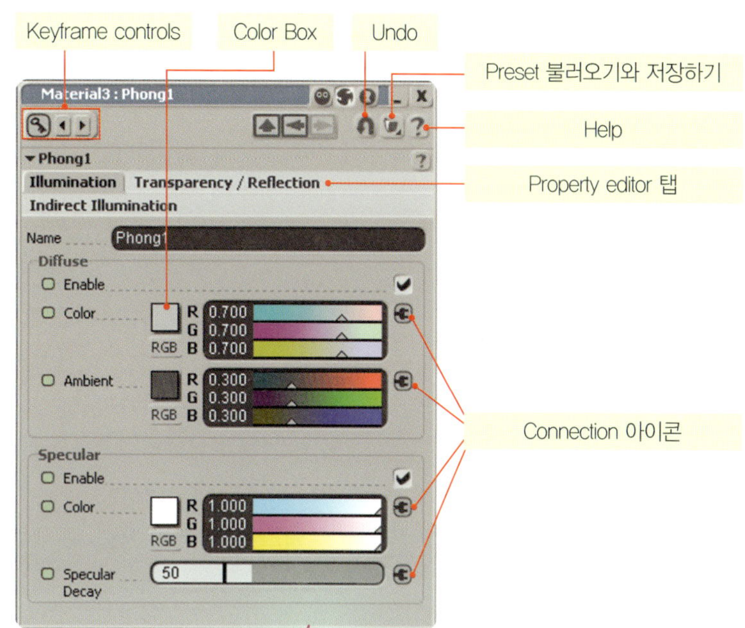

Surface Illumination으로 오브젝트에 Specular, Diffuse, Ambient colors 등을 정의함으로써 오브젝트에 대해 특정한 칼라를 생성할 수 있습니다.

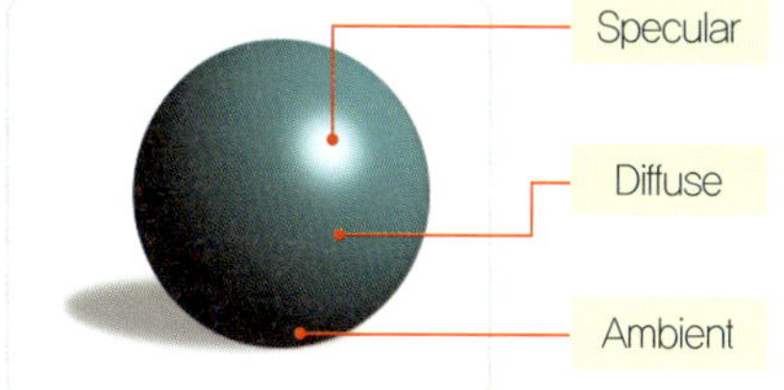

01 **Diffuse color** : 표면을 바라보는 모든 Angle에서 밝음을 가지고 있는 것처럼 보이도록 모든 방향에 동일하게 흩뿌리는 색깔입니다.

02 **Specular color** : Diffuse color의 더 밝은 곳에 위치해 보통 흰색처럼 보이며 빛나는 하이라이트 부분을 표현합니다.

03 **Specular highlights** : Phong-, Blinn-, anisotropic- and Cook-Torrance-shaded 에 그늘지게 보이는 Surfaces 부분으로 Shading Models로 보입니다. Highlight의 크기는 Specular Decay value으로 정의됩니다.

04 **Ambient color** : 빛이 직접적으로 닿는 부분의 뒤쪽 영역에 나타나며 자연스럽게 흩어지는 Non-directional light입니다.
Ambient light와 color는 Global illumination 기능을 사용할 수 있으며 이로 인해 사실적인 표현이 가능합니다.

06 Shading

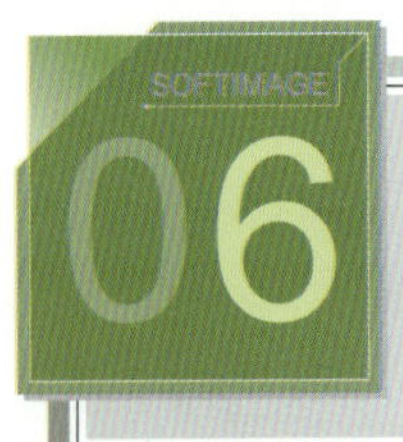

오브젝트 표면은 다른 조명 아래에 나타나는 명암의 조건에 따라 여러 가지로 표현됩니다. 각각의 명암 모델은 Shading effect를 새로 만들기 위해 빛이 오는 방향으로부터 Surface 표준 관계를 형성하게 됩니다.
다음 각각의 명암 모델은 Get 〉 Material을 이용하여 사용가능합니다.

STEP 01 Phong

Ambient, Diffuse, Specular colors를 사용합니다. 오브젝트가 빛나게 보이도록 Diffuse와 Ambient 부분에 하이라이트를 적용하여 표현합니다.
공이나 플라스틱 같은 재질을 사용하실 때 주로 사용됩니다. Reflectivity, Transparency, Refraction, Ttexture에 Phong shader로 적용할 수 있습니다.

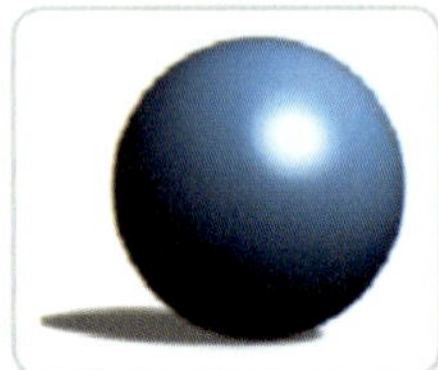

STEP 02 Lambert

Ambient와 Diffuse 칼라를 사용하며 Specular highlights는 사용되지 않습니다.
강한 라이트 부분이 없는 재질이기 때문에 주로 반사가 강하지 않은 물질 즉, 달걀이나 탁구공, Reflectivity, Transparency, Refraction와 Texture에 주로 사용됩니다.

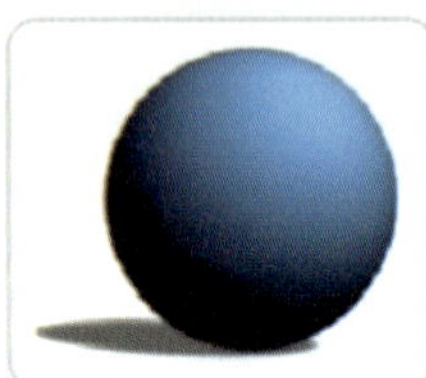

STEP 03 Blinn

Diffuse, Ambient, Specular color를 사용하며 specular highlight의 굴절하는 색을 이용합니다.
Specular highlight reflects 부분이 Phong shading 보다 좀 더 사실적인 표현이 되는 것을 제외하고는 Phong shading과 기능이 같습니다. 주로 금속 표면을 표현하지만 Blinn은 거칠거나 날카로운 가장자리를 표현할 때 매우 유용합니다. Specular highlight 부분은 Phong 보다 좀 더 밝게 보입니다.
Reflectivity, Transparency, Refraction, Texture에 Blinn shader로 적용시킬 수 있습니다.

Cook-Torrance

Diffuse, Ambient, Specular color를 사용합니다. Cook-Torrance는 Blinn과 비슷하지만 매끄럽고 반사하는 물체를 만들어내는 데 유용합니다.
Reflectivity, Transparency, Refraction, Texture에 적용할 수 있으며 Cook-Torrance shader로 오브젝트 Shaded 표현이 가능합니다. 다른 Shading Models에 비해 연산 속도가 떨어진다는 단점이 있습니다.

Strauss

Diffuse color를 사용하며 Metal surface 표현하는 데 주로 사용됩니다. Surface's specular는 Specular 비율과 Reflectivity와 Highlights로 Diffuse한 부드러움과 "Metalness"로 표현됩니다.
Reflectivity, Transparency, Rrefraction, Texture에 사용 가능하며 Strauss shader로 오브젝트 Shaded 표현이 가능합니다.

Anisotropic

때때로 "Ward"라고도 불리어지며 Shading 모델은 Glossy surface를 표현하고 Ambient, Diffuse, Glossy color를 사용합니다. "Brushed" effect" 표현처럼 오브젝트 표면에 솔로 털어진 알루미늄과 같이 표현됩니다. Specular 처럼 UV coordinates를 사용하여 연산합니다.
Reflectivity, Transparency, Refraction, Texture에 사용가능하며 Anisotropic shader로 오브젝트 Shaded 표현이 가능합니다.

Constant

Diffuse color만 사용하며 종이를 도려낸 것처럼 표면에 어떤 명암도 가지고 있지 않게 보이는 오브젝트를 표현합니다.

07 Reflectivity, Transparency, Refraction

STEP 01 Reflectivity

Surface shader's Reflection은 오브젝트의 Reflectivity를 조절 할 수 있으며 장면에 함께 있는 오브젝트끼리 오브젝트 표면에 반사로 표현됩니다. eflection Values 설정하려면 Surface shader's property editor에서 Transparency/Reflection 탭에 있는 Reflection options를 사용하여 Reflectivity 조절이 가능합니다.

Reflection values은 "0"에서 "1" 사이의 값을 사용할 수 있는데 "1"의 값으로 갈수록 완전한 반사값을 나타내며 "0"에 가까울수록 반사가 되지 않습니다.

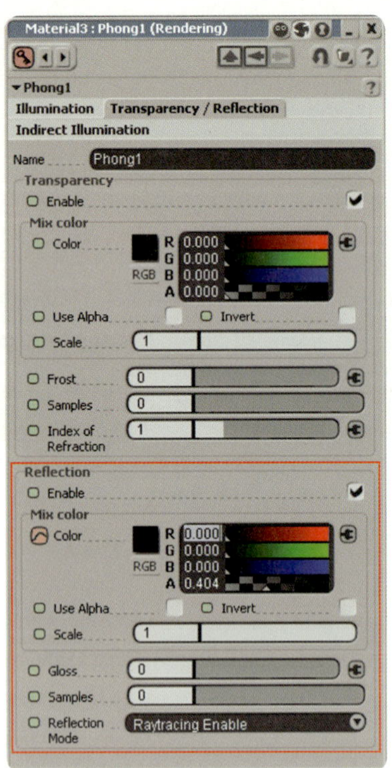

Textures에서 Reflection 조절하려면 Surface shader's reflectivity input 에 Texture를 연결함으로써 Texture를 사용하는 Reflectivity 또한 관리할 수 있습니다.

Invert는 Reflectivity를 조절하는 Color 또는 Alpha 값을 반대로 적용시킵니다. Invert 기능을 사용하는 것은 이미지 파일을 반대로 사용하는 것보다 더 쉽고 빠른 기능입니다. Scale value은 Reflectivity의 강도를 조절합니다.

STEP 02 Transparency

Surface shader's Transparency는 오브젝트의 Transparency를 조절합니다.

Transparency Values 설정하려면 Surface shader's property editor에 Transparency/Reflection tab에 있는 Transparency options을 이용하여 투명도를 조절할 수 있습니다.

투명값은 "0"에서 "1"의 값을 사용하여 조절할 수 있습니다. 예를 들어 유리와 같은 투명을 표현할 경우 "0.9" 정도의 수치를 이용하여 표현이 가능합니다.

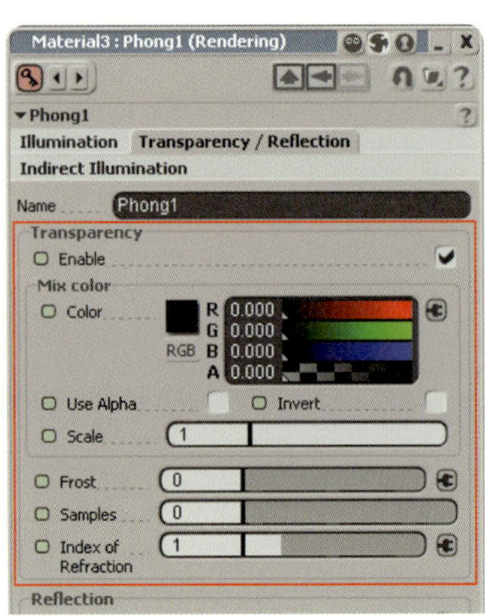

Transparency values을 설정하는 두 가지 방법이 있습니다.

첫 번째로 Color sliders를 이용하여 Transparency value을 설정하는 방법이 있습니다. Color sliders를 조절하기 위해서 Ctrl 키를 누른 상태에서 Slider를 조절하면 모든 Color sliders는 같은 위치로 조절됩니다.

두 번째로는 Alpha slider를 사용하는 Transparency를 조절하기 위해 Alpha option을 선택하여 사용합니다.

Textures에서 Transparency 사용하려면 Surface shader's transparency input에 Texture을 연결하기 위해 사용되는 Texture의 투명값도 조절할 수 있습니다. Texture 투명값을 관리하기 위해서는 Invert 기능과 Scale 설정이 유용합니다.

Invert 기능은 투명값을 반대로 적용합니다. 투명값을 위해 흑백의 이미지나 Alpha channel을 사용하고 있을 때 Invert 기능은 매우 유용합니다. 전형적인 Matte에서 검은색 영역은 투명하고 흰색 영역은 불투명하게 적용됩니다.

Scale은 투명의 강도를 조절 할 수 있습니다. 투명 조절하기 위해 이미지를 사용하고 있다면 Scale을 사용하는 것이 유용합니다. 투명 때문에 이미지를 조절하는 것보다는 Scaling 하는 것이 더욱 빠르고 쉬운 방법입니다.

STEP 03 | Refraction

Refraction을 조절하는 것은 현실의 이미지를 조절해서 Refraction을 얻는 것보다 쉽고 빠른 방법입니다.

Refraction은 투명한 매개체로부터 오는 빛의 굴절로 인해 생성됩니다. Surface shader's property editor에서 Refraction을 설정할 수 있습니다.

기본값으로는 "1"로 설정되어 있습니다. Refractive은 보통 "0"과 "2" 사이에 변화되며 그 이상의 필요한 값을 입력할 수도 있습니다.

STEP 04 | Casting과 Visibility Options

오브젝트가 반사와 투명, 굴절 광선으로 반응하는 속성을 제어할 때 사용되는 기능입니다.

광선의 각 형태에 대해 그 속성은 두 가지입니다. Caster는 물체가 광선의 Particular type을 관리하게 됩니다(Reflection, Transparency 또는 Refraction). Visible는 오브젝트가 광선의 종류를 보이게 합니다.

1. Reflection Casting과 Visibility

오브젝트가 Reflection caster라면 반사 광선을 만들 수 있습니다. Reflectivity의 몇몇의 적용 값은 물질의 오브젝트의 Material에서 작업을 진행해야 하는 부분도 있습니다.

오른쪽의 그림과 같은 Silver sphere에 적용된 Reflection caster가 적용되었습니다. 원래의 오브젝트 아래 부분에 다른 오브젝트들이 반사 광선에 의해 눈에 보이게 됩니다.

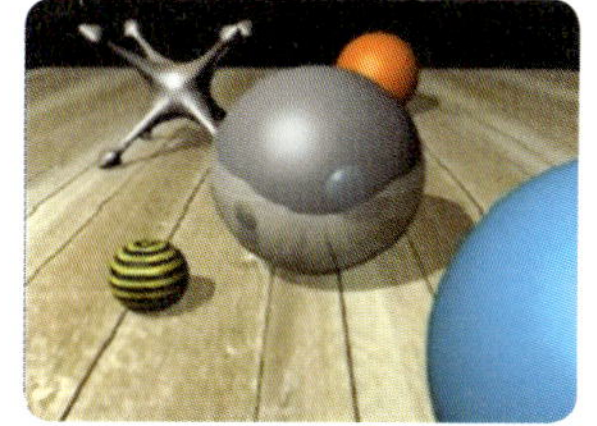

Silver sphere's의 Transparency 〉 Caster parameter를 "Off"일
경우 Sphere 상태에서 Cast transparency rays 값이 보이지
않습니다 .
Transparency 〉 Visible을 사용하면 Silver sphere's가 투명하
게 보여집니다.

 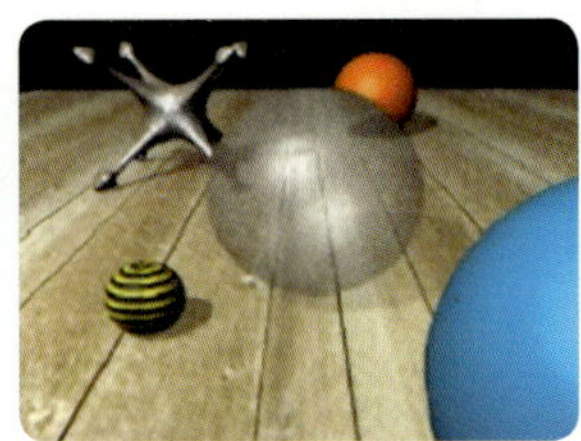

2. Transparency Casting과 Visibility

오브젝트가 Transparency caster라면 Transparency 광선을 사용할 수 있으며 물체가 있는
주위의 표면을 통해 투명광선을 볼 수 있습니다.
하지만 Refraction casting과 Visibility options을 조절해야 할 필요가 있습니다.
Silver sphere가 Transparency caster일 경우, 다른 오브젝트들은 Sphere's surface에 투명
광선을 이용하여 보여지게 됩니다.

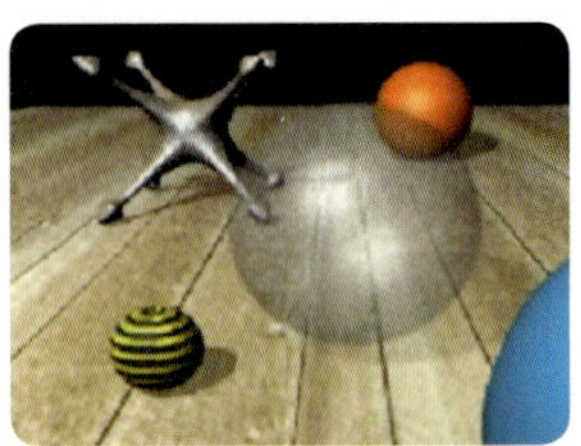

Silver sphere's에서 Transparency 〉 Caster parameter를 "Off"
일 경우 그 오브젝트의 표면에 투명값이 보이지 않습니다.

Transparency 〉 Visible을 사용하면 Silver sphere's가 투명으
로 보여지게 됩니다.

 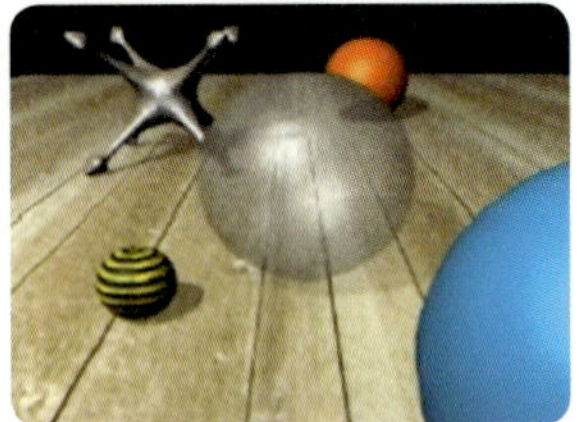

3. Ray Visibility과 Shadows

특별한 광선 형태(reflection, transparency 또는 refraction)를 이용하여 오브젝트가 눈에 보이지 않게 만들어도 오브젝트의
그림자는 생성할 수 있습니다.
오브젝트가 그림자를 형성하지 않게 하기 위해서는 Shadow 〉 Caster visibility parameter에서 "Off"로 설정하여 그림자를
생성되지 않게 할 수 있습니다.

뒤쪽에 있는 붉은 구를 Transparency rays를 이용하여 보이지
않게 하여도 그림자가 생성된 것을 볼 수 있습니다.

Shadow 〉 Caster parameter에서 "Off"할 경우 바닥 부분에 그
림자를 생성하지 않게 합니다.

4. Casting과 Visibility Options 설정하기

기본적으로 모든 오브젝트는 Caster, Reflection, Transparency, Refraction rays가 형성됩니다. 필요할 경우 그 장면에서의 반사와 투명과 굴절을 더 정확히 설정하기 위해 특정 Parameters를 비활성화 시킬 수 있습니다. 이럴 경우 Toggling reflection casting/visibility을 사용하면 렌더링시 매우 유용합니다.

01 Toggle reflection casting 또는 Receiving를 이용하려면 오브젝트를 선택하고 Reflection casting 또는 Receiving를 사용하기 위해 Explorer를 활성화 합니다(단축키 숫자 **8**).

02 오브젝트의 Hierarchy를 확장하고 Visibility를 마우스 더블 클릭하여 Object's Visibility property editor를 활성화합니다.

03 Rendering 탭에서 Reflection, Transparency, Refraction에 대해 Object's Caster 또는 Visible parameters를 활성화합니다.

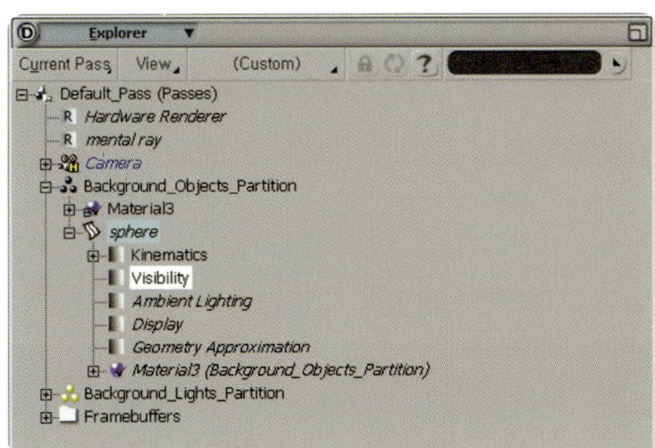

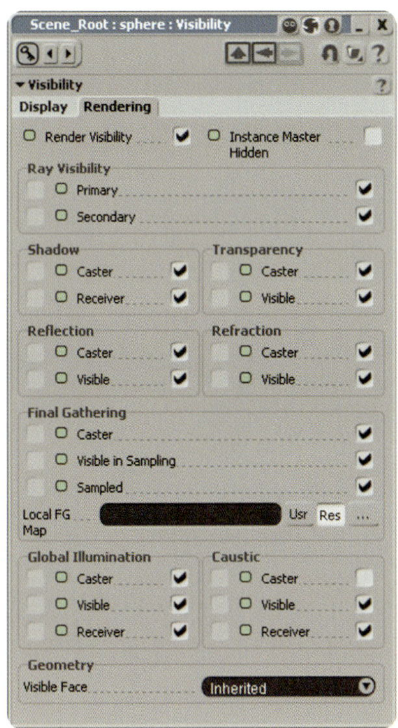

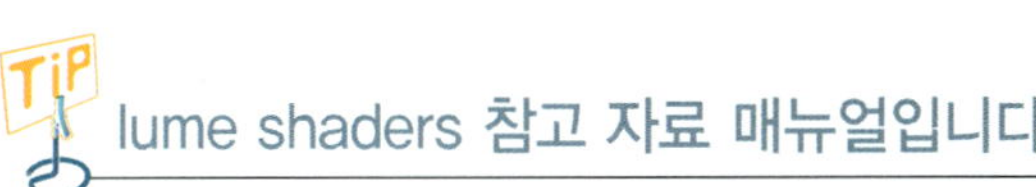

Tip

lume shaders 참고 자료 매뉴얼입니다

http://www.lume.com/manual/Contents.html 홈페이지를 방문하면 Lume shaders 관련 참고 자료를 볼 수 있습니다.

08 Soft material Shader, Render Tree

Soft material Shader로 Material과 Picture File 블렌딩(Blending)하기

Property editor에 Color sliders를 사용하면서 그림 파일과 물질의 오브젝트 사이에 섞는(Blending) 양을 조절할 수 있습니다.

섞는 값은 "0"과 "1"의 사이에서 사용할 수 있으며 Ambient slider는 오브젝트의 Ambient에 적용된 조명 영역에서 적용 값을 조절합니다. Diffuse slider는 오브젝트의 Diffuse에 적용된 조명 영역에서 적용 값을 조절합니다.

Specular slider는 오브젝트의 Specular에 적용된 조명 영역에서 적용 값을 조절합니다.

Render Tree 살펴보기

Render tree는 사용자가 사용하기 편리하게 하기 위해 Visual로 Shaders나 Nodes를 함께 연결하여 사용하도록 도와줍니다. 이것은 Dynamic property assignment라고 불려지고 Shader의 Input과 Output attachment points 사이에 Connection line(arrow)을 사용합니다.

Tool node의 각각의 형태는 특정한 기능을 수행합니다. 예를 들면 Tool node는 Pattern generators, Mathematical functions, Converters, Mixers, Blends와 기타의 기능을 활용할 수 있습니다.

Shader를 관리할 수 있게 XSI에서는 Properties 환경을 제공하고 있습니다.

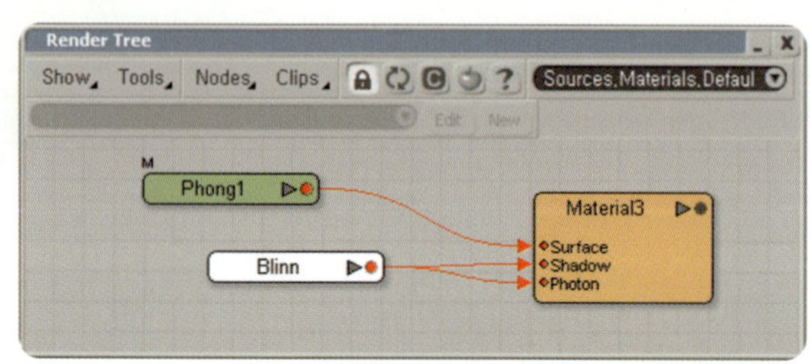

Render tree 활성화 하려면 View 〉 Rendering/ Texturing 〉 Render Tree 또는 7 키를 누릅니다.

다른 방법으로 Render region tool 또는 Q 키를 눌러 활성화 시키고 Render tree에서 작업을 진행합니다.

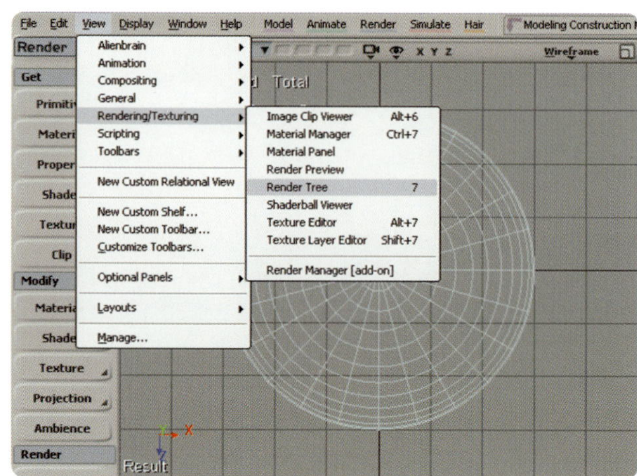

09 Shaderballs 사용하기

Shaderballs은 Material이나 Shader 사용에 있어 빠른 Preview를 제공하며 자동으로 설정값이 업데이트 됩니다. Shaderballs은 Material Manager, Render Tree, Shaderball Viewer에서 디스플레이 됩니다.

STEP 01 Shaderball의 두 가지 기본적인 종류

Spatial shaderballs은 눈으로 보여지는 표현에 유용하며 명암, 공간, 빛의 범위 그리고 그 밖의 설정 값들에 의해 영향을 받습니다.

Parametric shaderballs은 단지 UV parametrization에 의존하는 명암 정보를 보는데 유용합니다. 이미지나 2D gradients 그리고 2D procedural textures를 검색합니다.

STEP 02 Render Tree에서 Shaderballs

Render tree에서 직접적으로 Nodes에 Shaderballs을 디스플레이 할 수 있습니다. 그 전체의 Tree 구조를 보여줄 뿐만 아니라 어떤 Subtree의 결과도 볼 수 있습니다.

Render tree에 있는 Shaderballs을 활성화 또는 비활성화 시키려면 Render tree command bar에 있는 Shaderball 아이콘을 선택합니다.

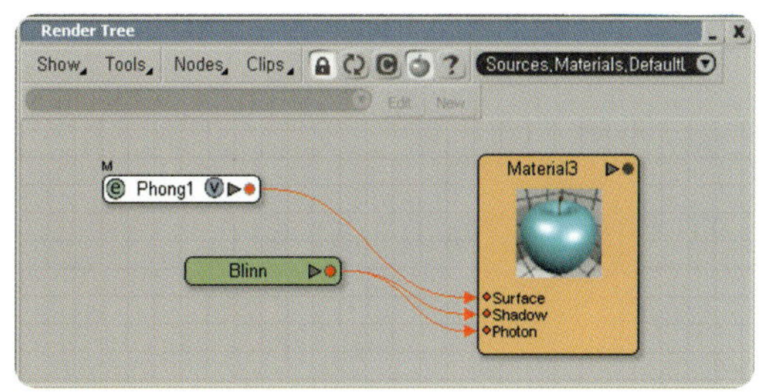

기본적으로 Shaderballs은 SPDL 파일에서 설정된 Nodes에서 디스플레이 됩니다.

그러나 Show menu에서 Context menu 또는 Multiple nodes를 사용하는 개개의 마디에 대해 Shaderball을 디스플레이 할 수 있습니다.

Shaderballs을 Show 〉 Reset Shaderballs to Default 기능을 이용해서 초기 설정 값으로 돌아갈 수 있습니다.

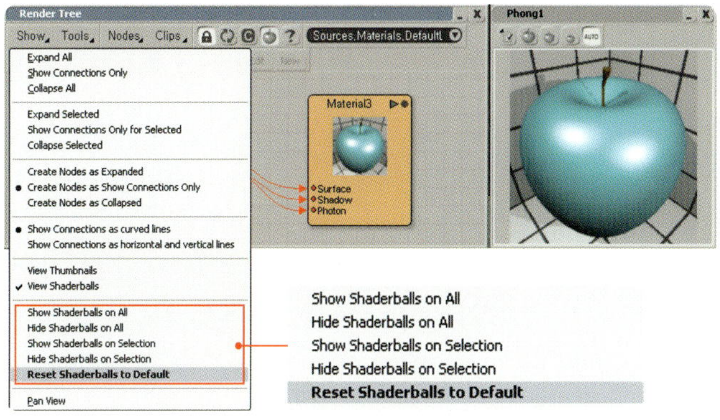

STEP 03 Shaderball Viewer

Shaderball viewer는 다양한 크기에 Shaderball을 디스플레이 할 수 있는 Floating window입니다.

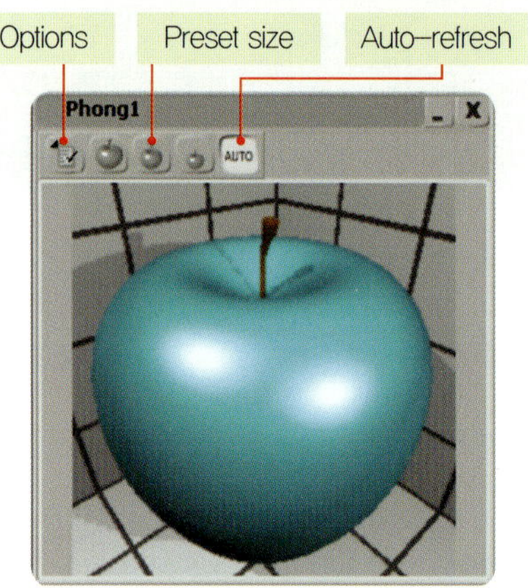

Shaderball viewer : Node's title bar 위에 Mouse pointer를 움직여 나타나는 "V(View)아이콘"을 클릭합니다.

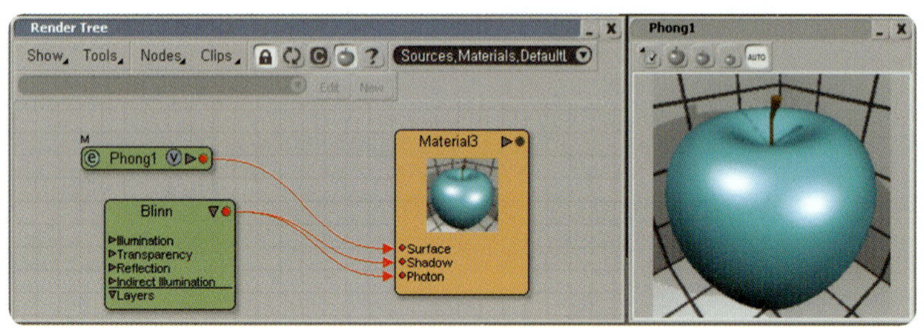

Multiple shaderball viewers : Main XSI menu에서 View 〉 Rendering/Texturing 〉 Shaderball Viewer를 선택, 한 개 또는 여러 개의 Blank viewers를 활성화 합니다.

Multiple viewers가 활성화 되면 Render tree node에 있는 "V" 아이콘을 클릭하여 Last viewer를 사용합니다.

이 Viewer에는 Light gray interior border 가 있습니다.

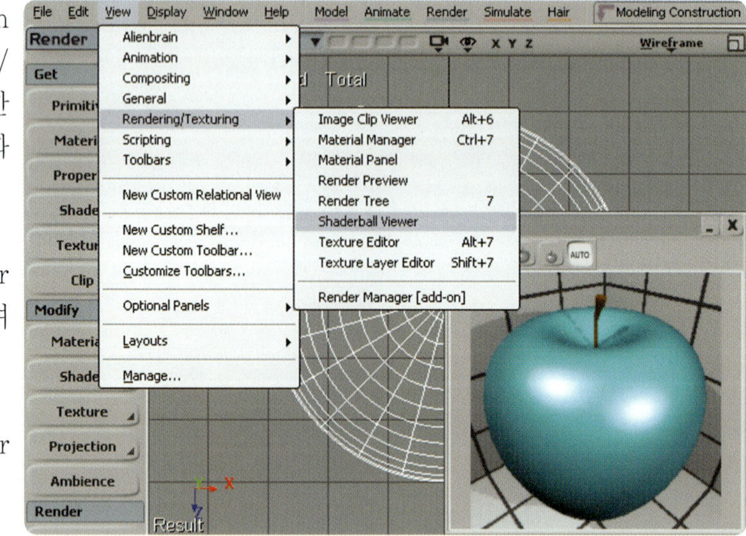

Toggle zoomed view : 관점을 회복하기 위해 다시 Z 키를 누릅니다.

STEP 04 — Shaderball Preferences

Shaderball의 각각의 형태를 위해 Default model과 Background를 설정할 수 있습니다.

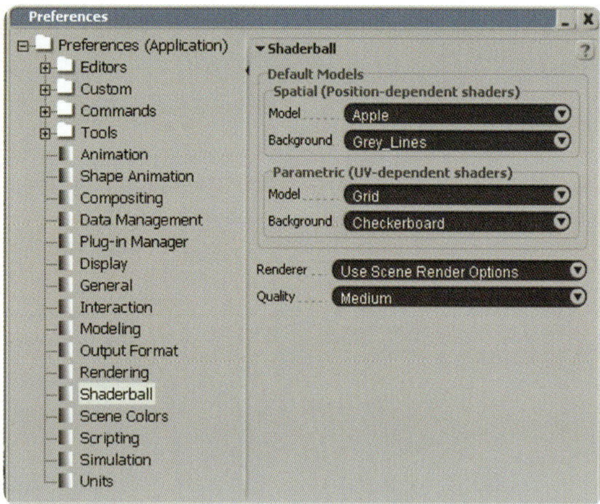

TIP — Render Tree의 Connection을 빠르게 실행하는 방법

1. Render Tree로 노드를 연결하는 경우

Get Primitive 〉Polygon Mesh 〉Sphere를 선택합니다.

생성된 Sphere를 선택한 상태로 Render tree를 활성화합니다(키보드의 숫자 7 키를 누르거나 View 메뉴중에서 Render tree를 선택합니다). Shift 키를 클릭한 상태로 노드를 선택하면 메뉴 화면이 열린 상태가 되므로(복수를 선택할 때 등과 같이) 작업시간을 단축할 수 있습니다. 주의할 점은 Shift 키를 누르지 않는 상태에서 1개만 선택할 시 메뉴가 닫혀 버립니다.

Shift 키를 누르신 상태에서 Nodes 〉Illumination 〉Lambert를 선택합니다. Lambert가 생성되더라도 Nodes의 메뉴 화면은 활성화 상태를 유지합니다. 이와 같이 Shift 키를 클릭한 상태에서 Nodes 〉Texture 〉Cell을 선택해 Cell을 추가해도 메뉴 화면은 닫히지 않기 때문에 새로운 노드를 간편하게 추가할 수가 있습니다.

2. 그 이외의 Shift 키

도구모음에 있는 Eye 아이콘을 클릭하여 Visibility를 설정하는 경우 Shift 키를 누르면서 옵션을 선택하면 메뉴 화면이 활성화 상태가 되므로 복수의 옵션을 선택할 수가 있습니다.

10 Multiple Objects 편집하기

물체가 Groups과 Overrides를 사용하는 다른 형태 (Phong, Lambert, Blinn 등)를 가지고 있을 지라도 여러 가지의 오브젝트 원료 구성요소를 편집할 수 있습니다.

그룹형태로 구성된 오브젝트에 대해 Override property를 새로 만들어 봅니다.

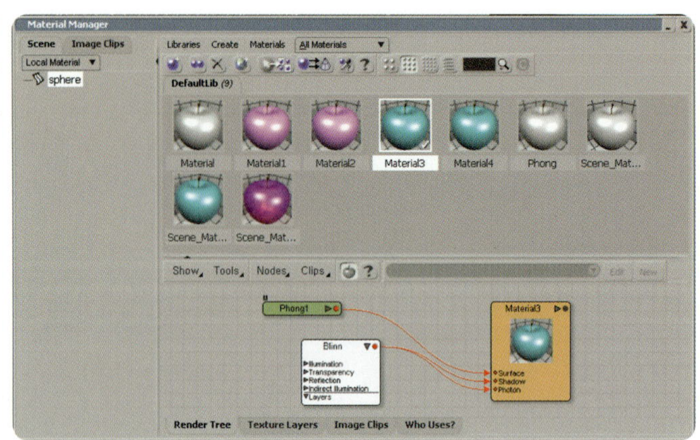

01 여러 가지 오브젝트를 디스플레이하고 편집하려면 Multi-select를 다양한 오브젝트에 사용하고자 할 때 **Shift** + click을 사용하면 다중선택이 가능합니다.

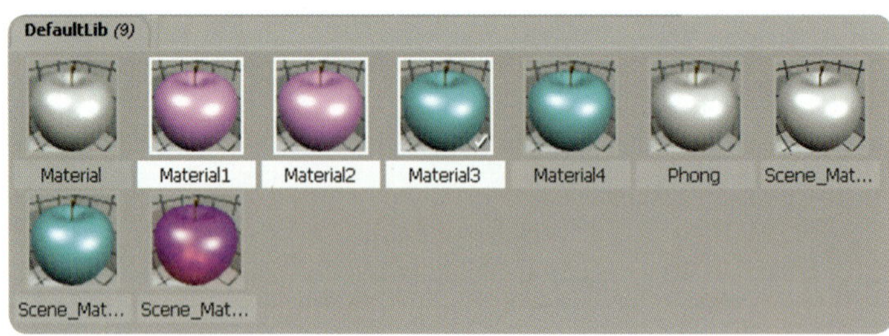

02 메인메뉴 Edit에서, Group 버튼을 클릭함으로써 오브젝트에 새로운 그룹을 생성할 수 있습니다.

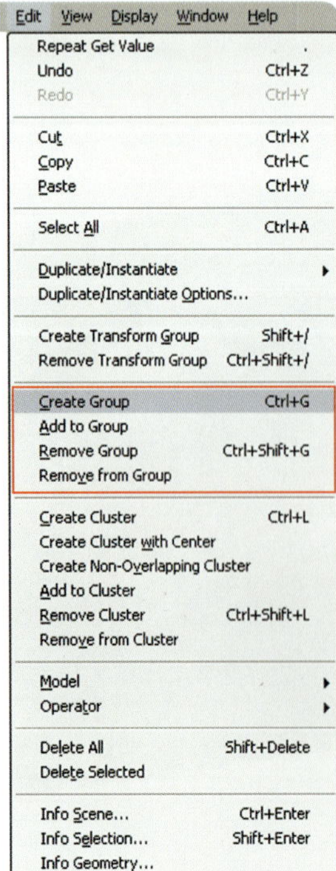

03 그룹을 선택한 후 Render toolbar 에서 Get 〉 Property 〉 Override를 선택합니다.

04 Override property editor에서 Add Parameter를 선택하면 Pop-up explorer가 활성화됩니다.

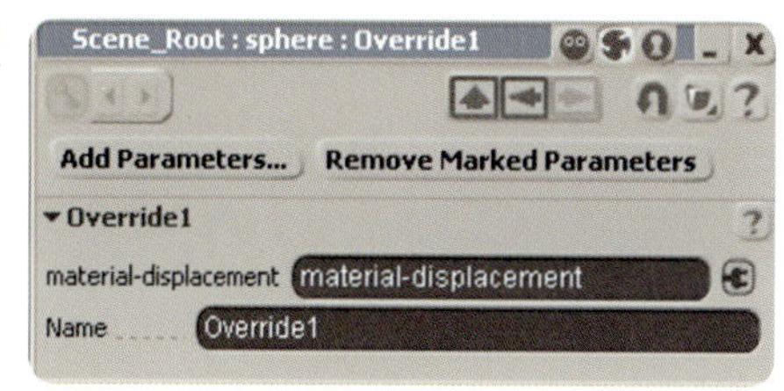

05 Explorer에서 Objects' material shader node중 하나를 확장합니다. 예를 들면 Material > Phong > Transparenc로 Parameter 를 선택합니다.
작업을 완료하면 Explorer 밖에서 클릭하여 창을 닫습니다.

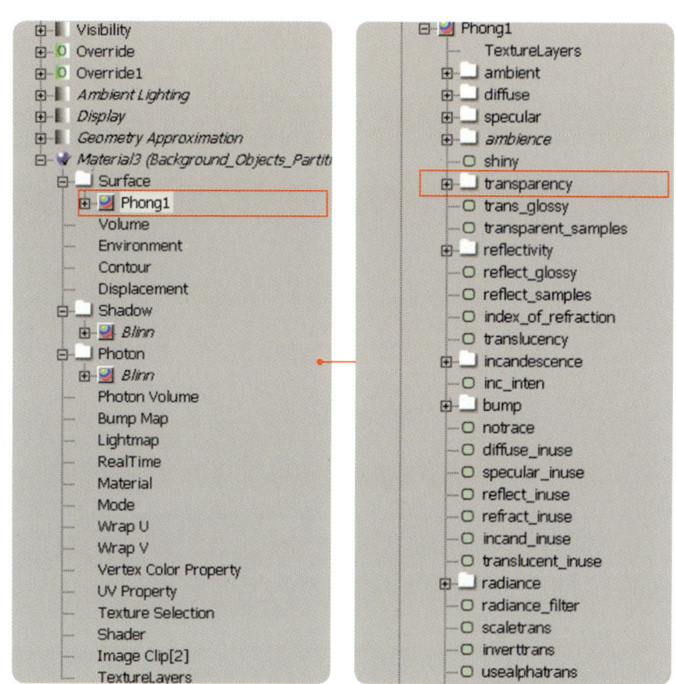

 2008년부터 소프트이미지는 크라이텍사의 크라이엔진2를 지원한다고 발표했습니다.
크라이텍은 매우 유명한 PC용 FPS게임인 크라이시스를 만들면서 크라이엔진2를 만들었는데 크라이엔진2는 최신의 PC에서 가능한 그래픽과 사운드. 그리고 인터엑티브한 움직임을 가능하게 하며 현존하는 그 어떤 게임엔진보다 뛰어나다고 볼 수 있습니다. Softimage|XSI 소프트웨어 개발자들은 크라이텍 사람들과 함께 익스포팅 프로세스를 개발했습니다.

Render Tree Presets 저장 및 불러오기

Render trees의 가장 큰 장점은 Presets과 같이 저장할 수 있고 다른 오브젝트에 적용하거나 다른 Render tree를 생성할 수 있다는 것입니다.

무엇보다도 중요한 것은 Render tree에서 세이브 과정을 미리 했을 경우 가장 먼저 고려해야 하는 사항은 세이브하는 Node 부분입니다. 이는 Tree에서 Nodes' hierarchy에 저장됩니다. 예를 들면 Render tree workspace에 있는 Node는 왼쪽 아래의 모든 Node에 데이터를 저장합니다.

STEP 01 Render tree preset 저장하기

01 Property editor를 열기위해 저장하기 위한 Node에서 Double-click합니다.

02 Editor 오른쪽 상단에 있는 Load/Save Preset 아이콘을 클릭합니다.

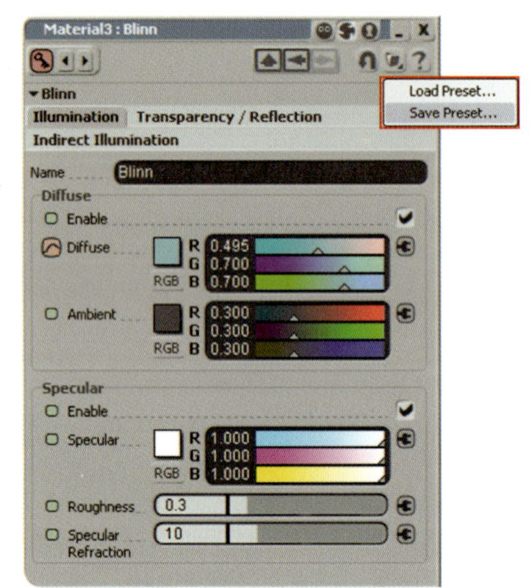

03 Render tree preset을 저장하고 이름 생성 등의 기능을 Navigate 모듈로 작업할 수 있습니다.

STEP 02 Render tree preset 불러오기

Preset에서 불러오고자 하는 Node를 "Double-click"한 후 Property editor에서 Preset 아이콘을 클릭하고 Load Preset을 선택하고 불러옵니다.

Browser나 Navigate를 이용해 Presets을 활용 할 수 있습니다.

12 Texture

STEP 01 Texture 종류

XSI에서는 Textures과 Image textures 두 가지 방식을 제공하고 있습니다 Shader 만으로도 재질을 만들 수 있지만 게임이나 동영상 등의 분야에서는 Textures 방식을 주로 사용하고 있습니다. 사용자가 때에 따라 원하는 다양한 방식의 재질을 사용할 수 있습니다.

1. Image Textures

Image texture는 오브젝트 표면 주위에 감싸않는 이미지라고 생각합니다. 오브젝트와 Image texture는 각각의 단위로 구별되어지며 2D texture를 주로 사용하게 됩니다.
SOFTIMAGE|3D에서는 그림 파일이나 스켄(Scan) 이미지들을 Import 할 수 있습니다. 사용되는 그림 파일 포맷으로는 PIC, GIF, TIFF, PSD 등이 사용되며 RGB 또는 RGBA 데이터를 이용합니다.

2. Procedural Textures

Procedural textures는 주로 자연적인 재질 시뮬레이션이나 패턴, 나무, 대리석, 바위 등의 재질표현에 주로 이용됩니다.
XSI의 Shader library는 이러한 2D와 3D Procedural textures를 같이 사용할 수 있습니다.

STEP 02 Surface와 Texture Shaders 함께 활용하기

Surfaces와 Textures는 일반적으로 같이 오브젝트에서 활용하게 됩니다.
Surface shader는 기본적인 칼라와 Transparency, Refraction, Reflectivity 등과 함께 오브젝트 표면 특성을 정의하며 다른 한편으로 Surface에 Image나 Procedural texture을 적용하게 됩니다. 이러한 이유는 보다 사실적으로 재질을 표현하기 위한 것입니다.

STEP 03 | Textures 적용하기

오브젝트에 Texture를 적용하는 가장 쉬운 방법은 Render toolbar에 Get 〉 Texture 메뉴를 이용하는 방법입니다. 이 기능으로 Shader(if none exists)나 선택된 오브젝트에 Texture를 적용합니다.

기본적인 세 가지 Texturing 방법이 있으며 XSI에서 texturing하는데 세 가지 방법을 제공하는데 결과적으로는 같은 결과로 나타납니다.

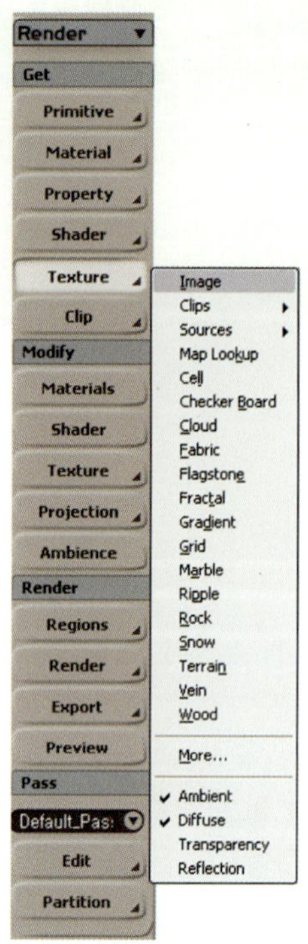

1. Texture Menu를 사용하는 Texturing 방법

오브젝트 Surface에 Texture 할 때 Texture menu를 이용하는 것이 가장 빠른 방법입니다. Get 〉 Texture 메뉴 기능을 이용하여 Texture 사용합니다.

01 Texture를 적용할 하나 또는 여러 개의 오브젝트를 선택합니다.
만일 여러 개의 오브젝트가 선택되었다면 오브젝트 별로 각각 Texture가 적용되며, 기존에 Texture가 적용된 오브젝트면 기존에 적용된 Texture는 지워지며 새로 적용된 Texture가 최종 적용됩니다.

02 Render toolbar에서 Get 〉 Texture를 선택하여 Texture 메뉴를 디스플레이 합니다.
Texture menu의 Input 기능을 통해 Texture 적용 값을 설정할 수 있으며 Ambient, Diffuse, Transparency and Reflection 등의 값도 설정할 수 있습니다.

03 메뉴에서 Get 〉 Texture 〉 Image를 선택합니다. 선택된 Texture는 명시된 Surface shader parameters나 Texture's property editor를 활성화합니다.

04 Texture's property editor로부터 Texture의 Projection type을 명시합니다.

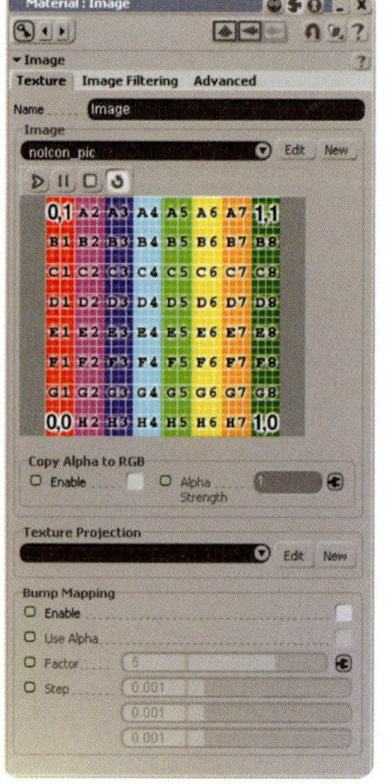

05 만일 Render tree를 활성화 하면 오른쪽의 그림과 같은 모습이 보여 집니다.

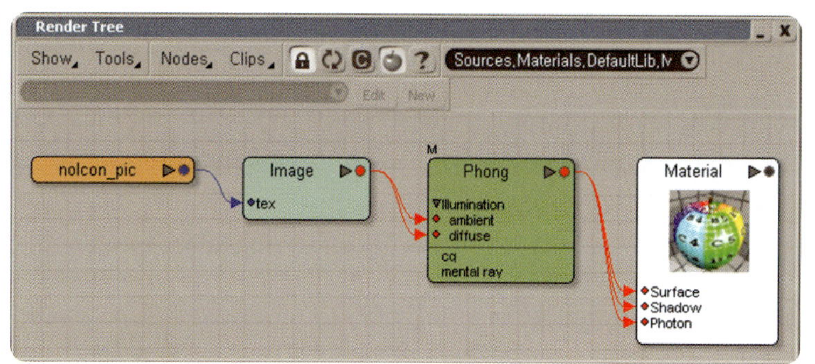

2. Property Editor를 이용하여 Shaders 연결하기

Shader's property editor에서 Connection icons을 이용하여 Texture 작업을 진행할 수 있습니다.

01 Texture에서 Connection 아이콘 사용하려면 오브젝트에 Texture(또는 Texture further) 나 Surface 또는 Texture shader property editor(Modify > Shader)를 선택합니다.

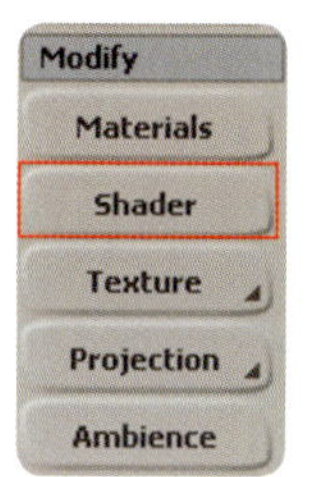

02 Texture shader property editor에서 마우스 클릭이나 Right-click을 하여 Shader에 연결하기 원하는 Connection 아이콘을 사용합니다.

Parameter에서 Texture가 적용되어져 있다면 Connection 아이콘은 붉은 색으로 나타나집니다. 새로운 Shader 를 연결하거나 현재의 Shader를 끊기 위해서는 마우스 Right-click을 사용합니다.
Left-clicking은 Currently-connected shader를 위해 속성 편집자를 자동적으로 활성화합니다.

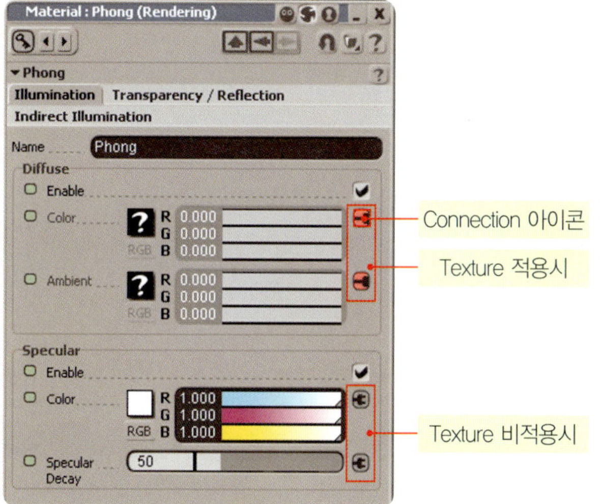

Connection 아이콘

Texture 적용시

Texture 비적용시

03 활성화되는 Menu에 Option기능에서 Edit, Disconnect, Blend 또는 Attach 등을 편집할 수 있습니다.

3. Render Tree를 이용하여 Texturing하기

오브젝트에 Render tree를 사용하여 Texture를 적용시켜 새로운 것을 만들어 낼 수 있습니다.
Render toolbar에 있는 Texture menu 명령들을 활용하여 Shaders, Material, Texture에 새로운 재질을 만들어 낼 때
Render tree를 활용하여 구성 할 수 있습니다.

01 Viewport 또는 Floating window 형식으로 Render Tree를 활성화합니다.
오브젝트를 선택하고 Render tree command bar에 있는 "Update" 버튼을 클릭합니다.

02 Toolbar에서 Get > Material에서 서브 명령을 사용하여 Material node에 Surface shader를 적용합니다. 예를 들어 Phong을 적용합니다.

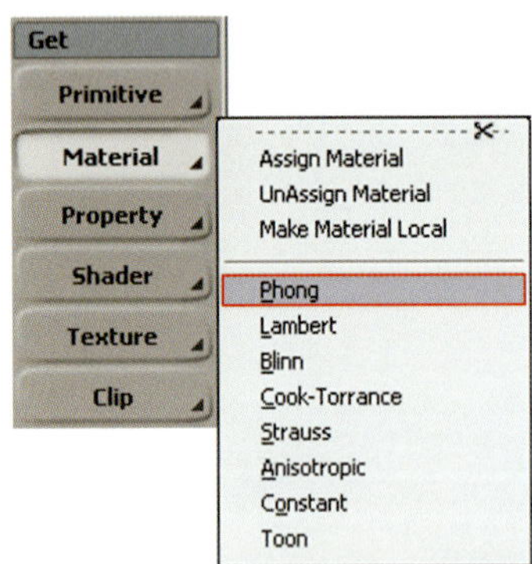

03 Render tree command bar에 Texture에서 Nodes > Texture > 원하는 명령어를 선택합니다. 또는 Browser나 Toolbar에서 Drag-and-drop으로 Texturing shader를 Render tree work area로 적용시킵니다.

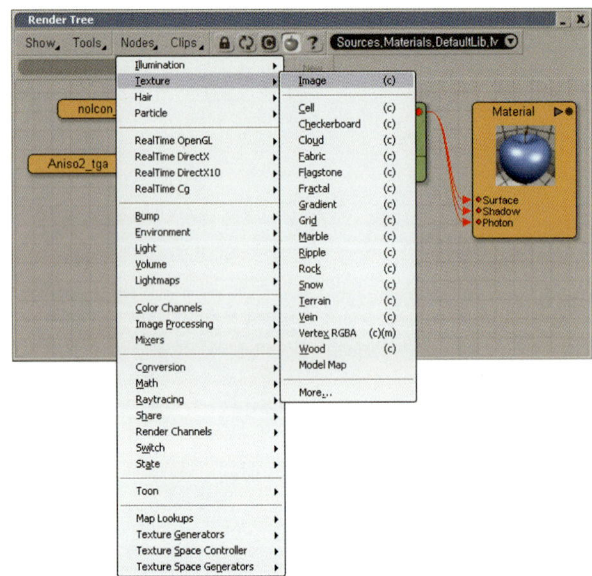

04 Surface shader에 Texture shader를 원하는 곳에 연결합니다.

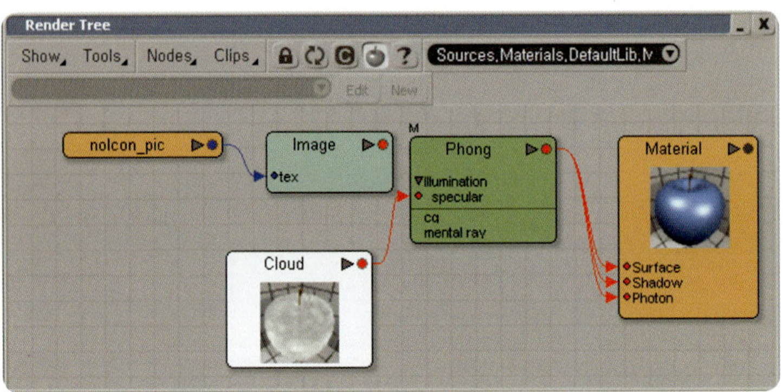

STEP 04 Multiple Objects에서 Texture 적용하기

여러 가지 오브젝트에 동일한 Texture를 적용할 수 있습니다. 오브젝트를 동시에 선택한 다음 Get > Texture > Shader의 종류를 선택합니다.

분리된 Texture(또는 Image) shader는 각각의 오브젝트에 적용됩니다.

여러 개의 오브젝트를 선택한 후 Surface shader property editors를 활성화(Modify > Shader) 합니다. 그리고 Connection 아이콘을 클릭하여 Texture를 적용합니다.

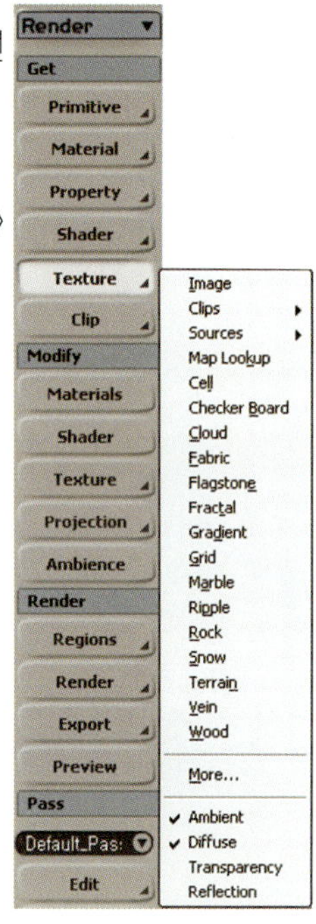

STEP 05 Local Texture 적용하기

Polygon mesh 오브젝트의 모든 Polygon에 Texture를 원하는 위치로 적용할 수 있습니다.

01 Main command 패널에 Selection arrow 아이콘을 선택합니다.
Polygon selection을 활성화하기 위해 Polygon 버튼을 클릭합니다.

Selection arrow 아이콘

02 오브젝트에서 한 개 혹은 여러 개의 Polygon을 선택합니다. 선택된 폴리곤은 붉은 색으로 표시됩니다.

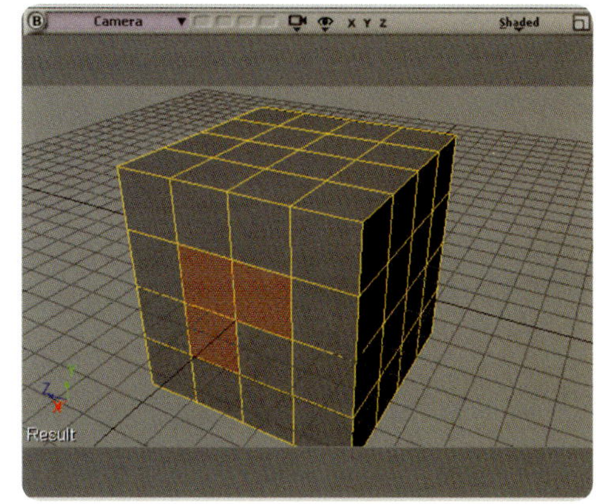

03 Render Toolbar에서 Get > Material을 선택하여 Surface shader에 적용합니다. Shader에 적용 후 Cluster는 자동적으로 생성됩니다.

04 Render Toolbar에서 Get > Texture > More를 선택합니다. Shader library 위치에서 Browser가 오픈됩니다.

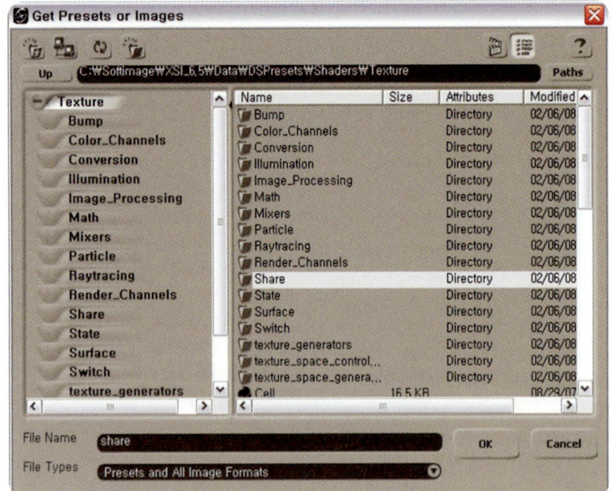

05 Texture preset을 선택하여 원할 경우 [OK] 버튼을 클릭하여 선택된 Polygon에 Texture를 적용합니다.

STEP 06 Texture layers를 이용하여 Texture 추가하기

Texture를 추가하고 싶을 때는 Render toolbar에서 Modify > Texture > Add를 이용해서 추가할 수 있습니다. 이것은 오브젝트 Surface shader에 새로운 Texture layer를 생성합니다.

01 Texture를 추가하기 위한 오브젝트를 선택합니다. Render toolbar에서 Modify > Texture > Add > Image 메뉴를 선택합니다.

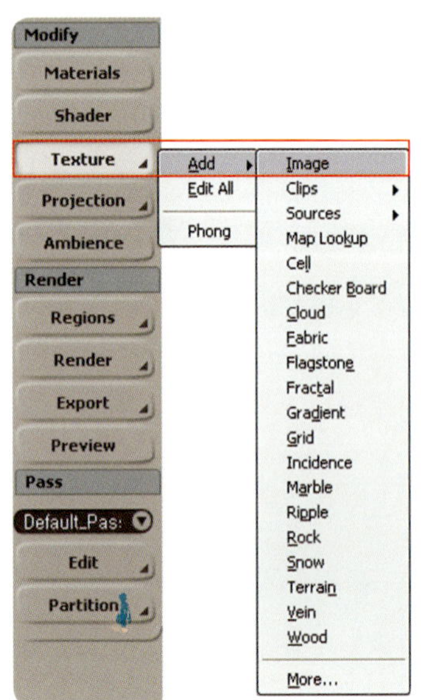

02 Texture's property editor에서 사용할 Texture를 선택합니다.

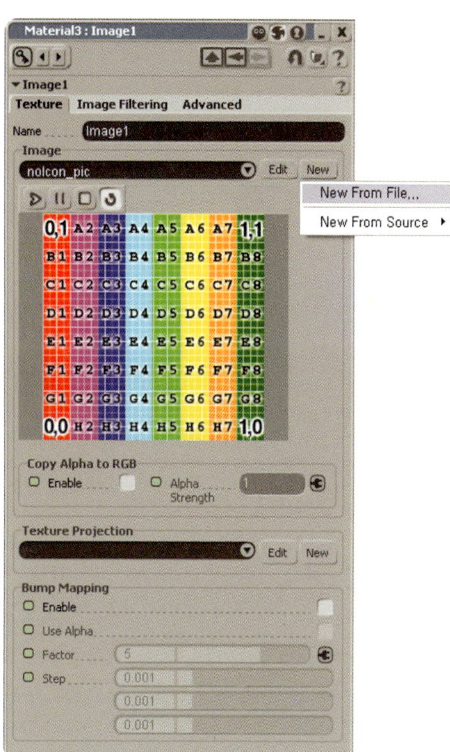

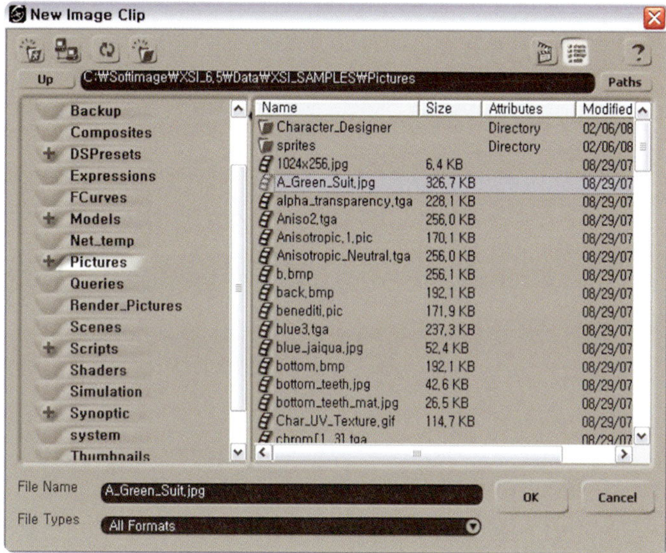

03 Render tree를 활성화하면 새로운 Texture가 새로운 Texture 계층을 통해 Surface shader's에 적용된 것을 볼 수 있습니다. Texture는 layer's Color port에 연결됩니다.

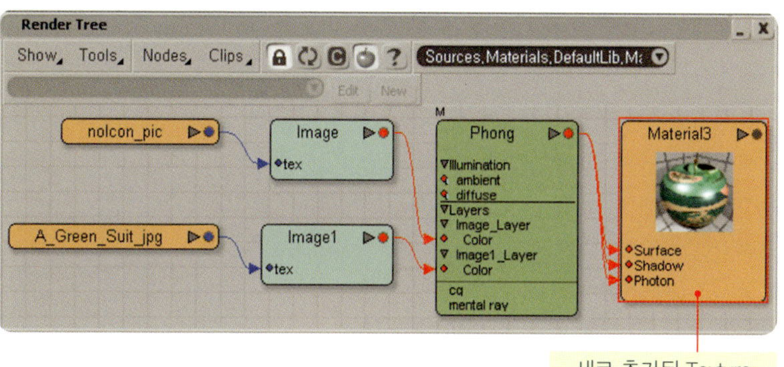

Manupulating Textures

Texture는 Object, Group 또는 Hierarchy 등에 적용되어지며 이를 위해 XSI에서는 다양한 방법을 제공하고 있습니다.

1. Texture에 Repeating과 Tiling 하기

대부분의 Texture는 반복적으로 Tiling에 의한 패턴을 적용하며 사용할 수 있습니다.

그림이 반복될 때, 그림의 가장자리는 절대적 대칭구조입니다. Advanced 탭에 Tiling과 Repeat parameters는 Property editor를 적용하여 사용가능하며 X, Y와 Z에 있는 반복의 수를 정의할 수 있습니다. Repeat parameter는 X, Y와 Z안에 반복 요소를 포함합니다.

2. Bump Mapping Options

Texture 탭에 Texture's Bump Mapping parameters는 이것의 Property editor를 이용하여 활용 가능합니다.

Steps parameter는 Bump map의 Smoothness이나 Jaggedness를 관리하는데 이용됩니다. Slider는 U, V나 Z steps의 Bump texture 값을 설정합니다.

3. Textures 적용하기

Render toolbar에서 쉽고 빠르게 오브젝트에 Texture를 적용시킬 수 있습니다. Texture를 편집할 Object, Group 또는 Hierarchy 등을 선택합니다.

Texture shader와 Property editor의 이름을 설정하기 위해 Modify 〉 Texture 〉 적용된 Texture 파일 이름을 선택합니다. 서브 메뉴는 Object, Group 또는 Hierarchy에 적용된 모든 Shader 및 Submenu 아래에 모든 사용된 이미지 클립을 나열합니다.

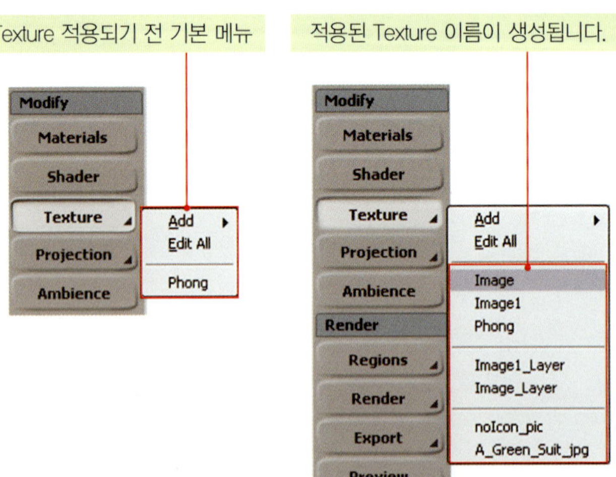

Textures 복사하기

Texture를 기존의 오브젝트에서 다른 오브젝트로 복사가 가능합니다. Texture와 Surface-shader 정보를 저장하는 가장 좋은 방법은 Material node 또는 Surface shader property editor에서 모든 Shaders를 저장하는 것입니다.

1. Texture preset 저장하기

Surface shader property editor를 오픈합니다. 여기서 저장하고자 하는 Texture 정보를 알 수 있습니다. Property editor 우측 상단에 Folder 아이콘을 클릭하고 Save Preset 버튼을 클릭합니다.
활성화되는 Browser에서 Preset을 저장하고 이름을 설정한 후 [OK] 버튼을 클릭합니다.

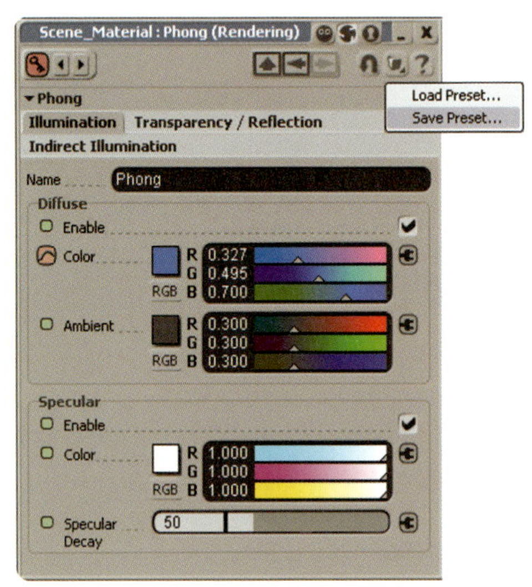

2. Texture preset 불러오기

Surface shader property editor에서 다른 위치에 있는 Texture를 불러올 수 있습니다. Property editor 의 우측 상단에 Folder 아이콘을 클릭합니다. Load Preset를 선택합니다. Preset을 저장한 위치 경로를 선택한 후 파일을 선택합니다. 그리고 [OK] 버튼을 클릭합니다. Texture preset은 그 원본으로부터 저장된 상태 그대로 오브젝트에 적용되어 집니다.

불필요한 Clip을 정리하는 방법

XSI에서는 오브젝트에 재질을 적용할 때 Project로서 Clip이 생성됩니다.
이 Clip은 사용하고 있지 않아도 직접 삭제하지 않는 한 데이터가 남아 있습니다. 불필요한 Clip은 삭제해야 데이터 용량이 가벼워집니다.
간단한 프로젝트 같은 경우 불편한 점이 없겠지만 큰 프로젝트에서는 불필요한 Clip을 삭제하는 일이 쉽지 않습니다.
Get 〉 Clip 〉 Delete Unused Image Sources and Clips을 선택합니다. 이것으로 프로젝트에서 사용되지 않은 이미지 파일과 Clip 파일을 삭제할 수 있습니다. 또한 Delete Unused Image Sources를 선택해 주면 Clip화 되어 있지 않은 미사용 이미지 파일을 삭제할 수 있습니다.

13 Gradients

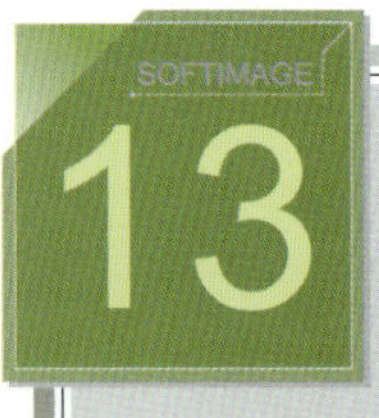

STEP 01 Gradients 만들기

새로운 Shading effect를 만들어 내기 위한 방법 중에 하나로 Gradients 기능을 이용할 수 있습니다. Texture objects를 사용하는 것 이외에 다른 Shaders' parameters를 사용하기 위해 Gradients을 사용할 수 있습니다.

Gradient Shaders 살펴보면 한 장면에서 Gradient을 사용하는 동안 Gradient texture shader나 Gradient mixer shader를 사용할 수 있습니다. Gradient shaders는 같은 Gradient control을 사용하고 Separate color와 Alpha gradients을 설정할 수 있습니다.

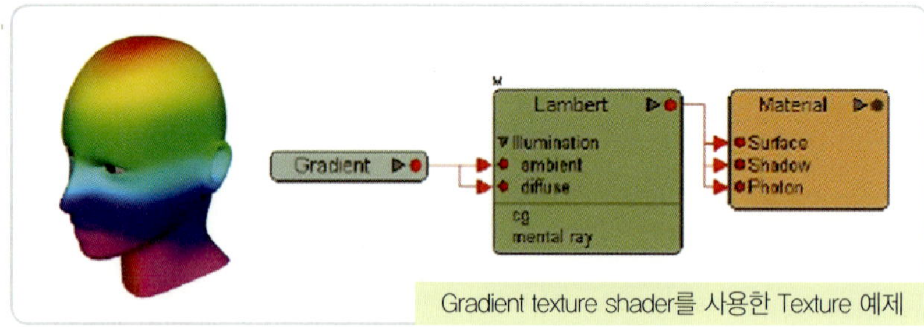

Gradient texture shader를 사용한 Texture 예제

Gradient mixer shader는 Color gradient을 사용하는 Scalar나 Vector 데이터 값을 사용합니다.

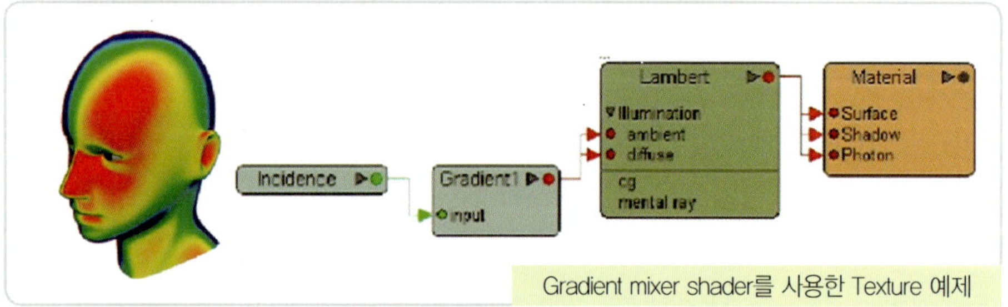

Gradient mixer shader를 사용한 Texture 예제

Tip Gradients

사전적 의미로는 기울기, 무래, 경사도, 증감, 변화도의 의미를 가지고 있습니다.
벡터 미적분학에서 기울기 또는 그래디언트(Gradient)는 **스칼라장**의 최대의 증가율을 나타내는 **벡터장**을 뜻하고 있습니다. 3차원그래픽에서는 맵핑 등에서 작업 진행시 Shader를 이용한 그래디언트 기술을 활용하고 있습니다.

STEP 02 # Gradient Controls 사용하기

Gradient slider는 Gradient texture 또는 Mixer shader's property editor에서 Gradient를 조절하거나 새로 만드는 곳입니다. 기본적으로 새로운 Gradient shader는 Six-marker multi color RGBA gradient(RGBA Gradient tab)와 Two-marker black-to-white alpha gradient(Alpha Gradient tab)를 디스플레이 합니다.

Render Toolbar에서 Modify 〉 Texture 〉 Add 〉 Gradient 를 선택합니다.

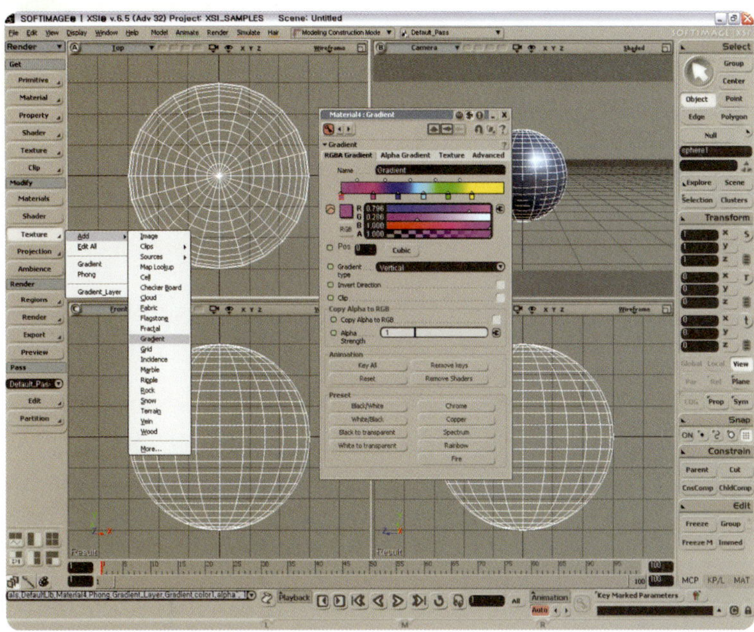

1. Markers' RGBA values 편집하기

임의의 Marker 선택한 후 클릭한 후 Color sliders 또는 다른 Color controls를 사용하여 Color를 조절합니다.

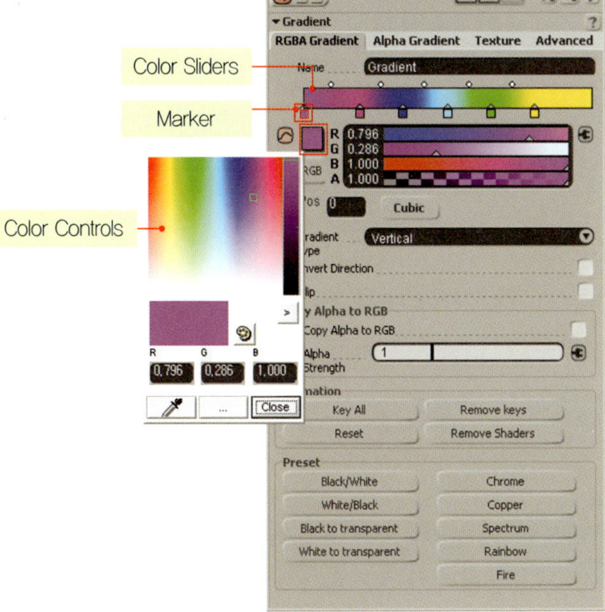

2. Gradient에서 Color marker positions 조절하기

Color marker를 선택합한 후 새로운 위치를 설정하기 위해 Marker를 마우스로 이동(Drag)하고 Pos text box에 새로운 위치 값을 설정합니다. 위치 값은 0.0 (Gradient 시작점)에서 1.0(Gradient 끝점)까지 사용할 수 있습니다.

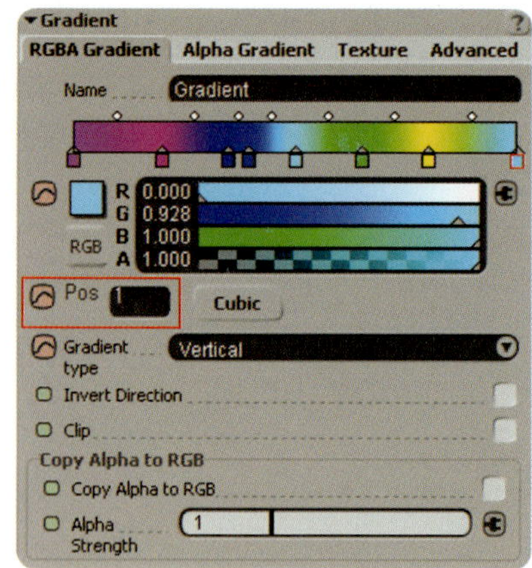

3. 두 개의 Marker 사이에 Blend 조절하기

두 개의 칼라나 알파 Marker들을 선택하기 위해 Round interpolation marker를 클릭한 후 새로운 위치로 Interpolation marker를 마우스로 이동(Drag)합니다.
Pos text box에서 새로운 위치를 만들기 위해 0에서 1의 값을 사용할 수 있습니다.

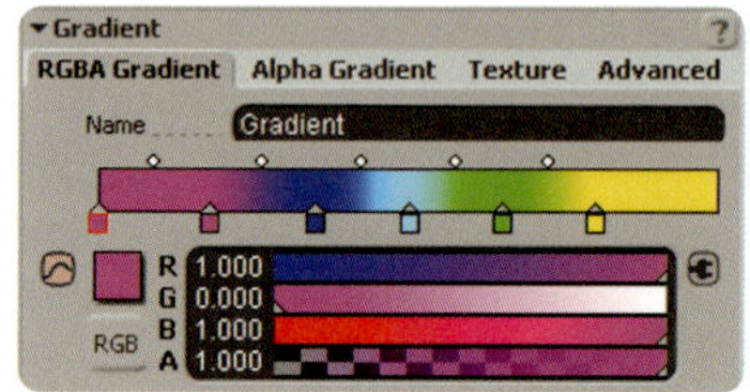

4. 새로운 마커 만들고 삭제하기

새로운 마커를 만들기 위해서는 마커와 마커 사이에 마우스를 클릭하면 자동으로 마커가 생성됩니다.
생성된 마커를 지우려면 마커 위에서 마우스 오른쪽 버튼을 클릭하면 Delete marker 메뉴가 생성됩니다. 이 메뉴를 선택합니다. 다른 방법으로 마커를 선택한 후 키보드에서 Delete 키를 클릭해도 됩니다.

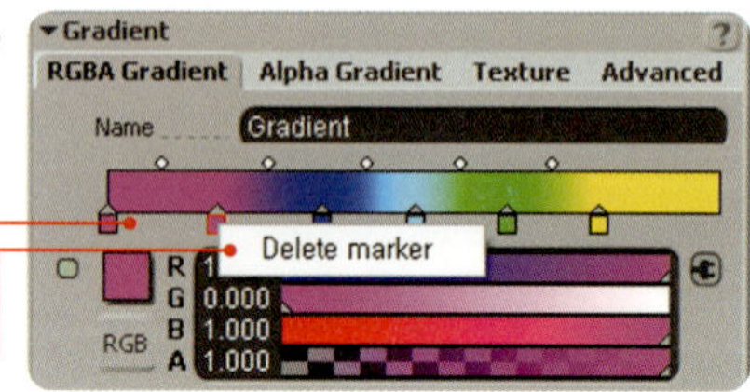

5. Gradient's interpolation 변경하기

Cubic과 Linear interpolation 사이를 바꾸기 위해 Interpolation 버튼을 클릭합니다.
Cubic 또는 Linear 만들려면 Interpolation type 중 선택하여 사용합니다.

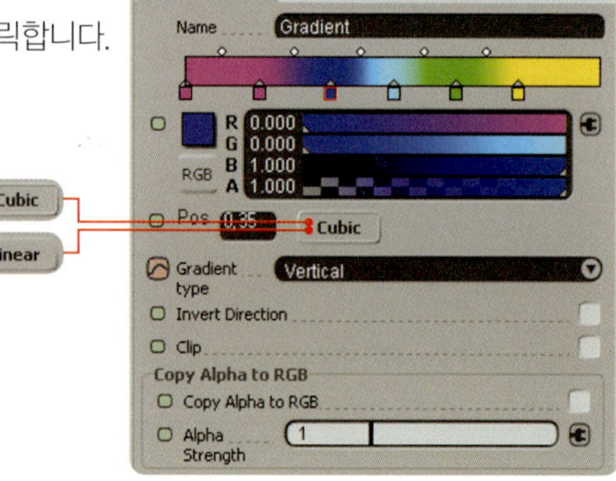

6. Gradient type 선택하기

List로부터 오른쪽 그림 중 Gradients을 하나 선택합니다.

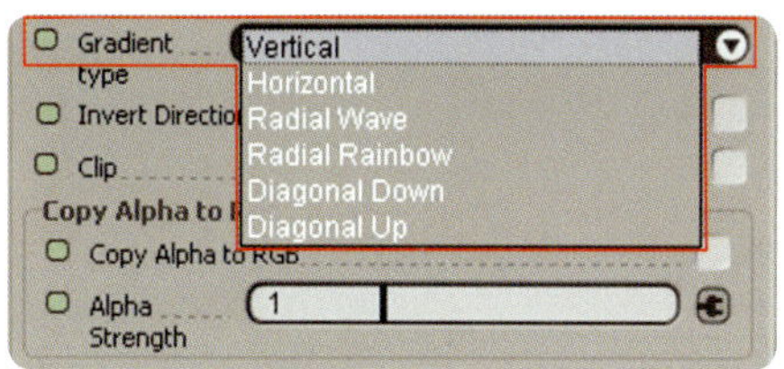

STEP 03 Alpha Gradient

RGBA gradient 이외에 Gradient shaders는 Alpha channel에서 Separate gradient을 만들 수 있습니다.
이 기능은 Gradient's alpha를 칼라와 무관하게 변화시킬 수 있습니다.

Gradient(Texture 또는 Mixer) property editor에 Alpha Gradient 탭에
서 Alpha gradient를 활성화합니다.
Render Toolbar에서 Modify 〉 Texture 〉 Add 〉 Gradient에서 Alpha
Gradient 탭을 선택합니다. 기본적으로 블렉이나 화이트의 Alpha
gradient를 디스플레이 합니다.

Alpha gradient를 정의하기 위해 Gradient controls를 사용합니다.
두 가지의 차이점은 칼라의 수치가 Color sliders를 사용하면서 하나의
Alpha slider를 사용하는 각각의 Alpha 값을 설정 했다는 것입니다.

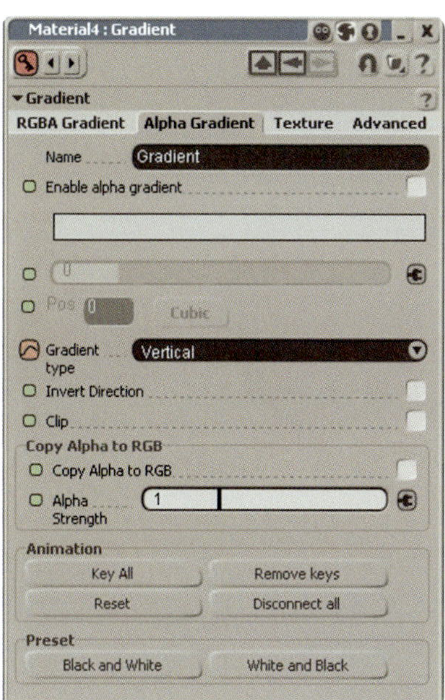

Alpha channel

컴퓨터 응용 프로그램에서 이미지 처리 작업을 좀 더 간편하고 효과적으로 하기 위해 기본 채널에 추가로 설정된 채널입니다.
32비트 그래픽 시스템은 총 4개의 채널을 가지고 있는데 이미지가 RGB(적 · 녹 · 청) 모드일 때 사용되는 각각 8비트로 구성된 3개의
채널과 역시 8비트로 구성된 1개의 추가 채널이 있습니다.
이 추가 채널을 알파 채널이라고 합니다. 알파 채널은 그래픽상의 한 픽셀의 색이 다른 픽셀의 색과 겹쳐서 나타날 때 두 색을 효과
적으로 융합해 주며 애니메이션 작업 등에 매우 효과적입니다.

14 Texture Projection

Texture projection의 종류를 선택하는 것은 Texturing 과정 중 중요한 부분의 하나입니다. 오브젝트의 형태에 따라 적합한 Texture 형태가 다르기 때문입니다.
이에 본 장에서는 Texture projection 종류에 대해 살펴보도록 합니다.

STEP 01 Planar Projections

Planar Projections 방식은 2차원의 평면 그래픽을 각이 있는 물체, 예를 들면 아래의 그림과 같이 사각형 오브젝트에 적용시키기 적합한 방법입니다.

아래의 그림과 같이 XY, XZ, YZ 맵핑(Mapping)에서 사각형에 적용된 하나의 이미지를 살펴봅니다.

그림 파일이 XY coordinates에 표현된다면 그림 파일의 Pixels 값을 정확하게 XY surface 패널에 정확하게 일치됩니다.

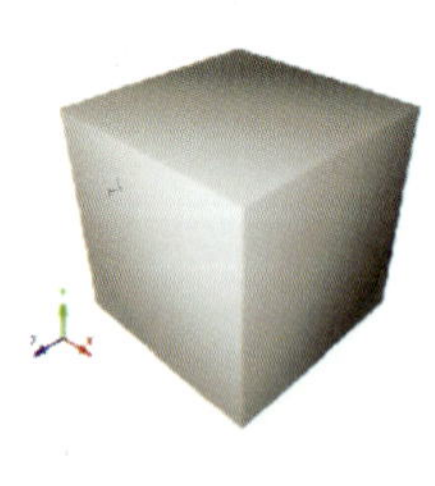
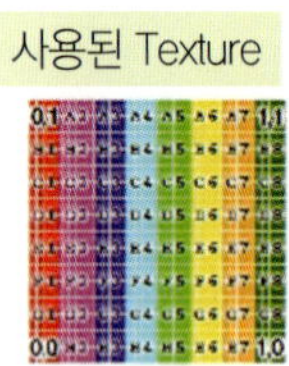

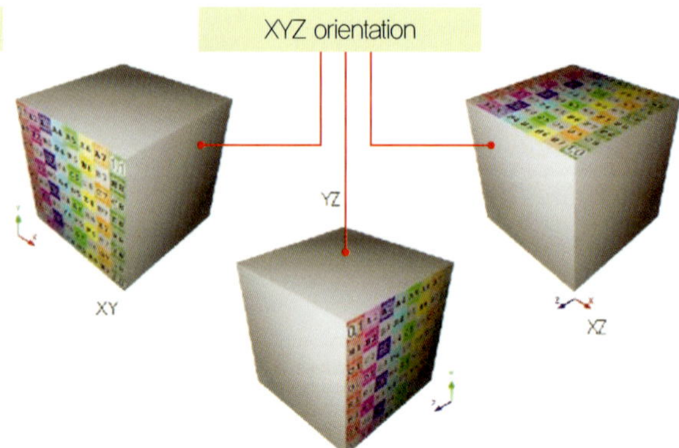

STEP 02 Cylindrical Projection

사용하고자하는 맵이 cylinder 모양일 경우 사용합니다.

Planar XY

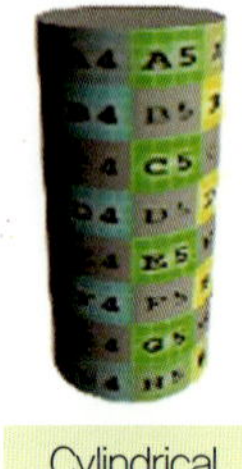
Cylindrical

STEP 03 Spherical Projection

원형의 오브젝트일 경우 그 오브젝트 둘레를 Spherical 형태로 적용되는 방식입니다.

Planar XZ

Spherical

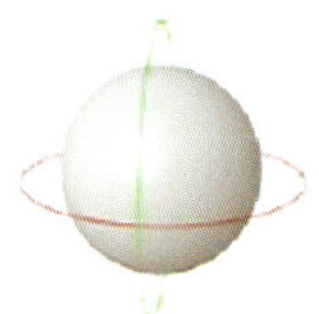

STEP 04 Lollipop Projection

Lollipop projection은 기본적으로 Spherical Projection 방식과 비슷하나 Spherical Projection과의 차이점은 오브젝트의 위부분과 아래 부분을 기준으로 향해 나아가는 모습의 Spherical–type texture projection 방식 입니다.

Spherical

Lollipop

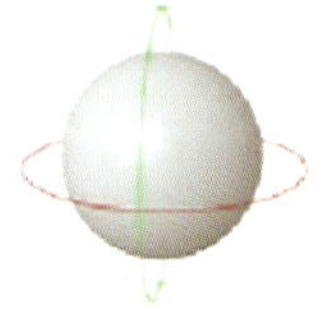

STEP 05 UV Projection

UV mapping은 맵핑 방법중에 가장 많이 사용하는 방법중에 하나로써 어떠한 형태의 오브젝트라도 정확한 맵핑 적용이 가능한 방법입니다.
이 방법은 Object's surface에서 고무피부처럼 오브젝트 형태에 맞춰 맵핑이 적용됩니다.

 **프로젝션[Projection]**

프로젝션은 스트린 위에 필름이나 비디오 테이프의 영상을 재생산하는 과정이라 할 수 있습니다. 3D 그래픽에서는 이러한 방법을 응용하여 UV 좌표를 이용한 다양한 기술을 적용하고 있습니다.

STEP 06 Camera Projections

간단하고 편리한 Texture 오브젝트 방법은 Camera에서 Texture를 계획하는 방법입니다. 이 방법은 장면에서 실제 현실과 같은 행동 배경을 계획하는데 매우 유용한 방법 중에 하나입니다.

배경이미지를 기본으로 오브젝트를 그 위에 놓은 후 카메라 상태를 적절한 View로 설정한다면 좋은 결과가 나올 것입니다.

Texture image

Wireframe 상태 렌더링

Top view에서 본 모습

최종 렌더링 된 모습

STEP 07 Cubic Projections

오브젝트에 3차원의 Projection을 적용할 때 오브젝트 폴리곤은 폴리곤 표준을 기준으로 특정하게 적용됩니다. 이 방식은 3차원적인 Texture 방식을 지원하며 Texture는 Planar 또는 Spherical projection 방법을 이용하여 적용됩니다.

STEP 08 Spatial Projection

Spatial projection은 Object's origin 또는 Scene's origin을 가지고 있는 3D(Three-dimensional) UVW texture projection입니다.

Spatial texture projection은 독특한 Texture supports 기능을 가지고 있습니다. 기본적으로 Object's volume center에서 나타납니다. 이 기능을 활용하여 Texture를 조절하기 위해 다른 Texture 지원을 이용하여 변형시킬 수 있으며 Modify Projection tool을 사용하여 Projection을 수정할 수도 있습니다.

 Unique UVs Projection(Polygons Only)

Unique UVs mapping은 Polygon objects에 사용하는 두 가지 방법이 있습니다.

1. Individual polygon packing

Individual polygon packing은 Texture의 각기 다른 조각에 Polygon's UV coordinates을 적용합니다. 이 방법은 Rendermapping polygon 오브젝트에 유용하게 적용되어지며 일반적으로 기하학에 대해 적절한 Projection 형태를 사용하는 오브젝트에 Texture를 적용합니다.

2. Angle Grouping

Projection 방향에 대해서 결정한 후에 Angle Grouping은 Normal direction이 명시된 각도안 폴리곤 가까이에 있는 그룹입니다. 이 과정은 Object's polygons 전부가 그룹으로 형성될 때까지 반복되며 Object's geometry를 펼치는데 유용한 방법입니다.

 Contour Stretch UVs Projection(Polygons Only)

Contour Stretch UVs projection은 Object's polygon을 선택하여 Texture image를 Project 할 수 있으며 Texture editor를 통해 조절할 수 있습니다.
이 방법은 Curved meshe에 Regular–shaped texture를 적용하는데 유용합니다. 예를 들면 맥주병이나 몸에 라벨 Texture를 적용하는데 편리합니다.

Texture projection 적용하기

앞에서 Texture projection 종류에 대해 살펴보았습니다. 지금부터는 Texture projection을 적용하는 방법에 대해 살펴보도록 하겠습니다.

Texture projection은 오브젝트에 Texture를 적용하기 전이나 혹은 후에도 사용할 수 있습니다.

1. Texture projection 기본 적용하기

오브젝트나 그룹 또는 Hierarchy를 이용하여 사용할 오브젝트를 선택합니다. Toolbar에서 Get 〉 Property 〉 Texture Projection 〉 원하는 Projection type을 선택합니다. 그러면 오브젝트에 Projection 이 적용됩니다.

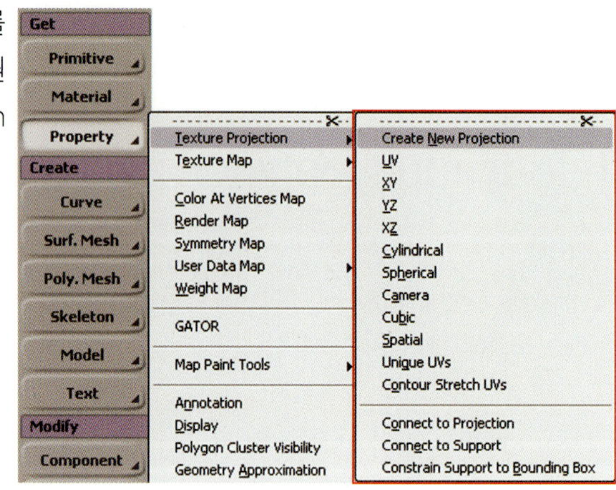

2. Camera Projection 적용하기

오브젝트에 Texture를 적용시킬 때 가장 간단하고 편리한 방법은 Camera를 통해 Texture 사용 계획을 세우는 것입니다. 먼저 오브젝트를 선택한 후 Texture를 적용합니다.

Texture 탭에서 새로운 Camera Projection을 선택하고 Camera Projection을 선택하면 Explorer 또는 3D view에 Camera 를 통해 선택합니다. 선택된 카메라를 통해 Texture를 사용할 수 있으며, Camera의 View나 궤도(Orbit)로 Render 영역을 열고 그 Texture를 원하는 위치로 설정하여 사용합니다.

3. Cubic Projection 적용하기

오브젝트에 3차원 Projection을 적용할 때 오브젝트 각각의 폴리곤은 그 입방체의 표면에 적용되며 Texture image는 각 표면에 Project 됩니다. Texture 위치가 적절하게 위치되도록 수정할 수 있습니다.

오브젝트를 선택한 후 Texture를 적용합니다. Texture 탭에서 New를 클릭하고 Cubic을 선택한 후 Texture 탭에 Edit 버튼 을 클릭하면 Texture Projection property editor가 활성화 됩니다. Layout 탭을 이용하여 Cubic projection preset을 적용합 니다.

4. Cubic Projection Presets 저장하기

오브젝트를 선택한 다음 Applying a Cubic Projection에서 오브젝트에 Cubic texture projection을 적용합니다.

Texture projection's property editor에서 Texture Support page의 Custom 탭에 Projection's UV coordinates를 조절합니다.

Texture Support page의 Layout 탭에서 Save Preset 버튼을 클릭합니다. 그리고 Browser에서 Preset 이름 생성한 후 [OK] 버튼을 클릭합니다.

5. Cubic Projection Presets 불러오기

적용된 Cubic texture projection을 선택한 후 Object's cubic texture support를 선택합니다. 키보드에서 Enter 를 누르면
Texture Support property editor가 활성화됩니다.
Texture Support page의 Layout 탭에서 Preset 아이콘을 클릭합니다.

TiP Texture projection을 다른 오브젝트에 복사하는 방법

XSI에서 오브젝트 카피는 Ctrl + D 입니다. 그리고 GATOR를 사용해서 오브젝트간의 Texture projection을 복사할 수 있습니다.

Texture 제공 온라인 사이트 주소

1. www.3dship.com
2. www.cgtextures.com
3. www.photojournal.jpl.nasa.gov
4. www.suurland.com
5. www.imageafter.com

15 Texture Editor

XSI에서 제공하는 Texture editor 는 하나의 픽셀(Pixel)까지 연산하여 Texture를 적용할 수 있는 아주 좋은 툴입니다. 일반적으로 Shader를 이용하여 맵핑하는 방법보다는 거의 모든 맵핑 작업은 Texture editor를 활용하여 이루어진다고 해도 과언이 아닙니다.

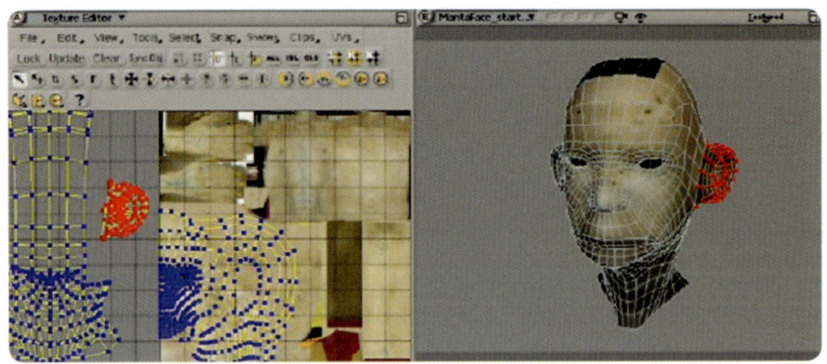

XSI에서는 복잡한 오브젝트를 선택하여 편집할 수 있는 Texture editor를 열 수 있습니다.
Texture editor는 3차원의 오브젝트를 2차원으로 표현해 줍니다. 이러한 기능 때문에 2D 상태의 Texture 제공이 쉽고 정확하게 제공될 수 있습니다.

STEP 01 Texture editor 열기

오브젝트를 선택합니다. Viewport's에서 Views menu 중 Texture Editor를 선택합니다.

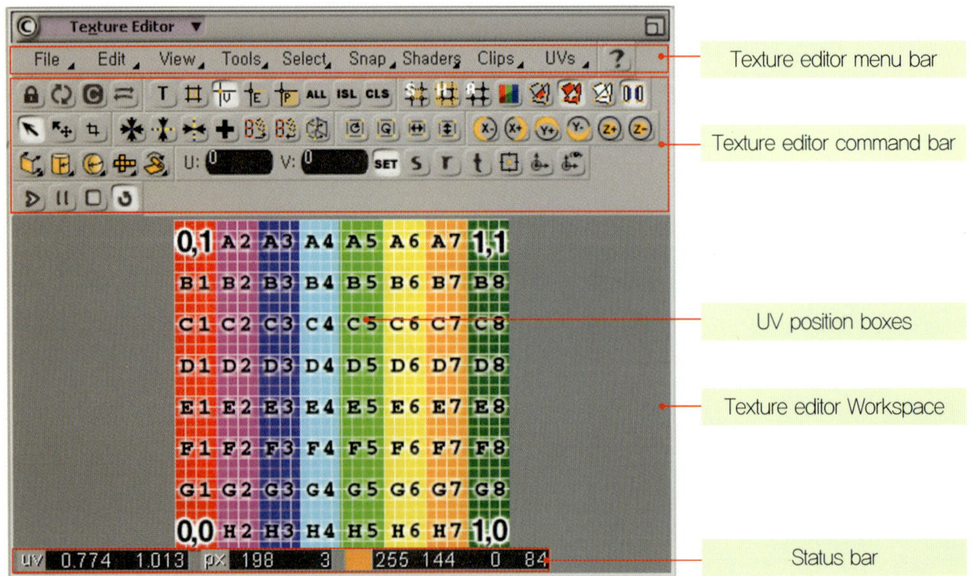

다른 방법으로 Main menu에서 View 〉 Rendering/Texturing 〉 Texture Editor를 선택해도 됩니다.

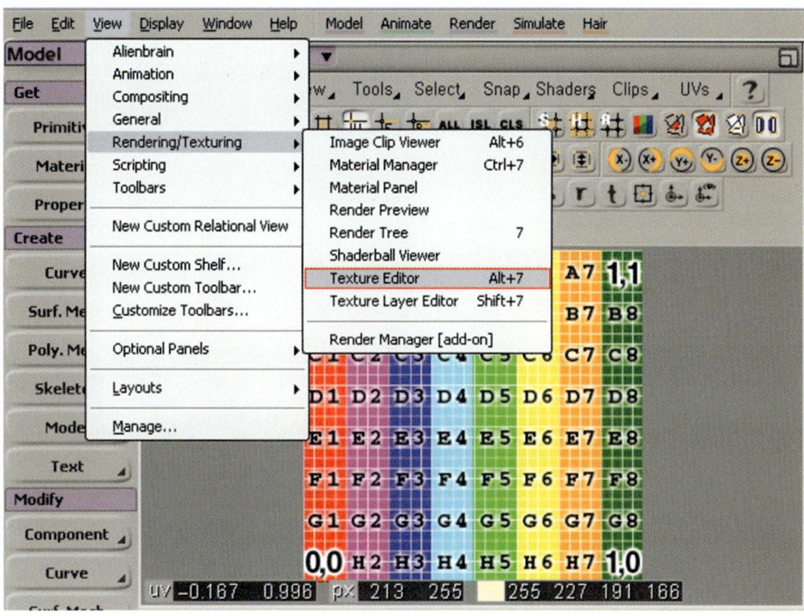

만일 여러 개의 오브젝트를 선택했다면 UV는 각각의 오브젝트로 디스플레이됩니다.

STEP 02 Display로 Texture Image를 선택하기

Texture editor's Clips menu는 Texture editor workspace에 Image clip을 디스플레이 하며 선택할 수 있는데 이를 알파벳 순서로 리스트 구성하기도 합니다.

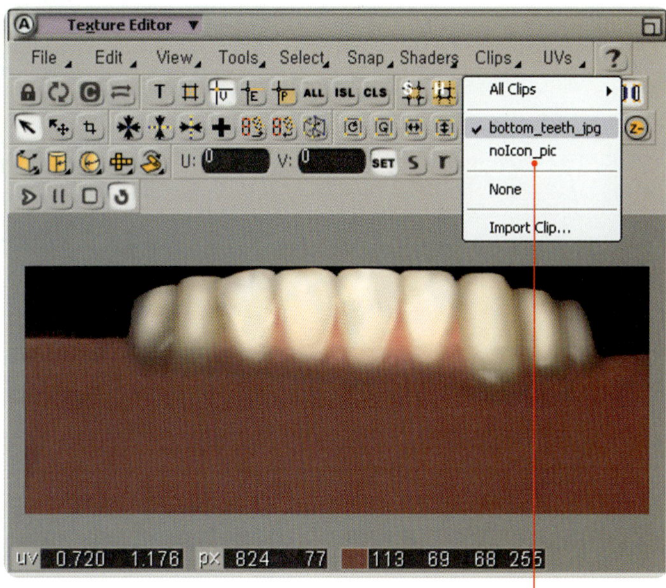

텍스처 이미지를 계속 사용할 경우 Clip 으로 저장되어 리스트에 표시됩니다.

STEP 03 | Texture Image를 어둡게(Dimming)하기

Texture editor workspace에서 coordinate 기능을 이용하여 Texture 이미지를 어두워지게 만들 수 있습니다. 이러한 기능은 이미지와 좌표 구별을 하기 위해 자주 사용되는 기능입니다.

Dim Image 버튼을 클릭하여 Texture image를 어두워지게 하거나 Texture editor menu에서 View 〉 Dim Image를 선택하여 사용합니다.

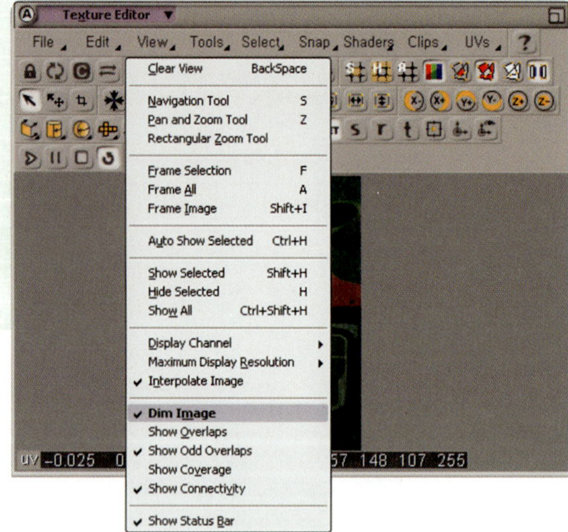

STEP 04 | Display로 선택하는 UV Coordinates

Texture editor에서 UVs menu에 있는 리스트에서 Object's texture projections을 선택하여 사용할 수 있습니다. Texture editor's UVs menu에서 Shift + click을 하면 각각의 UV가 디스플레이 되거나 숨겨집니다.

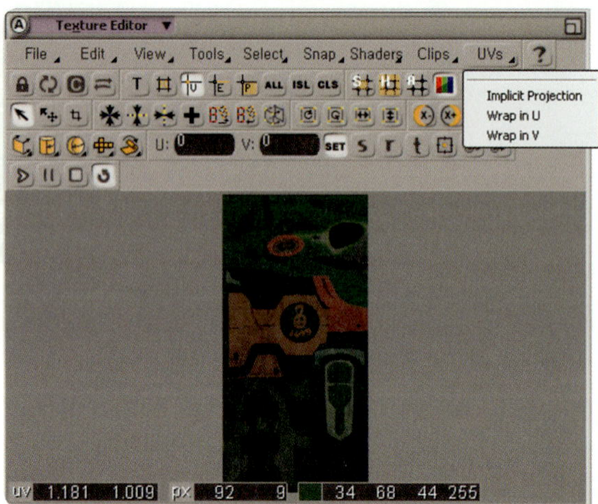

STEP 05 | Editable UV coordinate set 바꾸기

Texture editor에서 Multiple UV coordinate sets을 시뮬레이션 하거나 디스플레이 할 수 있습니다. Texture editor workspace에 UV coordinate set로 Editable을 만들기 위한 UV set를 클릭하거나 Texture editor's UVs menu에서 UV coordinate set로 Editable을 만들기 위해 Ctrl + click을 사용합니다.

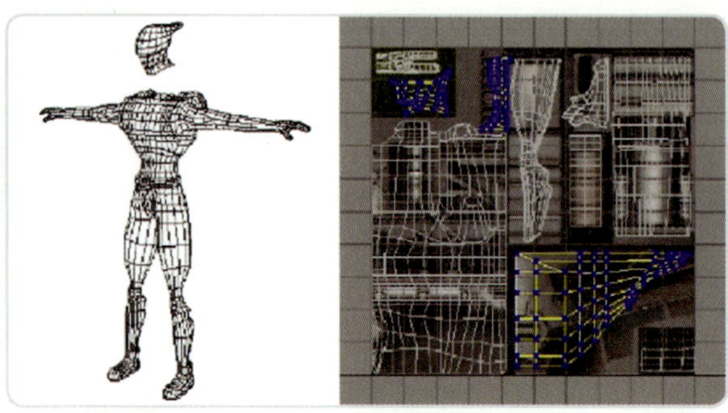

SOFTIMAGE XSI

STEP 06 — Texture Editor Display Option 사용하기

Texture editor를 열 때 Object's UV mesh는 어떤
영역에서는 보기 힘든 경우가 있습니다. 그래서
좀 더 선명하게 보기 위해서 Texture image 영역
을 밝게 할 수 있습니다.

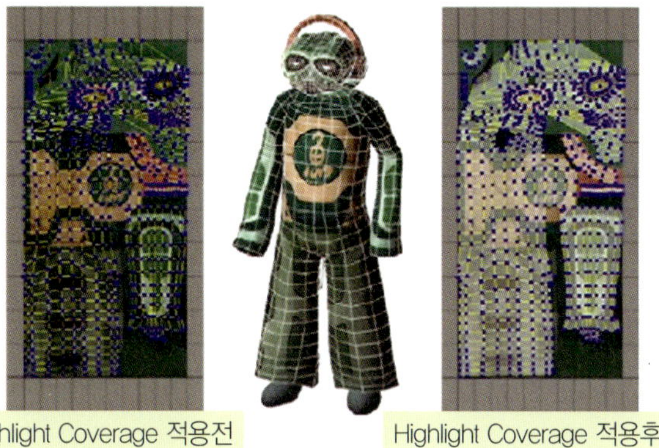

Highlight Coverage 적용전   Highlight Coverage 적용후

Texture editor command bar에서 Highlight
Coverage 버튼을 클릭하거나 Texture editor menu에
서 View 〉 Show Coverage를 선택합니다.

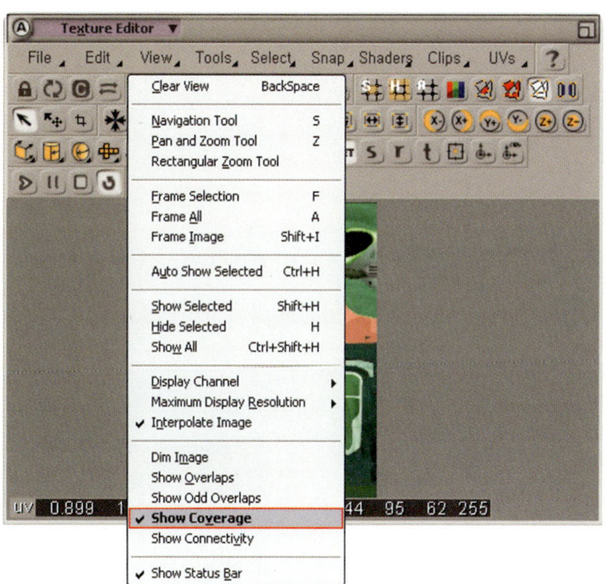

소프트이미지 홈페이지에서 Education 메인메뉴를 선택하시면 소프트
이미지 관련 교육 자료를 DVD나 PDF 파일, 동영상 파일 등의 형식으
로 제공 받을 수 있습니다.

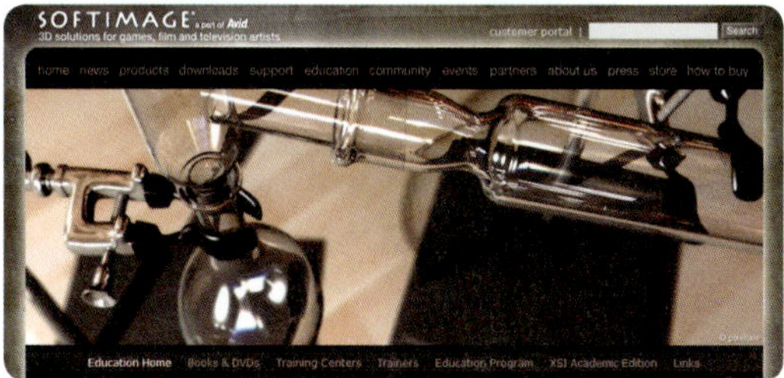

16 Sample Points 선택하기

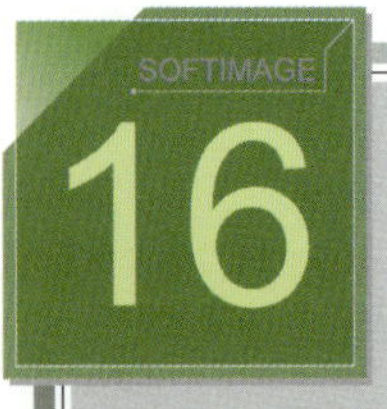

 ## Polynode Bisectors

Polynode bisectors는 Polygon object에서 서로 다른 Polynode로 나누기 위한 짧은 선입니다.
Polynode bisectors는 Texture editor에서 디스플레이 되며 서로 다른 Polynode에서 저장된 각각의 UV coordinates을 선택하기 위해 Vertex나 All selection filters를 사용할 수 있습니다. 이것은 UV coordinates를 선택하기 위한 가장 일반적인 방법입니다.

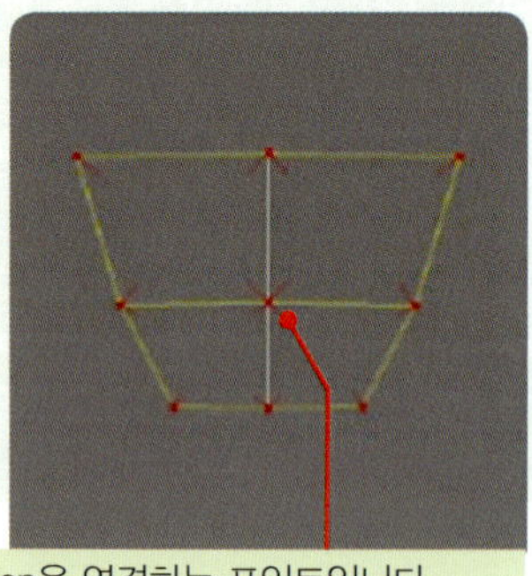

Polynode bisector는 서로 다른 Polygon을 연결하는 포인트입니다.

1. Polynode Bisectors 디스플레이 하기

Texture editor menu에서 View 〉 Show Polynode Bisectors를 선택하거나 Texture editor menu에서 File 〉 Preferences를 선택하면 Texture Editor Preferences property editor가 활성화됩니다.

General 탭에서 Show Polynode Bisectors 옵션을 선택(Toggle) 합니다.

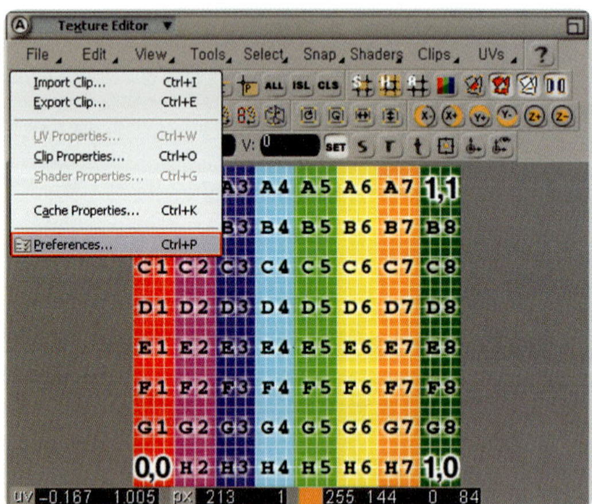

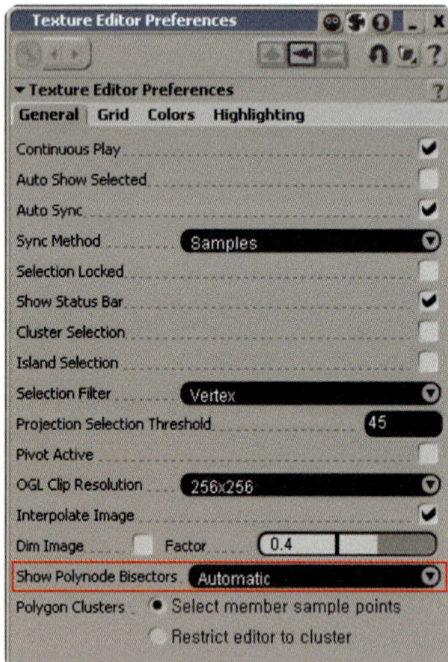

2. Basic Selection Filters

Texture Editor provides selection filters는 Vertex, Edge, Polygon, Cluster 등의 구성요소들을 매우 쉽게 선택할 수 있게 합니다. Texture editor work area에서 UV coordinates를 선택하기 위해 Selection filter와 Select points, Polygons, Edges, Clusters 또는 Individual UV coordinates를 활성화 합니다.

01 **Vertex Selection** : Selection filter 중에서 점 모양의 포인트를 선택하는 기본적인 Selection입니다.

Rectanle Selection tool과 함께 모든 corresponding samples을 선택하고 포인트를 선택하여 클릭하며 이동(Drag)할 수 있습니다.

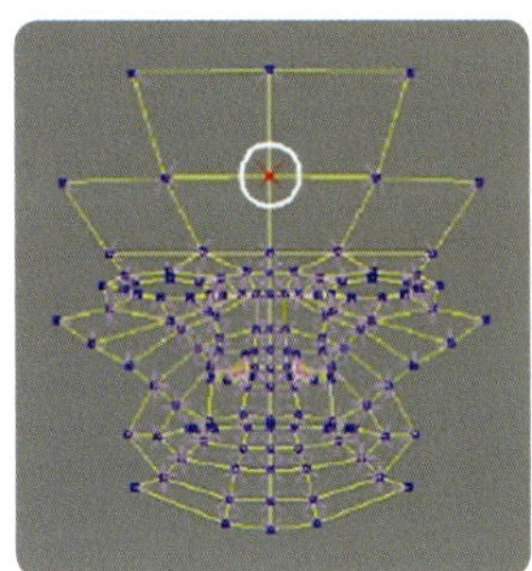

02 **Edge Selection** : Edge selection은 Edge를 선택할 수 있는 기능입니다.

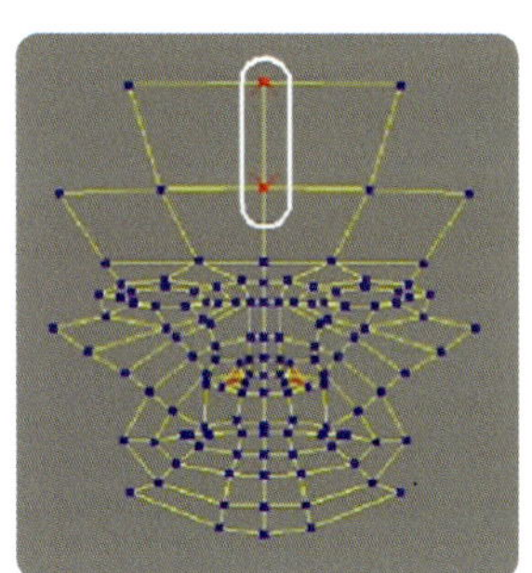

03 **Polygon Selection** : Polygon을 선택할 수 있는 기능입니다.

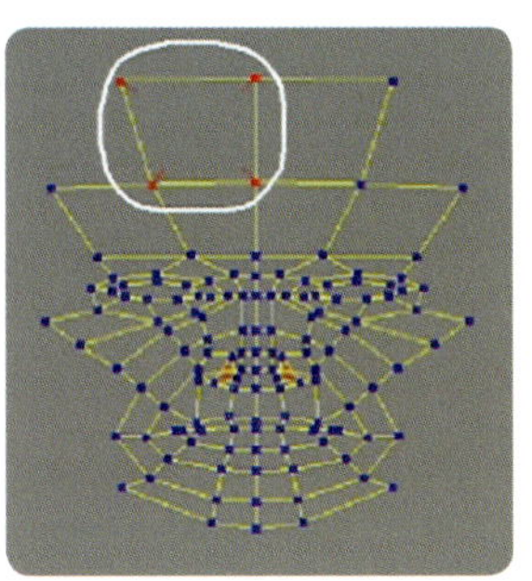

04 **All Selection** : 어느 하나의 구싱요소에 제약을 받지 않고 어떤 종류의 구성요소라도 모두 선택할 수 있습니다.

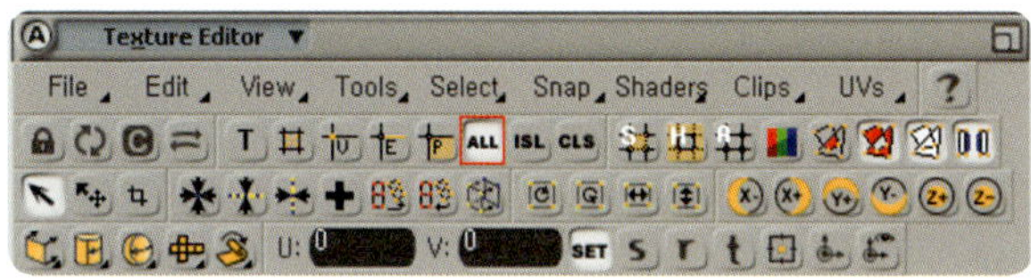

마우스를 이동하면 각각의 Edges, Vertices나 Polygon이 선택됩니다. 이 All selection 기능은 Move Component tool을 사용하는 좋은 툴입니다.

05 `Island Selection` : 다른 Selection filter와 함께 사용되며 동등한 UV coordinate(bisector), Point, Polygon 또는 Edge 등에 연결된 UV 전체를 선택합니다.

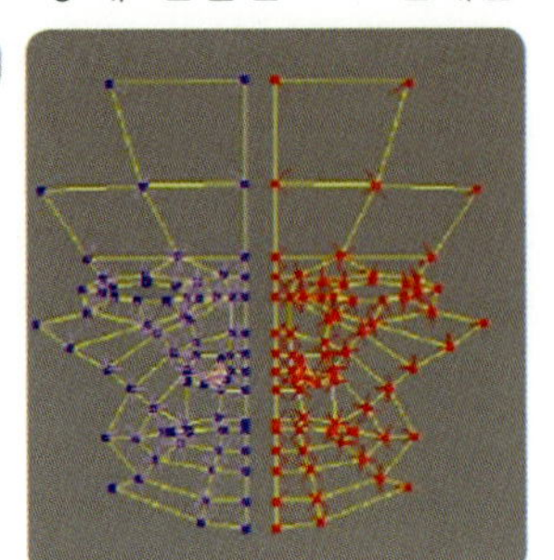

06 Cluster Selection은 다른 Selection filter와 함께 사용되며 Texture editor에 새로 만들어진 Sample point clusters를 선택할 수 있습니다.

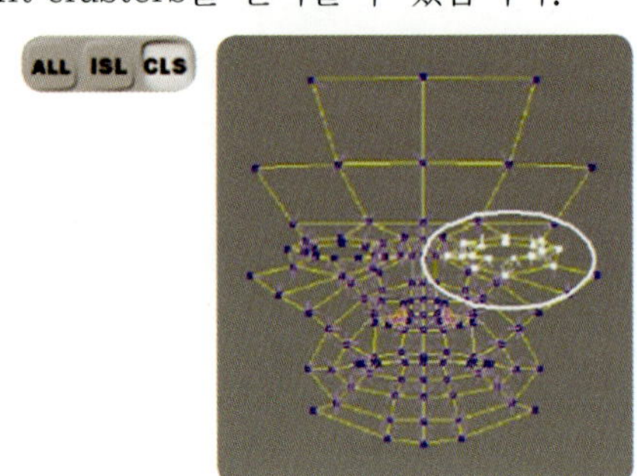

STEP 02 | Extend Selections에서 Tearing과 Bleeding 사용하기

Tearing과 Bleeding mode는 Texture editor에서 구성요소를 선택하며 조절하는 것에 대해 영향을 미치게 됩니다.

1. Tearing

Tearing이 Off 상태일 때 그것이 선택되지 않아도 아래의 그림과 같이 연속되고 일치하는 UV들은 어떤 조작에도 자동적으로 영향을 받게 됩니다(단축키 Ctrl + T).

Tearing이 On 상태일 때 아래의 그림과 같이 UV를 끊어 내면서 분리 가능하게 합니다.

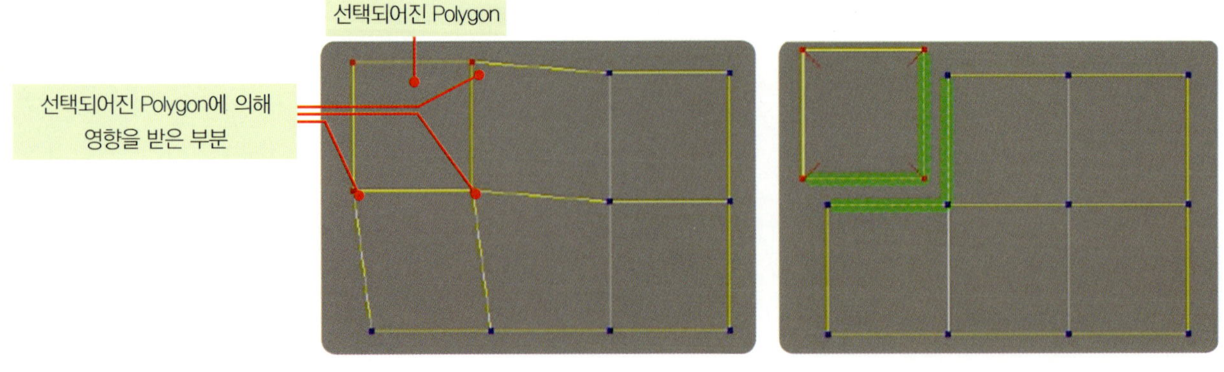

2. Polygon Bleeding

Polygon bleeding은 Point나 Edge를 선택할 때 근접한 UV에 속하는 것은 자동적으로 선택되게 하는 기능입니다.

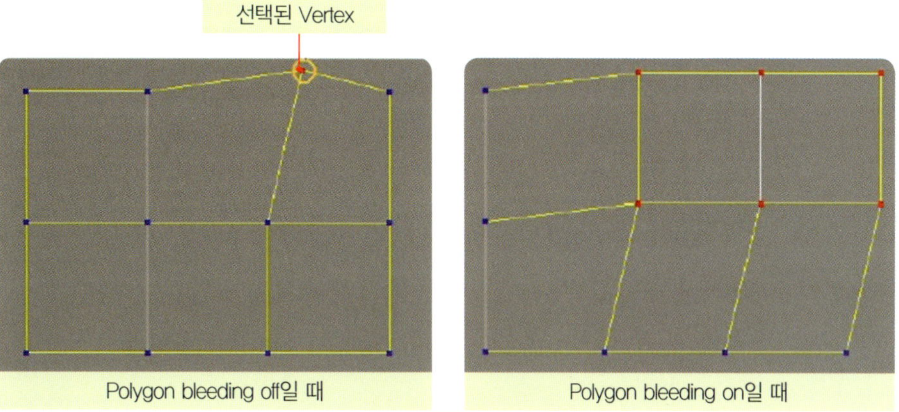

STEP 03 Select Sample Points 사용하기

Texture Editor's work area에서 Selecting points, polygon과 clusters를 이용하여 UV 작업을 할 때 때때로 간단한 오브젝트가 복잡한 형태로 표현 될 경우가 있는데 이럴 경우 UV를 정리해 주는 작업이 필요합니다. 3D views에서 대부분의 Selection filters(Polygon, Cluster, Samples 등)들은 UV coordinate가 Texture editor에서 선택될 UV를 사용하는 구성요소를 선택할 수 있습니다.

Texture editor에서 UV coordinate를 선택할 때 3D view에 있는 Selection filter는 자동적으로 Samples를 설정하며 일치한 Sample point는 선택됩니다.

1. Auto Syncing 3D View Selections

01 Auto-sync On 또는 Off 적용하려면 Texture editor menu에서 Select > Auto-Sync Selection을 선택합니다.

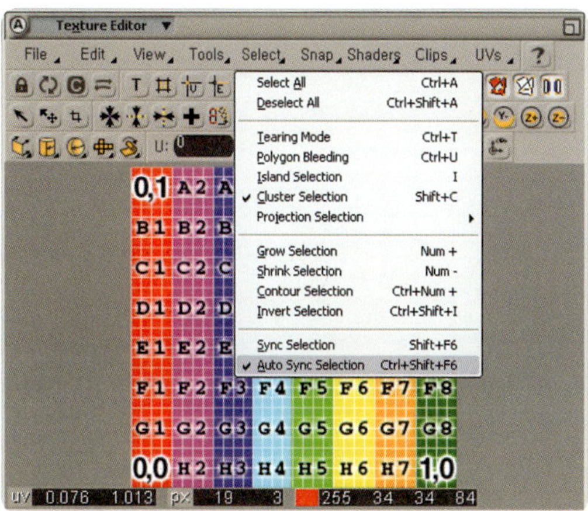

02 다른 방법으로는 Texture editor menu에서 File 〉 Preferences를 선택하여 Texture Editor Preferences property editor를 활성화 합니다. General tab에서 Auto-Sync option을 선택(Toggle)합니다. Sync Method preference controls는 3D view에 Texture editor에서 선택된 구성요소들을 관리합니다.

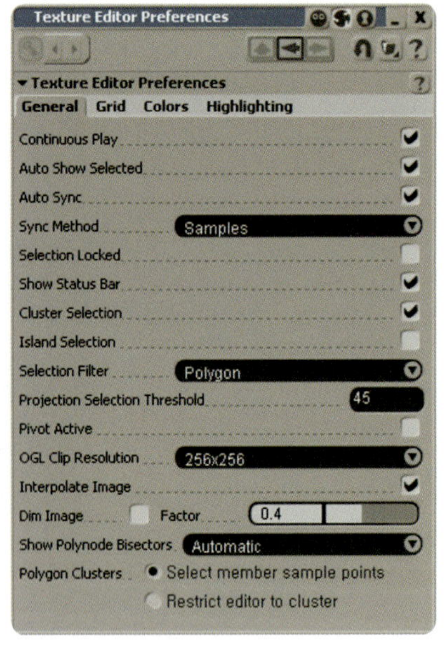

2. Auto-Showing 3D View Selections

3D view에서 UV coordinate를 선택할 때 자동적으로 Auto Show Selected option을 활성화시킴으로써 Texture editor에서 Isolate selection을 사용할 수 있습니다.

01 3D view에서 Isolate selection 만들려면 Texture editor menu에서 View 〉 Auto Show Selected를 선택하거나 Texture editor menu 에서 File 〉 Preferences를 선택하면 Texture Editor Preferences property editor가 활성화됩니다.

02 Texture Editor Preferences property editor에 General 탭에 Auto Show Selected option을 선택(Toggle)합니다.

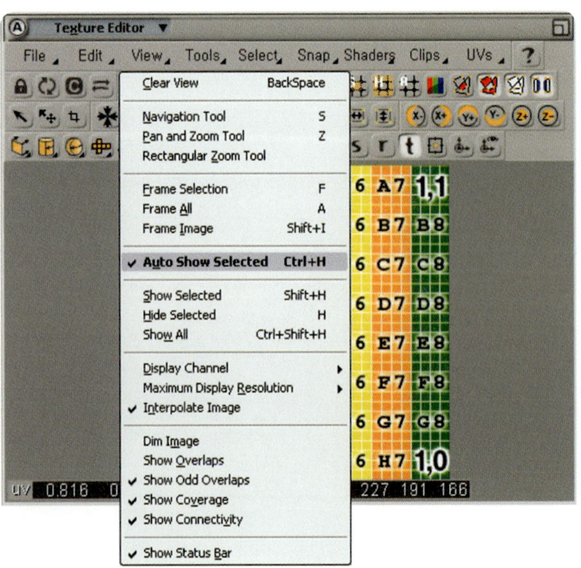

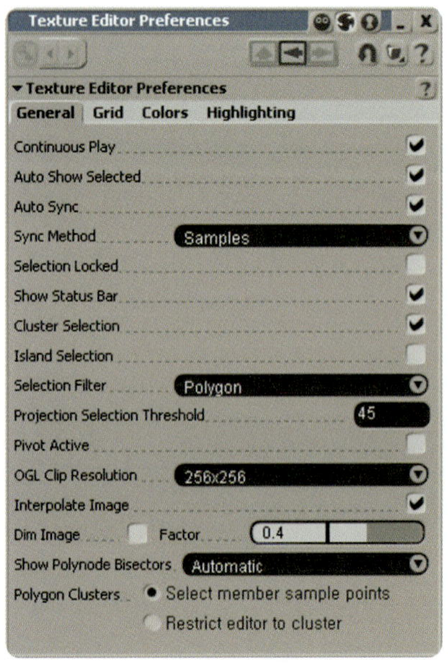

3. Lock Mode에서 Selection 업그레이드 하기

Command bar에 Lock 버튼을 클릭하여 Texture editor에 있는 Selection을 고정(Lock)할 수 있는데 3D view 상에서 Selection을 변형시킬 때 Texture editor가 고정(Lock)되어 있으면 Texture와 Selection displayed는 사용  되지 않습니다.

만일 Lock mode에서 작업이 진행 중이라면 3D view와 Vice—versa에서 만들어진 Selections을 Texture editor를 업데이트 할 수 있습니다.

3D view에서 Current selection을 이용하여 Texture editor를 업데이트 하고자하면 Update Texture Editor  버튼을 클릭합니다.

Texture editor에서 Current selection으로 3D view를 업데이트하기 위해서 Update 3D Component  Selection 버튼을 클릭합니다.

4. 선택된 Polygon Clusters' UV Coordinates

3D view에서 Polygon cluster를 선택할 때 Texture editor에서 발생하는 작업들을 관리하기 위해 기능을 설정할 수 있습니다.

01 Polygon cluster selection preference 설정하려면 먼저 Texture editor menu에서 File 〉 Preferences를 선택하고 Texture Editor Preferences property editor를 활성화합니다.

02 General 탭에서 Polygon Clusters option을 설정합니다.

Select Member Sample Points는 Cluster에 있는 Polygon의 UV coordinate를 선택합니다.

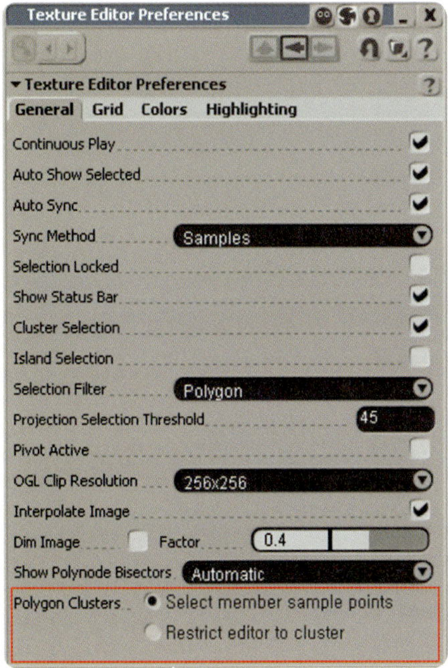

5. 3D Views Interactively 업데이트 하기

기본적으로 선택된 오브젝트의 Texture는 Texture editor에서 수정 작업이 이루어질 때마다 대화식으로 업데이트가 이루어집니다. 필요하다면 어떤 작업의 변경 후에도 마우스 버튼을 놓을 때 3D view에 있는 Texture의 데이터가 업데이트 되도록 할 수 있습니다.

Interactive updating On 또는 Off하려면 Main menu에서 File 〉 Preferences를 선택한 후 Explorer에서 Display를 선택하면 Right pane에 Display property editor가 활성화됩니다. 마지막으로 General 탭에서 Update All Views During Interaction option을 선택(Toggle)합니다.

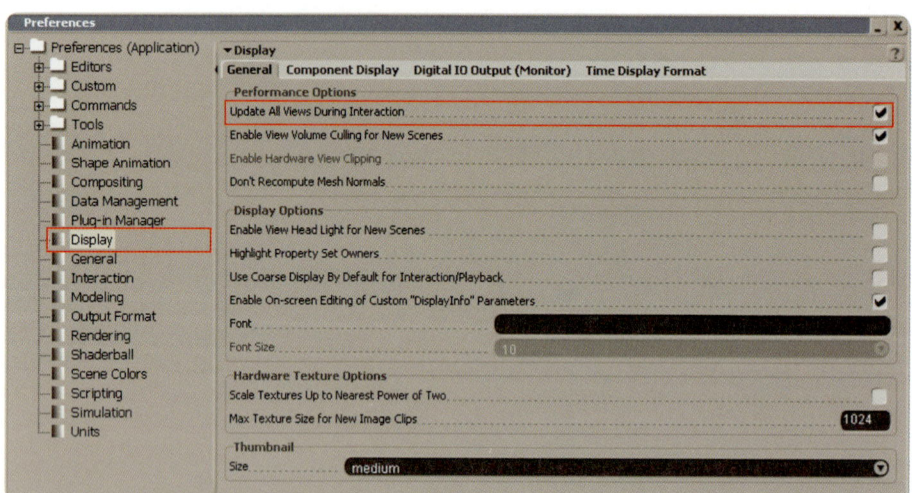

STEP 04

Projection Selection Filters 사용하기

Projection selection filters는 오브젝트의 Right, Left, Top, Bottom, Front 또는 Back regions에 있는 Sample point 들을 쉽게 선택할 수 있습니다.

Object의 영역(Region) 설정은 3D 공간에서 위치가 결정되는데 Projection에서 숨겨진 부분이 있다면 Selection은 오른쪽의 그림과 같이 현재 눈에 보이는 포인트를 사용합니다.

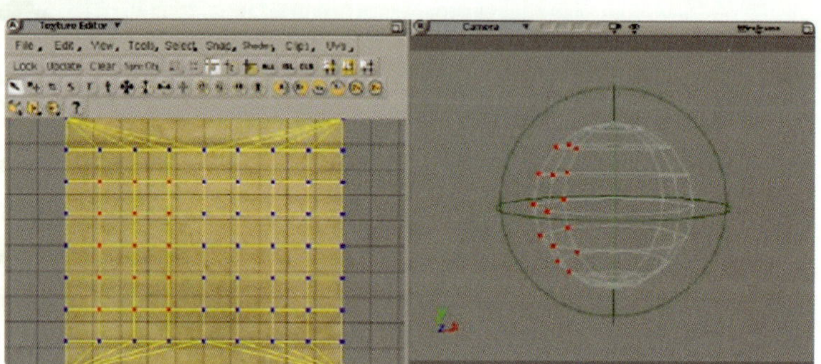

1. Projection selection 만들기

Command bar 또는 Select 〉 Projection Selection 〉 Type에서 Appropriate projection selection 아이콘 X- X+ Y+ Y- Z+ Z- 을 클릭합니다.

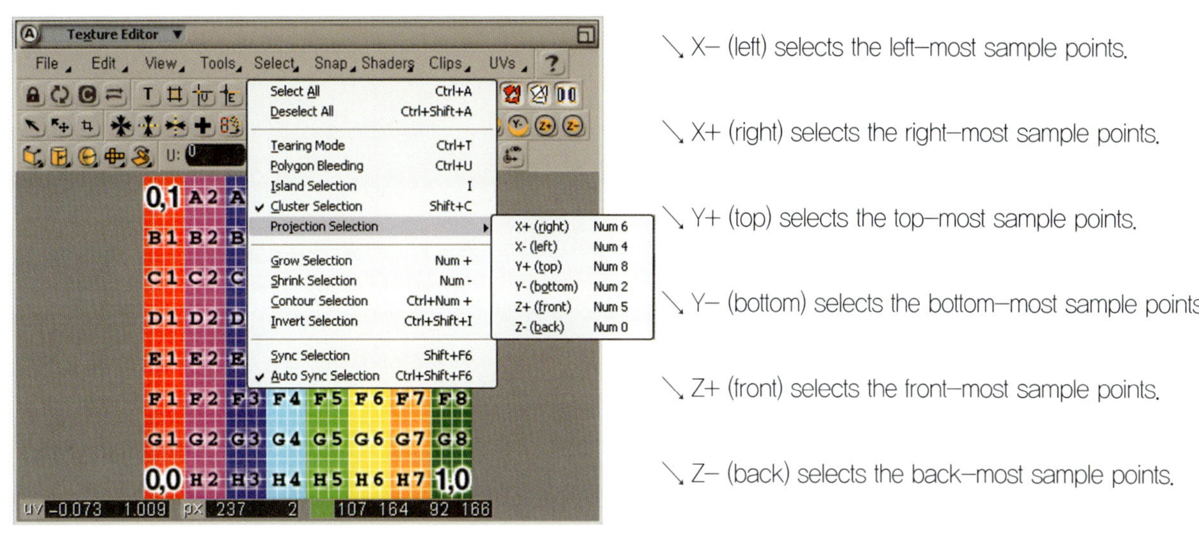

\ X− (left) selects the left−most sample points.

\ X+ (right) selects the right−most sample points.

\ Y+ (top) selects the top−most sample points.

\ Y− (bottom) selects the bottom−most sample points.

\ Z+ (front) selects the front−most sample points.

\ Z− (back) selects the back−most sample points.

2. Projection selection threshold 설정하기

Texture editor command bar에서 File 〉 Preferences. The Texture Editor Preferences property editor를 선택하여 활성화합니다. General 탭에서 Projection Selection Threshold 값을 설정합니다.

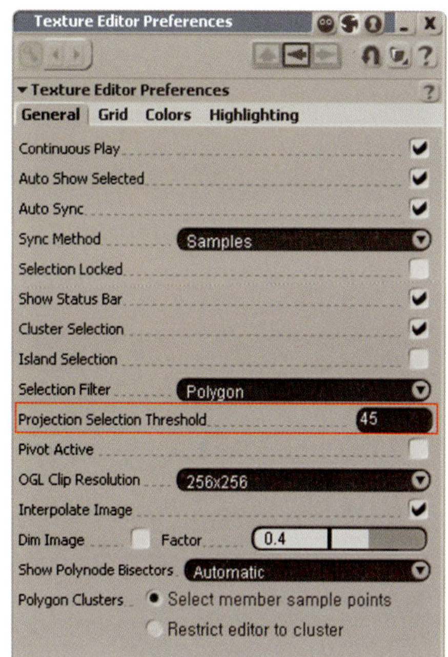

STEP 05

Selection 보이거나 숨기게 하기

작업진행시 복잡한 오브젝트를 가지고 작업을 하지만 작은 클러스터나 약간의 포인트만을 선택할 때에는 선택된 부분 이외의 부분에 대해 보이거나 숨겨지게 할 수 있습니다.

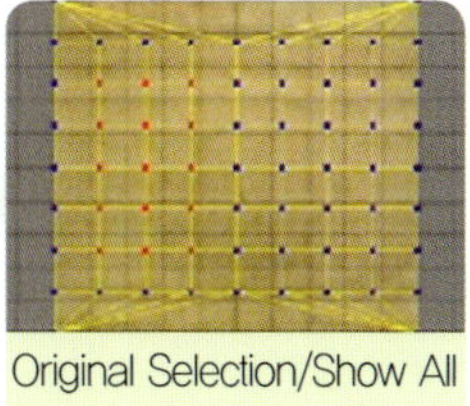

Original Selection/Show All

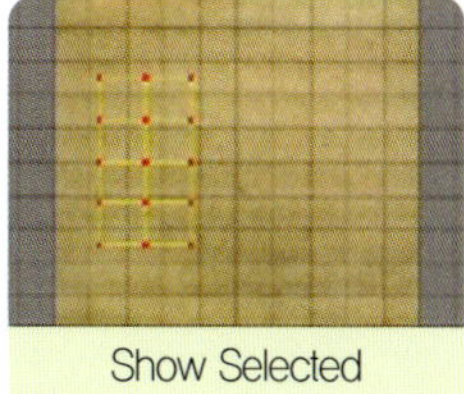

Show Selected

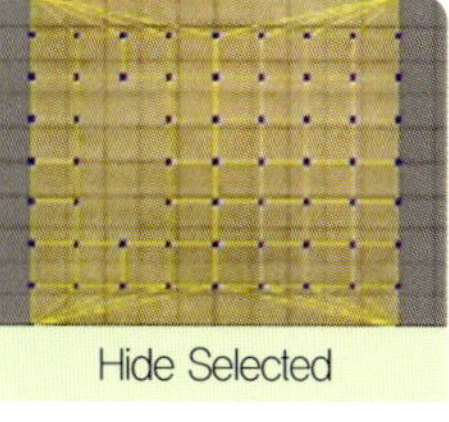

Hide Selected

Point, Cluster 또는 Polygon 편집을 위해 Point, Cluster 또는 Polygon을 선택한 후 Texture editor command 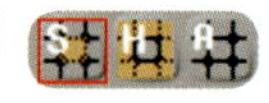 bar에 Show Selected 아이콘을 클릭합니다.

Work area에서 선택되지 않은 부분을 Hide 하면서 화면을 정리할 수 있습니다. 

모든 Point를 Unhide하기 위해 Show All 아이콘을 클릭합니다. 만일 특정한 포인트를 숨기길 원한다면 포인트를 선택한 후 Hide Selected 아이콘을 클릭하여 사용합니다.

STEP 06 Inverting Selections

Sample point에 대해 선택된 것을 Invert하기 원한다면 Texture editor menu에서 Select 〉 Invert Selection을 클릭합니다(단축키 Ctrl + Shift + I).

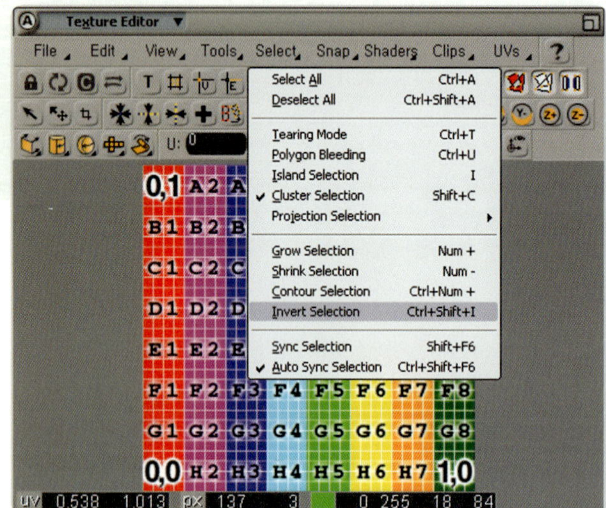

STEP 07 Moving Selections

3D view에서 선택된 Points, Polygons, Edges와 Clusters를 움직이는 것은 매우 쉽습니다. Texture editor의 Command bar에 있는 Scale, Rotate, Translate(S, R, T) 버튼을 사용합니다. 

STEP 08 Mirroring과 Rotating Points

Mirroring과 Rotating은 기본적으로 Texture editor에서 기본적으로 설정된 Sample point를 편집하기에 매우 편리한 방법 중에 하나입니다.

1. Sample point 미러(Mirror)하기

Horizontally 또는 Vertically로 Mirroring 할 수 있습니다. Texture editor나
3D view에서 미러(Mirror)하고자 하는 폴리곤을 선택합니다. Texture editor
menu에서 Tools 〉 Mirror Horizontal to mirror를 선택하거나 Tools 〉 Mirror
Vertical to mirror를 선택합니다.

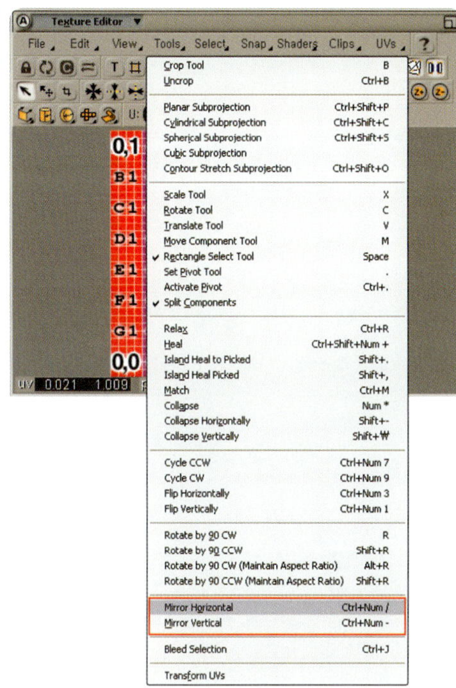

2. Sample point 회전(Rotating)하기

Texture editor나 3D view에서 회전(Rotate)하고자 하는 폴리곤을 선택합니다.
Texture editor 메뉴에서

1 Tools 〉 Rotate by 90 CW, 또는 단축키 **R**

2 Tools 〉 Rotate by 90 CCW 또는 단축키 **Shift** + **R**

3 Tools 〉 Rotate by 90 CW(Maintain Aspect Ratio) 또는 단축키 **Alt** + **R**

4 Tools 〉 Rotate by 90 CCW(Maintain Aspect Ratio) 또는 단축키 **Alt** +
Shift + **R** 을 사용합니다.

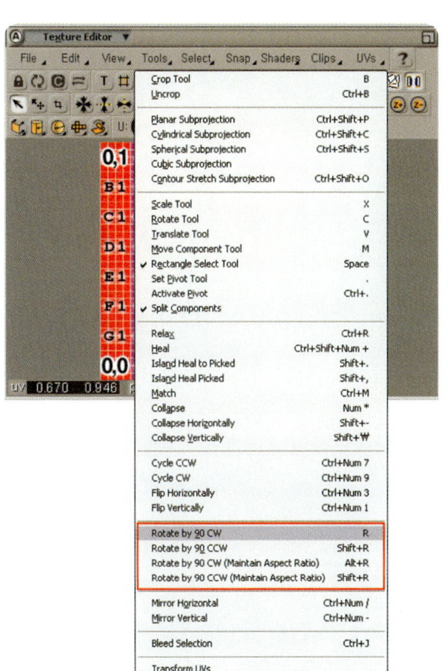

STEP 09 Points를 Copying나 Pasting하기

Texture Editor에서 Sample point를 Copy나 Paste 할 수 있습니다.

1. Polygon Models에서 Points를 Copying나 Pasting 하기

Texture Editor workspace에서 폴리곤을 선택합니다. **Ctrl** + **C**
키를 선택하여 Copy를 하거나 Command bar에서 Edit 〉 Copy
UVs를 선택합니다. **Ctrl** + **V** 키를 선택하여 Paste 하거나
Command bar에서 Edit 〉 Paste UVs를 선택합니다.

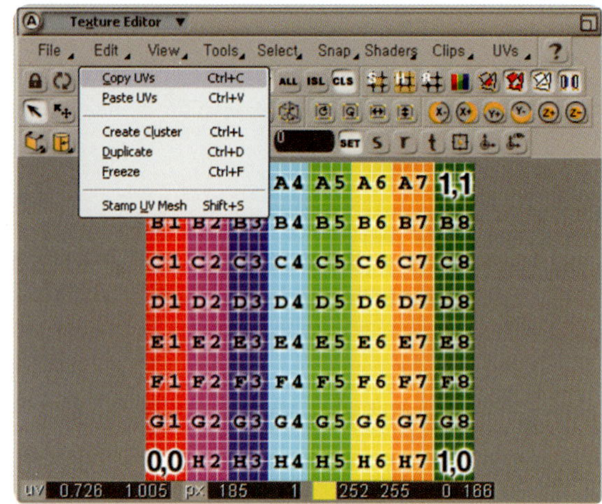

2. NURBS Models에서 Points를 Copying나 Pasting 하기

Texture Editor workspace에서 Sample points의 그룹을 선택한 후 **Ctrl** + **C** 키를 선택하여 Copy를 하거나 Command
bar에서 Edit 〉 Copy UVs를 선택합니다. **Ctrl** + **V** 키를 선택하여 Paste 하거나 Command bar에서 Edit 〉 Paste UVs를
선택합니다.

3. Projections 사이에 Copying나 Pasting Points

Texture Editor workspace에서 Sample points의 그룹을 선택한 후 **Ctrl** + **C** 키를 선택하여 Copy를 하거나 Command
bar에서 Edit 〉 Copy UVs를 선택합니다.

Command bar에 UVs menu에서 다른 Texture projection을 선택합니다. **Ctrl** + **V** 키를 선택하여 Paste 하거나
Command bar에서 Edit 〉 Paste UVs를 선택합니다.

STEP 10 Flipping과 Cycling Polygons

1. Flipping

수평이나 수직의 선택에서 각각의 폴리곤에 대해 Sample point를 Flip("flips") 할 수 있습니다.

Flip polygon sample points를 하려면 Texture editor나 3D view에서 flip 적용할 폴리곤을 선택합니다.  Texture editor command bar에서 Polygon Flip Horizontally 버튼을 클릭합니다. Vertical axis를 따라 Sample point에 Flip 을 적용하거나 Polygon Flip Vertically를 클릭합니다.

Horizontal axis를 따라 Sample point에 Flip을 적용합니다. 

2. Cycling

Cycling moves는 폴리곤 주위에서 선택되어 있는 각각의 폴리곤 UV 좌표를 움직입니다.

Texture editor나 3D view에서 UV 좌표를 Cycle 방식으로 조절할 폴리곤을 선택합니다. Texture editor command bar에서 Polygon Cycle CW 버튼을 클릭하면 오른쪽 시계 방향으로 Cycle이 조절됩니다.

다른 방법으로 Polygon Cycle CCW 버튼을 클릭하면 시계 반대방향으로 Cycle이 조절됩니다.

Separated Points

만일 두 분리된 그룹에서 Sample point의 Vertices 가 공유된다면 그 Vertices들을 조절하여 유저 (user)가 좀 더 작업하기 편한 모양으로 조절할 수 있습니다. Vertices를 공유하는 두 개의 분리된 그 룹을 선택합니다.

Heal 버튼을 클릭하거나 Command bar에서 Tools 〉 Heal을 선택합니다.

Polygon Islands 조절하려면 Island Heal tool은 Polygon object's UV 좌표의 하나 혹은 좀 더 많은 좌표 소스들의 경계선을 정의하는데 사용됩니다.

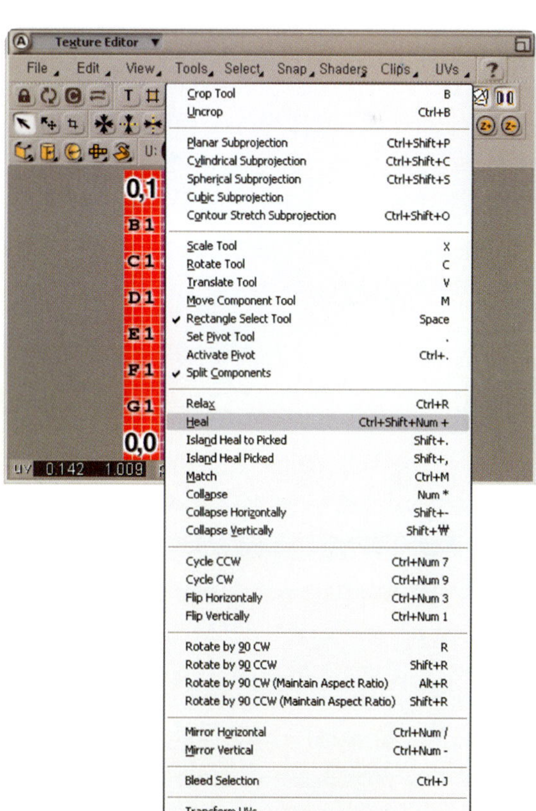

 **01** 만일 좌표 전체를 선택한다면 그 선택된 좌표는 아래의 그림과 같이 공유된 경계 전체의 길이 옆에 있는 것으로 연결됩니다.

02 Point를 선택하였다면 그 좌표들은 선택된 부분 중에서 경계가 있는 부분으로 연결 됩니다.

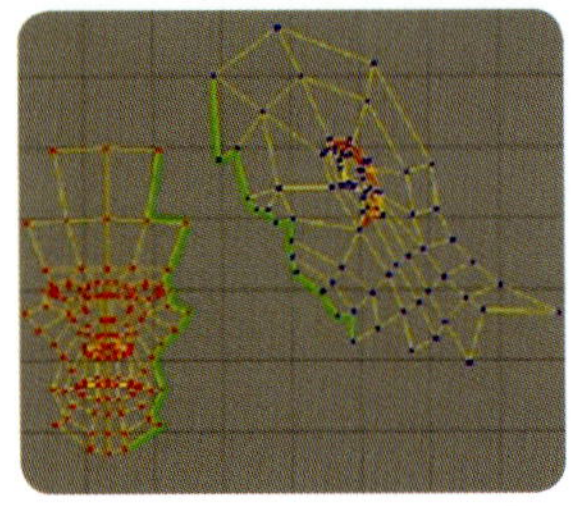
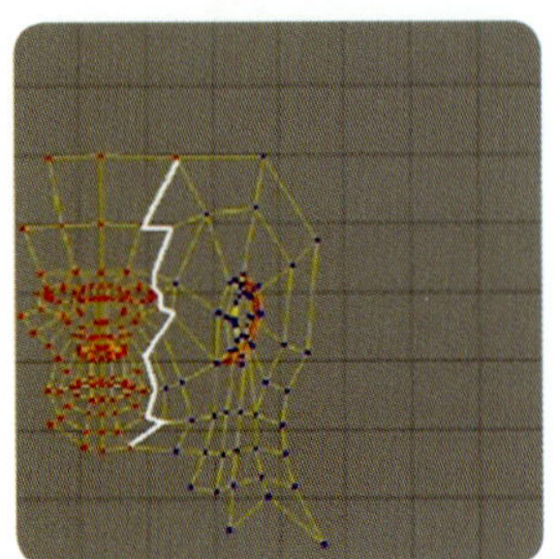
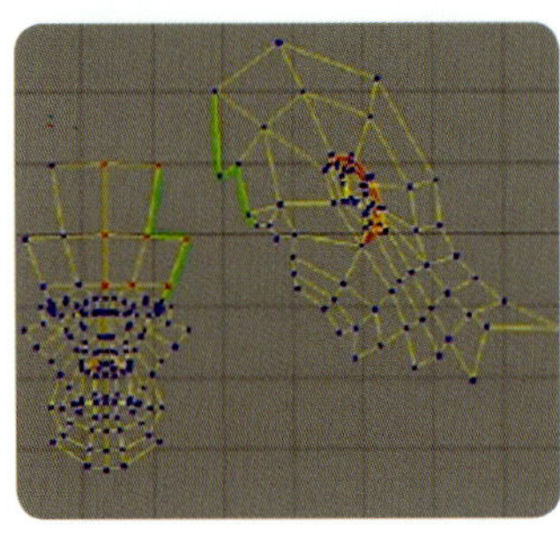
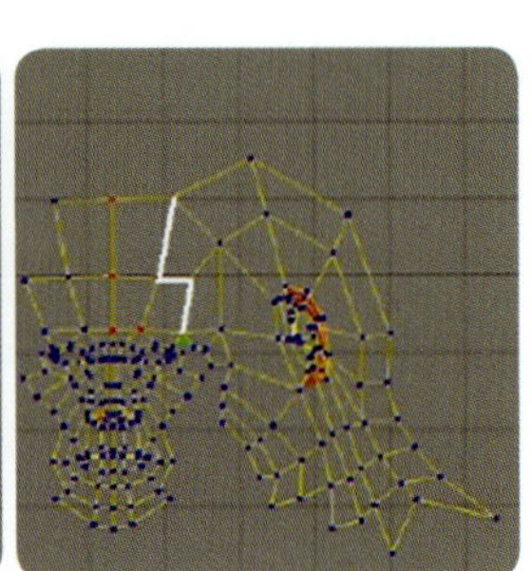

STEP 12 Relaxing Polygons

UV 좌표 편집이 완료되면 Texture editor's 툴 메뉴의 Relax 기능으로 UV 좌표를 최적화 시킬 수 있습니다. Relax 작업을 진행하게 되면 3D 폴리곤 비율을 맞추기 위해 조절됩니다.

1 Points의 Relax tense 설정하려면 Texture editor나 3D view에서 Sample point로 selection 작업을 진행합니다.

2 Texture editor에서 Tools 〉 Relax를 선택합니다. Relax property editor가 활성화 됩니다.

3 Relaxation 진행을 관리하기 위해 Iterations를 조절합니다. 이 기능을 이용하면 좀 더 좋은 품질을 보여주지만 연산과정이 느려 시간이 좀 더 걸리는 단점이 있습니다.

4 "Damping" 요소를 더하기 위해 Increment를 조절합니다.

5 Selection's internal points가 Relax 되는 동안 경계선이 이동하지 않게 Activate the Anchor Boundaries option를 활성화합니다.

STEP 13 Sample points가 하나 또는 여러 개의 선택 대상을 Match 하기

Match 명령은 Sample point가 하나 또는 여러 개의 선택 대상을 선택하는 명령어입니다.

먼저 Match 기능을 적용할 Point를 선택한 후 포인트들을 정렬합니다. 그런 다음 Command bar에서 Match 버튼을 클릭하면 MatchUVW property editor가 활성화됩니다.

옵션을 조절하며 사용하며 만일 Tolerance가 활동적이라면 원하는 Match 값을 얻을 때까지 Value를 조절합니다.

STEP 14 Stamping UV Meshes

Stamp 적용을 위한 Texture의 UV mesh를 적용하려면 Texture Editor command bar에서 Edit 〉 Stamp UV Mesh를 선택한 후 Browser가 활성화 되면서 Prompting된 새로운 Texture가 저장됩니다. 새로운 Texture 이름과 포맷방식을 설정한 후 [OK] 버튼을 클릭합니다.

STEP 15 Multiple Complete UV Sets Numerically

Multiple objects를 선택하면 Texture editor가 활성화되는 데, 만일 Texture editor가 오픈 되어 있거나 잠겨있다면(Lock) Multiple objects를 선택한 후 Update를 클릭합니다.

Tools 〉 Transform UVs를 선택하면 Transform UVs dialog box가 활성화됩니다. Texture Editor에서 All UV Sets를 적용한 다음 Pivot을 설정합니다. Scale, Rotate, Translate sliders들을 이용하여 원하는 값을 설정합니다.

Texture UV 좌표

Texture UV 좌표는 Texture상의 위치에 대한 비율 정보입니다
UV 각 좌표는 그림과 같이 0.0~1.0 사이의 비율로써 위치를 알 수 있는네
폴리곤 기준으로 모든 Point들은 단 하나의 UV좌표를 갖게 되며 그 좌표를 기준으로 폴리곤 하나를 그릴 때 세 개의 Point UV를 기준으로 삼각형 내부를 채우는 형식입니다.

UV좌표를 포토샵에서 작업하기 위한 방법

Stamp uv mesh를 사용하여 저장을 할 때 psd(포토샵 파일 포맷 방식)로 저장을 하면 Alpha 채널 값이 같이 저장 됩니다. 그 알파 값에 UV가 저장 되어 원하는 색으로 바꿀 수도 있습니다.
UV 값은 알파에 따로 저장이 되어있어 상관이 없으며 알파 값이 들어있는 psd나 tiff 등의 파일 포맷으로 저장하는 것이 좋습니다.

17 Texture Layer Editor

Texture layer editor는 Texture layer를 보다 쉽고 빠르게 편집하기 위해 구성된 Grid-style의 편집(Editor) 기능입니다. Layers는 Base layers와 Texture layers 두 가지의 그룹으로 구분됩니다.
Base layers는 선택된 Shader/material's ports 중에 칼라를 나타내거나 Shader를 연결합니다. Texture layers는 base layer들을 섞거나 위에 더해지는 기능을 합니다.

Texture Layer Editor 살펴보기

Texture layer editor를 활성화 했을 때 만일 어떤 것도 선택되지 않았다면 그 Texture layer editor는 공백(Blank) 상태로 나타납니다. Shader를 선택했다면 관련된 Layers가 디스플레이 됩니다.
오브젝트나 매트리얼(Material)을 선택했다면 Texture layer editor는 Material node의 Surface port에 연결하면 Shader의 Layer에 디스플레이 됩니다.
Multiple objects나 매트리얼(Material)을 선택했다면 Texture layer editor는 각각의 Material node의 Surface port에 연결된 Shader의 Layer에 디스플레이 됩니다.

Texture layer editor창을 열려면 Main menu에서 Views 〉 Rendering/Texturing 〉 Texture Layer Editor를 선택하거나 Shift + 7 키를 클릭하면 Texture layer editor가 활성화됩니다.

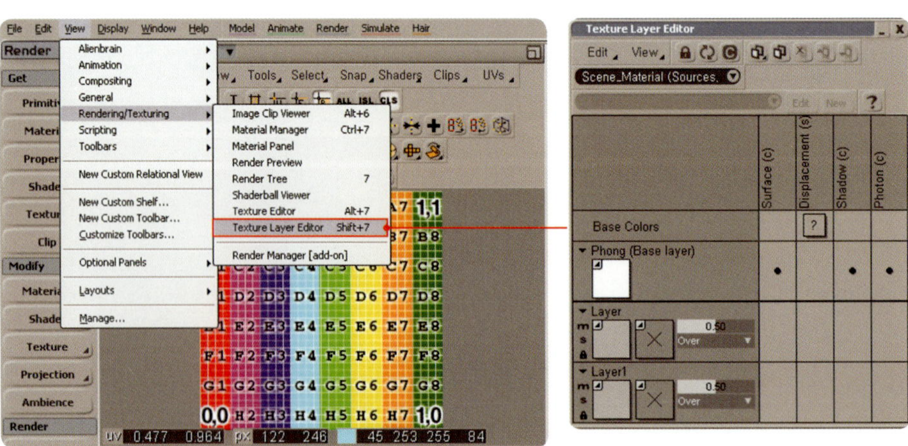

다른 방법으로는 Viewport's Views menu에서 Texture Layer Editor를 선택합니다.

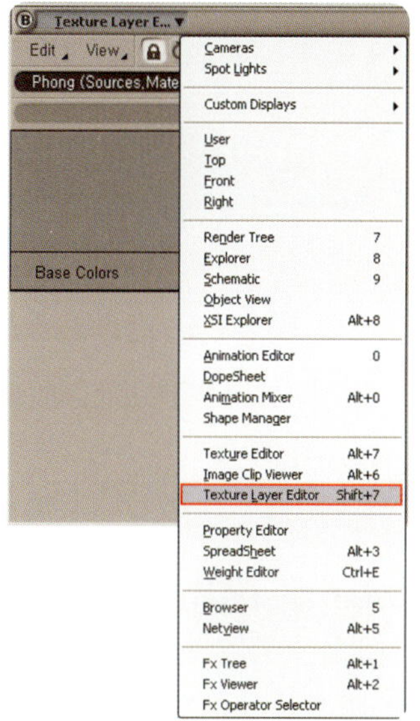

 **Layer Display Order 선택하기**

Texture layer editor는 Shader 또는 Material's texture layers를 위로부터 아래까지 계층형식으로 디스플레이합니다. 다음 그림을 참조합니다.

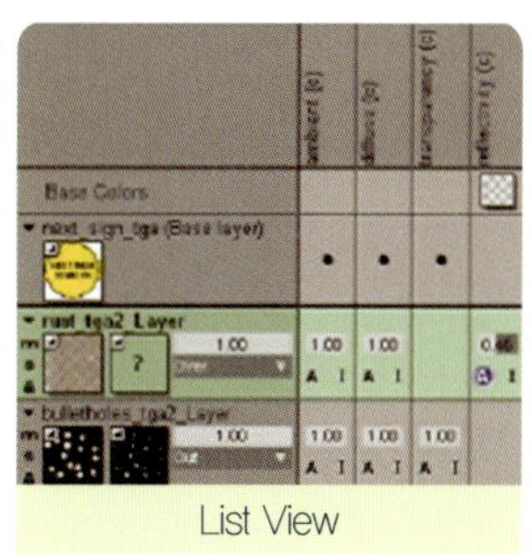

List View

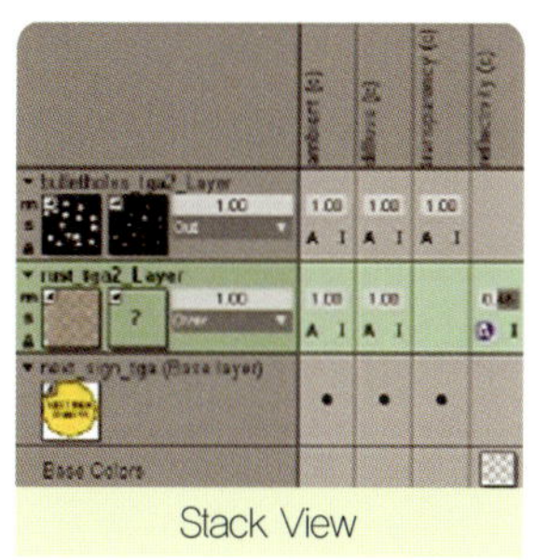

Stack View

01 Texture layer editor를 활성화한 후 Menu bar에서 Edit 〉 Preferences를 선택합니다.

02 Stack view에 Texture layer를 디스플레이 하기 위해 Show Last Layer First(Stack View) option을 활성화됩니다.

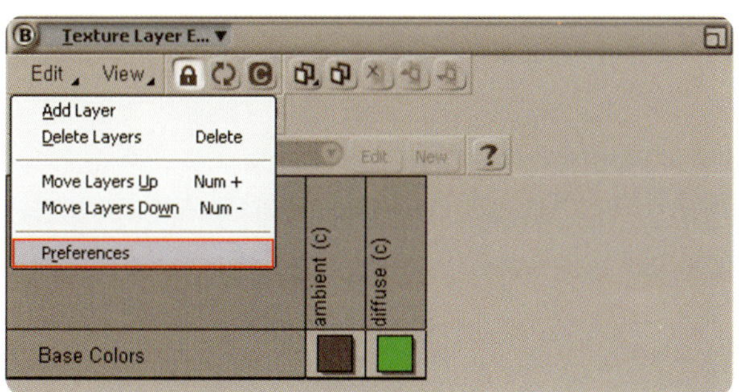

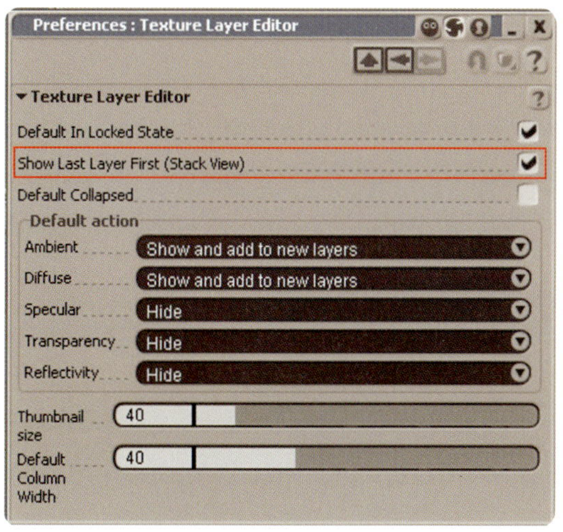

STEP 03 | Layer Display Order 선택하기

다음 부분은 Texture layer editor interface에서 작업하는 방법을 설명합니다.
Layers와 Ports 선택하려면 키보드나 마우스를 이용하여 Rows(Layers)와 Columns(Ports)를 사용할 수 있습니다.

1. 다양한 방법으로 Rows와 Columns 선택하기

Column을 조절하기 위해 Single port를 선택한 후 Row title을 선택하는 것은 마우스를 이용하여 Single layer를 클릭합니다. Layer를 선택하실 때 **Shift** 키를 누른 상태에서 선택하면 다중선택이 가능합니다.

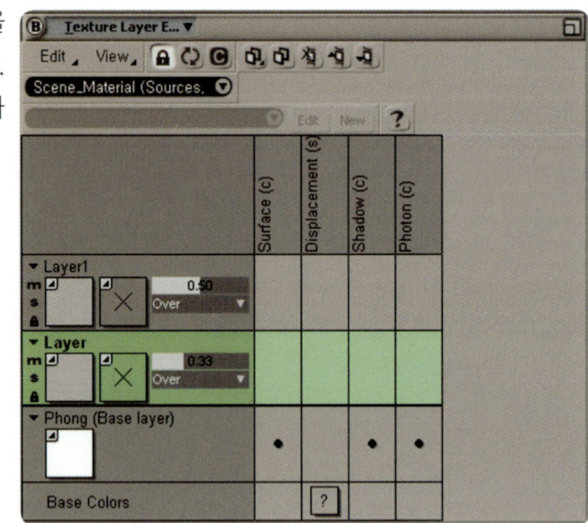

2. Layer/ Port Cells 선택하기

키보드나 마우스를 이용하여 Texture layer editor cells을 선택할 수 있습니다. Grid 또는 Cell을 선택하기 위해 클릭하고, 커서를 움직이고 선택하기 위해 Arrow keys를 사용합니다.

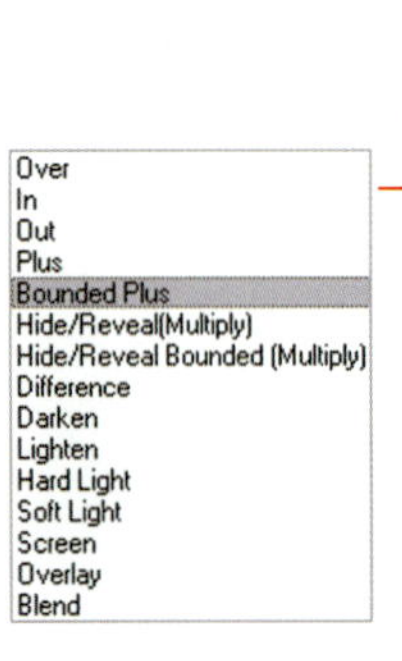

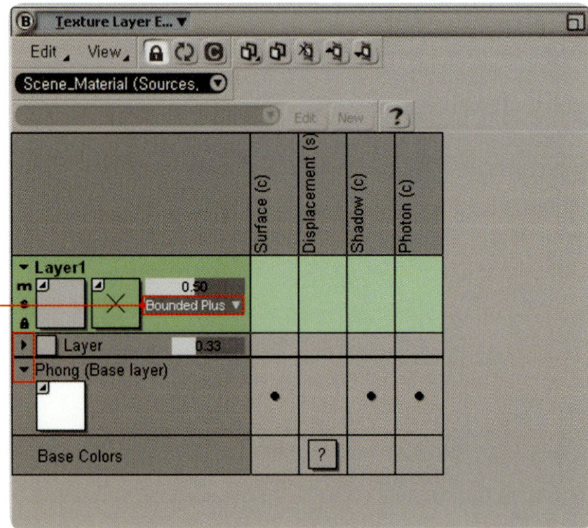

3. Multiple cells을 선택하는 다양한 방법

Arrow keys를 사용하는 동안 **Shift** 키를 사용하여 직사각형의 영역으로 선택할 수 있습니다. **Ctrl** + clicking은 하나의 Cell을 더 추가하여 선택합니다. **Ctrl** + dragging은 Cell을 더 추가하기 위해 사각형의 영역 형태로 선택합니다. Texture layer editor의 Upper-left corner를 클릭하면 Cell 전부를 선택합니다.

4. Layers와 Ports 보이거나 숨기기

Layers와 Ports를 보이거나 숨기게 하기 위해 가장 쉬운 방법은 **H** 키를 사용하는 것입니다.

01 Layer를 보이거나 숨길 때에는 하나 또는 여러 개의 Layer를 선택한 후 Layer에서 Right-click을 하면 메뉴가 활성화됩니다. 메뉴의 명령어 중 하나를 선택합니다.

02 Ports를 보이거나 숨기게 하려면 하나 또는 여러 개의 Ports를 선택한 후 선택된 Ports에서 Right-click을 하면 메뉴가 활성화됩니다. 메뉴의 명령어 중 하나를 선택합니다.

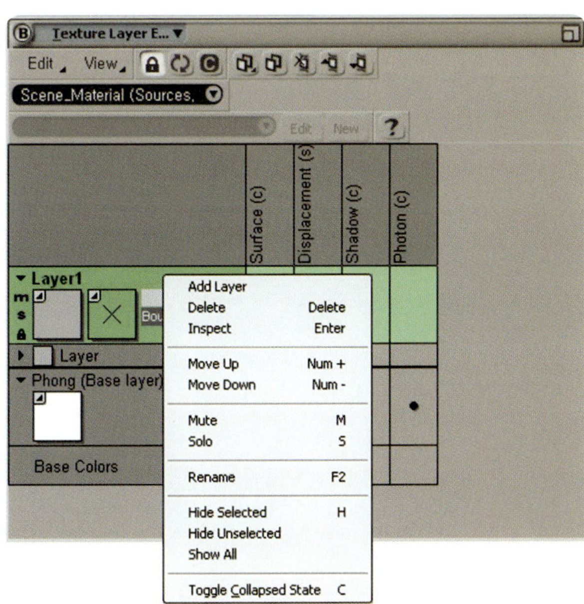

5. Expanding Layers와 Ports를 Collapsing 하기

작업을 진행하다 보면 종종 Texture layer editor에서 layer나 Ports의 수가 증가함에 따라 위, 아래로 이동하거나 변형할 경우가 있습니다.

01 Layers/Ports를 Collapse/Expand하려면 하나 또는 여러 개의 Layers 또는 Ports를 선택한 후 Rows/Columns중에 선택된 것 중에서 마우스 Right-click을 합니다.
Collapsed 하기 위해 Toggle Collapsed State를 선택(Toggle)하거나 단축키 C 키를 눌러줍니다.

02 Cells에서 Collapse/Expand 선택한 후 Texture layer editor에서 한 개 또는 여러 개의 Cells을 선택합니다. C 키로 Collapsed state를 선택(Toggle)합니다.

03 모든 Cells에서 Collapse/Expand 할 때에는 현재 디스플레이 된 모든 Cells을 선택하기 위해 Texture layer editor의 Upper-left cell을 클릭합니다. C 키를 누르면 모든 Rows와 Columns이 Collapsed나 Expanded됩니다.

6. Resizing Layers와 Ports

필요하다면 어떤 Port's column 혹은 Layer's row의 크기를 증가하거나 감소할 수 있습니다. Column을 조절하기 위해 Column안에 임의의 Cell의 Right border를 클릭하거나 이동(Drag)합니다. Row를 조절하기 위해 Row안에 임의의 Cell의 Bottom border를 클릭하거나 이동(Drag)합니다.

7. Texture Layer Editor를 Updating 하기

Texture layer editor에 있는 Update 버튼을 클릭하면 Command bar updates는 Texture layers를 디스플레이하고 데이터를 갱신합니다.

8. Texture Layer Editor를 Clearing 하기

만일 쉽고 빠르게 Texture layer editor를 Clear하고 싶다면 Texture layer editor command bar에서 Clear 버튼을 클릭합니다.

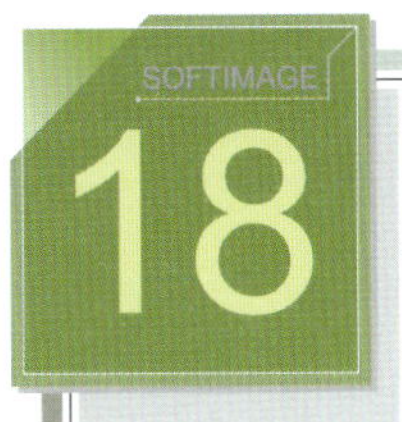

18 Texture Layers 작업하기

Texture layer editor에서는 Texture의 새로운 정보를 갱신하거나 데이터를 혼합하여 사용할 수도 있습니다.

STEP 01 Texture Layers 추가하기

Texture layer editor에 Texture layers나 Shader 혹은 Material을 추가하는 다양한 방법이 있습니다.
예를 들어 Texture layer editor에서 Blank layer, Shader preset를 추가 할 수 있으며 Images 또는 Shader preset을 자유로이 이동(Drag and drop) 할 수 있습니다.

1. 새로운 Layer를 추가하기 위한 Specifying Ports

기본적으로 새로운 Texture layer를 만들어 사용하기 위해 대부분은 Specific assortment 기능을 이용합니다. Texture layer editor를 활성화한 후 Menu에서 Edit 〉 Preferences를 선택합니다.

다른 방법으로는 Main menu에서 File 〉 Preferences를 선택하여 Preferences를 활성화한 후 Editors 〉 Texture Layer Editor를 선택합니다. 오른쪽 패널에 있는 Texture Layer Editor를 활성화하여 사용합니다.
기본적인 Action 설정에서 새로운 Texture layer를 더하고 각각의 Port에 이동할 수 있습니다.

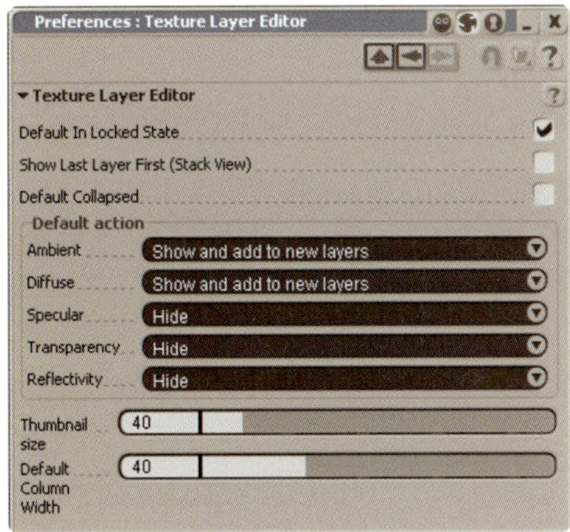

2. Blank Texture Layers 추가하기

Blank texture layer를 추가하고자 할 때 그 칼라 입력은 Property editor에서 설정할 수 있는 칼라에 의해 조절됩니다. 이 칼라는 Layer 칼라 입력에서 미리 준비된 이미지나 Shader preset을 연결할 때까지 이전의 Texture layer와 조화가 이루어집니다.

01 Texture layer editor의 Command bar에 있는 Blank Layer 아이콘을 클릭합니다.

02 Texture layer editor menu에서 Edit 〉 Add Layer를 선택해도 됩니다.

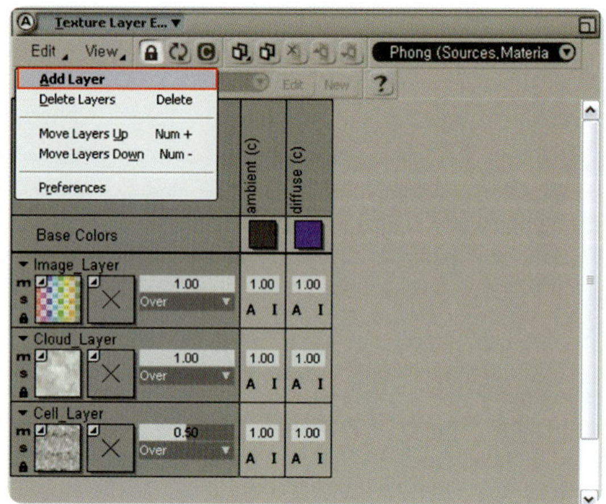

3. Presets을 이용하여 Texture Layers 추가하기

Texture layer editor의 Command bar에 Add Layer With Preset 아이콘을 클릭하면 나타나는 메뉴에서 Image preset을 선택합니다. 선택된 Preset은 Layer's Color port에 연결됩니다.

필요하다면, Texture Layer에 Assigning Texture Projections에서 Texture projection을 설정합니다. Layer가 추가되며 Texture Layer Properties에서 관련된 속성 값을 계속해서 편집할 수 있습니다.

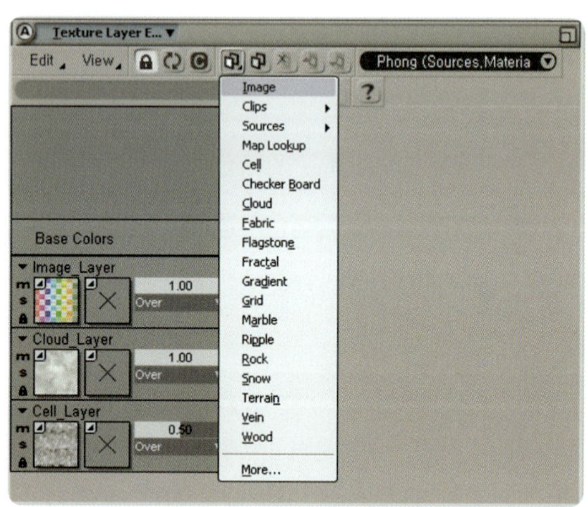

4. Browser 또는 Toolbar에서 Texture Layer를 Dragging and Dropping 하기

새로운 Texture layer에 이미지나 Shader를 추가하는 다른 방법은 Texture layer editor의 작업 공간 안에 Browser나 Toolbar를 이용하여 이동(Drag and drop)하는 방법입니다.

Browser나 Shaders toolbar(메인 메뉴에서 View 〉 Toolbars 〉 Shaders를 선택합니다) Image file이나 Shader preset을 위치시킵니다. Texture layer editor 작업공간에서 Image file이나 Shader preset을 이동(Drag and drop)하여 오브젝트에 적용합니다.

Texture Layers의 Ports를 추가하거나 되돌리기

01 하나의 Layer 하나의 Port를 더하거나 여러 Layer에 여러 Port를 추가할 수 있습니다. 하나 또는 여러 개의 Cells을 선택한 후 마우스 Right-click을 하며 Menu가 생성됩니다. Layer에 추가 Layer를 생성한 후 Cell's port 더합니다.

02 exture Layers의 Ports를 되돌릴 때에는 Respective layer는 각각의 Layer에서 Cell's port를 제거합니다.

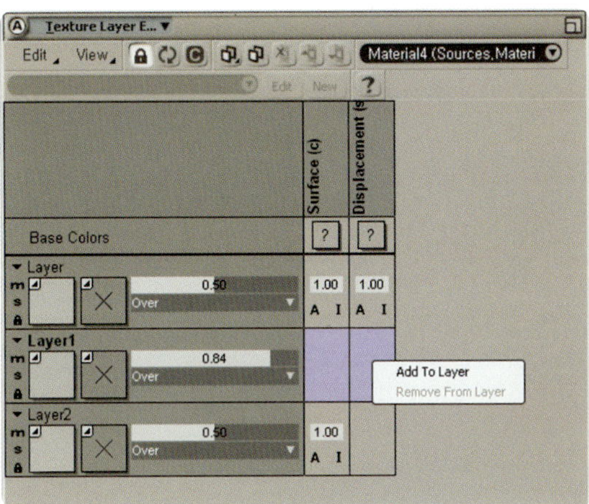

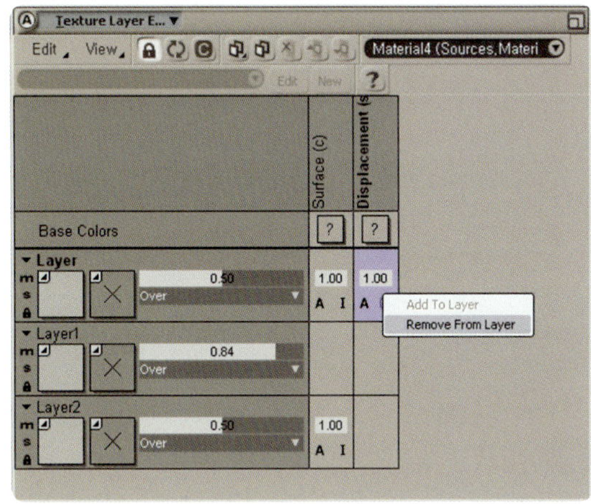

Texture Layers 지우기

01 하나 또는 여러 개의 Texture layer를 선택합니다. Texture layer editor command bar에서 Delete Selected Layer(s) 아이콘을 클릭하거나 "Delete"를 클릭합니다.

02 다른 방법으로는 Texture layer editor의 Command bar에서 Edit 〉 Delete Layers 를 선택하거나 마우스 Right-click하여 나타나는 Selected Layer 메뉴에서 "Delete"를 선택합니다.

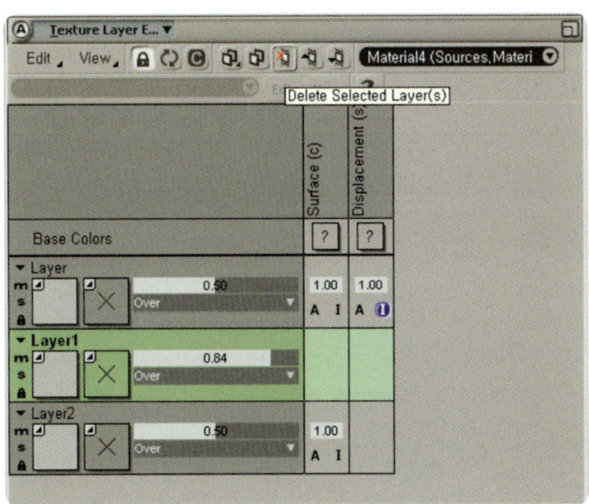

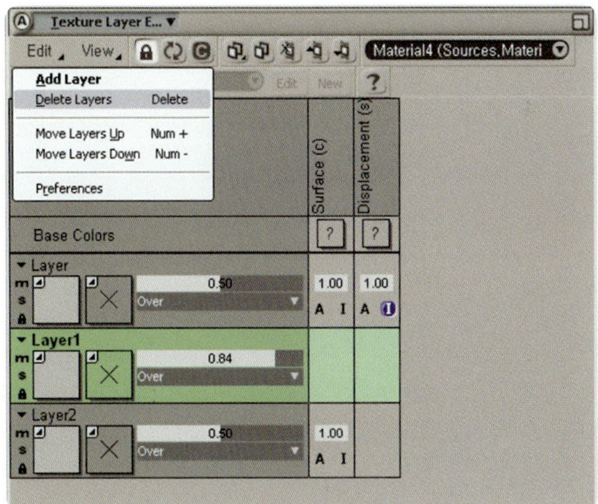

MAT 패널 사용하기

MAT(Material) 패널은 Texture layers를 이용해 작업하는 것과 관련된 전문 Interface입니다. MAT는 Texture layer editor와 비슷한 제어 기능을 제공합니다.
MAT 패널을 디스플레이 하기 위해서는 패널 오른쪽 아래에 MAT를 클릭합니다.

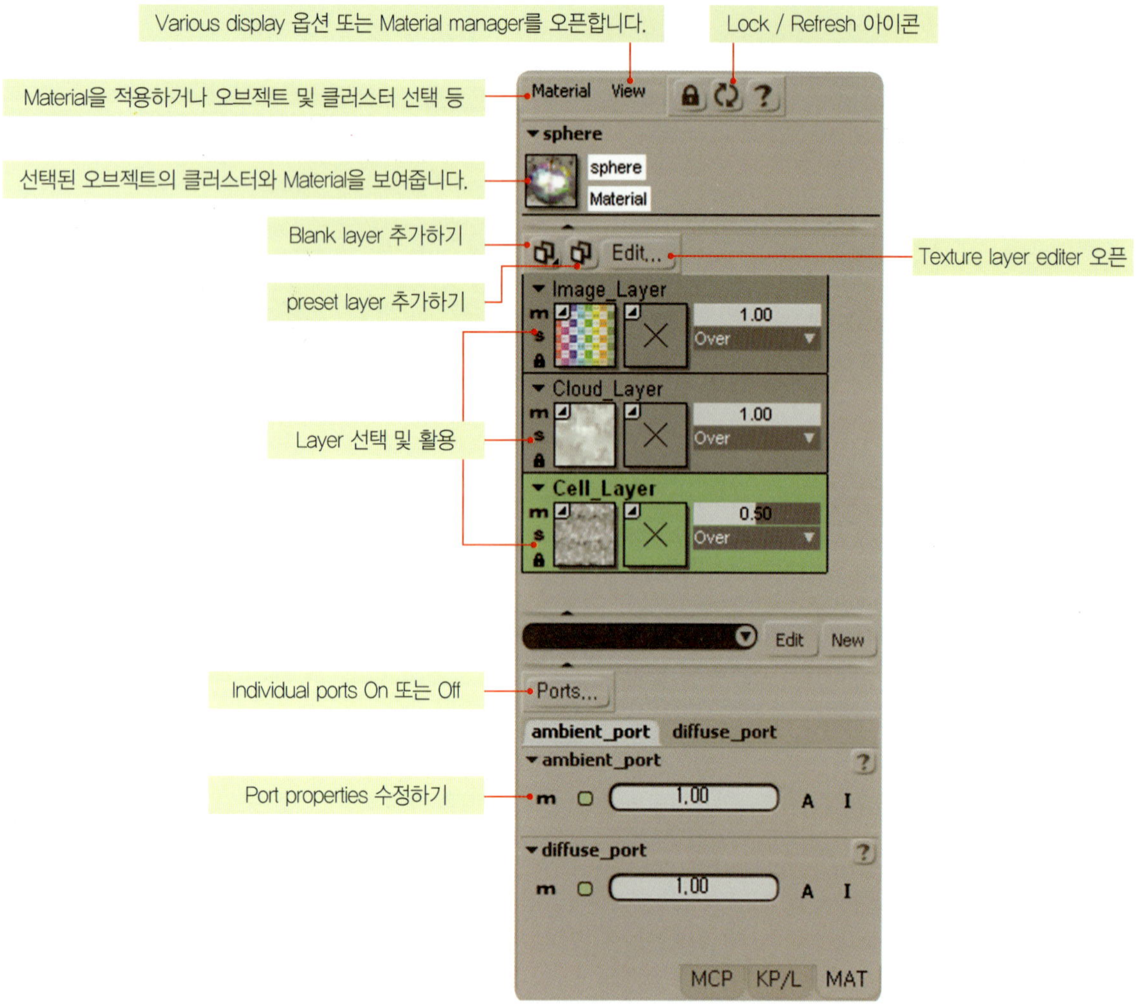

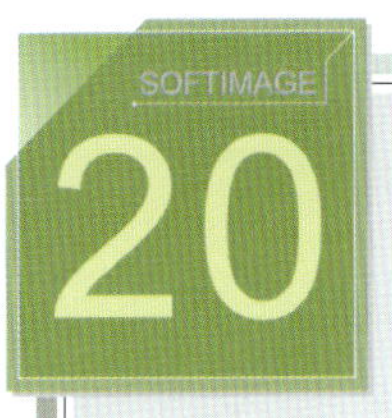

20 Render Tree에서 Texture Layers 작업하기

STEP 01 Render Tree와 Property Editors

Shader가 하나 또는 여러 개의 Texture layers를 가지고 있다면 Render tree에 Node에서 새로운 Layer를 만들고 선택할 수 있습니다.

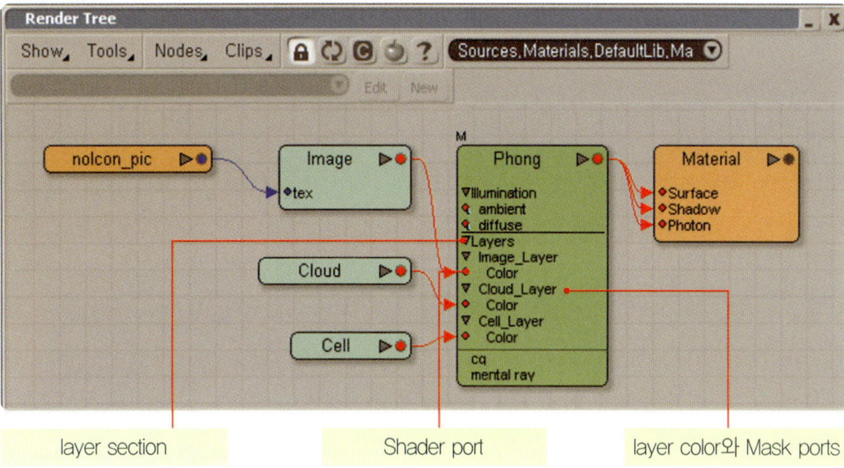

STEP 02 Render Tree에서 Texture Layers 추가하기

Render tree에서 Shader에 Texture layer를 추가하는 두 가지 방법이 있습니다.

1. Render tree에서 Blank layer 추가하기

Texture layers를 추가하기 위해 Shader node를 확장합니다. 마우스 Right-click 후 Add Layer를 선택하여 Layers section's의 이름이나 Node's의 이름을 생성합니다.

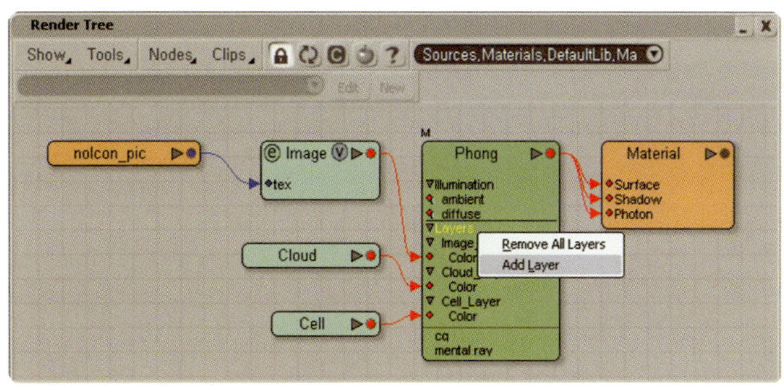

2. Render Tree에 Shaders를 사용하여 Texture Layers 추가하기

Render tree에서 Shader에 Texture layer를 새로 만드는 다른 방법은 Shader와 Shader's ports중에 하나를 다른 Shader 와 혼합(Blend)하는 방식이 있습니다.

Shader's port에서 Texture layer 만들려면 먼저 Texture layer를 추가하기 위해 Shader node를 확장합니다. Port에서 마 우스 Right-click을 하여 새로운 Texture layer를 추 가합니다. 메뉴에서 Blend with > 원하는 Texture 종 류를 선택합니다.

Texture's property editor는 활성화되며 새로운 Texture layer가 만들어집니다. Render tree에 Shader node의 Layers section에 추가되며 새로운 Layer가 추가된 Port는 작은 파란색의 "L"로 표시됩니다.

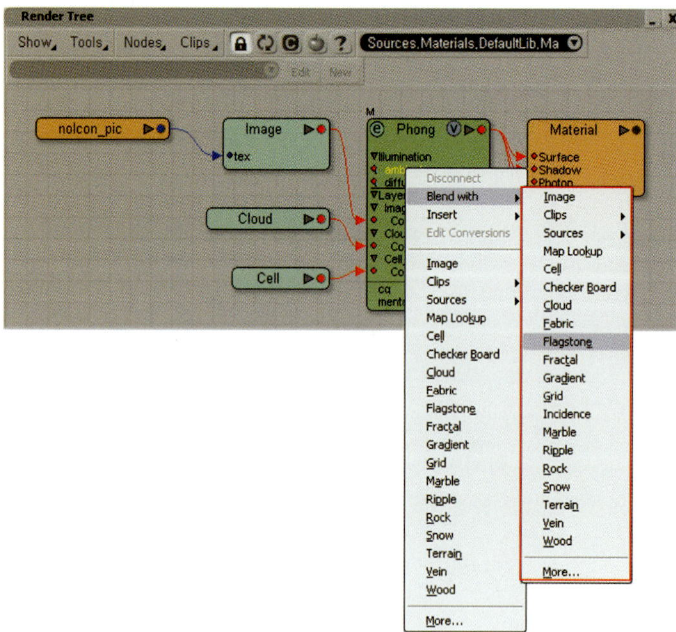

3. Render Tree에서 Texture Layers의 Ports 추가하기

현존하는 Texture layer에 Node's port를 추가하기 위해 메뉴에서 Port를 선택하고 Layer's 이름에서 마우스 Right-click을 합니다. Multiple ports를 추가하기 위해 메뉴에서 Shift 키를 누른 상태에서 다중 선택합니다.

4. Render Tree에서 Texture Layers와 Shaders 연결하기

각각의 Texture layer는 두 개의 Ports를 가지고 있는데 칼라 입력을 위한 Port와 마스크 입력을 위한 Port입니다. Layers' Color와 Mask에 Shaders를 연결할 수 있습니다.

5. Render Tree에서 Layers의 Textures 연결 끊기

Render tree에서 Layers와 Textures의 연결을 끊어내기 위해 Shader 연결과 같은 방법을 사용합니다.
Layers에서 Textures 끊기를 원하는 Shader node를 확장한 후 Layer's Color 또는 Mask port나 화살 모양의 연결선을 클릭합니다. 다른 방법으로는 Texture layer's Color 또는 Mask port에서 마우스 Right-click을 한 후 나타나는 메뉴에서 Disconnect를 선택합니다.

6. Render Tree에서 Texture Layers 지우기

Render tree에서 Node's texture layers를 한 번에 하나씩 삭제하거나 동시에 모두 삭제할 수 있습니다.
Render tree에서 지우기고자 하는 Texture layers의 Shader node를 확장합니다. 하나의 Layer를 삭제하기 위해 삭제할 레이어에서 마우스 Right-click합니다. 나타나는 메뉴에서 Delete Layer를 선택합니다.

다른 방법으로 모든 Node's layers를 지우기 위해 Layers section's name 또는 Node's name에서 마우스 Right-click을 한 후 나타나는 메뉴에서 Remove All Layers를 선택합니다.

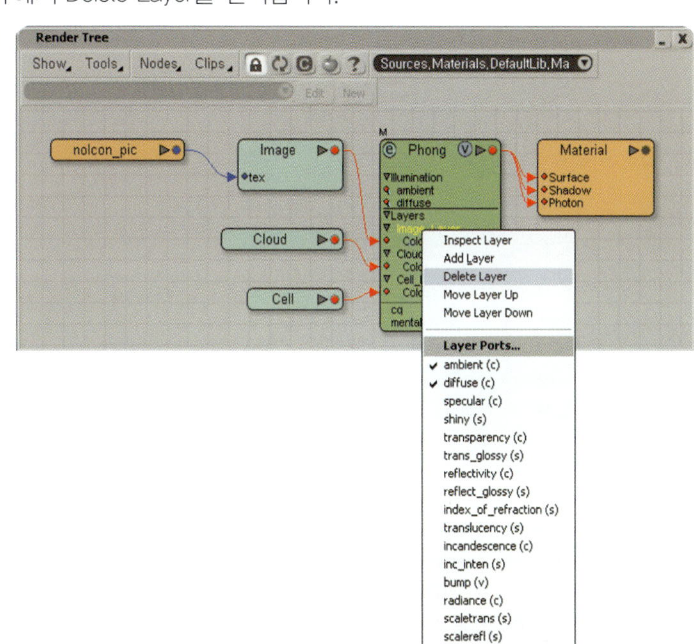

http://community.softimage.com

소프트이미지를 위한 커뮤니티가 새로 열렸습니다. 기존 소프트이미지 커뮤니티와는 다르게 R&D를 다루는 내용도 많아 R&D에 관심이 있는 사람에게는 희소식이 될 것 같습니다.

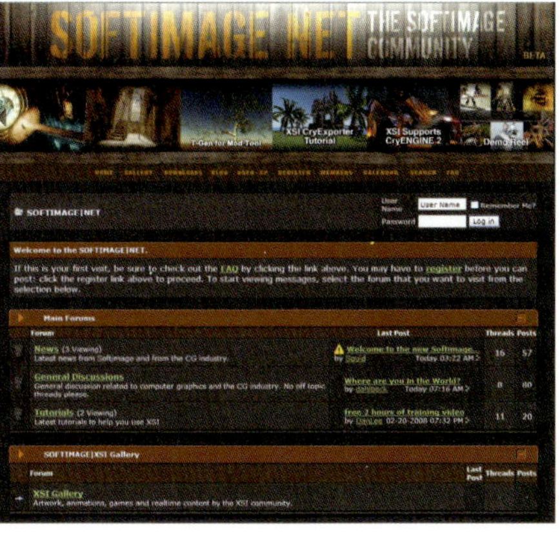

SOFTIMAGE

21 Image Clips을 보기 위한 Tool

Image clip viewer는 Image clips과 External images를 볼 수 있게 하는 Handy tool이며 Play back animated image clips을 다른 이미지 포맷(Format)으로 생성해 주기도 합니다.

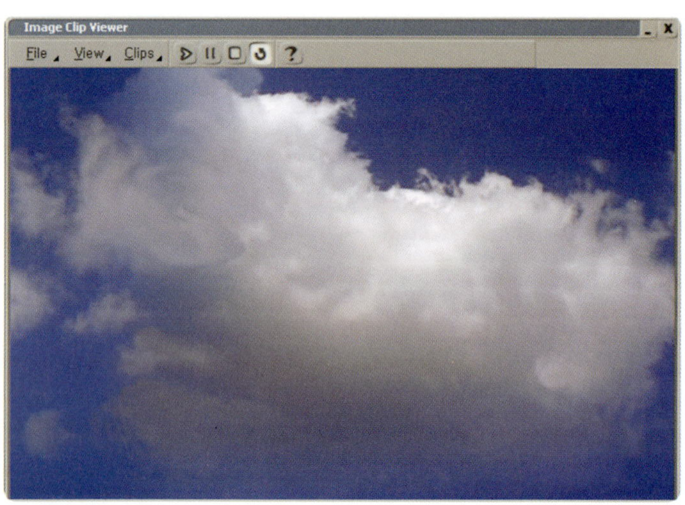

STEP 01 Image clip viewer에서 Image clips 보기

01 Main menu에서 Views 〉 Rendering/Texturing 〉 Image Clip Viewer를 선택합니다.

02 Viewer's command bar에 있는 File 〉 Import를 선택합니다.

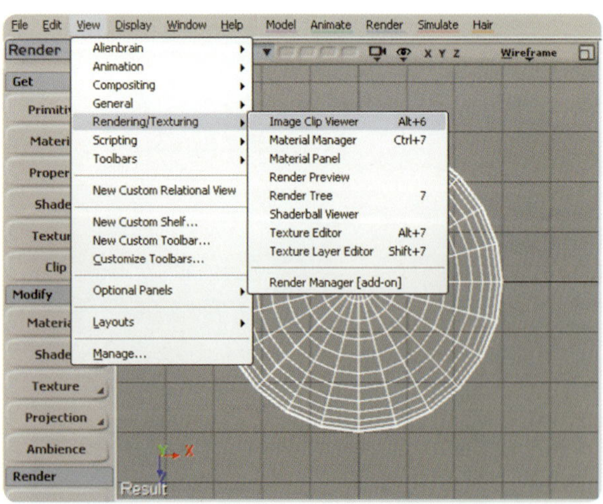

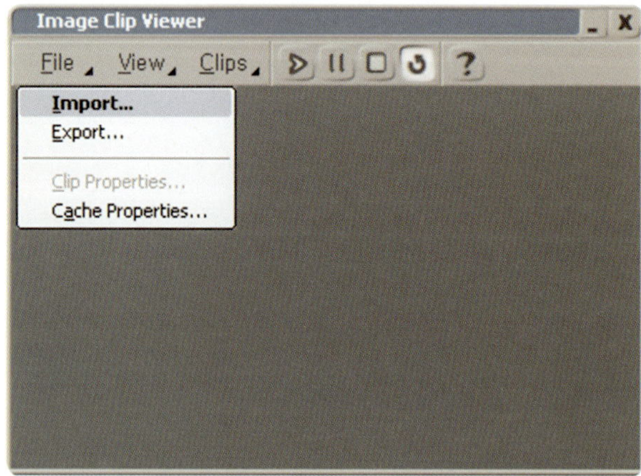

03 나타나는 Browser에서 원하는 이미지를 선택합니다.

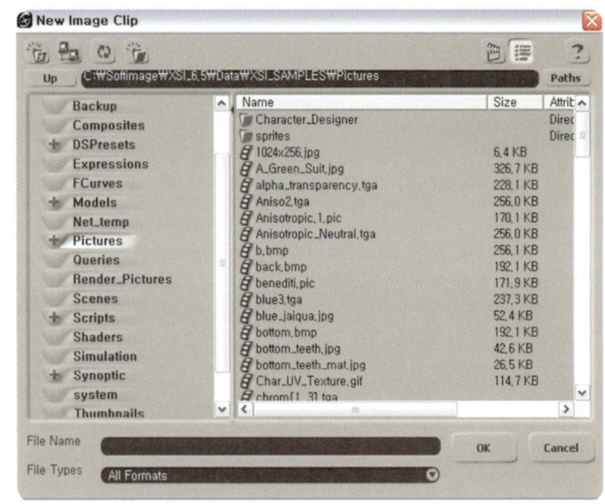

Image clip viewer에서 Images 자르기

STEP 02

01 Image clip viewer를 오픈한 후 원하는 이미지를 오픈합니다. Viewer's command bar에서 View > Crop을 선택합니다.

02 파란색 라인이 생성됩니다. Crop되는 영역 (Region)을 설정하기 위해 이미지에서 마우스 이동(Drag)으로 원하는 영역을 선택합니다.

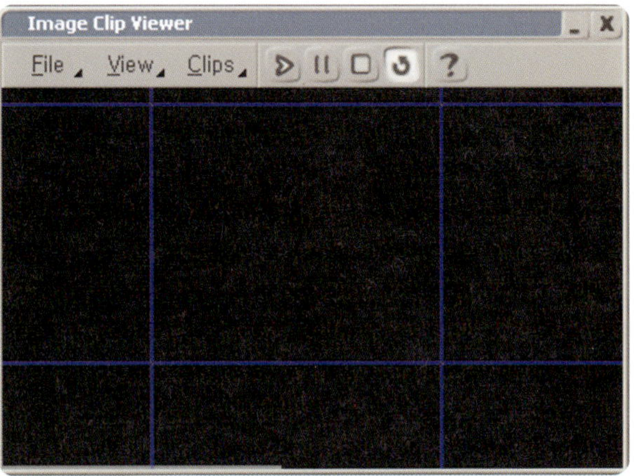

03 언제든지 Command bar의 View > Uncrop을 선택하여 Crop한 것을 다시 되돌릴 수 있습니다.

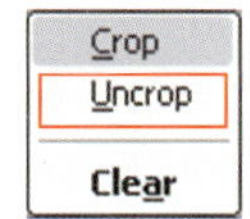

22 유리잔 Material 적용하기

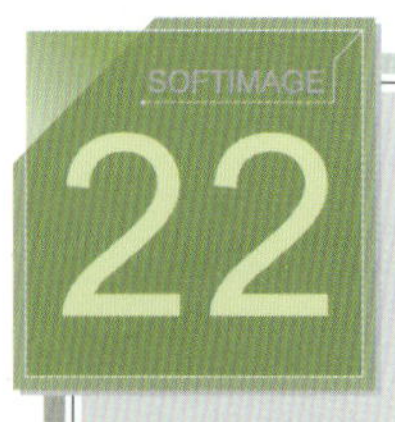

Material Phong을 이용한 기본적 실습 예제입니다. Diffuse 그리고 오브젝트가 빛나게 보이도록 Specular colors 사용과 Material Manager창을 이용하여 Material을 사용해 보는 예제를 진행하도록 하겠습니다.

01 앞서 모델링 부분에서 만들어진 File 〉 Open으로 유리잔 Scene을 열도록 합니다. 열린 유리잔을 Scale Tool을 사용하여 각각 X, Y, Z의 크기를 0.4로 줄인 후 오브젝트 한 개를 복사합니다.

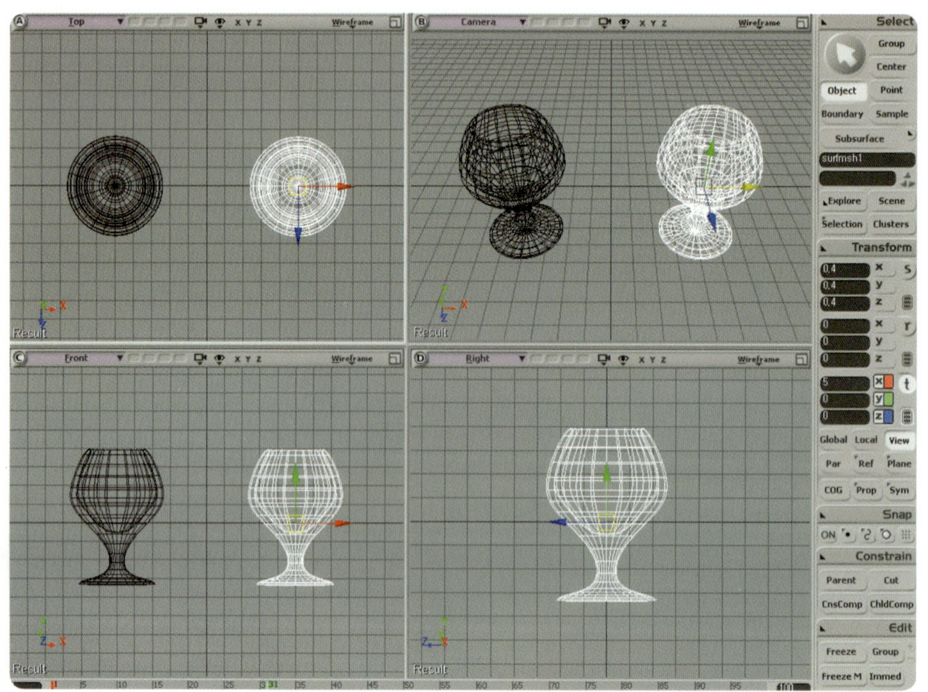

02 오브젝트를 선택한 후 **Enter** 키를 눌러 새로운 이름을 01, 02로 지정하도록 합니다.

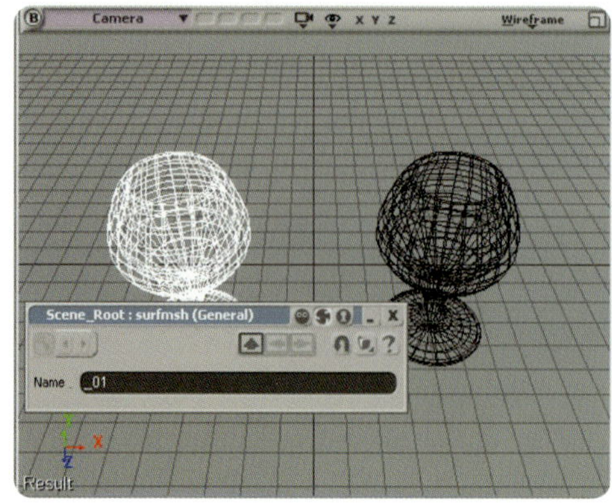
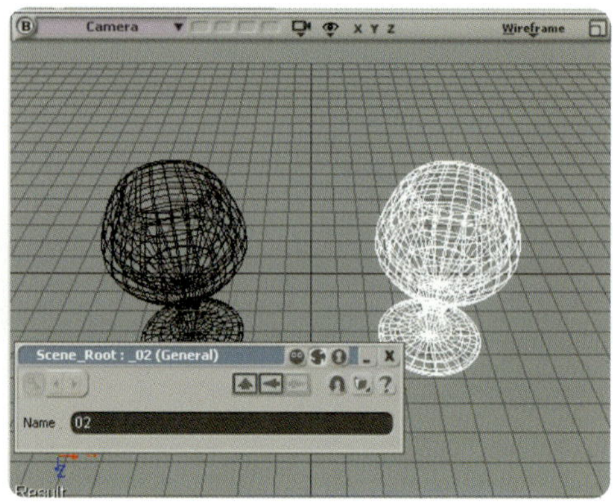

03 Material이 적용되기 전, 작업 포트 창을 Camera View로 맞춘 후 Q 키를 눌러 영역을 지정하여 Render Region Tool 을 이용해 렌더링 값을 보도록 하겠습니다. 오브젝트에 Material 적용 상태를 확인하기 위해서입니다.

04 다음과정은 Material 적용도록 하겠습니다. 좌측에 위치한 "유리잔 01"을 선택한 다음 Get 〉 Material 〉 Phong을 선택합니다.

05 Render Region Tool을 좌측에 위치한 "유리 잔 01"에 맞춘 후 활성화 된 Phong 옵션창에서 Diffuse Color값을 금색에 가깝게 설정하면서 렌더링 값을 맞춥니다. 원하는 칼라가 있을 경우 임의의 칼라를 선택해도 됩니다.

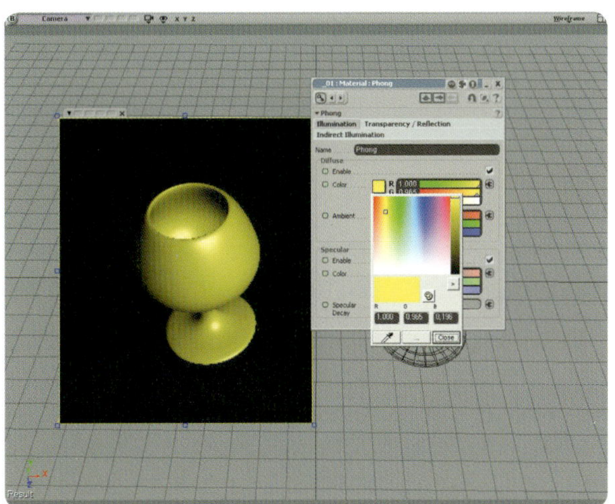

06 물체가 빛나 보이게 하기위해 Specular colors 값을 1로 적용한 후 창을 닫아줍니다.

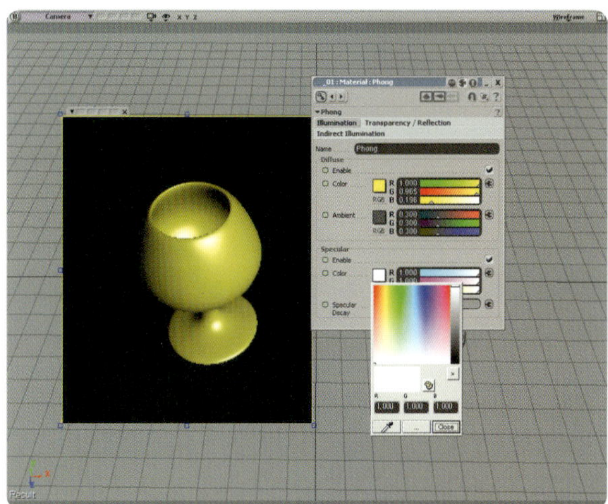

07 다음은 Ctrl + 7 키를 눌러 Material Manager 창을 열어 Material을 적용하겠습니다.

08 처음에 적용된 Material을 금색의 사과 모양을 더블 클릭하면 옵션창이 활성화 되면서 Material을 수정할 수 있습니다. 완성된 Material을 Gold라는 Name을 줍니다.

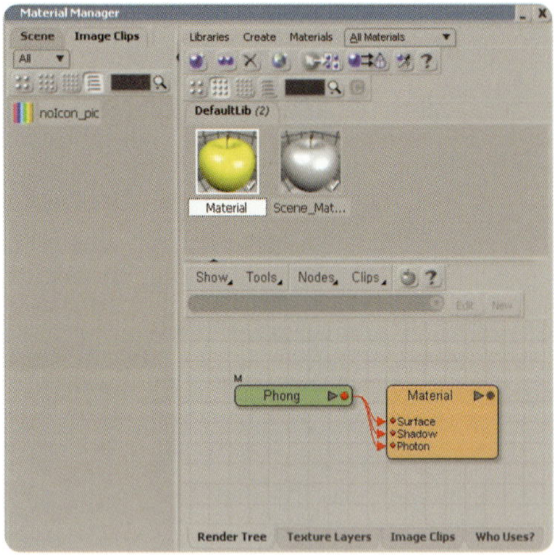

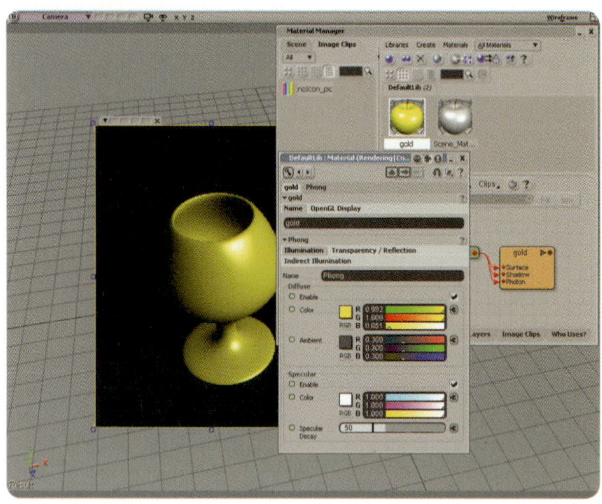

09 Material Manager창을 이용하여 오른쪽에 위치한 유리잔 02의 색을 입히도록 하겠습니다. "유리잔 01"과 마찬가지로 "유리잔 02"의 Render Region Tool을 사용하여 렌더링의 값이 보이도록 설정한 후, Material Manager창을 열어 Duplicate Material을 클릭하여 Material을 Gold를 복사하도록 합니다.

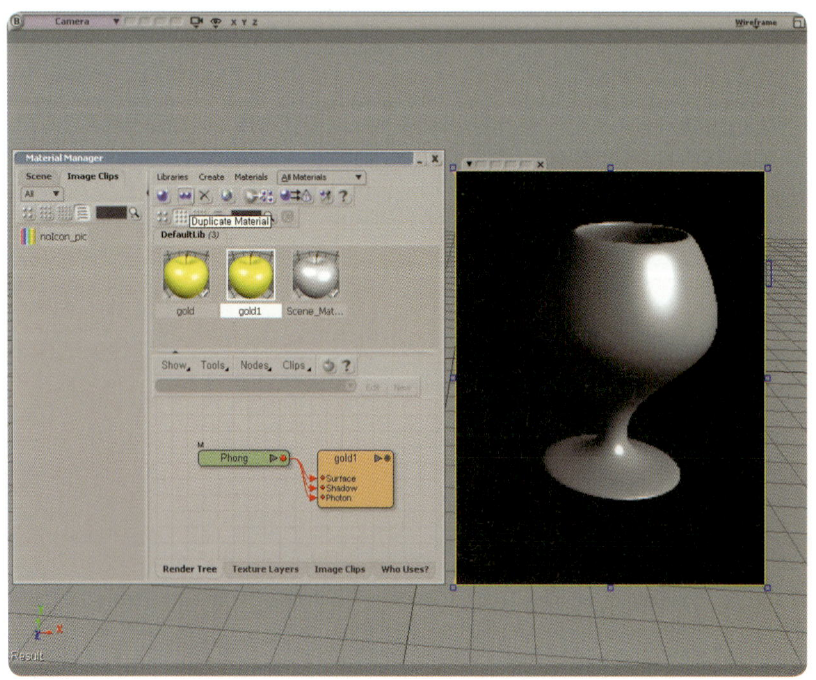

10 복사된 gold1을 더블 클릭하여 Diffuse Color값 붉은 색이 되도록 맞춘 후 Name을 Red라고 설정 후 창을 닫아줍니다. 기존에 설정된 Gold를 복사 한 Material임으로 Specular colors값은 1로 맞추어져 있으므로, Diffuse Color값만 수정합니다.

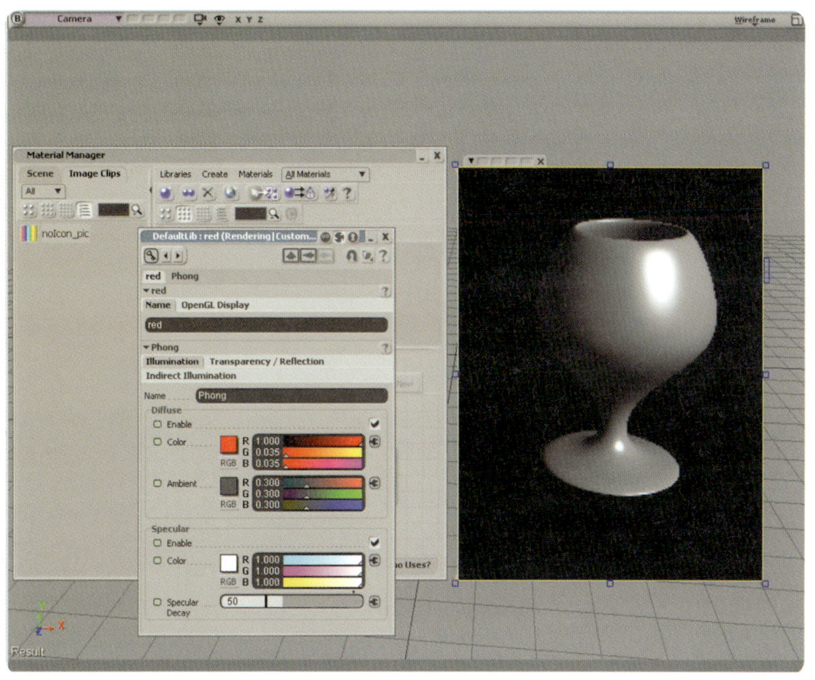

11 완성된 Red를 드래그 하여 유리잔 02에 적용하면 그림과 같이 붉은색의 유리잔의 Material을 적용시킬 수 있습니다. 이와 같이 기본적인 Material 적용을 작업해 봤습니다. 좀 더 세밀한 작업을 위해서 기타 옵션값을 조절해 보며 Material 변화를 살펴보는 것도 좋은 방법입니다.

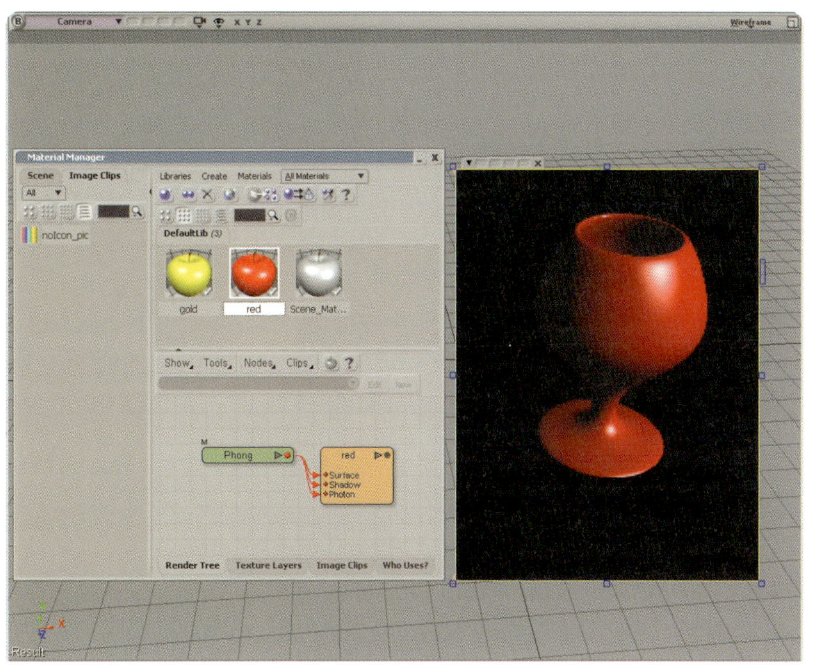

23 지구 Mapping

Sphere 오브젝트를 이용하여 Texture Mapping 사용법을 익히는 과정입니다.
Image 파일을 사용하여 Sphere에 Mapping을 하는 과정과 지구를 만들며 Texture Mapping 방법에 대해 알아보도록 하겠습니다.

01 우선 Sphere를 만들도록 하겠습니다. 그림과 같은 경로의 Primitive 〉 Poly Mesh 〉 Sphere를 선택하여 만들어 준 후 창을 닫습니다.

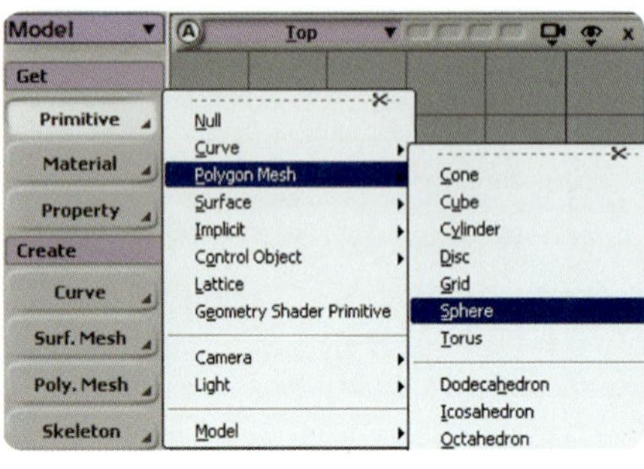

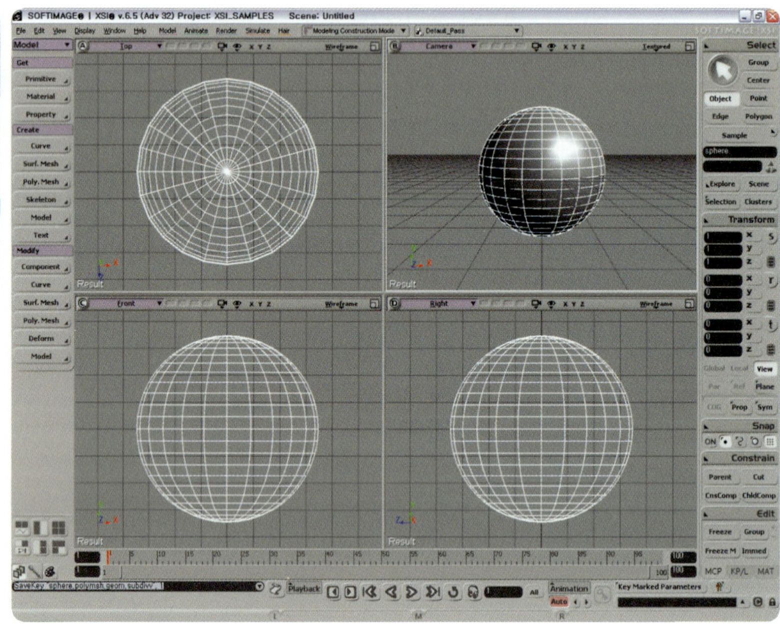

02 다음은 Model 〉 Render 옵션으로 바꾸도록 하겠습니다. **3** 키를 사용하거나, 그림과 같이 Render Tool Bar를 선택합니다.

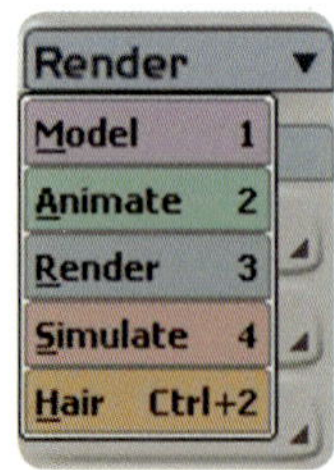

03 만들어진 Sphere 오브젝트를 선택한 후 Get 〉 Material 〉 Phong을 선택합니다.

04 Phong의 특별한 설정 값 없이 창을 닫으며 기본 Material Phong을 적용합니다. Texture를 적용할 예정이기 때문에 Material 값 조정은 의미가 없습니다.

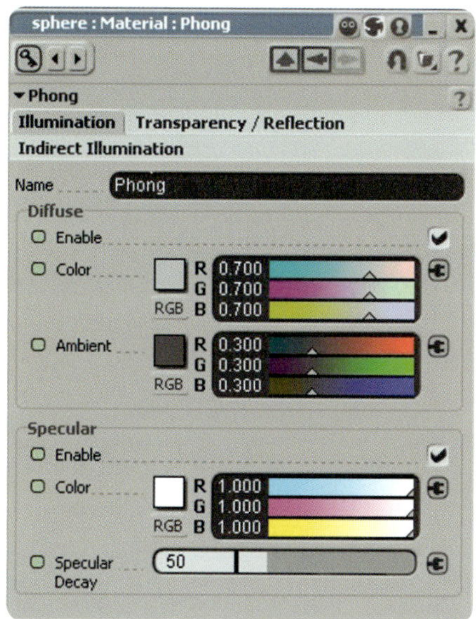

05 다음은 Sphere에 Texture를 적용하겠습니다. Get 〉 Texture 〉 Image를 선택합니다.
작업을 시작하기 전에 Earth.jpg파일의 경로를 진행하고 있는 Pictures File에 저장하도록 합니다(지구에 관련된 이미지는 부록CD의 맵파일에 earth.jpg 이미지를 사용합니다).

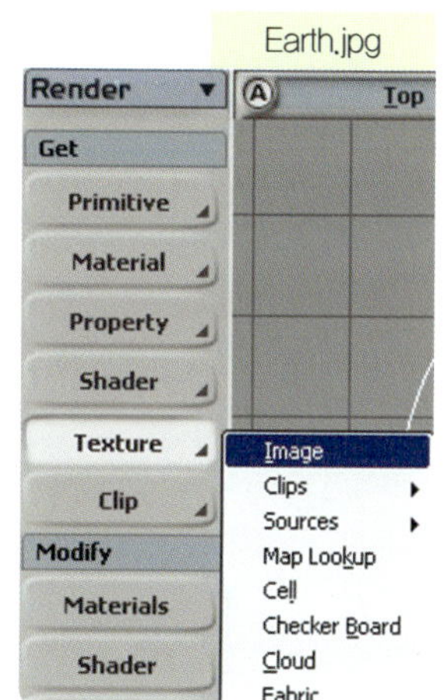

06 선택된 Material Image창 중, [New]버튼을 클릭하여 Pictures File에서 Earth.jpg Image파일을 불러옵니다.

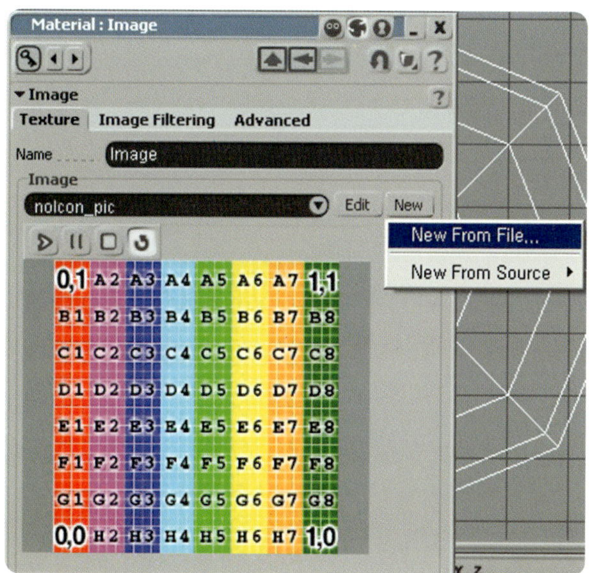

07 불러온 Image 파일의 Texture Projection 값을 [New] 버튼을 클릭하여 그림과 같이 Spherical로 적용합니다. Spherical로 설정하는 이유는 지구가 구체이기 때문입니다. UV 좌표를 둥근 모양의 Spherical로 선택하는 것입니다.

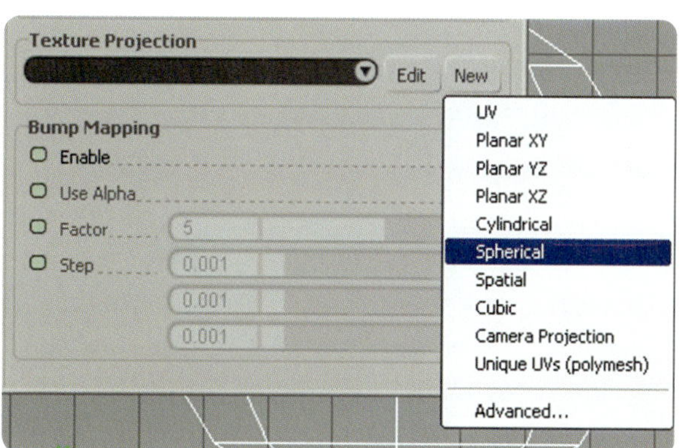

08 Sphere에 Texture가 적용된 그림은 다음과 같습니다.

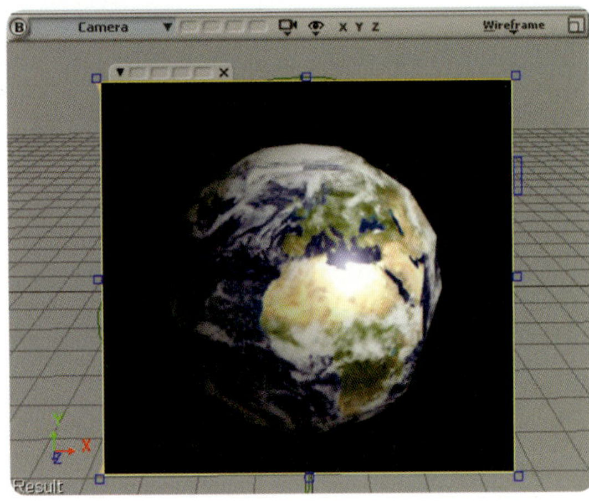

09 적용된 Texture에서 잘못 적용된 Texture부분을 수정하도록 하겠습니다.

숫자 **8** 키를 눌러 Explorer를 활성화한 후 그림과 같은 경로의 Texture 〉 Coordinates 〉 AUTO를 선택합니다.

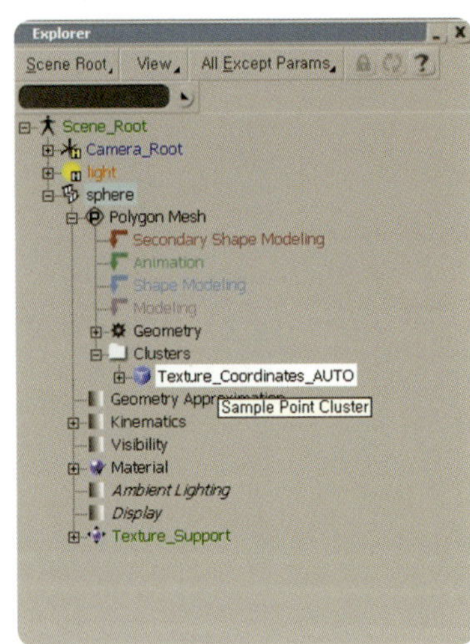

10 Texture_Coordinates_AUTO의 설정 값 중, Implicit Texturing의 설정 값을 Implicit설정한 다음 + 키를 3번 눌러 그림과 같이 찌그러진 Texture를 수정하여 지구의 모양을 완성시킵니다. Texture 〉 Coordinates 〉 AUTO 텍스트를 두 번 클릭하면 관련 옵션창이 활성화됩니다.

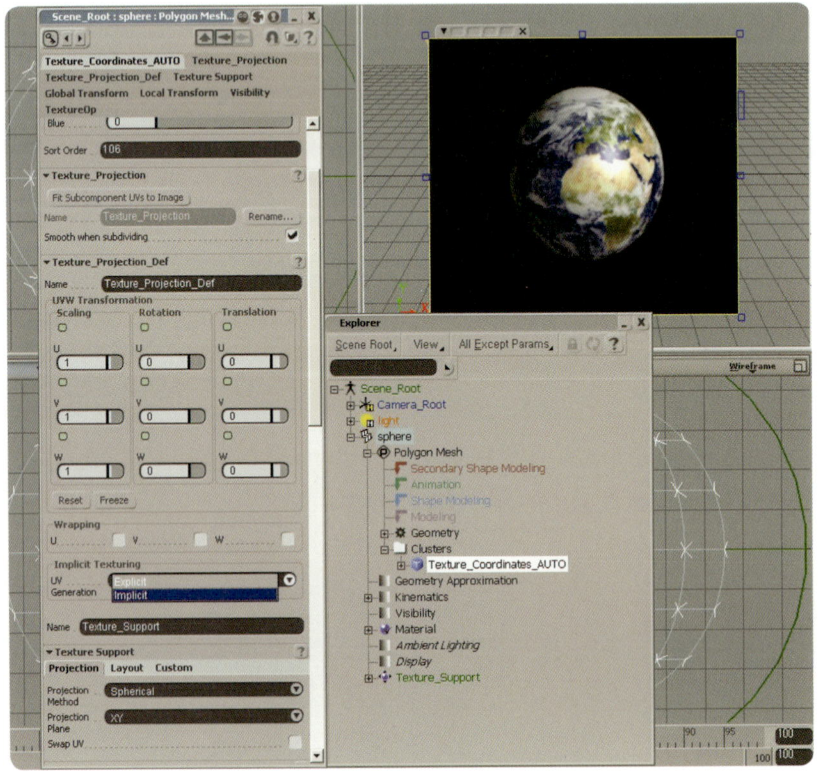

11 다음은 Specular가 적용된 값을 삭제해 보겠습니다. **Ctrl** + **7** 키를 사용하여 Material Manager 수정하기 위해 그림과 같이 Sphere 오브젝트를 선택한 후 **Alt** + 마우스 오른쪽 버튼을 클릭합니다. Inspect Material창을 열어 수정합니다.

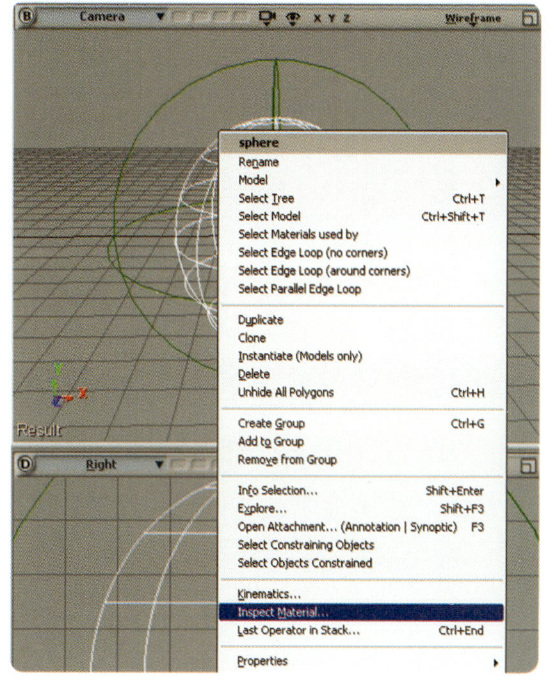

12 Phong의 설정 값 중 Specular Enable 체크를 해제하여 Specular값이 오브젝트에 적용되지 않도록 합니다.

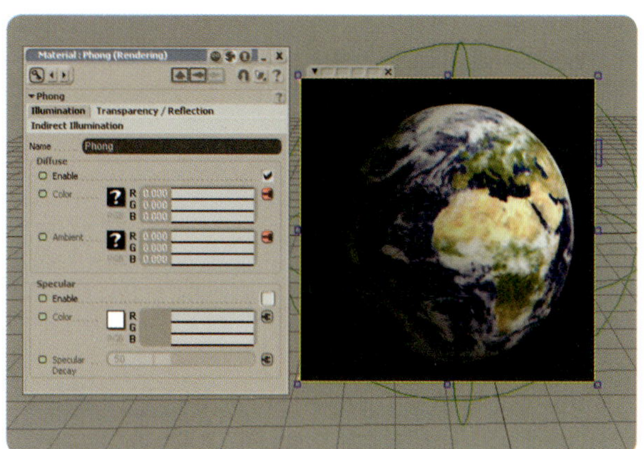

13 마지막으로 지구의 지표면을 세밀하게 표현합니다.

단축키 **Ctrl** + **7** 키를 사용하여 Material Manager를 활성화합니다. 그 중 Image(Texture)를 선택합니다.

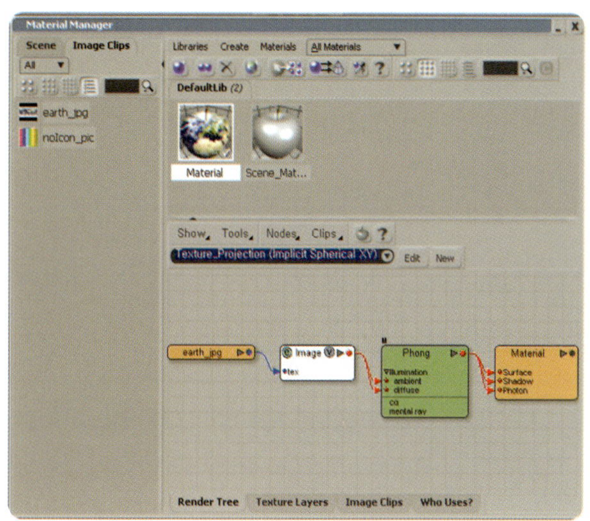

14 Image의 Bump Mapping Enable을 체크하여 Factor 값을 0.5주고 창을 닫습니다.

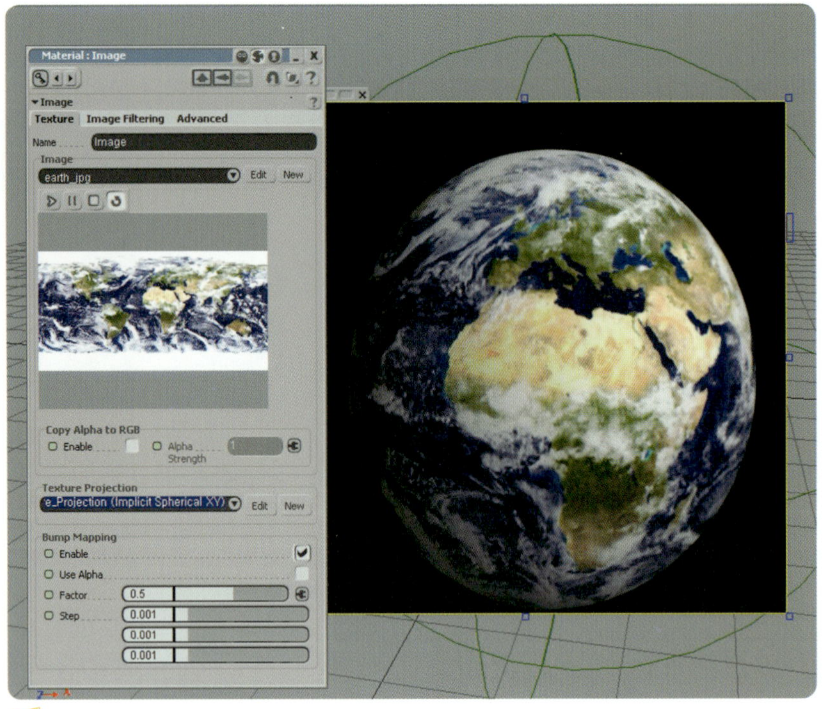

Bump Mapping

Bump Mapping 방식은 오브젝트에서 입체감을 표현하는 것보다 편리하게 Mapping 에서 입체감을 주기 위해 고안된 방식입니다. 저용량으로도 울퉁불퉁하고 세밀한 입체표현을 할 수 있는 것이 장점입니다.

15 최종 Texture Mapping이 입혀진 완성된 지구입니다.

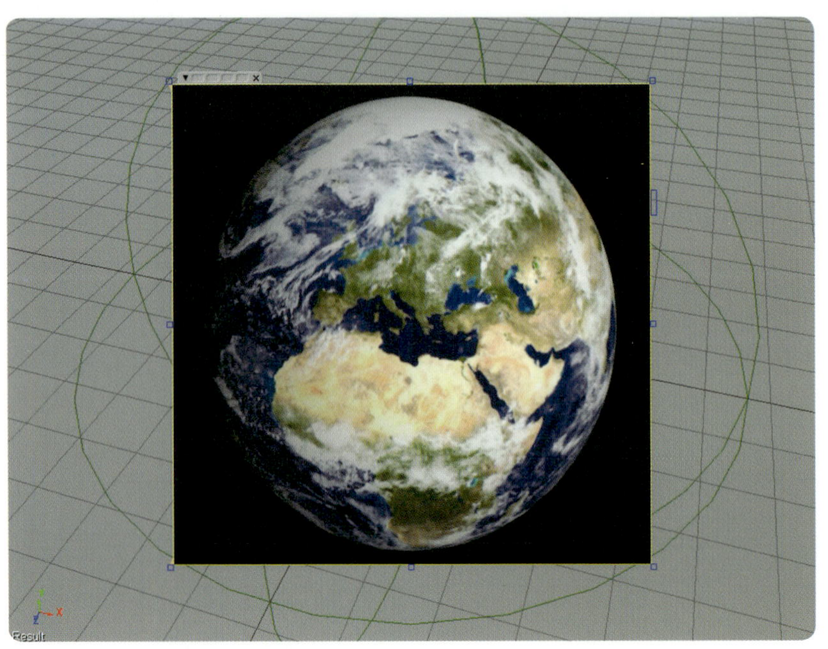

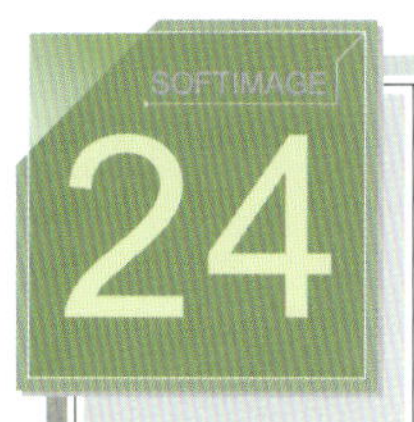

24 캐릭터 Mapping

캐릭터를 이용하여 XSI Texture에 대해서 설명 하겠습니다. 아래의 Texture Editor는 XSI에서 Texture를 하는데 UV를 수정해 주는 툴 창이라고 생각하면 됩니다. 키보드에 단축키 **Alt** + **7** 키를 선택해 Texture Editor 창을 생성합니다.

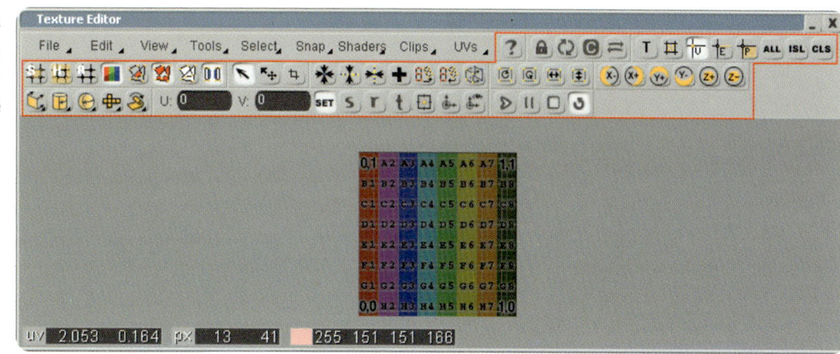

위 이미지를 보면 빨간 박스 안에 있는 아이콘들은 Texture Editor에 File/Edit/View/Tools/Select/Snap/Shaders/Clips/UVs 안에 있는 기능 중 자주 사용되는 기능을 작업자가 보다 빨리 작업하기 위해 아이콘화 한 것입니다.

오른쪽 그림과 같이 마우스에 오른쪽 버튼을 클릭하면 새로운 창이 생성됩니다. 이것은 유저가 원하는 대로 아이콘을 보거나 안보이게 할 수 있습니다.

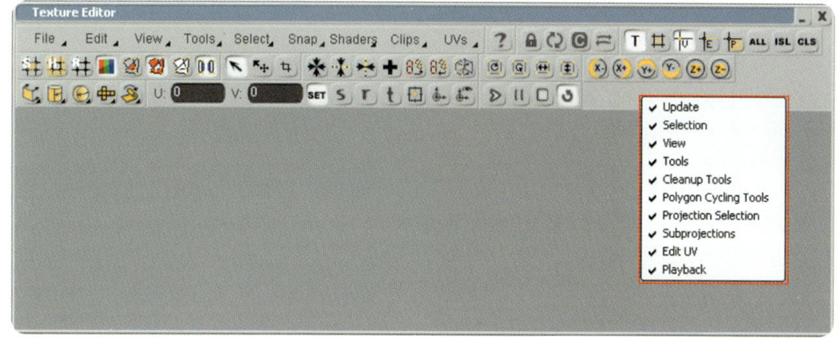

본격적으로 다음과 같이 캐릭터에 맵핑 작업을 시작합니다.

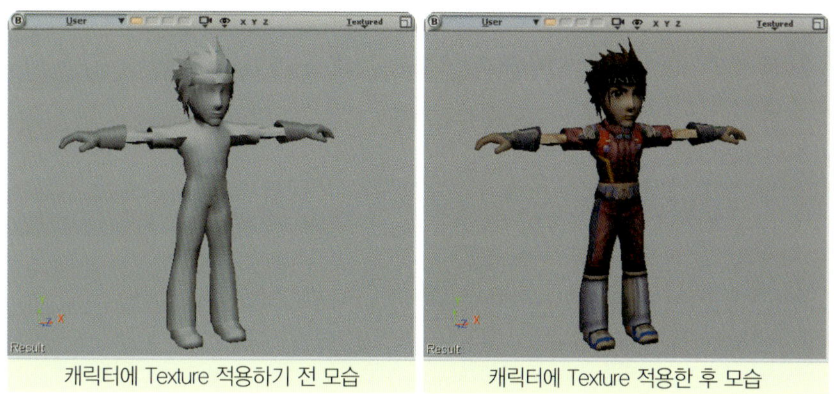

캐릭터에 Texture 적용하기 전 모습   캐릭터에 Texture 적용한 후 모습

01 먼저 Texture를 작업하기 위해 다음과 같이 포토샵(2D 그래픽프로그램)에서 바둑판모양의 이미지를 만들어 보겠습니다. 다음과 같이 이미지를 만드는 이유는 바둑판을 보면서 캐릭터에 이미지 늘어 나는지 확인하기 위해서 입니다. 아래와 같이 포토샵에서 작업할 새로운 창을 생성합니다.

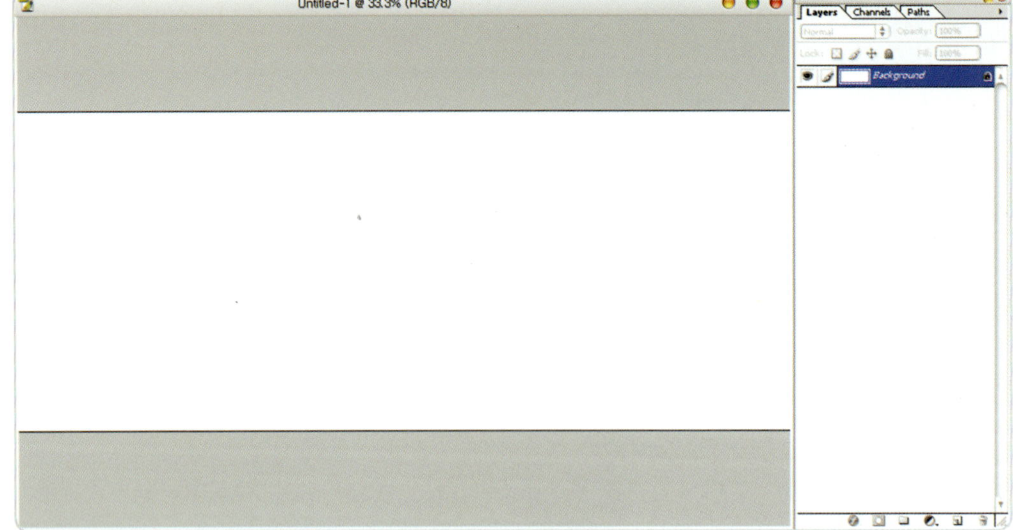

02 레이어 창에서 새로운 레이어를 추가합니다.

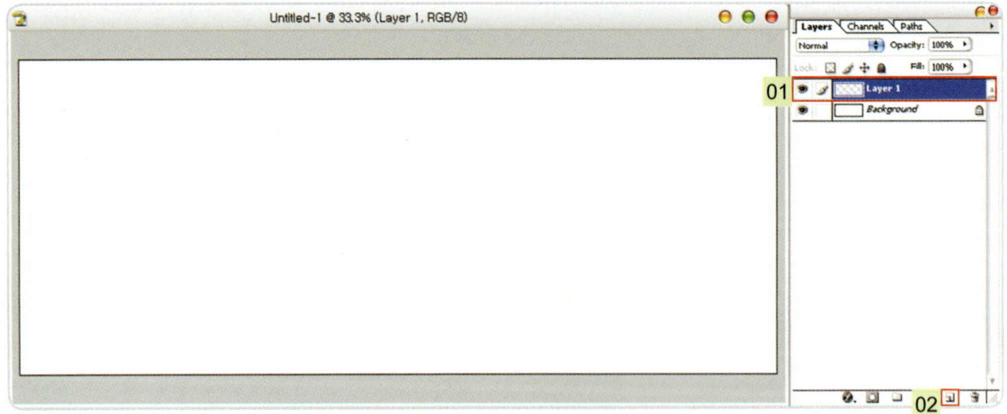

03 Background를 지우면 바둑판모양이 남게 됩니다. 이것을 키보드에 Print Screen Sys Rq키로 새로운 포토샵 창에 `Ctrl` + `V` 키로 복사하여 붙여 넣습니다.

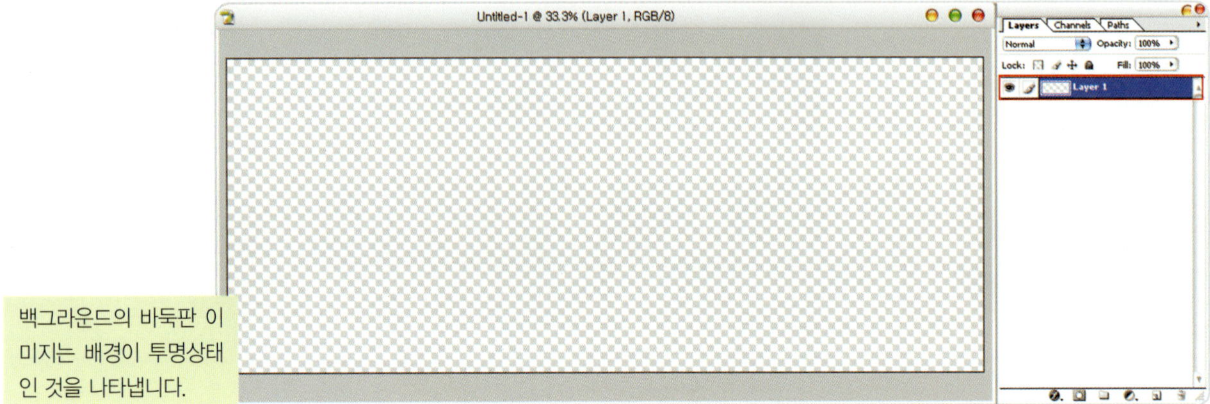

백그라운드의 바둑판 이미지는 배경이 투명상태인 것을 나타냅니다.

04 다음은 복사가 된 이미지를 다음과 같이 Adjustments 〉 Brightness/Contrast로 다음과 같이 수치를 조절해서 바둑판을 좀더 정확하게 바꾼 후 다음 이미지 사이즈를 500× 500(Pixel)로 변경하고 이미지의 이름을 설정합니다. 이번에는 Texture라고 설정합니다.

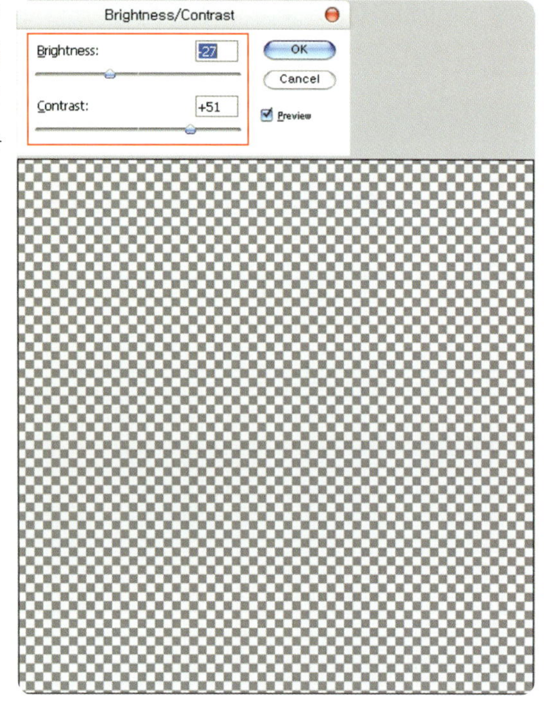

TiP 이미지 사이즈를 500×500(Pixel)로 설정하는 이유는 로우 폴리곤의 맵핑 방식에서 기술적인 문제로 인해 사이즈가 결정됩니다. 500 ×500(Pixel) 사이즈가 현재 사용되는 Texture 사이즈의 최소이며 현재는 대부분 1024×1024(Pixel) 사이즈를 사용합니다.

05 이제 본격적으로 Texture UV를 펴고 이미지를 넣는 작업을 시작 합니다. 이번 UV를 펴는 방식은 XSI의 기본 기능을 사용해 작업합니다. Texture 작업을 하기 전 먼저 캐릭터에 Material을 적용합니다. Render 〉 Get 〉 Material 〉 Lambert를 몸에 입이고 머리카락에는 Phong을 적용합니다. 머리카락을 뺀 나머지는 Lambert를 적용하고 머리카락을 Phong를 적용합니다.

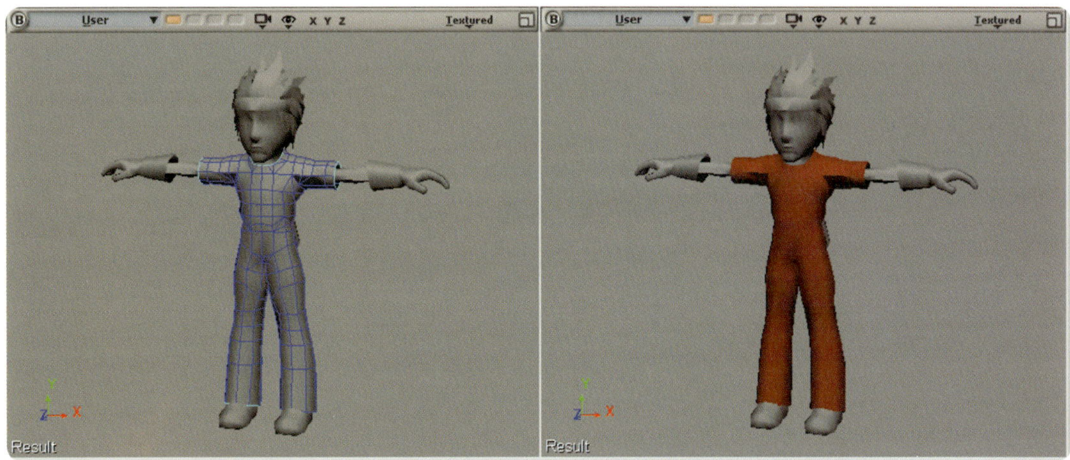

367

06 아래와 같이 Material의 색상을 바꿀 수 있습니다. 1번을 클릭하면 2번에 마우스를 움직여 색상을 결정하고 3번을 클릭하면 원하는 색상에 올려 두고 클릭하면 색상 값을 찾을 수 있습니다.

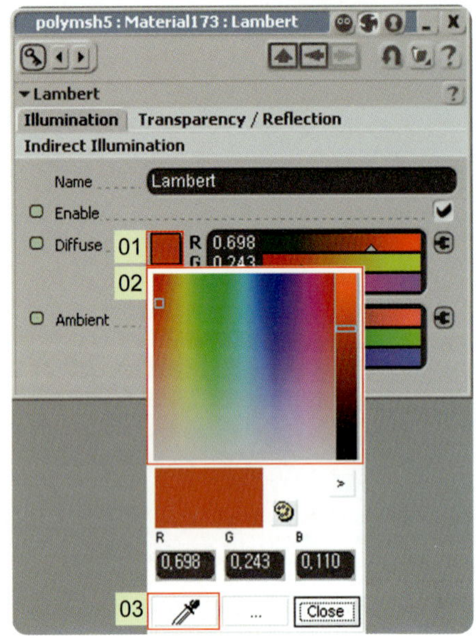

07 6번과 같은 방법으로 머리카락을 제외 한 오브젝트의 색상을 유저가 원하는 값으로 설정합니다. 그 다음 머리카락은 Group으로 묶어 색상을 설정하고 Texture를 적용합니다.

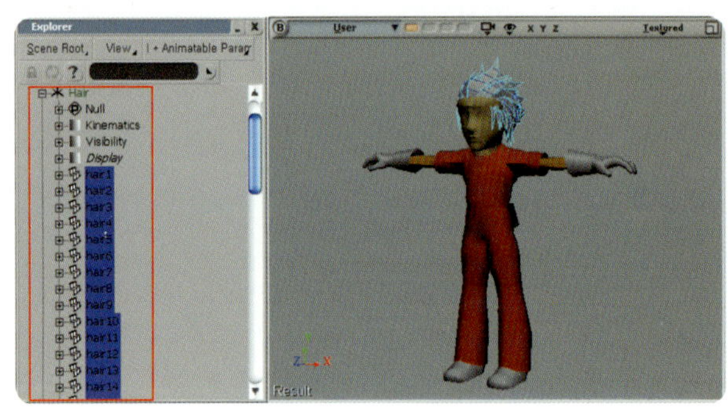

08 머리카락을 모두 선택한 후 XSI인터페이스 오른쪽 하단에 Group을 설정하여 Group으로 만들어 줍니다. 방법은 2번과 같이 Group을 설정하면 1번과 같은 창이 생성 됩니다. 1번이 생성되면 박스 안에 이름을 Hair로 변경합니다.

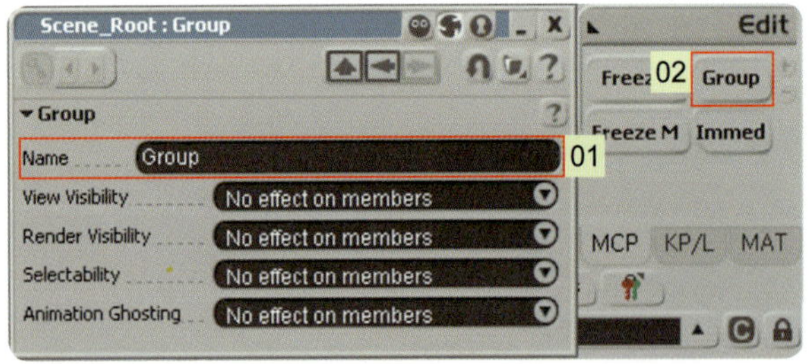

09 위와 같이 적용을 하면 다음과 같이 Explorer에 다음과 같이 Group이 만들어진 것을 볼 수 있습니다. 그 후 Render 〉 Get 〉 Material 〉 Phong을 적용합니다. Explorer 활성화를 위한 단축키는 숫자 8 키입니다.

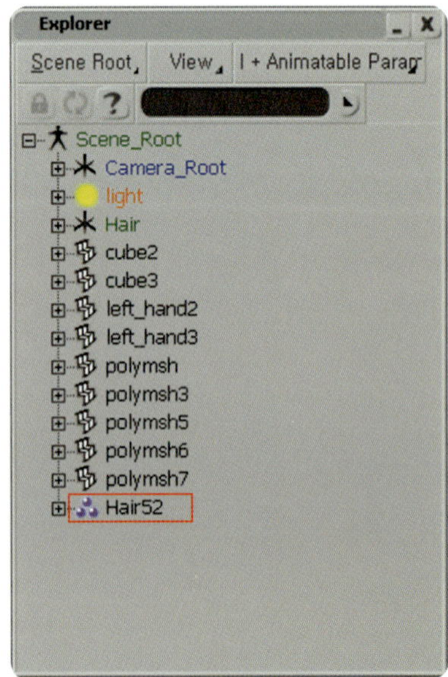

10 이제 몸 선택한 후 Texture 적용해 본다. Material은 이미 적용이 되어 있기 때문에 Texture를 적용합니다. Render > Get > Texture > Image를 적용합니다. 이미지 설정은 위에 저장을 한 Texture로 설정합니다. 설정하는 곳은 오른쪽과 같습니다.

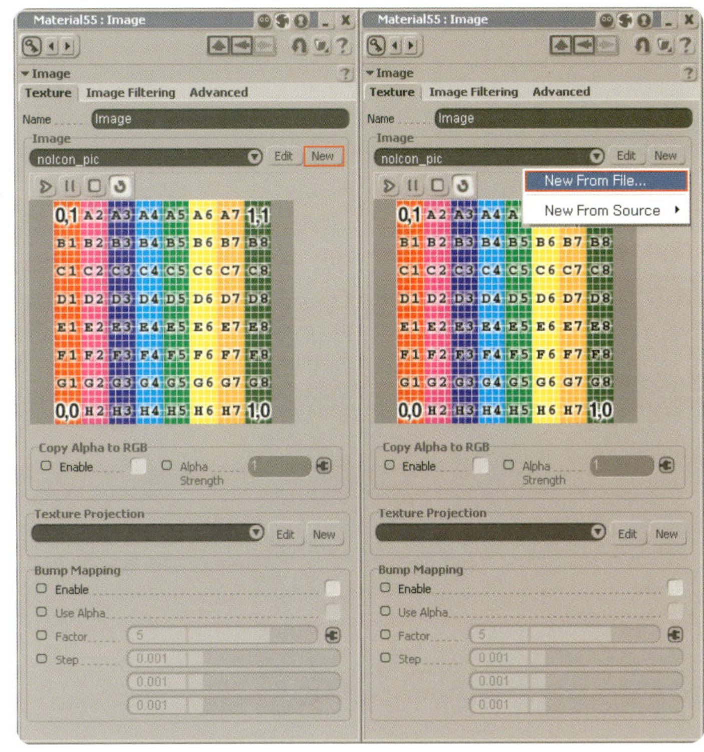

11 위와 같이 [New] 버튼을 클릭하여 New From File..을 설정하면 다음과 같이 창이 생성되는데 원하는 디렉터리에서 이미지를 설정하면 다음과 같이 적용됩니다. 1번은 디렉터리를 찾는 창, 2번은 1번에서 이미지를 적용하면 이미지를 볼 수 있는 창, 3번은 이미지를 적용 후 오브젝트에 어떤 좌표로(Texture Projection) 적용할 것인지를 결정하는 창입니다.

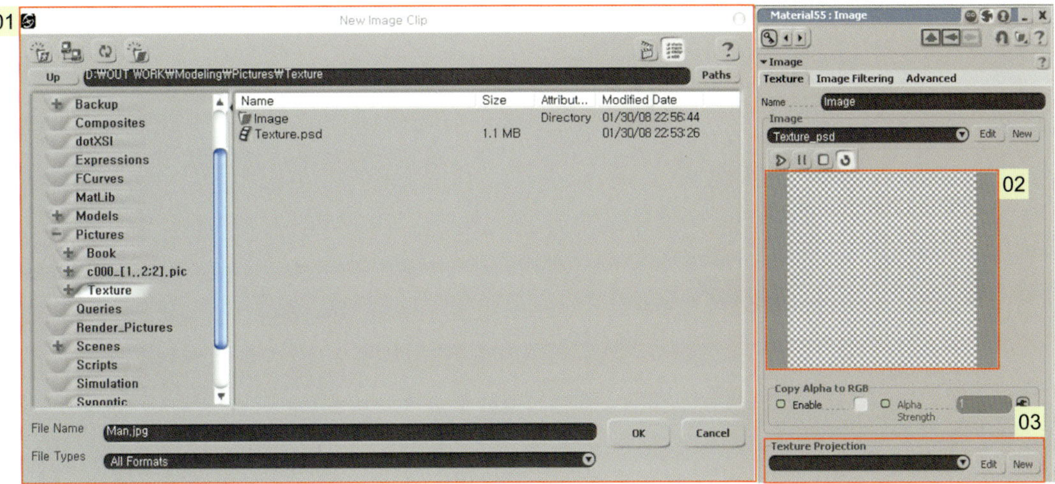

Texture Projection

1. New를 클릭하면 위와 같이 창이 하나 생성됩니다.

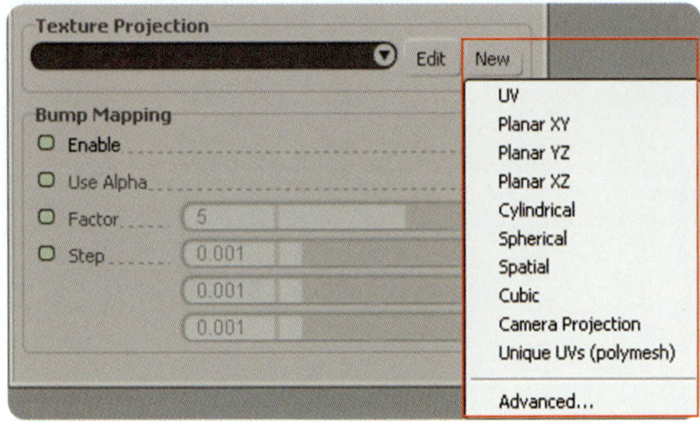

2. UV Projection은 Nurbs에 적용하는 것입니다. 아래와 같이 Nurbes 오브젝트에 적용하면 Nurbes 모양에 거의 맞추어 적용됩니다.

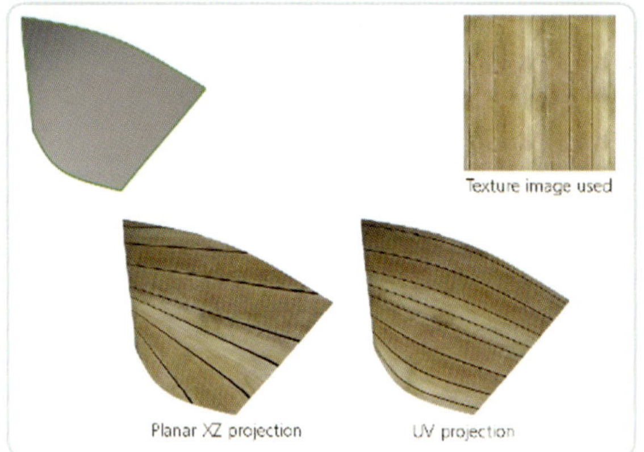

3. Planar XY Projection 〉 Planar YZ Projection 〉 Planar XZ Projection

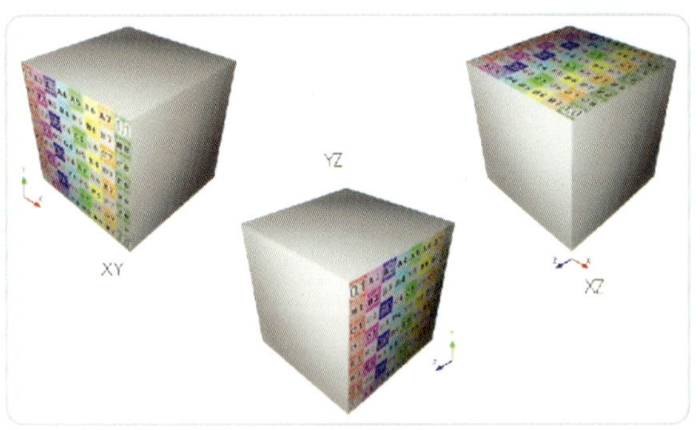

4. Cylindrical Projection

5. Spherical Projection

06. Spatial Projection 다음과 같이 삼면으로 Projection이 적용됩니다.

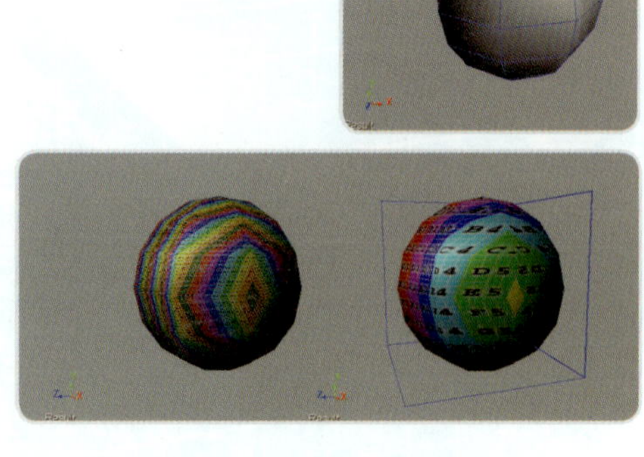

07. Cubic Projection

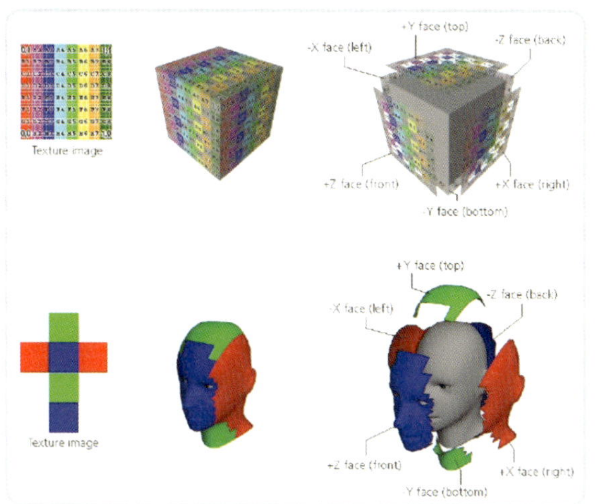

08. Camera Projection

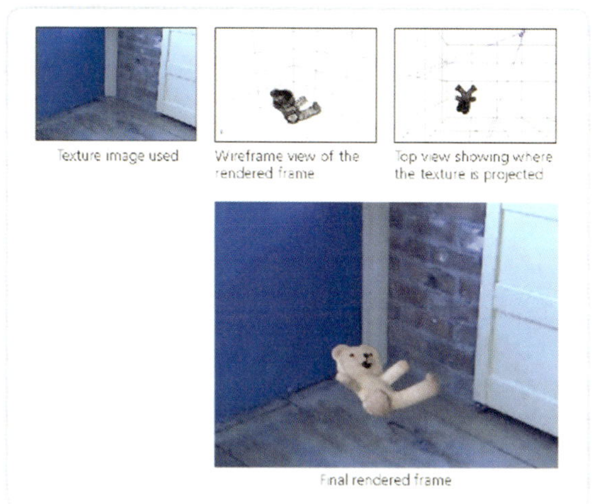

09. Unique UVs(Polymesh)는 간단이 말해 심(옷 제 봉선) 작업을 해 각도에 따라 면을 분리시켜 작업을 하는 것입니다. 심 작업은 옷의 제 봉선과 같이 Edge를 나누어 가상으로 분리하여 작업합니다.

12 다음과 같이 이미지를 적용하면 오른쪽과 같이 바둑판 모양이 적용된 것을 볼 수 있습니다. 이미지가 적용된 것을 자세의 보면 바둑판 모양이 이 그려진 것을 볼 수 있습니다. 이러한 작업은 Texture가 올바르게 적용되는지 미리 테스트하기 위해서입니다. 이러한 이유 때문에 제일 먼저 포토샵에서 이미지를 작업하여 적용해 보는 것입니다.

이제 바둑판을 Texture Editor에서 수정을 해 올바르게 만들어 보겠습니다. Projection은 유저가 원하는 것으로 결정합니다. 이유는 Texture Editor에서 수정을 하기 때문입니다. 여기에서는 Planar XY Projection로 적용했습니다.

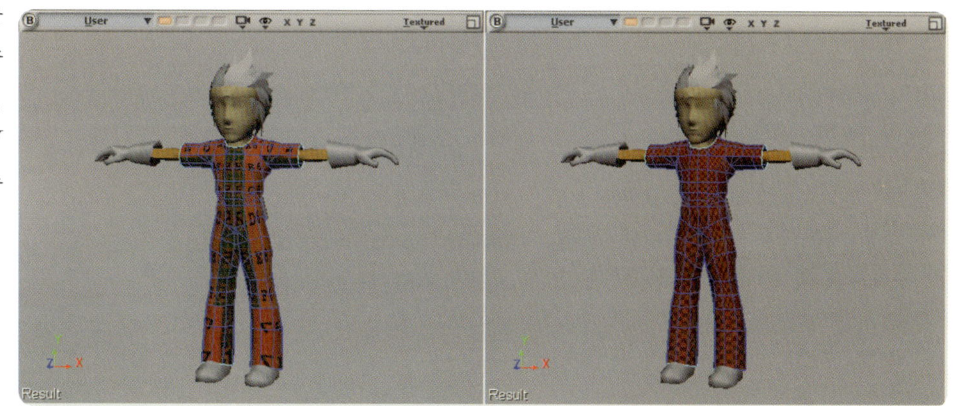

13 아래 왼쪽과 같이 Texture Projection 을 Planar XY를 적용하게 되면 오른쪽과 같이 녹색 사각형이 생성됩니다. 그리고 바둑판의 이미지가 올바른 것을 볼 수 있습니다.

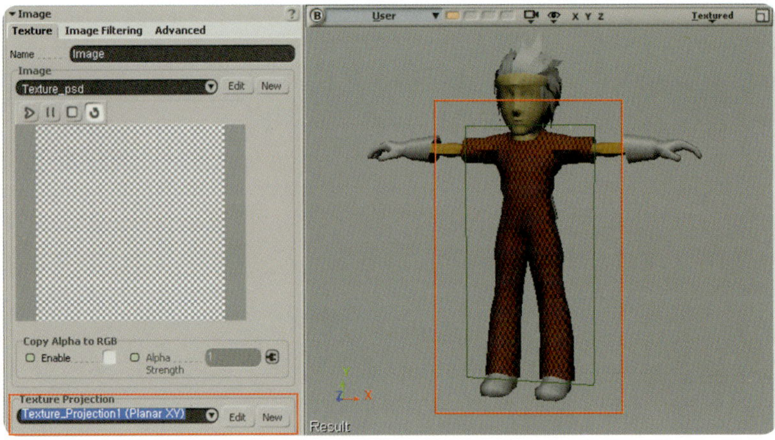

14 Alt + 7 키를 사용하여 Texture Editor를 창을 생성해 UV를 펴보겠습니다.

15 Texture 이미지가 오른쪽 왼쪽이 똑같으므로 이번에는 캐릭터의 절반을 작업해 Net View를 사용하여 Polygon UV Mirror를 적용해 봅니다. 그럼 이제 절반을 선택해 반은 화면에서 왼쪽으로 움직입니다. 박스 안에 T와 P를 선택해줍니다.

T아이콘 – Point/Edge/Polygon을 선택한 후 움직였을 때 붙어있던 Point가 따라 가게 하고 따라가지 않게 해주는 것입니다. T아이콘을 클릭하면 안 따라 가고 클릭하지 않으면 따라갑니다.

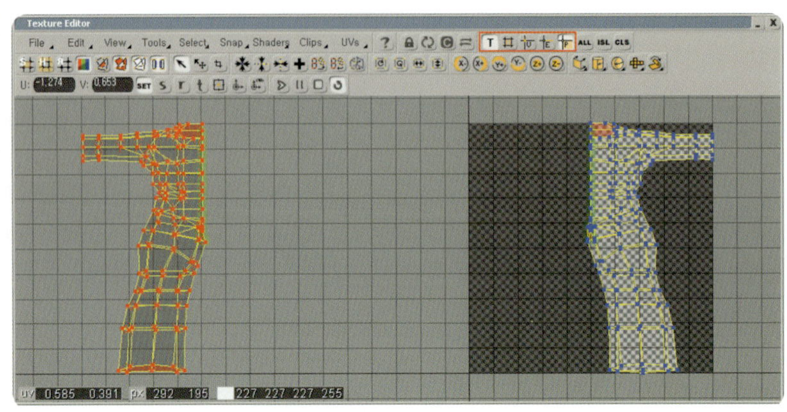

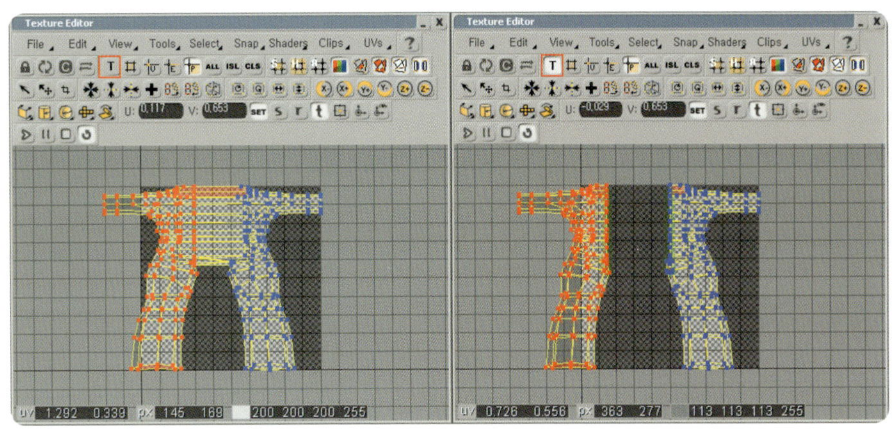

16 그럼 이제 팔 부분과 몸 하체 부분을 분리해 보겠습니다. 오브젝트를 선택한 후 U 키를 설정해 보면 Texture Editor에 선택된 것을 볼 수 있습니다.

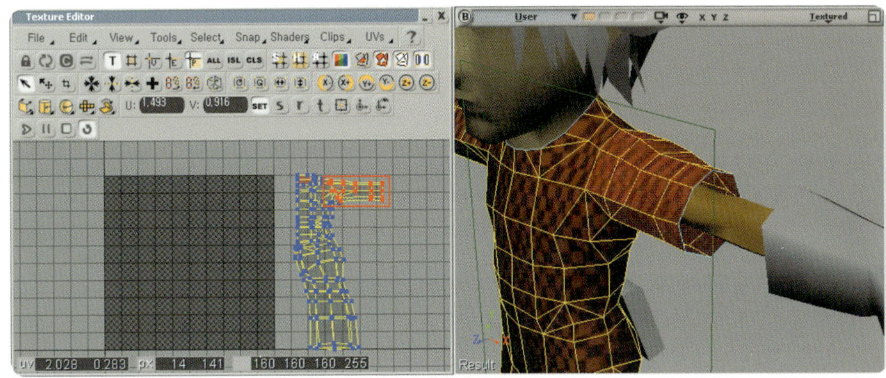

17 팔 부분을 선택 한 후 첫 번째 이미지와 같이 움직인 후 Cylindrical의 Best Fit을 적용하면 다음과 같이 팔이 퍼지는 것을 볼 수 있습니다. Best Fit은 선택되어 있는 것의 최적화로 XSI에서 자동으로 펴주는 것입니다. 그럼 Best Fit을 사용해 맨 오른쪽 이미지와 같이 폅니다.

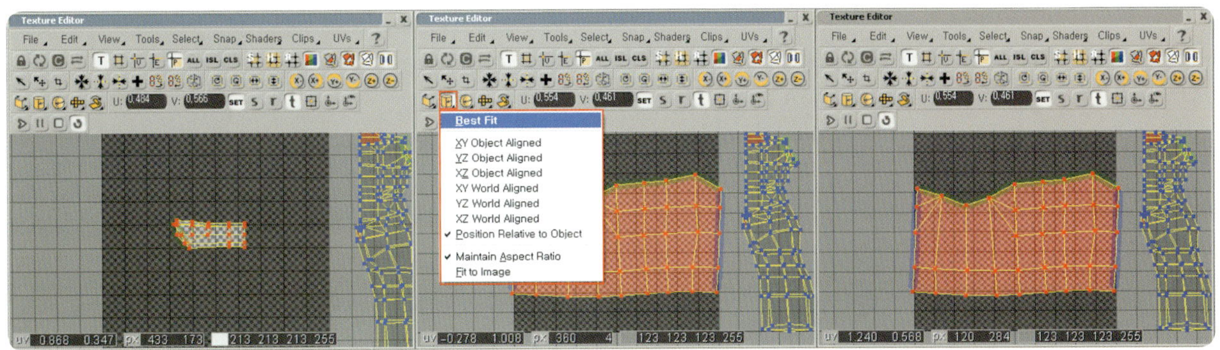

18 다음은 이미지를 절반만 그려 적용하기 위해 오른쪽에 선택되어 있는 것이 오른쪽 박스 안에 Point와 동일하게 Projection을 Y축으로 돌려줍니다.

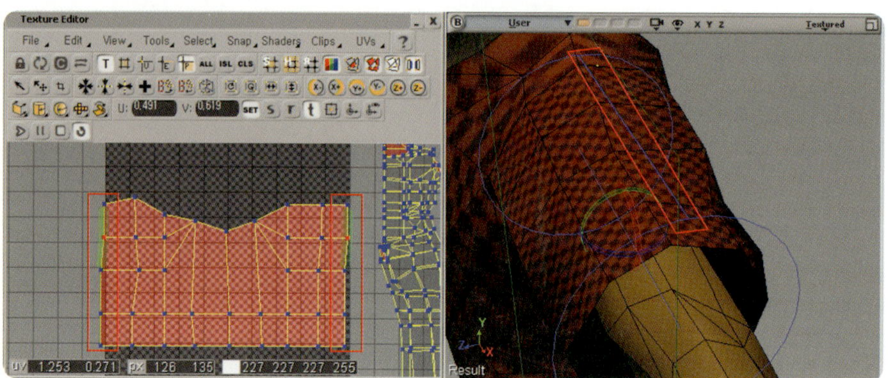

19 다음은 선을 정리합니다. 1번안에 있는 아이콘은 포인트를 붙여주는 기능입니다. 그럼 이제 2번과 같이 선택을 한 후 3번을 눌러 Point가 개별적으로 위에서 아래로 정렬이 되어 있는 것을 오른쪽 이미지와 같이 직선으로 정렬이 되는 것을 볼 수 있습니다. 왼쪽 이미지와 오른쪽 이미지를 비교해보면 알 수 있습니다.

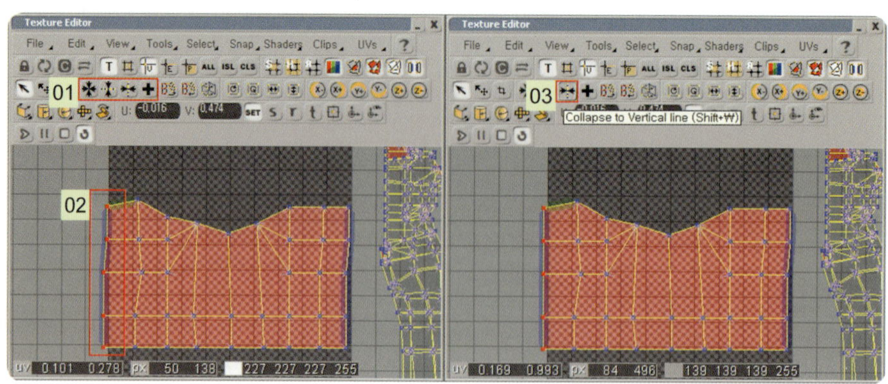

20 위와 같은 방식으로 다음과 같이 정리합니다. 가급적이면 직선의 모양으로 정리하는 것이 맵소스 제작시 편리합니다.

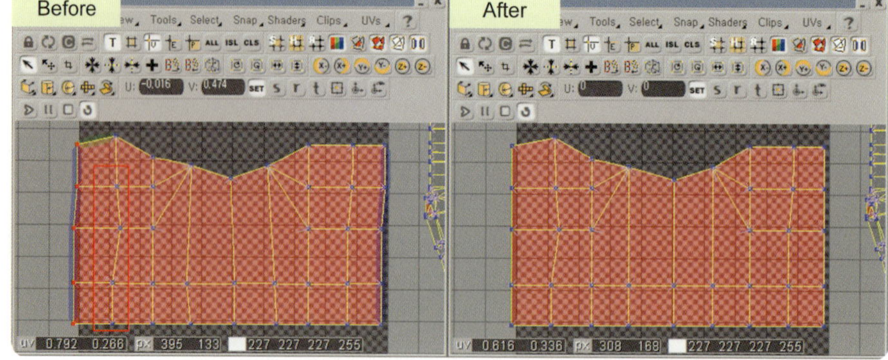

21 그럼 이제 절반을 선택해 때어 낸 후 Texture Editor 〉 Tools 〉 Mirror Horizontal을 적용합니다.
1번과 같이 선택하여 Mirror Horizontal을 적용하고 2번과 같이 맞추어 준 후 3번의 박스 안에 아이콘을
사용해 선을 정리해준 후 4번과 같이 유저가 원하는 위치에 자리를 맞춥니다.
참고로 UV를 다 편 후 정리해도 무방합니다.

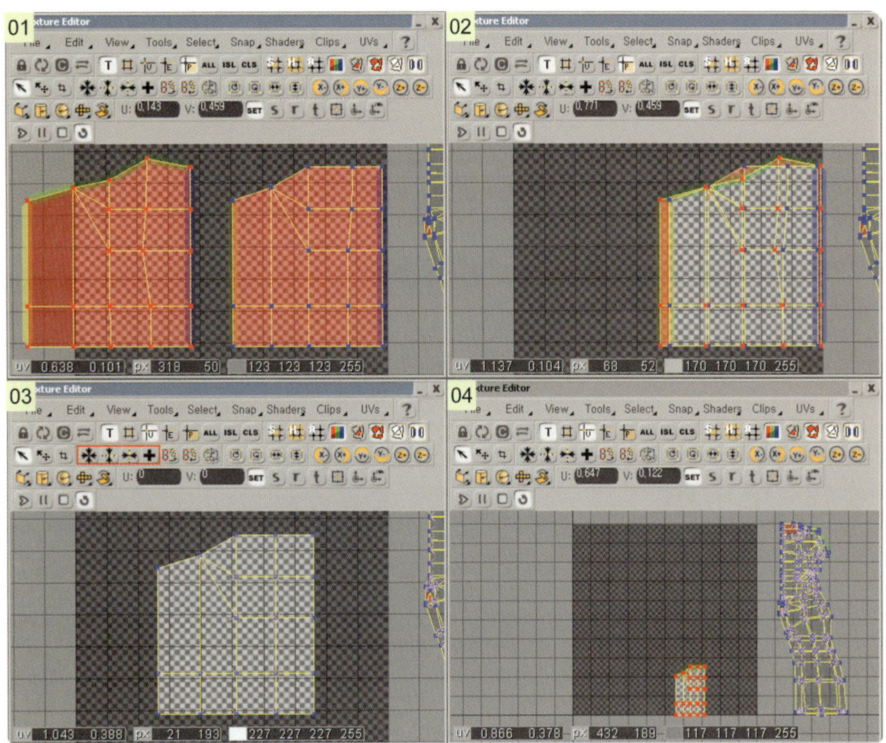

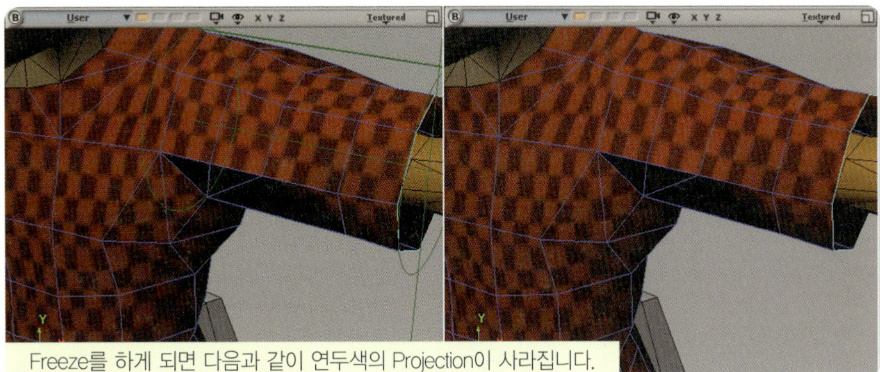

Freeze를 하게 되면 다음과 같이 연두색의 Projection이 사라집니다.

375

22 이번에는 몸 부분을 작업해 보겠습니다. 다음과 같이 윗부분을 앞쪽 옆쪽 뒤쪽을 선택해 작업합니다. 앞쪽은 다음과 같이 면을 선택해 Texture Editor에서 두 번째 이미지와 같이 Projection을 적용합니다.

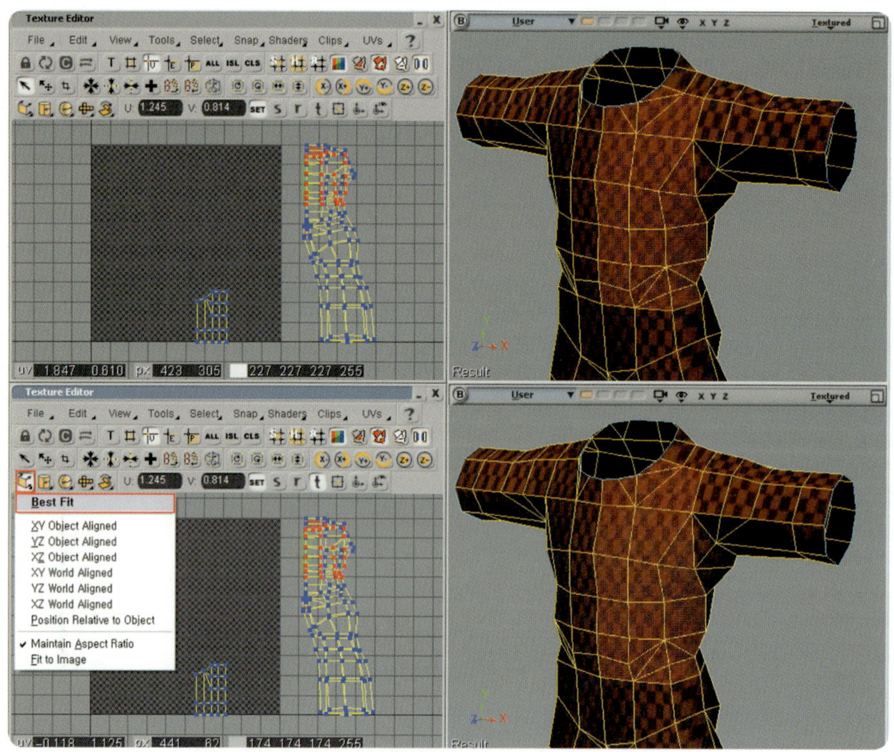

23 다음과 같이 연두색(Texture Projection의 Rotation값)으로 선택된 라인을 다음과 같이 맞추어 UV를 고르게 만듭니다.

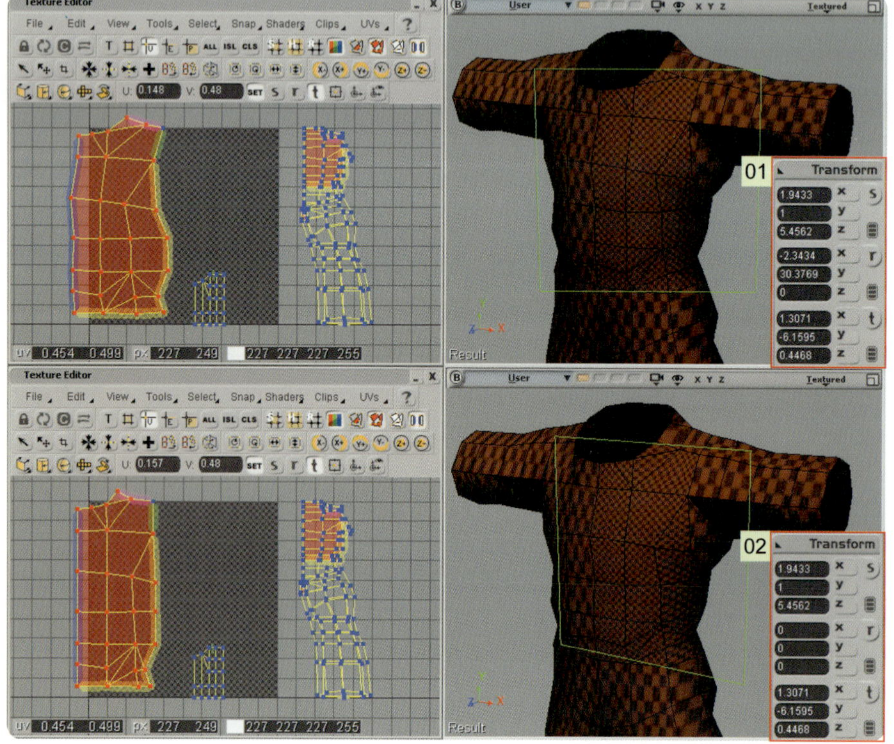

24 그럼 다음과 같이 옆을 선택해서 Texture Editor에 UV를 폅니다.

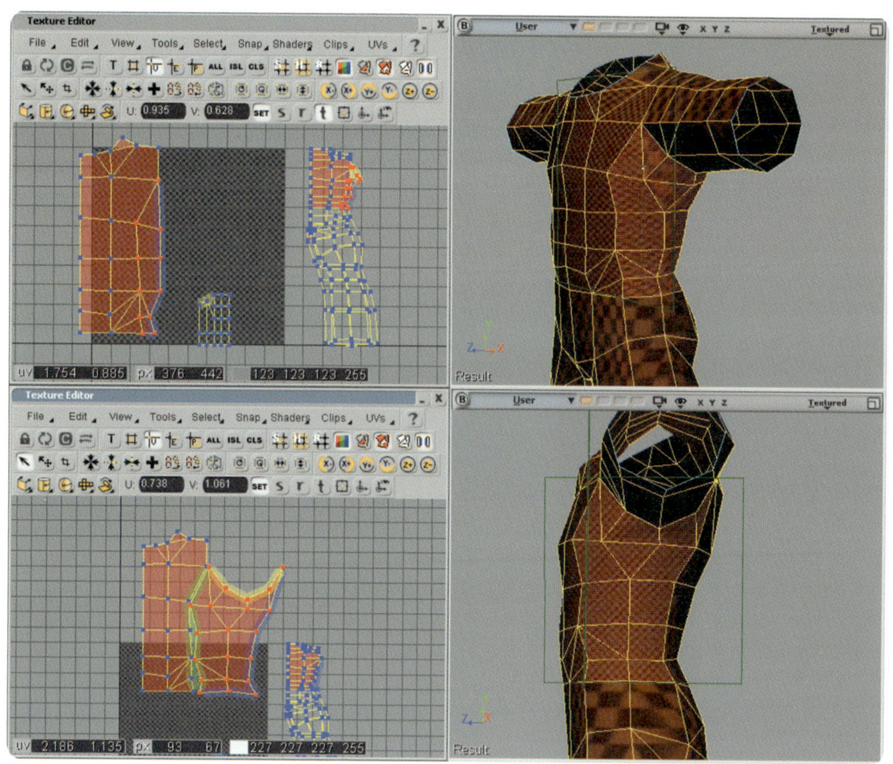

25 Texture Editor에 기능을 사용해 붙입니다. Edge와 Edge가 정확하게 연결되었는지 확인합니다.

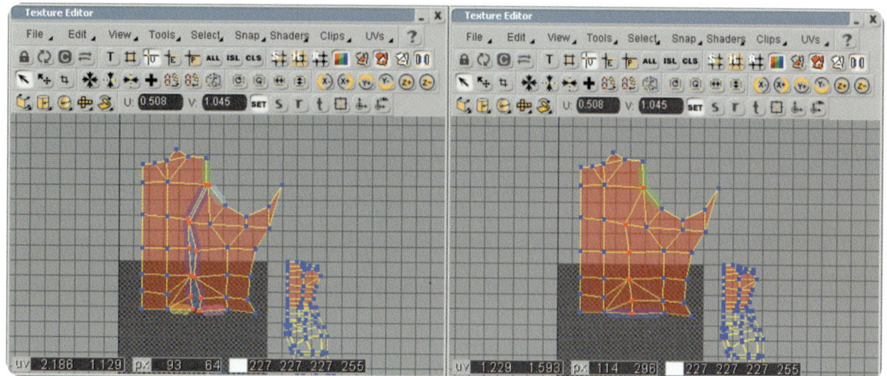

26 등 부분도 다음과 같이 UV를 정리합니다. 가급적 정리된 모양으로 표현하기 위해 UV를 최대한 조절합니다. 주로 직선 형태로 구성하는 것이 텍스처 작업시 편리합니다.

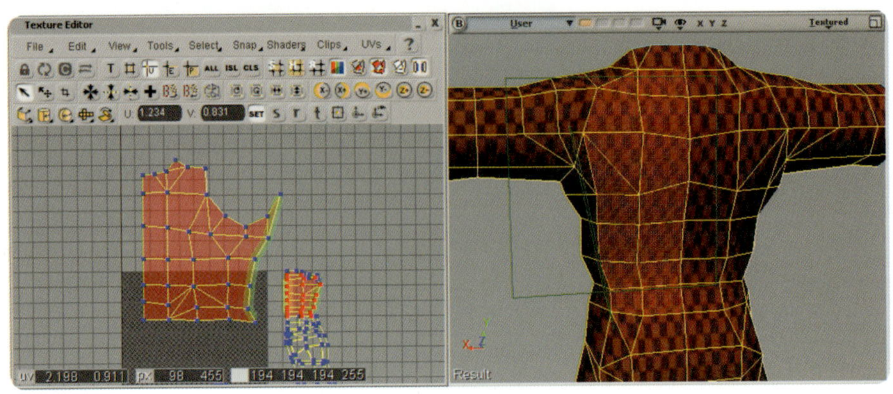

27 26번과 같이 실행합니다. 여기서 한가지 추가로 4번과 같이 Texture 〉 Tools 〉 Relax를 적용해 수치를 다음과 같이 설정합니다.

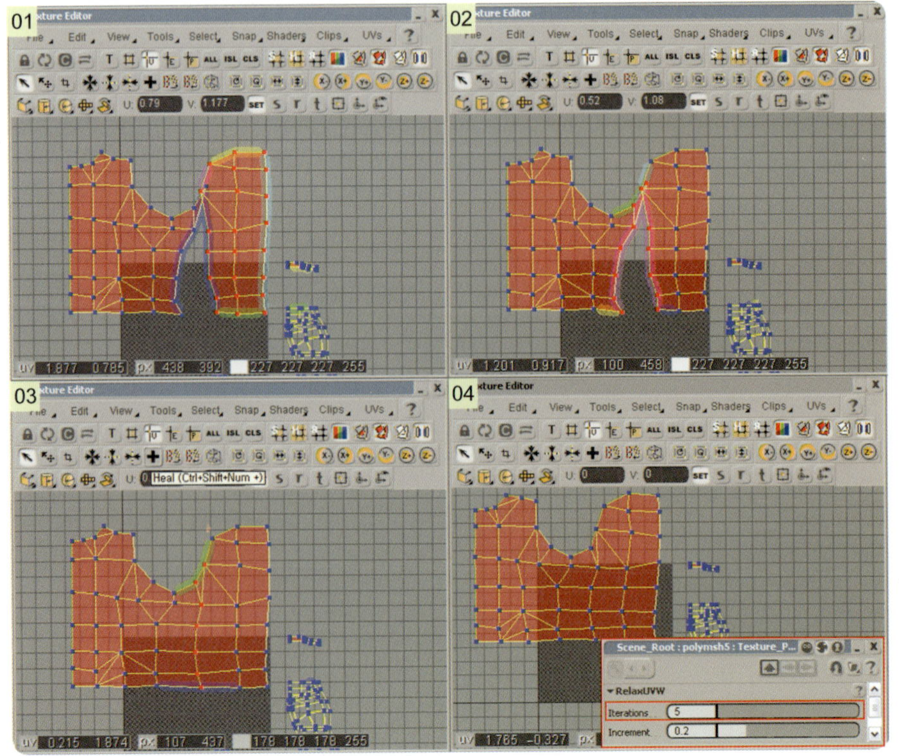

28 다음은 어깨 부분에 남은 것을 마저 위 와 동일하게 폅니다. 그 후 위에 4번과 같이 Texture 〉 Tools 〉 Relax를 적용합니다. 아래에 Relax를 적용한 것은 4번인데 다음과 같이 작업을 마친 후 Freeze를 합니다.

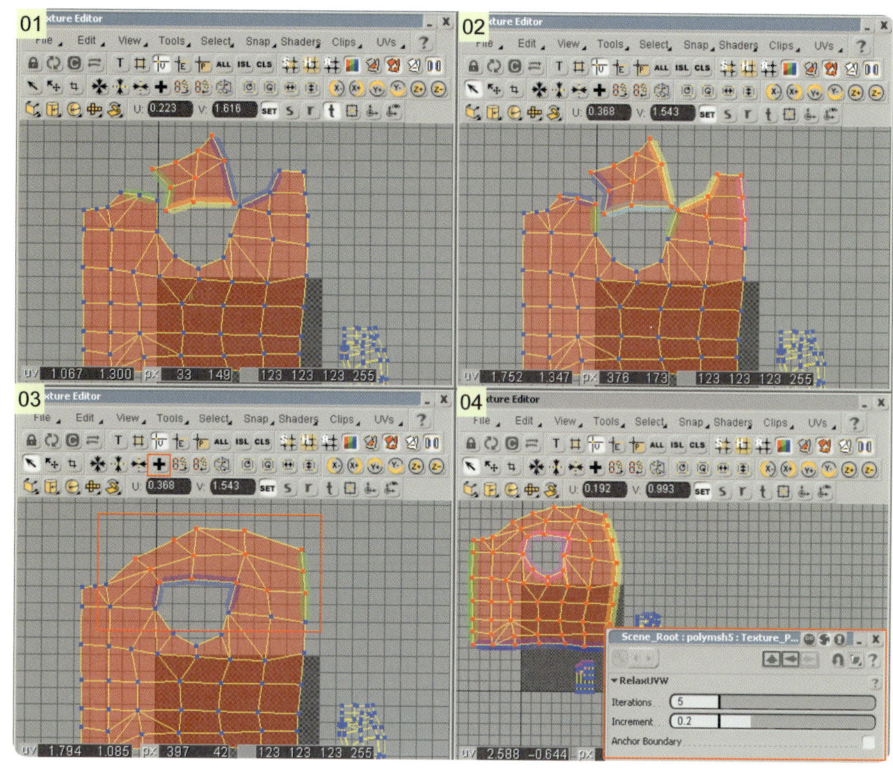

29 다음과 같이 정리를 합니다. 그리고 여기서 주의할 점은 마지막 그림을 보면서 바둑판이 찌그러지는 것을 보면서 작업해야 합니다.

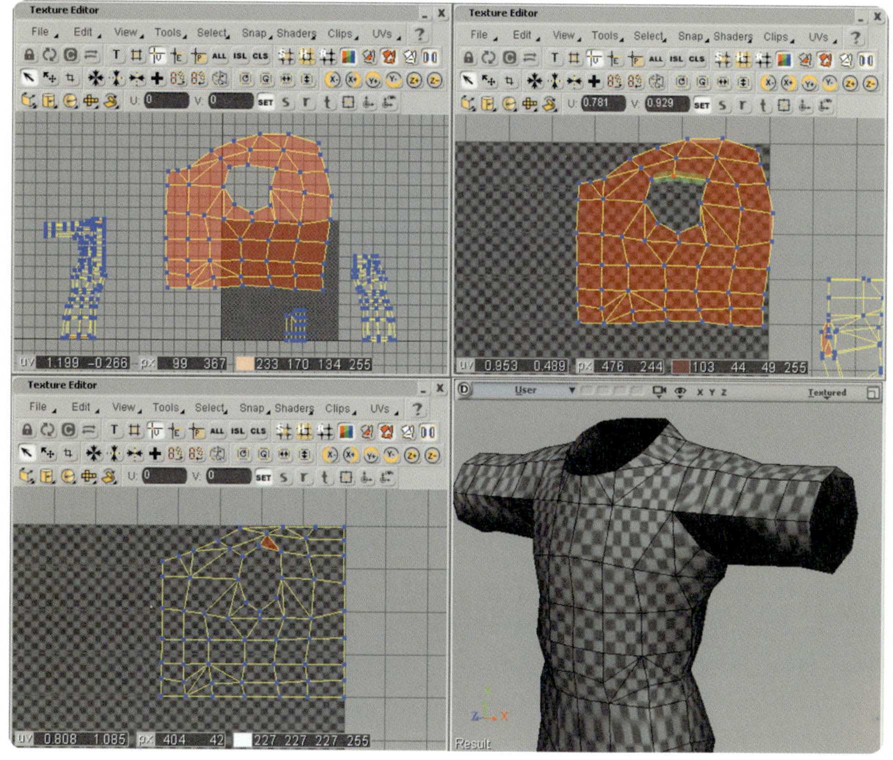

30 다음은 다리 부분을 먼저 아래와 같이 선택합니다.

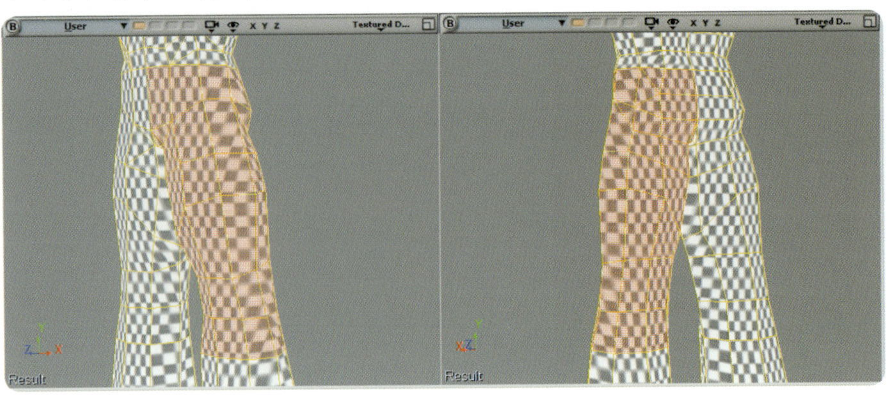

31 위와 같이 선택을 한 후 Texture Editor에서 다음과 같이 적용해 UV이를 편 후 위치를 잡아줍니다. 1번과 2번까지 작업을 한 후 4번과 같이 Texture Projection의 Rotation 값을 조절해 3번과 같이 만들어 봅니다.

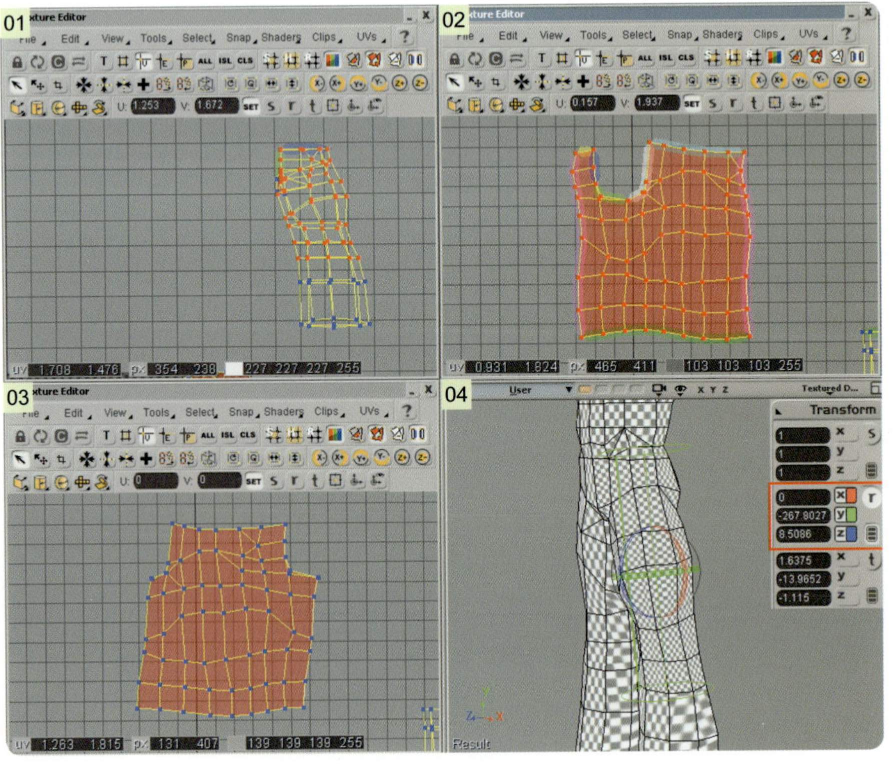

32 다음은 다리를 아래의 그림과 같이 맞춥니다.

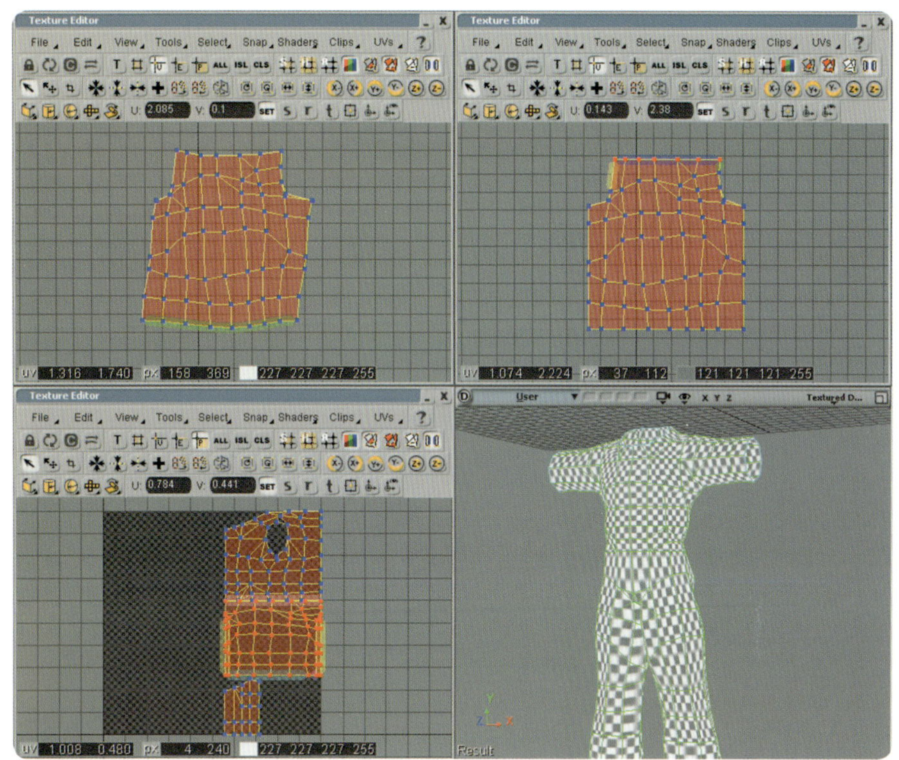

33 다음과 같이 다리 밑부분을 폅니다.

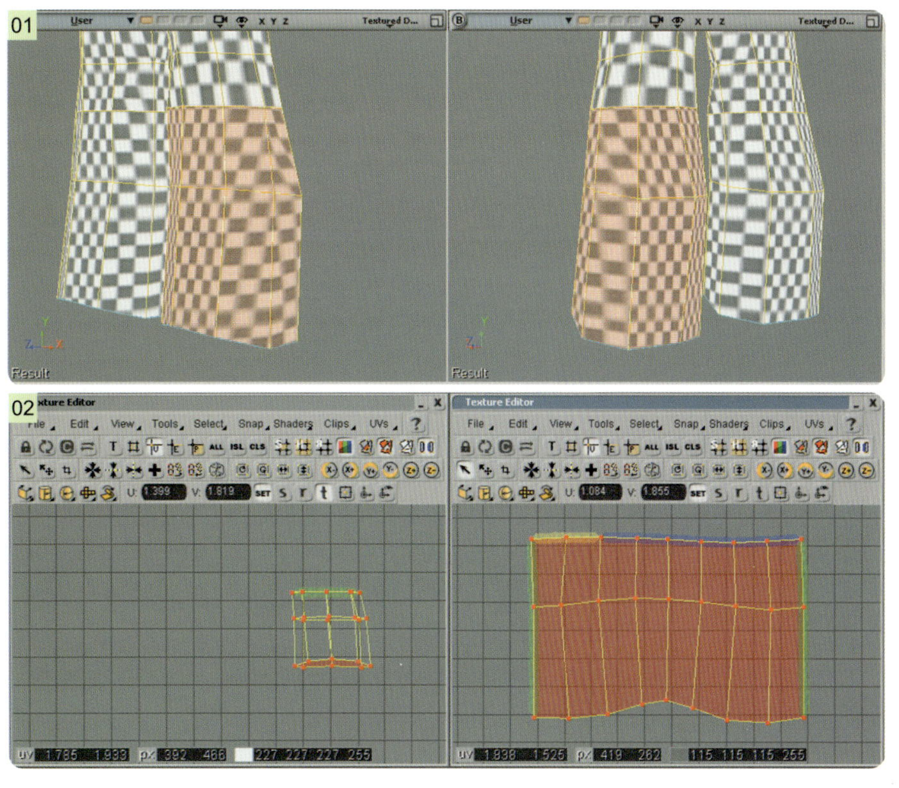

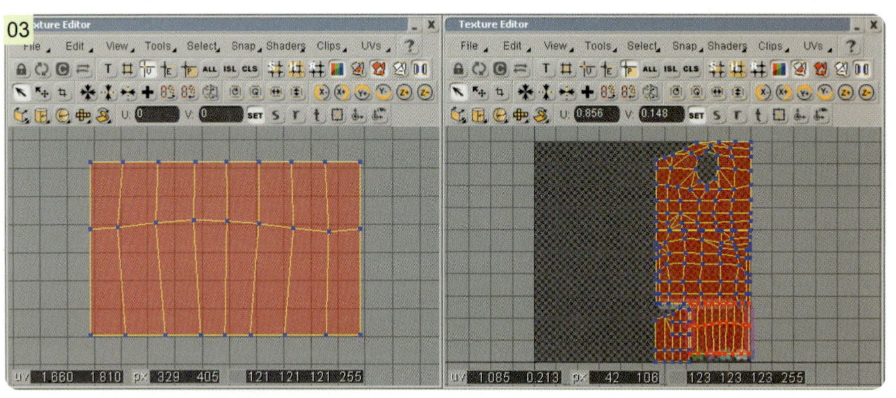

34 이제 손 부분의 UV를 펴 보겠습니다. 손 오브젝트는 몸과 다른 오브젝트이므로 새로운 Material을 적용해 줍니다. Render 〉 Get 〉 Material 〉 Lambert로 1번과 2번을 함께 선택하여 3번에서 XZ Planar를 적용한 후 4번과 같이 만듭니다.

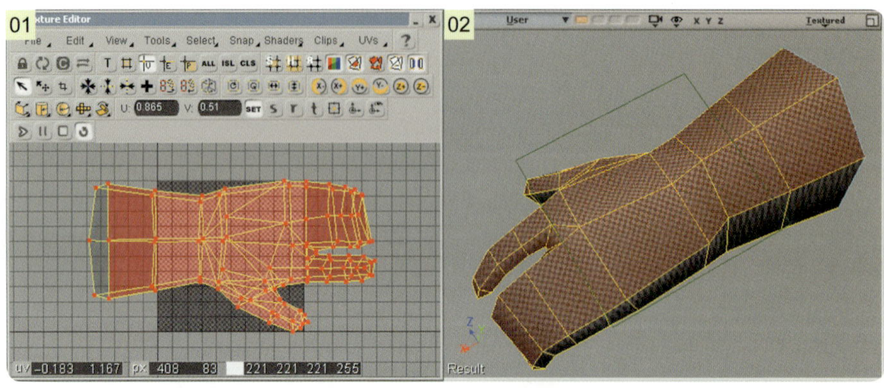

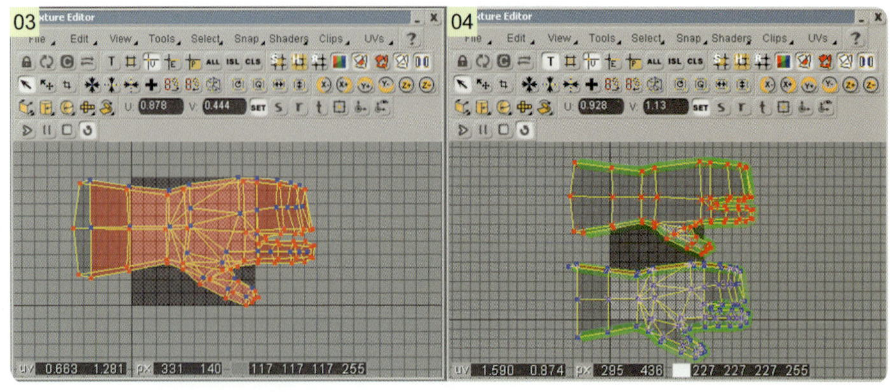

35 다음은 손에 옆면을 떼어 붙입니다.

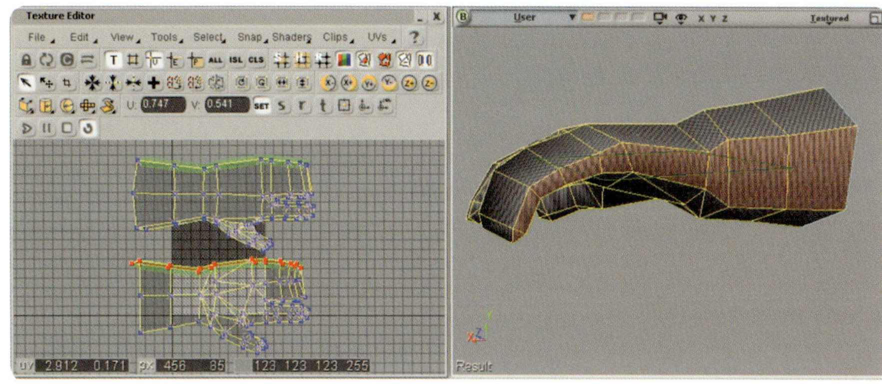

36 위와 같이 선택을 한 후 작업을 합니다. 아래 이미지의 1번은 Planar best Fit을 선정해 1번과 같이 위치를 잡아 준 후 2번에 Texture Editor 〉 Tools 〉 Mirror Horizontal 과 Mirror Vertical을 적용해 다음과 같이 위치를 설정합니다. 위치를 잡은 후에는 3번과 같이 Point를 정리해 4번과 같이 + 기능을 사용해 Point들을 붙입니다.

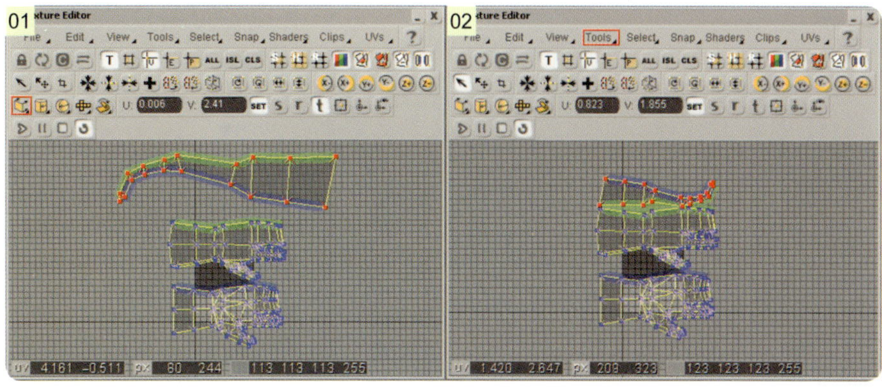

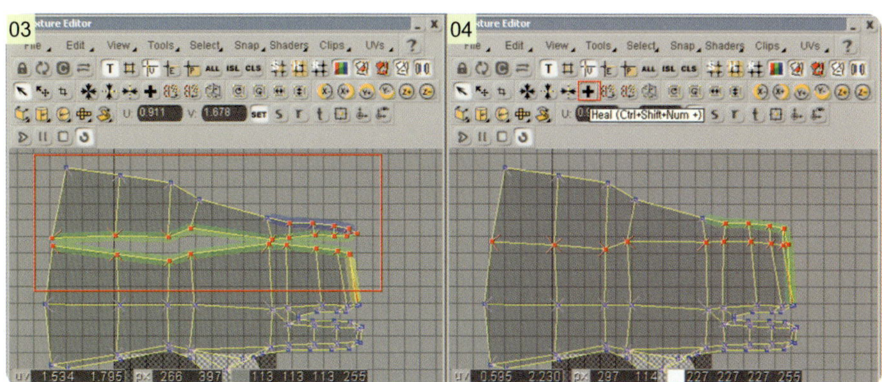

37 다음은 손의 밑면을 작업해 보겠습니다. 위에서 작업 후 남은 면을 선택해 XZ Planar 적용한 후 위치를 아래 이미지와 같이 만듭니다.

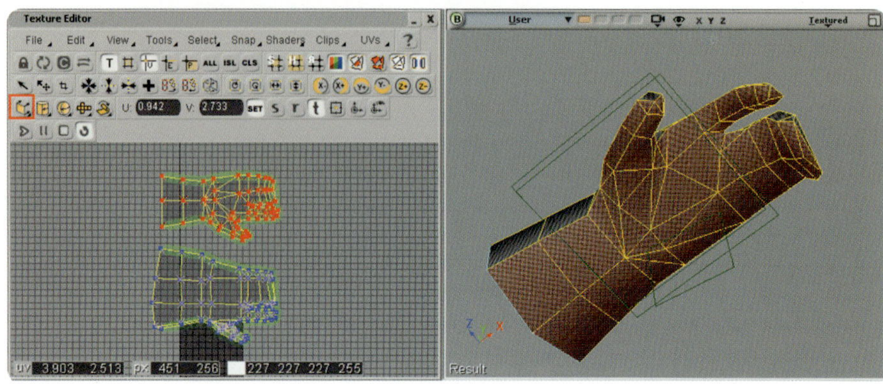

38 1번과 2번 이미지와 같이 Texture Editor 〉 Tools 〉 Mirror Horizontal 과 Mirror Vertical을 사용해 다음 과 같이 맞춘 후 3번 4번과 같이 + 기능을 사용하여 작업을 진행합니다.

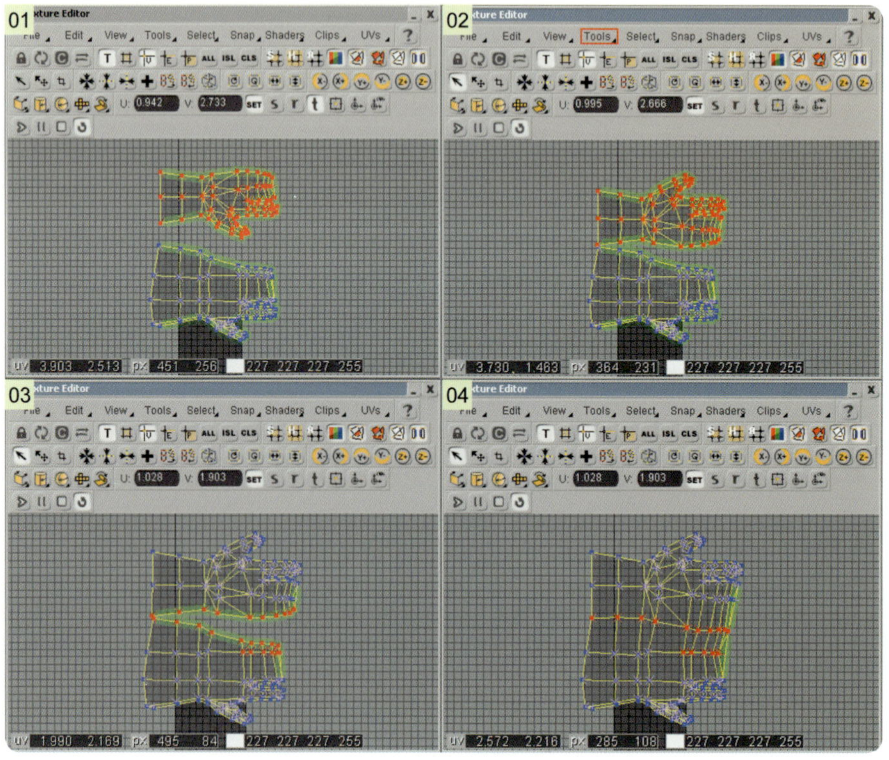

39 위에 작업이 끝난 후 Texture 〉 Tools 〉 Relax를 적용한 후 아래 와 같이 Point 수정 후 다음과 같이 설정합니다. 1번에서 2번과 같이 Transform 값을 이용해 조절을 한 후 3번과 같이 Point 합치는 기능을 사용해 4번처럼 위치를 Transform을 사용해 맞춥니다.

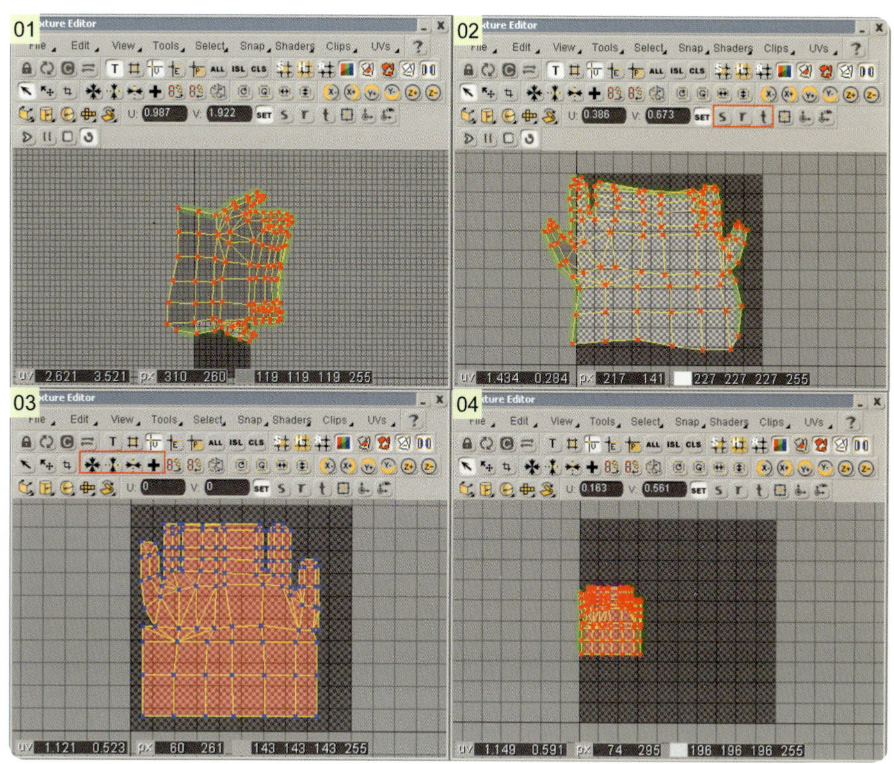

40 여기서 한가지 추가 설명으로 Version6부터 업그래이된 기능 중 하나인 멀티 오브젝트를 선택 시 아래와 같이 Texture Editor에서 회색 칼라의 라인과 칼라라인 두 가지가 모두 나오고 Texture Editor에서도 선택을 번갈아 가면 선택해 작업할 수 있습니다.

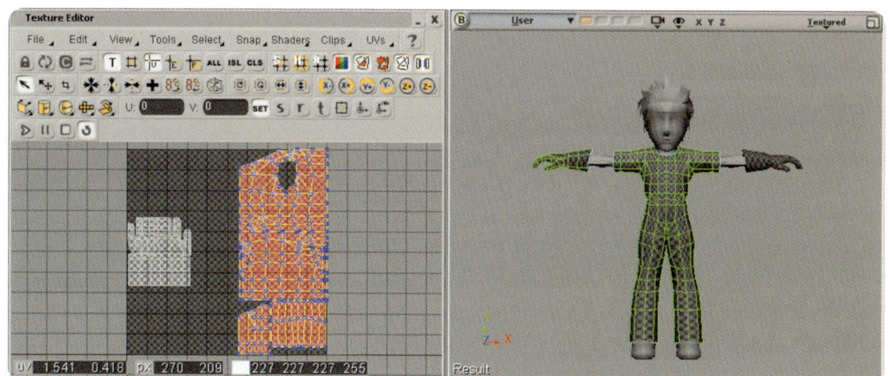

41 이번에는 팔 부분의 UV를 펴보겠습니다. 첫 번째 이미지와 같이 Render 〉 Get 〉 Texture 〉 Image를 적용 후 Cylindrical로 Texture Projection을 적용하면 첫 번째 이미지와 같이 Texture Editor와 같이 적용이 됩니다. 여기서 두 번째 이미지와 같이 Texture Editor를 Rotation과 Scale 값을 수정해서 두 번째 이미지와 같이 만들어 봅니다.

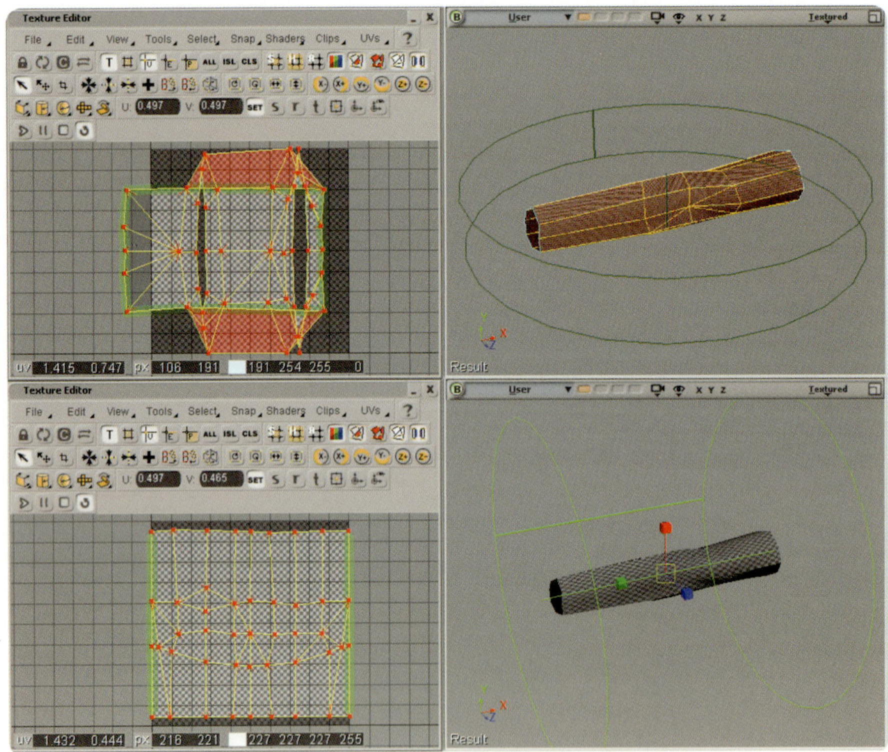

42 다음은 Texture Editor에서 Point를 붙이는 기능을 이용해 선을 수정하고 두 번째 이미지와 같이 위치를 잡아줍니다.

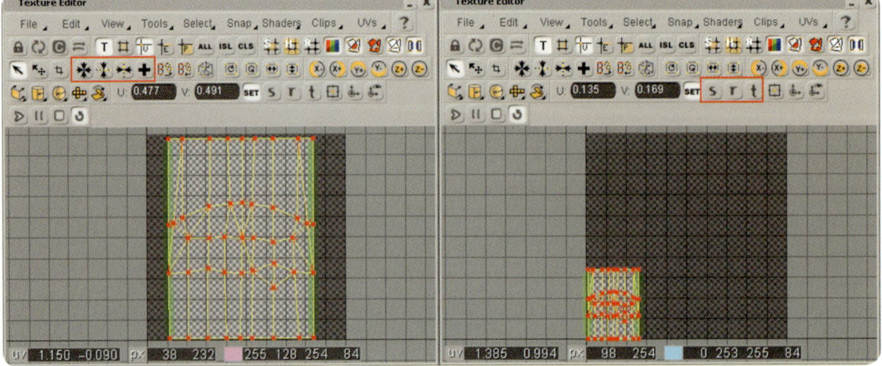

43 다음은 신발의 UV이를 작업해봅니다. 신발은 간단이 Texture Projection을 Planar YZ로 적용을 한 후 Texture Editor에 Transform을 사용해 다음과 같이 작업합니다.

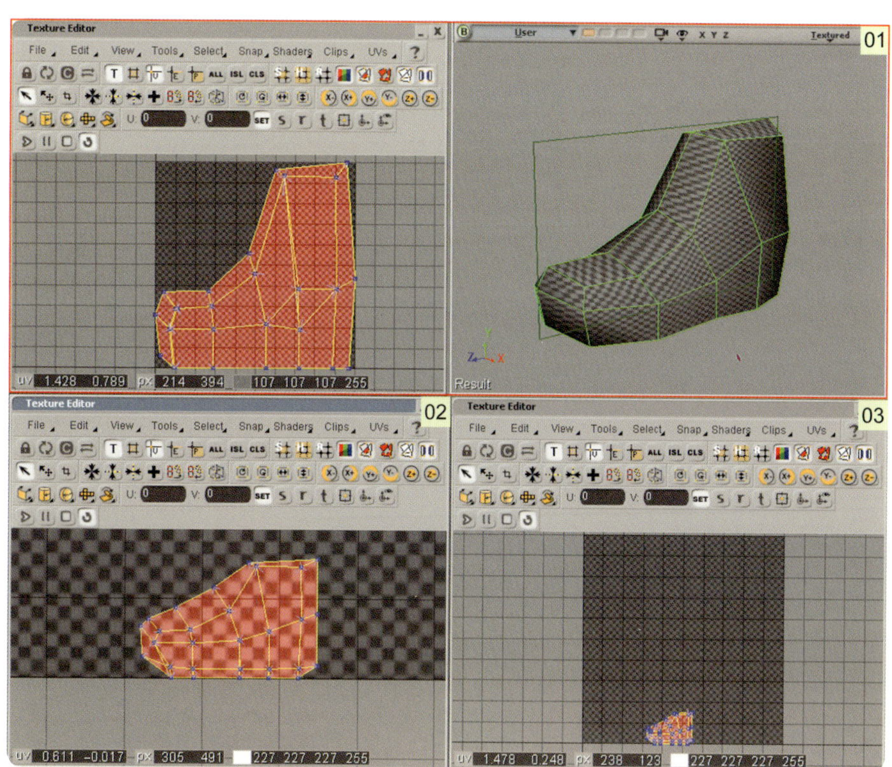

44 이제 머리카락을 작업해 보겠습니다. 단축키 숫자 8 키를 누른 후 Explorer창을 활성화한 후 Render 〉 Get 〉 Image를 적용합니다.

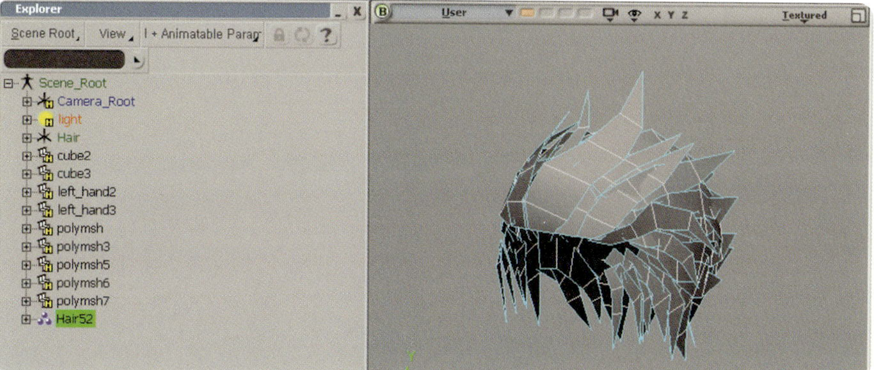

45 Texture Image를 적용 후 Texture Projection(유저가 원하는 것을 적용을 합니다)을 적용하면 아래와 같이 Texture Projection이 무수히 많이 생성이 되는 것을 볼 수 있습니다. 적용 후 Freeze를 적용합니다.

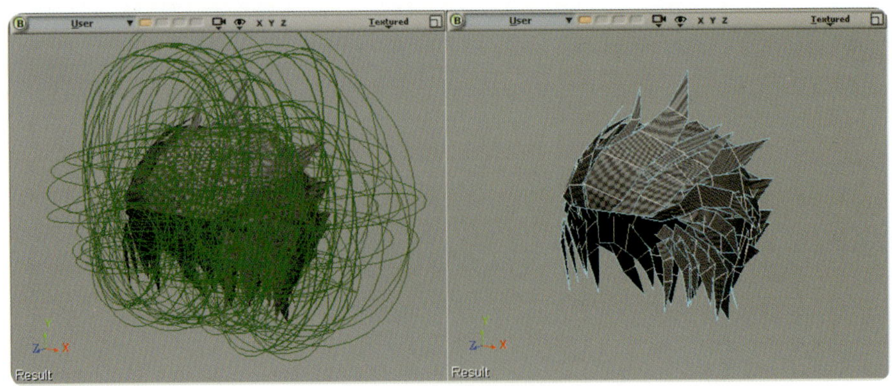

46 이제 머리를 하나 하나씩 작업해서 UV를 펴보겠습니다. 먼저 1번과 같이 앞머리 오브젝트를 선택하여 2번과 같이 Planar - Best Fit을 적용한 후 3번과 같이 Point 붙이는 기능과 Texture Editor의 Transform의 기능을 사용해 3번과 같이 위치를 잡아줍니다.

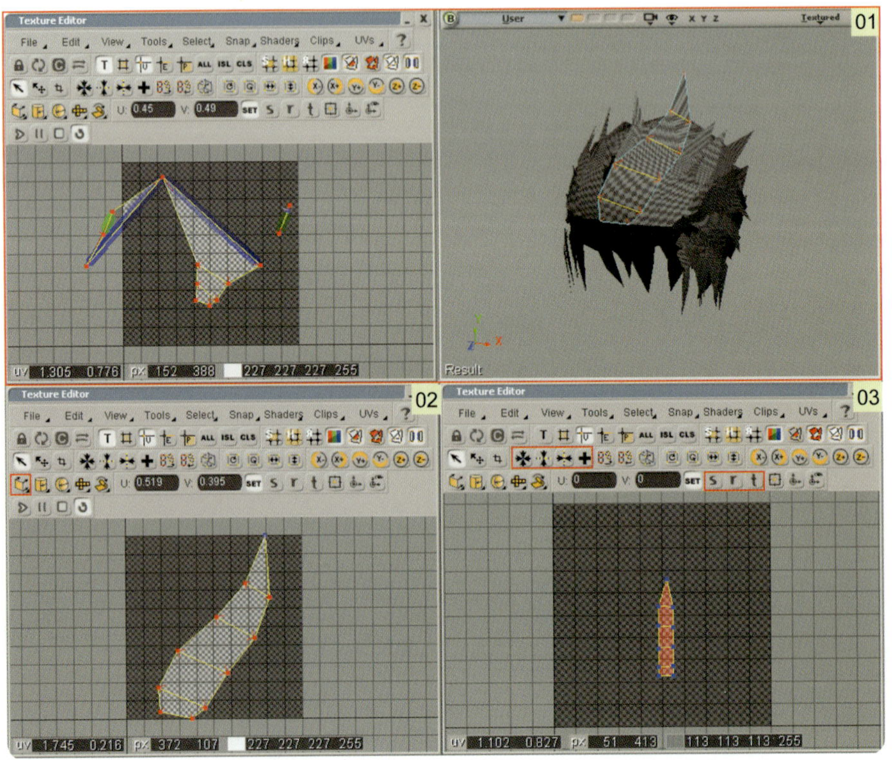

47 머리카락은 모두 이런 식으로 작업을 해 다음과 같이 위에 작업을 했던 UV에 덮어 씌웁니다.

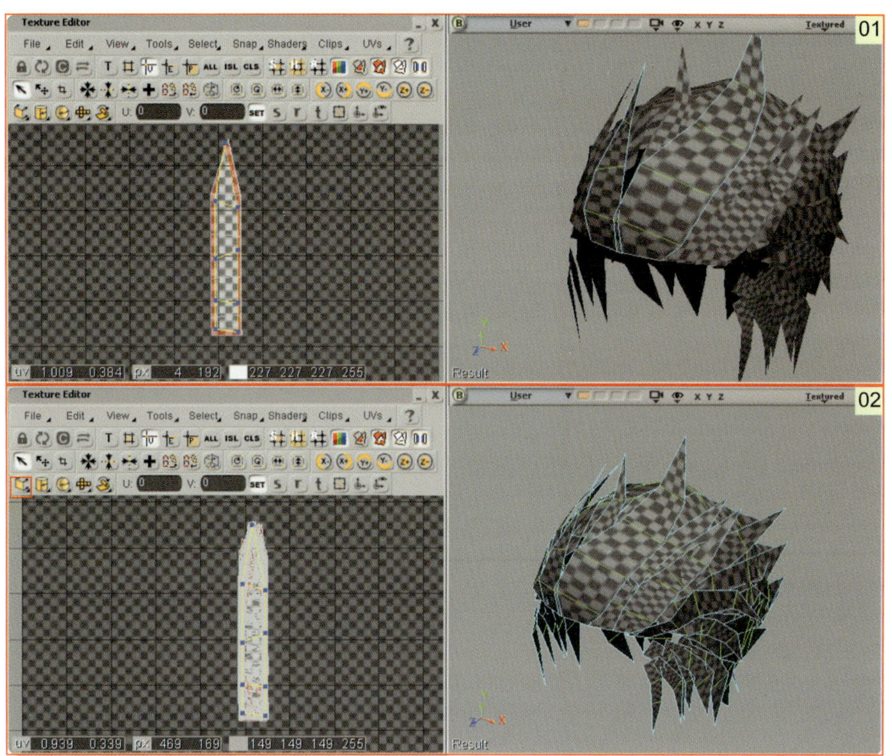

48 여기서 마지막으로 머리를 하기 전 절반을 작업한 UV이를 Net View 〉 Polygon UV Mirror을 사용해 자동으로 안된 부분에 UV을 펴봅니다. 아래에 왼쪽이미지와 같이 UV를 작업하지 않은 부분을 선택합니다.

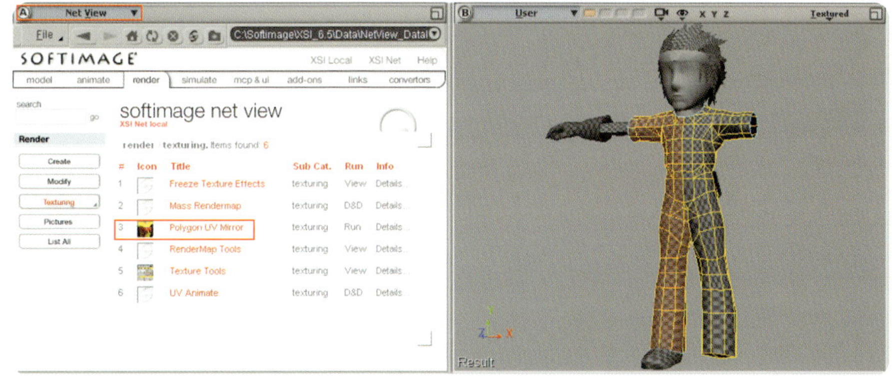

49 위와 같이 선택 후 XSI 인터페이스 Timeline에 있는 스크립트 에디터 아이콘을 클릭합니다.

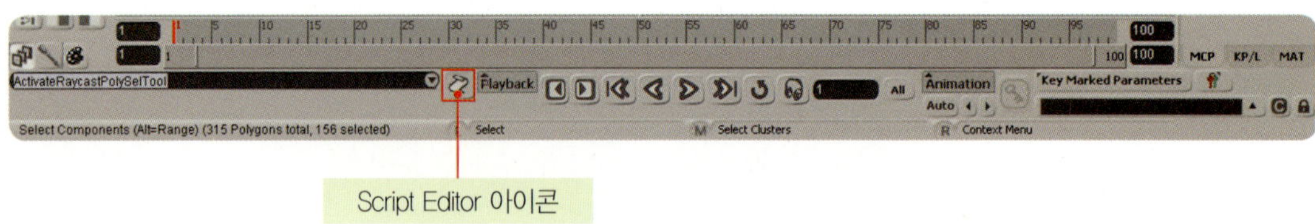

Script Editor 아이콘

50 위와 같이 클릭하면 새로운 창이 생성됩니다. 여기서 Net View에 Polygon UV Mirror을 선택한 상태로 드래그하여 드롭시킵니다. 관련 스크립트가 자동적으로 생성됩니다.

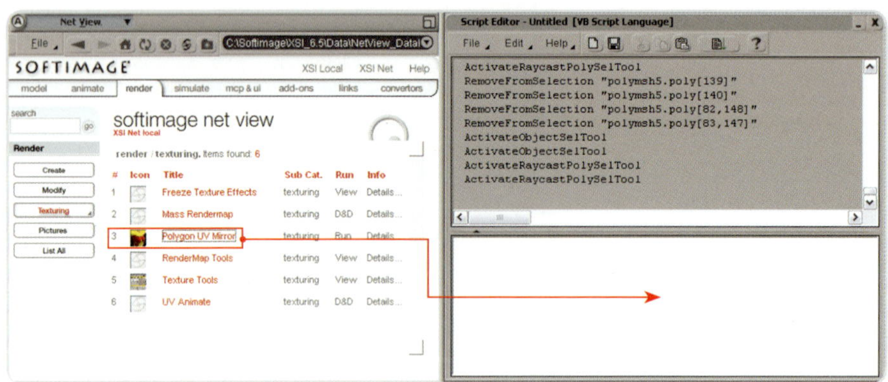

51 새로운 창이 생성되면 아니오를 클릭합니다.

52 다음은 Script를 Run을 실행합니다. 첫 번째 이미지와 같이 Run을 실행하면 두 번째 이미지와 같이 Select mirror plane의 창이 생성 됩니다. 이것은 어느 축 방향으로 복사를 할 건지를 물어 보는 것입니다. 그러므로 Front부에서 XSI의 Axis가 어느 방향인지 확인 후 적용을 합니다. 현재는 X방향이므로 YZ Plane (invert x-axis)로 설정 후 [OK]를 적용합니다.

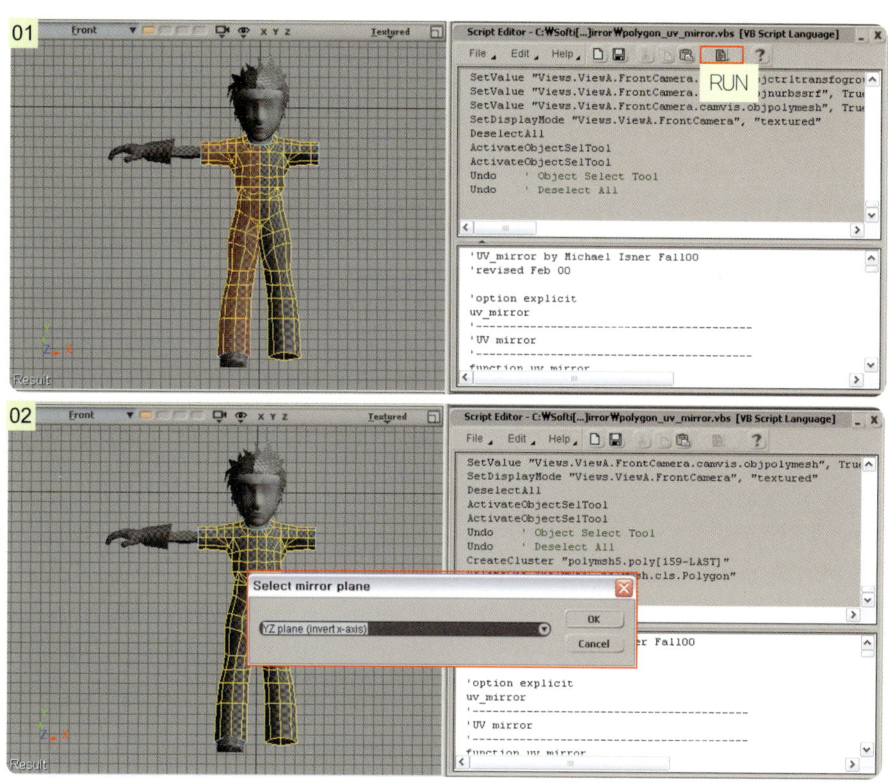

53 그럼 다음과 같이 적용 됩니다. 아래와 같이 Texture Editor에서 모두 선택 후 XSI View를 보면 관련 오브젝트가 모두 선택된 것을 확인할 수 있습니다.

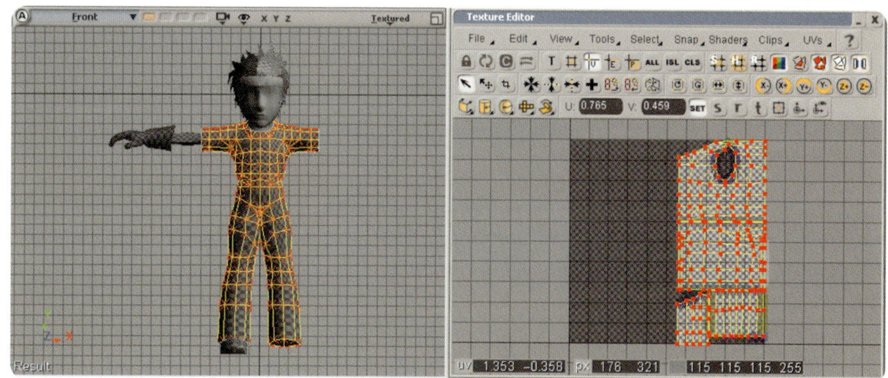

54 다음은 팔과 발을 복사해 Scale을 사용해 반대 축으로 넘겨보겠습니다. 여기서 Texture 작업이 끝난 후 복사를 해서 넘기는 것은 오브젝트를 복사했을 때 텍스처도 따라가기 때문에 한쪽에서만 작업을 하고 작업이 끝난 후 복사해서 넘기는 것이 좋습니다.

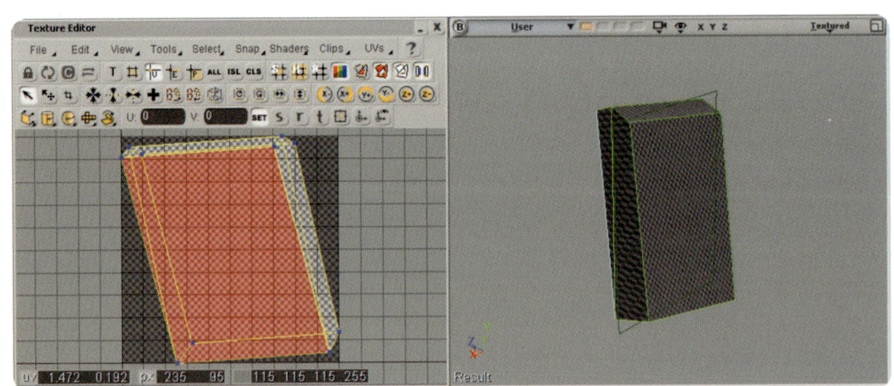

TIP 주로 대칭 모델링일 경우 한쪽 부분만 작업한 후 Mirror 복사하여 사용하면 작업시간을 단축시킬 수 있습니다.

55 여기서 뒷주머니도 작업을 해보겠습니다. Texture Image를 Planar Projection으로 적용합니다.

TIP 여러 Projection 방식 중 Planar Projection 방식은 사각형의 오브젝트에 사용하기 적합한 방식입니다.

56 다음은 Texture에서 위와 같이 면 단위로 하나 한 Texture Editor에서 Planar로 분리시켜 만듭니다.

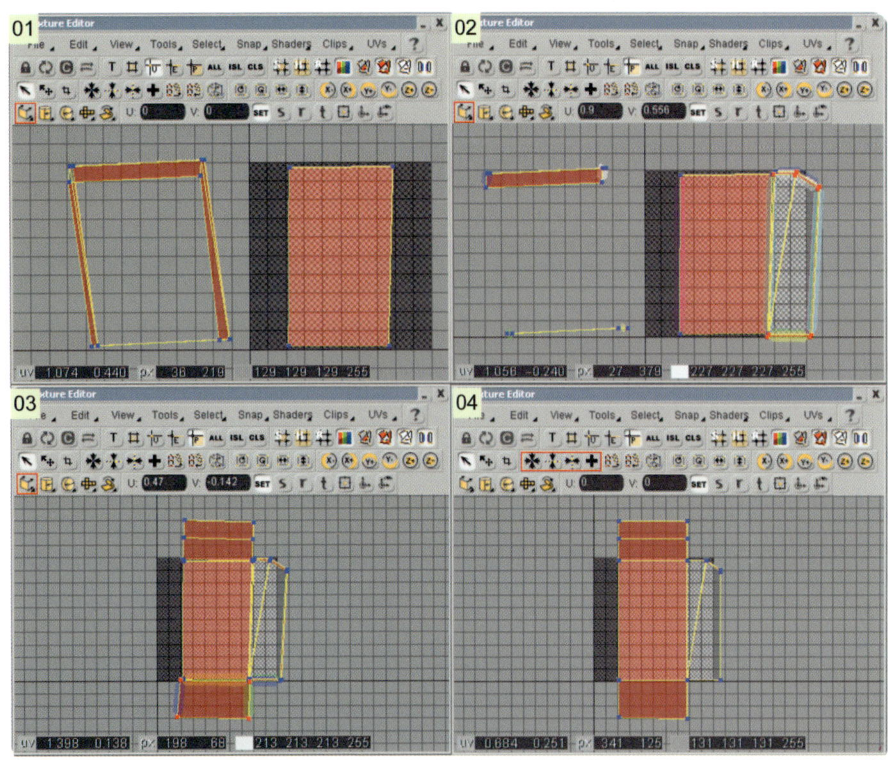

57 위치를 잡아줍니다. Texture Editor에서 각각의 오브젝트 UV 좌표를 위치시킬 때 겹치지 않게 빈 공간에 위치시켜야 XSI에서 UV 좌표를 중복인식하지 않습니다.

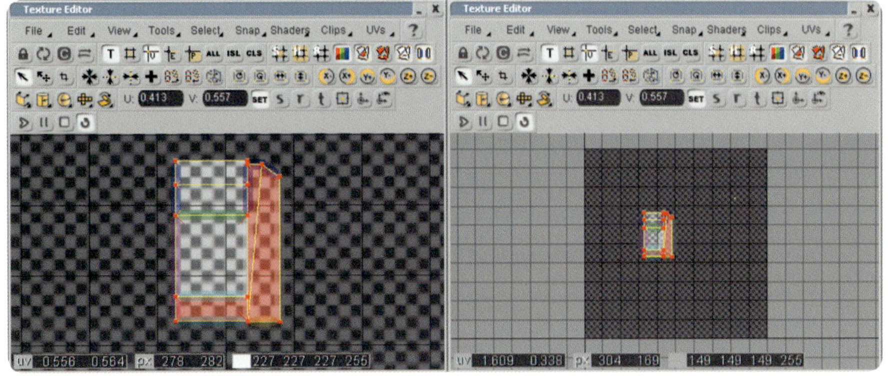

58 얼굴을 작업하기 전에 지금까지 작업한 것을 다시 한번 확인합니다.

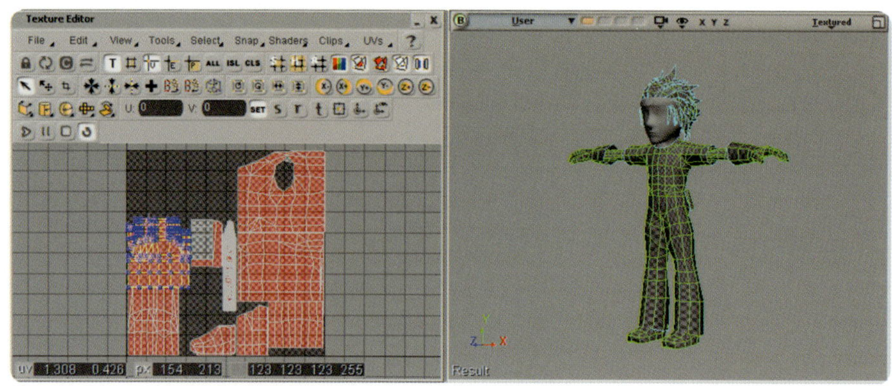

59 마지막으로 얼굴 UV를 작업해 보겠습니다. 얼굴 오브젝트를 선택한 후 Texture Image를 Cylindercal Projection으로 적용합니다. 얼굴 오브젝트는 전체적으로 볼 때 실린더 모양과 유사하기 때문에 Cylindercal 방식을 사용하는 것이 좋습니다.

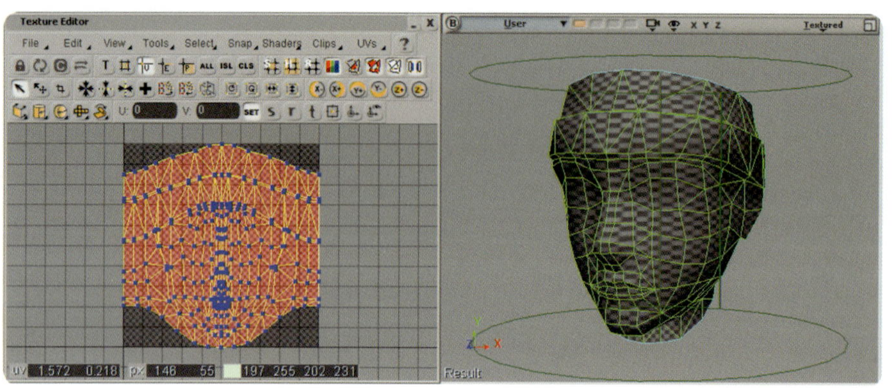

60 다음은 얼굴에 헤어 밴드 쪽을 불리해 UV를 **Shift** + **+** 키로 폅니다.

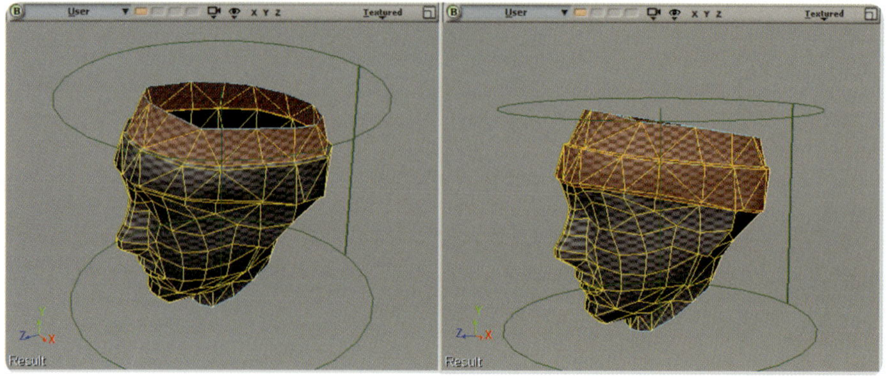

61 위와 같이 선택한 후 아래에 1번과 같이 Texture Editor에 선택됩니다. 여기서 2번과 같이 선택되어 있는 것 범위에 Texture Projection에 Planar를 적용한 후 Projection에 Rotation 값을 수정해 2번과 같이 Texture Editor에 올바르게 나오도록 적용합니다.

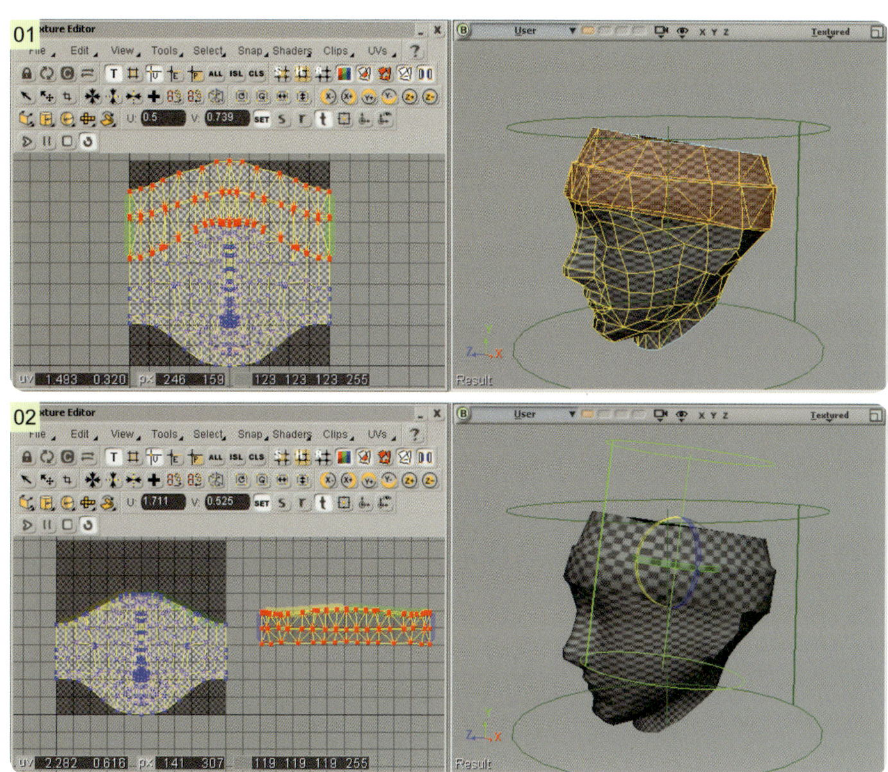

62 선을 다음과 같이 정리한 후 위치를 잡아줍니다.

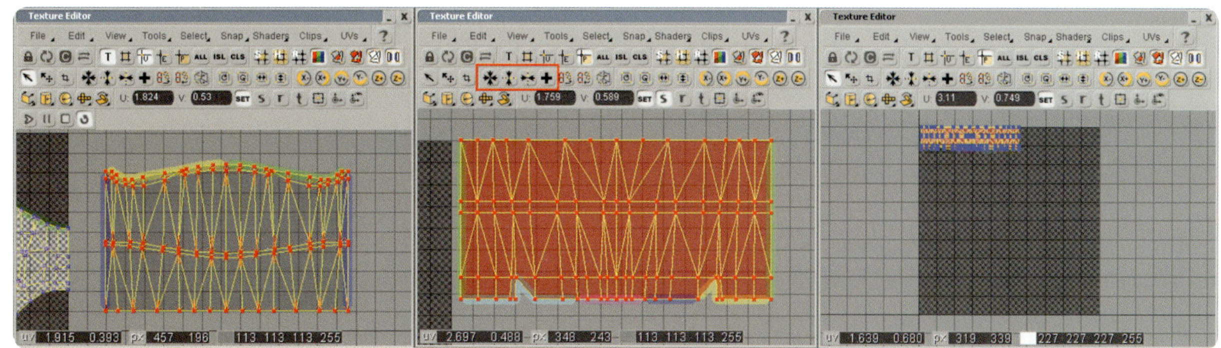

63 남은 얼굴 부분을 선택해 Cylindrical Projection으로 다시 적용합니다.

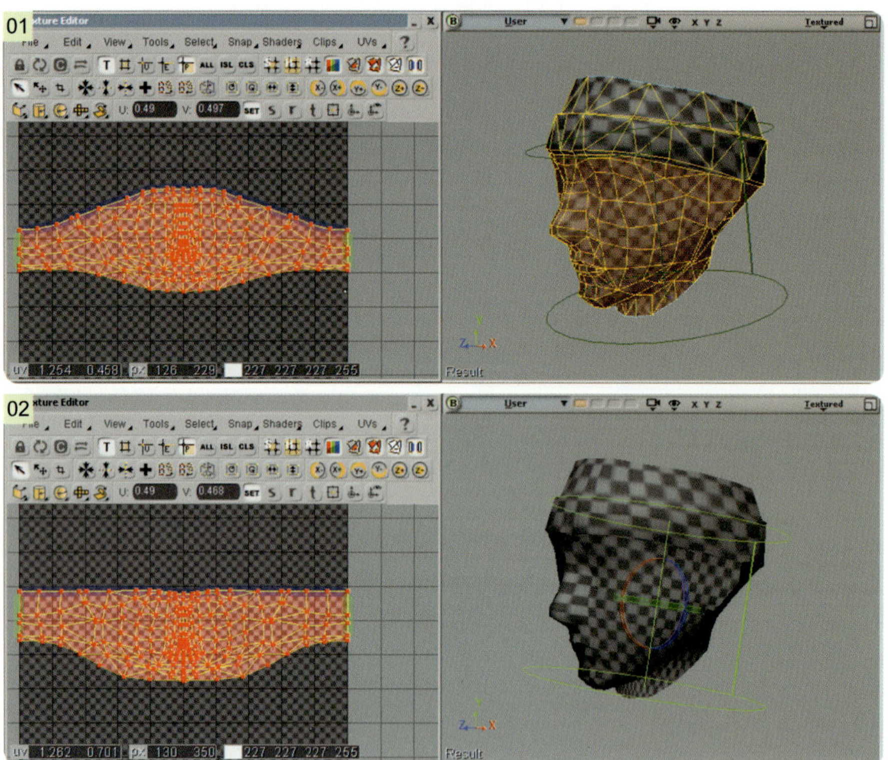

64 이제 다음과 같이 얼굴을 맞추어 줍니다. 먼저 작업을 하기 전에 XSI기능을 한가지 추가로 배우고 작업을 좀 더 빠르고 정확하게 작업할 수 있습니다.

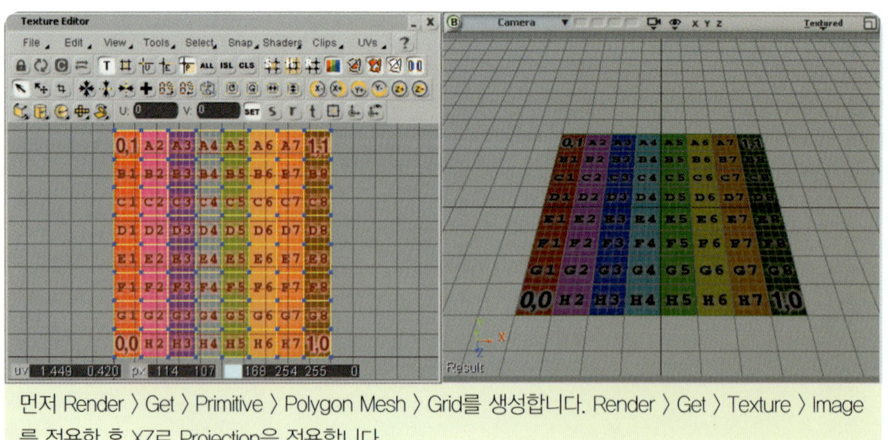

먼저 Render 〉 Get 〉 Primitive 〉 Polygon Mesh 〉 Grid를 생성합니다. Render 〉 Get 〉 Texture 〉 Image 를 적용한 후 XZ로 Projection을 적용합니다.

65 1번과 같이 Point를 선택 한 후 2번에 Prop라고 XSI 인터페이스 오른쪽 Transform을 보면 있습니다. 그것을 클릭하고 3번에 슬라이더를 수정한 후 4번과 같이 움직이면 선택되어 있는 Point 주위의 Point들이 따라가는 것을 볼 수 있습니다.

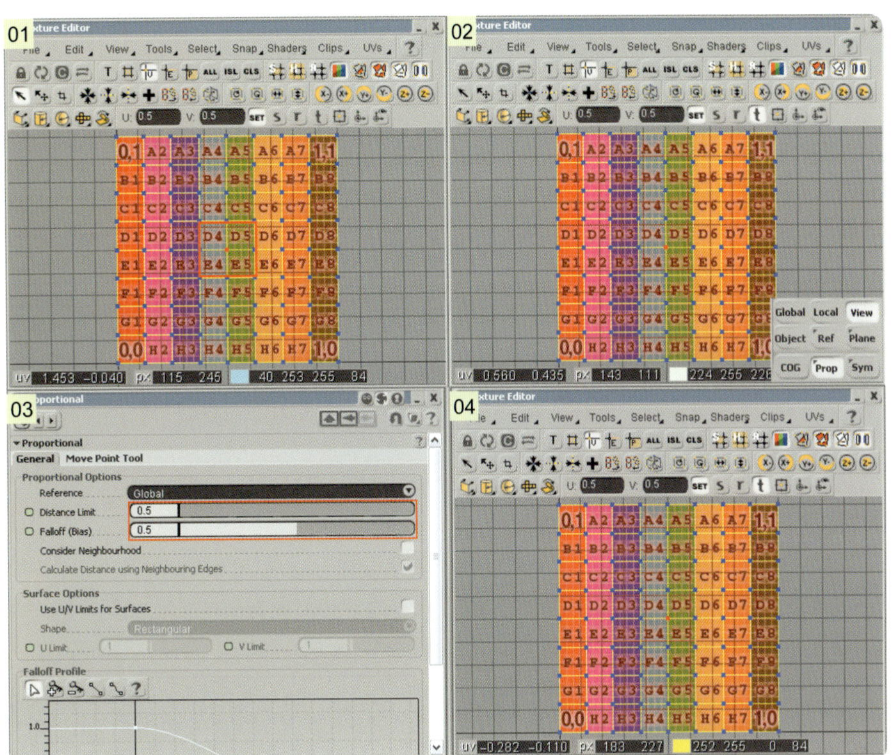

66 위에 설명과 같이 얼굴을 다음과 같이 수정하며 위치를 잡아줍니다.

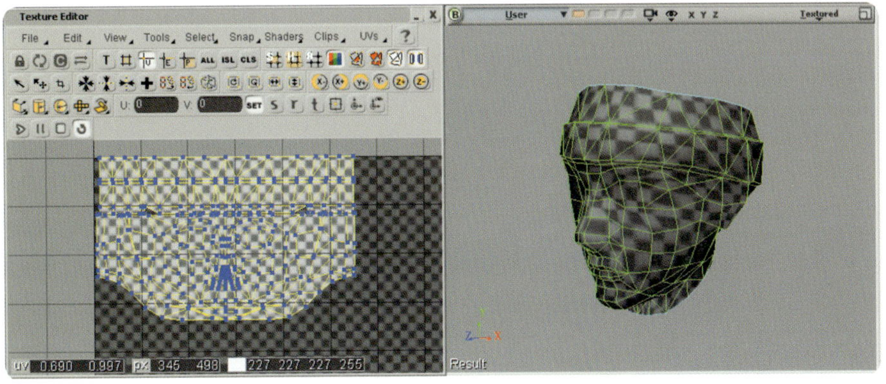

TIP UV 위치 설정은 단순 작업이긴 하지만 매우 중요한 작업입니다. UV 좌표 설정 값이 정확해야만 Texture 맵핑 작업을 쉽게 진행할 수 있습니다.

67 모든 작업이 완료되었습니다.

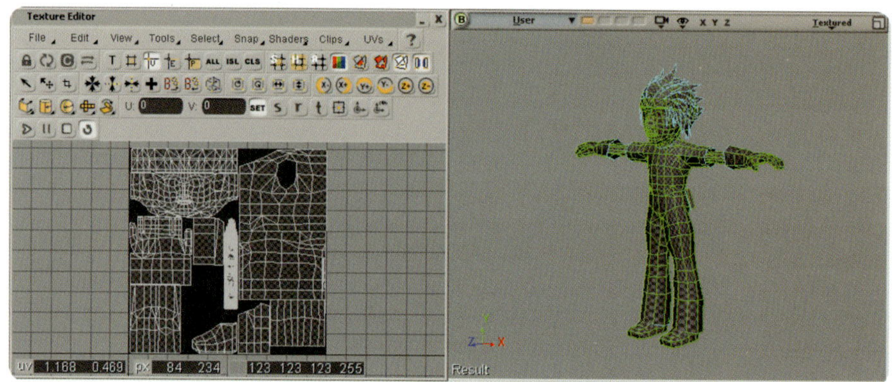

 이 방식은 대부분 저용량의 작업일 때 사용되는 방식이며 3D 애니메이션과 같이 고용량 작업을 진행할 경우 Shader를 이용하는 경우가 더 많습니다. 일반적으로 Shader 방식이 좀더 세밀한 맵핑 표현이 가능합니다.

68 이제 포토샵에서 그림 잡업을 하기 위해 위에 왼쪽 그림에 있는 라인을 포토샵으로 가지고 가 보겠습니다. Edit > Stamp UV Mesh를 선택합니다.

69 68번과 같이 클릭을 하면 어느 위치에 어느 파일로 내보낼 것인지 확인합니다. 그럼 원하는 이미지를 클릭하고 [OK]합니다. 포맷방식은 알파채널 값을 포함하는 파일 포맷 방식을 이용하는 것이 좋습니다.

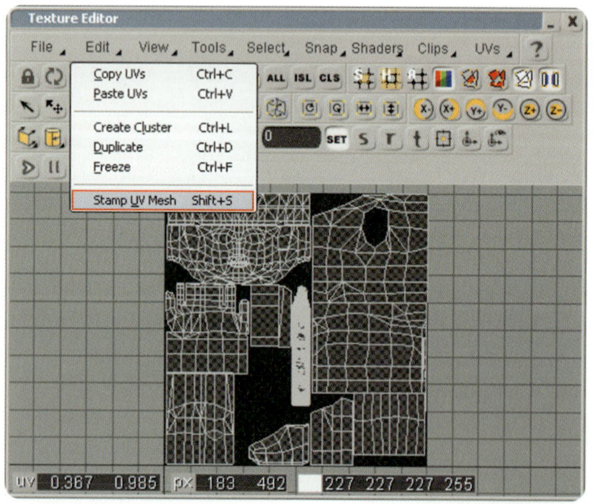

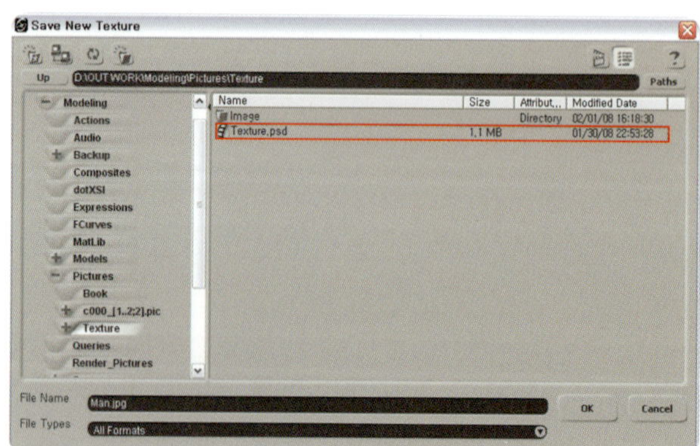

70 그리고 이번에는 새로 라인이 추가 된 이미지로 바꿀 것인지를 물어보면 "아니오"를 선택합니다.

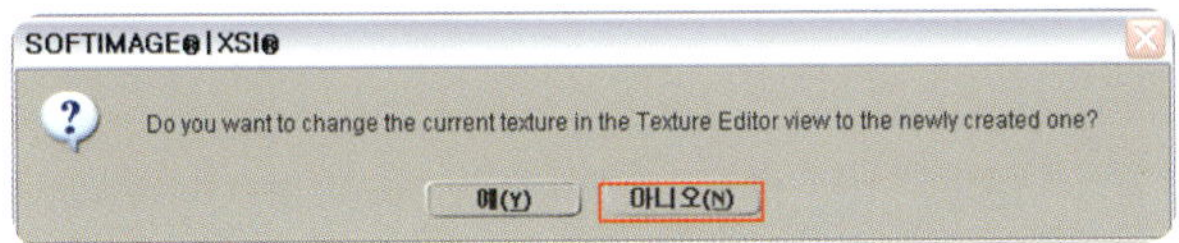

71 그럼 이제 포토샵을 열어 라인을 확인해 보겠습니다. 라인은 가급적 선명하게 보이는 칼라로 수정하여 사용하는 것이 좋습니다.

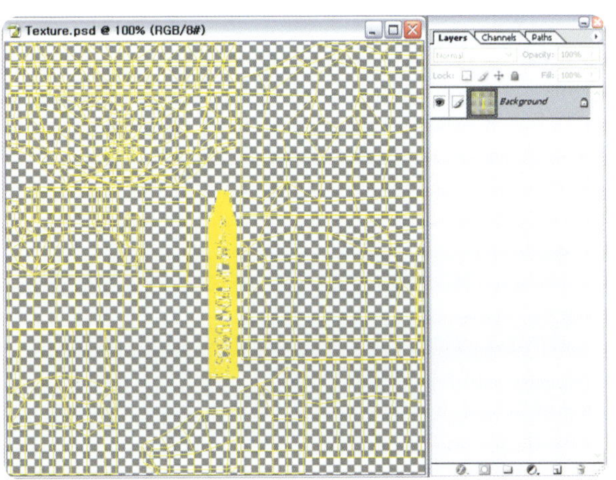

72 다음과 같이 Alpha채널이 추가된 것을 확인할 수 있습니다.

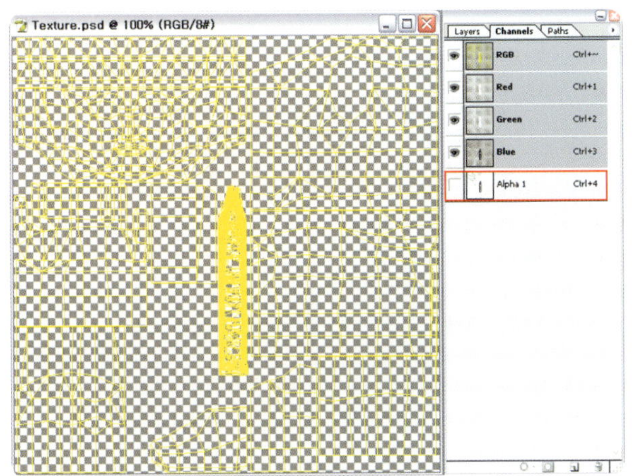

73 그럼 이제 Layers에 라인을 만들어 보겠습니다. Background 컬러는 흰색 그 위에 새로운 Layers 라인을 만듭니다.

아래의 그림과 같이 포토샵에서 이 Layers에 라인을 이용하여 캐릭터에 맞는 텍스쳐 그림을 그린 후 XSI에 적용하면 캐릭터 맵핑이 이루어집니다.

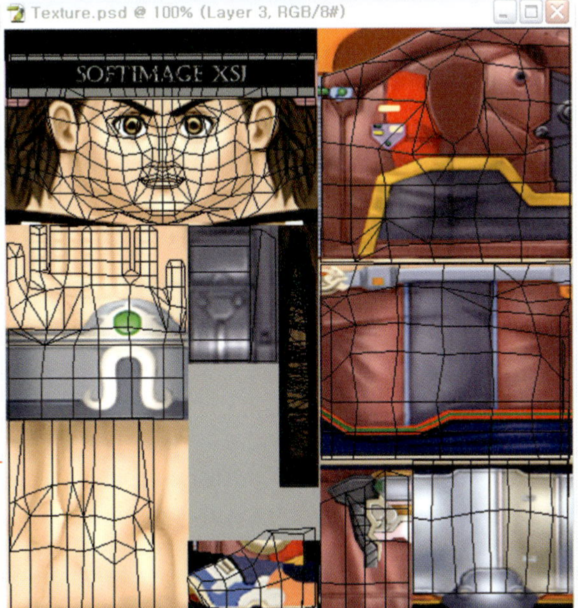

참고 | 현재는 새로운 많은 툴이 나와 UV이 작업을 하는데 여러 가지 툴을 사용합니다.
예를 들어 Unfolde, DeepPaint, Zbursh 그리고 BodyPaint 등을 사용해 UV이나 페인트 작업을 할 수도 있습니다.

PART 04

Light

빛은 현실세계의 일상에서 없어서는 안될 중요한 요소 중에 하나입니다. Softimag XSI에서는 현실 세계와 같은 리얼함을 3D 그래픽 상에서 사실적으로 표현하기 위한 다양한 빛의 구성 요소들을 제공하고 있으며 이펙트 및 표현이 가능합니다.

이 장에서는 빛에 대한 기본적인 기능 및 활용과 Global Illumination 등과 같은 고급기능을 학습하겠습니다.

빛과 그림자

빛은 모든 사물을 정확하게 인지시킬 수 있게 도와주는 역할을 합니다.
우리 인간의 눈은 빛 없이는 정확한 입체감을 느낄 수 없습니다. 그만
큼 빛은 실제 우리의 일상생활에서 매우 중요한 요소 중에 하나라고 볼
수 있습니다. 이러한 실제 현실감을 주기 위해 3D 그래픽 작업 중에서도
Light의 기능은 매우 중요합니다.
이번 장에서는 Light의 효과적인 활용에 대해 학습해 보도록 하겠습니다.

STEP 01 Properties

모든 장면에서의 빛은 Properties에서 정의 되지만 몇몇의 빛에 대한 속성 값은 변화하지 않습니다.

1. Selectivity

어느 물체가 있는지 어느 것에 빛의 영향이 미쳤는지를 명시할 수 있으며 Lights effects 등의 효과를 사용하여 표현할 수
있습니다.

2. Shadows

부드러운 그림자를 정의하기 위해 영역 빛을 사용하면서 포함하는 다른 종류의 여러 가지의 그림자들을 새로 만들 수 있
습니다.

3. Effects

Global-illumination effects와 Caustic-lighting effects를 새로 만들 수 있습니다.

STEP 02 Lights 종류

새로운 조명을 만들기 위해 Light's type을 변화시키지 않을지라도 빛의 다른 여러 가지 형태를 새로 만들 수 있습니다.

1. Infinite(Default) - 기본 조명

Infinite lights는 빛의 원천적 기능을 활용하기 때문에 XSI에서 3D 작업시 기본 조명으로 사용되며 모든 오브젝트는 평행의 빛 광선에 의해 적용됩니다.

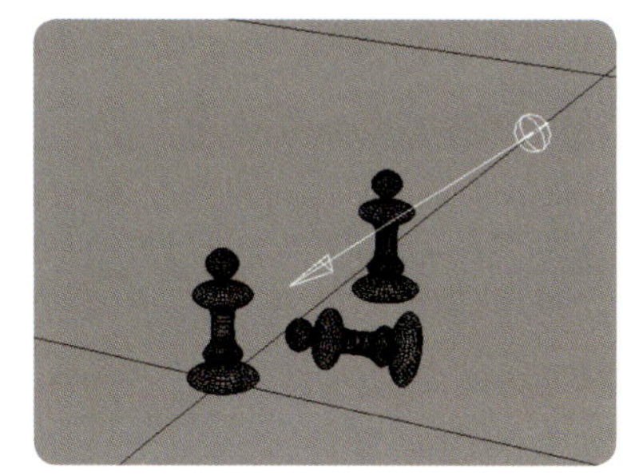

2. Light Box

Light box lights는 시뮬레이션 시 확산한 빛을 표현하며 빛과 그림자에서 매우 부드러운 값을 가지고 있습니다.

3. Neon

Neon lights는 시뮬레이션 시 현실 세계의 Neon lights와 같은 빛을 표현합니다.

4. Point

Point lights는 그 빛의 위치로부터 모든 방향
에서 Casts rays를 적용시킵니다. 이 조명은
전구와 비슷하며 빛 광선은 모든 방향에서
발산합니다.

5. Spot

Spot lights는 실제 스포트라이트와 같이
Cone—shape에서 빛을 제공합니다.
이 조명은 특정한 물체나 영역에 빛을 비추
는데 유용합니다.

조명[Lighting]

태양광에 의한 채광인 주광조명과 전등 등의 인공광원에 의한 인공조명이 있습니다.
태양광은 인간이 느끼는 색, 기타 모든 빛의 근원이지만 계절·시간·기후에 따라 변동이 크고 인간생활을 위한 조명의 전부는 아닙
니다. 인공광원은 물체가 연소할 때 발생하는 빛을 조명으로 이용합니다.

SOFTIMAGE | FACE ROBOT v1.8

SOFTIMAGE® | FACE ROBOT™ 포스트, 게임 그리고 최상의 필름제작을 위한 좋은 품질의
얼굴 애니메이션 제작을 목적으로 만들어진 업계 최초의 페이셜 관련 소프트웨어를 개발하
였습니다.
High—quality 그리고 대 용량의 얼굴애니메이션 작업이 필요한 스튜디오들을 위해 고안된
Face Robot 은 작업자들이 전통적인 방식과 달리 더 빠른 시간 안에 더욱 높은 품질로 얼
굴 애니메이션 작업할 수 있게 해주는 기술적 진보를 보여줍니다.

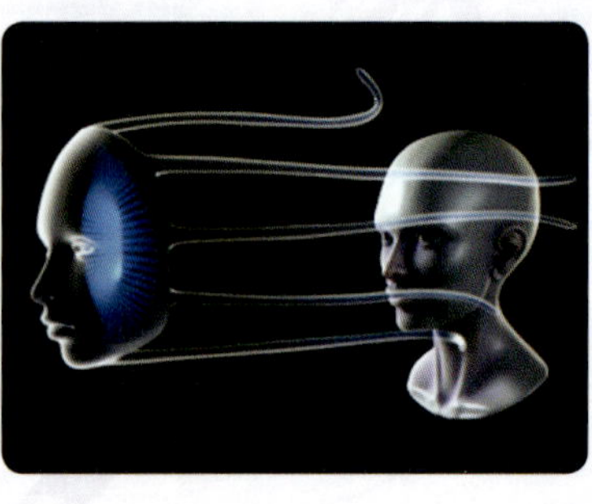

1. 통합된 안면 연조직 솔버(Integrated facial soft .tissue solver)
2. 직접적인 안면 제어(Direct manipulation of face controls)
3. 시각적인 애니메이션 인터페이스(Visual animation interface)
4. 반복실행능력을 가진 refinement 도구들(Iterative performance refinement tools)
5. 애니메이션 재설정(Animation retargeting)
6. SDK와 다중 스크립팅 언어(Multiple scripting languages)
7. 주요 3D 애플리케이션에서의 포인트 저장(Point caching with all major 3D applications)
8. .C3D Motion file import
9. Import와 Export Maya .mb &.fbx, 3ds Max .max, Point Oven .psc, and .lwo2

Lights 활용하기

새로운 조명을 만들기 위해 Toolbar로부터 여러 가지 Light types를 사용할 수 있으며 빛의 각각의 형태는 현실 세계의 조명 값과 이론상 같습니다.

STEP 01 기본 Light(Default) Remove 시키기

SOFTIMAGE|XSI에서 사용되는 기본적인 Light는 Infinite-type light로 흰색의 0.75의 Intensity 값을 사용하며 기본적으로 숨겨져 보이지 않습니다. 만일 새로운 장면을 만든다면 기본 조명 이외에 다른 조명을 적용시킬 수 있습니다.

Remove 시키려면 먼저 Select panel에서 Selection 〉 Lights를 선택한 후 Explorer list에 있는 Light를 **Delete** 키를 이용하여 지우거나 Remove 시키면 기본 Light는 사라지게 됩니다. 사라진 후에는 오브젝트가 정상적으로 보이지 않을 수 있습니다.

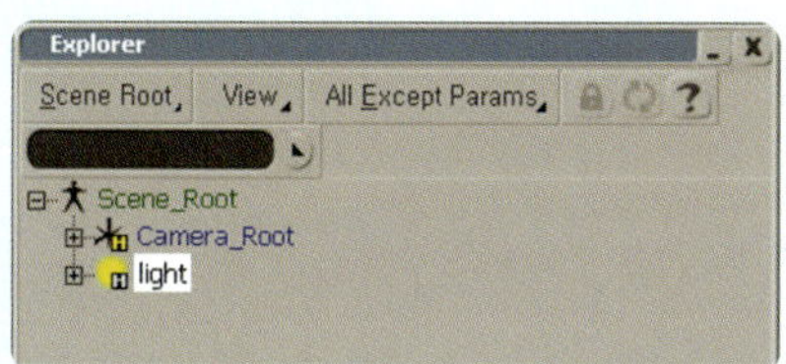

STEP 02 기본 옵션으로 새로운 Light 추가하기

만일 장면에서 여러 가지 종류의 조명을 추가해야 할 경우 빛을 추가할 수 있고 영역을 조절할 수도 있습니다.

새로운 Light를 추가하려면 Toolbar에서 Get 〉 Primitive 〉 Light를 선택한 후 Spot, Neon, Light Box, Point, 또는 Infinite 중 하나를 선택하면 새로운 Light가 생성됩니다. Infinite Light는 Light 종류 중 가장 기본적인 조명 방식입니다.

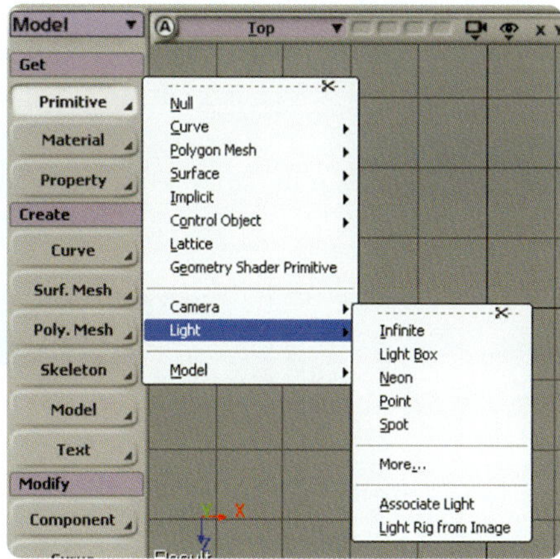

STEP 03 Manipulating Lights

Lights에 대해서 Translate, Rotate 그리고 Scale 적용을 할 수 있습니다. 이러한 작업의 경우 빛의 크기에 영향을 미치지만 빛의 속성 값을 변화시키는 것은 아닙니다. 이러한 기능으로 빛의 영역 및 발산하는 표면의 크기를 조절할 수 있습니다.

STEP 04 Spotlight

Spotlight 조명은 비춰지는 방향을 기준으로 빛을 발산하는 조명입니다. Spotlights 에서는 그 원형의 크기와 모양을 관리하는 옵션을 가지고 있습니다.

1. Property editor를 이용하여 앵글 및 각도 조절하기

01 Viewport에서 Spotlight를 선택한 후 Render toolbar에서 Modify 〉 Shader를 선택하면 Light's property editor가 열립니다.

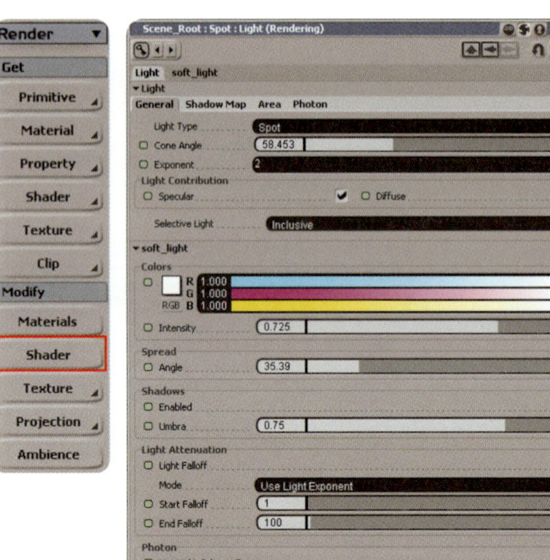

02 Light property editor에서 Spread를 설정합니다.

03 General 탭에서 Cone Angle을 설정합니다. 이것은 원추 빛의 각도이며 이 기능으로 원추 빛의 퍼지는 정도를 조절할 수 있습니다.

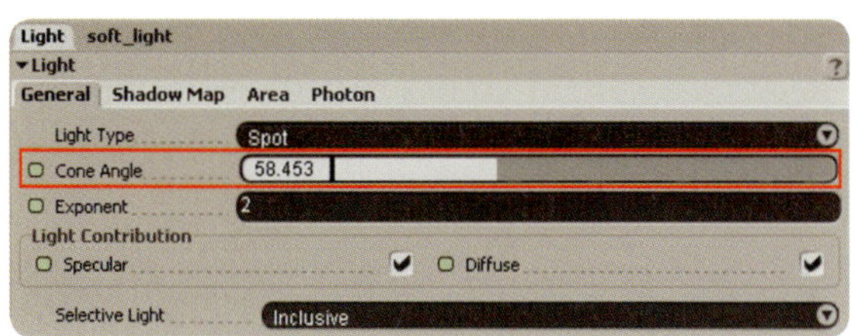

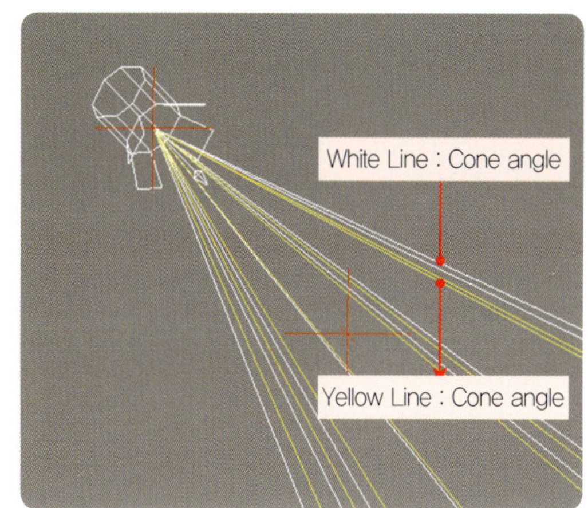

2. Spot Light에서 Viewing

Viewport에서 Spot Light를 선택하시면 Spot View를 볼 수 있습니다.

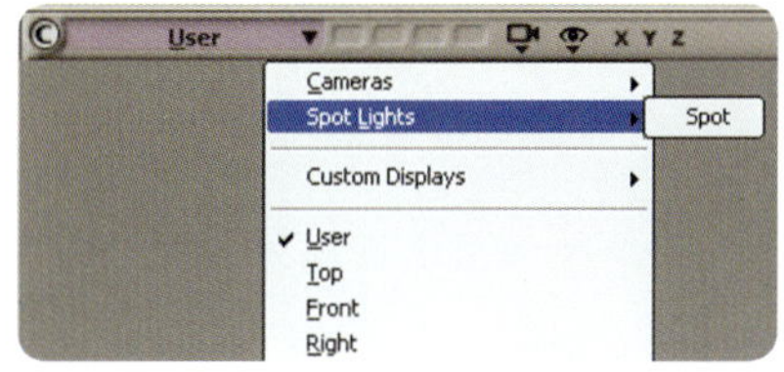

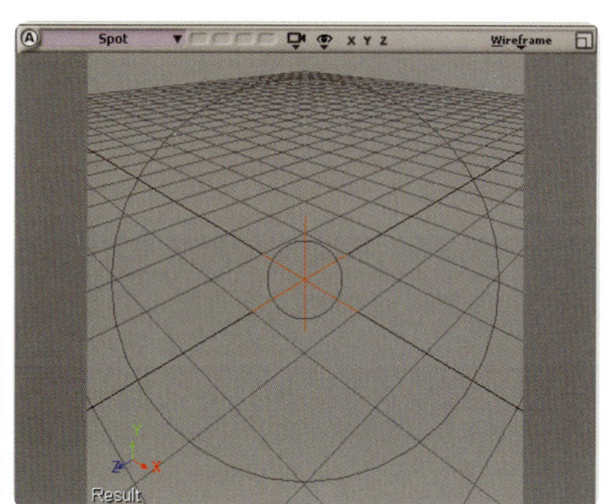

STEP 04 Selective Lights

기본적으로 새로운 조명을 만들면 그 조명은 모든 오브젝트에 영향을 미칩니다. 하지만 작업시 때에 따라 여러 오브젝트에 조명을 적용시킬 수도 있고 일부 오브젝트에는 적용하지 않을 경우도 있습니다.

작업중인 장면 안에 각각의 빛은 Associated Models group을 가지고 있습니다. Explorer를 이용하시면 Associated Models group을 쉽게 찾을 수 있습니다.

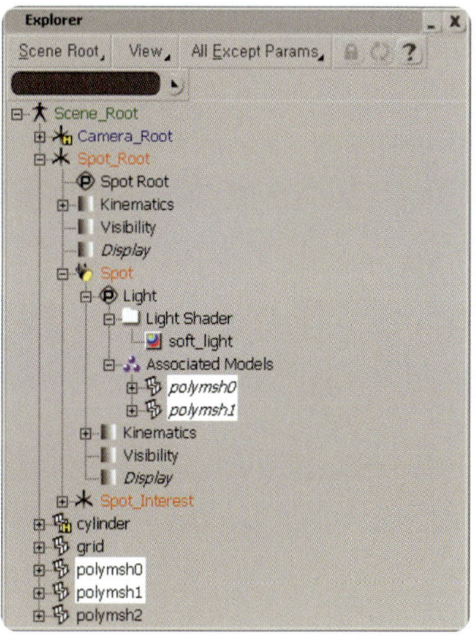

1. Selective Lights 사용하기

Inclusive와 Exclusive Lights는 조명을 설정할 때 각각의 오브젝트에 Inclusive 또는 Exclusive 기능을 이용하여 적용시킬지 여부를 조절할 수 있습니다.

일부 오브젝트를 배제하고 조명을 사용할 경우 Associated Models group에서 일부 오브젝트를 제외하고 모든 물체를 밝게 합니다. Inclusive는 모든 Associated Models group안에 있는 오브젝트를 밝게 합니다.

2. 조명에 대한 기본 설정

Light's property editor에서 Every light's selective property로 사용하고자 하는 옵션을 조절하며 선택할 수 있습니다.

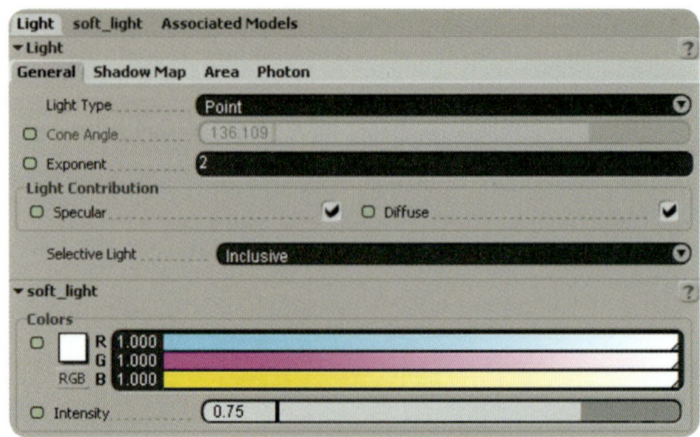

Associated Model group에 오브젝트가 포함되지 않은 경우에 조명이 적용된 모습

검은색으로 보이는 오브젝트만 Associated Model group에 포함되어 있고 Exclusive Light가 적용된 모습

위의 사진에서 Inclusive Light이 적용된 모습

TiP 건축 조명 활용방법

건축 외관은 사이즈가 크기 때문에 파이널 게더링이나 글로벌 일루미네이션 같은 기능을 사용하게 되면 렌더링 타임이 오래 걸리게 되고 반사광이 심하게 됩니다. 그러면 작은 장난감처럼 난반사가 심하게 이루어져서 실제 건물 같은 효과를 표현하기가 힘든 경우가 대다수입니다.

이러한 경우 인피티라이트를 주고 포인트라이트나 기타 라이트를 이용해서 반사광을 표현해 주는 방법으로 효과를 내는 방법이 일반적인 방법입니다.

Shadows

새로운 장면을 만들기 위해 현실적인 면을 만들고 싶다면 빛 이외에 그림자를 빼 놓을 수 없습니다.
그림자는 각각 다른 조명에 의해 독립적으로 관리됩니다. 만일 여러 조명이 있다면 각각의 조명 값에서 그림자를 조절할 수 있습니다.

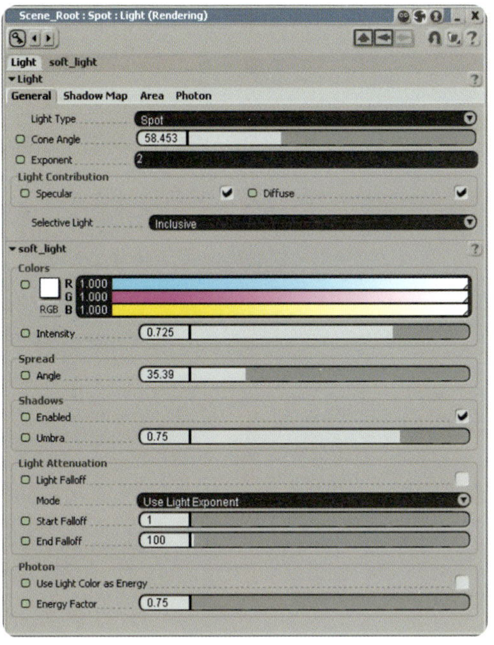

STEP 01 Shadows 종류 살펴보기

Shadows에는 세 가지의 종류가 있습니다.
첫 번째 Raytraced shadows는 Raytracing renderer를 사용합니다. 하지만 렌더링 타임에 있어 연산 량이 많아 일반 렌더링에 비해 시간이 좀 더 걸리는 단점이 있습니다.

두번째 Shadow-mapped shadows는 Scanline renderer를 사용합니다. 이 기능은 렌더링에 있어 매우 빠른 장점이 있으나 고 퀄리티 작업에는 부적합하기 때문에 테스트 렌더링 할 경우 주로 사용됩니다. Shadow-mapping 작업은 Spotlights에만 적용됩니다.

세번째로 Soft shadows는 기본적으로 Lights의 영역에서 부드러운 부분의 그림자 영역을 새롭게 만들어 냅니다. Area Lights는 부드러운 그림자를 만들어 내기 위해 Raytracing renderer를 이용하여 만들어 내게 됩니다.

STEP 02 ── Shadows를 위한 Rendering

Render시에 여러 가지 종류의 그림자를 만들어 낼 수 있습니다.
Regular shadows는 기본적이고 간단한 그림자를 표현하며 임의의 순서로 사용됩니다.

Soft shadows는 Regular shadows와 비슷한 종류의 Shaders 사용을 제외하고 Shadow shaders를 형성합니다.

Segment shadows는 특정한 Fashion에 Shadow shaders를 정렬시킵니다. Shadows에서 volume effects를 사용하였다면 렌더링시 연산 시간이 많이 걸리는 단점이 있습니다.

STEP 03 ── Raytraced Shadows

Raytracing 기술은 광선에서 반사 값을 이용하여 현실감 있게 표현하고자 하는 것입니다.

01 Raytraced shadows 만들려면 Light를 선택한 다음 Render toolbar에서 Modify 〉 Shader를 선택합니다.

02 General tab에 light property editor에서 Shadows Enabled를 선택합니다.

03 Slider를 이용하여 Umbra value을 조절합니다. 이것은 그림자(Default 0.75) 영역에 대한 투명 값을 설정합니다.

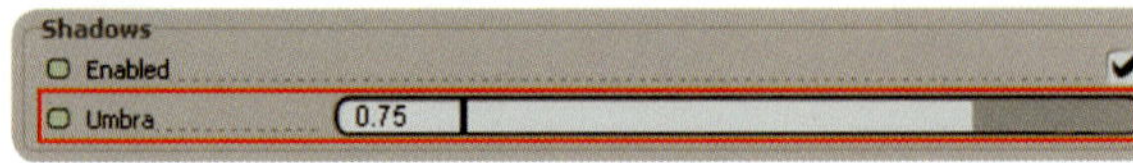

04 Rendering 하기 전에, Render toolbar에 Render 〉 Render 〉 Render Options을 선택합니다. 그러면 Rendering options property editor가 활성화 되며 Options 값을 조절하여 원하는 선택 값을 설정합니다.

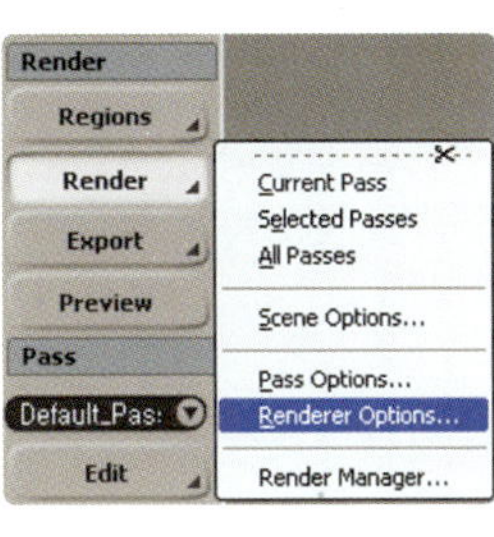

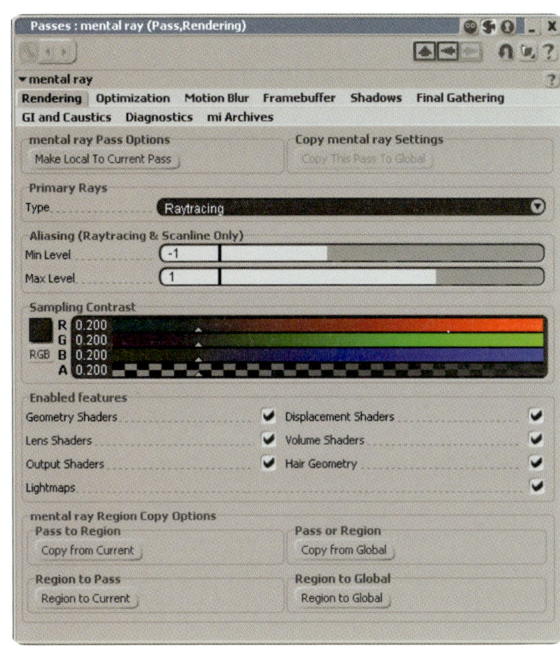

05 Optimization 탭에서 Ray Tracing 값을 설정합니다(Deselect Scanline Mode).

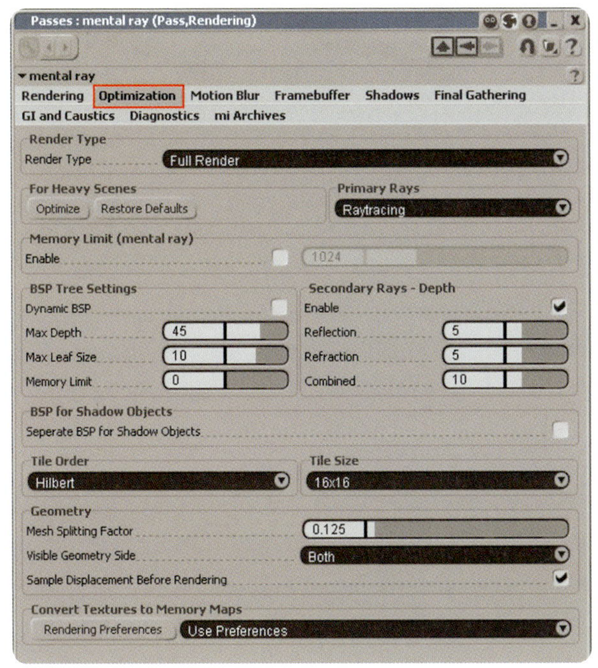

06 Shadows 탭과 Raytraced section에서 Shadow Type과 Rendering method를 선택합니다(Sort, Segmented, 또는 Regular).

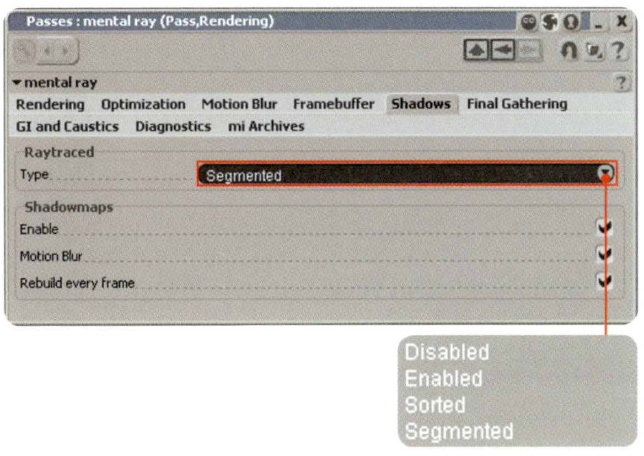

06 Render에서 Raytraced shadows를 보기 위해 Render 〉 Region〉 Options이나 Render 버튼에 Copy Options에서 설정합니다.

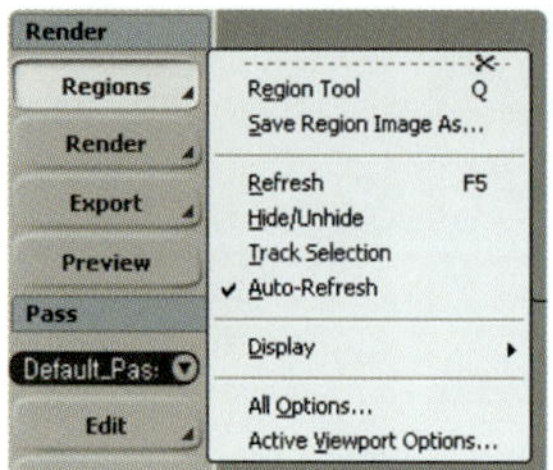

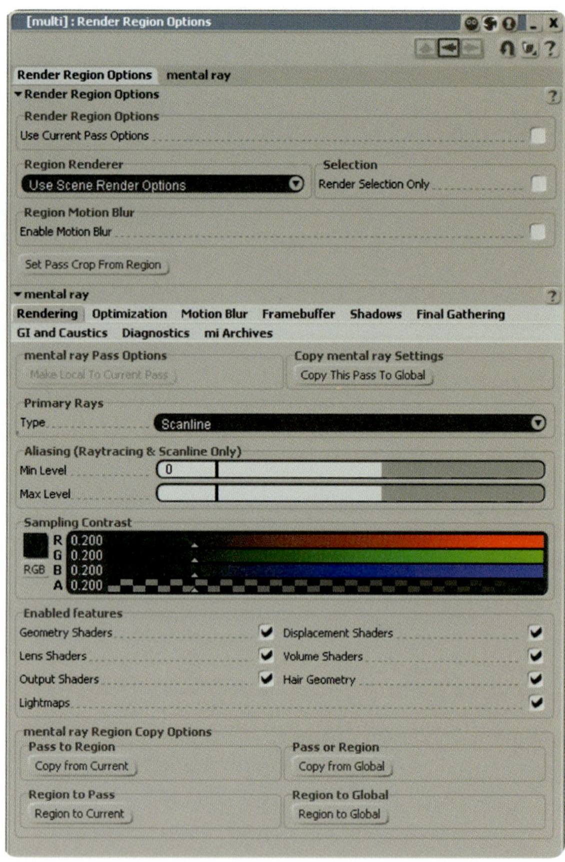

04 Shadow-Mapped Shadows

Shadow mapping은 Depth-mapped shadows로도 알려져 있습니다. 이것은 Raytracing 기술로 빠르게 생성된 그림자를 제외하고 그림자를 새로 만들기 위해 변경된 Z-buffer(Depth) 기술을 사용합니다.

1. Shadow-mapped shadows 만들기

01 Spotlight를 선택하고 Render toolbar에서 Modify 〉 Shader를 선택합니다.

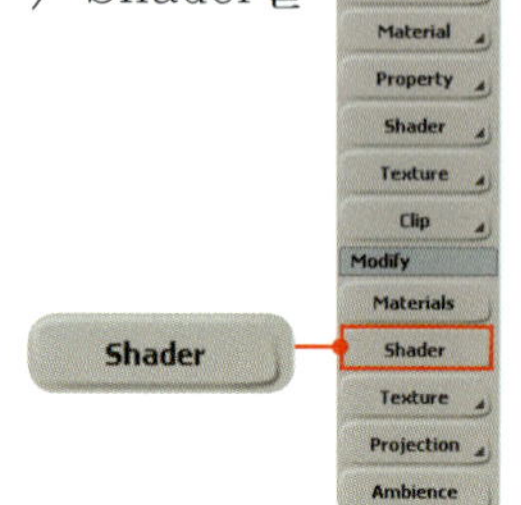

02 Spotlight를 선택하고 Render toolbar에서 Modify 〉 Shader를 선택합니다.

03 Shadow maps를 사용하기 위해 Shadow Map 탭을 클릭하고 Use Shadow Map을 선택합니다.

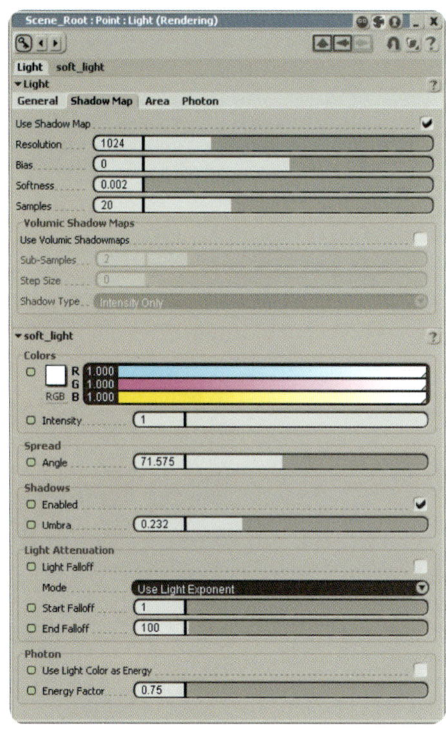

04 Shadow Map 설정을 위해 Resolution을 설정합니다.

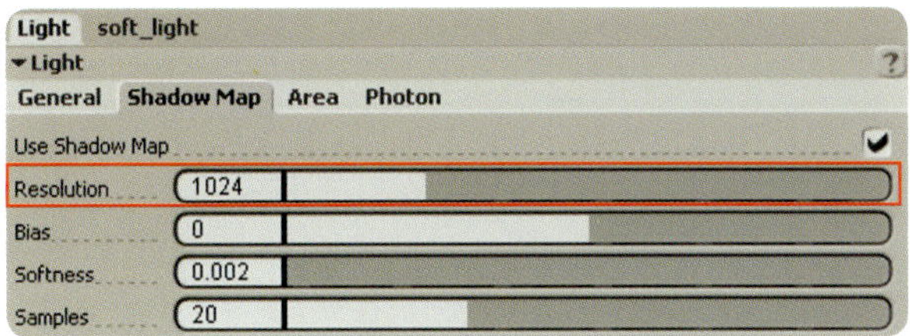

High-Resolution 설정시 메모리의 사용이 많아지기 때문에 렌더링 타임이 늦어질 수 있습니다.
가급적 최정 렌더링 시 사용하는 것이 좋습니다.

05 Shadow Map을 추가하기 위해서 Bias를 설정합니다.

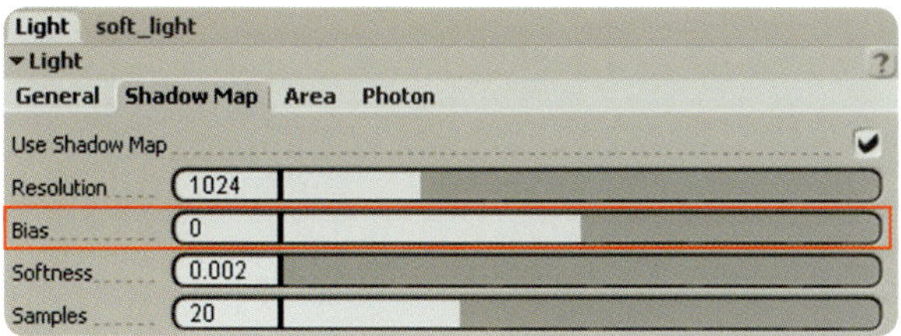

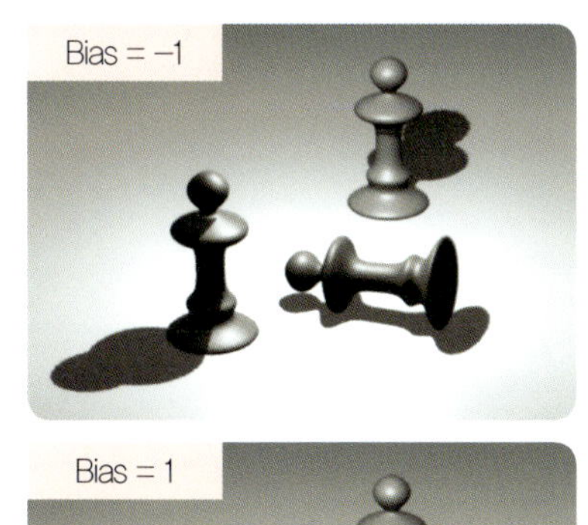

06 그림자 타입을 결정하기 위해 Softness를 설정합니다.

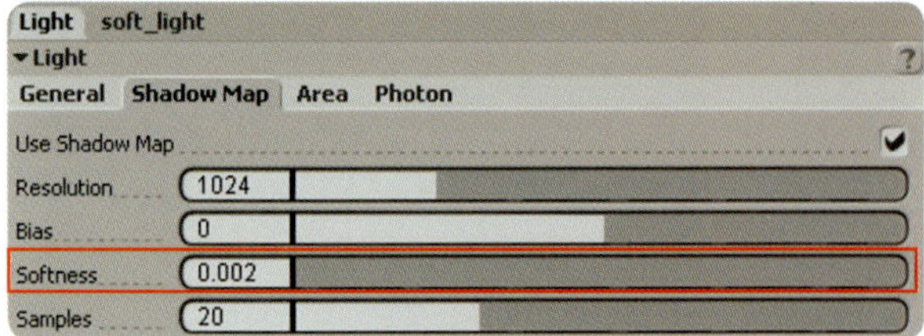

설정 값이 "0"일 경우 Hard-edged shadows로 됩니다.

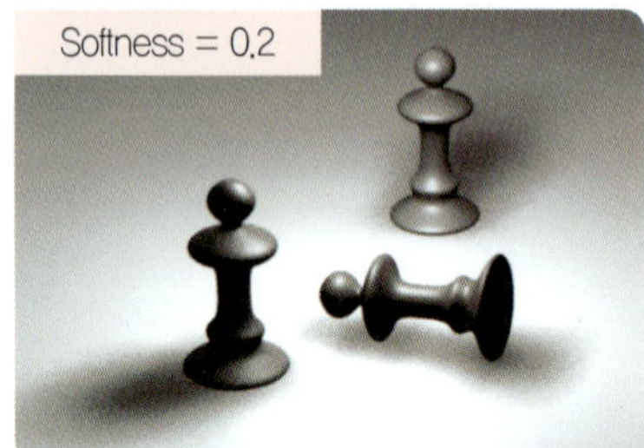

07 Shadow's resolution을 조절하기 위해 Samples를 선택합니다.

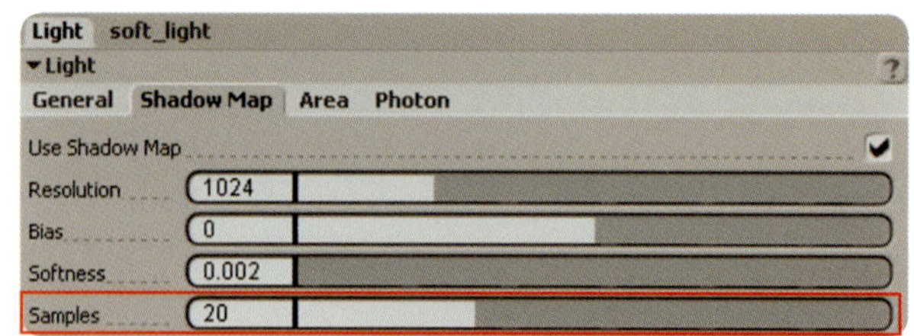

High sample로 조절할 경우 좀 더 높은 렌더링 퀄리티를 낼 수 있습니다.

STEP 05 Volumic Shadow Maps

Volumic Shadow Maps는 그림자 표현에 있어 보다 정밀한 표현이 가능합니다.

Regular shadow-mapped shadow of hair

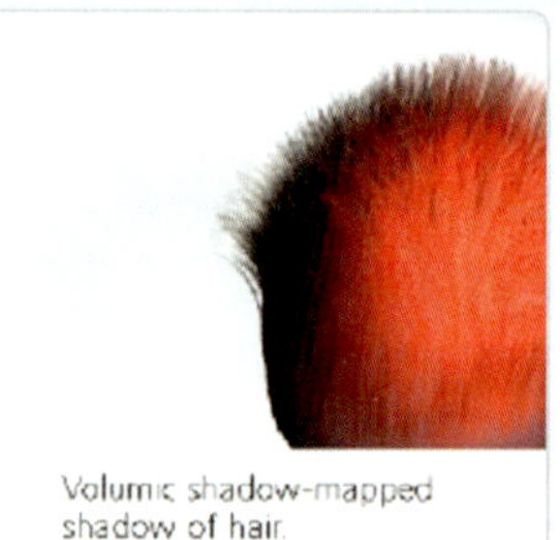

Volumic shadow-mapped shadow of hair

01 Volumic Shadow Maps Option을 활성화 시킵니다.

02 그림자 각각의 Pixel의 Oversampling이 도표로 나타나는 제어에서 Sub-Samples을 조절합니다.

03 Volumic Shadow Map의 정확한 설정을 위해 Step Size를 조절합니다.

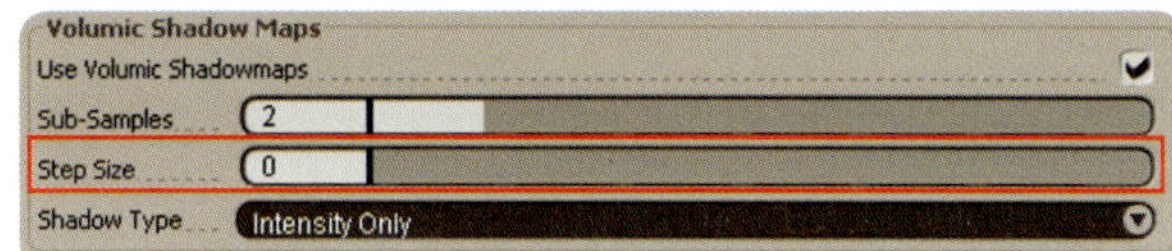

04 다음의 여러 Shadow Type 중에 하나를 설정합니다.

Intensity Only : 결과적으로 Grayscale Shadows로 설정되면서 변화된 값은 Shadow Map에 저장됩니다.

Full Color : Color가 있는 변화된 설정 값은 Shadow Map에 저장됩니다. Color Sampling은 하이 메모리를 사용하기 때문에 용량 처리가 늦어질 수 있습니다.

STEP 06 Soft Shadows와 Area Lights 생성하기

Area Lights는 특별한 종류의 Point light와 Spotlight입니다. Rays는 하나의 포인트 대신 기하학적인 영역으로부터 발산하는데 이것은 그림자를 부드러운 그림자로 만드는데 유용한 방법입니다.

1. Polygon Meshes

01 Point 또는 Spotlight를 선택하고 Render toolbar에서 Modify > Shader를 선택합니다. 그러면 Light's property editor가 활성화됩니다.

02 Light property editor에서 Area 탭을 열고 Area Light를 선택합니다.

03 Rendered image에서 Area Light's를 기하학적으로 표현하기 위해 Render option에서 Visible in render를 활성화합니다.

04 Area Light 사용을 위해 Geometry를 선택합니다. Geometry는 Rectangle, Disc, Sphere 또는 Cylinder를 사용합니다.

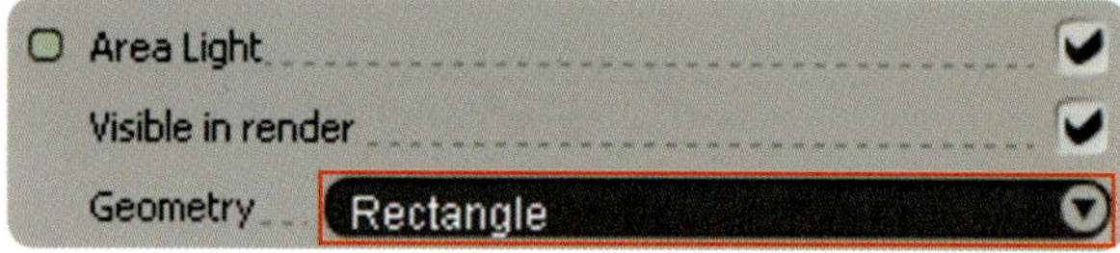

05 U에서의 Area Light의 Surface와 V방향에서 Sample points를 관리하기 위해 Sampling sliders를 설정합니다.

2. Property editor에서 Area Light 조절하기

01 Area Light를 선택한 후 Render toolbar에서 Modify 〉 Shader를 선택합니다. Light's property editor가 활성화됩니다.

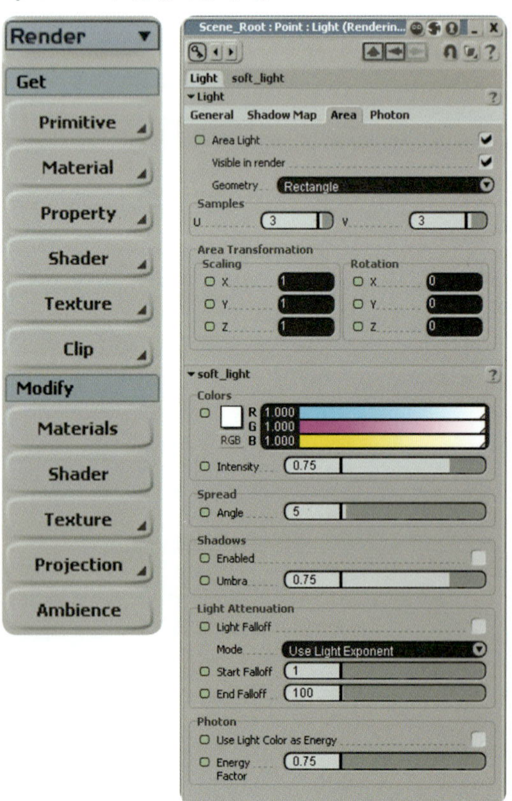

02 Light page의 Area 탭에서 빛 광선이 발산하는 표면의 크기를 정하기 위해 Area Transformation을 설정합니다. 위치값을 설정하는 것입니다.

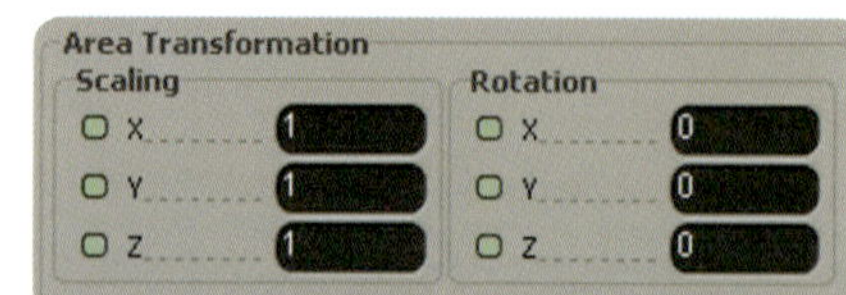

3. Manipulators를 사용하여 Area Light 변형하기

01 Manipulators를 디스플레이하기 위해 3D view 상태에서 "B"를 눌러 Area Light를 선택합니다.

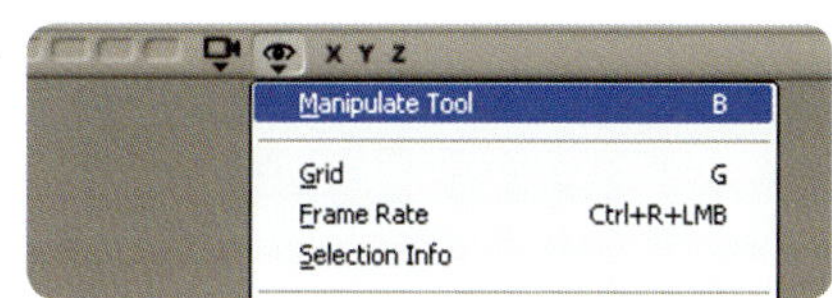

02 Area Light geometry를 선택하기 위해 Area Light geometry가 두껍게 보일 때까지 탭(Tab)을 누릅니다. Rectangles 상태에서 X, 또는 Y 방향에 Light surface 스케일을 조절하기 위해 Manipulator 가장자리를 드래그(Drag)합니다.

03 Discs 혹은 Spheres 상태에서 Light surface 의 Radius를 조절하기 위해 Manipulator의 아무 곳이나 드래그(Drag)합니다.

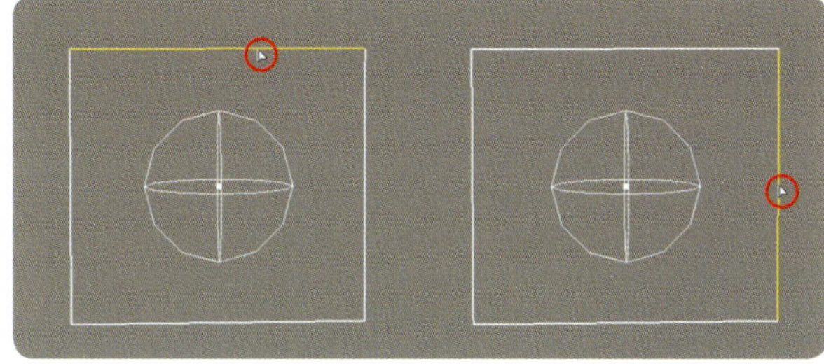

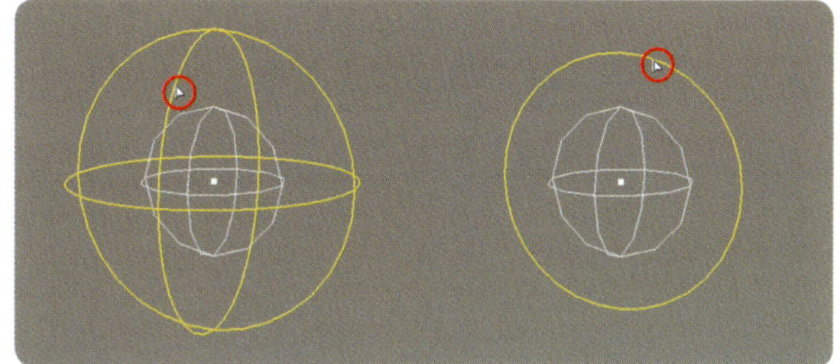

04 Cylinders 상태에서 Light surface의 Radius를 조절하기 위해 Cylinder의 어느 한쪽 끝을 잡고 드래그(Drag) 합니다. Light surface의 길이를 조절하기 이해서는 그 원통 끝의 센터에서 포인트를 클릭하고 드래그(Drag) 합니다.

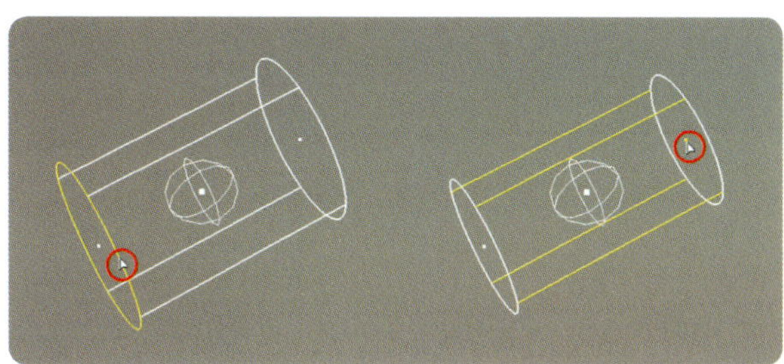

Ambient occlusion이란?

Ambient occlusion이란 이름은 시그라프 2002에서 ILM사의 테크니컬 디렉터가 시연한 테크닉에서 처음 사용되었습니다. Ambient occlusion은 Global Illumination을 통한 Indirect illumination과 비교해 생산성 측면이나 효용성 측면에서 오는 장점 때문에 BlueSky 그리고 ILM사와 같은 주요 메이저급 제작사에서 사용되어 왔습니다.

Ambient occlusion은 간단히 말하면 오브젝트 표면의 한 지점이 얼마나 많은 Ambient light를 받아들이는지의 비율입니다. Ambient occlusion은 전체 장면을 둘러싸고 있는 거대한 돔 조명(Dome light)을 시뮬레이션 합니다.

만약 책상이 놓여 있는 바닥의 한 지점이라면 그 지점은 책상에 의해 빛이 차단되기 때문에 책상 위보다 어두워질 것입니다. 이러한 Ambient occlusion 정보는 미묘하지만 매우 강력한 조명 효과를 만들어 내기 위해 다른 속성들과 함께 다양하게 사용될 수 있습니다.

Global Illumination과 Caustics

우리는 일상적으로 창가로부터 들어오는 햇볕을 아주 자연
스러운 일상으로 생각합니다.
이러한 사실적인 환경 조명을 위해 XSI에서는 Global-
illumination과 Caustic lighting 기능을 이용해 표현하고
있는데 매우 쉽고 빠르게 시뮬레이션 작업을 가능하게 합
니다.

Global Illumination

실생활에서 빛은 물체에 적용 되어질 때까지 직선으로 전해지는 속성을 가지고 있으며 물체에 도달한
후 난반사가 이루어지는 것이 빛의 속성입니다. 이러한 빛의 속성을 3D 상에서 표현하고자 할 때 Global
illumination 기능을 이용합니다.

SOFTIMAGE|XSI에서는 실생활의 조명을 시뮬레이션
하기 위해 Global illumination 기능을 지원하는데 Global
illumination은 Diffuse reflections한 것에 의해 직접적
이고 일정치 않은 반사 값을 포함합니다.

GI(Global Illumination)는 빛이 전체적으로 비춰지는
것으로 생각하면 됩니다.
왜냐하면 3D 렌더링에서 빛은 오브젝트가 빛을 받아서 색
과 질감을 드러내고, 빛이 비춰지지 않는 그림자 부분 같은

경우는 어둡게 형성됩니다. 그림자에 관련된 옵션에 따라 완전히 어둡게 또는 좀 더 밝게 오브젝트에 가까운 그림
자는 어둡고 점차 밝아지게 하는 기능 등이 가능합니다.

실제생활에서 빛의 느낌은 3D에서 제공하는 빛의 느낌 보다는 조금 다릅니다. 빛이 오브젝트에 반사가 계속 일어
나면서 전체적으로 밝아지는 느낌으로 구성되는데 그 장면의 오브젝트에 전체적인 조명이 이루어집니다.
현대 과학에서 양자라 불리는 빛은 에너지의 덩어리로 이해되며 영어로는 Photon입니다. 3D에서 이 Photon의
효과를 표현하기 위해서 점의 형식으로 나타나게 됩니다.

STEP 02 Caustic Effects

빛의 반사나 굴절에 의해 Diffuse한 Surface를 밝게 할 때 Caustics은 새로 만들어진 빛의 패턴입니다. Caustics는 광자가 단지 그 장면에 있는 어떤 Caustic-generating 물체를 향해 방출되는 Global-illumination의 부수적인 기능입니다.

STEP 03 Photon

Photon이 빛을 발하는 동안 물체와 부딪친다면 광자 정보는 저장되고 그 광자는 난반사되어 조명 정보를 계속해서 추적하게 합니다.

하지만 광자의 영향을 받지도 전송하지도 않는 오브젝트를 만날 때 광자가 난반사되는 것을 멈춥니다.

Object's Visibility property editor를 이용해 오브젝트들을 관리할 수 있습니다.

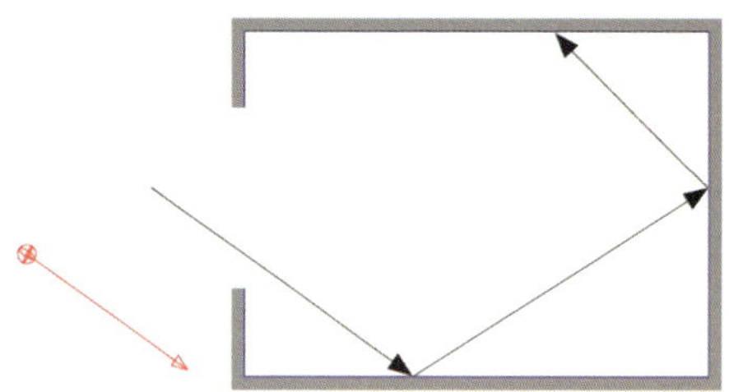

STEP 04 Photon Color Multipliers

Caustics와 Global illumination은 전체적인 영향을 조절하기 위해 사용할 수 있는 Color 매개변수를 각각 가지고 있으며 Color values로 조절합니다.

Caustics와 Global illumination은 최종 값을 얻기 위해 Color values을 설정합니다.

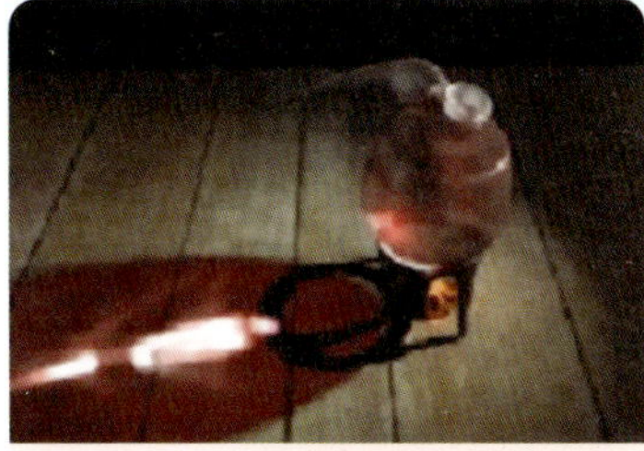

Caustics multiplier RGB 값을 1로 설정했을 때 나타난 Caustic effect입니다.

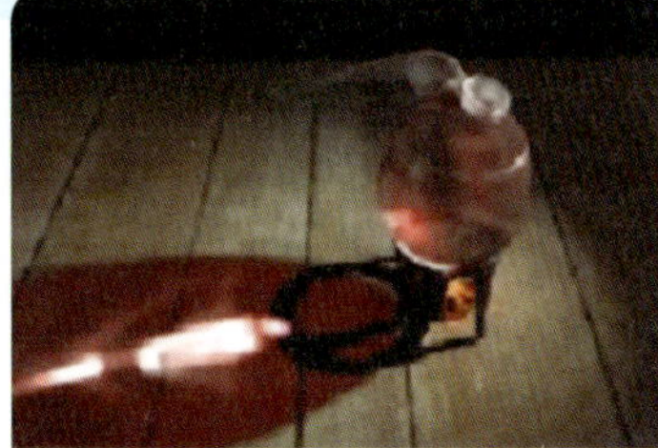

Multiplier's RGB에 3의 Brighten 값을 설정했을 때 나타난 Caustic effect입니다.

칼라와 RGB 값을 0에서 1로 값을 설정했을 때

STEP 05 — Trace Depth Options

Trace Depth options은 실제로 조명의 영역에 대해 최대값을 정의하고 있는 방법이 광선이 반영될 수 있고 굴절시켰거나 그 장면에서 난반사 되었을 광자의 깊이를 정의합니다.
예를 들면 아래의 그림과 같이 Spotlight가 유리잔 물고기 그릇 (1)을 밝게 한다면 그 광자는 그 그릇(2)를 치며 그릇을 통과하고 물(3)을 통과 하며 다른편(4)를 통해 밖으로 나가며 최종적으로 테이블(5)를 칩니다.

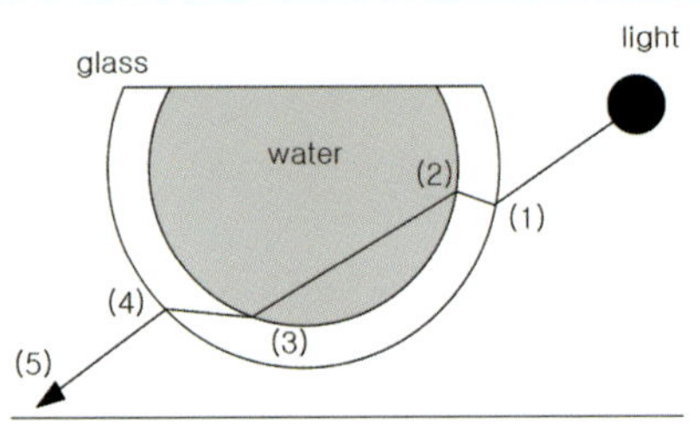

\ 반사 광선 깊이는 Photon ray's의 최대 수가 장면에 반영했다는 것을 의미합니다.
\ Refraction ray depth는 광자 광선이 장면에 굴절될 수 있는 시간의 최대 수를 설정합니다.

STEP 06 — Light Effects

XSI에서는 현실감을 더해주기 위해 기본 라이트 조명 이외에 특수한 이펙트 조명을 제공하고 있습니다.
예를 들어 Glows, Flares와 Volumic effects등의 기능들이 있으며 이러한 기능들은 이펙트 조명의 대표적인 표현 방법들입니다.

이러한 이펙트의 기능들은 간혹 게임이나 3D 애니메이션 개발 시 현실감 보다 더욱 활기찬 효과를 나타내기도 합니다.

XSI에서의 Ambient Occlusion Shader

XSI에서는 Render Tree에서 Ambient Occlusion 쉐이더를 연결함으로써 Ambient Occlusion 효과를 만들어 낼 수 있습니다. 이러한 작업은 랜더링 후 합성작업에서 사용될 수 있도록 거의 대부분 Occlusion 패스를 생성한 후 이루어집니다.
또한 Occlusion 연산에 제한을 주기 위해 각각의 오브젝트에 개별적으로 쉐이더를 사용할 수도 있습니다. Ambient Occlusion 쉐이더는 환경 맵의 리플렉션에 사실감을 더하기 위해 Reflective occlusion으로도 사용이 가능합니다.

Lens Flare

빛(Usually point)의 원천이 렌즈에게 보여주는 작은 각도에 Camera's lens와 닿을 때 Lens flares 기능이 발생하게 됩니다.

01 새로운 Flare 효과를 만들기 위해 Light를 선택합니다. Render toolbar에서 Get 〉 Property 〉 Lens Flare를 선택하면 Lens flare property editor가 활성화됩니다.

02 Enabled을 선택하여 Flare effect를 활성화 시킵니다.

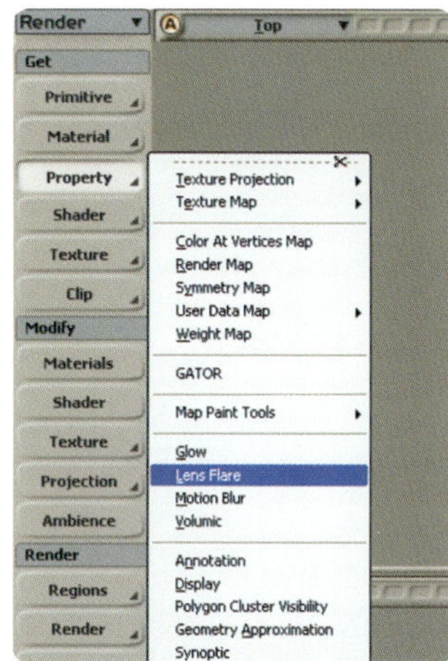

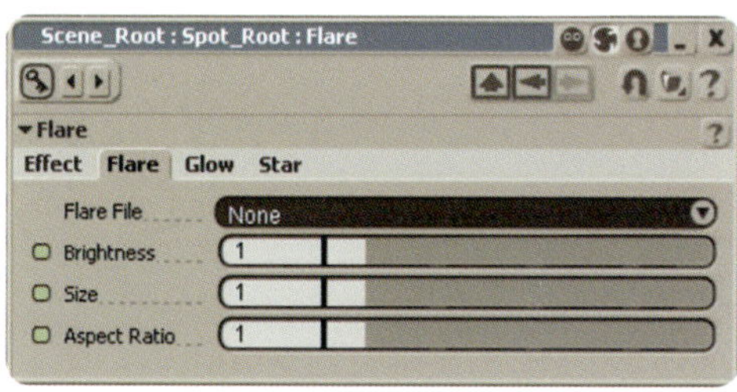

03 Flare 탭에서 Flare File menu에 있는 Flare shader를 선택합니다.

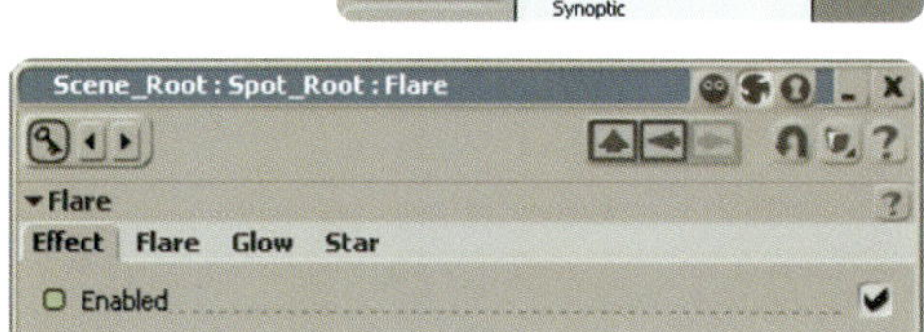

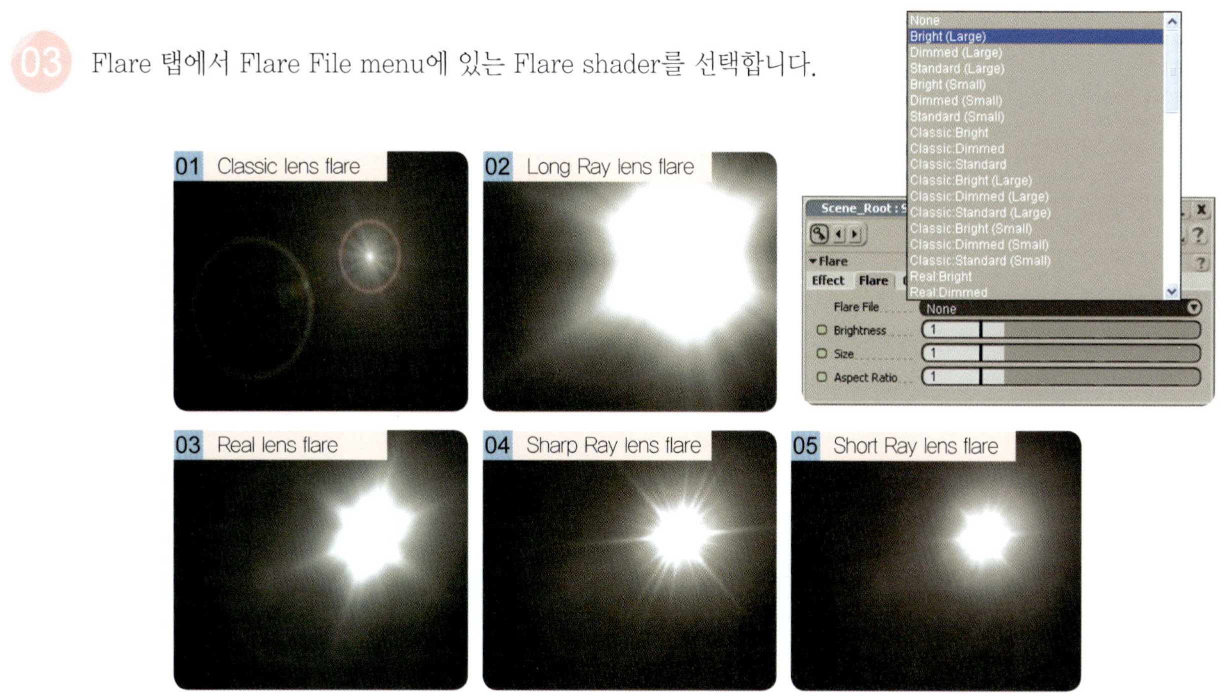

04 Flare 탭에서 Flare's size와 Brightness와 Aspect ratio 값을 설정할 수 있습니다.

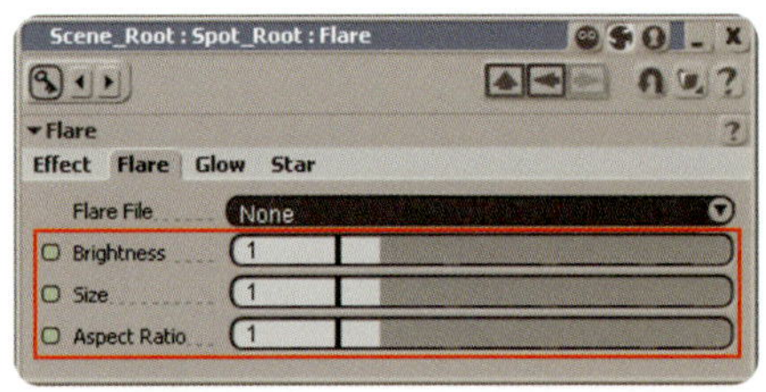

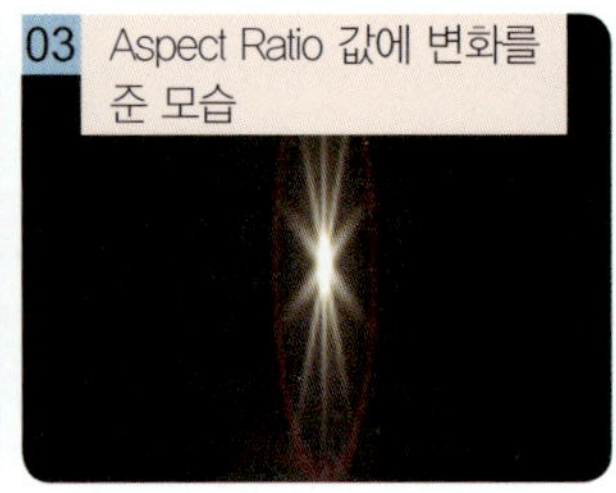

05 Glow 탭에서 Glow properties를 정의합니다.

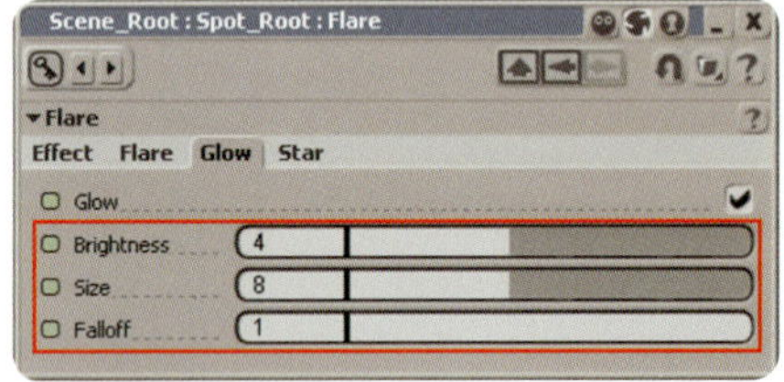

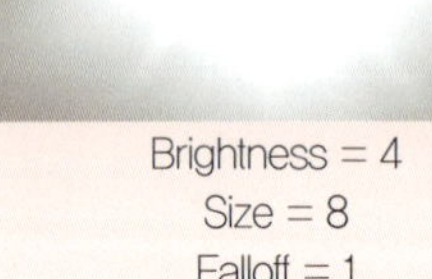

06 Star 탭에서 Star Rays와 Properties를 정의합니다. Rays 의 값을 설정할 수 있으며 Length(Red arrow)와 Width(Blue arrows)를 조절할 수 있습니다.

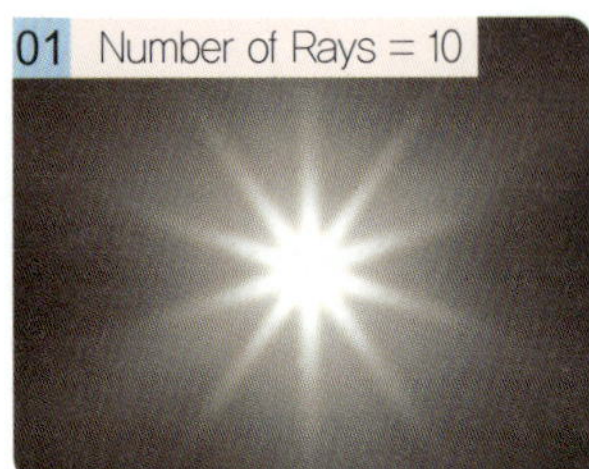

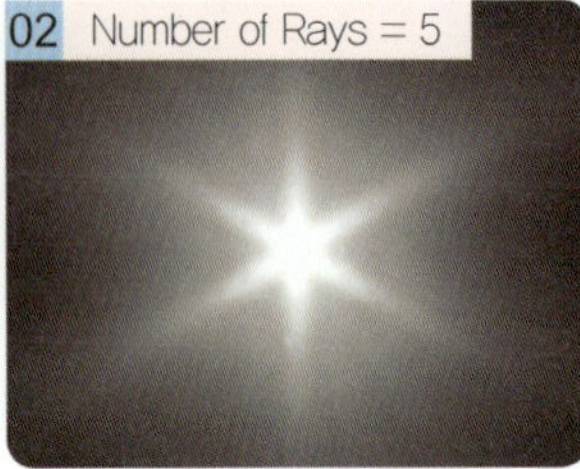

06 Volume Effects

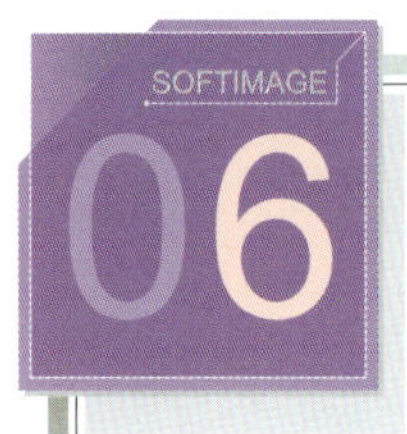

Volume과 Output shaders는 Fog, Smoke, Glows, Halos등 이외 많은 이펙트 기능을 만들 수 있습니다. Volume, Output, Environment shaders, Object, Group 또는 Pass 등의 어떤 결합도 적용할 수 있습니다.

Pass의 경우 Shader stack은 세 가지 Types의 Shaders를 적용하는데 이용됩니다. 만일 Pass나 오브젝트에 이 Shaders를 적용할 경우 먼저 첫 번째 Pass를 정의해야 합니다. 그리고 나서 Pass에 Output shader 또는 Volume의 형태도 적용할 수 있습니다.

STEP 01 Volumic Light

Volume shaders를 사용하는 Volumic light를 만들 수 있으나 더 쉽게 만들기 위해 Render toolbar에서 만드는 방법을 이용합니다.
Property menu로부터 새로 만들어진 Volumic lights는 쉽게 편집되고 비활성화 되거나 마우스의 클릭으로 쉽게 사용할 수 있습니다.

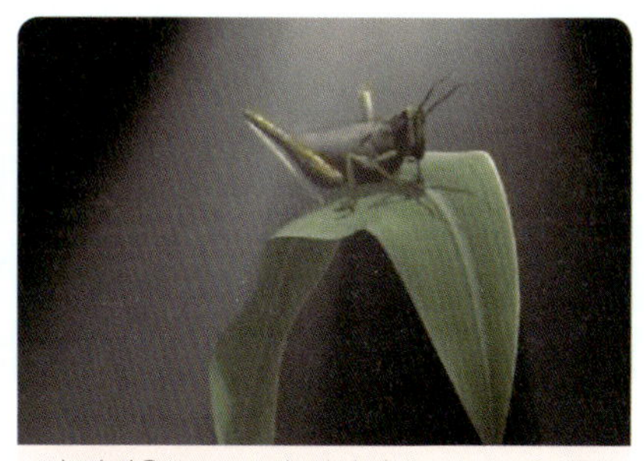

이 장면은 Shader와 하나의 Volumic Light을 사용하여 만들어진 장면입니다.

01 Existing light을 선택하거나 새로운 Light를 만듭니다(Get 〉 Primitive 〉 light).
Render toolbar에서 Get 〉 Property 〉 Volumic을 선택합니다. Volumic Light property editor는 Volumic 탭으로 열립니다.
Volumic light를 정의할 때 편집시 Map Size를 100에서 200정도 사용합니다.

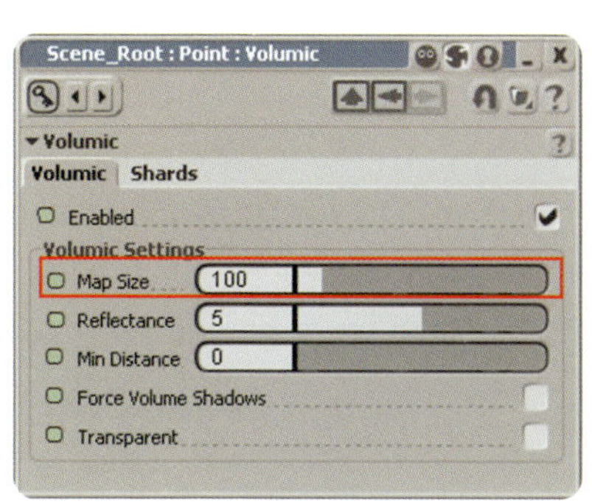

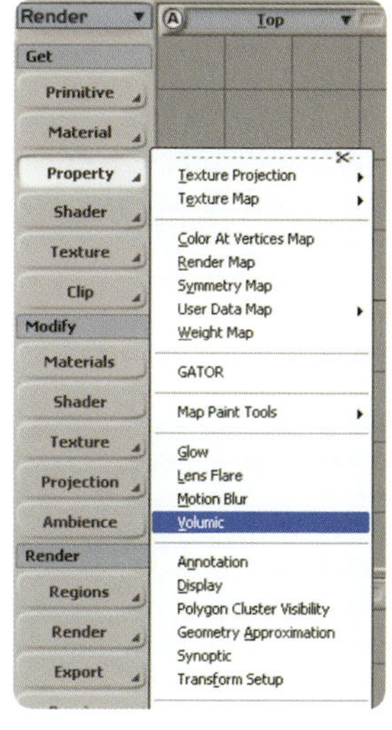

02 Volume's reflectivity 효과를 주기 위해 Reflectance parameter를 조절합니다. Volumic effect가 Min Distance slider를 이용해 시작되는 빛의 원천으로부터 그 거리를 설정할 수 있습니다.

03 Volumic effect 그림자의 표현하기 위해 Force Volume Shadows를 선택합니다.

04 Volumic effect를 투명한 성질로 만들기 위해서는 Transparent를 사용합니다.

05 Shards 탭에서 Volumic light's shard parameters를 설정합니다. 그러면 Intensity, Complexity 그리고 Resolution를 설정할 수 있습니다.

STEP 02 Volumic scene effect 만들기

만일 Render pass에서 Volume shader를 적용한다면 그것은 그 장면에 전체적으로 적용됩니다.

01 Explorer에서 Scope to Passes를 설정하면 Scene's passes가 나열됩니다. Default Pass는 사용가능합니다. 배경을 적용하고 Pass property editor를 활성화하기 위해 Pass icon이나 Pass(또는 Default pass)를 선택합니다.

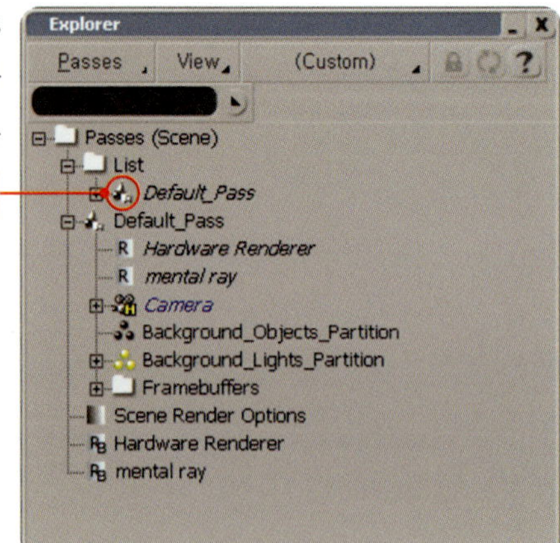

02 Volume Shaders 탭에서 선택된 Pass's shader stack에 Volume shader를 적용하기 위해 Add 버튼을 클릭합니다.

03 Browser안에 Shader library에서 Volume shader를 선택합니다. 그러면 장면에 적용되어질 수 있는 Volume shader의 리스트가 보이게 되며 원하는 기능을 선택하여 사용합니다.

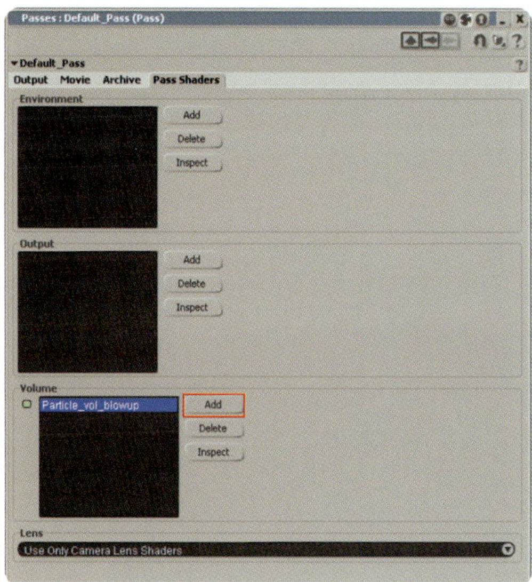

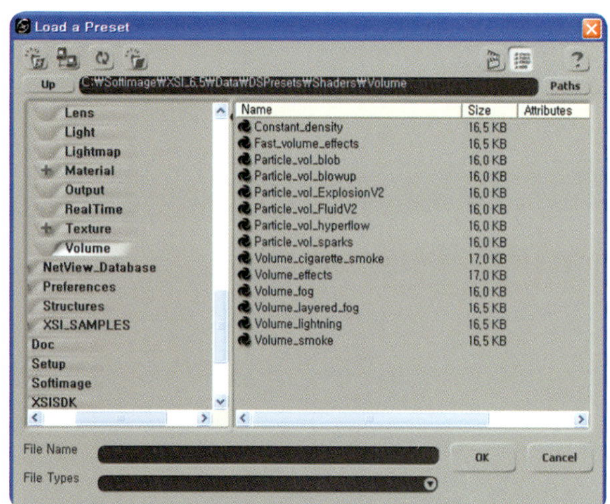

STEP 03 Object Volume Effects

특수효과를 주기 위해 간혹 오브젝트에 직접 Volumic effect를 적용하는 경우가 있습니다. 오브젝트에 Volumic effect를 사용하게 되면 보통 오브젝트는 투명 값을 주로 사용하게 됩니다. 이는 오브젝트보다 Volumic effect 의 효과를 더 우선시하기 때문입니다.

01 Volumic effect를 적용하기 위해 원하는 오브젝트(Implicit or explicit)를 선택하고 Render toolbar에서 Get > Shader > Volume 을 선택합니다. 선택된 Volume에 Material을 더하기 위해 Shader를 적용합니다.
사용 가능한 Shaders 리스트가 나타나면 원하는 Shaders를 선택하여 사용합니다.

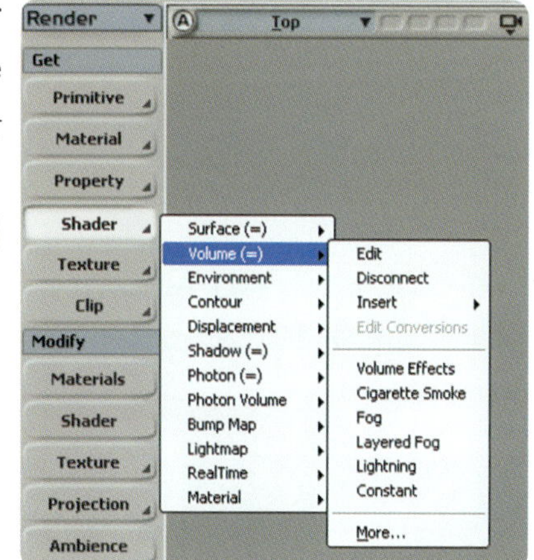

02 Shader를 선택하면 Object's volume에 관한 Property editor가 활성화되고 Volume effect's parameters를 편집할 수 있습니다.

Glow Effect 만들기

Glow는 일반적으로 3D에서 효과를 주기 위한 기술 중에 하나입니다. 특히 게임에서 표현되는 이펙트 기능중에 Glow 효과를 사용하는 경우가 많이 있습니다.

Render toolbar에서 빠르고 쉽게 물체나 어떤 그룹에도 Post-process 2D glow effect 만들 수 있습니다. Glow는 어떤 물체에도 장면에 적용되어질 수 있고 비활성화 되거나 마우스 클릭으로 생성됩니다.

01 Glow effect를 적용시킬 오브젝트를 선택합니다. Viewport안에 Render region을 새로 만듭니다(단축키 Q).

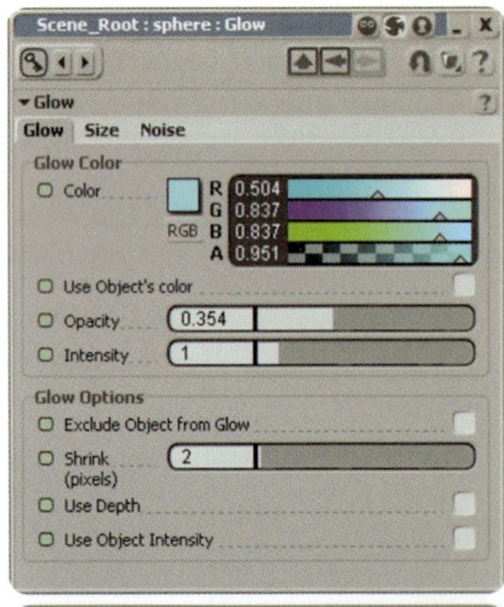

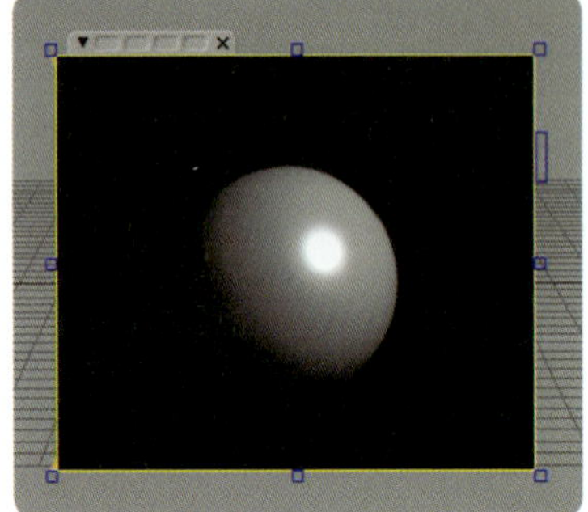

02 Render toolbar에서 Get 〉 Property 〉 Glow 를 선택합니다. Glow property editor가 활성화됩니다.

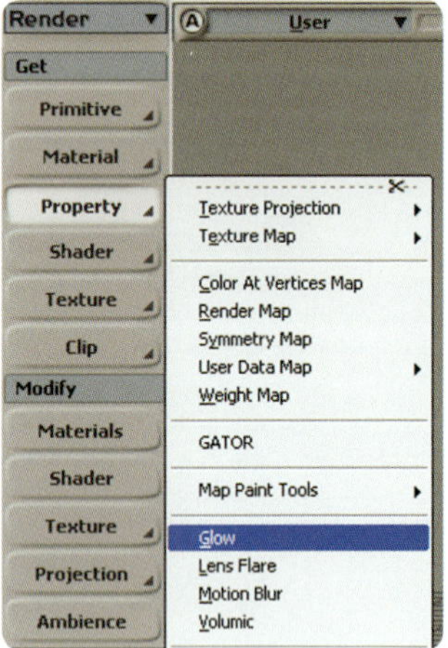

03 Glow property editor에서 세부 옵션을 설정합니다. RGB sliders를 이용하여 Glow 칼라를 결정할 수 있습니다. 또한 Size와 Noise 탭에서 Size, Texture, Noise 등의 Effect를 설정할 수 있습니다.

07 Atmosphere

때때로 Depth fading 또는 Fog라고 불리기도 하는데 이러한 효과는 거리에 관해 카메라로부터 Ambient-like color(Black 또는 Gray를 사용)를 더함으로 깊이의 느낌을 새로 만듦으로써 장면에 현실감을 더 해 줄 수 있습니다. Volumic light를 이용하여 장면을 차차 밝아지게 하는 효과를 만들어 깊이 감을 새로 만드는 기본적인 방법이 있습니다.

이 효과를 잘 활용하면 오브젝트에 부드러운 느낌을 표현할 수 있습니다.

최근 애니메이션 제작시 가장 많이 사용되는 방법 중 하나입니다.

STEP 01 Volumic light로 Depth-fading 만들기

01 Volumic을 만들기 위한 Light를 선택합니다. Render toolbar에서 Get 〉 Property 〉 Volumic을 선택합니다. 이것은 선택된 빛에 Volumic property를 적용합니다.

02 Light's Volumic properties를 적용합니다. Explorer에서 Volumic Properties 아이콘(Below the Scene_Root)을 선택하여 Volumic Properties property editor를 활성화합니다.

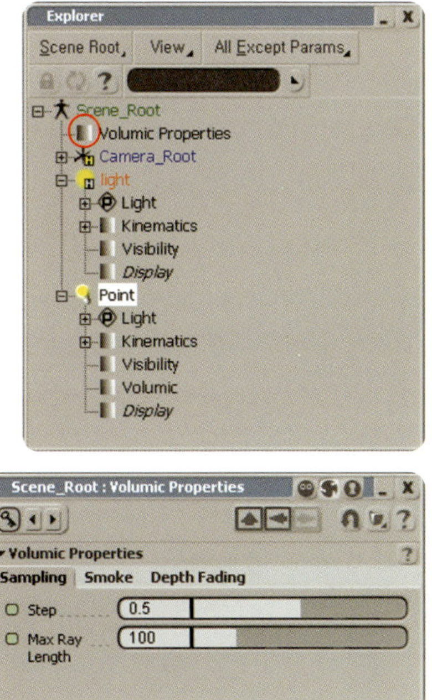

03 Depth Fading 탭에서 Depth fading effect를 활성화시키고 Start와 End Distances 그리고 Transparency와 Fade color를 설정합니다.

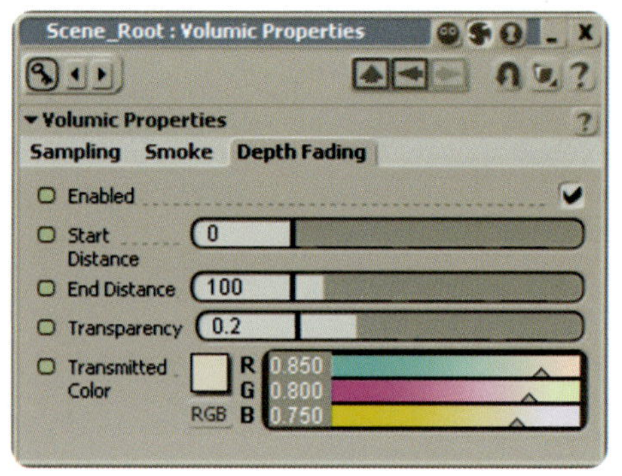

STEP 02 · Volumic light를 사용하지 않고 Depth-fading 만들기

01 Explorer에서 Scope to Passes를 설정합니다.

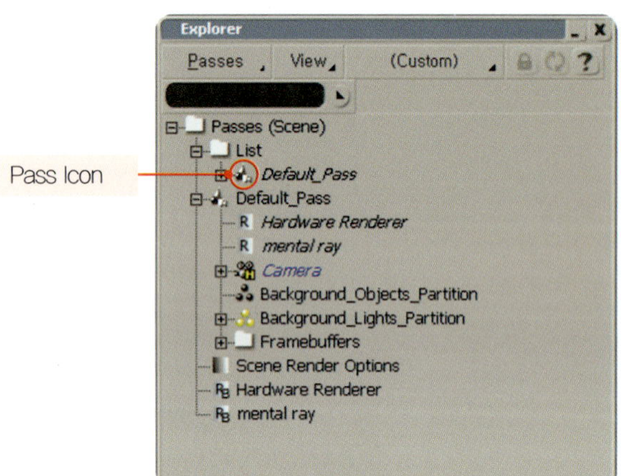

02 Depth-fading effect를 적용하기 위해 Render pass를 활성화하는데 이를 위해 Pass 아이콘을 클릭하면 Pass property editor가 활성화됩니다.

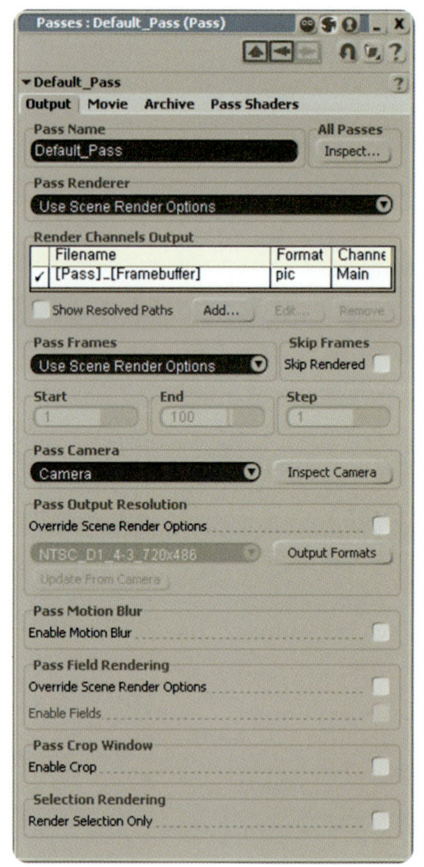

03 Volume Shaders 탭에서 Volume Shader stack 의 Browser를 열기위해 "Add"를 클릭합니다. Volume folder에서 Volume_Fog shader를 선택합니다.

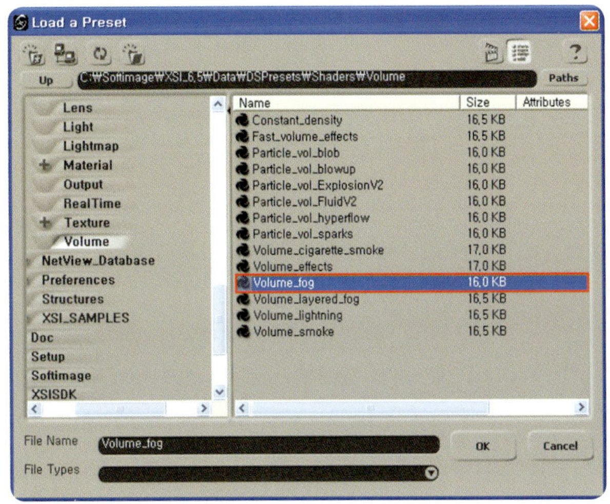

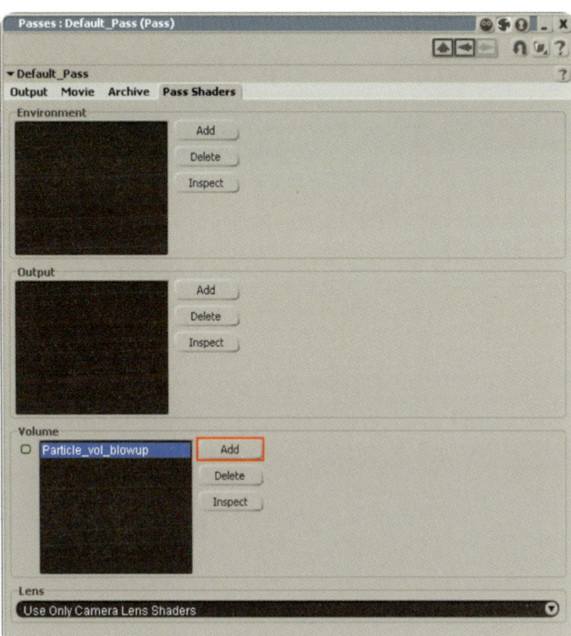

04 Volume_Fog shader는 그 Shader stack에 추가됩니다. 편집하기 위해 Stack으로로부터 Shader's name을 선택하고 Property editor를 열기 위해 Inspect를 클릭합니다.

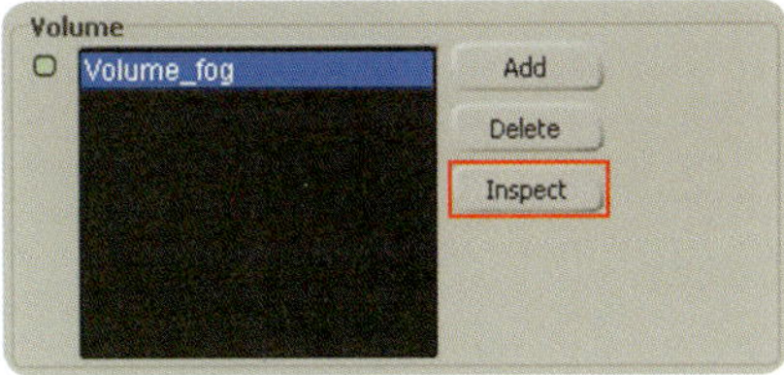

05 Volume_Fog property editor에서 Start와 End, Fog color, Transparency를 조절하며 설정할 수 있습니다.

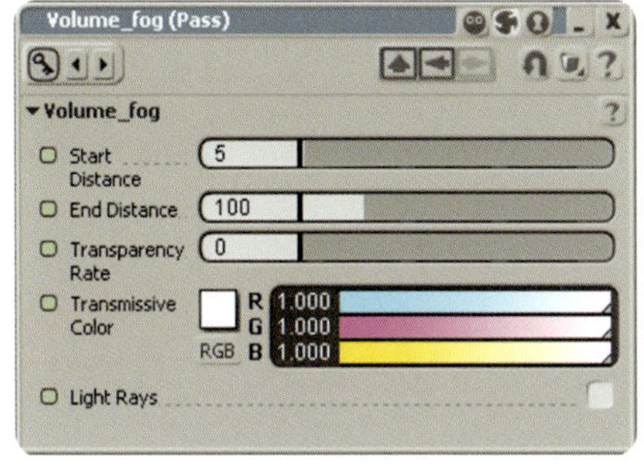

빛 에너지의 반사

실제 라이팅 상황에서 광원은 오브젝트로부터 둘러싸인 모든 방향으로 빛의 입자들을 일정하게 발산합니다. 이러한 입자(포톤, Photon)는 다른 오브젝트에 닿을 때까지 빛의 속도로 날아가게 됩니다.

만일 오브젝트가 불투명이라면 그 오브젝트는 포톤 에너지를 흡수하게 되며 에너지 중 일부를 외부로 발산하게 됩니다. 새로운 포톤은 다른 오브젝트를 만날 때까지 곧바로 진행하는데 여기에서 다시 에너지가 흡수되고 또다시 에너지의 일부는 오브젝트로 방출 되는 반복 작업을 진행하게 됩니다.

하지만 반복될수록 포톤은 에너지를 부분 잃게 되고 파장이 변경 됩니다. 에너지를 잃는다는 것은 반사된 빛이 각 반사 후에는 더 희미 해진다는 것을 의미하며 감지할 수 없을 때까지 계속 진행하게 됩니다.

08 GI(Global Illumination) 활용하기

GI에 대하여 기본적인 설정 및 활용에 대해 배워보도록 하겠습니다. 인디렉트 라이팅과 컬러 블리딩에 필요한 하나의 Box와 Sphere, Grid를 사용하도록 하겠습니다.

01 박스를 꺼내어 인다이렉트 라잇이 이루어 질 수 있도록 빛이 들어 올 수 있는 구멍을 만듭니다.

02 박스의 Normal방향을 확인하기 위하여 Normal 방향을 확인하기 위하여 눈 아이콘을 선택 Normals을 선택하면 이미지 오른쪽과 같이 Normal 방향의 표시가 파란색 널 형식으로 보여집니다.

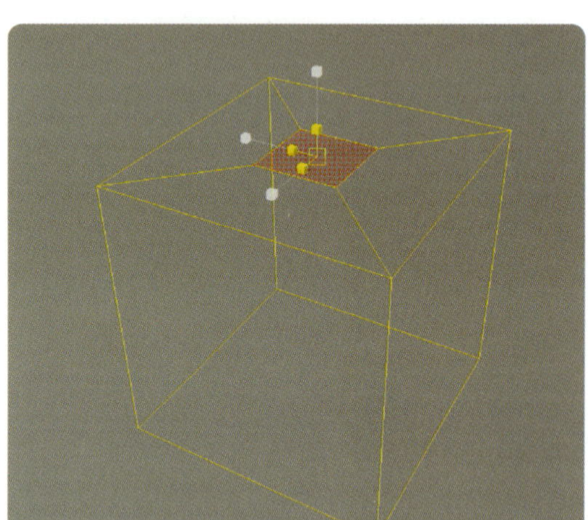

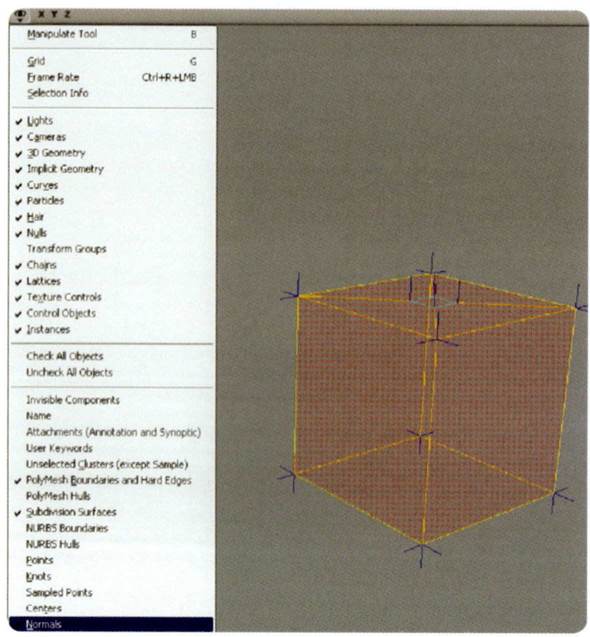

TiP **XSI 프로젝트 장면에서 글로벌 일루미네이션 작업을 진행하는 4가지 조건**

1. 기본적으로 라이트가 포톤을 발산하도록 설정해야 합니다.
2. 빛으로부터 오브젝트를 만나는 포톤을 전달하여 장면의 다른 오브젝트로 반사시킬 수 있는 최소 한 개 아상의 오브젝트가 있어야 합니다(1차 빛의 반사).
3. 장면에 있는 일차 오브젝트 반사된 후에 다른 오브젝트를 만나 포톤을 받을 수 있도록 설정된 한 개 이상의 오브젝트가 있어야 합니다(2차 빛의 반사).
4. Render〉Region〉Options에서 Global Illumination을 활성화 시켜야 합니다.

03 빛의 반사가 이루어져야 할 부분은 박스 내부이므로 Normal 방향을 속 안으로 변환합니다.
변환할 때 마우스 오른쪽을 클릭한 후 Invert polygons을 선택하면 Normal방향을 표시하는 파란 Normal이 안으로 향하게 됩니다.

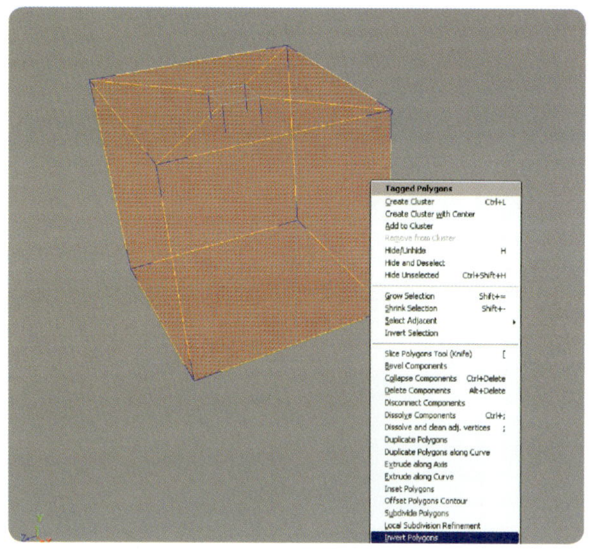

04 스피어의 색깔은 아래 그림의 수치로 작업하였습니다.

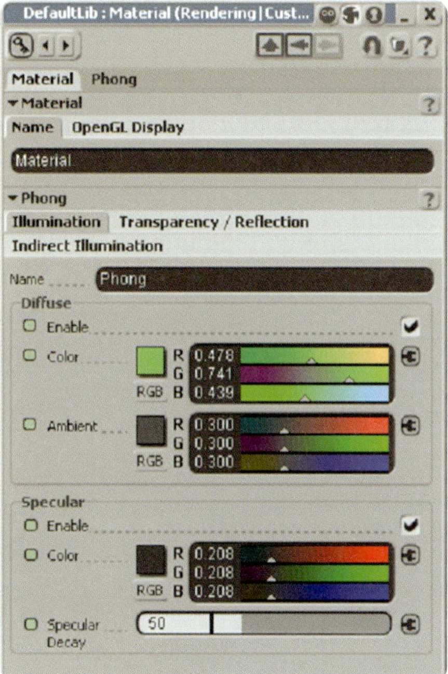

05 회색 벽면들에 일어날 블리딩 효과를 확인하기 위해 바닥 Grid를 만들어 줍니다. 확실히 들어날 수 있도록 벽면 색깔은 기본색인 회색으로 유지해주며 새로 만든 Grid의 색을 변화시켜줍니다.

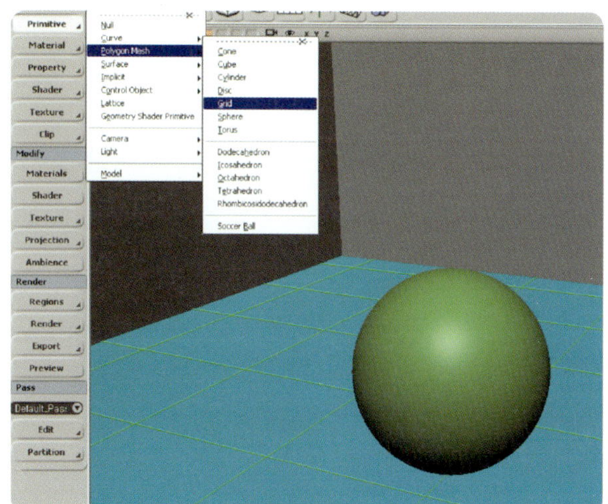

06 바닥으로 사용할 Grid의 머티리얼의 색을 위 이미지와 같은 수치로 변화를 줍니다.

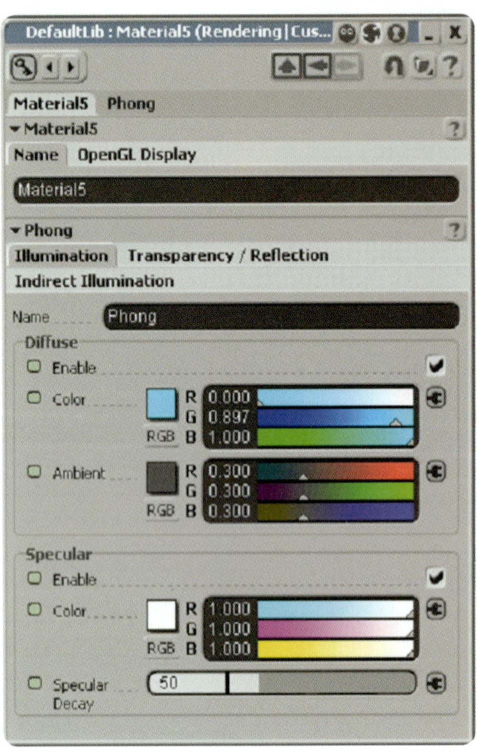

07 Spot light를 부를 때는 Primitive 〉 light 〉 spot을 생성합니다.

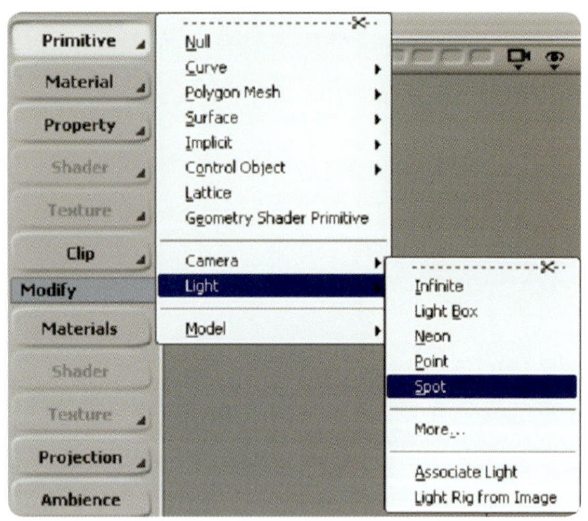

08 위의 이미지와 같이 Light는 2번 Spot light 와 기본 Light 1번이 존재합니다.
GI효과를 나타낼 하나의 Spot light를 제외한 기본 Light는 삭제합니다.

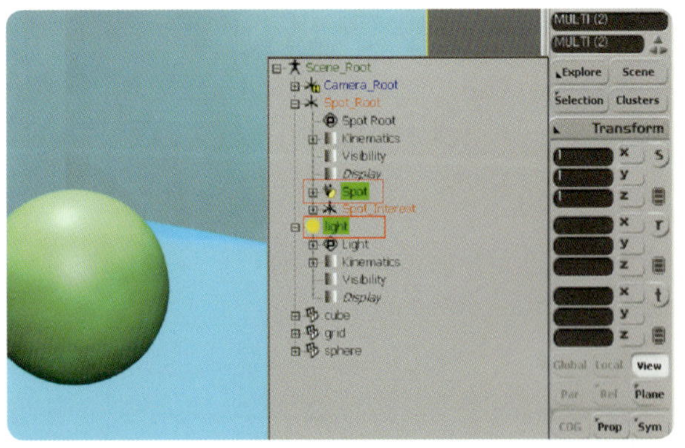

09 Q 키로 희망하는 렌더지역을 선택하여 렌더 하여 봅니다. 아래의 이미지와 같이 그림자가 나타나지 않는 박스안의 Sphere를 확인할 수 있습니다.

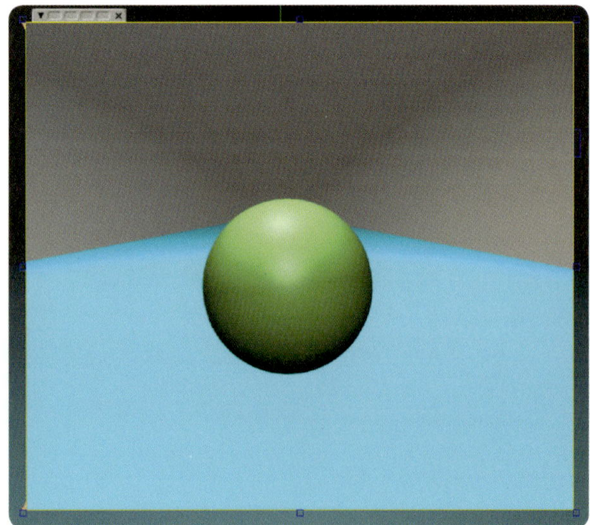

10 오른쪽 Main command panel 위치한 Scene을 눌러 Spot light에 Shadows를 Enabled시켜 그림자를 형성하겠습니다. 4번에 위치한 Shadows enabled를 체크한 후 Umbra 값을 조절하여 그림자의 어둡기를 조절합니다.

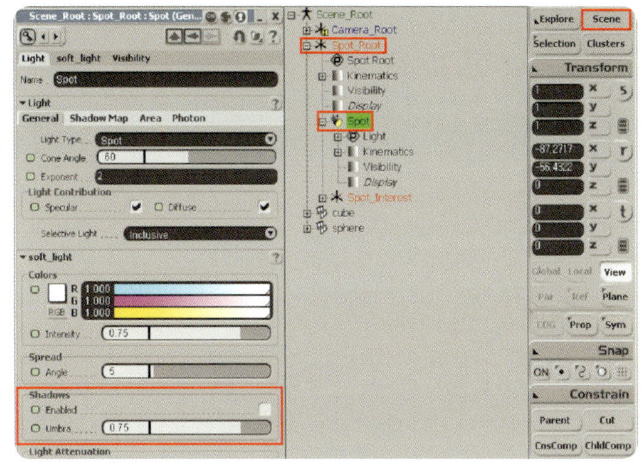

11 박스 안의 Shadows의 Enabled를 체크해 준 다음 Umbra 값을 0으로 조정합니다. Umbra 값을 0으로 하여 그림자를 가장 어둡게 표현해줍니다.
위의 이미지와 같이 Sphere 아래에 그림자가 형성되는 것을 확인할 수 있습니다.

Global illumination을 체크하지 않은 상태입니다.

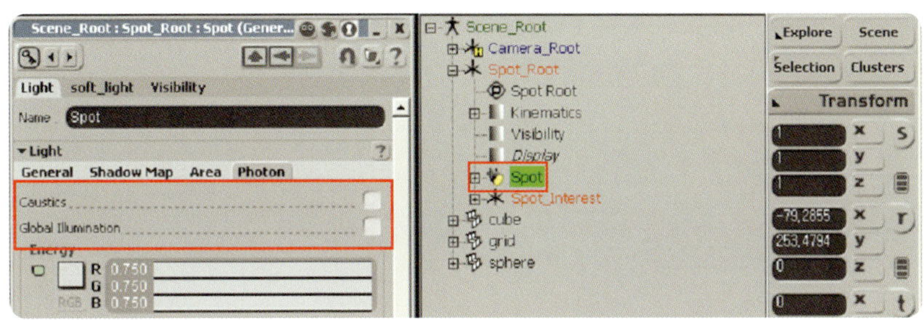

생성한 Spot light에 있는 Photon에서 Caustics 와 Global illumination 이 보여지는데 이곳에서 Global illumination을 체크합니다. 체크와 동시에 Energy 와 Number of emitted Photons가 활성화됩니다.
Photon의 색과 Intensity를 조절할 수 있으며 라이트를 통해 몇 개의 Photon을 사용 할 것인지 조절할 수 있습니다.

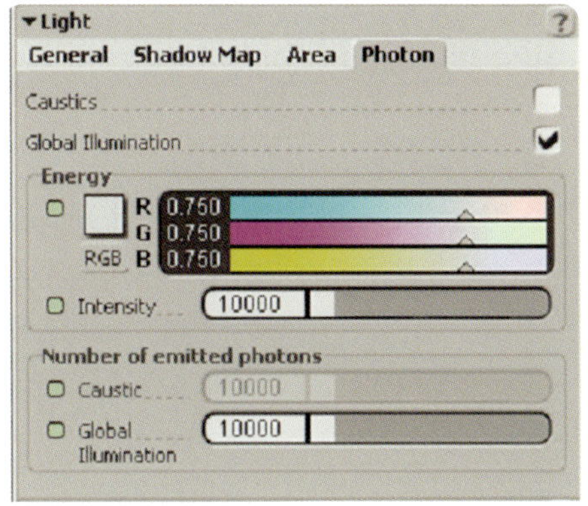

12 Render 〉 All options을 선택하면 위의 이미지와 같은 Reder Region Options창이 뜨게 되는데 Mental Ray 〉 GI and Caustics를 선택합니다.

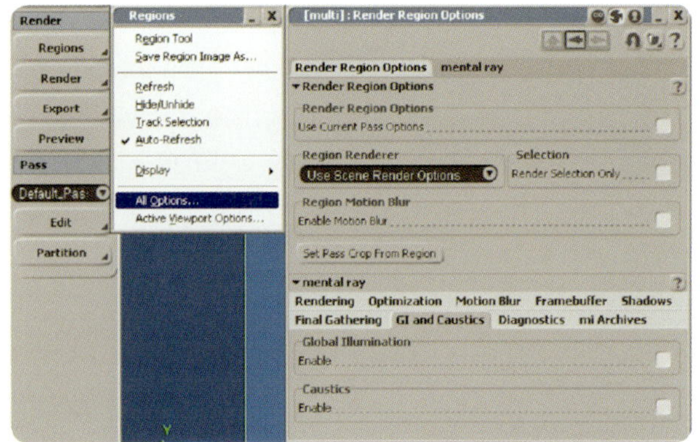

Global illumination을 Enable란을 체크하기 전의 이미지입니다.

13 Render 〉 All options 〉 GI and Caustics 창이 생성되며 Enable란 을 체크와 동시에 GI효과가 적용된 것을 확인할 수 있습니다.

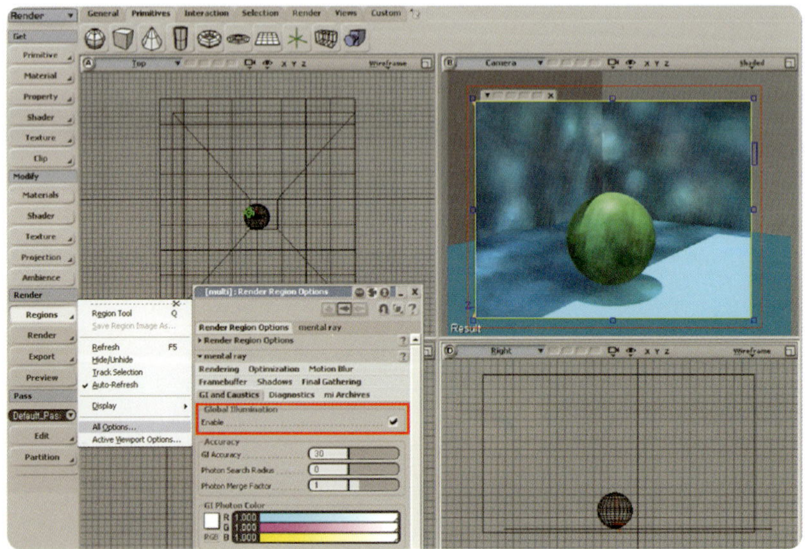

SOFTIMAGE XSI

14 Global illumination 체크 후 Intensity와 Number of emitted photons 수치를 렌더 이미지를 확인하며 조절합니다.

Render rigion Options 창을 열고 Accuracy와 Photon search radius를 조절할 수 있습니다.

15 GI Accuracy의 수치를 1로 조정해봅니다.
Accuracy 값을 조정했을 때 photon의 덩어리 입자들을 확인할 수 있습니다.

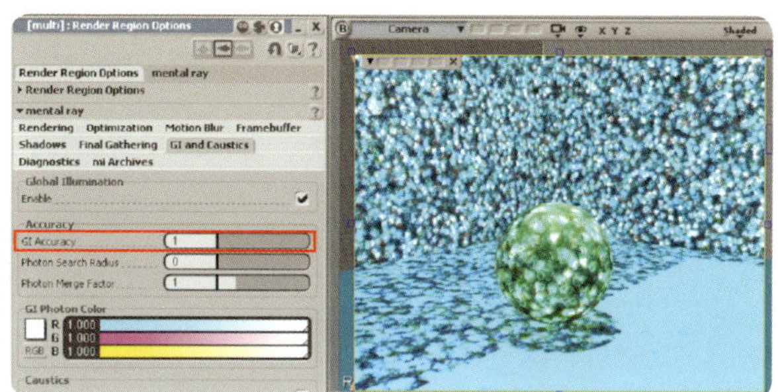

이제 GI Accuracy 값을 680과 Photon Search Radius 3으로 설정하여 확인해 봅니다.
이와 같이 많은 수치 값을 조정하면서 원하는 Global illumination 결과물을 만들어 낼 수 있습니다.

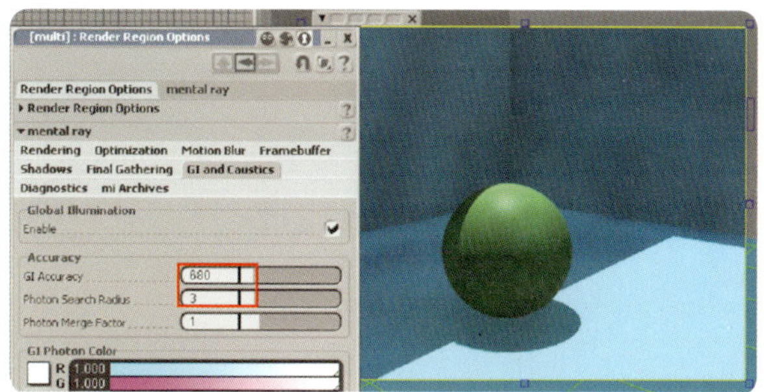

Final Gathering

본질적으로 글로벌 일루미네이션(Global Illumination)은 오브젝트상의 빛 에너지를 계산하기위해 반사된 빛을 계속 사용합니다. Final Gathering은 이것을 더 많이 이용하여 각 오브젝트를 둘러싸고 있는 영역을 사용하여 빛 에너지를 계산하게 됩니다.

빛이 가상 카메라로부터 발산하여 오브젝트에 도달하면 빛 에너지를 감지하기위해 장면의 조명들에서 직접 빛을 발산하는 대신 빛 에너지를 계산하기위해 오브젝트를 둘러싸고 있는 영역으로 많은 수의 다른 빛들이 랜덤하게 나오게 됩니다. 이러한 빛들의 각각은 오브젝트 주위의 2차 오브젝트의 빛 에너지를 계산하게 됩니다.

이러한 방법으로 첫 번째 오브젝트상의 빛은 실제 조명으로부터가 아니라 장면의 다른 요소들의 일루미네이션으로 부터 계산됩니다. Final Gathering은 좋은 결과를 만들어 내도록 글로벌 일루미네이션과 함께 사용될 수 있습니다.

Final Gathering과 글로벌 일루미네이션은 상호 보완적인 기술입니다. Final Gathering은 글로벌 일루미네이션 효과를 향상시키며 적은 빛으로 더 좋은 결과물을 제공합니다. 또한 직접적인 그림자를 만드는 조명을 추가하여 장면의 미를 더욱 향상시킬 수도 있습니다.

09 Wall Light 모델링 & 텍스쳐 맵핑

Wall Light 장면을 준비하기 위해 벽면을 만드는 모델링과 완성 모델링을 간단히 맵핑을 하는 과정을 진행하도록 하겠습니다.

장면에 들어가기 앞서 개인 보관한 맵소스 파일을 준비합니다. http://3dship.com사이트를 이용하면 모델링에 사용될 맵소스를 무료로 쉽게 구할 수 있습니다.

01 우선 Wall Light 장면을 준비하기 위해 벽면을 만드는 모델링 진행 하겠습니다. 그림과 같이 Get 〉 Primitive 〉 Polymesh 〉 Grid를 선택합니다.

02 Grid의 설정 값을 Subdivision U = 6 , V=6 의 값을 주도록 합니다.

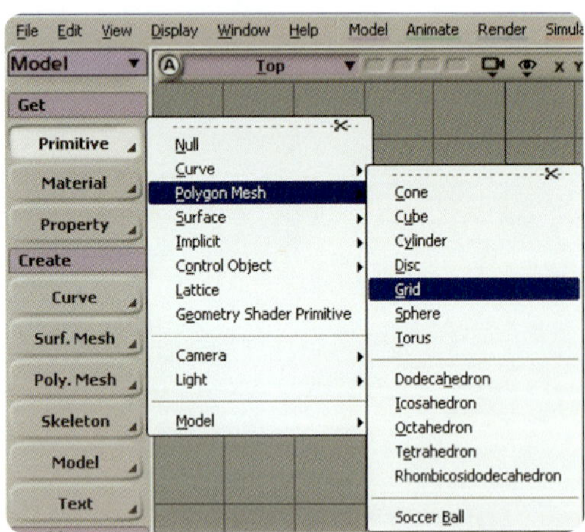

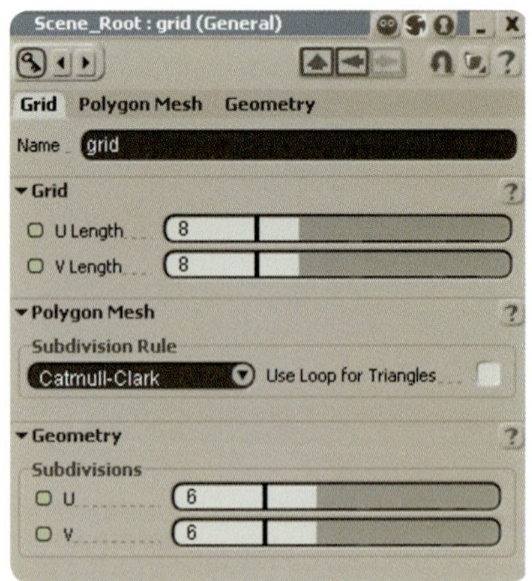

03 만들어진 Grid를 그림과 같이 위치를 잡은 후 Enter 키를 눌러 Grid를 wall이라고 이름을 설정 (Renaming) 합니다.

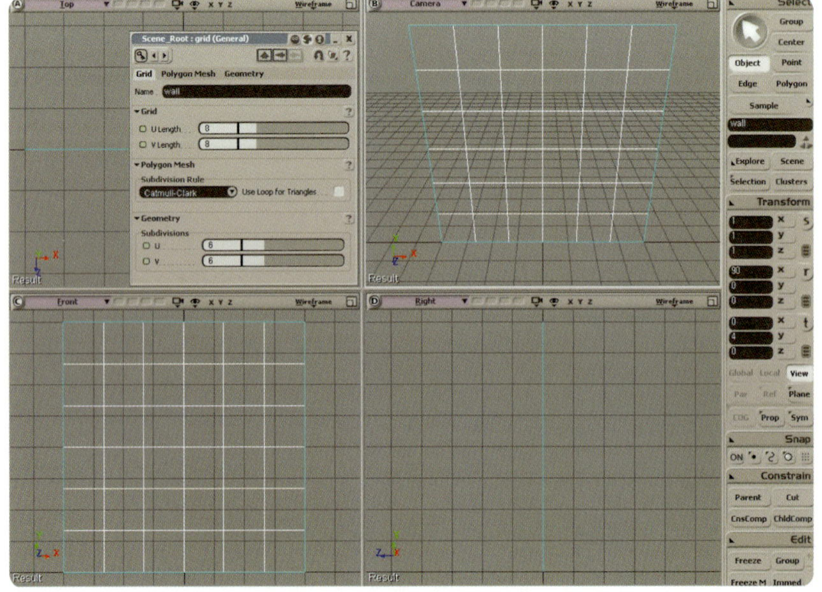

04 Grid의 가운데 창을 낼 부분을 단축키 T 키를 사용하여, 포인트의 움직임으로 창의 형태를 잡습니다.

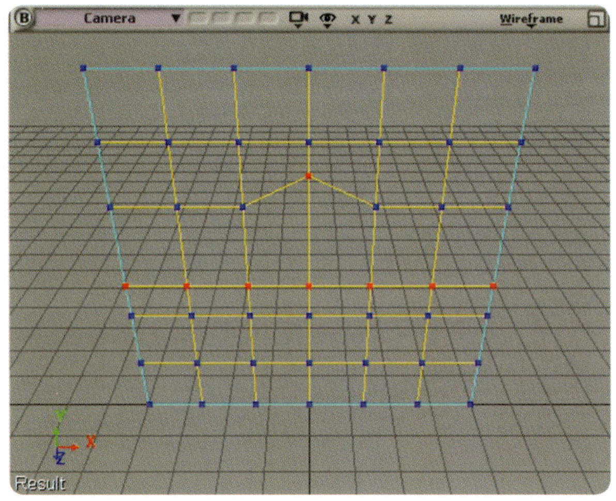

05 형태과 갖추어진 벽면을 트랜스 폼 값을 초기화 하기 위해 만들어진 Wall 오브젝트를 선택하고 그림과 같이 Freeze All Transform명령을 실행합니다.

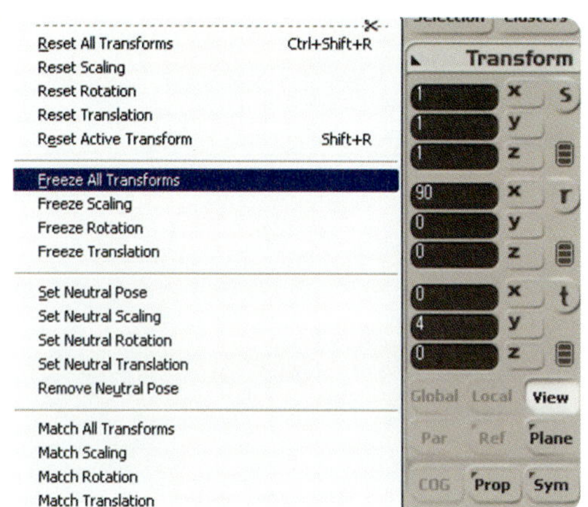

참고 | Freeze 기능은 모델링 작업 진행시 오브젝트간의 겹치는 부분이나 오브젝트가 많을 때 Viewport에서는 보이지만 선택툴에서는 선택되지 않게 하는 기술입니다.
Freeze 기능을 사용하는 이유는 완료시 완료된 모델링이 선택되지 않은 상황에서 다른 모델링을 진행할 때 주로 사용됩니다.

06 벽면에 위치할 벽돌을 만들도록 하겠습니다. Get > Primitive > Polymesh > Cube를 선택 후 Cube 설정 창은 닫아줍니다.

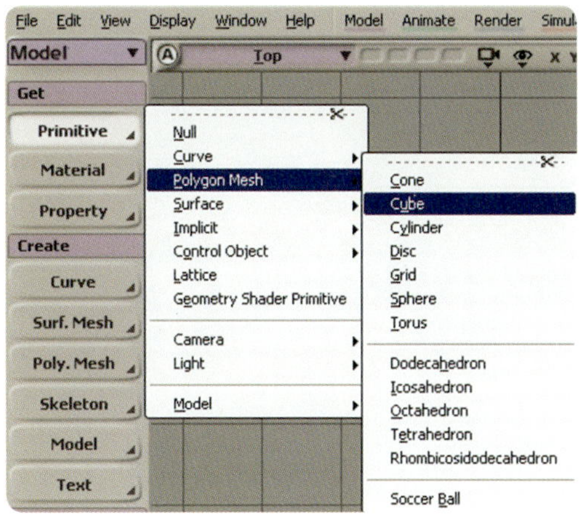

07 선택 Cube를 사이즈를 적당히 조절하여, 그림과 같이 배치시킵니다.

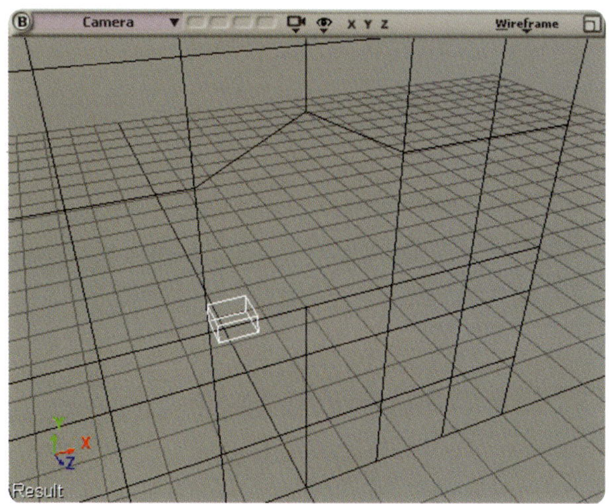

08 배치된 Cube를 `Ctrl` + `D` 키를 사용해 복사하여 그림과 같이 배치합니다.

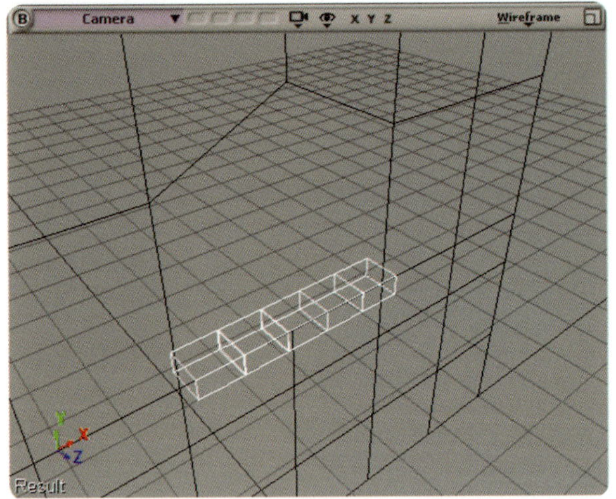

참고 | 벽돌의 배치가 끝나면 나중에 Geometry Approximation값을 적용할 것이므로 그림과 같이 정확하게 배치할 필요는 없습니다.

09 위와 같은 방법으로 그림과 같이 모양을 잡아줍니다.

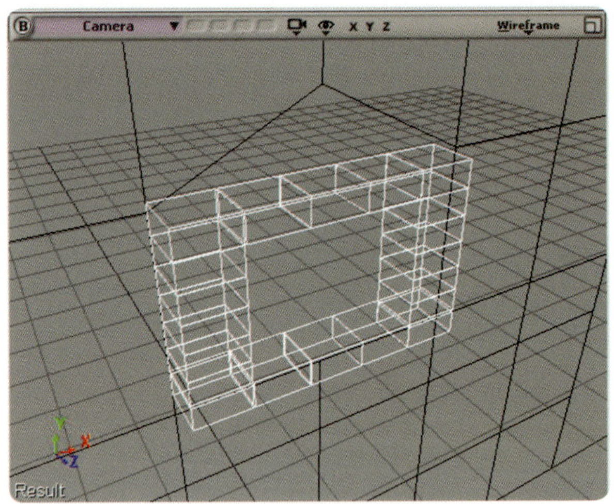

10 배치가 된 Cube를 `T` 키를 사용하여, Point의 이동으로 그림과 같이 형태를 잡아줍니다.

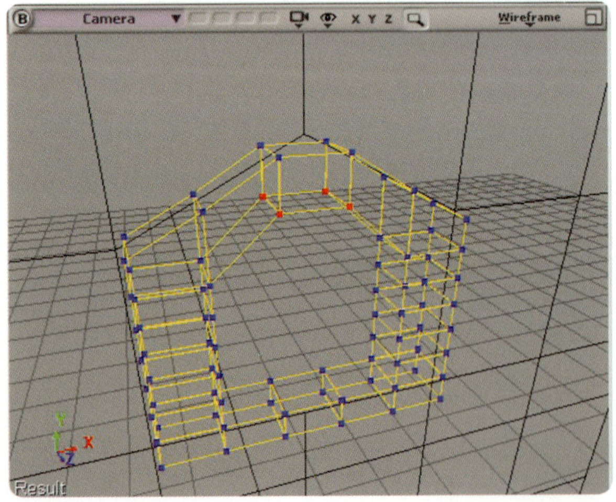

11 형태가 갖추어진 Cube를 오프젝트를 모두 선택하여 이름란에 Brick이라 이름을 설정(Renaming)합니다.

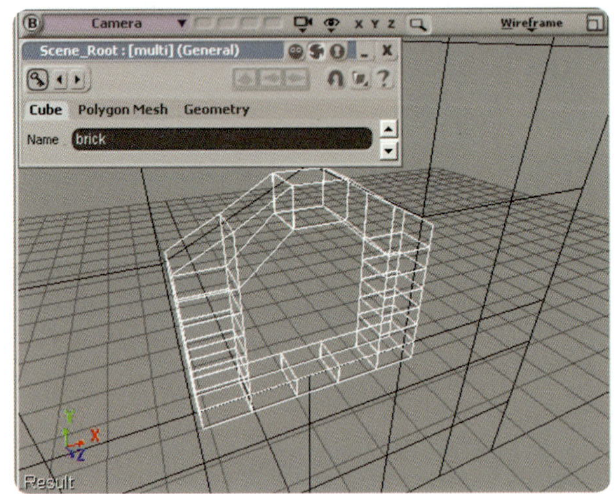

12 다음은 벽돌의 모양을 주도록 하겠습니다. 벽돌들이 선택된 상태에서 키보드 숫자패드의 + 키를 두 번 눌러 그림과 같이 Geometry Approximation 을 적용합니다.

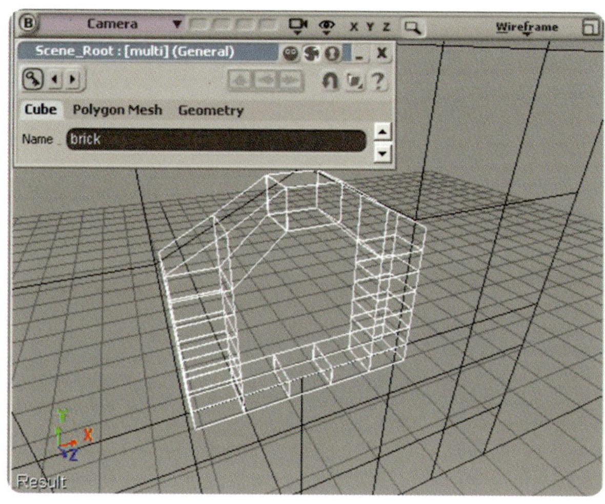

13 Geometry Approximation을 적용된 벽돌을 E 키를 사용하여 벽돌의 모든 Edge를 선택한 후 Alt + 마우스 오른쪽을 클릭합니다.

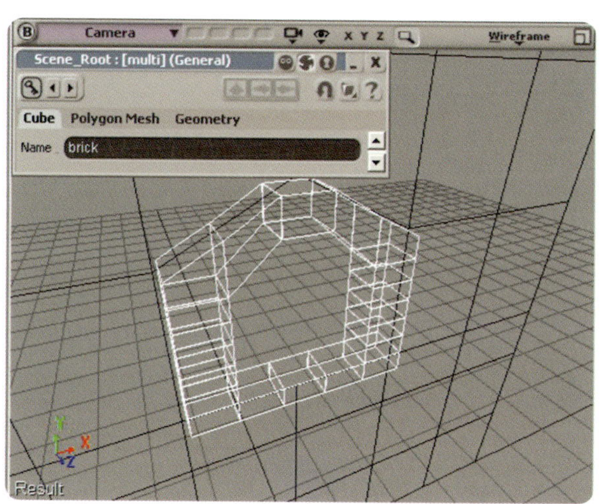

14 Geometry Approximation에 대한 저항도를 높이기 위해 Set Edge/Vertex Crease Value 명령을 실행합니다.

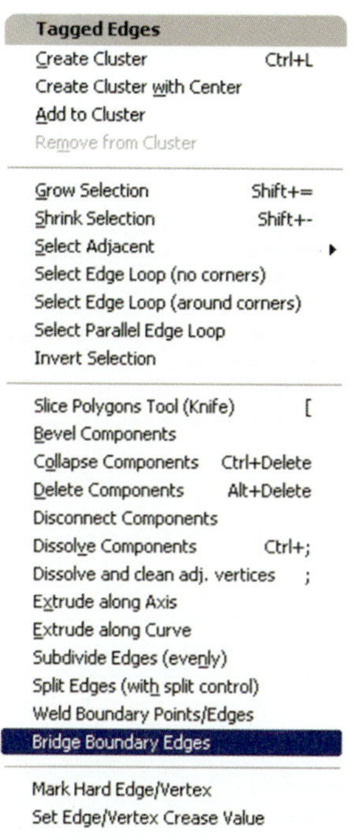

15 Set Edge/Vertex Crease Value의 설정 값을 1.5를 적용합니다.

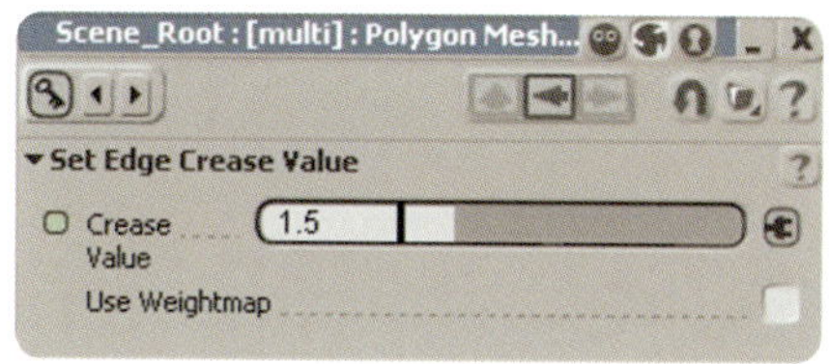

16 Set Edge/Vertex Crease Value를 적용하여 완성된 벽돌입니다.

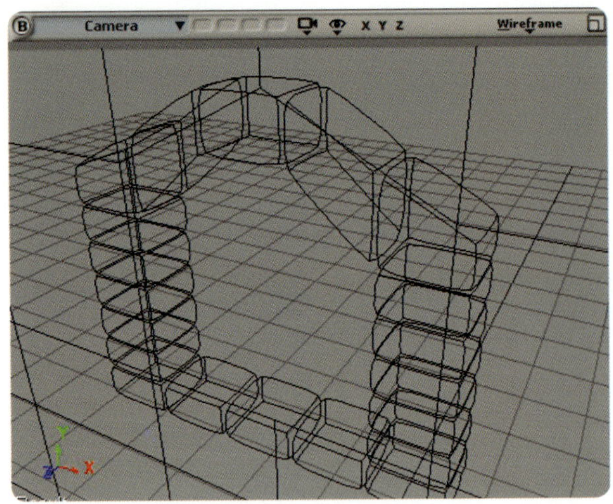

17 다음은 창문을 만들도록 하겠습니다. 그림과 같이 Get 〉 Primitive 〉 Polymesh 〉 Grid를 선택합니다.

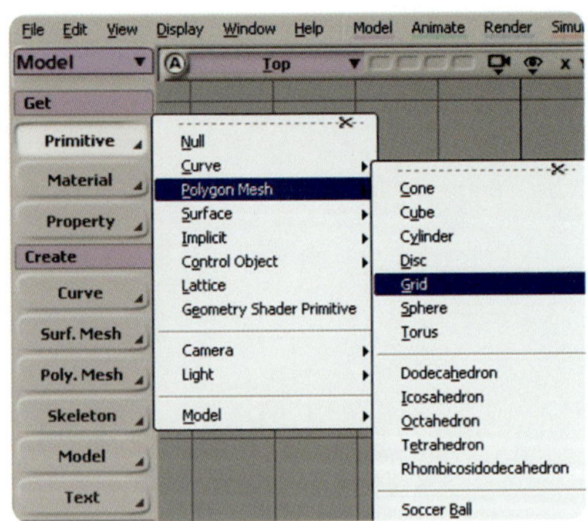

18 Grid의 설정 값을 Subdivision Subdivision U = 6 , V=6 의 값을 주고 Stand glass로 이름을 설정합니다.

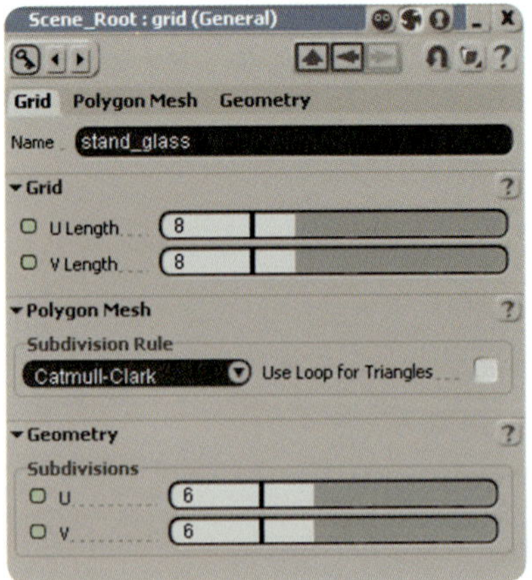

19 Stand glass의 크기를 줄여 준 후, 그림과 같이 벽돌의 뒤로 가게끔 이동하면 Wall Light장면에서 사용될 모델링이 완성됩니다.

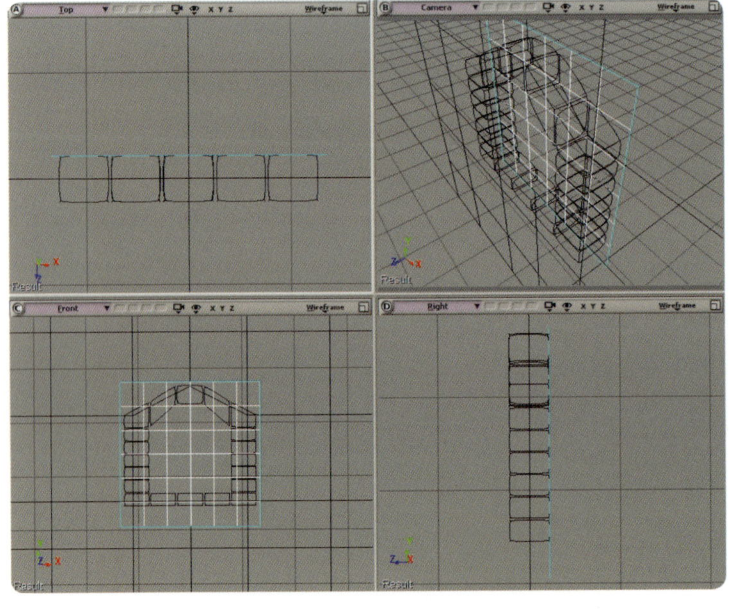

20 다음과정은 Wall Light장면에서 사용될 모델링을 맵핑 하도록 하겠습니다.

우선 단축키 숫자 3 키를 사용하거나, 그림과 같이 메인 메뉴에서 Render메뉴로 변경합니다.

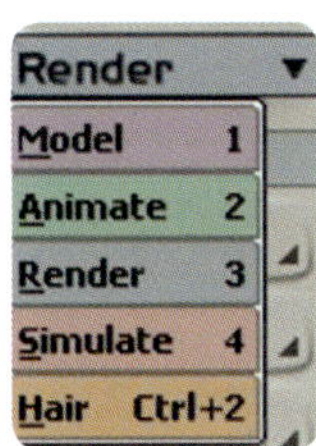

21 뷰포트 표시 모드를 Textured나 Textured decal 모드로 전환합니다.

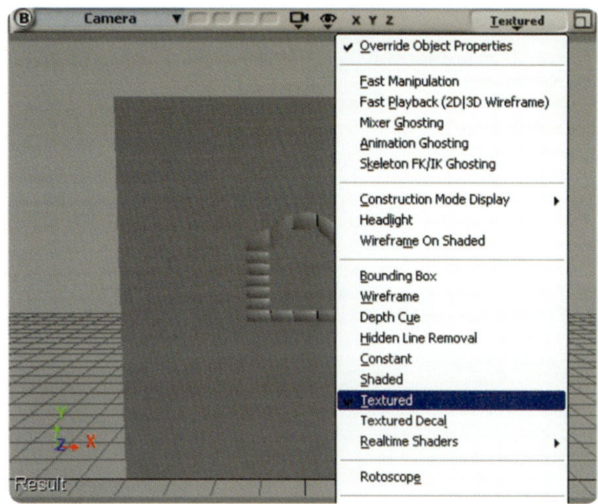

22 Wall오브젝트를 선택하여 그림과 같이 Get 〉 Material 〉 Lambert를 적용시킨 후, Lambert의 설정 창은 닫습니다.

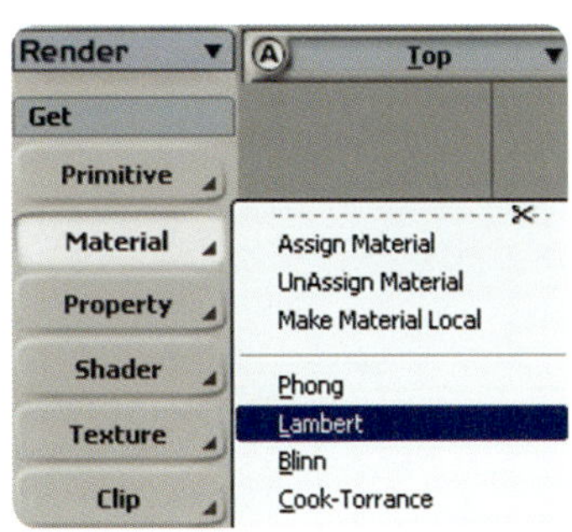

23 Wall 오브젝트의 맵핑을 하기위해서 Get 〉 Texture 〉 Image를 선택합니다.

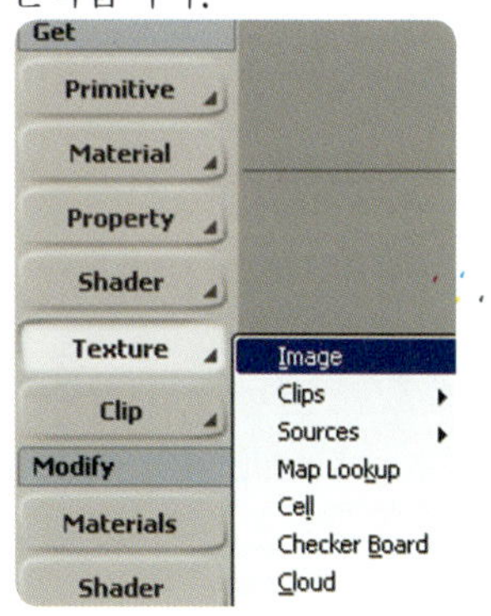

24 Texture Image를 적용하도록 New 〉 New From File를 선택합니다.

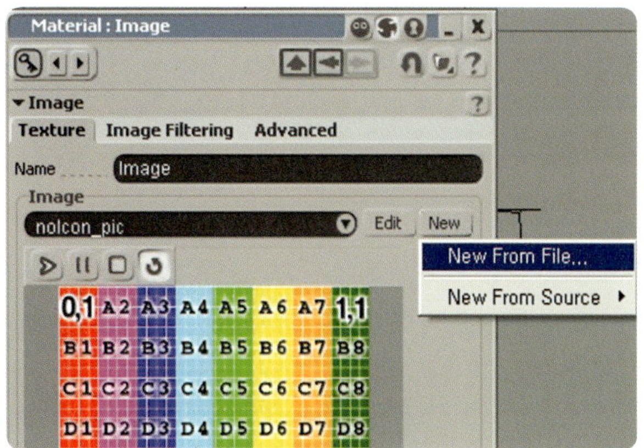

참고 | Image 파일은 Pictures File안에 맵소스이 파일이 위치해야 합니다. 맵소스 파일은 (http://3dship.com)사이트를 이용하면 쉽게 구할 수 있습니다.

25 맵소스 파일을 적용시키기 위해, 하단의 텍스쳐 프로젝션 메뉴에서 벽에 알맞은 텍스쳐 프로젝션을 선택합니다.

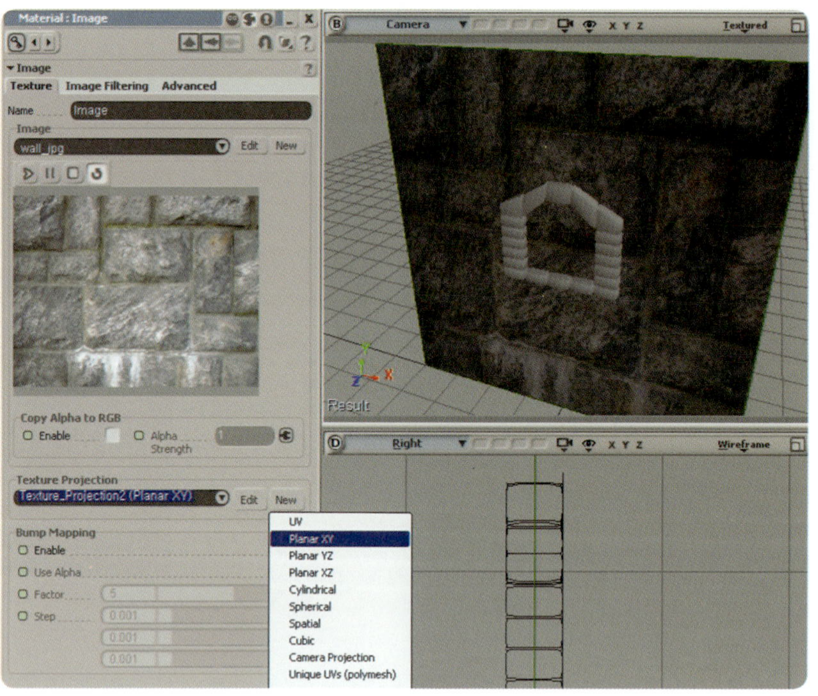

26 View를 보면서, 벽에 이미지가 알맞게 프로젝션 되도록 Advanced 탭에 Texture repeat를 조정하여 벽면을 완성시킵니다.

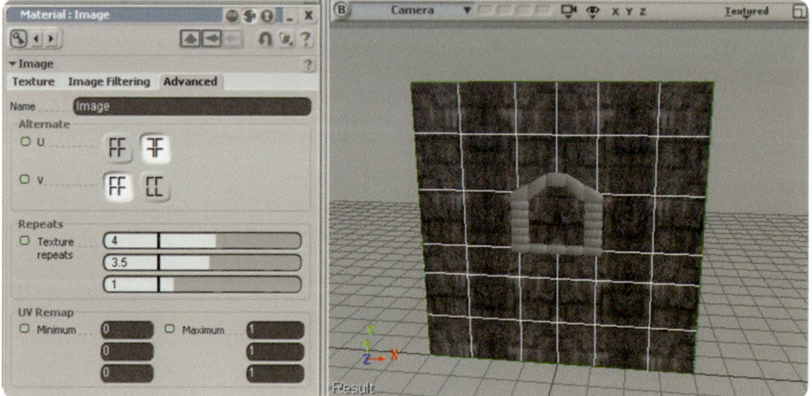

27 다음은 벽돌을 맵핑하기 위해 Brick 오브젝트를 모두 선택합니다.

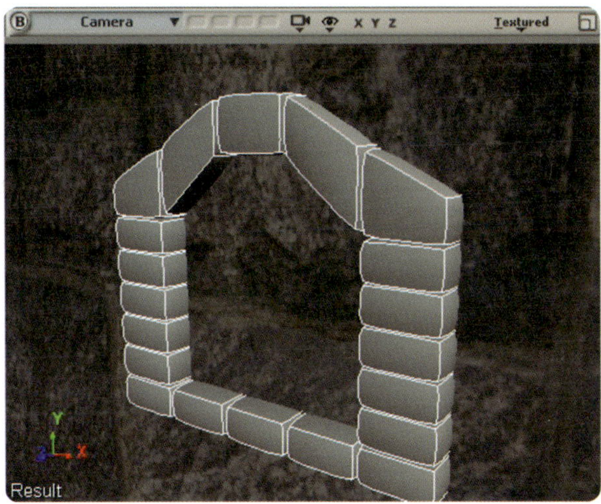

28 벽면과 같은 방법으로 Get 〉 Material 〉 Lambert를 적용시킨 후 Lambert의 설정 창은 닫습니다.

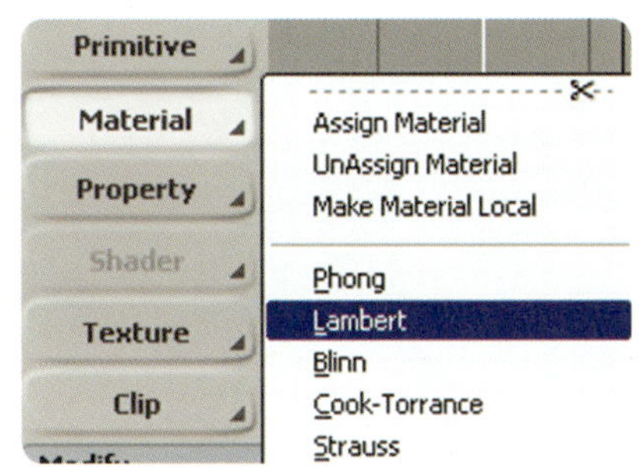

29 Get 〉 Texture 〉 Image를 선택합니다. Texture Image를 적용하도록 New 〉 New From File를 선택한 후 알맞은 텍스쳐 프로젝션을 선택합니다.

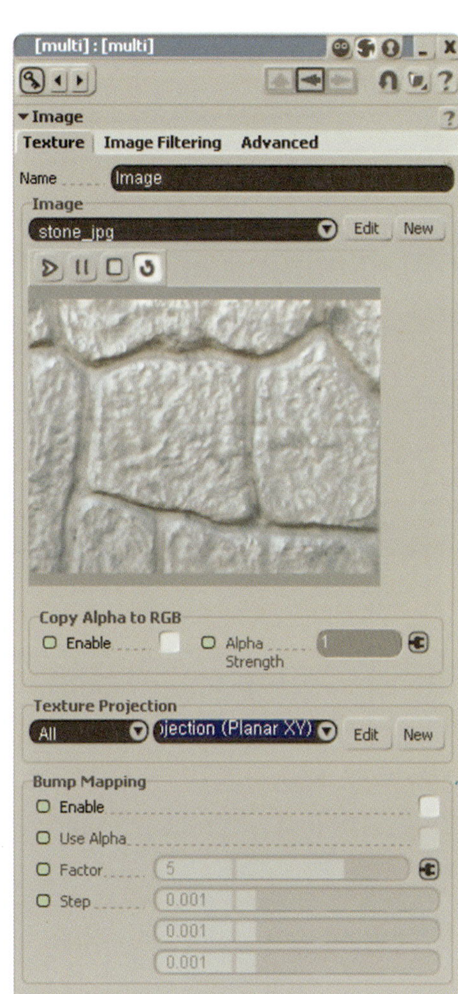

30 View를 보면서, 벽에 이미지가 알맞게 프로젝션 되도록 Advanced 탭에 Texture repeat를 조정합니다.

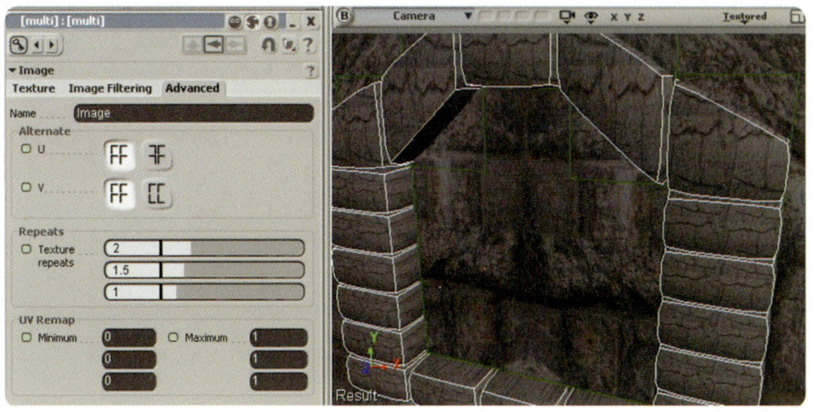

443

31 렌더 리젼을 보면, 그림과 같이 Texture가 투영되지 않는 범위가 있습니다.
Texture가 올바른 형태로 벽돌 오브젝트에 투영되도록 진행하겠습니다.

32 Get〉Material〉Assign Material을 선택합니다. 마우스 포인터가 Pick session모드로 바뀌면 벽돌을 선택하면 벽돌 오브젝트들은 모두 같은 재질을 공유합니다.

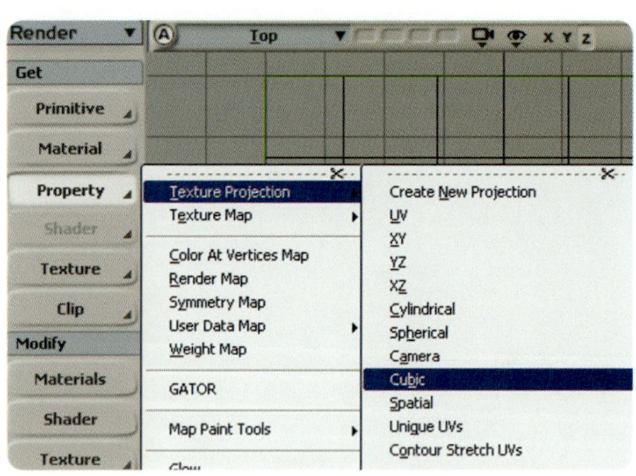

33 모든 벽돌 오브젝트를 선택한 후, Get 〉 Property 〉 Texture Projection 〉 Cubic을 선택하여 Cubic 프로젝션을 적용합니다.

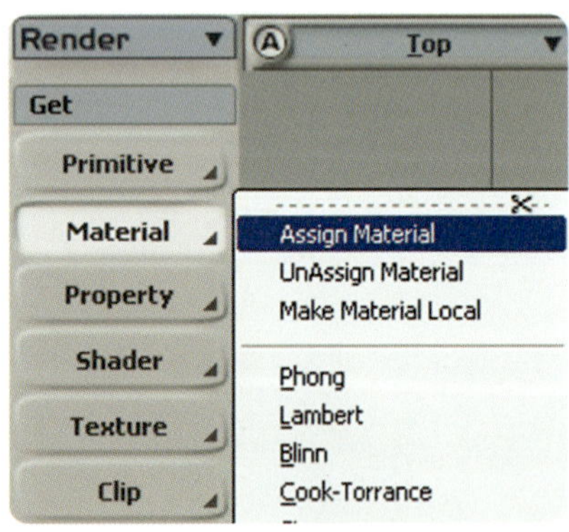

34 뷰포트 상단의 Eye 아이콘에서 3D geometry 선택을 해제합니다.

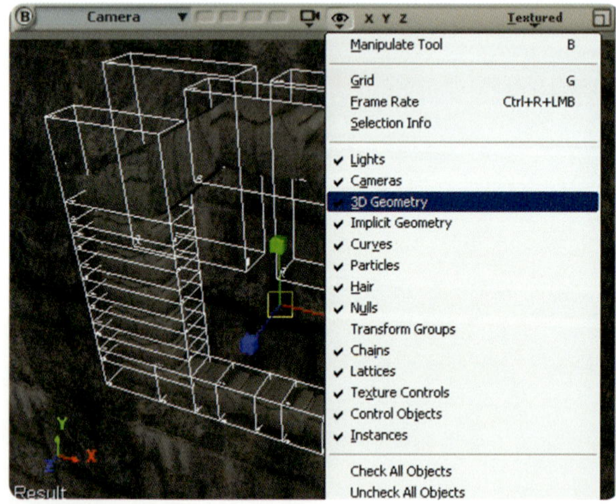

35 벽돌의 Texture가 올바른 형태로 벽돌 오브젝트에 투영되도록 선택되어 있는 텍스쳐 서포트의 크기를 조절하여, 텍스쳐 서포트가 적당히 위치하도록 뷰포트상에서 확인하면서 작업합니다.

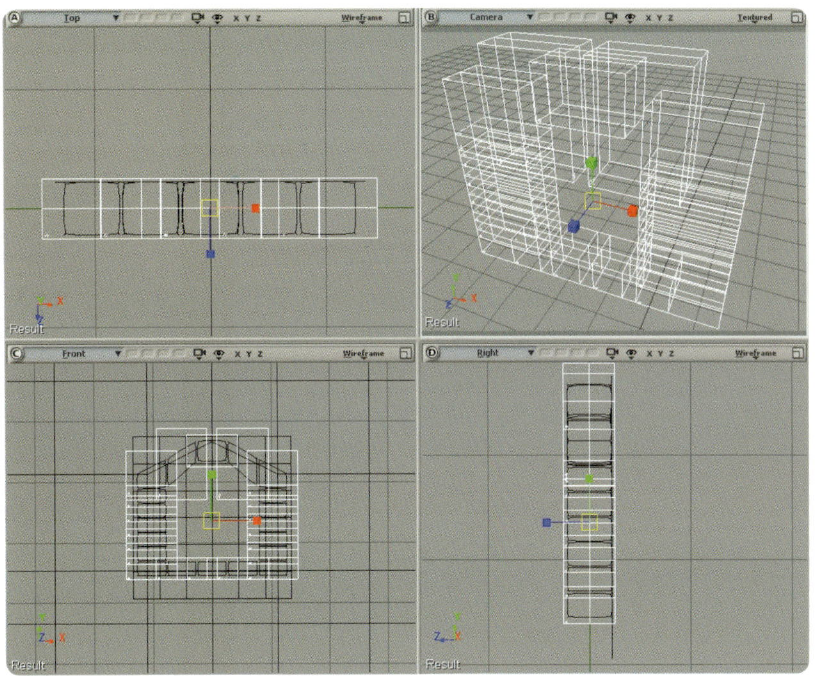

36 텍스쳐 서포트의 트랜스폼 작업이 끝나면, 텍스쳐 서포트가 뷰포트 상에 표시 되지 않도록 뷰포트 상단 Eye의 texture control 을 선택 해제한 후, 벽돌 오브젝트에 투영되도록 완성 시킵니다.

37 다음은 창문을 완성시키도록 하겠습니다.
창문이 뚫리도록 하기위해서, Wall오브젝트를 선택하여 U 키를 사용해 Polygon시킨 다음 한 면을 Delete 키로 삭제하여 그림과 같이 창문이 보이도록 진행합니다.

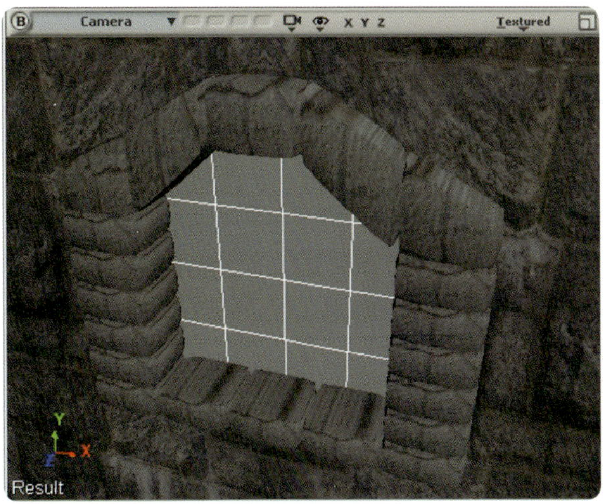

38 Stand glass오브젝트를 선택하여 Material 〉 Blinn을 선택해 재질을 지정해 줍니다.

39 Texture Image를 적용하도록 New 〉 New From File를 선택한 후, 텍스쳐 프로젝션 메뉴에서 알맞은 텍스쳐 프로젝션을 선택합니다.

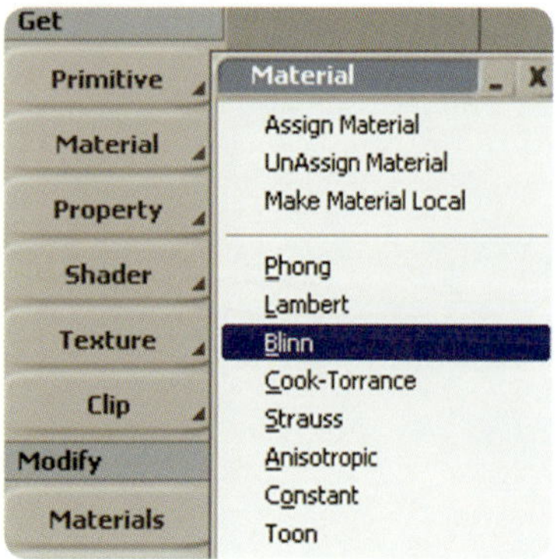

40 다음은 이미지파일을 스테인드 글라스 효과줍니다. [Alt] + [1] 키를 사용하여 FX Tree를 열고, 적용된 효과를 확인하기 위해 [Alt] + [2] 키를 사용하여 FX viewer 창도 열어줍니다.

창문 이미지에 효과를 적용하기 위해 Clip 메뉴〉해당 클립(이미지 파일)을 선택하여 FX Tree로 클립을 불러옵니다.

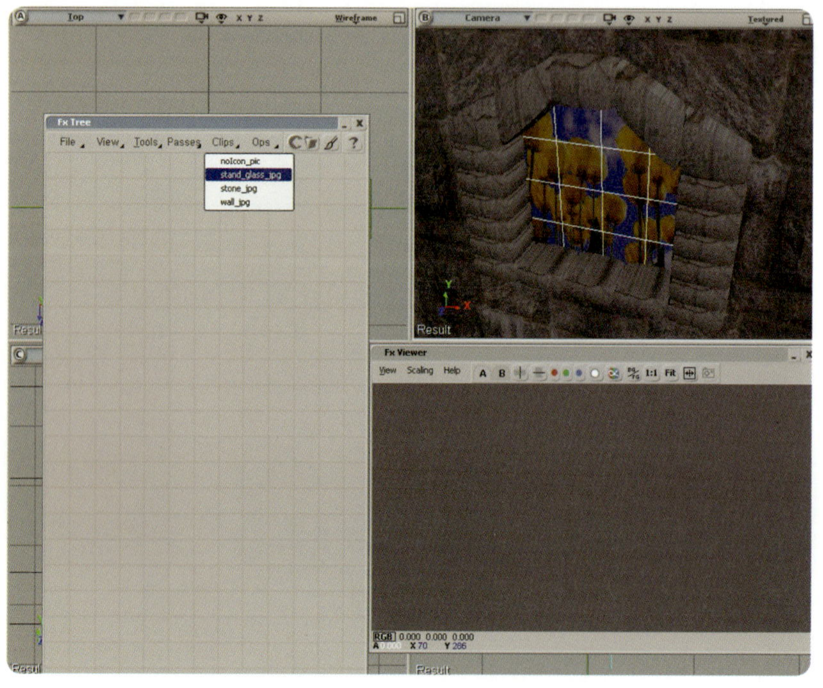

41 FX Tree에 불러온 이미지 클립에 Stained glass효과를 적용해 주기 위해서, Ops〉Painterly Effect 3〉Stained Glass 노드를 불러와서 그림과 같이 이미지 클립을 연결합니다.

참고 | FX Tree에서 각 오퍼레이터 내에 마우스 포인터가 위치하면 오퍼레이터의 속성을 편집할 수 있는 속성 창을 불러와 주는 버튼(E)이 좌측 하단에 활성화 되며, 오퍼레이터를 거쳐 나오는 이미지를 볼 수 있는 버튼(V)이 우측 하단에 활성화됩니다.

스테인드 글라스 노드의 좌측 하단의 E버튼을 눌러 속성 편집 창을 열고 원하는 스테인드 글라스 효과를 만들어 줄 수 있습니다.

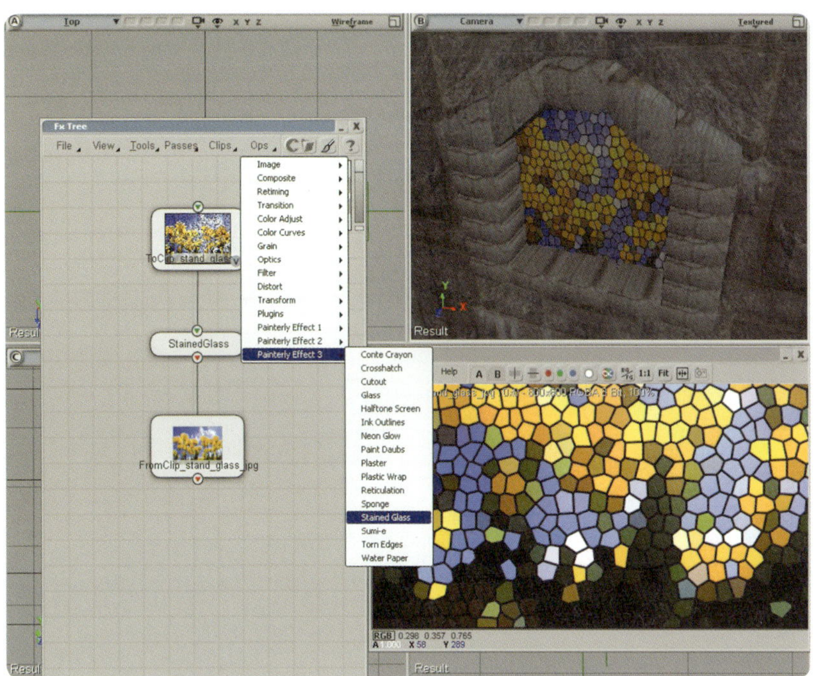

42 최종적으로 Wall Light 장면에 사용될 모델링 및 맵핑이 완성되었습니다.

10 Wall Light

외부에서 실내로 들어오는 빛의 효과입니다. Fast Light Effect를 사용하여 창을 통해 나오는 빛의 Volumic 효과에 대해 알아보겠습니다.

01 메인메뉴에서 File 〉 Open을 하여 기존작업을 통해 완성시킨 파일을 불러오거나 앞장에서 만들어진 모델링을 이용하여 아래의 그림과 같이 예제를 장면안에 설정합니다. 적용된 맵소스의 위치값을 확인합니다.

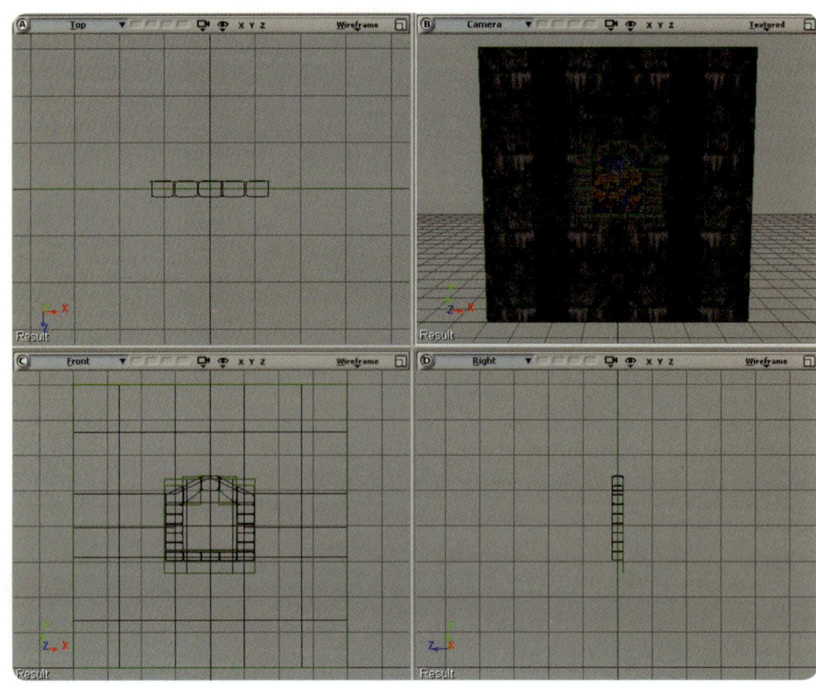

참고 | 예제 Window를 사용할 시 Pictures 파일에 이미지 파일이 남아있도록 합니다.

02 이제 본격적으로 조명을 설치해 보겠습니다. Get 〉 Primitive 〉 Light 〉 Spot을 선택해 Spot라이트를 불러옵니다. 선택된 Spot 라이트의 옵션창은 특별한 설정 없이 닫아줍니다.

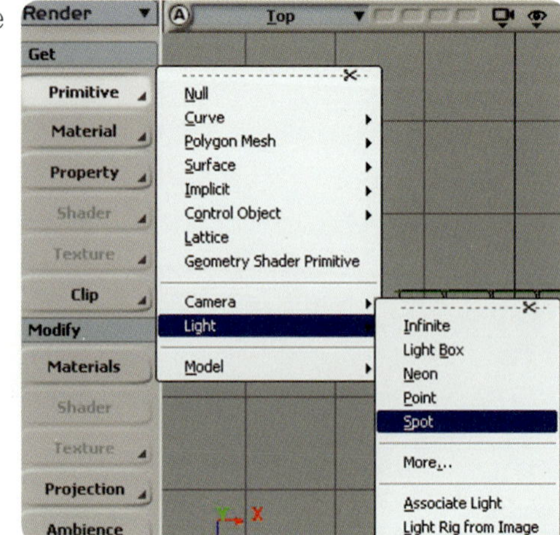

03 불러온 Spot 라이트를 아래 그림과 같이 창문 뒤쪽으로 위치를 지정합니다. 조명의 위치는 외부에서 빛이 들어오는 것으로 생각하고 적절한 위치에 설정합니다.

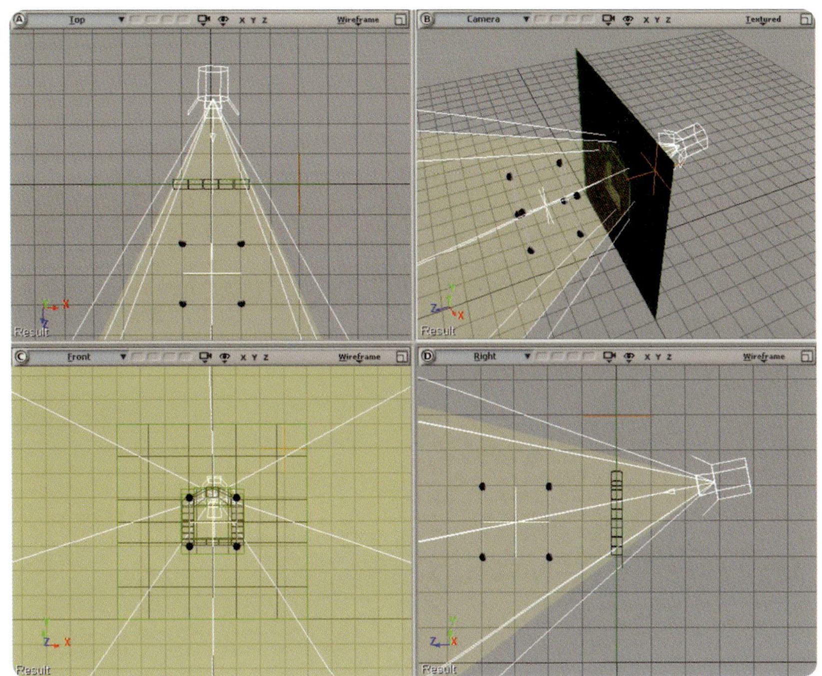

> **참고** | 라이트가 선택된 상태에서 **B** 키를 누르면 라이트의 Manipulator가 활성화 되어 뷰 포트상에서 라이트의 앵글 등을 쉽게 확인할 수 있으며, 라이트의 마우스의 우측버튼으로 빛의 범위를 조절할 수 있습니다.

04 다음은 라이트의 빛이 창문을 투영하도록 작업을 진행하겠습니다. 우선 라이트를 선택하여 단축키 숫자 **4** 키를 눌러, 렌더트리 창을 활성화합니다.

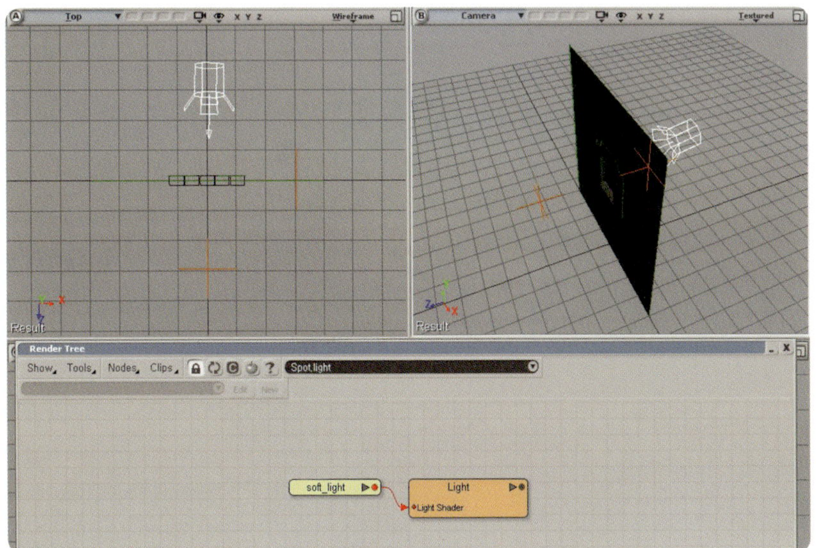

05 렌더트리창의 Nodes〉Light〉Fast Light Effects를 선택해 Fast Light Effects를 활성화합니다.

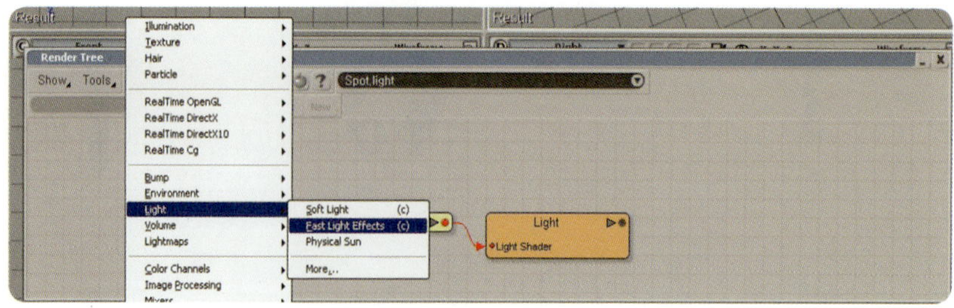

06 꺼내온 Fast Light Effects를 그림과 같이 Light Node에 선을 연결합니다.

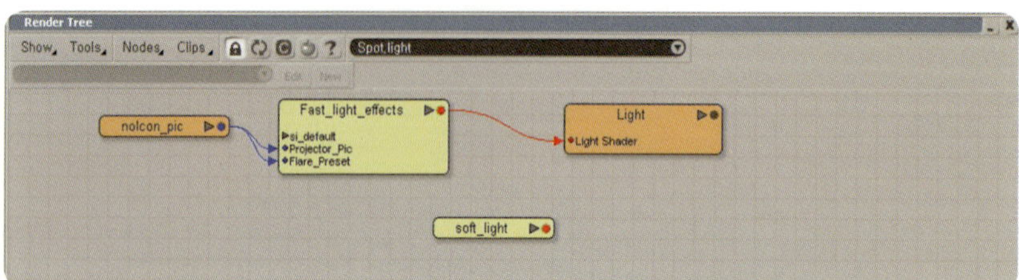

07 Fast Light Effects가 적용된 후, 그림과 같이 스포트라이트가 비추는 영역에 이미지가 투영되는 것을 확인할 수 있습니다.

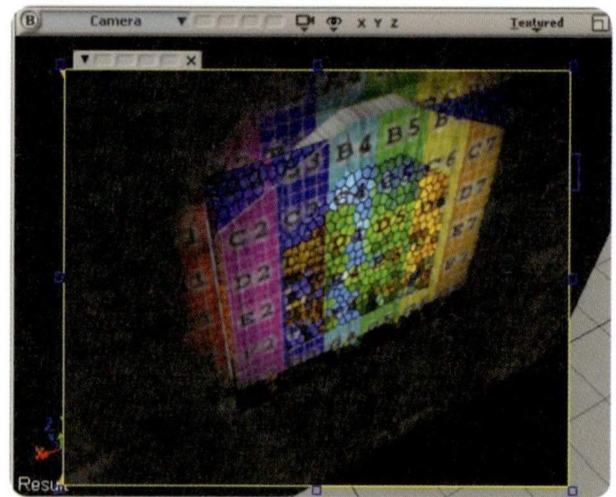

08 다음은 Volume 효과가 적용되도록 진행하겠습니다. Clips메뉴를 선택해 Stand glass 이미지를 렌더트리에 가져와 Fast Light Effects노드에 연결합니다.

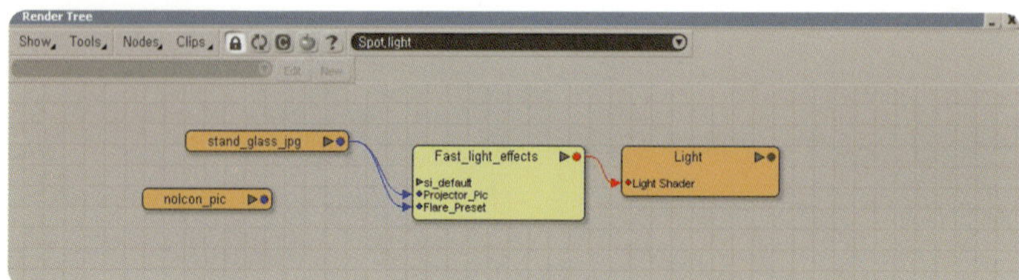

09 렌더트리창에서 Fast Light Effects 노드
(Node)를 선택하여 마우스를 더블 클릭하면
속성 창을 열립니다. 그러면 잠금 버튼을 눌러 속성창
이 유지되도록 합니다.

그런 다음 속성창의 Volumic Properties 탭에서
Force Volumic Shadows를 선택합니다. 아직까진
Volumic 효과가 나타나지 않습니다

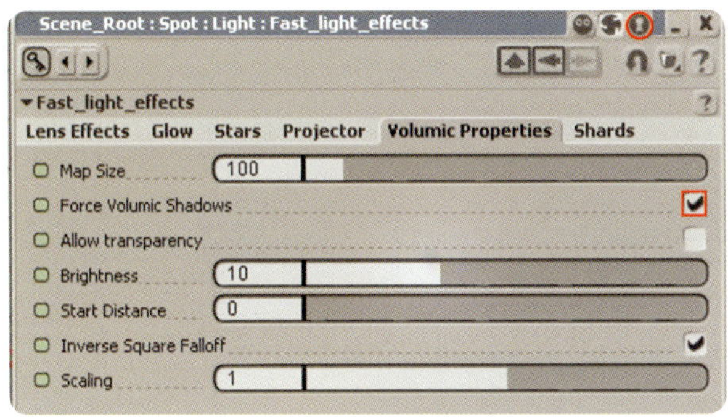

10 Volumic 효과가 적용되도록 Shader Stack에
Volumic Shader를 추가 하겠습니다.

단축키 숫자 8 키를 눌러 Explorer를 활성화하여
탐색 모드를 Pass로 변경합니다.

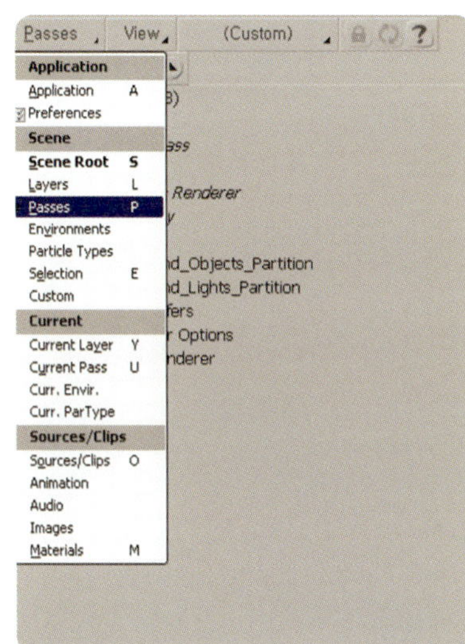

11 Default_Pass를 선택 한 후, 마우스를 이용하
여 더블 클릭합니다.

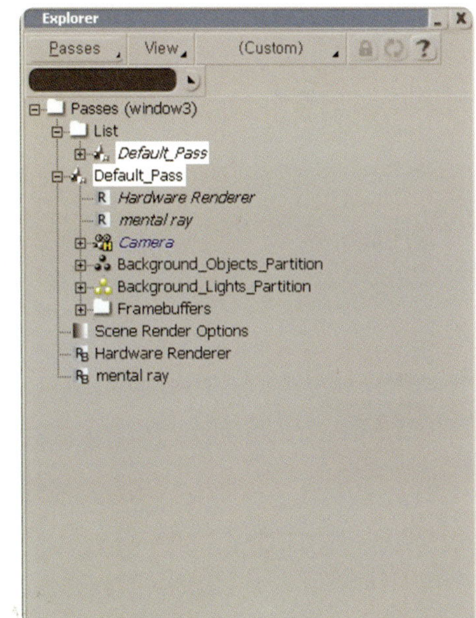

12 Default_Pass 메뉴의 Pass Shaders 탭을 선택
하여 맨 밑에 위치한 Volume에서 Add 버튼을
클릭합니다.

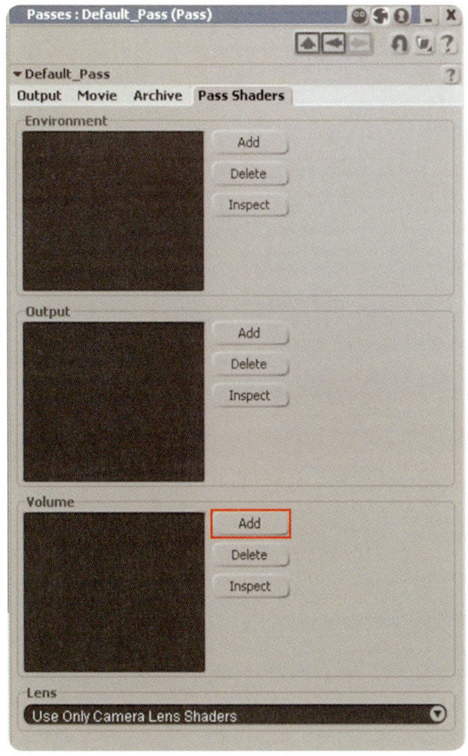

13 Volume effects 종류가 나타납니다. 이중에 서 Fast_volume_effects를 선택한 후 [OK] 를 눌러줍니다.

14 Volume Shader 스택에 추가된 Fast_volume_effects를 선택한 후, Inspect 버튼을 클릭합니다.

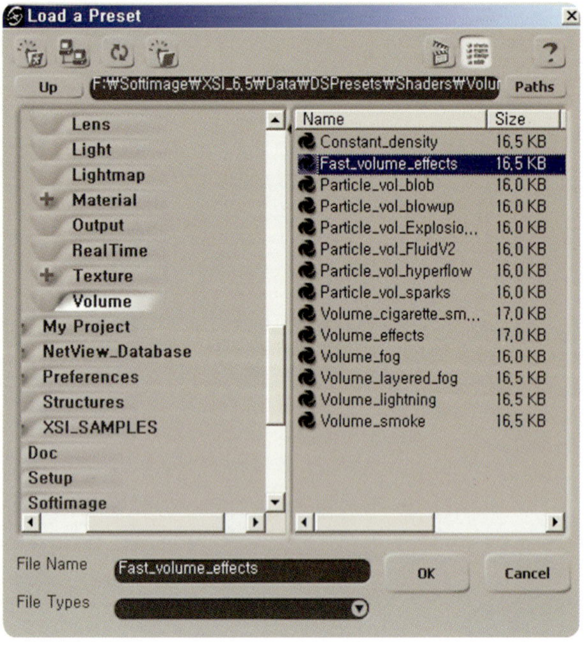

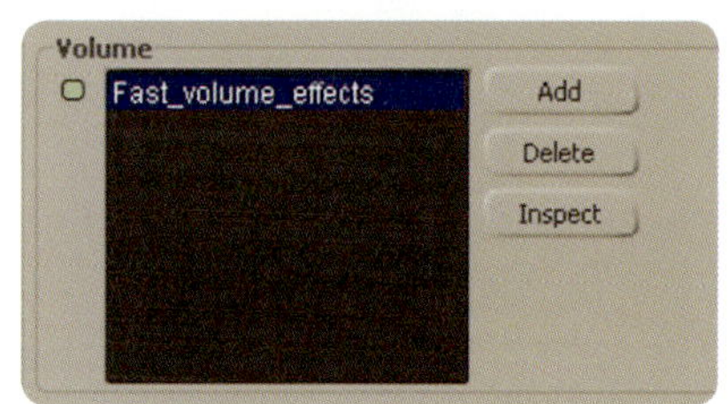

15 속성 창이 열리면 Pick Item 버튼을 눌러 Volume 라이트로 사용할 Spot 라이트를 추가 합니다.

16 그림과 같이 Volume 효과가 적용된 것을 키 보드에서 단축키 Q 키를 누른 후 Render Regions를 이용하여 확인할 수 있습니다.

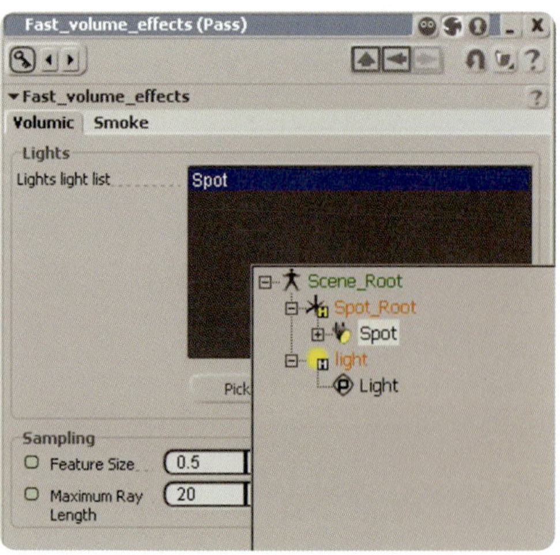

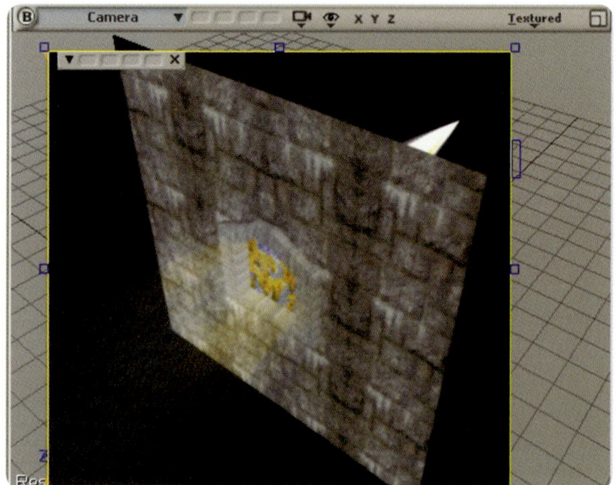

17 창을 통과해 나오는 빛에 의해 Volume효과가 구현 되는 것이 아니라, 프로젝트가 어떤 이미지를 투사하듯이 창의 Stand_glass 이미지가 조명으로서 투영되는 것입니다.

스포트라이트가 비춰지는 영역을 최대한 창에 맞추어지도록 세부적인 조절을 하겠습니다. 단축키 숫자 **7** 을 눌러 렌더트리 창을 열어 Fast_light_effects를 더블클릭합니다.

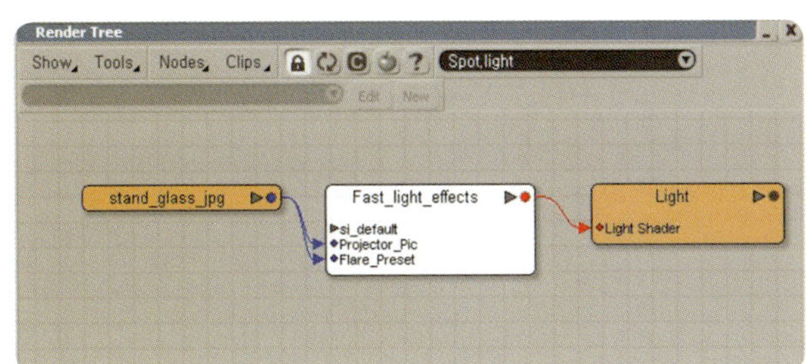

18 Fast_light_effects 속성창의 Projector 탭에서 Scaling을 조절해 빛의 이미지가 최대한 창의 Stand_glass 이미지와 일치하도록 조정합니다.

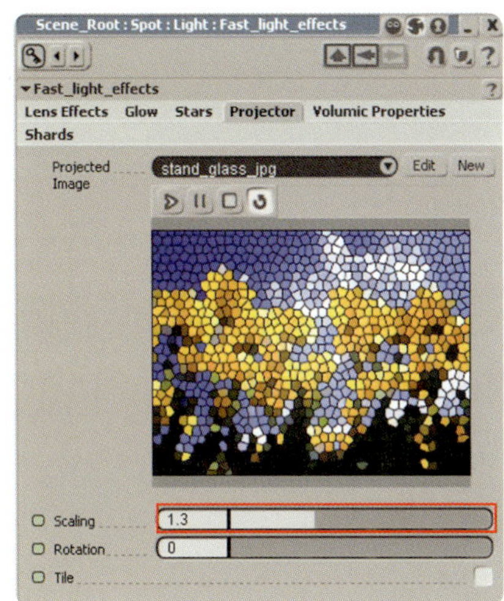

19 Volumic Properties 탭의 여러 옵션들과 Shards 탭의 여러 옵션들을 Render Regions를 이용하여 확인하면서 원하는 결과가 나오도록 세부 옵션을 조절합니다.

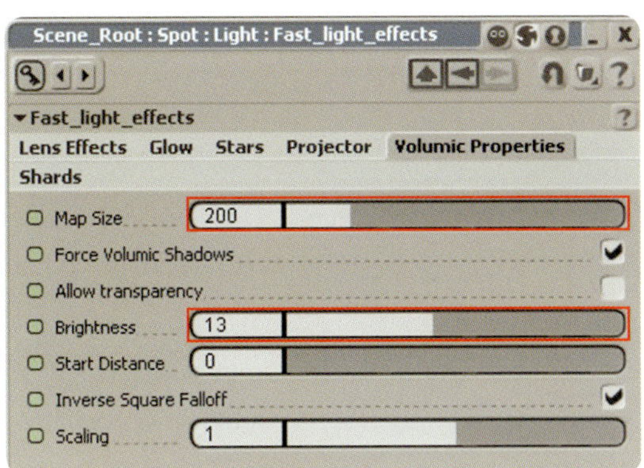

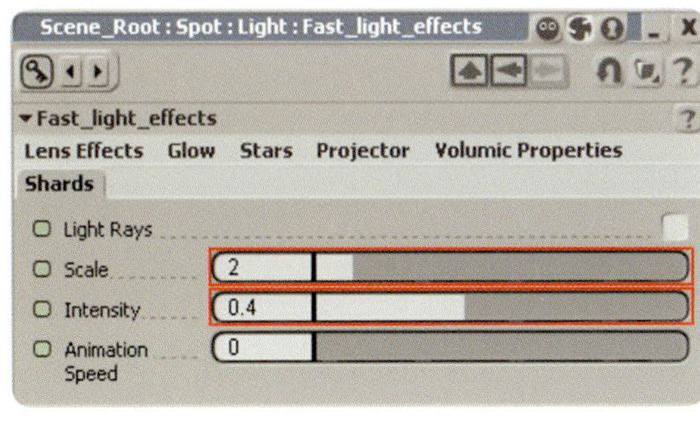

20 최종적으로 Fast Light Effect를 사용하여 Volumic 효과가 적용된 그림입니다.

PART 05

Cameras

카메라는 Softimag XSI에서 어느 한 장면이 완성되어진 후 다이나믹한 장면을 연출하거나 렌더링 할 때 없어서는 안 될 중요한 요소 중에 하나입니다. 현실세계의 카메라는 수동카메라가 개발된 이후 현재의 디지털 카메라까지 다양한 기능들이 추가되며 발전에 발전을 거듭하였습니다. 이러한 현실세계 카메라 기능들을 Softimag XSI에서는 모두 제공하고 있습니다.

이 장에서는 카메라에 대한 기본적인 기능 및 활용과 특수 표현에 대해 학습합니다.

SOFTIMAGE

01 Cameras와 Viewpoints

하나의 작업에서 가장 좋은 결과물을 만들어 내는 방법 중에 하나로 OFTIMAGE|XSI에서는 실제 상황을 연출할 수 있는 카메라 기능을 제공하고 있습니다. 이러한 가상의 카메라를 잘 활용한다면 실제 상황과 같은 멋진 연출을 이끌어 낼 수 있습니다.

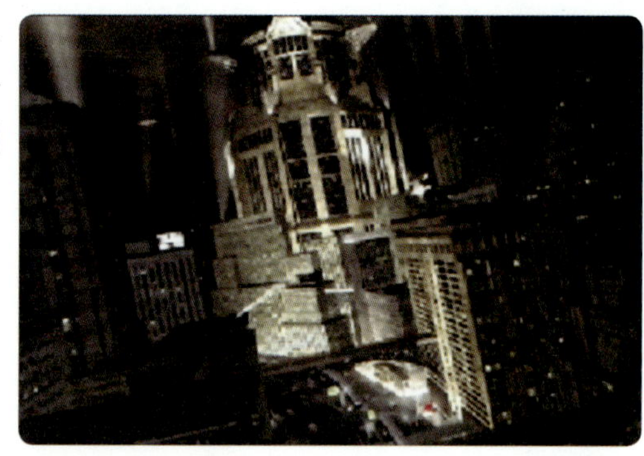

SOFTIMAGE|XSI에서 Cameras와 Viewpoints는 약간의 차이가 있습니다.
Viewpoint는 3D view에서 User, Front, Top, and Right와 같은 관점에서 장면을 볼 수 있는데, 이러한 기본적인 Viewpoint 상태에서의 관점을 기본으로 카메라를 설정하여 또 다른 새로운 관점을 만들어 낼 수 있습니다.

Top view와 Camera view 차이

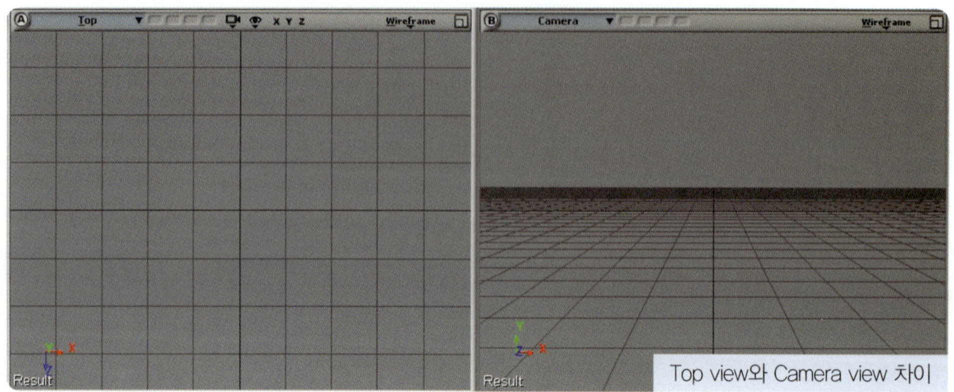

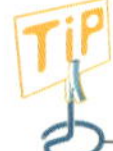

TIP XSI 카메라와 오브젝트를 After effect로 전송하여 사용하는 방법

XSI의 Net View 기능에서 XSI local이 아닌 XSI net으로 이동한 다음 Add-on에 보시면 Aftereffect export addon이 있습니다. 설치 후 사용합니다.
Net View를 이용하시려면 단축키 Alt+5를 클릭하거나 메인메뉴에서 View > General > Net View를 선택하여 사용합니다.

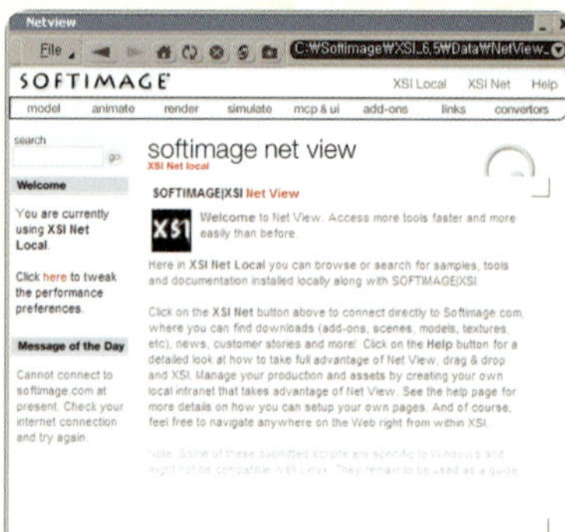

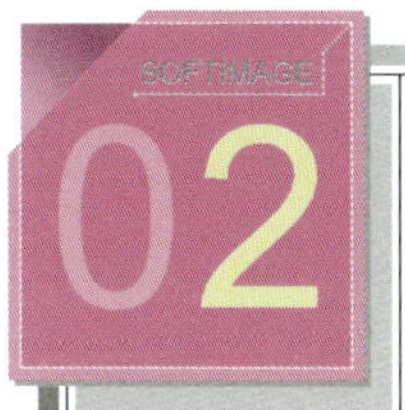

카메라 종류 살펴보기

카메라를 사용할 경우 하나의 장면을 기준으로 하여 여러 개의 카메라를 설치하여 각각의 이미지를 얻어낼 수 있습니다. 예를 들어 Upper-left corner에 있는 이미지는 카메라의 위치를 포함하는 장면을 Wireframe 상태로 보여주기도 합니다.

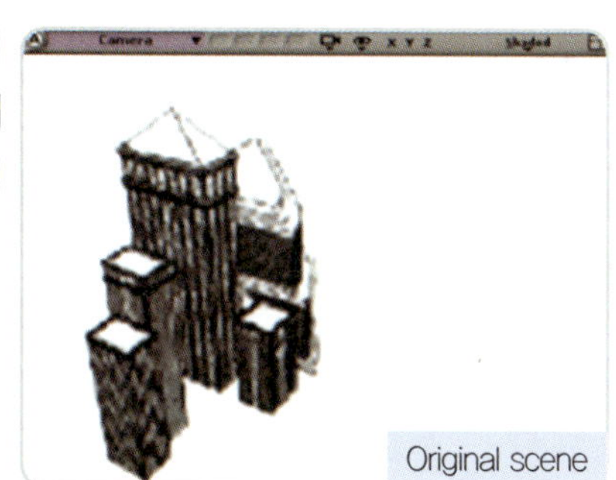

Original scene

STEP 01 erspective(Default)

카메라를 기본 설치할 경우 Perspective 관점으로 기본 설정 됩니다. Perspective cameras는 실제 카메라와 매우 유사한 관점을 가지고 있습니다.

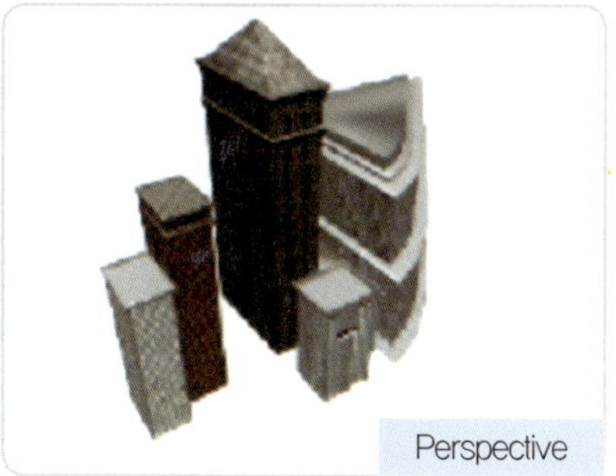

Perspective

STEP 02 Telephoto

Telephoto 기능은 물체를 실제 카메라의 망원렌즈와 같은 방법으로 5° 작은 관점으로 원근화법 투사와 작은 각도를 사용하게 되어 먼 거리의 오브젝트를 가까이 확대하여 보이게 하는 Zoom 효과가 있습니다.

Telephoto

STEP 03 Wide Angle

Wide-angle view를 사용하게 되면 광각의 관점과 관점의 큰 각도 (100°)를 사용하여 보여지게 됩니다. Wide-angle view는 매우 큰 관점을 가지고 있기 때문에 기본적인 원근화 법을 왜곡하는 관점으로 비춰질 수 있습니다.

Wide Angle

STEP 04 Orthographic

Orthographic 투시는 카메라 광선 전부를 평행하여 보여지게 만듭니다. 오브젝트는 카메라로부터 거리에 관계없이 같은 크기로 보여지게 됩니다. 이러한 카메라 투시법은 구조적이고 공학적인 표현을 하고자 할 때 주로 많이 사용되는 방법입니다.

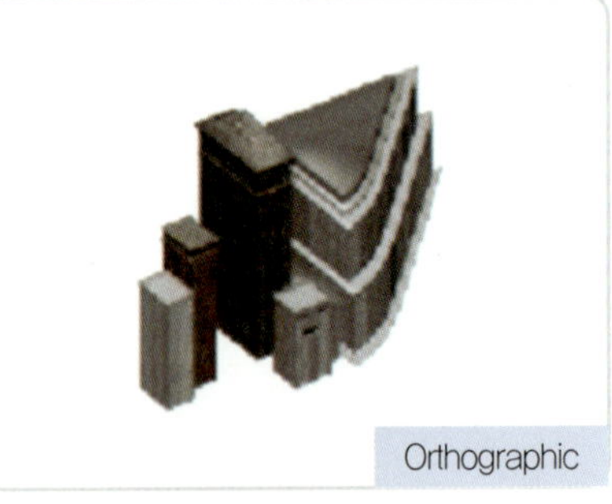
Orthographic

TiP 카메라 기능중에서 어안랜즈 형식으로 물체를 왜곡시키는 카메라 옵션

카메라 렌즈 쉐이더중에 True Lens emulator라는 기능을 사용합니다.

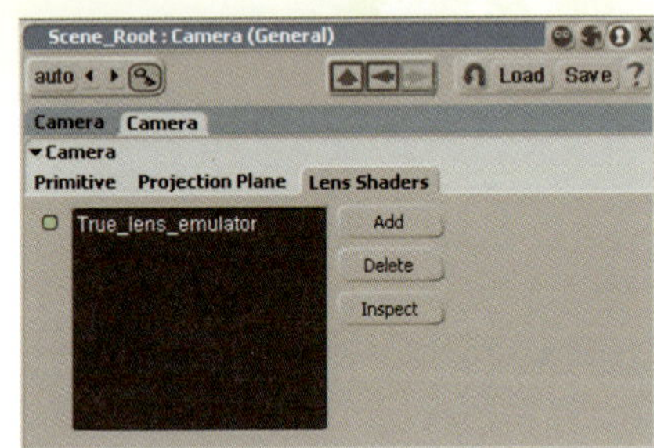

03 카메라 Rig

STEP 01 카메라 설정하기

카메라를 설정하게 되면 Camera root, Camera interest, Camera로 세 가
지 분리된 부분으로 구성됩니다.

Explorer에서 카메라를 살펴보면 다음 그림과 같이 Camera root가 카메
라의 부모와 연관되어 있습니다.

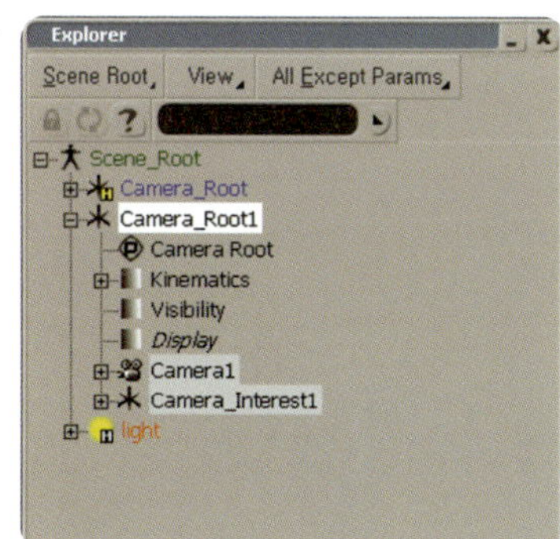

이 각각의 요소들은 3D views에서도 볼 수 있습니다.

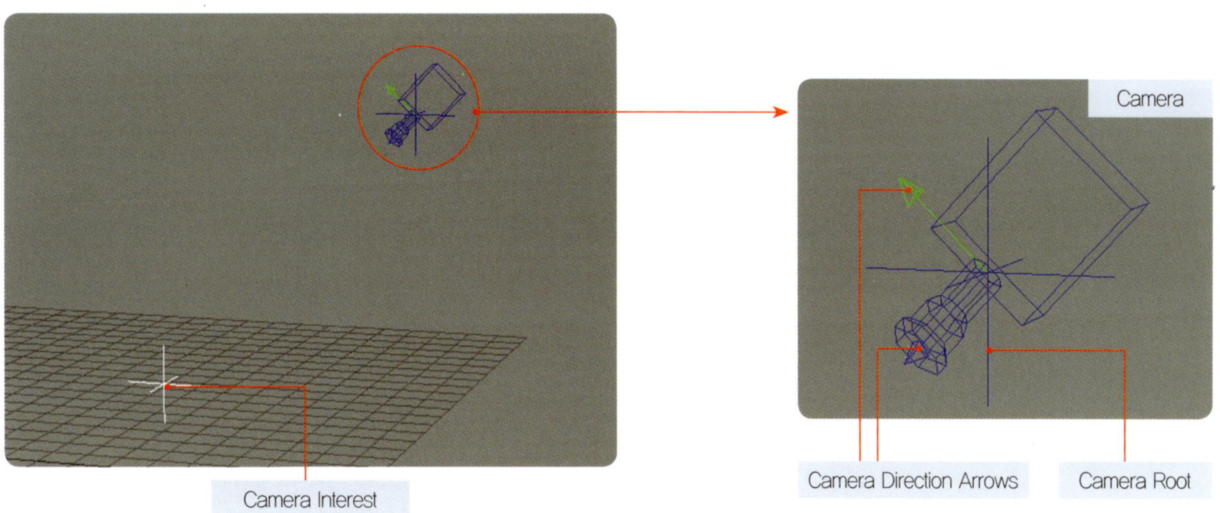

STEP 02 카메라 Rig 작업

1. Camera Root

Camera root는 그 장면의 Null에 의해 표현됩니다. 기본적으로 Camera root는 Wireframe 가운데 부분에 표시되며 일부 애
니메이트 작업을 할 수 있습니다.

2. Camera

카메라 부분은 일반적으로 생각하는 카메라라고 생각하면 됩니다. 3D views에서 Wireframe 상태로 보여지며 오브젝트들을 보는 관점을 조절할 수 있습니다. 카메라 부분에서는 실제의 카메라와 같은 기능을 포함하고 있습니다.

3. Camera Interest

카메라가 항상 무엇을 보고 있는지에 대해 장면 안에 null 상태로 표시합니다. Null에 대해 카메라로 애니메이트 할 수 있습니다.

4. Camera Direction

카메라 아이콘은 파란색과 녹색의 화살표시를 디스플레이 합니다.
파란 화살 모양의 아이콘은 카메라가 어디에서 볼 수 있을지에 대해 가이드 역할을 합니다. 렌즈가 마주 대하고 있는 방향으로 안내됩니다. 녹색의 화살모양 아이콘은 방향위의 카메라를 보여줍니다. I 키를 눌러 회전하면서 방향을 변환 할 수 있습니다.

카메라란?

사진촬영을 위한 광학기기로 사진기라고도 하며 보도사진·상업사진·건축사진 등의 광범위한 분야에 걸쳐 사용되고 있습니다.
3D 그래픽에서는 오브젝트를 활용한 모델링 작업이나 이외 3D 요소들을 활용하여 작업을 완성 시킨 후 이를 세부적으로 표현하고자 할 때 사용되는 기능입니다. XSI에서는 기본적으로 일반적인 카메라의 기능을 XSI 상에서 그대로 표현할 수 있는 기능들을 제공하고 있습니다.

카메라의 기원은 카메라 옵스큐라(라틴어로 어두운 방이라는 뜻)라고 추정됩니다. 카메라 옵스큐라의 원형은 어두운 방의 지붕·벽·문 등에 작은 구멍을 뚫고 그 반대쪽 벽에 외부의 풍경을 투사시키거나 일식을 조사하는데 사용된 것으로 추정됩니다.
이러한 형태가 몇 사람이 이동시킬 수 있는 간단한 형태로 변하고 적당한 장소에 설치해 내부에서 경치를 관찰할 수 있게 되었으며 다시 한 사람이 운반할 수 있는 소형의 것으로 변하게 되면서 지금의 카메라와 유사하게 발전하게 되었습니다.

현재의 카메라의 모습을 하게 된 것은 1900년대에 오늘날 카메라의 토대가 된 제품들이 선보이게 됩니다. 그 첫 번째 제품은 1925년에 독일인 O.바이낙이 설계한 35mm 필름을 사용하는 라이카입니다. 이 후 1, 2차 세계대전을 거치며 카메라는 진화하게 되며 최근에는 필름 없이 사진을 촬영할 수 있는 디지털 카메라까지 개발되었습니다.

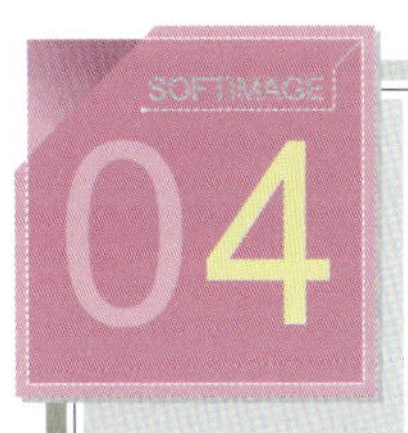

04 카메라 만들기

서로 다른 네 가지의 카메라 타입은 다른 원근화법을 이용하여 새로운 카메라를 만들 수 있습니다.

STEP 01 기본적인 Camera Visible 만들기

XSI에서 기본적으로 설정되는 카메라는 Perspective 카메라입니다. 만일 첫 번째로 새로운 장면을 만들게
되면 Default camera rig는 숨겨지게 됩니다.

기본적인 카메라를 보여지게 만들려면
Viewport menu bar에 있는 Camera 아이콘을
클릭하여 Select Camera를 선택합니다. 이것
은 기본적인 카메라 선택입니다. **H** 키를 사
용하면 카메라를 디스플레이할 수 있습니다.

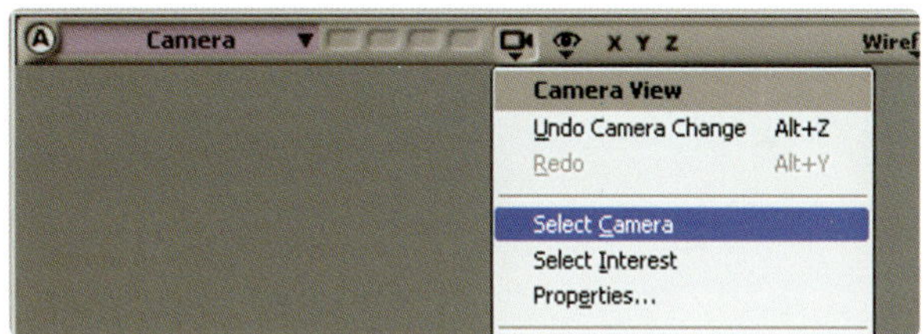

STEP 02 카메라 추가하기

새로운 카메라를 설정할 수 있습니다.
SOFTIMAGE|XSI에서 만들어진 카메라는 기본적으로 Scene file에
포함되어 저장됩니다. Render toolbar에서 새로운 카메라를 생성할 수
있습니다.

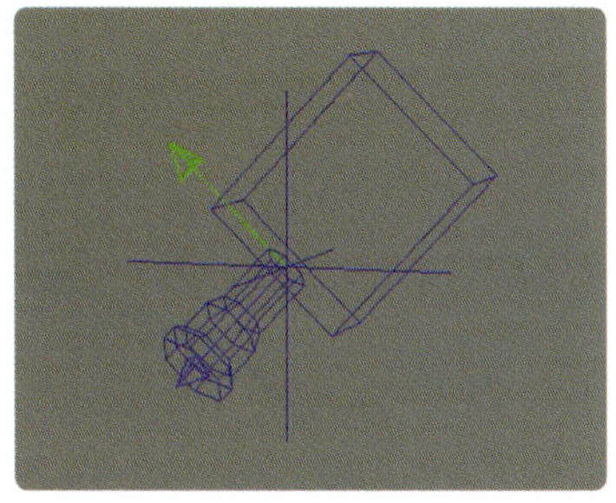

01 Get 〉 Primitive 〉 Camera를 선택하고 카메라의 Type을 선택합
니다.

02 카메라 Preset을 선택할 수 있는 브라우저를 열기위해 "More…"를 선택합니다.

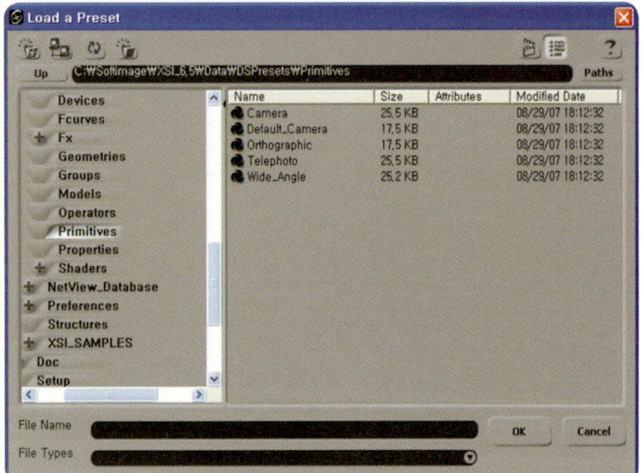

03 새로운 카메라가 기본 위치에 생성됩니다. 새로 생성된 카메라를 조절하기 위해서 Property editor가 디스플레이 되며 관련 세부 옵션을 설정합니다.

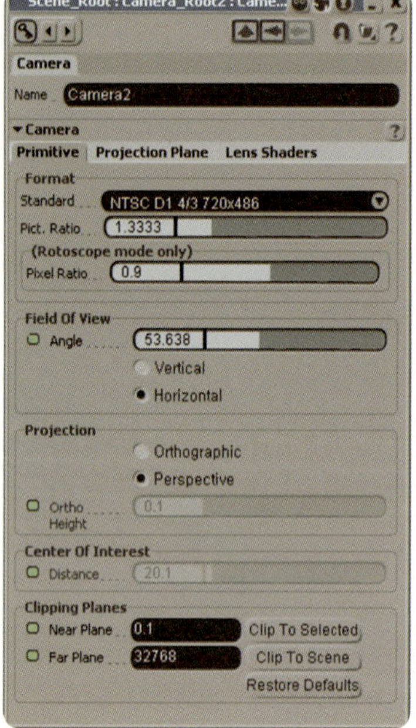

카메라의 원리와 구성

카메라는 피사체를 렌즈를 통해서 감광재료에 결상 시키는데 렌즈와 필름 사이를 어두운 상태에서 작업을 진행해야 합니다. 어둠상자 구실을 하는 몸체에 렌즈를 설치하고 필름을 사용하는 구조로 되어있습니다.

현재는 이러한 아날로그 방식의 카메라 보다는 디지털 방식의 카메라를 주로 사용하지만 카메라 품질에 있어서 아직은 아날로그 방식이 좀 더 고품질의 사진을 얻을 수 있습니다.

카메라의 종류와 용도

카메라는 35mm 필름을 쓰는 것을 표준형 16mm나 8mm 필름을 쓰는 것을 소형, 그리고 70mm 필름을 쓰는 것을 대형이라고 합니다.

빠른 속도로 이동하는 오브젝트를 고속도로 촬영한 후 일반 속도로 재생 시키면 운동 상태를 확인할 수 있습니다. 일반 카메라는 120프레임의 고속촬영을 한도로 하기 때문에 이런 경우에는 주로 16mm 카메라를 개조하여 사용하는 경우가 많이 있습니다. 특수 설계한 카메라는 초당 500~2,000 프레임을 촬영할 수 있으며 10,000 프레임까지 촬영할 수 있는 카메라도 있습니다.

이러한 카메라의 다양한 특성의 기술을 XSI에서는 소프트웨어로 쉽고 빠르게 구현할 수 있습니다.

05 카메라로 작업하기

STEP 01 카메라와 카메라 Interests 선택하기

카메라의 좀 더 다양한 기능을 쉽게 선택하거나 사용하기 위해서는 Camera selection filter를 이용하는 것이 좋습니다. 사용가능한 필터의 리스트를 보기 위하여 Select 패널에서 작은 Arrow Icon을 클릭하시고 Camera를 선택하여 주세요. H 키를 누르면 확인할 수 있습니다.

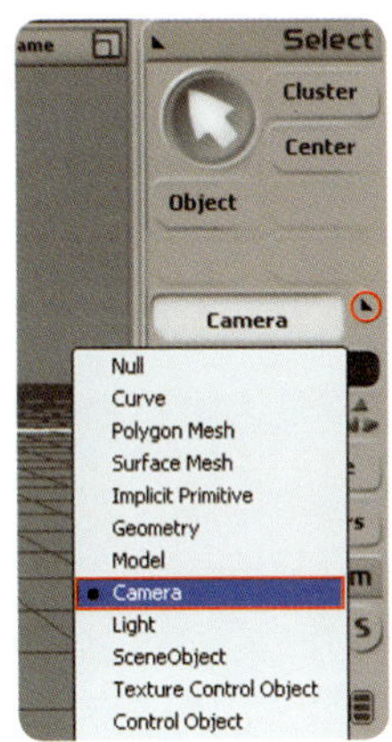
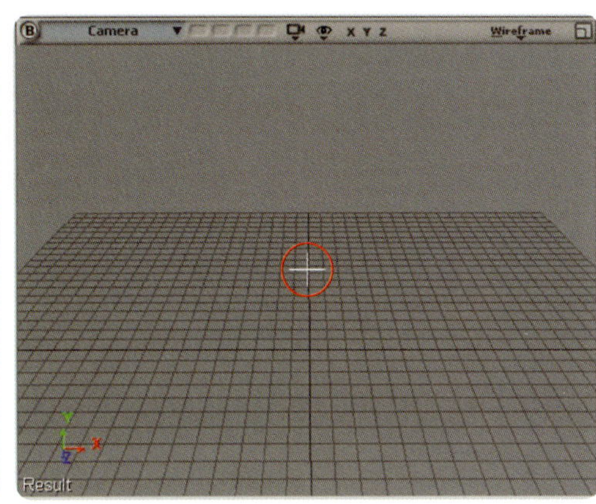

STEP 02 카메라 Views 선택하기

만일 3D view상에서 하나 이상의 카메라를 만들었다면 각각의 3D view에서 다른 카메라 관점을 화면에 출력할 수 있습니다. 이러한 기능은 애니메이션 렌더링 작업시 자주 사용되는 기능 중에 하나이며 이러한 방법으로 다이나믹한 작업을 진행할 수 있습니다.

Viewport's views menu에서 카메라를 선택하고 보여지는 카메라의 Submenu에서 사용하고자 하는 메뉴를 선택합니다.

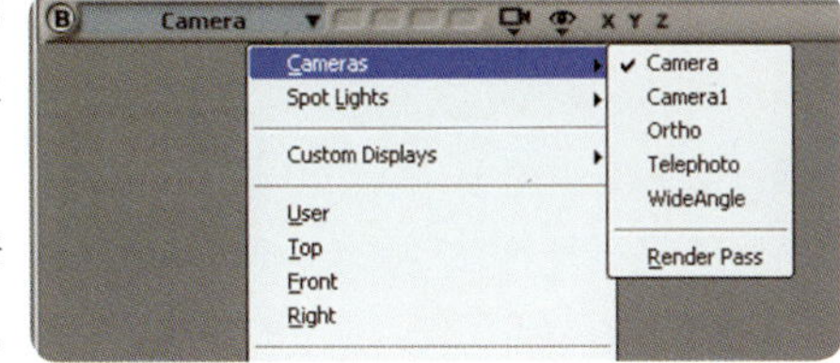

STEP 03 Positioning Cameras

카메라를 활용할 때 오브젝트 활용과 마찬가지로 Translate, Rotate, Scale과 같은 기능을 이용할 수 있습니다.

1. Undoing/Redoing Camera Moves

때때로 작업을 할 때 카메라 작업이 진행된 부분을 수정해야 하는 경우가 종종 발생합니다.
이러한 경우 다시 작업 이전상황으로 돌아갈 때 Alt + Z 키를 활용하거나 Alt + Y 키를 이용하면 됩니다.

2. Camera Position 재설정하기

카메라를 사용하다가 다시 Reset 할 필요가 있을 경우에는 단축키 R 을 눌러 초기화 할 수 있습니다. Transform을 이용
하여 카메라 위치를 재설정 합니다.

STEP 04 — Camera Positions 재 기억하기

작업을 진행하다 보면 임시로 카메라를 위치시키는 경우가 있습니다. 이러한 가상의 위치 선정일 경우
카메라를 효율적으로 활용할 필요가 있는데 이러한 기능을 하는 대표적인 기능이 "Memo Cams" 기능
입니다.

1. Memo Cams 사용하기

각각의 Viewport에는 4개의 임시 기억 카메라 기능이 있는데 이를 "Memo cams(memory cameras)"라고 부릅니다. 이 기
능을 사용하면 임시 기억된 카메라의 위치를 빠르게 다시 선택할 수 있습니다. 이 기능을 이용하면 현재의 카메라로 4대
의 카메라 설치효과를 볼 수 있습니다.
이 기능은 컴퓨터의 메모리를 사용하기 때문에 메모리 사용 용량이 증가될 수 있습니다.

■ "Memo Cams" 위치에서 마우스 Middle—click을 이용하면 현재 카메라 위치가 임시로 기억됩니다. 다시 저장할 때와
같은 방법을 이용하면 됩니다.

2 마우스 Left-click을 하면 Memo cam 데이터가 새로 설정된 관점으로 변경됩니다.

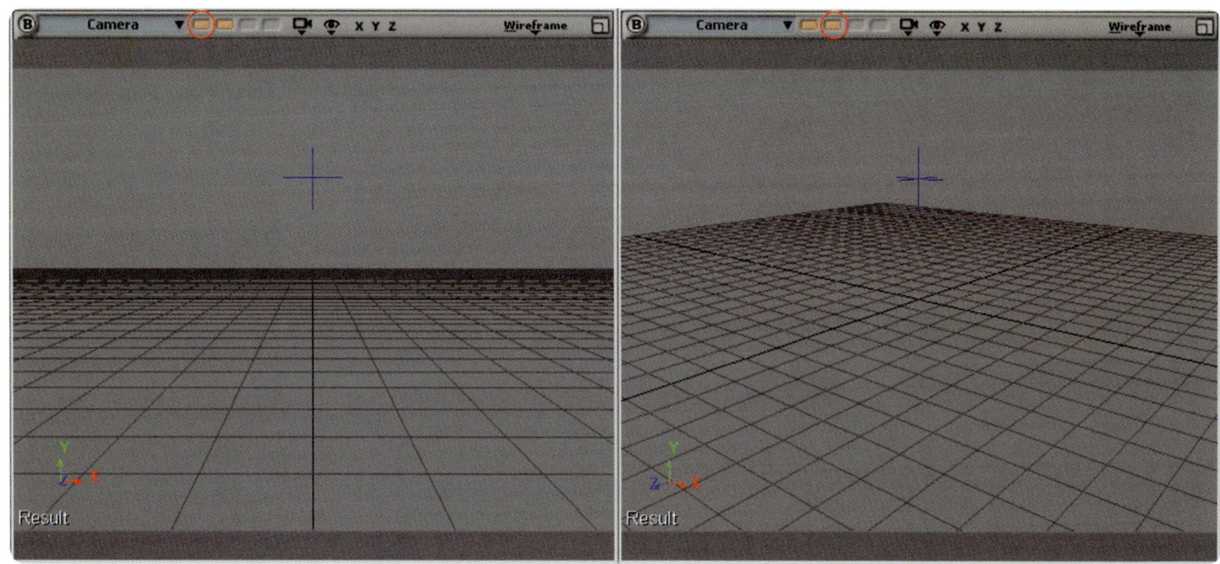

3 마우스 Right-click을 하면 Memo cam 데이터가 초기화됩니다.

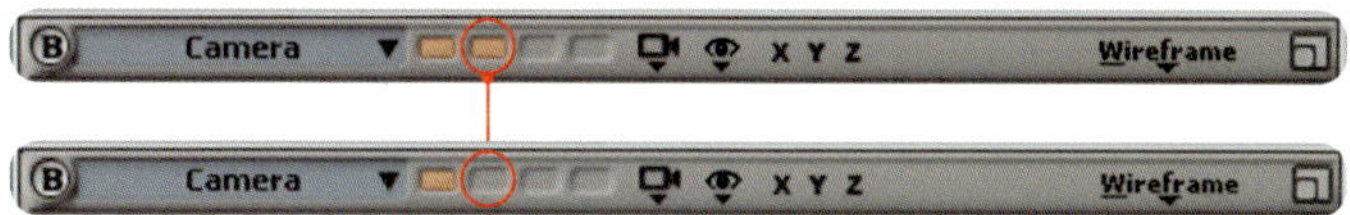

2. Keyframing Camera Position

카메라 위치를 기억하는 다른 방법으로는 애니메이션 키프레임에서 설정된 값을 이용하는 것입니다. 만일 애니메이션 키프레임에 키 값이 설정되어 있다면 키프레임에서 선택하며 이동 변화를 줄 수 있습니다.
이러한 애니메이션 작업은 애니메이션 Part에서 다시 설명 하겠습니다.

애니메이션 Key 값에 자동으로 노이즈를 주는 방법

커브(Curve)를 직접 랜덤(Random)하게 에디팅(Editing)한 후 반복하여 데이터를 적용시키는 방법이 있습니다.
다른 방법으로는 익스프레션 함수 리스트에 랜덤이 있으므로 그것을 더하거나 곱해주면 되며 Netview에 Animation 항목에 있는 Random Fcurve를 사용해도 됩니다.

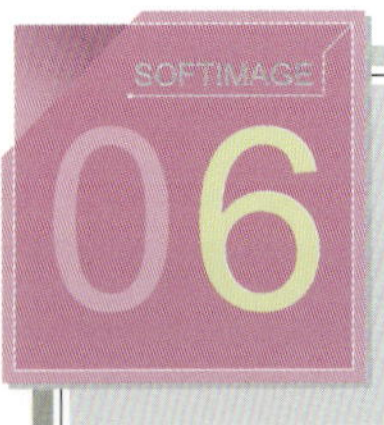

06 카메라 Properties 설정하기

STEP 01 카메라 Property Editor 살펴보기

하나의 장면을 만들 때 먼저 Camera property editor를 확인할 필요가 있습니다. 작업 환경에 맞게 설정합니다.

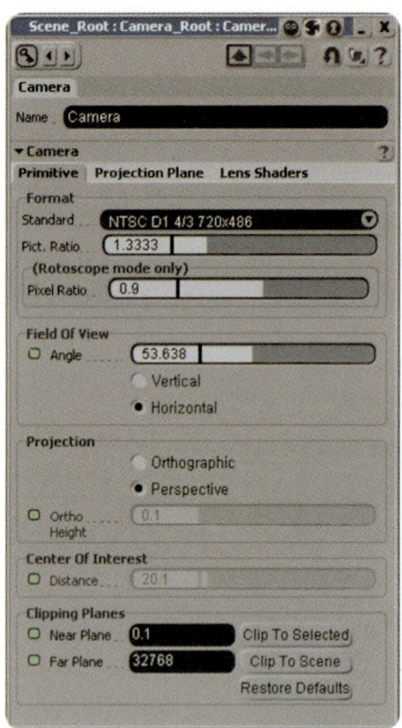

카메라를 선택하고 Render toolbar에서 Modify 〉 Shader를 선택하여 Camera property editor를 활성화 시킬 수 있습니다.

다른 방법으로는 Explorer에서 Camera 아이콘을 더블 클릭하거나 Render tree에 있는 Camera's node를 더블 클릭합니다.

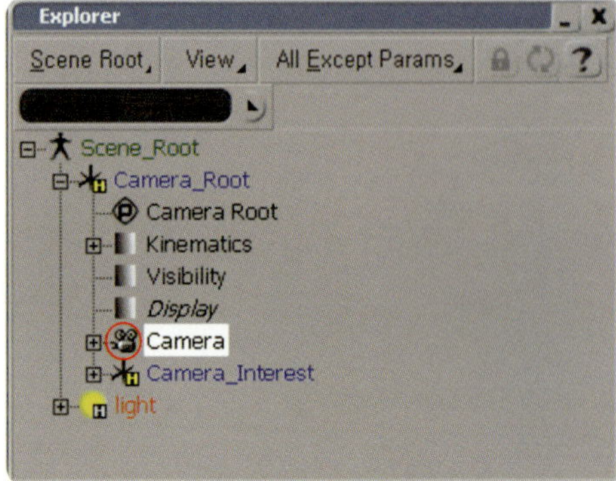

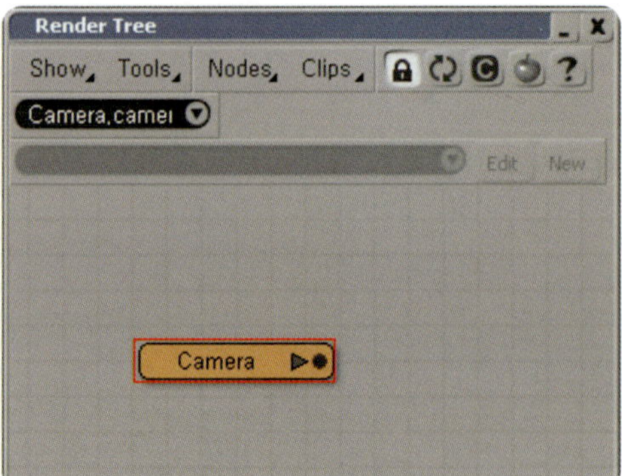

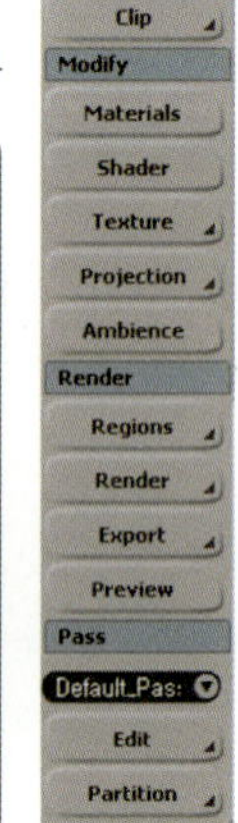

STEP 02 카메라 Format 설정하기

실제 카메라 사용기준에는 다양한 옵션이 있습니다.

예를 들어 우리나라는 NTSC 방식을 주로 이용하지만 유럽 국가들은 주로 PAL 방식을 많이 사용하고 있습니다. 이는 단지 기술적인 차이로 작업시 큰 차이는 없지만 최종 결과물을 도출해 낼 때 이러한 방식에 대해 정확히 설정할 필요가 있습니다.

XSI에서 기본적으로 카메라를 설정하게 되면 NTSC D1 4/3 720x486으로 설정됩니다.

01 Render toolbar에 Modify 〉 Shader를 선택하면 Camera's property editor가 활성화됩니다. 여기서 카메라와 관련된 옵션을 조절합니다.

02 Primitive 탭에서 Standard list로부터 그림의 표준을 선택합니다. 만일 Custom을 선택하면 Pict. Ratio value을 설정해야 합니다.

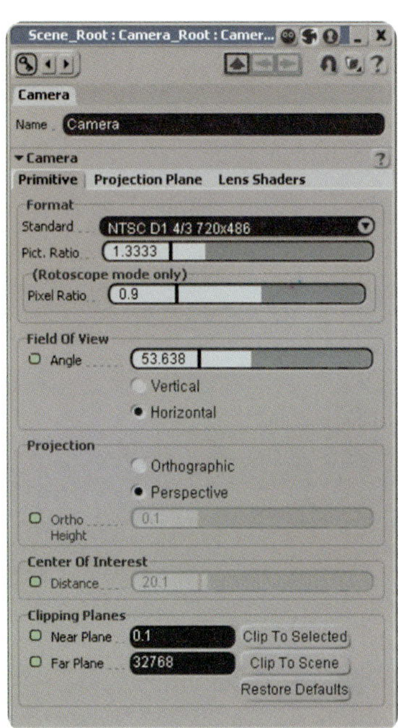

STEP 03 Field of view 설정하기

Field of view는 카메라가 한 번에 얼마나 많은 것을 볼 수 있는가를 결정하는 기능입니다.

때때로 이러한 기능을 이용하면 현실과 왜곡된 현상이 나오기도 하며 우연의 효과로 더 효율적일 수도 있습니다. 대부분 애니메이션 작업시 많이 사용되는 기능입니다.

01 Render toolbar에서 Modify 〉 Shader를 선택하면 Camera's property editor가 활성화됩니다.

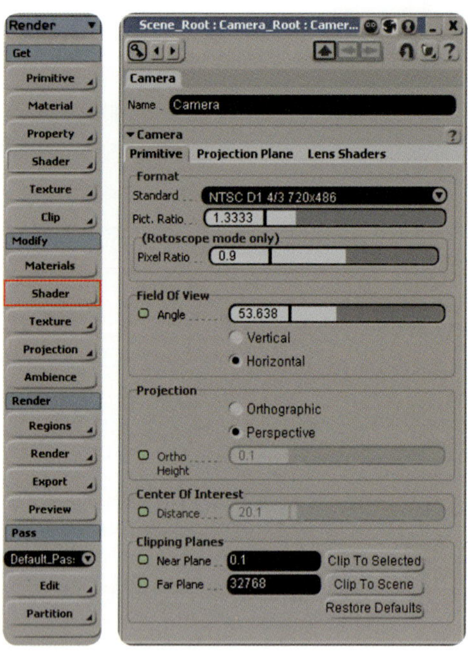

02 Field of View section에서 Vertical 또는 Horizontal field of view를 선택하면 XSI는 종횡비를 사용하는 다른 차수를 계산합니다.

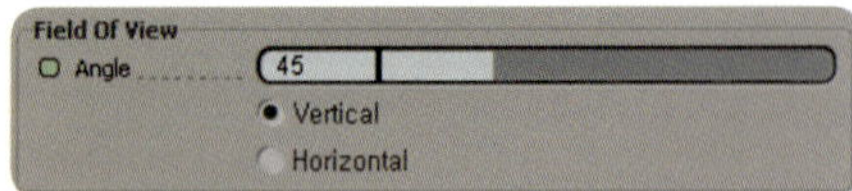

03 원하는 값의 Angle을 설정합니다.

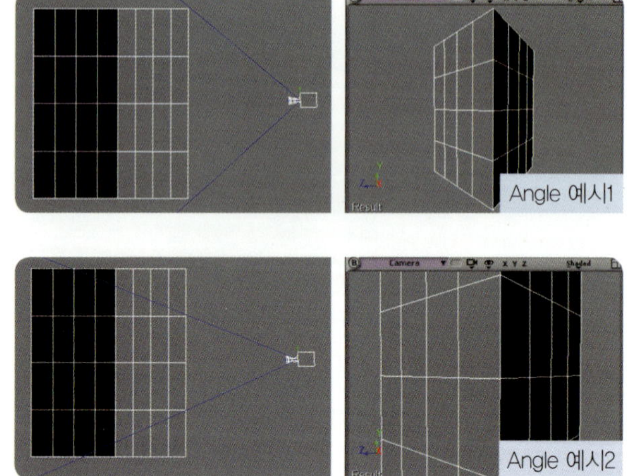

STEP 04 Projection Method

원근화법에서 쉽게 어떤 카메라든지 변화시킬 수 있습니다. 이 기법으로 애니메이션 작업보다 현실적인 애니메이션이 가능해집니다.

1. Projection 선택하기

3D view에서 카메라 선택하려면 Render toolbar에 Modify 〉 Shader를 선택합니다. Camera's property editor가 활성화됩니다.

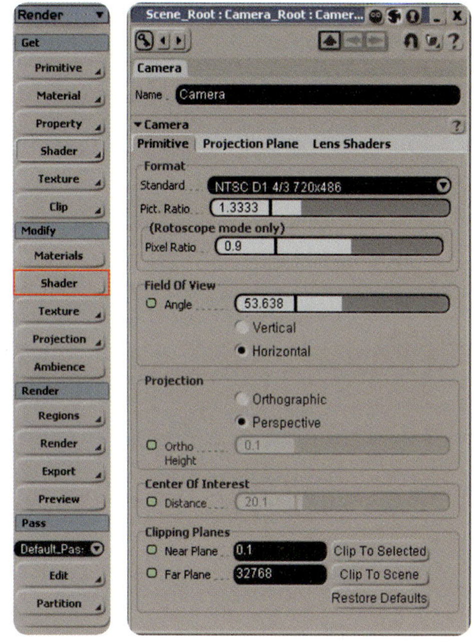

2. Property editor

Property editor에서 두 가지의 Projection methods를 선택할 수 있습니다. 실제 카메라와 동일한 기능입니다.

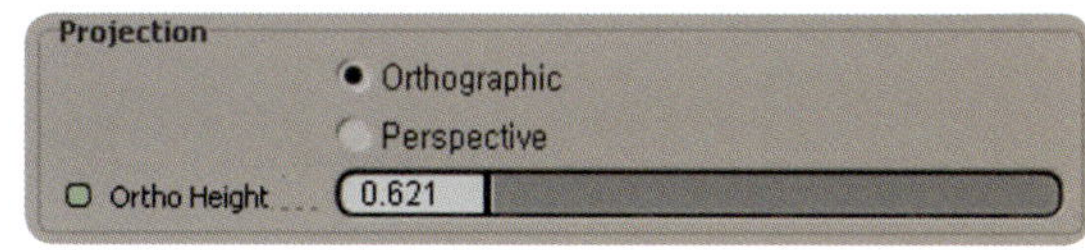

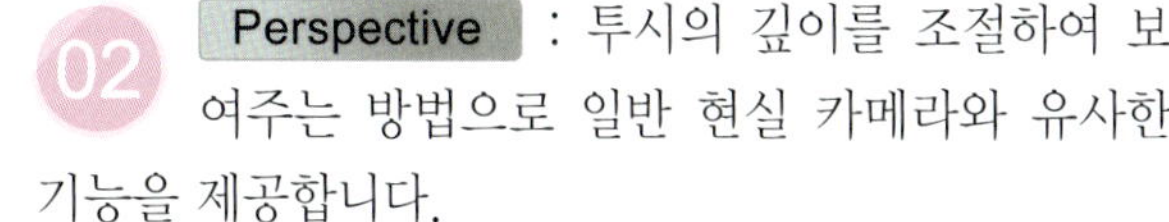

01 **Orthographic** : 모든 카메라의 광선은 평행으로 거리를 변화하게 하지만 오브젝트 자체를 변화시키지는 않습니다.
이 표현은 구조적이고 공학적인 표현을 할 때 예를 들면 건물 투시 등에 많이 사용되는 방법입니다.

02 **Perspective** : 투시의 깊이를 조절하여 보여주는 방법으로 일반 현실 카메라와 유사한 기능을 제공합니다.

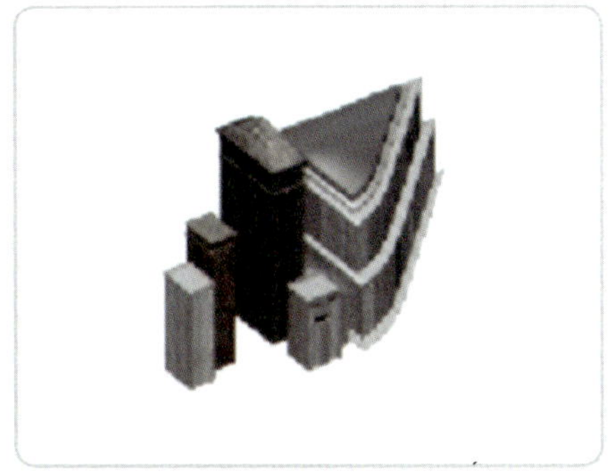

STEP 05 | Clipping Planes 설정하기

카메라에서 Minimum과 Maximum 값을 조절하면서 Clipping planes을 사용할 수 있습니다. 기본적으로 Near 값과 Far 값을 조절하여 카메라의 기능을 조절하는 데 Planes 값밖에 위치한 부분은 보여지지 않습니다.

이러한 기능으로 특정한 Object를 숨기거나 볼 수 있습니다.

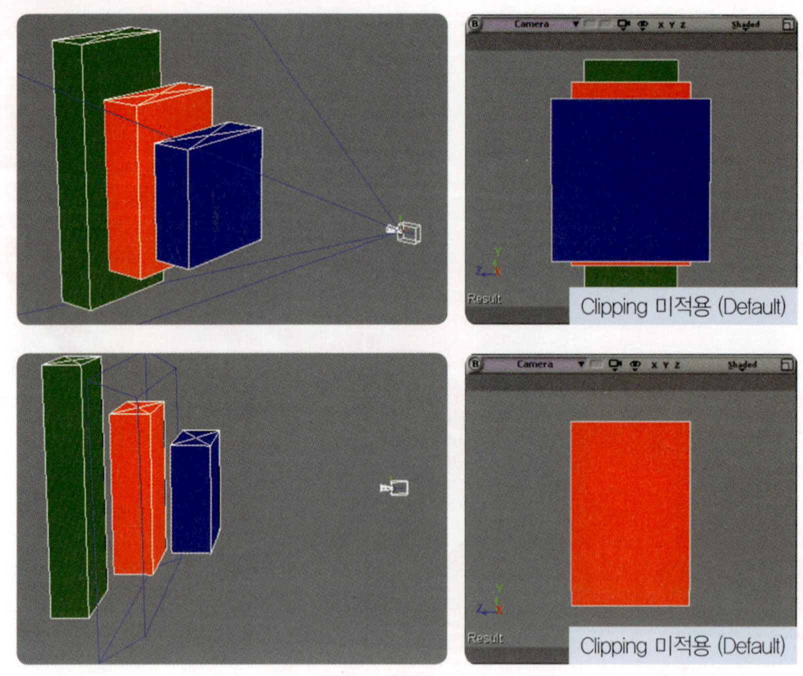

STEP 06 | Projection Plane 설정하기

Primitive tab에 있는 Projection Plane을 선택하여 설정 할 때 카메라가 Field 값을 조절함으로써 다양한 장면의 연출이 가능합니다.
실제 카메라에서 먼 곳이 흐릿하게 나오게 하는 효과를 이곳에서 만들 수 있습니다.

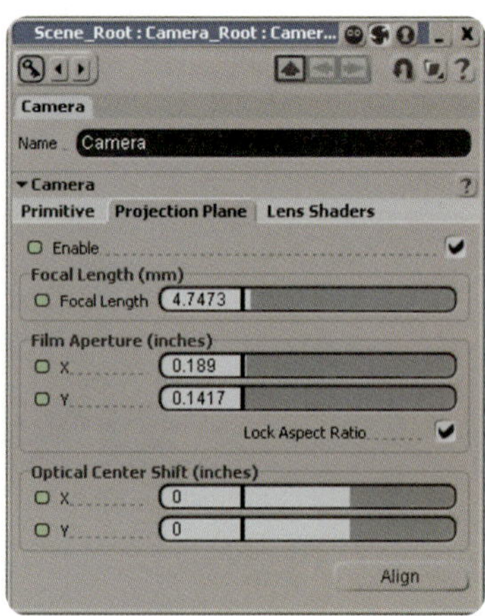

 **STEP 07 Lens Shaders 더하기**

카메라에서 다양한 Shaders를 사용하기 위해 Shader stack editor를 사용할 필요가 있습니다.

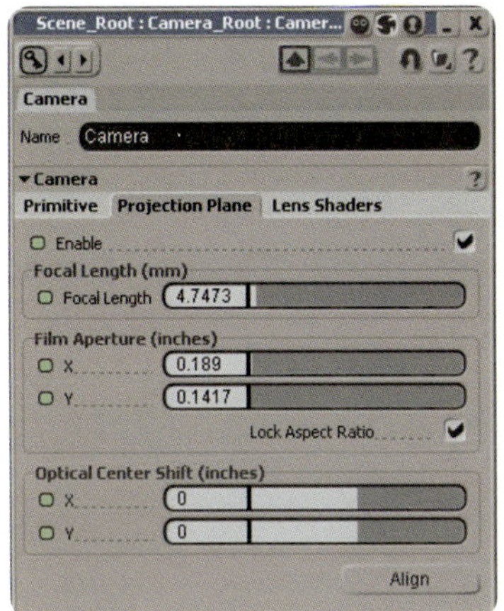

01 Lens Shader 탭을 클릭하면 어떤 Shaders를 사용하는지 정의할 수 있고 속성 값에 대해 편집할 수 있습니다.

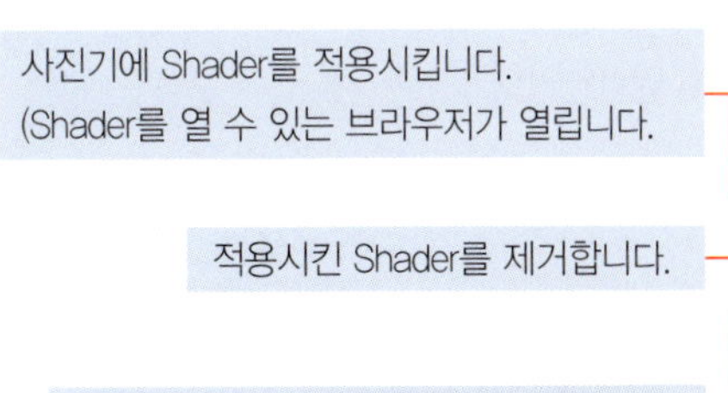

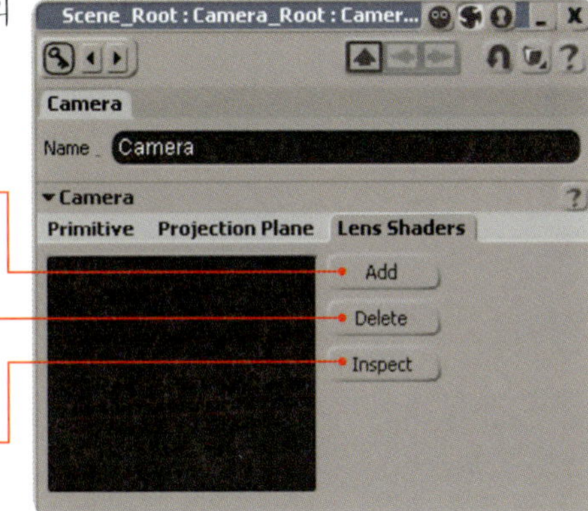

 **Tip 오브젝트에 글로우 적용 후 잘 표현되지 않을 때**

이러한 경우 XSI에서 카메라 거리 조절이 필요합니다. 간혹 카메라와의 거리에 따라서 잘 표시가 되지 않는 경우가 있어 Glow Property의 변수를 조절해야 하는 경우가 있습니다. 에프터이펙트나 FX Tree에서 Glow pass로 작업하는 것이 보다 빠른 방법입니다.

애니메이팅 카메라(Animating Cameras)

XSI에서 애니메이션 작업시 카메라만으로도 훌륭한 애니메이션을 제작할 수 있습니다.
카메라를 애니메이션 하는 것에는 두 가지 기본적인 방법이 있는데 그중 많이 사용하는 방법이 Path를 이용하여 애니메이션하는 방법입니다.
특정한 오브젝트를 카메라가 같이 이동하며 촬영하거나 군중장면 혹은 건축 시뮬레이션 애니메이션 작업시 많이 사용되는 기법입니다. 아주 쉽고 빠르게 애니메이션 작업을 진행할 수 있습니다.

STEP 01 Path를 활용한 Animate

01 Model 또는 Animate toolbar에 있는 Create 〉 Curve 명령을 선택하여 애니메이션 할 때 사용될 새로운 Curve를 생성합니다.

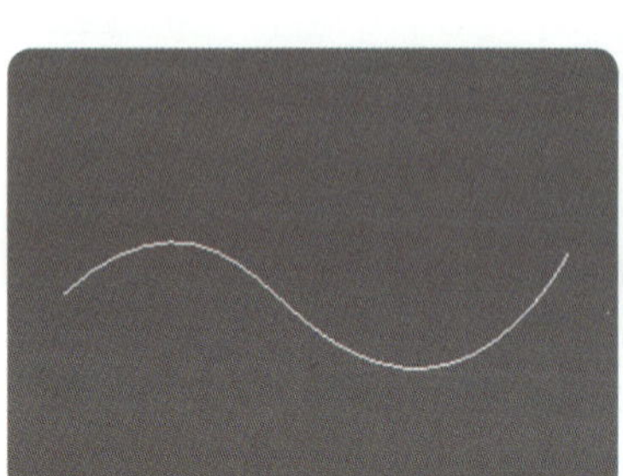

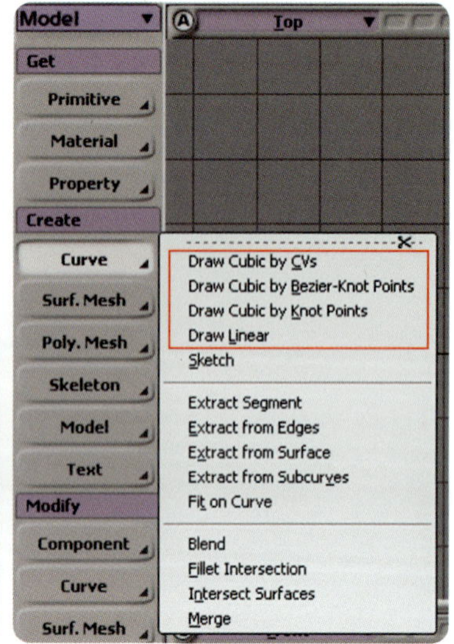

02 Camera's interest를 선택하거나 Viewport menu bar에 있는 카메라 아이콘을 클릭하고 Select Interest를 선택합니다.

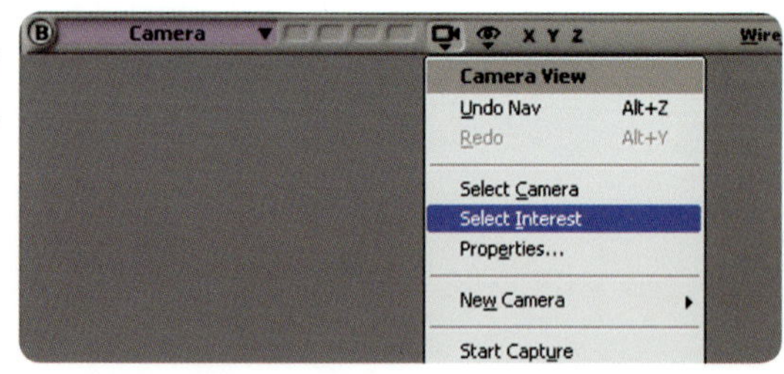

03 Animate toolbar에서 Create > Path > Set Path를 선택합니다. Set Path창이 뜨면 옵션을 선택하고 애니메이션 하기 위해 만든 Curve를 선택합니다.

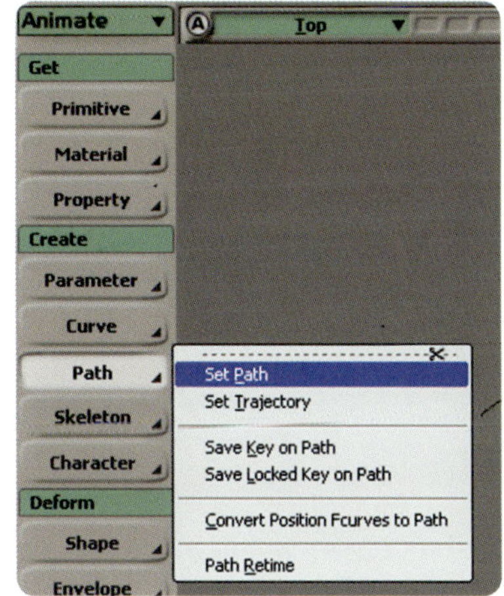
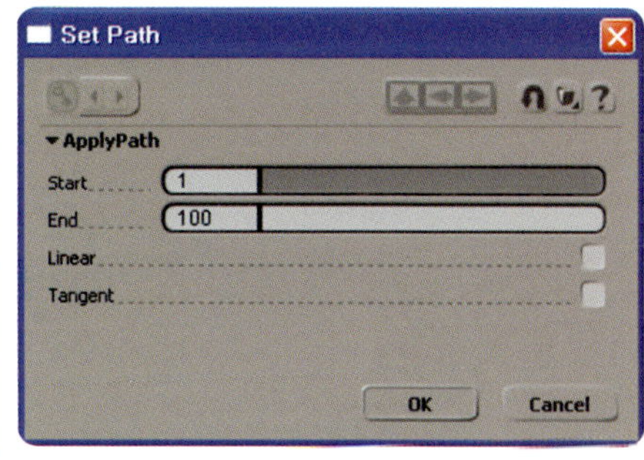
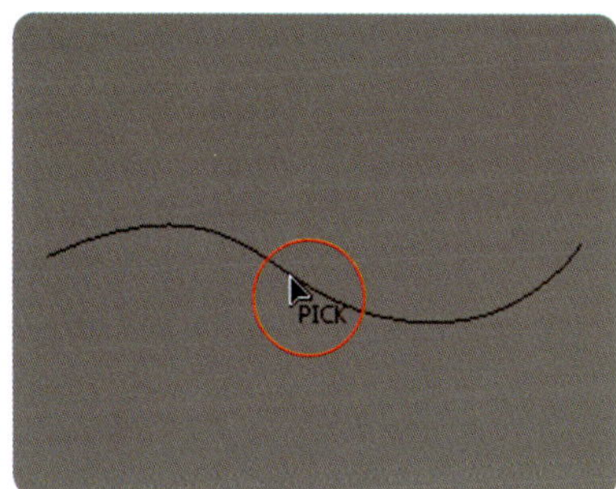

04 Set Path dialog box에서 원하는 옵션을 선택합니다.

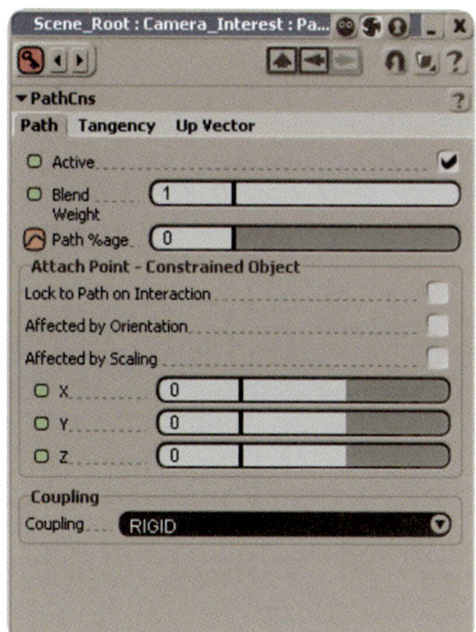

Shape 애니메이션 기본적인 작업 진행 순서

Shape 애니메이션 작업을 위한 몇 가지 방법이 있지만 제일 간단한 방법은 다음과 같습니다.

1. 오브젝트를 선택하고 Deform by cuve 명령 실행 후 Curve를 Pick하여 선택합니다.
2. Construction Mode를 Shape Modeling으로 선택
3. Curve를 선택 Frame 1에서 Animation > deform > save shape key
4. 원하는 Frame으로 이동(예를 들어 30 frame으로 이동)
5. Curve를 수정 후 Curve가 선택된 상태에서 Animation > deform > save shape key

이제 Play를 해 보면 Curve가 움직이면서 오브젝트도 따라 움직이게 됩니다.

STEP 02 · Interest와 Constraint 애니메이트 하기

01 Camera's interest를 선택하거나 Viewport menu bar에 있는 카메라 아이콘을 클릭한 후 Select Interest를 선택합니다.

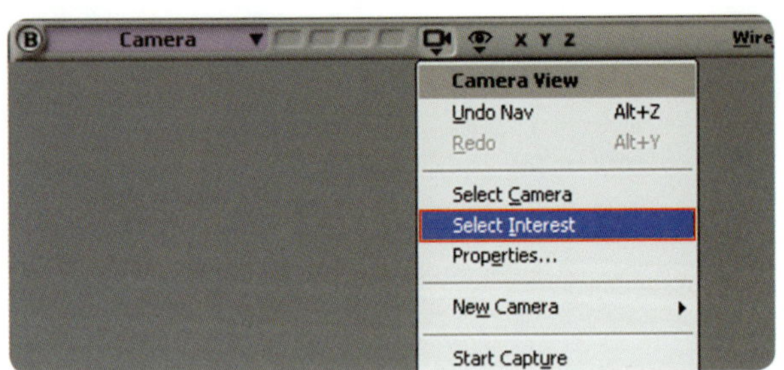

02 Constrain panel에서 Constrain 〉 Position 을 선택합니다.

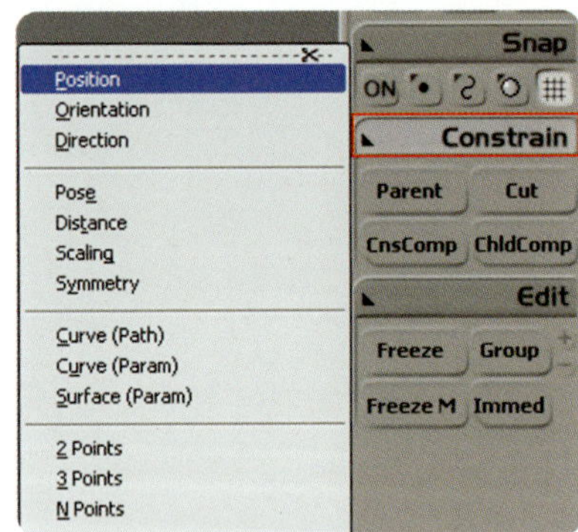

03 애니메이트 할 오브젝트를 선택하고 원하는 옵션을 선택합니다.

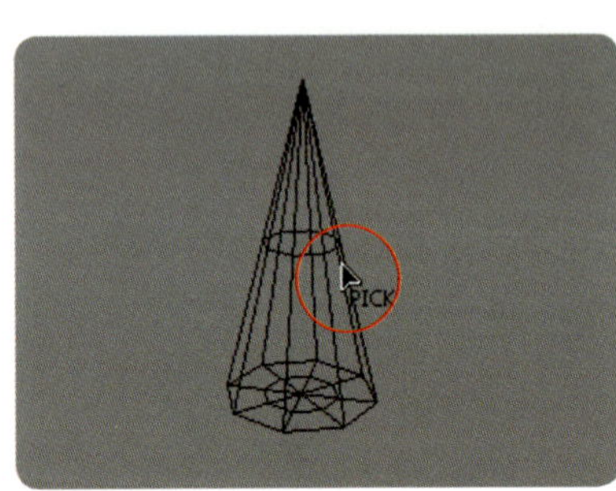

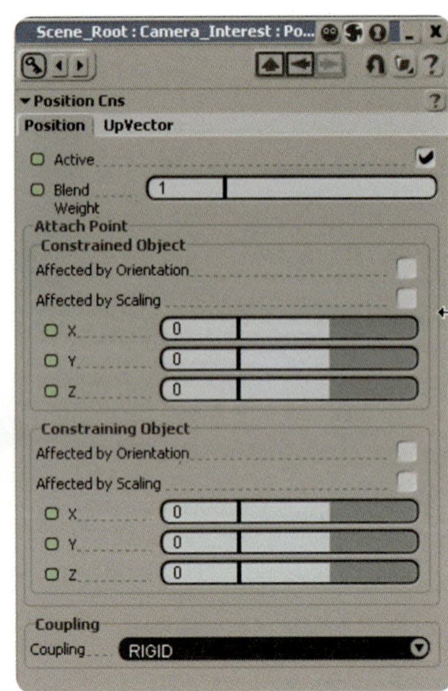

디지털 애니메이션

셀 애니메이션의 단점을 보완하기 위해서 컴퓨터를 이용하게 되면서 3차원 애니메이션시장이 급성장하고 있으며 제작 방식도 다양해지고 있습니다.

디지털 애니메이션은 컴퓨터의 소프트웨어를 활용해 애니메이션 작업을 하는 방식을 말하며 컴퓨터 애니메이션의 장점으로는 창의적인 방법을 제외한 동화와 컬러의 합성과정을 컴퓨터로 빠르고 효과적으로 제작하여 작업의 제작비를 절감시킬 수 있으며 소프트웨어 기술의 발달로 실사에 가까운 영상을 제작 할 수 있는 점 등으로 요즘 애니메이션 시장을 대부분 점유하고 있는 분야입니다.

08 Depth of Field

실제 생활에서 우리 주위에 있는 모든 물체가 항상 초점에 맞아 보이는 것이 인간에게는 정상적인 모습입니다. 이러한 실제적인 눈(Eye)과 같은 기능을 해주는 것이 바로 Depth of Field 기능입니다. STEP 1, 2의 그림은 이와 같은 기능을 하기 위해 보여지는 예시입니다.

STEP 01 High Depth of Field 기능

Far depth of field 설정 시 카메라 포서스로부터 멀리 떨어져 있는 오브젝트에 초점이 맞아 선명하게 보여주고 있습니다.

STEP 02 Low Depth of Field 기능

Near depth of field로 설정 시 포서스로부터 가까이에 있는 오브젝트에 초점이 맞아 선명하게 보여주고 있으며 멀리 있는 오브젝트는 흐릿하게 보여지고 있습니다.

일반적으로 사람눈에 보이는 거리감과 같은 기능입니다. 이러한 Depthef Field 기능을 통해 카메라 만으로도 재미있는 애니메이션을 제작할 수 있습니다.

09 Motion Blur와 Rendering Motion Blur

Motion blur는 물체가 움직이면서 나타나는 흐려지는 현상에 대해 3차원에서 현실적인 느낌을 표현하려는 기능입니다. XSI에서는 만들고자 하는 장면에서 모든 오브젝트와 카메라를 위해 Photorealistic motion blur를 적용시킬 수 있습니다. Motion blur는 물체가 Fast-moving시 실사와 같이 자연스런 모습을 보여주게 됩니다.

Rendering Motion Blur는 장면에서 물체의 Motion blur 상태를 설정하기 위해 Render region options 또는 Render pass options에서 설정할 수 있습니다.
Motion blur는 3D상의 어떤 구성 요소에도 적용시킬 수 있습니다.

STEP 01 Motion Blur

01 Render toolbar에서 Render 〉 Render 〉 Render Manager를 선택합니다.

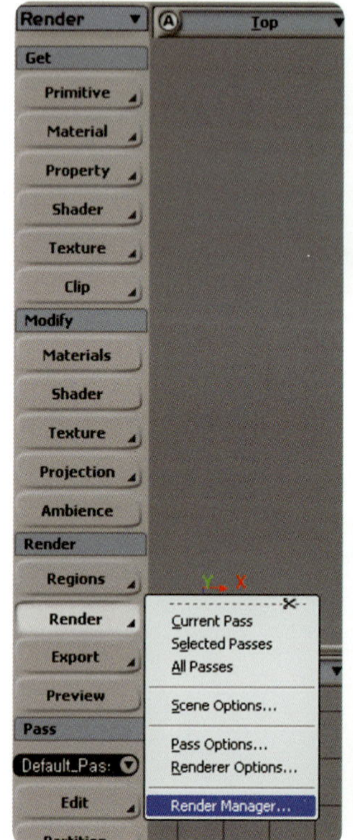

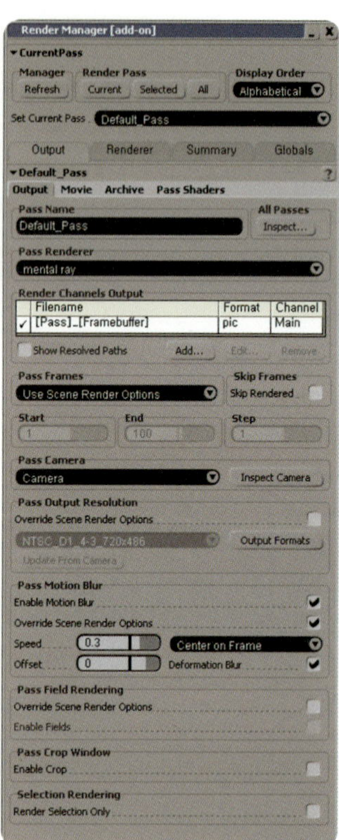

02 장면에서 사용될 Motion blur Speed를 설정합니다.
"0"으로 설정하면 Motion blur가 off 상태로 됩니다. 빠른 Shutter speeds(A Difference of less than 0.3)은 민감한 Motion blurs를 생성합니다.
하지만 데이터 연산량이 많기 때문에 렌더링 속도는 저하될 수 있습니다.

STEP 02 Pass Motion Blur

01 Render Manager에서 Left-pane에 있는 Current Pass 버튼을 클릭합니다.

02 Motion blur를 설정하기 위해 Current Pass를 설정합니다.

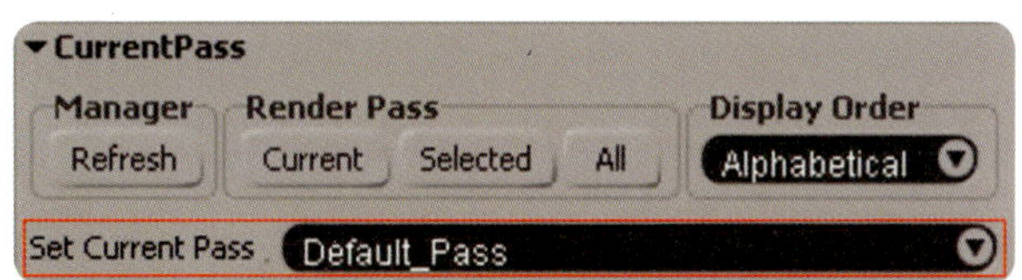

03 Scene Renderer를 설정합니다.

04 Enable Motion Blur를 체크하고 옵션을 선택합니다.

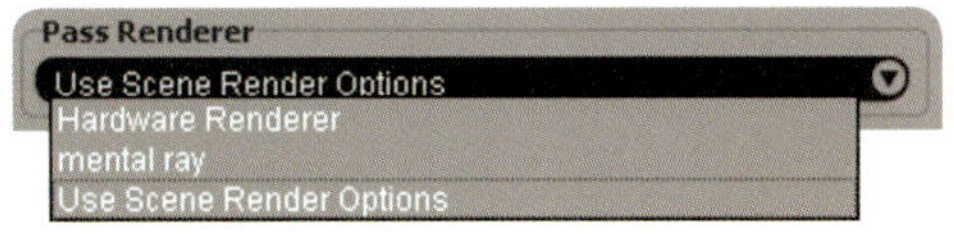

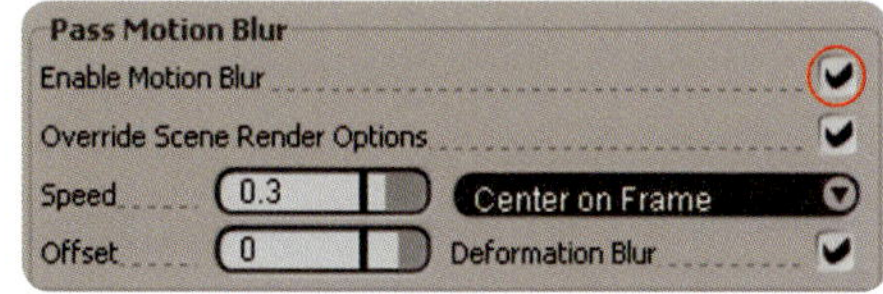

05 Scene Renderer는 설정된 모션 값을 적용하여 렌더링합니다. 장면 구성에 따라 세밀한 옵션 설정이 필요합니다.

STEP 03 Mental ray

1. Mental ray 설정하기

01 Render Manager의 Renderer 탭의 Mental ray 버튼을 클릭합니다.

02 Rendering 탭에서 장면에서 사용될 Rendering 옵션을 조절 합니다.

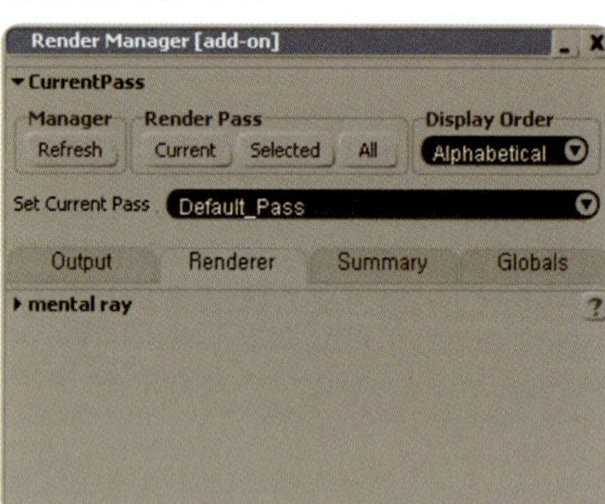

03 Primary Rays 〉 Type options을 선택하여 Motion blur를 만들 때 사용하는 Rendering algorithm을 선택합니다.

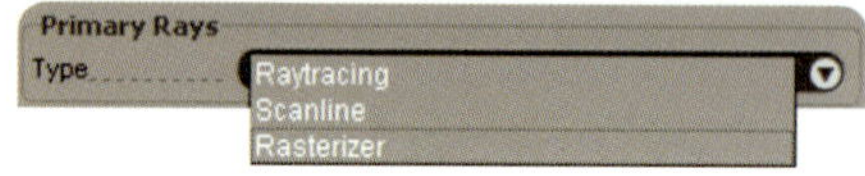

■ Raytracing은 Highlights, Textures, Shadows와 Reflections 같이 이동하는 물체에 적용되어진 속성 값에 대해 Blurs를 적용합니다.

② Scanline은 Raytracing motion blur 보다 더 빠른 속도를 가지고 있습니다.
그러나 Reflections와 Refractions 값을 조절할 수 없으나 Highlights, Textures, Transparency 그리고 교차하는 물체에 대해 Scanline rendering이 적용됩니다.

③ Rasterizer는 크고 복잡한 Motion blur 장면을 만들 때 유용합니다.

2. Motion Blur Sampling Contrast

RGBA 슬라이더를 조절하여 Motion Blur Sampling Contrast를 설정할 수 있습니다. Motion Blur Sampling Contrast는 Motion-blurred 오브젝트가 Rendering 작업을 진행하는 동안 어느 정도 샘플이 만들어지는지 결정합니다.

각각의 과정이 비슷할지라도 Motion blur와 Antialiasing 기술은 렌더링시 동시에 연산되지 않습니다.

하단의 두 그림은 같은 애니메이션과 Motion blur를 적용한 상태이며 왼쪽의 이미지는 오른쪽 이미지보다 더 낮은 Motion Blur Sampling Contrast를 사용하고 있습니다.

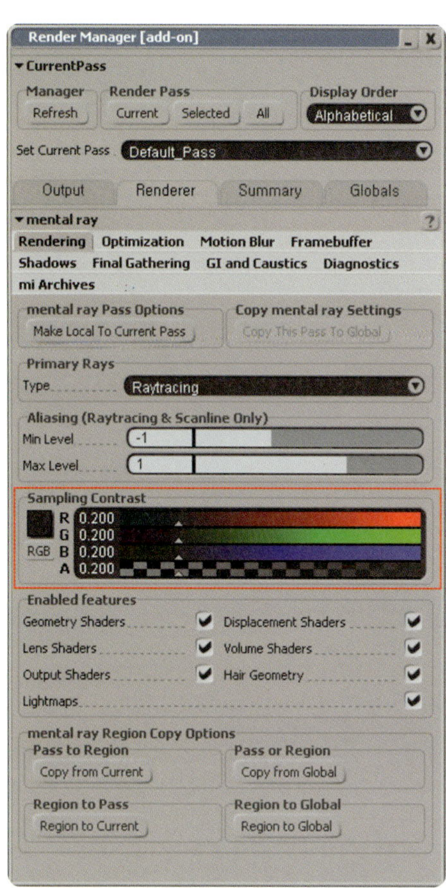

3. Antialiasing과 Motion Blur Sampling

Motion blur 작업 이후에도 Antialiasing 작업을 적용할 수 있지만 현실적 상황보다는 좀 더 강한 느낌을 제공하게 됩니다. Motion Blur > Sampling Contrast는 Motion-blur가 적용된 오브젝트가 얼마나 그 표현 과정동안 샘플이 만들어 지는지를 결정합니다.

운동의 속력을 높이는 Rendering > Sampling Contrast values가 만드는 것을 흐리게 하는 것보다 Motion Blur > Sampling Contrast values를 더 높게 설정하는 것이 좋습니다.

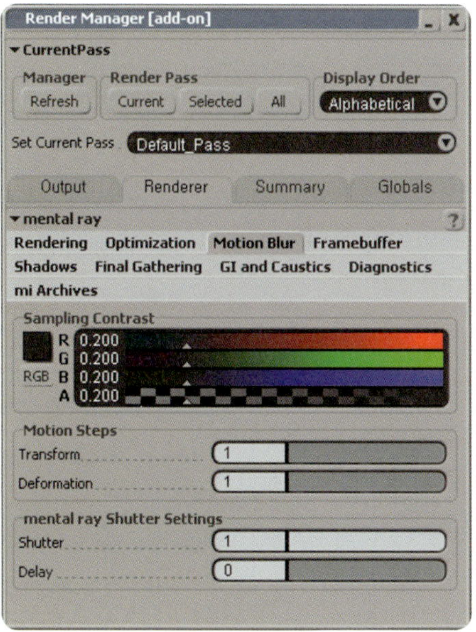

4. Rotational Blur를 위한 Transform Motion Steps

오브젝트를 회전시킬 때 생성되는 Blur 값을 적용시키는 방법입니다.
Value 값이 1에 적용되면 운동 흐림은 그 두 가치 사이의 하나의 선형
을 기반으로 계산됩니다.

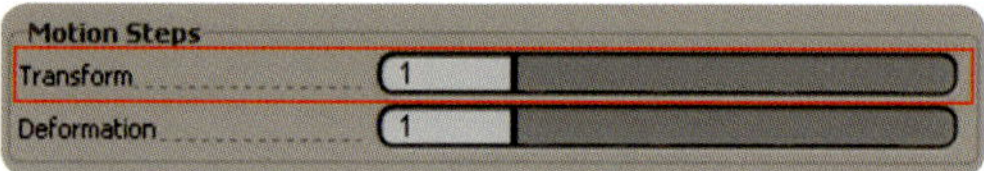

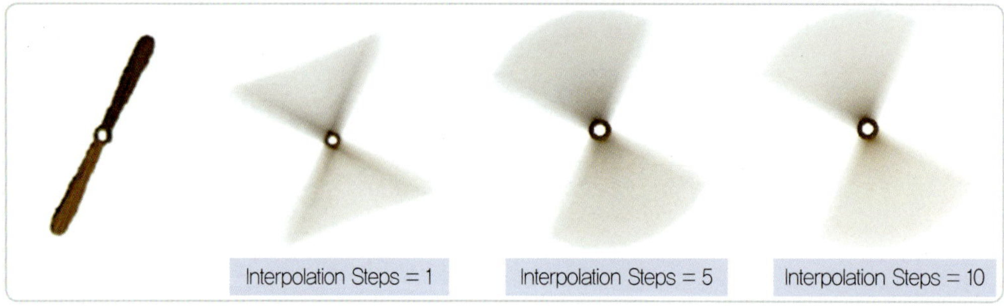

5. Deformation Blur를 위한 Deformation Motion Steps

Motion Steps 〉 Deformation을 이용한다면 Blue를 이용한 운동 값을
조절할 수 있습니다.

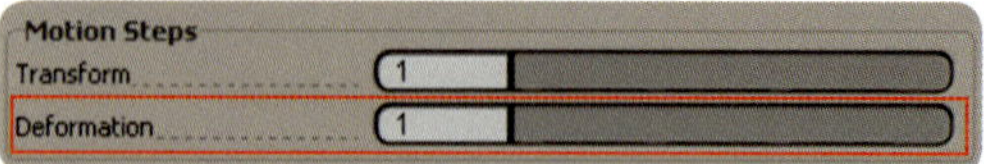

6. Mental ray Shutter 설정

Motion blur 파장의 크기와 길이를 조절하기 위해 Mental ray Shutter와
Delay 설정할 수 있습니다. 이 기능을 이용하면 빠르고 편리한 설정
할 수 있습니다.

Shutter 값이 1.0(default)에 있을 때 Mental ray는 Geometry's 운동 변형에 대한 최대한의 길이와 Pass/Scene을 위해
셔터 스피드 간격에 의해 적용되는 대로 Motion vectors를 사용합니다. A non-zero Delay는 Motion blur trails를 움직
입니다.

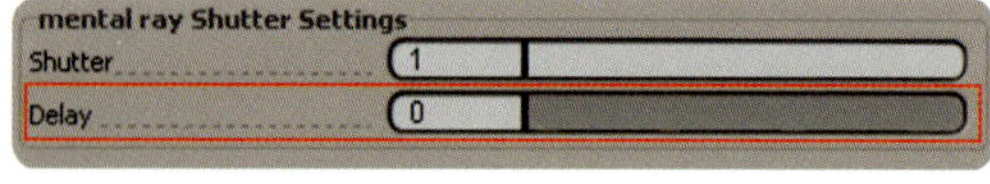

SOFTIMAGE XSI

7. Mental ray Motion Blurred Shadowmaps

Shadows 탭에서 Shadowmaps 〉 Motion Blur를 선택하면 Motion blur effects 효과를 줄 수 있습니다.

Shadow maps은 Raytracing 보다 더 빨리 그림자에 적용되는 Scanline-based 기능입니다. 그림자 표현에 있어 보다 리얼하거나 빠른 효과를 주는 기능입니다. Quick render test 할 시에는 이 옵션을 Off로 하는 것이 좋습니다.

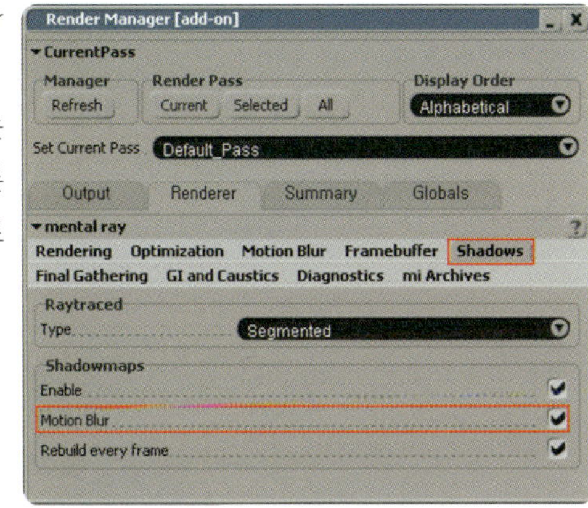

8. Motion Blur와 Intensity Clipping

Motion blur 기능을 이용하여 오브젝트를 흐리게 만들 때 Color clipping causes는 모두 흐리게 될 때 가치 값(above 1.0)을 변화시키면서 물체가 나타나게 합니다.

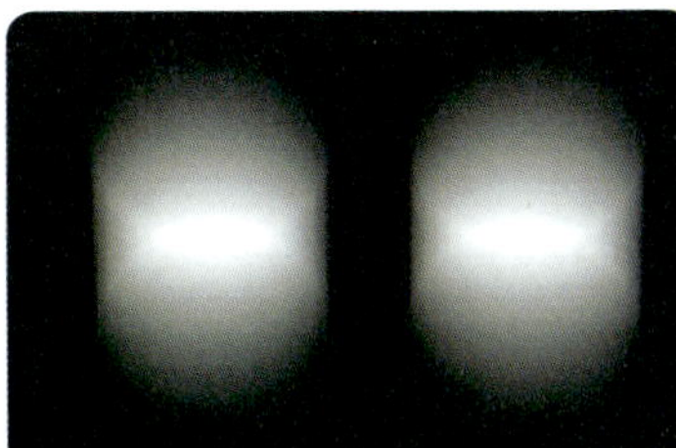

상기 이미지는 두 개의 Spheres에 Motion Blur를 적용한 상태입니다. 오른쪽 Spheres에 좀 더 높은 Intensity 가 적용되었습니다.

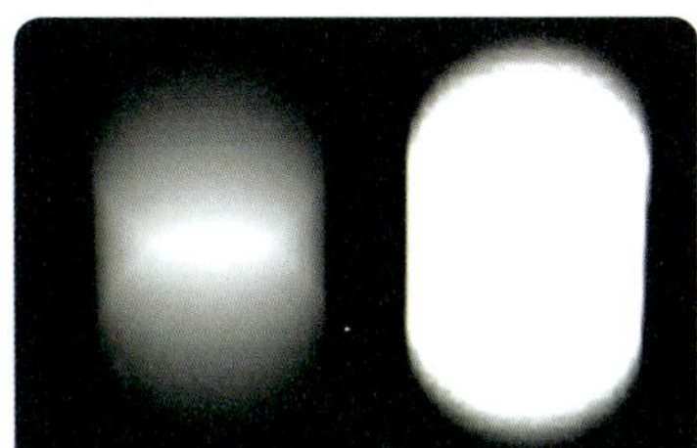

오른쪽 이미지는 Sphere에 Intensity Clipping을 배제하고 Correct intensity를 적용한 모습입니다.

9. Deactivate intensity clipping

Framebuffer 탭에서 No Clip으로 Color Channel Clipping을 설정합니다.

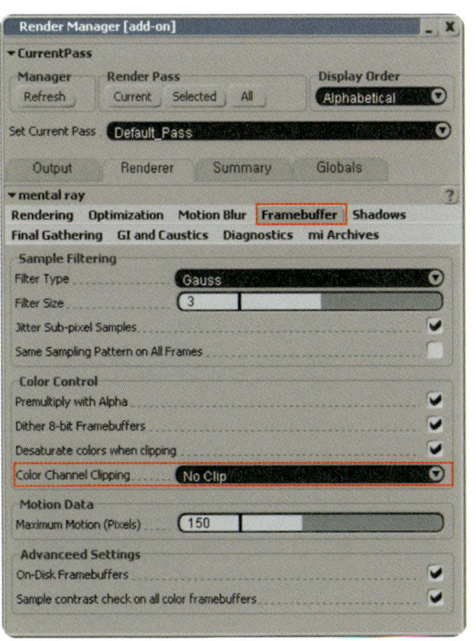

10 Motion Blur Property

장면에서 Motion blur 값을 만들어 내기 위해 Motion blur property 값을 조절해야 합니다.

STEP 01 Motion blur property 조절하기

01 새로운 Motion blur property를 만들기 위해 오브젝트를 선택합니다. Render toolbar에서 Get 〉 Property 〉 Motion Blur를 선택합니다. 선택된 오브젝트로부터 새로운 Motion blur property가 생성되며 Motion blur property editor 가 오픈됩니다.

02 이 Property editor에서 원하는 설정합니다. (Motion)Blur를 ON/OFF 하거나 Deformation Blur를 ON/OFF합니다.

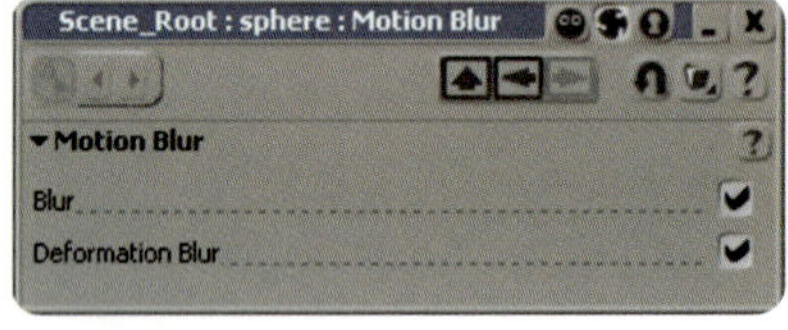

STEP 02 그룹을 위한 Motion Blur Property

만일 하나 이상의 오브젝트에 Motion blur를 적용시키길 원한다면 같은 단계를 반복해서 작업할 수도 있지만 비효율적이기 때문에 Group을 이용한 방법을 사용합니다.

1 적용시키고자 하는 오브젝트를 모두 그룹으로 만듭니다.
2 Explorer를 열어 다음 그룹을 확장시킵니다.
3 Motion blur subnode에서 그룹 된 오브젝트에 Blue가 적용되는지 살펴봅니다.

STEP 03 카메라를 위한 Motion Blur Property

Camera 와 Scene의 움직임으로 적용된 프레임에서 Motion blur는 더욱 강한 움직임을 제공할 것입니다.

STEP 04 Local Deformation Motion Blur

Deformation motion blur는 렌더링시 적용되어지는 시간이 더욱 많아질 것입니다.

TiP 스토리보드란?

TV나 스크린 화면과 같은 4:3, 12:9 비율의 여러 개의 화면에 전달하고 싶은 영상을 시간적 흐름에 따라 그림으로 표현하여 구성하는 것입니다. 주로 기획 업무 진행시 아이디어의 표현을 구체적인 시각적으로 표현하여 스토리를 전개해 나아가는 것입니다.

이미지를 시각화하는 작업으로 실제 제작에 들어가기 전 각 장면에 대한 카메라와 피사체의 움직임을 설명하거나 어떤 내용을 어떻게 구성할 것인가를 표현하여 제작에 필요한 모든 것을 미리 파악하게 해주는 계획서라고 볼 수 있습니다.

1) 러프 스케치(Rough sketch) – 작품의 구상을 구체화시키기 위해 그리는 그림을 러프 스케치라 하며 말 그대로 러프하고 간략하게 그린 그림을 말합니다. 주로 아이디어의 간단한 표현을 위해 사용됩니다.

2) 콘티 – Continuity란 단어에서 그 어원을 찾을 수 있으며 의미로는 "연속되어 있다."라는 뜻입니다. 즉 콘티란 영상 제작에 필요한 요소를 처음부터 끝날 때까지 연속적으로 순서에 따라 설명한 계획서와 같은 것입니다.

11 카메라 포커스에 익스프레션을 적용하는 방법

카메라 포커스에 익스프레션을 적용하면 매우 다양한 표현을 할 수 있습니다.
일반적으로 카메라의 기본적인 기능만 사용할 수도 있겠지만 보다 효과적인 응용 활용을 위해 익스프레션 기법을
사용합니다. XSI 카메라를 에프터이펙트 등 기타 다른 소프트웨어에서 카메라를 임포트(Import)하여 진행 시 꼭
필요한 작업입니다.

01 먼저 카메라 포터스의 익스프레션을 비교하기
위해 두개의 오브젝트를 Model 〉 Primitive 〉
PolygonMesh 〉 Sphere을 이용하여 생성합니다.

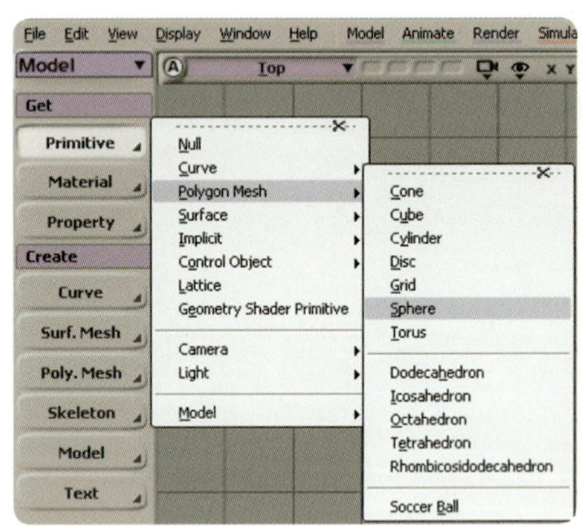

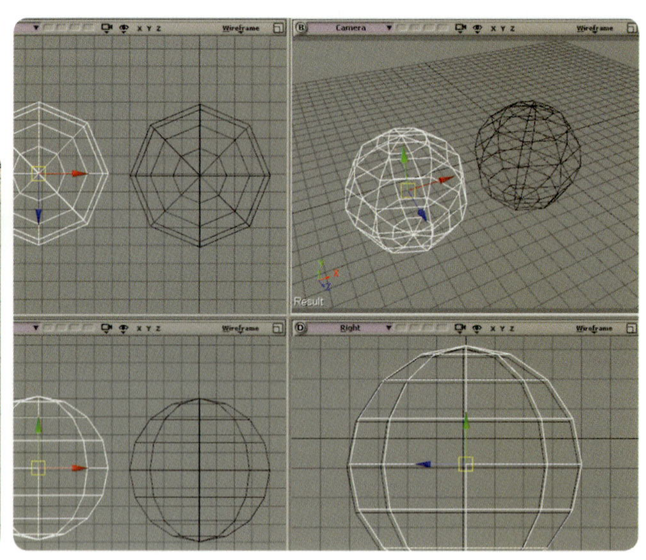

02 Model 〉 Primitive 〉 Camera 〉 Perspective를 이용하여 카메라를 생성합니다.
먼저 Near Focus in inches와 Far Focus in inches 값에 익스프레션을
걸기 위해 나타나는 카메라 옵션 창에서 Lens Shaders를 선택합니다.

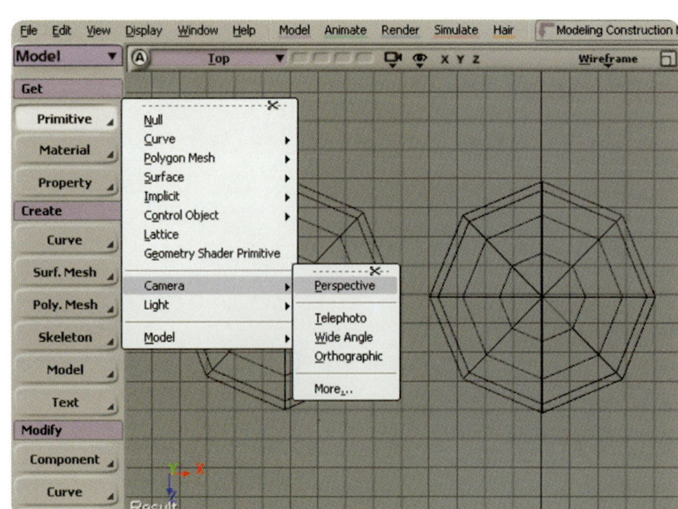

03 다음은 Lens Shaders에 Add를 클릭하여 Depth_of_field를 적용합니다.

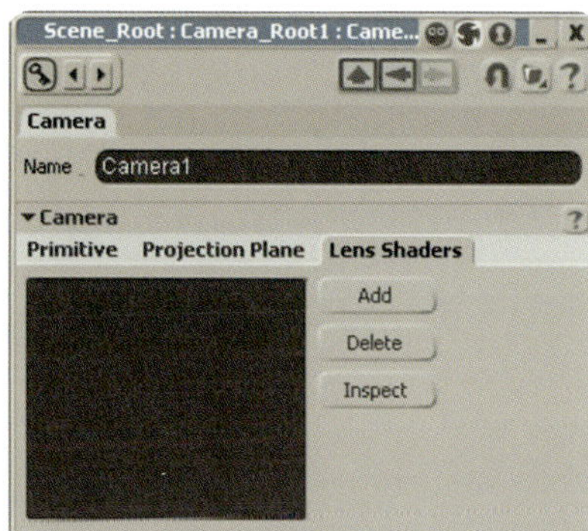

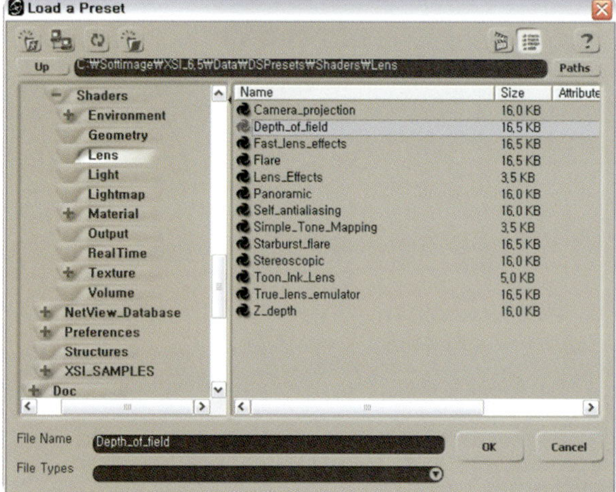

04 다음은 Depth_of_field를 오픈하기 위해 Depth_of_field를 선택한 후 Inspect를 클릭합니다.

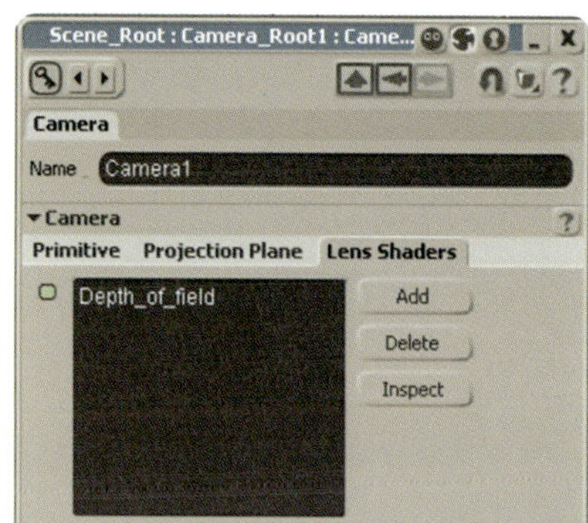

05 Depth_of_field 옵션창이 활성화되면 빨간색 부분(Depth of field Mode)을 Automatic Mode에서 Custom Mode로 변경합니다.

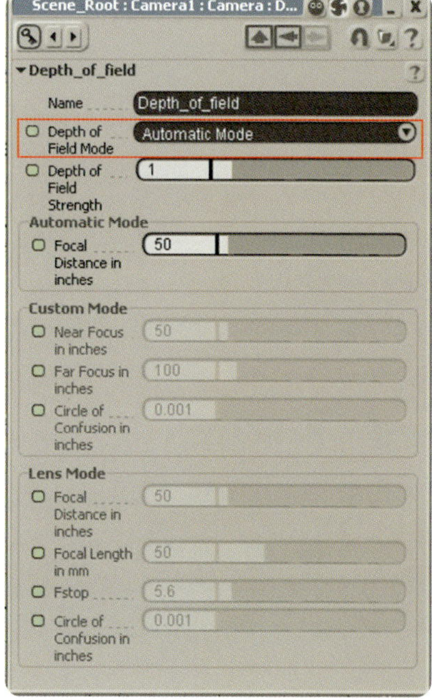

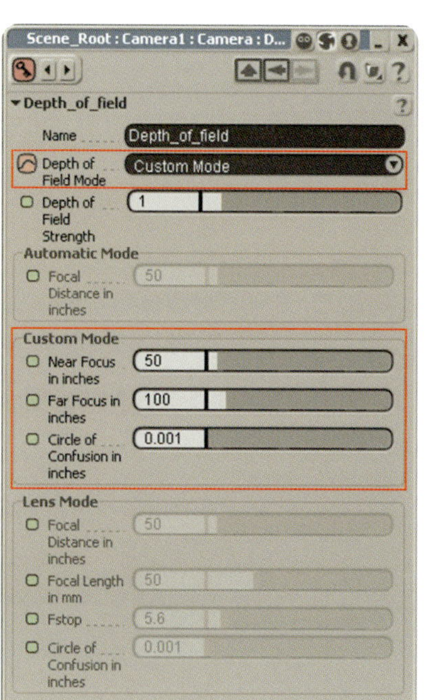

06 Custom Mode로 바꾸게 되면 위와 같이 Custom Mode가 활성화됩니다.

활성화가 된 Custom Mode의 Near Focus in inches 와 Far Focus in inches에 익스프레션을 적용
합니다. 익스프레션을 적용하기 위
해서 Custom Mode 〉 Near Focus
in inches 앞 연두색에 마우스를 올
려두고 오른쪽 마우스를 클릭하면 다
음과 같이 나타납니다. 여기에서 Set
Expression...을 클릭합니다. 기본적
인 익스프레션이 적용되었습니다.

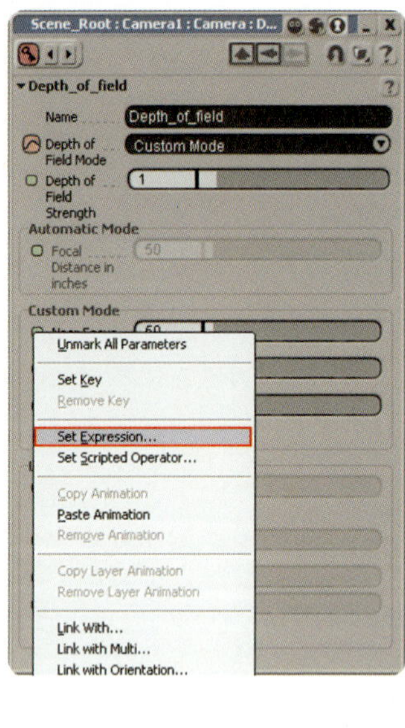

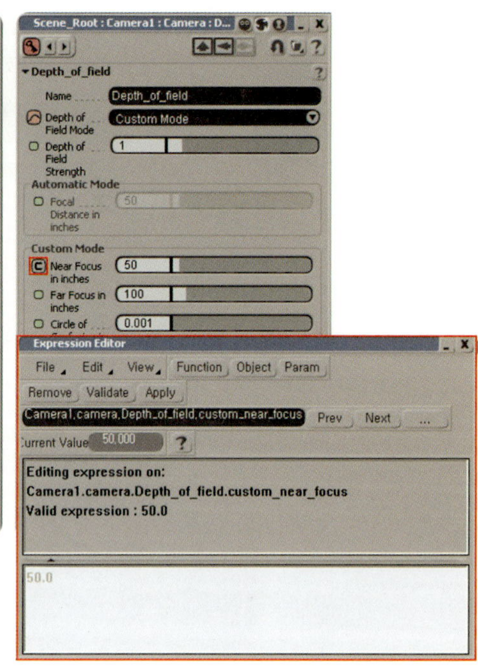

07 다음은 Expression Editor에서Function 〉
Distance 〉 to Camera를 선택합니다.

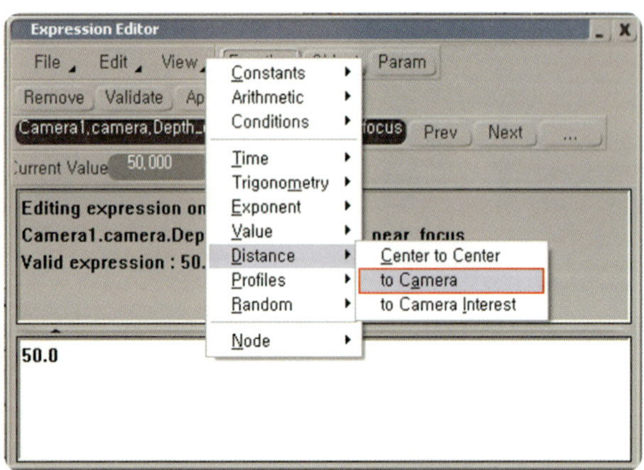

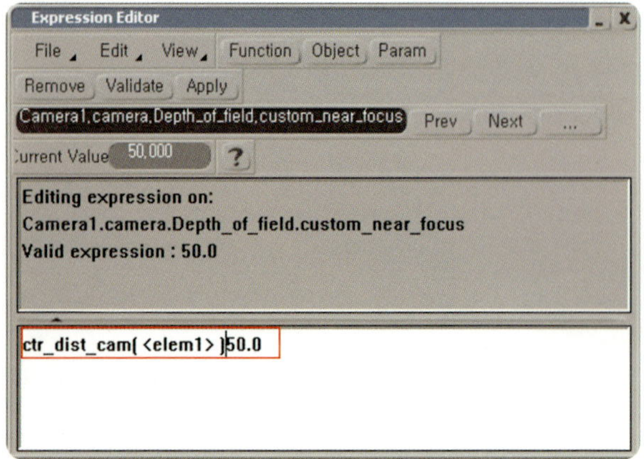

08 Model 〉 Primitive 〉 Null을 생성합니다.

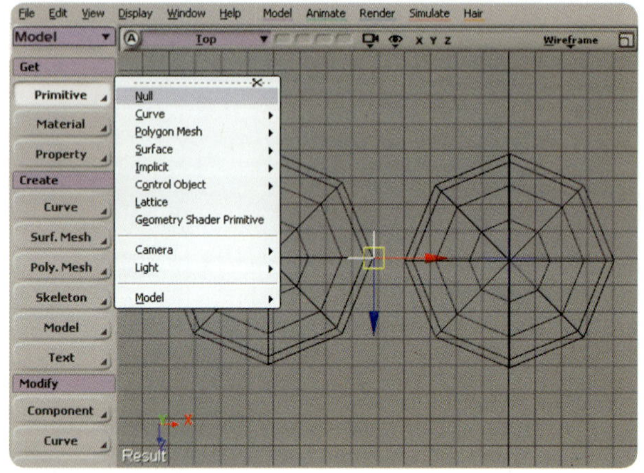

09 다음은 아래 하얀 창에 "[〈elem1〉]을 선택한 후 마우스를 하얀 창에 올려둡니다. F11 키를 누르고 Null을 선택한 후 뒤의 50.0을 지워줍니다.

10 카메라 인터레스트에 익스프레션을 적용합니다. 카메라에 적용하는 방법 또한 위에 적용한 방법과 동일합니다.

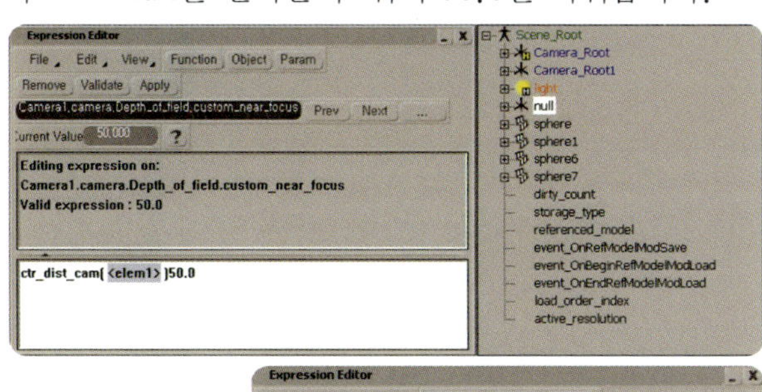

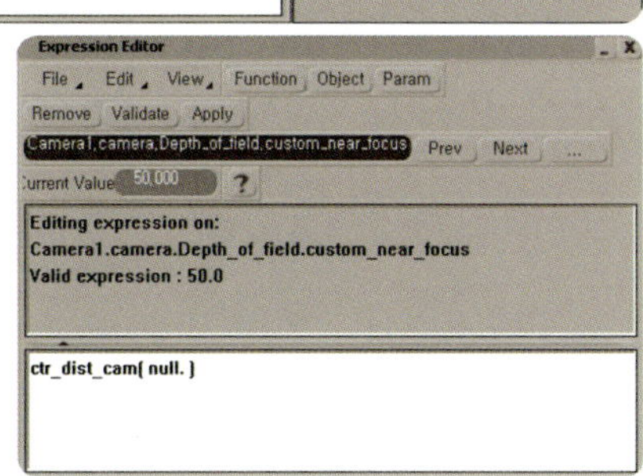

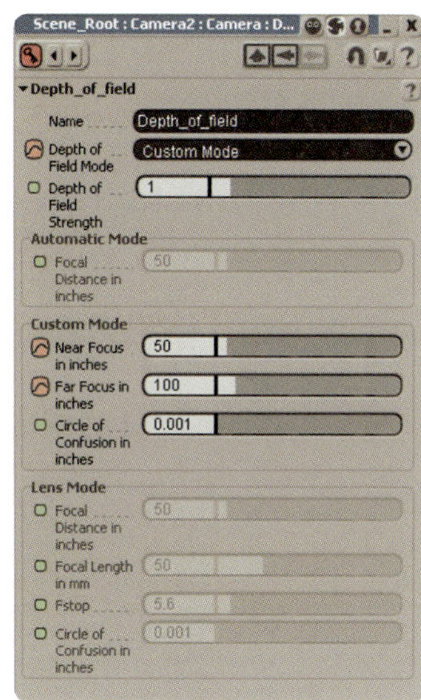

CAMERA FORMAT

Format	Type	Size	Picture Ratio	Pixel Ratio
Custom	사용자 정의 (사용자 기준으로 Camera format을 설정한다)	사용자 정의	1	1
Cine 35 1.37/1	Screen용 Format (Wide Camera 설정)	2048 / 1494	1.37	1
Cine 35 1.65/1		2048 / 1232	1.661	1
Cine 35 1.85/1		2048 / 1106	1.85	1
Cine 70 Panavision		2048 / 935	2.19	1
Cine 70 Imax		4000 / 3002	1.332	1
Slider 35 (24x36)	Slider 형태의 고해상도 film type 설정	2048 / 1365	1.5	1
Slider 6x6		2048 / 2048	1	1
Slider 4"x5"/8"x10"		2048 / 1638	1.25	1
NTSC D1 4/3 720x486	미국 표준 방송 규격 설정	720 / 486	1.333	0.9
NTSC D1 16/9 720x486		720 / 486	1.333	1.2
PAL D1 4/3 720x576	유럽 표준 방송 규격 설정	720 / 576	1.333	1.067
PAL D1 16/9 720x576		720 / 576	1.42	1.42
HDTV 480 640x480	94	640 / 480	1	1
HDTV 480 4/3 704x480		704 / 480	1.333	0.91
HDTV 480 16/9 704x480		704 / 480	1.778	1.21
HDTV 720 16/9 1280x720		1280 / 720	1.778	1
HDTV 1035 16/9 1920x1035		1920 / 1035	1.778	0.958
HDTV 1080 16/9 1920x1080		1920 / 1080	1.778	1

Animation

현실세계에서 모든 사물은 기본적으로 움직임이 있습니다. 이러한 동적 영상은 살아가는 하나의 표현이며, 움직임으로 인한 리얼한 영상은 아주 자연스런 현상입니다.
Softimag XSI에서는 움직임의 표현을 위해 다양한 애니메이션 제작 기술을 제공하고 있습니다. 현실세계와 같은 세부적인 표현도 가능하며 약간의 과장을 통해 역설적으로 표현하기도 합니다.

이 장에서는 애니메이션에 대한 기본적인 기능 및 활용과 응용 방법론에 대해 학습할 수 있습니다.

Animate Toolbar

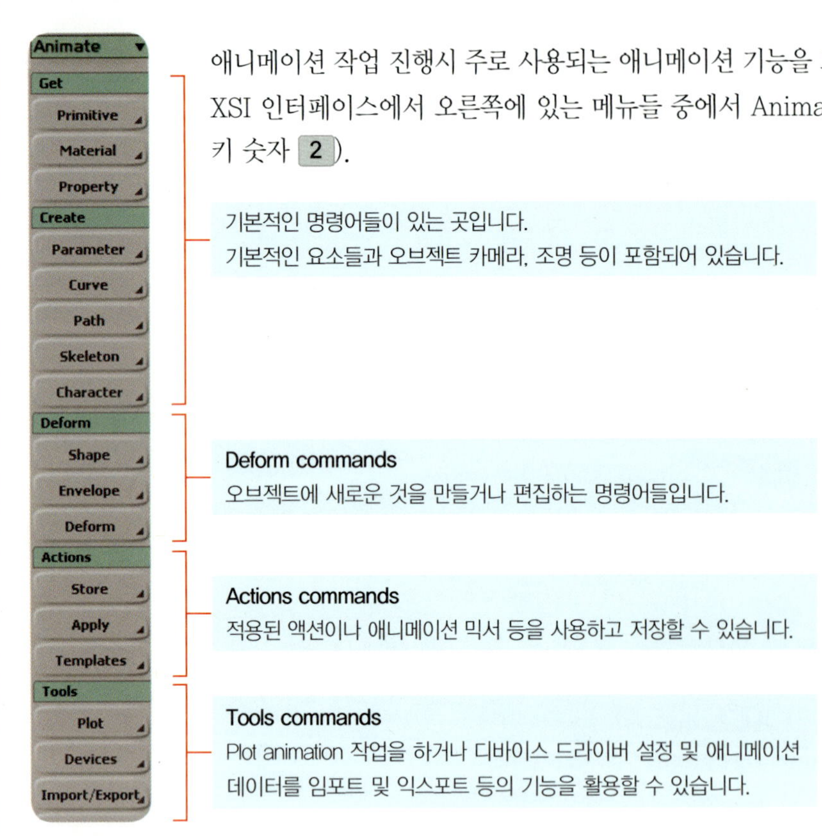

애니메이션 작업 진행시 주로 사용되는 애니메이션 기능을 모아놓은 것이 Animate toolbar입니다. XSI 인터페이스에서 오른쪽에 있는 메뉴들 중에서 Animate toolbar를 선택할 수 있습니다(단축키 숫자 2).

기본적인 명령어들이 있는 곳입니다.
기본적인 요소들과 오브젝트 카메라, 조명 등이 포함되어 있습니다.

Deform commands
오브젝트에 새로운 것을 만들거나 편집하는 명령어들입니다.

Actions commands
적용된 액션이나 애니메이션 믹서 등을 사용하고 저장할 수 있습니다.

Tools commands
Plot animation 작업을 하거나 디바이스 드라이버 설정 및 애니메이션 데이터를 임포트 및 익스포트 등의 기능을 활용할 수 있습니다.

STEP 01 Animation Panel

애니메이션 패널(Animation panel)은 XSI window 아래쪽에 위치해 있으며 애니메이션 작업시 빠른 선택과 제어가 가능합니다.

Animation menu
애니메니션 관련 명령어나 키를 설정할 수 있으며 애니메이션 에디터 및 복사, 붙이기 등의 기능을 사용할 수 있습니다.

Save Key preference menu
기본적인 키를 어떤 방식으로 설정할 것인지 선택하는 메뉴입니다.

Character key set menu
쉬운 키(Key)설정 관련 메뉴들이 포함되어 있습니다.

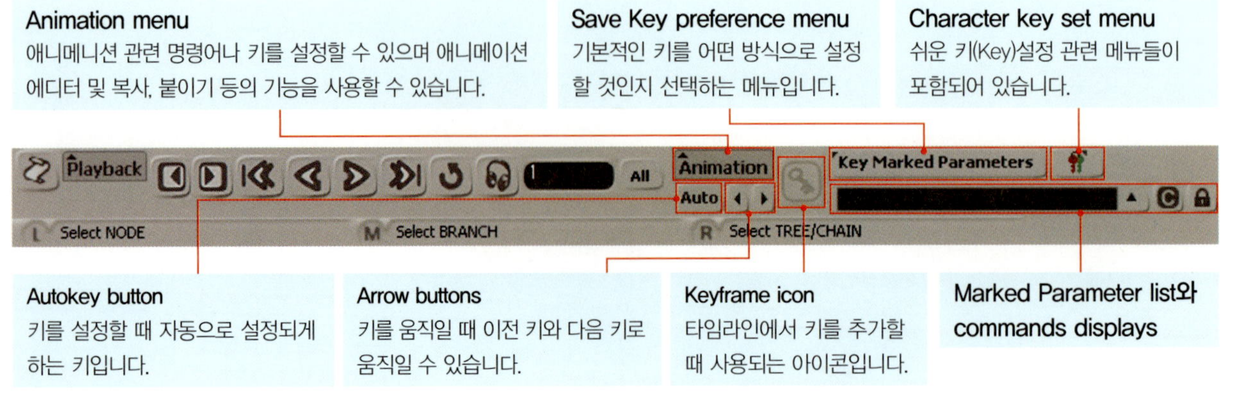

Autokey button
키를 설정할 때 자동으로 설정되게 하는 키입니다.

Arrow buttons
키를 움직일 때 이전 키와 다음 키로 움직일 수 있습니다.

Keyframe icon
타임라인에서 키를 추가할 때 사용되는 아이콘입니다.

Marked Parameter list와 commands displays

SOFTIMAGE XSI

STEP 02 Keying (KP/L) 패널(Panel)

Keying 패널은 애니메이션 작업시 키(Key)를 입력하기 위해 사용하는 Tool 기능입니다.

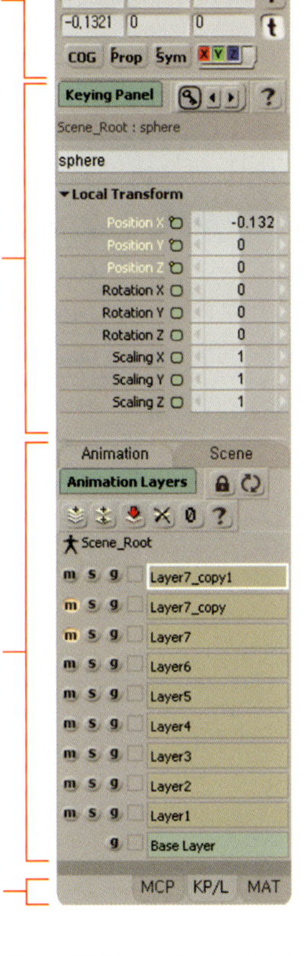

Mini Transform Panel
오브젝트를 애니메이션시 스케일, 회전, 움직임
값을 주며 작업할 수 있습니다.

Keying Panel
오브젝트의 Keyable parameters를 쉽게 설정할
수 있습니다.

Animation layers Panel
애니메이션에 사용되는 레이어를 새로 만들
거나 편집할 수 있는 메뉴입니다.

KP/L 탭
메인 명령 패널로 Keying 패널을 활성화할 수
있습니다.

STEP 03 Animation 아이콘(Icon)

XSI에는 애니메이션 작업진행시 필요한 많은 기능들이 있습니다. 이러한 기능들을 쉽게 사용하기 위해 애
니메이션 아이콘을 이용한 빠른 접근과 활용이 가능합니다.

1 현재 프레임에서 매개변수에 의해 Key값을 설정하거나 제거하기 위해 애니메이션 아이콘을 클릭합니다.

2 선택한 후 마우스 Right-click을 하여 나타나는 Animation tool에서 사용 값을 설정하며 사용합니다.

 **TiP** 애니메이팅하고 있는 오브젝트의 센터 이동 방향을 커브로 보여주는 방법

Animate Toolbar 〉 Tools 〉 Plot 〉 Curve를 클릭 후 플레이하면 뷰포트 상에 커브가 보입니다.

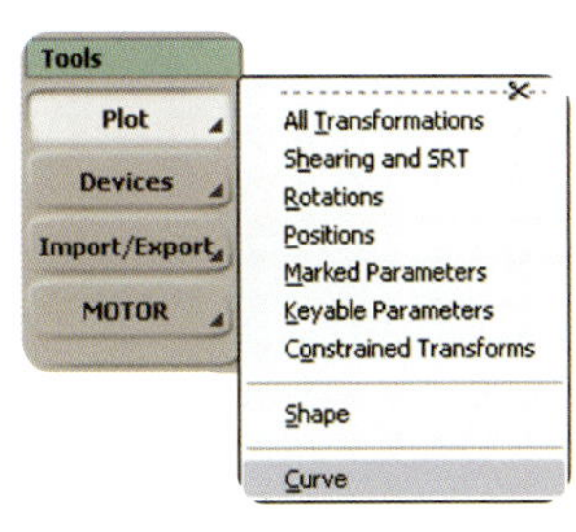

STEP 04 기본적인 Frame Rate와 Format

Output Format property editor에서 기본 Frame rate와 Format 등에 대해 설정할 수 있습니다.

01 장면에서 기본적인 Frame rate와 Format 설정하려면 메인 메뉴에서 File 〉 Preferences 를 선택합니다.

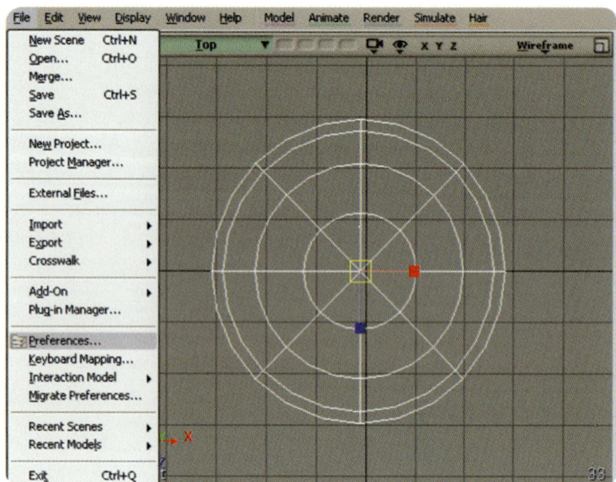

02 Explorer에서 Output Format property editor를 열기 위해 Output Format을 선택하거나 아이콘을 선택합니다.

기본적인 Frame Rate 영역에서 Frame Format과 Frame Rate를 설정합니다.

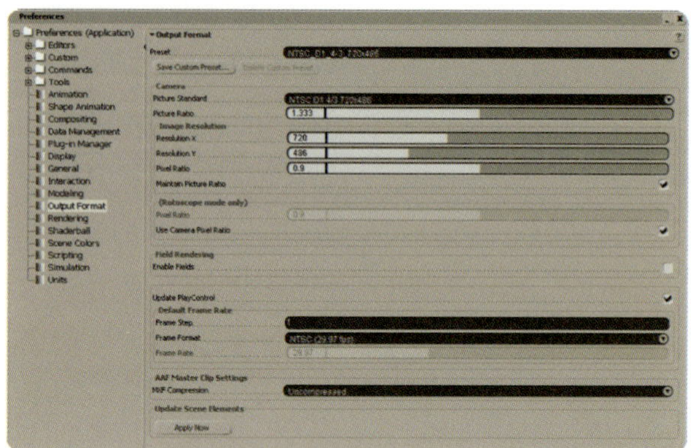

STEP 05 Playback Frame Rate과 Format

Playback frame rate와 Format은 XSI에서 Playback interaction에 의해 사용됩니다.

01 Playback frame rate과 Format 설정하려면 Play Control property editor를 활성화시키기 위해 Playback panel에 Playback 〉 Playback Options을 선택합니다.

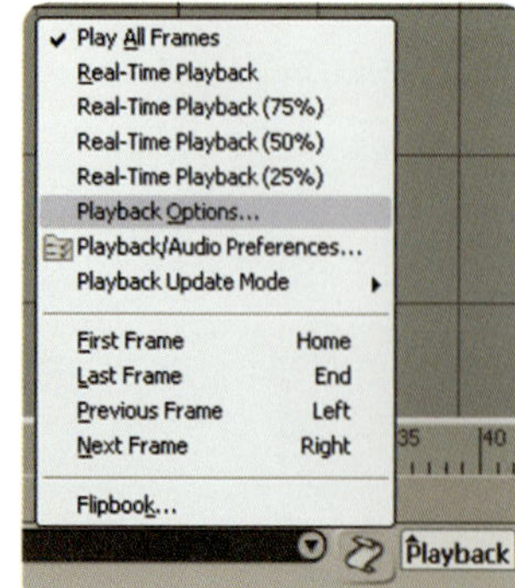

02 Play Control property editor에 Options에서 원하는 Frame Format을 선택합니다.
29.97 프레임을 사용하는 NTSC 방식이나 PAL, Film 등의 방식을 선택할 수 있습니다.
만일 Frame Format 방식에서 Custom 방식을 선택한다면 Frame Rate를 명시하는 것이 좋습니다.

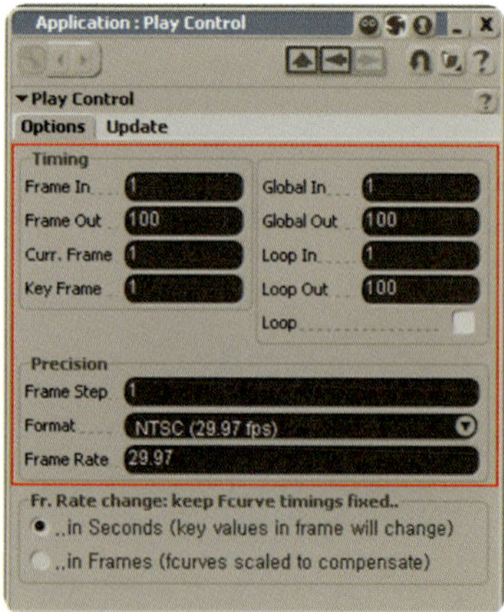

03 Current Frame Rate 디스플레이하려면 Viewport에서 Eye icon을 클릭하여 Frame Rate를 선택합니다.

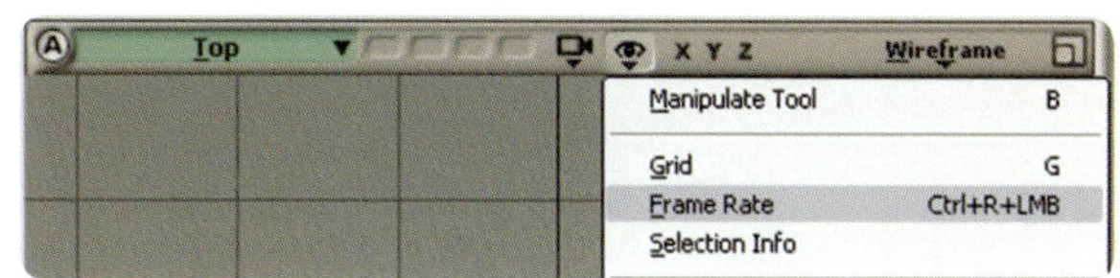

STEP 06 Animation 작동시키기

애니메이션을 제작하고 테스트나 애니메이션 플레이를 하는 주된 방법 중에 하나는 Timeline이나 Playback control을 사용하는 방법입니다.

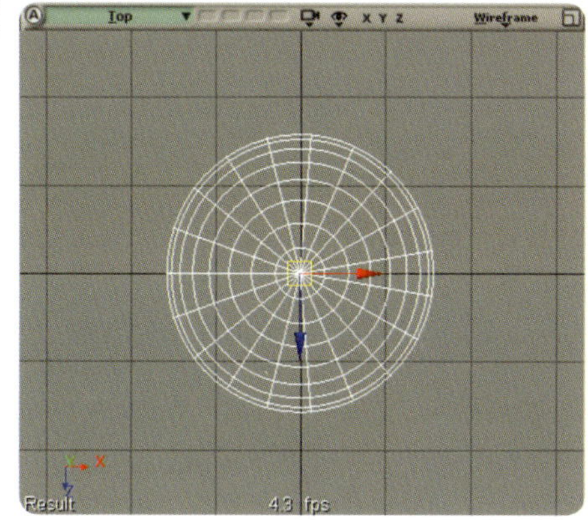

애니메이션시 나타나는 Current frame rate 값입니다.

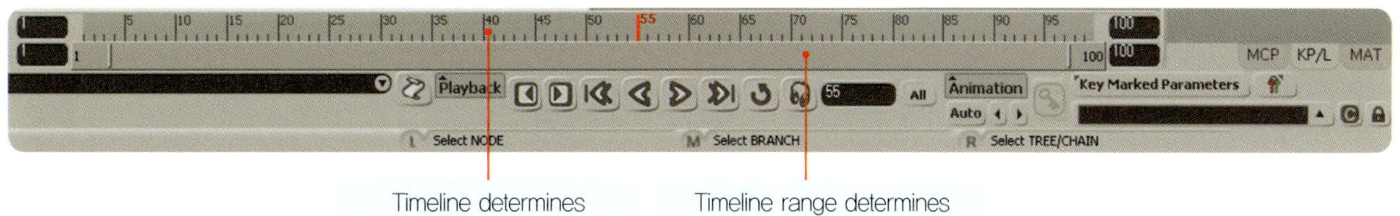

1. Playback을 위해 Time Range 설정하기

Time range로 두 가지 설정을 할 수 있는데 첫 번째로 장면에서 출발과 끝 프레임을 설정 할 수 있으며 두 번째로 View와 play back은 Timeline에 Frames에서 작은 Range 값을 지원합니다.

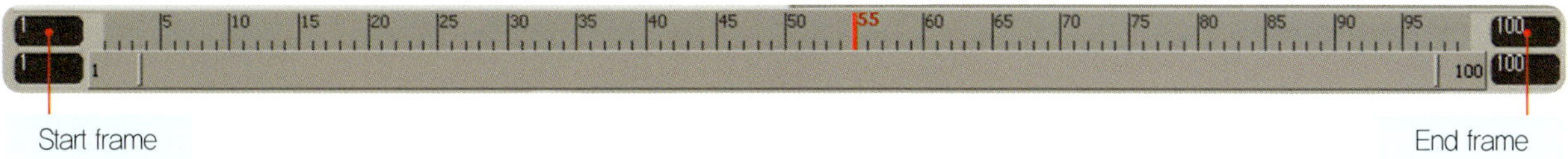

01 Time range 디스플레이 하거나 숨기려면 Main menu에서 View 〉 Optional Panels 〉 Time Range Slider를 선택합니다.

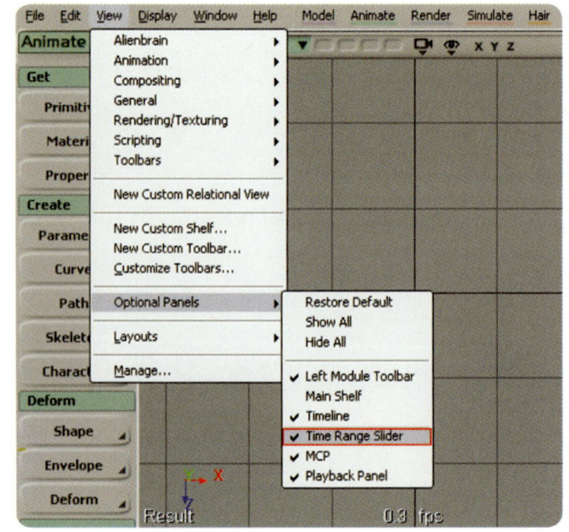

02 Overall time range displayed 설정하려면 Play Control property editor에서 Global In/Out parameters의 프레임을 설정하거나 Playback panel에서 Playback 〉 Playback Options을 선택하여 설정합니다.

다른방법으로는 Animation Preferences property editor에서 Global In/Out parameters의 기본 Preference 를 설정합니다(메인 메뉴에서 File 〉 Preferences를 선택한 후 Output Format을 선택하거나 Output Format 텍스트 왼쪽 사각형 모양의 아이콘을 선택합니다).

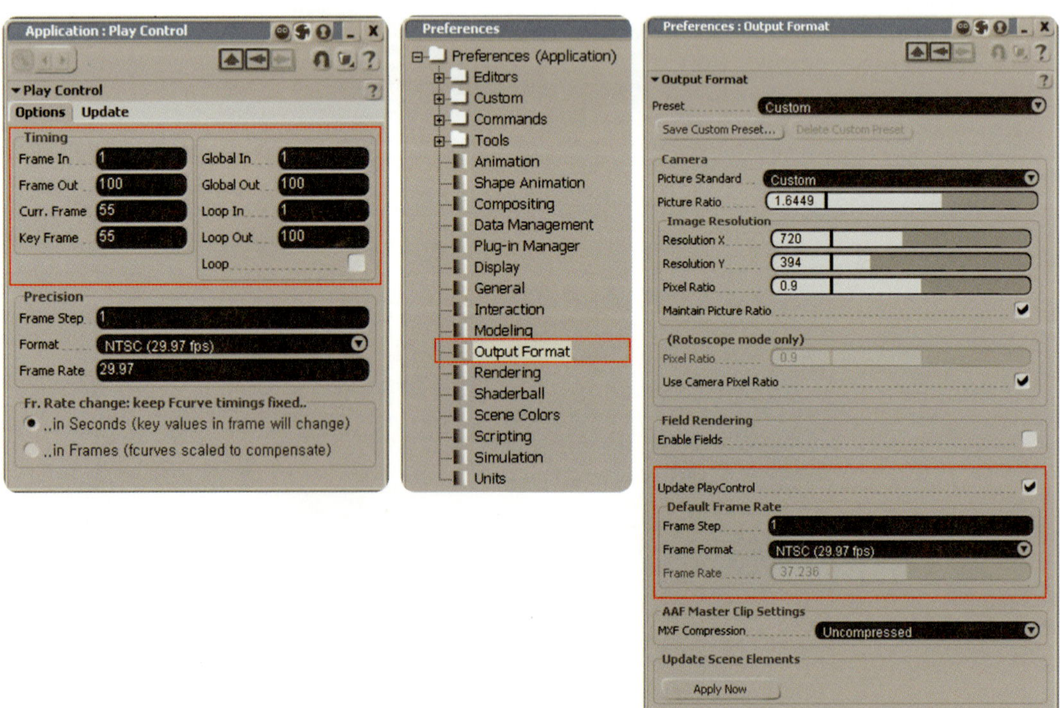

03 Timeline에서 Frames displayed의 Range 변경하려면 Time range slider를 조절하는 것은 어떤 프레임이 Timeline에서 디스플레이 되는지 결정합니다. 마우스를 이용하여 오른쪽이나 왼쪽으로 Range slider's를 움직여 보며 Frame range의 Length를 조절해 봅니다.

Range's length를 변경하지 않고 Time range를 이동하기 위해 Range slider 중간을 선택하여 이동(Drag)합니다.

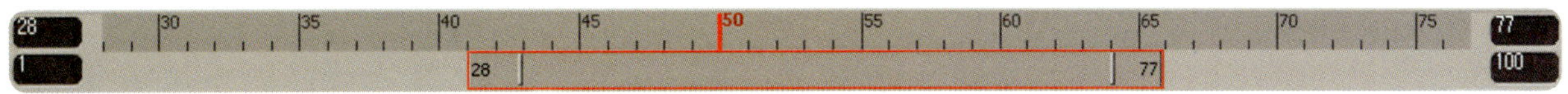

2. 장면에서 Start와 End Frames 설정하기

애니메이션에서 Play back을 하기 전에 시작과 끝 프레임을 설정해야 합니다.

Scene's playback frames 설정하려면 Timeline에서 시작과 끝 프레임 박스에 수치를 입력하여 프레임을 설정합니다.
다른 방법으로 Play Control property editor에 Frame In과 Frame Out values에서 설정합니다(Playback panel 패널에 Playback 〉 Playback Options을 선택합니다).

3. Timeline Display Format 설정하기

기본적으로 Timeline은 프레임 디스플레이를 설정할 수 있습니다. 만일 Animation editor와 Animation mixer에서 설정 값을 변화시키면 Timeline에 영향을 미치게 됩니다.

01 Timeline display 설정하려면 메인 메뉴에서 File 〉 Preferences를 선택합니다. Explorer 에서 Display나 아이콘을 선택하면 Display property editor가 활성화됩니다.

02 Time Display Format 탭을 선택한 후 선택 옵션을 모두 선택합니다. Display As Frames 을 선택하여 설정합니다. 다른 방법으로 Use Custom Display Format을 선택하여 나타나는 Display Format list에서 Format을 설정합니다.

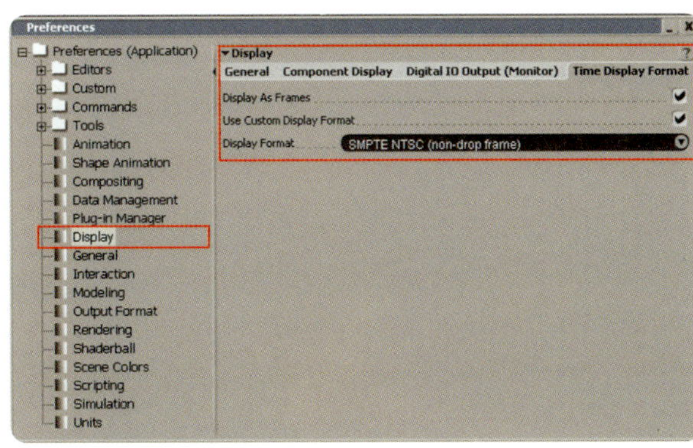

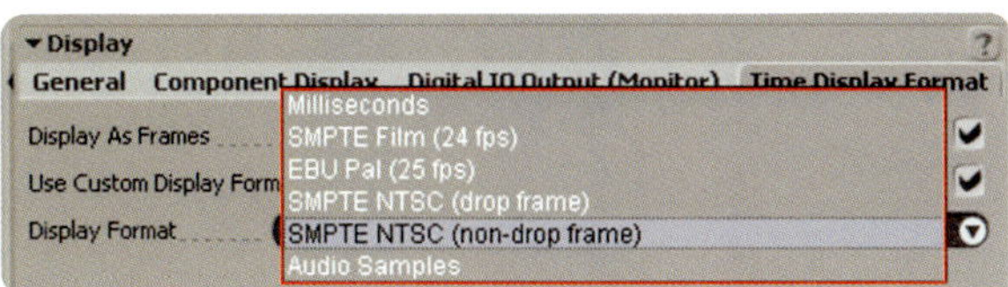

4. Timeline에서 Playing Back

Timeline은 애니메이션 작업시 진행되는 키(Key)위치를 디스플레이 하는데 이용됩니다. 마우스 Left-clicking을 하면 Frame에서 선택된 위치로 Timeline이 선택됩니다. Timeline에서 Right-clicking을 하면 키(key)를 편집하기 위해 Context menu를 활성화합니다.

Timeline 디스플레이하거나 숨려면 Main menu에서 View 〉 Optional Panels 〉 Timeline을 선택합니다.

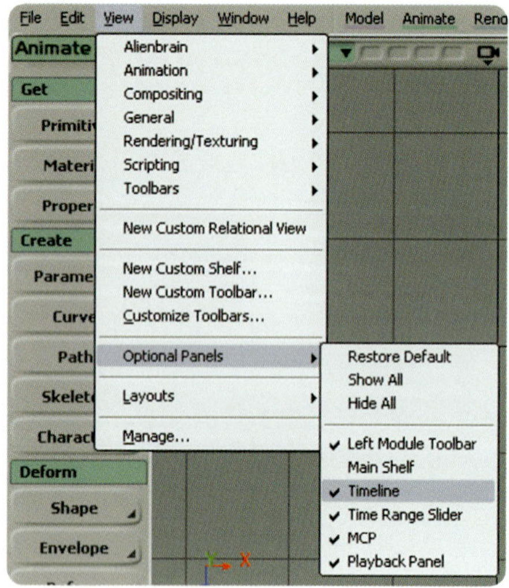

5. Current Frame Number 디스플레이 하기

01 Viewport에 Current frame number를 디스플레이하려면 Viewport 〉 Visibility Options를 선택합니다.

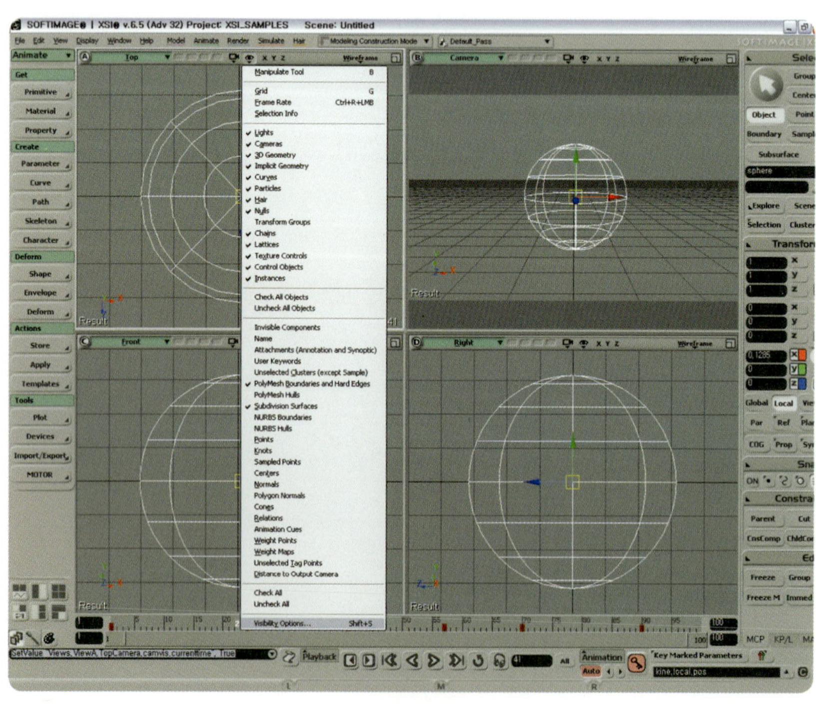

02 Stats 탭에서 Show Current Time을 선택합니다.

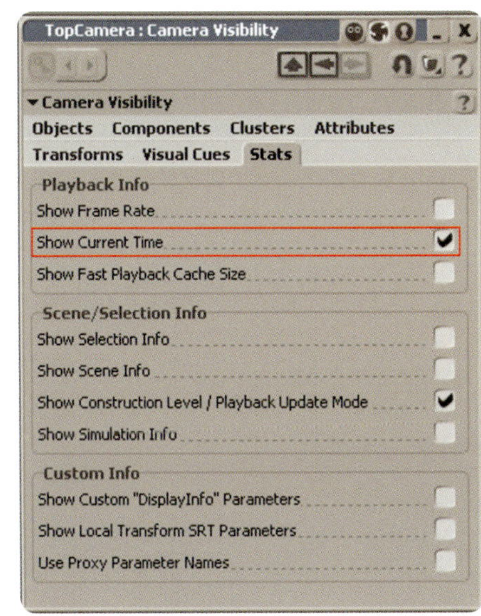

6. Playback Controls 사용하기

Timeline 아래의 Playback 패널 안에 Control에서는 다양한 방법으로 애니메이션과 오디오 작업을 진행할 수 있습니다.

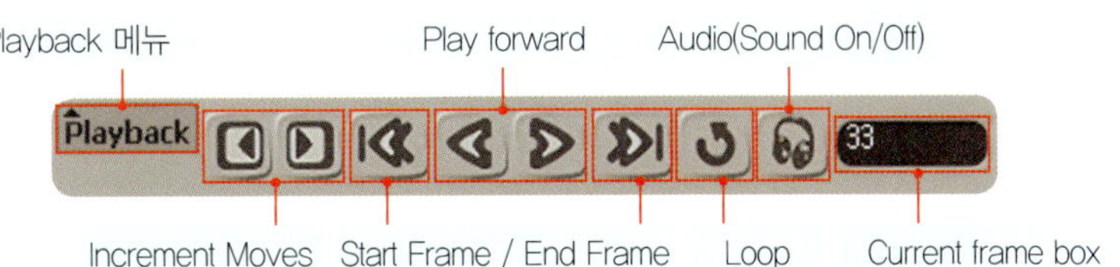

01 **Play forward** : Play ▷ 아이콘을 클릭하면 Timeline에 첫 번째 프레임에서 플레이가 시작됩니다.
다른 방법으로 Play icon에서 마우스 Middle-click을 하면 현재의 프레임에서 플레이가 시작됩니다.

02 **Play backward** : Play Backward ◁ 아이콘을 클릭하면 Timeline에 마지막 프레임에서 뒤로 플레이됩니다.

03 Playback 멈추려면 마우스 Middle-click으로 Play ▷ 아이콘 또는 Play Backward ◁ 아이콘을 다시 클릭합니다.
다른 방법으로 Viewports 또는 Timeline에서 아무런 마우스 버튼을 클릭하거나 Down-arrow key를 클릭합니다.

04 Timeline에서 First/Last frame으로 이동하려면 First/Last Frame 아이콘 ◁◁ ▷▷ 을 클릭합니다.
다른 방법으로 Home/End키를 사용하거나 Playback 〉 First Frame/Last Frame을 선택합니다.

05 Forward/Backward 한 개 Frame씩 움직이려면 Previous/Next Frame 아이콘 ◀ ▶ 을 클릭하거나 Left/Right-arrow key를 선택합니다.
다른 방법으로 Playback 〉 Next Frame/Previous Frame을 선택해도 됩니다.

06 Animation을 연속 재생하려면 Loop 아이콘 ↻ 을 클릭합니다.

07 Frame이 있을 때마다 Script 실행을 디스플레이 하려면 Playback 〉 Playback Options을 선택한 후 Update 탭을 클릭합니다. Command box에서 Script 이름을 입력하세요.

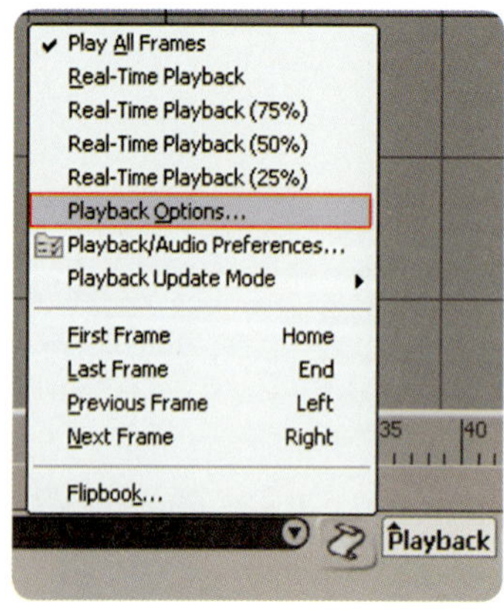
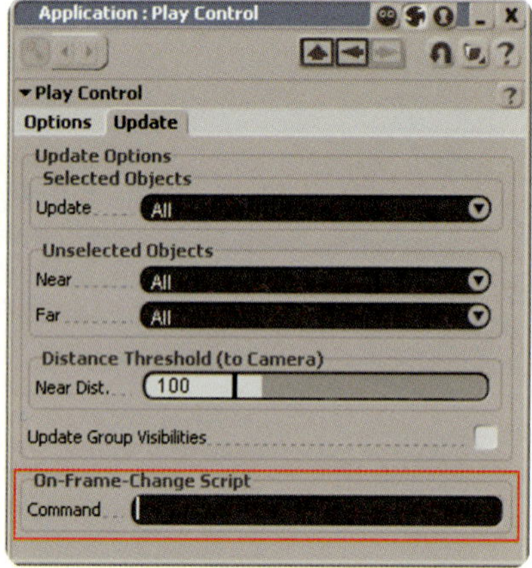

7. Playback에서 Looping 하기

작업 진행시 Loop(연속재생) 기능으로 애니메이션 작업 상태를 확인할 수 있습니다. 이 기능은 주로 애니메이션 작업을 진행한 후 애니메이션 제작 이상 유무를 확인 하거나 마지막 렌더링 작업을 진행하기 전에 주로 테스트 기능으로 많이 사용하고 있습니다.
렌더링 시간은 매우 길어 작업자가 확실한 데이터를 얻기까지 불편하지만 이러한 기능을 이용하면 빠른 시간에 테스트를 할 수 있다는 장점이 있습니다.

01 Looping 활성화하려면 Playback에서 Loop 아이콘을 클릭합니다.

02 Play Control property editor에서 Loop option을 선택합니다. Playback 패널에서 Playback 〉 Playback Options을 선택합니다.

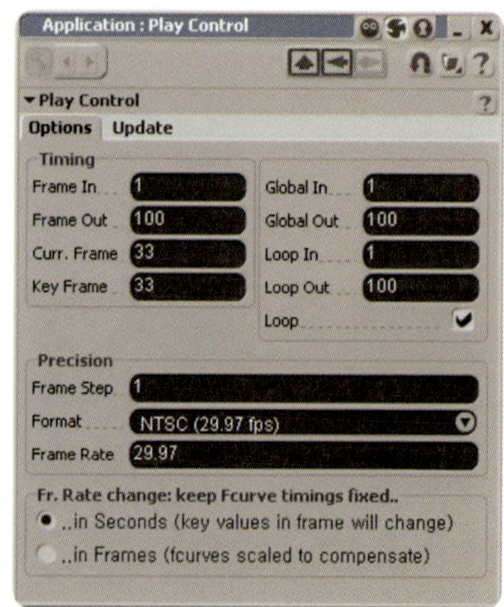

 **STEP 07**

Animation에서 Scrubbing 하기

Scrubbing의 의미는 직역하자면 "문지르는 것"을 말하는데 XSI에서는 Timeline에 Playback 커서(Cursor)를 앞뒤로 끄는 것을 말합니다.

이 작업은 애니메이션 작업시 애니메이션 데이터 이상 유무를 종종 확인할 때 주로 사용하는 방법입니다.

이 기능을 이용하기 위해 설정할 수 있는 방법과 이 기능을 녹음 하여 설정된 값을 자동으로 재생시키는 기능이 있습니다.

Scrubbing 옵션 설정하려면 메인 메뉴에서 File 〉 Preferences를 선택한 다음 Interaction을 선택하여 Interaction preferences property editor를 활성화합니다.

Playback and Audio 탭을 선택한 후 Scrubbing area에서 옵션을 설정합니다.

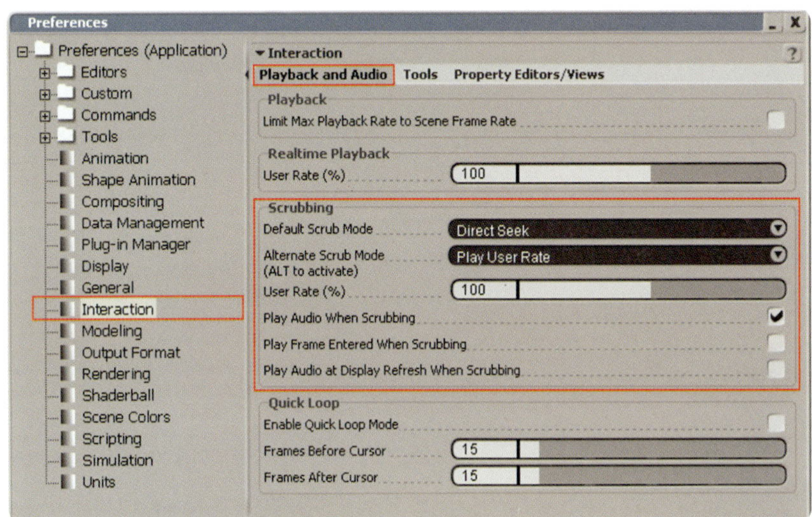

기본적인 Scrub 모드(Mode)는 Scrubbing을 메인 방법으로 사용합니다.

1 Direct Seek
2 Play User Rate
3 Play Realtime
4 Play Vari Speed

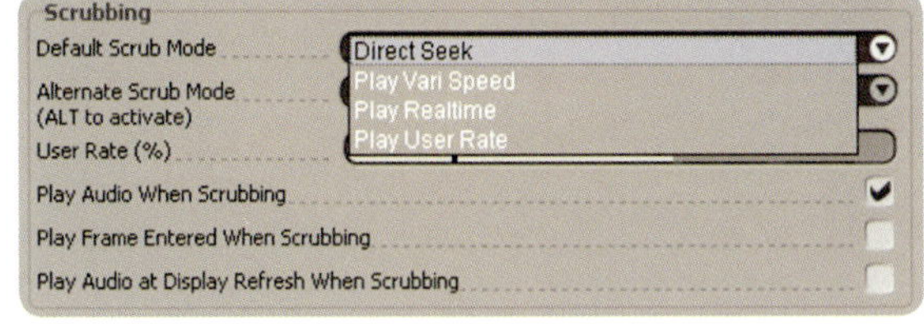

 **STEP 08**

Viewport(Flipbook)에서 애니메이션 캡처하기

새로운 Flipbook과 Image 파일로 애니메이션 데이터를 관리할 수 있습니다.

1. 새로운 Flipbook 만들기

작업된 애니메이션을 Flipbook 으로 만들 수 있습니다. 먼저 원하는
뷰포트에서 카메라 아이콘을 선택한 후에 Srart Capture를 선택합니다.

나타나는 창에서 옵션을 설정한 후 OK 버튼을 눌러 저장합니다.

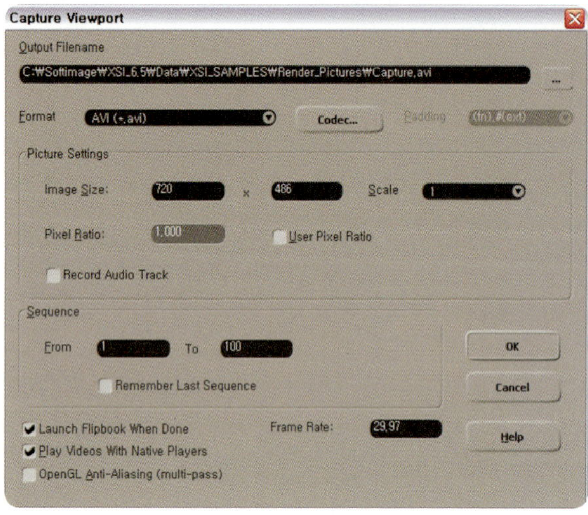

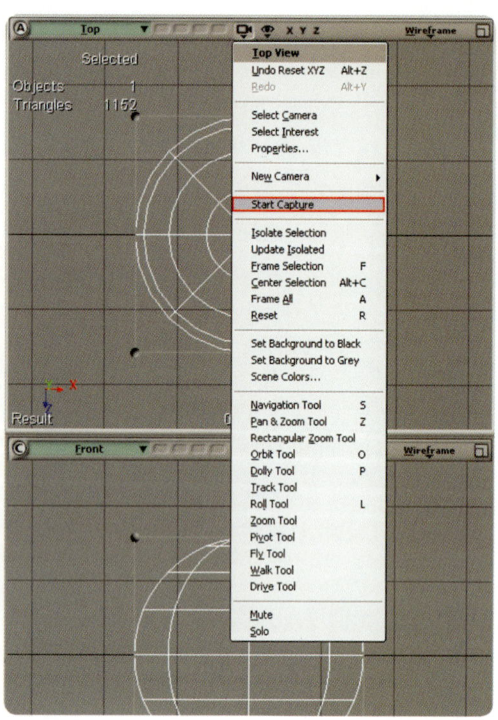

2. Animation에서 Sound 캡처(Capture)하기

만일 애니메이션에 사운드가 포함되어 있다면 Viewport에서 사운드를 캡처할 수 있습니다.

01 Playback 패널에 있는 Play/Mute Audio을
클릭하여 오디오 기능을 사용할 수 있게 합니다.

02 Camera 아이콘 아래에 Start Capture를 클릭
하여 Viewport에서 애니메이션을 캡처합니다.
Capture Viewport property editor에서 Record
Audio Track을 선택합니다.

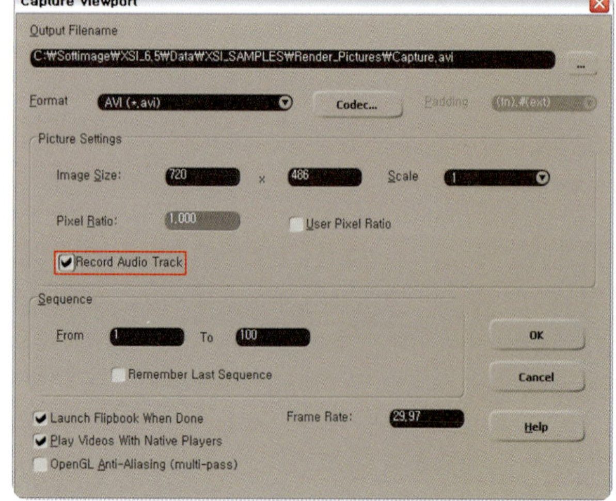

STEP 09 Flipbook에서 애니메이션 살펴보기

애니메이션을 캡처한 후 혹은 일반 애니메이션 데이터를 Flipbook 기능을 통해 그 데이터를 볼 수 있습니다.

1. Flipbook에서 살펴보는 세 가지 방법

1 Standalone flipbook을 사용하는 방법
2 Media player를 사용하는 방법
3 Image Clip Viewer를 사용하는 방법
Flipbook에서 익스포트(Export)하는 표준 포맷 방식은 AVI 방식과 QuickTime을 기본으로 합니다.

2. Flipbook에서 애니메이션 불러오기

Flipbook에서 저장된 이미지를 보기 위해서는 Standalone flipbook을 사용하면 됩니다. Standalone flipbook은 많은 RAM 을 사용하는 high-resolution 이미지를 보는데 매우 유용한 기능입니다.

01 윈도우 Program menu에서 Start 〉 Softimage Products 〉 XSI에서 Flipbook을 선택하거나 Playback menu에서 Playback 〉 Flipbook을 선택해도 됩니다.

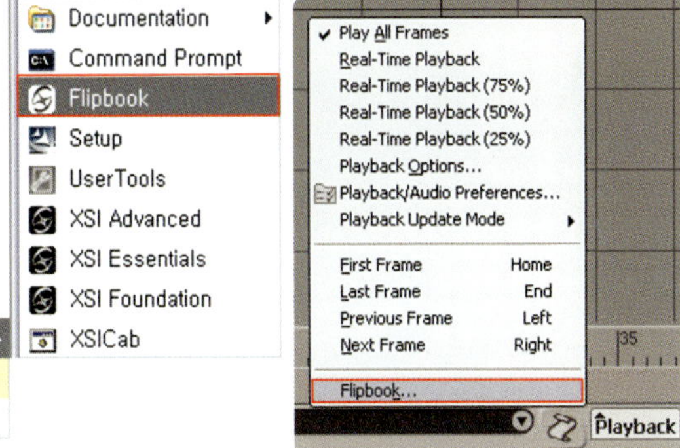

02 Open Images dialog box에서 원하는 옵션을 설정합니다.

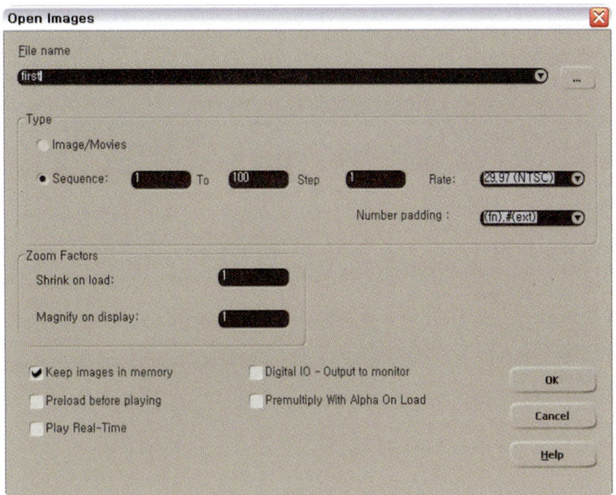

03 이미지 Sequence를 선택한 다음 Flipbook 윈도우에 불러오기 위해 [OK]를 클릭합니다.

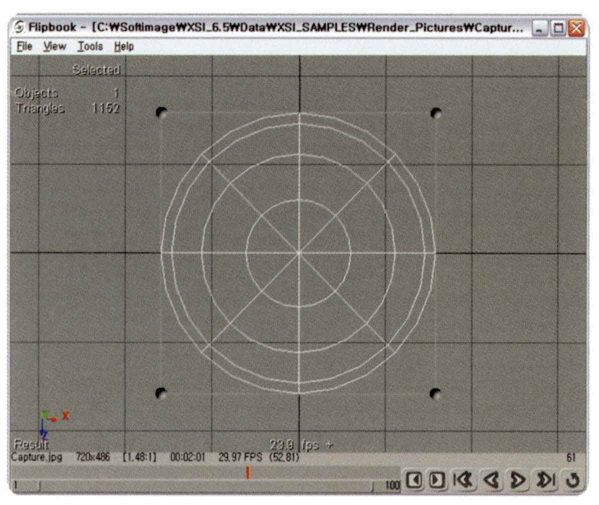

3. Flipbook 재생(Play)하기

Tools 〉 Rate (NTSC, PAL, FILM 등) 또는 Ctrl + R 키를 선택합니다. View 〉 Play Real-time 또는 T 키를 선택하여 Realtime에서 이미지를 디스플레이 합니다.

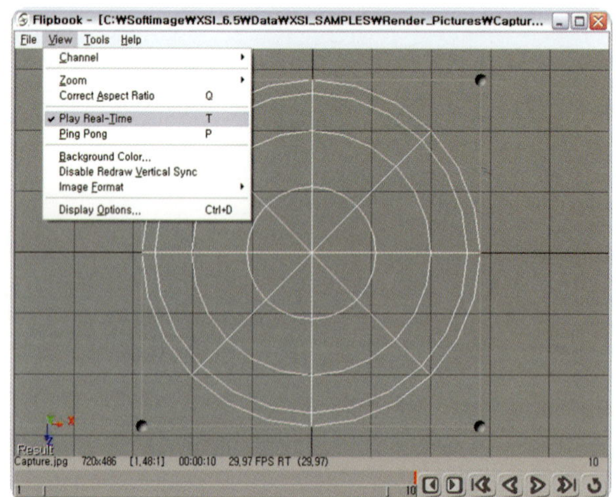

4. Playback rate 조절하기

Tools 〉 Increase Rate 또는 Press + + 키를 선택한 후 프레임을 증가하며 조절할 수 있습니다.
Tools 〉 Decrease Rate 또는 Press + - 키를 선택, 프레임을 감소하며 조절할 수 있습니다.

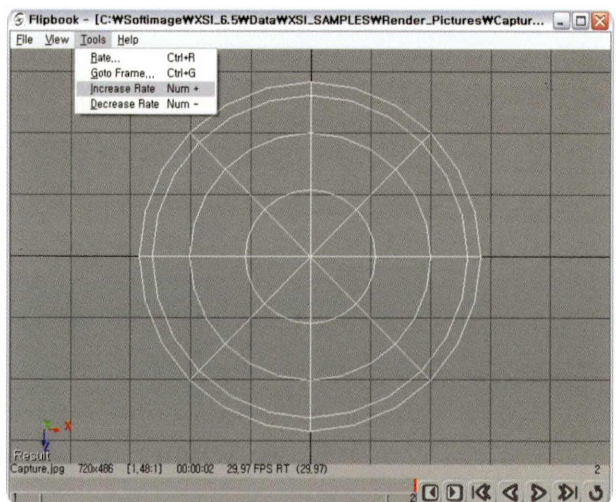

5. 애니메이션 재생(Play)하기

Flipbook's playback controls에 있는 Play 아이콘을 클릭하거 나 Up arrow key를 누르면 됩니다.

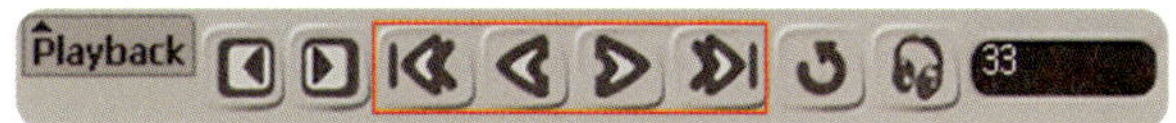

6. Flipbook에서 Pan

View 영역에서 Click + drag를 합니다. Pan은 이미지가 디스플레이 영역보다 더 클 때 사용합니다.

7. Particular frame으로 이동하기

Flipbook 윈도우에서 Tools 〉 Go to Frame 또는 **Ctrl** + **G** 키를 선택니다.

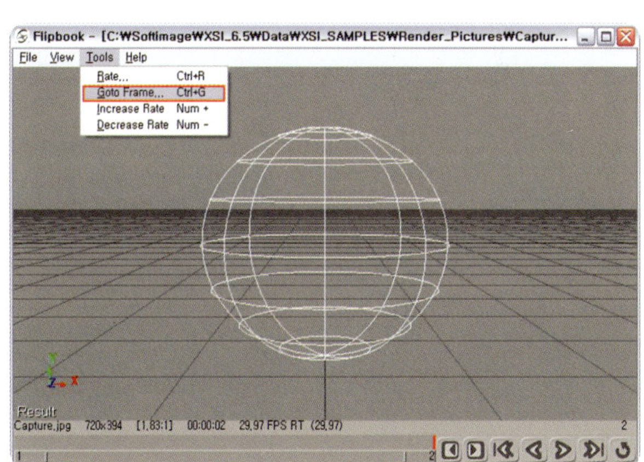

8. Playback range 변경하기

Timeline 아래에서 Range control 사용합니다.

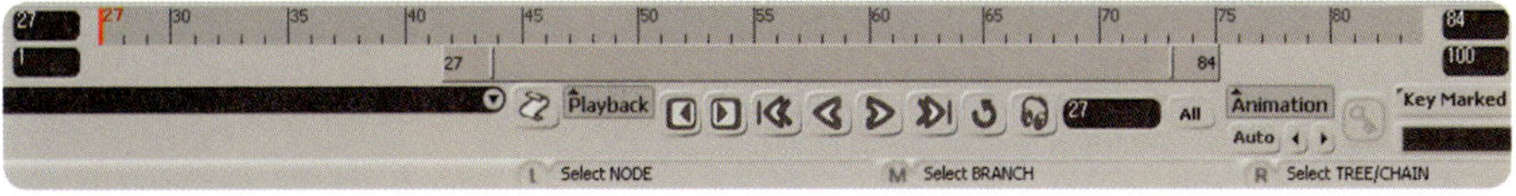

1 Click+drag는 Start/End frames을 변경합니다.

2 Click+drag는 Time range를 Slide 가운데서 조절합니다.

3 Double-click은 전체 데이터를 Reset 시킵니다.

9. Flipbook을 Clear 하기

File 〉Clear Flipbook를 선택합니다. Flipbook window 닫으려
면 File 〉Exit 또는 Alt + F4 키를 선택합니다.

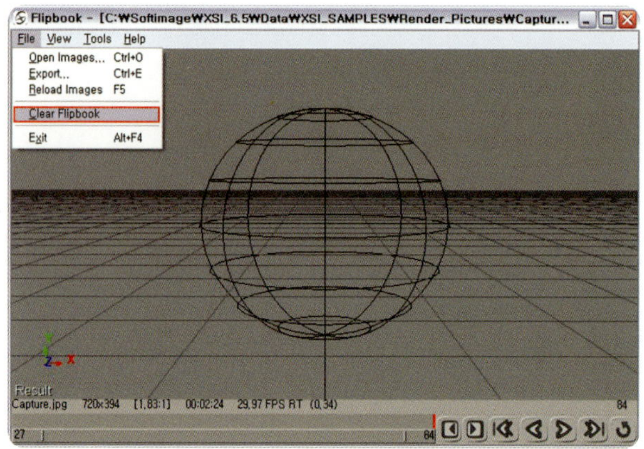

10. Flipbook에서 Exporting하기

01 Flipbook 윈도우에서 Export 할 시퀀스를
불러옵니다. Flipbook's command bar에서
File 〉Export 또는 Ctrl + E 키를 선택합니다.

02 Export dialog box에서 Export 되는 파일의
이름과 프레임 수, 종류와 포맷을 설정한 후
[OK] 버튼을 클릭합니다.

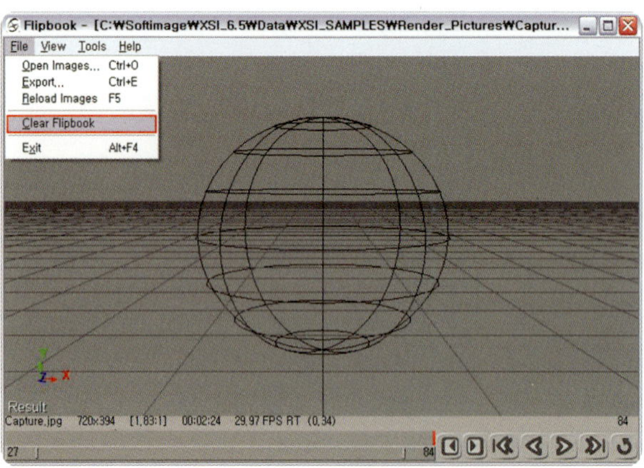

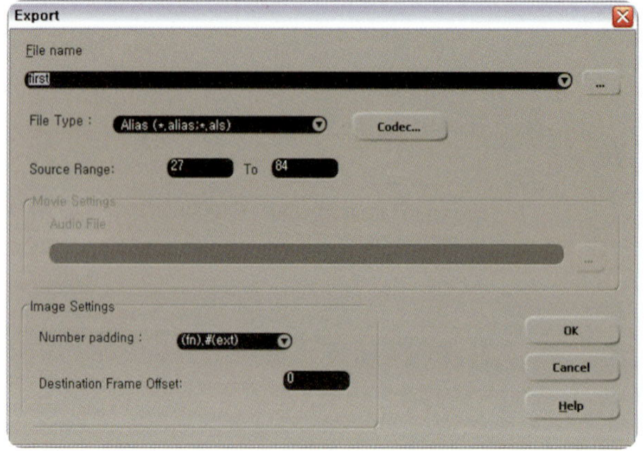

애니메이션의 기본적인 원칙(2D, 3D)

- Squash and Stretch : 찌그러지고 늘어남
- Anticipation : 사전 긴장감
- Staging : 무대 구성
- Straight Ahead Action and Pose to Pose : 순차적인 키프레이밍과 인비트위닝
- Follow Through and Overlapping Action : 관성과 시차가 있는 동작
- Slow In and Slow Out(Ease In and Ease Out) : 속도가 느려지고 빨라짐
- Arcs : 곡선적인 움직임
- Secondary Action : 주 동작 외의 2차적인 동작을 통한 리얼리티(머리카락, 옷자락 등)
- Timing : 빠름과 느림의 시차
- Exaggeration : 지루함을 덜어주기 위한 동작의 과장
- Solid Drawing(2D) : 굵고 가는선에 의한 원근, 부피, 동작 등을 알아보기 쉬운 선명한 그림
- Appeal : 대상 관객에게 호소력 짙은 동작
- Moving Hold(3D) : 정지 동작도 약간의 움직임을 주어 죽어있는 영상이 되지 않도록 함

02 Transformations 기능으로 Animating 작업하기

지금부터 설명드릴 부분은 Animation 작업 진행시 가장 자주 사용되는 몇 가지 기능들입니다.
그 중 Transform 패널은 기본적으로 Scale이나 Rotate 혹은 Translate 기능들과 같이 XSI에서
기본적인 명령어들이 있는 패널입니다.

또한 KP/L 패널에서 Mini Transform 패널을 이용할 수 있습니다.

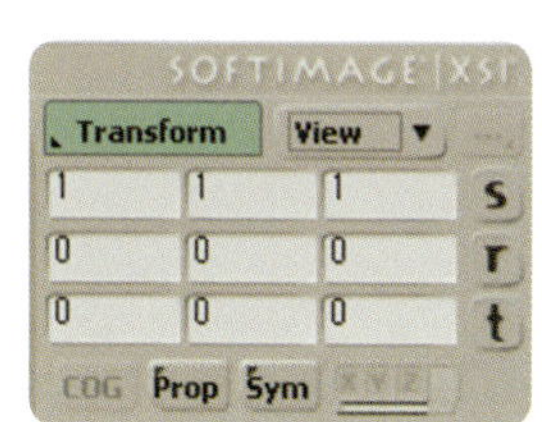

오브젝트를 수정하며 변형시킬 때 Explorer 안에 Kinematics node에서 변형된 상태를 확인할 수 있습니다.
Kinematics property editor는 Transformation controls를 포함하며 Local Transform과Global Transform
properties 둘 다 보여줍니다.
또한 오브젝트의 Scaling, Rotation, Translation 조절과 기타 옵션들을 사용할 수 있습니다.

TiP Perspective View 화면에서 SRT 정보를 Intractive 하게 표시하는 방법

Display Info from Marked Parameters 기능을
사용합니다. Info가 Display 되기를 위해서는
Viewport의 Visibility Option에서 Stats의 Custom
Info 부분을 Check 합니다.

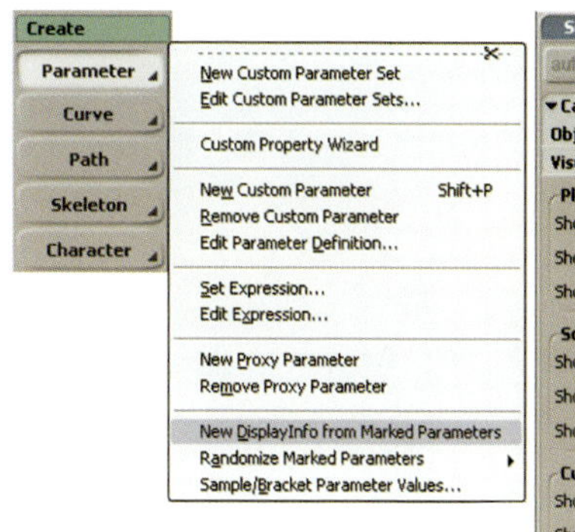

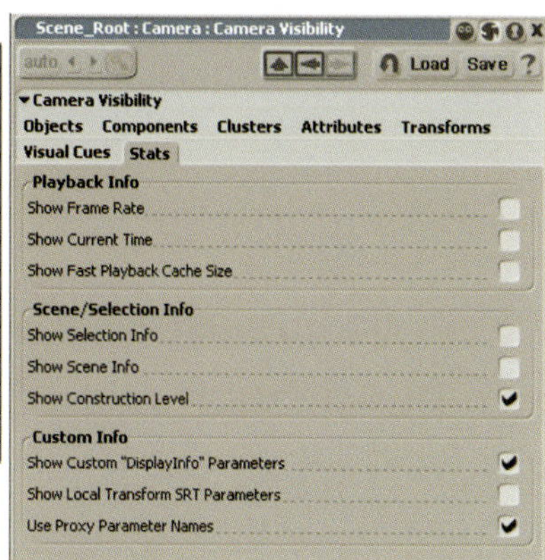

03 Timeline에서 Keys

어떻게 애니메이션 작업이 진행 되는지 Timeline similar안에서 편집하거나 볼 수 있습니다. Timeline안에서 거의 모든 애니메이션 작업이 이루어진다고 생각하면 됩니다.

애니메이션 Keys 작업진행시 초보자일 경우 두려워하지 말고 임의의 키를 잡은 후 나중에 편집하는 방법이 더 효율적일 수도 있으며, 가장 정확한 애니메이션을 위해 여러 번의 편집과 수정이 필요합니다.

STEP 01 Timeline에서 Keys 보기

애니메이션 Keyframes 값을 가지고 있는 오브젝트를 선택합니다.
그러면 Timeline 안에 Red lines으로 표기된 그림을 볼 수 있습니다.
이 Red lines은 오브젝트의 애니메이션 Keyframes 값이 설정되어 있다는 표시입니다.
설정된 Red lines 값을 움직이며 편집하여 애니메이션을 구체적으로 설정하게 됩니다.

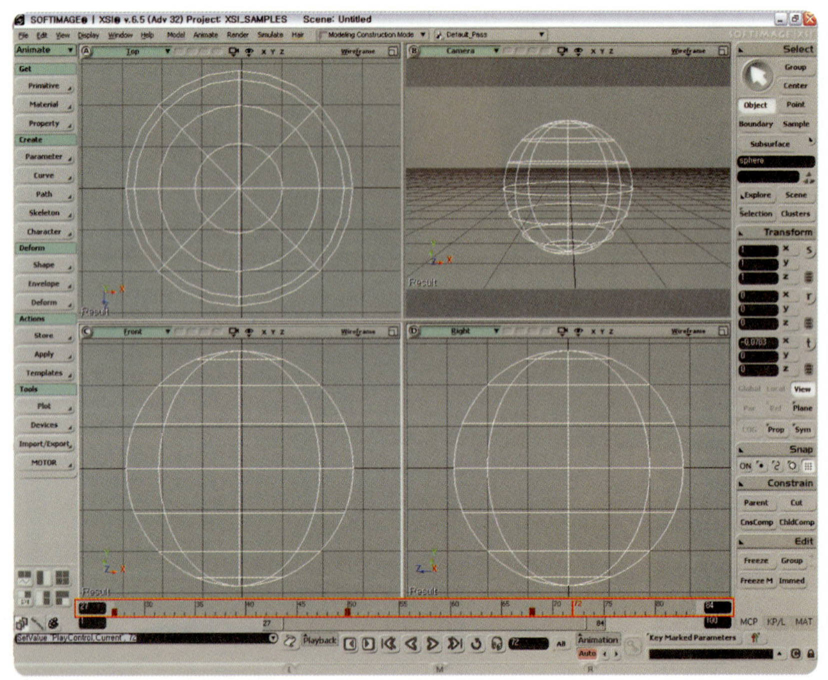

주의할 사항은 일반적으로 애니메이터가 설정한 Keyframes 값은 아래의 그림과 같이 약간의 간격이 있게 설정이 되지만 모션캡처와 같은 장비를 이용하여 Keyframes 값이 설정되면 Keyframes 값 자체가 많이 설정되어 애니메이터가 편집하기 힘든 경우가 많이 있습니다.
모션캡처를 받을 경우 이러한 점에 대비하여 보통 Timeline 안에서 수정이 필요 없을 정도의 애니메이션 Keyframes 값을 받는 것이 좋습니다.
Animation layer에서 Keys를 설정할 경우 Timeline에서 Blue bars로 표시됩니다. 원래 기본 Keys의 칼라는 Red입니다. 이러한 기본 Key와 구별하기 위해 Animation layer에서는 Blue color로 구별되는 것입니다.

Timeline에서는 여러 개의 Layer를 제공하기 때문에 쉽고 편리하게 편집하며 사용할 수 있습니다.

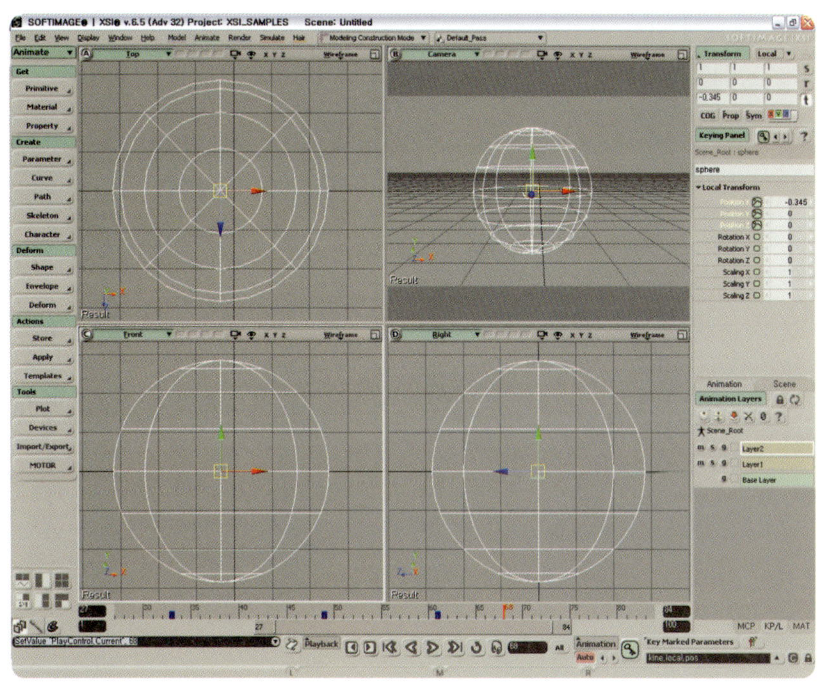

STEP 02 | Timeline에서 Keys 선택하기

Keyframe에서 Shift 키를 누른 상태에서 선택하고자 하는 방향으로 마우스를 드레그(Drag)하여 이동하면 밝은 회색의 영역이 새로 생기는데 시작과 끝부분을 원하는 곳에 위치시켜 키를 선택하면 됩니다.

선택된 영역을 다시 추가하거나 빼고 싶을 때는 Alt 키를 사용합니다.

선택한 후 마우스를 선택위치에 놓으면 손바닥 모양의 마우스 커서가 생성되는데 선택된 Key를 이동할 수 있습니다.

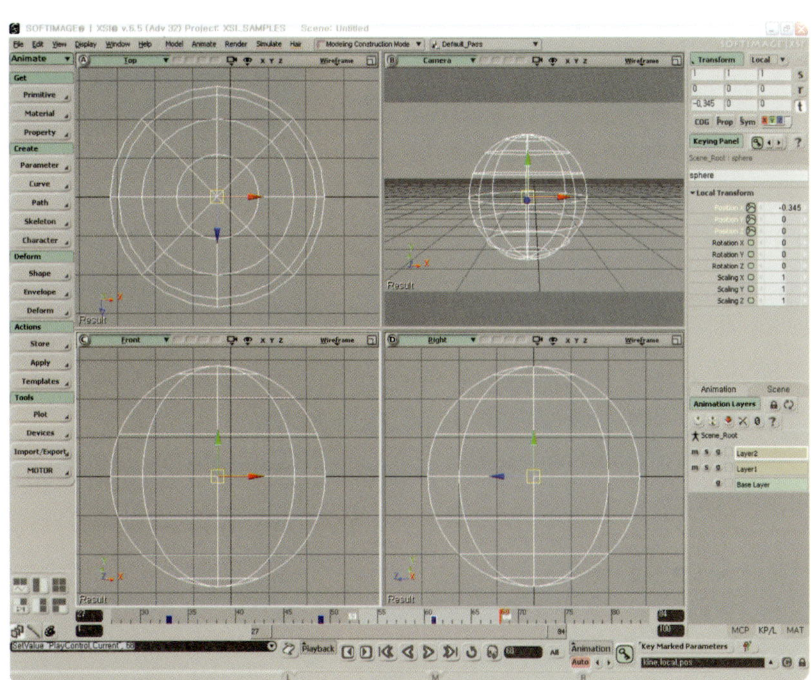

STEP 03 Timeline에서 Audio Waveforms 보기

작업중인 오브젝트에 Audio 데이터가 혼합되어져 있을 경우 XSI에서는 Audio의 waveforms을 디스플레이 합니다. 이 기능으로 애니메이션 작업시 소리를 듣거나 편집하며 애니메이션 작업을 동시에 진행할 수 있기 때문에 작업시 매우 편리한 기능 중에 하나입니다.

Audio clip이 있는 경우 Model's animation mixer안의 Track에서 볼 수 있습니다. Timeline에서 마우스 Right-click을 하면 Audio Clip menu로부터 audio file을 볼 수 있습니다.

■ Audio clips은 알파벳 순으로 나열됩니다.
② Audio waveform은 애니메이션 Keys 뒤에 밝은 회색 칼라로 디스플레이됩니다.

STEP 04 Timeline에서 Keys 움직이기

Timeline에서 keys를 움직이면서 작업 중인 Animation의 시간들을 조절할 수 있습니다. Timeline에서 하나의 Key를 움직여 보겠습니다.

01 Shift 키를 누른 상태에서 원하는 Keyframe을 한번 클릭하거나 여러 개일 경우 드래그하여 선택합니다. 그러면 선택된 Keyframe은 Red bar 가장자리에 흰색 라인이 생성되며 선택된 것으로 표시됩니다.

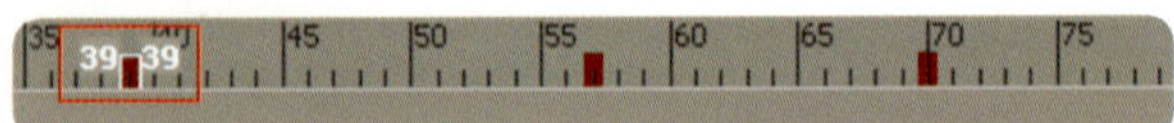

02 오른쪽 마우스 버튼을 누르신 후 메뉴를 활성화하여 Copy, Paste, Delete 기능들을 이용하여 원하는 프레임으로 이동한 후 작업을 진행합니다.

만일 left-click을 사용하여 key를 이동한다면 설정된 Key 값이 이동하는 것이 아니라 애니메이션 된 키를 테스트 해 보기 위해 움직이는 key입니다. 설정된 Keys 값에 영향을 주지는 않습니다.

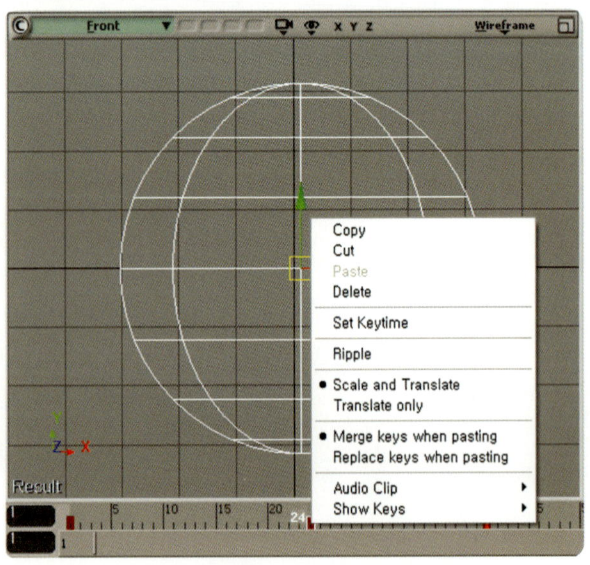

TiP

1. Key를 선택 후 Ctrl 키를 누르신 상태에서 이동하면 Key 값이 복사됩니다.

2. 마우스 가운데 버튼을 누르신 상태에서 드래그하면 Key 값이 이동됩니다.

Timeline에서 Scaling Keys 작업하기

애니메이션 작업시 Keys 영역에서 Scale 작업을 진행하면 설정된 프레임의 시간의 증감 효과를 얻을 수 있습니다
애니메이터가 작업을 진행할 때 가끔 시간 타이밍을 맞추지 못하는 경우가 발생되는데 이러한 경우 일일이 Key
값을 조절해주는 것보다는 이 기능을 활용하여 부분 시간을 조절하는 것이 더 좋습니다.

STEP 01 Keys 영역에서 Scale 작업 진행하기

01 Timeline에서 마우스 Right-click하여 Scale과 Translate를 활성화합니다.

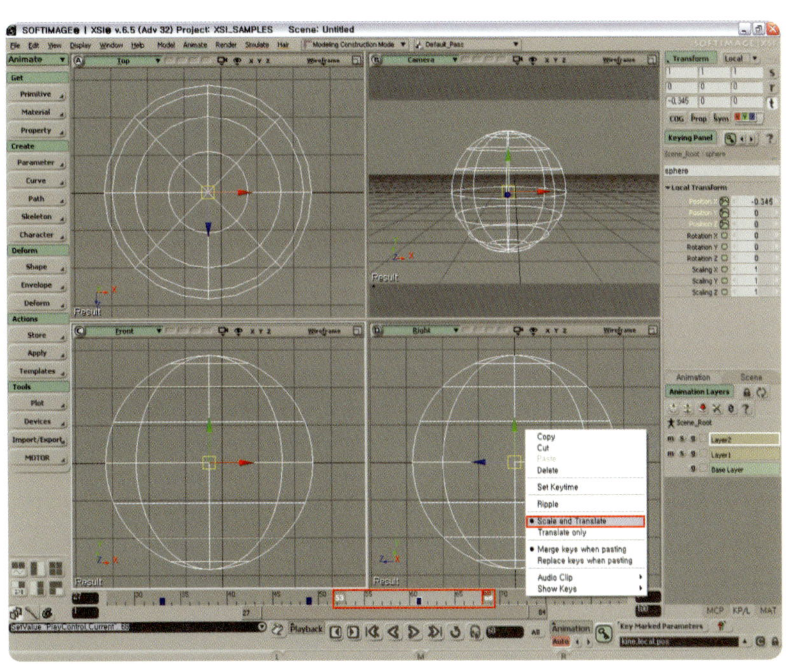

02 프레임에서 Shift 키를 누르고 마우스를 drag하여 새로운 프레임 영역을 만듭니다. Cursor를 움직여 새로운 영역으로 오른쪽이나 왼쪽으로 이동합니다.

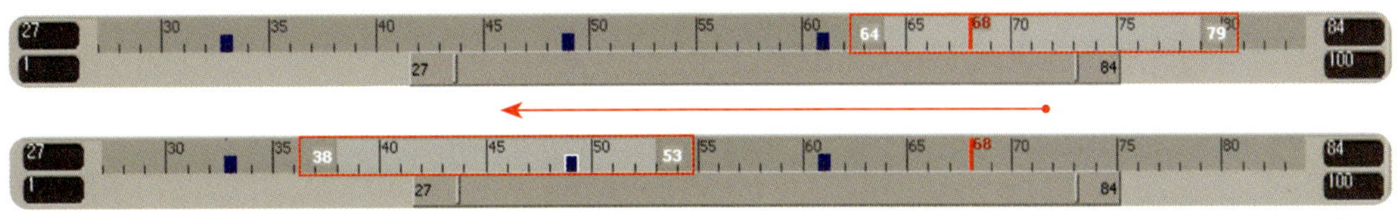

왼쪽에서 오른쪽으로 이동한 프레임 영역

Timeline에서 Keys 지우기

Timelined에 있는 Keys를 지우실려면 지우시려는 Keys를 선택한 후 Delete 명령어를 이용하여 지우면 됩니다. 바로 전에 설정한 키를 지우려면 Ctrl + Z 키를 눌러서 지워도 됩니다.

다른 방법으로는 Animation Editor에서 해당 Keys를 선택 후 키보드의 Delete 를 사용하여 지웁니다.

Function Curves

애니메이션 작업을 위해 Keyframes을 설정하게 되면 Function curve가 새로 만들어집니다.

Function curve 또는 Fcurve는 Fcurve editor에서 애니메이션 설정 모양을 곡선으로 표현하는데 시간은 X축(horizontal)을 기준으로 보이게 되며 Parameter's 값은 Y축(vertical)을 기준으로 보이게 됩니다.

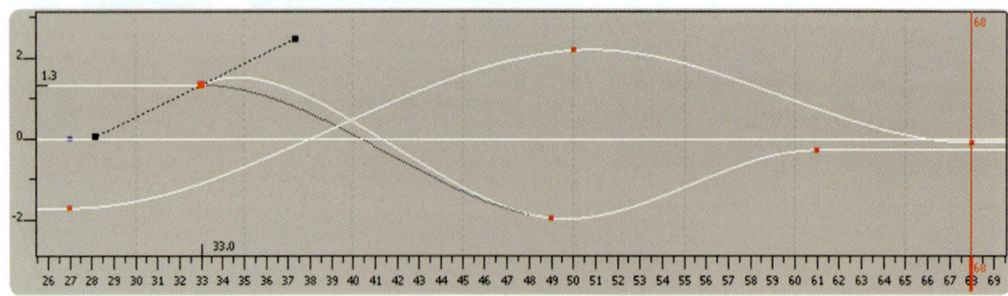

Animation Editor

Animation editor는 아래 애니메이션 요소의 애니메이션 콘트롤 제어기입니다.

1 Fcurve editor(기본 Editor)　　　　　**3** Expression editor

2 Dopesheet　　　　　　　　　　　　**4** Scripted operators editor

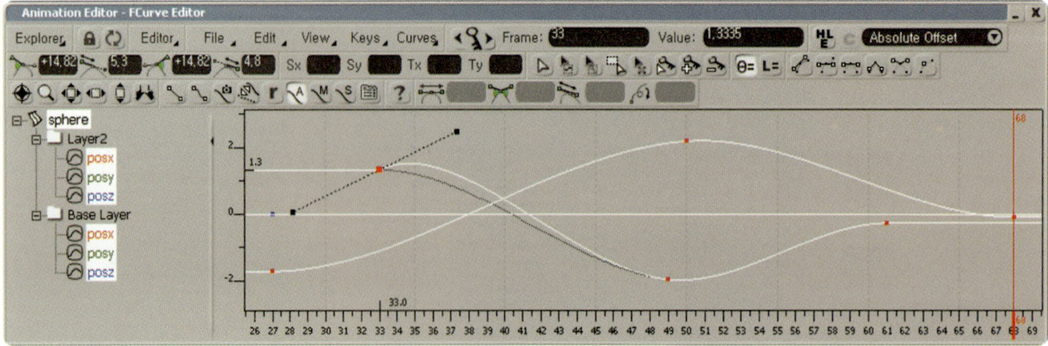

01 Animation editor를 디스플레이하는 몇 가지 방법이 있습니다.
Viewport title bar에서 Animation Editor를 선택하거나 Main menu에서 View 〉 Animation 〉 Animation Editor를 선택하거나 또는 단축키 숫자 **0** 을 사용합니다.

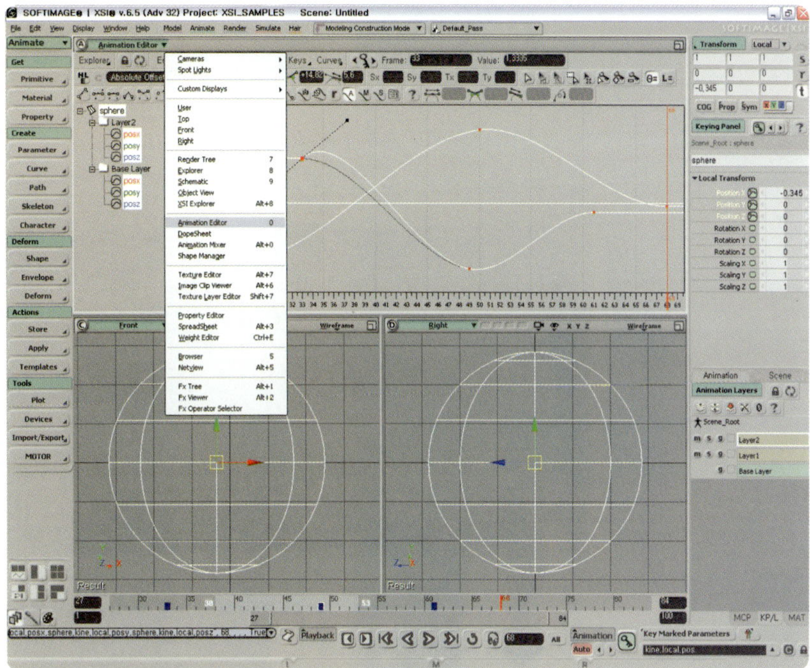

02 두 번째로 Animation Editing Tool 로 디스플레이 할 수 있습니다.
View 영역(Right panel)에서는 Fcurve graph(default), Dopesheet, Expression editor 또는 Scripted operator editor를 디스플레이 할 수 있습니다.

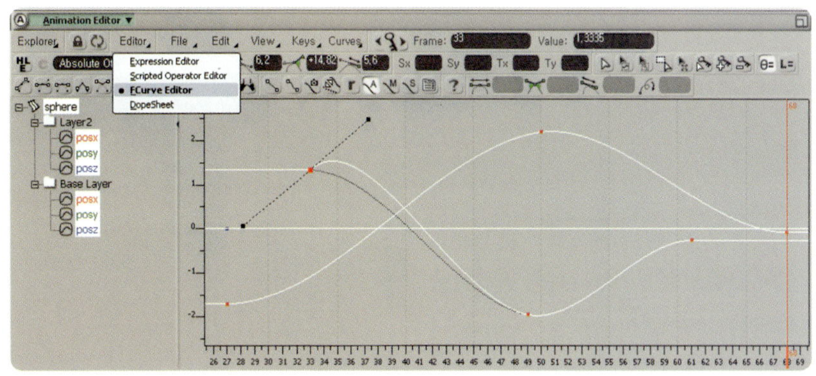

1 Fcurve view를 활성화하기 위해 Fcurve Editor를 선택합니다.

2 Dopesheet를 활성화하기 위해 Dopesheet를 선택합니다.

3 Expression Editor를 활성화하기 위해 Expression Editor를 선택합니다.

4 Scripted Operator Editor를 활성화하기 위해 Scripted Operator Editor를 선택합니다.

시뮬레이션한 애니메이션 값을 Key 애니메이션 값으로 변환하는 방법

RigidBody의 시뮬레이션을 애니메이션으로 만들수는 있으나. Cloth이나 Syflex의 시뮬레이션을 애니메이션으로 만들 수는 없습니다. 쉐이프 애니메이션을 이용하는 것이 좋습니다.

쉐이프 애니메이션은 쉐이프 매니저를 이용하면 편리하게 작업할 수 있습니다.

STEP 04 Fcurve Editor 살펴보기

Animation editor를 오픈하면 기본적으로 Fcurve editor가 디스플레이 됩니다. Fcurve editor는 Function curves를 편집하여 요소들을 조절하며 애니메이션을 관리합니다.

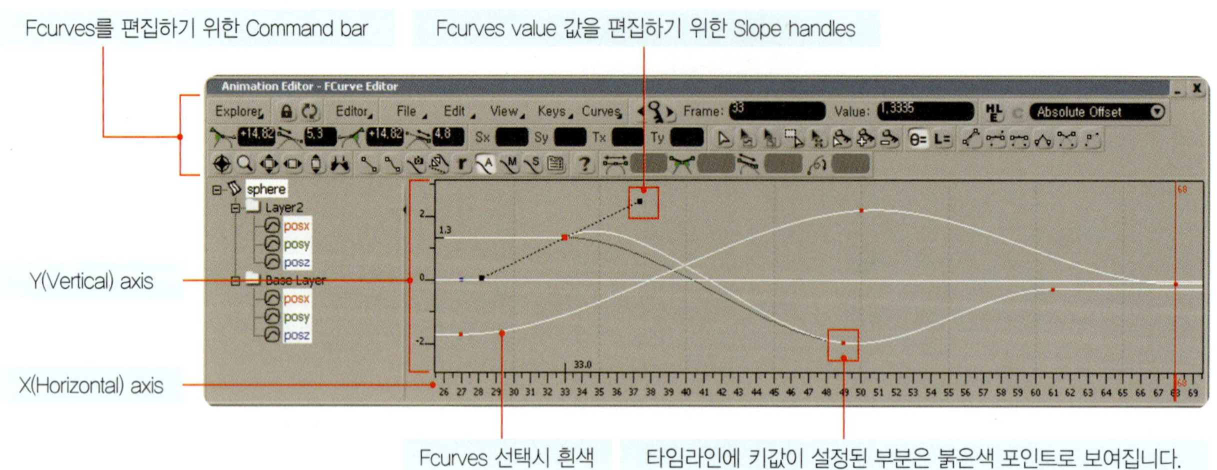

1. Editing Fcurves Tool

Fcurve editor command bar는 Menu 명령어와 Fcurve animation을 편집하기 위해 필요한 Tool이 있습니다.

01 Context menu의 Command bar에는 다수의 명령어들을 접할 수 있습니다.
Fcurves의 Context menu들은 Fcurve와 Right-click을 선택하거나 Alt + right-click을 선택합니다.

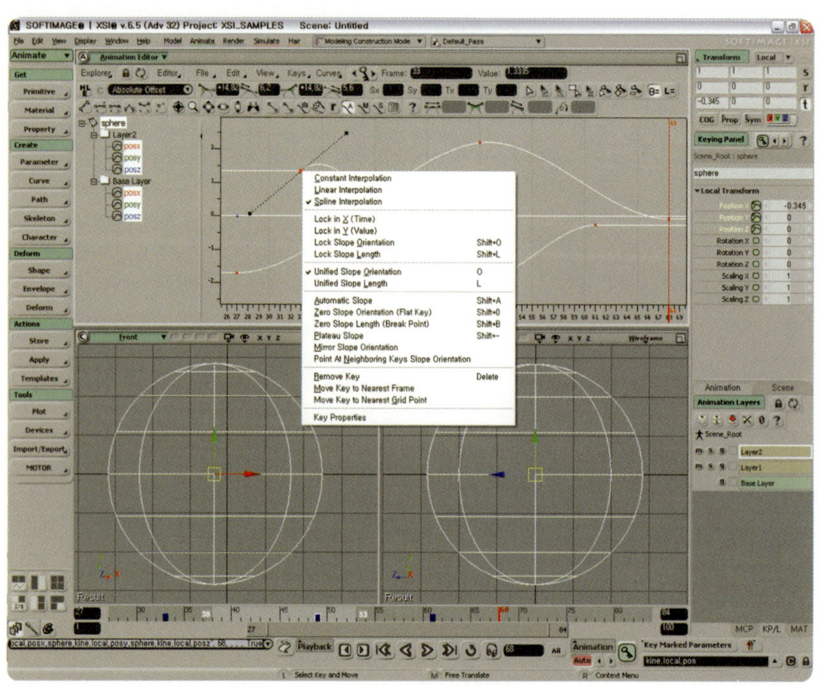

02 Command Bar에서 Panel 살펴보겠습니다.

작업시 Command bar를 필요에 따라 보였다 사라졌다 할 수 있습니다. 이는 작업공간을 효율적으로 활용하기 위해서입니다. 패널에서 마우스 Right-click을 하여 나타나는 윈도우에서 패널의 On 또는 Off 상태를 선택(Toggle)할 수 있습니다.

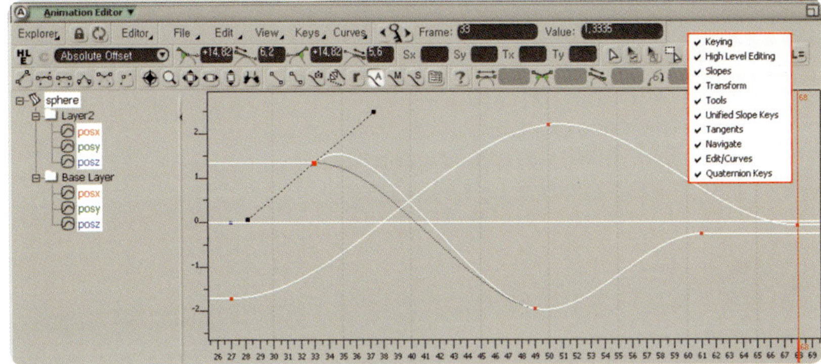

2. Fcurve Editor's Timeline 사용하기

빨간색의 Playback 커서는 Animation editor's timeline에서 디스플레이 됩니다. 이 기능을 이용하여 애니메이터는 쉽고 빠르게 움직이거나 정확한 프레임으로의 이동이 가능하며 Playback 패널에서 Loop 버튼을 클릭하면 Animation editor's timeline에서 기능을 확인할 수 있습니다.

Playback cursor 숨기려면 View 〉 Time Cursors Visible 선택을 해제합니다.

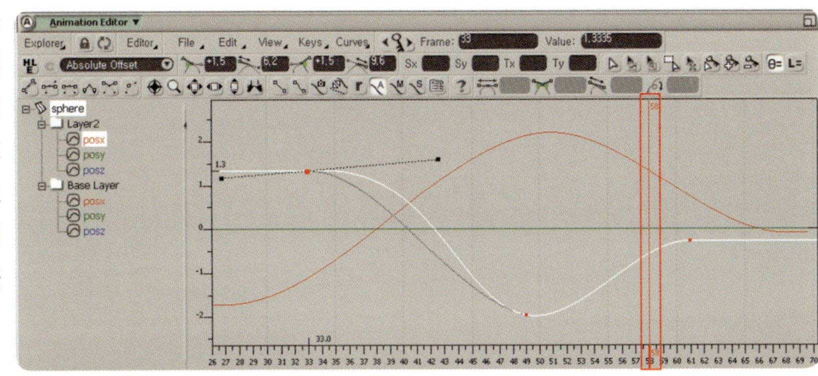

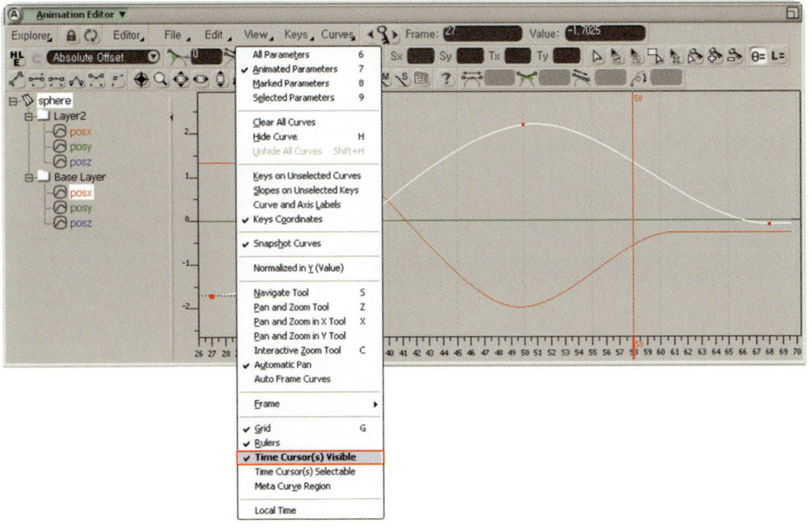

3. Fcurve Modifications에서 Undoing과 Redoing하기

Fcurve에서 사용된 변경된 값을 Undo나 Redo를 사용할 수 있습니다. Fcurve에서 Undo를 사용하기 위해서는 Ctrl + Z 키를 사용합니다. Fcurve에서 Redo를 사용하기 위해서는 Ctrl + Y 키를 사용합니다.

4. Fcurves에서 오브젝트 선택하기

만일 작업 중인 데이터가 복잡한 형태로 구성되어 있다면 때때로 그 오브젝트를 선택할 때 어려움이 있을 수 있습니다.

Select 패널에 Filters menu의 Fcurve filter에서 애니메이션 되는 오브젝트를 쉽게 선택할 수 있습니다.

먼저 Main command 패널의 Select 패널에서 작은 화살표 버튼을 클릭하면 Filters menu가 활성화됩니다. 활성화된 메뉴에서 Obj w Fcrv Anim filter 를 선택합니다.

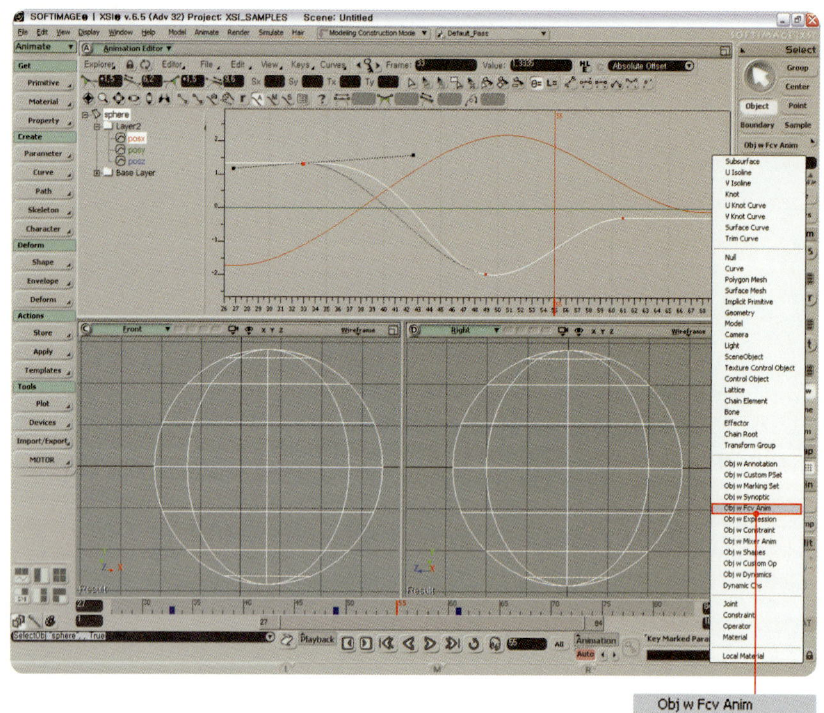

5. Fcurve Information

Fcurve에 대한 모든 정보를 보여주거나 활용하기 위해 Spreadsheet를 사용합니다.

01 Spreadsheet query를 선택하려면 하나 또는 여러 개의 애니메이트된 오브젝트를 선택합니다.

Spreadsheet(단축키 Alt + 3)를 활성화 한 후 Query 〉 Fcurves를 선택합니다.

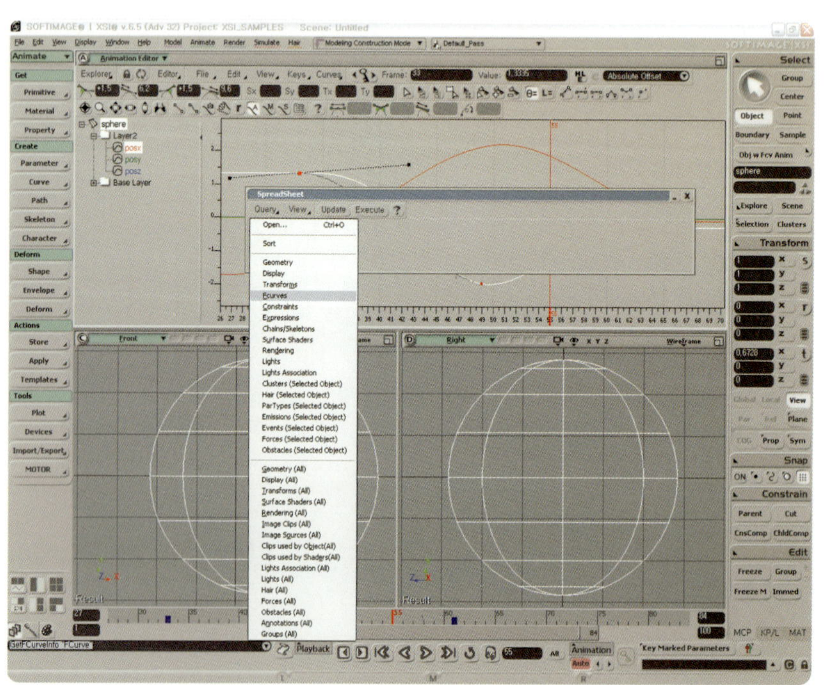

02 애니메이션된 Sphere에 대한 Fcurve 정보가 나타납니다.

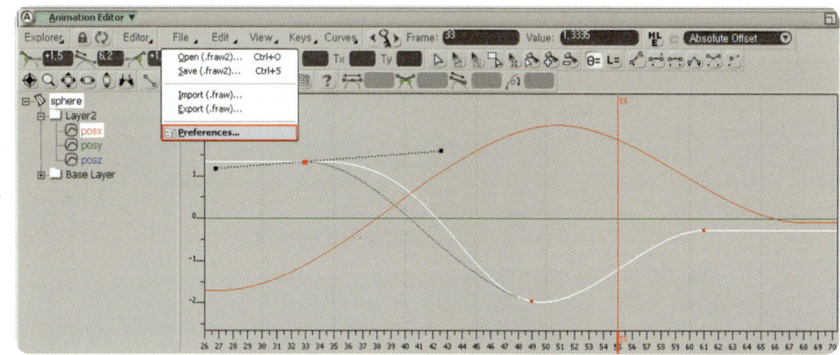

6. Fcurve Editor Preferences 설정하기

Fcurve editor command bar에 있는 Preferences 아이콘을 클릭하거나 File 〉 Preferences를 선택하거나 XSI 메인 메뉴에서 File 〉 Preferences를 선택하셔도 되며 Explorer에서 Editors 〉 Fcurve Editor 또는 아이콘을 클릭합니다.

Fcurve Editor Preferences property editor에서 기본적인 Preferences 설정할 수 있습니다.

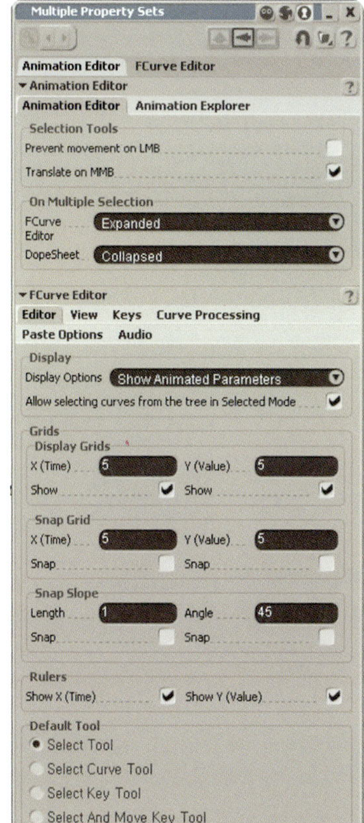

Voice-o-matic은 새로운 애니메이션 관련 플러그인입니다.

관련 메인 홈페이지 주소는 http://www. voice-o-matic.com이며 XSI 관련 자료는 http://www.voice-o-matic.com/Demo/XSI 에 있습니다. XSI와 연동하여 사용하는 동영상 및 안내 내용이 수록되어 있습니다.

SOFTIMAGE

05 기본 Sphere 애니메이션

Sphere 오브젝트를 이용하여 가장 기본적인 애니메이션 방법에 대해 설명하겠습니다.

01 애니메이션 툴바(단축키 2)에서 Primitive 〉Surface 〉 Sphere를 선택하여 Sphere를 하나 생성합니다. 나타나는 Sphere 창에서는 애니메이션을 위한 작업이므로 임의의 설정 값을 사용합니다.

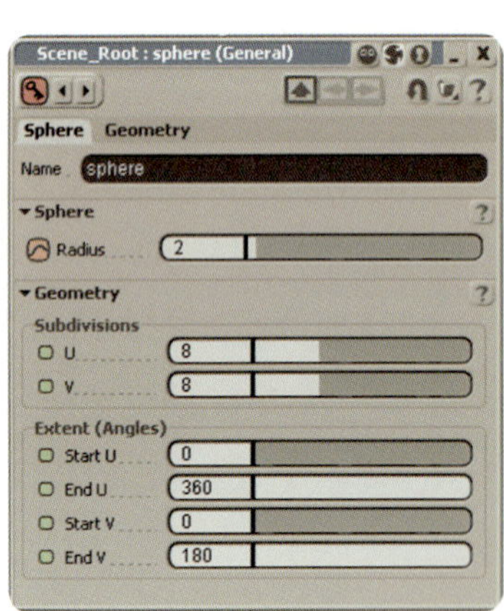

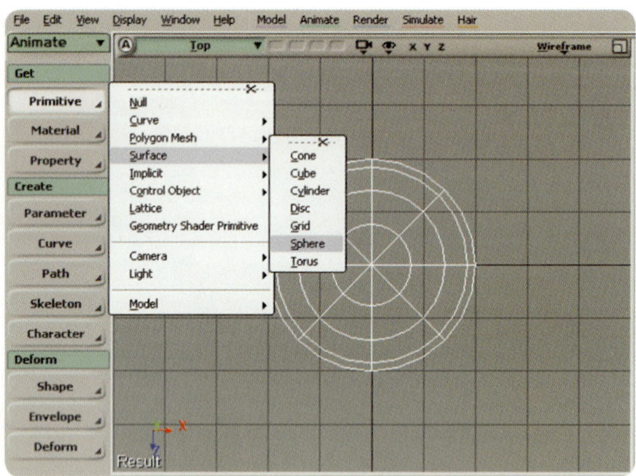

02 애니메이션 타임은 NTSC 방식을 기준(30프레임에 1초)으로 3초의 애니메이션을 위해 90프레임으로 설정하겠습니다.

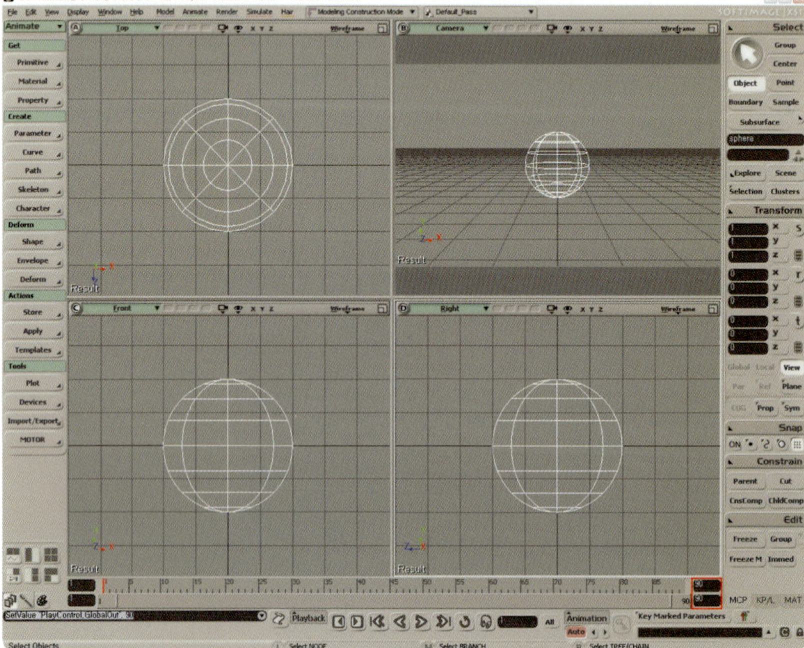

03 기본적인 오브젝트가 준비가 된 후 애니메이션을 작업하기 위해 K 키를 누르거나 Animation 메뉴에서 Set Key를 선택합니다.

애니메이션 키 설정 모드로 들어오면 맨 아래 부분에 빨간색으로 표시됩니다.

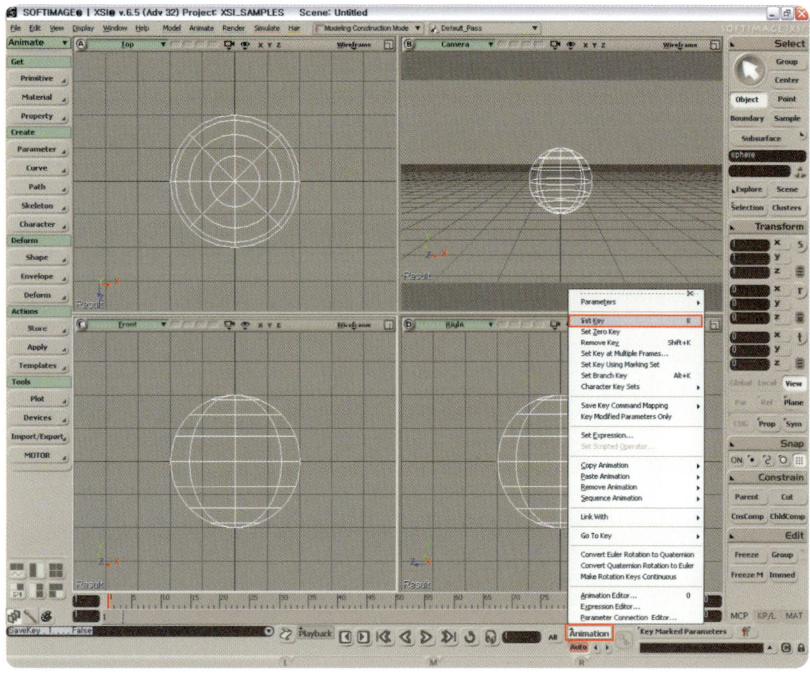

04 애니메이션 키를 설정해 보겠습니다. 먼저 마우스를 이용하여 타임라인에서 1프레임으로 이동합니다. 기본적으로는 1프레임에 위치해 있으나 만일 다른 프레임에 있을 경우 1프레임으로 이동합니다.

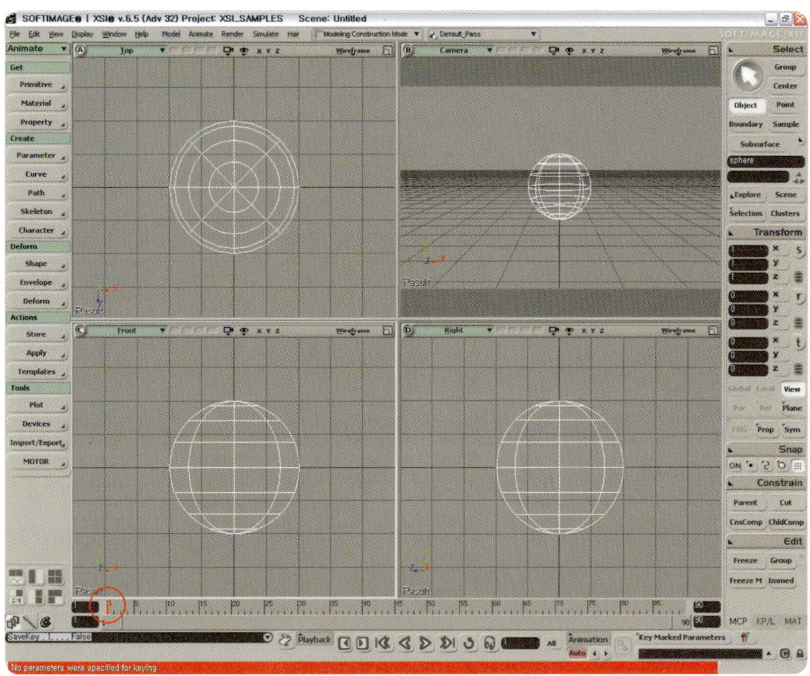

05 준비된 Sphere 오브젝트를 왼쪽에서 오른쪽으로 애니메이션 하기 위해 먼저 단축키 V 키를 사용하여 이동 툴을 왼쪽으로 이동합니다. 오른쪽 Transform에 T 위치 값에 있는 수치를 사용해도 됩니다. 1프레임에 새로 생성된 키를 확인할 수 있습니다.

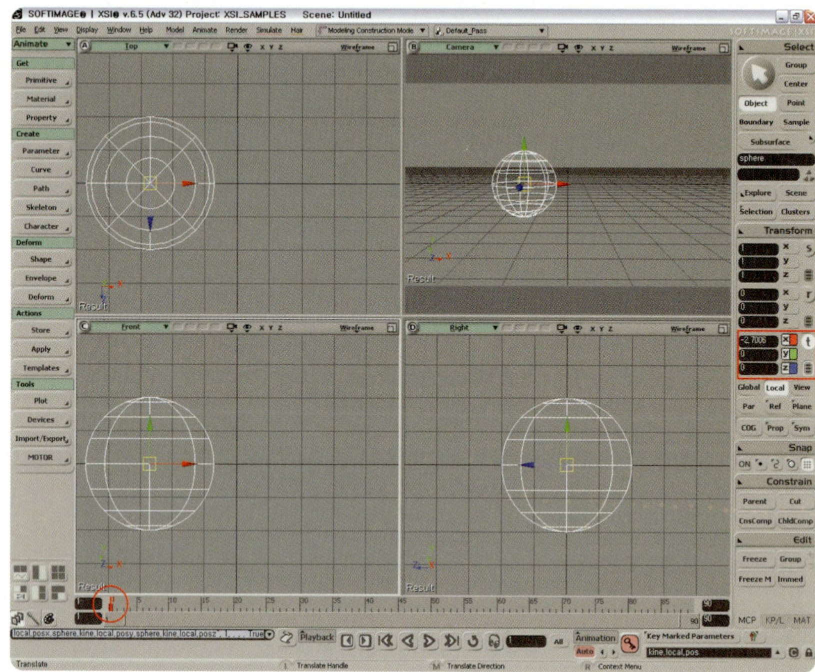

06 마우스를 이용하여 30프레임으로 Key 위치를 움직인 후 Sphere 오브젝트를 가운데로 이동합니다. 30프레임에 새로운 키가 설정되었습니다. 30프레임에 새로운 키가 설정되었습니다.

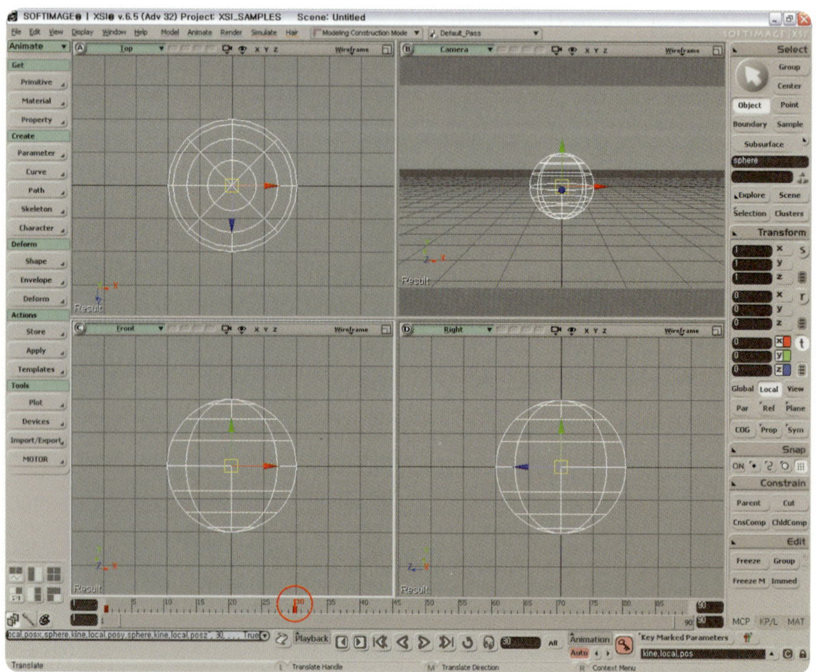

07 같은 방법으로 Sphere 오브젝트를 오른쪽으로 움직이면서 60프레임과 90프레임에 애니메이션 키 값을 설정합니다.

60 프레임 애니메이션 키 값 설정

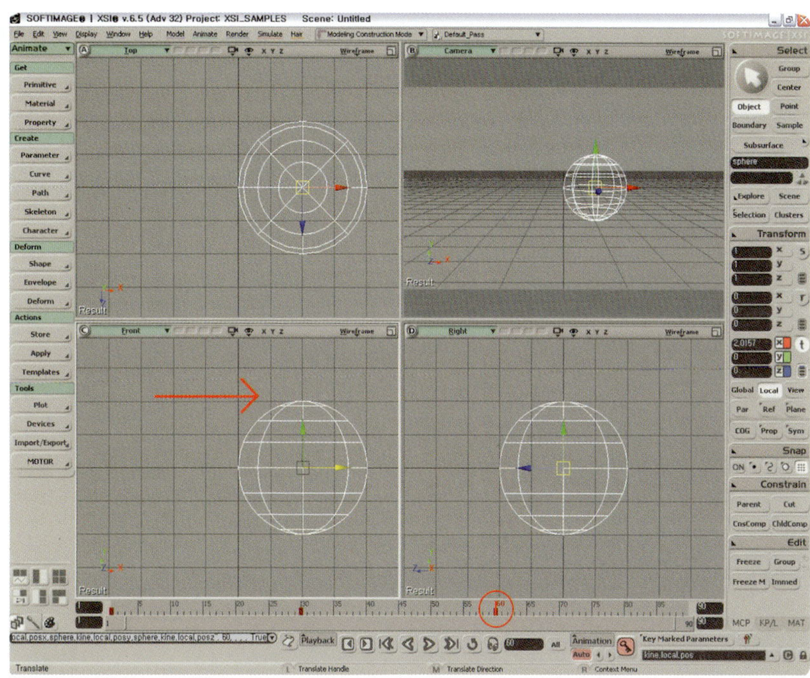

90 프레임 애니메이션 키 값 설정

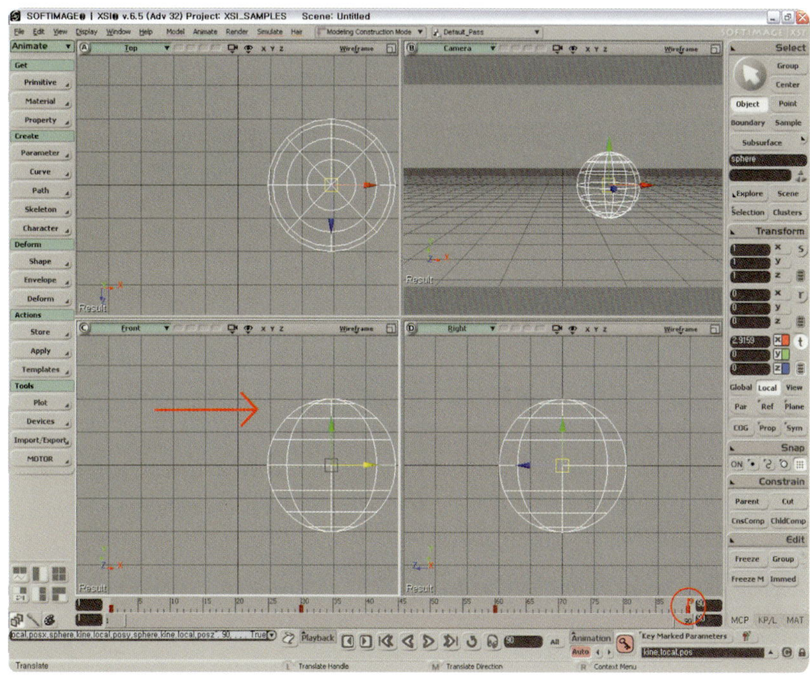

08 이제 설정된 키 값을 확인하기 위해 애니메이션 플레이 버튼을 클릭합니다. Spherer 오브젝트가 왼쪽에서 오른쪽 방향으로 애니메이션 되는 것을 볼 수 있습니다.

09 최종적으로 애니메이션 된 데이터를 동영상 파일로 만들기 위해 카메라 뷰에서 Start Capture를 선택합니다.

10 나타나는 Capture Viewport에서 파일 저장 위치 및 이름과 포맷 방식 등을 설정한 후 [OK] 버튼을 클릭합니다.

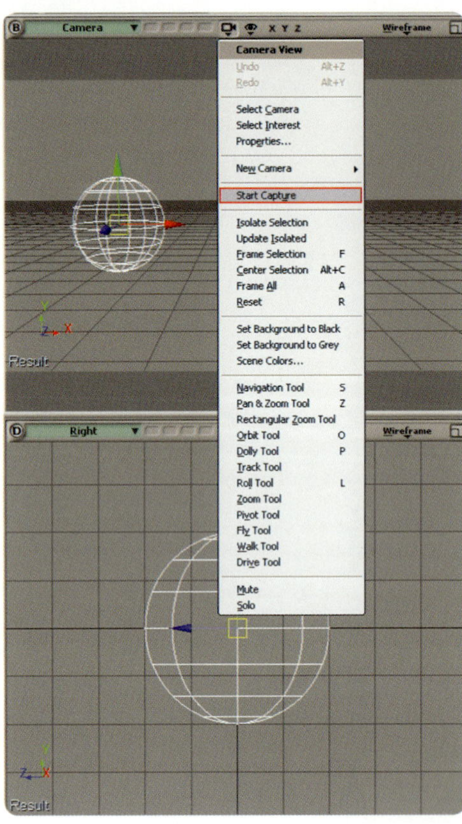

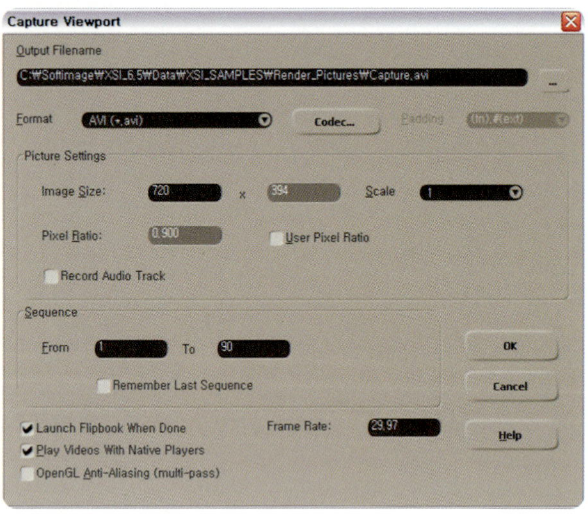

11 애니메이션 설정된 데이터가 애니메이션 되면서 관련 애플 QuarkTime 플레이어나 윈도우 미디어플레이어 등의 동영상 재생기로 재생되거나 소프트이미지의 Flipbook을 이용할 수 있습니다.

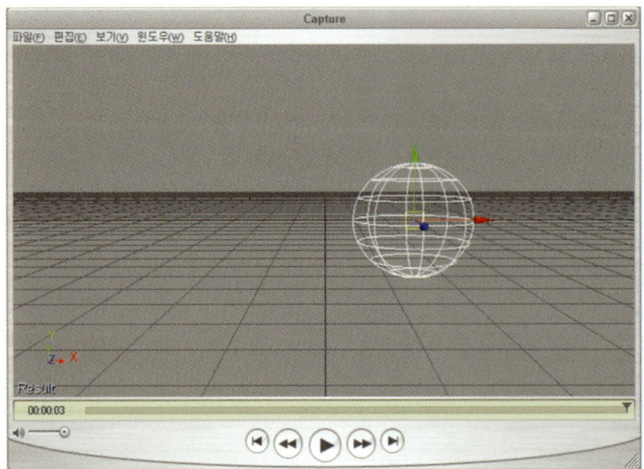

애플 QuarkTime 플레이어

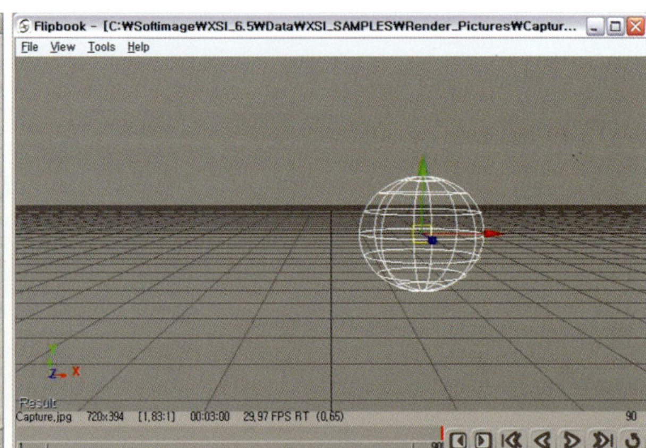

소프트이미지 Flipbook

Path Animation

Curve 라인을 이용하여 물체가 라인을 따라 움직이는 간단한 Animation을 만들어 봅니다.
본 예제에서는 간단하게 원 오브젝트를 활용하여 애니메이션 작업을 하지만 퀄리티 높은 작업물에서는 복잡한 오브젝트를 응용하여 사용하면 됩니다.

01 단축키 **2** 또는 그림과 같이 메뉴의 Animation을 선택합니다.
Animation에 사용될 원 오브젝트를 만들겠습니다. 그림과 같은 경로인 Get 〉 Primitive 〉 Sphere로 원을 만듭니다.

02 만들어질 원의 설정 값 중 **Radius = 1** 값을 주고 창을 닫습니다.

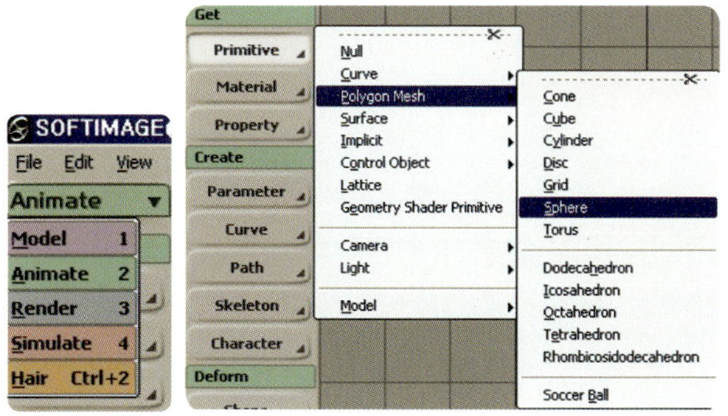

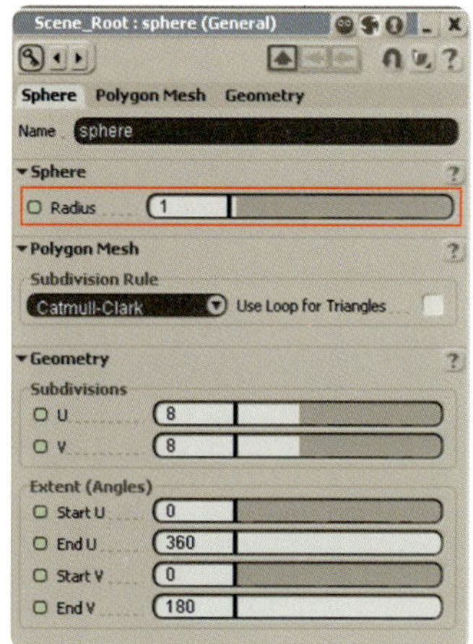

03 다음은 만들어진 원이 라인을 따라 이동될 라인을 만들어 봅시다.
Create 〉 Curve 〉 Draw Cubic by Cvs를 선택하여, Top View에서 그림과 같은 원 오브젝트가 이동할 라인의 형태를 만듭니다.

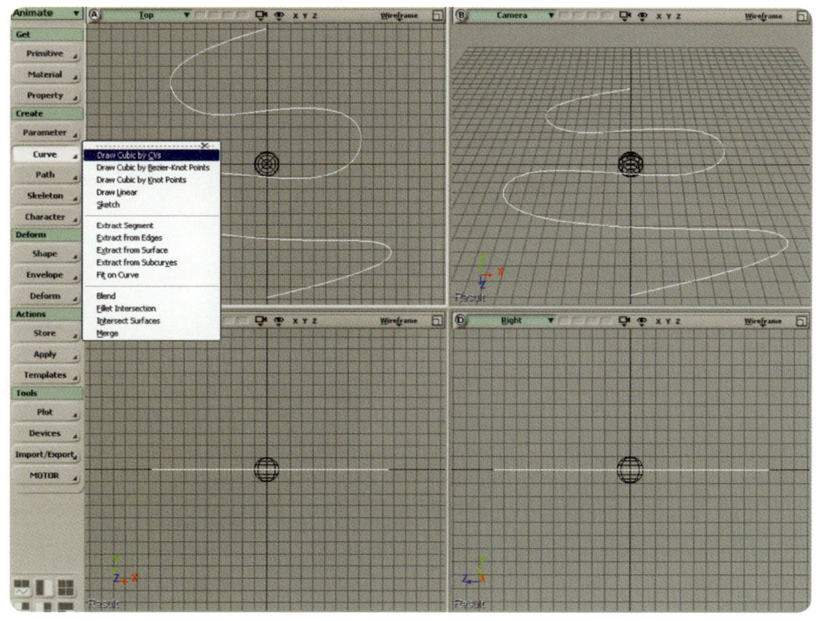

04 라인을 완성 시킨 후, 다음은 원이 라인을 따라 이동 되는 Animation작업을 진행하겠습니다. Sphere 오브젝트를 선택한 다음, Create 〉 Path 〉 Set Path 명령어를 선택한 후 Pick이라는 마우스 커서 모양을 라인에 클릭 합니다.

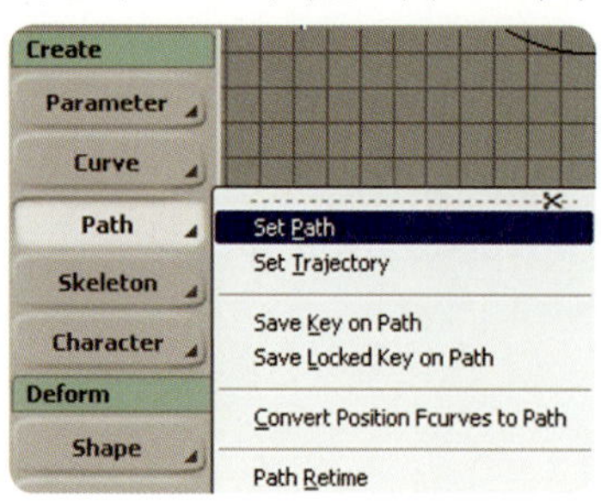

05 Set Path창의 Animation Frame값을 나타내는 설정 값을 Start = 1 , End = 300 으로 설정한 후 [OK]를 눌러 줍니다.

06 다음과 같은 PathCns창은 특별한 설정이 없이, 창을 닫아 주도록 합니다.

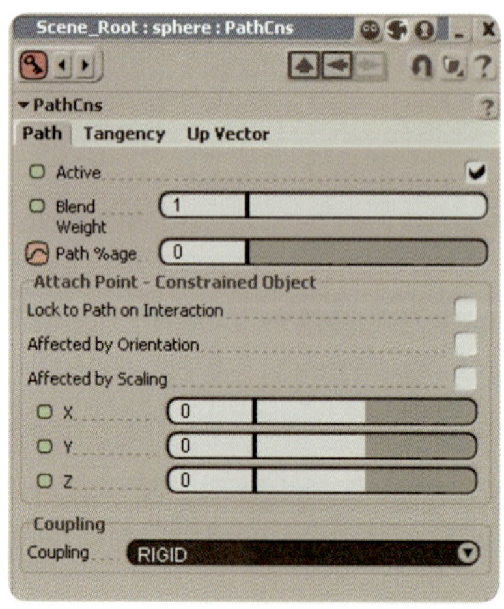

07 Set Path를 사용하여 원이 라인을 따라 이동 되는 Animation을 완성했습니다.

우선 Animation Frame값을 1~300으로 설정하였기에, 창의 오른쪽 하단에 위치한 Frame값 100을 300으로 고칩니다.

XSI에서는 기본적으로 100 Frame 값이 설정됩니다.

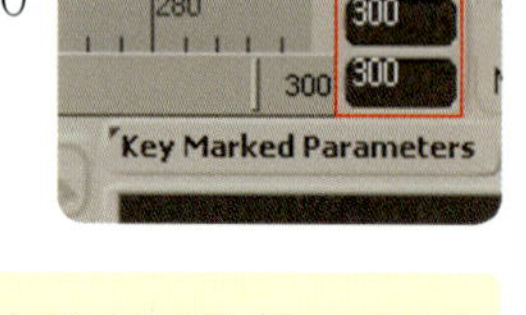

> **참고** | 300프레임은 NTSC 방식에서 30프레임을 1초로 계산하기 때문에 10초에 해당하는 애니메이션 프레임입니다.
> 30프레임 × 10초 = 300프레임

08 다음은 완성된 Animation을 보도록 하겠습니다. 그림과 같이 Start Frame을 눌러 만들어진 Animation을 확인하도록 하겠습니다.

09 최종 완성된 라인을 따라 움직이는 원 Animation의 그림입니다.

> **참고** | 원의 움직임의 이해를 돕기 위해 Curve의 변화를 주어 프레임에 위치한 원의 움직임을 확인합니다.

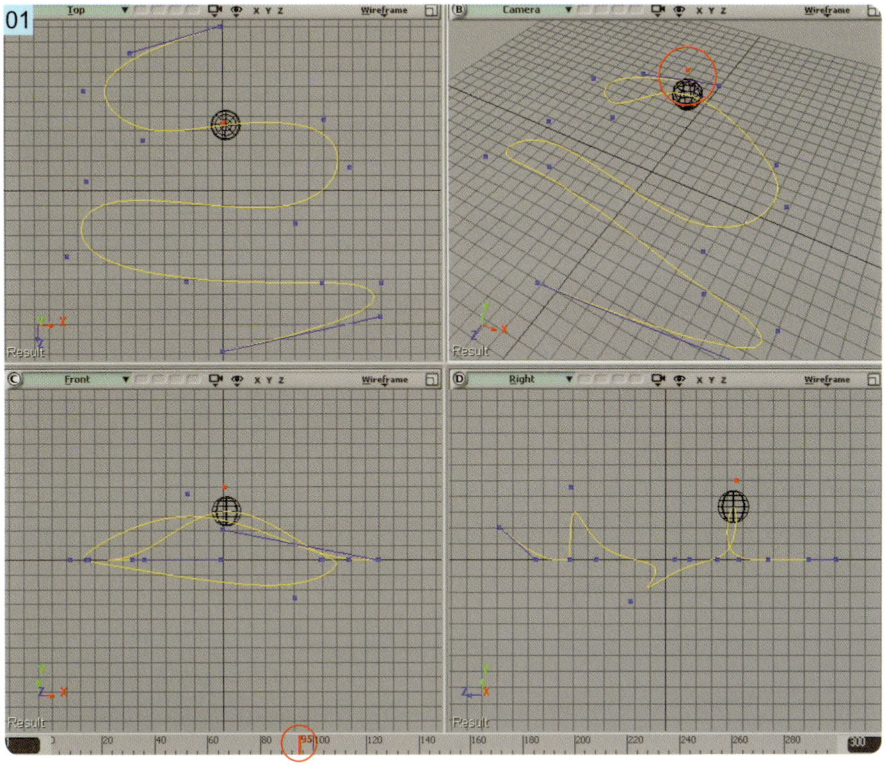

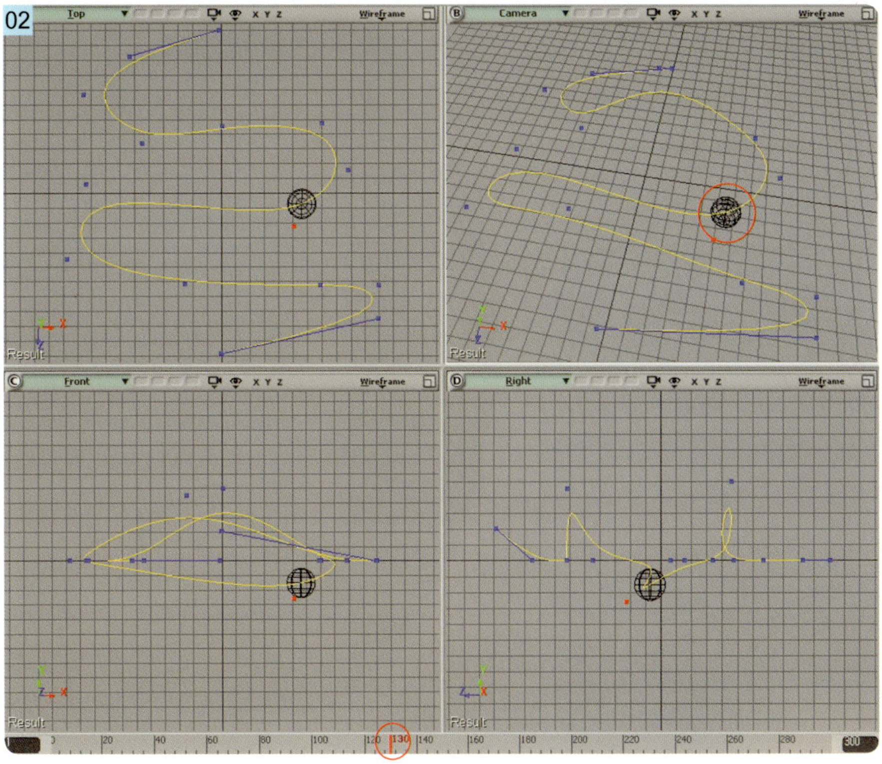

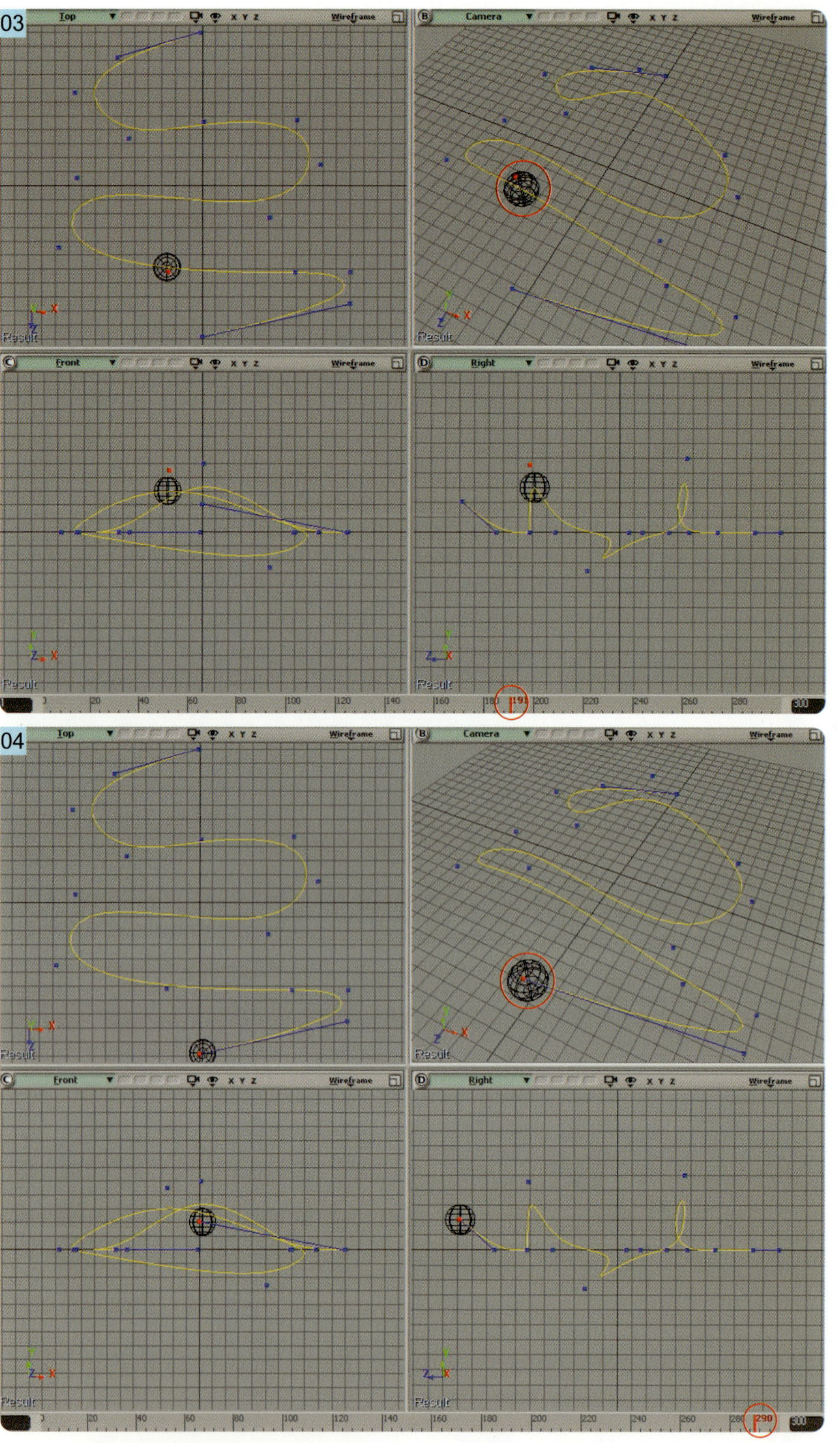

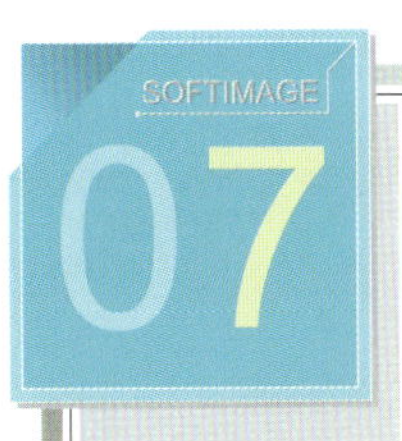

Camera Animation

이번과정은 Camera를 이용하여 지구 주위를 회전하는 위성을 만들어 보겠습니다. Camera의 시점을 활용하여 Animation을 만들어 보겠습니다.

02 2 키, 또는 그림과 같이 메뉴의 Animation을 선택합니다.

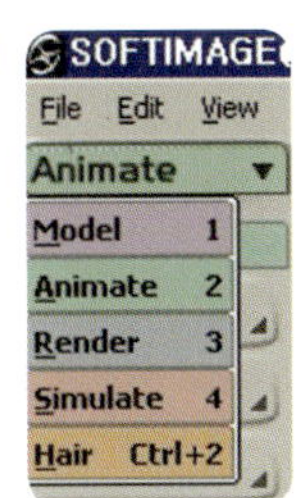

02 다음과 같은 경로로 File 〉 Open 〉 으로 모델링파트에서 제작한 Earth 파일을 불러옵니다. 불러온 Earth 파일을 그림과 같이 Textured Decal을 적용시켜 Sphere에 Mapping이 보이도록 합니다.

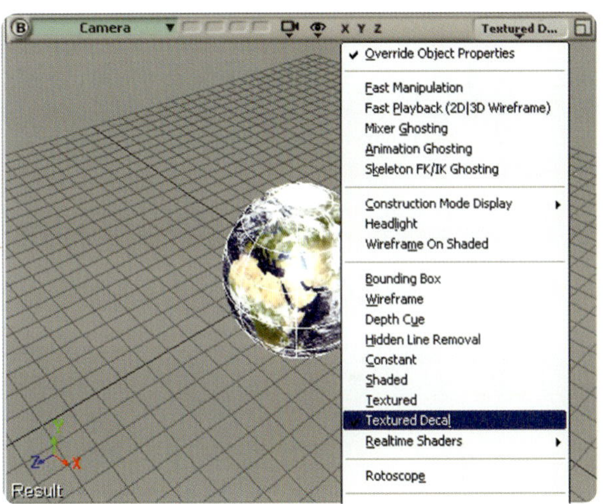

03 다음엔 카메라가 지구 주위를 회전하기 위해 위치할 선을 만들어 보겠습니다.
우선 카메라의 시점이 될 선을 만들어 보겠습니다.
Get 〉 Primitive 〉 Curve 〉 Circle을 선택합니다.

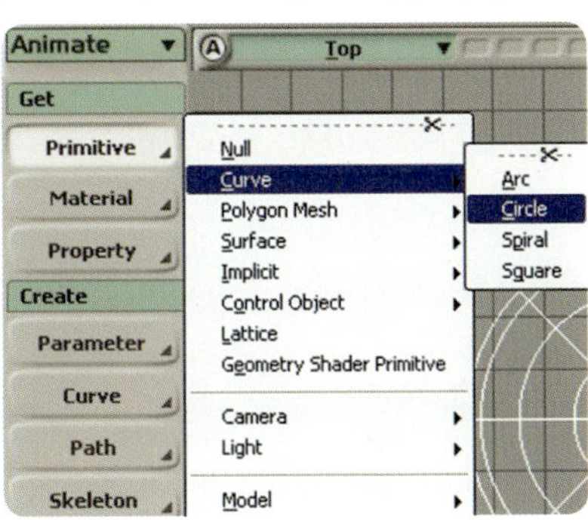

04 만들어질 Circle의 설정 값 중 Radius = 5 를 적용시킨 후 창을 닫습니다.

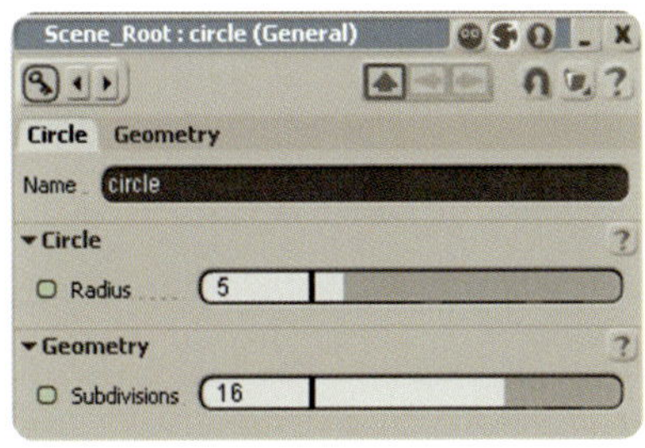

05 만들어진 Circle의 `C` 키를 눌러 Rotate Tool을 활성화 시켜 `X = -90`, `Z = 20` 값을 적용시킵니다.

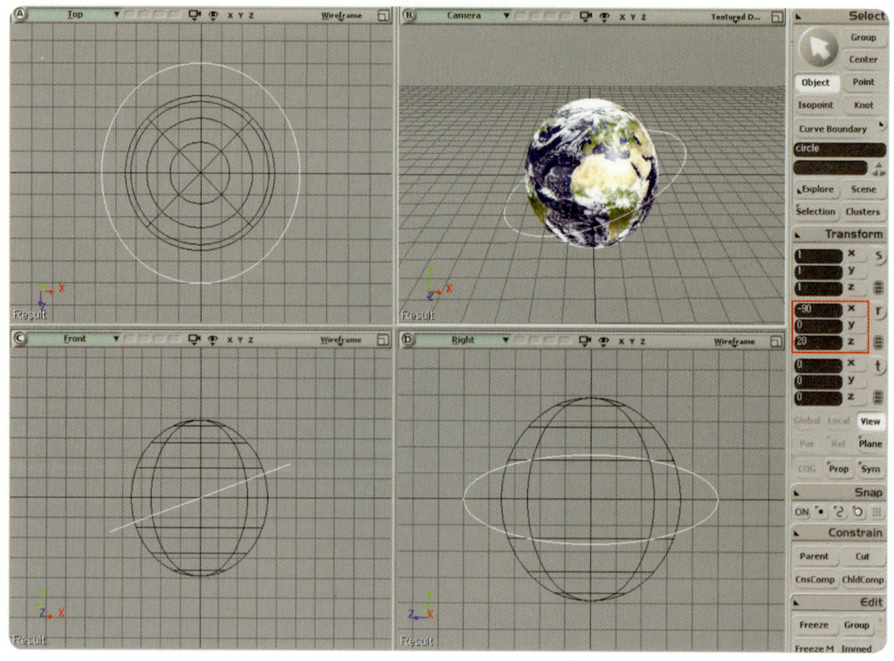

06 다음은 카메라가 움직이게 될 선을 만들어 보겠습니다.

처음 만든 Circle1을 `Ctrl` + `D` 키로 복사 한 후, Scale값을 `X Y Z = 2` 를 적용하고 그림과 같이 Circle2를 만들어 지구 주위에 선을 완성합니다.

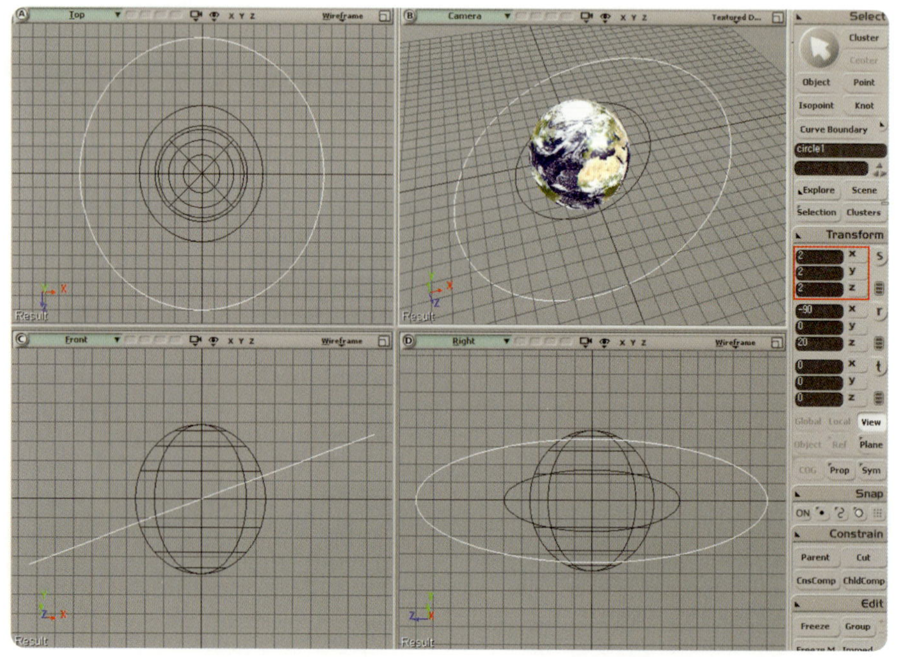

07 다음은 카메라를 만들어 보겠습니다.
그림과 같이 Create 〉 Camera 〉 Perspective
로 생성시킵니다.

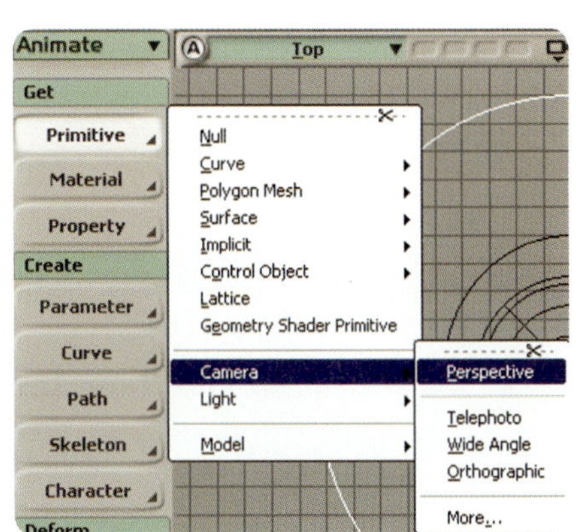

08 만들어진 카메라는 다음 그림과 같습니다.

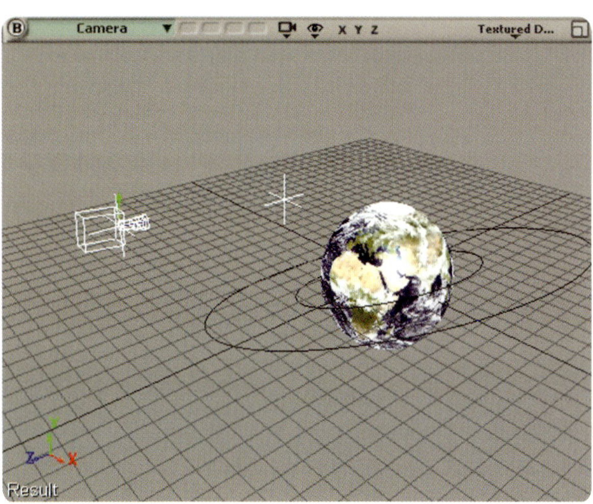

09 이제 카메라가 지구 주위를 돌도록 만들어 보겠습니다.
우선 카메라의 시점이 되는 Camera_Interest1 을 선택한 후, Create 〉 Path 〉 Set Path를 선택하여
안쪽에 위치한 Circle1을 Pick시켜줍니다.

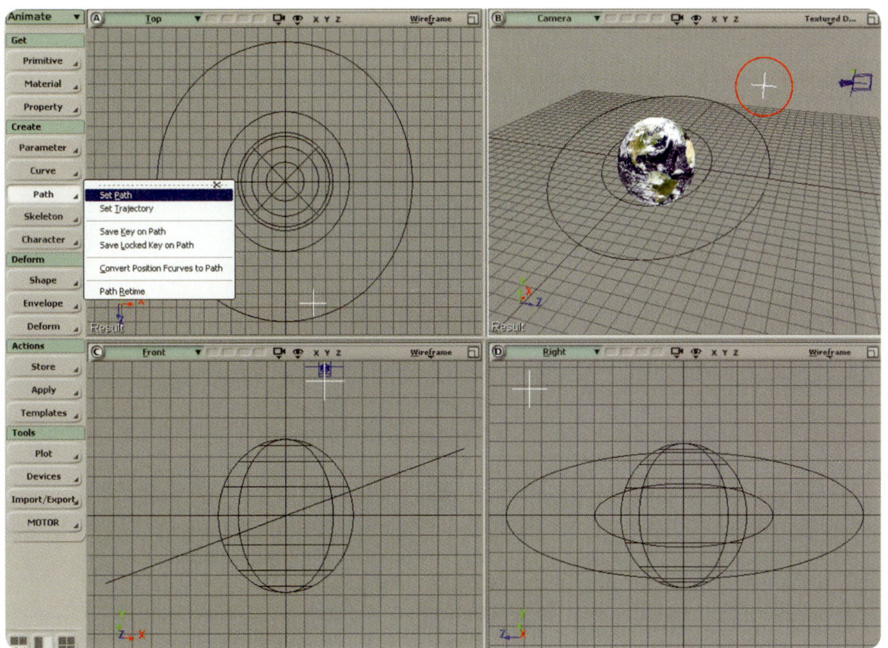

10 만들어질 Animation의 프레임을 1~400으로 생성합니다.

11 다음과 같은 PathCns창은 특별한 설정이 없이 창을 닫습니다. 카메라 시점으로 움직이게 될 선이 완성되었습니다.

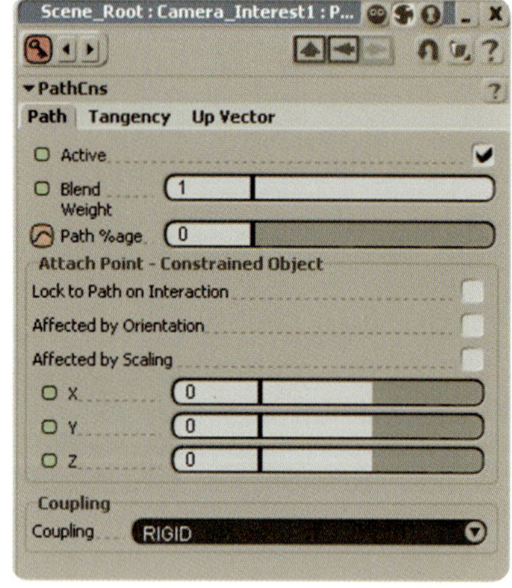

12 다음은 카메라가 직접 회전하는 선을 진행하겠습니다.
Camera을 선택한 후 Create 〉 Path 〉 Set Path를 선택하여 바깥쪽에 위치한 Circle2를 Pick합니다.

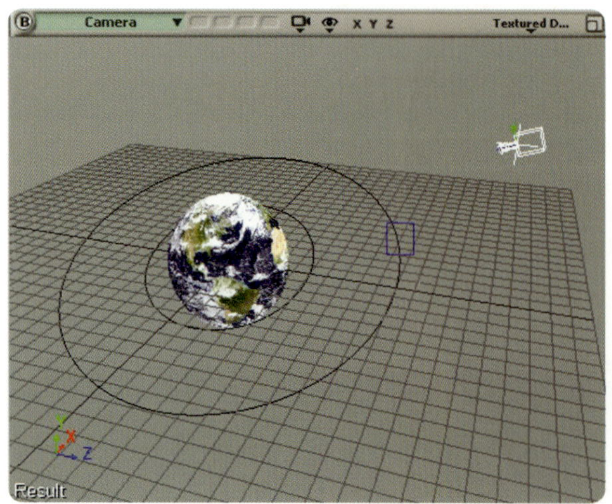

13 만들어질 Animation의 프레임을 1~400으로 생성한 후 PathCns창은 특별한 설정없이 창을 닫아 카메라와 카메라 시점이 움직이는 Animation을 완성시킵니다.

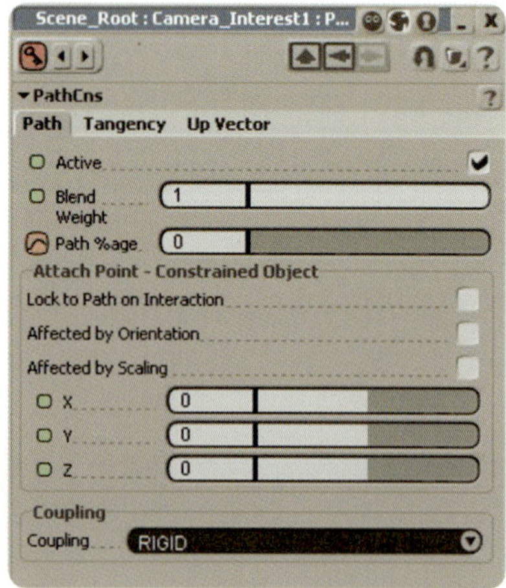

14 완성된 Animation을 새로 만든 카메라 시점으로 확인 해보도록 하겠습니다. 그림과 같이 Camera를 클릭하여 Cameras 〉 Camera1을 선택합니다.

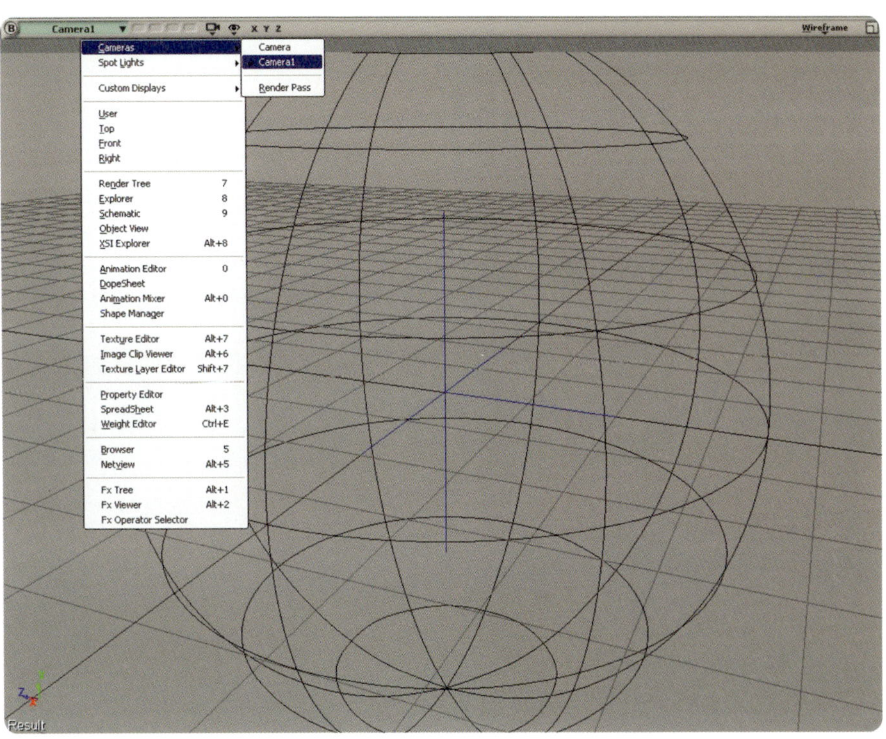

15 다음은 지구의 Mapping이 보이도록, Textured Decal을 적용합니다.

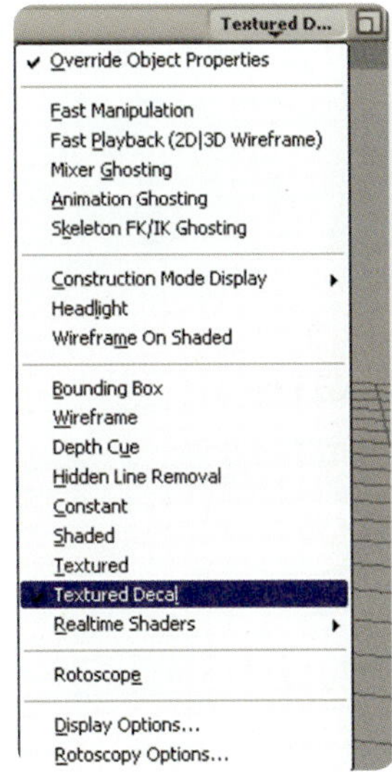

16 우선 Animation Frame값을 1~400으로 설정하였으므로 창의 오른쪽 하단에 위치한 Frame값 100을 400으로 수정합니다.

17 다음은 완성된 Animation을 보도록 하겠습니다. 그림과 같이 Start Frame을 눌러 만들어진 Animation을 보도록 하겠습니다.

18 지구 주위를 도는 카메라 위성의 Animation을 완성합니다.

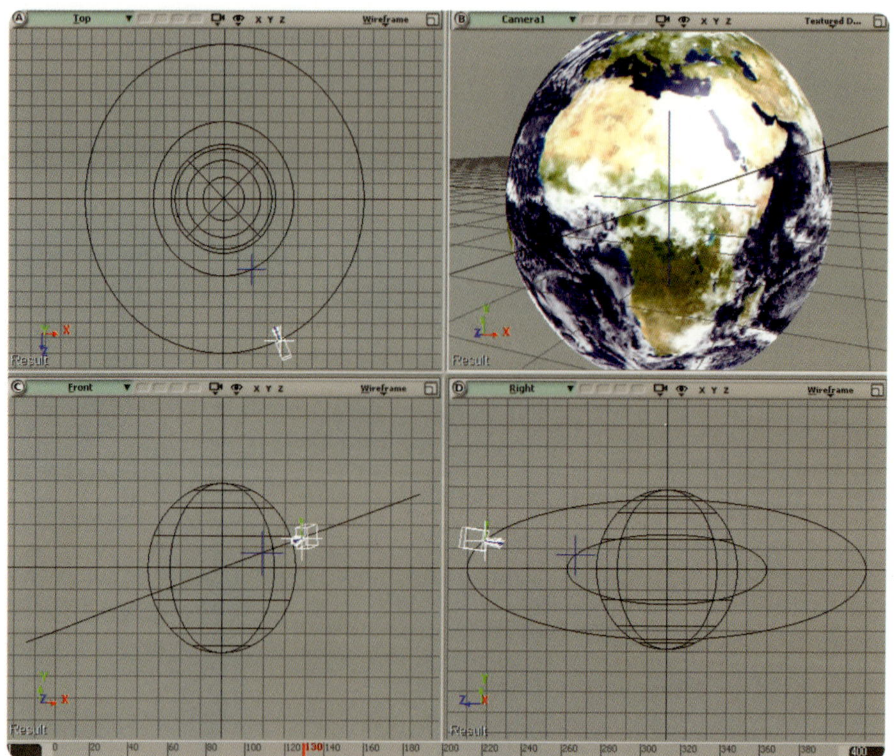

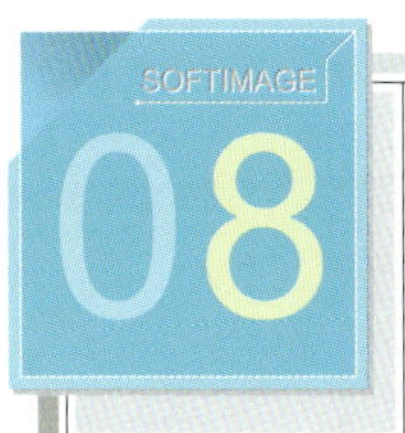

Born Setting

완성된 모델링을 본(Bone)을 설정하는 예제를 통해 본의 이해를 돕는 과정입니다. 기본적으로 본 설정의 이해를 위해 아래의 그림을 참조합니다.
본 설정을 위해 CD안 XSI Modeling 폴더 안의 캐릭터 모델링 데이터를 활용하도록 하겠습니다.

STEP 01 기본 적인 본 구조 및 명칭

기본적인 본 구조 및 명칭을 살펴보면 1번 그림 안에 있는 널(Null)을 루트(Root)라 합니다. 루트는 본의 부모 자식 구조에서 부모입니다.
2번 그림은 본(Bone)이라 합니다. 본은 애니메이션을 줄 때 회전 값이 적용되는 물체입니다.
3번 그림 안에 있는 널은 이펙트(Effect)입니다. 이펙트는 2번의 모든 본을 트랜스 값으로 컨트롤 할 수 있습니다.

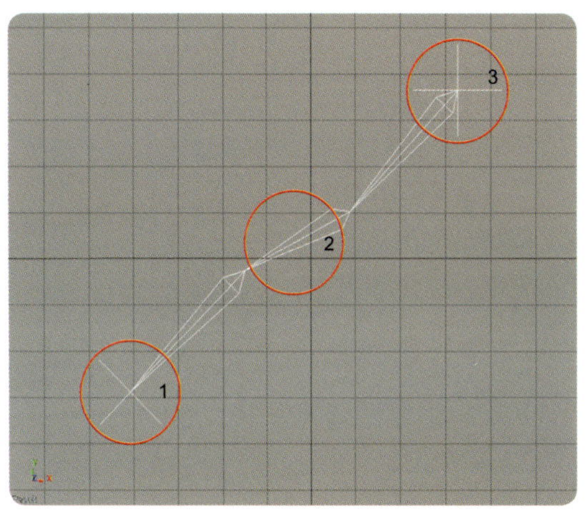

01 완성된 모델링이나 Sample로 제공하는 Boy를 Open 〉 File로 불러와서 Body를 만들어 보겠습니다. 바디 부분은 Right View에서 작업을 진행합니다.

Right View를 줌 인(Zoom in)하여 본을 적용하기 위해 그림과 같이 머리부터 골반까지 줌 인한 후 본을 생성하기 위해 Model 〉 Skeleton 〉 2D Chain Skeleton의 툴을 선택합니다.

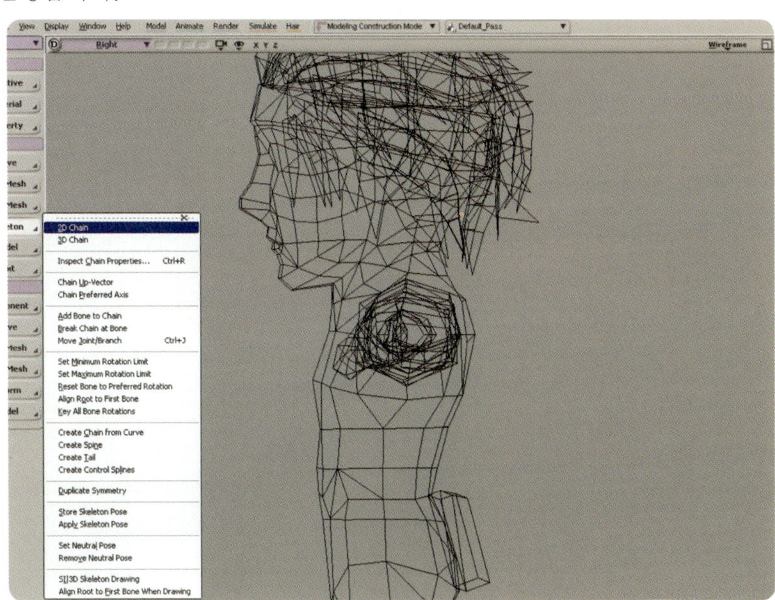

02 본을 생성하면서, 척추가 구부러 지는 쪽으로 약간의 각도를 주면서 아래에서 위로 본을 생성합니다.

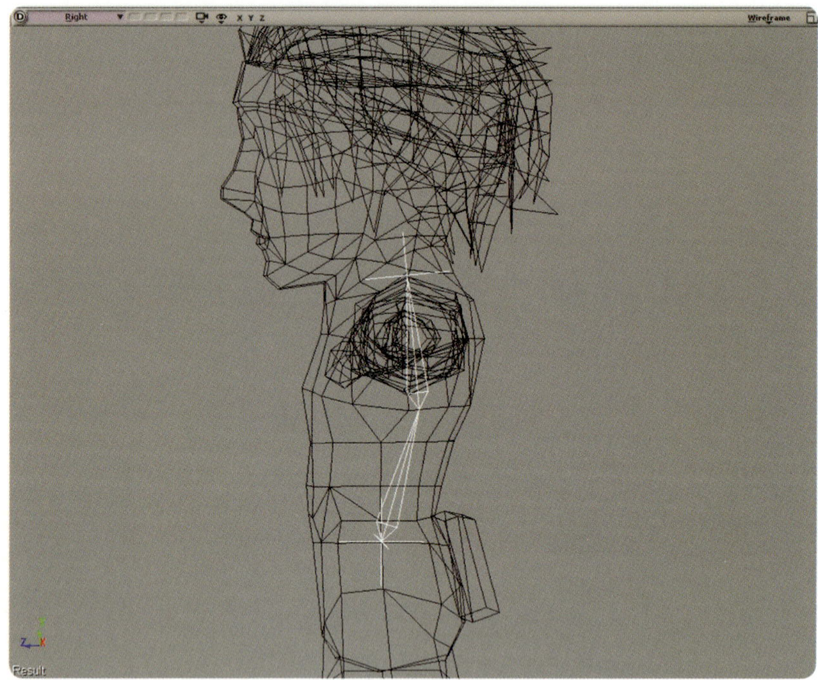

참고 | 본은 실제로 척추가 구부러지는 쪽으로 약간의 각도를 주어, 본을 생성하는데 있어 일직선으로 생성되지 않도록 하며, 본의 끝부분은 되도록 모델링의 라인에서 끝나게 만들어 주는 것이 좋습니다.

03 본은 실제로 인체의 뼈와 같은 역할을 하기 때문에 뼈와 유사하게 설정하는 것이 좋습니다. 다음은 힙 본을 만들어 보겠습니다. 힙 본은 위에서 아래 쪽으로 본을 생성하며, 아래 그림과 같이 시작점이 바디 본의 시작점 루트와 같아야 하는 점을 주의하여 본을 만듭니다.

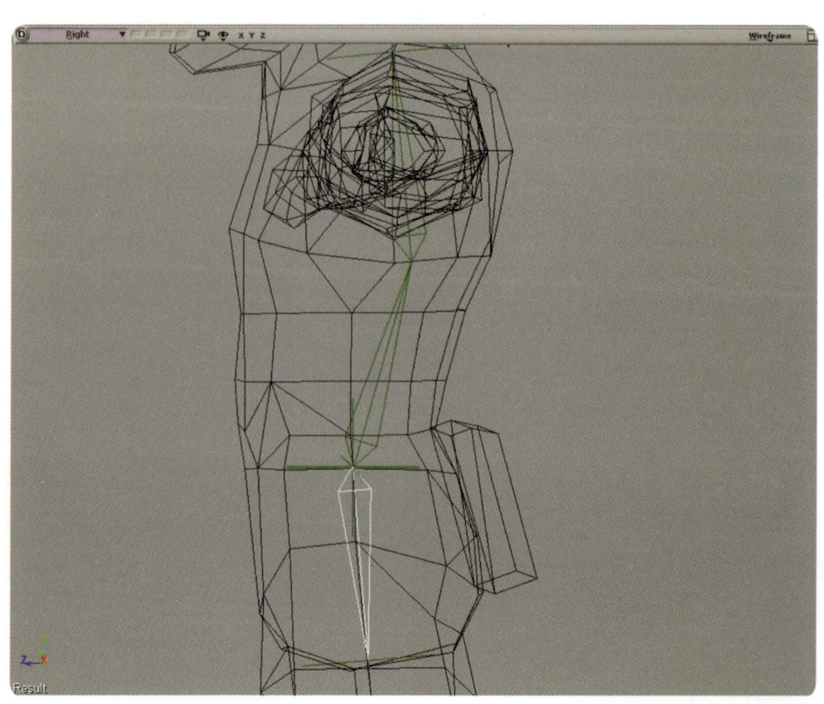

04 바디 본과 힙 본을 생성한 후 힙루트를 바디루트에 Transformation 〉 Match Translation을 사용하여 Constrain 〉 Parent를 선택합니다. 다음으로 바디루트와 힙루트의 부모로 만들어서 바디 본과 힙 본을 완성합니다.

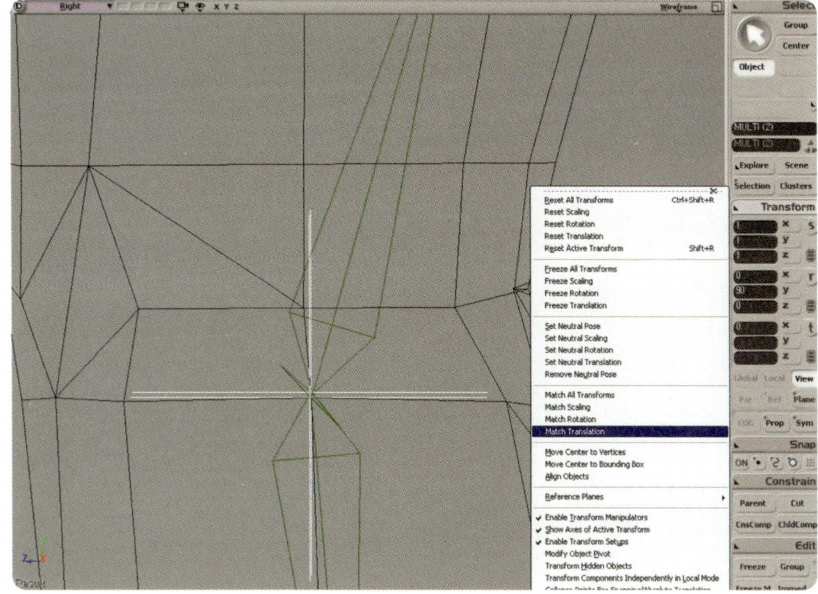

참고 | Parent는 다음 아이콘과 같습니다.

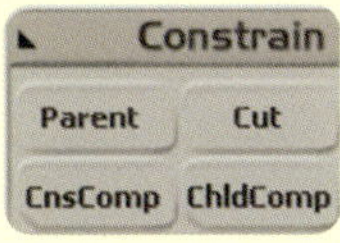

05 목 본과 머리 본을 만들어 진행합니다. 목 본과 머리 본의 시작점은 바디 본의 이펙트에서 시작합니다. 방향은 힙 쪽에서 머리 쪽으로 생성하여 목 본과 머리 본을 완성합니다.

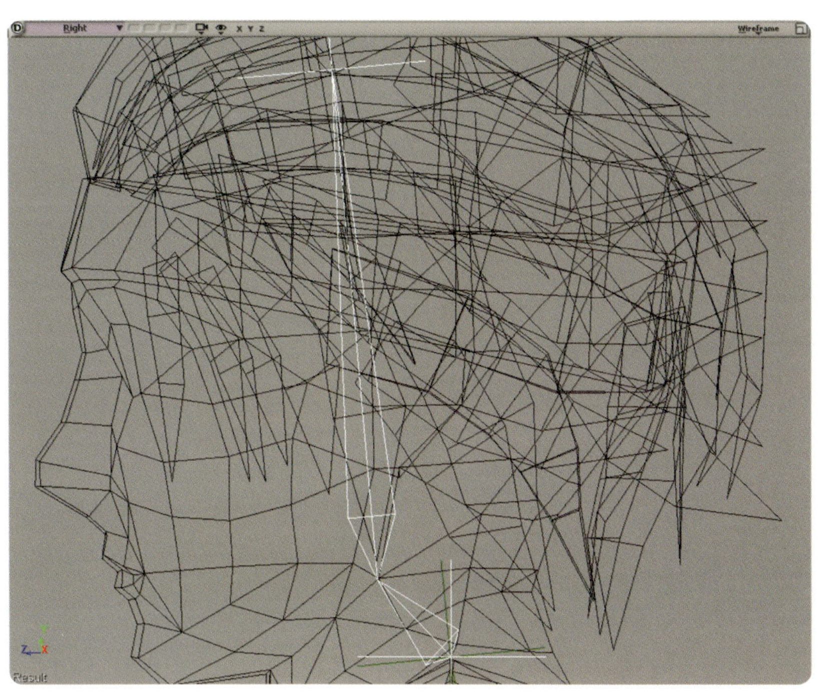

06 다리 본을 만들도록 하겠습니다. 다리 본은 힙 본의 이펙트에서 생성하며 유의할 점은 다리가 구부러지도록 생성해야 합니다.
아래 그림과 같이 앞쪽으로 약간의 각도를 주어 한쪽다리를 생성한 후 Front View에서 다리 본의 위치를 맞춥니다.

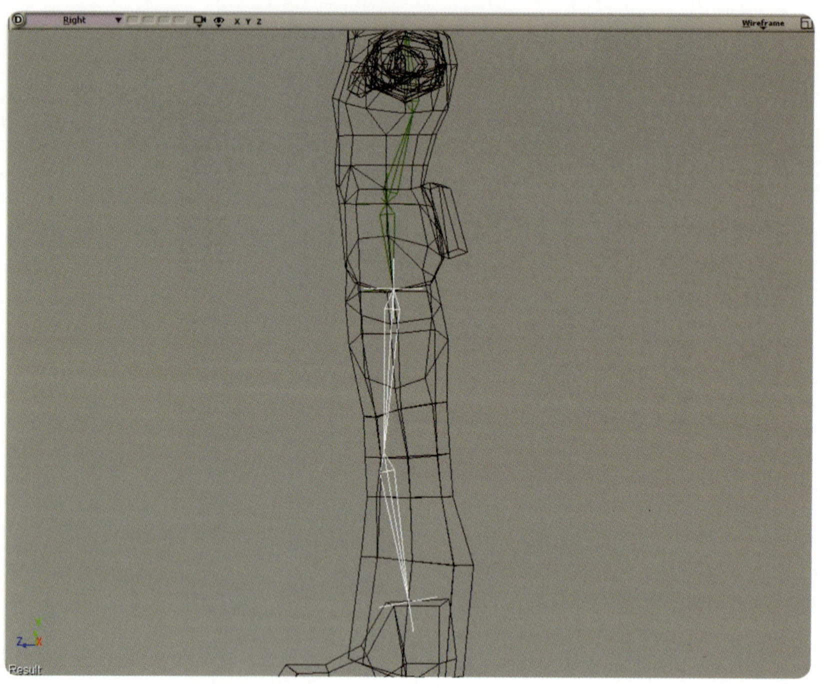

07 Front View에서 위치를 맞춘 다음 만들어진 다리 본을 마우스 오른쪽버튼을 클릭하여 다음과 같은 경로의 Model 〉 Create 〉 Skeleton 〉 Duplicate Symmetry 을 선택합니다. 반대쪽 다리에도 같은 다리 본이 만들어 지도록 진행하겠습니다.

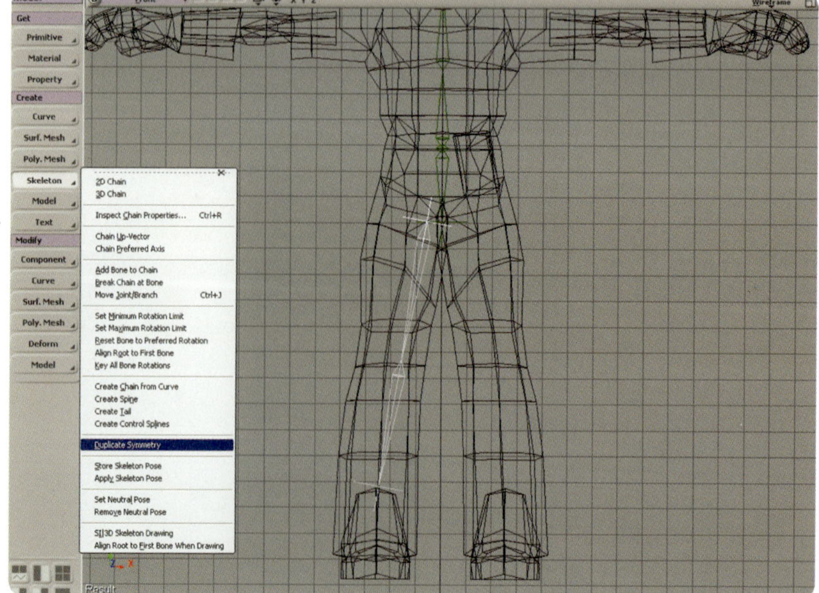

08 Duplicate Symmetry 창의 설정 중에서 Symmetry Plane 의 Y와 Z값을 선택한 후 [OK]를 눌러줍니다.

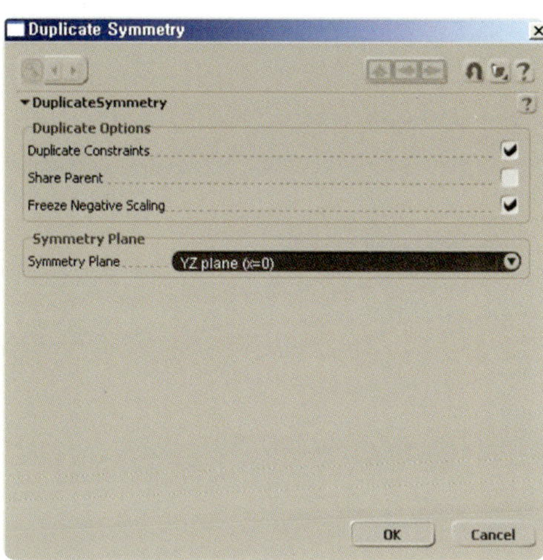

09 Duplicate Symmetry 값이 적용되면 양 쪽의 다리 본이 완성됩니다.

IK와 FK

우리가 흔히 Bone을 Rotation에 키를 저장해서 애니메이션을 만드는 것을 FK(Forward Kinematic)라고 합니다. 보통 자유롭게 허공에서 움직이는 부분을 이렇게 설정하면 편합니다.

그리고 이펙터를 렌더링 되지 않는 Implicit이나 Null에 Constraint 시켜서 애니메이션을 만드는 것을 IK(Inverse Kinematic)이라고 합니다. 즉 사람의 발바닥 같은 경우 특별한 경우가 아닌 경우 바닥에 붙어 있는 경우가 많습니다. 손바닥이라고 해도 엎드려 있다거나 벽에 손을 짚고 걸어가는 애니메이션인 경우도 IK를 사용하는 편이 훨씬 수월합니다.

처음 Constraint를 접하게 되면 복잡하게 느껴지기도 하지만 Rigging. 즉 캐릭터를 설정할 때에는 IK 뿐 아니라 많이 사용되는 기능입니다. 참고로 IK와 FK는 Blending이라는 기능으로 각각 전환도 가능합니다.

10 다음은 팔 본을 만들도록 하겠습니다.

팔 본은 Top View에서 생성합니다. 한 가지 유의할 점은 팔 본도 약간의 각도를 주면서 만들어야 합니다. Top View에서 생성된 팔 본은 위치가 맞지 않기 때문에 다음 그림과 같이 Front View에서 팔 본의 위치를 수정해 줍니다.

수정방법은 Ctrl + J 키를 누른 후 루트(본과 이펙트도 수정가능)를 움직이면 수정이 가능합니다.

11 다리와 같은 방법으로 Model 〉 Create 〉 Skeleton 〉 Duplicate Symmetry을 적용하여 반대쪽 팔 본을 완성합니다.

12 손 본과 손가락 본을 만들도록 하겠습니다. 먼저 손 본은 Top View에서 생성하고 Front View에서 위치를 맞추도록 합니다.

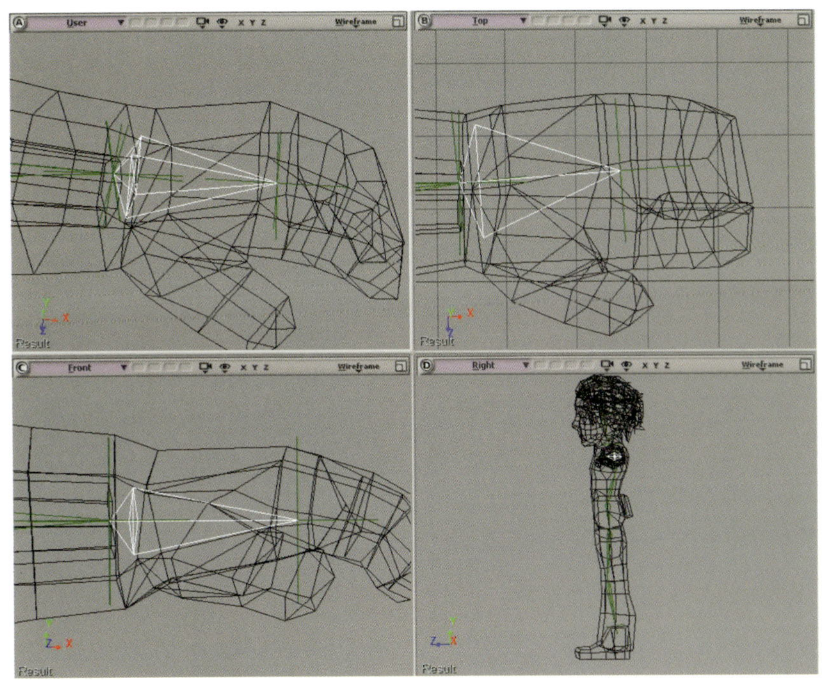

13 손가락 본을 만들어 보겠습니다. 예제에 쓰이는 케릭터는 장갑을 끼고 있기 때문에 손가락 본의 숫자를 장갑에 맞추어 만들도록 하겠습니다.
우선 엄지 손가락의 손가락 본을 Right에서 하나를 생성하여 Ctrl + J 키를 사용해 수정한 후 본을 복사해 나머지 손가락도 굽혀지는 방향을 생각하며 생성합니다.

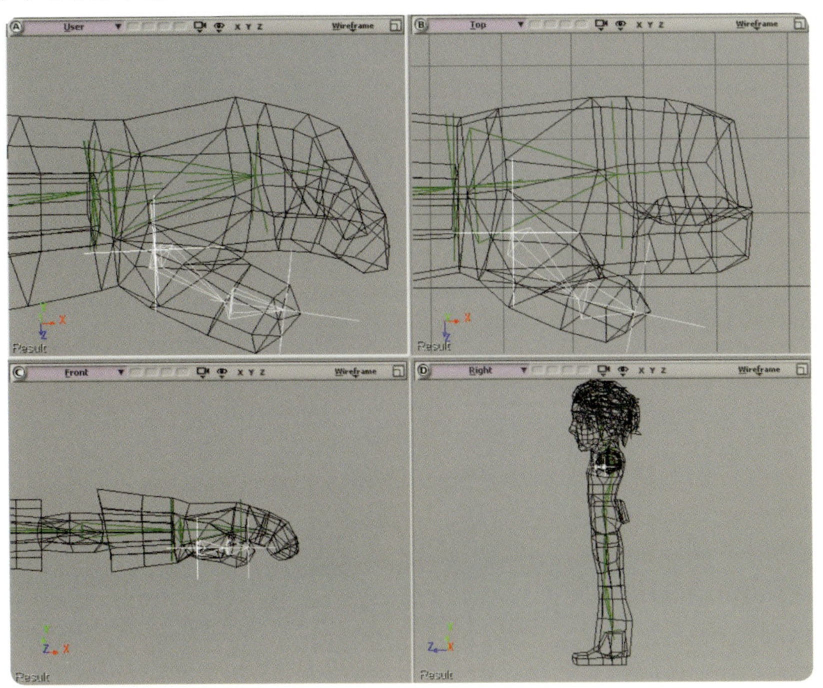

14 나머지 손가락 본도 앞쪽과 같은 방법으로 생성합니다.

15 다음은 완성된 손가락 본을 손 본의 부모자식 관계를 설정하겠습니다. 먼저 손 본을 선택하여 Constrain 〉 Parent를 적용하고 각각의 손가락 본을 손 본의 부모자식 관계를 설정합니다.

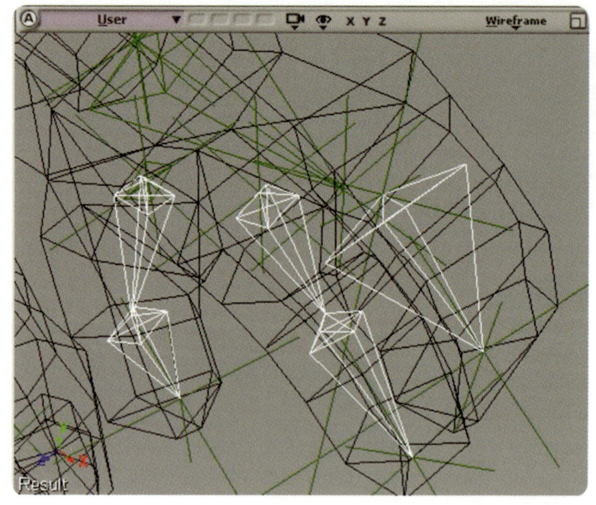

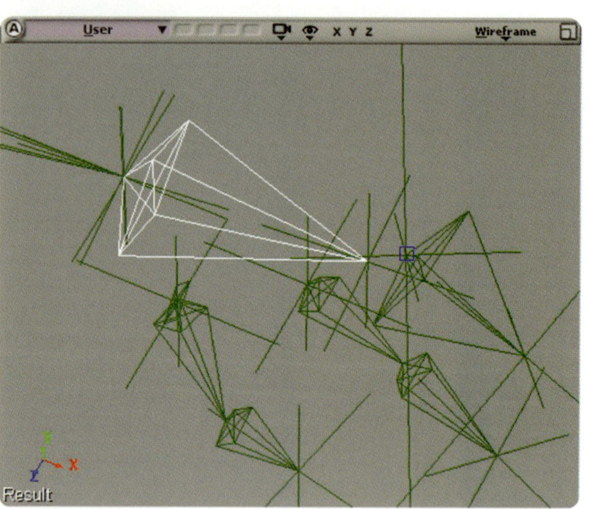

16 부모자식 관계가 설정된 손 본을 Duplicate Symmetry를 적용하여 완성된 손 본의 반대쪽도 완성합니다.

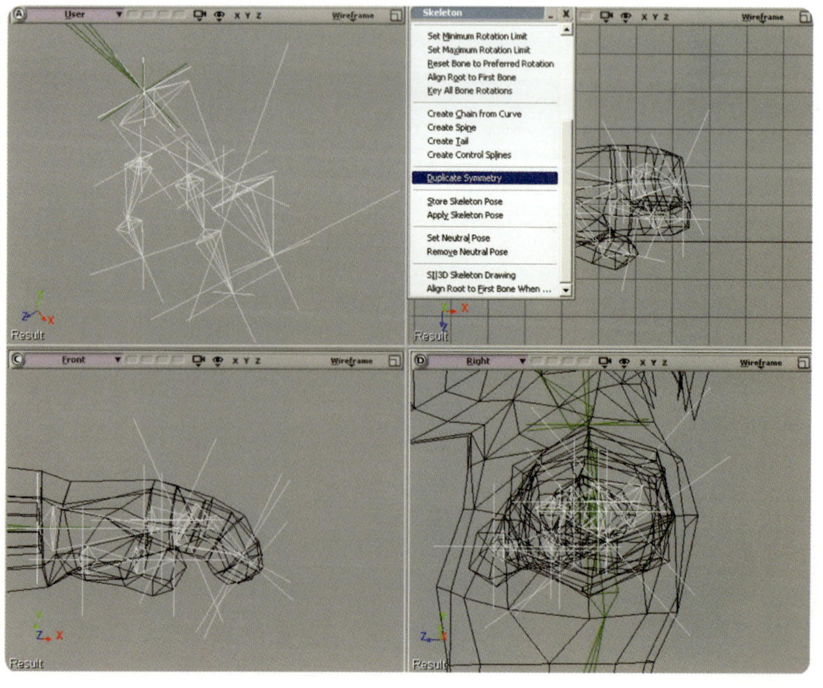

17 팔 본과 손 본을 완성한 그림입니다.

18 발 본은 두 개의 빨간 원으로 표시된 발이 접히는 부분과 발목이 접히는 부분을 유의하여 생성하며 발이 접히는 곳에서 발목 방향으로 생성됩니다.

19 또 하나의 본은 발이 접히는 곳에서 앞쪽으로 생성되는데 중요한 것은 원안에 있는 두 개의 발 루트 위치 값이 동일해야 합니다.
둘 중 하나의 루트를 선택하여 위치를 맞춥니다. 루트를 선택한 후 Transform 〉 Match Translation을 다른 루트에 적용하면 다른 루트의 위치 값으로 따라가는 것을 볼 수 있습니다.

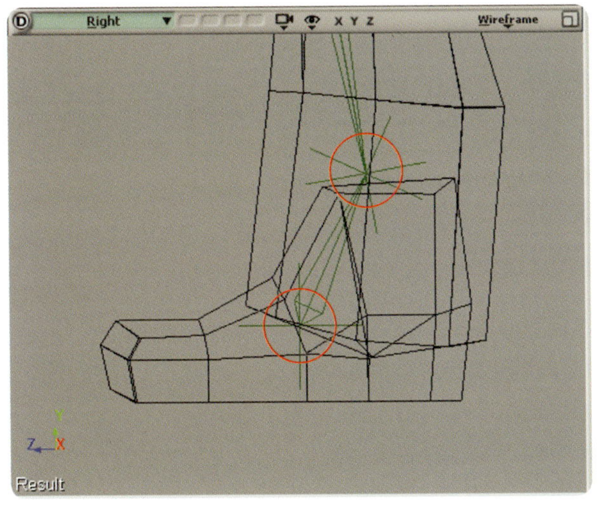

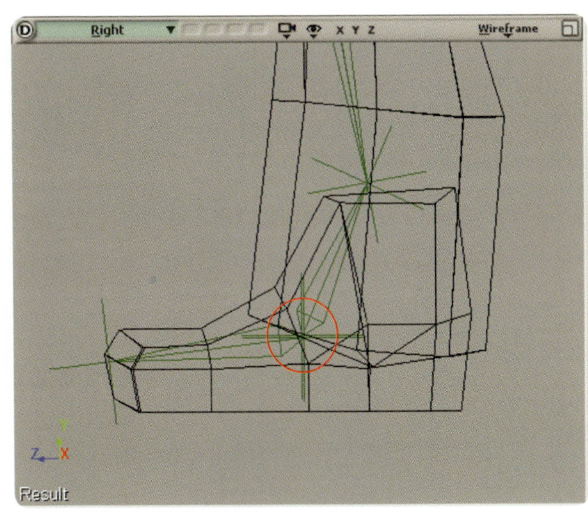

20 루트에 Transform 〉Match Translation 적용합니다.

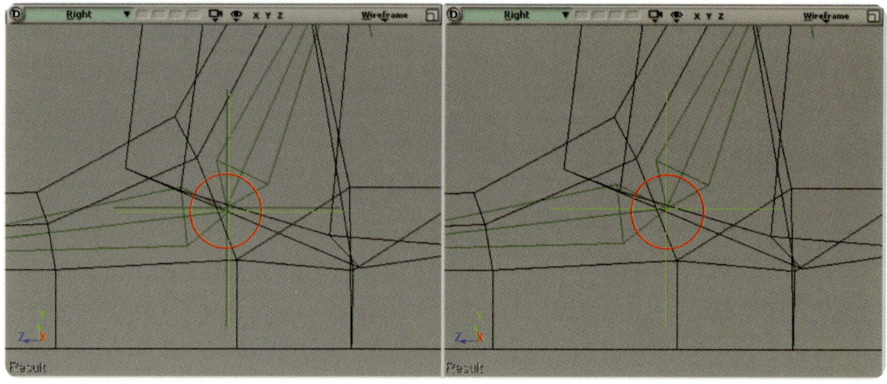

21 다음은 널(Null)을 생성한 후 Transform 〉Match Translation을 적용하여 루트들을 널의 자식으로 만듭니다. 널을 좀 더 확인하게 쉽게 다이아몬드 모양으로 변경 하였습니다. 그 후 아래와 같이 두 개의 발 본을 널의 자식으로 묶어줍니다.

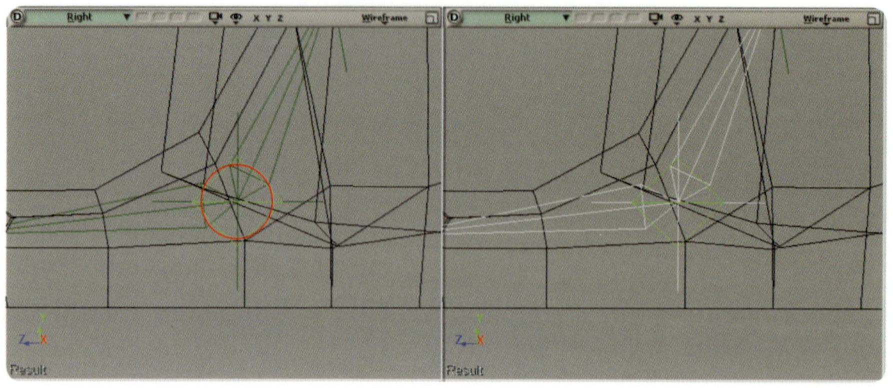

22 Front View를 보면 다음과 같이 발본이 발 위치에 어긋나는 것을 볼 수 있습니다. 두 번째 그림과 같이 발본의 이펙트와 위치를 맞춰주는 것이 중요합니다.

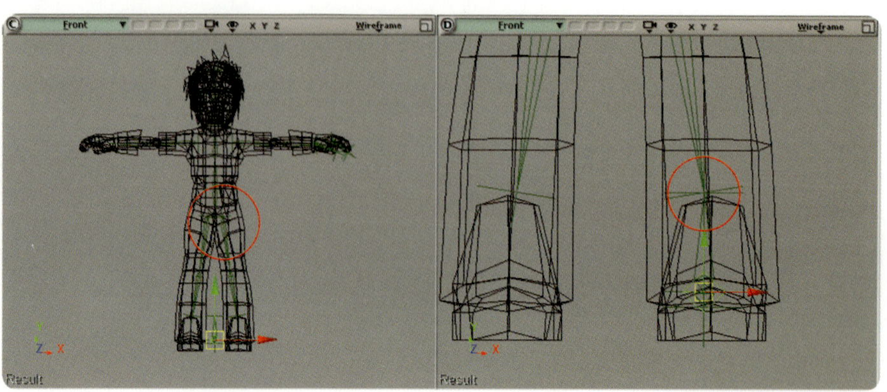

23 오른쪽 발에 완성한 본의 널을 브렌치(Branch, 마우스 가운데 버튼을 이용한 선택기능)로 선택한 후 Model 〉 Create 〉 Skeleton 〉 Duplicate Symmetry를 적용합니다. 그러면 널을 포함한 모든 것이 복사가 되어 왼쪽발로 연결되어 따라갑니다.

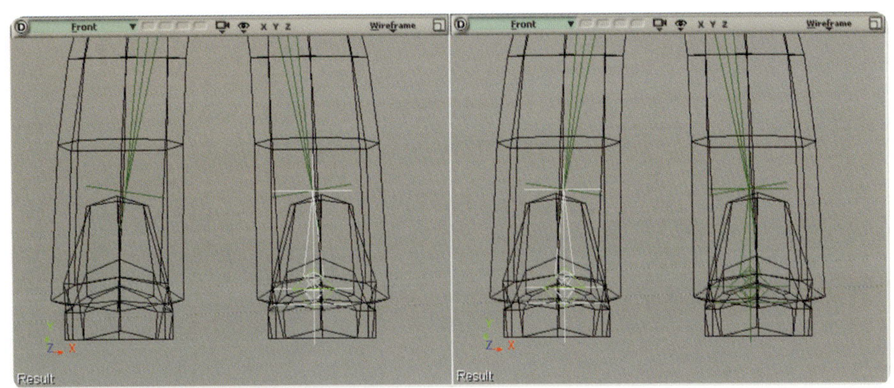

24 발본의 마지막으로 컨트롤하기 쉽게 설정합니다. Model 〉 Implicit에서 원하는 Implicit를 생성합니다. 다음으로 Transform 〉 Match Translation을 적용하여 위치를 맞추고 사용자가 컨트롤하기 쉽도록 크기를 수정합니다.

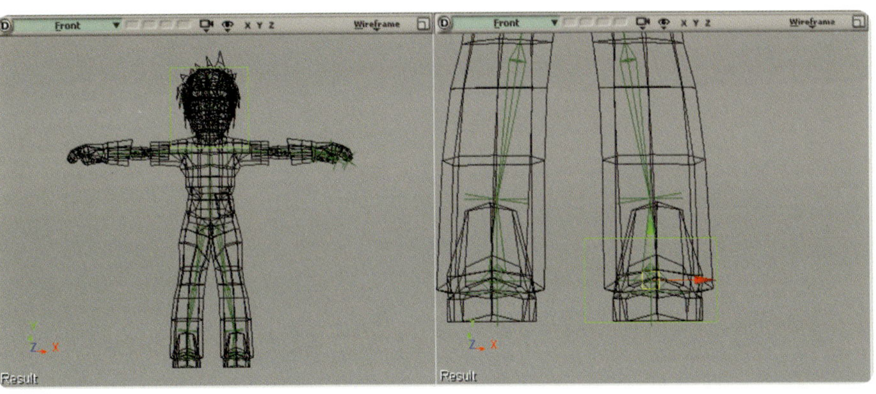

25 Implicit를 복사하여 왼쪽 발에 Transform 〉 Match Translation을 적용합니다. 복사를 한 후 발 본의 부모 널을 선택한 후 Implicit의 자식으로 만듭니다.

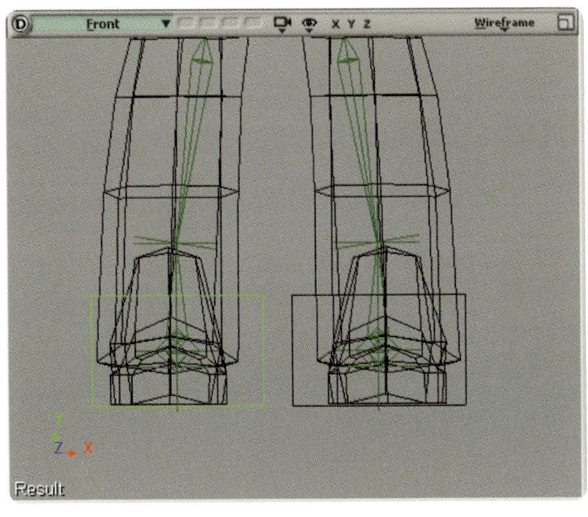

26 Implicit를 선택한 후 Rotation과 Translation을 변경해 보면 발본이 Implicit를 따라 움직이는 것을 볼 수 있습니다.

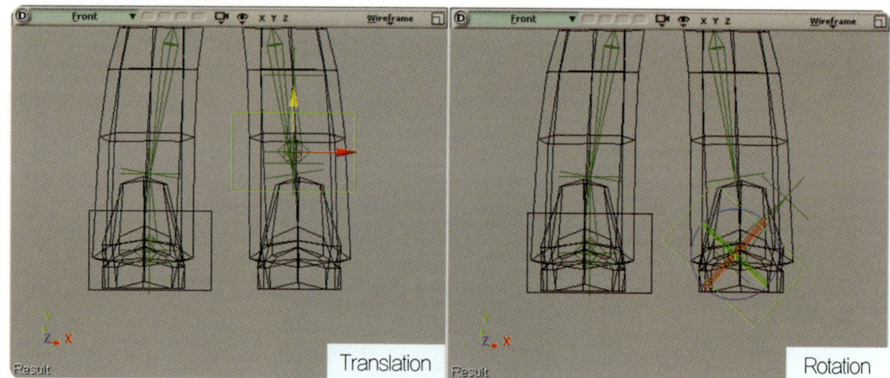

STEP 02 | Naming & 부모자식 관계

모든 본의 이름과 부모자식 관계를 설정합니다.

1. Naming

다음 그림을 따라 Naming합니다. 한가지 추가할 것 은 Body 부분의 본 이름은 루트를 시작으로 Body1, Body2 이렇게 Naming합니다.

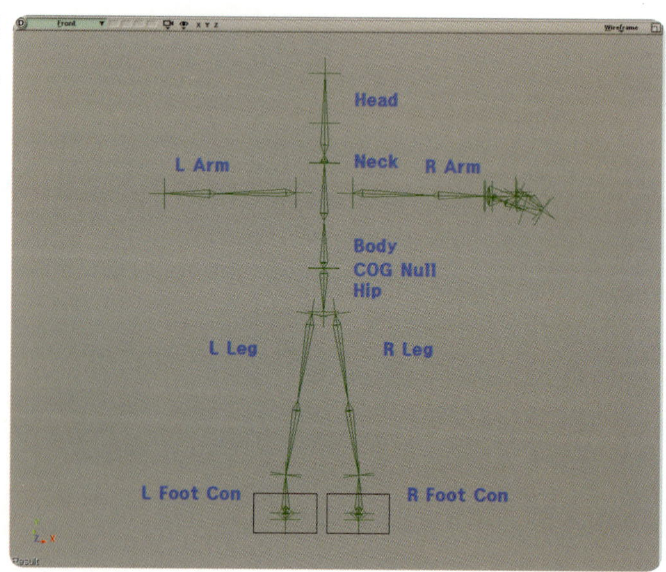

2. 부모자식 관계

첫 번째 Chain Effectors는 체크하지 않으면 부모 자식 관계를 설정할 때 더 편리해 집니다. 단 Chain Bones과 Chain Roots는 체크해야 합니다.

부모자식 관계의 설정은 마지막 본이 루트의 자식이 되는 것으로 아래의 그래프를 따라합니다. 예를 들어 바디와 머리 부 분의 설정은 사각형이 Body02이고 원이 목과 머리의 루트가 됩니다. 여기에서 원 부분이 Body02의 자식이 됩니다.

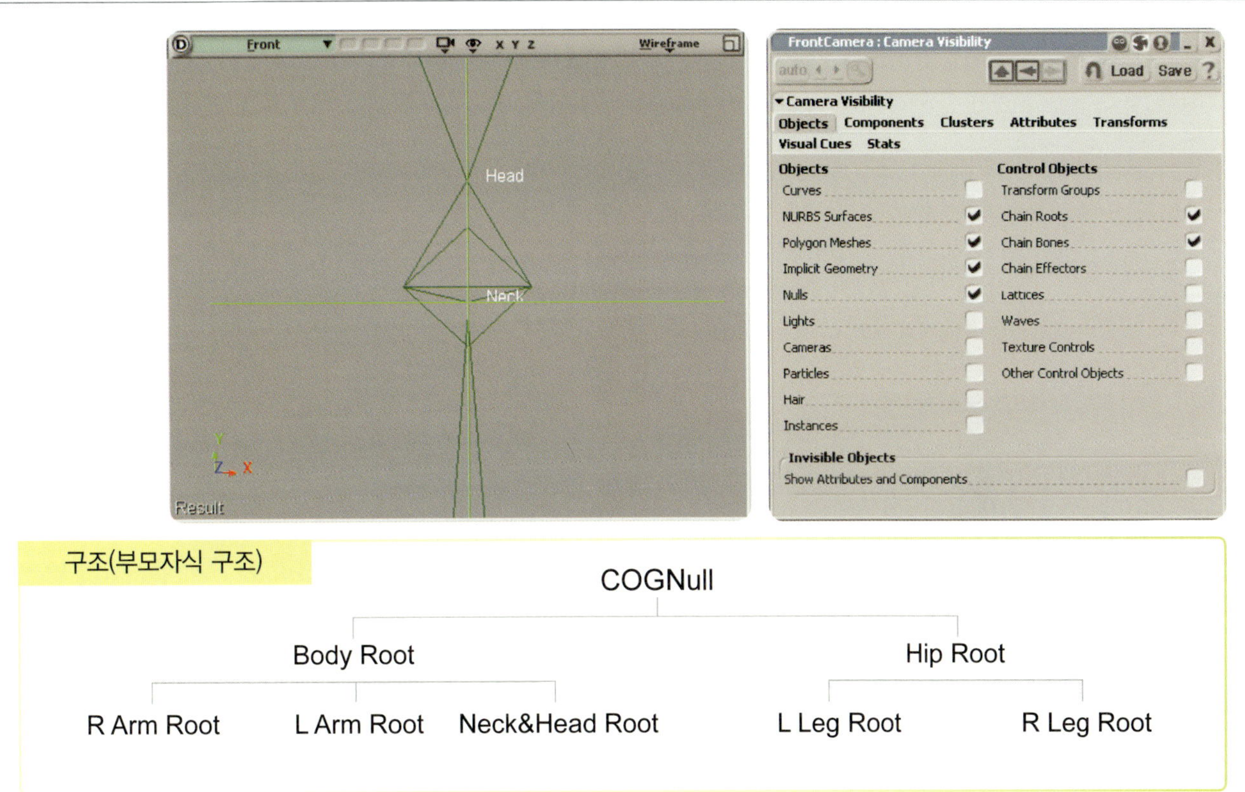

구조(부모자식 구조)

```
                          COGNull
           ┌─────────────────┴─────────────────┐
       Body Root                            Hip Root
   ┌───────┼────────────┐            ┌─────────┴─────────┐
R Arm Root  L Arm Root  Neck&Head Root   L Leg Root      R Leg Root
```

3. 다리와 발의 Constrain 구조

01 L_Leg의 Effect를 먼저 선택한 후 Constrain 〉 Position을 L_B_Foot의 Effect에 적용합니다. 왼쪽이 끝나면 똑같이 오른쪽에도 적용합니다. 적용한 후에 테스트를 해보면 움직임을 볼 수 있습니다.

02 Constrain을 적용하면 다음 그림과 같이 Effect들의 위치가 같은 것을 볼 수 있습니다.

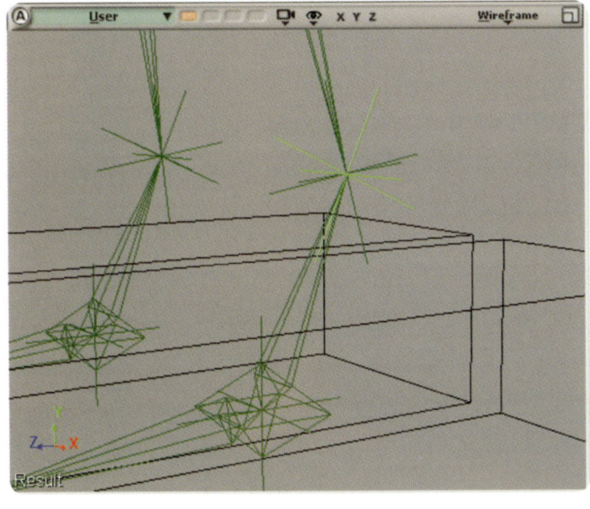

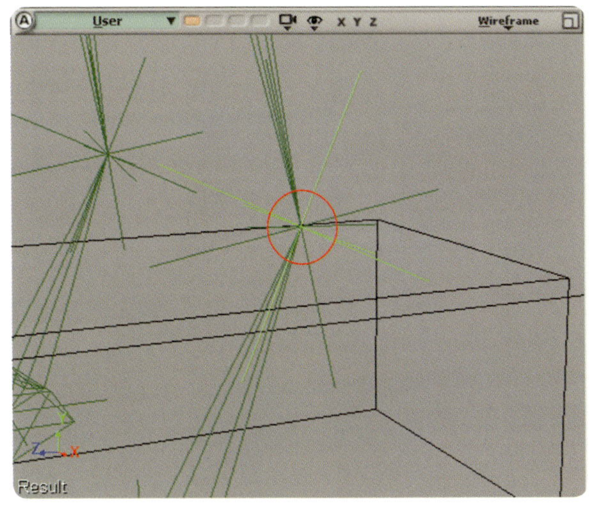

03 Constrain을 적용을 한 후 컨트롤을 쉽게하기 위해 컨트롤 오브젝트를 생성합니다. Model 〉 Get 〉 Primitive 〉 Null을 생성한 후 Null의 모양을 변형할 수 있습니다.

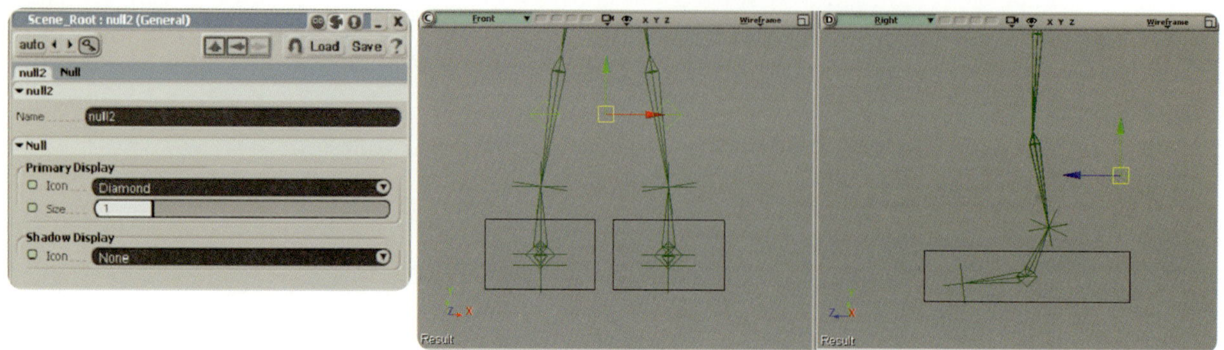

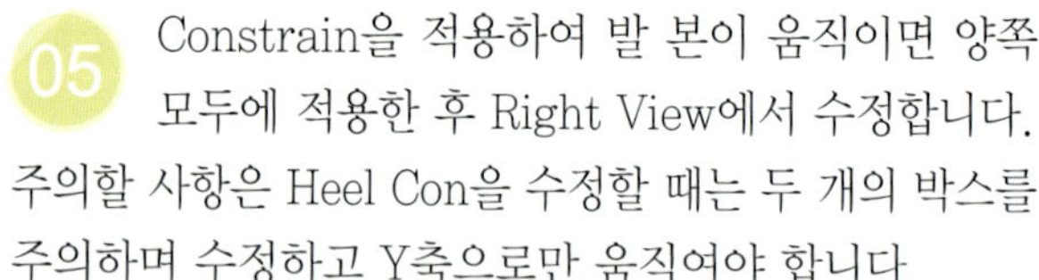

04 L_Leg의 Effect를 L_B_Foot의 Effect에 Constrain 〉 Position을 적용하면 L_B_Foot의 Effect가 컨트롤합니다. L_B_Foot의 Effect를 선택하고 L_Heel_Con에 적용합니다.

05 Constrain을 적용하여 발 본이 움직이면 양쪽 모두에 적용한 후 Right View에서 수정합니다. 주의할 사항은 Heel Con을 수정할 때는 두 개의 박스를 주의하며 수정하고 Y축으로만 움직여야 합니다.

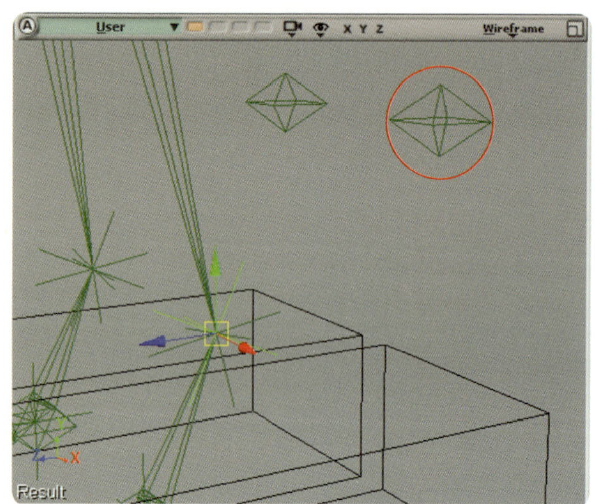

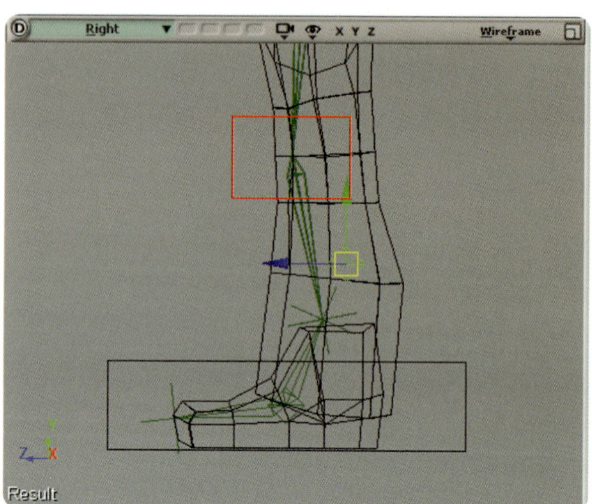

06 두 개의 Heel Con을 복사해 Leg_UpV을 생성한 후 그림처럼 맞추고 Model 〉 Create 〉 Skeleton 〉 Chain Up-Vector을 적용합니다. 이제 모든 본 구조와 Constrain의 설정이 끝나면 테스트합니다.

Leg_UpV는 각 Leg 본 Root에 자식이 됩니다.

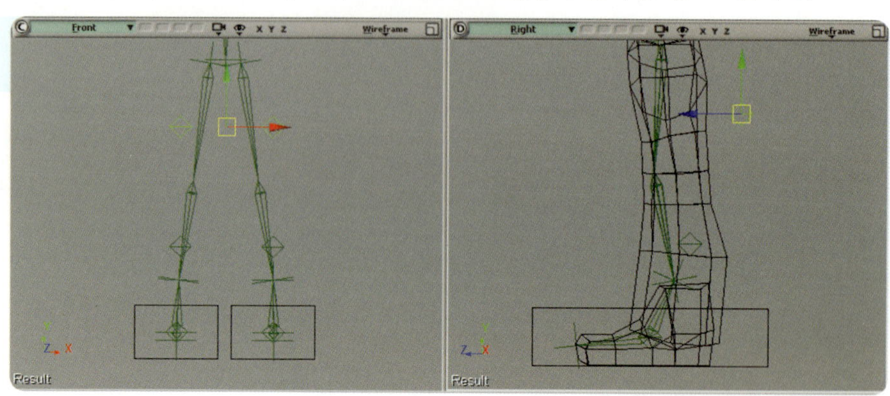

07 모든 구조가 제대로 적용되면 Envelope을 하기 전에 Group을 만듭니다. Group는 크게 Envelpe Group 과 KeyGroup로 나눕니다.

XSI에서 현재 작업하고 있는 장면의 캐릭터에 영향이 가는 본만 모아 Envelope Group을 만듭니다. 단축키 Shift + S 키를 이용하여 Camera Visibility Property를 활성화한 후 다음과 같이 본만 선택하여 체크합니다.

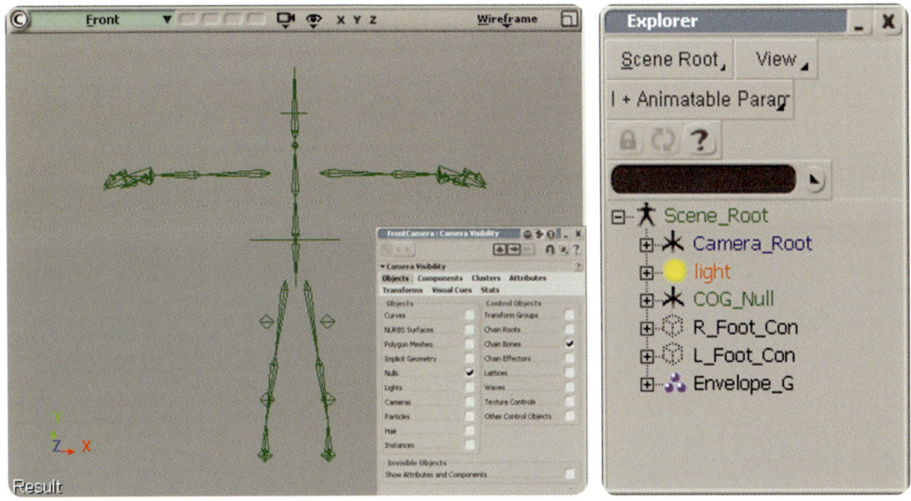

08 마지막으로 Envelope를 오브젝트에 적용시켜 보겠습니다.

Envelope를 하기 전에 XSI의 인터페이스 상단 부분의 Modeling Construction Mode를 Animation Construction Mode로 변경합니다. 변경한 후 오브젝트를 선택하고 Explorer에서 Envelope_G를 선택합니다.

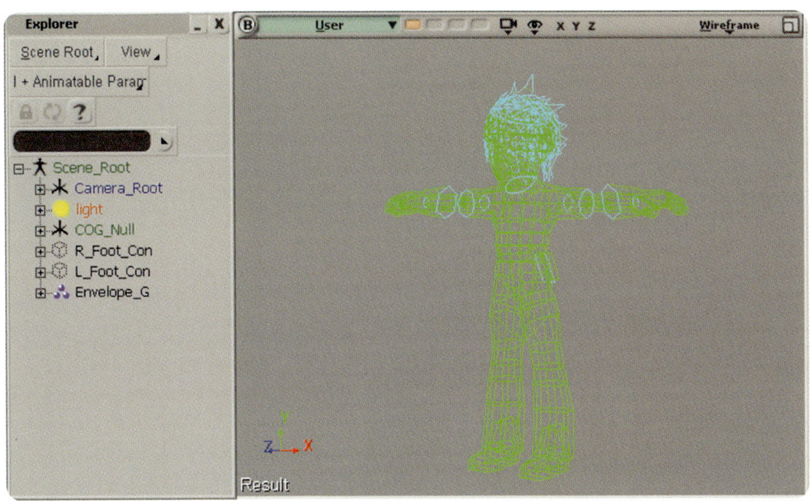

07 | Rendering

사람들은 눈을 통해 세상을 바라보고 느끼며 살아갑니다. 장면과 장면이 시간의 흐름과 연결되어 삶을 진행하고 있는 것입니다. 이러한 현실 세계의 장면과 장면을 3D 작업상에서는 Rendering이라 표현할 수 있습니다. Softimag XSI에서는 Rendering의 표현을 위해 다양한 기능을 제공하고 있습니다. 3D로 구성된 구성요소들의 최종적인 표현입니다.

이 장에서는 Rendering에 대한 기본적인 기능 및 활용과 응용방법을 학습합니다.

01 렌더링이란?

장면(Scene)에서 빛과 오브젝트, 카메라 설정 등의 작업이 완료되었다면 마지막 작업으로 렌더링 작업을 진행해야 합니다. 렌더링은 3D 작업에 대한 최종 결과물을 생성하는 것인데 일반 사람들에게 가시적인 3D 이미지를 보여 줄 수 있습니다.

SOFTIMAGE|XSI는 Mental ray version 3.4를 기본 Core rendering engine으로 사용하고 있으며 완벽한 호환성을 가지고 있습니다.

XSI와 Mental ray를 사용하여 제작한 이미지

STEP 01 Mental ray 렌더러 활성화하기

01 Render Manager에서 Globals 〉 Scene 〉 Scene Globals 탭을 선택합니다. 이 Render Manager Globals 탭 부분에서 렌더링의 기본적인 옵션값들을 설정할 수 있습니다.

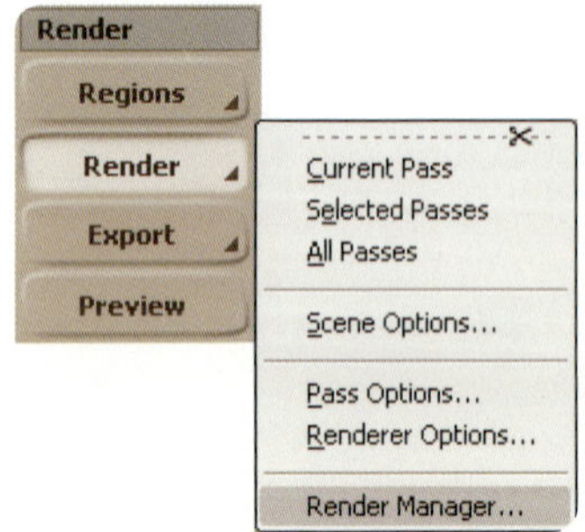

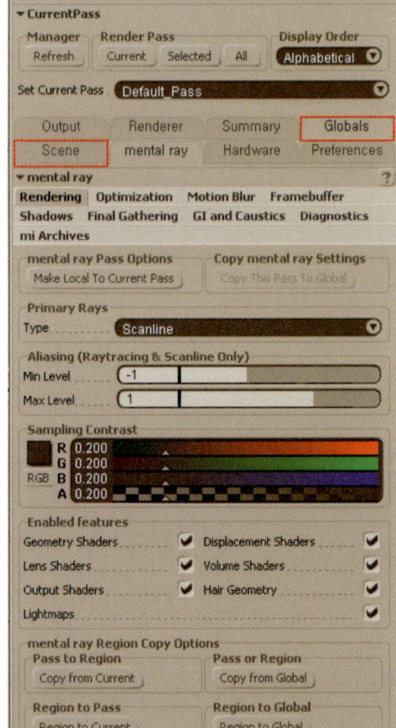

렌더링의 반사형태

일반적으로 오브젝트에 반사값을 적용하면 반사되는 오브젝트 변형 없이 반사가 됩니다. 이러한 경우 알루미늄 등에서 보는 것과 같이 물체가 왜곡되는 듯한 모습으로 보여지게 하려면 이미지의 반사맵을 이용하거나 큰 그라디언트의 이미지를 범프맵으로 사용하고 범프 수치를 적용하면 됩니다.

 Mental ray의 Scene Renderer를 살펴봅니다.

소프트이미지에서는 기본적으로 Mental ray를 기본 렌더러로 사용하고 있으나 유저에 따라서 Hardware 렌더링을 사용할 수 있으며 기타 다른 렌더러를 활용하여 렌더링 작업을 진행할 수 있습니다.

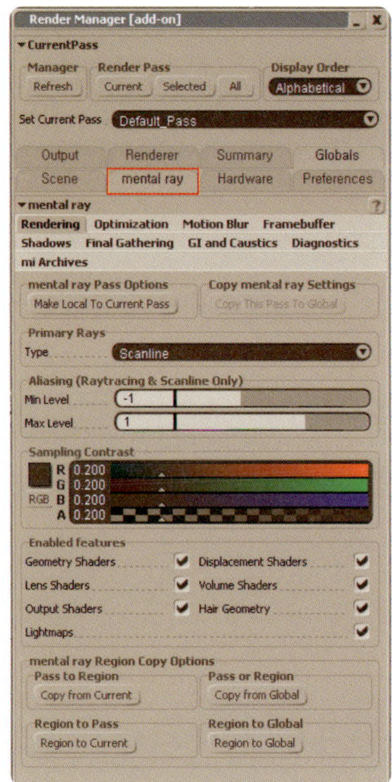

TiP — lmf_copy로 Map 파일 변경 시 장점

장면에서 Texture 이미지가 아주 크고 항상 화면에 나타나는 것이 아닐 경우 메모리에 Swap 되는 과정을 Map 파일은 생략하고 바로 하드디스크에서 데이터를 읽어 렌더링 속도가 빨라집니다.

그러나 장면이 작고 Texture가 작아 충분히 메모리에 할당될 수 있는 경우에는 불필요한 과정이 추가되어 느려질 수도 있고 분산 렌더링일 경우 Slave에 복사 해 놓아야 하는 주의가 필요합니다.

STEP 02 Mental ray 렌더러에서 Pass 설정하기

Render Manager에서 Mental ray renderer를 활성화 하여 현재 장면에서 필요한 만큼 Add 버튼을 이용하여 패스를 만듭니다.

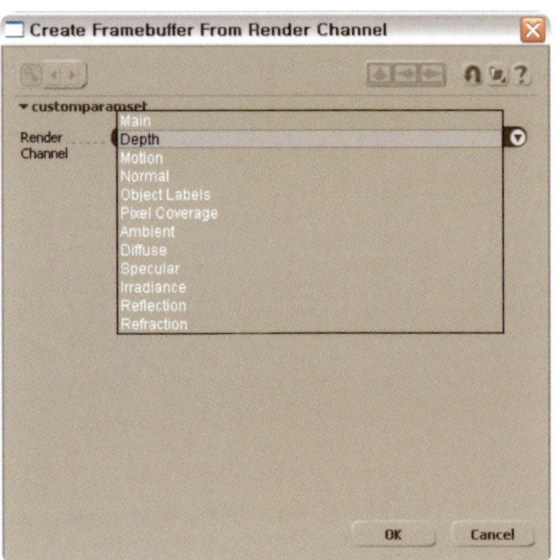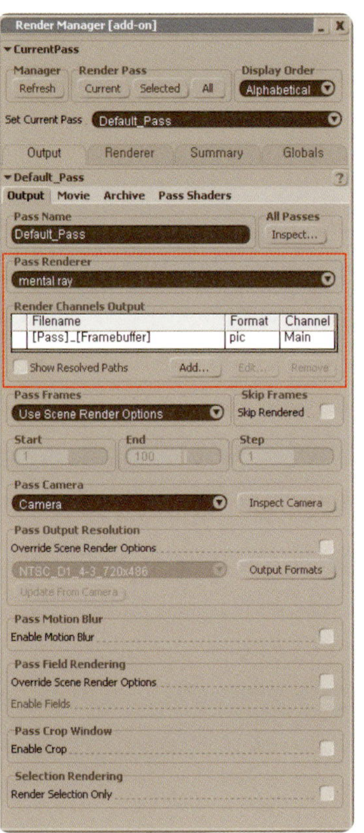

Output > Output 탭에서 Mental ray의 Pass Renderer를 설정합니다.

STEP 03 · Mental ray 렌더링 옵션 설정하기

Render Manager 〉 Renderer 또는 Render Manager 〉 Globals 〉 mental ray를 선택합니다. 기본적으로 장면에서 모든 패스는 Mental ray rendering 옵션에서 하나로 설정되어 있습니다. 그러나 Mental ray rendering 옵션에서 새롭게 패스를 만들거나 편집할 수 있습니다.

1 Render Manager에서 Globals 〉 mental ray 탭을 선택합니다.

2 Mental ray 탭에서 Mental ray rendering 옵션과 패스에 대해 설정할 수 있습니다.

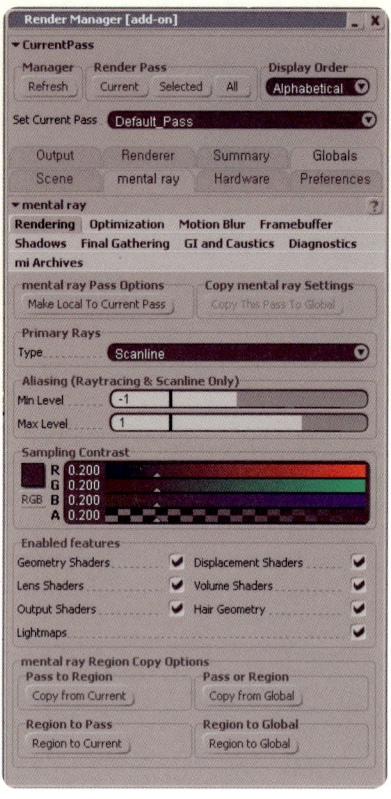

STEP 04 · Mental ray 렌더링 옵션 편집하기

렌더링 옵션을 편집하려면 Render Manager에 mental ray에서 패스를 활용하여 렌더링 작업을 진행합니다. Renderer 〉 Rendering 탭에서 Current Pass 버튼에 Make Local을 클릭한 후 Mental ray rendering options의 Local 설정은 새로운 패스를 만들어 냅니다. 마지막으로 Mental ray rendering options에서 필요한 것을 설정합니다.

멘탈레이

멘탈레이는 렌더링 전용 프로그램입니다. XSI 뿐만 아니라 마야, 맥스에서도 유용하게 사용되는 프로그램이며 고품질의 렌더링을 작업할 수 있습니다.

관련 홈페이지 주소 : http://www.mentalimages.com

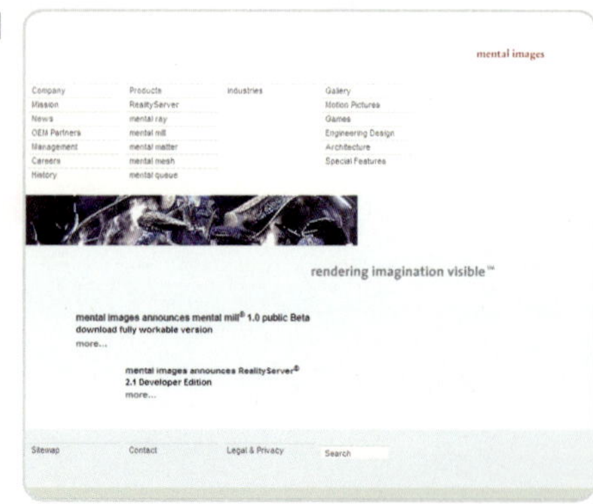

02 렌더링 살펴보기

STEP 01 Render Toolbar

Render toolbar에서 명령어들을 사용하시면 렌더링 명령어나 Property editors 등 관련 명령어들을 쉽고 빠르게 사용할 수 있습니다.

Get : 기본적인 요소들을 포함하고 있습니다. Primitive objects, camera, light, shaders, textures, clips, sources 등이 있습니다.

Modify : 오브젝트나 쉐이더, 텍스쳐 등을 수정하는 기능입니다.

Render : 렌더링에 관련된 옵션을 설정하거나 렌더링하는 명령어들이 있습니다.

Pass : 현재 장면에서 새로이 패스 및 파티션을 만들거나 편집을 할 수 있습니다.

STEP 02 Render Passes

렌더패스 방식은 렌더링 작업시 레이어(Layer)이론을 활용하여 새로운 장면을 만들 때 사용되는 기술입니다. 렌더패스 방식은 작업 진행중 렌더링 작업을 진행해야 할 때 전체 렌더링 이미지를 렌더링하는 것이 아니라 부분 레이어 계층 형식으로 렌더링 작업을 진행할 수 있으며 렌더패스 방식으로 제작한 이미지를 가지고 시퀀스 파일을 편집할 때 레이어 방식을 이용하기 때문에 편리함과 퀄리티와 렌더링 속도가 향상되는 장점이 있습니다.
최근에는 한 장면만 렌더링하는 것 보다 이 방법을 활용하여 사용하는 것이 일반적입니다.

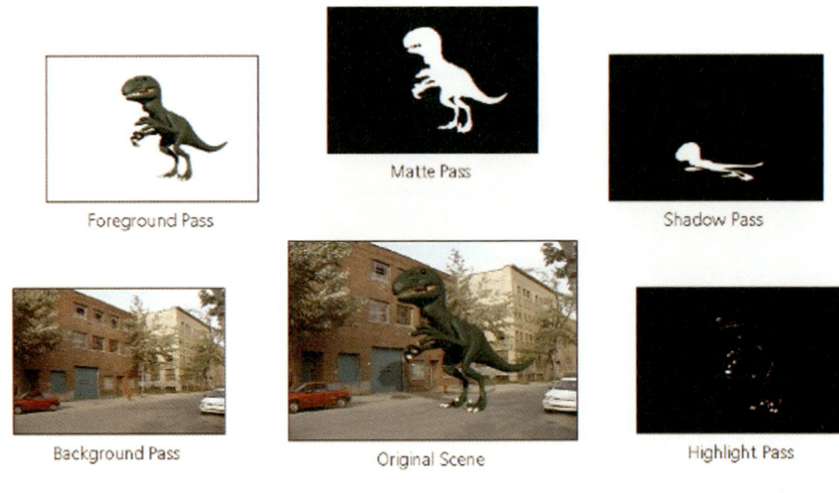

Render Passes 예시

1. 패스를 Explorer로 살펴보기

Explorer에 Hierarchical list에서 렌더패스에 대한 내용과 속성을 살펴볼 수 있습니다.
Pass hierarchy는 Passes folder node 아래에 디스플레이 됩니다.
Current pass는 Passes folder node 아래에 리스트 폴더와 함께 디스플레이 됩니다.
리스트 폴더는 장면에 있는 모든 패스를 포함하고 있습니다.

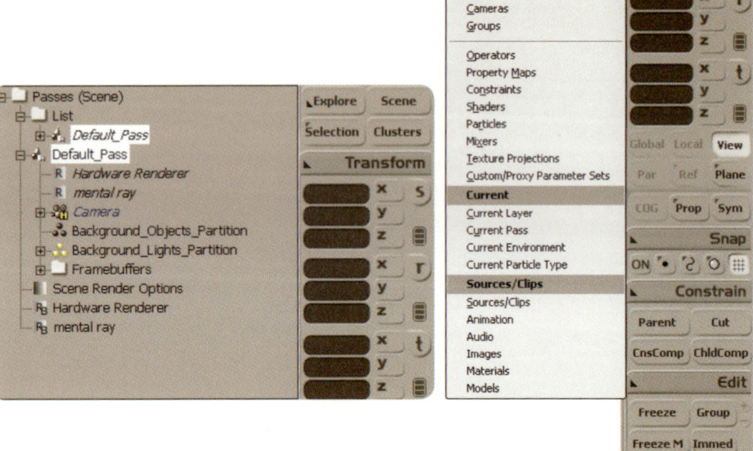

01 Views menu에서 Explorer를 선택하거나 단축키 숫자 8 을 선택하여 Explorer를 활성화합니다.

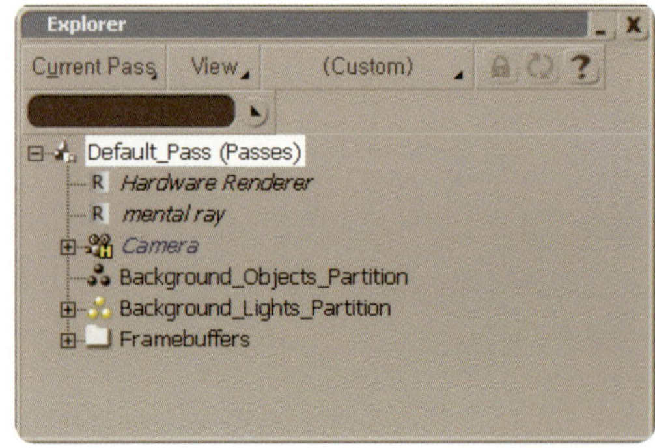

02 "P"를 클릭하여 Scope menu에서 Scope to Passes 또는 Passes 를 선택하여 설정합니다.

"U"를 클릭하여 Scope menu 에서 Scope to Current Pass 또는 Current Pass를 선택하여 설정합니다.

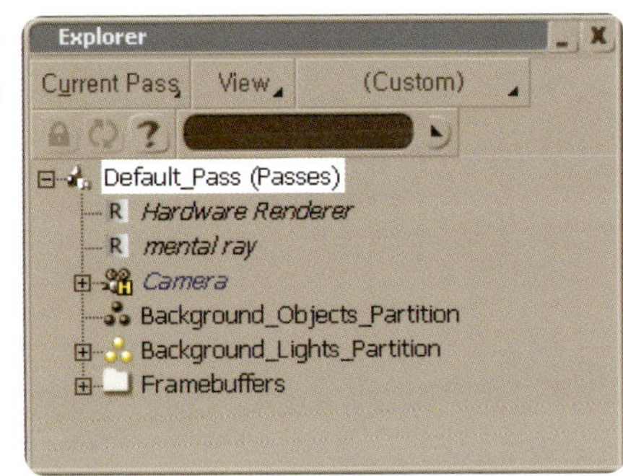

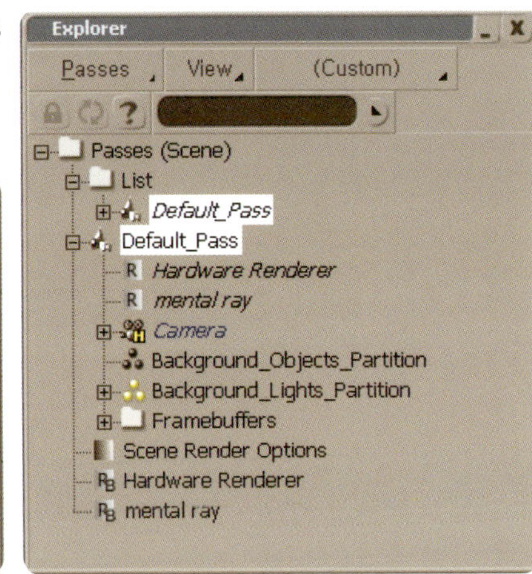

2. Render Pass 작업

01 P 키로 Scope menu에서 Scope to Passes 또는 Passes를 선택하여 설정합니다.

U 키로 Scope menu에서 Scope to Current Pass 또는 Current Pass를 선택 하여 설정합니다.

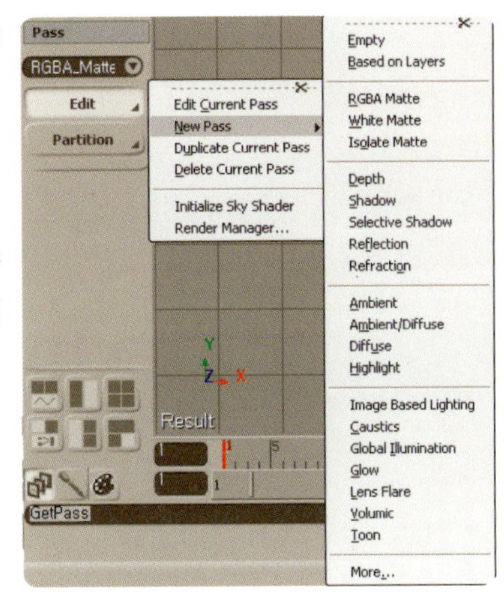

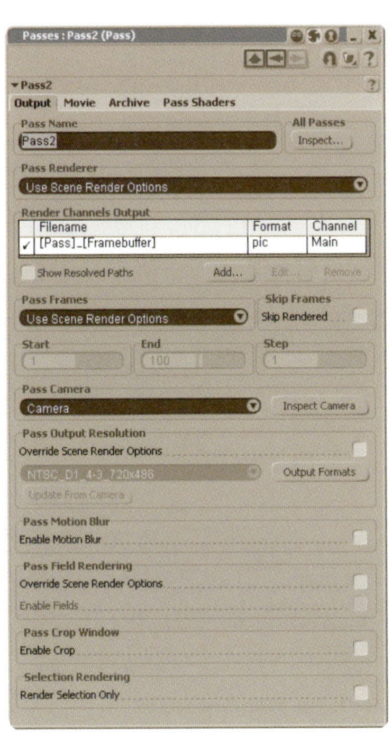

02 편집할 때에는 패스를 선택하여 편집합니다. Several passes로 작업할 때 패스 모두를 디스플레이하기 위해 Explorer를 사용합니다. Render toolbar에서 Pass > Edit > Current Pass를 선택하여 설정합니다.

03 다른 방법으로는 먼저 Explorer에서 Current Pass 또는 Passes를 활성화합니다. 파티션을 설정하고 Render passes를 위해 오브젝트와 라이트 등을 편집합니다. 패스를 원하는 상황에 맞춰 작업을 진행합니다.

3. Render Passes 설정하기

새로운 장면을 만들면 하나의 패스를 가지게 되는데 이것을 기본 패스(Default Pass)라고 합니다. 이 기본 패스를 "Beauty" 패스라고 말하는데 장면에서 모든 요소들을 이용하여 렌더링합니다.
Render toolbar의 Pass text box에 디스플레이 되며 다양한 형태의 패스 형태를 만들 수 있습니다.

STEP 03 Render Region

작업진행중 최종 렌더링을 하기 전에 쉽고 빠르게 렌더링할 수 있는 기능이 바로 Render region입니다. Render region 기능은 최종 렌더링 작업물과 비슷한 수준의 렌더링 품질을 제공합니다.

Render region 기능을 이용해 일부분만 렌더링할 수 있으며 다른 사이즈로 렌더링할 수도 있는 아주 편리한 기능입니다.

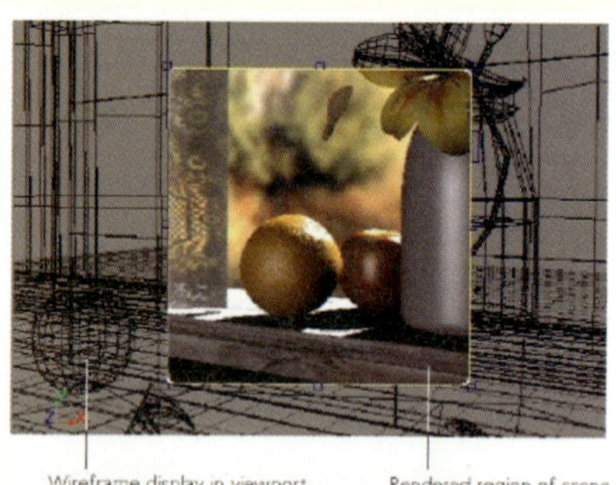
Wireframe display in viewport   Rendered region of scene

Render region 상태에서 삼각형 아이콘을 선택하면 여러 메뉴들이 활성화 됩니다.
여기서 Save As...를 클릭하면 해당 이미지가 저장되며 오른쪽 슬라이드 바를 이용하면 렌더링의 품질을 조절할 수 있습니다.

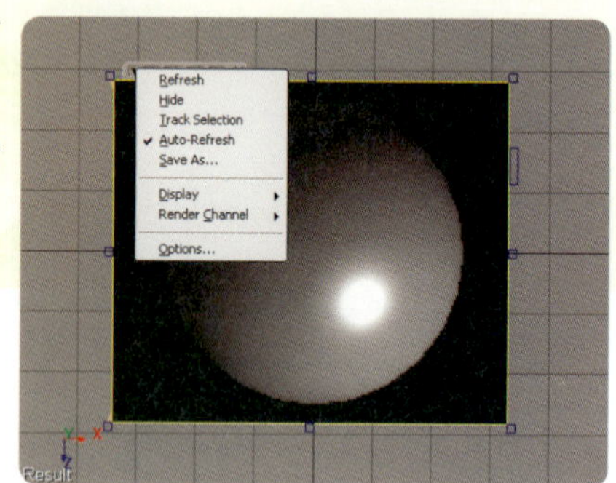

1. Render Region 만들기

어떤 3D view에서도 Render region tool을 사용하여 직사각형 모양의 Render Region을 만들 수 있습니다.

먼저 Render toolbar에서 Render 〉 Regions 〉 Region Tool을 선택하거나 **Q** 키를 눌러 Render region tool을 활성화합니다. 마우스 포인터는 Region mode로 표현됩니다.
마우스를 드레그(Drag)하여 원하는 영역을 설정 후 간단하게 Render region을 설정하여 렌더링을 해 볼 수 있습니다.
작업완료시 **Q** 키를 누르거나 **Esc** 키를 누르면 일반 모드로 돌아갑니다.

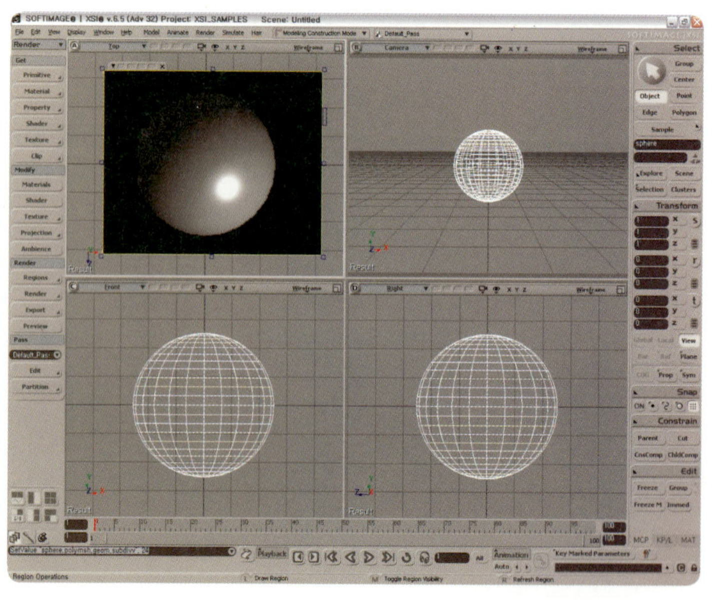

2. Comparing Render Regions

Render region은 일시적인 데이터를 기억하는 Memo-regions 설정 기능을 가지고 있습니다. Viewport의 Memo-cams 기능과 같다고 생각하면 됩니다.

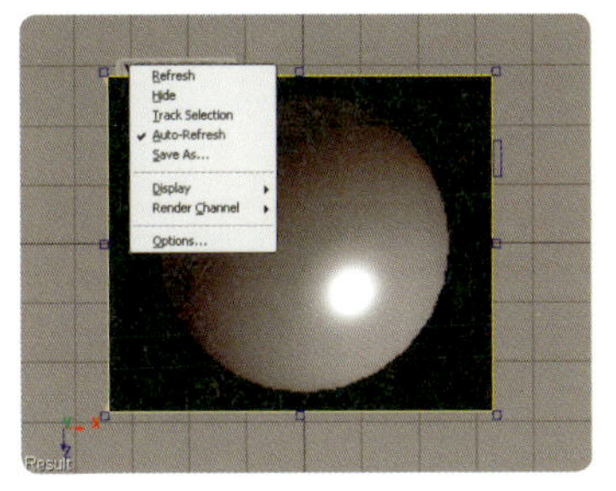

메모캠과 사용방법이 같습니다. 마우스 가운데 버튼을 이용하면 저장되며 마우스 왼쪽버튼을 사용하면 저장된 것을 확인할 수 있습니다. 마우스 오른쪽 버튼을 이용하면 오른쪽 상단의 그림과 같은 메뉴가 새로 형성됩니다.

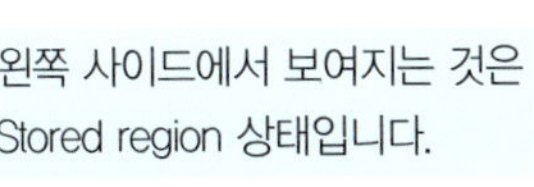

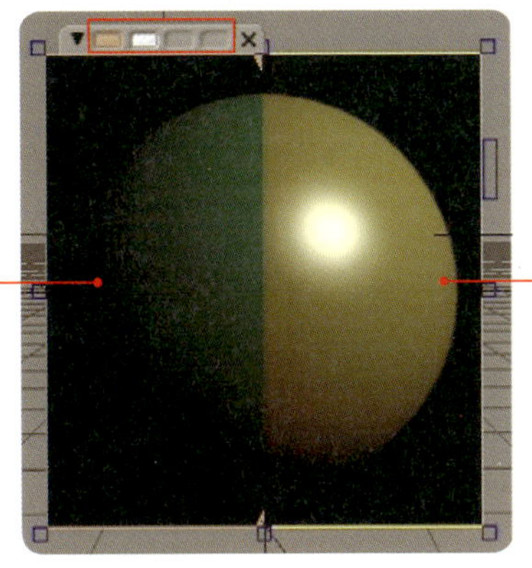

왼쪽 사이드에서 보여지는 것은 Stored region 상태입니다.

오른쪽 사이드에서 보여지는 것은 Current settings 상태입니다.

3. Render Region 보이거나 숨기기

Shift + Q 키를 사용하거나 Render Region tool이 활성화 된 상태에서 마우스 Middle-click을 사용합니다.

모든 Render regions를 숨기거나 다시 디스플레이 하시려면 Render toolbar에서 Render 〉 Regions 〉 Hide/Unhide를 선택합니다.

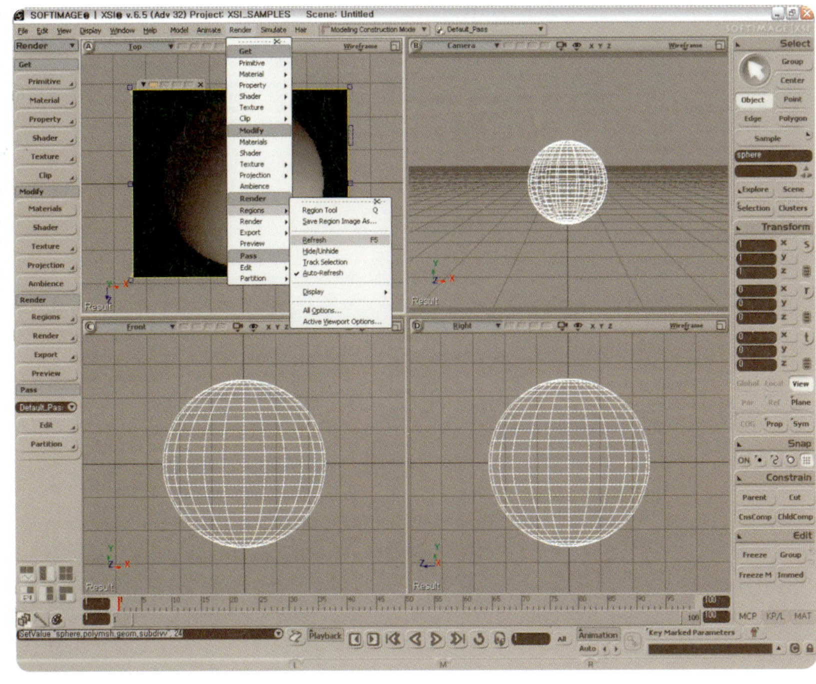

4. Render Region Options 설정하기

Render toolbar에서 Render 〉 Regions 〉 All Options을 선택하거나 Render 〉 Regions 〉 Active Viewport Options을 선택하여 설정합니다.

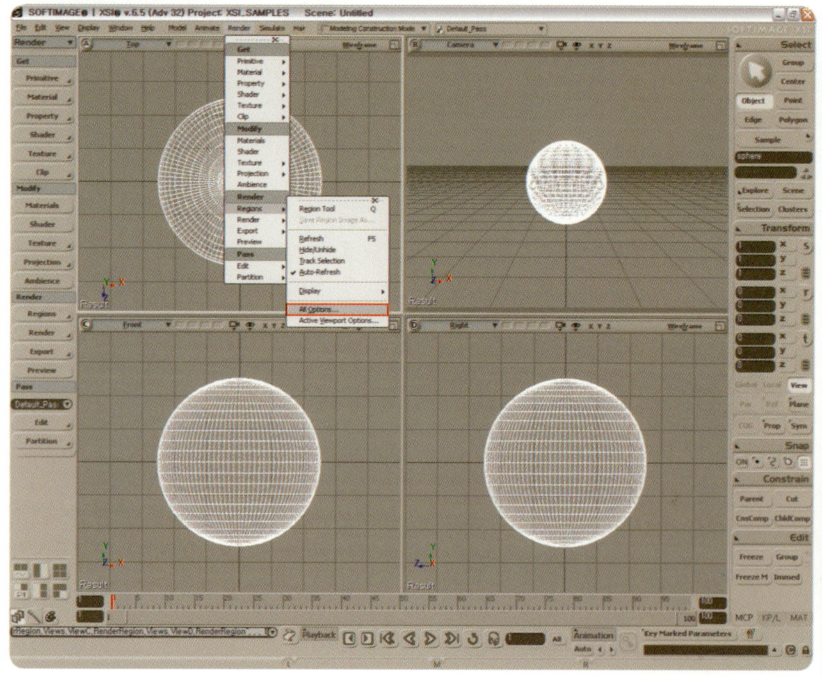

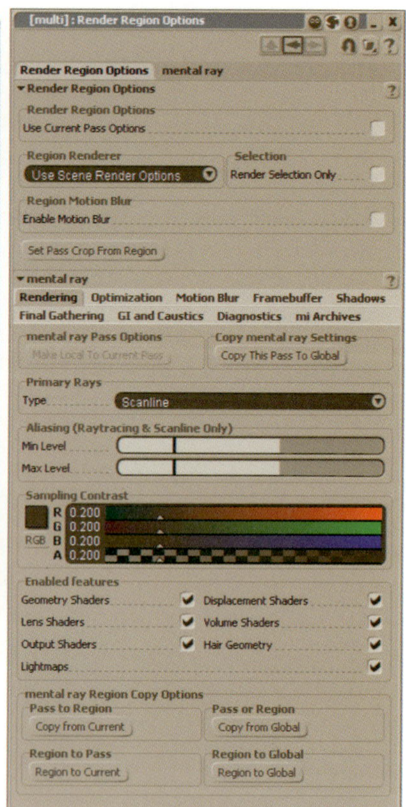

Region의 accuracy 설정해 보겠습니다. 메모리를 사용하는 이 기능에서 퀄리티를 조절함으로써 보다 빠르게 렌더링을 할 수 있으나 렌더링 속도를 높이게 되면 낮은 퀄리티의 품질을 갖게 되지만 속도를 늦추게 되면 높은 품질의 렌더링을 얻게 됩니다.

Slider를 상하 드레그(Drag)하여 품질과 속도를 선택하고 유저 혹은 장면의 상태에 따라서 유동적으로 사용합니다.

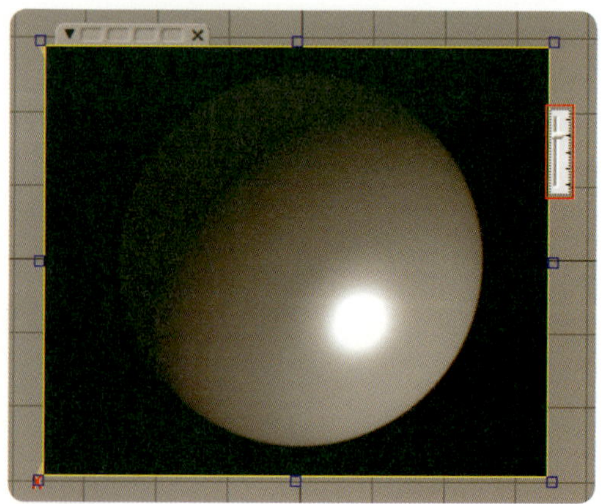

XSI에서 HDRI 활용

XSI에서는 Pass에 Image base lighting 기능을 이용하여 HDRI 렌더링 기능을 사용할 수 있습니다.
일반적으로 HDRI 이미지를 그대로 사용할 경우 대용량 장면에서 렌더링 작업진행시 많은 리소스를 사용하게 됩니다. 따라서 ~.hdri 확장자가 ~.map 확장자보다 더 대용량의 Ram을 필요로 합니다. 하지만 작은 장면을 작업한다면 큰 차이는 없을 것입니다.

5. Render Region에서 Refreshing 하기

Render toolbar에서 Render 〉 Regions 〉 Auto-Refresh를 선택
하거나 **F5** 키를 사용합니다.

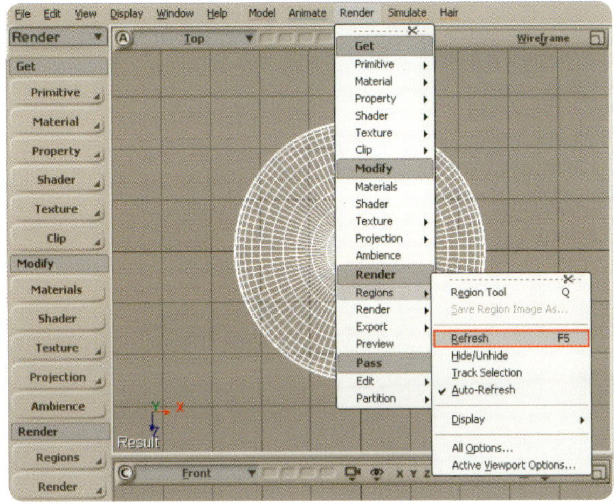

6. Render Region 파일 저장하기

Render region을 선택하여 영역을 구성한 메뉴바의 상단 왼쪽에 있는 삼각형을 클릭하여 Save As를 선택합니다.
Browser를 이용하여 포맷방식과 이름을 생성하여 이미지로 저장합니다.

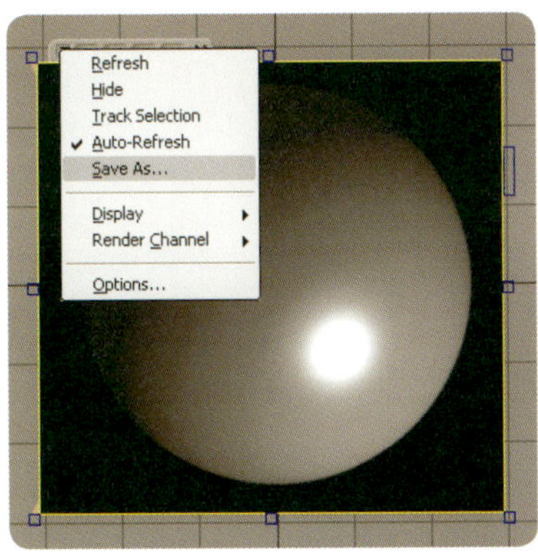

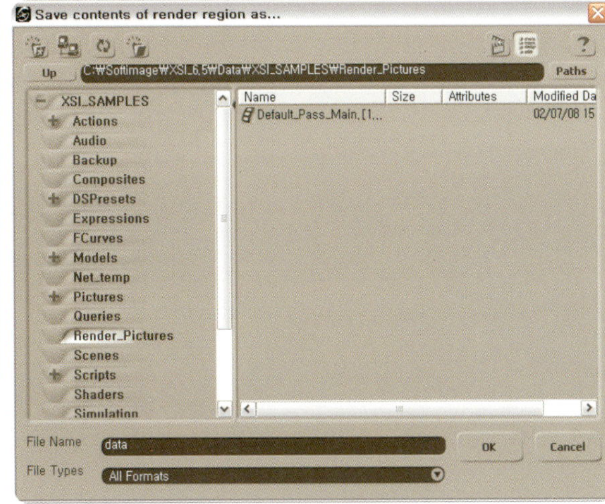

STEP 04 Scene Layers

장면에 오브젝트를 설정하면 모든 장면의 요소들은 메모리에 설정됩니다. 이러한 메모리 관리 때문에 크
고 복잡한 장면에서는 렌더링 작업시 시간이 늦어질 수 있으며 오류가 발생할 수도 있습니다.
이러한 단점을 보완하기 위해 각각의 레이어에 다른 오브젝트를 넣어 렌더링 작업을 진행 할 수 있습니다.
예를 들어 1번 레이어에는 물병 오브젝트가 있어 렌더링 된다 하여도 2번 레이어에 물병 오브젝트를 삭제
한 후 렌더링을 할 수 있습니다. 이러한 방법이 Scene Layers의 기본적인 렌더링 방법입니다.
렌더링을 효율적으로 진행하기 위해 각각의 레이어에 다른 오브젝트를 넣어 활용할 수 있으며 Layer
unselectable을 만들 수 있습니다. Layer에서 설정시 장면 파일로 저장됩니다.

SOFTIMAGE

03 Render Manager 살펴보기

Render manager는 좋은 이미지와 결과물에 대해 관리하는 기능을 하며 설정된 옵션들은 전체 장면의 데이터나 렌더링할 때 적용됩니다.

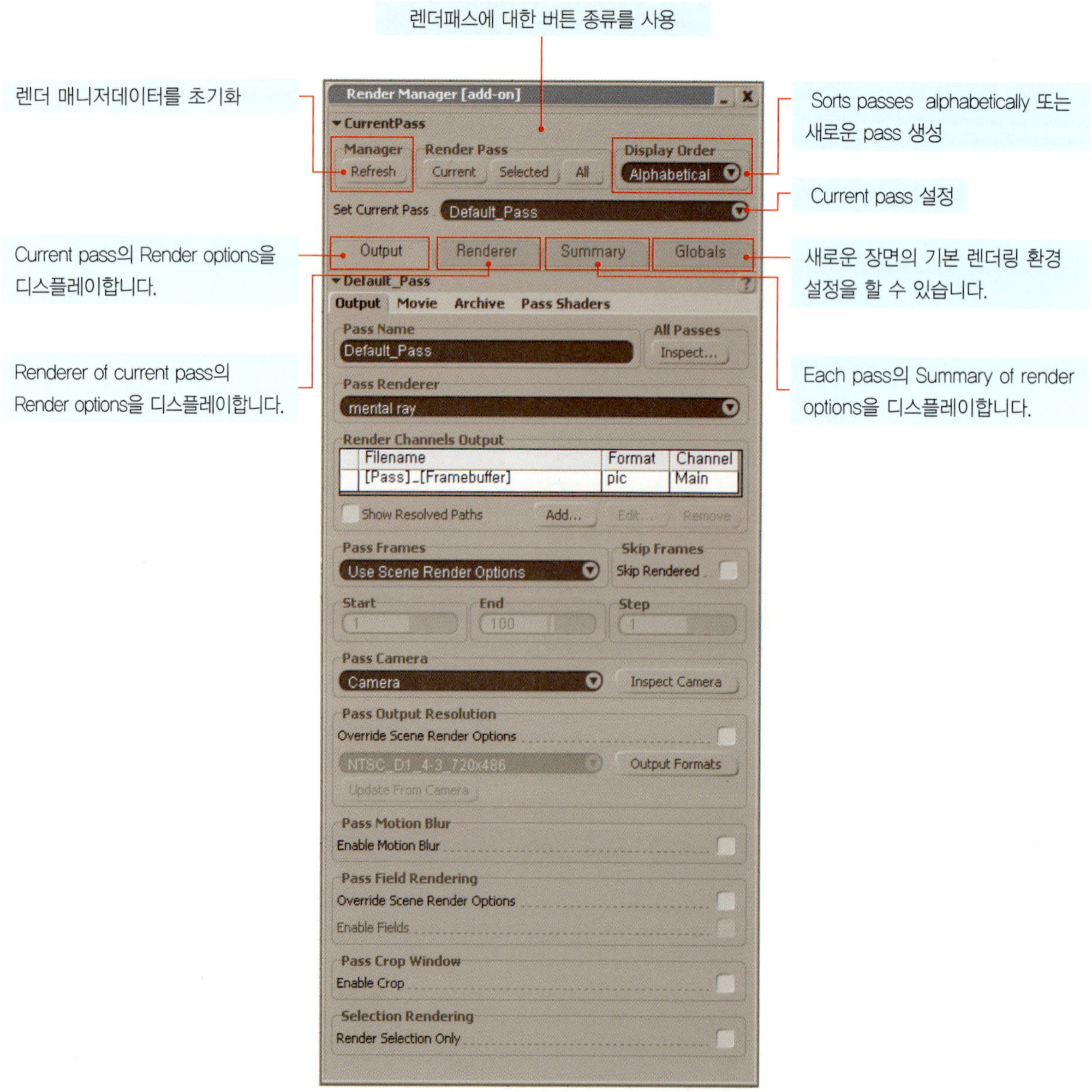

04 Single Frame

Render toolbar에서 Render 〉 Preview 명령어는 현재 프레임에 대해 렌더링해 볼 수 있는 기능입니다.

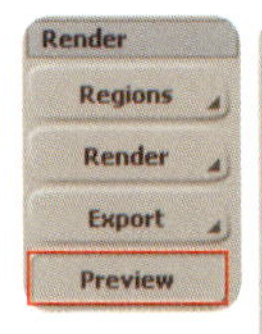

Render toolbar에서 Render 〉 Preview를 선택하거나 Options menu에서 Previewing할 때 사용되는 Render options을 사용합니다.

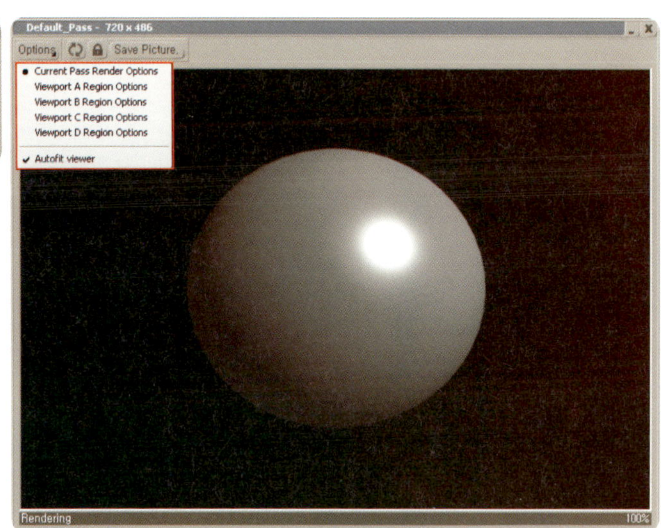

STEP 01 Single Frame 살펴보기

Render Previews는 하나의 렌더링 이미지를 만들거나 각기 다른 렌더링 이미지를 만들어 비교할 수 있습니다.

01 Render toolbar에서 Render 〉 Preview를 선택하여 첫 번째 Preview window를 활성화합니다.

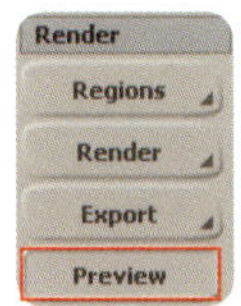

02 렌더링 된 이미지를 다시 데이터 업데이트 되는 것을 막기 위해서는 Lock버튼을 사용합니다.

03 Main menu에서 View 〉 Rendering/ Texturing 〉 Render Preview를 선택하여 두 번째 Preview window를 오픈합니다. 두 개의 렌더링 이미지를 비교하면서 관련데이터를 수정하거나 업그레이드 작업을 진행합니다.

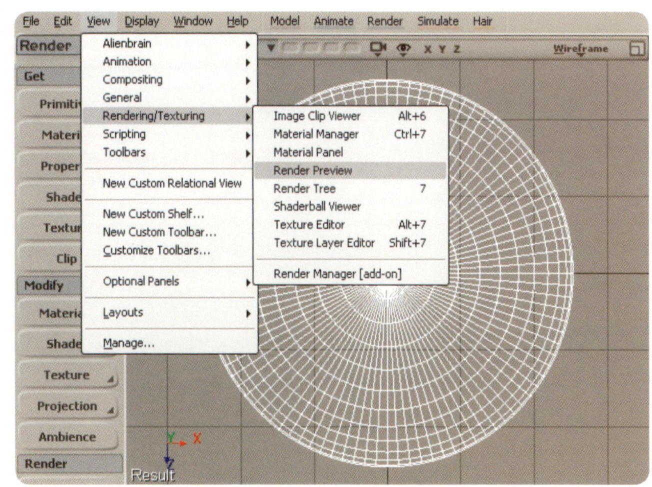

STEP 02 Render Preview에서 Autofitting하기

Autofit Viewer options은 이미지에 크기를 맞추는(Fits) 기능입니다. 보는 사람입장에서 렌더링 이미지가 클 때 이미지에 스크롤바가 생성되어 이를 이용하여 봐야하는 불편함을 없애기 위해 렌더링 이미지에 맞춰 볼 수 있게 하는 기능입니다. Options 〉 Autofit Viewer를 선택하여 사용합니다.

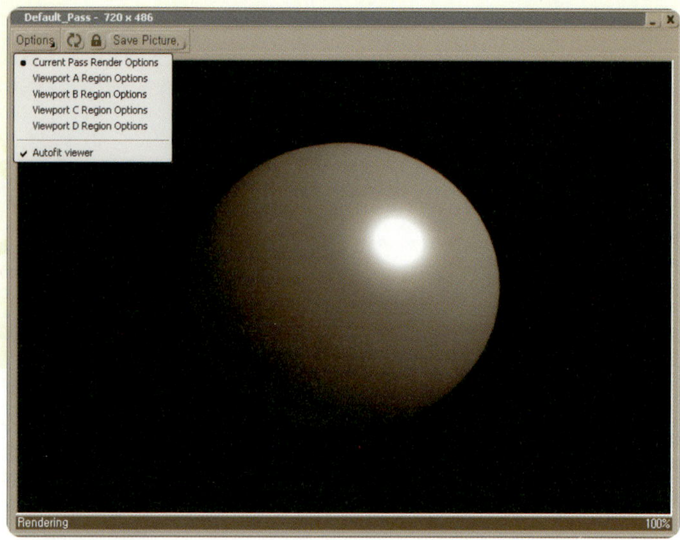

STEP 03 Frame Preview 저장하기

Single frame을 생성하고 Preview window에서 Save As 버튼을 클릭하면 브라우저(Browser)가 오픈됩니다. 브라우저를 이용하여 파일 포맷이나 이름을 설정한 후 저장합니다.

TiP XSI에서 사용가능한 네트워크 렌더링 프로그램

XSI 는 BatchServe라는 XSI 전용 네트워크 렌더링 프로그램이 있습니다. XSI 정품 사용자라면 XSI 라이센스 외에 추가적으로 Client 쪽에 BatchUniversal 라이센스가 필요합니다. BatchServe는 아파치 서버를 이용하여 외부에서도 원격으로 컨트롤이 가능합니다.
Muster 역시 네트워크렌더링 프로그램 입니다. XSI, Maya, Max를 모두 지원합니다.

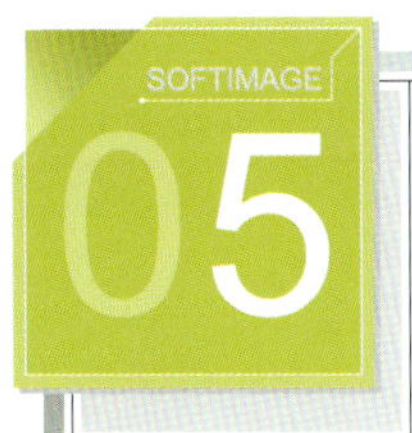

XSI User Interface에서 파일 렌더링하기

STEP 01 · Render manager에서 Render passes

Current Pass 설정을 보기 위해 Render Pass 〉 Current를 클릭합
니다. Explorer에서 패스 선택을 위해 Render Pass 〉 Selected를
클릭합니다. Render Pass 〉 All Passes를 클릭합니다. 모든 렌더
링에 관련된 패스 데이터를 포함하며 렌더링 채널을 활성화합니다.

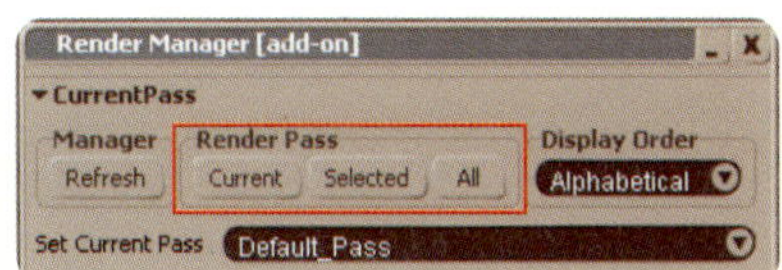

STEP 02 · Render toolbar에서 Rrender passes

Render 〉 Render 〉 Current Pass을 클릭하면 Current pass만 렌더링되며 설정을 볼 수 있습니다. Explorer
에서 패스 선택을 위해 Render 〉 Render 〉
Selected Passes를 클릭합니다. Render 〉 Render
〉 All Passes를 클릭합니다. 모든 렌더링에 관련된
패스 데이터를 포함하며 렌더링 채널을 활성화합
니다.

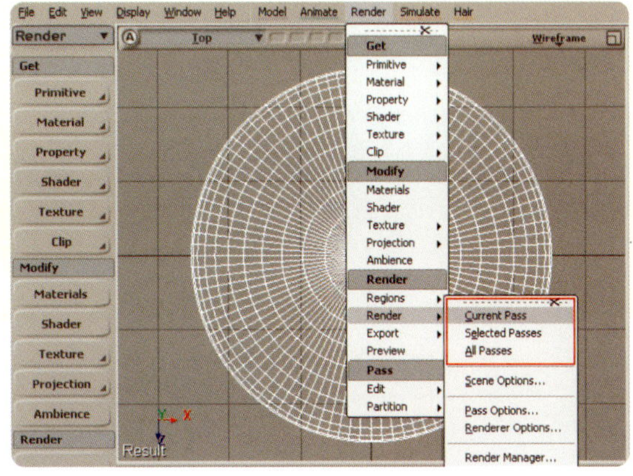

STEP 03 · Batch Rendering

XSI user interface를 사용하지 않고 렌더링을
하기 위해 Command–line을 사용할 수 있습니다.
또한 Command line에서 Render archives를 Export 할 수 있습니다.
Windows에서 Softimage command prompt window를 활성화합니다. Windows Start 메
뉴에서 All Programs 〉 Softimage Products 〉 SOFTIMAGE|XSI 6.5 〉 Command Prompt
를 선택합니다.
리눅스에서는 Shell 또는 Terminal window를 오픈한 다음 .xsi_6.5 XSI resource file을 선택합니다.
Command line에서 xsi와 옵션값 –render 또는 –export option을 실행합니다.

06 Distributed Rendering 테스트하기

MI(Mental images) 파일 포맷(*.mi)은 기본적인 렌더링 파일 포맷입니다. 이는 기본적인 렌더링 데이터가 Mental ray 렌더링 전문 소프트웨어를 통해 제공되고 있기 때문입니다.

STEP 01 XSI에서 MI 파일 생성하기

01 Render toolbar에서 Export 〉 Current pass를 선택합니다. Current pass로 작업하면 MI 파일이 생성됩니다.

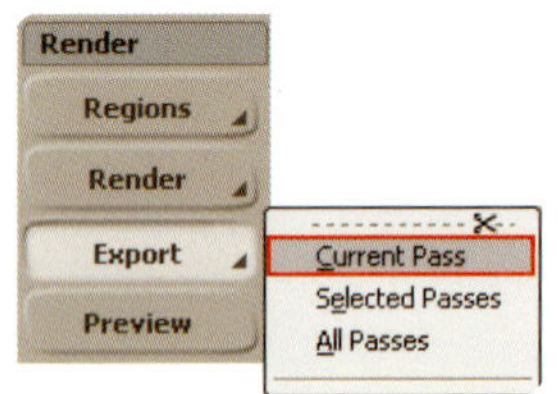

02 Render options을 설정하기 위해 Options을 선택합니다(Frames 수는 Output pictures path이며 새로운 MI 파일로 생성됩니다).

XSI에서는 항상 Frame 만큼 MI 파일을 생성합니다. 예를 들어 10 프레임의 애니메이션이면 10개의 MI 파일이 생성됩니다. 메인메뉴에서 Render 〉 Render 〉 Renderer Options... 을 선택하면 렌더링 옵션창이 활성화되는데 여기서 Mi Archives 탭을 선택하여 옵션을 설정할 수 있습니다.

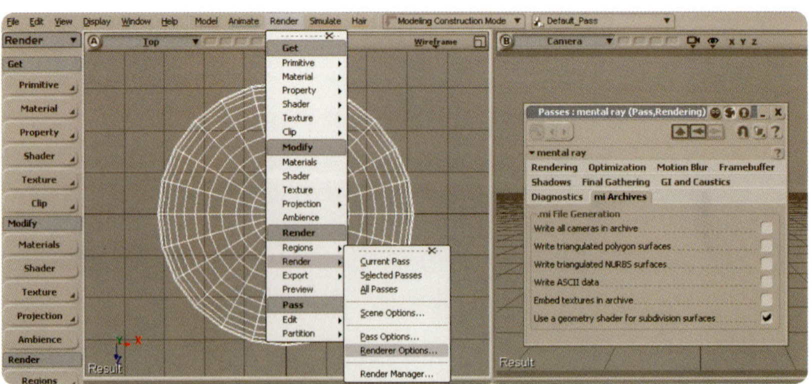

esting Image Management Options

테스트하기 위해 MI 파일을 새로 만들 때 테스트를 위해 다른 렌더링을 새로 원할 수도 있습니다. 예를 들면 텍스쳐를 이용하여 특정한 MI 파일을 만들 수도 있습니다.
XSI에서는 Slave에게 텍스쳐 정보를 보내는 다른 방법이 있는데 이 기능은 Image Clip Property Editor의 Texturing 탭에 Image Management에서 설정할 수 있습니다.

Memory : MI파일은 image 정보를 가지고 있습니다. 이 옵션은 새로운 큰 용량의 MI 파일을 만들 수 있습니다.

Disk : MI 파일은 이미지의 패스 데이터를 가지고 있습니다. 이 이미지는 Slave에게 전달됩니다.

Broadcast : MI 파일은 이미지의 패스 데이터를 가지고 있습니다. 이 이미지는 Slave에게 전달됩니다.

Final Gathering 옵션

1. Final Gathering

Final Gathering : Final Gathering을 활성화 합니다.

Preview Final Gathering : 각각의 프레임이 랜더링 되기 전 Final Gathering 점들과 색상이 렌더창에 표시됩니다.

Fast Lookup : Final Gathering을 Global Illumination과 함께 사용할 경우 사용할 수 있습니다. 이 옵션이 활성화 되면 Global Illumination 연산시 각각의 포톤 위치에 방출 정보가 저장됩니다.

2. Sampling

View Dependent : 장면내의 최소 최대 반경 값들이 장면의 단위로 측정될지 아니면 픽셀 단위로 측정될지를 결정합니다. 옵션을 활성화 시키면 카메라로부터 더 멀리 떨어져 있는 오브젝트들에 대해 더욱 적은 수의 Final gathering 샘플들을 사용하게 합니다.

Accuracy : 간접 조명을 계산하기 위해 각 픽셀로부터 얼마나 많은 수의 Ray가 발사되는지를 정의합니다. 효과를 조정할 때는 낮은 값을 사용하고(10~30) 실제 렌더링시에는 값을 올려줍니다.

Minimum, Maximum Radius : 반경 값은 direct illumination과 indirect illumination에 대해 샘플링 되는 픽셀 위의 가상의 반구를 설정합니다. 포톤 맵은 illumination에 대한 FG 정보를 수집합니다. 값이 낮을수록 랜더링 시간은 증가하지만 랜더링 퀄리티는 높아집니다.

Bounces : Final gathering에 대한 추가적인 수를 설정합니다.

Pre-Sampling Density : 프리 렌더링시 계산되는 FG 점들의 수에 대한 값을 증가시키면 렌더링 느낌이 조금은 부드럽게 합니다.

Filter Size : FG 필터의 영역을 설정합니다. 필터는 영역 내에 포함되는 지나치게 밝아진 샘플들을 수정하여 반짝거림을 교정하기 위해 고안 되었습니다.

Automatic Compute : 장면의 바운딩 박스의 크기에 근거해서 최대/최소 반경을 자동으로 계산합니다.

Multiplier : 장면에 FG의 색상 적용을 증가시켜줍니다. 전체적인 효과는 렌더링 된 이미지를 밝게 만들어 줍니다.

3. Falloff

Enable : FAlloff on/off시킨다. 아래에 설명되어 있는 Start/Stop 값을 사용하여, Falloff는 장면 오브젝트의 표면 색상에 중요한 영향을 주지 않는 멀리 떨어진 오브젝트들의 영향을 제한해 줄 수 있는데 이는 렌더링 속도를 높여주고 메모리 사용을 줄여줍니다.

Falloff Start/Stop : Falloff가 활성화 되면, 위에 설명한 Start 값과 Stop 값을 설정해 줄 수 있습니다.

Reflection : 장면 내에서 FG ray가 최대 몇 번이나 반사되는지를 결정합니다.

4. Final Gather Map

Map file Usage : FG map이 어떻게 사용되는지를 정의해 주며 세 가지의 옵션이 있습니다.

Overwrite file with generated FG points : 매 프레임마다 FG 포인트들을 계산해 그 결과를 FG 맵 파일에 저장합니다. 즉 매 프레임마다 FG map이 새롭게 생성됩니다.

Append generated FG points to file : 이미 존재하는 FG 맵 파일을 사용하거나 첫 번째 프레임에서 연산합니다. 랜더링 시 멘탈레이가 뒤따르는 프레임에 대한 추가적인 FG 포인트들을 계산한다면 그 포인트들은 맵 파일에 추가됩니다.

Trace Depth : 이 설정은 Raytracing Depth 설정과 유사합니다. 그러나 이것은 단지 FG rays에만 적용됩니다. 이 값들은 주어진 Ray가 몇 번이나 굴절 또는 반사되는지를 결정합니다.

Total : 장면 내에서 FG ray가 몇 번이나 반사 또는 굴절될 수 있는 지를 결정합니다. 이 값은 Reflection 값과 Reflaction 값의 합 이상이야 합니다.

Generate FG points only if file doesn't exit : 기존의 FG 맵을 사용하거나 또는 첫 번째 프레임에서 연산합니다. 그러나 렌더링시에 계산된 새로운 포인트들이 추가되지 않습니다. 최초의 계산이 이루어진 후 맵 파일은 FG의 Accuracy 값이 변경되었을 경우에만 수정됩니다.

FG Map : 공란일 경우 FG map은 계산되지 않습니다. 또한 잘못된 경로가 지정되어 있는 경우 렌더링은 작동하지 않습니다.

Output Format Preferences

Output Format Preferences 설정하려
면 Main menu에서 File > Preferences
를 선택합니다. Preferences view
의 Explorer에서 right-hand 패널에
Output Format preferences property
editor를 활성화하여 Output Format을
설정합니다.

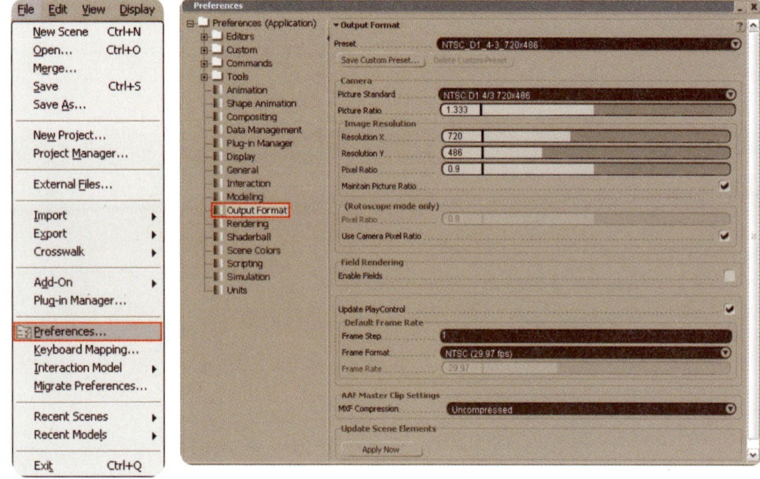

Preset을 선택한 후 원하는 파일 포맷방식(NTSC, PAL, 또는 Custom 등)을 선택합니다.

참고 | Output Format 방식

- NTSC (default) D1 4/3 720 x 486
- NTSC D1 16/9 720 x 486
- Custom
- Cine 35 1.37/1
- Cine 35 1.66/1
- Cine 35 1.85/1
- Cine 35 Vistavision
- Cine 70 Panavision
- Cine 70 Imax
- Cine 16
- Cine Super 16

- Slide 35 (24 x 36)
- Slide 6 x 6
- Slide 4 x 5/8 x 10
- PAL D1 4/3 720 x 576
- PAL D1 16/9 720 x 576
- HDTV 480 640 x 480
- HDTV 480 4/3 704 x 480
- HDTV 480 16/9 704 x 480
- HDTV 720 16/9 1280 x 720
- HDTV 1035 16/9 1920 x 1035
- HDTV 1080 16/9 1920 x 1080

XSI 파일을 볼 수 있는 Viewer

XSI 본 프로그램을 인스톨 하지 않아도 XSI를 임시로 살펴볼 때 유용한 프로그램입니다.
http://www.softimage.com/downloads/previousVersions/default.aspx에 가면 무료로
다운받을 수 있으며 메뉴에서 FTK를 선택한 후 다운받아 사용합니다.

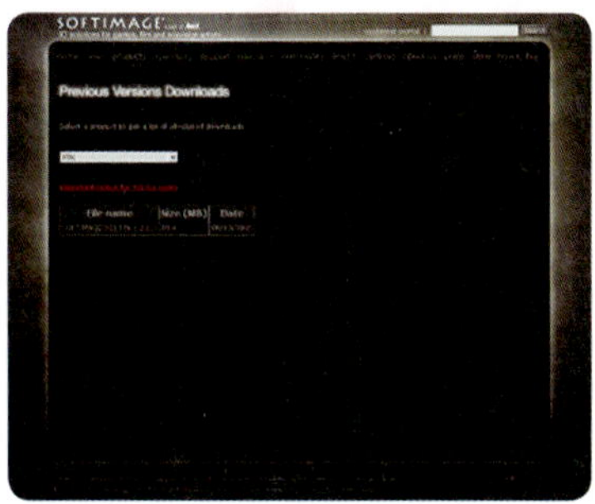

Render Scene 배경색 바꾸기

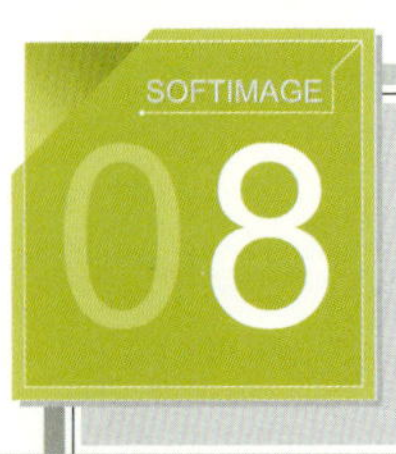

기본적으로 Render Scene의 배경색은 검은색입니다.

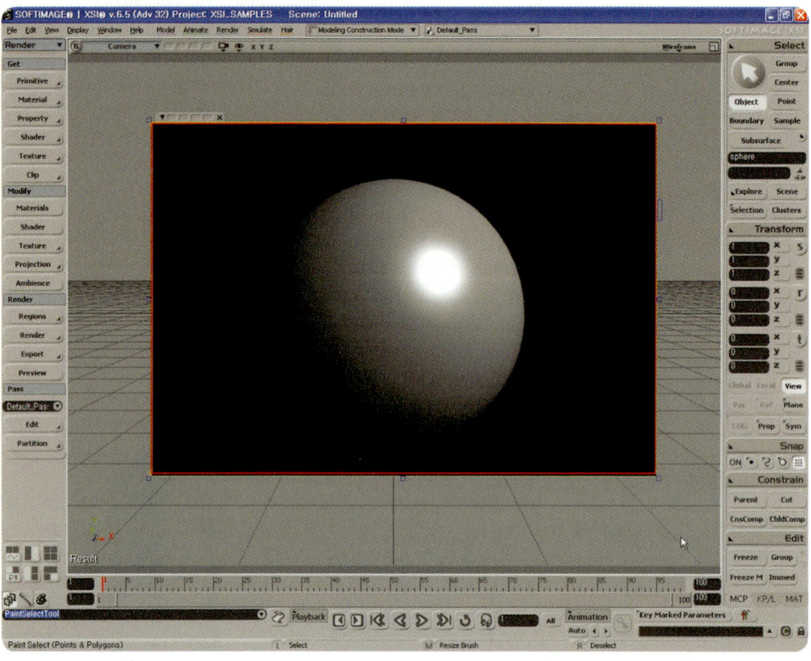

01 배경색을 바꿔주기 위해선 Render Toolbar의 Pass 〉 Edit 〉 Edit Current Pass를 선택하여 Render Pass Property 창을 띄웁니다.

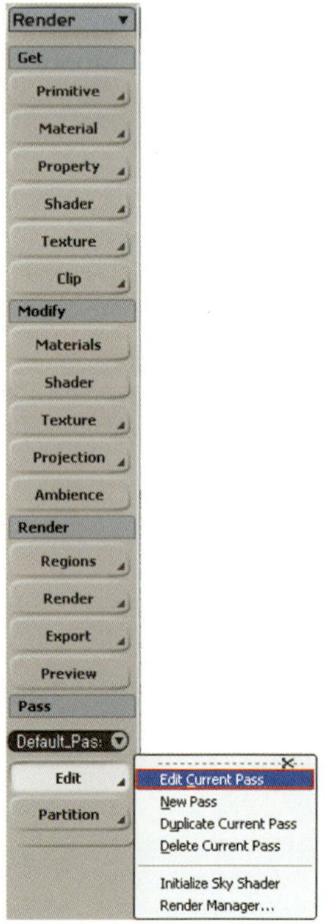

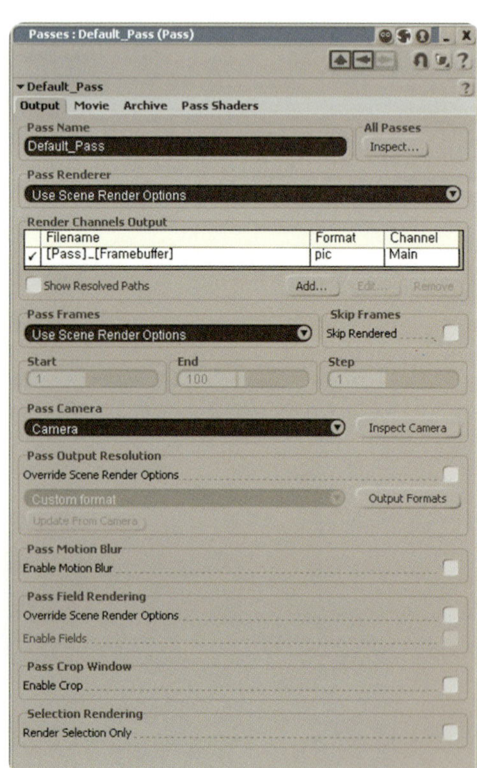

02 Pass Shader 탭을 선택하고 Output의 Add 버튼을 클릭합니다.

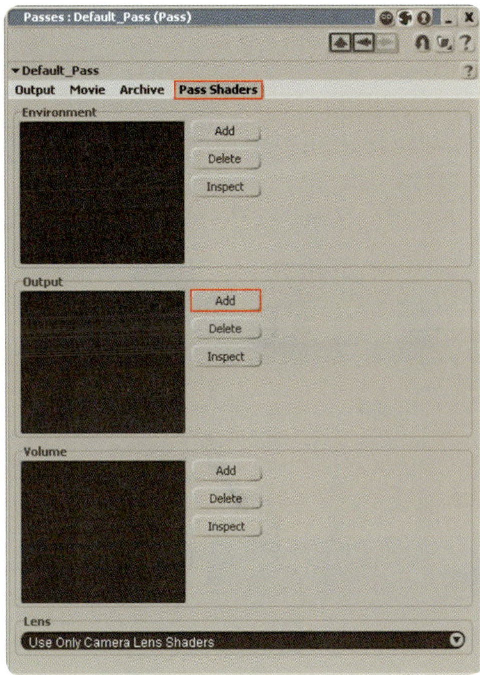

03 Load a Preset 창이 나타나면 2D_background_color를 선택하고 [OK] 버튼을 클릭합니다.

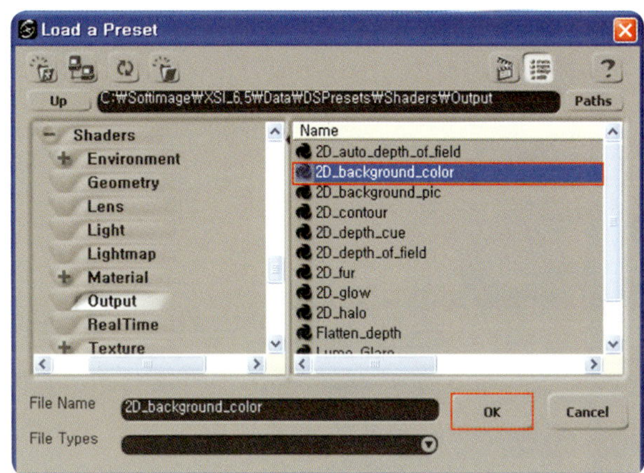

04 Output에 2D_background_color가 추가된 것을 확인 할 수 있습니다. 2D_background_color를 선택된 상태에서 Inspect 버튼을 클릭합니다.

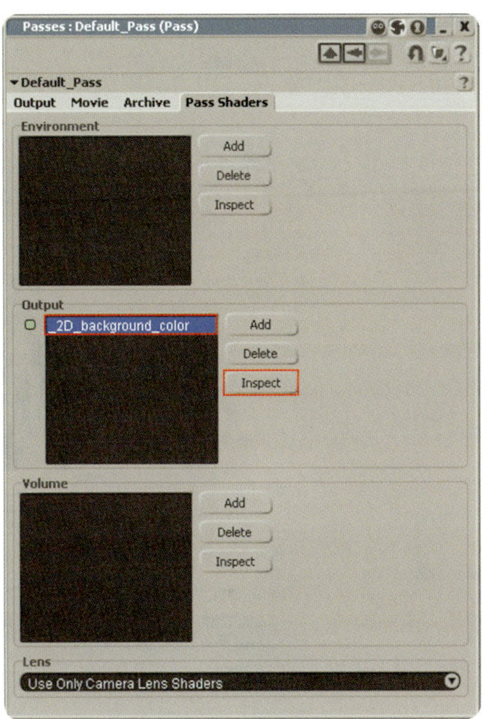

05 Property창이 나타나면 RGBA를 조정하여 원하는 배경색을 선택합니다.

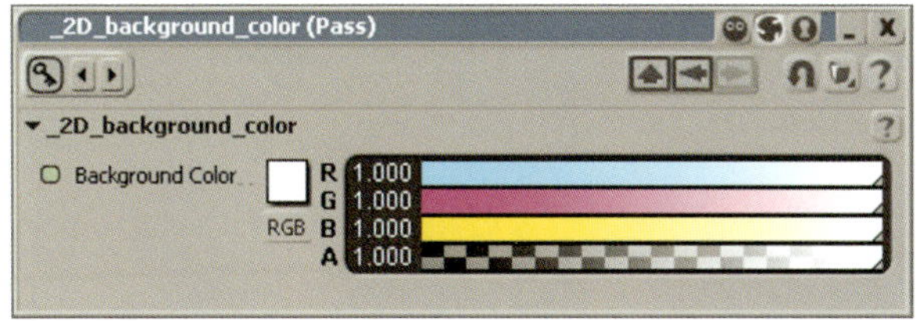

06 Region Tool을 이용하면 배경색이 변경된 것을 확인할 수 있습니다.

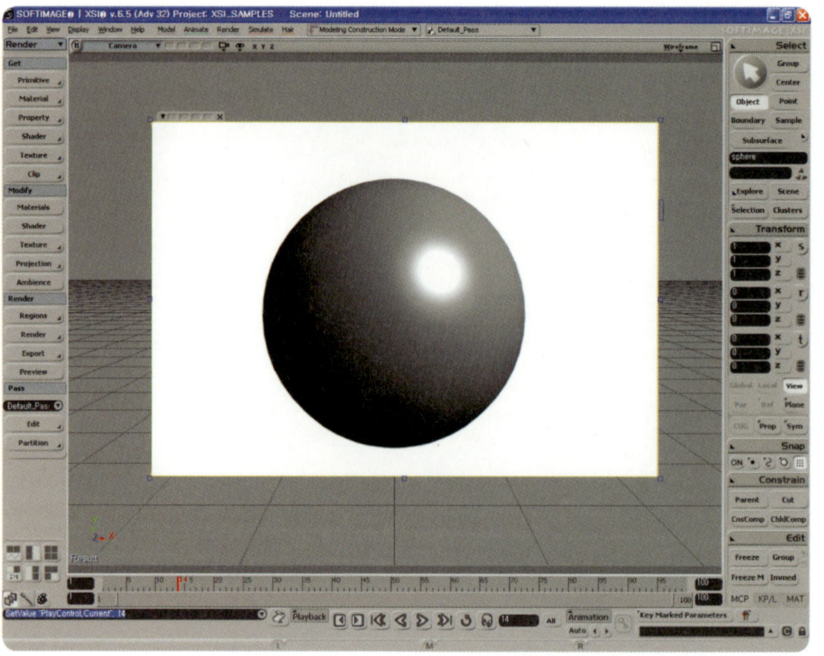

09 Pass Render

Pass render 방식은 최근에 사용되는 가장 일반적인 렌더링 방식입니다. Pass Render를 설정하는 방법을 배워 보기 위해 간단하게 설정하겠습니다.

Scene-Pass Render 01

01 Model 〉 Get 〉 Primitive 〉 Polygon Mesh 에 두 개의 Sphere와 Grid를 생성해 다음과 같이 설정합니다. 그리고 Model 〉 Get 〉 Light 〉 Point을 선택해 조명을 하나 추가합니다.

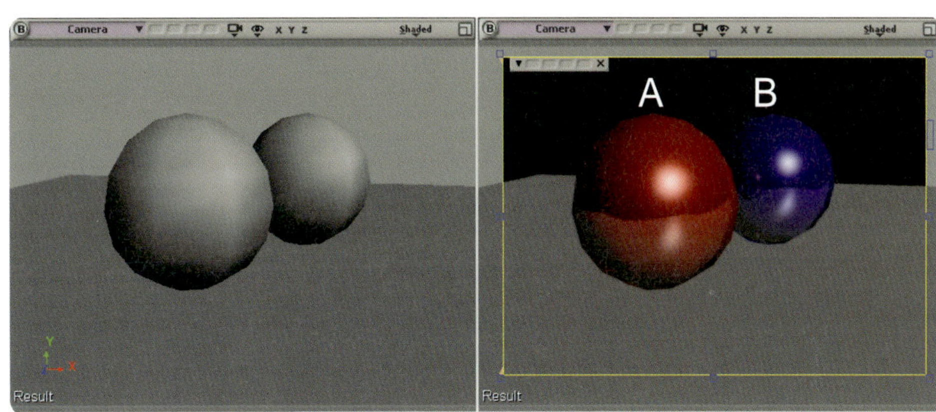

02 다음은 A와 B에 Material 설정 값입니다. Reflection Pass도 만들기 위해 Reflection 수치도 변경합니다.

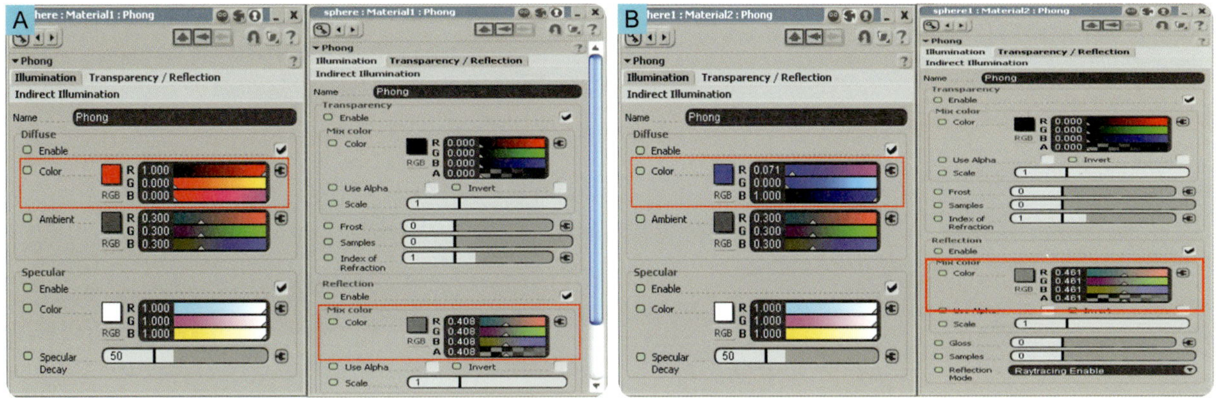

03 XSI의 Explorer를 실행합니다. 다음은 오른쪽 그림과 같이 Passes를 설정합니다. 마우스를 Explorer 위에 올리고 키보드에서 P 키를 클릭해도 다음과 같이 Passes를 볼 수 있습니다.

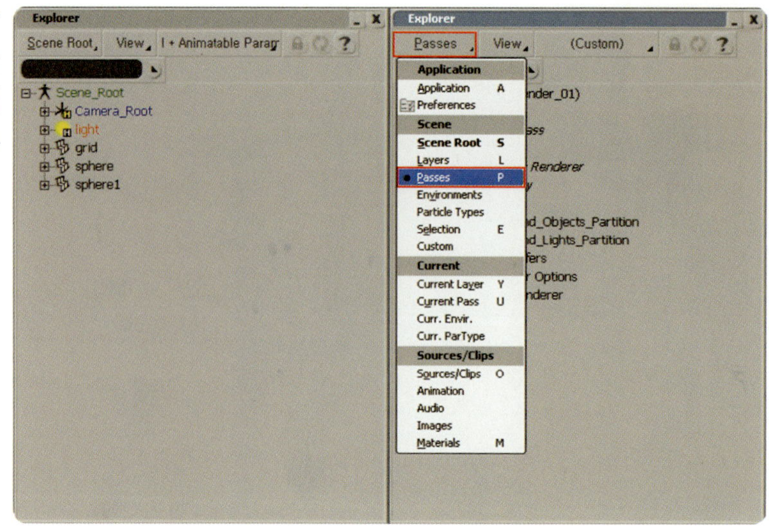

04 아래의 Default_Pass는 현재 활성화되어 있는 Pass를 나타냅니다. 여러 개의 패스가 만들어 졌을 때 혼동되는 것을 방지하기 위해서 현재 활성화 된 패스를 다시 한 번 표시합니다.

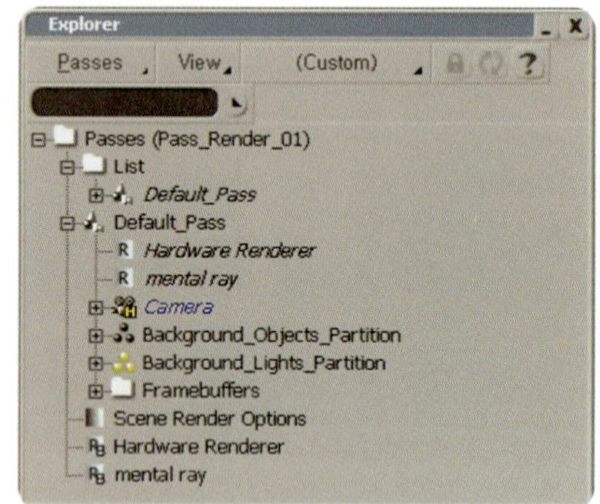

05 오른쪽의 그림을 보면 Default_Pass가 있는데 여기에서 현재 XSI의 모든 Pass를 볼 수 있고 현재 사용하는 Pass를 설정할 수 있습니다.

아래와 같이 현재는 Default_Pass로 설정되어 있습니다.

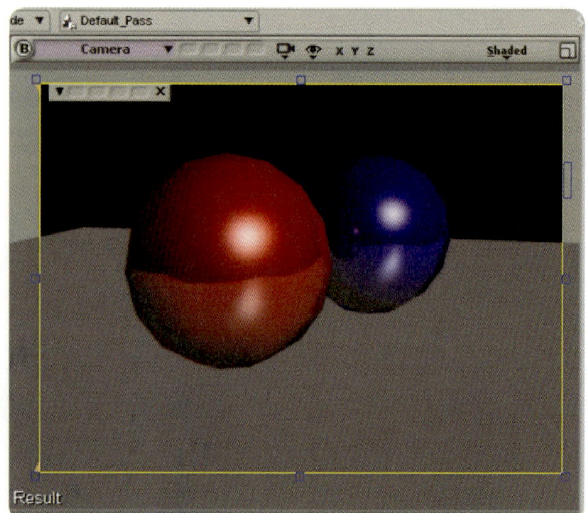

Scene-Pass Render 02

01 다음은 Scene-Pass Rander 01의 Default_Pass를 All Pass로 변경해 보겠습니다. 변경하게 되면 다음과 같이 All로 바뀌는 것을 확인할 수 있습니다.

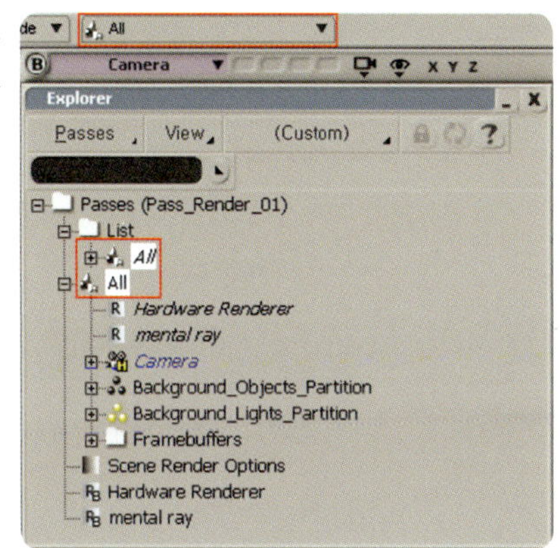

02 Render 〉 Pass 〉 Edit 〉 New Pass 〉 Empty선택해 Empty Pass를 새로운 Pass를 설정합니다. 아래에 빨간색 박스에 Pass로 적혀있는데 이것을 A라고 설정합니다. XSI 인터페이스 위의 Pass 설정에도 A라고 나타납니다(유저가 필요한 이름을 기재해도 되며 여기서는 임시로 A라고 지정합니다).

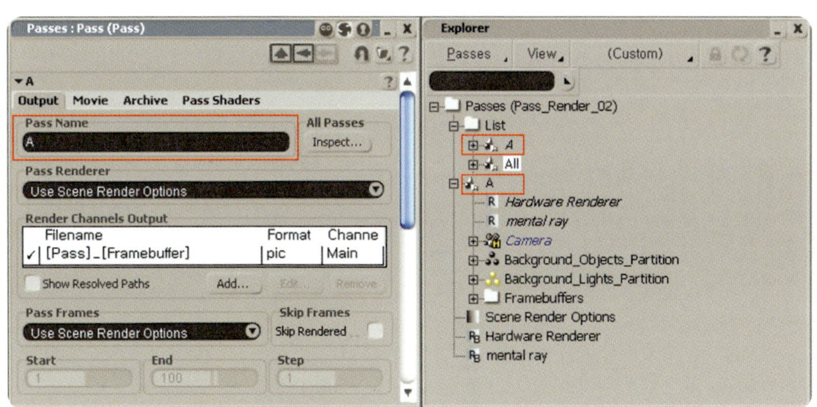

03 새로 만든 A Pass에 Partition을 생성해 A Pass의 구성을 만들어 보겠습니다. 만들어진 Pass의 아래쪽의 속성들을 보면 빨간색 박스를 보면 2개의 Partition이 있는 것을 볼 수 있습니다.

검정색의 Background_Objects_Partition과 노란색의 Background_Light_Partition이 있는데 검정 Partition은 Scene에 있는 모든 오브젝트들이 모여 있으며 아래쪽의 노란 Partition에는 Scene 안에 존재하는 모든 조명들이 모여 있습니다.

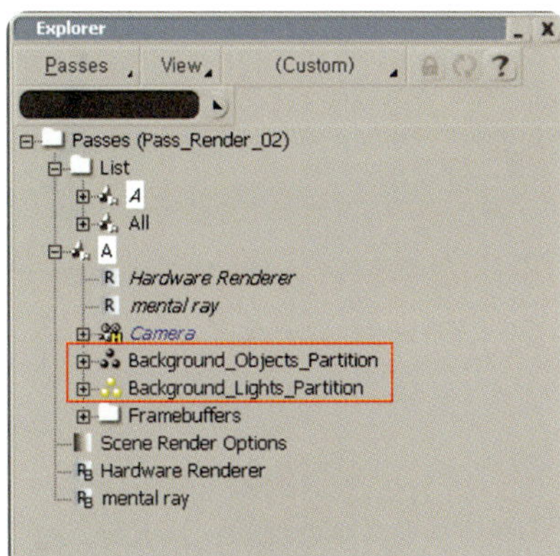

03 두 개의 Partition을 확인해 보면 오브젝트와 조명이 서로 다른 Partition에 있는 것을 확인할 수 있습니다.

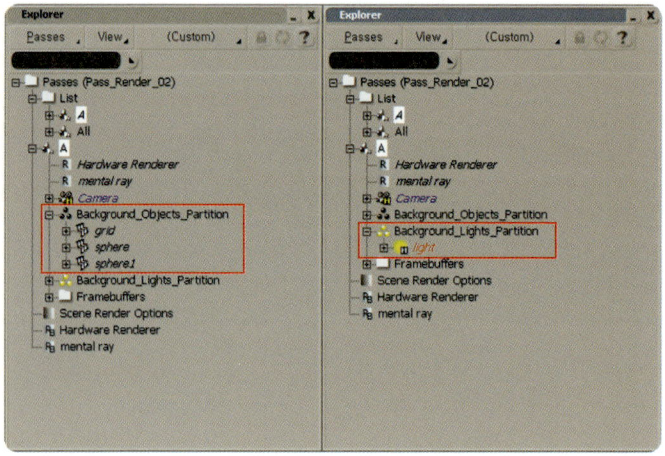

Scene-Pass Render 03

01 Background_Objects_Partition의 아이콘을 클릭하면 다음과 같이 창이 생성되는 것을 확인할 수 있습니다. 새로 생성된 창은 레이어의 옵션으로 선택과 렌더링 선택 가능 여부를 결정하는 기능입니다.

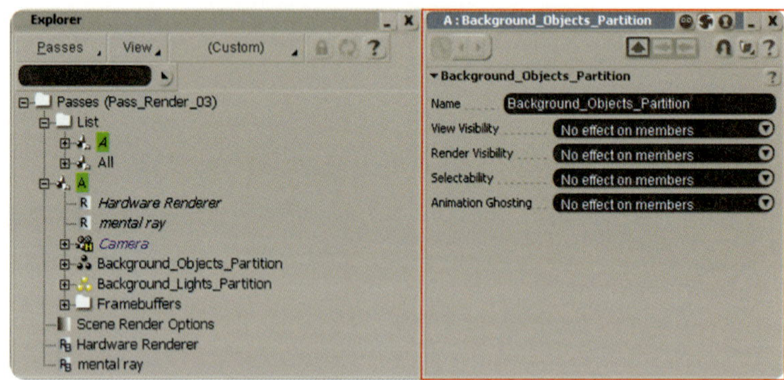

02 1번의 Background_Objects_PartitionView의 아이콘을 선택해 새로 생성된 창의 Visibility의 오른쪽에 있는 삼각형을 클릭하면 메뉴들이 나오는데 그 중에 Hide members를 클릭하면 화면상의 모든 오브젝트들이 사라지는 것을 볼 수 있습니다. 원상태로 되돌릴 때는 No effect on members를 선택하면 원상태로 돌아갑니다.

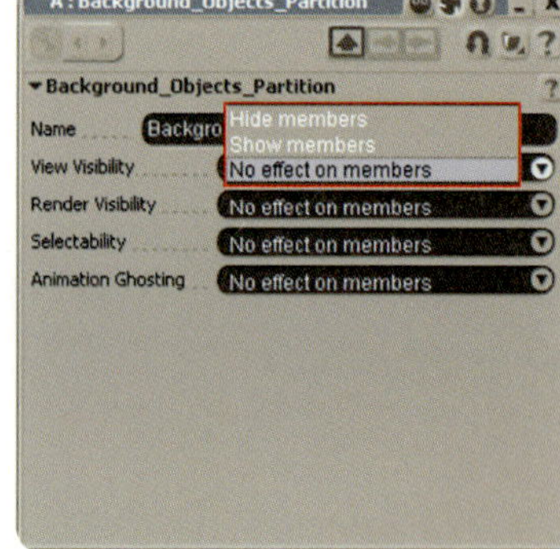

03 A Pass에 A 오브젝트를 구속시켜보겠습니다. `Z` 키로 Explorer의 창을 활성화한 후 A오브젝트를 선택합니다.

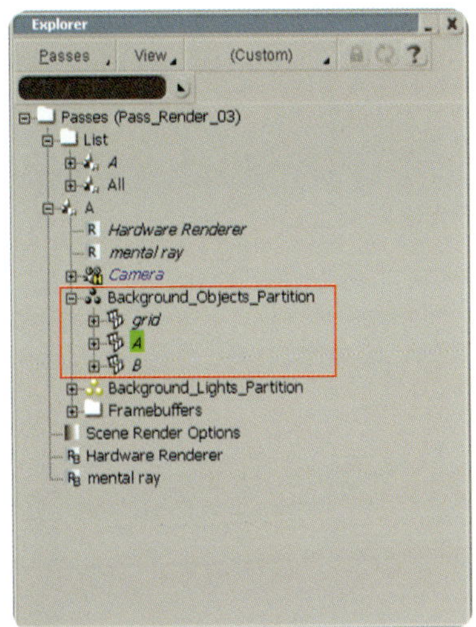

04 A오브젝트를 선택한 후 Render 〉 Pass 〉 Partition 〉 New Partition을 생성합니다.

그럼 다음과 같이 새로운 Partition이 생성된 것을 볼 수 있습니다. 그리고 Background_Objects_Partition에서 A가 사라지고 새로 생성한 Partition에 A가 구속된 것을 볼 수 있습니다.

새로 생성된 Partition의 이름을 A로 변경합니다.

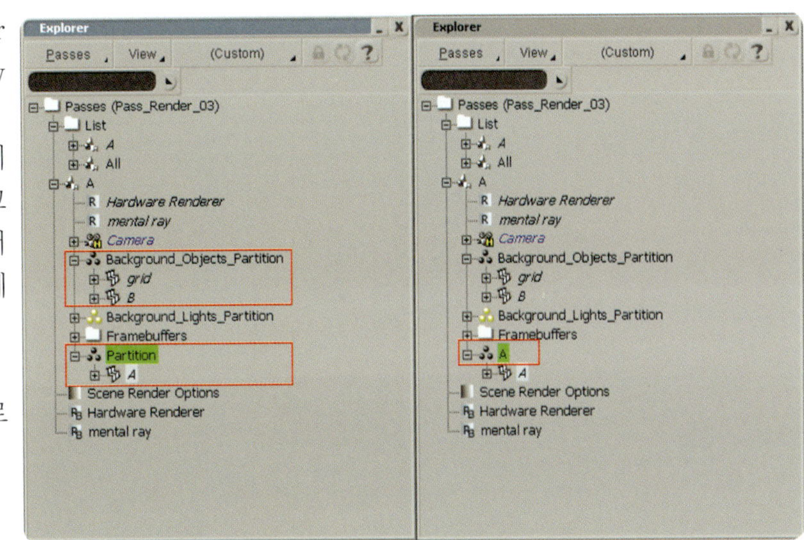

05 A오브젝트의 Background_objects_Partition을 선택하여 다음과 같이 보이지 않게 만들어 보겠습니다.

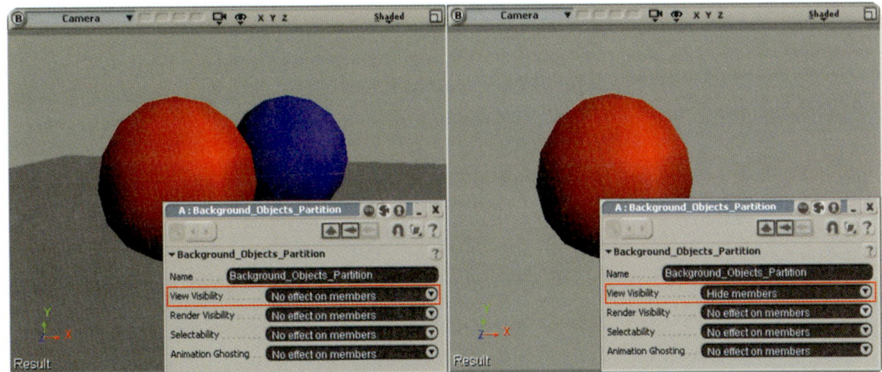

Scene-Pass Render 04

01 XSI의 인터페이스에 아래와 같이 빨간 박스 안에 Pass를 변경하면 다음과 같이 나뉜 것을 볼 수 있습니다.

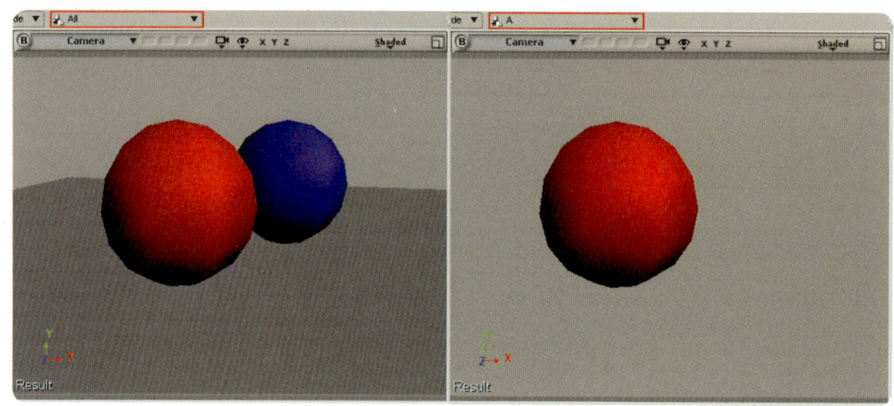

02 파티션에는 오브젝트를 손쉽게 추가하거나 삭제할 수도 있습니다.

오브젝트를 선택하여 옮기고자 하는 파티션으로 드래그 앤 드롭 해주면 간단히 파티션에 오브젝트를 추가 삭제 할 수 있습니다. 다음은 B의 오브젝트와 Ground 오브젝트인 Grid의 Pass와 Partition을 1번의 방법과 동일하게 만듭니다.

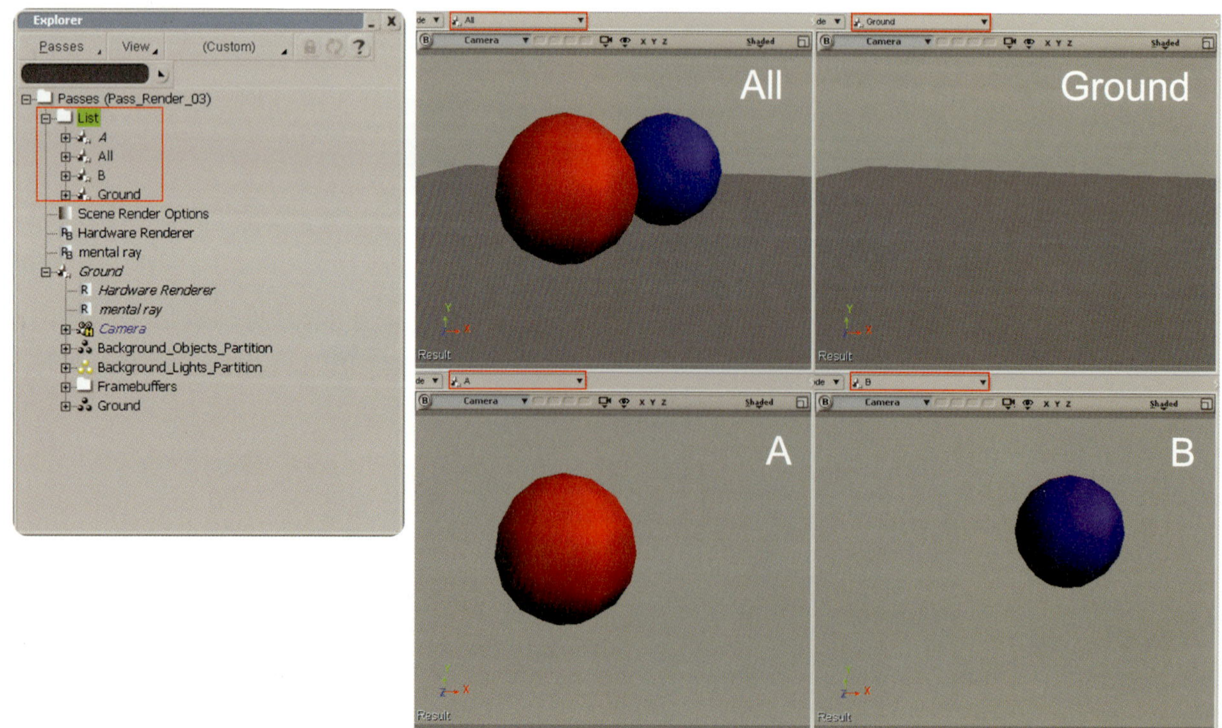

Scene-Pass Render 05

01 XSI 인터페이스 위에서 Pass를 절정해주는 것 외에 Pass를 설정할 수 있습니다. 아래에 화살표를 클릭하면 볼 수 있습니다.

XSI의 키보드에 Q를 선택한 후 퀵렌더를 했을 때 아래 와 같이 검정부분을 합성 시 나타나지를 않습니다.

그러나 아래에 왼쪽이미지를 보면 A Pass인데도 다 나오는 것을 볼 수 있는데 그 이유는 오른쪽에 Background_Objects_PartitionView의 아이콘을 클릭하면 나타나는 창을 보면 Render Visibility가 No effect on Member로 되어있기 때문입니다. 이것을 Hide Members로 변경해주면 됩니다.

그리고 퀵렌더에 아래 와 같이 화살표를 선택하면 다음과 같이 유저가 원하는 것을 볼 수 있습니다. 오른쪽은 Alpha를 적용한 상태입니다.

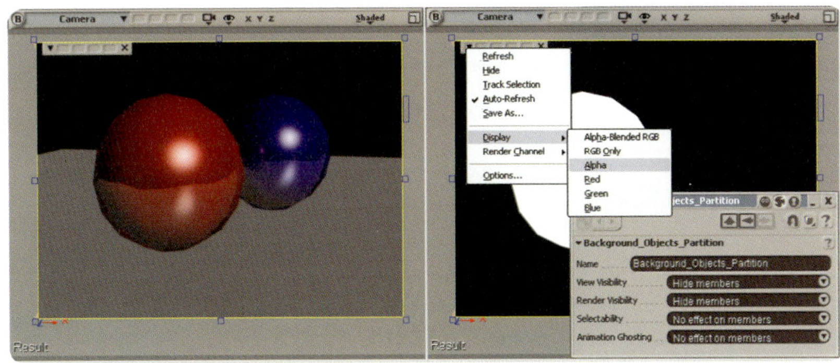

02 조명의 Pass를 만들어 보겠습니다. Empty Pass를 한 개 만들고 이름을 KeyLightPass로 수정합니다. 그리고 Background_Light_Partition을 열어서 그 중에 있는 Light를 선택합니다.

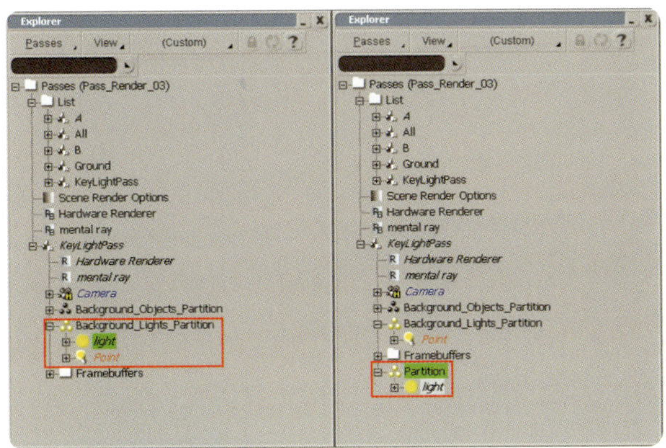

03 위와 같이 Point 라이트도 만들어 주면 다음과 같이 나타납니다.

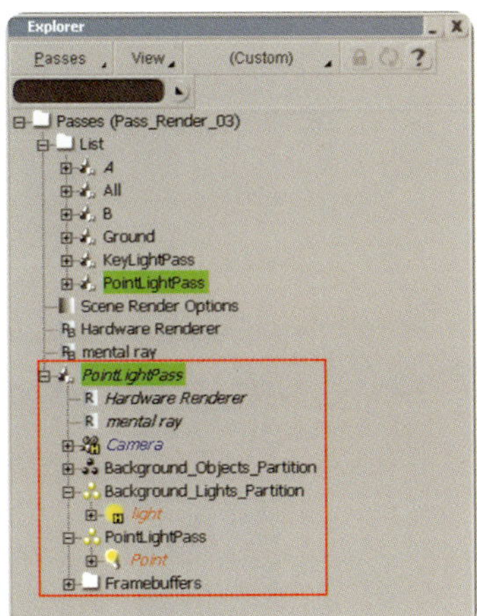

04 두 가지의 차이점을 확인합니다.

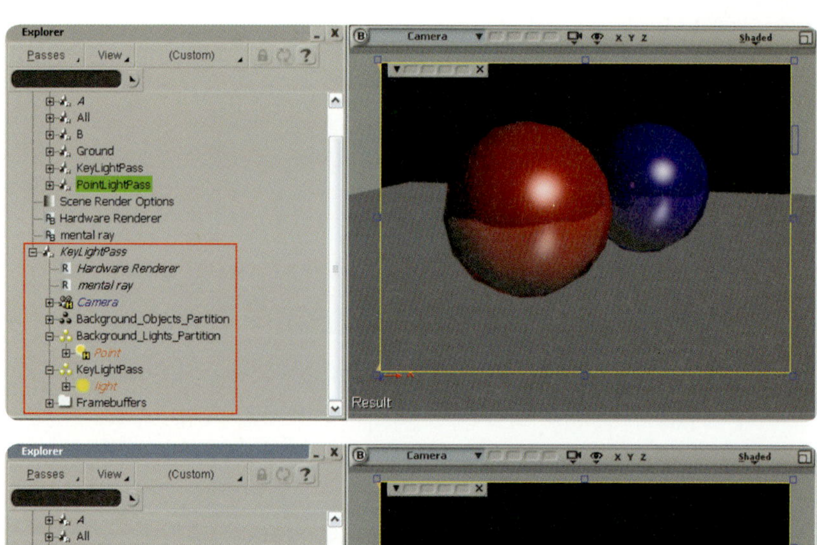

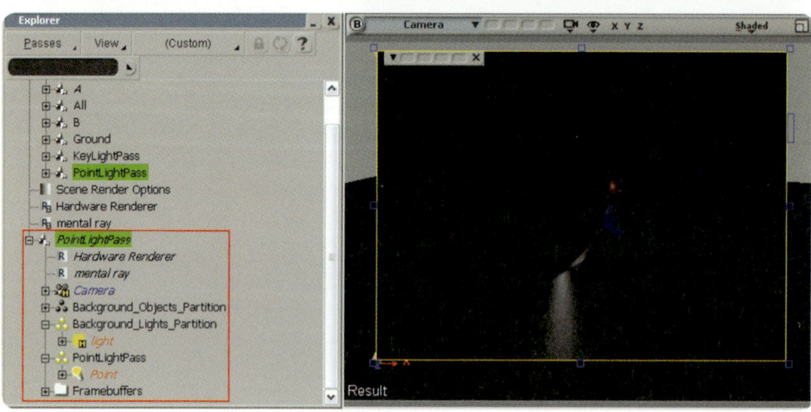

05 마지막으로 B가 나오면서 A에 알파를 적용할 때는 다음과 같습니다. 먼저 새로운 Pass를 만들고 A Matt라고 적습니다.

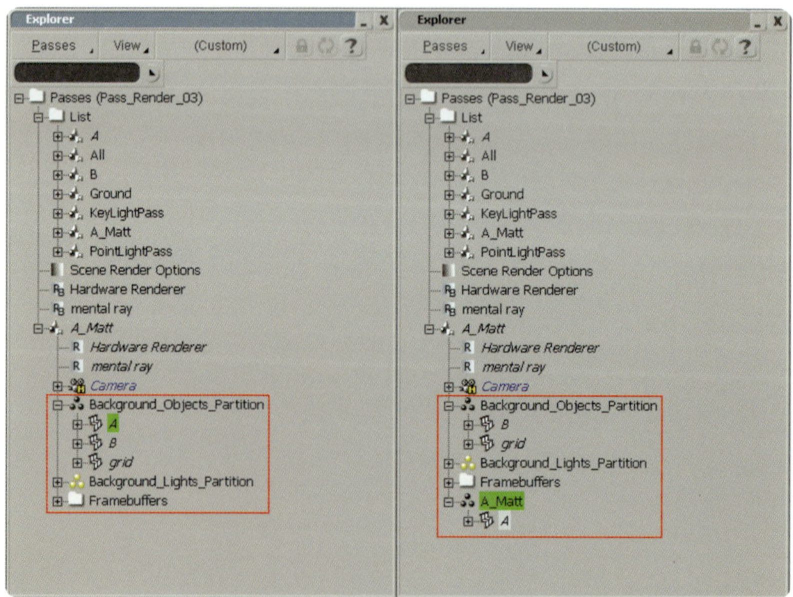

06 다음은 위의 오른쪽 그림에 A_Matt을 선택한 후 새로운 Material(Constant)을 적용한 후 다음과 같이 Texture Editor에서 알파로 만들어줍니다.

Color2alpha의 위치는 단축키 숫자 **7** 을 선택하면 Render Tree가 생성되는데 여기서 Render Tree 〉 Nodes 〉 Color Channels 〉 Color to Alpha를 선택합니다.

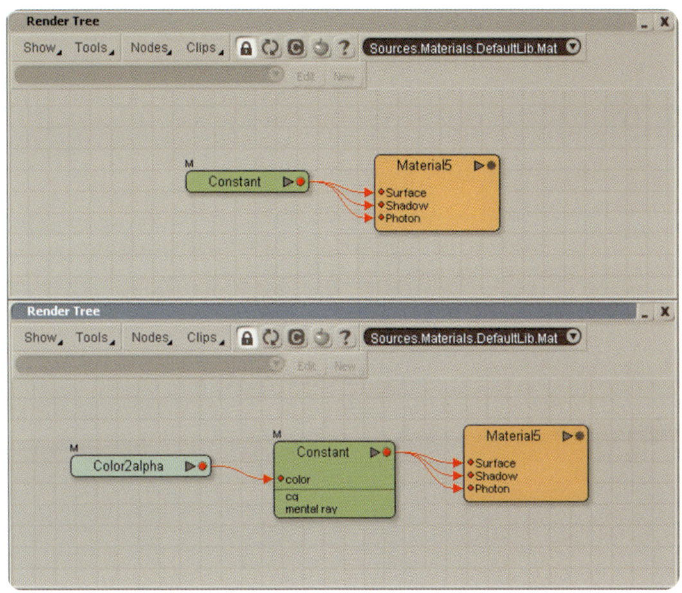

07 Constant의 수치는 Color2alpha을 적용하기 때문에 특별이 설정할 필요가 없습니다. Color2alpha의 수치는 다음과 같습니다.

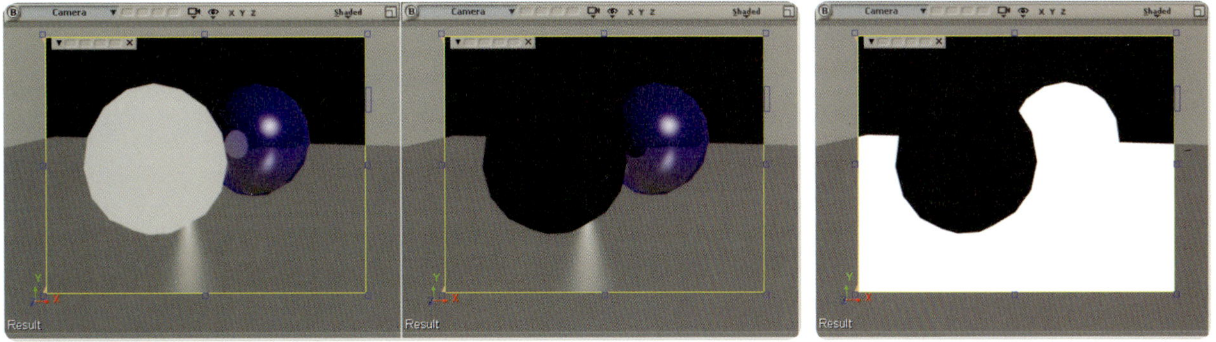

PART 08

FaceRobot

과거 3D 애니메이션 분야에서는 몸동작을 표현하기 위해서 모션그래픽 위주의 전문적인 모션 캡쳐 장비로 작업해야 했습니다. 또한 페이셜에 관해서는 메쉬, 쉐이프 애니메이션, 몰핑기능 등을 사용하는 다소 불편한 작업과 많은 시간을 투자할 수밖에 없었습니다. 하지만 이러한 문제는 기술의 발달로 인해 Face Robot으로 간단히 해결되었습니다.

Face Robot은 Softimag XSI에서 제공하는 페이셜(Facial)관련 전문 프로그램으로 간단한 마커(Maker) 설정만으로 페이셜을 쉽고 빠르게 작업할 수 있는 최강의 소프트웨어 중 하나입니다.

이 장에서는 페이셜 전문 프로그램인 Face Robot에 대해 세계 최초로 전문 자료를 제공하고 있으며 기본적인 기능 및 활용과 응용 방법론에 대해 학습합니다.

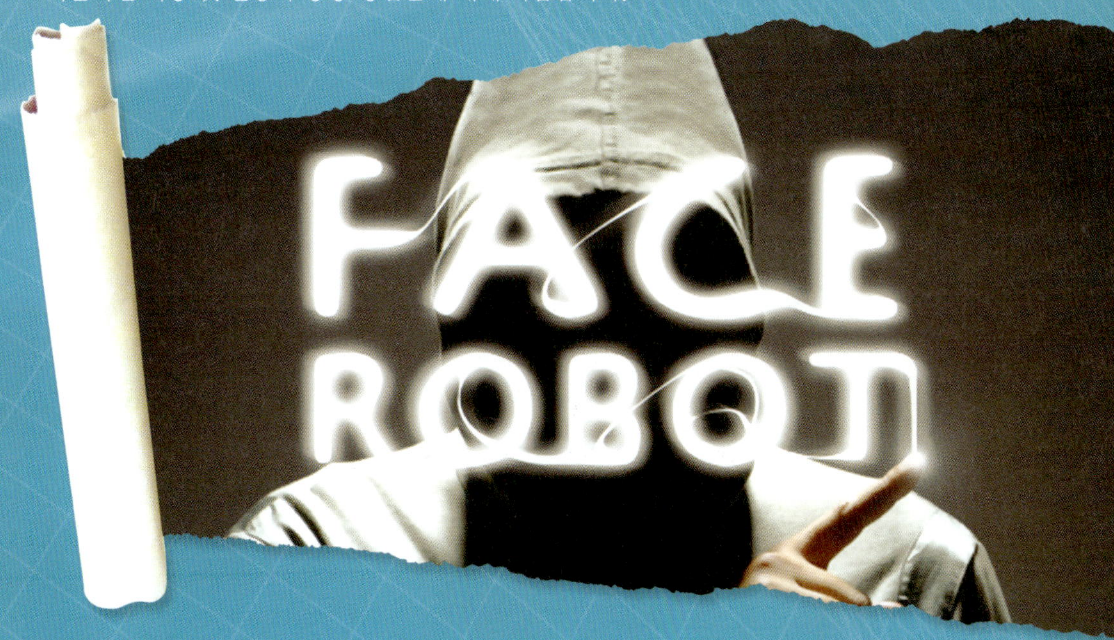

FaceRobot 살펴보기

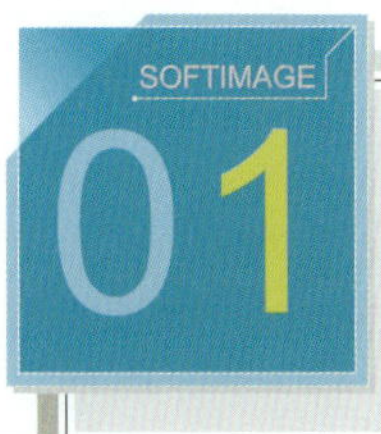

페이스로봇 디자이너 버전(Designer Version)은 다양하고 강력한 기능을 제공하고 있습니다. 페이스로봇은 디자이너 버전과 애니메이터 버전 두 가지로 제공되는데 디자이너 버전이 보다 강력한 기능을 가지고 있으며 6가지의 스탭(Step)을 이용한 쉽고 빠른 얼굴 표정의 작업을 제공하고 있습니다.

페이스로봇은 작업을 시행할 모델을 오픈한 후 모델의 기본적인 형태를 잡는 작업입니다. 기본 얼굴 모델을 기준으로 두개의 눈알, 혀, 이빨 등이 기본적으로 탑재 되어있는 모델을 설정하게 됩니다.
이때 사용될 모델링 데이터는 로우 퀄리티 모델링 보다는 하이 퀄리티의 모델링을 사용하는 것이 좋은데 이는 얼굴 표정 작업시 움직이는 면에 있어서 보다 정교하게 작업하기 위해서입니다.
현재 기술력 향상으로 게임분야에도 점차 하이 퀄리티의 모델링을 일부 사용하고 있습니다. 만일 페이스로봇 기술를 활용하여 게임에 적용하려면 6,000개 이상의 폴리곤 개수를 권장합니다.

페이스로봇에 사용될 모델링 데이터는 인체의 어깨 라인을 기준으로 그 위 머리 부분의 모델을 사용하며, 작업 완료 후 맥스나 마야 소프트 이미지 등 3D 소프트웨어에 사용시 바디 부분의 오브젝트를 합쳐 사용하는 것이 최종 결과물의 용량 과부하를 줄일 수 있습니다.

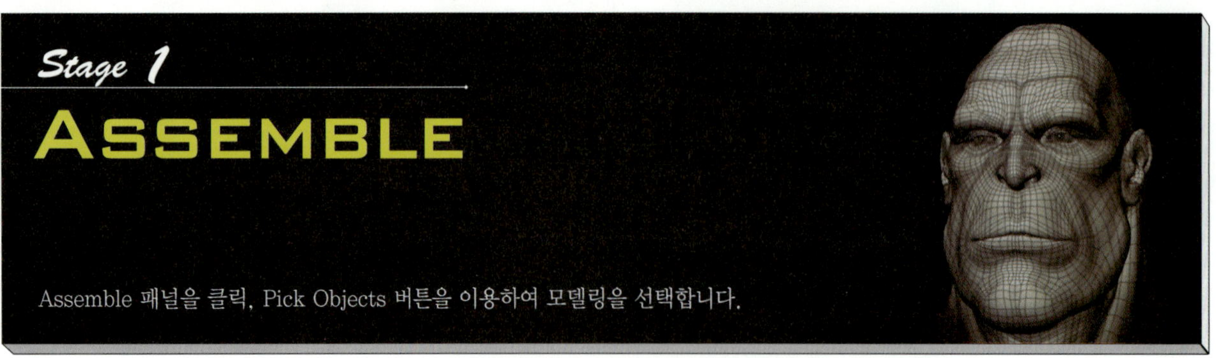

Assemble 패널을 클릭하고 Pick Objects 버튼을 이용하여 모델링을 선택합니다.

01 페이스로봇을 시작하고 모델, 장면, 또는 얼굴부위를 불러들입니다.

02 Stage 1 : Assemble 패널의 Pick Objects 버튼을 클릭합니다.

Pick Objects

03 Stage 2 : Objects 패널에서 페이스로봇을 적용시켜야 할 모든 오브젝트들을 선택합니다.

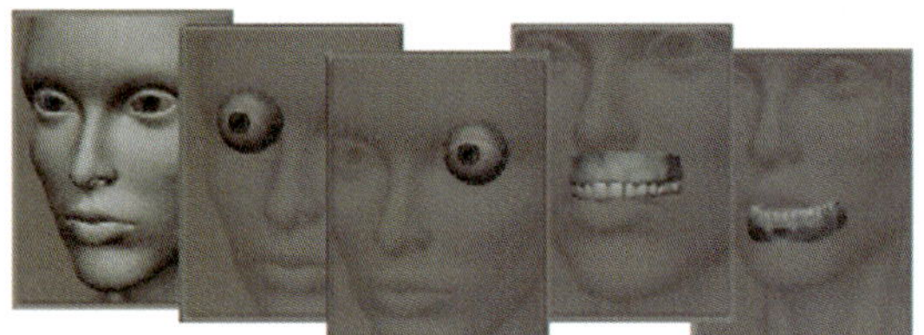

04 Stage 1 : Assemble 패널의 Pick Objects 버튼을 클릭합니다.

05 Scan 버튼을 클릭하게 되면 다음 스테이지인 Landmark로 넘어가게 됩니다.

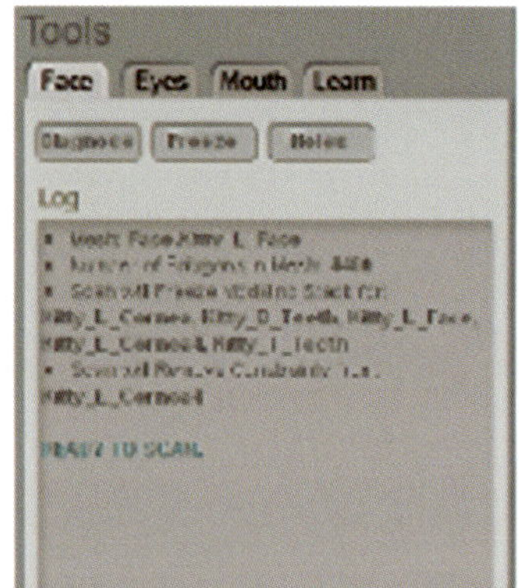

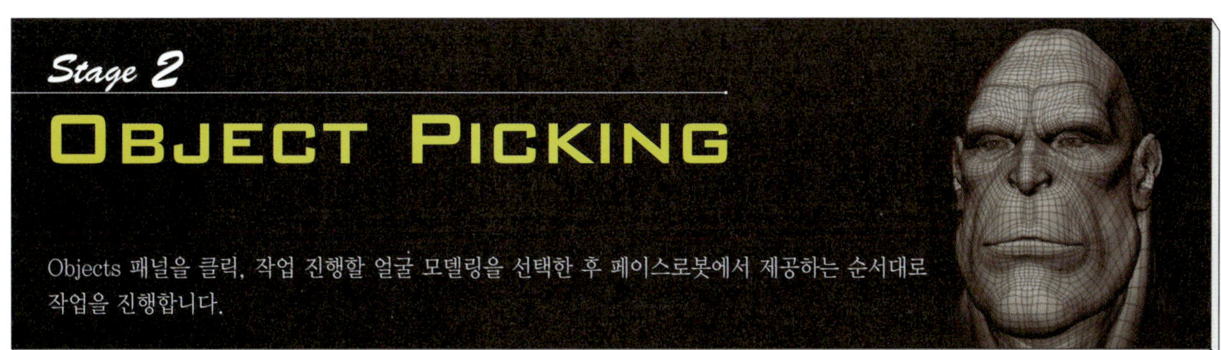

Objects 패널을 클릭, 작업 진행할 얼굴 모델링을 선택한 후 페이스로봇에서 제공하는 순서대로 작업을 진행합니다.

작업 이 끝난 후 Assemble 버튼을 누릅니다.

버튼을 누르면 두 가지의 경우가 나옵니다.
첫 번째 과정이 정확하게 이루어졌다면 에러 없이 다음 과정으로 넘어가게 됩니다. 두 번째는 만일 앞의 과정 중에 기본적인 설정 과정인 모델링 데이터와 페이스로봇의 설정 값이 맞지 않을 경우 Log 창에 붉은색의 에러(Error) 메시지가 나타납니다.

만일 에러 메시지가 나타날 경우 Assemble 패널에서 에러 메시지를 확인한 후 다시 이전 작업에 대한 수정작업을 진행하는 것이 좋습니다.

이러한 과정은 정확한 모델링 설정을 위함이며 이 설정이 잘못될 경우 페이셜 작업시 모델이 일그러지는 경우가 있습니다. 가장 기본적인 것에 충실하는 것이 다음 작업의 시행착오를 막아줄 유일한 방법입니다.

Assemble 패널에서 이상이 없을 경우 Scan 버튼을 눌러 다음 Stage로 넘어갑니다.

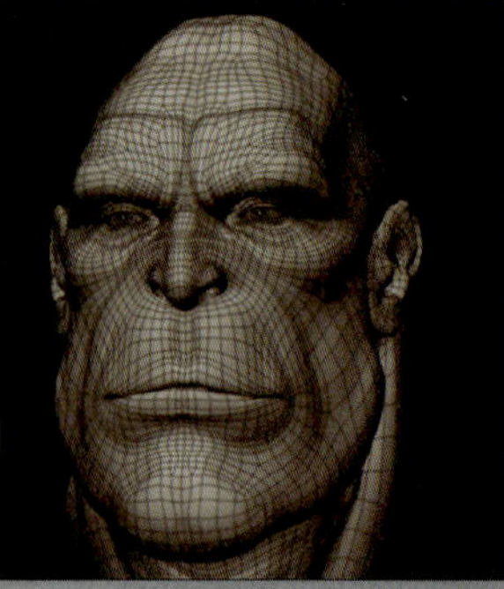

Stage 3
LANDMARK PICKING

이전 Stage에서 기본적인 모델링 설정이 끝났습니다. 이후 페이셜에 사용될 모델링에
소프트웨어 상의 Landmark 설정하는 작업을 진행합니다.

Landmark 패널이 나타나면 작업 중인 얼굴모델링에 페이스로봇 진행 가이드를 기준으로 Landmark points를
설정합니다.

06 Stage 3 : Landmark 패널이 열리면 페이스로봇에서 제공하는 진행가이드를 기준으로 Landmark points를 적용될 얼굴 오브젝트에 찍어줍니다.

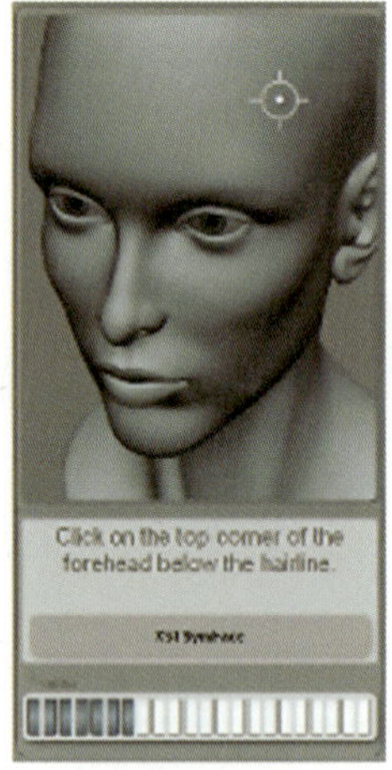

07 Landmark points를 다 찍고 마우스 오른쪽 버튼을 클릭하게 되면 Fit 버튼이 활성화됩니다.

08 Fit 버튼을 클릭하게 되면, 페이스로봇은 얼굴 오브젝트를 분석하여 찍어두었던 Landmark points를 기반으로 제어할 수 있는 Landmark point를 새로 생성합니다.

09 Stage 4 : Fit 패널의 Adjust list에서 눈과 곡선 턱과 벼를 수정합니다.

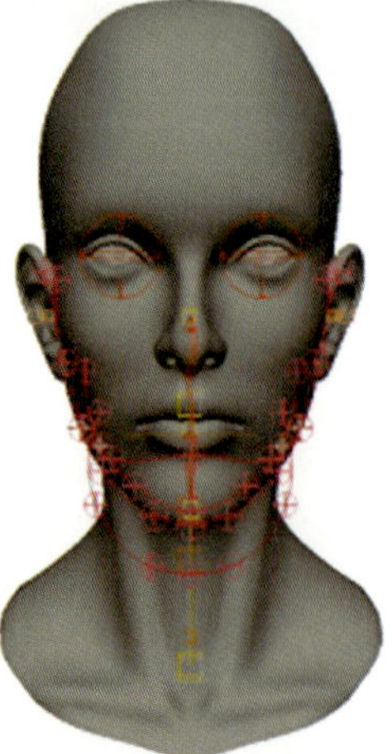

10 Solve 버튼을 클릭하면 사용자가 조절한 포인트의 위치에 따라 조직을 부드럽게 조절합니다.

이 과정은 소프트웨어 상에 Landmark를 설정하는 과정으로서 설정된 마커를 기준으로 모델링의 얼굴의 면이나
근육라인 등의 움직임을 위한 준비과정이 마무리됩니다.
Landmark 작업이 완료되면 오른쪽 마우스 버튼을 누른 후 Fit 버튼을 클릭하여 다음 Stage로 이동합니다.

Stage 4
FIT

Fit 패널에서 설정된 Landmark의 위치가 정확한지 혹은 수정할 부분이 있는지에 대한 기본적인 얼굴 움직이나 근육 라인 혹은 깨지는 면이 있는지와 같은 에러 상황에 대해 조절하는 부분입니다.

이 과정에서는 모델링에 설정된 Landmark의 정확한 위치 값을 찾아내는 것이 중요한 포인트입니다. 설정이 완료되어 과정이 마무리 되었으면 Solve Solve▶ 버튼을 누른 후 다음 Stage로 이동합니다.

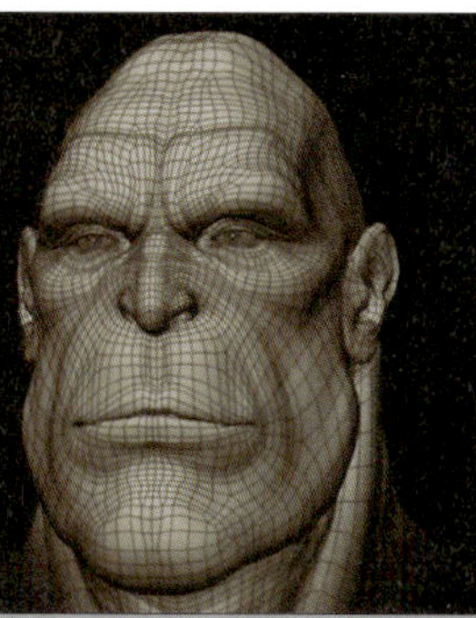

Stage 5
ACT

Act 패널 에서는 페이셜 작업에 있어서 Set key 작업과 컨트롤 그리고 새로운 페이셜을 위한 모션 캡처 파일 등의 애니메이션 컨트롤 작업을 진행하기 위해 얼굴표면 위에 작업할 수 있게 하는 설정 과정입니다.

Stage 6
TUNE

Tune 패널에서는 이전의 작업을 기준으로 설정에 있어서 세밀한 부분을 좀 더 교정하는 단계라고 생각하면 됩니다. 이 과정에서 브러시 툴이나 기타 선택 툴(Tool)을 사용하여 3D 페이셜 애니메이션 작업을 위한 최종 점검을 합니다.

이와 같이 페이스로봇에 대해 간략한 설정 과정을 살펴보았습니다. 살펴본 바와 같이 페이스로봇은 초보자라도 누구나 쉽게 설정을 할 수 있는 것이 가장 큰 장점입니다.

SOFTIMAGE 02 페이스로봇의 인터페이스

페이스로봇의 인터페이스를 살펴보면 일단 소프트이미지에 Act패널만 추가된 모습을 볼 수 있습니다. 기본적으로 소프트이미지를 기반으로 하기 때문에 메뉴의 위치 및 기능은 동일하다고 볼 수 있습니다.

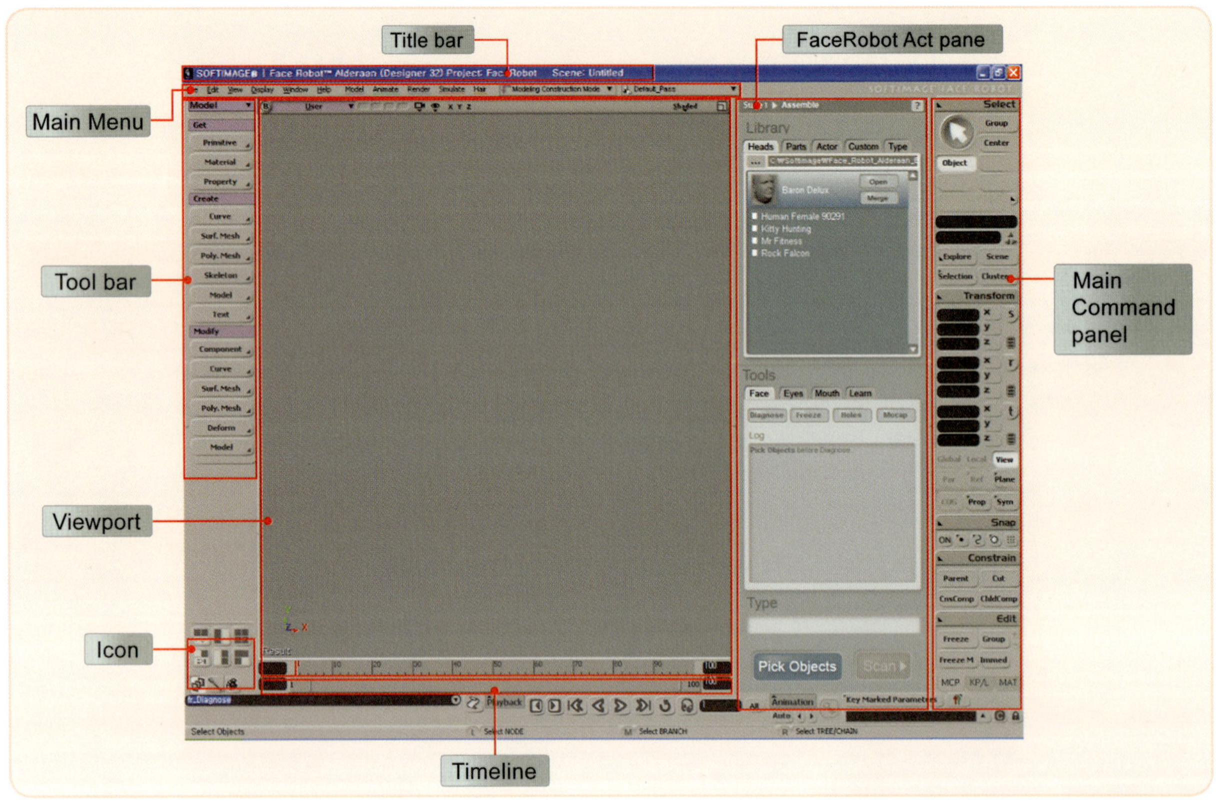

설명과 같이 소프트이미지의 인터페이스를 기본으로 FaceRobot Act 패널이 추가되어 있는 것을 볼 수 있습니다.
이 FaceRobot Act 패널은 상단의 메인메뉴에서 View 〉 Layouts 〉 페이스로봇[Add-on]을 클릭하면 나타납니다.

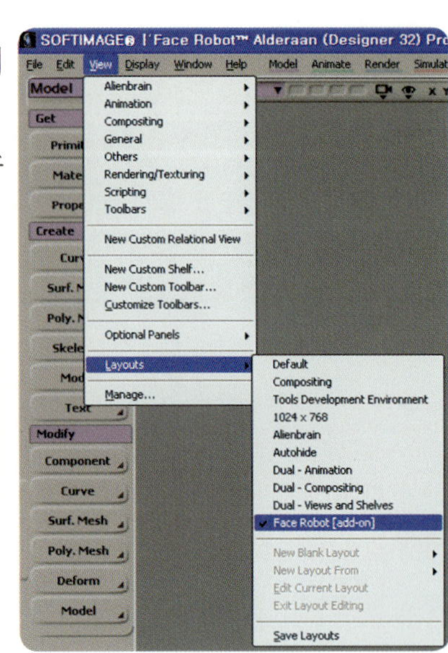

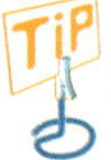

TIP 페이스로봇을 실행하기 전 윈도우에서 해상도를 "1280 x 1024"으로 조절해주는 것이 좋습니다. 페이스로봇의 Act 패널 아래쪽 버튼들이 보이지 않을 수 있기 때문에 해상도를 상향 조절해 주는 것이 좋습니다.

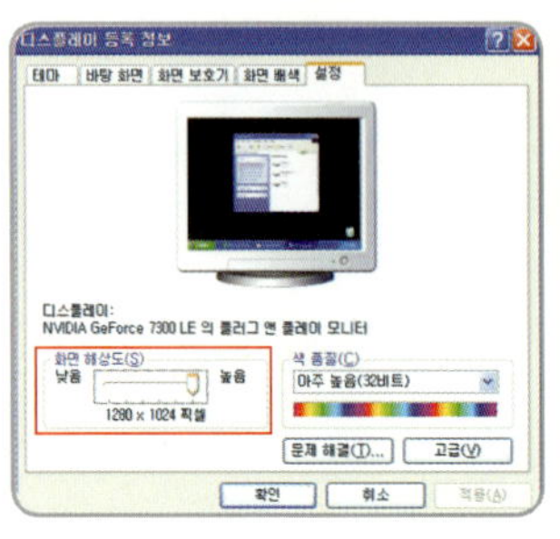

03 페이스로봇 작업을 시작합니다

페이셜 작업을 함에 있어 좋은 페이스 모델을 가지고 있는 것은 매우 중요합니다. 고퀄리티의 작업물을 이끌어 낼 수 있는 가장 기본적이면서 중요한 요소입니다.

페이스로봇에서 활용할 모델링 제작시 유의할 점

1. 최소 2,500개 이상의 폴리곤 모델링으로 구성되어져 있는 것이 좋습니다.
2. 2,500개 이하의 폴리곤 모델링 제작시 정확한 애니메이션 작업이 이루어지기 힘듭니다.
3. 페이스로봇에서는 5,000 ~ 20,000개 폴리곤 사이의 모델링 을 사용하는 것을 권장하며 10,000개의 폴리곤 전후 사용이 적절합니다.

이제 실무에 적용하며 페이스로봇을 따라해 보도록 하겠습니다. 사용된 모델은 하이 폴리곤 모델링 데이터를 이용하였습니다. 부록시디에 FaceRobot TRAINING 파일을 이용합니다.

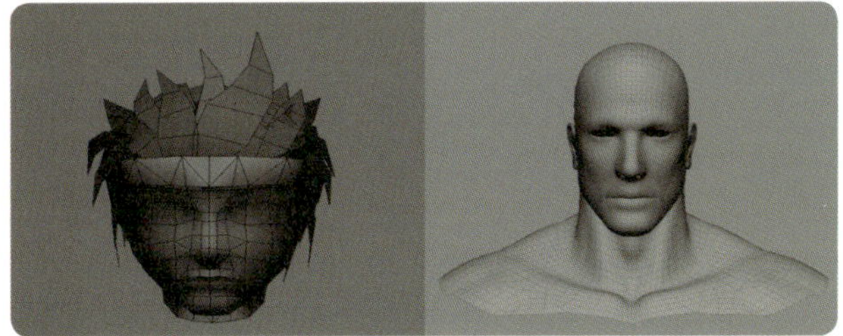

Stage 1

ASSEMBLE

페이스로봇에서 제공하는 기본 눈알(Eyeball) 및 이빨 혀 혀와 연결되는 모델링을 설정(Setting)하는 과정이며 앞으로 페이셜 데이터 캡처시 활용할 움직임을 준비하기 과정입니다.

오른쪽의 그림과 같이 페이스 로봇에서는 기본적인 눈알, 혀, 이빨 등의 기초 모델링 데 이터를 지원합니다.

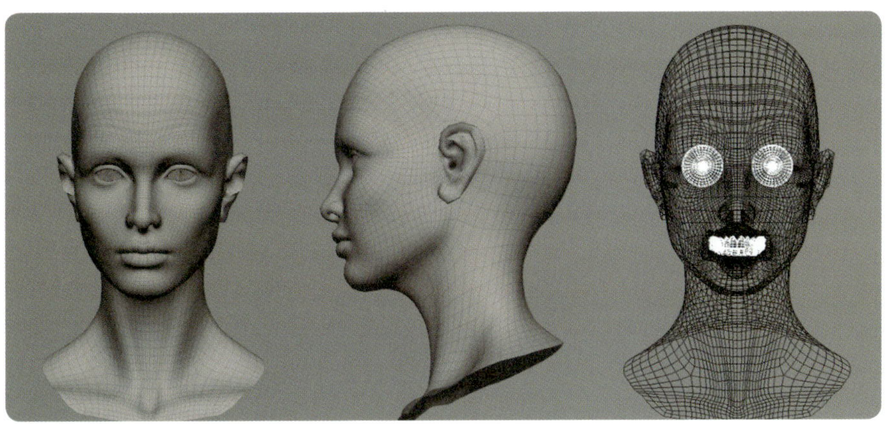

페이스로봇을 적용시키기 위한 오브젝트의 기본적인 조건은 두 눈과 위아래의 치아를 가지고 있어야 하며(이때 눈과 치아를 감싸는 막힌 구멍이 있다) 오브젝트 전체에 하나의 구멍을 가지고 있어야 합니다.

또한 주름이 생길 부분은 모델링하실 때 미리 Edge를 추가하여 3줄로 만들어주는 것이 좋습니다.

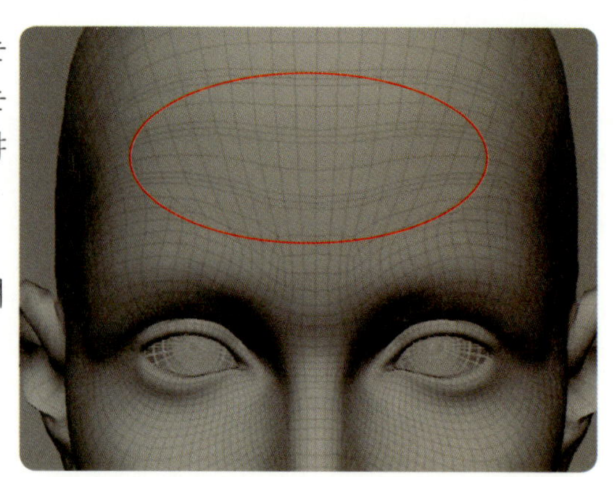

STEP 01 얼굴 부분

이번 첫 번째 장에서는 페이스로봇 작업의 첫 번째라 할 수 있는 작업입니다.

이 작업을 통해 모델링 데이터에 눈동자 그리고 입 안쪽에 대해 기본적인 페이스로봇 데이터로 새로 설정할 수 있습니다. 별도의 모델링 작업이 없이도 페이스로봇에서는 이 기능을 지원하여 보다 사실적인 혀와 그 안쪽에 있는 모델링 등의 움직임에 대해 리얼한 액션을 가능하게 합니다.

01 Tools 영역 Assemble 패널에서 사용합니다.

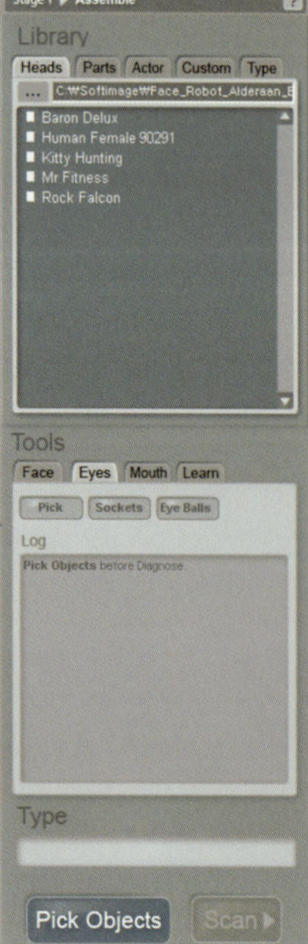

02 새로 만드는 Eye Sockets와 눈알(Eyeballs)은 눈 주위의 홀(Hall)과 눈알을 새로 만듭니다.

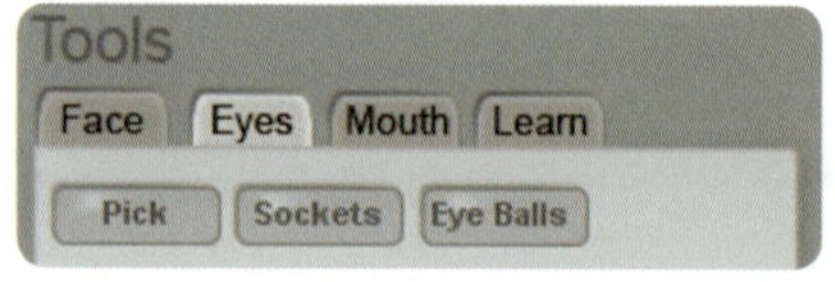

> **참고** | 이 작업은 앞으로 있을 눈동자의 움직임에 대해 정교함을 더해줍니다.

03 Stage1의 Pick Object  버튼을 클릭하여 Stage2의 머리가 되는 오브젝트를 선택, Assemble Assemble ▶ 버튼을 클릭하여 다음단계로 이동합니다.

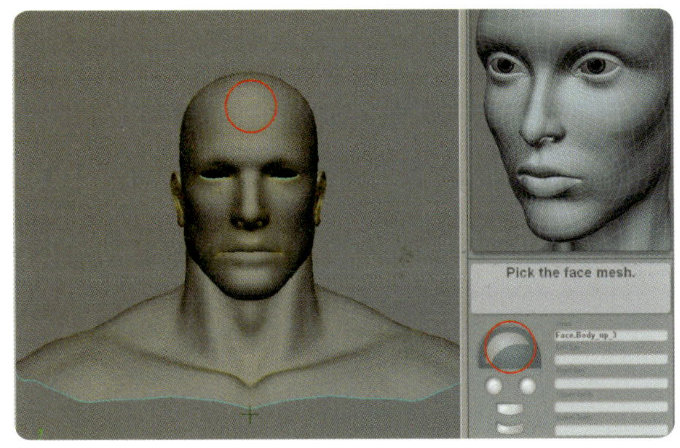

04 On the Tools 〉 Eyes 탭의 Pick 버튼을 클릭합니다.

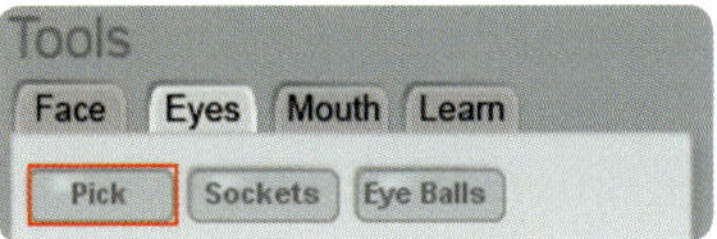

05 눈알(Eyeball)의 정확한 위치를 설정하기 위해 그림과 같이 눈 주위의 Edge 라인 차례로 선택합니다. Eyes tab, Pick버튼을 누르게 되면 마우스의 모양이 변하게 되는데 눈이 생길부위를 클릭합니다. 다시 Pick버튼을 클릭한 후 마우스 오른쪽 버튼을 클릭하게 되면 자동으로 눈의 눈알이 생길 부위의 Edge가 선택됩니다.

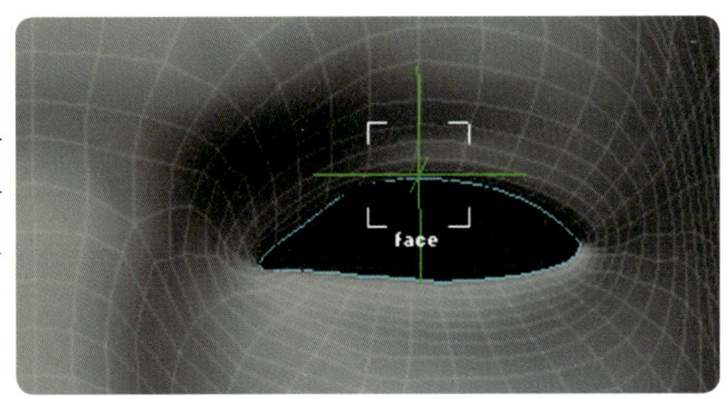

참고 | 1. 페이스로봇에서는 자동으로 눈알에 대한 모델링 설정을 지원하므로 별도의 눈알 모델링을 제작할 필요가 없으며 페이스로봇에서 제공하는 모델리을 이용해야 정확한 페이셜 데이터 사용이 가능합니다.

2. 선택이 잘못되었을 시 이후 작업에 에러(Error)가 발생할 수 있으므로 정확한 선택이 필요합니다.
마우스 오른쪽 클릭을 눌러 작업을 마무리 하게 되면 선택된 Edge가 빨간색(Led edge)으로 보이게 됩니다.

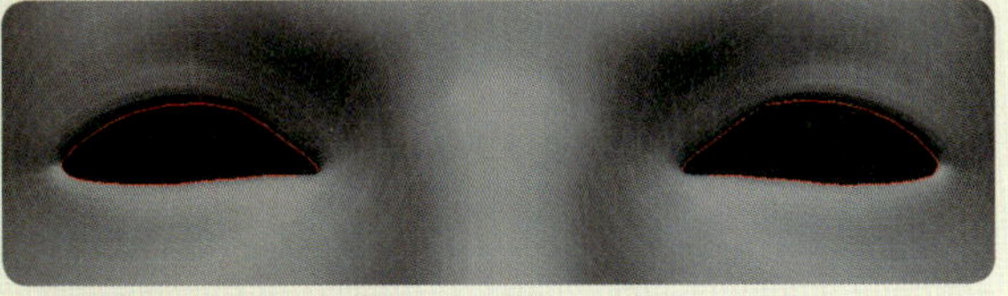

3. 작업이 완료가 되면 기존 눈 주위의 모델링은 페이스로봇 시스템에 맞게 약간의 모델링 데이터가 수정됩니다.

 **06** 눈알을 삽입할 수 있는 모델링 데이터를 만들기 위해 Sockets 버튼을 클릭합니다.

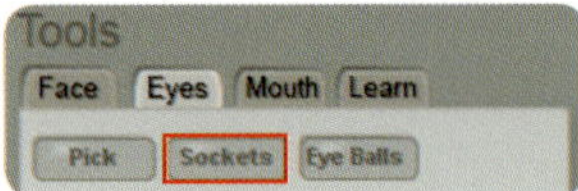

 **07** 모델링 데이터가 만들어진 후에 Eyeballs 버튼을 클릭합니다.

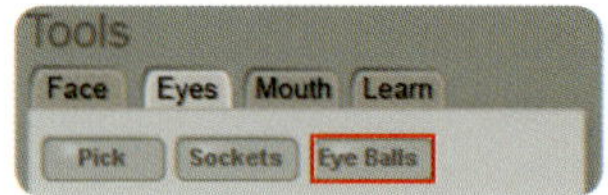

정확한 위치에 눈알 메쉬(Mesh)가 생성되면 그 가운데를 선택하여 정확하게 맞춥니다.

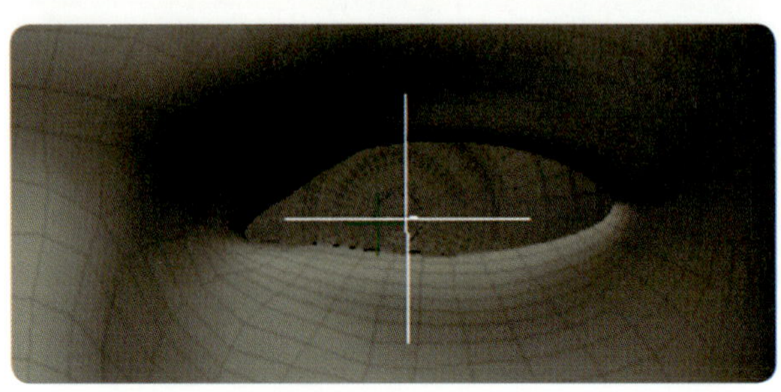

08 눈알을 설정하기 위해 나타나는 Iris 속성 페이지에 홍채와 각막 속성을 설정합니다.

속성을 설정한 후 매개변수를 재편집 하고 싶으면 Explorer(단축키 숫자 8) 〉 Face 〉 Actor 〉 Basic_Face(그림상에서는 Budy_up_3) 〉 EyeballProperties를 더블 클릭하게 되면 Iris 속성페이지가 열리는데 이곳에서 값을 재편집하면 됩니다.

현재 모델링을 기준으로 눈알 위치와 회전하는 값을 세밀하게 조절할 수 있습니다.

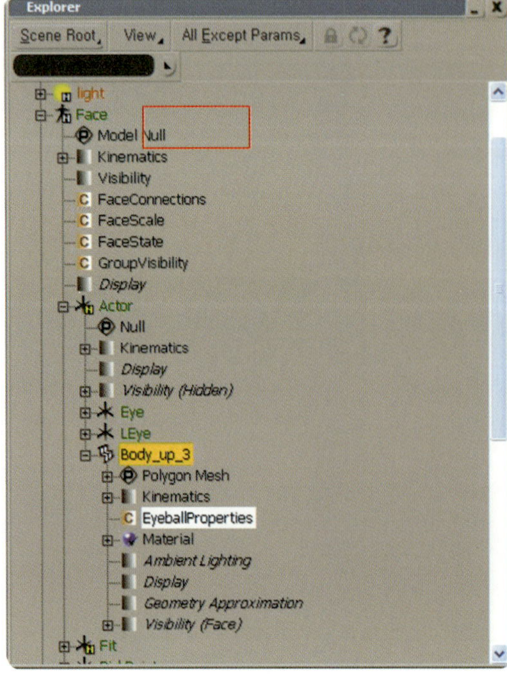

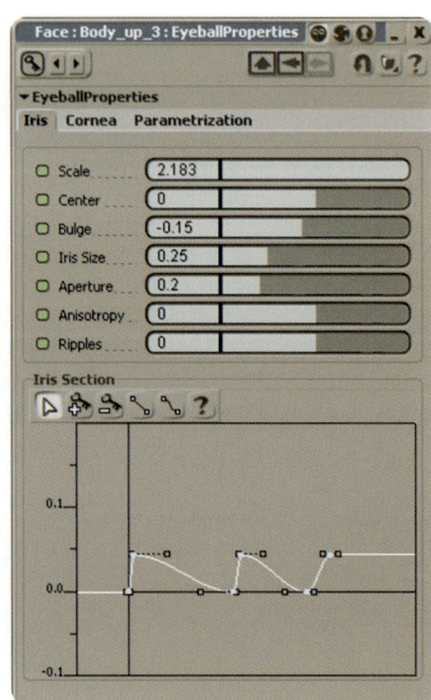

STEP 02 입(Mouth)

페이스로봇에서 임포트(File)Import)한 모델링을 기준으로 기본적인 양쪽 눈알이 설정되었으면 입 안쪽의
모델링을 진행하겠습니다.

1. 입 안쪽 파트 생성하기

01 On the Tools 〉 Mouth 탭에 Pick 버튼을 클릭
합니다.

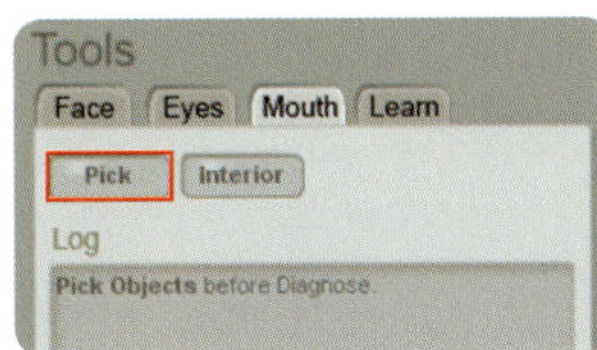

02 Pick objects 버튼을 이용하여 입 중앙을 선택
합니다.

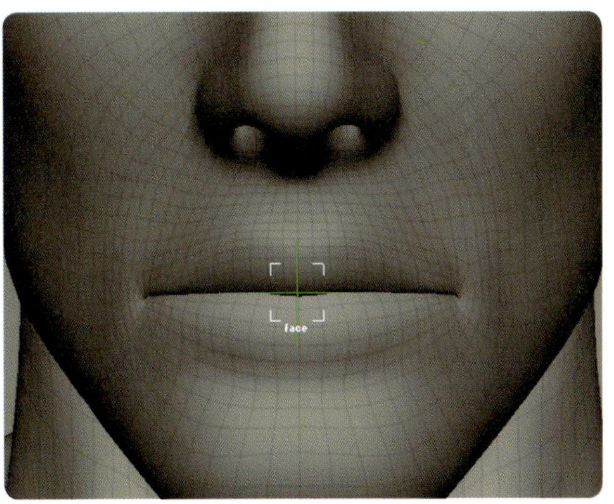

이 작업은 정확한 입안의 이빨 등의 입안 내부 모델링
설정을 위한 것입니다. 만일 원하는 위치가 아닐 경우
다시 Pick Object 버튼을 다시 누르시고 정확한 위치
를 선택합니다.

03 새로 만들어진 입 안쪽 구멍에 순차적인 입 안쪽 모델링을 새로 만들기 위해
Interior 버튼을 클릭합니다.
페이스로봇에서는 입안 세부 모델을 기본적으로 지원하고 있어 별다른 모델링이 필
요 없습니다.

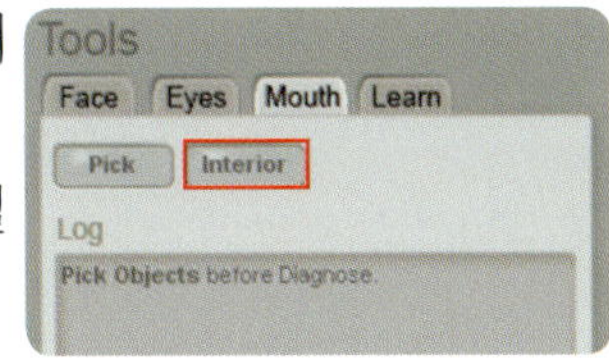

04 속성 패널 입 안쪽의 횡단면을 결정하는 프로파일 곡선을 조절할 수 있으며 입 안쪽 모델링 형태를 결정하는 폴리곤 모델링 수치 값을 설정할 수 있습니다.

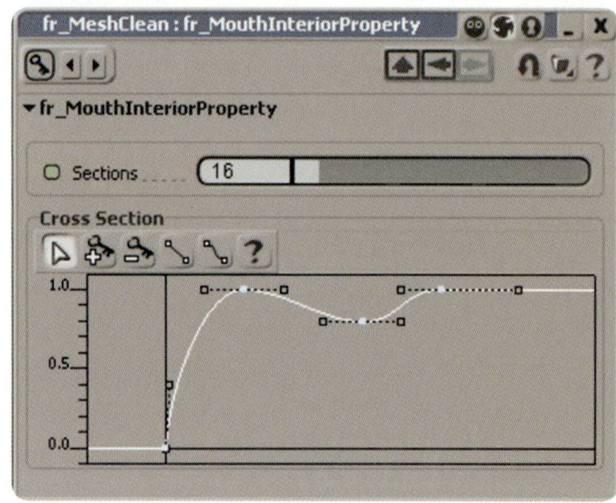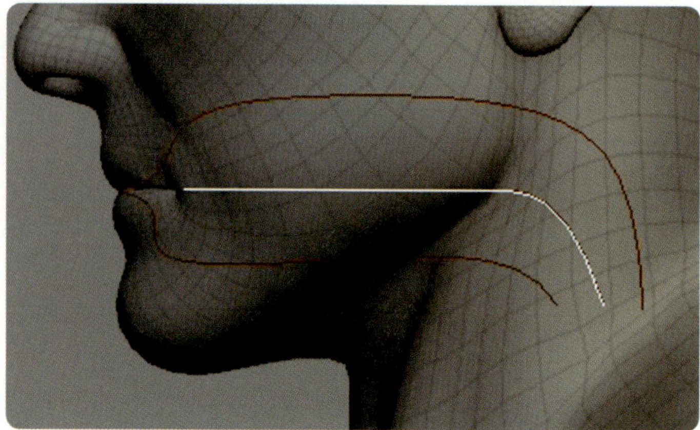

이후에 입 안쪽 모델링의 매개변수를 편집하는 것을 원할 경우 Explorerc창(단축키 8 키)을 열어 fr_MeshClean 모델 아래에 fr_MouthInteriorProperty를 더블클릭하면 나타나는 창에서 편집할 수 있습니다.

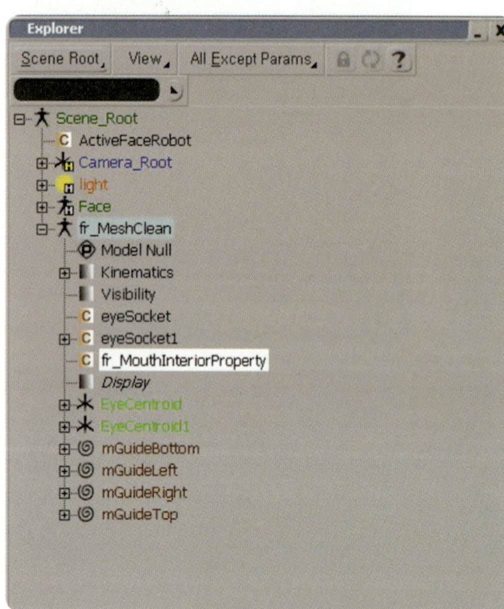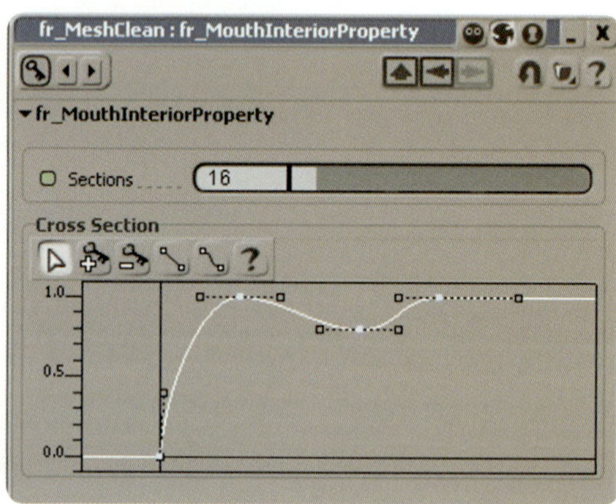

Facial

사전적 의미로는 얼굴의, 안면의, 얼굴에 사용하는, 표면상의 뜻을 가지고 있습니다. XSI에서 새로나온 Face Robot 소프트웨어는 복잡한 얼굴 구조에서 쉽고 빠르게 애니메이션을 전문적으로 제작하기 위해 나온 소프트웨어입니다.

http://www.softimage.com 에서 소프트이미지와 함께 페이스로봇에 대한 상세 정보를 수록하고 있습니다.

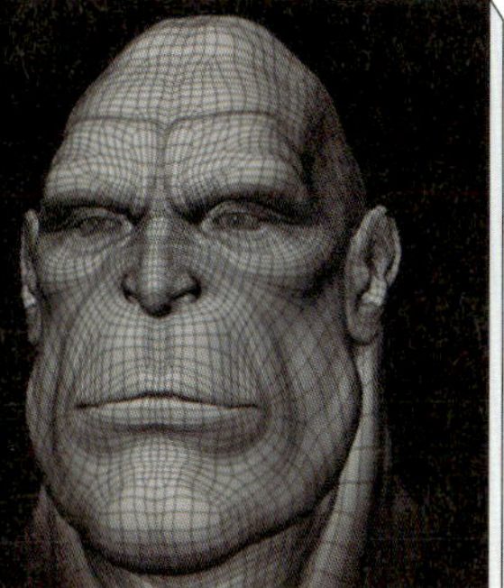

Stage 2
OBJECTS PICKING

"Stage 2"에서는 얼굴 부분 모델링의 두개골 분석과 페이스로봇의 종합 알고리즘을 위해 고려되는 부분을 식별하는 것입니다

STEP 01 Face 오브젝트

이번 장에서는 페이스로봇에서 모델링 연산을 위해 사용될 오브젝트를 선택하기 위해 Pick Object 버튼을 누른 후 그림과 같이 순차적으로 오브젝트 모델링에 눈알 및 이빨 등의 페이스로봇 기본 모델링을 적용시킵니다.
이 과정은 페이스로봇에서 제공하는 스텝(Step)을 따라서 진행합니다.

STEP 02 Face 오브젝트 Picking 하기

01 머리 부분의 오브젝트를 선택합니다.

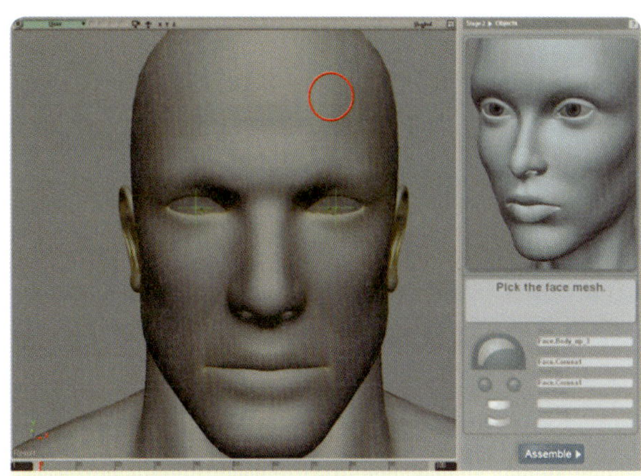

기본 인터페이스 안내 화면에 나타나는 과정에 따라 진행합니다.

02 왼쪽 눈알과 오른쪽 눈알을 선택합니다.

03 위 이빨과 아래 이빨을 선택합니다.

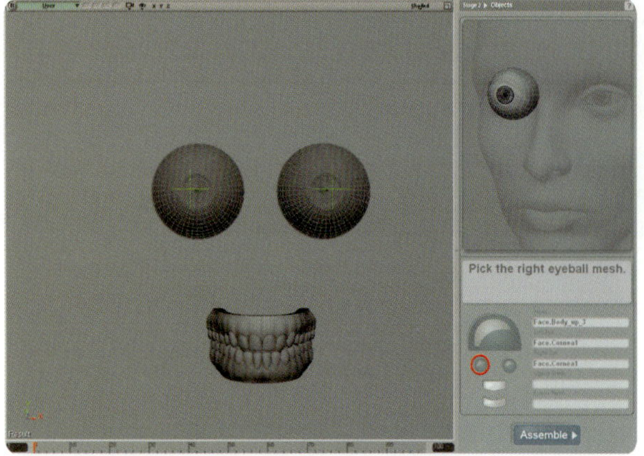

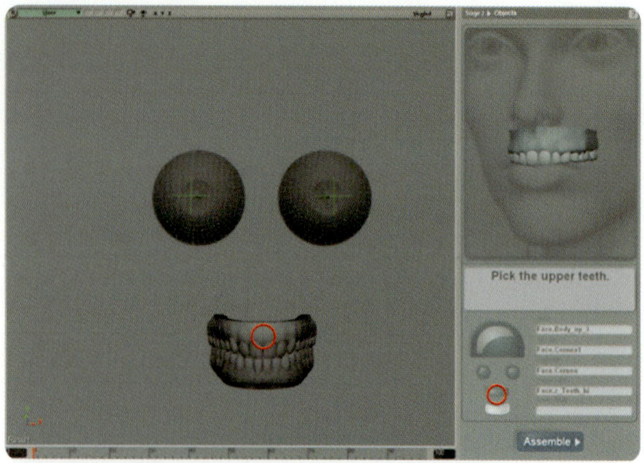

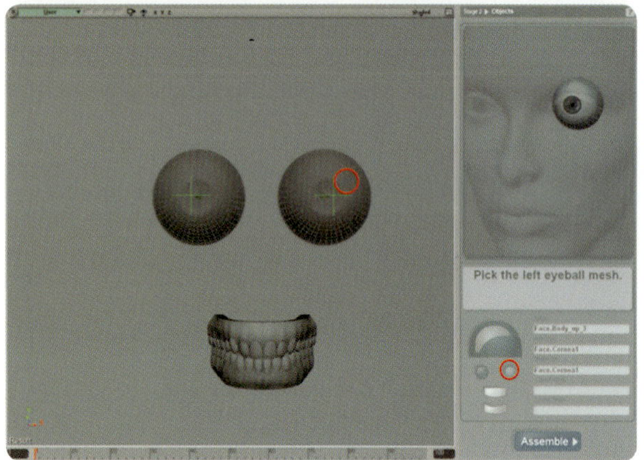

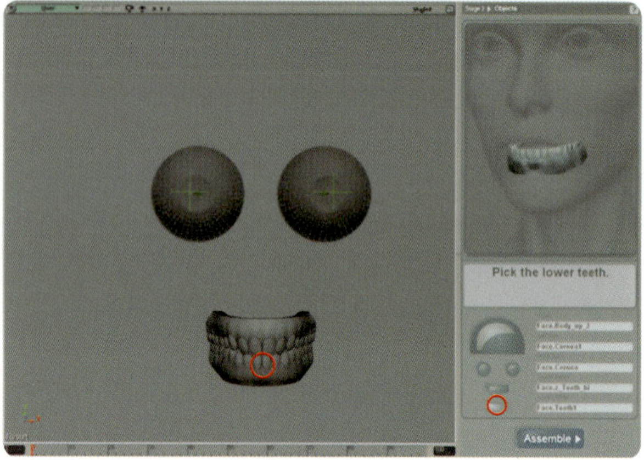

만일 선택이 잘못되었을 때에는 언제든지 다시 선택(Reselect)하여 데이터를 초기화할 수 있습니다.

여기까지의 과정은 페이스로봇에서 얼굴 오브젝트 모델링에 대해 기초 설정 작업을 진행한 것입니다. 위 과정을 마치면 Assemble [Assemble ▶] 버튼을 클릭하여 다음 과정으로 넘어갑니다.

오브젝트가 선택되면 모델링 Type을 선택해 주어야 합니다. 모델링의 Type은 Symmetric(좌우대칭)과 Asymmetric(좌우비대칭)이 있는데 Symmetric Type을 선택할 경우 좌우대칭인 모델링 사람 얼굴 등의 모델에서 어느 한쪽만 마커를 설정하여도 다른 한편에 자동으로 마커 설정이 이루어집니다.
반면에 Asymmetric Type을 선택할 경우 좌우비대칭의 모델링(예를 들면 좀비모델링 등)에서 얼굴 좌측과 우측의 모든 마커를 작업자가 직접 설정해야 한다는 차이점이 있습니다. 본 교재에서는 일반적인 Symmetric Type을 기준으로 설명하겠습니다.

우측의 그림처럼 Type 탭에서 Symmetric을 선택하여 적용합니다. Type을 적용시켜주게 되면 [Scan ▶] 버튼이 활성화됩니다. [Scan ▶] 버튼을 클릭하게 되면 다음 단계인 "Landmarks"로 넘어가게 됩니다.

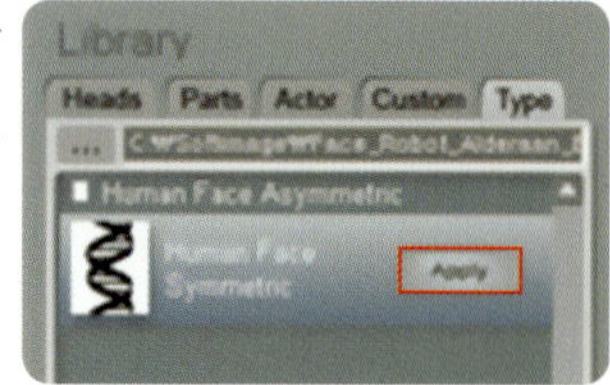

 ## Asymmetric과 symmetric의 차이점

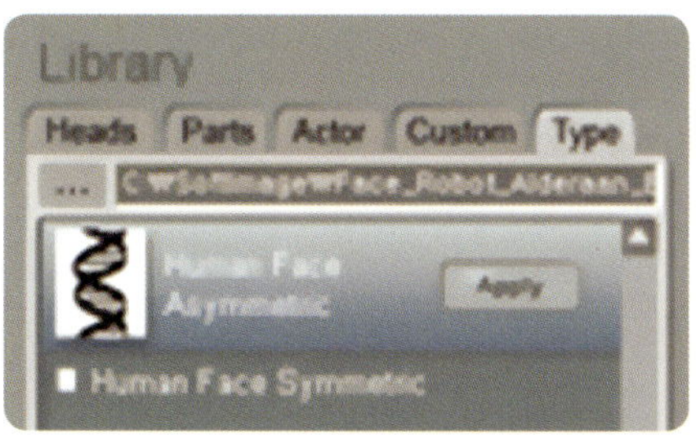 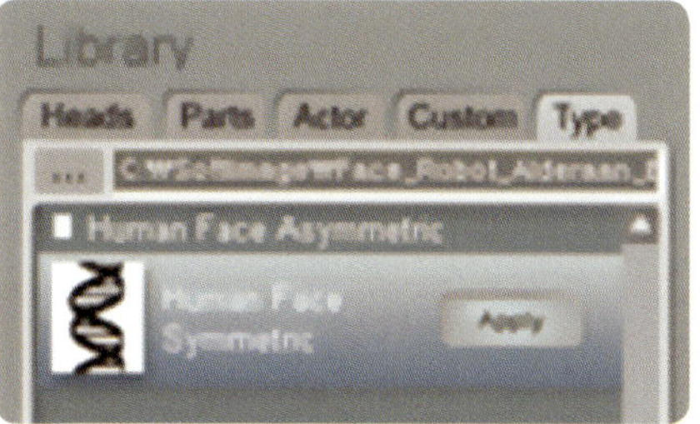

Asymmetric은 얼굴을 좌우로 이등분 했을 때 양쪽이 같지 않을 경우에 적용시켜주고, Symmetric은 좌우가 대칭일 때 사용합니다.

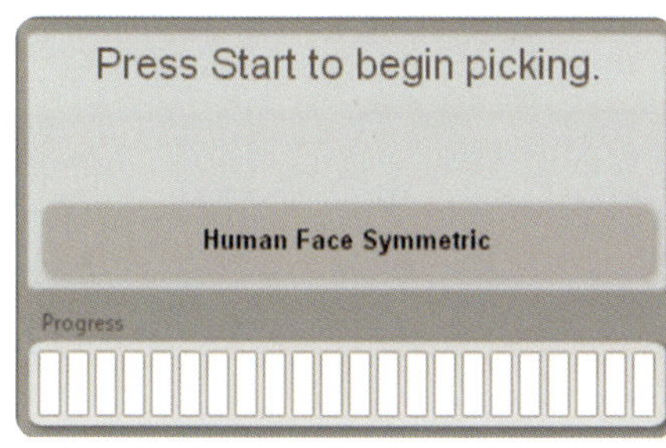 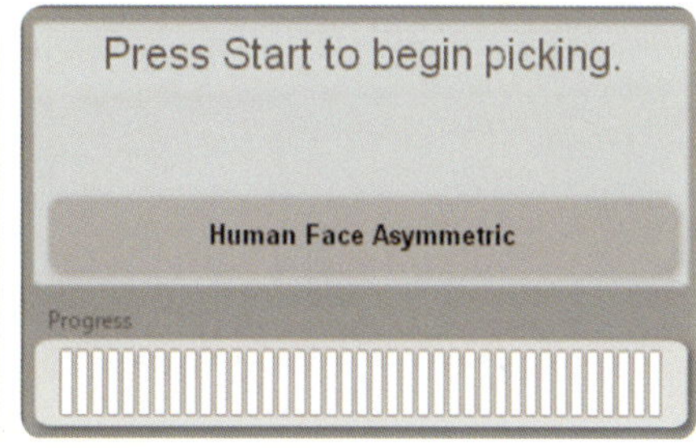

그림과 같이 Asymmetric은 좌우의 마커의 위치가 일치하지 않기 때문에 좌우를 따로 찍어야 합니다.

Symmetric의 마커의 설정 수에 비하여 2배정도 더 많이 설정해야 한다는 불편함이 있지만 비대칭 모델에 있어 보다 세밀한 설정이 가능하다는 장점이 있습니다. 그림과 같이 마커의 수가 틀려지게 되고 Symmetric의 경우 한쪽의 포인트를 움직이게 되면 반대쪽의 포인트에도 그대로 적용됩니다.

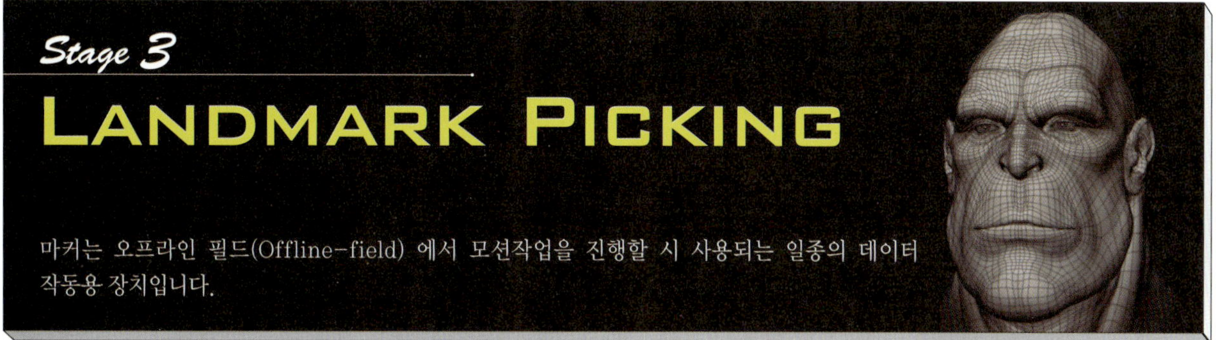

이번 장에서는 랜드마커(Landmarks) 설정에 대해 살펴보겠습니다.
페이스로봇은 하드웨어 마커를 소프트웨어로 설정한다는 것이 가장 큰 특징이며 마커 기술을 이용하여 페이스로봇에서는 머리 비율과 사람의 페이셜에 대해 쉽고 빠르게 변환시킬 수 있습니다.

페이스로봇은 페이셜의 정확한 기하학적 데이터 분석을 하기 위해 이러한 마커 설정 기능을 소프트웨어에서 지원하고 있습니다. 하드웨어적 데이터를 받지 않는 상황이더라도 소프트웨어 자체에서 페이셜작업이 쉽고 빠르게 구현되는 점이 매우 중요한 내용으로써 페이스로봇의 가장 강력한 장점이라고 볼 수 있습니다.

01 페이스로봇에서 [Start] 버튼을 눌러 아래의 그림과 같이 순차적으로 Landmark Point를 선택합니다.

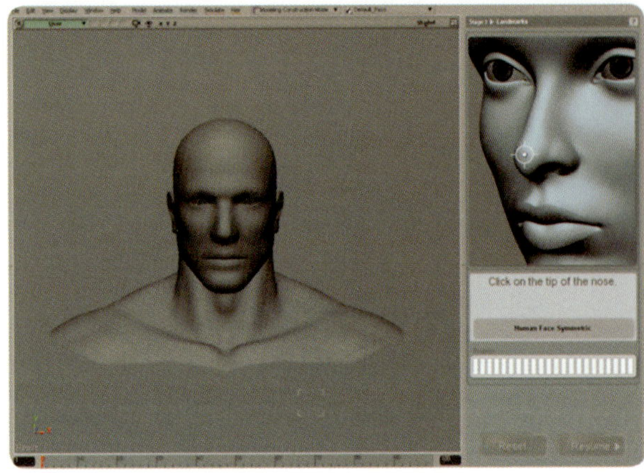

02 과정 진행 중에 다시 이전 순서로 가기 위해서는 마우스 미들(휠 버튼) 클릭(Middle-click)하게 되면 바로 전의 마커를 다시 찍을 수 있습니다.

03 [Reset] 버튼을 클릭하게 되면 찍었던 모든 마커가 지워지고 처음부터 마커를 다시 찍을 수 있습니다.

> **참고** | 본 마커설정 과정 중에 약간의 실수가 있더라도 차후 전과정 완료 후에도 "Stage 6"에서 다뤄지는 수정 기능을 활용하여 좀 더 세밀한 조절이 가능합니다.

04 그림과 같이 오른쪽의 안내 패널을 보면서 마커를 찍어주세요. 마커를 찍으실 때는 정확하게 찍으실 필요 없이 위치만 잡아주어도 됩니다.
[S] 키를 이용하여 시점을 자유롭게 바꿔가며 마커를 찍으면 편합니다. 이때 화면을 변환하시고 [Resume ▶] 버튼을 클릭하면 다시 마커를 찍을 수 있는 상태가 됩니다.

Tip 단축키 S 의 기능

1. 마우스 왼쪽버튼 클릭 + 드래그(Drag) : 시점을 이동시켜 줍니다.
2. 마우스 미들버튼 클릭 + 드래그(Drag) : 시점을 줌 인/아웃시켜 줍니다.
3. 마우스 오른쪽버튼 클릭 + 드래그(Drag) : 시점을 회전시켜 줍니다.

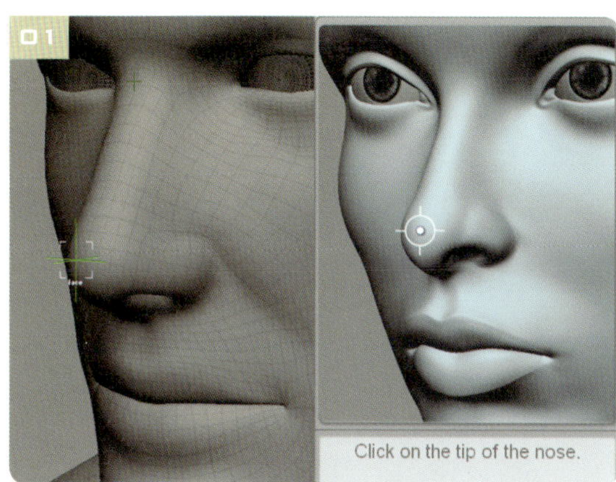

Click on the tip of the nose.

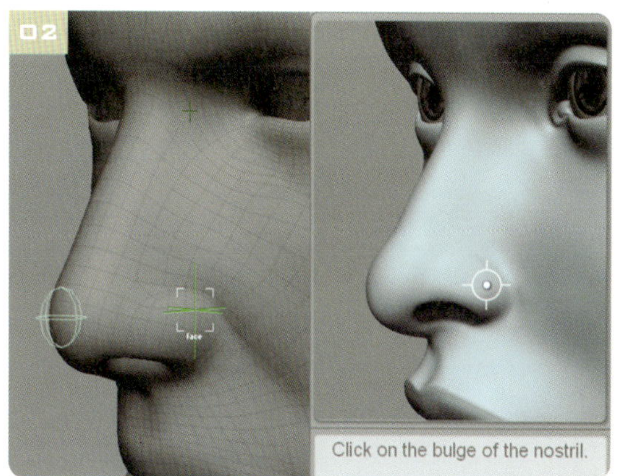

Click on the bulge of the nostril.

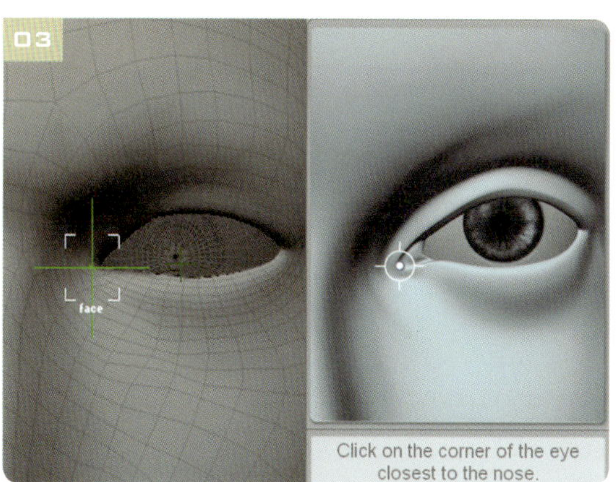

Click on the corner of the eye closest to the nose.

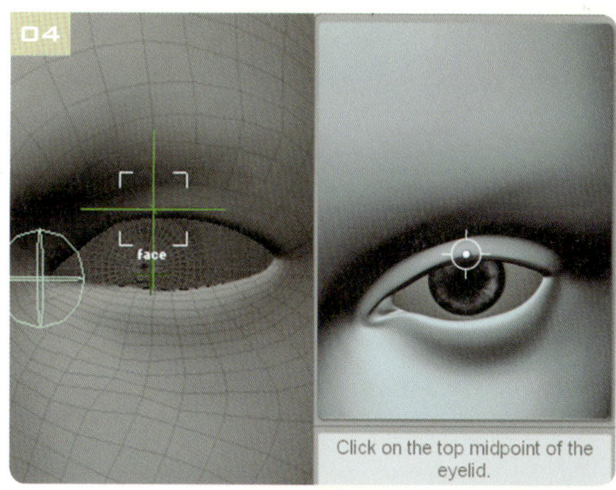

Click on the top midpoint of the eyelid.

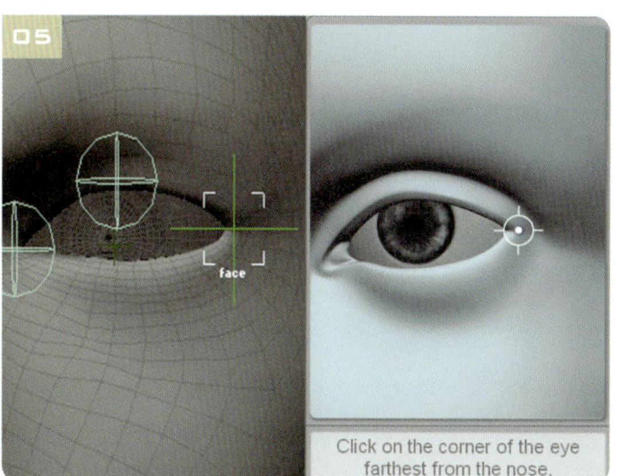

Click on the corner of the eye farthest from the nose.

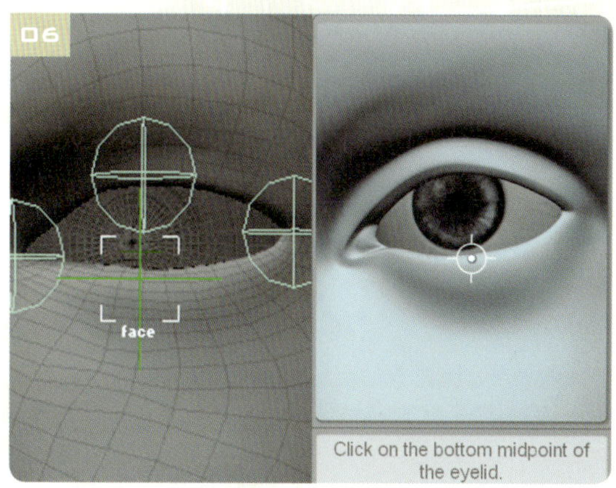

Click on the bottom midpoint of the eyelid.

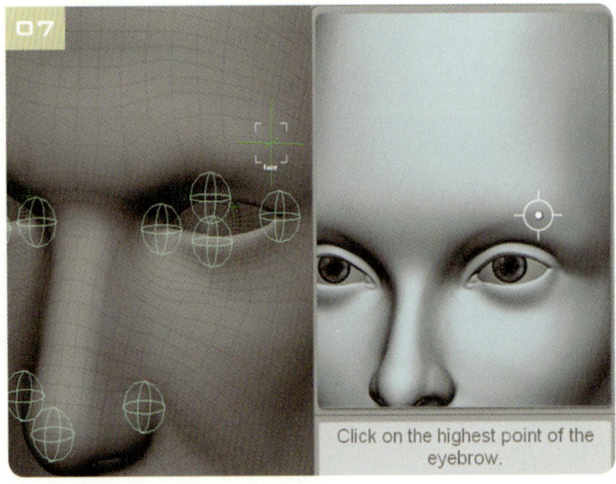

Click on the highest point of the eyebrow.

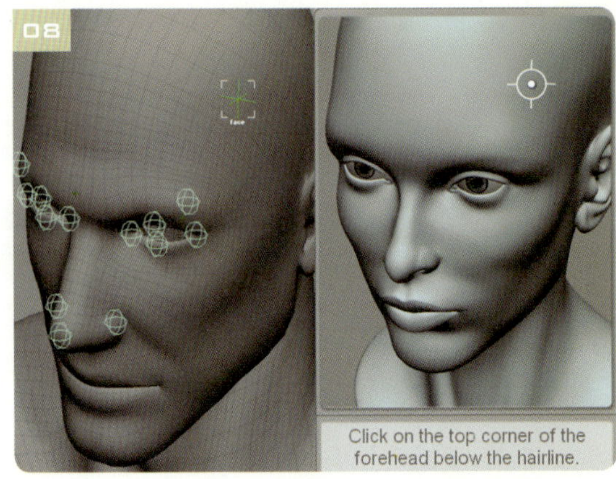

Click on the top corner of the forehead below the hairline.

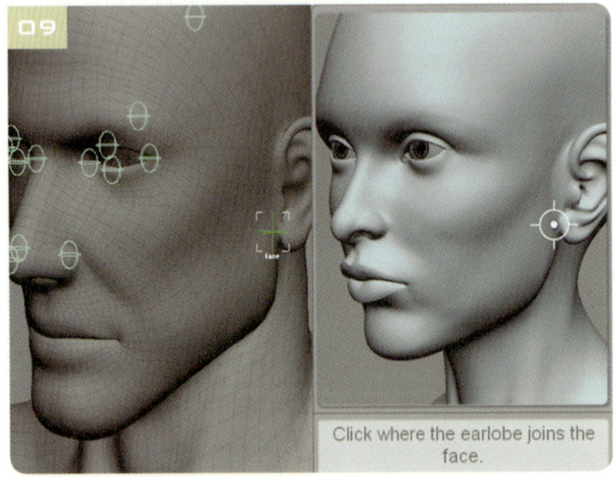

Click where the earlobe joins the face.

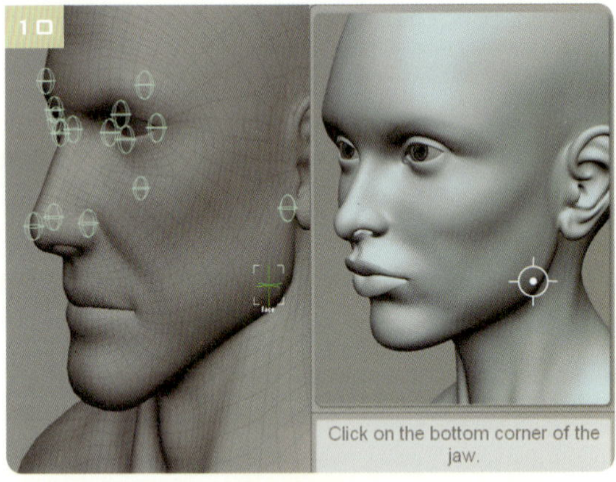

Click on the bottom corner of the jaw.

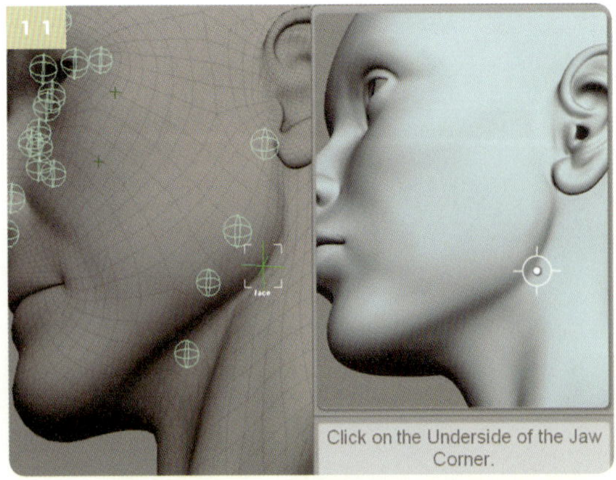

Click on the Underside of the Jaw Corner.

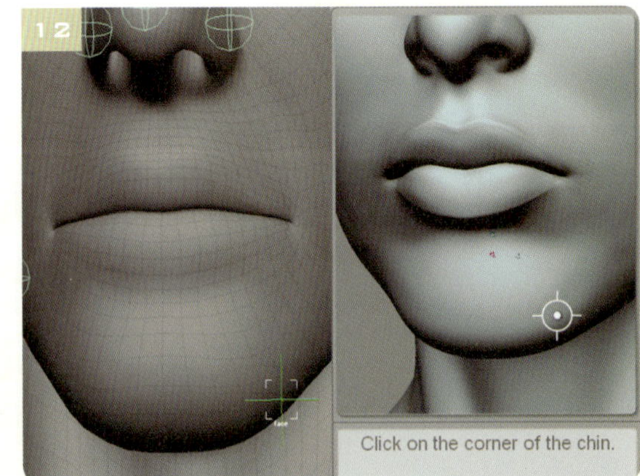

Click on the corner of the chin.

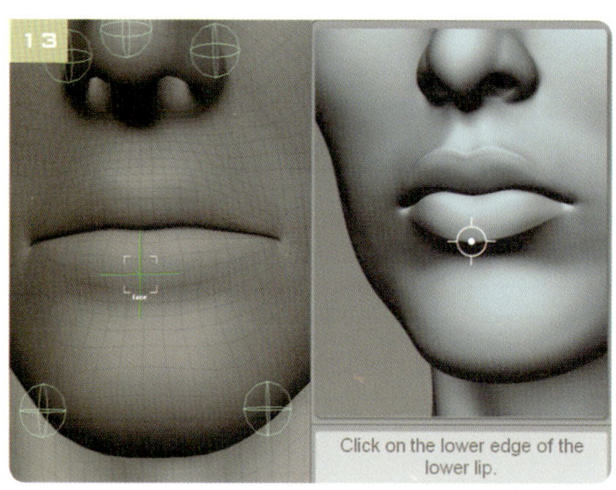
Click on the lower edge of the lower lip.

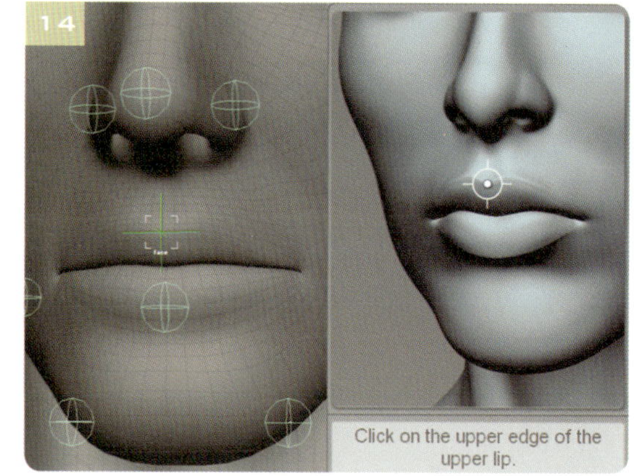
Click on the upper edge of the upper lip.

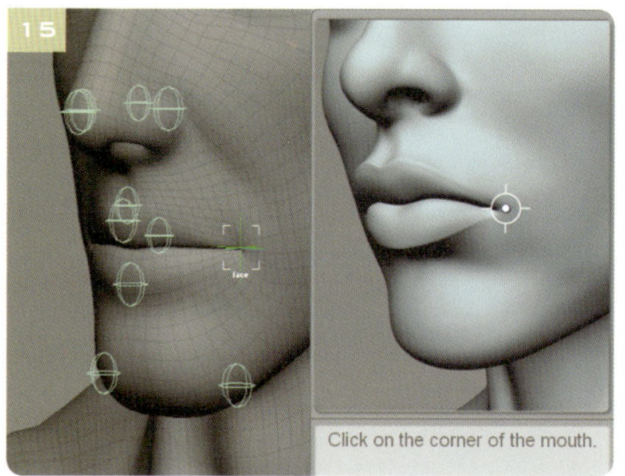
Click on the corner of the mouth.

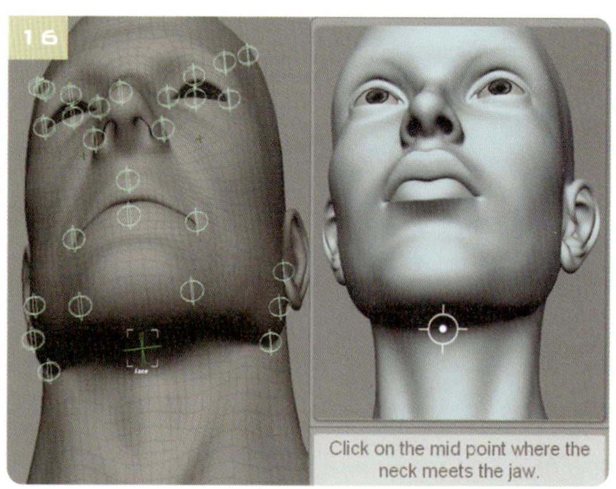
Click on the mid point where the neck meets the jaw.

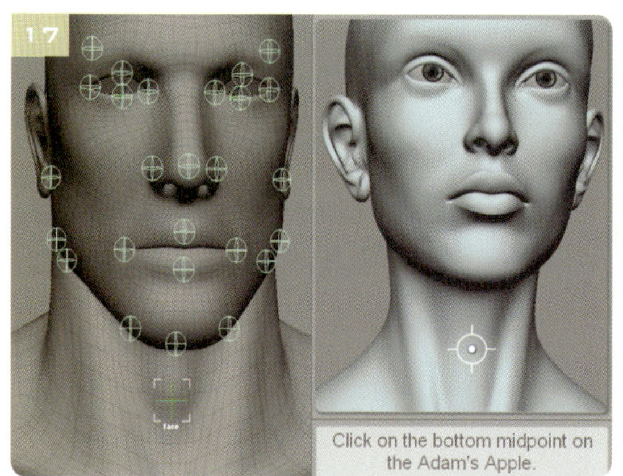
Click on the bottom midpoint on the Adam's Apple.

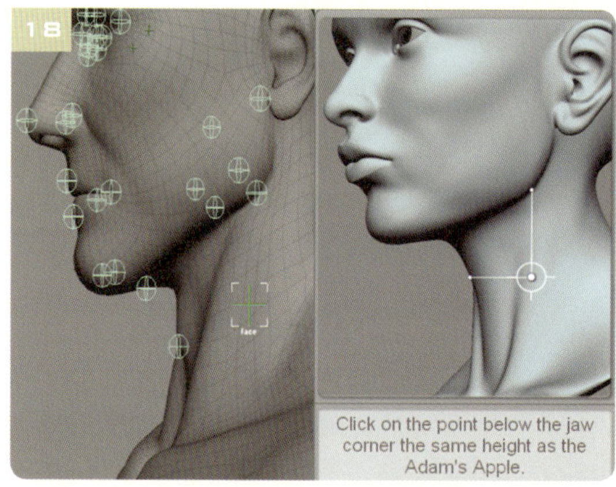
Click on the point below the jaw corner the same height as the Adam's Apple.

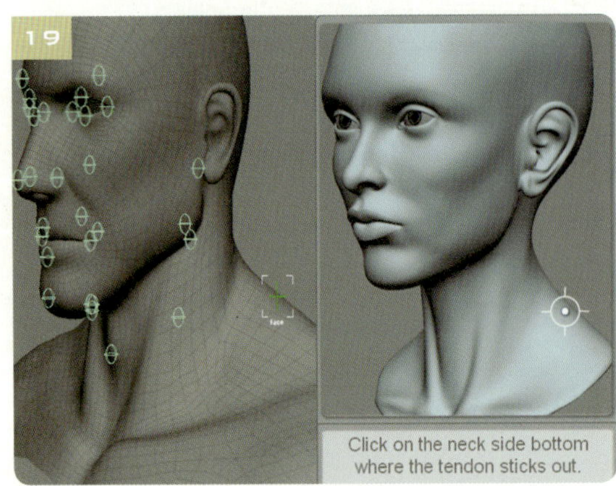

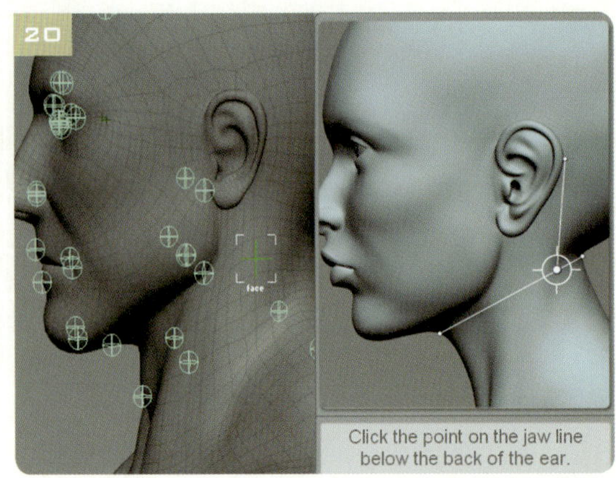

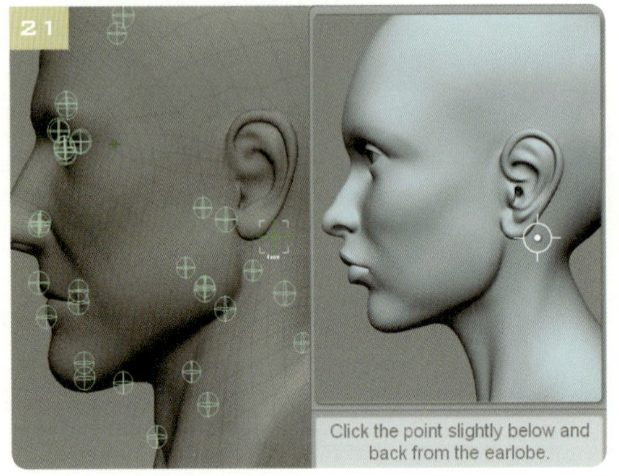

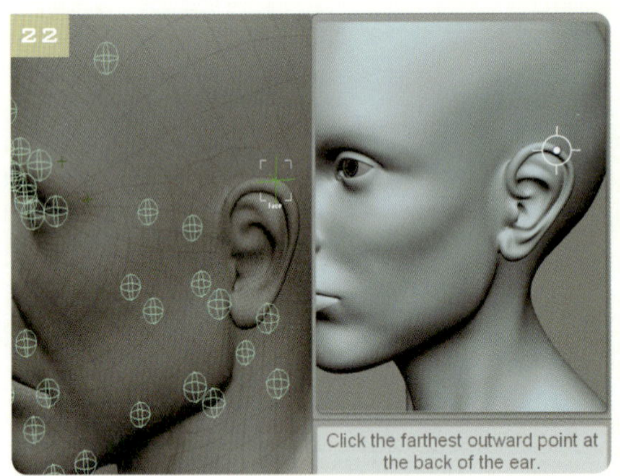

사진과 같이 마커를 다 찍고 마우스 오른쪽 클릭이나 Enter 키를 눌러 주면 마커 설정이 끝납니다.

마커 설정이 완료되면 Fit 버튼을 눌러 다음과정으로 진행합니다. 데이터 연산 진행 과정이 보인 후 다음과정으로 진행됩니다(약간의 시간이 소요됩니다).

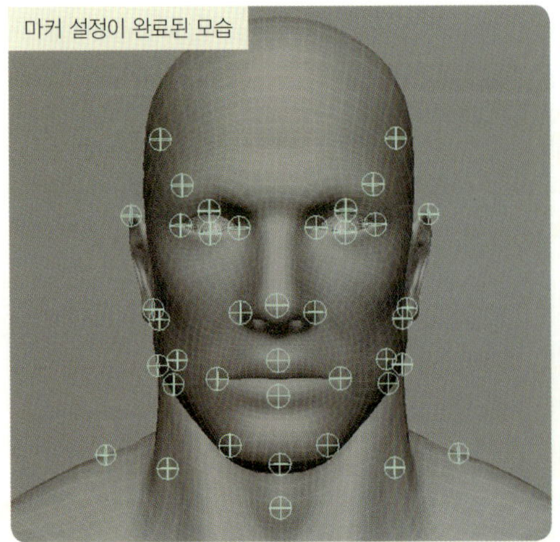

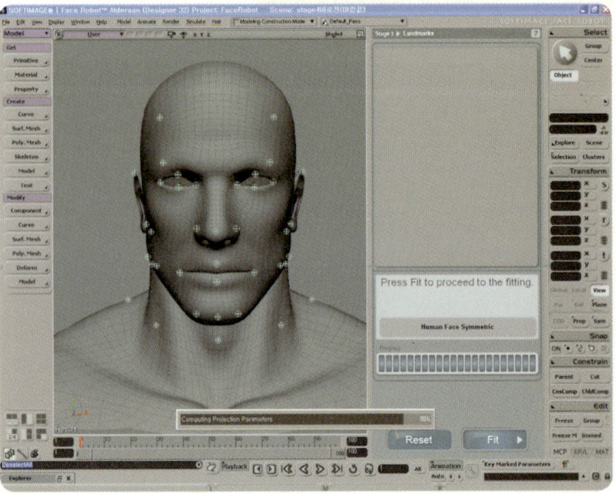

Stage 4
FIT

기본적인 마커 설정이 이루어진 후에는 얼굴 근육 설정 및 교정 작업으로 보다 정교하고 섬세한
작업을 진행 할 수 있습니다.

본 작업이 완료되면 모델링의 눈, 턱, 곡선, 턱 뼈와 그 목 척추를 포함하는 얼굴의 특수화된 부분을 위한 제어를
조절할 수 있습니다. Stage3에서 마커 설정이 기본적인 데이터 작업을 위한 공정이라면 본 Stage4 Fit 부분에서
는 얼굴 근육을 섬세하게 조절하는 것입니다.

STEP 01 Fitting 하기

이 장에서 진행되는 작업을 완료한 후에는 눈, 턱 곡선, 턱 뼈와 목 등의 데이터를 조절하기 위해 얼굴 모
델링에서 섬세한 설정을 진행 할 수 있습니다. 마커 설정이 정확하게 이루어졌다면 아래 그림과 같이 빨간
색 레드 라인이 형성되는 것을 확인할 수 있습니다.

이 라인은 기본적으로 모델링의 근육라인을 생성
하는 것입니다. 이 라인은 실제 사람근육의 기본적
인 방향과도 일치하는데 사람마다 근육이 약간씩
다르듯이 모델링 데이터에 따라 세밀한 설정이 필
요합니다.

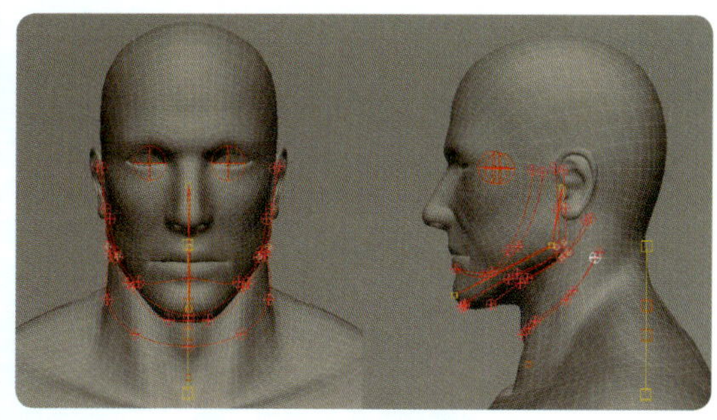

그러나 이전 작업은 마커 설정이 정확하게 이루어졌
다면 본 작업을 진행하실 필요는 없습니다.
본 과정은 설정 과정이라기 보다는 교정하는 작업입니다.

STEP 02 Face에 Fitting하기

 위의 그림을 참조하며 정확한 마커의 위치를 교정하는 작업을 진행합니다.

참고 | 마커를 선택한 후 이동 툴을 이용하여 교정작업을 진행하면 됩니다.

02 작업진행도중 Display 리스트에서 나온 더 많은 옵션을 선택할 수 있습니다.

그림처럼 Adjust 메뉴에서 원하는 것을 클릭하게 되면 조절하기 편하게 Display 리스트가 자동으로 선택됩니다.

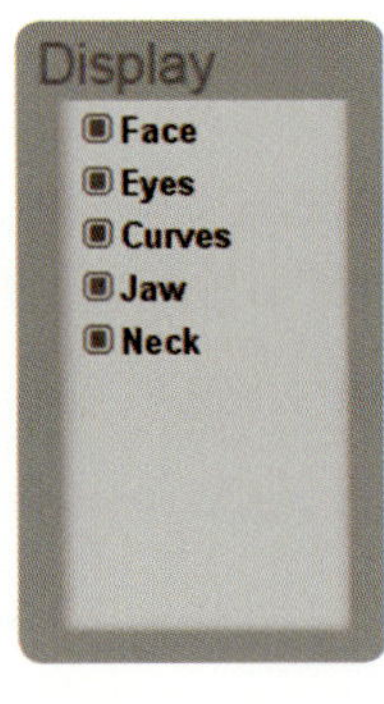

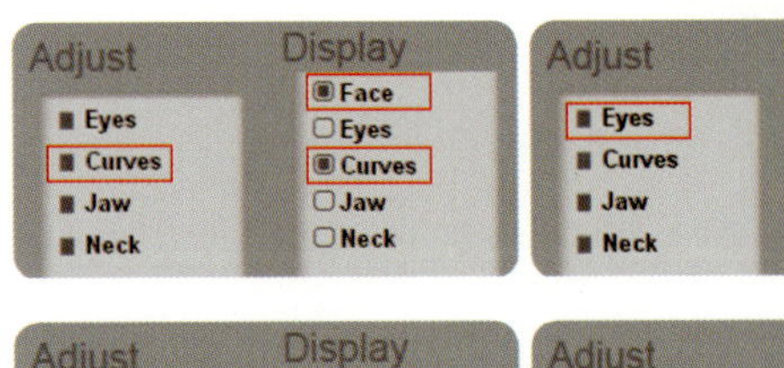

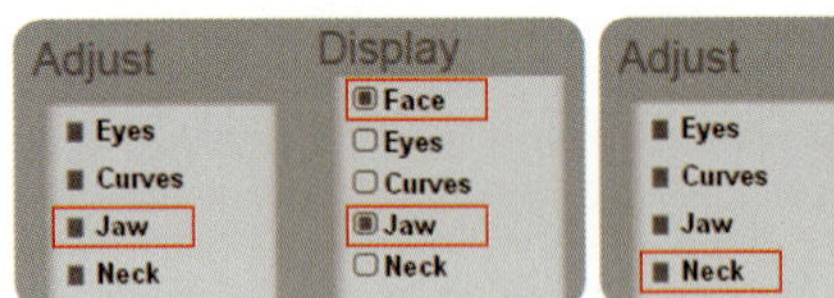

03 설정이 완료 되었으면 정확하게 설정되었는지 확인해야 합니다.

페이스로봇에서는 두 가지 방법을 제시하고 있는데 그 중 하나는 일반적인 애니메이션 설정방법인 Keyframe 애니메이션 제작방법이며 다른 하나는 모션캡처데이터를 이용하여 적용하는 방법입니다.

Keyframe 애니메이션 제작방법은 XSI에서 사용하는 Keyframe 애니메이션 제작기술과 동일합니다.

04 얼굴 애니메이션을 제작하고 싶은 애니메이션의 Type(Keyframe 또는 Motion Capture)를 선택합니다. 모션캡처 데이터를 이용하여 테스트를 실시합니다.

KeyFrame을 선택하게 되면 애니메이터가 일일이 모션과 키(Key)를 조절하여 애니메이션 작업해야 하고, Motion Capture를 선택하게 되면 모션캡처 받은 데이터를 불러와 적용시켜서 애니메이션 작업을 하는 것입니다.

이 옵션은 각각의 키프레임 애니메이션 혹은 모션캡처작업시에서 오는 애니메이션의 특별한 형태를 위해 Solver를 최적화하는 것입니다.

05 설정 데이터 값이 이상 없을시 Solve▶ 버튼을 클릭하면 Fitting 작업이 마무리됩니다.

STEP 03 교정 작업

페이스로봇은 제어의 위치와 매개변수의 집합에 대해 오브젝트 모델의 모양을 자동으로 계산합니다.
교정 작업에 대해 더 자세히 알아보겠습니다.

01 기본 마커를 조절해 보겠습니다. 교정작업 진행을 위해 Adjust 리스트에서 Curves를 클릭하면 아래와 같이 빨간색의 곡선이 디스플레이 됩니다.

마커를 이용하여 정확하게 윤곽을 맞출 때까지 그 곡선에 있는 마커를 Translate Tool(단축키 V)을 사용하여 교정 작업을 진행합니다.

마커 선택 시 Select는 Object 상태로 선택합니다.

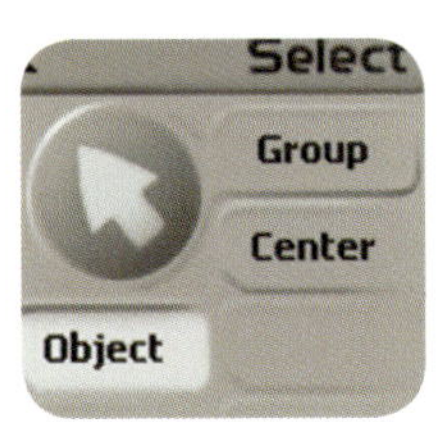

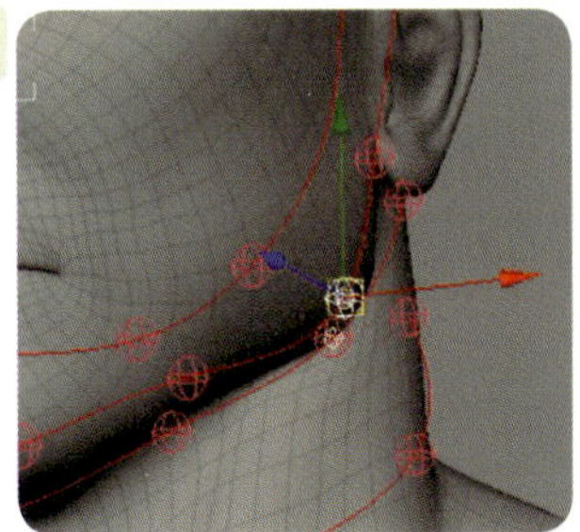

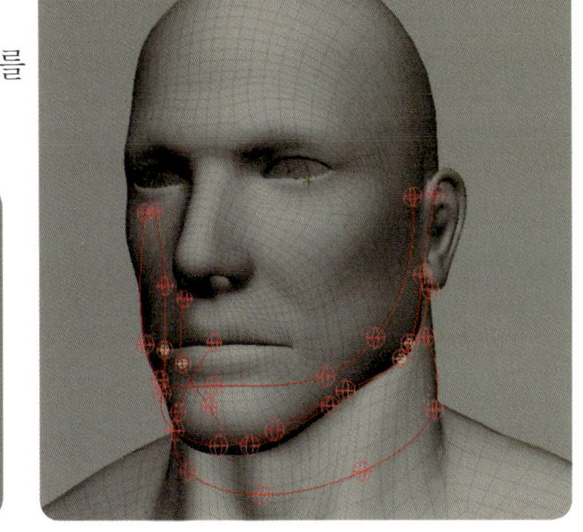

02 Eyes 부위를 조절하려면 원모양의 마커를 Rotate 툴(단축키 C) Translate 툴(단축키 V)을 사용하여 동공과 눈의 중심에 맞춥니다.

03 Jaw Bone 조절하려면 노란색 상자모양의 마커를 움직여 아래턱의 끝자락과 광대뼈의 끝을 맞추는 것이 좋습니다.

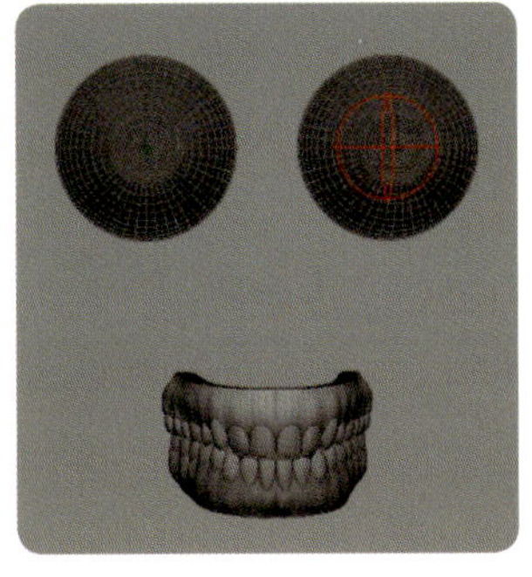

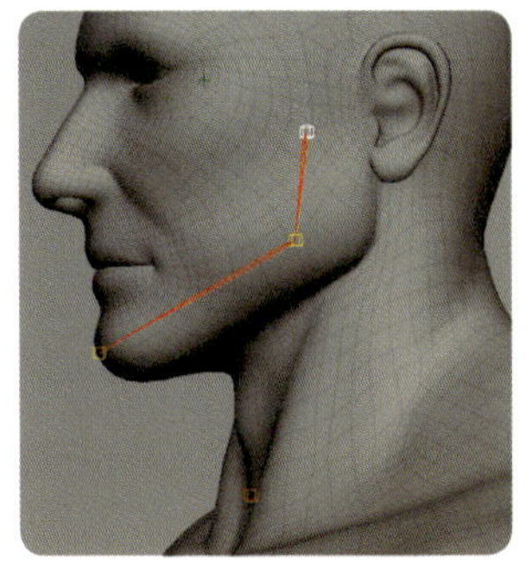

04 Neck을 조절해 보겠습니다. 노란색 상자모양의 마커를 조절하여 목의 꼭대기(두개골과 추골이 만나는 부위)와 그 목의 밑바닥(목과 몸이 만나는 부분)을 맞추는 것이 좋습니다.

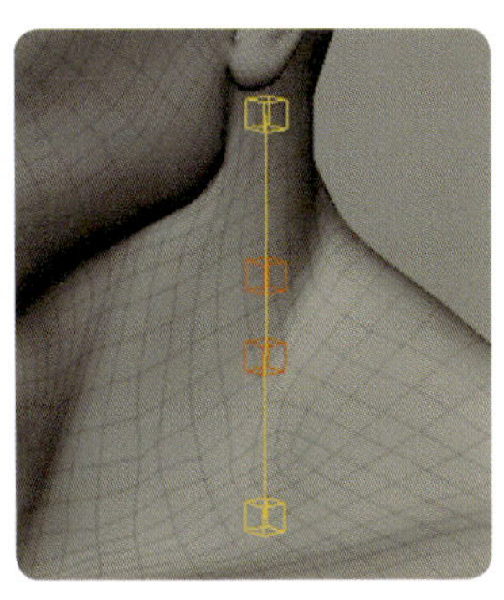

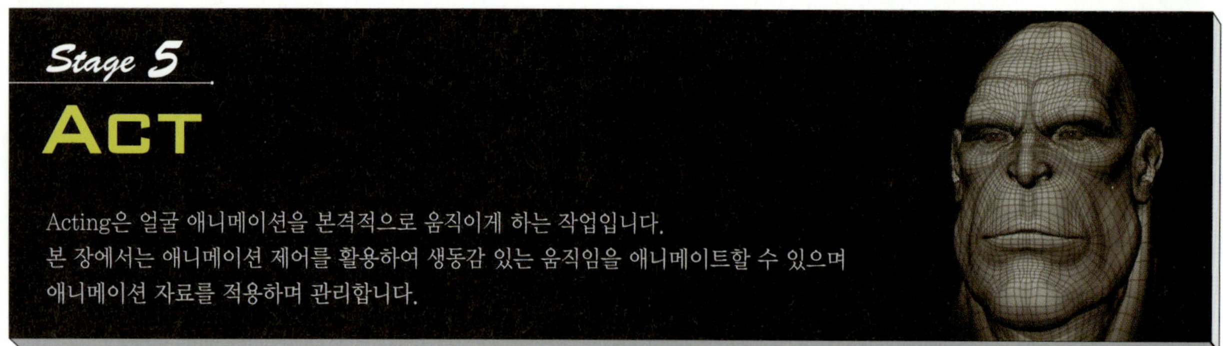

Acting은 얼굴 애니메이션을 본격적으로 움직이게 하는 작업입니다.
본 장에서는 애니메이션 제어를 활용하여 생동감 있는 움직임을 애니메이트할 수 있으며
애니메이션 자료를 적용하며 관리합니다.

STEP 01 Act 패널 작업하기

Act 패널에서는 여러 가지의 툴을 포함하고 있으며
애니메이트시 필요한 작업을 도와주는 기능입니다.
이번 장에서는 다양한 얼굴의 모습을 취하게 하는데
이용될 수 있는 애니메이션에 대해 학습할 수 있습
니다.

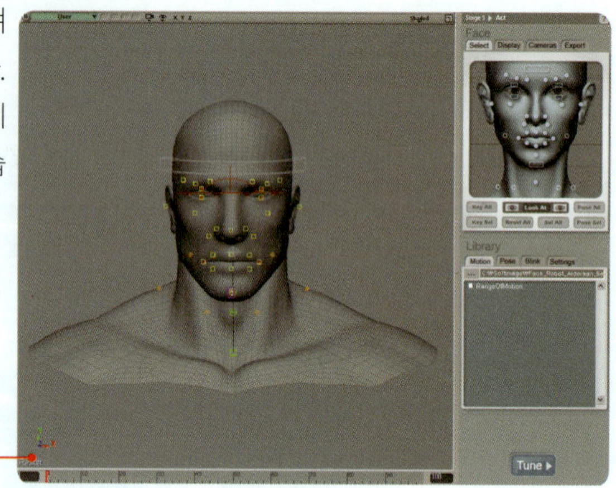

Stage 5 시작 화면

Elements를 Displaying 또는 Hiding해 보겠습니다. Act 패널에서는
Viewport에서 보거나 숨기는 등의 환경 설정 부분입니다. Face 〉 Display
탭을 클릭 한 후 Display Toggles Option을 살펴보겠습니다.

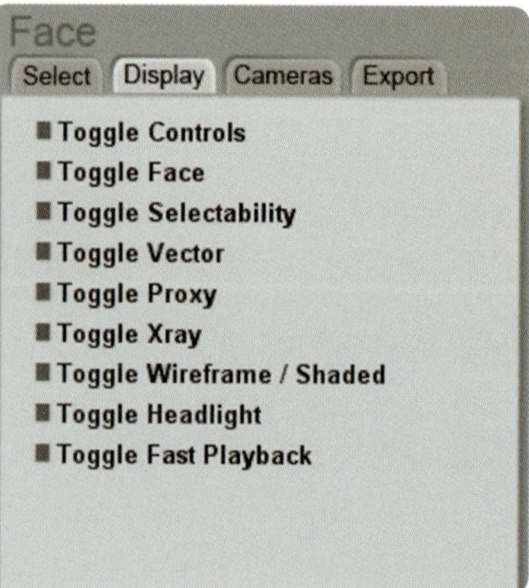

01  Controls : 애니메이션 제어를 돕는 컨트롤러를 보여줍니다.

02  Face : 얼굴 메시를 숨기거나 볼 수 있도록 합니다.

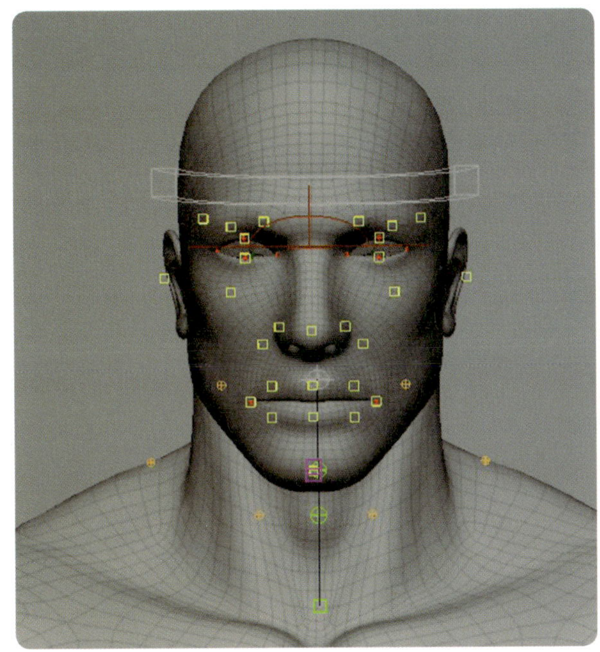

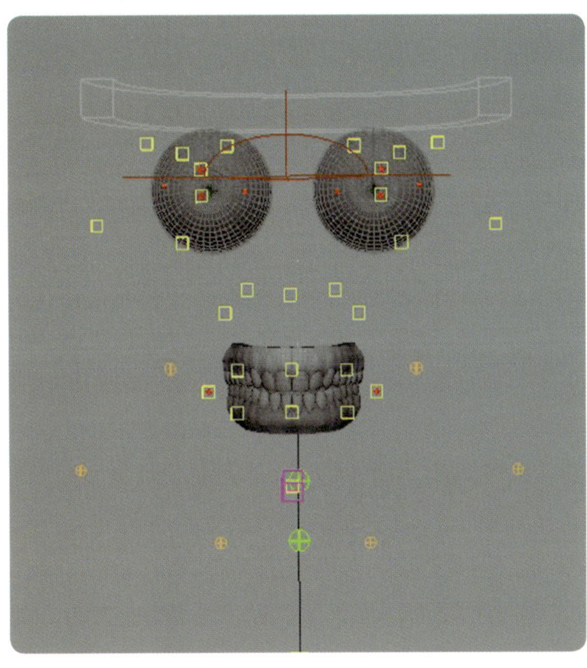

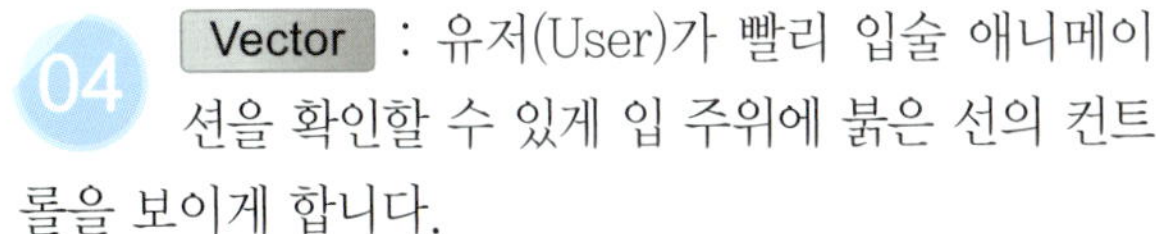

03 Selectability : 화면상의 선택 가능한 원소를 표시합니다.

04 Vector : 유저(User)가 빨리 입술 애니메이션을 확인할 수 있게 입 주위에 붉은 선의 컨트롤을 보이게 합니다.

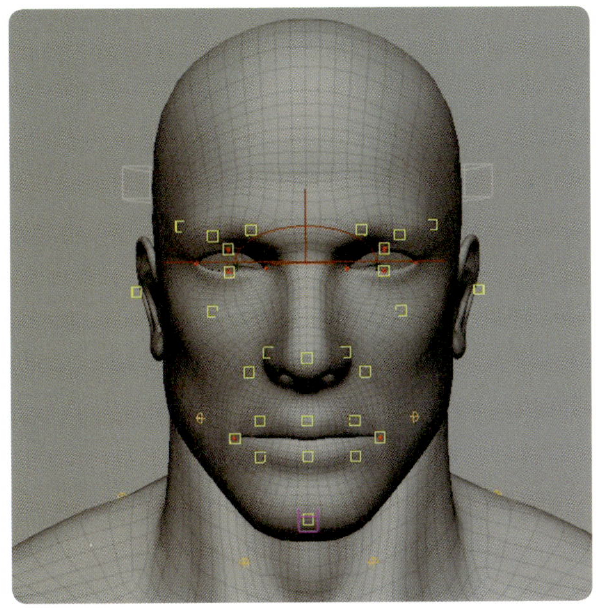

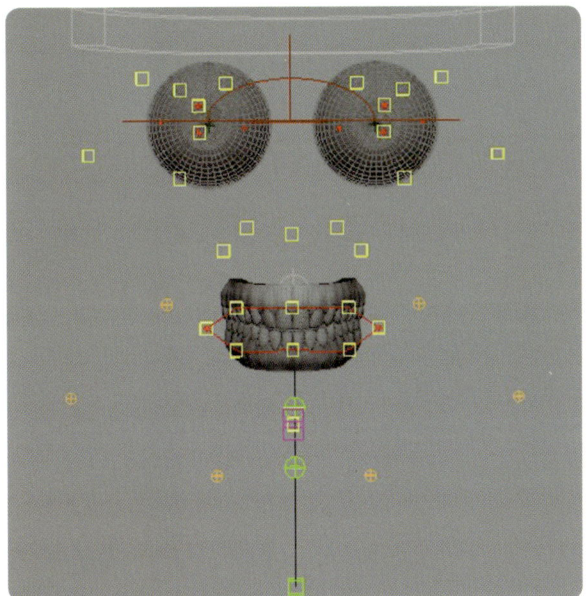

05 **Proxy** : 유저(User)가 입술 애니메이션을 빨리 확인할 수 있게 입 주위 메시에 컨트롤을 보이게 합니다.

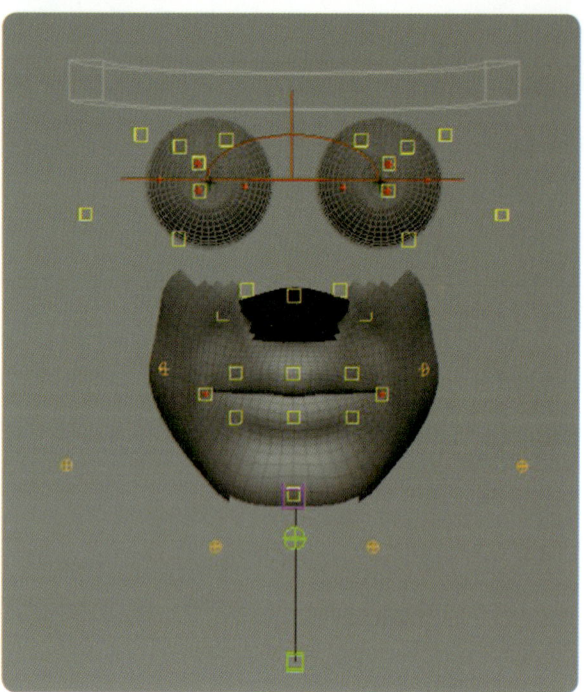

06 **Xray** : 얼굴 메쉬(Mesh)에 가려진 컨트롤러들을 보이게 합니다.

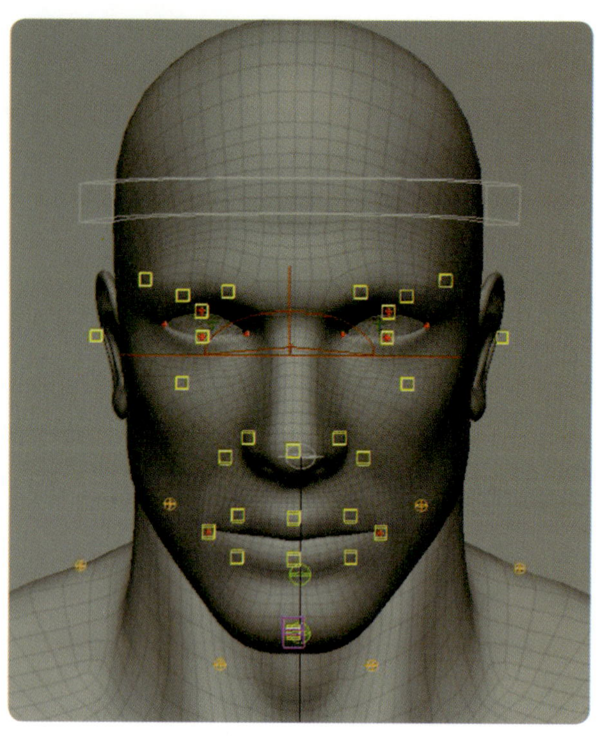

07 **Wireframe / Shaded** : wireframe과 Shaded 두 가지 모드를 선택하여 볼 수 있습니다.

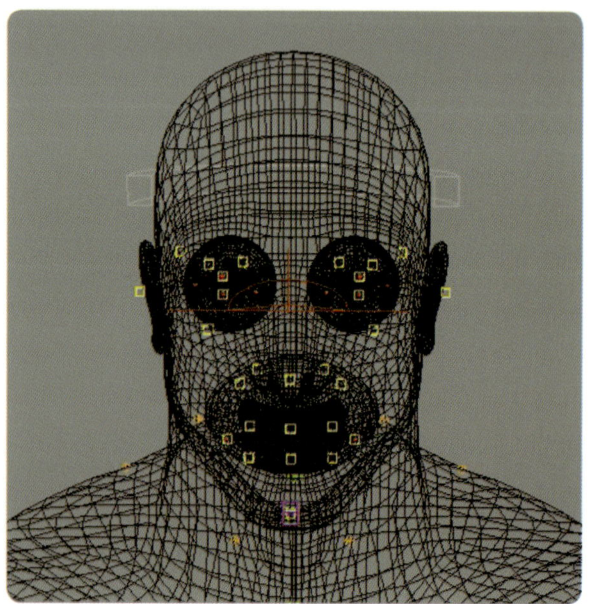

08 **Headlight** : 표면에 밝고 어두운 부분을 나타내고 컨트롤을 보이게 합니다.

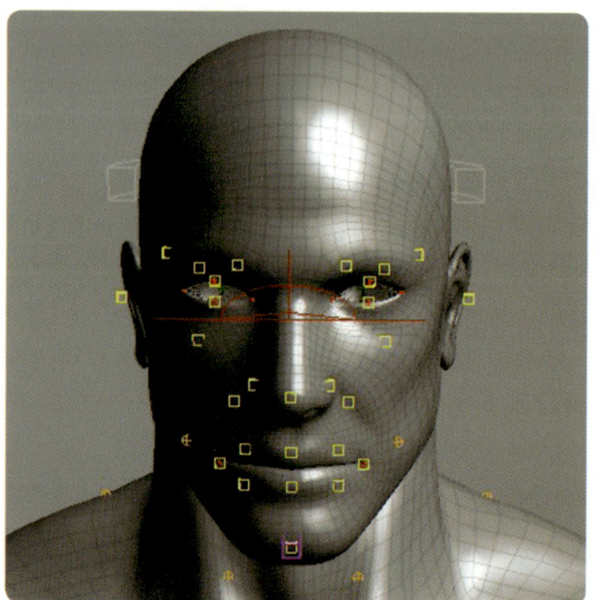

09 `Fast Playback` : Constant, Shaded, Textured, Rotoscope 형태는 일반 디스플레이 모드에 비해 다시 Redraw 하는데 많은 시간이 걸립니다. 이러한 문제 때문에 3D 작업시 일반적으로 Wireframe 같은 디스플레이 모드에서 작업을 진행하나 때때로 Textured, Rotoscope 형태 혹은 그 이상의 모드로 디스플레이 할 경우가 생깁니다.

이러한 경우를 위해 디스플레이 재생을 좀 더 빠르게 Redrawing 하기 위해서 Fast Fast Playback 기능을 제공합니다.

2. Floating Act 패널을 디스플레이하기

디스플레이 액트 패널에서는 Act와 각각의 패널 아래에 원하는 버튼을 클릭함으로써 Tune 패널사이에서 쉽게 앞이나 뒤로 갈 수 있습니다.

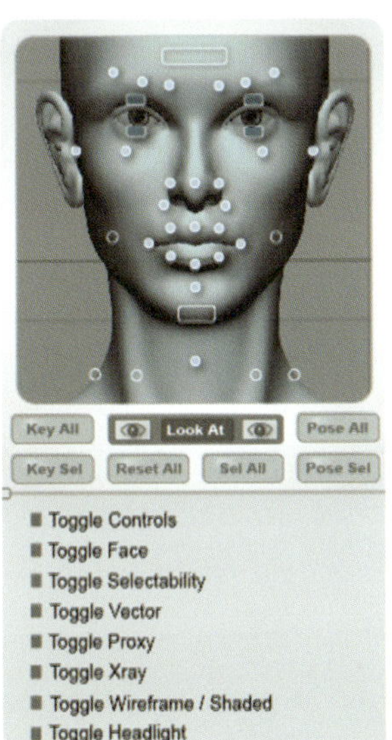

> **TiP**
> 단축키 `F2` 키를 이용하면 Act 패널을 디스플레이 할 수 있습니다.

3. Switching Cameras

여러 가지 다양한 카메라 View로 손쉽게 얼굴 모양의 부분을 볼 수 있습니다. On the Face 〉 Cameras 탭을 클릭합니다.

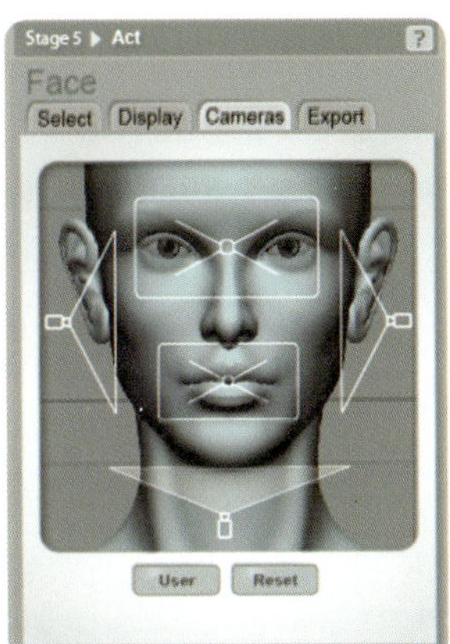

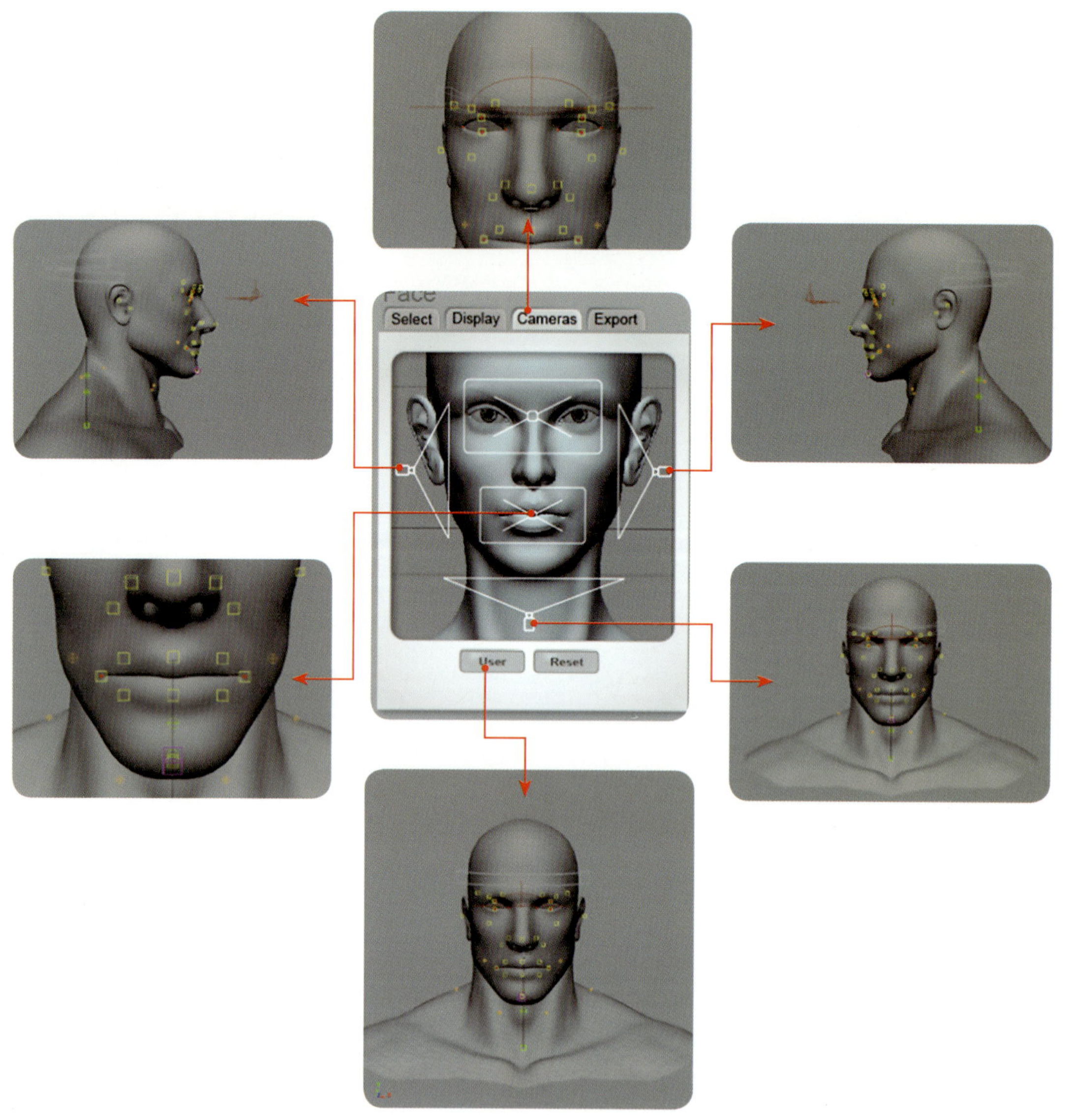

STEP 02 | Animation Controls 키(Key) 작업하기

Keyframing 또는 Keying 작업은 실제 애니메이션을 제작하는 과정입니다.

Keyframes는 적절한 프레임 즉, 특정한 순간에 운동이 새로 만드는 'Snapshots'이나 페이스로봇의
Keyframes 사이에서 매개변수를 계산하여 유저(User)가 원하는 애니메이션 자세를 설정하는 것입니다. 유
저는 어떤 상황에서는 연출하고자하는 애니메이션 키(Animation Key)를 설정할 수 있습니다. 애니메이트
하기 위해 Keyframes를 설정했을 때 커브 곡선은 새로 생성됩니다.

Function curve(또는 Fcurve)는 매개변수(Its values over time)의 애니메이션을 나타내는 그래프입니다.
Function curve를 편집하면서 애니메이션을 변화시킬 수 있습니다.

1. 애니메이션 Keyframes 설정하기

01 프레임 Key "1"의 값에서 시작합니다.
사용자는 위치와 Key로 원하는 Act 패널을 고르거나 더 많은 제어 포인트가 있는 Face 〉 Select 탭에 있는 컨트롤러를 선택하기 위해 Sel All 버튼을 클릭합니다.
오른쪽의 그림과 같이 이 탭에서 컨트롤러를 선택하면 Viewport 에서의 얼굴에 일치하는 컨트롤러가 선택됩니다.

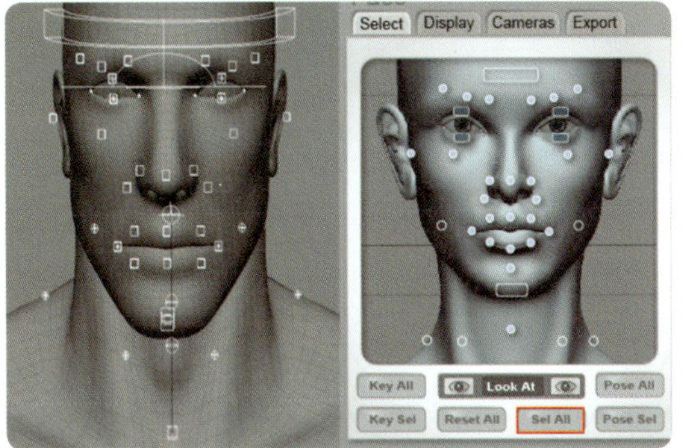

또한 직접적으로 Viewport에서 컨트롤러를 선택할 수 있습니다 (중복선택은 **Ctrl** + click하면 됩니다).

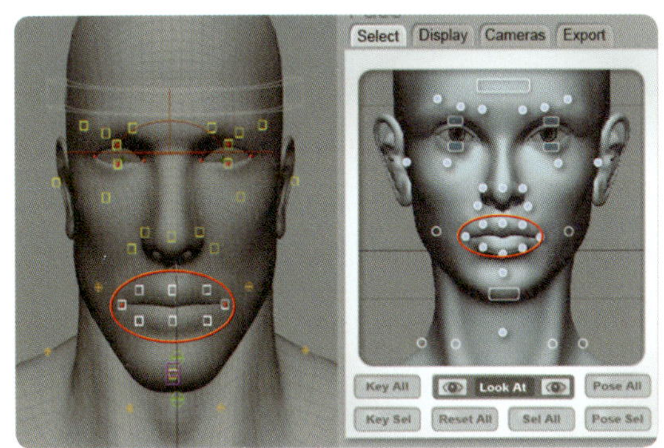

그림을 참고하여 각각의 제어의 이름에 대해서는 Animation Control Set을 참고합니다.

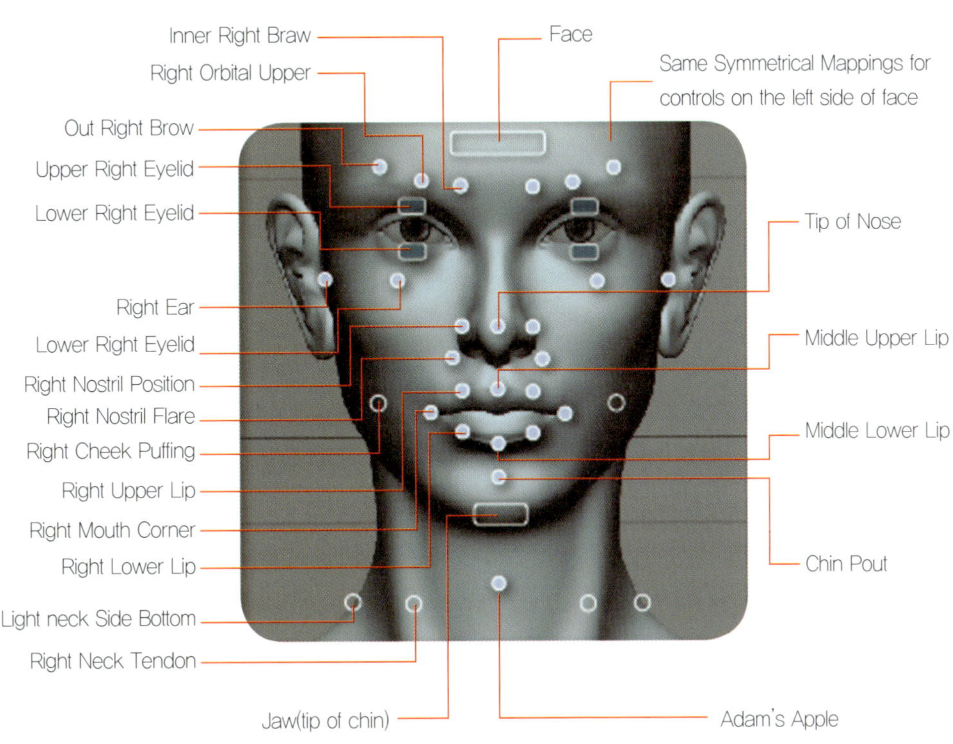

02 Timeline에서 Key 설정 작업을 하기 위해 30프레임으로 이동합니다.

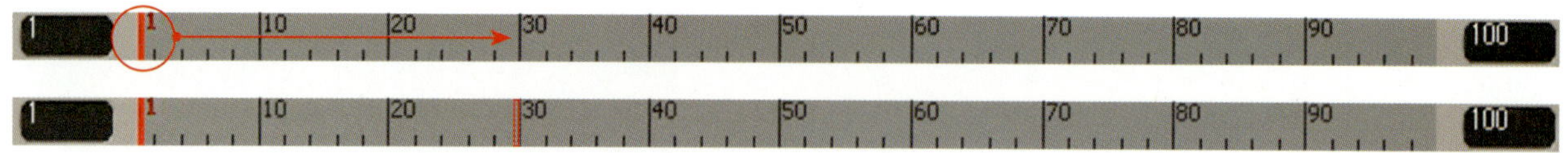

03 애니메이션 Selected controls을 하기 위해 그림과 같이 컨트롤러를 선택하고 원하는 애니메이션을 만들기 위해 회전 또는 이동합니다.

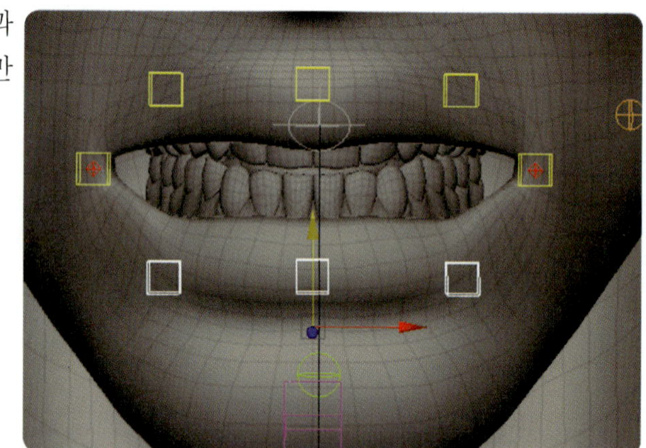

조절이 끝나면 Key Sel 버튼을 눌러주세요.
주의 할 사항은 애니메이션 키 작업을 할 때 이와 같은 방법으로 해주지 않으면 Key 초기화시 문제점이 발생합니다.

 주의사항

애니메이션 키 작업할 때 이와 같은 방법으로 해주지 않으면 Key 초기화시 문제점이 발생합니다.

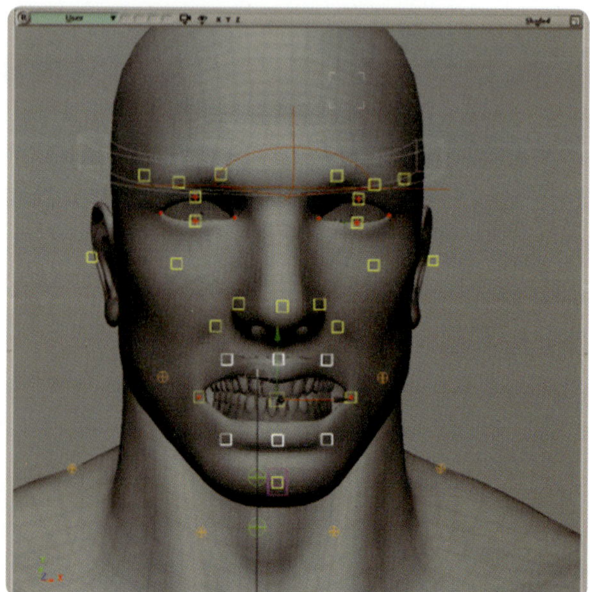

04 애니메이션을 플레이(프레임 이동) 시키면 그림처럼 입모양이 변하는 것을 볼 수 있습니다. 이때 모양이 원하는 형태로 나오지 않거나 변형되는 부분은 차후에 수정할 수 있습니다.

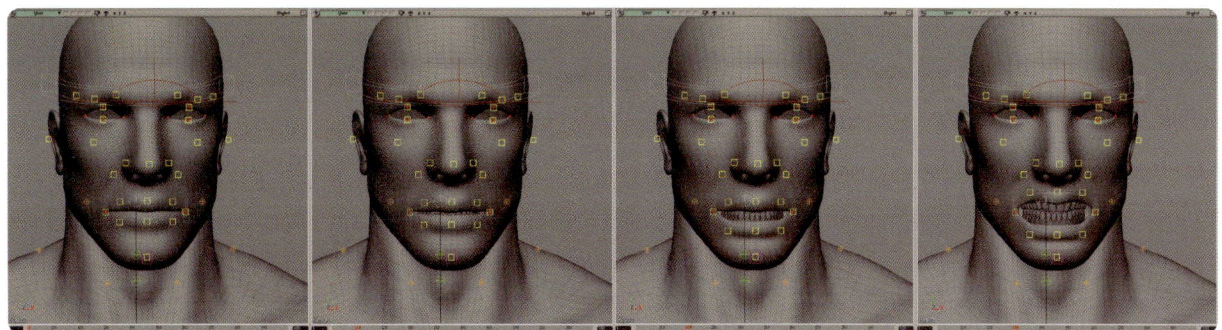

애니메이션이 설정된 동작

05 작업중인 프레임에서 선택된 컨트롤러를 위해 Key Sel 버튼을 클릭하거나, 모든 컨트롤러를 위해 프레임에 Key All 버튼을 클릭합니다.

또한 모든 컨트롤러들의 초기 위치로 돌아가게 하기 위하여 Reset All 버튼을 클릭합니다.

06 같은 방법으로 Timeline에 있는 다른 프레임에서 Key 작업을 원하는 애니메이션으로 계속해서 진행합니다.

07 Fcurves를 편집하기 위해, 애니메이트한 데이터를 편집하기 위해 단축키 숫자 0 을 눌러 제어창을 활성화합니다.

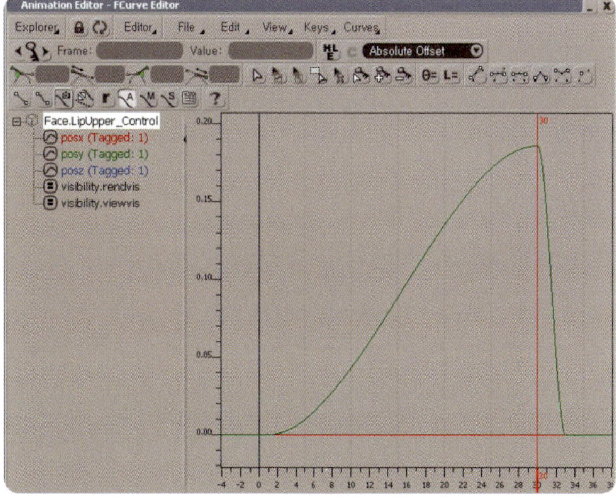

08 다음 장으로 넘어가기 위해 Tune 버튼을 클릭합니다.

STEP 03 | Eye Blinking 애니메이션하기

인간은 눈에 움직임에 있어서 매우 다양한 움직임을 나타냅니다. 이에 페이스로봇은 넓은 범위의 매개변수로 현실적인 눈의 깜빡거리는(Fast, Slow, Tired, Nervous 등) 여러 가지 종류의 움직임을 적용시킬 수 있습니다. Blink Properties 페이지에 있는 기능들을 사용하면 깜짝거리는 눈을 애니메이트할 수 있습니다. 또한 그 타이밍을 설정할 수 있으며 Fcurves를 편집할 수 있으며 좀 더 좋은 데이터를 얻기 위해 Eye blinks 기능을 사용할 수 있습니다.

1. Blinking 애니메이션 작업하기

01 Library 〉 Blink 탭, Animate Eyes를 선택합니다.

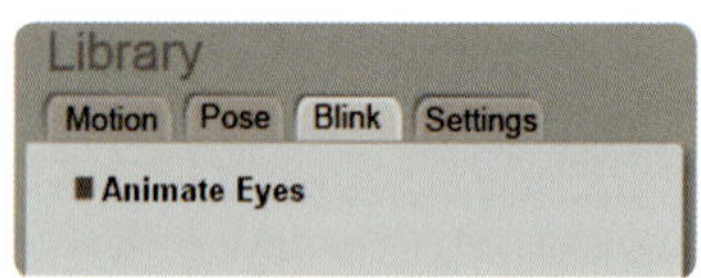

02 BlinkProperties 창이 뜨게 됩니다.
여기서는 유형이나 타이밍, 애니메이트하는 눈과 그 순간 애니메이션을 편집하는데 대해 Fcurves를 접근하는 것을 포함하면서 깜빡거리는 프레임에 대한 모든 선택을 설정할 수 있습니다.

03 Property page에서, Blink Type style을 선택합니다. Blink Type style에는 Standard, Slow, Nervous, Custom이 있습니다.

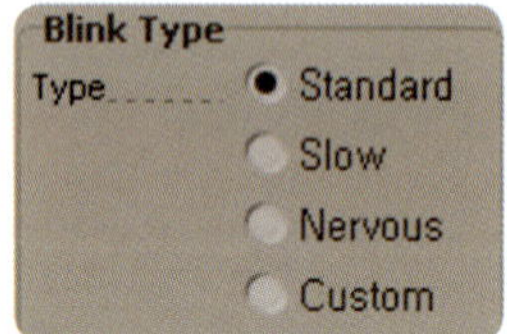

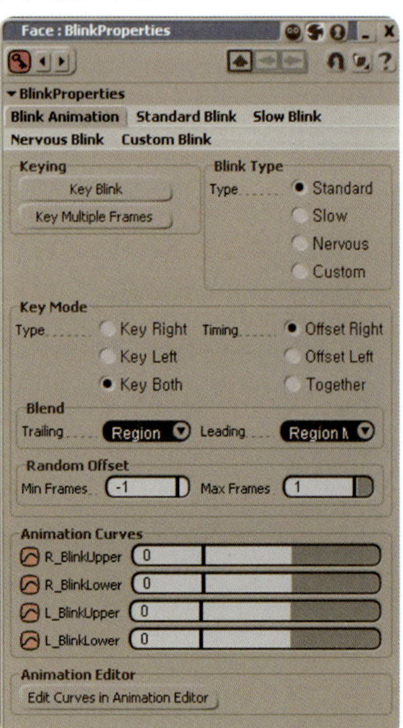

04 Fcurve를 사용하여 눈의 움직임에 대해 정확한 애니메이션 조절을 원한다면 Blink Type과 같이 선택한 이름과의 탭을 클릭합니다.
여러 가지 옵션 중 만일 Standard를 선택했다면 Standard 방식의 키 값 세부 설정에 대해 Fcurve를 보기 위해서 Standard Blink 탭을 클릭합니다.

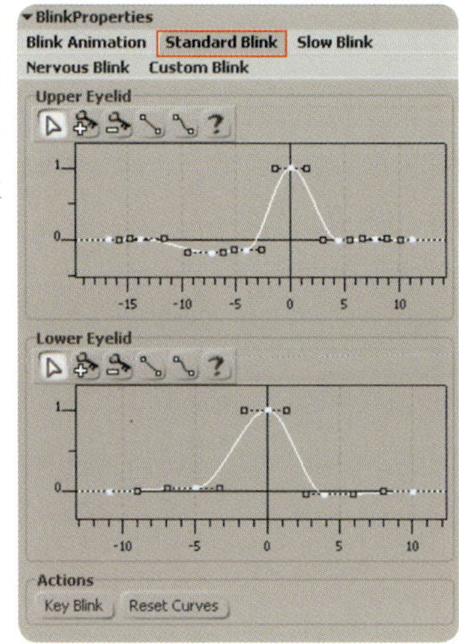

05 Key Mode 영역에, Key로 어떤 눈꺼풀을 원하는지에 대한 Type를 선택합니다. Key 오른쪽/왼쪽/양쪽에 있는 핸들 키(조절 키)를 이용해서 원하는 키 값 설정이 가능합니다.

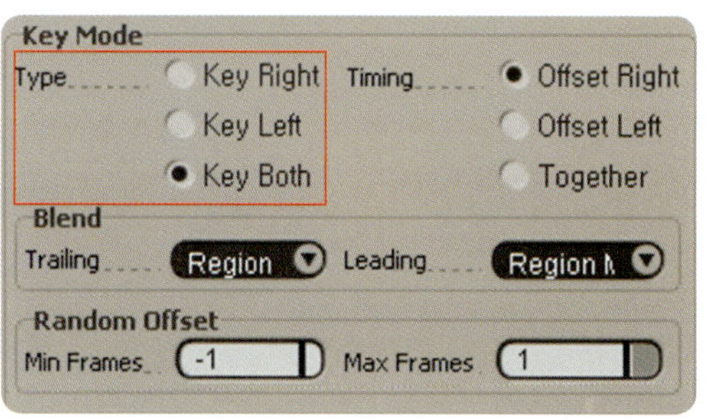

06 Offset Right이나 Offset Left 눈에 깜짝이는 Timing을 설정한 눈 Together(만일 Key Both as the Type 선택시)를 깜빡거리게 할 수 있습니다.
Offset Right이나 Left을 선택했다면 Random Offset은 각각의 눈에 대한 Key 설정값 사이 프레임 차이의 수입니다.

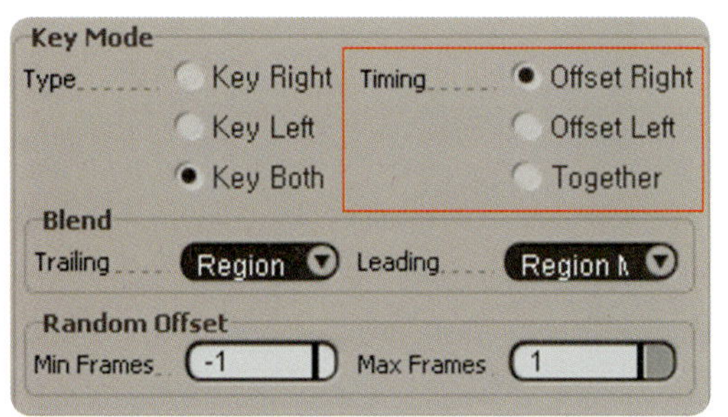

07 Key 설정시 원하는 프레임에 key를 설정하는 방법은 먼저 Blink Animation 페이지에서 Assemble 버튼을 클릭합니다.

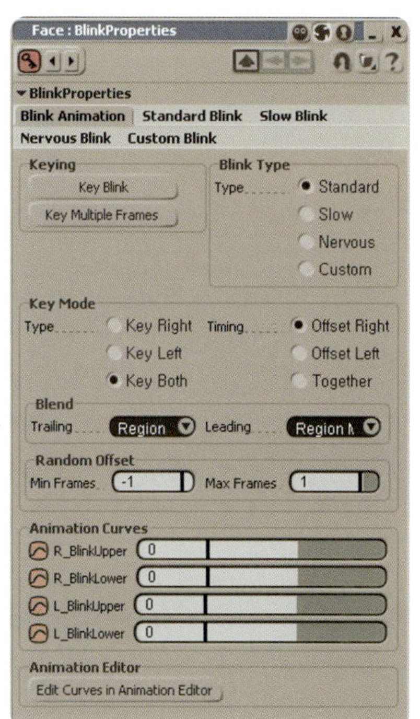

08 각 패널의 아래쪽에 있는 Standard/Slow/Nervous/Custom Blink 페이지에 있는 Key Blink 버튼을 클릭합니다.

09 Blink Animation 페이지에서 Key Multiple Frames 버튼을 클릭합니다.

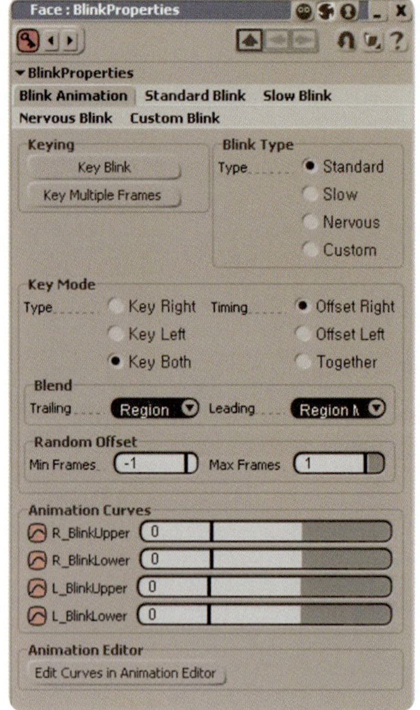

10 나타나는 Dialog box에, Key를 원하는 프레임에 적용하기 위해 그림의 표시된 곳에 키의 숫자를 입력합니다. 키 값은 콤마(,)로 구분해서 적어주면 값을 입력한 프레임에서는 눈을 감게됩니다.

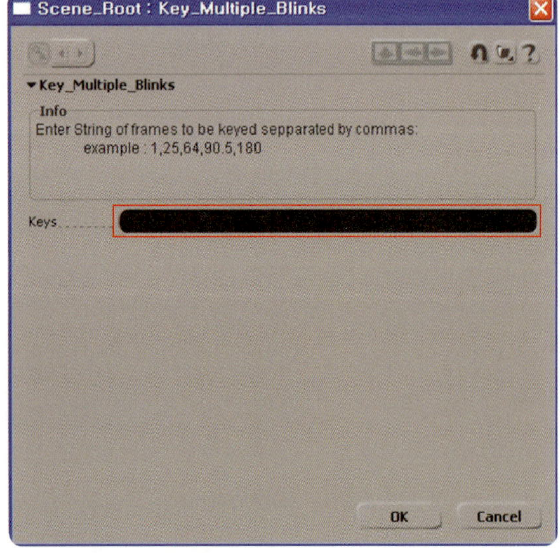

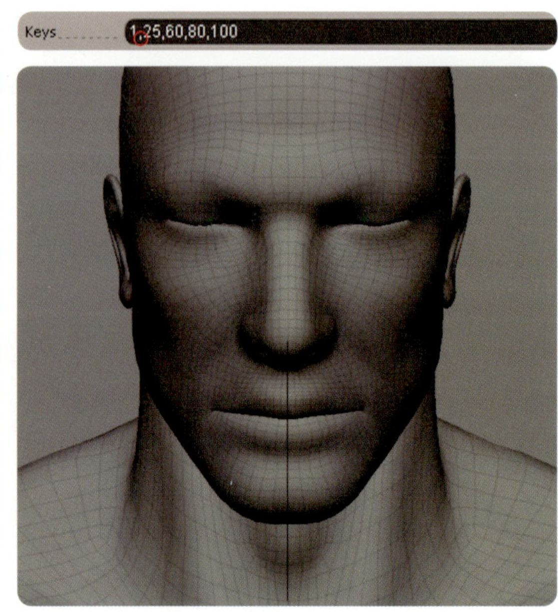

11 Key값에서 Fcurves를 깜짝거리게 하고 더하기 위한 Blending 방법을 선택합니다.

Region Modulation은 Fcurve가 Key값이 자동으로 존재한다고 생각하고 새로운 Key값이 오래된 Key값보다 더 좋은 데이터라고 판단한다면 Fcurve에서 새로운 Key값을 생성합니다.

연속적인 애니메이션 Key를 설정할 때 이것은 Fcurve로 최소의 강요와 한순간 절정의 더 좋은 Retention을 페이스로봇에서 자동으로 고려하여 Key값을 설정합니다.

12 Animation Curves 부분에서 눈꺼풀의 최종 애니메이션을 편집할 수 있습니다.

애니메이션 아이콘을 마우스 Right-click을 하면 나타나는 Menu로부터 적절한 명령을 선택합니다.

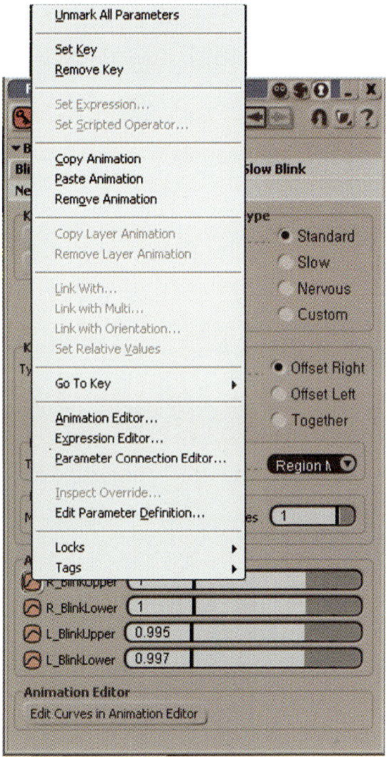

13 각각의 더 많은 Key값을 설정한 눈꺼풀과 눈 애니메이션에 대해 좀 더 세밀하게 조절할 수 있습니다.

Animation Editor에 Edit Curves in Animation Editor를 클릭합니다.

14 각각의 눈까풀에 대한 Fcurves를 편집하기 위해 Animation Editor를 사용할 수 있습니다.

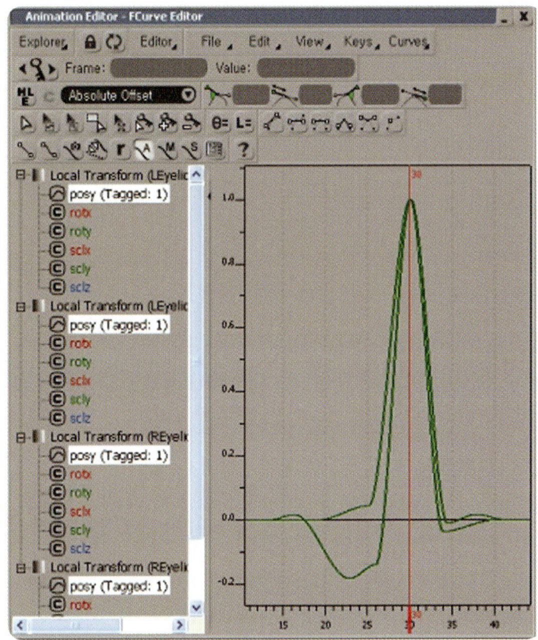

STEP 04

모션캡처(Motion Capture)

사람의 얼굴은 기술적으로 유용한 경계표의 임의의 번호를 가질 수 있습니다. 이러한 경계표 사이의 영역은 운동에 반응하고 있는데 이러한 것을 이용해 모션캡처및 데이터 사용이 가능합니다. 이러한 모션 캡처기능은 페이스로봇에서도 지원합니다.

이 장에서는 모션캡처방법 및 사용방법에 대해 설명합니다.

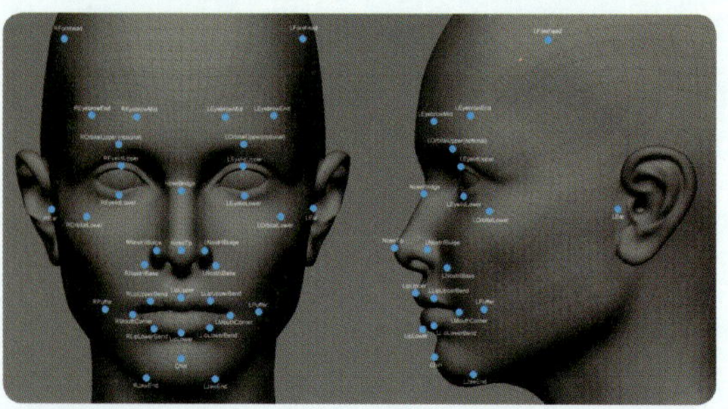

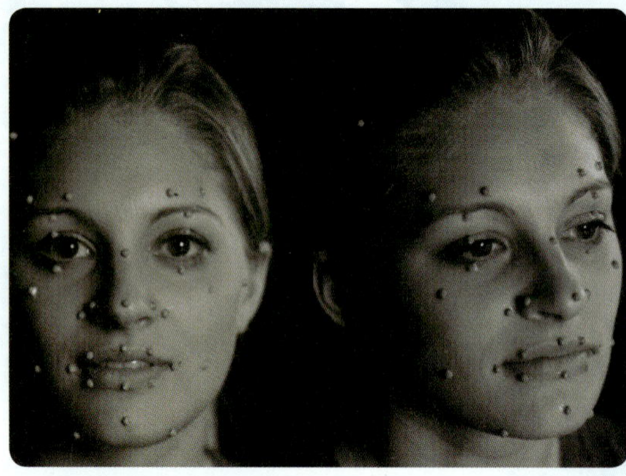

1. Motion Capture 작업 살펴보기

페이스로봇에서 사용할 수 있는 모션캡처자료를 얻는 방법 및 사용하기 위한 기본적인 설명입니다.

01 모션캡처 Markers를 모델 안면부에 부착해 보겠습니다.

페이스로봇은 Animation Control Set에서 32개의 제어 포인트의 Consisting에 의해 조절됩니다.

이 제어 포인트는 Motion capture 데이터에 의해 직접적으로 사용될 수 있으며 이 모션 데이터를 설정된 Animation control set에 의해 조절됩니다.

Markers 설정 작업은 아래의 그림과 같이 설정 되어져야 페이스로봇에서 모션캡처 데이터를 자연스럽게 사용될 수 있으며 만일 마커 위치가 변경 혹은 마커가 추가나 감소되었을 시 페이스로봇에서 사용될 수 없는 모션 데이터가 되니 주의하시기 바랍니다.

참고 | 페이스로봇에서는 페이스로봇에서 제공하는 기본 마커 위치를 반드시 준수해야만 합니다.

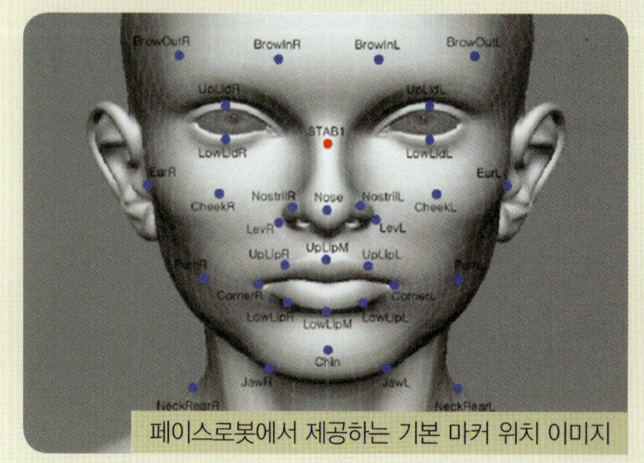

페이스로봇에서 제공하는 기본 마커 위치 이미지

 페이스로봇에 도표로 나타내는 각각의 마커 이름을 만들어야 합니다.

 모션캡처 데이터를 받기 위해 준비를 마쳤으면 모션캡처 데이터를 받습니다.

참고

1. 이때 주된 하드웨어 장비로 바이콘 장비나 모션아날로시스 모션캡처장비 등을 사용합니다.

2. 모션데이터 추출 후 모션데이터를 모션빌더 등의 소프트웨어에서 수정이 가능하며 페이스로봇 자체에서도 일부 수정이 가능합니다.

3. 모션캡처시 얼굴 표정의 범위는 눈살을 찌푸리기와 모델에 대한 비명이나 미소 등의 다양한 얼굴표정을 가장 넓은 범위에서 움직임을 주는 것이 좋습니다. 예를 들어 웃는 표정 작업시, 가급적 입의 모양이나 주변의 근육들을 최대한 움직이면서 작업하는 것이 좋습니다.

모션캡처가 완료되면 C3D 파일 포맷 데이터로 저장해서 사용합니다.

참고 | C3D 파일은 모션데이터 파일 포맷방식의 하나로 페이스로봇에서는 C3D 파일 포맷을 사용합니다.

사용할 모션캡처 데이터를 원하는 폴더 안에(새로운 폴더도 가능) 모션캡처 자료를 정리하여 사용합니다.

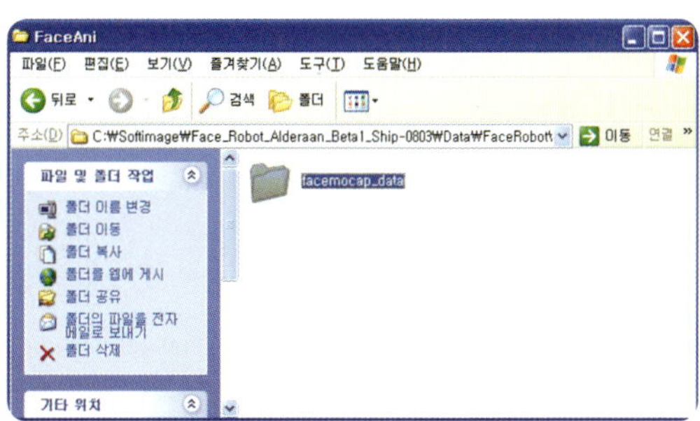

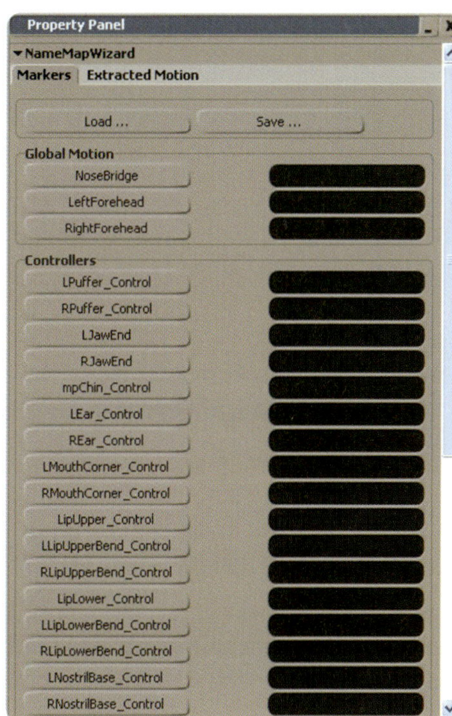

먼저 여러 개의 모션캡처 데이터가 존재할 시에 여러 개중 하나의 C3D 데이터에 대해서 페이스로봇안에 네이밍(이름짓기)을 해줘야 합니다.

그러면 나머지 폴더안에 존재하는 C3D 데이터는 자동으로 네이밍되기 때문에 가급적 C3D 파일을 하나의 폴더 안에 넣고 사용하는 것이 편리합니다. 만일 데이터를 분산 관리시 C3D 파일을 일일이 페이스로봇 내에서 네이밍 작업을 해야 하는 번거로움이 있습니다.

06 페이스로봇에서 기본 자세 C3D 파일(모션캡처 받으신 데이터)을 임포트(Import)해서 불러온 후 Name과 Face map files.을 새로 만드는 작업을 해야합니다.

07 Retargeted Motion Capture 데이터포함, 페이스로봇에서 모션캡처 자료로 적용하면 모션 데이터를 활용할 수 있습니다.

STEP 05 페이스로봇을 위한 모션캡처 작업시 Tip

1 모션캡처시 어깨를 확고하게 유지합니다.
2 Motion capture를 위해 Markers 설정시 애니메이션 컨트롤을 위해 Neck tendons 제어로 모델의 움직임을 잡을 수 있습니다.

이는 기본자세에서 어깨나 혹은 안면 움직임을 제외한 운동에 영향을 미치게 되는데, 가장 좋은 것은 모델이 머리 운동과 얼굴표정에 맞추어진 상태로 움직이지 않는 몸자세와 감정을 가져야 합니다.

STEP 06 Retargeting을 위한 Preparing Motion Capture 데이터

페이스로봇에서는 기존의 모션캡처를 가지고 다른 모델에 적용시키는 Retargeting 기능이 가능합니다.
이 기능은 같은 모션과 관련된 다른 특성과 모션캡처 자료 파일에 대한 표현을 애니메이트하는 것을 원할 때 매우 중요한 기능입니다. 이 기능을 사용한다면 여러 번 작업해야 하는 모션캡처 작업을 피할 수 있다는 점에서 매우 유용합니다.
Retargeting은 모션캡처 자료를 본 캐릭에서 다른 캐릭터로의 전이가 가능하도록 합니다. 이를 위해서 먼저 모션캡처 자료를 준비해야 합니다.

STEP 07 Name Maps과 Face Maps 만들기

1. 네임 맵과 페이스 맵

페이스로봇안에 Name map을 새로 링크시키기 위해 C3D 모션캡처 데이터 파일을 Name-mapping template를 사용하여 적용합니다.
만일 데이터를 불러오실 수가 없다면 이는 Name map이 없다는 것입니다. 또한 Face map 없이도 모션캡처 자료를 사용할 수 없습니다.

> **참고** | 보다 정교한 작업을 위해서는 모델의 자연스런 포즈에 있는 모션캡처 Markers를 고정된 이미지인 스냅 사진 등을 이용해서 자료 참고 하는 것이 좋습니다.

2. Name map 새로 만들기

01 Assemble 패널 Tools 〉 Face 탭을 클릭한 후 Mocap 버튼을 클릭합니다.

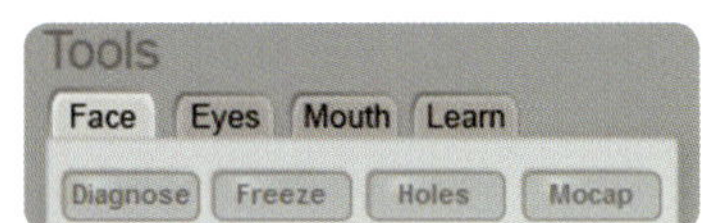

02 나타나는 Facial 모션캡처 Tools 속성 패널에서, 모션캡처 파일을 가져오기 위해 Load C3D 버튼을 클릭하고 모션캡처 파일을 불러옵니다.

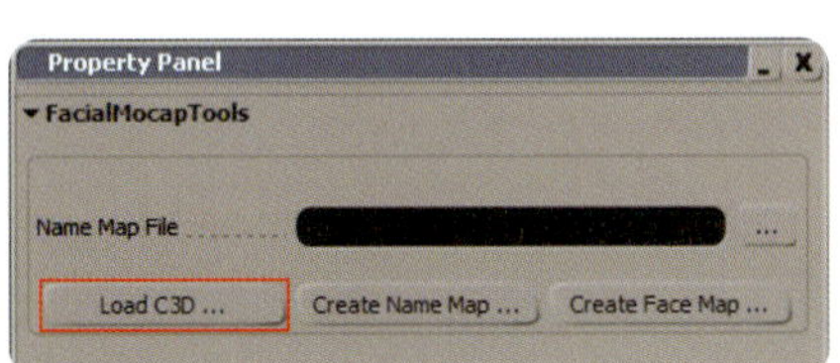

03 Facial 모션캡처 Tools property 패널에서의 Create Name Map 버튼을 클릭합니다.

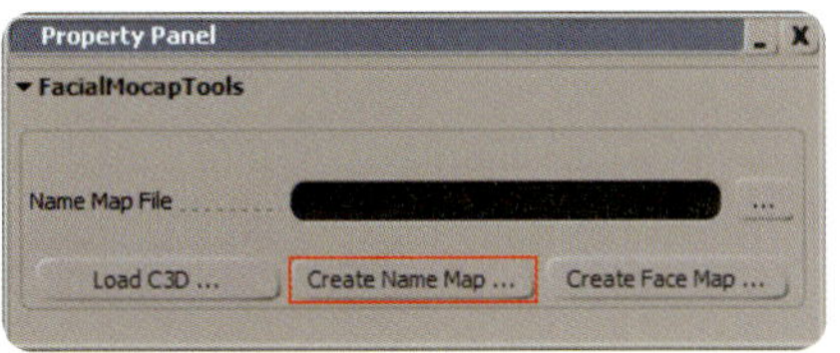

Name Map은 모션캡처 파일을 새로 만들었을 때 사용했던 이름과 일치하게 사용할 수 있으며 그 애니메이션 값으로 사용될 애니메이션 제어가 가능합니다.

만일 그 전에 Name Map을 구성하셨다면 Load버튼을 이용하여 파일을 불러면 별도로 Name Map을 구성할 필요가 없으며 여러 개의 C3D 파일이 존재시 한 개의 C3D 파일만 Name Map 작업을 하면 나머지 파일은 별도로 작업하실 필요가 없이 자동으로 페이스로봇에서 인식됩니다.

단, 최소 한 개의 C3D 파일은 Name Map 작업을 진행합니다.

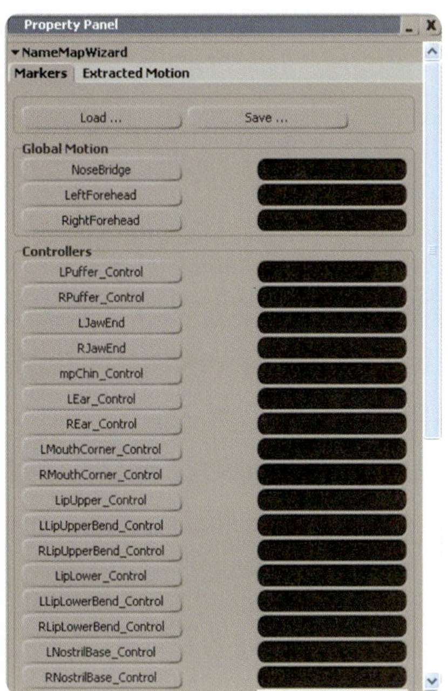

04 화면에 나타난 원점 모양의 모션 데이터들 중 하나의 마커만 선택하고 컨트롤 버튼 페이지에서 이름을 선택하면 자동적으로 텍스트 박스에 이름이 들어가게 됩니다. 이런식으로 나머지 마커들도 이름을 넣어줍니다.

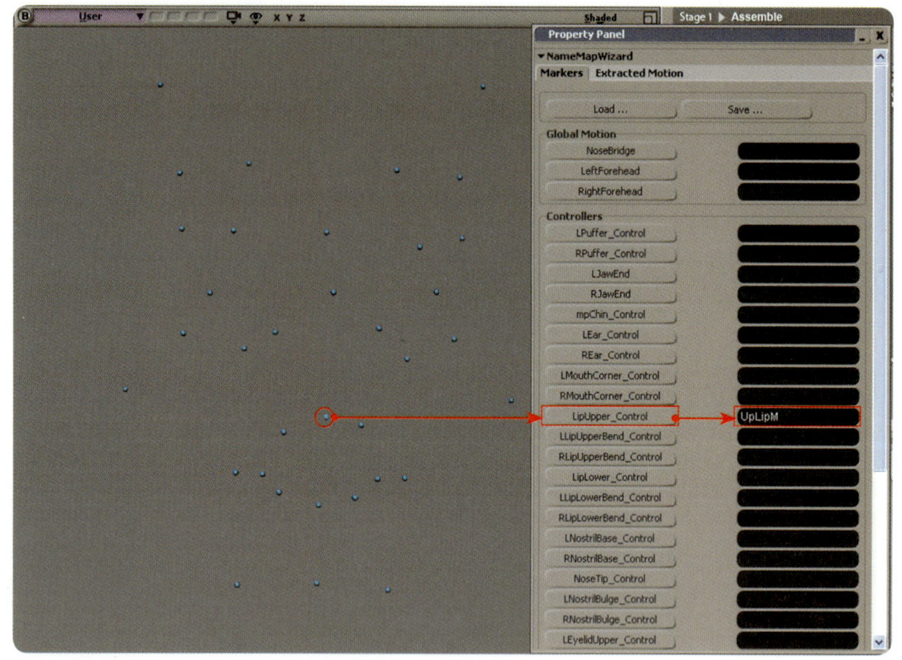

05 작업이 끝나면 Save 버튼을 눌러 저장합니다. 페이스로봇에서 얼굴 스냅 사진을 잡는 새로운 Face map 작업이 필요합니다.

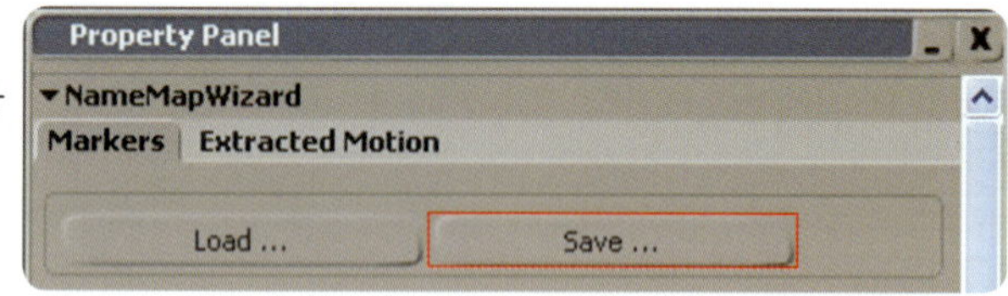

07 Face map 새로 만들어 보겠습니다. C3D 파일을 이용하여 기본 포즈를 만듭니다. Facial 모션캡처 Tools property 패널에 Create Face Map 버튼을 클릭합니다.

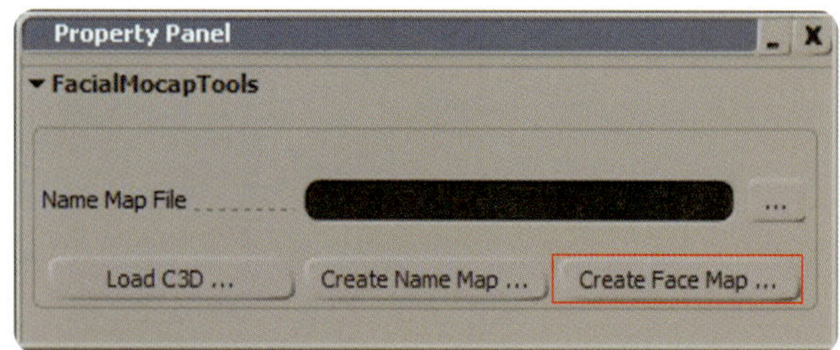

08 Face map file(.fmap) 그리고 Name map과 C3D 파일을 같은 폴더 안에 저장합니다.

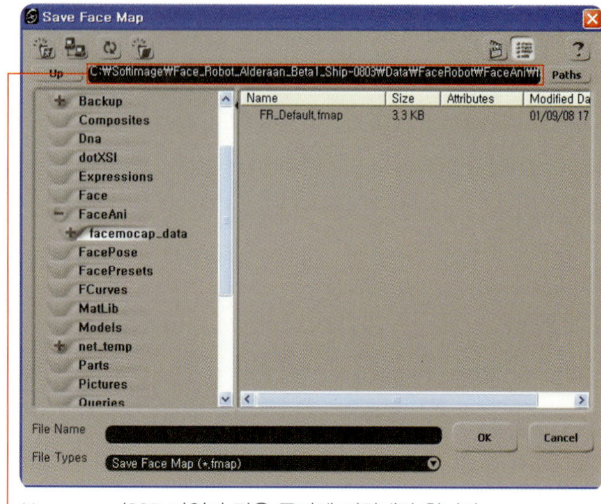

└ Name map/C3D 파일과 같은 폴더에 저장해야 합니다.

Motion 데이터 추출하여 사용하기(Stabilized 모션캡처)

모션데이터를 사용하려면 Motion capture sessions에서 일반적인 머리 회전과 운동 모션 값은 분리되어 각각의 파일로 저장되며 이를 고정된 모션캡처 데이터로 사용할 수 있습니다.

페이스로봇에서는 얼굴 표정의 애니메이션 데이터와 머리 운동 애니메이션을 분리되어 사용하게 되면 얼굴 전문 애니메이션은 보다 안정되게 사용할 수 있습니다. 페이스로봇에서는 머리의 움직임 보다 얼굴 안면부의 움직임을 중요시하고 있습니다.

Stabilized motion으로 작업할 때, 머리애니메이션이 활성화되지 않도록 Face Adjust 속성 페이지에 있는 Head Controls 〉 Enable Rotation을 선택합니다.

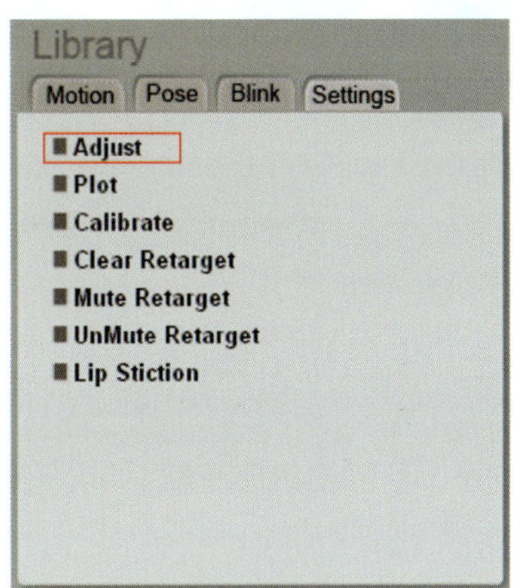
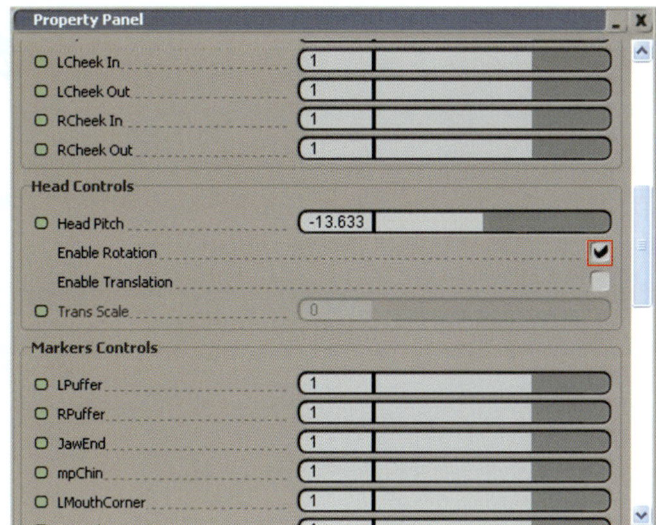

Retargeted Motion Capture

페이스로봇에서 적용된 모션캡처 데이터를 다른 모션캡처 데이터에 적용할 수 있습니다.

1. Retargeted Motion Capture 데이터 적용

01 Act 패널에 있는 Library 〉 Motion 탭을 클릭 후 파일을 선택합니다.

Browser(...) 버튼을 클릭하면 폴더 검색 창이 뜨게되며 원하는 폴더를 선택하면 됩니다.

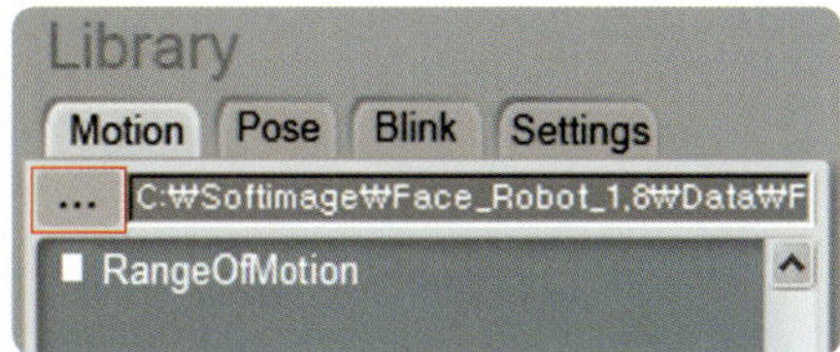

02 폴더 안에 저장되어 있던 모션파일들의 목록이 자동으로 뜨게됩니다.

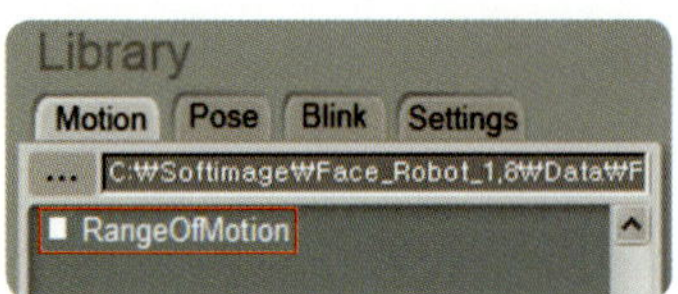

03 목록에서 원하는 모션을 선택하고 Apply 버튼을 클릭하면 Retargeted Motion capture 데이터가 적용됩니다.

STEP 10 Retargeting 데이터 되돌리기

페이스 컨트롤에서 적용된 Name map과 Face map files을 처음으로 데이터를 다시 되돌릴 수 있습니다.
Act 패널에, Library 〉 Settings 〉 Clear Retarget을 선택하면 다시 Retargeting 데이터가 되돌아가는 것을 볼 수 있습니다.

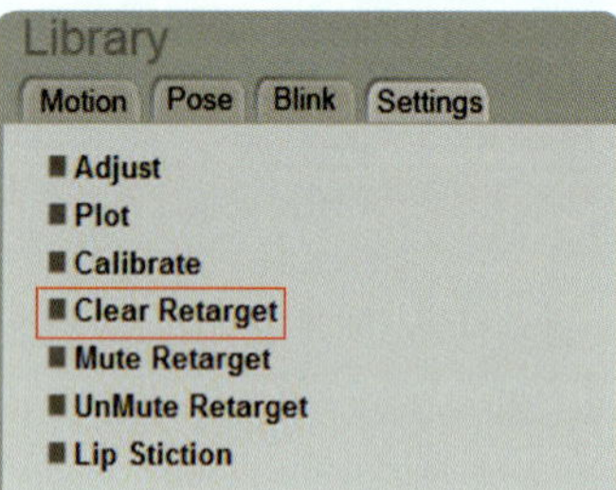

STEP 11 Poses 적용하거나 새로 만들기

1. Pose 적용하기

01 Act 패널에 있는 Library 〉 Pose 탭을 클릭합니다.

02 리스트로부터 Pose를 선택하고 Apply 버튼을 클릭합니다. Browse(...) 버튼을 클릭하면 원하는 폴더를 선택할 수 있습니다.

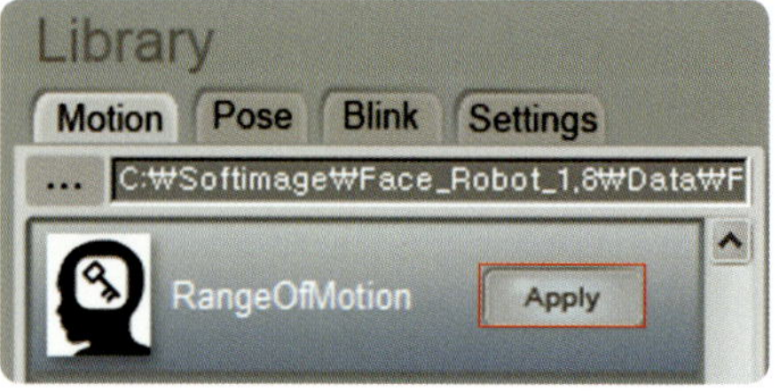

2. Pose Presets 만들기

특정한 표현으로의 얼굴로 몇몇의 제어를 움직인 후에 자세 Preset에서의 그 표현을 저장 할 수 있으며 파일은 Library 〉 Pose 탭에 있습니다.

01 애니메이션 제어를 움직여 원하는 얼굴로 특정한 표현을 새로 만듭니다.

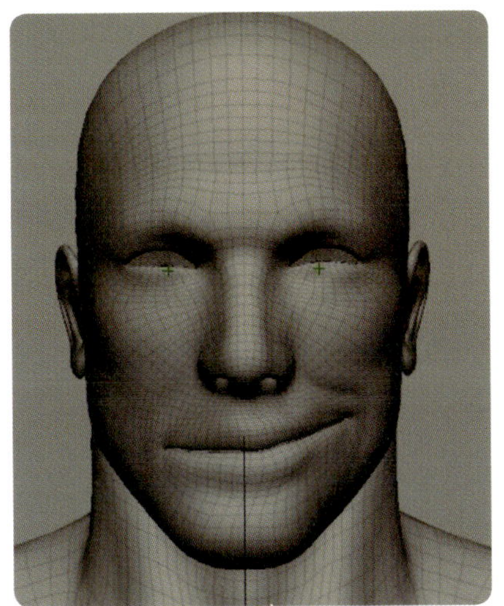

02 Face 〉Select 탭에 얼굴 Controllers를 사용하는 데이터를 저장하기 위해 Pose All 버튼을 클릭합니다.

참고 | 제어를 선택할 수 있고 Preset의 부분으로 Controls를 저장하기 위해 Pose Sel 버튼을 클릭할 수 있습니다.

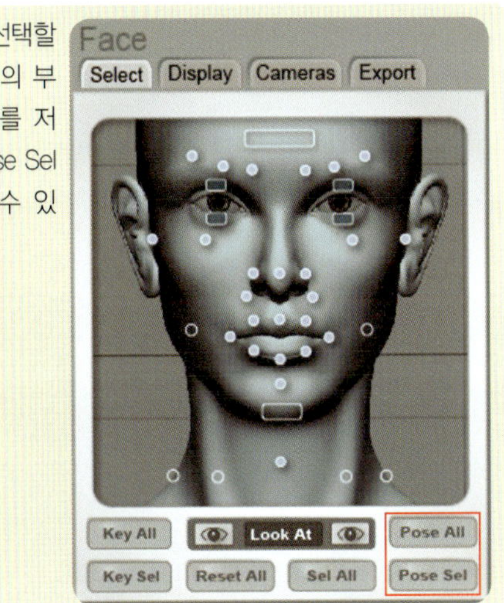

03 브라우저가 보이시면 폴더와 Pose preset에 대해 이름을 지정합니다.

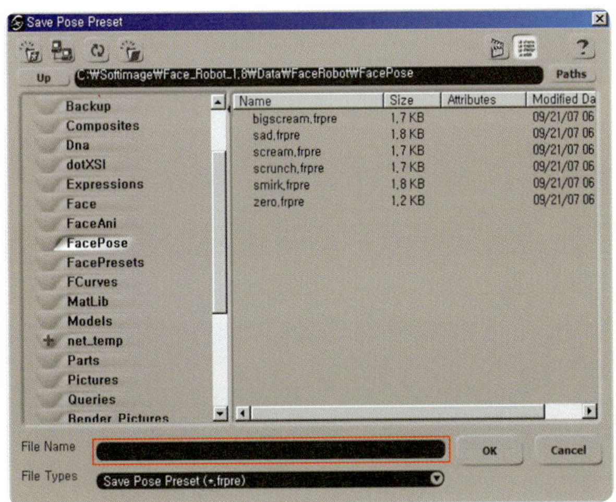

04 Preset은 Library 〉Pose 탭에 나타납니다.

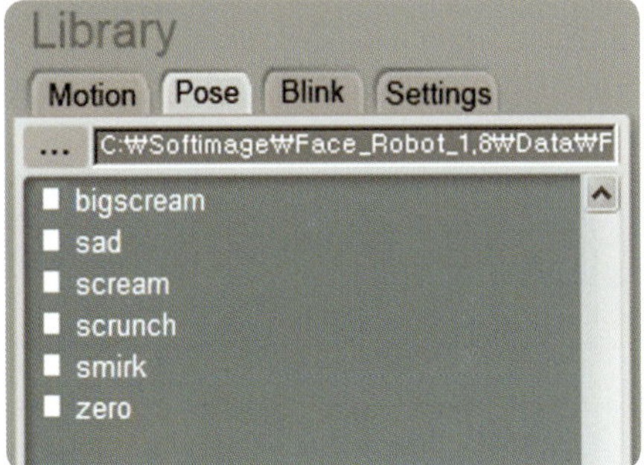

3. Action Source Poses 만들기

페이스로봇에서는 Posepreset 이외에 행동 소스에서 자세를 저장 할 수 있습니다. 또한 Animation mixer 사용을 가능하게 합니다.

이전에 Action source를 만들어 놓으신게 있으면 같은 모델에 그것을 적용하거나 다른 모델과 그것을 공유할 수 있으며 Actions 데이터들의 전체적인 Library를 새로 만들 수 있고 사용하던 모델 중에서 이러한 데이터들을 공유할 수 있습니다.

02 Action source에서 Pose1을 저장합니다. File 〉 Preferences를 선택하고 Preferences property editor에서의 Custom 〉 페이스로봇 아이콘을 클릭한 후 Use Mixer Poses 옵션을 선택합니다.

02 Pose All button on the Face 〉 Select tab에 대한 Pose using all controllers를 클릭합니다. 그러면 Certain controls를 선택할 수 있으며 단지 그 Preset의 부분으로 제어를 저장하기 위해서는 Pose Sel 버튼을 클릭할 수 있습니다.

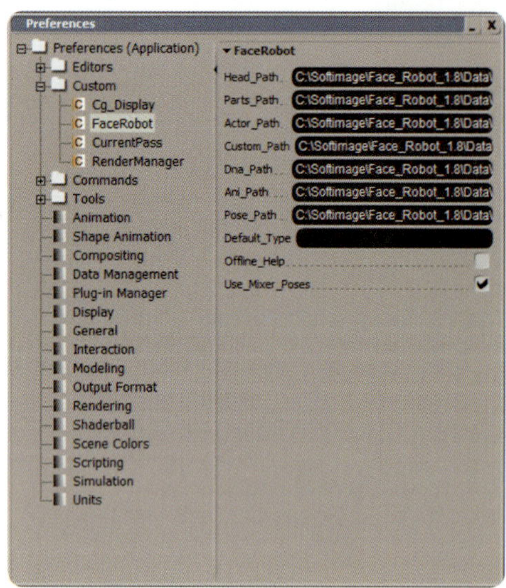

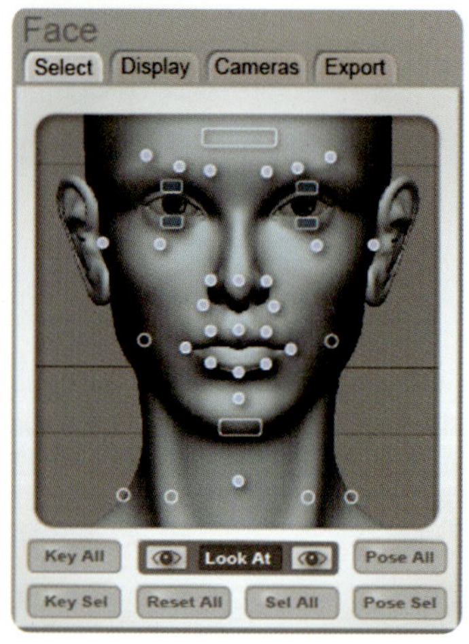

04 나타나는 Store Action 대화 상자에서, Pose의 이름을 주고 자세 애니메이션을 위한 원하는 수의 프레임을 설정합니다. 애니메이션 Mixer 데이터에서 여러 자세를 합성시키기를 원한다면 Add Source as a Clip in the Mixer를 선택하여 다양한 동작을 만들 수 있습니다.

작업한 데이터는 Face model's Mixer 〉 Sources 〉 Animation folder 에 저장됩니다. 단축키 숫자 8 을 사용하여 Explorer를 연 후 데이터를 찾을 수 있습니다.

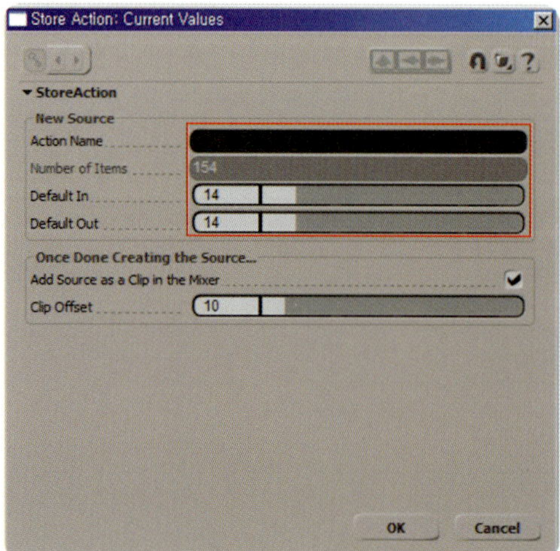

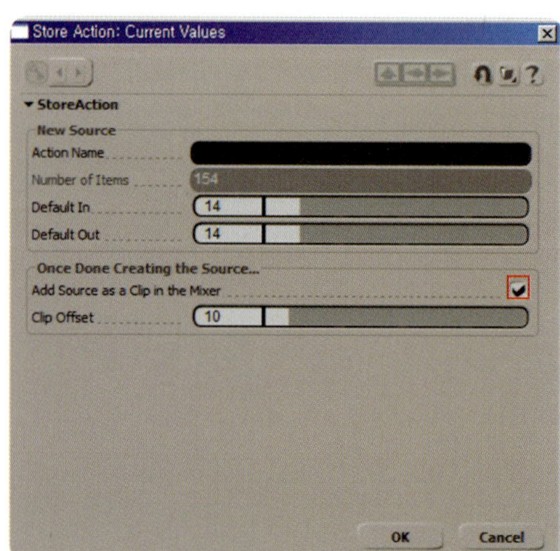

STEP 12 Retargeted 모션캡처 데이터 조절하기

모션캡처 파일 자료는 페이스로봇에서 얼굴 애니메이션을 Controls 할 수 있습니다.

1. 모션캡처 데이터를 Calibrating하기

모션캡처 자료를 수정하는 것은 사람 모델이 페이스로봇에 설정된 얼굴의 비율을 맞추기 위해 새로 만든 모션캡처 데이터를 조절하는 것입니다.
예를 들어 각각의 사람마다도 얼굴 비율이 전혀 틀린 비례를 가지고 있으나 이러한 기능들을 이용해서 별도의 모션데이터 작업 없이도 손쉽게 기존의 모션캡처 데이터를 사용할 수 있습니다.

이 방법으로 모션캡처 자료에서 잡힌 얼굴 모션은 페이스로봇에서 정확한 표현을 새로 만들기 위해 작업하기 쉬운 도표로 나타낼 것입니다.

01 모션캡처 자료를 오브젝트에 적용한 후 데이터 이상 유무를 확인한 후 Act 패널에서 Library 〉 Settings 〉 Calibrate를 선택하면 Calibrate Property 패널이 활성화됩니다.

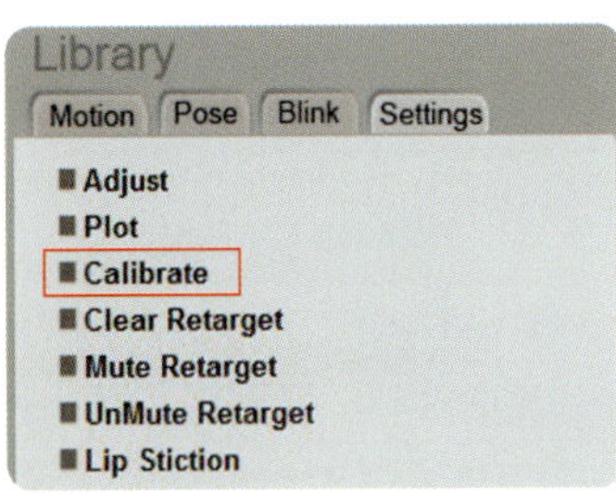

02 이 페이지에서 Up Direction / Down Direction tab에 Scale의 Pitch값을 설정합니다.

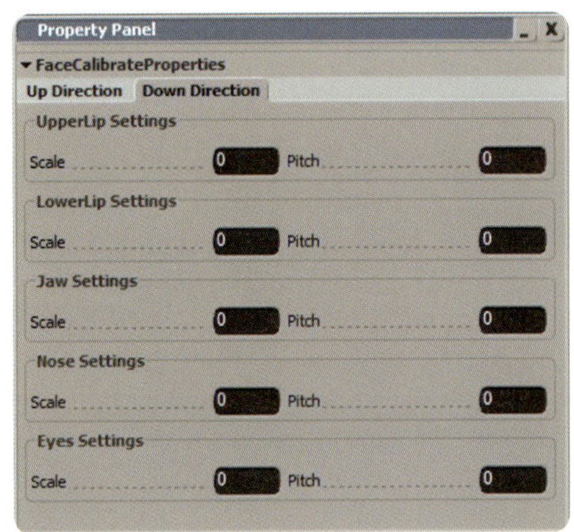

윗입술, 아랫입술, 턱, 코, 눈은 Pitch (1~100%)값에서 Normalized 데이터로 적용됩니다.
숫자 값을 입력하면 모션이 적용된 얼굴 오브젝트의 모양이 변하는 모습을 확인할 수 있습니다.

2. 모션캡처 데이터 조절하기

01 Act 패널에서 Library 〉 Settings 〉 Adjust을 선택하면 Face Adjust property 패널이 활성화됩니다.

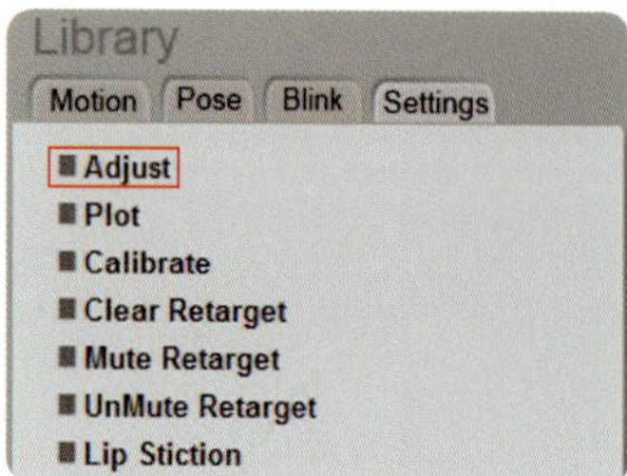

02 Face Adjust property 패널에서 모션캡처 데이터를 조절할 수 있습니다.

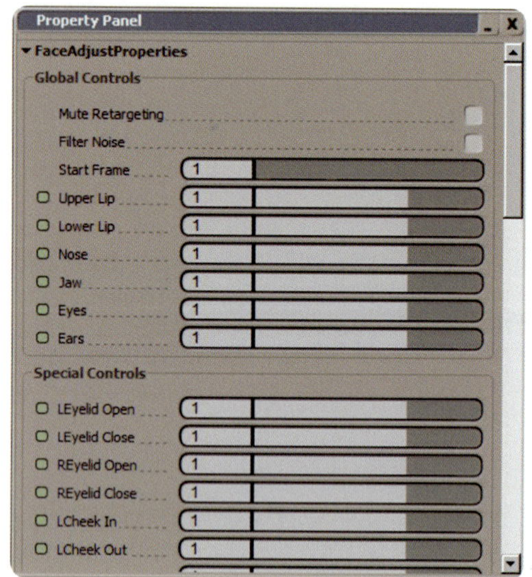

03 Global Controls 〉 Mute Retargeting option을 선택합니다. 모션캡처 데이터가 미치는 영향을 적어지게 합니다.

04 Global Controls 〉 Filter Noise option을 선택하여 높은 빈도의 노이즈를 걸러냅니다.

05 Retargeting 모션캡처 데이터의 크기를 수정하기 위해 Global Control과 Special Controls의 영역의 값을 변경합니다.

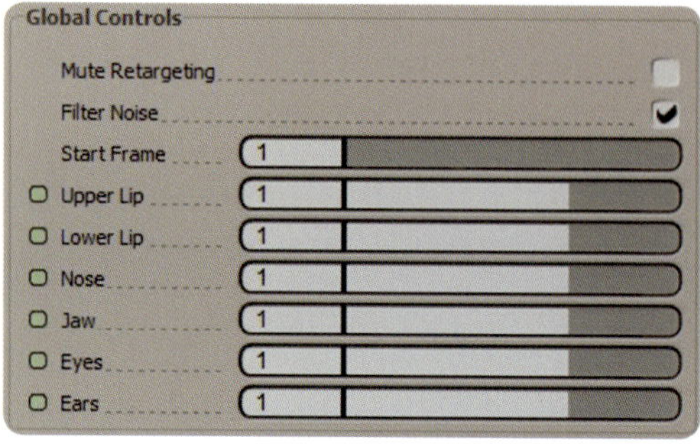

3. 모션캡처 데이터를 Offsetting하기

모션캡처 자료를 적용 후 모션캡처 데이터를 조절하기 위해 Offsets으로 조절할 수 있습니다.

01 Animation controls 선택 Timeline에서 원하는 프레임을 선택합니다.

02 K 키를 누른 후 Key를 설정합니다. 애니메이션 데이터에서 모션캡처와 Keyframe 데이터를 Fcurves(see Plotting Baking)로 연사하여 애니메이션합니다.

STEP 13 모션캡처와 Keyframe 데이터를 Plotting(Baking)하기

모션캡처 데이터 및 Offsets과 Calibrate를 조절 후 애니메니션 모션캡처 데이터를 Fcurves를 이용해서 편집할 수 있습니다. Face's animation controls에 적용되어지는 Fcurves를 새로 만드세요.

1. 모션캡처 자료와 Keyframe 애니메이션 Plot 하기

01 Act 패널에 Library 〉 Settings 〉 Plot을 선택하여 Plot property page를 활성화합니다.

02 Interval Size를 설정합니다. 이 값은 Fcurves에 설정된 Keyframes의 간격입니다.

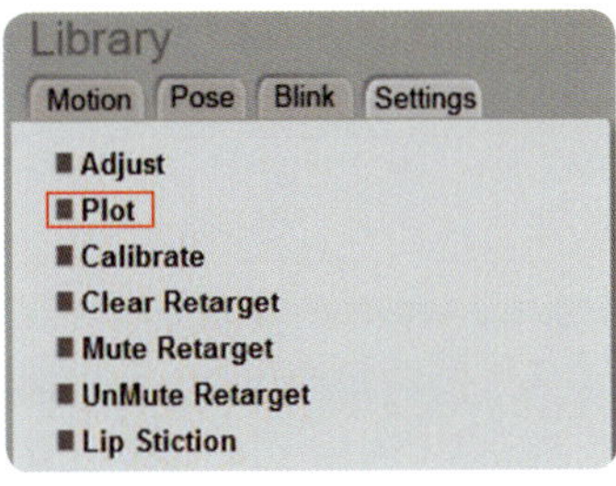

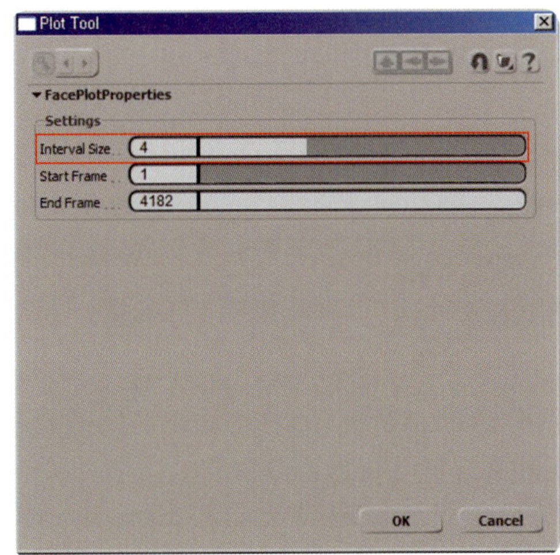

03 원하는 프레임 범위를 설정하기 위해 Start과 End Frames를 설정한 후 애니메이팅합니다.

04 Plotting하기 위해 [OK] 버튼을 클릭합니다. Plotting process는 모션캡처 자료와 Retargeting 데이터로 조절되며 그 컨트롤에 있어 Key값과 함께 Fcurves로 연동합니다.
Plotted animation의 Fcurves는 Fcurves가 맞추어진 후에 그 애니메이션에 적용됩니다.

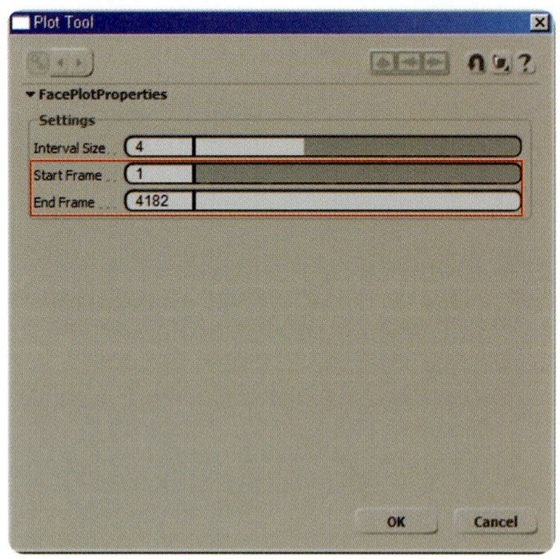

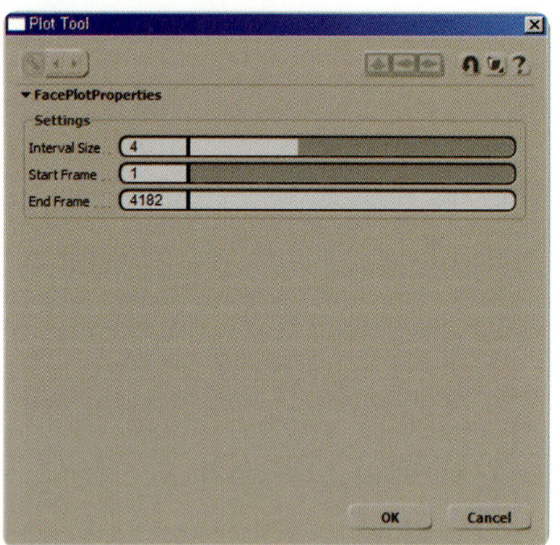

05 Fcurves 편집을 원한다면, 컨트롤을 열어 Animation editor(단축키 숫자 **0**)에서 원하는 Key로 다시 설정할 수 있습니다.

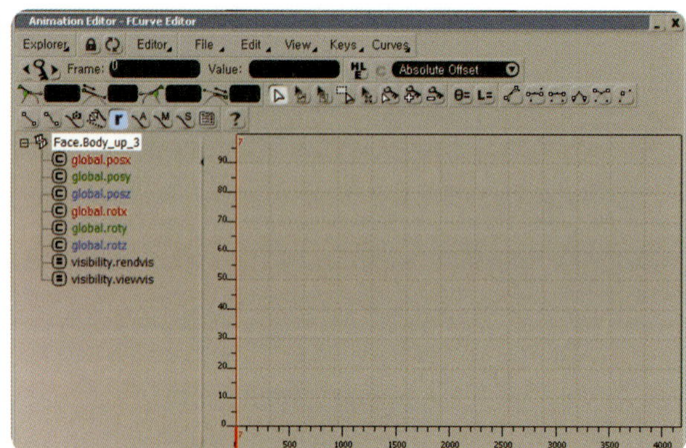

STEP 14 # 모션캡처와 Keyframe 데이터를 Plotting(Baking)하기

모션캡처 데이터 및 Offsets과 Calibrate를 조절 후 애니메이션 모션캡처 데이터를 Fcurves를 이용해서 편집할 수 있습니다. Face's animation controls에 적용되어지는 Fcurves를 새로 만듭니다.

1. 다른 3D 프로그램과 Animated face 데이터 파일 호환하기

01 Act 패널에서 Face 〉 Export 탭을 클릭합니다.

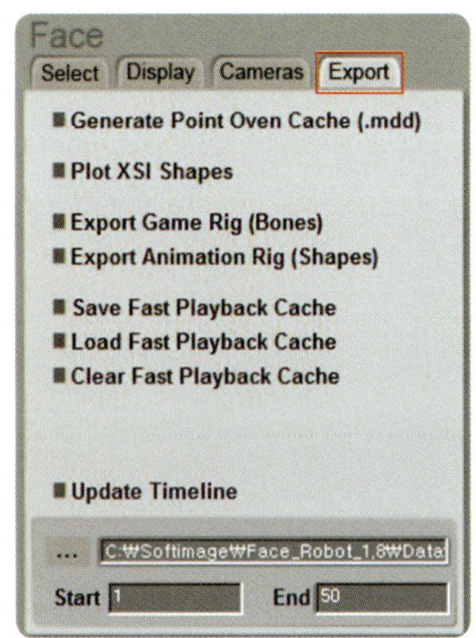

02 Update Timeline을 선택하신 후 Current timeline settings을 설정하기 위해 Start and End frame boxes 를 사용합니다. 데이터를 Export 할 때, 사용된 애니메이션 Key중 일부분만도 Export 할 수 있습니다. 각각의 Face objects(Head, Left와 Right eyeballs과 위 아래 Teeth objects 등)는 MDD 파일로 저장됩니다.

03 Browser(...) 버튼을 클릭 하면 원하는 위치로 저장할 수 있습니다.
스타트(Start) 위치와 엔드(End) 위치에서 원하는 부분의 애니메이션 프레임을 지정하고, 저장할 때는 Generate Point Oven Cache(.mdd)를 클릭합니다.

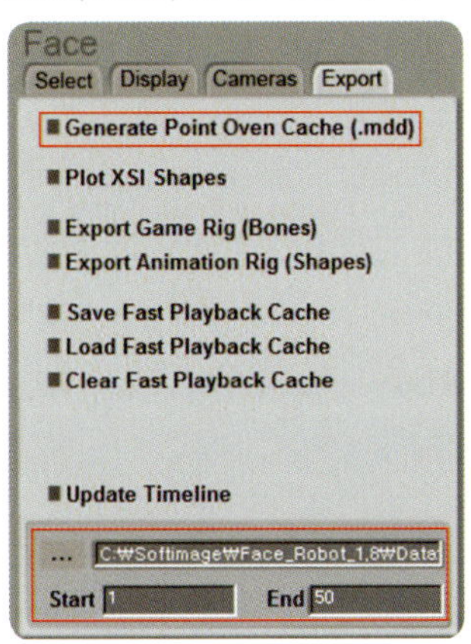

04 Face objects를 Export하기 위해 File 〉 Export 〉 Point Oven 〉 Point Oven Baker을 선택할 수 있으며 이는 Point Oven MDD Cache 기능과 비슷합니다.

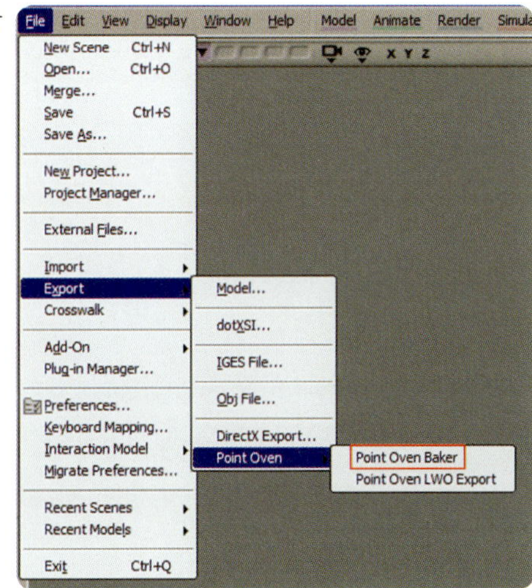

05 만일 페이스로봇에서 임의로 새롭게 만든 오브젝트가 있다면 별도로 선택하여 저장해야 합니다.

STEP 15 · Fast Playback Cache File 저장하고 불러오기

페이스로봇 애니메이션에서 빠르게 저장하고 플레이 할 캐쉬 파일(Cache file)을 사용하실 수 있으며 빠른 Save와 Load를 하기위해 Playback cache file을 사용합니다.

01 Viewport의 오른쪽 상단의 메뉴를 클릭하여 Fast Playback(2D/3D Wireframe)을 선택합니다.

02 Display Options을 선택하여 창을 열어줍니다.

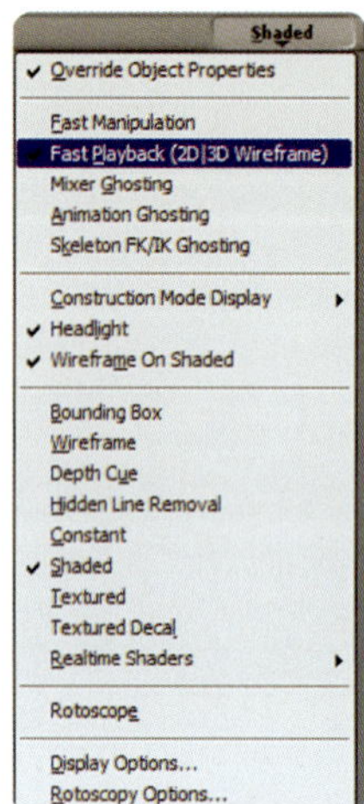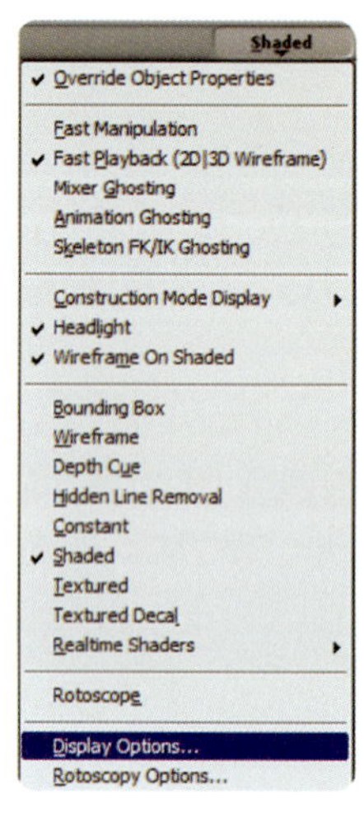

03 Performance tab에, Fast Playback options 를 설정할 수 있습니다.

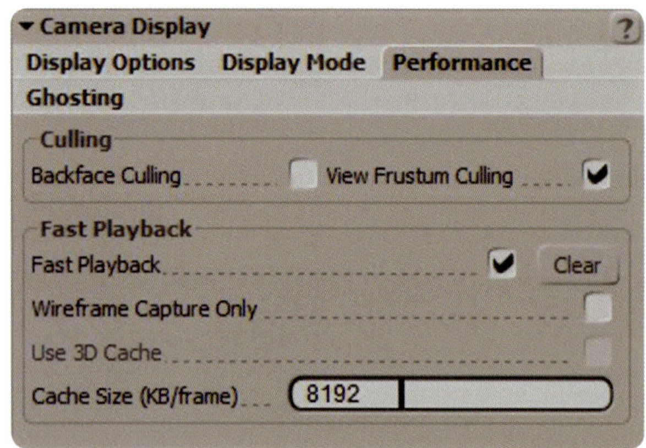

04 Wireframe Capture Only를 선택한다면, Use 3D Cache를 선택할 수 있습니다. 3D Caching은 3D 기하학 부분과 정확한 위치 궤도 값 등 에 대한 세밀한 정보를 저장하는 기능입니다.
Cache Size를 설정합니다. 이것은 이미지를 저장할 때 프레임마다 할당된 RAM의 크기입니다.
8MB/frame 미만으로 사용시 과부하가 걸릴수 있으니 가급적 8MB/frame 이상을 사용하는 것을 권장합니다.

05 만일 캐쉬 데이터를 이용하여 저장한 후 변경된 애니메이션에 대해서는 자동적으로 업데이트가 되지 않습니다.
애니메이션 데이터를 저장하기 위해 Export 패널에 Save Fast Playback Cache를 선택합니다.

06 페이스로봇에 .cache 파일을 로드하기 위해서는 Export 패널에 Load Fast Playback Cache를 선택합니다.

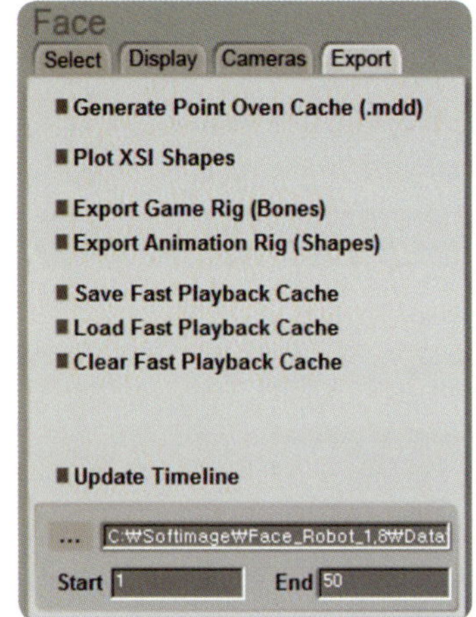

07 Fast playback .cache 파일을 보기 위해서는 Timeline 아래로 Playback controls을 클릭합니다.

페이스로봇으로부터 캐쉬 파일의 History를 지우기 위해서는 Export 패널에 대한 Clear Fast Playback Cache를 선택합니다.

하지만 .cache 파일을 삭제하는 것은 아니며 단순히 History 데이터를 삭제해 데이터를 가볍게 하는 것입니다.

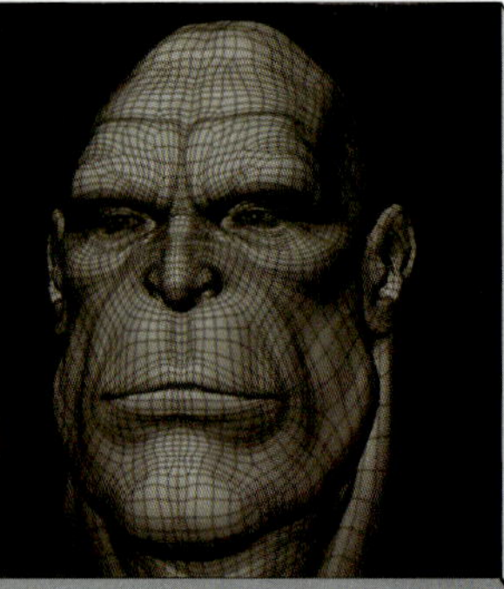

Stage 6
TUNE

Tune 패널에서 Deformers나 Sculpt할 수 있고 Weight maps를 페인트하며 페이스로봇에 애니메이션 데이터 연계를 위한 모델 데이터를 수정할 수 있습니다.

기본 작업 설정 보다 좀 더 세부적인 작업 진행이라 할 수 있습니다. 이 부분에서 입술이나 피부의 주름 뺨 부풀리는 것 등 얼굴의 다양한 변화를 가져 올 수 있습니다.

STEP 01 | Soft Tissue에서 Tuning하기

Regional face deformers는 Soft tissue model을 중요시 하며 페이스로봇에서 가장 기본적인 개념이라 할 수 있습니다.

Deform different areas에서는 Simulate 압축을 위해 얼굴. 뺨이 웃는 낯으로 주름잡는 방법과 같이 또는 뺨이 그 입의 내부를 불룩하게 하거나 튀어나오게도 합니다. Deformers는 Mesh 위에 모델을 만들어 Wrinkles과 함께 상호 작용합니다.

1. Act 패널에서 Tuning과 Interacting하기

Tuning 프로세스를 진행하는 과정 동안에, 작업에 있어 실수를 할 경우나 작업이 맘에 들지 않아 다시 수정하고자 할 때 Tune와 Act 패널 사이에 자유로운 이동이 가능합니다.

Tune 패널 아래에 Act 버튼을 클릭하면 애니메이션을 조절하는 패널이 나옵니다. F2 키를 사용합니다.

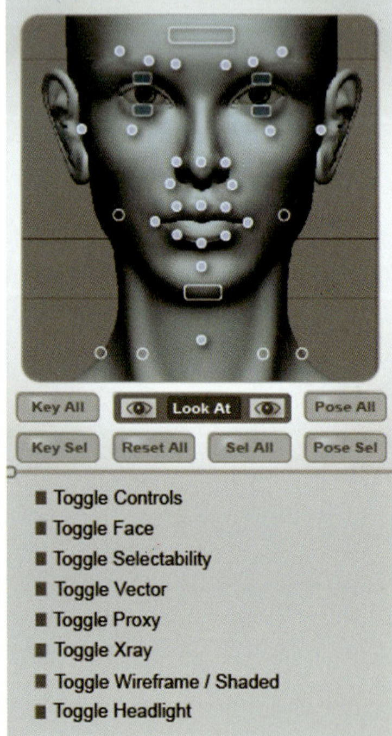

2. Weight Maps을 이용하여 Painting 하기

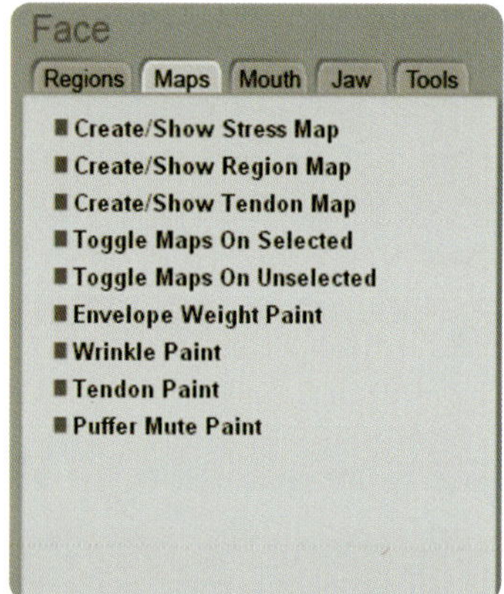

얼굴을 Sculpt하는 Deformers의 영향은 Paintable Weight map에 의해 조절되는데 이 기능을 이용해서 얼굴에 주름 같은 표현을 할 수 있습니다.
이 작업들을 위해 Tune 패널에서 Face 〉Maps 탭을 선택하면 weight maps를 선택할 수 있고 페인트 할 수 있습니다.

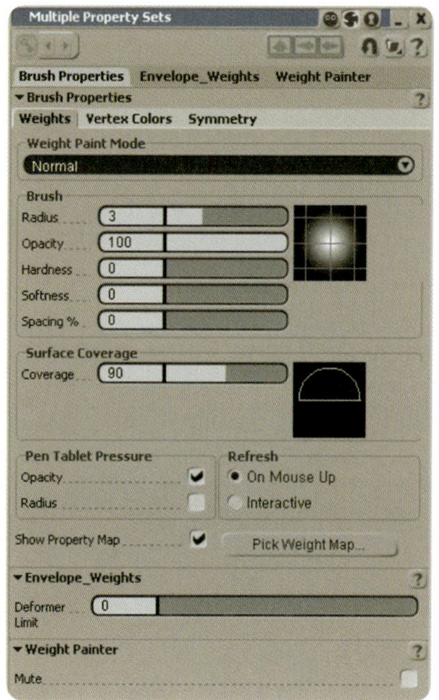

Weight maps는 Strength에 대해 얼굴 각각의 영역을 수정할 수 있습니다.
Brush Properties 편집자를 열기 위해서는 **Ctrl** + **W** 키를 누르세요.

수정시 사용될 버튼은 왼쪽 마우스 버튼입니다. 마우스 버튼을 이용하거나 압력을 조절하기 위해서는 **Shift** + 왼쪽 마우스 버튼를 누르시고 부드럽고 매끈하게 페인트하기 위해서는 **Alt** + 왼쪽 마우스 버튼을 누릅니다.
Deformers는 날카로운 주름을 새로 만들 때 특히 유용합니다.

3. Envelope Weights 조절하기

Sculpting하기 시작하기 전에 머리, 귀 또는 목, 등과 같이 필요한 부분에 Re—enveloping작업을 해야 합니다. 영역설정에서 페인트 기능으로 영역의 크기를 조절할 수 있습니다.

01 Envelope에 Elements 적용해 보겠습니다.
페이스로봇에서는 Anchor point를 제공합니다. Anchor point를 이용해서 페인트하듯 영역을 설정할 수 있습니다.

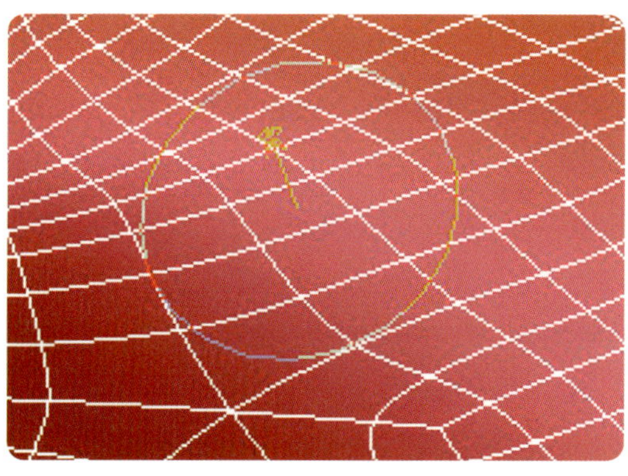

02 Envelope weights 페인트해 보겠습니다. 머리 부분 Mesh를 선택한 다음 Tune 패널에 있는 Face ⟩ Maps 탭을 클릭하고 Envelope Weight Paint을 선택합니다.

이 명령을 선택하면 Deformer 이름과 관련된 색깔의 리스트를 디스플레이하면서 Weight paint 패널이 인터페이스 왼쪽에 나타납니다.

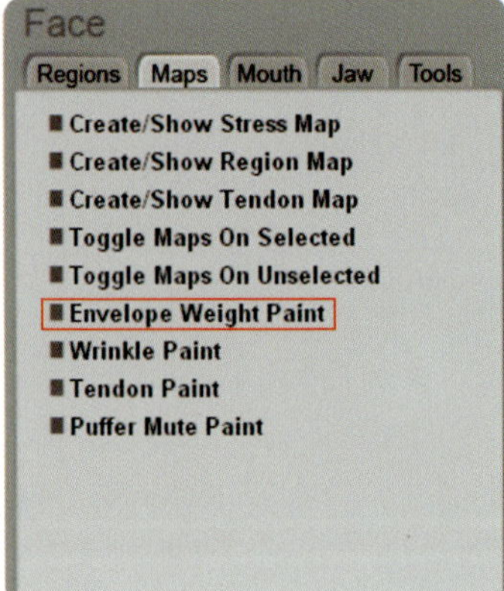
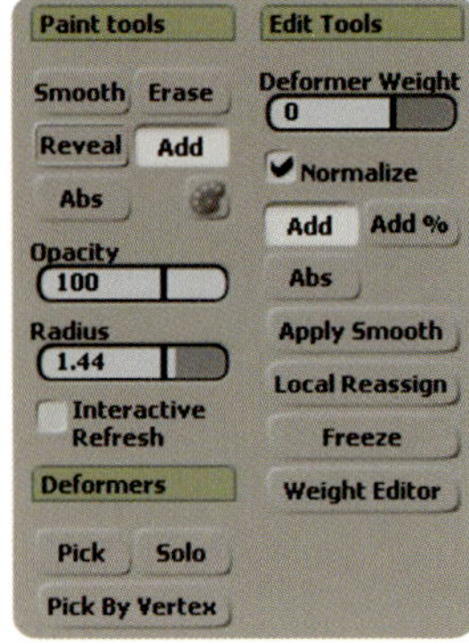

03 Envelope deformer를 선택하기 위해 Weight paint 패널(단축키 Alt + D)에 있는 Pick By Vertex버튼을 클릭합니다.

얼굴 모델링 위에서 커서를 움직이며 작업을 진행하면 Deformer중 가장 가까운 Vertex는 혼합된 칼라에서 밝은 빛이 비춰집니다.
Deformer's 이름이 디스플레이됩니다. 이후 작업에서 Deformer's 이름으로 선택할 수 있습니다.
Deformer를 활성화하기 위해 Vertex를 클릭합니다.

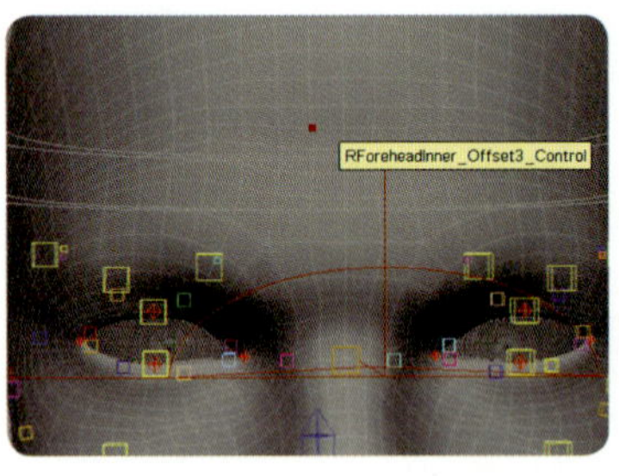
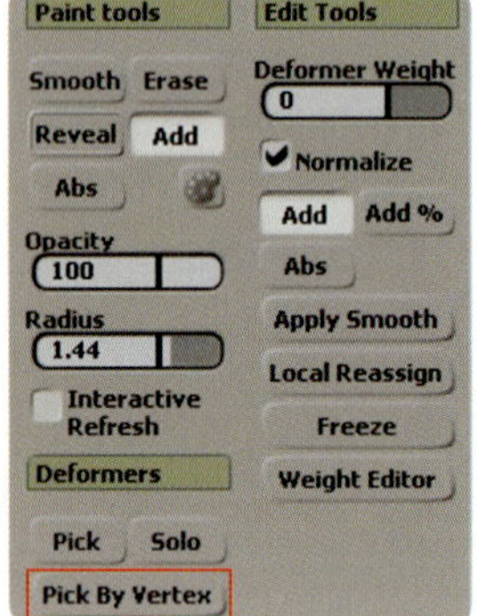

04 마우스 Right-click을 하면 Pick by Vertex tool에서 나갈 수 있습니다. W 키를 누르면 Paint brush tool이 활성화됩니다.

05 Weight painting mode에서 나가려면 Esc 키를 누르거나 혹은 Space bar 를 사용합니다. 다른 방법으로는 🖌 아이콘을 클릭하거나 왼쪽 하단의 🖱🖌🖌 에서 맨 오른쪽 아이콘을 클릭합니다.

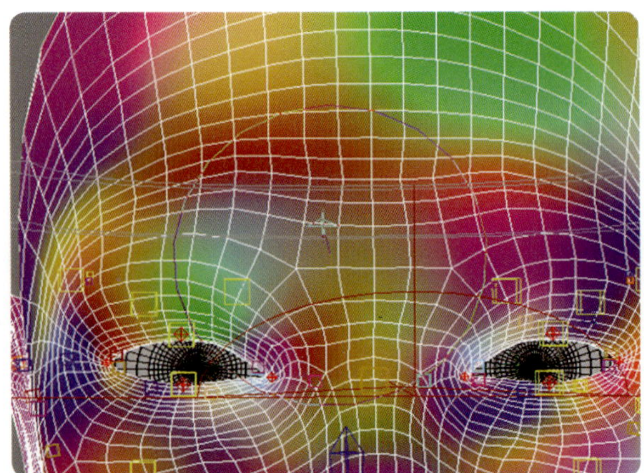

4. Soft Tissue를 Sculpting하기

특별한 모양을 만들기 위해 모델링을 틀거나 비트는 표현을 위해, 얼굴 모델링에서 다른 영역을 Sculpting하는 것은 매우 중요한 기술입니다. 이를 위해 페이스로봇에서는 Special mesh를 생성하며 이 생성된 Mesh를 Sculpt한다면 Geometry의 변화된 모양을 볼 수 있습니다.

 **01** Viewport에서 있는 얼굴 모델링에 Animation control를 선택한 후 Sculpt하고 위치시킵니다.

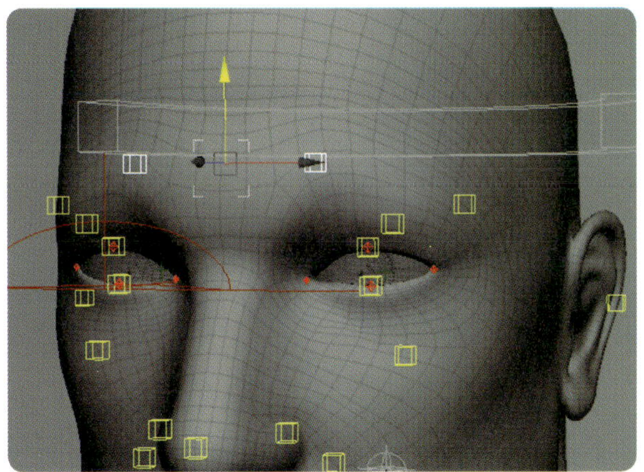

02 Tune 패널에 Sculpt 영역에서, 적절한 Appropriate 버튼을 클릭합니다.

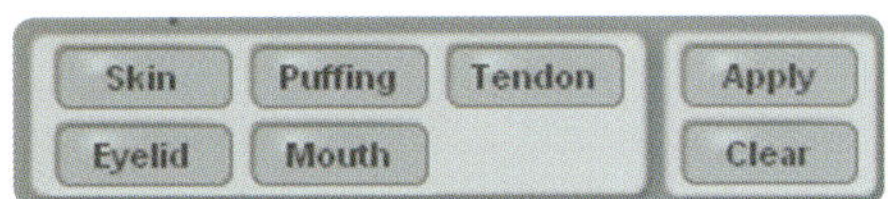

① Puffing – Sculpting을 보세요. Cheek Puff Area입니다.
② Tendon – Sculpting을 보세요. Tendon Area입니다.
③ Eyelid – Eyelid Area 를 Sculpting 합니다.
④ Mouth – Mouth Sculpting 보기

Skin, Tendons, Mouth, Eyelids, 또는 Puffing… 그 이마와 목과 턱 영역을 Sculpt하기 위해 Skin 버튼을 클릭합니다.
Special sculpt mesh는 blends 작업시 다음 그림처럼 반투명으로 변합니다.

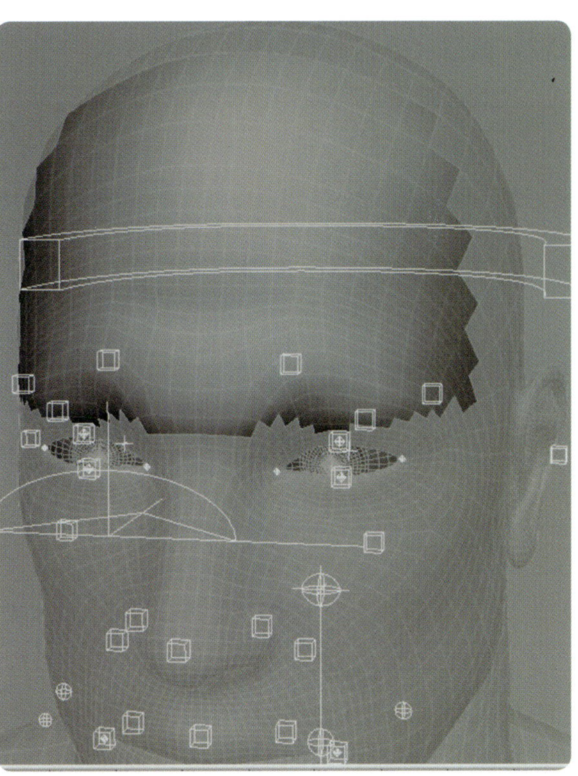

03 포인트를 움직이면 원하는 메쉬(Mesh)를 Sculpt 할 수 있습니다.

04 [The Tweak Component tool] : Tag the points(단축키 [T])을 선택한 후 [M] 키를 누릅니다. Edges 또는 Polygons points를 움직일 수 있습니다.

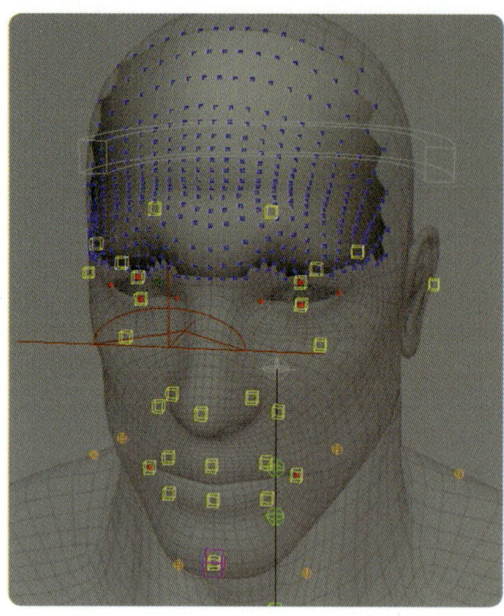
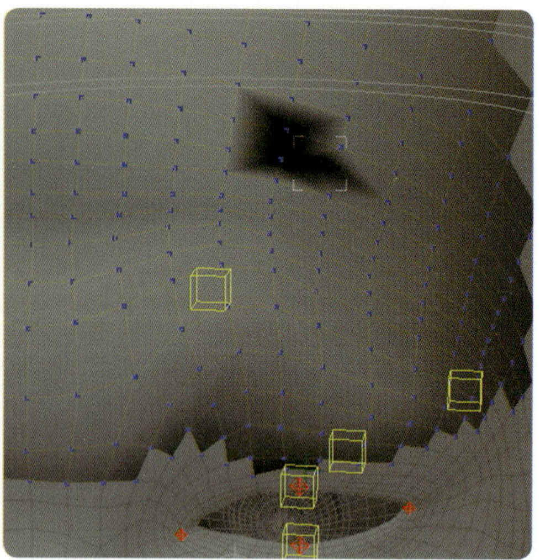

05 [The proportional modeling tool] : Main command 패널에서 [Prop] 버튼을 누르고 [M] 키를 누른 후 폴리곤을 움직일 수 있습니다.

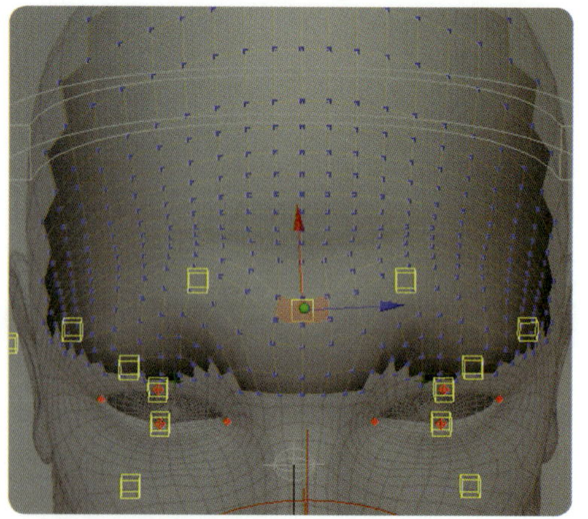

06 [Weight painting tool] : [W] 키와 Paint values와 Weight map([Ctrl] + [W] 키를 누르면 Paint brush properties이 활성화됩니다).

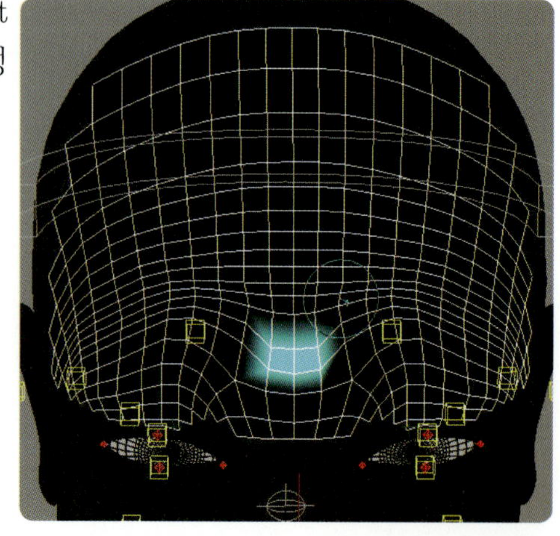

 **07** Sculpt 〉 Apply button을 클릭합니다. 변화된 Sculpting mesh가 적용됩니다.

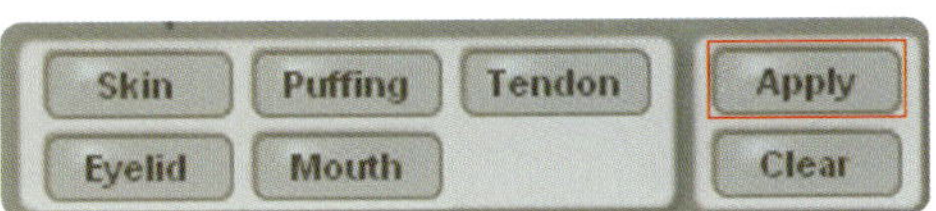

이 Sculpt는 약하게 혹은 강하게 작업된 모양과 같이 적용되고 또는 사용하는 것을 삭제하고 History(see below)를 Sculpt하는 모양으로서 저장됩니다. Sculpt 〉 Clear 버튼을 클릭하면 데이터가 초기화됩니다.

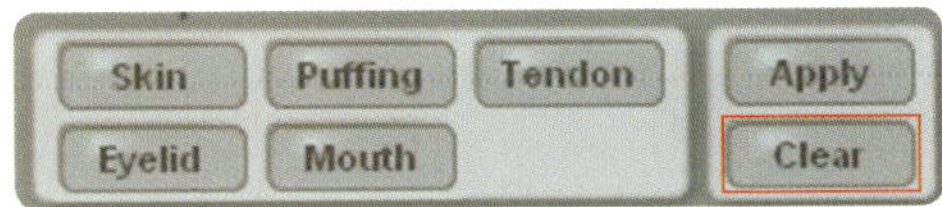

 **08** 작업이 끝나면 Act 패널로 가기위해 Tune 패널 아래에 Act 버튼을 클릭합니다. Face 〉 Select 탭에, Reset All button을 누르면 Animation controls로 돌아갑니다.

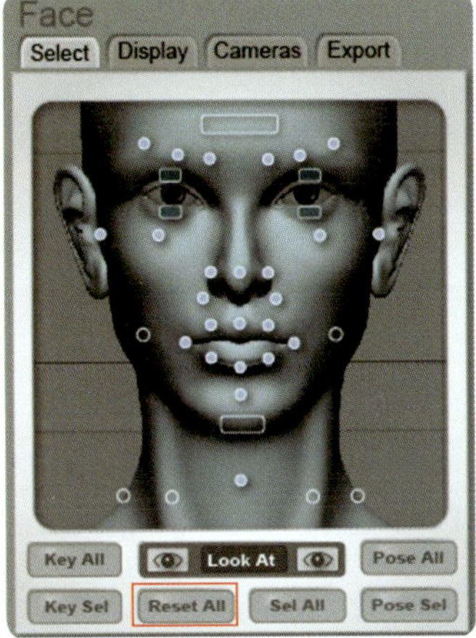

09 Animation control를 움직이면 Sculpting하기 시작할 때 Geometry에서 만들어진 데이터가 포함됩니다.

5. Sculpt History 활용하기

얼굴 모델링에 Sculpt한 후에 Sculpt history를 사용하실 수 있습니다. Sculpt history에서는 Sculpt history 저장된 데이터를 이용하여 다시 조절할 수 있고 또는 삭제할 수도 있습니다.

01 Tune 패널에 있는 Face 〉 Tools 탭을 클릭하면 Sculpt History가 선택됩니다.

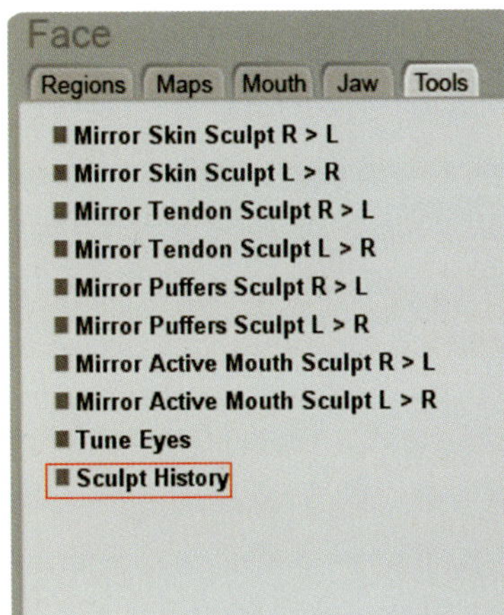

 **02** Options 영역에서 아래와 같이 사용할 수 있습니다.

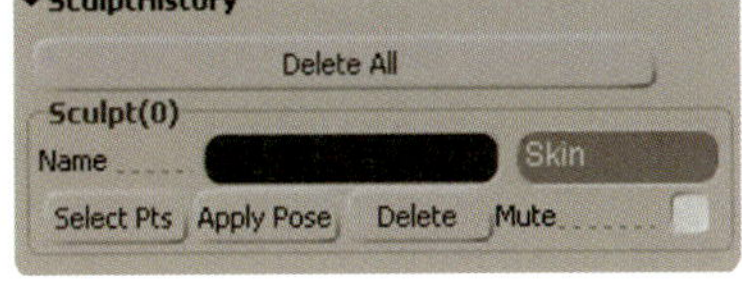

텍스트 상자에서 원하는 Sculpt 이름을 입력합니다. Sculpts history 데이터를 전부 삭제하기 위해서는 Delite All 버튼을 클릭합니다.

STEP 02 Wrinkle Maps

Wrinkle map은 Weight map에 영향을 미치게 되는데 Wrinkle map은 Strength 에 적용된 데이터 값과 반대의 데이터를 생성합니다.

Strength는 작업된 영역의 주름 지도가 부푸는 것을 막고 그 대신에 주름(Wrinkles)을 새로 만드는 동안 설정된 모델링을 부풀게 만드는데 이 기능을 이용하면 좀 더 세밀한 얼굴 표현 작업이 가능합니다. Wrinkle map 페인트하기 전에, 수정된 모델링에 대해 Wrinkle areas를 만들어야 합니다.

1. Wrinkle Maps에서 Painting 작업하기

01 Tune 패널에 있는 Face 〉 Maps 탭으로부터 Wrinkle Paint를 선택합니다.

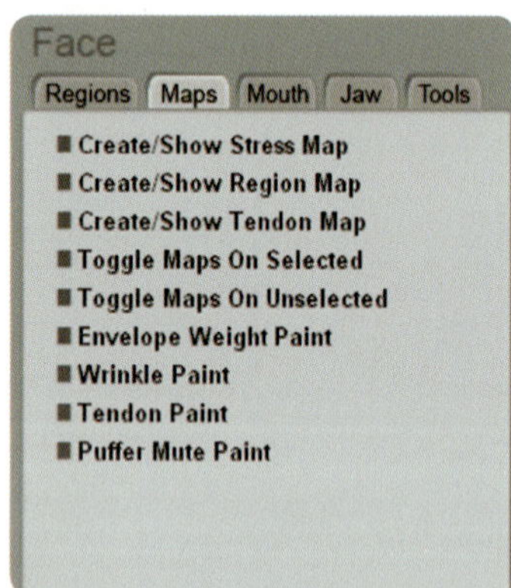

03 Esc 를 누르거나 Space bar 를 사용해서 Weight painting mode에서 나갈 수 있습니다.

02 머리 위로 커서를 움직이면 Weight paint tool로 변합니다.

페인트 할 때 노란 영역(100% is pure yellow)이 보이게 되는데 이는 주름의 표현하는 기능을 합니다.

> **참고 |** 주름이 들어갈 부분은 Edge를 추가하여 3줄로 표현하는 것이 좋습니다. 3줄 표현을 해야지만 주름이 좀 더 잘 표현되기 때문입니다.

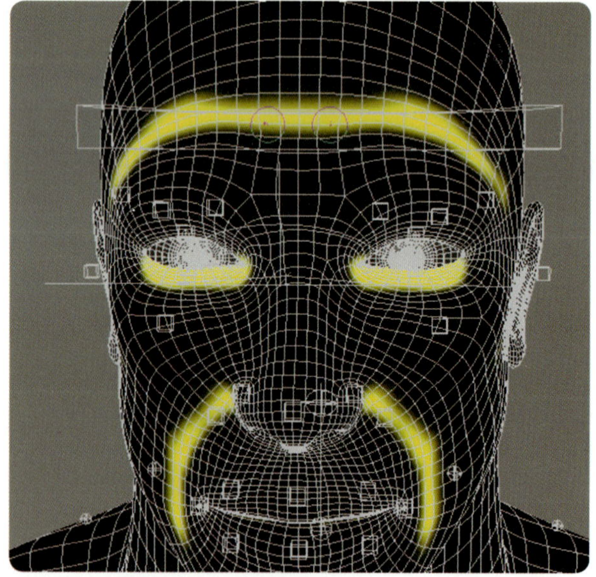

예를 들면 눈(Eye bag area) 아래에 노란 영역을 페인트 한다면 Wrinkle map의 영향은 Eye bag region deformer를 위해 설정한 Strength와 정반대의 기능입니다.

STEP 03 Region Deform Areas 조절하기

얼굴 각각의 영역은 특정한 Deformer를 가지고 있습니다.

Different areas에 있는 simulate tissue 압축을 위해 얼굴에서 뺨이 웃거나 주름잡는 방법같이 또는 뺨이 입의 내부를 불룩하게 하는 것처럼 여러 가지 변형이 가능하며 Deformer가 영향을 미치는 영역에서 각각의 Deformer 힘을 조절할 수 있습니다.

또한, 유저는 표정변화를 위한 Weight map를 페인트 함으로써 각각의 영역에 대해 그 크기와 Falloff를 조절할 수 있습니다.

01 Viewport에서 얼굴에서 조절하기 위해 원하는 곳의 애니메이션 제어를 선택합니다.

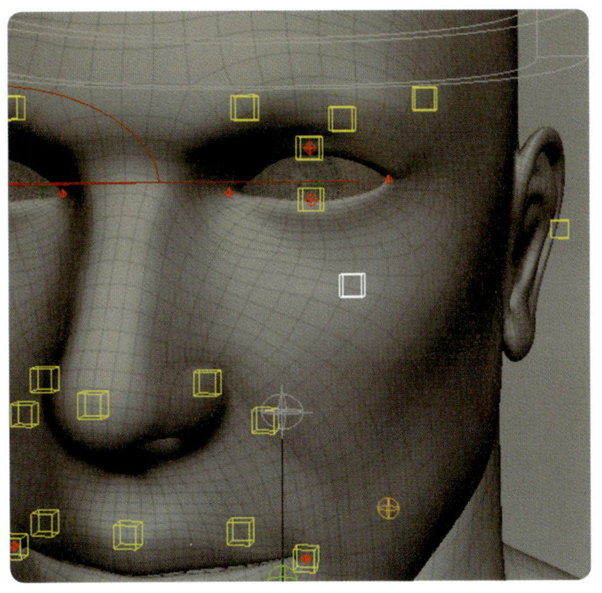

02 Face 〉 Regions 탭에서 얼굴을 움직여 일치한 영역을 클릭합니다.

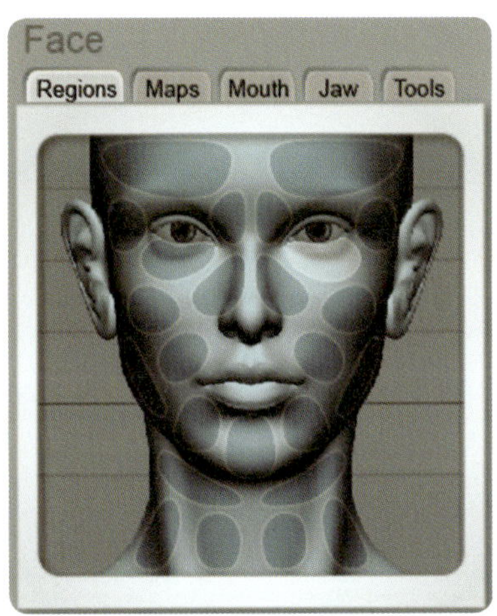

03 Animation control이 활성화될 때 부푸는 힘이 적용되는 것을 결정하는 값인 Strength을 설정합니다.

이 Value는 페인트 작업을 한 Weight maps과는 다른 방법으로 조절됩니다.

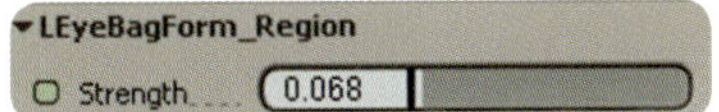

04 얼굴 영역을 변화시키기 위해 Options 패널에 있는 그래프로 프로파일 곡선을 조절하면 Ease-in과 그 영역에 대한 Ease-out은 그 Deformer에 의해 영향을 줄 수 있습니다. 즉 곡선은 휘어지는 모양입니다.

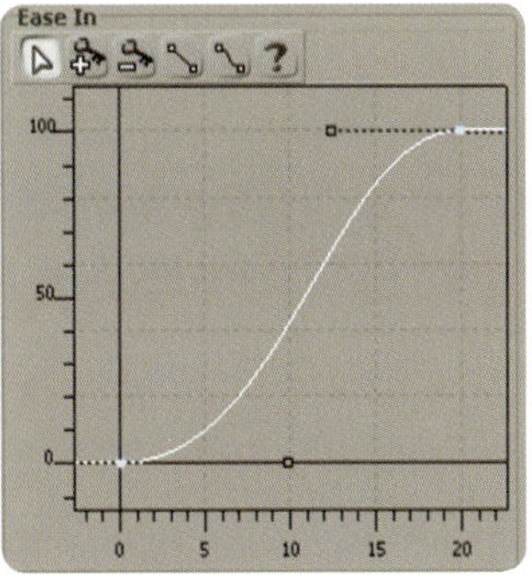

05 Act로 돌아가 애니메이션을 적용시키면 선택했던 부위가 심하게 일그러져 있는 모습을 볼 수 있습니다.

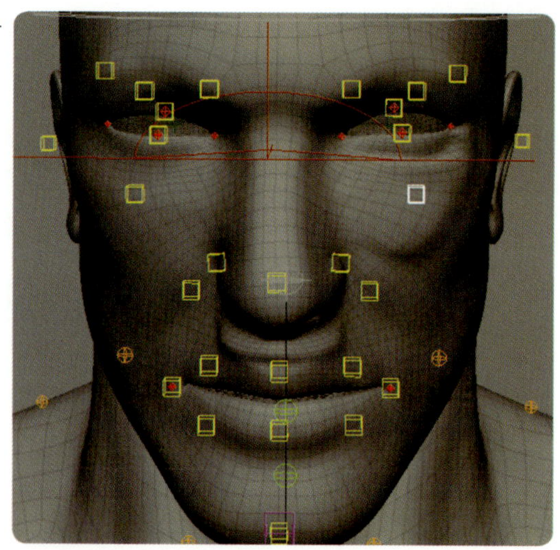

STEP 04 # Region's Area

Polygons은 각각의 Region's 영역에 포함되며 포인트를 이용하여 변화시킬 수 있습니다.
이 특징은 훅훅 부는 뺨과 힘줄 영역 Deformers에 대해 지원되지 않습니다. Region's 영역에 Polygons 혹은 Points를 더해야 합니다.

1. Region's Area에서 Points/Polygons 바꾸기

02 Head 오브젝트를 선택한 후 Main command 패널중 Select 패널에서 Point나 Polygon 버튼을 클릭합니다.

03 추가할 영역 오브젝트를 돌려가며 선택하고 Regions에서 수정할 부위를 선택한 후에 선택합니다.

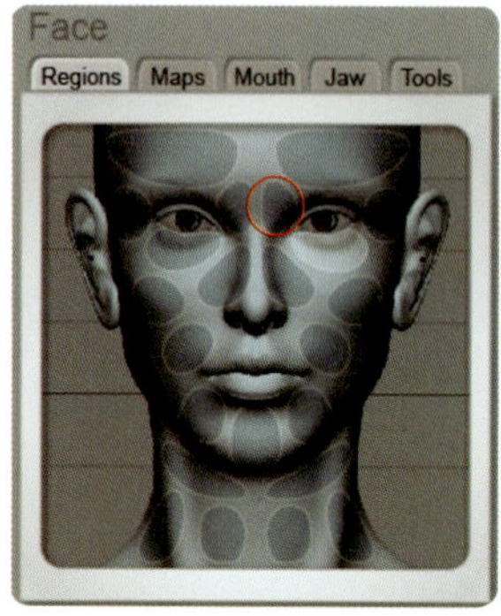

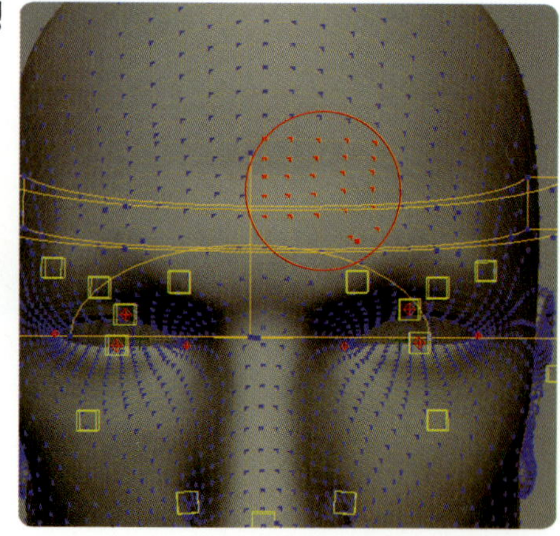

04 Modify Region with Selected에 Add를 눌러 주세요.

05 Recalculate Falloff Paint option을 선택하면 자동으로 New region area가 생성됩니다.

06 선택영역이 추가된 모습을 확인할 수 있습니다. 선택된 영역을 페인트하거나 그 영역을 Sculpt할 때 새로운 영역의 결과를 체크할 수 있습니다.

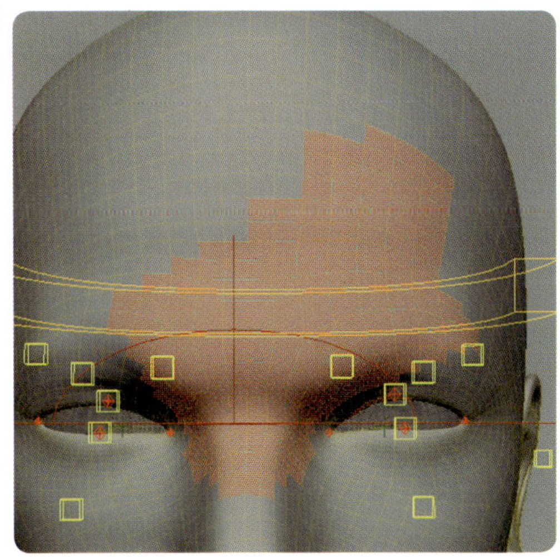

2. Region's Area에서 Points/Polygons 제거하기

01 Head 오브젝트를 선택한 후 Face 〉 Regions tab에서 얼굴의 움직이는 영역을 클릭합니다.

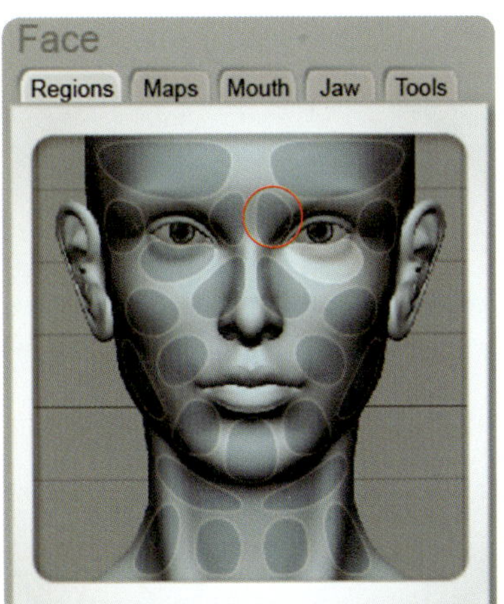

02 Main command 패널에 Select 패널에서 Point이나 Polygon 버튼을 클릭합니다.

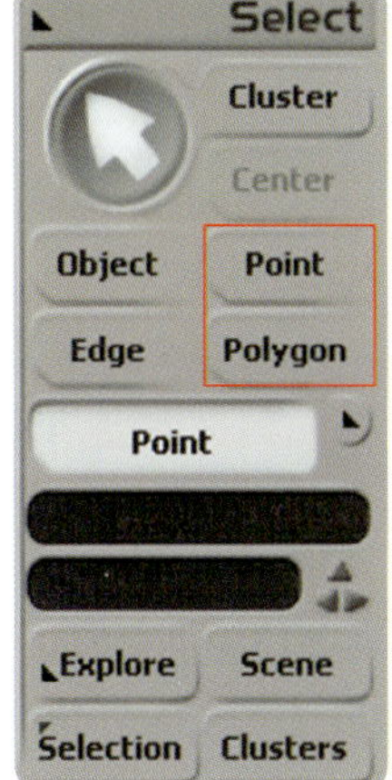

03 머리에 선택한 포인트나 폴리곤에서 다시 Remove시킬 영역을 선택하고 Regions 탭에서 부위를 선택합니다.

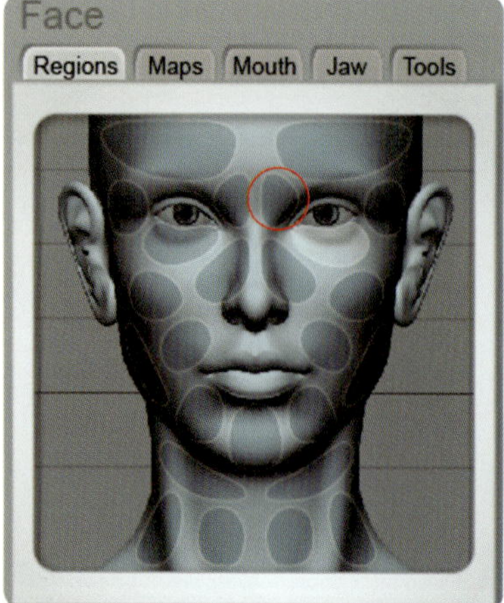

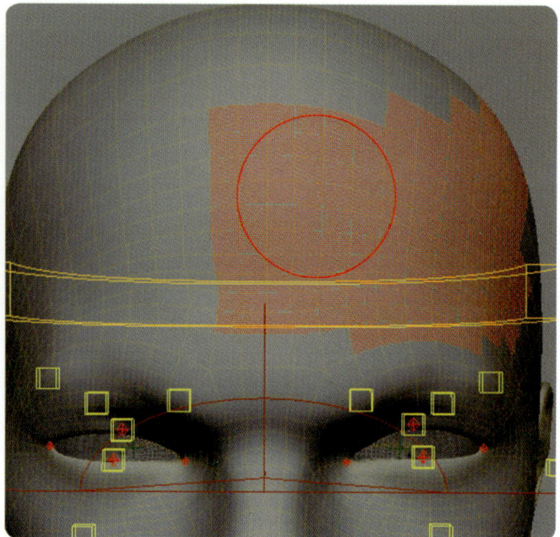

04 Tune 패널에 Options 영역의 Modify Region에서 Remove 버튼을 클릭합니다.

05 Recalculate Falloff Paint 옵션을 선택하면 자동으로 그 새로운 Option 영역의 감소를 재계산합니다.

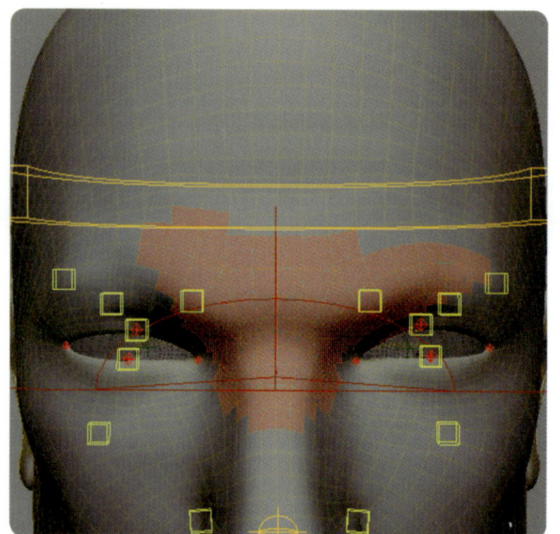

06 영역을 페인트 하거나 Sculpt 할 때 새로운 영역 결과를 검사할 수 있습니다.

3. Regions에 Painting 하기

Face 〉 Regions 이미지에 디스플레이 된 각각의 영역이 각각의 Region's 에 증감의 영향을 줄 수 있게 Weight map을 페인트 할 수 있습니다.

01 Face 〉 Maps tab을 클릭하고 Toggle Maps On Selected를 선택한 후 Head 오브젝트를 선택합니다.

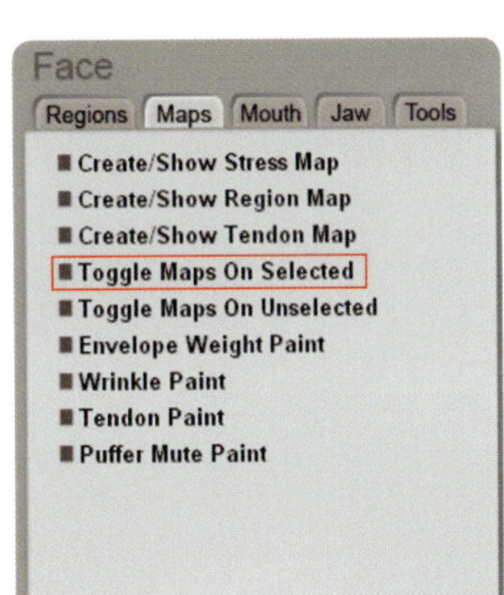

02 weight map 영역에 있는 페인트 작업을 진행합니다. Face 〉 Regions 탭 쪽에 얼굴을 움직여 영역을 선택합니다.

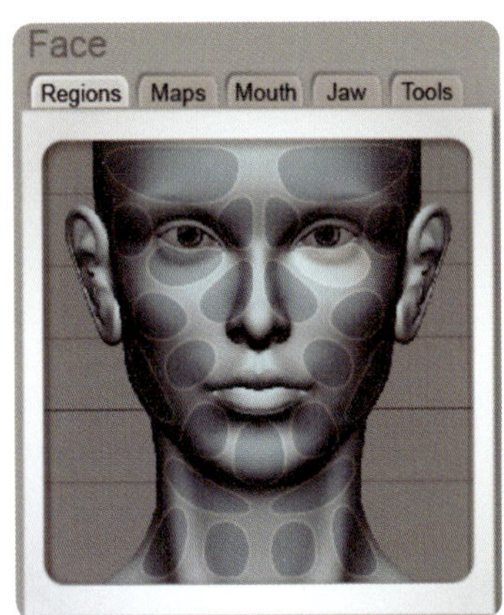

03 이 Options 영역에서, Modify Region Falloff 〉 Paint 버튼을 클릭합니다. 또는 Shift 키를 누른 상태에서 Face 〉 Regions 탭 쪽에 얼굴 영역을 클릭하며 선택합니다.

04 Shift 키를 풀고 머리 위로 커서를 움직여 Weight paint tool를 활성화합니다.
페인트할 때, 터키옥색은 "1"의 값에서 "100"까지 조절할 수 있으며 100%일 때 영향을 가장 많이 받습니다. 작업진행시 페인트 하는 동안 Alt 키를 누르신 상태에서 작업을 진행합니다. 작업이 완료되면 Esc 키나 Space bar 를 눌러줍니다.

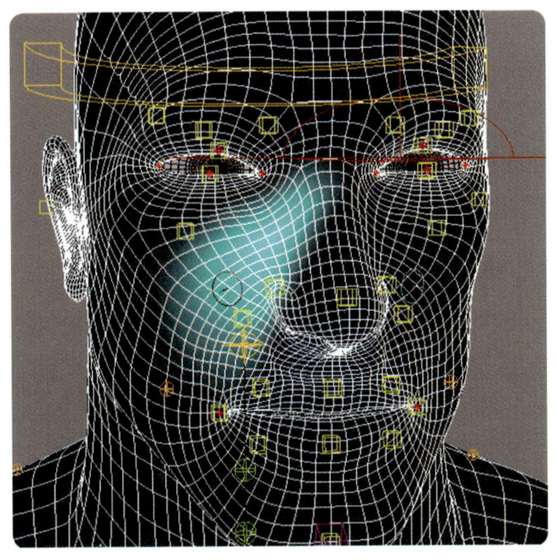

05 Face 〉 Maps tab을 클릭하고 Map display 에 있는 Tendon Maps 을 선택합니다.

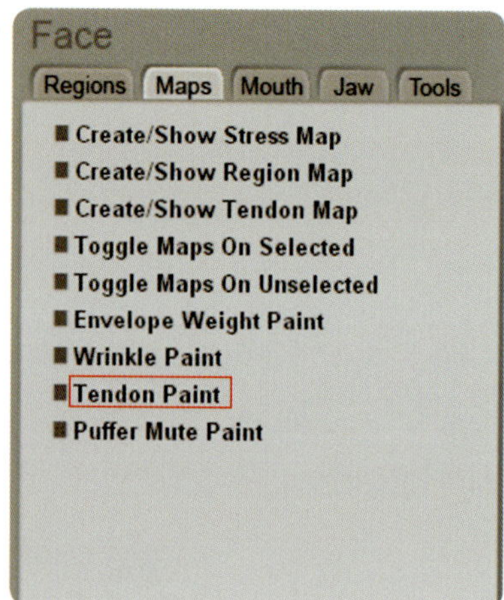

Tendon maps는 어떤 주름, 혹 불기 및 적용한 영향이 조절한 영역 Deformers를 위해 설정한 Strength를 디스플레이합니다.

Region map를 새로 만들기 위해 Face 〉 Maps 탭으로부터 Create/Show Region Map을 선택합니다.

다양한 얼굴의 표정을 만들기 위한 Stress maps은 다른 얼굴 자세 등이 게임 에 맞는 Normal maps 등의 사양으로 섞거나 만들 수 있습니다.

이 방법으로 페이스로봇을 다른 얼굴 표정으로 Normal maps을 생성시킬 수 있습니다.

06 Stress map을 새로 만들기 위해 Face 〉 Maps 탭에서 Create/Show Stress Map을 선택합니다.

Region map의 영향 없이 Tendon map 위에서 Strength 결과를 보여주는 Tendon stress map을 새 로 만들 수 있습니다.

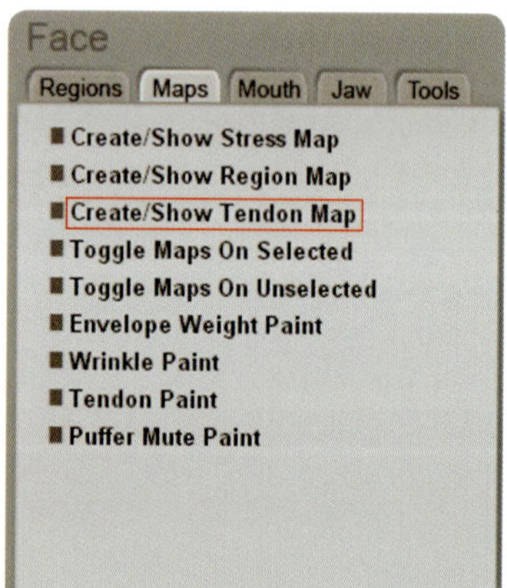

07 Tendon stress map을 새로 만들려면 Face 〉 Maps 탭으로부터 Create/Show Tendon Map을 선택합니다.

STEP 05 Mouth에서 Sculpting나 Fixing하기

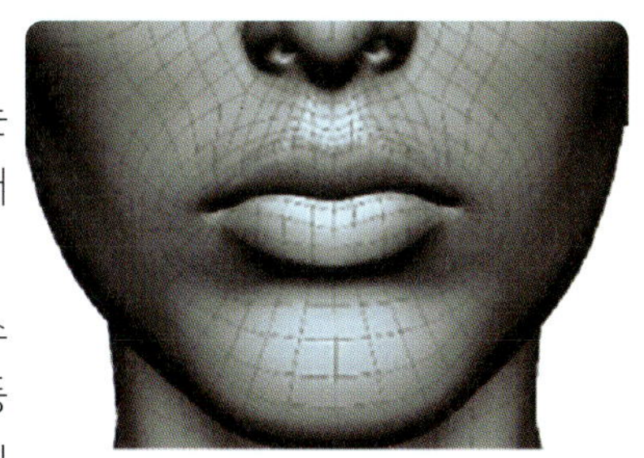

입은 얼굴 모델링에서 가장 복잡한 모델링 부분중 하나입니다.
또한 애니메이션 작업시 가장 중요한 결과물로 최종 애니메이션 되는
부분이기도 합니다. 이런 어려운 부분에 대한 작업을 페이스로봇에서
는 쉽게 작업할 수 있습니다.
입모양의 세부표현으로 여러 가지 감정 표현을 할 수 있습니다. 미소
진 모습을 예로 들면 뺨에 대한 피부 긴장은 감소되고 귀는 머리 등
으로 약간 당겨집니다. 피부와 지방질의 직물이 압축되고 두개골 위
로 미끄러짐에 따라 뺨은 밖으로 부푸는 현상이 일어납니다. 얼굴의 자세한 표정을 잡는 것은 애니메이션
작업시 매우 중요한 일 중에 하나입니다.

1. Mouth Display 옵션 살펴보기

Act 패널에서 몇 가지 선택을 할 수 있는 디스플레이창을 볼 수 있습니다. 이 기능으로 입을
Tuning과 Sculpting 할 수 있습니다.

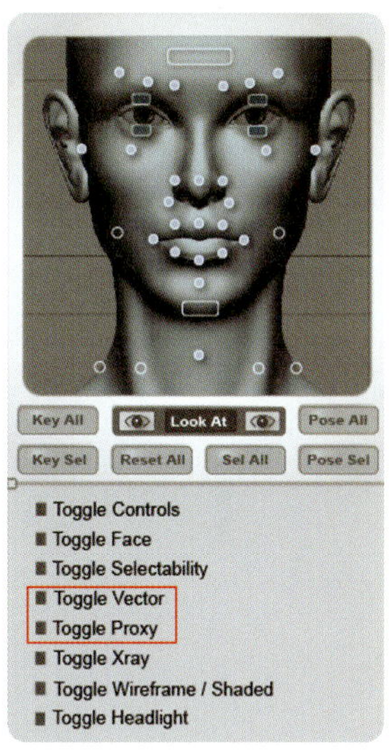

2. Mouth에서 Fixing Problems과 Regenerating하기

"Stage 3"에서 작업한 "입" 주위의 Landmarks 한 부위가 정확하게 설정되었는지 다시 한번 체크해 볼 수 있습니다.
물론 "Stage 3"에서 정확하게 설정 되었다면 다시 설정할 필요가 없겠지만 만일 일부분이라도 수정해야 할 부분이 생겼
다면 다시 수정할 수 있습니다.
입 구석 포인트를 고를 때는 입술 분할을 형성하기 위해 내부의 주름과 정확히 동일선에 있도록 주의해야 합니다.
만일 정확한 위치에 있지 않는다면 다시 Stage 3(Fitting 이전으로)에 저장된 모델로 돌아가 다시 Reposition 할 수 있습니다.
입 클러스터에 포함되는 포인트는 그 코, 입, 그리고 턱 경계표의 "Stage 3"에서 작업한 것에 영향을 받습니다.

3. Mouth cluster 고정시키기

01 Tune 패널에 있는 Face 〉Mouth 탭을 클릭, Tune Mouth를 선택합니다.

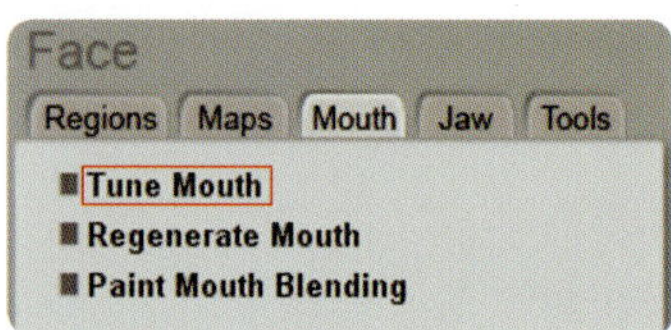

02 Options 영역에서, Mouth Clusters 〉Select Mouth 버튼을 클릭합니다.
또는 Explorer에서 Face 〉Actor 〉Head 〉Polygon Mesh 〉Clusters
folder 〉MouthRegion을 클릭하셔도 됩니다.
Cluster's points는 Viewport에 있는 얼굴에서 선택합니다.

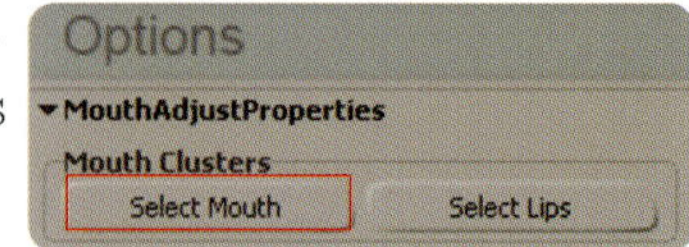

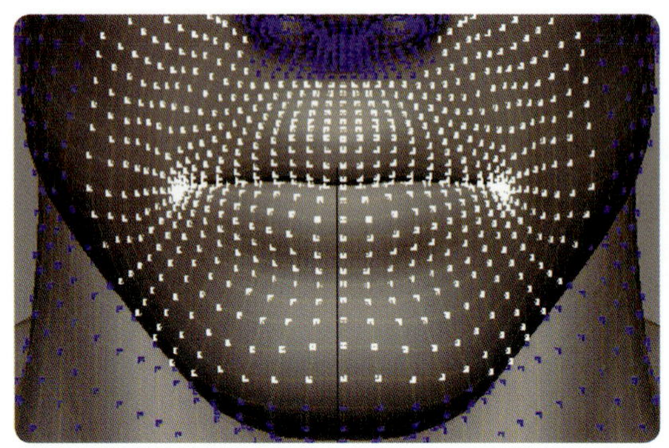

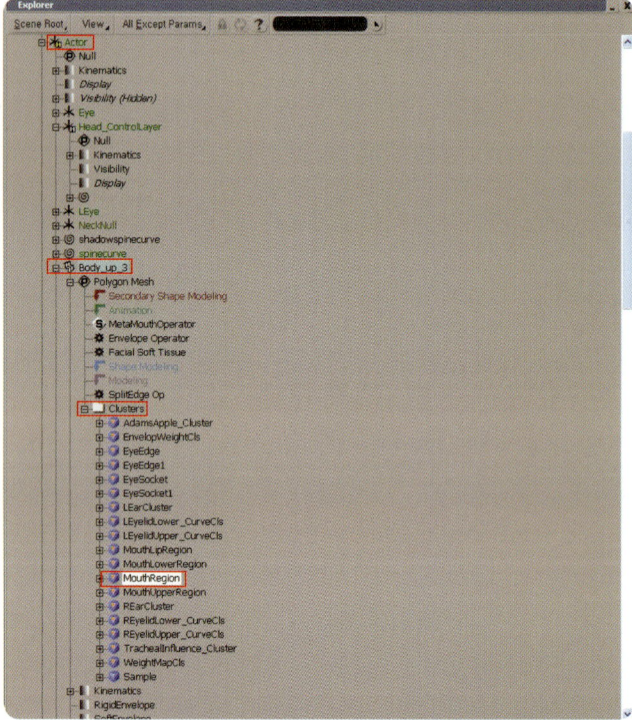

03 Cluster를 더하거나 빼는 것을 조절합니다.
포인트를 더하기 위해 Tag(단축키 T)를 주고 추가하
거나 제거할 포인트를 선택합니다.

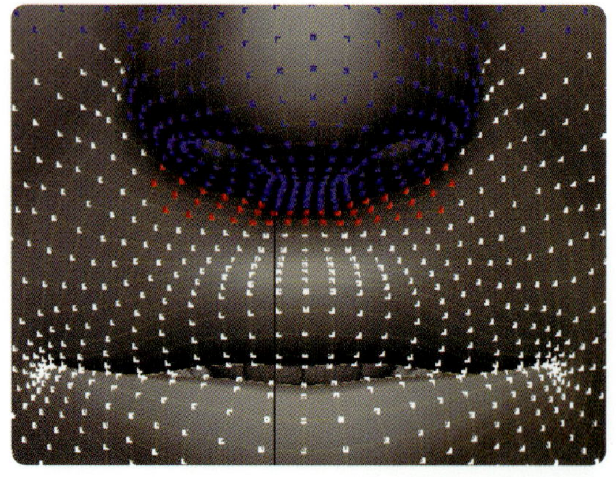

04 선택이 끝나면 Main Command Panel의 Edit 〉 Cluster Add / Remove를 누르거나 또는 Main Menu bar의 Edit 〉 Add to Cluster / Remove Cluster를 눌러줍니다.

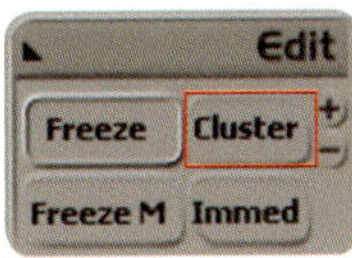

처음작업으로 되돌리기 위해서는 Zero(neutral) pose로 되돌려 줍니다.

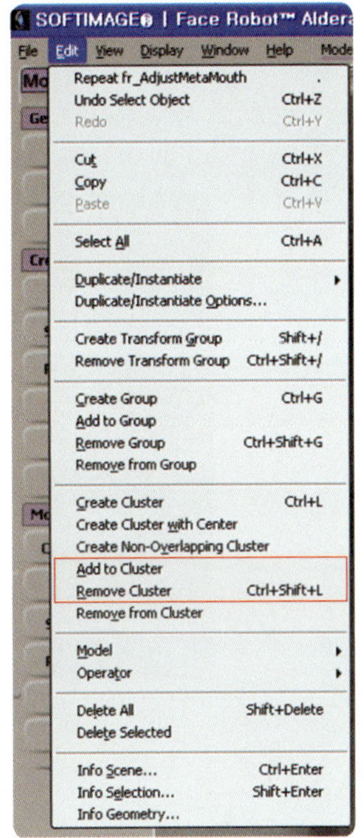

05 Face 〉 Mouth 탭에 Regenerate Mouth를 선택합니다.

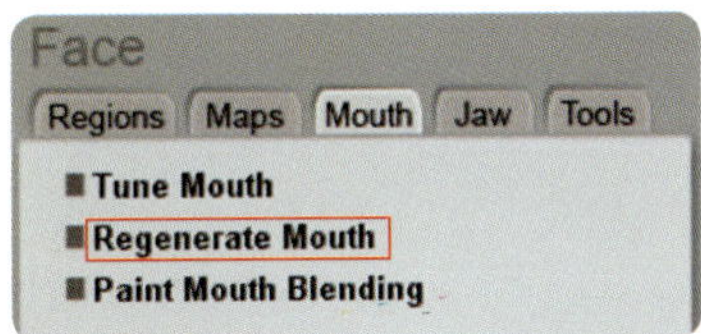

06 애니메이션을 다시 작업하며 원하는 애니메이션을 얻을 때까지 테스트합니다.

4. Mouth에서 Sculpting 하기

다양한 입 애니메이션 표현을 위해 Deformers를 Sculpting하는 것은 주된 방법 중에 하나라 볼 수 있습니다. 본 장에서는 입 Sculpt하는 방법을 설명합니다.

01 얼굴 Viewport에서 Mouth 영역에 있는 애니메이션 컨트롤을 선택하고 Sculpt 하기 원하는 곳에 위치시킵니다. Tune 패널 아래에 Sculpt 영역에서 Mouth 버튼을 클릭합니다.

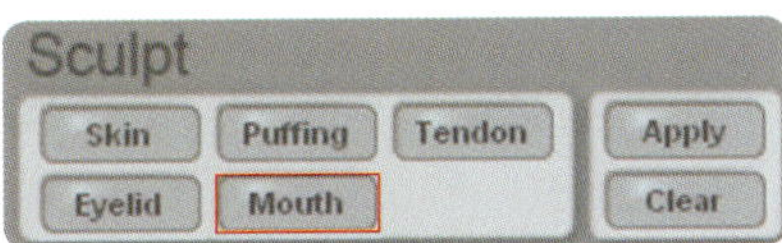

02 아래와 같은 그림이 나옵니다.

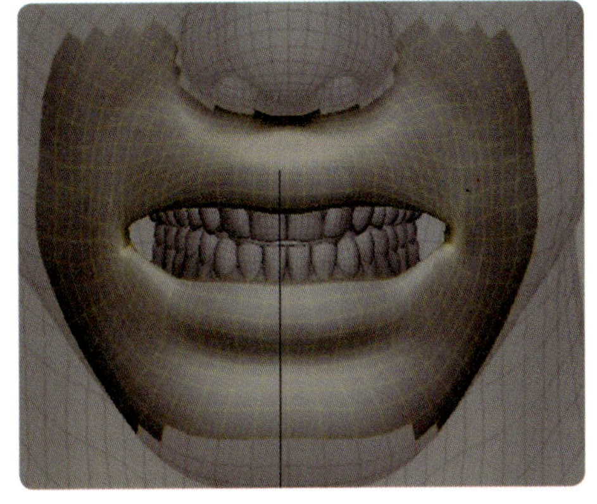

03 Select 를 포인트(단축키 `T`)로 바꾸고 Tweak 툴(단축키 `M`)을 이용하여 Point, Edge, Polygon을 조정하면서 Mesh를 Sculpt합니다.

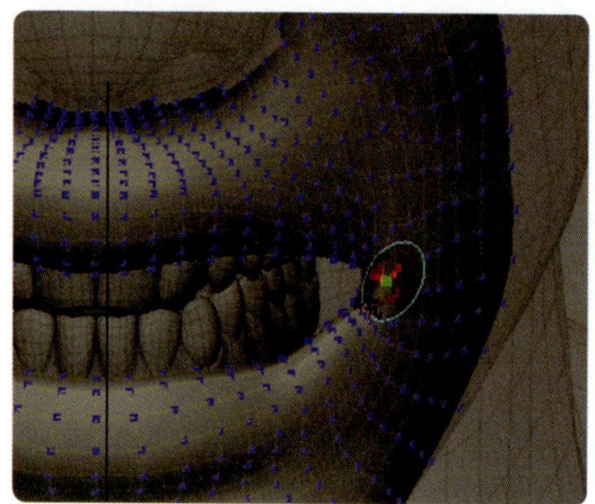

04 조절한 Sculpting 결과를 보기위해 Sculpt 〉 Apply 버튼을 클릭합니다.

원래의 작업으로 돌아가려면 Sculpt 〉 Clear 버튼을 누르세요.

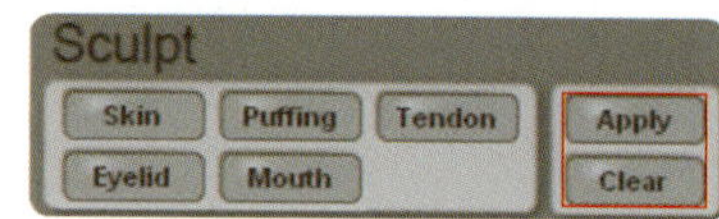

05 작업이 끝나면 Act 패널로 가기위해 Tune 패널 아래 ◀Act 을 클릭합니다. Face 〉 Select 탭에서 애니메이션 데이터 초기를 원하면 Reset All 버튼을 클릭합니다

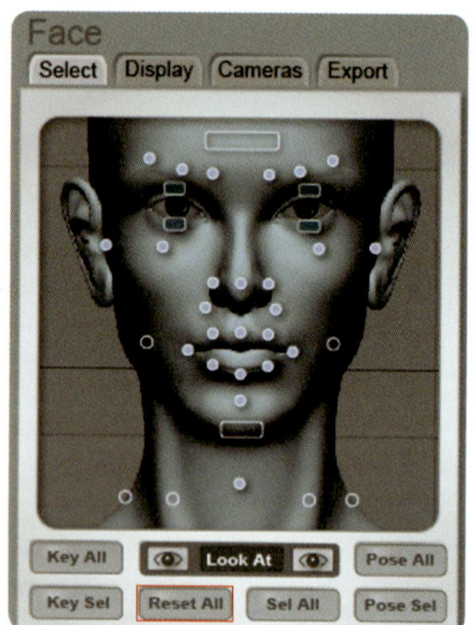

5. Sculpt Falloff 조절하기

언제나 Sculpt를 적용하려하면 Sculpt Proximity parameter는 Tune Mouth 매개변수에 추가됩니다. Falloff 을 하려면 Sculpt 합니다. Sculpt를 "0"에서 "1"의 값으로 조절합니다. "0"은 어떤 영향도 받지 않고 "1"은 최대치의 영향을 받습니다.
Name 텍스트 상자에 이름을 넣으면 작업시 찾기가 편리합니다. Apply Pose를 클릭합니다. Sculpt하면서 작업하신 데이터가 새로 만들어집니다.

6. Mouth Sculpts를 Mirroring 하기

Mouth Sculpts 데이터에 대한 미러링(Mirroring) 기능을 사용하실 수 있습니다. 예를 들어 왼쪽 입의 움직임을 오른쪽 입의 움직임으로 적용할 수 있습니다.

미러 기능을 사용하시고 싶으면 Mirror Active Mouse Sculp합니다.

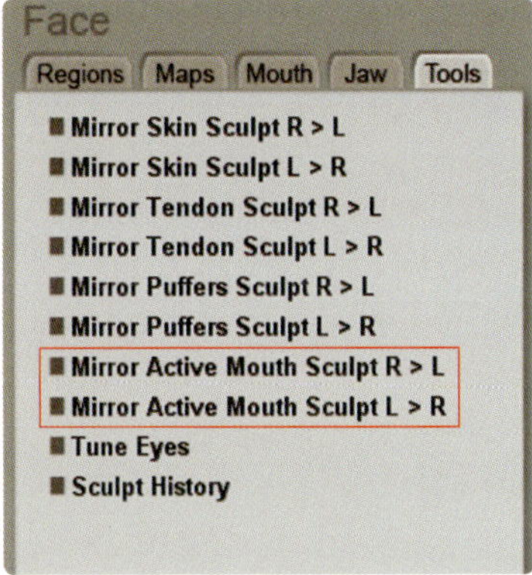

7. Mouth Area에서 Painting 하기

입에 대해 수정 작업을 진행하고자 한다면 그 입 주변에 대해 영역을 설정 할 수 있습니다.

01 Tune 패널에 있는 Face > Mouth 탭을 클릭, Paint Mouth Blending을 선택합니다.

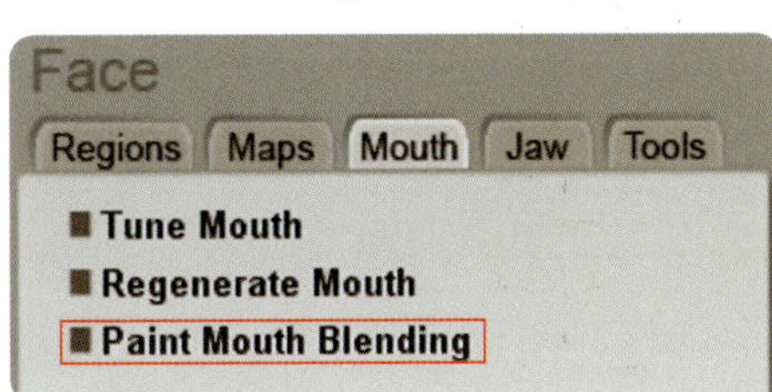

03 Esc 키나 혹은 Space bar 를 누르면 Weight painting mode에서 나갈 수 있습니다.

02 머리 위로 커서를 움직이시면 Weight paint tool로 변환됩니다.

페인트 할 때 "1"(터키옥색)의 정점을 기준으로 조절을 합니다. "0"(검정색)으로 설정하면 움직이지 영향을 받지 않습니다.

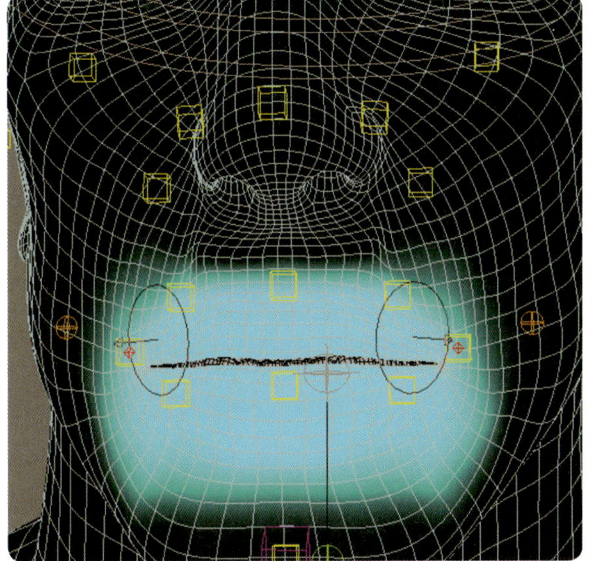

7. Lips과 Mouth Tuning 하기

애니메이션을 적용하고 입 영역을 Sculpted 한 후에, 입 구석의 몇몇의 Fine-tuning을 할 수 있습니다. 이빨의 충돌 및 완충, 입술 그리고 그 안의 입 깊이를 변화시키는 것을 설정합니다.

01 Tune 패널에 있는 Face 〉 Mouth 탭을 클릭한 후 Tune Mouth를 선택합니다.

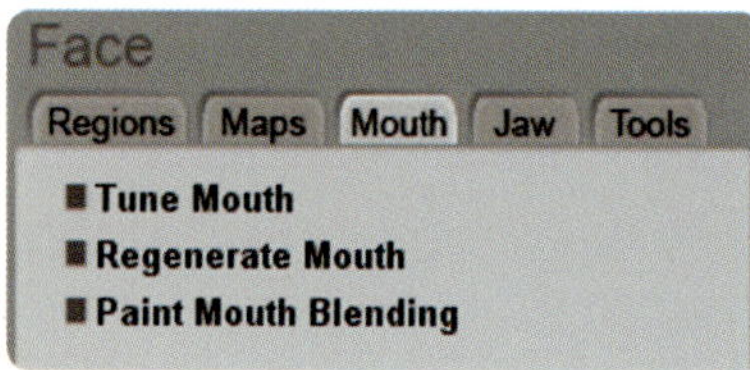

02 Options 영역에서 기능들을 조절할 수 있습니다.

페이스로봇에서는 좋은 입 자세를 가지기 위해 새로운 제어가 가능 하며 이를 위해 충돌 제어 포인트를 가지고 있습니다.

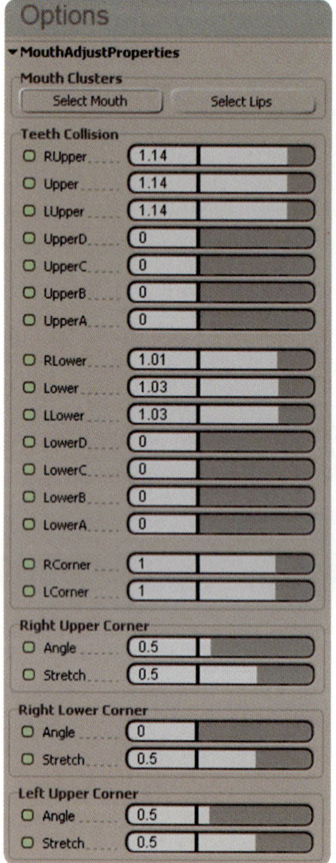

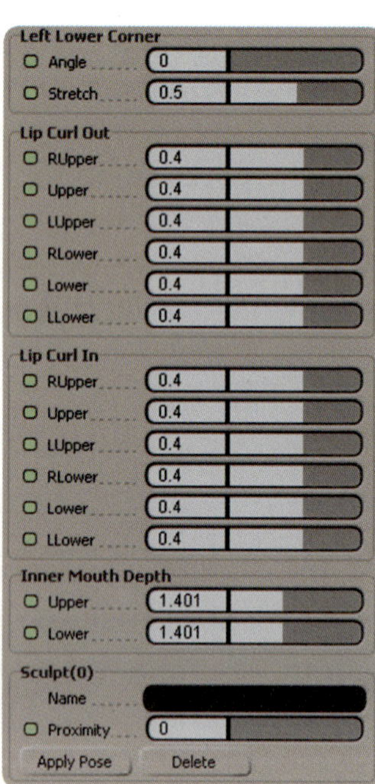

STEP 06 Sculpting한 영역 체크하기

얼굴의 뺨 영역은 많은 얼굴의 운동과 표현에 영향을 받는데 예를 들면, 훅훅 부는 뺨의 모습은 그 행동에 연관되어 뺨의 모양이 위 아래로 변환됩니다. 이를 위해 페이스로봇에서는 다양한 뺨 영역의 근육에 영향을 적용시켜 세부 애니메이션이 가능하도록 도와줍니다.

1. Puff Maps을 Painting하기

Puff map은 Deformers를 내뿜는 빰에 영향 받는 것과 관계된 Weight map입니다.

01 Face > Maps 탭으로부터 Puff Mute Paint을 선택합니다.

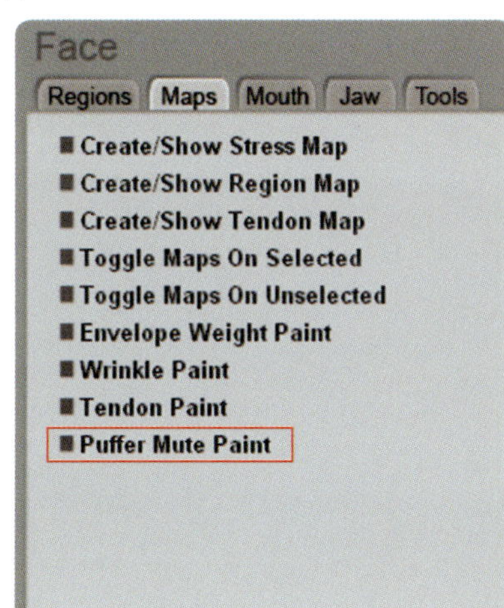

03 Weight painting mode에서 나가려면 Esc 혹은 Space bar 키를 누릅니다.

02 머리 위로 커서를 움직이시면 Weight paint tool로 변합니다.

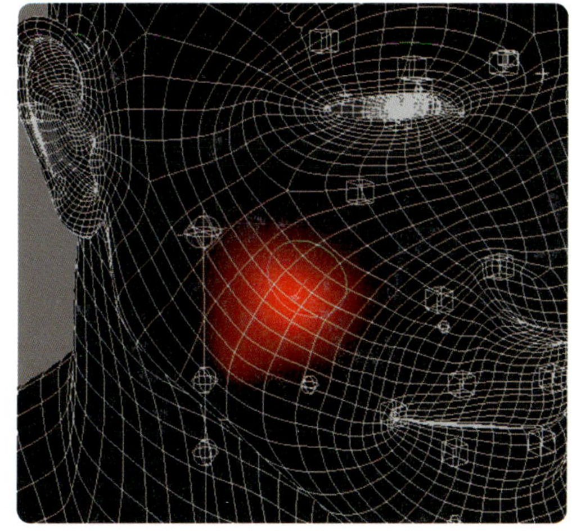

페인트 할 때 Weight value가 증가되는(100%일때 Pure orange 칼라입니다) 오렌지 영역이 보이는데 100의 숫자를 사용할 경우 모델링이 부풀어 오르는 것을 막는 역할을 합니다. 100에서 숫자가 낮아질수록 빰에서 움직이는 영역이 됩니다.

2. Cheek Puff Areas을 Sculpting하기

애니메이션에서 아주 강하고 심한 비틀기 같은 애니메이션, 예를 들어 좀비 모양의 애니메이션 등의 특수한 표현을 하기 위해서는 Deformers를 Sculpting하는 것이 그 표현 방법 중 하나입니다.

01 Viewport에서의 Puffer animation control 를 선택하고 Sculpting하기 위해 원하는 위치로 이동합니다.

02 Sculpt 영역에서 Tune 패널의 아래에 Puffing 버튼을 클릭합니다.

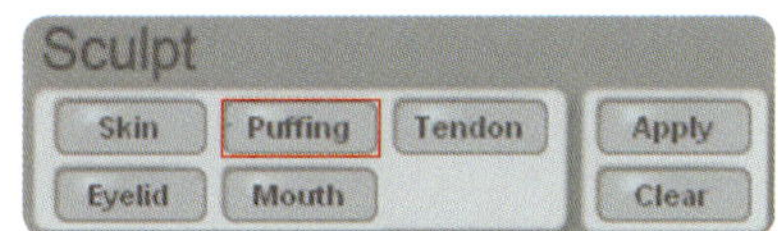

03 페이스로봇은 얼굴 Mesh에서 Sculpt할 수 있게 특별한 Mesh를 생성시킵니다. Special sculpt mesh로 모델링이 반투명으로 되면 아래의 그림과 같이 작업을 진행합니다.
포인트를 움직이시면서 Mesh를 Sculpt합니다.

04 조절이 끝나면 Sculpt 〉 Apply 버튼을 클릭합니다. 원래의 작업 상태로 돌아가려면 Sculpt 〉 Clear 버튼을 클릭합니다.

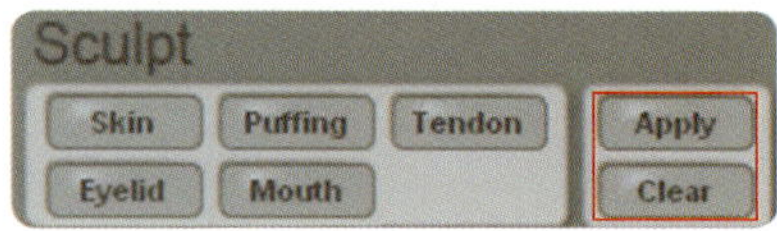

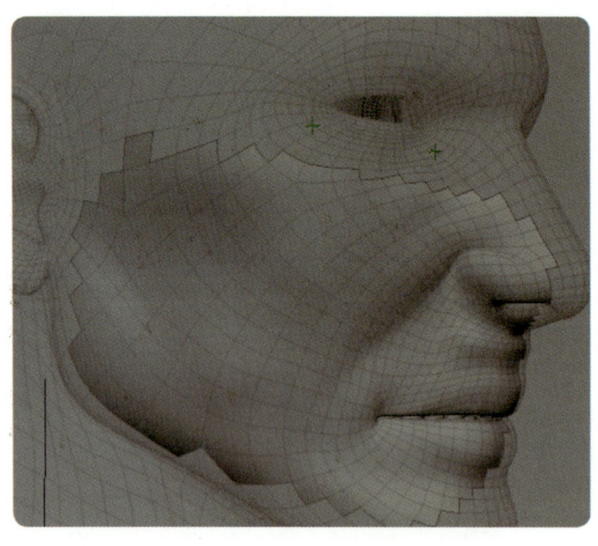

05 작업이 끝나면 Act 패널로 가기위해 Tune 패널 아래 ◀Act 을 클릭합니다. Face 〉 Select 탭에서 애니메이션 데이터 초기를 원하면 Z 키를 누릅니다.

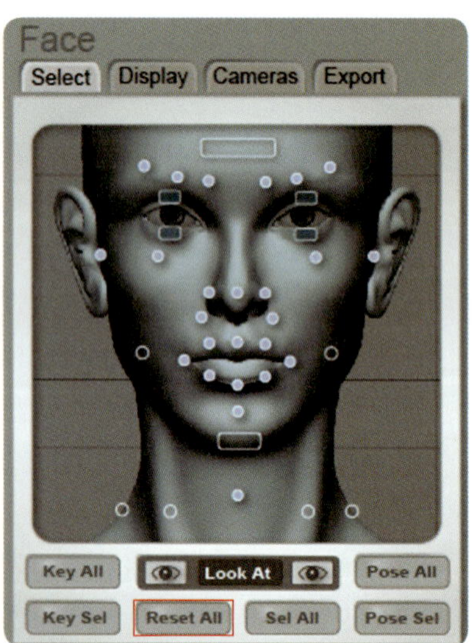

STEP 07 Tendon Areas를 Sculpting하기

목이 모양을 움직이고 변화시킴에 따라, 힘줄, 가슴, 머리 등의 연관된 오브젝트들은 상호 연관된 작용을 합니다. 이로 인해 이를 Sculpting하거나 애니메이트하기 위해 힘줄 등을 변형하기 전에 Weight map을 페인트하게 됩니다.

1. Tendon map에서 Paint 하기

Weight map는 Tendon 변화에 영향을 주는 목의 영역을 덮는 Weight map입니다.
그린 영역을 밖에 부풀게 만들면서 Tendon map values은 Tendon 변화를 위해 설
정한 Strength 값에 정비례하며 Wrinkle과 Puff maps 기능에 반대되는 기능입니다.
Tendon stress map을 새로 만들기 위해 Face 〉 Maps tab으로 부터 Create/Show
Tendon Map을 선택합니다.

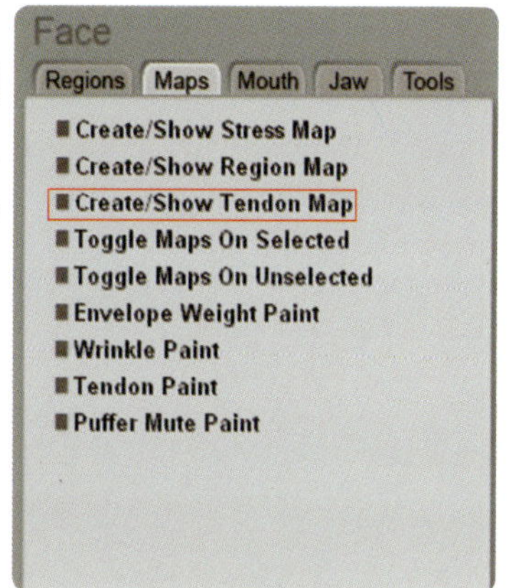

01 Face 〉 Maps 탭으로부터 Tendon Paint를 선택합니다.

02 머리 오브젝트 위로 마우스 커서를 움직이시면 Weight paint tool로 변합니다.
페인트 할 때 Weight value이 증가되는(100%일 때의 Pure red칼라) 붉은 영역이 보이는데 이는 부푸는 기능을 합니다.

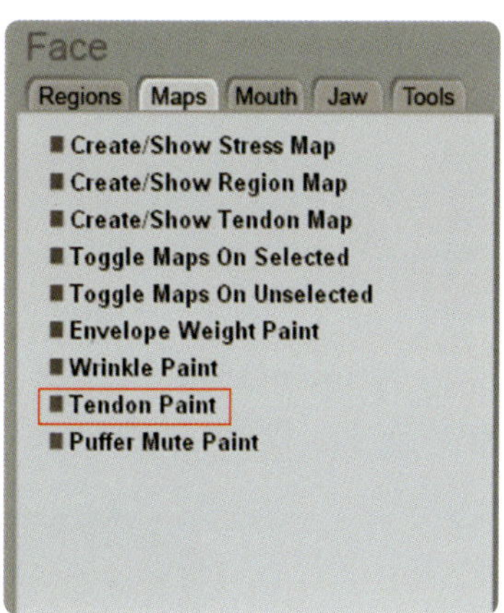

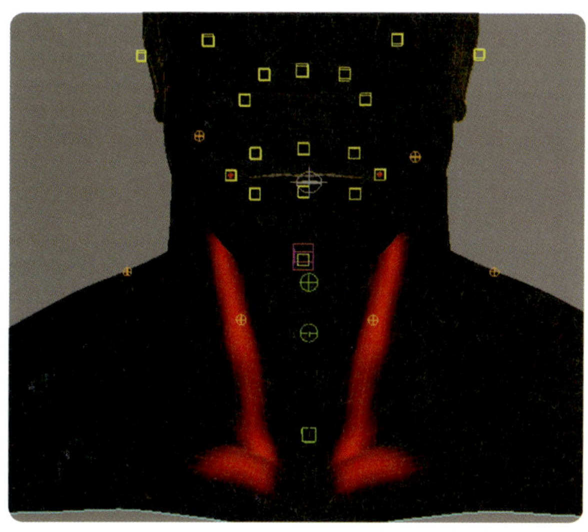

03 Weight painting mode에서 나가시려면 Esc 혹은 Space bar 키를 누릅니다.

2. Tendon Area에서 Sculpting하기

01 Painting Tendon Maps에서 설명되었던 것처럼 Sculpt 하기 전에 첫 번째로 Weight map을 페인트를 준비합니다.
Viewport에서 얼굴에 Tenss 선택하고 Sculpt를 하기 위한 위치로 이동합니다.

02 Tune 패널 아래 Sculpt 영역에서 Tendon 버튼을 클릭합니다.

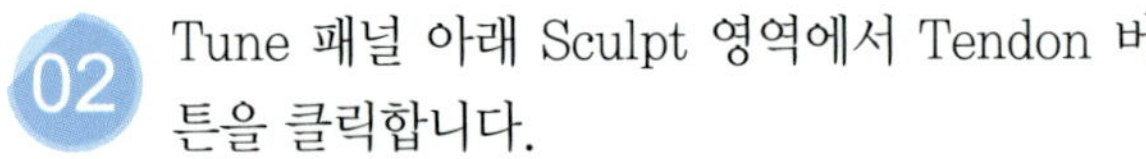
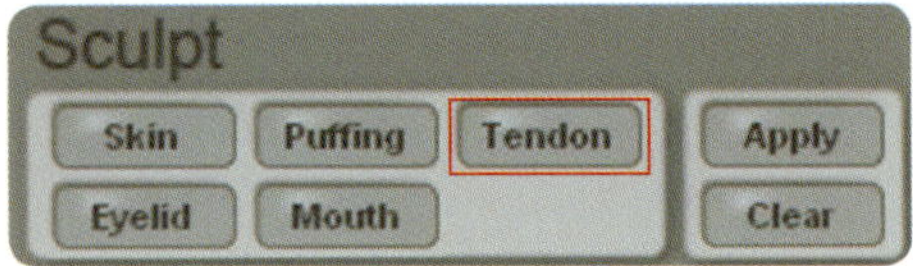

03 얼굴 Mesh로부터 Sculpt할 힘줄 Mesh를 생성시키며 오브젝트의 반투명상태에서 작업을 진행합니다. 포인트를 움직이면서 Mesh를 Sculpt합니다.

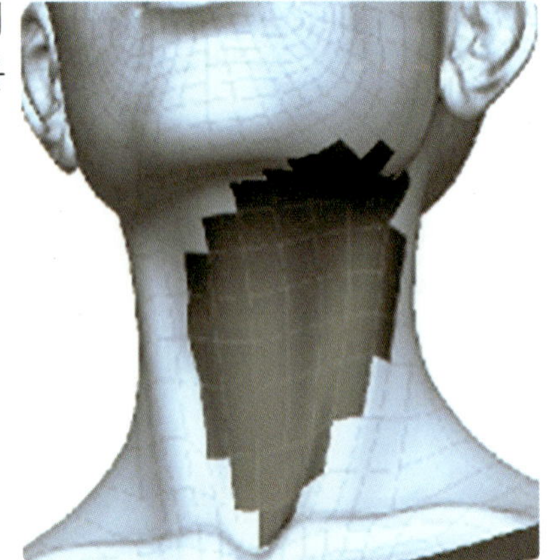

04 Sculpt가 마무리 되시면 Sculpt 〉 Apply button을 클릭한 후 작업 여부를 살펴봅니다.
원래의 작업 상태로 되돌아가시려면 Sculpt 〉 Clear 버튼을 클릭합니다.

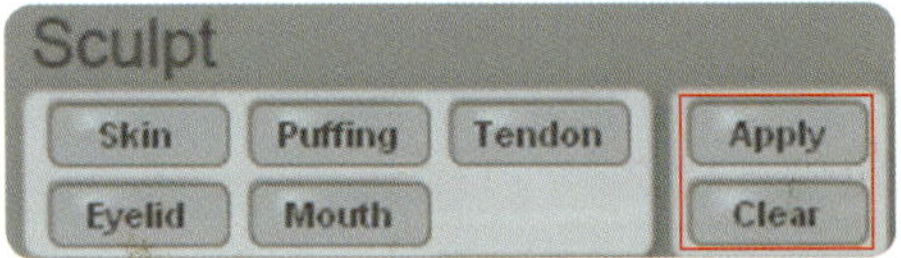

05 작업이 완료되시면 Act 패널로 가는 Tune 패널의 아래에 Act 버튼을 클릭합니다.
Face 〉 Select 탭에서 원래의 애니메이션 제어 상태로 되돌아가기 위해 Reset All 버튼을 클릭합니다.

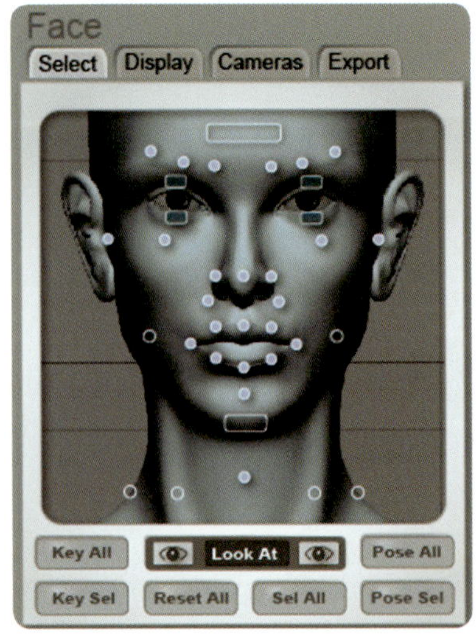

STEP 08 Jaw에서 Tuning하기

사람의 턱은 넓은 범위의 운동을 가지고 있습니다. 턱 역시 얼굴의 여러 부분의 근육에 영향을 줄 수 있는 부분입니다.
Tune 패널에 있는 Face 〉 Jaw 탭을 클릭하고 옵션을 선택합니다.
Fattening, Deflation, 또는 Sliding 작업할 수 있습니다.

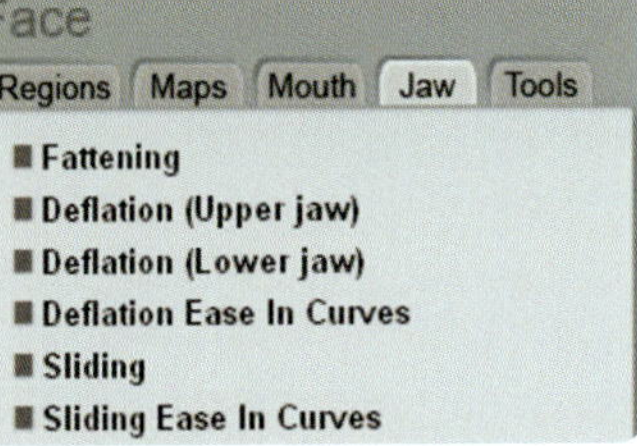

1. Fattening

입을 움직임에 따라 얼마나 많은 턱 아래 Mesh들의 부푸는 움직임을 볼 수 있습니다.

Curve's points에서 부푸는 영향력의 값으로 숫자를 조절하며 사용합니다.

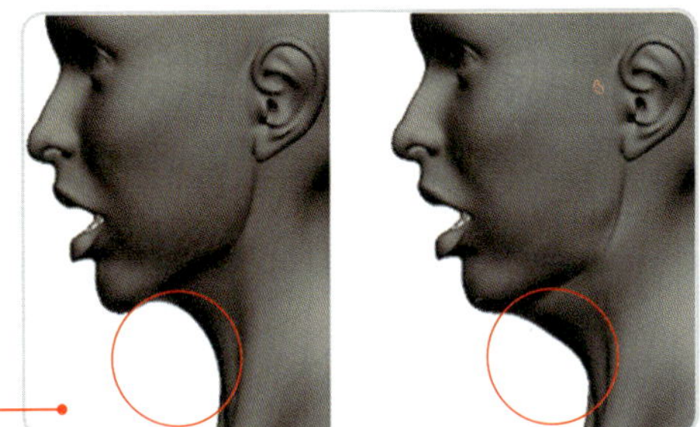

부푸는 영향값 1일때와 5일때 비교

2. Deflation

수축은 특성으로 입을 벌림에 따라 뺨 영역이 오목하게 하는 양을 결정합니다.
Deflation Upper와 Curve를 메운 Lower Jaw는 턱 아래에 영역을 나타내는 Curve 위의 한가운데에 포인트를 가지고 Upper 턱의 Character's 오른쪽을 나타내는 그래프의 오른쪽 주위에서 오목하게 하는 것의 모양과 양을 결정합니다. Deflation Ease In Curve 는 그 수축이 발생하는(Falloff) 비율을 결정합니다.
뺨에서 수축 값을 늘리려면 Amount 값을 증가시킵니다.

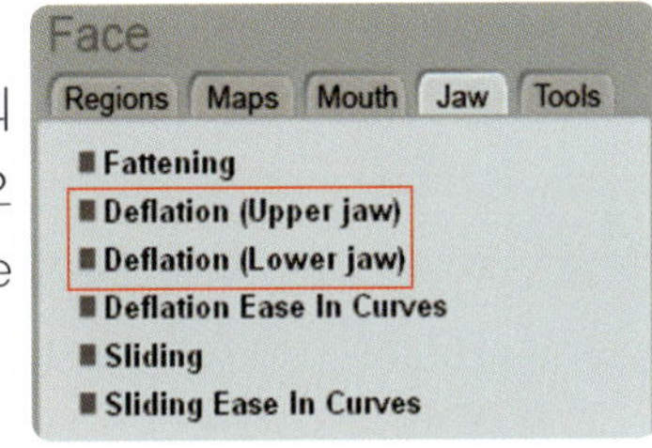

Eyelids에서 Sculpting 하기

눈 영역에서 Sculpt 하는 것을 조율할 수 있으며 Tune 패널에 있는 Sculpt와 Tune options을 이용하고 눈의 아래에 있는 눈꺼풀과 영역을 조절하며 Sculpting합니다.

1. Eyelid Area에서 Sculpting하기

본 장에서는 눈꺼풀 Deformers를 Sculpt하는 방법에 대해 설명합니다.

01 Viewport에서 눈 영역에 있는 Animation control를 선택하고 Sculpt 작업을 하기위한 위치로 이동합니다. Tune 패널의 아래에 Sculpt 영역에서 Eyelid 버튼을 클릭합니다.

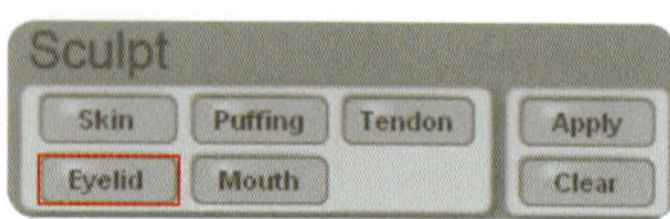

02 페이스로봇은 얼굴 Mesh로부터 독립적으로 Sculpt하는 Mesh를 생성합니다. 반투명인 오브젝트 상태에서 작업을 진행합니다.

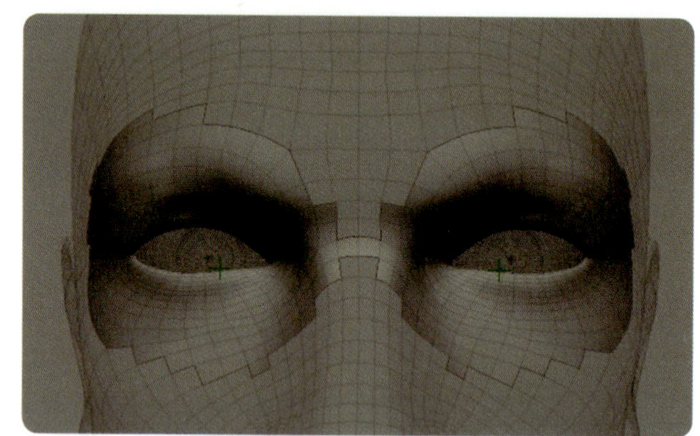

03 포인트를 움직이며 Mesh를 Sculpt합니다. 페인트하신 후에 Painting Weight Maps를 보세요. Sculpt 작업을 마치시면 Sculpt 〉 Apply 버튼을 클릭합니다. 원상태로 돌아가시려면 Sculpt 〉 Clear 버튼을 클릭합니다.

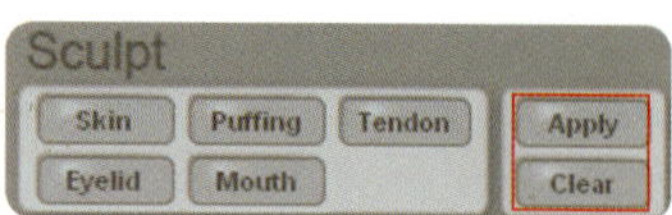

04 작업이 완료되시면 Act 패널로 가는 Tune 패널의 아래 ◀Act 버튼을 클릭합니다.
– Face 〉 Select 탭에 애니메이션 제어로 되돌아가기 위해 Reset All 버튼을 클릭합니다.

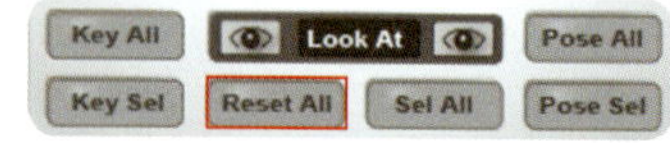

2. Eyelid Area에서 Sculpting하기

본 장에서는 눈꺼풀 Deformers를 Sculpt하는 방법에 대해 설명합니다.

PACE ROBOT

01 Tune 패널에 있는 Face 〉 Tools 탭을 클릭 Tune Eyes를 선택합니다.
패널의 Options에서 세부 옵션을 선택하여 조절할 수 있습니다.

02 Options 영역에서 Eyelid 탭을 클릭, Weight map을 디스플레이하기 위해 Eyelid Influence Maps 〉 Edge 버튼을 클릭합니다.

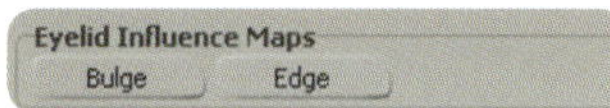

페인트하며 Weight values를 "0"과 "1"의 값으로 조절합니다.

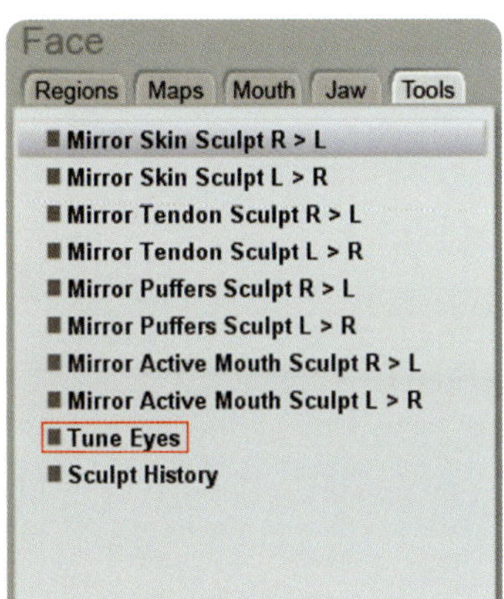

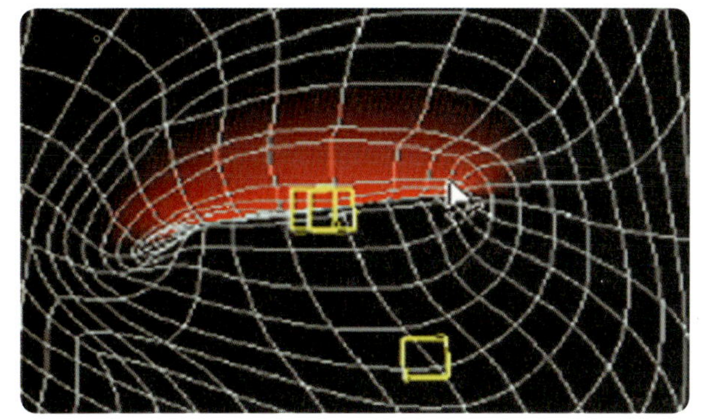

3. Eyelid Edge Deformation

01 Tune 패널에 있는 Face 〉 Tools 탭을 클릭 Tune Eyes를 선택합니다. 패널의 Options에서 세부 옵션을 선택, 조절할 수 있습니다.

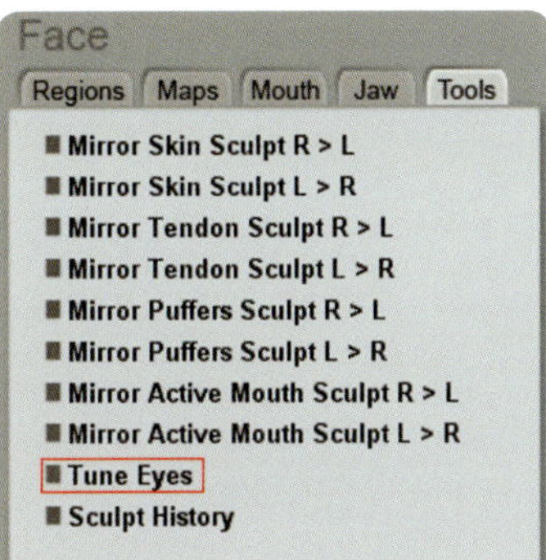

02 Options 영역에서의 Eyelid tabs 클릭, Weight map을 디스플레이하기 위해 Eyelid Influence Maps 〉 Bulge 버튼을 클릭합니다.

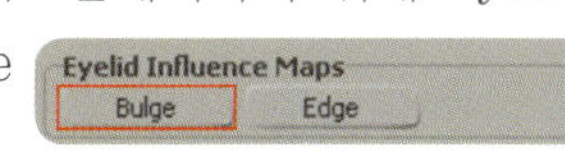

참고 1. Tune 패널에 있는 Face 〉 Tools 탭을 클릭 Tune Eyes를 선택합니다.

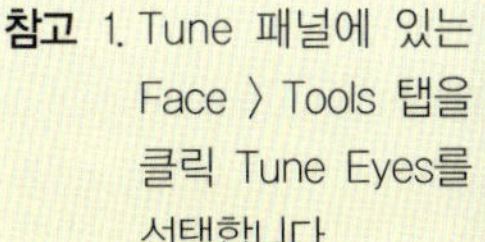
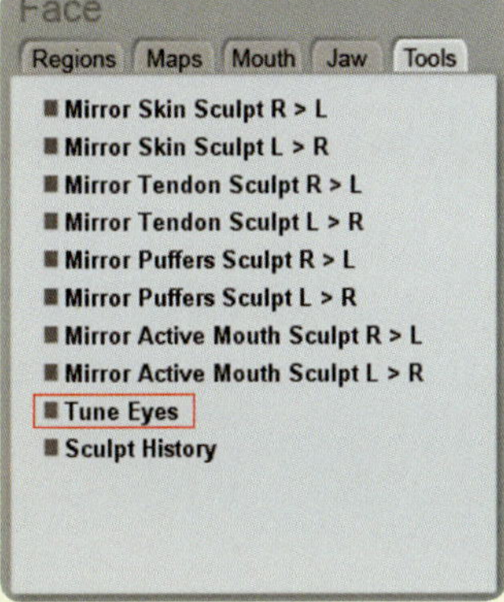

2. Options 영역에서 수정 하길 원하는 Eyelid tabs 클릭합니다.

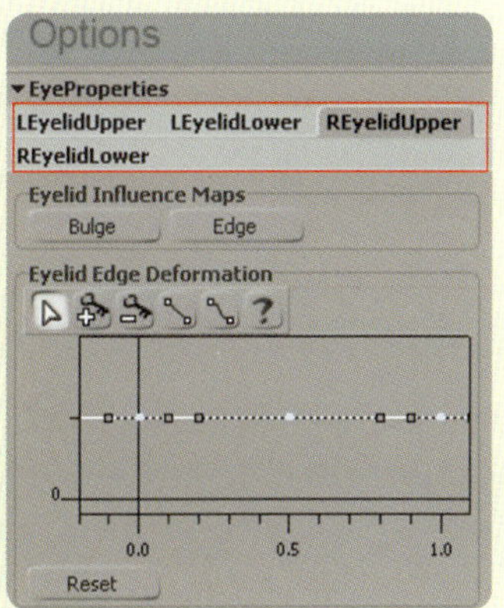

3. Eyelid Edge Deformation 그래프로 포인트를 조절합니다.

4. Sculpt 작업을 마치시면 Sculpt 〉 Apply 버튼을 클릭합니다. 원 상태로 돌아가시려면 Sculpt 〉 Clear button을 클릭합니다.

5. 작업이 완료되시면 Act 패널로 가는 Tune 패널의 아래 버튼을 클릭합니다. Face 〉 Select 탭에 애니메이션 제어로 되돌 아가기 위해 Reset All 버튼을 클릭합니다.

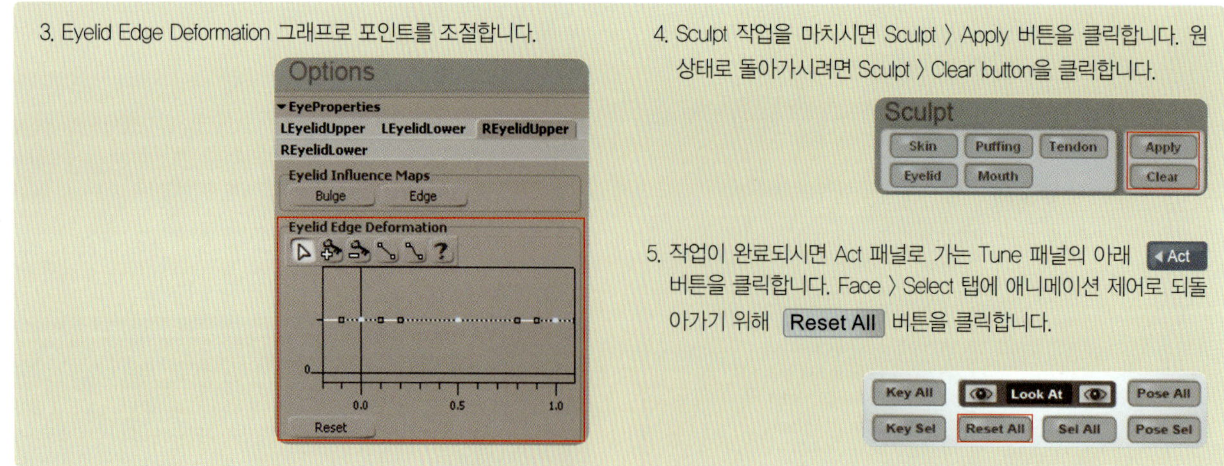

페이스로봇 단축키 설명
Keyboard Shortcuts for FaceRobot

단 축 키	설 명
G	토글(Toggles)이나 그리드(Grid) 디스플레이
H	토글을 숨기거나 다시 오브젝트를 보이게 할 때 사용
O	Orbit 카메라 툴
P	Dolly 카메라 툴
S	네비게이션 툴 – 펜이나 회전, 그리고 Orbits 카메라
Z	줌과 펜툴 (Zoom and pan tool)
X	스케일 툴 (Scale tool)
C	회전 툴 (Rotate tool)
V	위치 툴 (Translate tool)
M	비틀기 툴 (Tweak tool)
W	범위 페인트 툴 (Weight paint tool)
Ctrl + W	페인트와 브러시 옵션 (Paint and brush options)
8	오픈 Explorer (Open explorer)
0 (Zero)	오픈 애니메니션 편집기 (Open animation [fcurve] editor)
F2	Toggles display of floating Stage 5 : Act 패널

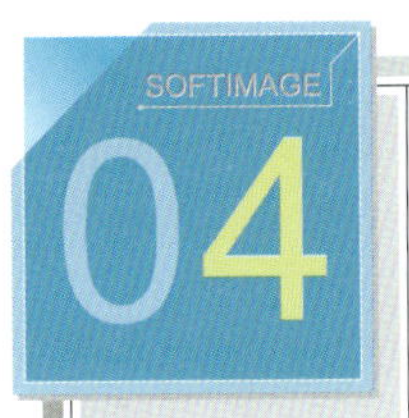
SOFTIMAGE

04 혹이 생성되는 애니메이션 만들기

01 Stage 4(Fit) 과정까지 끝나고 Act과정이 되면 수정을 위하여 Tune [Tune ▶] 버튼을 눌러서 다음 과정으로 넘어갑니다.
Tune 패널이 활성화 되면 Face 〉 Regions 탭에서 혹이 생기길 원하는 부위의 스킨을 선택합니다.

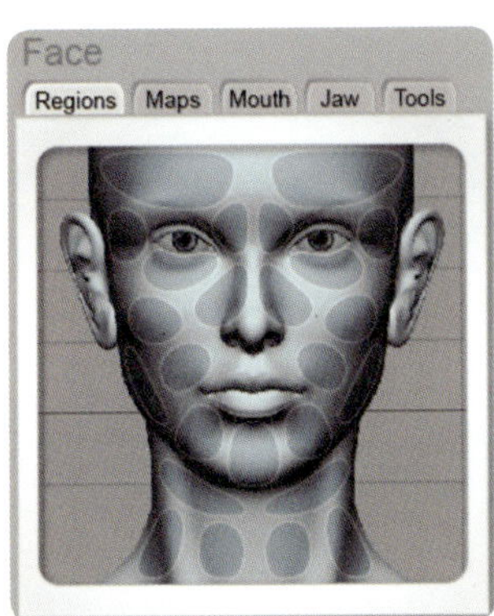

02 옵션 패널에서 Modify Region Falloff의 Paint 버튼을 선택합니다.

03 Weight paint tool이 활성화됩니다.

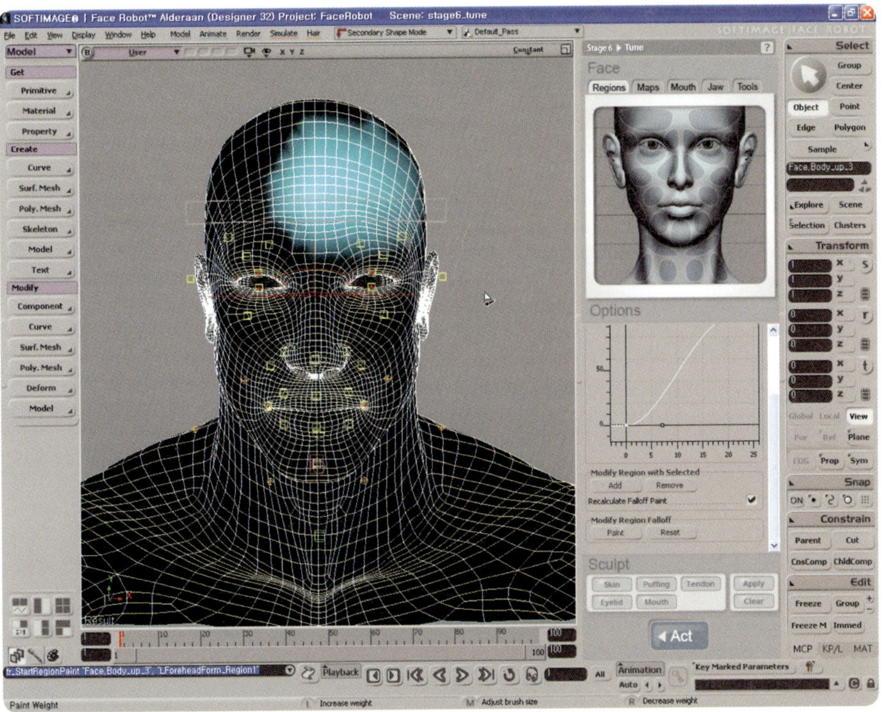

04 Weight Paint tool을 이용하여 터키옥색으로 칠해진 범위를 혹이 생길 부위만큼의 범위로 수정해 주고 Space bar 키를 누릅니다.

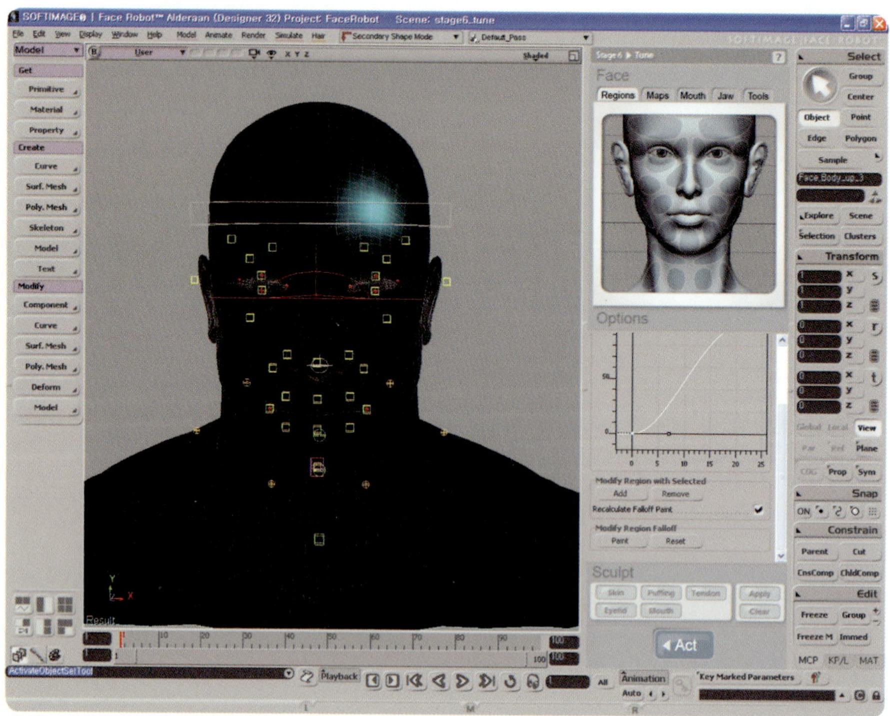

05 수정이 제대로 되었는지 확인하기 위하여 애니메이션 컨트롤러를 움직여서 부풀어 오르는 부분을 확인하고, 수정이 제대로 되지 않았다면 옵션 패널에서 Modify Region Falloff의 Paint 버튼을 다시 누르고 수정하면 됩니다.

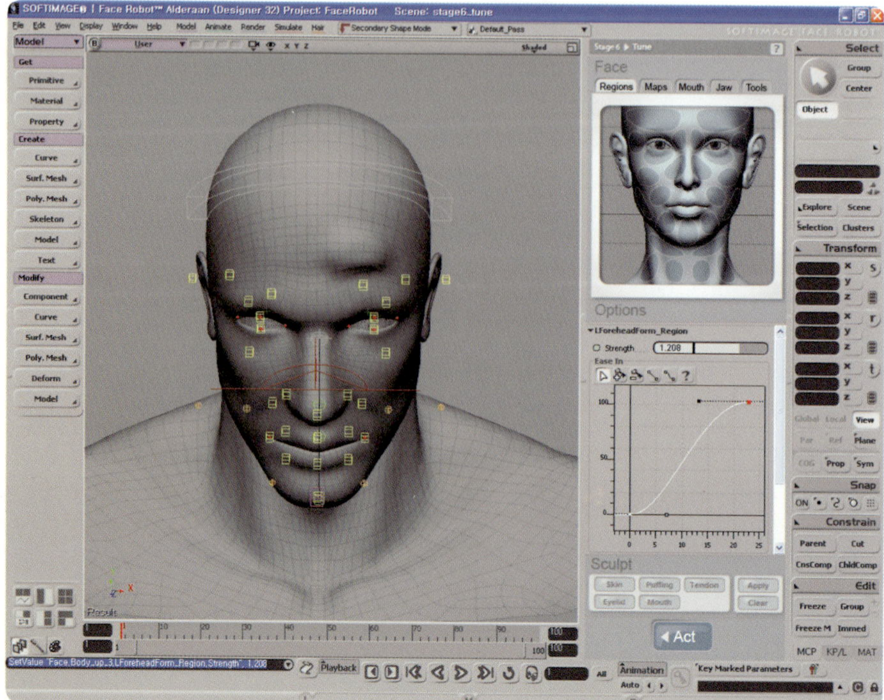

06 부풀어 오르는 정도와 모양은 Option의 Strength값과 Ease In의 Curve를 조정하면 됩니다.

07 조정이 끝나면 Act ◀Act 버튼을 눌러줍니다.

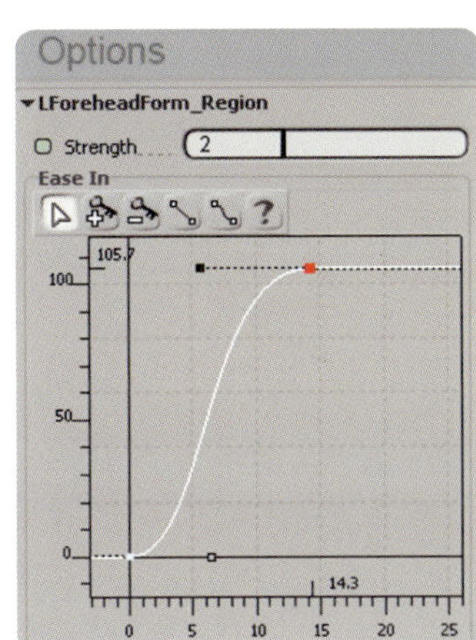

08 조정한 애니메이션 컨트롤러에 키를 세트하고 애니메이션을 적용하면 혹이 생성되는 애니메이션을 확인할 수 있습니다.

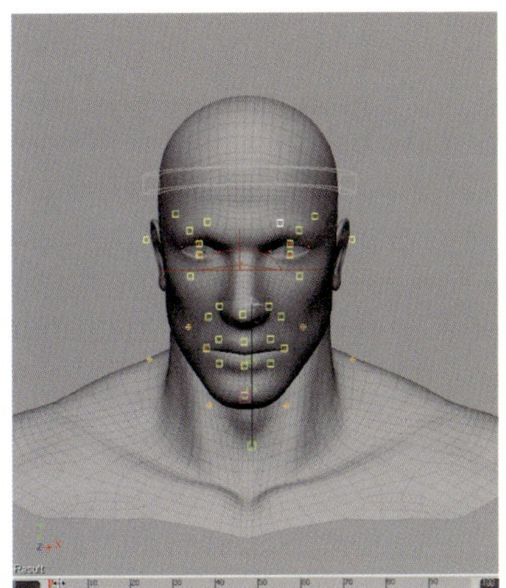
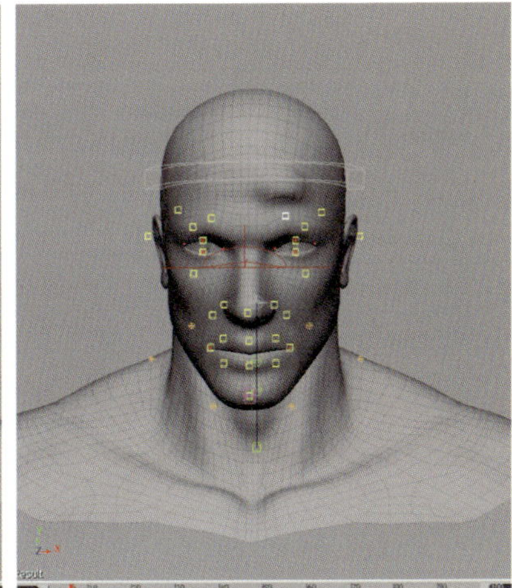
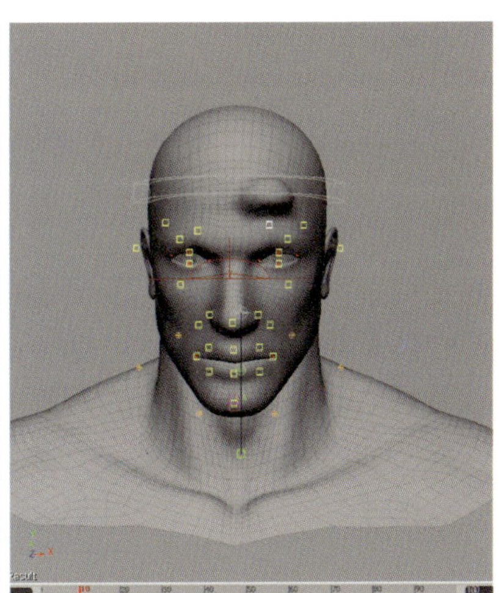

페이셜 데이터 캡처하기

페이셜 데이터를 캡처하는데 있어 사용되는 카메라는 주로 바이콘 디지털 카메라나 모션아날로시스 디지털 카메라 제품이 일반적으로 사용되고 있습니다. 이 두 회사의 기술적 격차는 거의 없으나 페이스로봇과 같은 경우 바이콘 장비가 보다 데이터 호환에 있어 편리하다는 장점이 있습니다. 현재 페이스로봇 전용 모션캡처 카메라는 바이콘 회사에서 제작되었습니다.
캡처용 카메라 사용시 보통 모션캡처의 경우 고품질을 위해서는 16대 전후 혹 그 이상의 카메라를 사용하고 있지만 페이셜 캡처 같은 경우 6대 정도의 카메라로도 데이터를 캡처 할 수 있습니다. 물론 카메라 수가 많을수록 보다 정교한 데이터를 추출할 수 있습니다.

INDEX

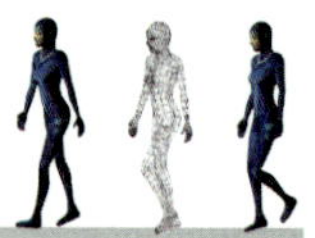

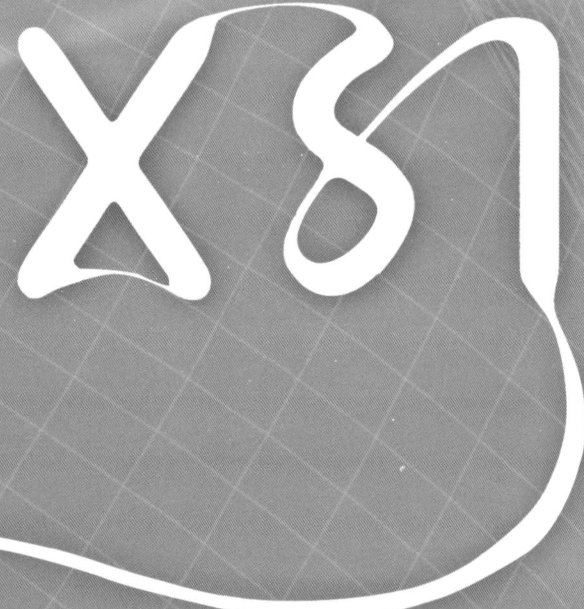
SOFTIMAGE
XSI

FACE
ROBOT